경영전략전문가 조철선의

기획
실무 노트

STRATEGIC
PLANNING
NOTE

경영전략전문가 조 철 선

반도체 웨이퍼와 같은 후방upstream산업에서 정밀화학, 생활용품, 유통 등 전방downstream산업에 이르기까지 다양한 분야에서 상품 기획, 마케팅, 사업 기획 및 재무, 전사 기획 업무까지 두루 경험한 경영전략전문가.

서울대학교 미생물학과와 동대학원 석사를 졸업하고 SK㈜에 입사한 뒤 전략 기획 능력을 인정받아 불과 34세의 나이에 ㈜교보문고 기획실장에 올랐다. 이후 ㈜전략시티 대표이사로서 10여 년간 삼성, SK, GS, KT, 포스코, 롯데, 코오롱, 하이닉스 등의 대기업과 중소기업 임직원들을 대상으로 온·오프 전략 강의를 했으며, 산업통상자원부 산하 기업 지원 기관인 테크노파크의 '기술 기반 기업을 위한 경영 전략 컨설팅 표준 프로그램'을 주도적으로 개발하고 다양한 분야의 기업들을 대상으로 전략 컨설팅을 하는 등 경영전략전문가의 길을 가고 있다.

2007년, 기획 실무 분야의 스테디셀러로 자리 잡은《전략기획전문가 조철선의 기획 실무 노트》를 출간한 후 6년간 전략적 리더십과 사업 전략, 마케팅, 기획서 작성 기법 등에 대해 강의하고 경영 서적들을 출간하면서 전면적인 개정 증보판 저술의 필요성을 느꼈다. 이에 개정 증보판이라고는 하지만 신작이라 해도 무방할 정도로 전작을 대부분 수정, 보완하고 500페이지 넘는 분량을 추가하여 경영 전략의 모든 것을 담은 본서를 발간하게 되었다.

기타 저서로는 수요 시장 창출을 통해 글로벌 저성장을 돌파할 성장 전략을 제안하는《스노우볼 마켓 전략 – 경쟁 전략의 종말》, 혼돈 속의 글로벌 경제와 대한민국의 현주소를 진단하고 대처 방안을 제시한《자본주의 붕괴의 서막》등이 있다.

경영전략전문가 조철선의
기획실무노트

초판 1쇄 발행 | 2013년 10월 30일
초판 8쇄 발행 | 2022년 1월 20일

지은이 | 조철선

편집 | 서영조   디자인 | 이현정   인쇄 및 제본 | 대덕문화사
펴낸곳 | 전략시티   펴낸이 | 조철선
출판신고 | 2003년 12월 23일 제2018-000082호   주소 | 서울 성동구 왕십리로24나길 20, 2층 257호   전화 | 070-4070-0139   팩스 | 02-2213-0139

ISBN | 978-89-98199-01-2 13320
값 | 39,800원

* 이 책에 실린 사진 일부는 저작권자를 찾지 못한 채 쓰였습니다. 연락 주시면 합당한 사용료를 드리겠습니다.

전략시티는 세상에 도움이 되는 지혜를 전합니다.

경영전략전문가 조철선의

기획 실무 노트

전략가를 지향하는 당신의 책상 위에 놓인
단 한 권의 경영 전략 실무서

조철선 지음

STRATEGIC PLANNING NOTE

전략시티

발간에 즈음하여

2007년에 출간한 《전략기획전문가 조철선의 기획 실무 노트》는 기대 이상으로 많은 분들로부터 관심을 받으며 기획 실무 분야의 스테디셀러로 자리 잡았습니다. 그 책의 성공으로 저는 지난 6년간 컨설팅과 전략 강의, 경제경영서 집필 등 더욱 바쁜 나날을 보냈습니다. 산업통상자원부 산하 테크노파크의 경영 전략 컨설팅 표준 프로그램 개발 프로젝트를 비롯하여 다양한 컨설팅을 수행했고, 세 권의 경제경영서를 집필하며 경제 및 경영 이론도 정리했습니다. 그러다 보니 다시 한 번 경영 전략에 대해 고민하게 되었고, 다양한 계층을 대상으로 전략 강의를 하며 리더와 실무자들이 무엇을 원하는지도 알게 되었습니다. 그런 모든 활동이 《기획 실무 노트》의 개정 증보판을 집필하게 한 원동력이 되었습니다.

기존의 《기획 실무 노트》가 기획 실무서로서 차별적인 영역을 구축하긴 했지만 실무적인 부분에 치중하다 보니 내용이 다소 부실했다는 생각이 마음 한구석에 있었습니다. 그래서 개정 증보판에는 국내외 전문가들의 경영 전략 이론 및 기법을 대폭 보강했습니다. 그리고 관리자를 위한 전략 경영 과정과 실무자를 위한 전략 기획 과정 및 마케팅 전략, 핵심 기획서 작성 등 다양한 강의 콘텐츠를 집대성했습니다. 또한 경영서를 집필하며 분석했던 경영 사례들을 주제별로 싣는 등 관련 지식도 모두 모았습니다. 그 결과 개정 증보판이라고는 하지만 신작이라 해도 무방할 정도로 내용이 대폭 변경되었고, 800페이지가 넘는 방대한 분량을 갖게 되었습니다. 그렇게 기획 실무자와 전략적 리더를 위한 체계적인 종합 실무 지침서로서 경영 전략의 모든 것을 담은 책이 탄생하게 되었습니다.

이 책은 다음과 같은 내용으로 구성되어 있습니다.
Part 1에서는 전략이란 무엇이며 어떻게 전략적으로 사고해야 하는지 전략적 사고 이론을 살펴본 후, 실무적인 관점에서 다양한 사례들을 검토하며 전략적 사고의 적용과 문제 해결 기법에 대해 구체적으로 알아봅니다.
Part 2에서는 반드시 알아야 할 사업 전략 수립 기법을 다룹니다. 내·외부 환경 분석을 위한 다양한 기법 이론들을 사례와 함께 소개한 후 이를 토대로 경쟁 전략에 기반한 사업 전략 수립 기법에 대해 알아봅니다. 이와 함께 최근 장기 저성장 시대를 맞아 한계를 보일 수밖에 없는 경쟁 전략 대신 새로운 사업 전략으로 수요 창출을 통한 성장의 길을 제시하는 스노우볼 마켓 전략도 소개합니다.

Part 3에서는 기업의 성패를 좌우하는 마케팅 전략을 들여다봅니다. 마케팅이 무엇인지 개략적으로 살펴본 후, 마케팅의 핵심인 STP 전략과 그 실행 전략으로서 4C 전략을 중심으로 다양한 사례들과 기법 이론들을 알아봅니다. 이와 함께 점점 더 중요성이 부각되고 있는 브랜드 전략과 상품 개발 전략, 영업 전략 등 알아두면 유용한 마케팅 관련 기능별 전략도 소개합니다.

Part 4에서는 현재 리더이거나 전략적 리더를 지향하는 차세대 리더들이 알아야 할 전사 기업 전략을 만나봅니다. 먼저, 조직을 이끄는 전략적 리더에게 가장 중요한 비전 전략과 사업 다각화를 중심으로 한 지속 성장 전략에 대해 알아보고, 전사 운영 관리 측면에서 성과 극대화 전략과 지속 성장의 기반이 되는 재무 전략도 소개합니다.

마지막으로 Part 5에서는 다양한 사례와 함께 실무자들이 알아야 할 기획서 작성 스킬을 소개합니다. 기획서 작성에 필요한 논리의 기술과 정보 수집 기법, 차트 작성법, 커뮤니케이션 스킬 등을 살펴본 후 다양한 사례들을 검토하며 기획서 작성 프로세스에 따른 기획서 작성 실무 기법을 알아봅니다. 그리고 기획서 작성 실무에 유용한 자료로 전략 기획서 서식과 추정 재무제표 작성법도 소개합니다.

이 책은 리더나 기획 실무자, 마케팅 담당자 등 경영 전략에 직접 관여하는 분들뿐만 아니라 전략적 리더가 되려는 모든 분들에게 유용한 경영 전략서로서, 실무 경험 중심으로 집필했던 전작과 달리 경영 전략에 대한 이론과 실무를 모두 다룬 체계적이고도 차별적인 종합 실무 지침서라고 자부합니다. 방대한 내용이긴 하지만 구체적인 기획 기법 외에도 다양한 경영 사례들을 함께 수록하여 전략의 세계를 편하게 볼 수 있도록 했습니다 그리고 필요한 부분만 찾아보셔도 무방하도록 편집하여 실무에 바로 활용할 수 있도록 했습니다.

이 책이 경영 일선에서 전략을 고민하는 기획 실무자와 전략적 의사 결정이 필요한 리더 여러분 모두에게 도움이 되기를 기대합니다.

2013년 10월

조 철 선

| 발간에 즈음하여 | 4

PART 1 전략과 전략적 사고에 대하여 — 11

Chapter 1 | 전략이란? — 13
1. 전략의 의미 · 14
2. 대가들이 말하는 경영 전략 · 17
3. 실무 관점에서 본 전략 · 27

Chapter 2 | 전략적 사고 — 35
1. 전략적 사고란? · 36
2. 전략적 사고에 유용한 2X2 매트릭스 · 48
3. 게임 이론 · 55
4. 실무 관점에서 본 전략적 사고 · 62

Chapter 3 | 전략적 사고의 적용 — 71
1. 전략적 사고의 자세 · 72
2. 경쟁자의 전략을 역이용하라 · 74
3. 한 지점에 집중하라 · 84
4. 혼자 힘으로만 하지 마라 · 92
5. 민첩성과 인내심을 모두 가져라 · 102

Chapter 4 | 문제 해결 기법 — 115
1. 문제 해결 프로세스 · 116
   문제 인식 | 해결 방안 탐색 | 해결 방안 선정 및 실행
2. 주요 문제 해결 기법 · 139
   맥킨지 기법 | KT 기법 | 트리즈 | 토요타 웨이 | 시나리오 플래닝 | SK 일처리 5단계
3. 실무 관점에서 본 문제 해결 · 156

PART 2 반드시 알아야 할 사업 전략 기획 — 159

Chapter 5 | 외부 환경 분석 — 161
1. 외부 환경 분석이란? · 162
2. 주요 외부 환경 분석 기법 · 164
   거시 환경 분석 | 산업 분석 | 시장 분석 | 경쟁자 분석 | 고객 분석 | 기술 환경 분석
3. 핵심 성공 요소 도출 · 207

Chapter 6 | 내부 환경 분석 — 211
1. 내부 환경 분석이란? · 212
2. 주요 내부 환경 분석 기법 · 214
   시장 성과 분석 | 재무 분석 | 경영 시스템 분석 | 장애 요인 분석
3. 핵심역량 선정 · 265

Chapter 7 | 사업 전략 수립 — 273
1. 사업 전략 수립 개요 · 274
2. 현재 위치 파악 · 276
3. 본원적 전략에 따른 전략적 방향 모색 · 280
   차별화 전략 | 비용 우위 전략 | 집중화 전략
4. 전략 대안 도출 및 평가 · 302
5. 실무 관점에서의 전략적 활용 · 306

Chapter 8 | 스노우볼 마켓 전략 — 309
1. 경쟁 패러다임의 종말 · 310
2. 미래 성장의 길, 스노우볼 마켓 · 315
3. 스노우볼 마켓 전략의 실행 · 323
4. 사례 분석 : 베터플레이스 · 331

PART 3　성패를 좌우하는 마케팅 전략 ——————————————— 337

Chapter 9 | 마케팅이란? 　339
1. 마케팅의 의미 · 340
2. 21세기 주요 마케팅 트렌드 · 346
   감성 마케팅 | 게릴라 마케팅 | 입소문 마케팅 | CRM 마케팅 | 캐릭터 마케팅
3. 전략적 마케팅 인사이트 · 379

Chapter 10 | STP 전략 　387
1. 마케팅 전략 수립 프로세스 · 388
2. Segmentation 기법 · 391
3. Targeting 기법 · 398
4. Positioning 전략 · 400

Chapter 11 | 4C 전략 　409
1. 마케팅 믹스 · 410
2. Customer Value 전략 · 414
3. Customer Cost 전략 · 427
4. Convenience 전략 · 443
5. Communication 전략 · 453

Chapter 12 | 기타 유용한 기능별 전략 　475
1. 브랜드 전략 · 476
2. 상품 개발 전략 · 493
3. 영업 전략 · 502

PART 4 전략적 리더에게 필요한 전사 기업 전략 — 509

Chapter 13 | 비전 전략 — 511
1. 비전의 의미 · 512
2. 변혁적 리더십 · 518
3. 비전 수립 실무 · 526
4. 실무 관점에서 본 변화 관리 · 532

Chapter 14 | 지속 성장 전략 — 539
1. 기업 발전 단계에 따른 성장 전략 · 540
2. 사업 다각화 전략 · 549
3. 신시장을 창출하는 블루오션 전략 · 563
4. M&A와 전략적 제휴 전략 · 571
5. 실무 관점에서 본 지속 가능 경영 · 586

Chapter 15 | 성과 극대화 전략 — 591
1. 전략경영에 대하여 · 592
2. 전략적 성과 관리 시스템 · 598
   목표 관리 시스템, MBO | 균형 성과 평가 시스템, BSC
3. ABC에 기반한 원가 관리 전략 · 618
4. 수익 모델의 진화 · 626

Chapter 16 | 재무 전략 — 637
1. 재무 관리 개요 · 638
2. 현금흐름 경영 · 643
3. 최적의 자금 조달 전략 · 649
4. 투자 경제성 평가 · 663
5. 기업 가치 평가 · 670

PART 5 사례와 함께 알아보는 기획서 작성 스킬 — 683

Chapter 17 | 기획 실무 역량 — 685
1. 알아두면 좋은 논리의 기술 · 686
2. 정보 수집 기법 · 704
3. 유용한 차트 작성법 · 713
4. 기획 실무자의 자세 · 747

Chapter 18 | 기획서 작성 실무 — 751
1. 잘못된 기획서 사례 · 752
   전략 기획서 사례 살펴보기 | 제안서 사례 살펴보기
2. 올바른 기획서 작성 프로세스 · 773
3. 실무 관점에서의 접근법 · 790

Chapter 19 | 실무에 유용한 자료 — 795
1. 사업 전략 기획서 템플릿 · 796
2. 추정 재무제표 작성법 · 808

| 맺음말 | 820

| 참고 문헌 | 822

| 색인 | 828

PART 1

전략과 전략적 사고에 대하여

Chapter 1 : 전략이란?

Chapter 2 : 전략적 사고

Chapter 3 : 전략적 사고의 적용

Chapter 4 : 문제 해결 기법

Chapter 1

전략이란?

'전략이 없는 조직은 미래도 없다'고 합니다. 전략이 기업 경영의 중심에 놓여 있는 건 사실이지만, 너무 과도하게 사용되고 있는 용어이기도 합니다. 그런데 전략이 무엇인지 물어보면 다들 명확하게 정의 내리기를 어려워합니다. 그런 의미에서 전략이 기업 경영에서 어떤 의미인지를 이고르 앤소프에서 마이클 포터, 오마에 겐이치, 게리 하멜, 헨리 민츠버그, 클레이튼 크리스텐슨, 김위찬, 이브 도즈까지 경영 전략의 대가들을 통해 알아보도록 하겠습니다. 그리고 실무 관점에서 전략의 의미를 계획 수립 및 조직 운영, 의사 결정 측면에서 살펴본 후 '전략은 현명한 포기'라는 점을 음미해 보고자 합니다.

1 · 전략의 의미

2 · 대가들이 말하는 경영 전략

3 · 실무 관점에서 본 전략

1 ■ 전략의 의미

전략Strategy이란 사전적 의미로 '전쟁에서 승리하기 위해 여러 전투를 계획·조직·수행하는 계책'을 뜻하며, '전쟁에서 적을 속이는 술책'이라는 뜻을 지닌 그리스어 Strategia에서 비롯된 말입니다. 동양에서도 병법兵法이나 병도兵道, 용병술用兵術 등 다양한 용어로 사용되어 왔습니다.

고대로부터 국가의 운명을 건 대규모 병력 간 전쟁에 있어 전략은 중요하게 여겨졌으며, 전쟁을 승리로 이끌어 역사를 바꾼 전략가들이 후대에 이름을 남기고 있습니다.

알렉산더	당시 전쟁 방식이었던 중무장 보병 간의 대규모 전투(기병은 보조 역할)라는 일반 상식을 깨고 기병을 중심으로 한 우회 기동 또는 포위 섬멸 전략을 활용
한니발	코끼리 부대를 이끌고 알프스를 넘는 기습 전략과 기병을 주력으로 한 유인 공격 전략으로 로마 군대를 격파
징기스칸	기마병의 기동성을 최대한 활용하면서 상대방이 예측할 수 없도록 선제 기습, 우회 공격, 유인 공격 등 전략을 다변화함으로써 대제국을 건설
오다 노부나가	낮은 명중률, 재장전 시간 등의 약점 때문에 활용하지 않았던 조총의 강점을 극대화한 '3단 사격진법'으로 전국을 통일
이순신	낮은 명중률, 기동력 약화 원인 등의 약점 때문에 활용하지 않았던 대포의 강점을 극대화한 '학익진 전법'과 기습, 유인 공격으로 23전 23승 전승 기록을 남김
나폴레옹	기동성을 바탕으로 한 산병 전술과 밀집 종대 전술을 적극 활용한 '속도전'의 대가 '나폴레옹은 전쟁의 정석대로 싸우려 하지 않는다' - 오스트리아 상대 장군

■ 손자병법

중국 춘추시대 오나라의 명장 손무孫武가 쓴 병법서로, '지피지기知彼知己면 백전불태百戰不殆'라는 말로 유명합니다. 최근 서양에서도 각광받고 있는《손자병법孫子兵法》13편 중 총론에 해당하는 1편 '시계편始計篇'의 내용을 살펴보면 다음과 같습니다.

오사五事 자기 현황 파악	• 도道 • 천天 • 지地 • 장將 • 법法	대의명분과 백성들과의 신뢰 구축 음양陰陽, 한서寒暑, 시제時制 등 외부 기후 조건 원근遠近, 험이險易, 광협廣狹, 사생死生 등 외부 지리 조건 지智, 신信, 인仁, 용勇, 엄嚴을 갖춘 장수의 리더십 곡제曲制, 관도官道, 주용主用 등 군 규율과 병참 관리
칠계七計 상대와의 비교	• 임금主 • 장수將 • 천지天地 • 법령法令 • 병중兵衆 • 사졸士卒 • 상벌賞罰	적은 누구이며 대의명분에서 누가 더 유리한가? 적 장수의 능력은? 기상과 지리 조건은 어느 쪽이 더 유리한가? 법칙과 규율은 어느 쪽이 더 잘 지키는가? 군대 규모, 군에 대한 충성도 등은 어느 쪽이 더 강한가? 개개 사병들의 전투력은 어느 쪽이 더 뛰어난가? 상벌 제도는 어느 쪽이 더 공평 타당한가?
용병술用兵術 전쟁 전략	• 위장 전략 • 유인 전략 • 교란 전략 • 방어 전략 • 회피 전략 • 자극 전략 • 은폐 전략 • 고립 전략 • 이간 전략 • 공격 전략 • 기습 전략	능력이나 자원, 관계 등을 오인하게 하는 전략 작은 고지를 양보하면서 전략적인 고지를 얻는 전략 적의 약점을 활용, 혼란 상태로 몰아넣고 그 기회를 활용하는 전략 적이 강건하면 공격을 서두르지 말고 대비하는 전략 적이 상대적으로 매우 우세할 경우 전쟁을 피하는 전략 적을 자극하여 냉정을 잃고 오판하게 하는 전략 저자세로 자신을 감추고 적을 교만하게 만들려는 전략 적을 계속 피곤하게 만들어 약화시키려는 전략 적과의 협조적인 관계를 와해시키려는 전략 적이 방심하여 무방비 상태에 있을 때 공격하는 전략 적이 뜻하지 않은 곳을 노리는 전략

그 밖에도 《손자병법》에는 다음과 같은 유용한 전술들이 포함되어 있습니다.

- 전쟁에서 작전이란 적을 기만하는 방법이다.
- 백전백승보다 전쟁을 하지 않고 적군을 굴복시키는 것이 최선이다.
- 적을 알고 나를 알면 백 번을 싸워도 위태롭지 않다.
- 승리하는 사람은 적이 먼저 이기지 못하도록 태세를 갖추고 난 다음 이길 수 있는 기회를 기다린다.
- 공격을 잘하는 자는 적이 어디를 방어해야 할지 모르게 하며, 방어를 잘하는 자는 어디를 공격해야 할지 모르게 한다.
- 병력 배치와 전술은 그 형체가 없도록 위장해야 하며, 한 번 전쟁에서 이긴 전술은 다시 쓰지 않아야 한다.
- 행군할 때는 산을 지나 계곡에 의지해야 하며, 군대를 배치할 때는 전망이 트인 높은 곳을 점거해야 한다.
- 적보다 유리한 고지를 선점하기 위해 경쟁하는 것처럼 어려운 일은 없다.
- 장수가 군사를 이끌고 적군 깊숙이 들어갔다면 군사의 기량을 최대한 발휘하게 할 수 있다.
- 우세도 열세도 늘 변한다. 하나의 전술로 늘 승리를 거둘 수는 없다. 끊임없는 적응만이 살길이다.
- 현명한 장수가 항상 승리하는 이유는 정보망을 통해 먼저 알기 때문이다.
- 장수가 병사와 더불어 결전하는 것은 높은 곳에 오르게 한 후 사다리를 버리는 것과 같다.
- 적이 공격하지 않을 거라고 믿어서는 안 된다. 그보다는 공격하지 못하게 하는 방어 태세를 믿어야 한다.
- 병력이 많아야만 유리한 것은 아니다. 병력이 적어도 힘을 집중시키고 적을 살펴 제압하면 된다.
- 병사들과 친해지기 전에 징벌하면 그들은 심복하지 않을 것이요, 심복하지 않으면 부리기 어렵다.
- 군주는 노여움을 갖고 군사를 일으켜서는 안 되며, 장수 역시 화가 나서 전쟁을 해서는 안 된다.
- 싸워야 할 상대와 싸워서는 안 될 상대를 구분할 줄 아는 장수, 많은 병력과 적은 병력의 용병술 차이를 아는 장수, 부하들과 마음이 통하는 장수, 완벽하게 대비하고 적의 허점을 노리는 장수, 군주가 간섭하지 않을 정도로 리더십이 뛰어난 장수가 전쟁에서 승리할 수 있다.

2. 대가들이 말하는 경영 전략

흔히 '전략이 없는 조직은 미래도 없다'고 합니다. 기업 성장의 중심에 전략이 놓여 있는 건 사실이지만, 전략이란 용어가 너무 과도하게 사용되고 있기도 합니다. 경쟁 전략, 마케팅 전략, 브랜드 전략, 변화 관리 전략 등 전략이라는 말이 없으면 비즈니스 자체가 이루어지지 않을 것처럼 느껴지기도 합니다. 그럼에도 전략이 무엇인지 물어보면 대부분 명확하게 정의 내리기를 어려워합니다.

사실 경영 전략의 개념은 시대에 따라 변해왔으며, 지금도 계속 변화하고 있습니다.

	1950~60년대	1970~80년대	1990년대	2000년대
단계	태동기	성장기	성숙기	백가쟁명 시대
방향	사업 확장 전략	경쟁 우위 전략	핵심역량 전략	혁신 전략
주요 관점	상품 개발 시장 확대 사업 다각화	산업 구조 분석 본원적 전략 가치 사슬	자원 기반 관점 산업 통찰력 미래 경쟁력	파괴적 혁신 블루오션 전략적 민첩성
핵심 이슈	전략적 의사 결정	포지셔닝	핵심역량	신시장 창출
학자	이고르 앤소프	마이클 포터 오마에 겐이치	게리 하멜 C. K. 프라할라드	클레이튼 크리스텐슨 김위찬 이브 도즈

일반적으로 경영 전략이란 경영 목표를 달성하기 위한 최선의 방법을 강구하는 것을 말합니다. 하지만 사람에 따라 조금씩 다르게 정의하고 있기도 합니다. 다음은 세계적인 석학들이 전략에 대해 정의한 내용들입니다.

알프레드 챈들러	조직이 추구하는 근본 목적을 결정하고, 그 목표를 달성하기 위해 필요한 일련의 행동 계획을 채택하고 자원을 분배하는 것
이고르 앤소프	경영 목표를 달성하기 위해 기회주의적 요인에 의한 수단 선택의 성격을 갖는 의사 결정을 내리는 지침
마이클 포터	기업의 경쟁 우위를 구축하고 구체적인 경쟁 방식을 선택하는 의사 결정
오마에 겐이치	경쟁 기업보다 우수한 방식으로 효용성을 창출해 이를 지속적으로 고객에게 제공할 수 있도록 하는 것으로, 고객 가치 창출이 전략의 핵심
게리 하멜	미래 시장의 모습을 그린 뒤 그 시장에서 이익을 얻을 수 있는 역량을 미리 준비하는 것, 또는 새로운 시장을 창출하기 위해 핵심역량을 창조적으로 활용하는 것
헨리 민츠버그	기존의 전략 개념과 달리, 분석에 의한 체계적인 계획이 아니라 조직의 활동 과정에서 자연스럽게 표출되는 일련의 의사 결정의 산물
김위찬	차별화와 비용 우위를 동시에 추구함으로써 경쟁이 없는 신시장을 창출하는 블루오션 전략
이브 도즈	우리가 아는 전략은 죽었다! 21세기는 전략적 민첩성이 그 어느 때보다 필요한 시기다.

■ 이고르 앤소프

전략적 경영의 개념을 창시한 기업 전략의 아버지
1957년, 앤소프 매트릭스에 따른 '다각화 전략' 논문 발표
1965년, 대표작인 《기업 전략 Corporate Strategy》 출간

이고르 앤소프 H. Igor Ansoff는 기업이 성장하기 위해서는 판매할 상품과 시장을 선택하는 전략적 의사 결정이 필요하다고 말합니다. 즉, 어떤 상품과 시장을 선택하느냐가 기업의 성패를 좌우한다는 것으로, 이것이 바로 앤소프 매트릭스 Ansoff Matrix로 알려진 '상품과 시장에 따른 4가지 성장 전략'입니다.

핵심적인 기업 전략 Corporate Strategy 요소

구분	질문
상품과 시장 범위	현 상품과 시장의 범위는?
성장 벡터	어떤 방향으로 성장을 꾀할 것인가?
경쟁 우위	선택 영역에서 어떻게 성공할 것인가?
시너지	확장했을 때 시너지 효과는?

앤소프 매트릭스

	기존 상품	신상품
기존 시장	시장 침투 전략 (시장 장악력)	상품 개발 전략 (상품 경쟁력)
신시장	시장 확대 전략	다각화 전략 (새로운 모험)

■ **마이클 포터** 전략 분야를 대표하는 기업 전략의 대부
1980년, 경쟁 전략 이론을 제시한 《마이클 포터의 경쟁 전략 Competitive Strategy : Techniques for Analyzing Industries and Competitors》 출간
현재 하버드대 경영대학원 교수

마이클 포터 Michael E. Porter 는 산업 구조를 분석함으로써 경쟁 관계를 파악하여 기업의 경쟁적 입장을 이해하고 성과를 높일 수 있는 경쟁 영역으로 진출할 수 있는 경쟁 전략을 수립할 수 있다고 말합니다. 산업구조론에 기반한 전략 계획과 경쟁 전략 수립은 이후 사업 전략의 기본이 되었습니다.

산업 환경 분석과 경쟁 전략 Competitive Strategy

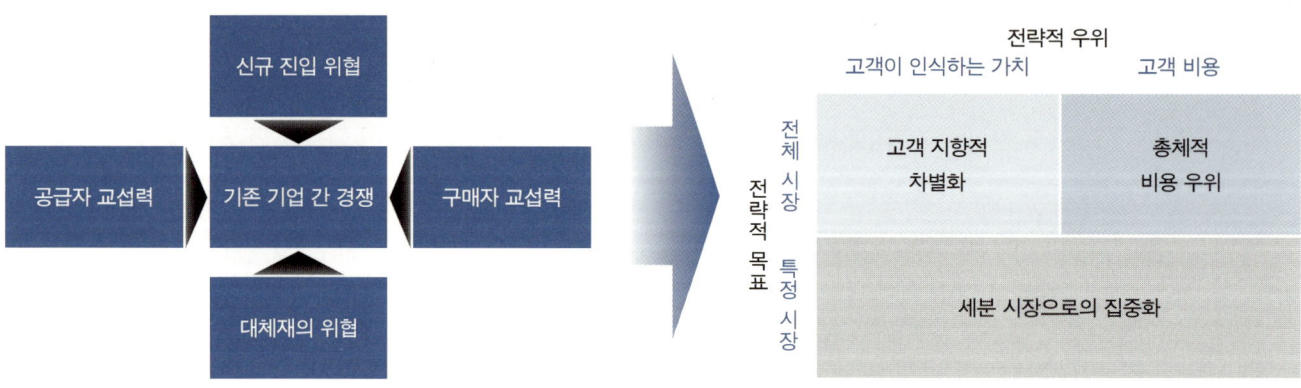

■ **오마에 겐이치**　서구에 일본식 전략 경영을 전파한 전략 분야의 대가
1982년, 대표작인 《기업 경영과 전략적 사고 The Mind of the Strategist : The Art of Japanese Business》 출간
1988년, 〈하버드 비즈니스리뷰〉에 3C 분석을 제시한 논문 '전략으로의 회귀 Getting Back to Strategy' 발표

오마에 겐이치 Ohmae Kenichi 는 맥킨지 컨설턴트 출신으로 서구에 일본식 전략 경영을 전파한 인물로 유명합니다. 그는 3C 분석을 통해 환경을 분석한 후 이에 대응하여 기업의 강점들을 맞추는 것을 전략가의 역할로 보았습니다. 즉, 성공적인 전략이란 경쟁자들이 제공하는 것보다 더 훌륭하고 강력하게 기업의 강점을 고객의 니즈 Needs 에 맞출 수 있는 전략이어야 한다고 주장했습니다.

3C 분석에 따른 경쟁 우위 확보

3C
- 자사 Company
- 경쟁자 Competitors
- 고객 Customers

전략적 우위를 확보하는 4가지 방법

핵심 성공 요인	핵심 성공 요인에 자원을 집중
상대적 우위	경쟁자와의 차별점에 집중
적극적 활동	업계 관행에 도전하는 파격적인 전략
유연한 전략	과감한 혁신과 신시장 개발 등이 필요

■ 게리 하멜

핵심역량 이론을 정립한 경영 전략의 대가
1990년, C. K. 프라할라드와 함께 핵심역량 이론을 제시한 논문 '기업의 핵심역량 The Core Competence of the Corporation' 발표
1994년, 《시대를 앞서는 미래 경쟁 전략 Competing for the Future》 출간

게리 하멜Gary Hamel은 C. K. 프라할라드C. K. Prahalad와 함께 핵심역량 이론을 제시한 인물로 유명합니다. 1980년대 전략 이론의 주류를 형성하던 마이클 포터의 산업구조론적 전략이 외부 환경에 치중했다면, 게리 하멜의 핵심역량 기반 전략은 기업 내부에서 성공의 원천을 찾습니다. 즉, 경쟁 기업에 비해 경쟁 우위를 가져다주는 내부 핵심역량을 중심으로 전략을 수립하자는 개념입니다.

핵심역량Core Competency 이론

핵심역량
경쟁자가 모방할 수 없는 가치를 고객에게 제공할 수 있는 기업 내부의 독창적인 능력과 기술의 집합체

핵심역량의 조건

고객 가치 창출	고객이 원하는 가치를 제공할 수 있어야 함
경쟁 차별화	경쟁자 대비 차별적인 우위를 유지해야 함
모방의 어려움	경쟁자의 모방이 불가능하거나 어려워야 함
확장성	새로운 영역으로의 확장이 가능해야 함

■ 헨리 민츠버그

분석과 계획 중심의 전략이 아닌 실천 중심의 전략 경영을 주창한 학자
'MBA는 필요없다'는 등 다소 과격한 주장을 펼치는 경영계의 이단아이자 반역자
1994년, 《전략 기획의 부침 The Rise and Fall of Strategic Planning》 출간

헨리 민츠버그 Henry Mintzberg 는 전략 계획의 형식화를 현대 경영의 치명적인 결함으로 지적하고, '지나친 분석이 우리의 앞길을 막고 있으며, 전략 계획의 실패는 형식화가 낳은 결과'라고 말합니다. 그러므로 전략이란 계획의 결과가 아니라 계획의 출발점이라고 강조하며, 미래 계획을 세우는 데만 골몰하지 말고 상황에 따라 전략을 개발해 나가야 한다고 주장합니다.

5P 관점에서 본 전략

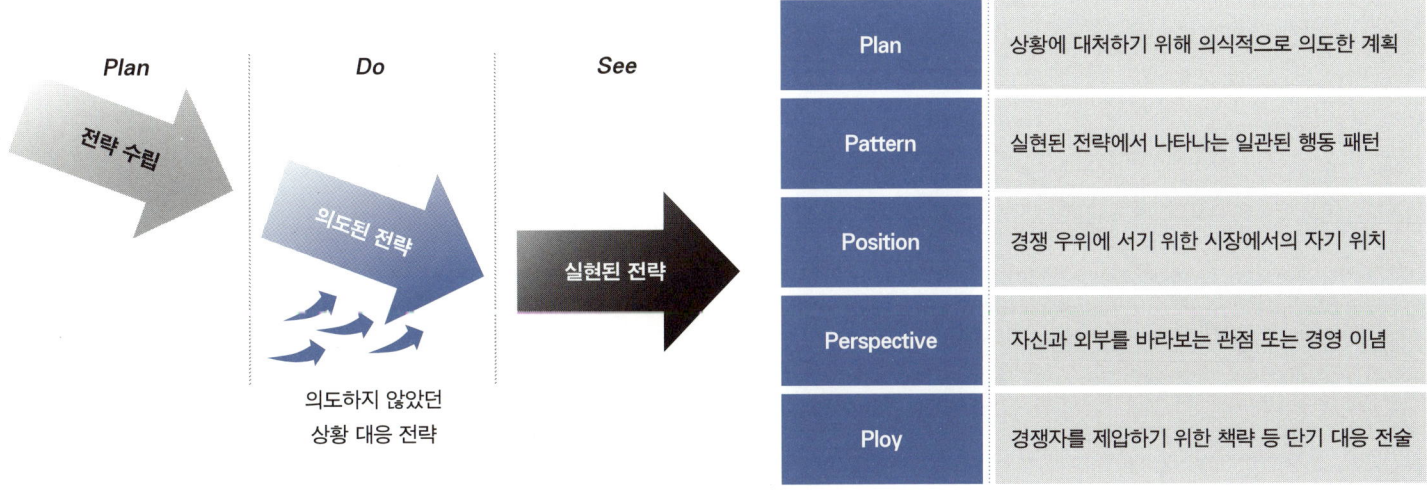

■ 클레이튼 크리스텐슨

하버드대 경영대학원 석좌교수로, 혁신 전략의 대가
1997년, 《혁신 기업의 딜레마 The Innovator's Dilemma : When New Technologies Cause Great Firms to Fail》 출간
혁신 이론으로서 성능 향상을 목표로 하는 지속적 혁신이 아닌 기존 시장을 잠식하는 '파괴적 혁신'을 주장

클레이튼 크리스텐슨Clayton M. Christensen은 기존의 거대 기업들이 혁신을 앞세운 신생 기업들에게 무릎을 꿇는 현상을 분석하며 파괴적 기술에 기반한 '파괴적 혁신Disruptive Innovation'이론을 주장했습니다. 이 이론에 따르면, 기존의 거대 기업들이 지속적인 성능 향상을 통해 상위 시장의 니즈를 만족시키는 지속적 혁신Sustaining Innovation에만 매달리는 사이, 신생 기업들은 성능은 뒤떨어지지만 상대적으로 저렴한 가격을 무기로 한 로우엔드Low-end, 저가를 의미 파괴적 혁신 전략으로 비고객을 공략한 후 서서히 성능 향상을 통해 주류 시장을 잠식해 갑니다.

파괴적 혁신Disruptive Innovation 이론

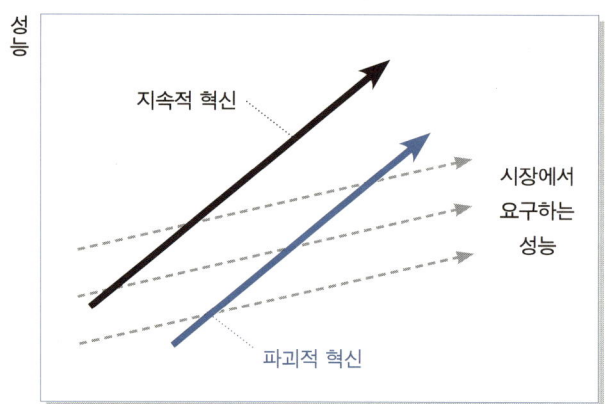

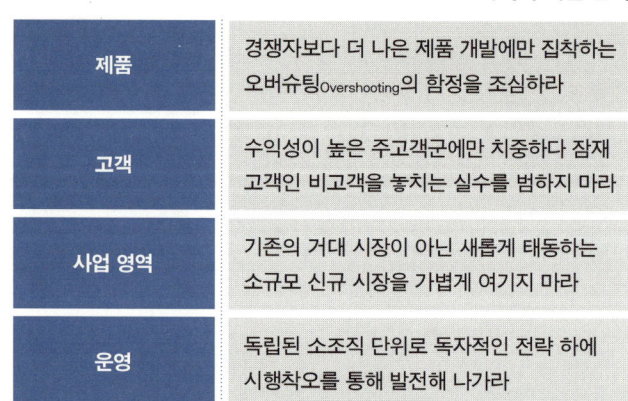

■ **김위찬** '경쟁 없는 신시장 창출'이라는 블루오션 전략을 제시한 학자
2005년, 대표작인 《블루오션 전략 Blue Ocean Strategy : How to Create Uncontested Market Space and Make Competition Irrelevant》 출간
현재 인시아드INSEAD 경영대학원 석좌교수

김위찬은 르네 마보안Renée Mauborgne과 함께 《블루오션 전략》을 출간하며 일약 세계적인 전략가로 명성을 얻었습니다. 그는 마이클 포터의 경쟁 전략에서 말하는 차별화 전략과 비용 우위 전략 중 택일해야 하는 관점에서 벗어나 차별화와 비용 우위를 동시에 추구함으로써 경쟁자 없는 신시장인 블루오션을 개척할 수 있다고 말합니다.

ERRC 분석에 따른 블루오션 전략 Blue Ocean Strategy

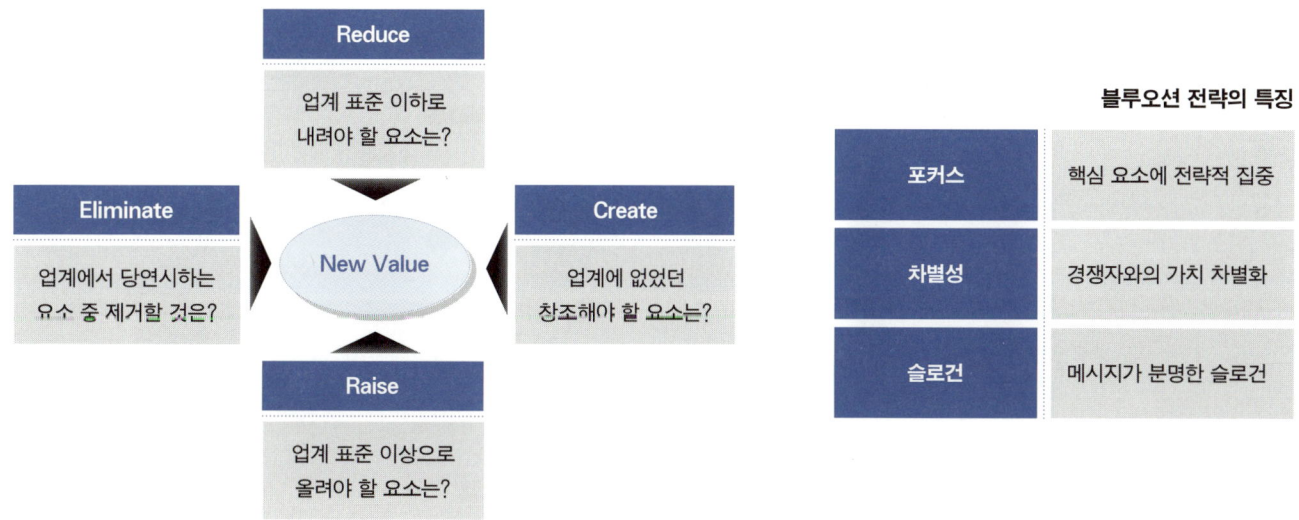

■ 이브 도즈

전략적 민첩성에 따른 신속 전략을 제시한 학자
2008년, 《신속 전략 게임 Fast Strategy : How strategic agility will help you stay ahead of the game》 출간
현재 인시아드 경영대학원 전략경영 교수

이브 도즈Yves Doz는 현대는 불확실성이 커지고 변화무쌍하여, 기존의 핵심역량과 운영 효율성 중심의 전략으로는 성공하기 어려운 시대라고 말합니다. 이런 속도의 시대에는 시장과 환경의 민감한 변화에 빠르게 대응할 수 있는 전략적 민첩성이 필요하며, 전략적 민첩성을 확보할 수 있는 신속 전략Fast Strategy만이 성공의 관건이라고 주장합니다.

전략적 민첩성에 따른 신속 전략 Fast Strategy

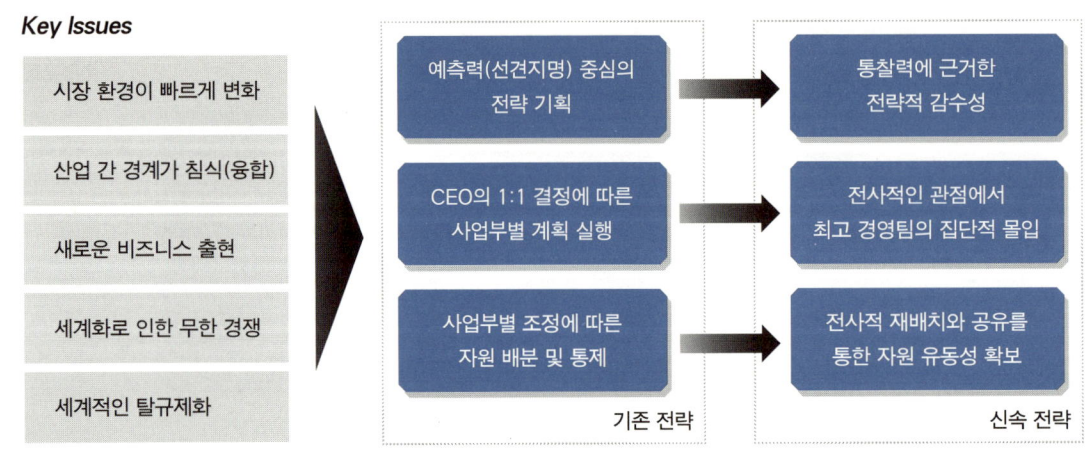

3 ■ 실무 관점에서 본 전략

지금까지 이고르 앤소프에서 이브 도즈에 이르기까지 대가들이 말하는 전략에 대해 알아보았습니다. 이제 실무 관점에서 전략에 대해 살펴보겠습니다.

이론적으로 전략이란 '목표를 달성하기 위해 수립한 최선의 방법'입니다만, 실무적으로는 직급에 따라 전략의 의미가 다르게 다가옵니다. 실무 기획자에게 전략은 주어진 목표를 달성하기 위한 방법으로 기획서에 담긴 콘텐츠이며, 조직 부서장에게 전략은 조직 운영 방안으로서의 경영 방침이고, 최고 경영층에게는 기업을 성공적으로 경영하기 위한 의사 결정입니다.

그러므로 전략을 단순히 기획으로만 보는 계획 중심 사고에서 벗어나 운영 방침과 의사 결정이라는 측면에서 실행 중심으로 바라보는 자세가 필요합니다.

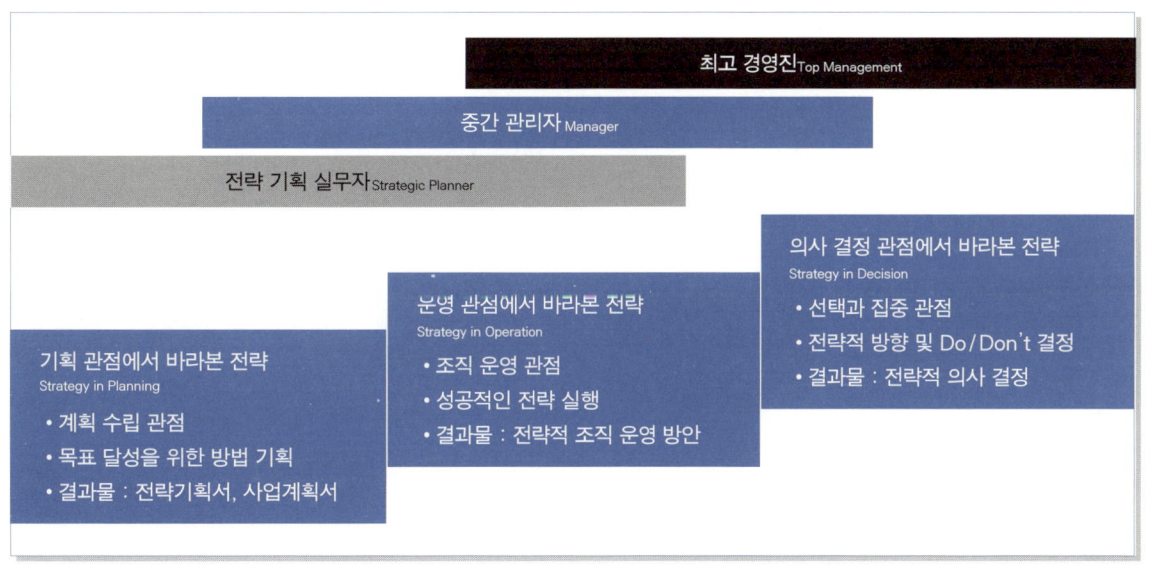

■ 기획 관점에서 바라본 전략 Strategy in Planning

전략이란 내·외부 환경 분석을 통해 도출한 최적의 목표 달성 방법입니다. 즉, 일반적인 경쟁 전략의 관점에서 보면 경쟁 우위를 달성하기 위해 자사 역량에 맞는 최적의 방법을 선택하는 것이 바로 전략입니다. 하지만 실무자 입장에서는 전사 지침에 따라 할당된 목표를 달성하기 위해 전략적 방향을 선정하고 이를 추진할 계획을 수립하는 것을 뜻하기도 합니다.

Case | 사업 전략 수립

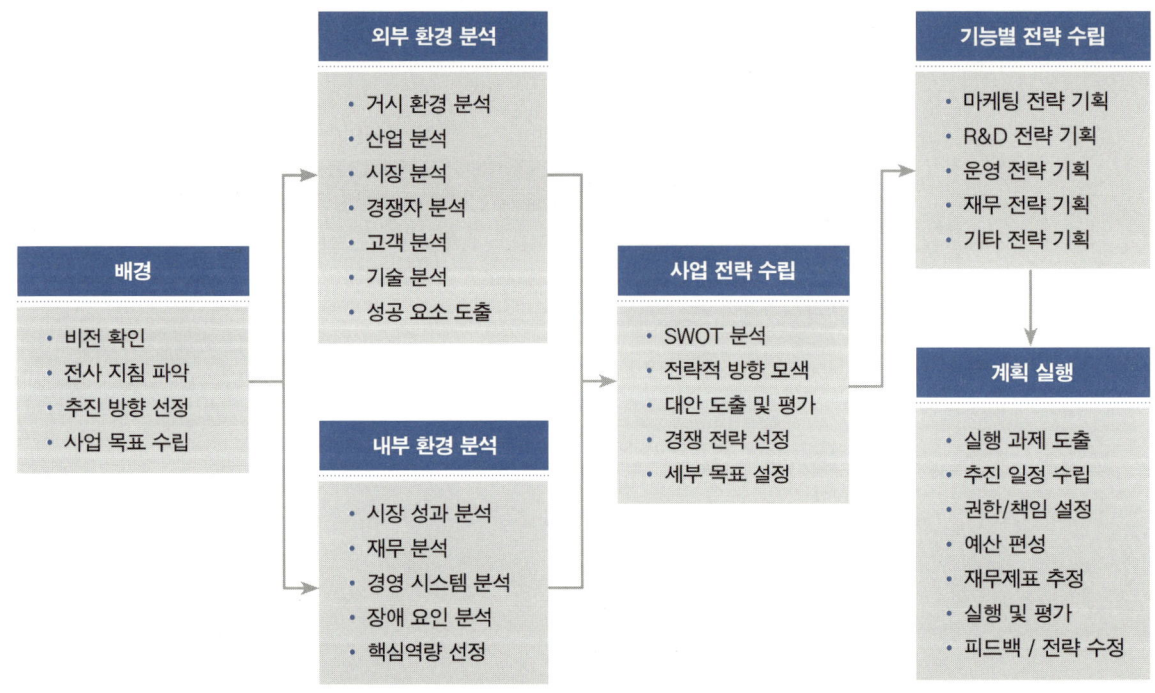

전략 수립의 관점에서 볼 경우 전략 수준에 따라 다음과 같이 전사 수준에서의 기업 전략과 사업 전략, 마케팅 등의 기능별 전략으로 나누어볼 수 있습니다.

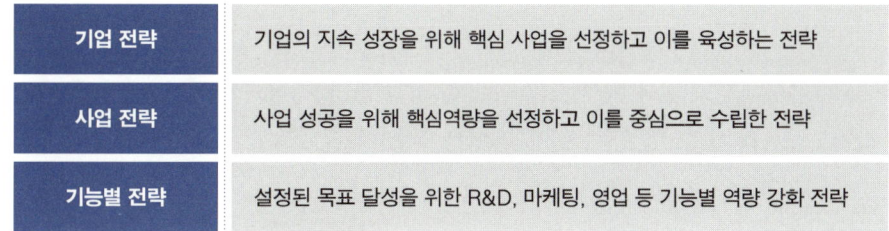

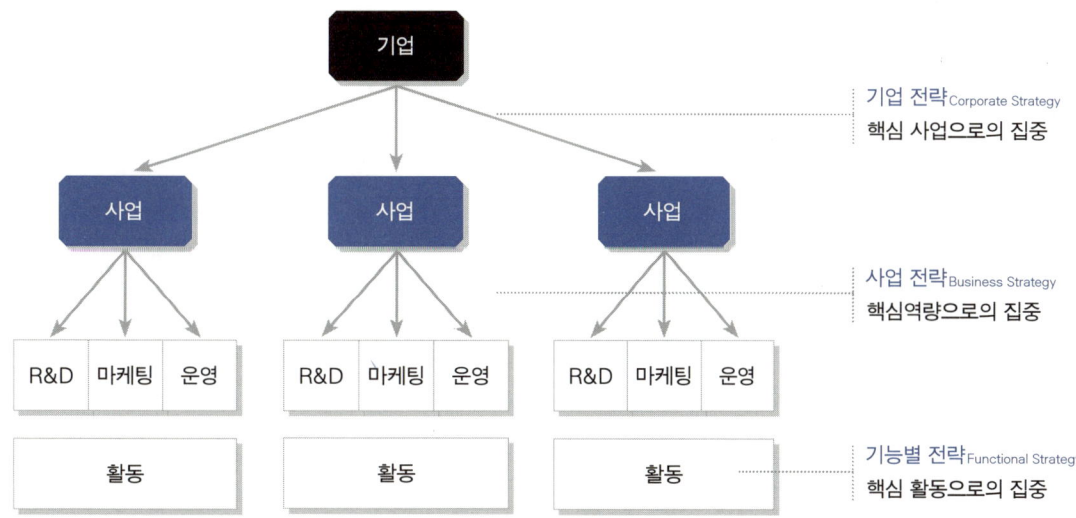

■ 운영 관점에서 바라본 전략 Strategy in Operation

전략은 계획 수립의 결과물입니다만, 계획 수립에만 그친다면 무용지물일 수밖에 없습니다. 사실, 전략 기획의 실패는 계획의 실패라기보다는 잘못된 실행에 있는 경우가 많습니다. 래리 보시디 Larry Bossidy 의 《실행에 집중하라 Execution》가 베스트셀러에 오른 것도 실행의 중요성을 보여주고 있습니다. 그러므로 리더라면 수립된 전략을 어떻게 실행시킬 것인지에 관심과 책임을 갖고 집중하는 것이야말로 전략 성공의 진정한 열쇠임을 자각해야 합니다.

용두사미식의 전략, 정치적 갈등, 불명확한 권한과 책임 소재, 모호한 성과 관리, 리더의 변화 관리 능력 부재 등 전략 실행을 가로막는 장애물들을 제거하고 지속적으로 실천해 갈 수 있도록 조직을 운영해야 합니다.

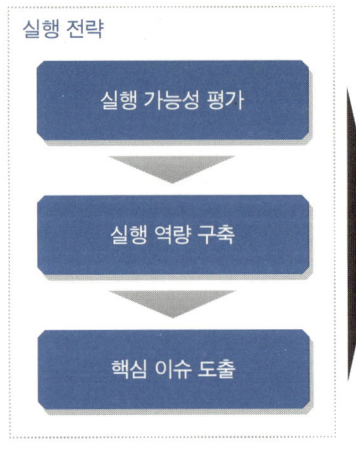
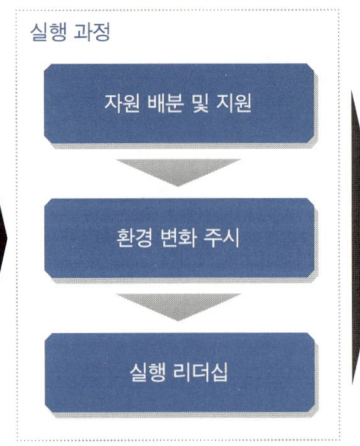

■ 의사 결정 관점에서 바라본 전략 Strategy in Decision

전략이란 현명한 포기에 따른 선택과 집중의 의사 결정입니다.
성공하기 위해서는 최선의 길을 선택해야 합니다만, 이는 다른 것들을 포기하는 위험을 감수해야만 하는 길입니다.
기업이나 사업, 팀을 운영하다 보면 외부 환경 변화와 내부 여건에 따라 조직 운영을 어떻게 해야 할지 혼란스러울 때가 있죠.
이럴 때 어떻게 운영해 나가야 할지 방향을 정해주는 것이 바로 전략입니다.

왜 하는지, 무엇을 해야 할지 또는 하지 말아야 할지, 어떻게 해야 할지에 대한 전략적 선택과 집중이 주요 사안입니다.

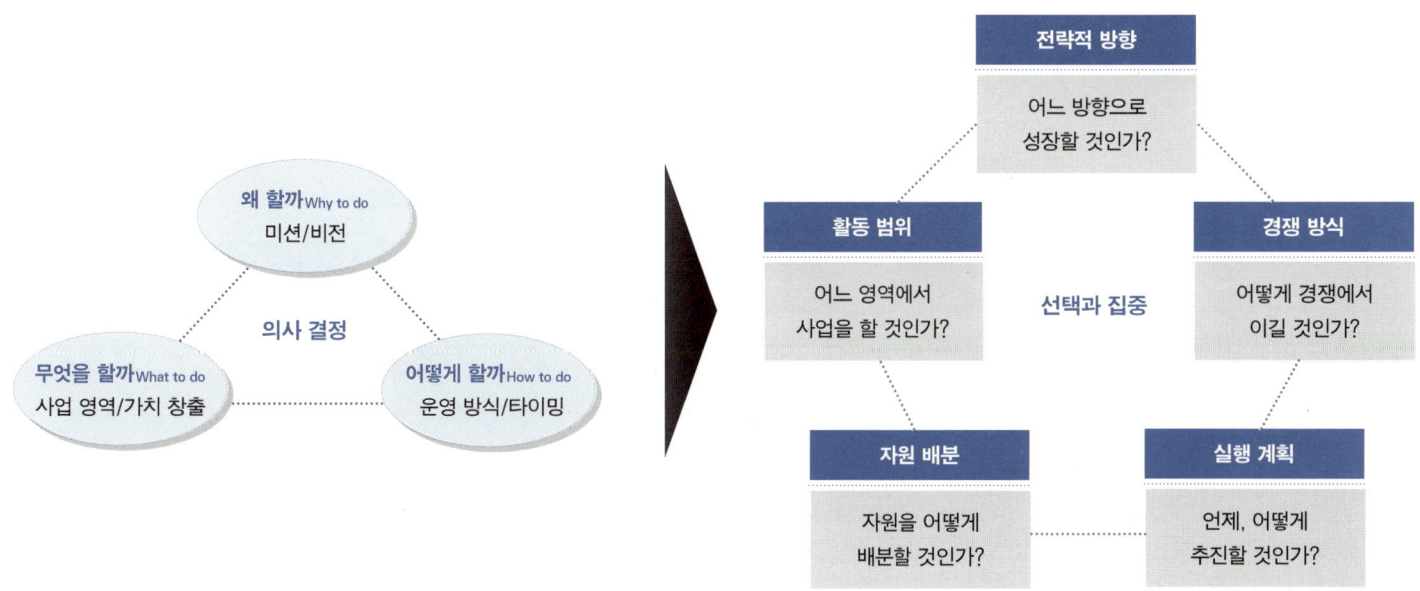

■ 전략은 '현명한 포기'

전략이라면 누구도 생각하지 못한 기발한 방법이거나 똑똑한 사람들만 만들어낼 수 있는 거라고 생각할 수 있습니다. 하지만 전략은 외부 여건과 자신의 능력에 비추어 여러 방안들 중 포기할 건 포기하고 최선의 방법을 선택하고 실행하는 것입니다. 한마디로 '현명한 포기'죠.

전략적이지 못한 이유는 대개 포기에 따를 위험이 두려워서입니다. 예를 들어, 아래와 같이 고객 만족과 매출 확대를 통한 이익 극대화 추구 전략은 말은 그럴듯하지만 상충하는 결과를 낳을 수 있습니다. 일례로, 매출 확대에 집중하면 고객 불만 상승과 이익률 저하라는 위험 부담을 안을 수밖에 없죠. 이렇듯 상충하는 위험 부담 때문에 매출 확대, 고객 만족, 이익률 극대화 중 하나를 선택하지 못하고 모두 다 하려다 보니 이도 저도 아닌 비전략적 결과로 이어집니다.

결국 성공적인 전략 수립은 '목표를 달성하기 위해 위험을 감수하고 현명한 포기에 따른 선택을 할 수 있는지' 여부에 달려 있습니다.

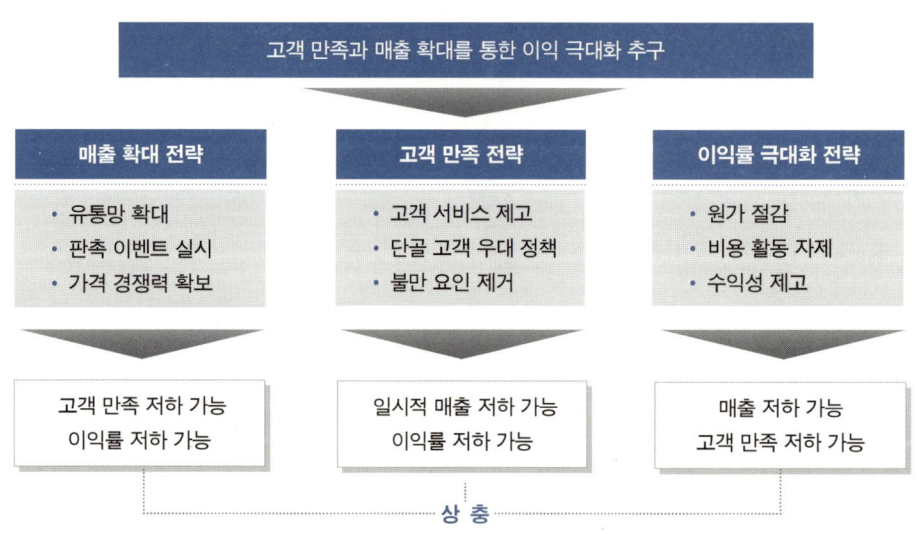

Strategic Tip

'현명한 포기'에 대하여

영화 〈박하사탕〉을 보면 서두에 주인공 김영호(설경구 분)가 철로 위에서 "나 다시 돌아갈래!"라고 외치는 장면이 나옵니다. 첫사랑과의 아픈 인연, 닳고 닳은 형사로서의 삶. 자기 인생을 살았지만 자신의 뜻과는 상관없이 그 자리에 서게 된 김영호. 왜 이렇게 되었을까 후회하며 자신의 마지막만큼은 직접 선택하고 싶었는지 모릅니다.

누구에게나 시간을 거꾸로 돌리고 싶을 때가 있을 것입니다. 월요일 아침엔 시간을 되돌려 다시 일요일이 될 수 있다면 얼마나 좋을까요? 어영부영 흘려 보낸 시간을 되돌려 학창 시절로, 직장 생활 초기로 돌아갈 수 있다면 얼마나 좋을까요! 하지만 시간은 절대로 되돌릴 수 없습니다. 지나고 나면 선택의 결과만이 남을 뿐, 다른 선택의 길은 갈 수가 없죠. 차라리 어느 하나라도 자신의 뜻대로 선택했다면 실패하더라도 후회하지 않겠지만, 떠밀려 산 삶은 오직 운에 기댈 수밖에 없습니다.

여러분은 포기를 어떻게 생각하십니까? 포기라는 단어를 들으면 실패나 무능력이 떠오르십니까? 우리는 성공하려면 무모하다 싶을 정도로 포기하지 않고 도전해야 한다고 배웠습니다. 물론 꿈을 이루기 위해서는 포기하지 않는 도전 정신이 필요합니다. 하지만 끝까지 포기하지 않다 보면 인생 자체가 포기의 길로 갈 수도 있습니다. 나폴레옹, 셰익스피어, 링컨. 이들에겐 공통점이 있습니다. 나폴레옹은 수필가로, 셰익스피어는 양모 사업가로, 링컨은 상점 경영인으로 실패했다는 점이 그것이죠. 만일 그들이 스스로의 선택을 버리지 못해, 혹은 주위 여건 때문에 수필가로, 양모 사업가로, 상점 경영인으로서의 삶을 계속했다면 어떻게 되었을까요? 그들 역시 언젠가 "나 다시 돌아갈래!"를 외쳤을지도 모릅니다.

포기라는 선택을 통해 성공한 그들처럼 되고 싶으세요? 그렇다면 어떤 것을 포기해야 할까요? 이는 전략과 관계 있는 문제입니다. 전략이란 현재 상황을 벗어날 수 있는 묘책으로 똑똑한 사람들이 만드는 특별한 것이라고 생각하기 쉽지만, 그렇지 않습니다. 전략은 현재 상황에 대처하는 현실적인 방법입니다. 자신의 능력과 여건에 비추어 성공이라는 목표를 달성하기 위한 방안들 중 포기할 건 포기하고 가장 최선인 것을 선택하고 실행하는 것이 바로 전략입니다. 한마디로 '현명한 포기'죠.

물론 현명한 포기에는 책임이 따릅니다. 새로운 길은 미래를 예측할 수 없어 불안하죠. 그게 싫어 포기하지 못하고 시간을 허비하는 경우가 많습니다. 자신의 미래를 스스로 개척할 용기와 뚜렷한 목표가 없다면 선택은 항상 뒤로 밀리고 자기 인생은 운에 맡겨질 뿐인데도 말입니다. 여러분은 자신의 목표가 무엇인지, 그것을 달성하기 위한 전략이 무엇인지 답할 수 있습니까?

Chapter 2

전략적 사고

세계화로 인한 무한 경쟁과 금융 위기로 인한 저성장 시대의 도래 등으로 지금은 역사상 그 어느 때보다 불확실성이 높아진 시대입니다. 그렇다 보니 상황에 유연하게 대처할 수 있는 전략적 사고의 중요성이 한층 부각되고 있습니다. 그런 차원에서 현실에 대한 이해력, 구조화 능력, 논리적 분석력 및 대안 도출 능력 면에서 전략적으로 사고하는 방법을 알아보겠습니다. 또한 다양한 쟁점들을 복합적으로 사고하는 데 유용한 2X2 매트릭스 기법과 죄수의 딜레마나 부부의 주도권 다툼 등 게임 이론을 살펴본 후, 실무 관점에서 목적 지향적 사고와 역지사지의 자세, 전략적 타이밍에 대해서도 알아보겠습니다.

1 · 전략적 사고란?

2 · 전략적 사고에 유용한 2X2 매트릭스

3 · 게임 이론

4 · 실무 관점에서 본 전략적 사고

1 ■ 전략적 사고란?

전략적 사고 Strategic Thinking 란 현실에 기반하여 목표를 달성하기 위해 취해야 할 최선의 방안을 선택하는 사고를 말합니다.
그린 의미에서 진략적 사고는 전략 경영의 핵심이자 리더에게 꼭 필요한 역량입니다.

기업을 둘러싼 환경은 불확실성의 연속입니다. 특히 서브프라임 사태 이후의 글로벌 환경은 아무리 좋은 전략이라도 1~2년이 지나면 무용지물로 만들기도 합니다. 그러므로 책상 앞에 놓인 중장기 전략 기획서보다 변화하는 환경에 유연하게 대응할 수 있는 전략적 사고가 더욱 중요합니다.

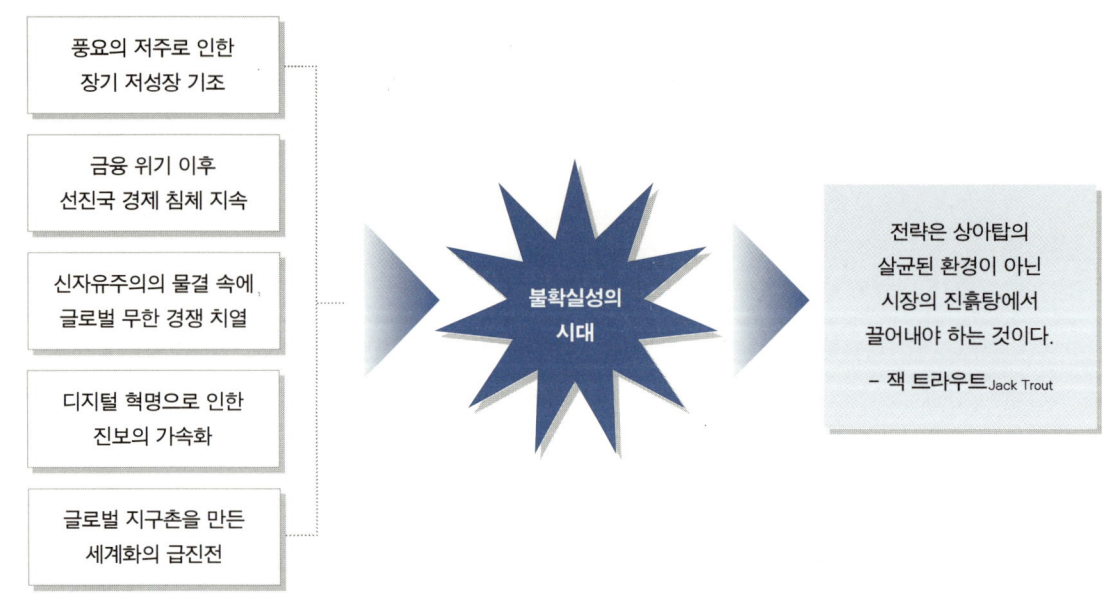

그럼 전략적 사고를 하기 위해서는 어떤 능력을 가져야 할까요?

전략적 사고라고 하면 분석적이거나 계획적인 사고에 국한하여 생각하는 경향이 있습니다. 하지만 전략적 사고는 분석적이거나 계획적인 사고에 필요한 논리적 사고뿐만 아니라 열린 사고와 비판적 사고 등 다양한 관점에서 바라볼 수 있어야 합니다. 이를 좀 더 구체화하면 아래와 같이 현실에 대한 이해력과 전체를 구도화하는 구조화 능력, 체계화된 논리적 분석력, 경쟁력 있는 대안 도출 능력을 들 수 있습니다.

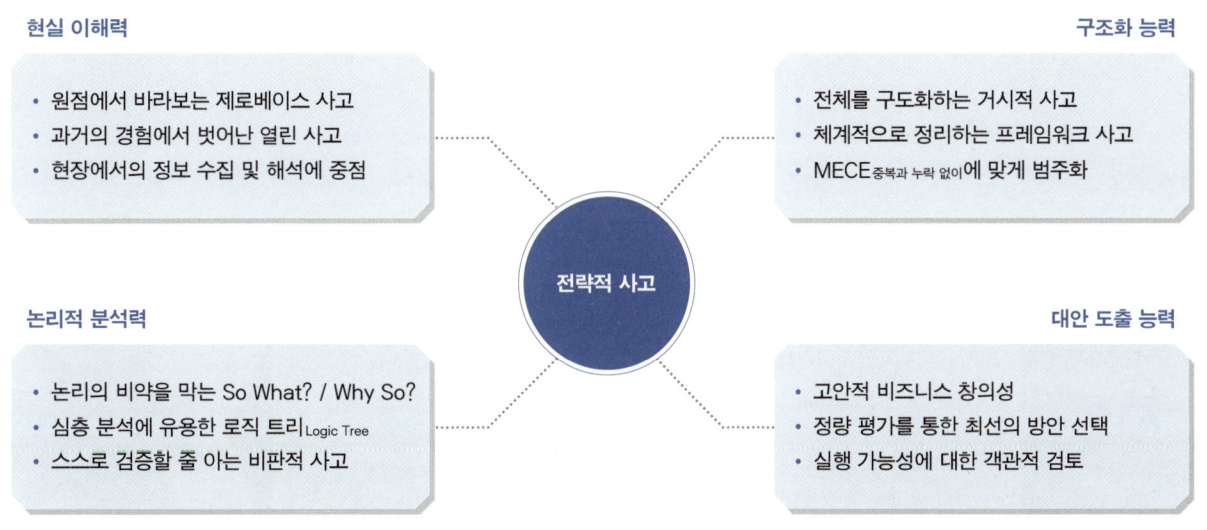

■ 제로베이스 사고

제로베이스Zero-base 사고란 고정 관념에서 벗어나 백지 상태에서 생각하는 것을 말합니다. '그건 어쩔 수 없어.', '그렇게 되는 건 당연한 거야.' 등 좁은 틀 속에만 머무르지 말고 '왜 안돼Why Not?'란 자세로 적극적으로 대응하는 사고법입니다. 선입견 때문에 현실을 제대로 파악하지 못한다면 올바른 전략을 수립할 수 없습니다. 특히 경영 환경을 파악하려 할 때나 어려운 문제에 부딪쳐 새로운 발상이 필요할 때처럼 좀 더 폭넓게 사고해야 할 때 제로베이스 사고는 필요합니다.

최근의 경영 환경은 시대와 고객 변화, 경제 시스템의 변동, 새로운 가치 창출 등으로 인해 하루가 다르게 변하고 있습니다. 이런 환경 변화 속에서 지속적으로 성장하기 위해서는 과거의 패러다임에서 벗어난 제로베이스 사고가 필요할 수밖에 없습니다.

핵심 이슈

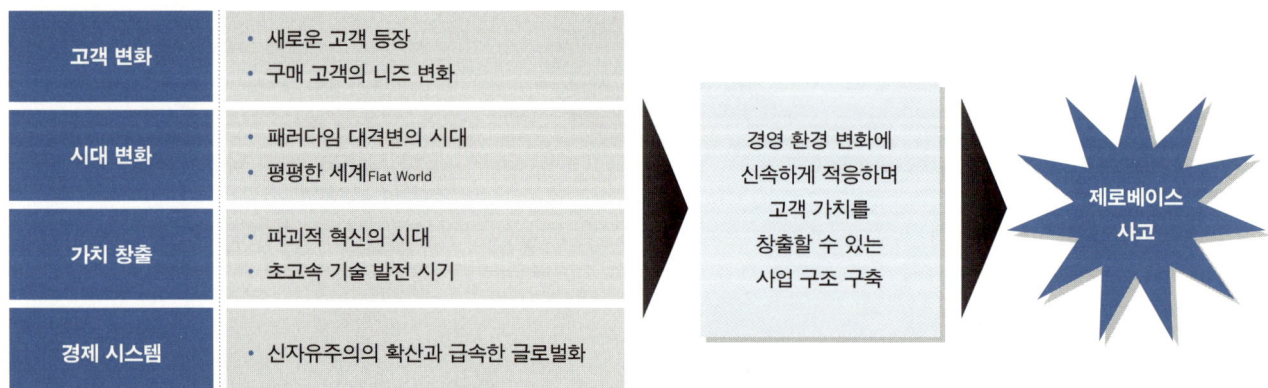

그렇다면 어떻게 해야 제로베이스 사고를 할 수 있을까요?

말로는 간단하지만 실천하기는 쉽지 않습니다. 개인적인 경험이나 관념, 조직의 타성, 변화를 싫어하는 문화 등으로 인해 아무리 제로베이스 사고를 하려 해도 잘되지 않기 때문입니다. 그러므로 다음과 같은 활동을 통해 의식적으로 제로베이스 사고를 하도록 유도해야 합니다.

제로베이스 사고 기법

현장 Field 중심 사고	• 과거의 경험이나 성공 방식에 얽매여 있다가는 현실을 제대로 이해하지 못할 수 있음 • 책상 앞이 아닌 현장에서 직접 변화하는 경영 환경을 이해하려는 태도
목표 지향 사고	• 경험이나 실적, 조직 내 역학구도 등이 아닌 목표 부합성만을 활동 검토 기준으로 채택 • 미래 목표 달성에 부합하지 않는 활동이라면 과감히 중단
새로운 시각 New Viewpoint	• 조직 문화 및 타성에 얽매이지 않는 새로운 리더 또는 핵심 인재를 영입하거나 전문 컨설턴트의 컨설팅, 사외 교육프로그램 이수 등을 통해 조직 내 새로운 시각 전파
6가지 생각 모자 Six Thinking Hats	• 한 주제에 대해 다양한 관점으로 바라볼 수 있게 하는 브레인스토밍 Brainstorming 기법 • 파랑/사회자, 하양/사실적, 빨강/감정적, 초록/창의적, 노랑/낙관적, 검정/비관적
벤치마킹 Benchmarking	• 모범 사례와 자사의 성과 차이를 비교, 분석하여 학습함으로써 부단히 혁신 추구 • 자사와 연관 없는 타사나 다른 산업 분야를 연구함으로써 새로운 관점으로 접근

■ 열린 사고

실무적으로 변화하는 환경에 유연하게 대처하기는 어렵습니다. 자신의 사고 패턴과 경험, 자기 합리화 등이 얽혀 기존의 전략을 고수하려는 경향이 있기 때문입니다. 환경이 바뀌면 전략도 수정해야 합니다. 그러나 기존의 완성도 높은 전략에만 집중하다가 실패를 부르기도 합니다. 이것이 바로 전략의 함정 Strategy Paradox 입니다.

과거의 성공 전략이 이번에도 성공한다는 보장은 없습니다. 오히려 성공은 실패의 어머니입니다. 성공에 안주하며 3C 사고방식(자기만족 Complacency, 자만심 Conceit, 보수주의 Conservatism)에 빠져 유연하게 대처하지 못하면 실패의 덫에 걸리기 때문입니다.

Case | 유로 디즈니의 실패

미국의 플로리다와 캘리포니아 디즈니랜드의 성공, 그리고 미국 외 지역에 최초로 건설된 도쿄 디즈니랜드의 잇따른 성공으로 디즈니는 디즈니랜드가 전 세계 어디서나 성공할 수 있다는 환상에 젖어 있었다. 그리고 당연히 성공할 거라는 기대 속에 유로 디즈니를 파리 외곽에 개장했다. 그러나 유로 디즈니에 걸었던 장밋빛 희망은 환상으로 판명되었고, 엄청난 적자를 입게 되었다. 도대체 무엇이 잘못되었던 것일까?

디즈니의 경영진은 계획을 수립할 때 조직 전체에 퍼져 있던 낙관주의를 경계하고 냉정하게 양 대륙 간 문화 차이와 고객에 대해 연구했어야 했다. 그러나 유럽도 미국과 같을 거라는 안일한 생각 하에 대규모 투자를 단행하는 실수를 저질렀다. 구체적으로는 첫째, 유럽인들은 미국인들보다 훨씬 검소하다는 사실을 파악하지 못했다. 유로 디즈니를 방문한 유럽 방문객들은 도시락을 싸 왔으며, 디즈니랜드에 있는 호텔에서 숙박하지도 않았다. 둘째, 고객들의 생활 습관에 따른 요구에 부응하지 못했다. 성수기와 비수기 예측을 제대로 하지 못했으며, 아침 식사 수요 예측도 빗나갔다. 또한 식사 시 와인을 마시는 프랑스인들의 식사 습관을 파악하지 못하고 디즈니랜드에서 주류 판매를 금지하는 우를 범했다.

"우리는 자만심에 빠져 있었다. 우리는 타지마할을 건설한 것 같은 우월감에 빠져 있었고,
사람들이 우리의 의도대로 움직일 거라는 착각에 빠져 있었다."

과거의 성공 경험을 과신해 자신의 능력과 방법을 우상화하는 오류를 휴브리스Hubris라고 합니다. 성공하는 리더가 되려면 개인적인 장점이 실패로 이끄는 함정이 될 수 있음에 주의하여 휴브리스에 빠지지 않도록 노력해야 합니다. 일례로, 뛰어난 분석 능력을 무기로 리더가 된 기획 전문가가 자신의 장점인 분석 능력 때문에 의사 결정을 내려야 하는 순간에도 분석만 하고 있는 실수를 범하기도 합니다. 이처럼 성공으로 이끌어주었던 장점이 실패의 어머니가 될 수 있는 사례들은 다음과 같습니다.

#	함정	설명
1	자만심의 함정	능력을 인정받아 항상 승승장구하며 최고에 오른 리더
2	스타 의식의 함정	업무를 주도적으로 처리하며 항상 앞에 나서던 리더
3	다혈질의 함정	열정적인 성격과 과감한 추진력으로 성공한 리더
4	신중함의 함정	뛰어난 분석력을 지닌 기획형 리더
5	불신의 함정	다면적으로 분석하고 대응과 방어에 능한 리더
6	고립의 함정	사무적이면서 독자적인 업무에 능숙한 사색형 리더
7	장난기의 함정	재치와 유머, 자유로운 사고를 지닌 자유분방형 리더
8	괴벽의 함정	남들보다 뛰어난 독창성과 창의력으로 성공한 리더
9	정치성의 함정	남다른 정치력으로 조직을 이끄는 자리에 오른 리더
10	완벽주의의 함정	어떤 일이든지 깔끔하게 처리하는 데 뛰어난 리더
11	화합의 함정	관계를 원만하게 이끌며 화합을 추구하는 리더

실패를 부르는 리더십의 함정

■ 프레임워크 사고와 MECE

프레임워크Framework 사고란 전체를 일목요연하게 조감할 수 있는 틀Frame에 따라 사고하는 것을 말합니다.

프레임워크 사고를 통해 내·외부 환경을 전체적으로 조망해 봄으로써 핵심을 파악하고 효과적인 전략을 수립할 수 있습니다.
전략의 3C, 마케팅의 4P/4C 등 경영 전문가들이 고안한 다양한 전략 프레임워크가 있으므로 이를 적절히 활용하여 프레임워크 사고를 할 수 있습니다. 이 책에서도 각종 전략 프레임워크들을 기획 기법으로 소개할 것이니 참고하시기 바랍니다.

프레임워크 사고와 함께 구조화 능력으로 중요한 것이 바로 맥킨지의 MECE입니다.
MECE란 중복과 누락 없는 부분 집합을 통해 개념의 전체를 파악하는 것으로, 범주Category화하여 정리하는 사고를 말합니다.
MECE를 통해 나열형 정보나 개념들을 범주로 묶어 정리함으로써 체계적으로 전체를 조망할 수 있습니다.

프레임워크Framework 사고	MECE
• 전체를 체계적으로 구조화 • 사고의 범위를 틀에 맞게 정리 • 논리적인 일관성을 유지하면서 통일화 • 지엽적인 것에서 벗어나 핵심에 집중 • 다양한 기획 기법 활용 • 프레임워크를 시각화하는 것도 유용	• 중복과 누락 없이Mutually Exclusive, Collectively Exhaustive • A와 B로 나눌 경우, $A \cup B = 1$이고 $A \cap B = 0$ • 각 요소의 합은 전체를 대표 • 전체 논리에 일관된 정합성을 확보하기 위한 사고 방식 • 모든 논리적 사고는 MECE에서 출발

거시적 사고

■ So What? / Why So?

So What? / Why So?는 논리적 비약을 막는 맥킨지 사고법입니다. 수집된 정보를 통해 '그래서 무엇을 말하려는가 So What?'에 대해 논리적 의미를 추출하고, 자신의 의견에 대해 '왜 그렇게 말할 수 있는가 Why So?'라는 질문을 받았을 때 분명하게 설명할 수 있어야 합니다. 즉, 분석 후 결론적으로 말하고자 하는 요점이 'So What?'이며, 주장하는 내용에 대한 근거가 'Why So?'입니다.

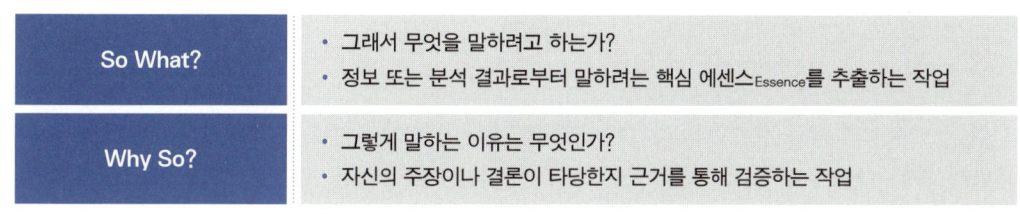

Case | 사업 전략

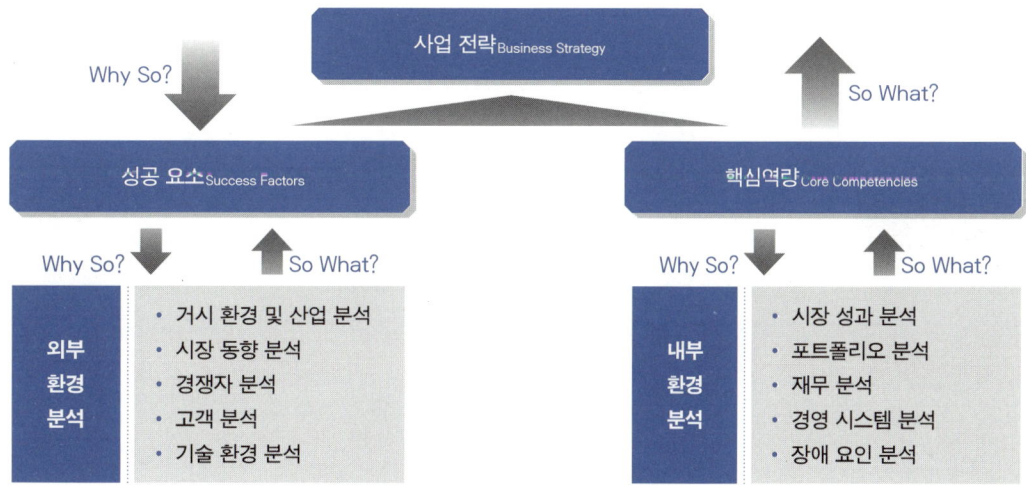

■ 로직 트리

'진실은 디테일Detail에 있다'고 합니다.
무엇을 할 것인가, 어떻게 해야 할까, 왜 그럴까 등 다양한 과제들을 피상적으로 바라보다 낭패를 보는 경우가 적지 않습니다. 심층적으로 분석하여 디테일에 집중해야 합니다. 이렇듯 문제의 원인 또는 과제 해결 방안을 구체화하는 데 유용한 방법이 로직 트리Logic Tree입니다. 주어진 과제에 대해 심층적으로 분석하다 보면 하위 과제들이 나뭇가지 모양으로 전개된다고 해서 로직 트리라는 이름이 붙었습니다.

로직 트리에는 왜 그런지 원인을 규명하기 위한 Why Tree, 무엇을 할 것인지 세부 내용을 분석하기 위한 What Tree, 어떻게 할 것인지 구체적인 해결책을 탐색하기 위한 How Tree가 있으며, 수직적으로는 인과 관계가, 수평적으로는 MECE에 맞게 전개되어야 합니다.

Case | 수익 제고 방안

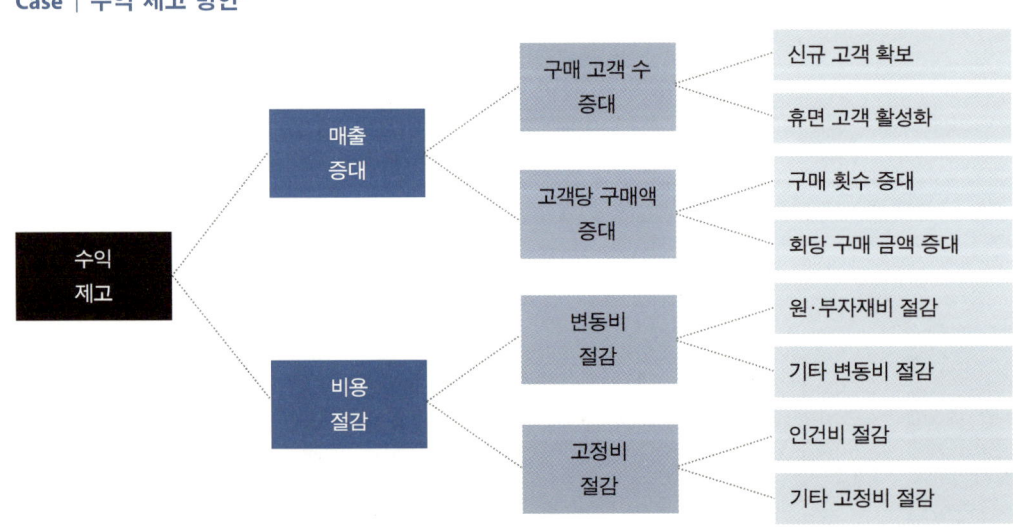

■ 비즈니스 창의성

남과는 다른 머리 스타일과 복장, 기괴한 일탈 행동, 독특한 생활 양식. 창의성 하면 보통 이런 것들을 떠올리지요? 일면 맞습니다만, 그런 것들은 비즈니스 창의성과는 거리가 멉니다. 비즈니스 창의성은 목표를 달성하기 위해 문제를 해결해야 하는 고안적 창의성입니다. 따라서 저런 모습보다는 책들과 씨름하며 고민하는 직장인의 모습이 오히려 가깝습니다.

조금 다른 얘기지만, 기획서를 작성하다 보면 좋은 아이디어가 마감 직전에야 떠오를 때가 많습니다. 지식을 축적한 상태에서 마감 직전의 몰입과 집중이 창의력을 발휘하게 하는 것이죠.

그런 측면에서 비즈니스 창의성을 발휘하기 위해서는 다음과 같이 몰입과 집중, 스트레스 관리, 시스템적인 사고가 필요합니다.

몰입과 집중	• 목표를 달성하겠다는 확고한 마음가짐 • 문제 및 이의 해결책에 집중하는 강한 호기심 • 문제 해결에 필요한 다양한 지식 습득
스트레스 관리	• '제약이 없으면 아이디어도 없다'는 자세 • 스트레스는 창의력과 성공의 전제 조건 • 궁즉통窮則通, 불광불급不狂不及
시스템적 사고	• 양질 전환良質轉換의 법칙 • 변증법적 사고 시스템 • 겐리히 알츠슐러의 트리즈TRIZ*

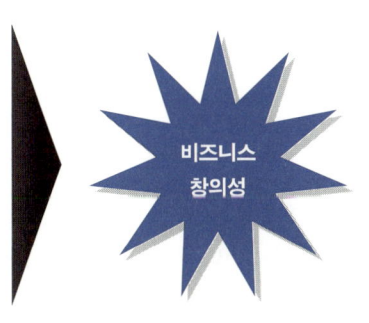

* 트리즈 : 가장 이상적인 결과를 얻어내는 데 관건이 되는 문제의 모순을 찾아내고
이를 극복함으로써 창의적인 해결안을 얻을 수 있다는 방법론

일례로 다음과 같은 사례를 검토해 보죠.

> 당신은 현재 과수원을 운영하고 있다. 얼마 안 있으면 수확철이라 마음이 바쁘다.
> 그런데 불행히도 어제 대형 태풍이 휩쓸고 지나가는 바람에 수확을 기다리던 사과들이 대부분 떨어져버렸다.
> 10% 정도가 떨어지지 않고 남아 있긴 하지만, 손실은 피할 수 없게 되었다.
>
> 이제 당신은 어떻게 해야 할까?

떨어진 사과를 사과잼, 사과 주스 등의 원료로 사용한다든지, 정부 및 민간의 지원을 요청하는 방안 등을 생각할 수 있겠지요. 하지만 아무리 노력해도 이전보다 손해를 볼 수밖에 없을 것입니다. 그런데 이런 상황에서 비지니스 창의성을 발휘함으로써 전보다 큰 이익을 본 사례가 있습니다.

> 사과 산지로 유명한 일본 아오모리 현에 큰 태풍이 휩쓸고 지나간 일이 있다. 이로 인해 전체 사과의 90%가 익기도 전에 땅에 떨어져서 많은 농민들이 슬픔에 빠져 있었다. 이때 한 농부가 한 가지 제안을 내놓았고 이 제안으로 태풍 피해는 오히려 전화위복이 되었다.
>
> 사과나무에 남아 있던 10%의 사과에 '절대 떨어지지 않는 행운의 사과'라는 의미를 부여해 10배 이상 비싼 가격으로 수험생들에게 팔아 예년보다 높은 수익을 거둘 수 있었던 것이다.

■ 수치 중심의 분석적 사고

피터 드러커Peter Drucker는 '측정할 수 없으면 관리할 수 없으며, 관리할 수 없으면 개선시킬 수도 없다.'라고 했습니다. 닛산자동차Nissan Motor Company를 극적으로 회생시킨 카를로스 곤Carlos Ghosn 사장은 '경영의 요체는 숫자'라며 숫자경영을 강조했습니다. 이 모두 수치 중심의 분석적 사고의 중요성을 말해 주고 있습니다.

전략에 있어서도 마찬가지입니다. 전략 대안별 평가나 전략 실행 후 결과 분석은 두루뭉술한 말보다 구체적인 수치로 제시되어야 객관적인 비교가 가능하기 때문입니다.

그러므로 전략적 리더라면 반드시 숫자경영에 능숙해야 합니다.

Case | 실적 분석

소매점의 월 매출 10% 저하 원인 분석

두루뭉술한 비수치적 분석의 예

월매출 저하 원인은 비가 많이 내려서 방문 고객 수가 줄었기 때문입니다. 저희도 비 때문에 고민을 많이 했습니다. 어떻게든 고객 방문을 늘려보고자 다양한 이벤트를 펼치는 등 최선의 노력을 다했습니다.

구체적인 수치 분석의 예

1. 비로 인한 매출 하락 15%
   - 비로 인한 일 매출 하락률 평균 30% 수준
   - 추가 강우일수 15일
2. 강우 관련 이벤트로 매출 상승 5%
   - A 이벤트 : 40백만 원 (4%)
   - B 이벤트 : 10백만 원 (1%)

2. 전략적 사고에 유용한 2X2 매트릭스

대개 경영 활동은 쟁점들이 단순하지 않고 복잡하게 얽혀 있어 딜레마에 빠질 때가 많습니다. 그럴 경우 2X2 매트릭스로 핵심 쟁점 두 가지에 대해 복합적으로 사고함으로써 좀 더 전략적인 사고에 도달할 수 있습니다. 대표적인 사례로 앤소프의 상품-시장 매트릭스나 BCG 매트릭스 등이 있습니다.

2X2 매트릭스는 지나치게 단순해서 기회가 없다고 판단할 수 있으나, 복잡한 문제를 명료하게 분석할 수 있는 유용한 출발점이 됩니다. 그런 의미에서 전략적 리더나 전략 실무자라면 55가지가 넘는 2X2 매트릭스를 통찰력 있게 소개하고 있는 알렉스 로위Alex Lowy와 필 후드Phil Hood의 《2X2 매트릭스 : 핵심을 꿰뚫는 단순화의 힘The Power of the 2X2 Matrix》을 일독하기를 권합니다. 여기서는 참고로 《2X2 매트릭스 : 핵심을 꿰뚫는 단순화의 힘》에 실린 내용을 토대로 알아두면 유용한 2X2 매트릭스 몇 가지를 소개하고자 합니다.

고객 주도를 넘어서 매트릭스	고객에 대한 소구 여부와 니즈의 발현 여부에 따라 전략적 기회 영역을 분류한 매트릭스
글로벌 상품 기획 매트릭스	상품 전략과 의사 소통 전략에 따른 글로벌 상품 기획 방향을 분석한 매트릭스
영향력-불확실성 매트릭스	SRIC-BI 컨설팅사에서 주요 환경 변화를 예측, 분석하기 위해 사용한 매트릭스
4가지 중요 인재 매트릭스	전문성과 조직화 역량을 중심으로 조직이 필요로 하는 인재를 분석한 매트릭스
사회성 유형 매트릭스	자기주장 스타일Assertiveness과 감정 표현 스타일Responsiveness로 사회성을 분석한 매트릭스
시간 관리 매트릭스	중요한 일과 긴급한 일들 사이에서 어떻게 시간을 관리할 것인가를 보여주는 매트릭스

■ '고객 주도를 넘어서' 매트릭스

게리 하멜은 '관행과 전제에 도전하여 혁신하는 능력'이야말로 21세기 기업의 성공에 필수적인 역량이라고 말합니다.
'고객 주도를 넘어서' 매트릭스 Beyond Customer Led Matrix 분석을 통해 기존 고객들의 알려진 니즈를 충족시키려는 관행에서 나아가 잠재적인 미래 니즈의 미개척 영역으로 확장해야 지속적으로 성장할 수 있다고 주장합니다.

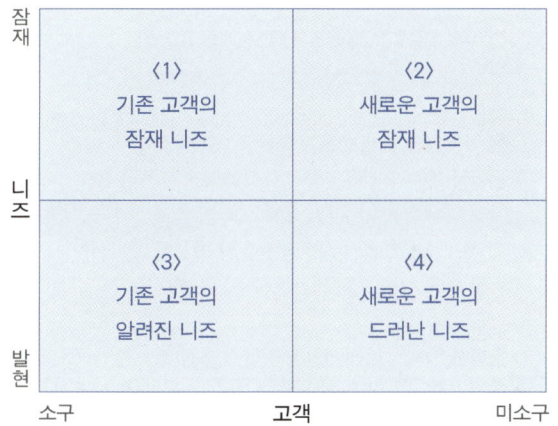

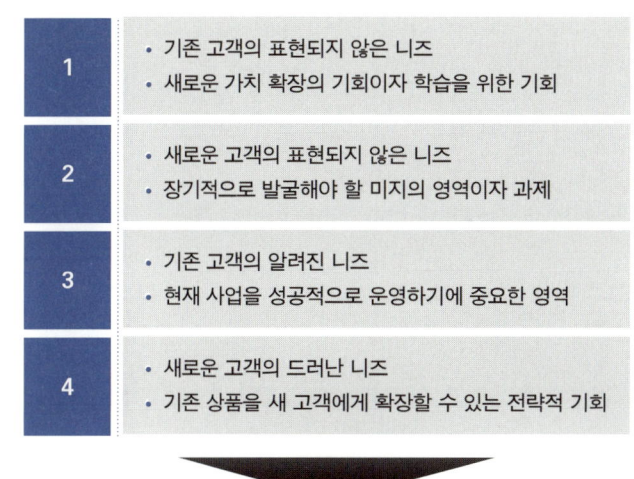

■ '글로벌 상품 기획' 매트릭스

한 지역에서 성공한 상품은 전 세계 어느 곳에서도 성공할 것 같지만, 현실은 그렇지 않습니다. 현지의 경쟁이나 문화, 기타 환경 조건에 따라 전략적으로 다르게 대응할 필요가 있습니다. 이에 워렌 키건 Warren Keegan 은 상품 전략과 의사 소통 전략에 주목해서 글로벌 성장을 추구하기 위한 전략적 선택 대안을 검토하는 프레임워크인 '글로벌 상품 기획' 매트릭스 Global Product Planning Matrix 를 개발했습니다.

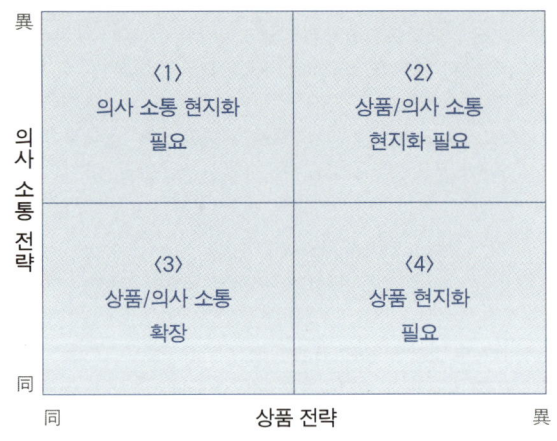

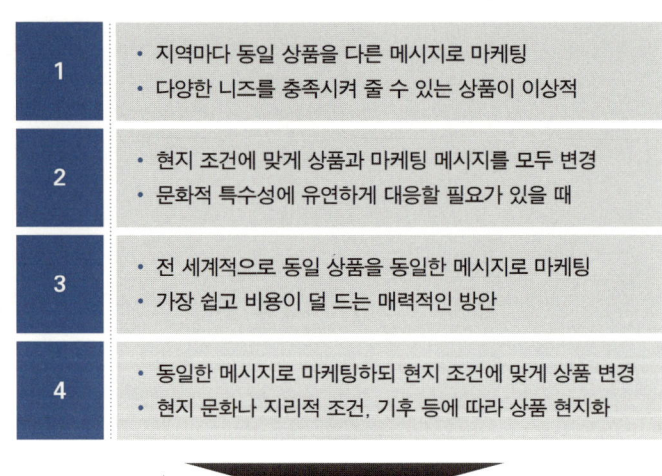

성공 가능성이 높은 글로벌 상품 기획 모색

■ '영향력-불확실성' 매트릭스

'영향력-불확실성' 매트릭스Impact-Uncertainty Matrix는 SRIC-BI 컨설팅사가 시나리오 플래닝, 전략 경영 및 사업 기획 등을 할 때 외부 환경을 분석하는 데 사용하는 도구입니다. 외부 요소들을 전략 결정에 미칠 영향력과 발생 가능성에 따라 분류한 후 대응 전략을 강구합니다. 이를 통해 외부 환경 요소별 상대적 우선순위를 파악할 수 있어 효과적으로 환경 변화에 대응할 수 있다고 주장합니다.

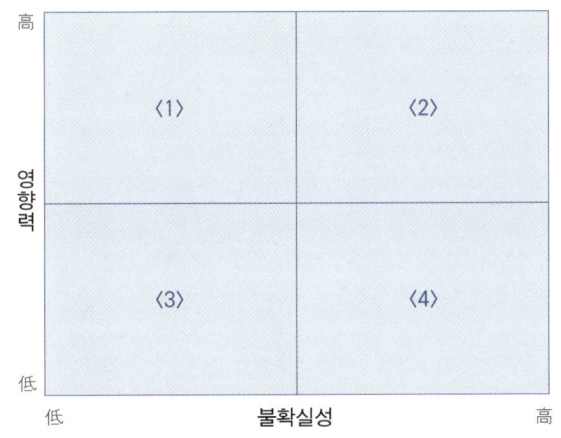

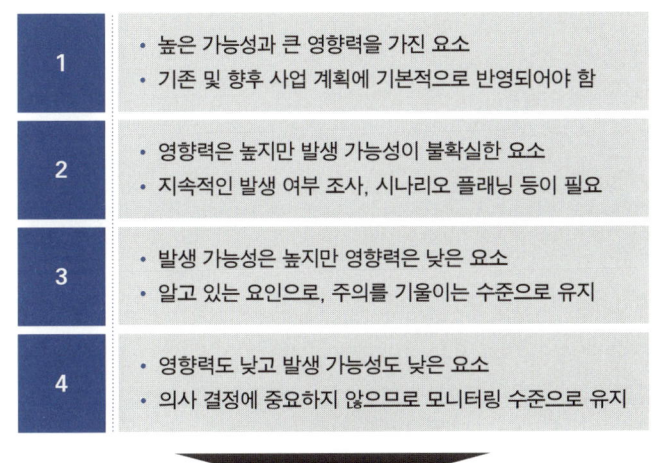

■ '4가지 중요 인재' 매트릭스

지식 경영을 주창한 칼 에릭 스베이비Karl Erik Sveiby는 '4가지 중요 인재' 매트릭스The 4 Power Player Matrix를 통해 인재를 전문성과 조직화 역량에 따라 전문가, 리더, 지원 스태프, 관리자의 네 가지 유형으로 구분, 관리해야 한다고 주장합니다. 조직은 이 네 가지 유형의 인재 모두가 필요하며, 균형을 이룰 수 있도록 관리해 나가야 성공할 수 있다고 말합니다.

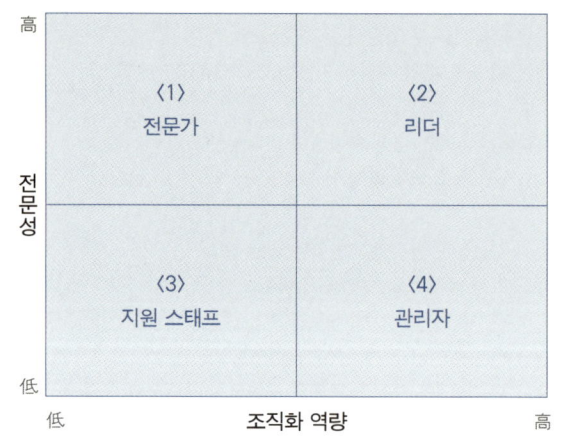
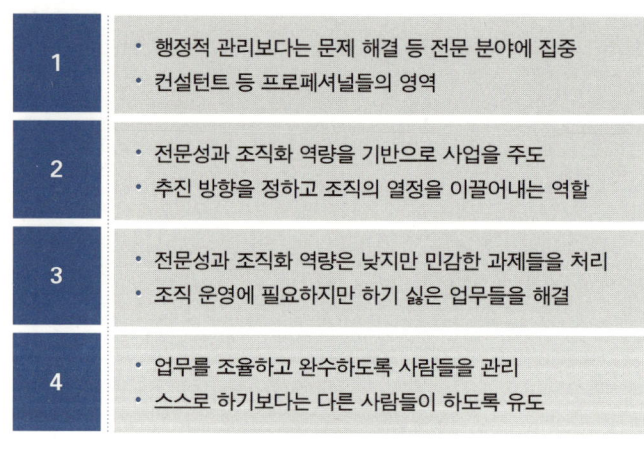

역할별 인재들이 조직 내에 균형을 이루고 있어야 효율적인 운영 가능

■ '사회성 유형' 매트릭스

데이비드 메릴David Merrill은 로저 레이드Roger Reid와 함께 자기주장을 강하게 하는지와 타인에게 자신의 감정을 잘 표현하는지의 두 가지 행동 요소에 따라 사회성 유형Social Style을 매트릭스상의 네 유형으로 분석했습니다. 그는 사회성 유형 자체가 개인의 성공과 실패를 좌우하지는 않지만, 자신과 다른 사회성 유형을 배려하는 대인 관계에서의 융통성은 언제나 성공의 핵심 요소였다고 주장합니다.

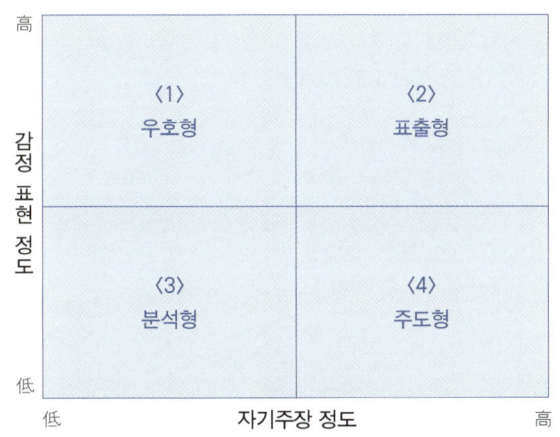
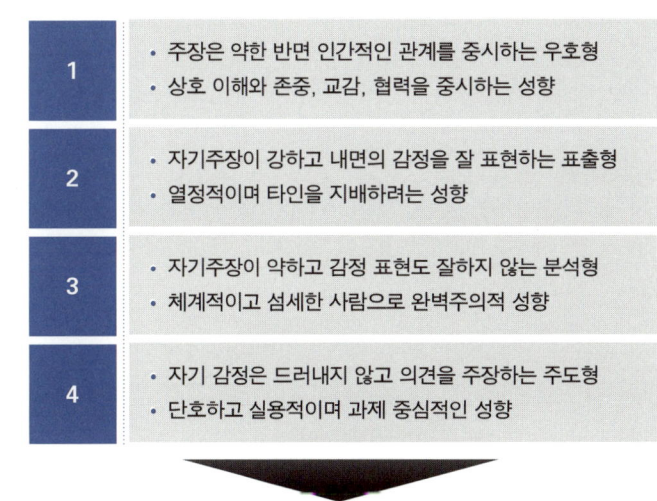

■ '긴급성-중요성 시간 관리' 매트릭스

스티븐 코비Stephen Covey는 성공하는 사람들은 자신의 삶을 통제하며 시간을 관리하는 방법을 알고 있는 이들이라 했습니다. 대개 긴급하게 벌어지는 일들에만 몰두하는 것과 달리 긴급성은 낮더라도 중요한 일에 시간을 낼 줄 아는 것이 성공의 열쇠라 주장하며, 긴급성과 중요성을 두 축으로 하는 '긴급성-중요성 시간 관리' 매트릭스Urgency-Importance Time Management Matrix를 제시하고 있습니다.

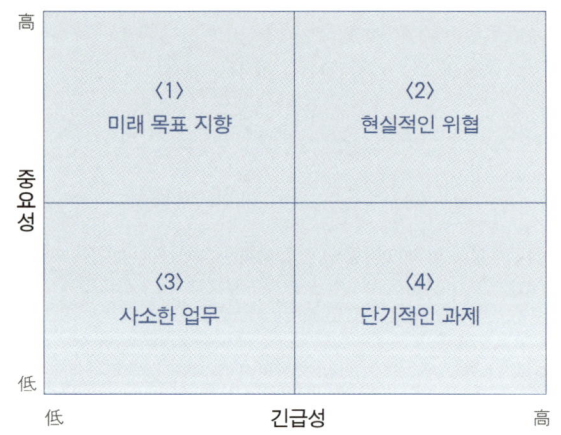

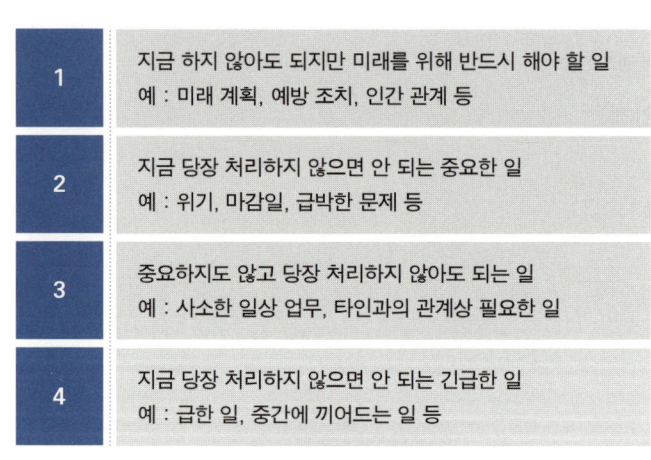

3. 게임 이론

게임 이론 Game Theory 이란 경쟁 주체가 상대편의 대처 행동을 고려하면서 자신의 이익을 효과적으로 달성하기 위해 수단을 합리적으로 선택하는 행동을 수학적으로 분석하는 이론을 말합니다.

게임 이론은 1944년에 요한 폰 노이만 Johann von Neumann 이 오스카 모르겐슈테른 Oska Morgenstern 과 함께 발표한 《게임 이론과 경제 행동 Theory of Games and Economic Behavior》에서 이론적 기초가 마련되었습니다. 2차 세계대전 당시 잠수함 전투에 적용되면서 군사학의 한 분야로 발전해 오다 경제, 경영, 정치 등 다양한 분야로 확대되고 있습니다.

비즈니스 세계는 복잡하고 합리적이지 않은 상황들이 많기에 게임 이론을 적용하기 어려운 면이 있습니다. 그러나 동일한 목표를 추구하는 소수 업체들 간의 경쟁 구도에서는 게임 이론이 전략적 해결책을 제시해 줄 수 있습니다.

게임 이론에서 말하는 전략과 주요 사례들은 다음과 같습니다.

우월 전략	경쟁자가 어떤 전략을 선택하더라도 경쟁자보다 우위에 있을 수 있는 전략 전형적인 사례〉 죄수의 딜레마
내시 전략	경쟁자의 전략을 주어진 것으로 보고 자신이 선택하는 최적의 전략 전형적인 사례〉 부부의 주도권 다툼, 겁쟁이 게임
혼합 전략	자기 이익 극대화를 위해 여러 전략을 미리 선택된 확률에 따라 무작위로 선택하는 전략 전형적인 사례〉 동전 던지기 게임
최소 극대화 전략	경쟁자의 선택에 따른 최악의 결과들을 비교하여 그중 가장 최선인 전략으로서, 이익 극대화보다 손실(위험) 최소화에 중점을 둔 전략

■ 죄수의 딜레마

죄수의 딜레마Prisoner's Dilemma란 각 당사자가 자신의 이익을 극대화하기 위해 우월 전략Dominant Strategy을 선택한 결과 양쪽 모두에게 나쁜 결과를 초래하는 경우를 말합니다.

> 용의자 두 명이 경찰에 체포되어 격리된 채 심문을 받고 있다. 경찰은 각 용의자에게 자백하면 무죄로 풀어주겠으며, 다른 이만 자백하면 20년 형을 살게 될 거라고 경고한다. 두 사람 모두 자백하지 않으면 2년 형 정도에 처해지지만 둘 다 자백하면 5년 형을 살 거라고 예상하고 있다. 그들은 어떤 선택을 할까?

죄수의 딜레마 이론

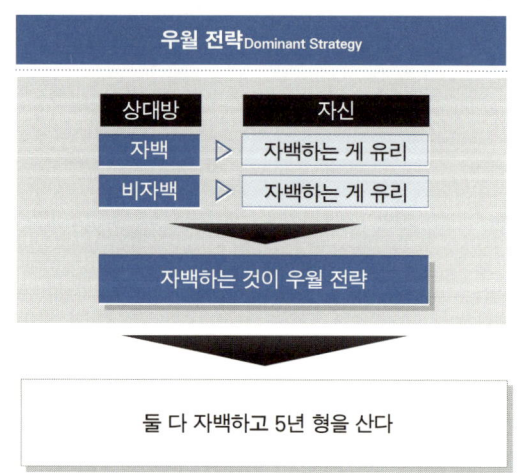

실무 관점에서 본 죄수의 딜레마

현실에서의 '죄수의 딜레마'
- 경쟁 업체 두 곳이 가격 전쟁에 돌입하는 경우
- 공공의 비극 The Tragedy of the Commons 역시 이에 해당

'죄수의 딜레마' 극복 방안
- 상생Win-Win 협력에 대한 합의 도출
- 합의 이행에 대한 상호 감시 체제 구축
- 합의 파기에 대한 강력 대응책 마련 및 실행
  예 : 공개적인 최저가 보장 정책

■ 부부의 주도권 다툼

부부의 주도권 다툼Battle of the Sexes은 각 당사자가 자신의 이익을 극대화하기 위해 상대방의 선택은 결정된 것으로 보고 자신에게 최선의 전략을 선택하는 내시 전략Nash Strategy의 전형적인 사례입니다.

> 신혼부부가 주말에 여가를 함께 즐기려고 한다. 그런데 남편은 야구 시합을, 부인은 뮤지컬을 보러 가고 싶어 한다.
> 남편은 뮤지컬을, 부인은 야구 시합을 보기 싫지만, 혼자 가는 것보다는 배우자와 함께 있고 싶다.
> 그들은 어떤 선택을 할까?

부부의 주도권 다툼 이론

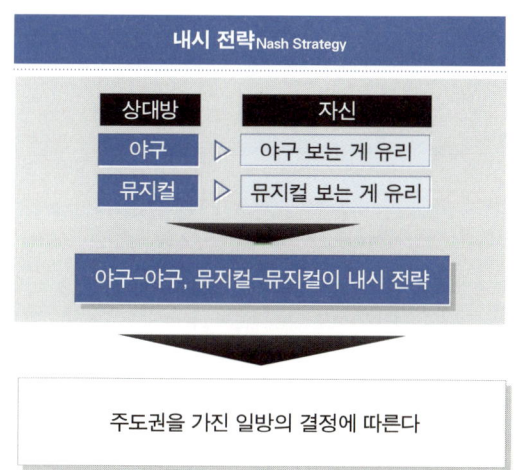

내시 전략 Nash Strategy

상대방	자신
야구	▷ 야구 보는 게 유리
뮤지컬	▷ 뮤지컬 보는 게 유리

야구-야구, 뮤지컬-뮤지컬이 내시 전략

↓

주도권을 가진 일방의 결정에 따른다

실무 관점에서 본 부부의 주도권 다툼

현실에서의 '부부의 주도권 다툼'

- 장치 산업의 증설 경쟁이나 사실상 표준인 디팩토 스탠다드de facto Standard 경쟁 등
- 겁쟁이 게임Chicken Game 양상으로 진화

'부부의 주도권 다툼' 활용 방안

- 상대방의 선택에 대한 정보 수집
- 자기 선택 결과를 공개하거나 먼저 행동(배수진)
  예 : 증설 공개 선언 등의 마케팅 시그널링Signaling
- 게임의 룰 파기

■ 가위바위보 게임

가위바위보 Rock Paper Scissors 게임은 제로섬 Zero Sum 게임에서 상대가 자신의 선택을 미리 아는 것이 자신에게 불리하게 작용한다면 무작위로 선택하는 것이 유리하므로 일정한 비율로 혼합하는 전략을 활용하는 사례입니다.

> 당신은 세계가위바위보협회에서 개최한 가위바위보대회에 참가하여 결승전에 올랐다. 상대는 전년도 세계 챔피언이다. 결승전은 5전 3선승제로 진행된다. 첫 번째 판에서는 내가 가위를, 상대가 보자기를 내 이겼다.
> 두 번째 판에서는 무엇을 내야 할까?

가위바위보 게임 이론

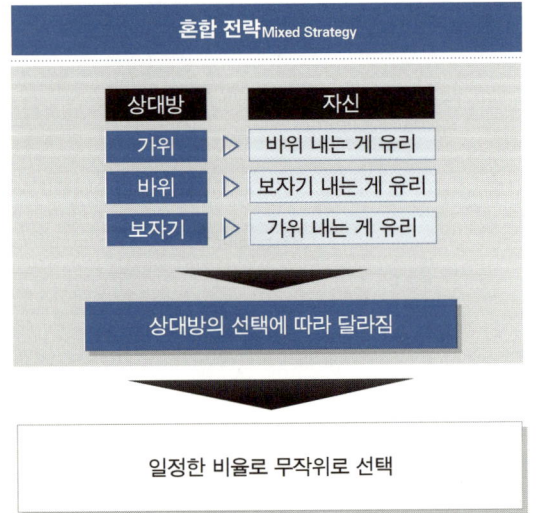

혼합 전략 Mixed Strategy

상대방	자신
가위 ▷	바위 내는 게 유리
바위 ▷	보자기 내는 게 유리
보자기 ▷	가위 내는 게 유리

상대방의 선택에 따라 달라짐

▼

일정한 비율로 무작위로 선택

실무 관점에서 본 가위바위보 게임

현실에서의 '가위바위보'

- 신규 고객 유치를 위한 기습적인 판촉 이벤트
- 품질 유지를 위한 무작위 랜덤 검사
- 의미 없는 순서가 오히려 전략적으로 작용

▼

'가위바위보' 활용 방안

- 상대방의 선택 편향성 파악에 주력
- 자신의 선택 편향성에 대한 오해 유도
- 비합리적인 돌출 행동으로 상대를 혼란스럽게 함

게임 이론에서는 경쟁자들의 전략 선택에 따라 상식적으로 생각되는 것과 다른 결과가 나올 수 있기 때문에 경쟁자들이 선택할 전략 옵션에 대응한 최적의 전략을 모색하는 일이 중요합니다.

일례로 3인 동시 결투 게임을 생각해 보겠습니다.

1800년대 중반 서부 개척 시대 미국의 어느 거리.
100% 명사수로 알려진 초특급 사수와 90% 명중률을 자랑하는 특급 사수,
그리고 겨우 20% 명중률을 가진 초보자.
이렇게 세 명이 목숨을 건 동시 결투를 벌이게 되었다.

3인 동시 결투에서 최후의 생존자는 누구일까?

상식적으로 생각하면 역량이 가장 뛰어난 초특급 사수가 생존자일 것으로 보이지만, 생존 확률이 가장 높은 자는 바로 초보자였습니다. 왜 그럴까요?

첫 결투 시 초특급 사수는 초보자보다는 특급 사수를 쏠 것입니다. 특급 사수는 초특급 사수를, 초보자 역시 초특급 사수를 쏘겠죠. 그럼 특급 사수는 죽고 초특급 사수 역시 생존 확률이 8%밖에 되지 않지만, 초보자는 1차 결투에서 100% 살아남게 됩니다. 결론적으로 계산하면 생존 확률이 초특급 사수는 6.4%, 특급 사수는 0%, 초보자는 92%로, 생존 확률이 초보자가 가장 높습니다.

초특급 사수와 특급 사수의 전략적 선택에 의해 초보자가 어부지리를 얻은 꼴입니다.

영화 〈타짜〉를 보면 주인공 고니 조승우 분가 현 최고의 타짜로 알려진 아귀 김윤석 분와 모든 것을 걸고 도박하는 장면이 나옵니다. 고니는 사실 경륜이나 실력 등 모든 면에서 아귀보다 못하죠. 예상대로 시작하자마자 아귀는 계속 이기는데, 고니는 아귀가 어떤 속임수 기술을 쓰는지조차 모릅니다. 이런 상황에서 고니는 어떻게 해야 아귀를 무너뜨릴 수 있을까요?

아귀는 상대의 속임수 기술을 간파해 단번에 굴복시키는 것으로 유명한데, 고니와의 대결에서도 그런 전략을 쓸 게 자명했다. 객관적인 전력에서 뒤지는 고니는 자신보다 고수인 아귀의 전략을 역이용한다. 고니는 의도적으로 기술을 쓰다 아귀에게 걸리고 만다. 아귀는 의기양양하게 고니가 속임수 기술을 써서 자신이 돈을 잃게 만들었을 거라고 주장하며, 아닐 경우 자신의 모든 것을 걸겠노라고 장담한다. 하지만 이는 고니의 역속임수였다.

결국 고니가 속임수를 쓰지 않은 것으로 판명 나고, 아귀는 모든 것을 잃고 만다. 고니는 '확실하지 않으면 승부를 걸지 말라.'란 말을 남기고 승리를 만끽한다.

영화 〈타짜〉

영화 〈타짜〉에서 보여준 고니와 아귀의 짜릿한 승부는 열세에 있어도 상대방의 전략을 알면 유리한 결과를 얻을 수 있음을 알려줍니다. 이렇게 상대와의 경쟁 상황에서 상대방의 전략을 분석함으로써 자신의 이익을 극대화할 수 있는 전략을 선택하는 것을 이론화한 것이 게임 이론입니다.

상대방의 전략을 예측하고 자신에게 최적인 전략을 선택한다면 항상 최고의 이익을 추구할 수 있습니다.

게임 이론을 적용하여 최적의 전략을 선택한다면 최선의 결과를 추구할 수 있으며, 때에 따라서는 경쟁자의 전략에 따라 더 높은 이익을 기대할 수도 있습니다. 이렇듯 현재의 게임 구도에서 경쟁자들의 전략 옵션과 기대 이익을 예측한 후 자신에게 최적의 전략을 선택할 수 있다면 괜찮습니다. 하지만 현 상황에서 자신이 선택할 수 있는 전략이 없다면 어떻게 하겠습니까?

그럴 때는 게임의 룰이나 구도를 먼저 바꿈으로써 자신의 이익을 극대화할 수 있습니다. 예를 들어보겠습니다.

> A쿠폰 100장과 B쿠폰 100장을 가지고 있는 교수가 100명의 학생들에게 다음과 같은 경매를 제안한다.
> "A쿠폰을 한 장씩 10,000원에 살 수 있으며, B쿠폰은 1,000원에서부터 경매로 팔고자 합니다. A와 B쿠폰을 모아 가져오면 15,000원을 줄 수 있으나 A쿠폰 한 장만은 휴지 조각이 됩니다. 경매에 참여하겠습니까?"
>
> 학생들은 모두 경매에 참여하기로 하고 A쿠폰을 10,000원에 구입한 후 B쿠폰 경매를 기다리고 있다.
> 현 게임 구도로는 교수는 40만원의 손해를 볼 수밖에 없다.
>
> 이에 교수는 B쿠폰 경매를 시작하기에 앞서서 학생들이 보는 앞에서 50장을 불태워버린다. 그리고 남은 50장을 가지고 경매를 진행한다.

교수는 B쿠폰 50장을 없애는 금전적 손해를 먼저 감수함으로써 게임의 구도를 '희소성 경매'로 전환시켰습니다.
학생들로서는 4,000원을 벌기 위한 게임이 아닌 투자한 10,000원을 회수하는 게임을 할 수밖에 없게 됩니다.

자신의 이익을 극대화하는 방안은 게임의 구도 아래 최적의 전략을 선택하는 방안도 있지만, 이처럼 자신에게 불리한 게임일 경우 게임의 룰을 변경하는 것도 고려할 수 있습니다. 특히 중소기업이나 후발 주자인 경우 선발 업체들에게 유리한 게임의 룰을 깨기 위한 무한 도전이 필요합니다. 무모하고 무리해 보일지라도 그런 무한 도전이 객관적인 전력에서 뒤지는 후발 업체에게 성공을 가져다줄 수 있기 때문입니다.

4 ▪ 실무 관점에서 본 전략적 사고

지금까지 맥킨지식 전략적 사고에서 2X2 매트릭스, 게임 이론에 이르기까지 다양한 전략적 사고 스킬을 알아보았습니다.
실무적으로도 전략적 사고라 하면 앞서 언급한 전략적 사고 스킬에 집중합니다만, 그보다 선행해야 할 것이 있습니다.

첫째, 스킬 중심의 '어떻게 하는지'에만 집중하다 보면 애초의 목적과 괴리된 방법이 실행될 수 있기 때문에 전문적인 스킬도 중요하지만 그보다 먼저 '왜 하는지'를 명확히 해야 합니다.

둘째, 일반적으로 비즈니스에 있어서 전략이란 경쟁자보다 빨리 목표를 달성하기 위한 최적의 방법이기에 실무적으로는 역지사지의 관점에서 사고하는 것이 필요합니다.

마지막으로 내·외부 환경을 고려해 볼 때 현 시기가 가장 적당한 때인지 전략적으로 고민해야 합니다.

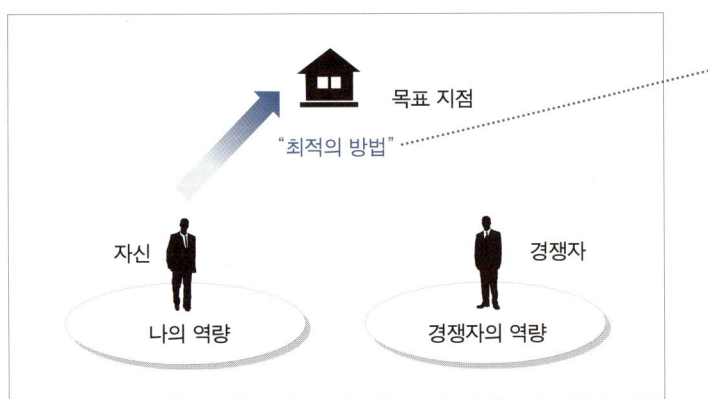
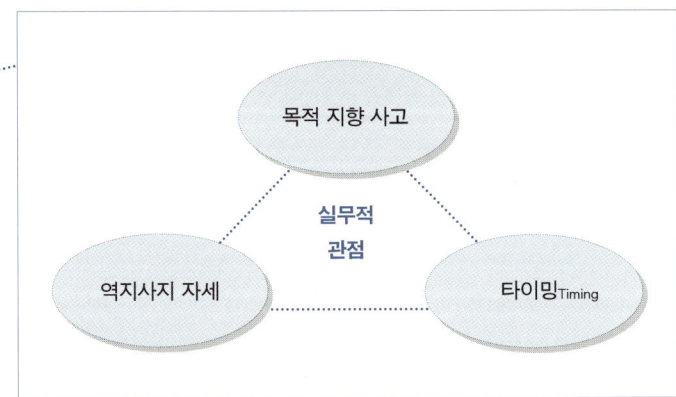

■ 목적 지향 사고

우리는 자신이 당연히 목적 지향적으로 행동하고 있을 거라고 생각하기 쉽습니다. 하지만 목표와 상관없이 수단에 집착하다가 수단이 오히려 목표가 되는 경우를 종종 볼 수 있습니다. 한 예로 사토 료가 쓴 《원점에 서다》에 나온 사례를 들어보겠습니다.

> "요즘엔 어느 기업이건 수위들이 순찰용 시계를 들고 구내 순찰을 돌게 되어 있다. 미리 정해진 코스를 지정 시간대로 맞춰 순찰을 하면서 순찰함에 시간 기록을 남긴다. 만약 지정 시간에 지정 장소를 순찰하지 않으면 기록에 증거가 남기 때문에 근무 태만이라 하여 문책을 당하게 된다. 그래서 수위들은 시계처럼 정확하게 지정 코스를 지정 시간에 맞춰 순찰하고 있다. 그런데 이래도 되는 것일까? 만약 도둑의 입장에서 본다면……?"

Case | 펩시 사례

1970년대에 펩시는 코카콜라의 성공이 코카콜라 특유의 병 디자인에 있다고 진단했다. 당시 코카콜라 병은 그 자체가 하나의 상품이자 아이콘이었다. 이에 펩시 측은 코카콜라를 이기는 길은 코카콜라 병보다 더 세련된 병을 디자인하는 것이라고 생각하며 수년간 엄청난 자금을 쏟아 부었다. 그러나 결과는 만족스럽지 못했다.

1977년에 펩시의 최연소 사장 자리에 오른 존 스컬리(John Scully)는 원점에서 다시 생각하기 시작했다. 사실 병 디자인은 수단일 뿐이며, 정작 목표는 고객이 코카콜라보다 펩시를 더 구매하게 만드는 것임을 깨달았다. 이에 스컬리는 펩시 역사상 최초라 할 만한 대규모 소비자 조사를 실시했다. 총 350가구를 대상으로 탄산음료 소비 패턴을 조사한 결과, 소비자들은 병 디자인에는 관심이 없으며 세련된 병보다는 마시거나 집으로 들고 가기 편한 병을 원한다는 사실을 알아냈다. 탄산음료의 특성상 병의 크기나 양에 관계없이 구매한 상품은 다 마셔야 하기 때문이었다. 이 점에 착안한 스컬리는 세련된 병을 만드는 일을 포기하는 대신 마시거나 집으로 들고 가기 편하게 다양한 크기의 패키지 상품을 내놓았다.

결과는 대성공이었다. 난공불락의 요새처럼 보였던 코카콜라의 아성을 무너뜨릴 발판을 마련한 것이다.

목적 지향적 사고를 하기 위해서는 어떤 기획을 하더라도 항상 '어떻게 해야 잘할 수 있을까'보다 '이 일을 왜 해야 할까'를 먼저 고민해야 합니다. 무조건 열심히 한다고, 밤새워 기획서를 쓴다고 잘하는 게 아닙니다. 현명하게 일할 줄 알아야 합니다. 그러기 위해서는 기획의 목적을 고민하며 핵심 포인트를 파악할 수 있어야 합니다.

'목적을 망각한 엉뚱한 전략 기획을 누가 할까?'라고 반문할 수 있습니다. 하지만 기획서를 잘 써야 한다는 생각에 '어떻게'만을 고민하며 여기저기서 찾은 괜찮은 자료들에 자신의 아이디어를 섞어 작성하다 보면 정작 핵심 내용은 빠질 때가 있습니다.

목적을 망각한 실전 기획 사례들

경쟁 전략 기획서	경쟁 전략 기획서는 경쟁자 대비 경쟁 우위에 설 수 있는 전략 도출이 목적임에도 환경 분석만 장황하게 되어 있을 뿐 제시된 경쟁 전략이 기획서에 언급된 경쟁자들을 이길 수 있는 전략으로 설득되지 않음
실적 제고 방안 기획서	실적 저하에 대한 보고용 기획서는 당연히 실적 제고 방안 도출이 목적이기에 실적 제고 방안이 도출되기 위해서는 자신의 강·약점을 집중 분석해야 함에도 주로 불황 등 외부 환경으로 인해 실적이 저하되었다고 주장함
투자 유치 IR용 사업 계획서	투자 유치용 IR 자료는 투자자들을 투자하도록 설득하는 것이 목적임에도 투자 규모나 투자 조건 등 관심 사항과는 관계없이 기술이나 생산 계획 등 자신이 중요시하는 사항들만을 중심으로 전개함
마케팅 제휴 제안서	제휴 제안서는 제휴 후보 기업의 의사 결정권자를 설득하는 것이 목적임에도 피제휴자 입장이 아닌 자기 입장에서 자기 상품의 우수성만 강조하거나 피제휴자가 제휴를 받아들여야 할 구체적인 이유 및 기대 효과를 누락시킴

■ 역지사지의 자세

비즈니스는 상대방이 있는 게임입니다. 비즈니스를 포커 게임에 비유할 때가 있습니다. 포커 게임에서 '패가 나빠서 졌다'고 말하는 것만큼 하수가 없다고 합니다. 하수는 자기 패만 보지만 고수는 남의 패를 본다고 하죠. 자기만 잘하려고 하다가는 오히려 좋은 패를 갖고 가장 많이 잃는 2등이 될 수도 있습니다.

비즈니스에서도 내가 열심히 하는 것보다 경쟁자보다 더 잘하는 것이 중요합니다. 전략적으로 상대 입장에서 생각할 줄 알아야 합니다. 포커 게임처럼 자기 입장에서만 생각하다 보면 낭패를 보는 경우가 적지 않기 때문입니다.

> 미국인 경영자와 일본인 경영자가 아프리카 사파리에서 여행을 하던 중에 사자를 만났다.
> 미국인 경영자는 놀라서 얼른 도망가려 하는데 일본인 경영자는 사자의 눈치를 살피면서 가방에서 운동화를 꺼내 신었다.
> 이를 본 미국인 경영자가 "운동화를 신는다고 사자보다 더 빨리 뛸 수 있다고 생각하는 거요?"라고 물었다.
> 그러자 일본인 경영자는 다음과 같이 대답했다고 한다.
>
> "사자보다 빨리 뛰기 위해서가 아니라 당신보다 빨리 뛰기 위해서요."
>
> – 오마에 겐이치

오마에 겐이치가 말했듯 모든 것은 상대적입니다. 일본 마쓰시다그룹의 창업주인 마쓰시다 고노스케(Matsushita Konosuke) 역시 "호황도 좋지만 불황이 더 좋다. 준비된 자에게 위기는 오히려 기회이기 때문이다."라고 말했습니다. 경쟁 역량을 보유한 기업은 호황기보다 불황기를 경쟁자와의 격차를 벌릴 수 있는 호기로 여깁니다. 불황이라고 반드시 나쁜 건 아닙니다. 모든 것은 상대적이기 때문입니다.

전략가라면 자신에게 다가오는 경영 환경을 자기 입장에서만 바라보지 말고 역지사지(易地思之)의 자세로 상대의 입장에서 바라볼 줄 알아야 합니다.

전략적 리더라면 자기 입장에서만 생각하는 실수를 범하지 않도록 해야 합니다. 사업 계획을 수립할 때도 마찬가지입니다. 매력적인 시장에서 사업을 계획적으로 추진하면 성공할 수 있다는 믿음은 일방적인 생각일 뿐입니다. 상대의 입장에서 생각해 보면 매력적인 시장이 오히려 나에게는 불리한 사업 여건일 수 있기 때문입니다.

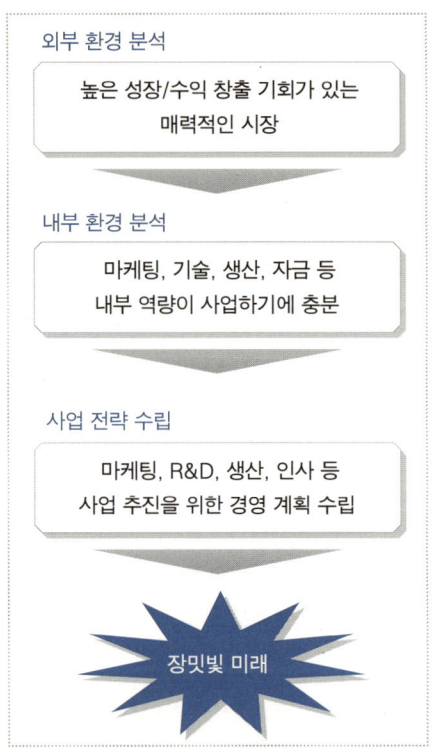

자사의 전략을 결정할 때도 상대의 입장에서 생각할 수 있어야 합니다. 경쟁사의 의사 결정권자라면 어떻게 할지, 우리 전략에 대해 어떤 전략으로 대응할지 고민해 본 후 결정해야 올바른 의사 결정을 내릴 수 있습니다.

Case | 몬산토와 HSC

세계적인 다국적 기업 몬산토Monsanto는 다이어트 콜라에 들어가는 저칼로리 감미료인 뉴트라스위트NutraSweet를 유럽에서는 1987년까지, 미국에서는 1992년까지 특허로 보호받으며 독점 판매하고 있었다. 이 시장을 노리던 경쟁사 HSC는 1985년에 이에 대적할 경쟁 상품 개발을 완료한 후 특허가 끝나기만을 기다리고 있었다.

1987년에 유럽에서 몬산토의 특허가 만료되자 HSC는 기다렸다는 듯 유럽 시장에 진입했다. 그러나 몬산토의 강력한 시장 방어 정책 때문에 기대만큼의 결과를 달성하지 못했다. 하지만 HSC의 주목표는 유럽이 아니라 미국이었다. 유럽 시장에서는 경험과 사업 노하우가 부족하여 성과를 크게 얻지 못했지만, 유럽 시장에서의 경험을 바탕으로 주력 시장인 미국에서는 몬산토를 누를 수 있다고 자신했다. 그렇게 1992년이 오기만을 기다렸다.

하지만 HSC의 기대는 물거품이 되어버렸다. 특허가 만료되기 전인 1991년에 몬산토가 코카콜라와 펩시를 상대로 10년 장기 독점 공급 계약을 체결했기 때문이었다.

■ 전략적 타이밍

예로부터 '때를 아는 자가 준걸'이라 했듯이 비즈니스에서 적절한 타이밍Timing을 아는 것은 전략적 리더가 가져야 할 자질 중 하나입니다. 너무 빨리 시장에 진입하거나 너무 늦게 대응하는 등의 부적절한 타이밍은 실패를 부를 수 있기 때문입니다.

사실 실무적으로는 타이밍이 가장 어려운 주제입니다. 너무 빠르지도, 늦지도 않게 내·외부 환경에 적합한 시기를 선택한다는 것이 쉽지는 않습니다. 그렇다고 그냥 지나칠 수도 없는 문제지요.

그러므로 조직을 성공적으로 경영하려는 전략적 리더라면 타이밍에 대해 고민해야 합니다.

	빠른 타이밍	늦은 타이밍
정보 수집 측면	• 특정 정보의 과다 • 잘못된 정보	• 의사 결정에 필요한 정보 부재 • 잘못된 정보
분석 측면	• 낙관적으로 분석 • 사실 외의 정보를 중요시	• 비관적으로 분석 • 사실 외의 정보를 중요시
판단 측면	• 의사 결정권자의 욕심 • 자신의 능력을 과신 • 몰입비용 등으로 인한 결정	• 의사 결정권자의 신중함 • 자신의 능력을 과소평가 • 비전 등 목표 부재
실행 측면	• 카리스마형 리더의 추진력 • 여유 자원의 과잉 • 조급한 실행 • 급진적인 기업 문화	• 신속하지 못한 경영 체계 • 실행 시 자원의 한계 노출 • 내분, 갈등 등으로 인한 지연 • 보수적인 기업 문화

강태공의 기다림

중국 주나라의 문왕은 아들 무왕 대에 은나라를 멸하고 주나라 시대를 열 수 있도록 나라의 기틀을 잡은 임금입니다. 은나라 말기 제후국 군주 시절, 주의 문왕은 위수 강가를 지나다 낚시를 하고 있는 노인을 만납니다. 그 노인과 잠시 나눈 대화에서 그 인물됨을 알아보고 스승으로 삼으니 그가 바로 강태공입니다. 병법에 조예가 깊었던 강태공은 후에 주의 문왕과 무왕을 도와 은나라를 멸하고 주나라 시대를 여는 일등 공신이 되었습니다.

이렇듯 은나라를 멸하고 800년 역사를 자랑하는 주나라의 기틀을 세울 정도로 뛰어났던 강태공. 하지만 주 문왕을 만났을 때 그의 나이는 이미 팔십을 바라보고 있었습니다. 더구나 팔십이 될 때까지 하는 일마다 실패하고 부인까지 도망가는 바람에 홀로 곤궁하게 지내던 처지였습니다. 그런 그의 유일한 소일거리가 바로 낚시였는데, 이상하게도 그는 곧은 낚싯바늘로 미끼도 없이 낚시를 했다고 합니다. 그런 낚시로는 물고기를 낚을 수 없을 텐데, 그는 과연 무엇을 낚으려 했던 걸까요?

비단 강태공의 예가 아니더라도 모든 일에는 때가 있습니다. 전략이 목표를 달성하기 위한 최선의 방법이라는 점에서 타이밍은 전략적으로 매우 중요합니다. 아무리 좋은 전략도 타이밍을 잘못 잡으면 무용지물이 되고 말죠. 타이밍 하면 늦는 것만 생각하기 쉬운데, 사실 너무 빨리 하는 게 더 큰 문제입니다. 신상품 개발과 같이 좋은 아이디어나 전략이 있다고 너무 빨리 시도하다 실패하는 경우가 있습니다. 그런 사례 중 하나가 구강청정제의 대명사 '가그린'입니다. 가그린은 1982년에 동아제약에서 국내 최초로 출시했지만, 당시 우리의 국민 소득 수준에 비춰볼 때 너무 이른 감이 있어 기대 이하의 성과를 올렸습니다. 결국 시장에서 철수할 수밖에 없었죠. 그 후 가그린은 1996년에 재출시되어 구강청정제 시장에서 확실한 브랜드 리더십을 확보하게 됩니다.

가그린처럼 뒤늦게라도 시장을 장악하면 다행이지만 그렇지 못한 경우도 있습니다. '럭키표백'이 그 예입니다. 산소계 표백제 하면 '옥시크린'을 떠올리지만, 국내 최초는 럭키표백이었습니다. 1980년대 초반, 세탁세제 시장도 아직 성숙하기 전이라 소비자들은 세탁세제의 보조 역할을 하는 표백제에는 더욱 관심이 없었습니다. 그런 시기에 나온 럭키표백은 몇 년 지나지 않아 시장에서 철수해야 했고, 뒤늦게 나온 옥시크린의 영광을 지켜봐야만 했습니다.

능력이나 전략이 뛰어나다고 무조건 성공하는 건 아닙니다. 어떤 일이든 성공할 때가 있는 법입니다. 초조해하지 말고 기다릴 줄 알아야 합니다. 성공의 때인지 알 수 있는 전략적 사고 능력을 갖고 있다면, 자신의 기량을 갈고 닦아 조용히 다가오는 기회를 잡을 수 있는 준비만 되어 있다면, 그것으로 충분합니다. 언젠가는 능력을 갖춘 당신에게 강태공처럼 성공의 기회가 올 테니까요.

Chapter 3

전략적 사고의 적용

이 장에서는 어떻게 전략적 사고를 해야 하는지를 테마별로 다양한 사례를 통해 알아보고자 합니다. 먼저 경쟁자의 전략을 읽고 그들이 하기 어려운 전략적 창구를 발굴하거나 파괴적 혁신을 주도하는 등 경쟁자의 전략을 역이용하여 약점을 공략하는 사례들을 살펴보겠습니다. 그리고 현명한 포기 및 강점 극대화, 핵심 요충지 선점 등을 통해 전략적으로 한 지점에 집중함으로써 경쟁자의 다각화 함정을 공략하는 사례들을 살펴볼 것입니다. 또한 경쟁자와 협력하거나 가치 조합 및 오픈 비즈니스 생태계를 통해 경쟁력을 확보하는 사례들과 최근 중요성이 부각되고 있는 민첩성과 인내심에 대해서도 알아보도록 하겠습니다.

1 · 전략적 사고의 자세

2 · 경쟁자의 전략을 역이용하라

3 · 한 지점에 집중하라

4 · 혼자 힘으로만 하지 마라

5 · 민첩성과 인내심을 모두 가져라

1 ▪ 전략적 사고의 자세

중국 청淸나라의 전략가 주배周培는 청나라 황제인 강희제와 전략에 대해 대화하며 이렇게 말했다고 합니다.
"마속이 병서를 숙독하여 이론으로는 제갈량도 능가할 정도였음에도 전쟁에만 나가면 참패를 당하기 일쑤였습니다. 이는 전쟁에는 선례가 없고, 병사를 다루는 데는 정해진 틀이 없기 때문입니다. 그리고 병법 이론서는 적들도 읽기 때문입니다."

《전쟁론》을 저술한 카를 폰 클라우제비츠Carl von Clausewitz 역시 쉴 새 없이 변화하는 전투 환경에 적응하는 것이야말로 전략의 핵심이라고 했습니다. 경영 전략도 마찬가지입니다. 상아탑의 살균된 환경이 아닌 시장의 진흙탕에서 전략을 도출할 수 있도록 유연하게 사고할 줄 알아야 합니다.

일반적으로 전략적 사고를 하기 위해 가져야 할 자세는 다음과 같습니다.

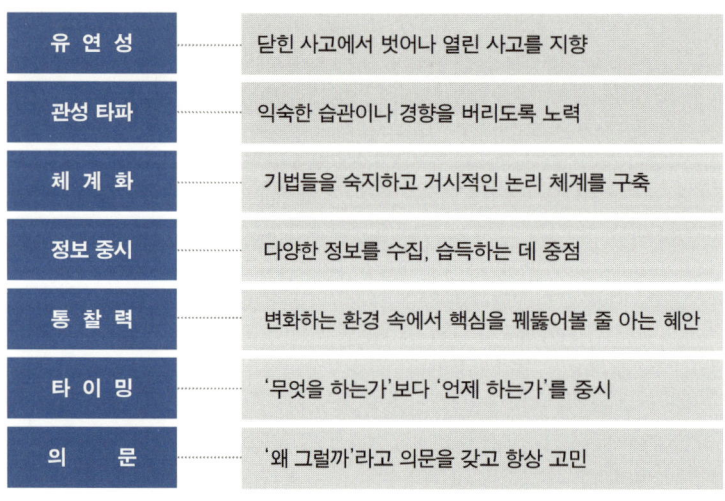

유연성	닫힌 사고에서 벗어나 열린 사고를 지향
관성 타파	익숙한 습관이나 경향을 버리도록 노력
체계화	기법들을 숙지하고 거시적인 논리 체계를 구축
정보 중시	다양한 정보를 수집, 습득하는 데 중점
통찰력	변화하는 환경 속에서 핵심을 꿰뚫어볼 줄 아는 혜안
타이밍	'무엇을 하는가'보다 '언제 하는가'를 중시
의문	'왜 그럴까'라고 의문을 갖고 항상 고민

앞서 말했듯이 조직을 이끄는 전략적 리더라면 자신이 처한 환경에 따라 유연하게 전략적으로 사고할 줄 알아야 합니다. 특히 지금과 같이 장기 저성장으로 인해 글로벌 자본주의 시스템이 변곡점에 다다라 불확실성이 극대화된 시대에는 틀에 박힌 전략이 아니라 변화를 주도할 수 있는 전략적 사고가 반드시 필요합니다.

그런 측면에서 경쟁자의 전략을 역이용하는 방법에서부터 선택과 집중의 전략, 합종연횡, 민첩성과 인내심 등을 테마별로 살펴봄으로써 상황에 따라 올바르게 의사 결정을 하려면 어떻게 전략적으로 사고해야 하는지 알아보도록 하겠습니다.

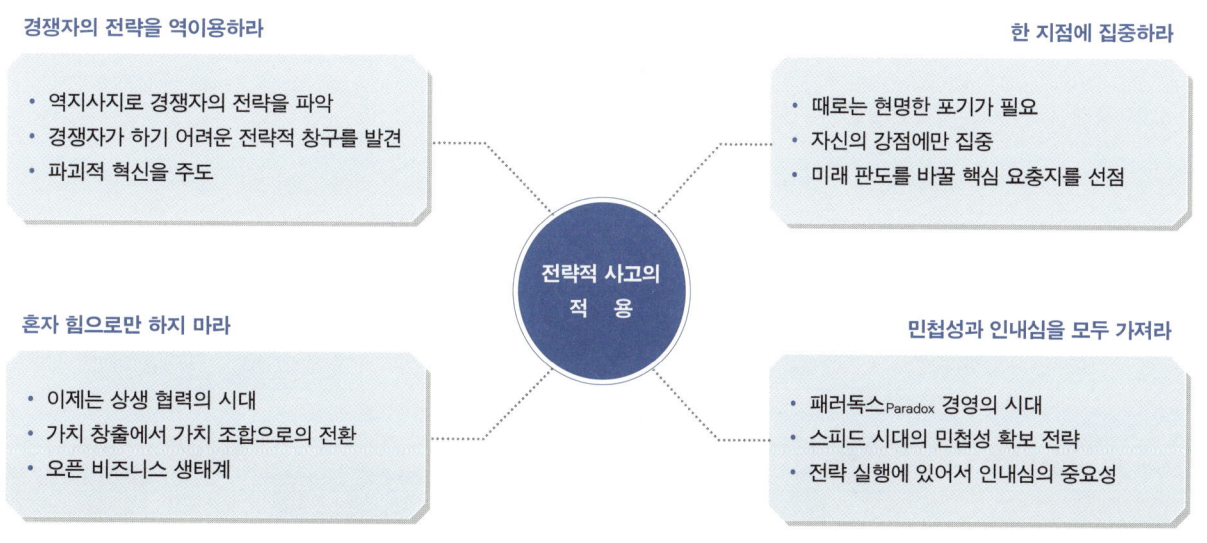

2 ■ 경쟁자의 전략을 역이용하라

전 세계가 하나가 된 지구촌은 신자유주의로 인해 초경쟁 사회로 나아가며 승자 독식이 심화되고 있습니다. 글로벌 무한 경쟁과 주기적으로 찾아오는 불황, 규모의 경제와 수확 체증의 법칙, 점점 심해지는 경쟁적 수렴 현상, 고객 인식 관점에서의 선점 및 방어의 용이성 등으로 승자 독식 구조는 더욱 강화되고 있습니다. 승자의 자리에 오른 강자들은 강자에게 유리한 승자 독식 게임을 모두에게 강요함으로써 자신의 입지만 더욱 강화시켰습니다. 따라서 역전은 불가능할 것처럼 보입니다.

하지만 구글이나 애플 등의 사례에서 보듯, 역전에 성공하는 기업들은 계속 나옵니다. 절대 강자들에게도 역전의 빌미가 될 수 있는 약점들이 있기 때문입니다. 기존 강자들은 현재의 성공에 도취되어 자신의 강점을 살린 기존 전략을 고수하려고만 합니다. 그러므로 경쟁자의 전략을 역이용하여 그들의 약점을 공략한다면 역전의 기회를 잡을 수 있습니다.

그럼 어떻게 해야 경쟁자의 전략을 역이용할 수 있을까요?

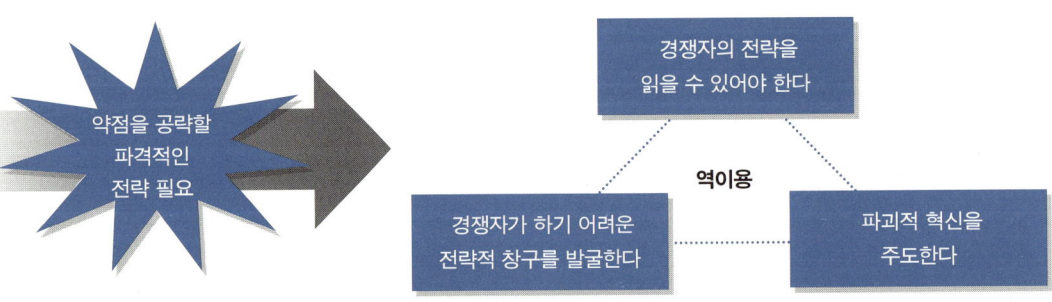

■ 경쟁자의 전략을 읽을 수 있어야 한다

첫째, 경쟁자의 자원과 역량을 파악하라

경쟁자의 전략을 역이용하려면 먼저 경쟁자의 전략이 무엇인지 파악해야 합니다. 게임 이론을 보더라도 경쟁자의 전략에 대한 예측은 경쟁 우위를 가져올 수 있으니까요. 이를 위해서는 먼저 상대의 입장에서 생각할 줄 알아야 합니다. 자신이 상대 기업의 리더라면 어떻게 할 것인지 고민할 필요가 있습니다. 그런 측면에서 현재 보유하고 있는 자금이나 인력 등의 유형자산뿐만 아니라 브랜드, 명성, 시장 지위 및 마케팅 파워, 전사 지식 등 무형자산까지 포함하여 경쟁자의 전략 예측에 도움이 되는 요소들을 검토해 보는 것이 무엇보다 중요합니다.

Case | 사우스웨스트 항공

사우스웨스트 항공Southwest Airlines이 단거리 저가 운항 전략을 시도하게 된 계기는 바로 경쟁 항공사들의 역량 분석이었다고 한다. 승객들에게 단거리 저가 항공 노선은 분명 매력적이었기에 사우스웨스트 항공의 성공 가능성이 높은 것은 사실이었다. 하지만 정작 사우스웨스트 항공의 고민은 고객이 아니라 경쟁자들이었다. 기존 강자들 역시 비슷한 전략을 채택한다면 사우스웨스트 항공으로서는 이길 수 없는 게임임에 분명했기 때문이다.

그럼에도 사우스웨스트 항공이 저가 항공 사업을 시작하게 된 이유는 대형 항공사들이 지닌 자원과 역량 때문이었다. 항공 사업은 그 특성상 장거리 운항을 통해 수익을 창출하며 다양한 노선을 확보하여 규모의 경제를 추구하는 모델이다. 따라서 기존 대형 항공사들은 고급 대형 항공기 다수 보유, 수준 높은 고객 서비스 제공, 관료적 운영 관리 등 보유 자원과 역량이 다양한 장거리 운항 노선을 운영하는 데 맞춰져 있었다.

그렇다 보니 대형 항공사들이 단거리 노선 중심으로 운영하는 사우스웨스트 항공처럼 저경비 경영과 최소한의 고객 서비스 제공, 관리의 단순화 같은 전략을 택한다면 기존 자원과 역량의 낭비를 가져와 손실을 볼 수밖에 없었다. 그래서 사우스웨스트 항공은 대형 항공사들이 단거리 저가 항공 전략을 빨리 채택할 수 없을 것이라 예측했다.

둘째, 경쟁자의 전략적 의사 결정 방향을 예측하라

헨리 민츠버그가 전략을 5P로 정의했듯이 기업의 전략은 최고 경영진을 포함한 의사 결정권자들의 개인적 가치관과 경영 스타일, 공격적으로 목표를 추구하는지 여부 등의 조직적인 행동 성향과 패턴에도 영향을 받습니다. 그러므로 이런 상황을 종합적으로 고려하여 경쟁자의 전략적 의사 결정 방향을 예측하도록 노력해야 합니다. 경쟁자의 전략적 의사 결정 방향을 예측할 수 있다면 이를 역이용하여 경쟁 우위를 확보할 수 있기 때문입니다.

Case | 교보문고

2000년대 초반 저가 할인 전략으로 급성장한 인터넷 서점들에게는 고객보다 기존 서점 업계의 강자인 교보문고가 초미의 관심사일 수밖에 없었다. 교보문고가 강력한 브랜드 파워와 자금력을 기반으로 저가 할인 전략을 구사한다면 경쟁에서 이길 수 없기 때문이었다.

하지만 그들은 교보문고가 쉽사리 할인 전략을 구사하지 못할 것이라 예측할 수 있었다. 교보문고는 창업 이래로 교보그룹의 이미지 메이커로서 국내 출판 문화를 선도하는 데 가치를 두고 그에 맞는 다양한 활동들을 지속적으로 추진해 왔다. 그런데 인터넷 서점의 등장으로 출판 문화를 육성하는 주요 수단인 도서정가제가 흔들리는 상황에 처하자 교보문고로서는 딜레마에 빠질 수밖에 없었다.

경쟁력을 갖추기 위해서는 온라인에서 할인 판매를 해야 하지만 출판 문화 선도라는 가치와 그간의 행동 패턴에 반해 섣불리 도서정가제를 파기할 수도 없는 입장이었기 때문이다. 결국 교보문고는 가격 경쟁에서 밀리더라도 기존의 도서정가제를 유지하는 전략을 채택할 것이라고 예측되었고, 이는 현실로 구현되었다.

■ 경쟁자가 하기 어려운 전략적 창구를 발굴한다

첫째, 경쟁자의 강점을 무력화시켜라

전략적 창구란 경쟁자들이 능력이나 목적 등에 부합되지 않아 진출하지 않은 시장에서의 기회를 말합니다. 전체 시장을 지배하기 위한 전략을 구사하는 기존 강자들이 시장 변화에 재빨리 대응하지 못하다 보면 전략적 창구의 기회가 열릴 때가 있습니다. 그때야말로 약자들에게는 역전의 기회가 될 수 있습니다. 그렇다면 어떻게 해야 전략적 창구를 발굴할 수 있을까요? 그 첫 번째 방법은 바로 경쟁자의 강점을 무력화시키는 것입니다.

Case | 델과 이케아

경쟁자들이 전체 시장을 지배할 목적으로 대다수 고객들을 대상으로 주력 상품 중심의 사업을 펼치고 있을 때, 특정 고객이나 비주력 상품을 중심으로 사업을 펼친다면 전략적 창구를 발굴할 수 있다. 그 대표적인 예가 19세 청년 마이클 델Michael Dell이 텍사스대 기숙사에서 단돈 1천 달러로 창업한 델Dell이다. 마이클 델은 중간 유통 단계를 거치지 않고 온라인을 통해 원하는 사양의 PC를 주문받아 저렴한 가격으로 판매하는 사업 모델을 개발했다. 당시 업계의 경쟁자들은 제조된 PC를 강력한 유통망을 통해 공급하는 사업 중심으로 운영하고 있었기에, 유통망 관리, 재고 유지 비용 등으로 인해 고비용 사업 구조일 수밖에 없었다. 그렇다 보니 델처럼 온라인 주문 제작 방식의 저렴한 PC를 판매하면 손해를 보는 구조였다. 이런 점이 델에게는 전략적 창구로 작용했다. 경쟁자들로서는 자신들이 가진 강력한 유통망이라는 강점이 무용지물이 되고 오히려 약점으로 작용한 결과였다.

이케아IKEA를 설립한 스웨덴의 잉그바르 캄프라드Ingvar Kamprad 역시 가구 산업에서 이런 전략적 창구를 성공적으로 포착했다. 기존 가구 산업 강자들은 주택가 인근에 중소형 매장들을 오픈, 전국적 유통망을 구축하고 값비싼 완제품 가구를 판매하고 있었다. 하지만 가구를 구입해야 하는 젊은 신혼부부들에게는 이만저만한 부담이 아니었다. 이에 캄프라드는 경쟁자들과 달리 교외의 대형 매장에 쇼룸 형태로 가구를 전시해 놓고 고객들이 선택한 가구를 직접 배송하고 조립하게 했다. 이를 통해 임대료와 배송비, 조립비 등을 절감함으로써 가구 가격을 대폭 낮출 수 있었기에 젊은 신혼부부들은 이케아를 선호했다. 하지만 기존 가구 업체들은 구축되어 있는 전국 유통망 때문에 가격을 인하하거나 이케아의 방식을 모방할 수 없어 이케아의 성공을 바라볼 수밖에 없었다.

둘째, 경쟁자가 도외시하는 비즈니스 기회를 선점하라

전략적 창구를 발굴하는 두 번째 방법으로 경쟁자가 도외시하는 비즈니스 기회를 선점하는 전략을 들 수 있습니다. 대개 시장을 지배하고 있는 강자들은 주력 사업의 성공에 도취되어 미래에 크게 될지도 모르는 작은 기회를 무시하는 경향이 있습니다. 그러므로 이런 작은 기회를 먼저 선점함으로써 미래 경쟁 우위의 발판을 마련할 수 있습니다.

Case | 월마트와 블루나일

경쟁자가 도외시하는 비즈니스 기회를 선점함으로써 리더가 된 대표적 사례로는 월마트Walmart가 있다. 샘 월튼Sam Walton이 동생과 함께 월마트를 창업할 당시에는 K마트라는 할인점의 강자가 존재했다. 월튼은 K마트와의 경쟁은 승산이 없다고 보고, 대형 유통 업체들이 잠재성이 없다고 기피하는 작은 도시나 마을에 월마트를 개점했다. 할인점이 성공하려면 저가 전략을 유지하는 데 필수적인 대규모 매출이 보장되어야 하는데, 인구 5만 이하의 소도시 규모로는 그것이 어려워 경쟁자들이 진출을 꺼렸던 것이다.

그러나 월튼은 이 작은 시장들을 전략적 기회의 창구로 보았다. 특정 도시나 마을 사람들뿐 아니라 그 주변에 살고 있는 사람들까지 고객층으로 바라본 것이다. 그리고 이를 통해 규모의 경제를 확보해 나갈 수 있으리라 판단했다. 사실 기존 경쟁자들은 이런 월마트에 별로 신경을 쓰지 않았다. 월마트가 시골 도시 위주로 경영할 때만 해도 자신을 위협할 존재가 될 줄 몰랐던 것이다.

이처럼 작은 기회를 잡은 또 하나의 사례가 바로 블루나일Blue Nile이다. 블루나일은 1999년에 설립된 보석상으로, 품격 있는 오프라인 매장 중심의 기존 경쟁자들과 달리 오프라인 매장 하나 없이 온라인 유통만으로 평균 35%의 저렴한 가격에 보석을 판매했다. 그 결과 인터넷에서 누가 보석을 사겠느냐는 상식에 머물러 있던 기존 경쟁자들이 도외시하는 온라인 유통에 집중함으로써 블루나일은 세계 3위의 보석 유통 업체 자리에 오를 수 있었다.

셋째, 경쟁자가 모방하기에는 모순이 따르는 전략을 구사하라

전략적 창구를 발굴하는 마지막 방법은 경쟁자가 모방하기 어려운 전략입니다. 즉, 자신의 마케팅 전략이나 기존 고객들의 반발 등으로 인해 경쟁자들이 모방하기에는 모순이 따르는 전략을 구사한다면 손쉽게 전략적 창구를 발굴할 수 있습니다.

Case | 예스24의 성공

> 예스24는 교보문고가 모방하기 어려운 가격 할인 전략을 구사했다. 앞서도 언급했듯이 2000년대 초반 저가 할인 전략으로 급성장한 인터넷 서점들에게는 고객보다 기존 서점 업계의 강자였던 교보문고가 초미의 관심사였다. 교보문고가 강력한 브랜드 파워와 자금력을 기반으로 저가 할인 전략을 구사한다면 경쟁에서 이길 수 없을 것이기 때문이었다. 하지만 그들로서는 교보문고가 쉽사리 할인 전략을 구사하지 못할 것이라 예측할 수 있었다. 교보문고는 교보그룹의 이미지 메이커로서 국내 출판 문화를 선도하는 데 가치를 두고 출판 문화를 선도하는 다양한 활동들을 지속적으로 추진하고 있었다. 그런데 인터넷 서점의 등장으로 출판 문화를 육성하는 주요 수단인 도서정가제가 흔들리는 상황에 처하자 교보문고는 딜레마에 빠질 수밖에 없었다. 경쟁력을 갖추기 위해서는 온라인상에서 할인 판매를 해야 하지만, 출판 문화 선도라는 가치와 그동안의 행동 패턴에 반하여 섣불리 도서정가제를 파기할 수 없는 입장이었기 때문이다.
>
> 또한 오프라인 서점 업계의 강자인 교보문고로서는 예스24처럼 온라인 가격 할인 전략을 구사할 경우 가격 정책에 혼선이 생길 수밖에 없었다. 똑같은 책인데 오프라인 교보문고에서는 정가대로 판매하고 온라인 교보문고에서는 대폭 할인해서 판매한다면 고객들이 어떻게 생각하겠는가 말이다. 그렇다고 오프라인 매장에서도 할인 전략을 채택한다면 주력 사업의 수익성이 악화될 게 뻔했다. 결국 교보문고는 전략상 모순이 따르기에 예스24의 공격을 바라볼 수밖에 없었다.

■ 파괴적 혁신을 주도한다

첫째, 비용 구조 혁신을 통해 파격적인 저가로 비고객을 공략하라

하버드대 경영대학원 클레이튼 크리스텐슨 교수는 기존 강자들이 지속적 혁신에만 집중할 때 저가를 무기로 한 로우엔드 파괴적 혁신 전략의 중요성을 강조한 바 있습니다. 하지만 '싼 게 비지떡'이란 말이 있듯이 일반적으로 낮은 고객 비용은 상품력의 저하로 이어져 성공하기 어렵습니다. 그러므로 기존의 방식과 전혀 다르게 비용 구조를 혁신함으로써 좋은 상품을 낮은 고객 비용으로 공급할 수 있어야 비고객을 공략할 수 있습니다.

Case | 유니클로

지방에서 사양 산업인 의류 유통 사업을 하던 야나이 다다시Yanai Tadashi가 2000년대 들어 급부상하며 일본 최고의 부자가 될 줄 누가 알았을까? 2009년에 소프트뱅크 회장 손정의를 제치고 일본 부자 1위 자리에 오른 야나이 다다시. 그가 운영하는 패션 브랜드가 바로 유니클로Uniqlo다.

유니클로는 기존 패션 매장과 전혀 다른 비즈니스 모델을 들고 나와 성공했다. 상품을 기획하고 직접 제조하여 유통까지 하는 전문 소매점인 SPA 방식으로, 의류를 무척 저렴하게 대량 판매하는 방식이었다. 일반적으로 패션 의류는 고객의 취향과 유행에 따라 디자인되어 판매된다. 그런데 야나이 다다시는 이런 기존의 사고방식을 배척하고, 누구나 입을 수 있고 어떤 옷과도 어울리는 베이직 캐주얼 의류를 지향했다. 이를 위해 시즌별로 캠페인 상품을 선정하고 이를 대량 생산한 후 매장에서 저렴하게 판매함으로써 고객을 사로잡으려 했다. 2000년에 일본 패션 업계는 플리스를 1,200만 장 판매하겠다는 야나이 다다시의 선언을 비웃었다. 패션 의류의 세계에서는 말도 안 되는 일이었기 때문이다. 그런데 유니클로는 2000년 한 해 동안 무려 2,600만 장을 판매하는 대기록을 달성하며 업계를 놀라게 했다.

둘째, 새로운 고객 가치 제안에 집중하라

20세기 초반에 자동차 왕국을 이룬 헨리 포드Henry Ford는 '만약 내가 고객들에게 원하는 게 무엇인지 물었다면 그들은 자동차가 아니라 더 빠른 말이 필요하다고 대답했을 것'이라고 했습니다. 지금 드러난 고객의 니즈보다는 새로운 가치 제안에 집중해야 성공할 수 있다는 뜻입니다. 물론 이는 첨단 산업에만 국한되는 말은 아닙니다. 성숙기 산업이라도 새로운 고객 가치 제안에 집중한다면 혁신적인 상품이 나올 수 있기 때문입니다.

Case | 다이슨의 날개 없는 선풍기

새로운 고객 가치를 제안한 대표적인 사례로 영국에서 혁신과 창의의 대명사로 불리는 다이슨Dyson을 들 수 있다. 1993년에 디자이너 출신의 제임스 다이슨James Dyson이 설립한 다이슨은 비틀스 이후 가장 성공적인 영국 제품이라는 찬사를 받은 '먼지 봉투 없는 진공 청소기'로 유럽과 미국에서 판매 1위를 하는 등 대히트를 기록했다. 이후 성장을 지속하던 다이슨은 또다시 상상도 못할 획기적인 상품을 시장에 내놓았다. 2009년 10월, 날개 없는 선풍기라 불리는 다이슨 에어 멀티플라이어Air Multiplier를 출시한 것이다. 사실 선풍기는 더 이상 수요를 창출하기 힘든 상품이었다. 시원함을 제공하는 상품이 부족할 때라면 어떤 선풍기라도 구매하겠지만, 지금은 그와 다른 풍요의 시대이기 때문이다. 하지만 날개 없는 선풍기라면 다르다. 정말 특이하고 기발하기 때문이다. 다이슨 본사에도 이런 글이 적혀 있다고 한다. '전기를 이용한 최초의 선풍기는 1882년에 발명되었지만, 날개를 이용한 그 방식은 127년간 변하지 않았다.'

이렇듯 성숙기 가전 시장에서 신기술을 적용한 혁신 상품을 출시함으로써 수요를 창출한 다이슨은 2010년 현재 연간 1조 5천억 원의 매출을 올리는 글로벌 가전 업체로 성장했다.

셋째, 때로는 낮은 고객 가치를 지향하는 발상의 전환이 필요하다

고객은 가치가 높은 것을 선호하기 마련이므로, 품질이 좋은 제품이나 서비스는 성공한다는 게 상식입니다. 그러므로 고객 가치를 높이기 위해 품질이나 서비스 개선에 집중해야 한다고 생각하기 쉽지만, 오히려 낮은 고객 가치를 지향하는 것이 성공의 길일 때가 있습니다.

예로부터 무엇이든 지나치면 모자란 것보다 못하다 했습니다. 일례로 기술력에서 둘째가라면 서러워할 일본 기업들의 최근의 부진이 과잉 품질에서 비롯되었다는 분석은 과유불급을 떠올리게 합니다. 클레이튼 크리스텐슨 교수는 기술 선도 기업들이 최고를 유지하기 위해 기술 개발에만 집중하다 보면 고객 니즈를 넘어서는 과잉 기술 제품을 출시하여 실패하는 오버슈팅 Overshooting의 함정에 빠질 수 있다고 경고했죠. 즉, 고객 니즈와 관계없는 과잉 기술 제품은 고객에게 기능 피로감만을 주어 상품 사용에 대한 만족도를 떨어뜨릴 수 있습니다. '너무 복잡해서 불편하고 비싸기만 하다'고 느끼는 것입니다.

전망 이론 Prospect Theory에 따르면, 가치를 과잉 제공받아 초과 만족한 사람들은 제공받는 가치가 줄더라도 인식하는 편익은 상대적으로 덜 줄어든다고 합니다. 그러므로 초과된 가치를 줄이면 편익은 조금 줄어드는 반면 고객 비용은 상당히 절감됨으로써 고객 가치가 제고되는 효과를 누릴 수 있죠. 결국 오버슈팅의 함정을 역이용하여 기능은 낮추되 편익은 유지할 수 있도록 과잉 기능을 적절히 배제하고 낮은 고객 비용을 제안함으로써 좋은 상품을 저렴하게 공급한다면 전략적으로 성공할 수 있습니다.

대표적인 사례로 지금은 스마트폰의 위세에 눌려 고전하고 있지만 21세기 초반 승승장구했던 닌텐도 Nintendo를 들 수 있습니다.

다음과 같이 닌텐도는 모두가 게임 성능 향상을 외칠 때 오히려 정반대로 나아감으로써 역전에 성공했습니다.

Case | 오버슈팅의 함정을 역이용한 닌텐도

슈퍼패미콤으로 가정용 게임기 시장을 장악한 후 슈퍼마리오, 포켓몬스터 등 게임 소프트웨어까지 연이어 히트하며 90년대 초반까지 게임 산업 전반을 주도하던 닌텐도는 1994년 플레이스테이션PlayStation을 출시한 소니SONY에게 역전당하기 시작했다. 전용 컨트롤러를 이용해서 기본적인 게임 방식에 화려한 그래픽 기능, 영화를 보는 듯한 리얼함과 고성능을 추구한 플레이스테이션은 십 대를 중심으로 한 기존 게임 고객층에게 어필했다. 이에 대응하여 닌텐도가 1996년에 출시한 닌텐도64는 성능에서 밀려 고전했고, 2000년에 소니는 성능이 대폭 보강된 플레이스테이션2를 출시하며 게임기 시장의 주도권을 완전히 장악하게 되었다. 설상가상으로 마이크로소프트가 플레이스테이션2에 대적할 엑스박스Xbox를 출시하면서 시장 구도는 소니 대 마이크로소프트의 양자 구도로 재편되었고, 닌텐도는 점점 더 밀려나기 시작했다.

추락을 거듭하던 닌텐도는 21세기 들어서 소니나 마이크로소프트가 고가의 고성능 첨단 기술 제품 개발에 열중하는 것과는 정반대되는 전략을 들고 나왔다. 기능을 줄이고 단순화시킴으로써 가격을 낮추고 게임에 익숙하지 않은 사람들도 편하게 즐길 수 있는 게임기 개발로 선회한 것이다. 그래픽 질도 떨어지고 인터넷 연결도 되지 않지만 기본적인 게임의 특성에 집중한 저가격 게임기로 승부수를 던졌다. 그 첫 번째 상품이 2004년 말 출시된 닌텐도DS다. 가정용 게임기인 플레이스테이션이나 엑스박스와의 경쟁을 피하며 저렴한 가격으로 남녀노소 모두 쉽게 즐길 수 있는 휴대용 게임기를 내놓은 것이다. 단순하게 작동되는 닌텐도DS와 두뇌 트레이닝 게임 등 누구나 할 수 있는 게임들은 게임기에 익숙하지 않던 비소비계층에게도 어필하여, 전 세계적으로 1억 5천만 대가 판매되는 경이로운 실적을 올렸다.

닌텐도는 이 여세를 몰아 2006년에는 플레이스테이션과 엑스박스와의 경쟁 상품으로 가정용 게임기 닌텐도Wii를 출시했다. 사실 전문가들이 볼 때 닌텐도Wii는 플레이스테이션3나 엑스박스360과 비교할 때 10분의 1 정도의 성능밖에 안 되는 그저 그런 상품이었다. 이에 전문가들은 2% 부족한 게임기라고 혹평하며 성공하지 못하리라 전망했지만 실상은 정반대로 나타났다. 조작이 쉽고 스포츠 게임 하듯 온 가족이 쉽게 즐길 수 있다는 매력이 4, 50대 중년층에 어필하며 그들을 고객으로 끌어들인 것이다. 결국 닌텐도Wii를 출시한 지 2년 만에 닌텐도는 소니를 역전하고 다시 1위에 올라섰다. 닌텐도의 성공은 강자들이 오버슈팅의 함정에 빠질 때 오히려 기능을 줄이고 단순화시킴으로써 시장 주도권을 장악할 수 있음을 보여준다.

3. 한 지점에 집중하라

《전쟁론》을 쓴 카를 폰 클라우제비츠는 '다른 모든 곳에서 패배한다 해도 승리를 결정짓는 결정적인 지점에 모든 힘을 쏟는다면 이길 수 있다.'라고 말했습니다. 기업 경영 역시 마찬가지입니다. 인텔Intel의 전 CEO 앤디 그로브Andy Grove는 '여러 바구니에 달걀을 하나씩 담기보다는 바구니 하나에 달걀을 모두 담고 그 바구니만 걱정하는 편이 낫다.'라고 했으며, 짐 로저스Jim Rogers 로저스홀딩스Rogers Holdings 회장도 '계란을 한 바구니에 담고 제대로 관찰하는 전략이 유효하다.'라고 말했습니다.

포지셔닝 전략의 대가 알 리스Al Ries는 집중화 전략만이 유일한 성공 전략이라고 했습니다. 소수만이 승리할 가능성이 높기에 집중화만이 성공의 조건일 수밖에 없습니다. 그러므로 성공하기 위해서는 전략적으로 단 한 지점에 집중할 수 있도록 전략을 구상해야 합니다. 그래야만 경쟁자의 다각화 함정을 집중화 전략으로 공략함으로써 경쟁 우위에 오를 수 있습니다. 그럼, 어떻게 해야 성공적으로 집중화 전략을 추진할 수 있을까요?

집중화 전략의 유효성

적보다 수적으로 열세였던 나폴레옹 군대의 승리 비결은 우세한 기동력을 바탕으로 결정적인 지점에 상대적으로 많은 병력을 투입하는 집중화 전략임.

기동력을 적극 활용, 전투가 진행되는 도중 프랑스군 주력 부대를 기민하게 적의 측면이나 배후에 집결시켜 집중 공격함으로써 승리를 쟁취함.

전략적으로 한 지점에 집중하라

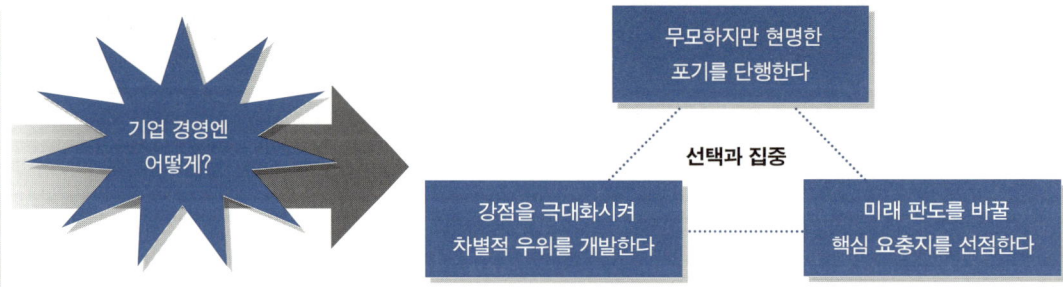

기업 경영엔 어떻게?

선택과 집중
- 무모하지만 현명한 포기를 단행한다
- 강점을 극대화시켜 차별적 우위를 개발한다
- 미래 판도를 바꿀 핵심 요충지를 선점한다

■ 무모하지만 현명한 포기를 단행한다

첫째, 의도적으로 불타는 갑판을 만들어 집중화를 유도하라

새로움을 추구하기 위해서는 과감하게 버려야 합니다. 때로는 의도적으로 '불타는 갑판 Burning Platform'을 만들어 집중화라는 모험의 길을 갈 수밖에 없게 함으로써 과감하게 포기하고 집중화를 통한 성공의 길을 추구할 수 있습니다.

Case | '불타는 갑판'을 만든 애플

> 포기라는 단어를 들으면 실패나 무능력이 떠오르는가? 우리는 성공하려면 장애물을 두려워하지 말고 무모하다 싶을 정도로 포기하지 않고 도전해야 한다고 배웠다. 그리고 성공한 사람은 끝까지 포기하지 않고 자신의 길을 개척한 사람일 거라고 생각한다. 하지만 희망이 없는 일은 포기할 수 있을 때 과감하게 포기하고 가능성 있는 일에 도전하는 것이 진정 성공할 수 있는 현명한 길이다. 포기를 해야만 남은 것에 목숨 걸고 집중할 수 있기 때문이다.
>
> '불타는 갑판'이라고 들어본 적이 있는가? 갑자기 배의 갑판에 불이 붙어 탄다면 선원으로서는 배 위에서 그냥 죽기보다는 바다에 뛰어드는 모험을 택할 수밖에 없다. 결국, '불타는 갑판'이란 의도적으로 불타는 갑판을 만듦으로써 집중된 선택을 유도할 수 있음을 의미한다. 1519년, 불과 600여 명의 부하들을 이끌고 멕시코 해안에 상륙, 인구 2억 명의 아스텍을 몰락시킨 스페인 정복자 에르난 코르테스 Hernán Cortés가 아스텍을 공격하기에 앞서 부하들이 보는 앞에서 타고 왔던 배를 소각시켜 버렸듯이 말이다.
>
> 1997년 애플 Apple에 복귀한 스티브 잡스 Steve Jobs 역시 당시 애플 상품의 70%를 없앨 정도로 수익성 없는 모든 사업에서 철수를 단행했다. 현재를 유지하려고만 하면 변화의 당위성이나 위기 의식이 나오지 않는다. 잔을 비워야 다시 채울 수 있듯, 스티브 잡스는 밝은 미래를 펼치기 위해서는 더 이상 필요하지 않은 기존의 비즈니스와 역량을 전략적으로 과감하게 버릴 필요가 있음을 깨달았던 것이다.

둘째, 경쟁자와는 반대로 확장을 포기하라

일반적으로 지속 성장을 위해서는 확장해야 한다고 말합니다만, 반드시 그런 것은 아닙니다. 남들이 보기에는 무모하고 어리석은 결정으로 보이지만, 전략적으로 경쟁자와는 반대로 확장을 포기함으로써 집중화 효과를 극대화시켜 성공을 확보할 수도 있습니다.

Case | 토이저러스와 킴벌리클라크

알 리스의 《경영 불변의 법칙》을 보면 재미있는 사례가 나온다. 1948년, 찰스 라자러스Charles Lazarus는 워싱턴에서 어린이용 가구 매장을 창업했다. 매장을 찾은 고객들이 장난감도 함께 팔아 달라고 요청하자 1952년에 상호를 '어린이 가구와 장난감 슈퍼마켓Baby Furniture & Toy Supermarket'으로 변경하고 장난감을 판매 목록에 추가했다. 몇 년 동안 어린이용 가구와 장난감을 팔던 라자러스는 향후 확장 전략을 고민하게 되었다. 어린이 슈퍼마켓을 어떻게 확장할 수 있을까?

상식적으로 생각하면 장난감을 추가했던 것처럼 자전거, 이유식 등 취급 상품을 늘리면 될 것 같지만, 라자러스는 정반대로 했다. 1958년에 가구 사업을 접고 장난감만을 취급하는 대형 할인 소매점을 오픈한 것이다. 이 업체가 바로 세계적인 장난감 전문 업체인 토이저러스ToysRus다. 이렇듯 집중화로 성공 가도를 달리던 토이저러스는 최근 월마트와의 경쟁에서 밀리며 고전하고 있는데, 그 이유가 아이러니하게도 아동복, 아동 도서 등으로 사업 품목을 다각화하며 기존의 집중화 전략을 포기했기 때문이라 한다.

킴벌리클라크Kimberly-Clark의 CEO 다윈 스미스Darwin Smith 역시 무모하지만 현명한 포기를 단행했다. 그는 평범한 제지 회사에서 위대한 기업으로 도약할 수 있는 기회는 크리넥스라는 제지 소비재 사업에 달려 있다고 판단했다. 이에 광택지 제조 공장을 처분한 후, 수익금 전액을 소비재 사업에 투자하는 결단을 내렸다. 월스트리트는 그의 생각을 비웃었고 무자비하게 비판했다. 하지만 그의 결단은 결실을 맺었다. 크리넥스로 세계 최고 기업 중 하나가 된 것이다.

■ 강점을 극대화시켜 차별적 우위를 개발한다

첫째, 약점을 보완하려 하기보다는 강점 강화에 집중하라

흔히 성공하려면 약점을 고쳐야 한다고 합니다. 하지만 약점을 보완하면 방어력은 커질 수 있을지 몰라도 경쟁자보다 강해질 수는 없습니다. 비즈니스는 상대적인 경쟁 게임입니다. 그러므로 무모하더라도 자신의 강점에 집중함으로써 강점만큼은 경쟁자보다 차별적 우위에 있도록 만들어야 성공할 수 있습니다.

Case | 보스턴비어

> 짐 카치Jim Koch는 자신의 가문에 전해 내려오는 양조 비법에 따라 맥주를 제조하면 기존 강자들인 버드와이저나 밀러보다 훨씬 더 진하고 좋은 맥주를 만들 수 있을 거라고 확신했다. 결국 그는 1984년에 보스턴비어Boston Beer를 창업하고 고품질 맥주인 사무엘 아담스Samuel Adams를 내놓았다. 마케팅 역량이 부족했기에 고객들에게 널리 알릴 수 없었고, 가격도 비싸 찾는 사람이 많지 않았다. 하지만 서서히 사람들에게 최고의 맥주로 소문나면서 판매량이 늘더니, 10년이 지난 90년대 중반에는 소형 제조업체 중 가장 큰 업체로 성장했다.
>
> 대개 이렇게 성장하면 생산 시설을 구축하거나 유통망을 넓히는 등 약점을 보완하는 게 일반적인데, 짐 카치는 그러지 않았다. 자체 양조 공장도 보유하지 않은 채 임대하여 사용했으며, 꼭 필요한 경우에만 추가 임대 계약을 체결할 뿐 생산 범위를 넘어선 지나친 확장을 모색하지 않았다. 영업망 역시 보스턴에서 시작한 후 워싱턴 D.C., 뉴욕, 시카고, 캘리포니아 등으로 천천히 확장해 나갔다. 이렇듯 약점을 보완하는 것을 포기한 대신 자신의 강점인 맥주 품질에만 전력을 기울였다.
>
> 이런 절제된 성장 전략은 대형 맥주 업체들의 고급 맥주 시장 진입과 경쟁 과잉으로 몰락하기 시작한 경쟁 업체들과 달리 보스턴 비어를 탄탄하게 성장하게 했고, 사무엘 아담스를 고품질 맥주의 대명사이자 대표 브랜드로 만들었다.

둘째, 경쟁자의 약점을 공략할 무기를 강점화하라

자신의 강점에 집중하며 차별적 우위를 개발하는 것이 정석이지만, 때로는 경쟁자의 약점을 노리는 것도 효과적입니다. 바다의 여신 테티스와 펠레우스 왕 사이에서 태어난 무적의 전사 아킬레스도 발뒤꿈치에 독화살을 맞아 죽었듯이, 누구에게나 약점은 있는 법입니다. 그러므로 경쟁자의 약점을 공략할 무기를 강점화하는 전략은 차별적 우위에 서는 효과적인 방법이 될 수 있습니다.

Case | 박카스의 아성을 무너뜨린 비타500

언콜라Uncola 세븐업, 카페인 없는 칠성 사이다 등이 콜라의 약점을 공략하여 성공했듯이, 최근 박카스의 아성을 무너뜨린 비타500은 강자의 약점을 노려 역전에 성공한 대표적 사례다. 동아제약의 박카스는 1963년 출시된 이래 40년 가까이 드링크 시장을 지배해 온 절대 강자였다. 2001년, 광동제약은 당시 웰빙과 비타민 열풍에 맞춰 마시는 비타민 음료를 개발, 출시하기로 결정했다. 문제는 드링크 시장을 지배하고 있는 절대 강자 박카스였다. 박카스를 넘지 않고는 성공할 수 없었기에 광동제약은 전략적으로 박카스의 약점을 노리는 승부수를 띄웠다.

박카스는 타우린 성분과 카페인이 들어 있는 자양강장제로, 가격도 저렴하여 시장을 지배하고 있었다. 그런데 사람들에게는 '저렴하고, 약국에서 판매하여 약품처럼 느껴지기에 장기적으로 복용하면 건강에 좋지 않을 것 같다'는 인식이 있었다. 광동제약은 이런 약점을 파고들었다. '몸에 좋은 비타500'으로 소비자의 인식을 공략한 것이다.

이를 효과적으로 실행하기 위해 4P 전략으로 몸에 좋은 비타민 성분으로 되어 있으며 카페인도 없는 제품을, 박카스보다 높은 가격대로, 약을 파는 약국보다 식품을 파는 일반 유통점에서, 웰빙을 강조하는 광고를 실행하며 마케팅했다. 그 결과 무너지지 않을 것만 같던 박카스의 아성을 무너뜨리며 역전에 성공했다.

셋째, 자신의 강점을 고객에게 효과적으로 인식시켜라

아무리 강점을 가지고 있다 해도 고객이 몰라주면 소용 없습니다. 좋은 상품과 서비스라면 고객들이 알아줄 거라고 생각하기 쉽지만, 현실적으로는 먹히지 않을 때가 많습니다. 그러므로 노이즈 마케팅을 활용하는 등 경쟁자의 약점과 대비되는 자신만의 강점을 고객에게 확실히 인식시키는 마케팅을 적극적으로 실행해야 합니다.

Case | 아스피린과 타이레놀

타이레놀Tylenol이 절대 강자였던 바이엘Bayer의 아스피린Aspirin을 역전할 수 있었던 것도 아스피린의 약점을 효과적으로 공략했기에 가능했다. 당시 존슨앤존슨Johnson & Johnson은 타이레놀을 광고하기 위해 아스피린의 약점을 물고 늘어지는 전략을 세웠다.

'위장 장애, 위궤양, 천식, 알레르기, 빈혈이 있는 분은 아스피린을 드시기 전에 의사와 상담하시는 게 좋습니다. (중략) 다행히 여기 타이레놀이 있습니다.' 존슨앤존슨은 아스피린의 부작용을 공략하기 위해 '부작용 없는 진통제, 안티 아스피린 타이레놀'을 부각시키려 했다.

하지만 소비자들은 일반적인 광고 문구라 생각하고 별 흥미를 보이지 않았다. 그대로 간다면 실패로 끝날 가능성이 높았다. 그런데 곧 존슨앤존슨에게 의외의 호재가 발생했다. 그것도 경쟁사인 바이엘로부터 말이다. 바이엘 측에서 타이레놀의 광고에 대해 다음과 같이 반박 광고를 낸 것이다

'타이레놀이 아스피린보다 더 안전하다고 판명된 적이 없습니다. 어떠한 정부 기관 발표에서도 타이레놀의 주장 근거는 찾아볼 수 없습니다.'

싸움 구경은 흥미로운 법이다. 아스피린의 반박 광고 덕에 관심 없던 소비자들이 관심을 갖게 되었고, 결과적으로 타이레놀에게 유리한 방향으로 상황이 전개되고 말았다.

■ 미래의 판도를 바꿀 핵심 요충지를 선점한다

첫째, 새롭게 떠오르는 지점을 먼저 공략하라

성패를 좌우할 특정 길목을 지키고 있다면 승리할 가능성이 높을 수밖에 없습니다. 비즈니스에서도 미래의 판도를 바꿀 길목을 먼저 장악함으로써 성공의 발판을 마련할 수 있습니다. 신기술로 인한 변화의 바람이 강한 정보통신 분야의 차세대 사업, 최근 환경 문제가 주요 이슈로 부각되며 주목받고 있는 그린 비즈니스, 수요의 포화 속에 BRICs와 같이 수요 창출력을 기반으로 떠오르는 이머징 마켓, 불황의 여파로 인한 사회적 조류에 편승함으로써 부각되고 있는 제품의 서비스화나 프리코노믹스 등이 대표적입니다.

Case | 부상하는 프리코노믹스

프리코노믹스Freeconomics는 공짜Free와 경제Economics의 합성어로, 롱테일 법칙Long Tail Theory을 제시했던 크리스 앤더슨Chris Anderson이 언급한 용어다. 이는 무료로 상품을 구입하거나 서비스를 이용하는 것을 뜻한다. 사실 공짜 경제는 이미 우리에게 현실로 다가와 있다. 아침 출근길에는 지하철에서 나눠주는 무료 신문을 펼쳐본다. 점심 시간에는 스타벅스에서 무료 인터넷을 쓰며 콘텐츠를 검색하거나 이메일을 보낸다. 퇴근 후 집에 오면 무료 정수기 페이프리payFree로 물을 마신다. 저녁 식사를 마치면 아내와 함께 무료 인터넷 전화 스카이프Skype로 중국에서 어학 연수 중인 아들과 통화한다. 주말이면 휴식보다 자기 계발을 위해 정부에서 지원하는 무료 교육 과정에 참여한다. 이 모든 것이 프리코노믹스 모델이다. 공짜 경제가 현실화되면 갑자기 게임 판도가 바뀔 수 있다. 최근 GPS 기능을 무료로 이용할 수 있는 스마트폰들이 속속 출시되면서 위치 정보 역시 구글Google 등에서 공짜로 제공한다고 한다. 이 때문에 GPS 장치와 위치 정보로 돈을 벌던 많은 회사들의 비즈니스 모델이 하루아침에 구식이 되어버렸다.

이는 디지털 업계에만 해당되는 건 아니다. 2006년 4월에 일본 게이오대 학생들이 타다카피Tada Copy를 설립하고 공짜 복사 서비스를 시작했다. 스폰서를 구해 복사 용지 뒷면에 광고를 싣는 형태로 복사 서비스를 제공했다. 고객들은 무료로 복사해서 좋고, 광고주들은 고객들이 광고 전단을 오래 간직할 수 있어 만족했다. 타다카피는 출범한 지 2년 만에 44개 대학으로 확대되었고, 전통적인 방식으로 복사업에 종사했던 많은 업체들은 문을 닫을 수밖에 없었다고 한다.

둘째, 재편 전략을 주도하라

재편 전략Shaping strategy이란 산업을 변모시켜 전 세계 비즈니스 생태계를 때로는 매우 극적으로 전환시키려는 전략으로, 메시지를 통해 새로운 조건을 받아들이는 모두에게 혜택을 약속하고 경쟁 조건을 재정의하려는 시도입니다. 현재는 미미하지만 향후 판도를 바꿀 수 있을 변화가 일어나고 있음에도 모두가 머뭇거릴 때, 미래의 판도를 바꿀 수 있는 전략 지점을 발 빠르게 공략하며 판을 바꾸는 재편 전략을 주도해 나감으로써 리더의 자리에 오를 수 있습니다.

Case | 아이팟의 재편 전략

21세기 들어 냅스터Napster가 유례없이 성공하고 MP3 플레이어 시장이 창출되는 등 디지털 음악 혁명의 시대가 도래함을 알리는 신호들이 이어졌다. 하지만 기존 강자들은 이런 변화에 소극적으로 대응했다. 음반 회사들은 냅스터를 고소하기에 바빴고, 소니 등 전자 업체들은 MP3 플레이어에 관심을 보이지 않았다. 이에 스티브 잡스는 디지털 음악 사업을 음반 산업의 판도를 바꿀 전략 지점으로 보았다. MP3 플레이어인 아이팟iPod과 디지털 뮤직 스토어인 아이튠즈iTunes를 연동함으로써 누구나 쉽게 디지털 음원을 다운로드하여 들을 수 있도록 한다면 성공할 것으로 본 것이다. 이런 예상은 현실로 이어져 아이팟은 MP3 플레이어 시장의 75%를, 아이튠즈는 디지털 음원 시장의 70%를 차지할 정도로 대성공을 거두었다.

이렇게 엄청난 성공을 거둔 이유는 경쟁자들보다 전략 지점을 선점했다는 데서 일차적으로 찾을 수 있다. 그러나 미래의 판도를 바꿀 전략 지점을 장악했다고 해서 무조건 성공하는 건 아니다. 아직 그런 판도가 오지 않았기 때문이다. 그러므로 전략 지점을 장악한 후, 판도를 자신에게 유리하게 재편해야 한다. 스티브 잡스 역시 마찬가지였다. 아이팟 출시 후 성공 가도를 달리자 음반 산업의 재편에 착수했다. 일반적으로 산업을 재편하기 위해서는 다수의 기업이 참여해야 한다. 스티브 잡스는 디지털 뮤직 스토어 아이튠즈를 오픈, 유료 음원 거래 시장을 창출하고 음원 판매액의 70%를 음원사에 돌려줌으로써 불법 다운로드로 골치를 썩던 기존 음반사들의 참여와 협조를 끌어냈다. 이로써 가게에서 CD를 팔던 기존 음반 회사들의 비즈니스 모델은 구식이 되었고, 아이팟과 아이튠즈가 음반 산업의 리더로 등장하게 되었다.

4 ■ 혼자 힘으로만 하지 마라

지성에서는 헬라인보다 못하고 체력에서는 켈트인이나 게르만인보다 부족하며, 경제력에서는 카르타고인보다 떨어지고 기술력에서는 에르투리아인보다 미흡한 로마인이 세계를 지배하게 된 원동력은 바로 적들까지도 포용하는 개방성에 있었다고 합니다. 때로는 적과의 동침도 불사하는 등 협력하고 포용하는 개방성이야말로 조직 역량을 극대화시킬 수 있는 길이기 때문입니다.

비즈니스 세계도 마찬가지입니다. 최근 들어 글로벌 무한 경쟁이 격화되다 보니 더더욱 혼자 힘으로는 어려운 시대가 되었습니다. 승자 독식 구조로 인해 승자가 될 확률은 점점 줄어드는 반면, 승자가 차지하는 결과물은 점점 더 커지고 있어 전략적 협력 관계의 중요성이 더해지고 있습니다. 사실 우리는 협력하고 결과물을 나누는 데 인색합니다만, 이제는 달라져야 합니다. 진정 세계를 주름잡는 리더가 되고 싶다면 때로는 경쟁자와 협력할 줄 알고, 가치 조합을 통해 가치를 생산하고 오픈 비즈니스 생태계를 통해 경쟁력을 확보해 나갈 줄 알아야 합니다.

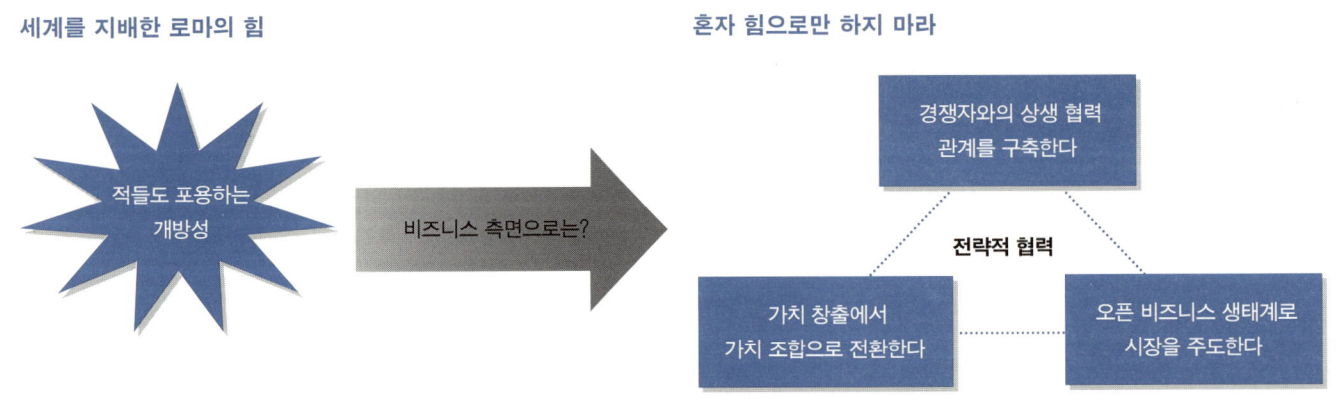

■ 경쟁자와의 상생 협력 관계를 구축한다

첫째, 동반자적 관계를 구축, 플러스섬 게임을 하라

경쟁이라면 서로 죽기 살기로 싸우는 제로섬Zero-sum 게임을 생각하지만, 전략적 협력 관계를 구축함으로써 상생하는 플러스섬Plus-sum 게임이 될 수도 있습니다. 더 나은 미래를 만들기 위한 경쟁자와의 상생 협력 관계는 다음과 같이 약자들이 강자와 맞서기 위해 연대하는 동반자적 관계, 개별적으로 부담이 커서 우선 경쟁자와 협력하여 원하는 결과를 얻은 후 경쟁하는 선협력 후경쟁 관계, 필요한 분야만 부분적으로 협력하는 경쟁 속의 협력 관계로 나누어볼 수 있습니다.

그 첫 번째가 경쟁자로서의 경쟁 관계를 청산하고 공동의 목표를 달성하기 위해 함께 노력하는 동반자적 관계입니다.

Case | 에어버스

경쟁자 간 동반자적 관계의 대표적 사례로 에어버스Airbus를 들 수 있다. 1960년대에 유럽 항공기 제조사들은 미국의 보잉Boeing과 맥도넬더글러스McDonnell Douglas 등에 밀리는 형국이었고, 그나마 해볼 만한 유럽 시장에서 치열하게 경쟁하고 있었다. 이에 프랑스의 아에로스파시알과 독일의 다임러벤츠 에어로스페이스가 먼저 연대하고, 이후 스페인의 카사, 영국의 브리티시 에어로스페이스가 참여하여 합작 회사인 에어버스를 출범시켰다. 개별 회사로는 항공기 설계 및 제작, 판매 등에 투자할 여력이 부족하기에 합작 회사를 설립, 재무 리스크를 줄이고 자본과 인재를 통합함으로써 보잉과 맥도넬더글러스에 맞서려 했던 것이다.

이런 경쟁자 간 동반자적 협력 관계를 통해 에어버스는 경쟁력 있는 비즈니스 모델을 성공적으로 구축했다. 초기의 설계와 개발은 각사의 기술팀들이 참여하여 진행함으로써 기술적으로 진보한 항공기를 개발할 수 있었다. 부품 제작 역시 각사가 경쟁력 있는 부분을 나누어 담당함으로써 효율성을 높였다. 마케팅과 판매, 고객 서비스 등은 에어버스에서 통합 관리함으로써 고객들을 사로잡을 수 있었다. 그 결과 에어버스는 1997년에 맥도넬더글러스를 인수한 보잉의 유일한 라이벌로 자리잡았고, 21세기 들어서는 역전에 성공했다.

둘째, 선협력 후경쟁 관계를 구축하라

선협력 후경쟁 관계는 성공의 과실은 크지만 투자 부담이 너무 크거나 개별 기업으로서는 추진하기 어려울 경우, 경쟁자와 협력하여 원하는 결과를 얻은 다음 경쟁을 벌이는 방식입니다. 그 예로 투자 부담은 엄청나게 높고 성공 가능성도 낮지만 성공할 경우 장기간 상당한 수익을 기대할 수 있는 원천 기술 개발이나, 개별 기업만으로는 어려운 전 세계 표준 선점을 위한 협력 관계 등을 들 수 있습니다.

Case | 블루레이 디스크 표준 경쟁

지금 전 세계는 표준을 장악하기 위한 신기술 전쟁으로 난리다. OS 표준을 선점한 마이크로소프트 사례를 들지 않더라도 전 세계 표준을 장악하는 게 얼마나 중요한지는 누구나 잘 알고 있다. 특히 글로벌화로 전 세계 시장이 단일화되면서 표준은 곧 전 세계 시장을 지배하는 헤게모니를 뜻하게 되었다. 문제는 표준 경쟁이 단순히 기술력만의 싸움이 아니라는 점이다. 비디오 테이프 표준 전쟁에서 기술력에서 우위를 점한 베타맥스 방식의 소니가 상대적으로 기능이 떨어지는 VHS 방식의 JVC 연합군에 패한 사례처럼 기술 우위임에도 표준 경쟁에서 밀린 경우가 많기 때문이다. 결론적으로 말하면 표준 경쟁은 누가 고객과 시장의 선택을 유도하느냐에 달려 있다. 그렇다 보니 사소하게 보이는 1%의 차이가 성패를 좌우하기도 한다. 조금이라도 많은 선택을 받은 쪽으로 몰리기 때문이다. 그래서 단 한 발이라도 먼저 가기 위해 기술력을 가진 기업들끼리나 기술력을 가진 기업과 마케팅 역량을 가진 기업들 간의 다양한 합종연횡이 벌어지고 있다.

최근까지 치열했던 차세대 DVD 표준 경쟁에서 블루레이 디스크(Blu-ray Disc)의 소니-삼성 진영이 HD DVD의 도시바-마이크로소프트 연합군에게 승리를 거두었다. 팽팽했던 두 진영의 싸움은 2008년 초 워너브라더스가 소니의 손을 들어주면서 급격히 소니 쪽으로 기울었다. 이후 양다리를 걸치고 있던 파라마운트 등도 HD DVD를 포기하면서 소니 진영이 승리를 거머쥐었다. 20여 년 전, 기술력만 믿고 홀로서기를 하다 JVC 연합군에게 당한 소니가 그때의 경험을 되살려 적극적으로 우군 만들기에 나섰던 것이 승리의 원동력이었다.

셋째, 필요하다면 경쟁 속에서도 협력 관계를 구축하라

마지막으로 경쟁 속의 협력 관계란 경쟁의 성패를 좌우하는 핵심 분야에서는 치열하게 경쟁하지만 크게 중요하지 않은 분야에서는 경쟁 대신 협력을 하는 관계를 말합니다. 피 터지게 경쟁하면서 때로는 협력도 하는 묘한 관계죠. 경쟁자들끼리 협력하여 부품을 공동 구매하거나 제품을 공동 생산하는 경우가 여기에 해당합니다. 그 예로 삼성전자와 소니를 들 수 있습니다. 두 회사는 TFT-LCD를 생산하기 위해 합작 회사를 설립하며 협력 관계를 구축했지만, 합작 공장에서 생산된 TFT-LCD를 장착한 LCD TV를 각각 시장에 내놓으며 피 말리는 경쟁을 벌이고 있습니다. 경쟁자 간의 협력이 어려울 경우 때로는 존스컨트롤스Johns Controls처럼 제3자가 협력 관계를 유도하기도 합니다.

Case | 존스컨트롤스

필요할 경우 부분적으로 협력하는 제휴 모델은 서로에게 도움이 될 가능성이 높다. 하지만 시장에서 피 터지게 싸우는 경쟁자들끼리 협력을 논의하기란 어려운 게 사실이다. 이렇듯 서로 협력을 꺼리는 경쟁자들 간의 협력을 제3자가 개입하여 유도하기도 한다. 일반적으로 정부가 개입하는 경우가 많지만, 민간 업체가 그런 일을 하기도 한다. 미국 자동차 부품 업체인 존스컨트롤스가 대표적인 사례다.

존스컨트롤스는 자동차 경쟁에 크게 중요하지 않은 부품에 대해 여러 자동차 제조사들과 함께 통합된 모듈을 개발, 생산함으로써 간접적인 협력 관계를 유도했다. 이런 제3자가 유도한 경쟁자들 간의 협력 관계는 자연스럽게 과당 경쟁을 지양하고 핵심 영역으로의 집중을 도모할 수 있기에 바람직한 방식으로 평가받고 있다.

■ 가치 창출에서 가치 조합으로 전환한다

첫째, 가치 조합의 시대가 오고 있다

가치 조합이란 기업 내부적으로 가치를 창출하는 게 아니라 외부에서 생산된 다양한 가치들을 조합하여 새로운 가치를 만들어내는 것을 의미합니다.

하이퍼 경쟁 사회로 나아가면서, 상시 기술 혁신과 디지털 지식 경제, 경계 파괴 등의 현상이 일어나고 있습니다. 상시 기술 혁신으로 인해 일개 기업이 기술 혁신을 모두 추진하는 게 불가능해졌으며, 디지털 경제 확산으로 가치 사슬을 쉽게 조합할 수 있게 되었습니다. 또한 경계 파괴로 인해 다른 패러다임에 속하는 사업과의 가치 조합이 성공의 핵심 조건으로 대두되었습니다. 그 결과 과거에는 차별적인 가치 창출이 핵심이었다면, 21세기 들어서는 얼마나 최적의 가치 조합을 만들 수 있는지가 성패를 좌우합니다.

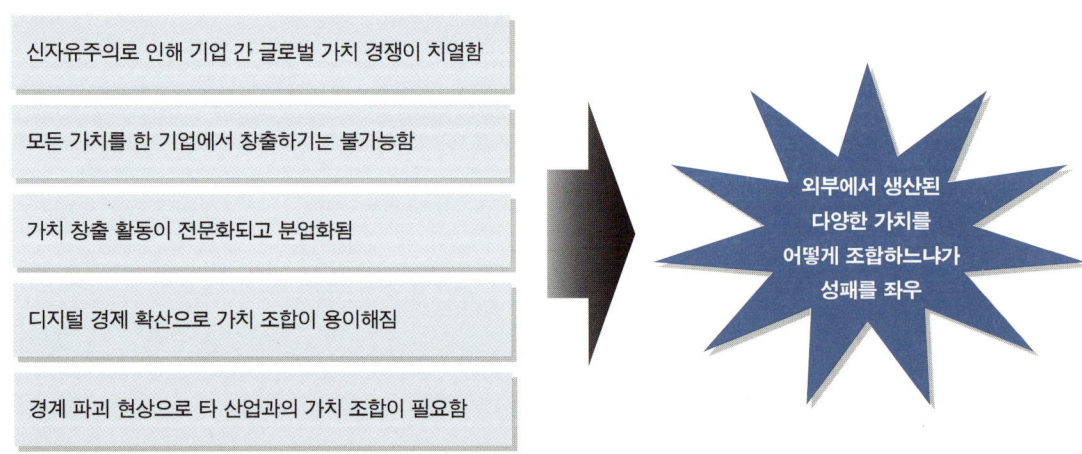

둘째, 가치 조합 네트워크를 구축하라

개별 기업이 모든 가치를 창출하는 것보다 부분적으로 최고의 가치들을 창출하는 기업들과 협력하여 가치를 조합한다면 성공을 담보할 수 있습니다. 이런 가치 조합은 제품 개발뿐만 아니라 생산, R&D, 마케팅 등 경영의 여러 측면에서 추진할 수 있습니다. 내부적으로 기술 개발에 매달리는 대신 아이디어를 외부에서 찾는 P&G의 C&D(Connect & Development) 전략이나 비지오(Vizio)의 아웃소싱(Outsourcing) 전략 등이 대표적인 사례입니다.

Case | 비지오

세계 최대 가전 시장인 미국의 2009년도 LCD TV 시장 1위는 누구였을까? 소니나 삼성을 떠올렸다면 틀렸다. 비지오라는 낯선 신생 대만 기업이 1위에 올랐다고 한다. 2002년 설립된 비지오는 10년도 되지 않아 선두에 올라서는 놀라운 성과를 기록했다. 성과보다 더욱 놀라운 건 비지오는 대단위 자가 공장도 없고 혁신 기술도 개발하지 않으며, 직원 수도 200명이 안 된다는 사실이었다. 이런 중소기업 규모의 비지오가 어떻게 삼성이나 소니를 누를 수 있었을까?

결론적으로 말하면 가치 조합 네트워크를 창조했기에 가능했다. 소니가 자기 기술을 기반으로 핵심 부품과 장비를 자체 제작함으로써 내부 경쟁력에 집중했다면, 내부 경쟁력이 취약한 비지오는 외부로부터 경쟁력을 조달함으로써 소니에 맞설 수 있었다. 즉, 비지오는 소니처럼 자체적인 기술 개발 등을 통해 첨단 혁신 제품을 출시하기보다는 범용화된 기술을 조합하는 가치 조합을 통해 시장에서 요구하는 상품을 저렴하게 출시했다. 사실 LCD TV 분야는 이미 기술 표준화와 모듈화가 이루어졌기에 아웃소싱을 통해 경쟁력 있는 LCD TV를 제조하는 것이 가능했다. 이를 활용하여 비지오는 LCD 패널과 전자 부품 등은 한국과 대만 최고의 기업에서 조달하고, 조립은 숙련된 중국 기업에 위탁함으로써 경쟁력 있는 LCD TV를 생산할 수 있었다. 독자적인 기술을 개발하지 않고 다른 회사들이 개발해 상용화한 기술을 활용, 조립 생산함으로써 PC 시장에서 1위에 오른 델 컴퓨터의 성공을 21세기 들어 TV 시장에서 재현한 것이다.

■ 오픈 비즈니스 생태계로 시장을 주도한다

첫째, 열린 방식으로 발상을 전환하라

《오픈 이노베이션Open Innovation》의 저자 헨리 체스브로Henry Chesbrough 버클리대 교수는 기업의 혁신 방식을 기존의 폐쇄형 내부 창출 방식에서 열린 방식으로 전환하고 닫힌 비즈니스 모델을 오픈 모델로 바꾸어야 생존할 수 있다고 역설했습니다. 혼자 힘으로 하는 것보다 외부 자원을 효율적으로 활용해 가치를 창출하는 협업 생태계의 시대가 도래한 것입니다. 이제는 기존의 폐쇄적인 혁신 방식을 지양하고 열린 방식으로 발상을 전환해야 합니다.

Case | 골드코프 챌린지

위기에 처한 금광회사 골드코프Goldcorp를 1999년에 인수한 롭 맥이웬Rob McEwen은 금광 개발만이 살길이라며 탐사 프로젝트에 집중했다. 하지만 골드코프의 탐사 지역에서 새로운 금광 개발 가능성이 높다는 지질학자들의 견해에도 불구하고 성과를 얻지 못했다. 이에 맥이웬은 리눅스 개발처럼 골드코프가 보유한 모든 금광 탐사 자료를 전 세계 지질학자들에게 공개하여 금광을 찾기로 결심했다.

골드코프의 귀중한 자산이자 핵심 기밀 자료인 금광 탐사 자료를 공개하는 건 어리석은 짓이라는 반발에도 불구하고 맥이웬은 2000년 3월 총 57만 5천 달러의 상금을 걸고 '골드코프 챌린지 대회Goldcorp Challenge Contest'를 개최했다. 개최하자마자 전 세계에서 과학자, 엔지니어, 지질학자 등 전문가 1,400명 이상이 참여했다.

그 결과 응모자들이 제시한 지역 중 80%에서 상당한 양의 금을 발견하여, 골드코프는 1억 달러 규모의 기업에서 90억 달러 규모의 기업으로 도약했다. 만일 맥이웬이 내부 전문가들에게만 의존했다면 골드코프는 문을 닫았을지 모른다. 내부 시스템을 외부에 전격적으로 오픈함으로써 외부 전문가와 회사 모두가 상생하는 오픈 시스템을 구축했던 게 주된 성공 요인이었음은 두말할 필요가 없다.

둘째, 개방형 플랫폼을 구축하라

애플, 구글, 페이스북, 아마존 등 세계를 주도하는 기업들의 공통점은 바로 플랫폼 전략Platform Strategy을 통해 자신만의 아성을 구축했다는 점입니다. 여기서 플랫폼 전략이란 고객 등 관련 그룹을 플랫폼에 모아 네트워크 효과를 창출하고 새로운 사업 생태계를 구축하는 전략을 말합니다. 관련 그룹들은 플랫폼을 활용함으로써 니즈 충족도 제고, 검색 및 거래 비용 감소, 정보 획득 등 부가가치를 누릴 수 있으며, 플랫포머는 플랫폼 사용 수수료 등 수익을 창출할 수 있습니다.

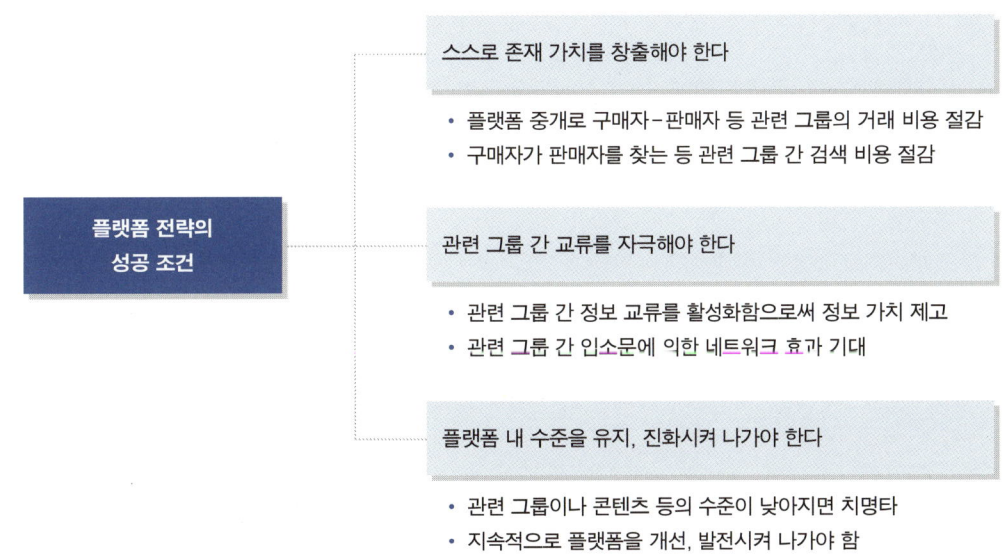

최근 들어 개방형 플랫폼을 기반으로 한 비즈니스 생태계가 주목받고 있습니다. 그런 측면에서 개방형 플랫폼을 통해 성공 가도를 달리고 있는 애플과 구글의 사례를 살펴보도록 하겠습니다.

Case | 애플 대 구글

인터넷 기술의 발달과 함께 플랫폼의 중요성이 더해지고 있다. 그중에서도 개방형 플랫폼을 구축함으로써 외부 전문 업체 또는 전문가들의 자발적 참여를 이끌어내는 대표적인 사례가 애플과 구글이다.

애플은 흔히 '애플 생태계'라 불리는 독특한 오픈 비즈니스 시스템을 구축하기로 유명하다. 아이팟iPod과 아이폰iPhone, 아이패드iPad까지 전자기기를 제조하여 판매하지만, 그 바탕에 애플 생태계를 구축한 것이다. 아이팟을 근간으로 아이튠스iTunes를 운영함으로써 음원을 가진 업체들의 자발적인 참여를 이끌어내어 디지털 음악 생태계를 구축했다. 또한 아이폰을 중심으로 앱스토어를 운영, 애플리케이션 제작자들의 자발적인 참여를 통해 모바일 생태계를 구축했으며, 아이패드를 중심으로는 디지털 콘텐츠 생태계를 구축하고 있다. 이렇게 구축된 애플 생태계는 애플뿐만 아니라 콘텐츠 제작자 및 고객까지 이익을 함께 누림으로써 자연스럽게 선순환되는 구조를 만들고 있다.

구글은 애플보다 좀 더 개방적인 완전 개방형 오픈 생태계 구축을 지향하고 있다. 구글은 구글 모바일 생태계 구축을 위해 안드로이드 플랫폼을 완전 공개했다. 스마트폰 제조사들로서는 공개 플랫폼을 활용한다면 단말기의 성능을 높이고 가격을 내릴 수 있어 삼성전자를 비롯한 많은 업체들이 안드로이드 플랫폼을 채택했다. 또한 앱스토어에서는 개발자와 애플이 70:30으로 수익을 나누는 데 반해 구글은 자신은 수익 배분에 참여하지 않는 대신 안드로이드 마켓에서 개발자와 이동 통신사가 70:30으로 수익을 나누는 구조를 제안했다. 이런 수익 구조는 개발자와 이동 통신사들 모두 안드로이드 플랫폼을 선호하게 만들었다. 그렇다면 구글은 어떻게 수익을 창출할 수 있을까? 구글은 구글 생태계 구축을 위해 안드로이드 플랫폼에 의한 수익은 포기하는 대신 모바일 광고로 수익을 창출하겠다는 것이다. 프리코노믹스를 B2B에 적용한 셈이다.

결국 애플과 구글의 싸움은 애플 생태계와 구글 생태계 간의 플랫폼 전쟁이라 할 수 있다. 향후 애플 생태계와 구글 생태계의 헤게모니 싸움이 어떻게 전개될지 모르겠지만, 좀 더 열린 마음으로 파트너와 고객들에게 다가서는 쪽이 승리할 거라 생각한다. 그런 점에서 근엄한 강자의 모습에 가까운 최근의 애플보다는 구글의 손을 들어주고 싶다.

셋째, 사용자들의 직접 참여를 유도하라

웹 2.0과 소셜 네트워크로 대표되는 21세기 디지털 시대에는 사용자들의 참여가 대세입니다. 2001년 1월 15일 시작된 위키피디아Wikipedia가 대표적입니다. 누구나 자유롭게 글을 쓸 수 있는 사용자 참여의 온라인 백과사전이자 수많은 대중의 집단 지성으로 만들어지는 위키피디아는 정확도 면에서도 브리태니커 백과사전Encyclopaedia Britannica에 뒤지지 않는다고 알려지며 각광을 받고 있습니다. 이 외에도 페이스북Facebook, 링크드인Linked In, 트위터Twitter 등도 사용자 참여를 통해 성공한 사례들입니다.

Case | 페이스북

2004년 하버드대 학생이었던 마크 주커버그Mark Zuckerberg가 하버드대 친구들과 대화하고 정보를 교환할 수 있도록 개설한 사이트가 바로 페이스북이다. 이후 대상 회원을 타 대학교와 고등학교로, 2006년에는 13세 이상 일반인으로까지 확대했다. 그 결과 2013년 현재 가입자수만 11억 명이 넘는 가장 인기 있고 영향력 있는 소셜 네트워크 사이트가 되었다.

이렇듯 페이스북이 불과 몇 년 만에 강자로 등극할 수 있었던 요인은 무엇일까? 여러 가지를 생각할 수 있겠지만, SNS 분야가 일반적인 비즈니스와 달리 헤게모니 비즈니스였다는 데서 그 원인을 찾아볼 수 있다. 사용자들이 참여하는 소셜 네트워크는 헤게모니를 쥐는 쪽이 승리할 가능성이 높다. 초기에는 사소한 차이일지라도 헤게모니를 쥐면 시간이 갈수록 사용자들이 몰리며 강력한 네트워크를 구축하게 된다.

사실 페이스북에게는 1년 먼저 설립된 마이스페이스MySpace란 경쟁자가 있었다. 앞서 나가던 마이스페이스는 통제력 상실을 우려해서 유튜브YouTube 등 외부 콘텐츠 제공자들과의 협력에 소극적이었고, 광고 등 수익 창출에만 집중했다. 이에 비해 페이스북은 광고를 최대한 자제하여 사용자 편의성을 유지하려 했으며, 친구들과 쉽게 소통할 수 있도록 표준화된 인터페이스를 구축했다. 또한 누구든 응용 프로그램이나 콘텐츠를 올릴 수 있도록 오픈 플랫폼을 표방하며, 마이스페이스에는 없는 팜빌FarmVille 같은 소셜 게임을 통해 재미도 제공했다. 결국 사용자들은 자신이 원하는 대로 만들고 즐길 수 있는 페이스북에 더 끌리게 되었고, 헤게모니를 쥔 페이스북이 SNS의 리더로 등극했다.

5 ■ 민첩성과 인내심을 모두 가져라

글로벌 무한 경쟁 속에서 성공하기 위해서는 민첩성과 인내심을 동시에 가져야 하는 패러독스 경영Paradox Management의 시대가 도래했습니다. 사실 기업 입장에서는 더욱 살기 어려워진 시대입니다. 재빠른 실행 역량과 신속한 시장 대응력, 전략적 방향 전환 역량 등 전략적 민첩성뿐만 아니라 목표를 달성할 때까지 참으며 실행에 집중할 수 있는 인내심까지 보유해야 하니까요. 참고로 패러독스 경영이란 차별화와 낮은 원가, 거대 조직과 스피드 등 성격이 상충된 요소들을 결합해 성과를 내는 개념으로, 21세기 기업의 성공을 좌우하는 요소입니다. 앞서 언급한 경쟁자와의 협력 역시 경쟁과 협력이란 모순을 추구하는 패러독스 경영의 사례로 볼 수 있습니다.

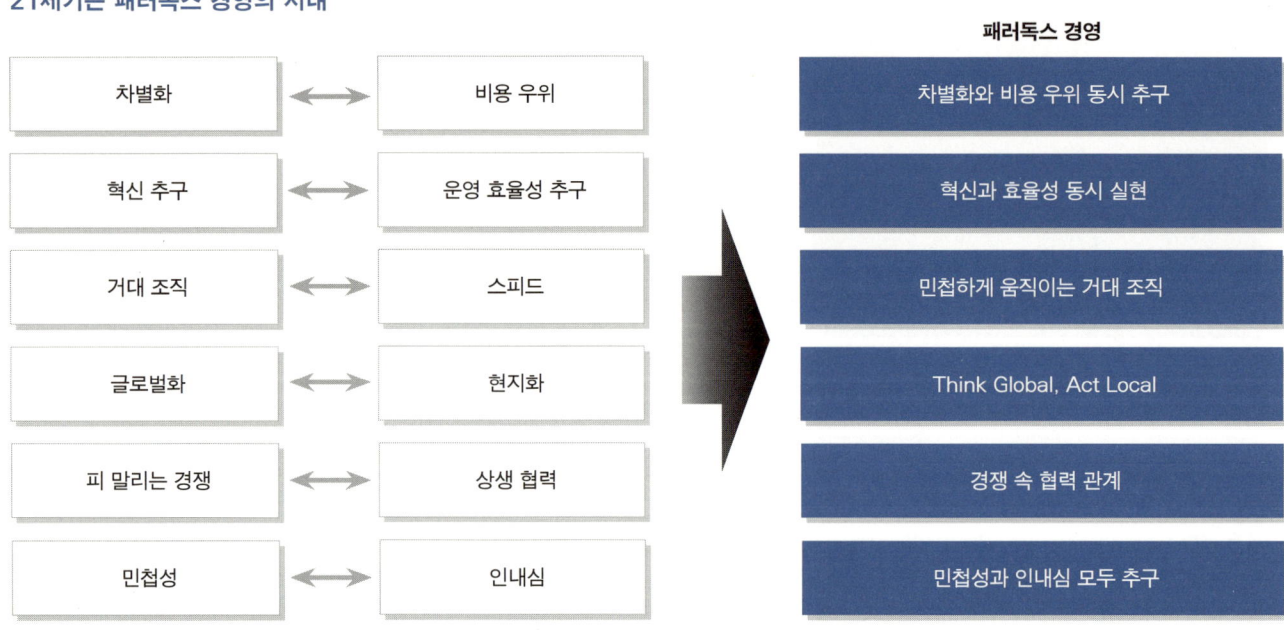

전 세계를 휩쓸었던 몽고군의 속도전은 멈췄지만, 그로부터 800여 년이 지난 21세기의 비즈니스 환경은 역사상 그 어느 때보다 징기스칸의 전략을 필요로 하고 있습니다. 20세기 말에 빌 게이츠Bill Gates는 '80년대가 품질의 시대, 90년대가 리엔지니어링의 시대였다면, 2000년대는 속도의 시대'가 될 거라고 예측한 바 있는데, 야속하게도 그 예측은 적중하고 있습니다.

사실 20세기 경영과 21세기 경영의 다른 점 하나를 꼽으라면 단연 스피드를 꼽을 수 있습니다. 20세기 기업들은 어떻게 규모를 키울 것인가를 고민했다면, 21세기에는 어떻게 속도에 대응할 것인가를 고민해야 합니다. 2008년에 맥킨지McKinsey가 전 세계 CEO들을 대상으로 조사한 결과에서도 민첩성이 비즈니스 성과에 있어 매우 중요하다고 말한 비율이 89%에 달하는 것에서도 알 수 있듯이, 스피드 경영은 이제 필수 불가결한 방침이 되었습니다.

대가들이 말하는 스피드 경영

게리 하멜 런던 비즈니스 스쿨 교수	빠른 변화의 시대에는 창의성이 성공의 키워드이며, 창의적인 조직이 되기 위해서는 조직을 잘게 나누어 환경 변화에 유연하게 대응할 수 있어야 한다. 이제는 핵심역량을 보유했다고 해서 성공할 수 없으며, 얼마나 빨리 시장 변화에 능동적으로 대응하느냐가 관건인 시대가 되었다.
이브 도즈 인시아드 교수	핵심역량이 아니라 전략적 민첩성이야말로 성패를 좌우하는 요소다. 전략적 민첩성이란 운영상의 민첩성이 아니라 환경 변화에 효과적이고도 효율적으로 빠르게 대응할 수 있는 상태를 의미한다. 전략적 민첩성을 확보하기 위해서는 복합적인 상황을 인식하고 통찰력 있게 이해하는 전략적 감수성과 전략적 의사 결정을 빠르게 진행할 수 있는 집단적 몰입, 빠른 실행이 가능하도록 자원을 신속하게 재배치할 수 있는 자원 유동성이 필요하다.
존 체임버스 시스코시스템즈 회장	덩치 큰 기업이 항상 작은 기업을 이기는 건 아니지만, 빠른 기업은 언제나 느린 기업을 이긴다.

'1만 시간의 법칙' 또는 '10년의 법칙'이란 게 있습니다. 어떤 일이든 1만 시간, 혹은 10년 정도 꾸준히 정진하면 반드시 성공한다는 법칙입니다. 사실 처음에는 아무리 노력하고 투자해도 별 성과가 보이지 않아 포기하기 쉽습니다. 하지만 인내심을 갖고 꾸준히 실천하면 어느 순간 성과가 기하급수적으로 상승하며 목표를 달성할 수 있게 됩니다.

비즈니스도 마찬가지입니다. 아무리 좋은 상품을 내놓았더라도 갑자기 성과가 좋아지지 않습니다. 새로운 사업일수록 더욱 그러하죠. 그래도 실망하지 않고 꾸준히 노력하다 보면 차츰 고객의 인식이 긍정적으로 변화하며 시장 상황이 바뀌기 시작합니다. 결국 인내심을 갖고 끈질기게 실행하면 어느 순간 고객들이 인정하는 상품과 기업으로 자리하게 됩니다.

헬로키티Hello Kitty로 유명한 산리오Sanrio의 쓰지 신타로Tsuji Shintaro 회장 역시 헬로키티의 성공 비결을 묻는 질문에 다음 세 가지를 꼽았다고 합니다. 첫째도 인내심, 둘째도 인내심, 셋째도 인내심이라고.

모든 일은 S자로 이루어진다!

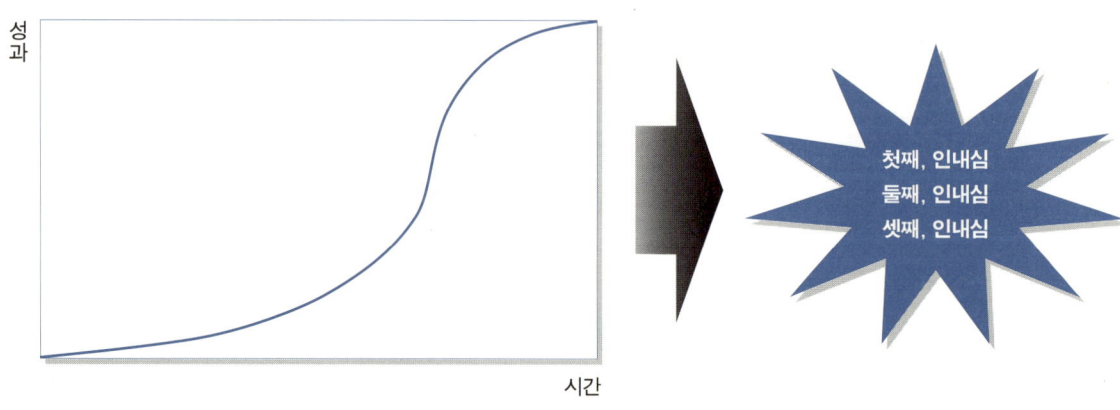

■ 스피드 시대, 민첩성을 확보한다

첫째, 재빨리 실행할 수 있는 조직 역량을 구축하라

변화무쌍한 불확실성 속의 비즈니스 세계에서 필요한 건 재빨리 실행할 수 있는 조직적 능력입니다. 과거에 성공한 기업은 굳이 변화에 대응할 필요가 없어 전략적으로 둔해지기 쉽기에 더욱 유의해야 합니다. 일례로 90년대 중반에 디지털 시대를 주도하며 아날로그의 선두 주자 모토로라Motorola를 밀어내고 휴대폰 시장의 리더가 된 노키아Nokia가 불과 10년 만인 2000년대 중반에 스마트폰 시장을 개척한 애플에 밀려난 데서도 알 수 있습니다. 언제든지 환경 변화에 대응하여 재빨리 실행할 수 있도록 준비해야 합니다. 스마트폰 시장에 대해 회의적이었던 삼성전자가 재빨리 실행할 수 있는 조직 역량 덕분에 애플과 맞서는 강력한 라이벌로 부상했듯이 말입니다.

그런 의미에서 삼성전자가 어떻게 스피드 경영을 추진할 수 있었는지 그 비결을 살펴보도록 하겠습니다.

Case | 삼성전자

2002년, 전자 업계의 절대 강자이자 워크맨 신화의 주인공 소니가 경쟁자라고도 생각하지 않았던 삼성전자에게 역전당했다. 일시적인 현상일 거라 생각했지만 격차는 점점 벌어져 2009년에 들어서자 삼성전자의 영업이익이 소니 등 일본 전자 업계 선두 9개 기업의 영업이익을 합친 것을 역전하는 일이 벌어졌다. 이런 삼성전자의 실적은 기술 수준이 소니 등 일본 기업보다 뛰어나지 않음에도 이룬 성과이기에 더욱 놀라웠다. 한 일본 리서치 연구소의 연구원이 삼성전자를 방문한 후 "삼성전자의 전반적인 기술 수준은 여전히 일본 기업들에 비해 한참 뒤떨어지는데도 어떻게 일본 기업들보다 훨씬 더 뛰어날 수 있는지 모르겠다."라고 말했듯이 말이다. 삼성전자가 소니를 역전하게 된 원동력은 과연 무엇일까?

삼성전자의 성공 비결은 한마디로 스피드 경영이라 할 수 있다. 삼성전자의 주력 사업인 메모리 반도체 사업이나 LCD 사업은 전형적인 비차별화 부품 사업으로, 경쟁 상품 간 차별화가 되지 않아 전 세계 시장을 대상으로 누가 더 빨리 좀 더 낮은 원가로 출시하느냐가 성패를 좌우하는 사업이다. 따라서 경쟁자보다 빠른 신상품 출시, 원가 경쟁력 확보를 위한 규모의 경제, 과감하면서도 신속한 투자 등이 중요할 수밖에 없다. 그러려면 의사 결정과 실행 스피드가 중요한데, 삼성전자는 그 부분에서 탁월했다. 소유 경영자 중심의 강력한 지배 구조와 신속한 의사 결정, 병렬적인 업무를 동시에 진행하는 상품 개발 시스템이나 설계와 공사를 병행하는 생산 시스템 등 스피디한 업무 시스템, 우리 특유의 '빨리빨리' 문화 등이 복합적으로 작용하여 삼성전자 특유의 스피드 경영 시스템이 만들어졌다.

이렇게 구축된 삼성전자의 스피드 경영 시스템은 스마트폰이나 가전 사업으로도 이어졌다. 21세기는 점점 빨라지는 디지털 기술의 발전 속도와 고객 니즈 다양화로 인해 상품 수명이 짧아지고 있다. 이런 시장 변화에 대응하기 위해서는 기술을 적용한 제품을 재빨리 연이어 출시해야 경쟁 우위에 설 수 있는데, 삼성전자가 탁월한 능력을 보여준 것이다. 더구나 메모리 반도체나 LCD 등 자체 생산한 주요 핵심 부품을 사용함으로써 수직 계열화된 완제품 개발 생산 시스템을 구축, 스피드 경영을 더욱 가속시킬 수 있었다.

둘째, 시장 상황 변화에 신속하게 대응하라

20세기 후반 핸드폰 시장의 절대 강자였던 노키아, 첨단 기술의 대명사로서 강력한 기술력을 무기로 '소니가 만들면 표준이 된다'란 생각에 사로잡혔던 소니. 이들은 고객과 시장의 변화에 민첩하게 대응하기보다는 자신의 전략과 역량만 과신하다 추락하고 말았습니다. 그러므로 노키아나 소니처럼 실패하지 않으려면 시장 상황에 신속하게 대응할 수 있도록 조직 역량을 구축해야 합니다.

시장 상황에 따라 신속하게 대응하려면 어떻게 해야 할까요? 이를 위해서는 다음과 같이 세 가지 사항을 명심해야 합니다.

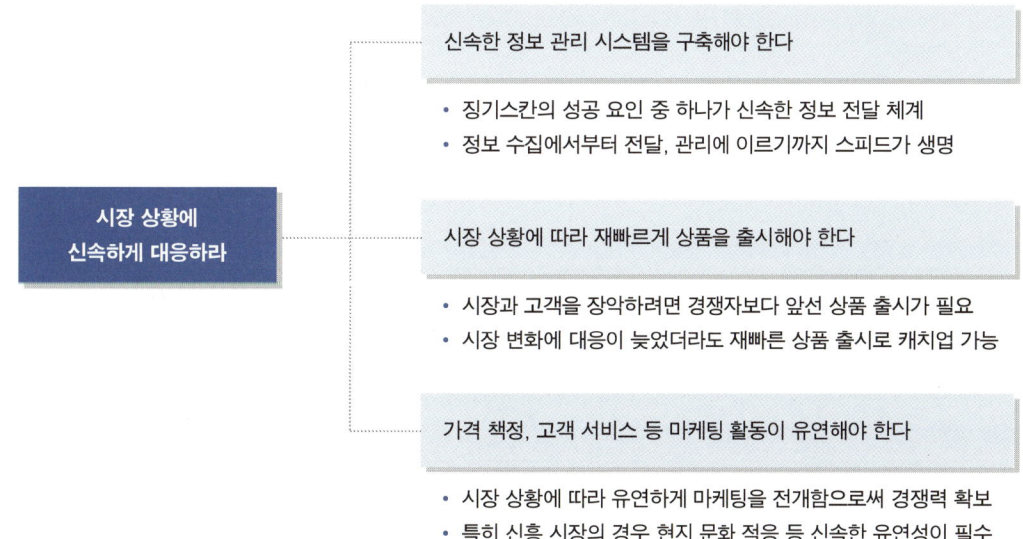

경쟁 우위에 서기 위해서는 경쟁자보다 앞서 상품을 출시하여 고객을 사로잡아야 합니다. 그런 의미에서 고객의 니즈에 맞춰 재빠르게 신상품을 출시함으로써 성공한 자라Zara의 사례를 살펴보도록 하겠습니다.

Case | 패스트 패션의 선두 주자, 자라

경쟁자보다 앞선 상품 출시는 시장과 고객을 장악하고 수익성을 극대화할 수 있어 매우 중요하다. 그런 측면에서 패스트 패션Fast Fashion의 선도자로 평가받는 자라의 사례를 살펴볼 필요가 있다. 패스트 패션이란 고객의 니즈를 빠르게 반영하여 시장에 빨리 출시하는 패션을 의미한다. 통상 6개월에서 1년 전부터 차기 패션 컬렉션을 준비하는 기존의 패션 업체들과 달리, 자라에서는 평균 2주에 한 번씩 새로운 패션 컬렉션을 선보이며, 일주일에 두 번씩 신상품을 입고시킨다고 한다. 항상 새롭고 차별화된 패션을 원하는 까다로운 고객들의 니즈에 맞춰 가능한 한 많은 구색을 갖춤으로써 선택의 폭을 넓혀주는 방식이다. 그러기 위해 매장을 직접 운영하며 수집한 고객의 니즈에 맞춰 패션을 즉시 제작, 맞춤 공급했다. 이렇듯 재빠른 출시는 어떻게 가능할 수 있었을까?

이는 직접 제조하여 유통까지 하는 SPASpecialty Store of Private Label Apparel 방식을 완벽하게 구현했기에 가능했다. 자라는 기획에서 디자인, 생산까지 상당 부분을 인하우스In-house 수직 계열화했으며, 다양한 외부 협력 업체와의 유연한 협력 관계까지 구축함으로써 누구보다 빠르게 제품을 출시할 수 있었다. 또한 짧은 진열 시간을 감안해 모든 상품을 소량 생산함으로써 재고 부담을 줄이면서 수익성 악화를 최소화시켰고, 고객에게는 희소성으로 인한 차별화 가치를 제공할 수 있었다.

결국 자라의 성공 이면에는 재빠른 출시를 가능하게 하는 공급 사슬 시스템이 숨어 있었다. 최대한 빨리 출시하기 위해 아웃소싱이 대세인 여타 의류 업체들과 달리 자가 생산 공장을 남부 유럽에 두고 생산된 상품을 일주일에 한 번씩 비행기를 통해 매장으로 보낸다. 이런 방식은 생산 및 물류 비용의 과다로 인해 운영하기 어려울 것 같지만 유행 창조를 위해 투자해야 하는 마케팅 비용이나 재고 비용을 대폭 절감함으로써 가능했다고 한다.

앞서 언급했던 오픈 네트워크도 신속한 상품 출시에 도움이 될 수 있다. 탐사 기간을 2~3년 단축시킨 골드코프, C&D 전략으로 프링글스 프린트Pringles Print를 1년도 채 못되어 출시한 P&G, 200년 역사의 브리태니커 백과사전의 정보량을 능가하는 인터넷 백과사전을 단 5년 만에 탄생시킨 위키피디아 등이 이를 증명한다.

셋째, 전략적으로 신속히 방향을 전환할 수 있는 역량을 구축하라

티베트 속담에 '서둘러 걸으면 라싸Lasa, 티베트의 수도에 도착할 수 없다.'란 말이 있습니다. 빨리 가려고 서두르다 보면 금방 지치거나 병에 걸리기 쉬우므로 너무 서두르지 말아야 한다는 뜻입니다. 무조건 빠르다고 좋은 건 아니라는 얘기죠.

비즈니스도 마찬가지입니다. 특히 지금 같은 불확실성의 시대에는 무조건 빨리 가려 하기보다는 전략적으로 큰 그림을 그린 후 방향을 신속히 전환할 수 있는 역량이 실행력보다 더 중요합니다. 즉, 스마트폰으로의 시장 변화에 발 빠르게 대응한 애플처럼 빠른 실행보다 전략적 방향 전환이 우선되어야 합니다.

Case | 펩시

펩시는 코카콜라에 뒤진 2등일까? 이는 절반은 맞고 절반은 틀린 말이다. 콜라 시장에서는 여전히 펩시가 2위이지만 전체 매출로는 2000년대 중반 이후부터 이미 코카콜라를 능가하고 있다. 이렇듯 코카콜라를 역전하게 된 원동력은 무엇이었을까? 탄산음료에서 웰빙 음료로 전략적 방향 전환을 신속히 한 덕택이었다.

1996년에 코카콜라는 미국 콜라 시장의 42%를 차지하며 31%를 차지한 펩시를 크게 앞질렀다. 그러자 '이제 펩시는 신경 쓰지 않는다.'라고 선언하며 대놓고 펩시를 무시했다. 이렇게 코카콜라가 샴페인을 터뜨리고 있을 때, 펩시 CEO였던 로저 엔리코Roger Enrico는 역전을 위한 전략적 방향 전환을 모색하고 있었다. 향후 탄산음료 시장이 위축될 거라 판단한 엔리코는 웰빙 트렌드에 맞춰 발 빠르게 웰빙 음료 시장으로의 다각화를 결정했다.

1998년 과일 주스 업체 트로피카나Tropicana 인수, 2001년 게토레이를 보유한 퀘이커오츠Quaker Oats 인수 등 웰빙 음료 시장으로의 진출을 지속적으로 추진했다. 또한 스타벅스와 전략적 제휴를 체결하고 포장 커피 시장에까지 진입했다. 뒤늦게 코카콜라도 웰빙 음료 시장 등에 진출했지만 이미 시장 판도는 펩시쪽으로 기울어 있었다.

■ 전략 실행에 있어 인내심을 갖는다

첫째, 목표를 달성할 때까지 일관되게 실행하라

인내심이 중요하긴 하지만 무조건 참는다고 성공하는 건 아닙니다. 목표를 향해 한 발 한 발 나아가기 위해 선택한 전략을 일관되게 실행하며 참고 기다리는 게 중요합니다. 사실 비즈니스의 어려움은 아무리 제품이 좋아도 고객이 쉽게 마음을 열지 않는다는 데 있습니다. 그러므로 장기간 일관되게 전략을 실행함으로써 고객의 마음을 움직여야만 성공할 수 있습니다.

Case | 그래미의 여명808

숙취 해소 음료로 각광받고 있는 그래미의 '여명808'도 인내심으로 성공한 사례다. 1992년 제일제당(현 CJ)의 컨디션이 대히트를 치며 형성된 숙취 해소 음료 시장은 90년대 중반 20여 개 업체가 진입하면서 치열한 전쟁터로 변했다. 1998년 후발 주자로 들어간 여명808은 컨디션 등과 달리 이름도 없는 작은 중소기업이 만든 상품이라 시장에서 인정받기 어려웠다.

오래된 문헌에도 효능이 나와 있는 오리나무 추출물로 만든 천연차였기에 품질과 효능에는 자신이 있었다. 이에 입소문 발신자로 유용한 헤비 유저들(Heavy Users)을 목표로 가격도 컨디션보다 두 배 높게 책정함으로써 차별적인 숙취 해소 효과를 인식시키려고 했다. 문제는 그렇게 입소문을 통해 차별적인 가치를 인식시키려면 오랜 시간이 걸린다는 점이었다.

하지만 그 길 외에는 다른 길이 없었기에 인내심을 갖고 꾸준히 추진했다. 그러자 기대했던 대로 실제 음용 후 숙취 해소 효능을 느낀 헤비 유저들이 신뢰할 만한 입소문을 내기 시작했다. 이렇게 몇 년이 지나자 입소문 효과가 서서히 나타나기 시작했다. '역시 숙취 해소엔 여명808'이란 인식을 불러일으킨 것이다.

둘째, 사소하게 보이더라도 실행에 집중하라

1982년에 범죄학자 제임스 윌슨James Wilson과 조지 켈링George Kelling이 발표한 '깨진 유리창 이론Broken Windows Theory'에 따르면, 방치된 깨진 유리창이 강력 범죄를 부추긴다고 합니다. 즉, 사소한 것들이 사람들에게 중요한 메시지를 전달함으로써 디테일에서 생긴 문제가 엄청난 결과로 이어질 수 있다는 이론입니다. 성공 역시 마찬가지입니다. 크나큰 성공도 아주 사소한 것에서 시작합니다. 그래서 '전략은 디테일에 달려 있다'고 하죠. 전략이라고 큰 그림만 그려놓고 고민해 봐야 이루어지는 건 아무것도 없습니다. '천 리 길도 한 걸음부터'란 생각으로 한 발 한 발 실행에 집중해야 성공할 수 있습니다.

Case | 오피스맥스

마이클 퓨어Michael Feuer가 밥 허위츠Bob Hurwitz와 함께 설립한 오피스맥스OfficeMax는 미국 역사상 창업 후 9년도 되지 않아 매출 3억 달러를 달성한 네 번째 기업이다. 이들의 초기 성공담은 어떻게 실행에 집중해야 하는지를 보여준다. 마이클 퓨어는 1988년에 13개 경쟁자들이 각축을 벌이는 대형 사무용품 매장 시장에 뒤늦게 진출했다. 다양한 사무용품을 판매하는 대형 매장, 저렴한 가격, 고객 서비스 등 경쟁력이 비슷한 업체들과의 경쟁은 치열할 수밖에 없었다. 실제로 사무용품 매장 시장에서는 현재 오피스맥스를 포함한 세 업체만이 겨우 살아남았다. 그렇다면, 후발 주자로 뛰어든 오피스맥스가 모기업이나 벤처 캐피털의 자금 지원 없이 오로지 퓨어와 허위츠 두 사람만의 능력으로 어떻게 성공할 수 있었을까?

그들은 살아남기 위해 대고객 관계와 고객 서비스를 최우선으로 여기고 실행에 집중했다. 창업자들이 직접 나서서 구매 고객들과 끊임없이 접촉했으며, 고객이 물건을 구입하지 않고 그냥 나가면 주차장까지 따라 나와 구입하지 않은 이유와 불만 사항을 캐묻곤 했을 정도였다. 그 외에도 불만이나 특별 주문 사항이 있는 고객들의 경우 수신자 부담 전화를 걸도록 했고, '어떻게 해드리면 만족스러우시겠습니까?'라는 질문을 수시로 던졌다. 그리고 고객의 불만은 24시간 내에 반드시 해결되도록 조치했으며 고객에게 사과하는 것을 주저하지 않았다. 이런 실행에의 집중이 지금의 오피스맥스를 만든 것이다.

셋째, 섣불리 공격에 나서지 말고 방어에 주력하라

바둑 격언 중에 '아생연후살타我生然後殺他, 자신의 말이 산 다음 상대의 돌을 잡으러 가야 한다는 뜻'라는 말이 있듯이, 공격에 앞서서 우선 방어에 집중해야 합니다. 자신의 핵심 비즈니스를 굳건히 하고 방어막을 구축해야만 성공을 쟁취할 수 있습니다. '전쟁에서의 모든 공격에는 반드시 역습이 따른다'고 했듯이, 섣부른 공격은 역습을 불러와 자신의 핵심 비즈니스마저 흔들리게 할 수 있기 때문입니다.

방어 전략으로는 억제 방어, 진입 장벽 구축, 봉쇄, 역습, 선제 공격 등이 있습니다. 하지만 무엇보다도 작더라도 자신이 선점하고 있는 영역만큼은 반드시 지키겠다는 자세를 견지하는 게 중요합니다.

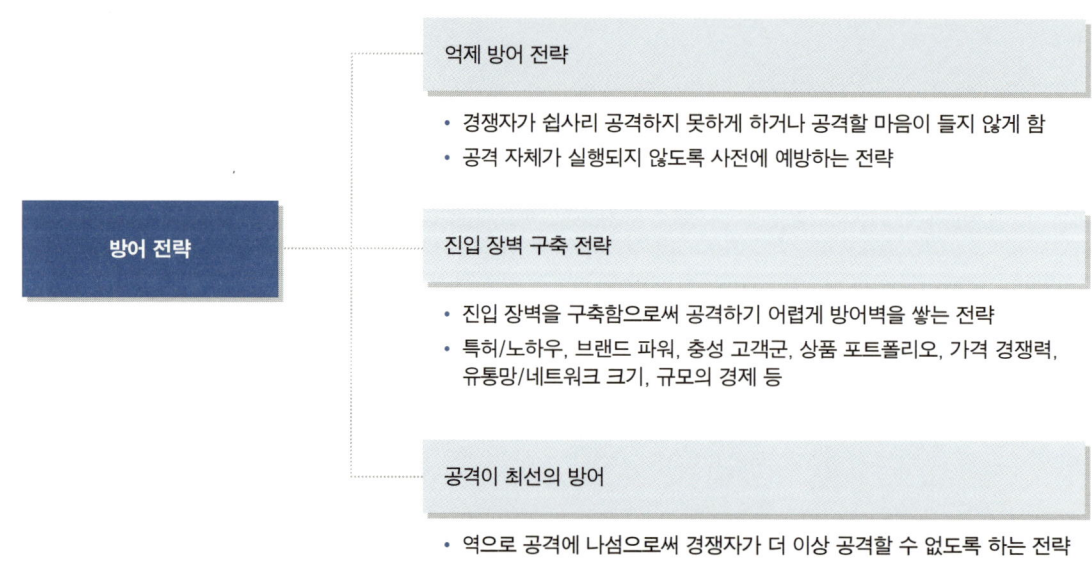

앞서 말했듯이 자신의 역량을 과신하고 공격에만 집중하다가는 오히려 상대방의 반격으로 인해 위기를 자초할 수 있습니다. 그 예로 복사기 시장을 지배하던 제록스가 1970년대에 IBM이 지배하던 메인프레임 컴퓨터 시장에 진입했다 낭패를 본 사례를 살펴보도록 하겠습니다.

Case | IBM의 방어 전략

복사기 시장을 지배하고 있던 제록스Xerox는 1969년 중대형 컴퓨터 업체인 사이언티픽 데이터시스템을 인수했다. 절대 강자 IBM이 지배하는 메인프레임 컴퓨터 시장에 진입한 것이다. 복사기 분야에서의 실적과 제록스의 역량이라면 IBM과 대결해 볼 만하다고 판단했다. 하지만 이는 결정적인 오판이었다. 가만히 당하고 있을 IBM이 아니었기 때문이다.

IBM은 컴퓨터 시장을 방어하기 위해 총력전을 펼치면서 제록스의 핵심 비즈니스를 역습했다. 경쟁자에 대한 공격을 방어 전략의 무기로 활용한 것이다. 1970년에 대중 시장에 초점을 맞춘 IBM Copier를, 1972년에는 고가 대용량 시장을 겨냥한 IBM Copier II를 출시하며 복사기 시장에 뛰어든 것이다. 제록스는 컴퓨터 시장에서 IBM과 경쟁하는 것만도 버거운데 복사기 시장까지 방어해야 하는 입장에 내몰렸다.

결국 두 시장에서 소모전 성격의 전면전을 힘겹게 벌여야 했던 제록스는 몇 년에 걸친 적자 끝에 1975년에 컴퓨터 사업의 문을 닫아야 했다. 그런데 문제는 공격 실패로만 끝나지 않았다는 점이었다. IBM의 복사기 출시로 인해 제록스의 복사기 사업이 흔들리기 시작하자, 그 틈을 노려 코닥과 일본 업체들이 복사기 사업에 진출한 것이다. 결국 70년대 후반 들어 제록스는 저렴한 대중 복사기 중심의 일본 업체에게 리더의 지위를 빼앗기는 수모를 겪고 말았다.

물론 IBM 역시 복사기 사업을 코닥에 매도하며 정리하긴 했지만, 핵심 비즈니스인 컴퓨터 시장 방어엔 성공했다. 공격이 최선의 방어가 된 셈이다.

고구려의 청야 전술

상대방보다 약할 때는 어떻게 해야 승리할 수 있을까요? 대개 게임의 룰은 강자에게 유리한 법입니다. 게임 이론 역시 플레이어들의 합리적인 의사 결정을 전제로 한다면 강자가 이길 수밖에 없음을 말하고 있습니다. 그렇다면 약자로서는 강자가 비합리적인 의사 결정을 하도록 유도하거나 게임의 룰을 깨야만 승리할 수 있겠죠. 그 대표적인 예가 고구려의 청야淸野 전술입니다.

고구려의 청야 전술은 억제 방어 측면에서 참고할 만한 전략입니다. 고구려는 당시 최강자였던 수나라와 당나라의 공격을 막으며 연이어 승리했습니다. 엄밀히 말하면 승리라기보다 방어에 성공한 결과였죠. 청야 전술은 북방 기마 민족들이 고대로부터 사용하던 전술의 하나로, 적이 공격을 해 오면 적이 사용할 만한 모든 군수 물자와 식량, 물 등을 제거하여 현지에서 조달할 수 없도록 한 뒤 성에 들어가 방어전을 벌이는 것을 말합니다. 청야(淸野)는 말 그대로 들판을 깨끗하게 비우는 것을 의미하죠. 이렇듯 청야 전술로 나온 고구려를 상대하기 위해서는 스스로 보급선을 마련해야 하는데, 이는 쉬운 일이 아니었습니다. 그렇다 보니 고구려로 진격하면 할수록 전투에 임하기가 어려워질 수밖에 없어 결국 물러나고 말았습니다.

청야 전술은 고구려에게 승리를 가져다준 전술이지만, 그 특성상 전쟁에서 이겼다 해도 고구려에게 더 큰 피해가 갈 수밖에 없었죠. 하지만 합리적인 전쟁 게임으로는 강자에게 승리할 수 없었기에 일반적인 게임의 룰을 깨고 스스로 피해를 끼치는 결정을 실행함으로써 상대방이 물러나도록 만들었던 것입니다. 즉, 합리적인 전면전으로는 승리할 수 없음을 알고 배수진을 치고 극단적으로 방어했기에, 아무리 강자라도 섣불리 공격할 수 없어 공격 자체를 억제하는 효과가 발생했던 것입니다.

이렇듯 때로는 비합리적이고 손해를 보는 무모한 방법이 승리를 가져다주기도 합니다. 자신에게 손해를 끼침으로써 상대방의 공격 의지를 꺾고 방어에 성공하는 방식은 비즈니스 세계에서도 종종 사용됩니다. 기발한 상품으로 틈새 시장을 개척한 중소기업이 경쟁력에서 우위에 있는 잠재 경쟁자들이 시장에 진입하는 것을 막기 위해 가격을 대폭 인하하거나 저가 보급 상품을 내놓는 것이 이런 경우에 해당합니다. 물론 약자에게는 매출과 수익 저하라는 손실이 발생하지만, 자신의 영역을 방어함으로써 향후 2보 전진을 위해 1보 후퇴한 셈이죠. 손실을 감수하며 방어해야 하는 약자의 서글픔이 느껴지지만, 그렇게 해서라도 생존하며 경쟁력을 키우다 보면 언젠가는 강자의 위치에 올라설 수 있지 않을까요?

Chapter 4

문제 해결 기법

경영 환경은 지속적으로 발생하는 문제들의 연속입니다. 따라서 경영 전략은 문제를 어떻게 효율적으로 해결하느냐와 밀접하게 연관되어 있습니다. 그런 측면에서 문제를 체계적으로 해결할 수 있도록 문제 인식, 해결 방안 탐색, 해결 방안 선정 및 실행이라는 3단계에 걸친 문제 해결 프로세스를 단계별로 다양한 기법들과 함께 알아보고자 합니다. 그리고 맥킨지 기법과 KT 기법, 트리즈, 토요타 웨이, 시나리오 플래닝, SK의 일처리 5단계 등 실무에 유용한 문제 해결 기법들을 살펴본 후, 실무 관점에서 실무자가 문제 해결에 대처하는 방식 및 자세에 대해서도 알아보도록 하겠습니다.

1 · 문제 해결 프로세스

2 · 주요 문제 해결 기법

3 · 실무 관점에서 본 문제 해결

1 ▪ 문제 해결 프로세스

문제Problem란 목표를 달성하기 위해 해결해야 할 것으로, 해결책의 수립과 실행이 요구되는 과제Issue를 말합니다. 이론적으로는 최선의 상태와 현 상태의 차이를 나타내는 협의의 '문제'와, 차이를 해결하는 구체적 방안인 '과제'로 구분할 수 있습니다. 하지만 기업에서는 실행이 중요하므로 대개 문제 해결은 과제 해결을 의미합니다. 최선의 상태와의 차이에서 발생하는 '문제'와 해결이 요구되는 '과제'는 대개 다음과 같은 유형들로 나눌 수 있습니다.

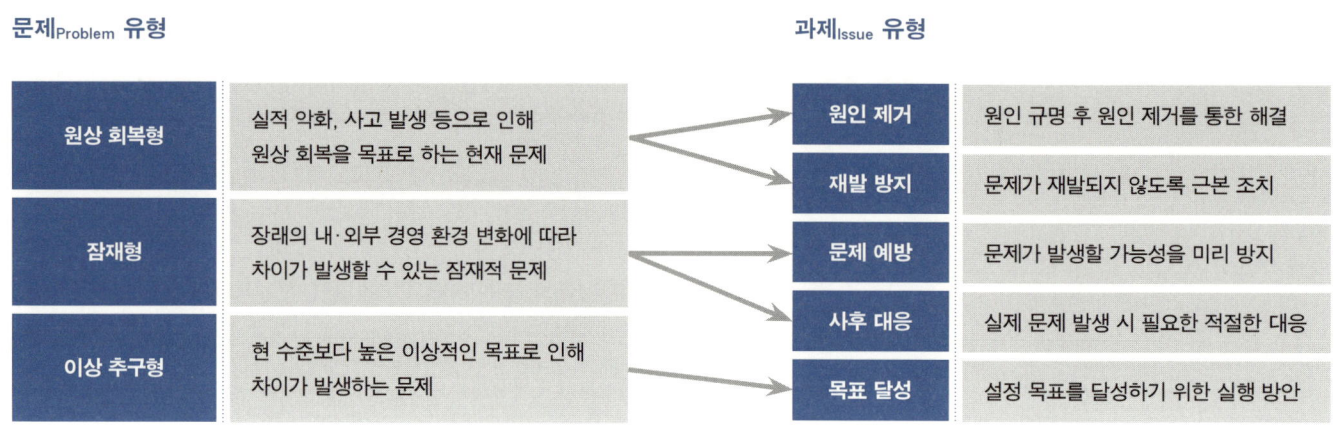

이런 문제를 해결하기 위해서 문제 해결자는 현실에 입각한 분석력과 미래 통찰력, 추진할 수 있는 실행력을 지녀야 합니다.

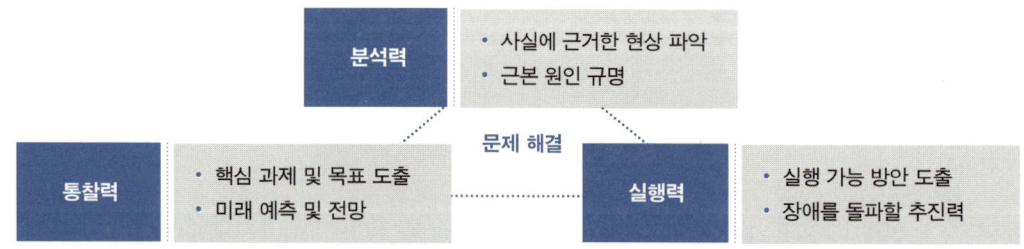

문제 해결 과정은 일반적으로 문제 인식, 해결 방안 탐색, 해결 방안 선정 및 실행의 3단계로 진행됩니다. 즉, 문제를 파악하여 원인을 규명하고 핵심 과제를 도출합니다. 그리고 이의 해결 방안을 탐색하여 최적의 대안을 선정한 후 구체적인 실행 계획을 수립합니다.

문제 해결 프로세스를 도표로 나타내면 다음과 같습니다.

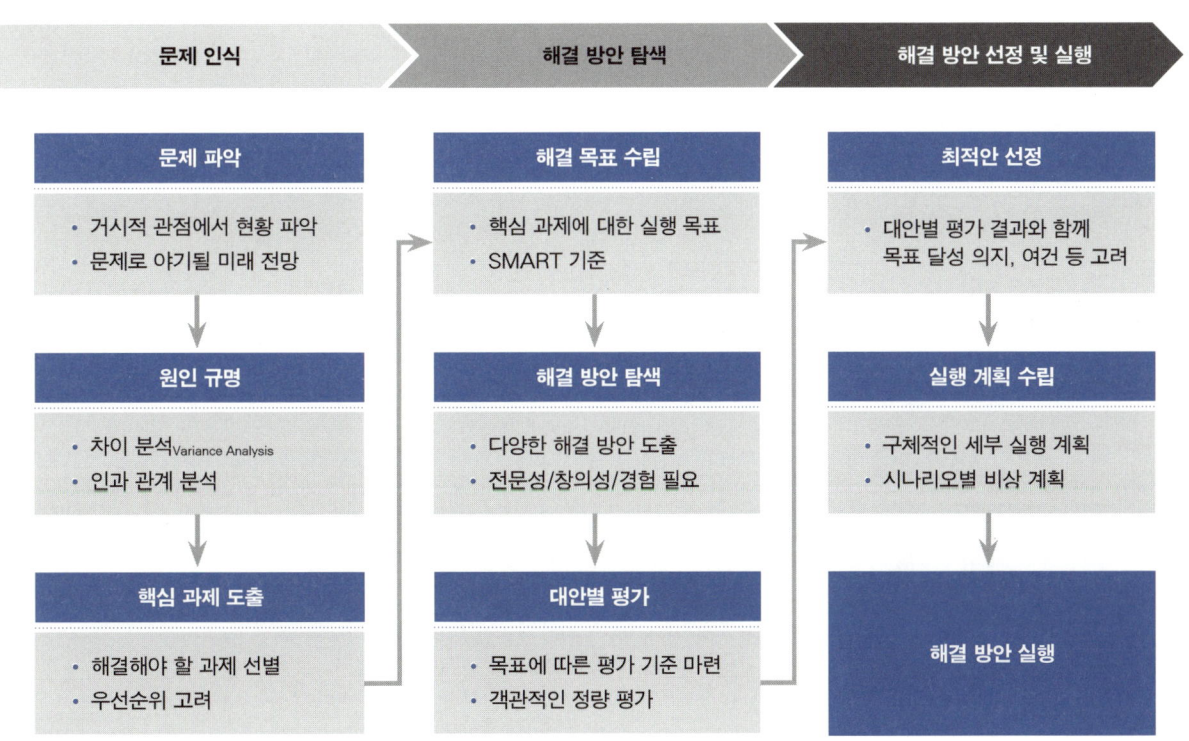

일반적인 문제 해결 프로세스

1-1 ■ 문제 해결 프로세스 1단계 – 문제 인식

문제 인식이란 이상적인 목표나 기대치, 문제가 생기기 전의 상태 등 최선의 상태와의 차이를 인식하고 왜 그런 차이가 발생하는지 원인을 규명하여 근본적 주요 문제인 핵심 과제Key Issue를 도출하는 과정을 말합니다. 사실 문제 해결 과정 중 가장 중요한 단계가 문제 인식입니다. 문제가 무엇인지 모르거나 잘못 설정할 경우 문제 해결은 원천적으로 불가능하기 때문입니다. 흔히 문제를 피상적으로 알고 있음에도 잘 알고 있다고 착각하여 바로 해결 방안 탐색에 들어가 낭패를 볼 수 있으므로 유의해야 합니다.

문제 인식 기법으로는 문제를 파악하기 위한 현장 조사와 인터뷰Interview, 차이 분석Variance Analysis, 인과 관계를 분석하거나 핵심 과제를 도출하기 위한 이슈 트리Issue Tree, 피시본 다이어그램Fishbone Diagram, 인과 고리 분석Causal-Loop Analysis, 파레토 분석Pareto Analysis 등이 있습니다.

현장 조사와 인터뷰	• 문제 현황이나 원인을 파악하는 대표적인 방법 • 현장을 방문하여 조사하는 현장 조사와 관련 실무자에 대한 인터뷰 조사가 있음
차이 분석	• 목표와의 차이를 정량적으로 수치화하여 문제를 객관화시키는 방법 • 시각적으로 차이를 구조화할 수 있는 다양한 차트를 사용
이슈 트리	• 논리적으로 세부 이슈로 파고듦으로써 심층적으로 문제를 분석하는 기법 • 문제 현황을 파악하는 What Tree, 원인을 분석하는 Why Tree
피시본 다이어그램	• 1960년 이시카와 가오루가 소개한 원인 분석 기법 • 문제에 대한 인과 관계를 구조화함으로써 거시적으로 조망하는 데 유용
인과 고리 분석	• 문제와 그 원인들 간의 인과 관계를 심층적으로 규명하기 위한 분석 기법 • 요인들 간 순환 고리 형태에 얽혀 있을 때 유용
파레토 분석	• 많은 현상의 80%가 20%의 원인 때문에 발생한다는 80:20의 법칙 • 원인을 분석한 후 핵심 과제를 도출하는 데 유용한 방법

■ 현장 조사와 인터뷰

문제 인식의 기본은 바로 사실에서 출발해야 한다는 것입니다. 사실을 파악하기 위해서는 많은 정보 검색과 자료 수집이 필요한데, 그중에서도 현장 조사와 인터뷰Interview는 직접 사실을 확인한다는 측면에서 가장 중요합니다. 자신이 많이 알고 있다고 여기더라도 막상 현장에 나가보거나 실무자와 인터뷰를 하다 보면 사실과 다른 점들을 발견할 수 있기 때문입니다. 문제가 무엇이며, 왜 생겼는지, 어떻게 진행되고 있는지를 사실적으로 파악해야 해결책이 나올 수 있기에, 현장을 방문하여 사실을 확인하는 조사나 관련 실무자에 대한 인터뷰가 중요할 수밖에 없습니다. 일반적으로 현장 조사와 인터뷰는 다음과 같이 진행됩니다.

조사 계획 수립	사전 준비	조사 실행	향후 계획 수립

• 배경과 목표 이해
• 조사 방법 결정
  현장 조사/인터뷰 방식
• 세부 실행 계획 수립
	• 관련 정보 수집/검토
	• 체크리스트/질문지 작성
	• 결과 분석 방법 결정
		• 현장 조사 실행
		• 인터뷰 실행
		  대면/서면/전화/인터넷
		• 결과 보고서 작성
			• 조사 결과 분석/검토
			• 추가 조사를 포함한
			  향후 계획 수립

특히 인터뷰는 문서화되지 않은 정보를 관련자로부터 생생하게 들을 수 있는 것이기에 활용도가 높은 방식입니다. 참고로 인터뷰를 진행할 때는 다음과 같은 점에 유의해야 합니다.

첫째, 인터뷰 시작 전에는 구체적인 인터뷰 가이드를 준비하고 사전에 진행 연습을 해보는 게 좋습니다.
둘째, 인터뷰를 시작할 때는 인터뷰 목적과 결과 사용법, 비밀 준수 등을 고지함으로써 신뢰를 형성해야 합니다.
셋째, 인터뷰를 진행할 때는 상대방이 편안하게 대화할 수 있도록 세심하게 배려해야 합니다.
넷째, 인터뷰를 마친 후에는 감사의 편지를 써서 좋은 관계를 형성해야 합니다.
다섯째, 인터뷰 결과는 가급적 즉시 표준화된 양식에 따라 정리해 놓습니다.

■ 차이 분석

문제를 파악하기 위해서는 최선의 상태와의 차이를 정량적으로 수치화함으로써 객관적으로 규명해야 합니다. 이때 사용하는 방법이 바로 차이 분석 Variance Analysis 입니다. 차이 분석 방식으로는 문제가 발생한 대상을 아무 문제가 없는 대상과 비교하는 방식, 문제가 발생하기 전과 후를 비교하는 방식, 현재를 미래 목표와 비교하는 방식 등이 있습니다.

차이 분석을 위해서는 우선 문제를 파악한 후 도달해야 할 목표를 설정하고 그 차이를 분석해야 합니다. 차이 분석 시 염두에 둘 사항은 차이를 반드시 정량적으로 수치화해야 한다는 것입니다. 두루뭉술하게 문제라고 말하면 논란이 될 소지가 있고, 향후 해결책을 검증, 평가할 때도 객관화하기 어렵기 때문입니다.

차이 분석에 많이 사용되는 차트는 다음과 같으며, 구체적인 작성 기법은 기획서 작성 실무에서 다루도록 하겠습니다.

■ 이슈 트리

문제의 특성을 세부적으로 분석하거나 근본 원인을 파악하는 데 유용한 방법이 이슈 트리Issue Tree 입니다. 이슈 트리를 작성할 때는 상위 이슈에서 하위 이슈로의 세분화가 논리적으로 타당해야 하며, 세부 이슈들 간은 MECE에 맞게 정렬되어야 합니다.

이슈 트리로 문제를 분석할 때는 먼저 What Tree로 복잡한 문제를 세분화하여 구조화함으로써 어떤 문제가 중요한지 판단한 뒤, Why Tree로 근본적인 원인을 분석, 핵심 과제화하는 프로세스로 진행됩니다.

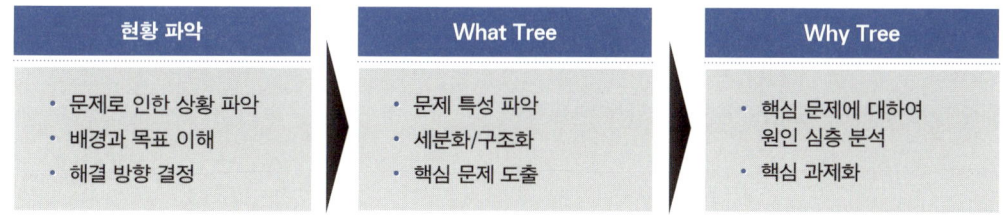

Why Tree의 경우 아래 유형처럼 이슈 트리 방식에 따라 심층 원인들을 파악한 후, 그중 근본 요인을 도출하여 핵심 과제화합니다.

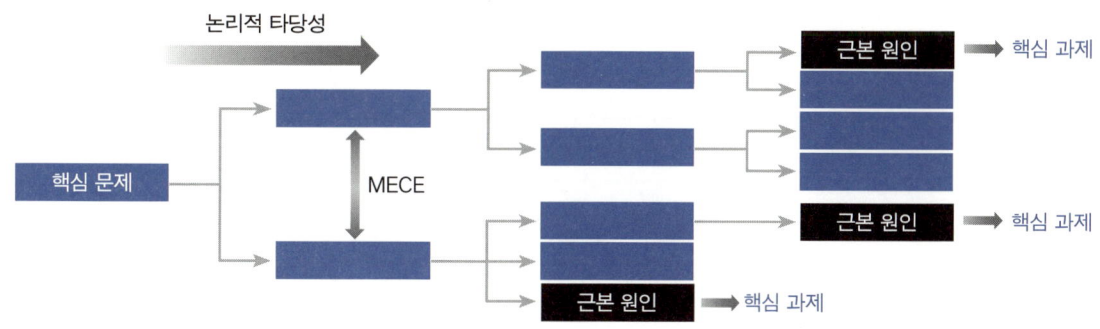

■ 피시본 다이어그램

문제의 원인을 세부 그룹별로 규명함으로써 거시적으로 조망하는 데 유용한 방법으로, 품질 관리 분야에 널리 이용된 것이 바로 피시본 다이어그램Fishbone Diagram입니다. 피시본 다이어그램은 생선뼈무늬와 닮았다고 하여 붙은 이름으로, 1960년에 일본의 공학자 이시카와 가오루Ishikawa Kaoru가 창안한 기법이라 이시카와 다이어그램Ishikawa Diagram이라고도 합니다. 피시본 다이어그램을 통해 거시적인 시각에서 문제를 논리적으로 해결해 갈 수 있도록 모든 요인을 검토해 볼 수 있습니다.

피시본 다이어그램 작성 절차는 다음과 같습니다.
첫째, 문제 현황을 사실에 근거하여 파악한 후 해결 목표와 방향을 설정합니다.
둘째, 문제에 따라 MECE에 맞게 세부 원인 그룹별로 생선뼈 형태로 구조화합니다.
셋째, 그룹별로 원인을 탐색해 나가며 피시본 다이어그램을 완성합니다.

피시본 다이어그램의 전형적인 유형은 다음과 같습니다.

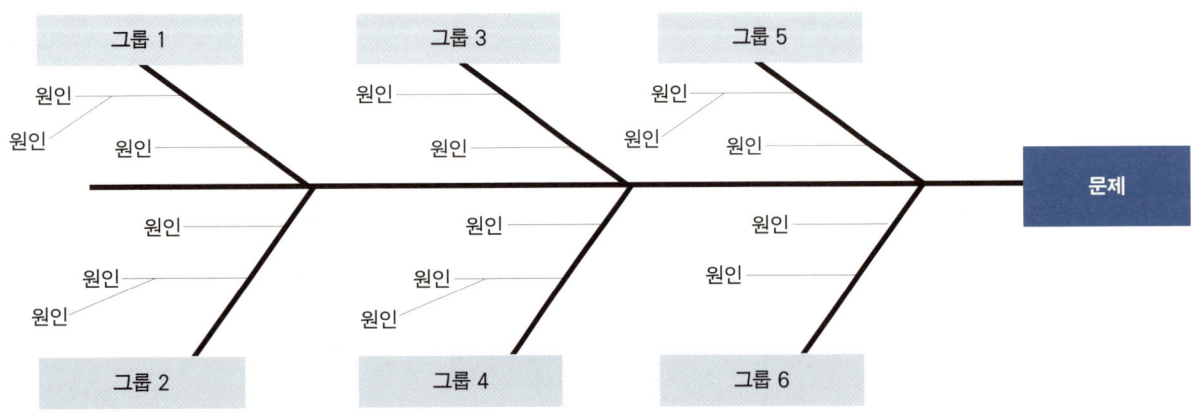

■ 인과 고리 분석

'닭이 먼저냐 달걀이 먼저냐'의 경우처럼 원인과 결과의 관계가 단선적이지 않고 서로 연결되어 있을 때 인과 관계를 고리 형태로 도식화하여 시스템적으로 사고할 수 있게 하는 방법이 바로 인과 고리 분석Causal-Loop Analysis 입니다. 즉, 각 요인 간의 인과 관계가 선순환 또는 악순환으로 연결되어 있을 때 이를 구조적으로 시각화하는 방법입니다.

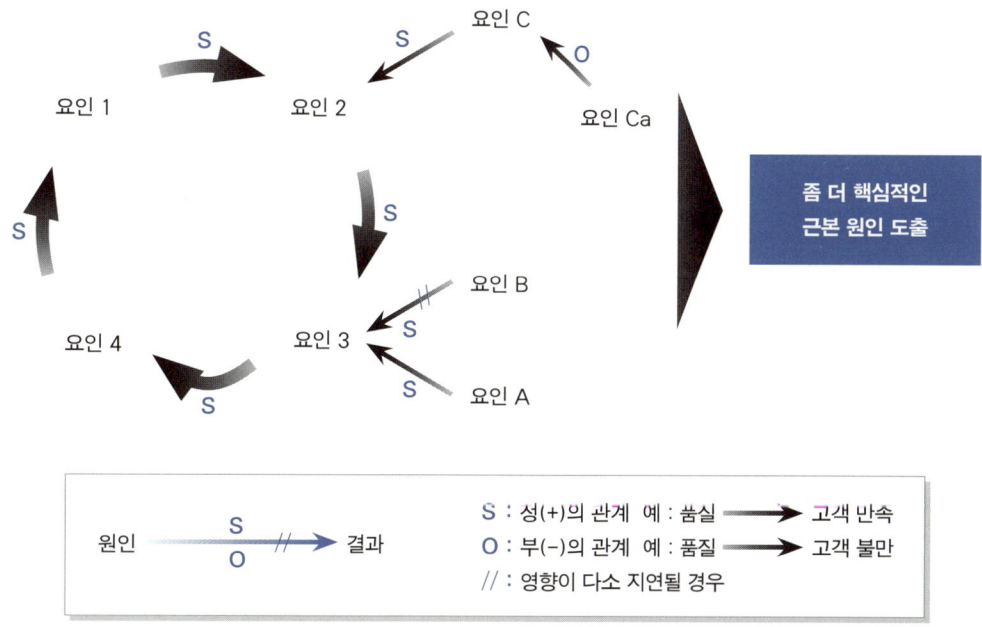

서로 연결된 인과 관계를 도식화하는 인과 고리의 특성상 인과 관계 규명이 불명확하거나 인과 고리가 두 개 이상 얽혀 있는 등 복잡할 가능성이 높아 작성이 쉽지 않을 수 있습니다. 하지만 문제와 관련하여 반드시 파악해야 할 전체 시스템이라는 관점에서 보면 투자할 가치가 있는 기법입니다.

■ 파레토 분석

파레토 분석Pareto Analysis이란 이탈리아의 경제학자 빌프레도 파레토Vilfredo Pareto가 말한 80:20 법칙을 적용하여 핵심 문제를 파악하는 기법입니다. 즉, 현상의 80%가 20%의 원인 때문에 발생한다는 논리에 따라, 문제를 일으키는 요인 중 핵심적인 20%를 핵심 과제화하는 방법입니다. 구체적으로는 아래 유형처럼 원인별로 문제 발생도나 영향도를 정량 평가한 후 80%의 결과를 야기하는 소수 원인에 집중하는 방식입니다.

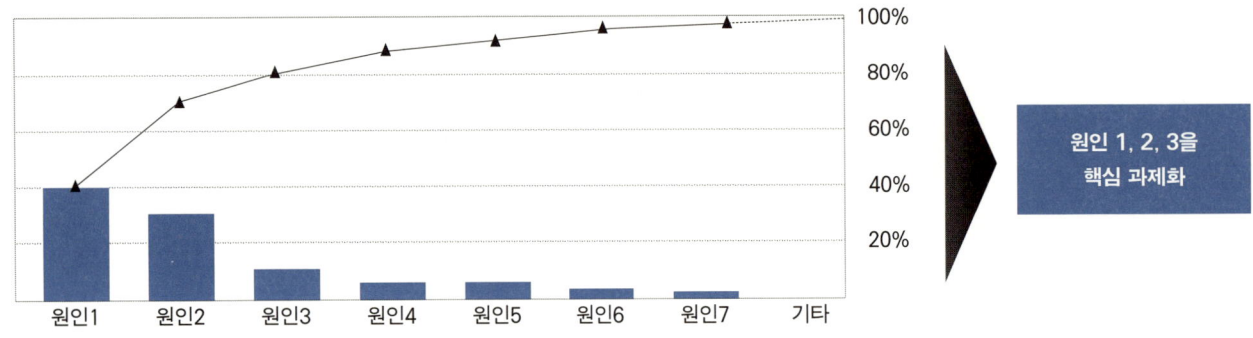

파레토 법칙

빌프레도 파레토는 1897년에 이탈리아 경제를 연구하다가 상위 20%의 사람이 전체 이탈리아 부의 80%를 독점하고 있다는 것을 밝혀냈으며, 이런 현상은 시대와 장소를 막론하고 동일한 패턴을 보인다는 사실을 발견했다.

이를 경영학에 접목시킨 사람이 바로 조셉 주란Joseph Juran이다. 그는 1950년대에 품질 관리를 연구하던 중 20%의 원인이 80%의 불량을 만든다는 사실을 발견하고는 이를 파레토 법칙Pareto Principle 또는 핵심적인 소수의 법칙Rule of the Vital Few이라 명명하며 질적 경영이 필요함을 주장했다.

1-2 ■ 문제 해결 프로세스 2단계 – 해결 방안 탐색

해결 방안 탐색은 1단계 문제 인식 과정을 통해 도출한 핵심 과제에 대해 해결 목표를 정한 후 이를 달성하기 위한 방안들을 탐색, 평가하는 과정을 말합니다. 이 과정에서 유의할 점은 분석이 아니라 목표 달성을 위한 최적의 해결책을 마련하는 것이 목적이라는 사실입니다. 그러므로 최대한 많은 정보를 수집하여 정교하게 분석하려 하기보다는 열린 자세로 넓은 시야를 갖고 다양한 대안을 발굴하도록 노력해야 합니다.

해결 방안 탐색 기법으로는 대안 개발을 위한 브레인스토밍Brainstorming과 SCAMPER 기법, 델파이법Delphi Method, 그리고 대안 평가에 유용한 비용 편익 분석Cost-Benefit Analysis, 의사 결정 매트릭스Decision Matrix 등이 있습니다. 이 외에도 맥킨지의 가설 사고 기법이나 KT기법, 트리즈TRIZ, 토요타 웨이Toyota Way 등의 기법이 있습니다만, 이들은 주요 문제 해결 기법에서 다루도록 하겠습니다.

SMART 기법	• 목표는 구체적이며Specific, 정량적으로 측정 가능해야 하고Measurable, 실천 지향적이며 Action-oriented, 현실적이며Realistic, 시간이 포함되어야Timely 함
브레인스토밍	• 알렉스 오스본이 창안한 집단적인 아이디어 개발 기법 • 많은 아이디어를 집단적으로 창출함으로써 창의적인 문제 해결 대안을 탐색함
SCAMPER 기법	• 알렉스 오스본이 제안하고 밥 에벌이 정리한 대안 개발 체크리스트 • 대체Substitute, 결합Combine, 적용Adapt, 변경Modify, 용도Put to Other Uses, 제거Eliminate, 재정렬Rearrange
델파이법	• 전문가들의 전문성과 경험을 통해 미래를 예측하거나 문제를 해결하려는 전문가 합의법 • 주로 미래 예측에 사용되며, 문제 해결 방안을 창출하는 데에도 활용
비용 편익 분석	• 대안별로 비용 대비 편익을 계량적으로 분석, 평가하는 대표적인 정량 평가 기법 • 평가 기준으로는 편익비용비B/C, 순현재가치NPV, 내부수익률IRR, 회수기간PBP 등이 있음
의사 결정 매트릭스	• 평가 항목별로 상대적 중요도에 따른 가중치를 두고 대안을 평가하는 기법 • 비용 편익 분석 등 경제성 분석이 용이하지 않을 때 활용하는 정성 평가 기법

■ 브레인스토밍

1939년에 미국의 광고회사 BBDO의 알렉스 오스본(Alex Osborn)이 개발한 브레인스토밍(Brainstorming)은 그룹 차원에서 창의적인 아이디어나 대안을 개발할 때 가장 널리 사용되는 기법입니다. 이처럼 집단적 사고에 의한 문제 해결은 시간과 절차 면에서 다소 비효율적이지만 상호 작용을 통해 다양하고도 좀 더 나은 해결책을 만들 수 있을 뿐 아니라 의사 결정을 더 잘 이해시키고 실행을 독려할 수 있어서 많은 기업에서 사용되고 있습니다. 비슷한 기법으로는 말이 아닌 글로 하는 브레인라이팅(Brainwriting)이 있습니다.

보통 5~10명 정도가 모여서 개방적인 분위기에서 아이디어를 쏟아내는 회의를 하는데, 이때 지켜야 할 핵심 규칙이 네 가지 있습니다.

비판 금지	다른 사람의 아이디어나 제안에 대해 절대로 비판을 하지 않는다
자유분방	엉뚱한 생각이나 몽상이라도 자유롭게 말할 수 있다
질보다 양	다다익선(多多益善) 관점에서 아이디어는 많을수록 좋다
편승 장려	다른 아이디어의 결합, 개선을 통한 아이디어 도출을 장려한다

브레인스토밍은 일반적으로 다음과 같은 프로세스로 진행됩니다.

사전 준비	주제 설명	브레인스토밍 실행	결과 정리
• 회의 주제 및 목표 선정 • 회의 방식 결정 참석자, 장소, 시간 • 회의 준비	• 주제 및 목표 설명 • 기본 원칙 숙지 • 역할 분담 • 워밍업(Ice Breaking)	• 많은 아이디어 도출 • 기본 원칙 준수 • 참석자들의 참여 독려 • 회의 종료	• 아이디어 그룹핑(Grouping) • 아이디어 평가/선별 • 아이디어 채택 • 향후 계획 수립

■ SCAMPER 기법

SCAMPER 기법은 창의적인 아이디어나 문제 해결 방안을 개발하는 기법 중 하나로, 제품이나 서비스 차원에서의 문제 해결에 유용한 체크리스트입니다. SCAMPER 기법은 브레인스토밍을 창안했던 알렉스 오스본이 처음 제안하고 밥 에벌(Bob Eberle)이 정리한 것으로, 일본 소니가 워크맨을 개발할 때 활용했다고 해서 유명해진 기법입니다. SCAMPER 기법에서 사용되는 체크리스트는 다음과 같습니다.

SCAMPER 체크리스트

대체하기 Substitute	• 기존의 A 대신 B를 쓰면 어떨까? • 다른 누구, 다른 무엇, 다른 성분, 다른 재료, 다른 장소, 다른 시간, 다른 방법 등
결합하기 Combine	• 시너지 효과는 크고 부작용은 적게 A와 B를 합치면 어떨까? • 다기능, 재료 또는 성분 혼합, 아이디어 결합, 목적 통합 등
적용하기 Adapt	• A를 B에 적용하면 어떨까? • 아이디어 차용 또는 모방, 다른 프로세스나 방식 적용 등
변경하기 Modify	• A를 B로 확대(Magnify)하거나 축소(Minify)하는 등 변경시키면 어떨까? • 기능이나 가치, 상품 크기 등의 확대나 축소, 상품 디자인 변경 등
용도 바꾸기 Put to Other Uses	• A를 B 용도로 사용하면 어떨까? • 용도 변경이나 확대, 다른 사용처나 시장 등
제거하기 Eliminate	• A가 없다면 어떨까? • 특정 기능이나 성분, 재료, 부품 등의 제거, 특정 프로세스 생략 등
재정렬하기 Rearrange	• 순서를 바꾸거나 거꾸로(Reverse) 하면 어떨까? • 배열이나 순서 바꾸기, 사건 재배치, 원인과 결과 바꾸기, 역발상 등

■ 델파이법

델파이법Delphi Method이란 전문가들의 전문성과 경험을 통해 미래를 예측하거나 문제를 해결하려는 방법으로, 전문가 합의법이라고도 부릅니다. 주로 미래 예측에 사용되며, 문제 해결 방안을 창출하는 데에도 활용할 수 있습니다. 단, 시간이 오래 걸리고 전문가들을 통제할 수 없다는 단점도 있습니다.

델파이법은 전문가들을 선정한 후 주제와 관련한 질문에 대한 답변을 취합하고 전문가들의 합의된 결과를 얻는 방식으로 진행합니다.

사전 준비	1차 질문지 배포	추가 질문지 배포	합의 유도 및 정리
• 주제 및 목표 선정 • 전문가 리스트 작성 • 선정된 전문가 섭외 • 세부 계획 수립	• 주제에 대한 세부 과제 및 예상 결과물 파악 • 1차 질문지 작성 • 1차 질문지 배포	• 1차 질문에 대한 답변 결과 정리 • 추가 질문 사항 도출 • 추가 질문지 작성/배포	• 의견이 수렴될 때까지 추가 질문/답변 수집 • 합의 결과물 도출 • 최종 정리

델파이법이 성공하기 위해서는 다음과 같은 점에 유의해야 합니다.

전문가 참여	• 해결하려는 주제에 맞는 전문가를 선정하고 섭외하는 것이 가장 중요 • 진행되는 동안 지속적으로 참여하도록 동기를 부여할 수 있어야 함
질문지 작성 및 분석	• 주제에 부합하며 전문가들의 참여를 끌어낼 수 있도록 질문지 작성 • 참여하는 전문가들의 익명성을 보장하며 적절한 대안을 내놓을 수 있게 진행
합의 도출 과정	• 서로 의견이 다를 경우 전문가들 간의 적절한 토론을 유도 • 이런 과정을 거쳐 전문가들 간 최종 합의된 결과물 도출

■ 비용 편익 분석

비용 편익 분석Cost-Benefit Analysis이란 대안별로 추진하는 데 소요되는 '비용'과 얻을 수 있는 '기대 이익'을 비교 평가함으로써 대안 선택 여부를 결정하는 것으로, 경제적 의사 결정의 기본 평가 기법을 말합니다. 이익과 비용을 계량적으로 비교, 분석함으로써 의사 결정을 효과적으로 지원할 수 있어 기업 경영뿐만 아니라 행정, 경제학 분야에서도 널리 사용되는 대안 평가 기법입니다.

비용 편익 분석 지표로는 편익비용비B/C, 순현재가치NPV, 내부수익률IRR, 회수기간PBP 등이 있으며, 아래와 같은 절차에 따라 진행됩니다. 자세한 비용 편익 분석 방법은 재무 전략에서 다루도록 하겠습니다.

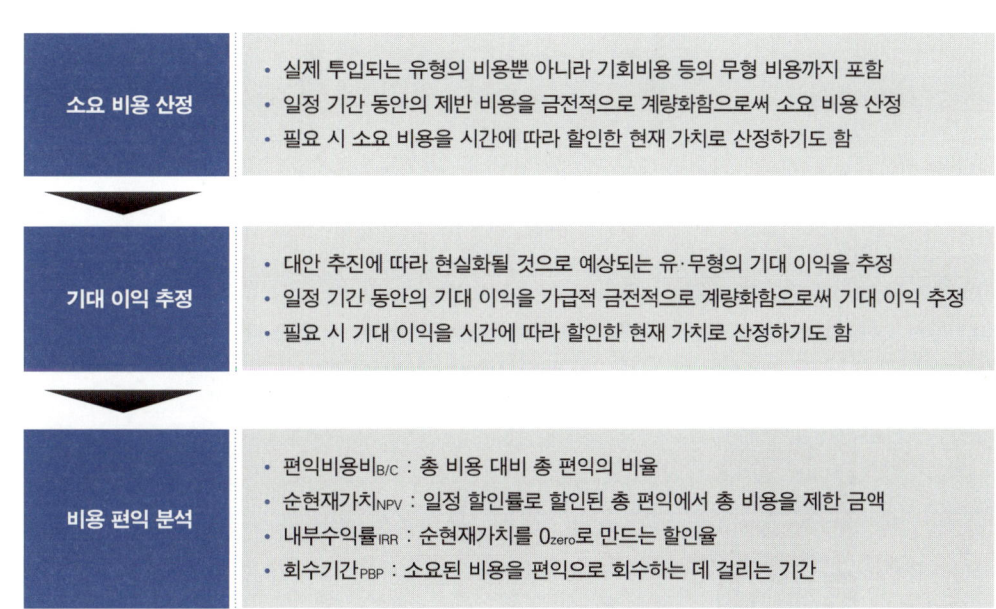

■ 의사 결정 매트릭스

의사 결정 매트릭스Decision Matrix란 선택 가능한 대안들 중 최적의 대안을 선정하기 위해 평가 항목별로 상대적 중요도에 따른 가중치를 두고 대안을 평가하는 기법을 말합니다. 이는 비용 편익 분석 등 경제성 분석이 용이하지 않을 때 활용하는 정성 평가 기법으로, 최적의 안을 선정하거나 대안 간 우선순위를 파악할 때 유용합니다.

의사 결정 매트릭스에 의한 대안 평가는 다음과 같은 프로세스로 진행됩니다.

평가 요소 도출	요소별 가중치 산정	대안별 평가
• 목표 달성 측면 • 경제성 측면 • 실행 용이성 측면 • 기타 세부 평가 요인	• 상대적 중요도에 따라 요소별 가중치 산정 • 신뢰도가 중요 • 가중치의 합은 100%	• 동일 평정 척도 사용 (5점/7점/10점 척도) • 대안별 평가 • 평가 타당성 제고

의사 결정 매트릭스의 전형적인 유형은 다음과 같습니다.

구 분	가중치	대안 A	대안 B	대안 C
평가 요소 1				
평가 요소 2				
평가 요소 3				
평가 요소 4				
합 계	100%			

1-3 ■ 문제 해결 프로세스 3단계 - 해결 방안 선정 및 실행

마지막으로 해결 방안 선정 및 실행은 대안별 평가 결과에 따라 최적안을 선정한 후, 이를 실행하기 위한 구체적인 실무 계획을 수립하여 추진하는 과정을 말합니다. 앞서 소개한 분석 방법에 따라 대안별 평가 결과가 나왔다고 해서 우선순위가 높은 대안을 무조건 최적안으로 선정하는 것은 아닙니다. 대안별 평가 결과와 함께 현재 상황 및 예측되는 미래 상황과 실행 가능성을 병행 검토하여 최적안을 선정해야 합니다. 또한 실행이 뒷받침되지 않으면 해결 방안이 없는 것보다 못하므로 어떤 상황에서도 실행될 수 있도록 면밀히 계획을 수립해야 합니다.

해결 방안 선정과 실행 기법으로는 불확실한 상황에서 최적안을 선정하기 위한 의사 결정 모델Decision Model, 현실적으로 유용한지 검토하는 리얼리티 테스트Reality Test, 실행 계획 수립이나 실행 과정에서 유용한 실행 체크리스트Implementation Checklist, 간트 차트 등의 일정 관리 차트Scheduling Chart, 비상 계획Contingency Plan 수립 등이 있습니다.

구분	내용
의사 결정 모델	• 대안별 평가 결과를 기초로 합리적으로 최적안을 선정하는 기법 • 불확실성 하에서 목표 달성 의지와 예측되는 미래 상황에 따라 의사 결정
리얼리티 테스트	• 선정한 최적안이 현실적으로 유효한지 분석하는 시뮬레이션 기법 • 비즈니스 워 게임 등을 통해 검토 후 보완책을 마련함으로써 성공률을 높임
실행 체크리스트	• 최적안이 효율적으로 실행될 수 있도록 관리하기 위한 점검 리스트 • 체크리스트 항목 : 점검 사항, 추진 목표, 추진 시기, 담당자, 피드백 사항 등
일정 관리 차트	• 효율적 추진을 위해 시간 흐름에 따라 업무 계획을 수립, 관리하기 위한 차트 • 간트 차트Gantt Chart, 퍼트 차트PERT Chart, 캘린더 차트Calendar Chart 등
비상 계획 수립	• 해결 방안을 실행하다 발생할 수 있는 최악의 상황에 대비하기 위해 수립한 계획 • 위기 감지 시스템 구축 방안과 구체적인 위기 대응책 수립

■ 의사 결정 모델

의사 결정 모델Decision Model이란 앞서 도출한 대안별 평가 결과를 기초로 최적안을 선정하는 의사 결정 방법을 말합니다. 의사 결정 모델에 따라 올바른 대안을 합리적으로 선택함으로써 문제 해결 가능성을 높일 수 있습니다.

다음은 의사 결정 모델에 따라 최적안을 선정하는 프로세스입니다.

대안 평가 결과 검토	의사 결정 환경 검토	의사 결정 기준 선정	최종 의사 결정
• 선택 가능한 대안 열거 • 비용 편익 분석 • 의사 결정 매트릭스 • 기타 평가 결과	• 목표 달성 의지 • 문제 심각성 파악 • 미래 상황 예측 • 불확실성 수준 검토	• 맥시민 기준 • 맥시맥스 기준 • 후르비츠 기준 • 미니맥스 후회 기준	• 선정 기준에 따라 대안별 평가 결과 분석 • 최적안 선택

확실한 상황에서의 의사 결정이라면 대안 평가 결과에 따라 가장 점수가 높은 대안을 선정하면 됩니다만, 기업을 경영할 때는 대부분 불확실한 상황에서 의사 결정을 하게 됩니다. 그러므로 선택 가능한 대안들과 평가 결과 외에도 미래에 발생 가능한 상황을 함께 검토하여 의사 결정을 할 수밖에 없습니다. 이 경우 활용되는 의사 결정 기준은 다음과 같습니다.

맥시민Maximin 기준	• 미래를 비관적으로 볼 경우 취하는 의사 결정 • 대안별 보수적인 평가 결과만을 비교한 후 최고 점수안을 최적안으로 선정
맥시맥스Maximax 기준	• 미래를 낙관적으로 볼 경우 취하는 의사 결정 • 대안별 낙관적인 평가 결과만을 비교한 후 최고 점수안을 최적안으로 선정
후르비츠Hurwicz 기준	• 미래를 어느 정도 낙관적으로 보느냐에 따라 의사 결정 • 맥시민 결과와 맥시맥스 결과의 낙관성에 따른 가중 평균값으로 최적안 선정
미니맥스 후회Minimax Regret 기준	• 미래가 너무 불확실하여 미래 상황을 잘못 판단할 가능성이 높을 때 취하는 의사 결정 • 대안들 중 실패 시 발생할 손실이 가장 적은 안을 최적안으로 선정

■ 리얼리티 테스트

리얼리티 테스트Reality Test란 최적안이 실제로 실행 가능한지 분석하는 기법입니다. 최적안이 결정되었더라도 실행하지 못한다면 당연히 문제는 해결되지 않기 때문에, 실행 능력이야말로 문제 해결의 핵심 요소입니다. 리얼리티 테스트를 통해 최적안 실행이 가능한지 분석해 봄으로써 문제 해결의 성공 가능성을 높일 수 있습니다.

일반적인 리얼리티 테스트 프로세스는 다음과 같이 진행됩니다.

실행 시뮬레이션	장애 요인 제거 방안 수립	실행 여부 결정
• 최적안 파악 • 내·외부 실행 환경 검토 • 시뮬레이션 실행	• 최적안 허점 분석 • 장애 요인 도출 • 제거 방안 수립	• 보완책 타당성 검토 • 성공 가능성 분석 • 해결안 최종 선정

비즈니스 워 게임

워 게임이란 여러 사람이 아군과 적군의 역할을 분담하여 가상의 전쟁을 재현하는 군사용 시뮬레이션 게임으로, 군사 작전을 입안하고 전략적 안목을 높이는 교육 수단으로 활용되고 있다. 비즈니스도 전쟁처럼 경쟁자와의 게임이라는 측면에서 이 게임을 경영에 접목한 것이 비즈니스 워 게임Business War Game이다. (벤저민 길라드Benjamin Gilad가 쓴 《비즈니스 워 게임Business War Games》참조)

이 게임은 전략적 대안을 실행하기에 앞서서 상대방의 입장에서 자기 전략을 바라봄으로써 자사 전략의 성공률을 높일 수 있다는 점에서 유용하다. 기업에서 전략적 대안을 마련할 때는 자기 입장만 고려하기 쉽다. 하지만 오랜 전쟁 역사를 보면 자신의 전략보다 상대방의 대응 전략에 따라 성패가 좌우된다. 그런 측면에서 비즈니스 워 게임을 통해 상대방의 시선으로 자사의 전략을 돌아보는 역지사지의 자세가 필요하다.

■ 실행 체크리스트

실행 체크리스트Implementation Checklist란 최적안을 효율적으로 실행하기 위해 주요 요소들을 중심으로 체크리스트를 만든 후 이에 근거하여 실행 과정을 점검하는 기법을 말합니다. 체크리스트란 무언가 점검하거나 평가할 때 질문하기 위한 기준으로, 준비, 기획, 실행, 점검, 설계 등 다양한 업무에서 활용되고 있습니다. 실행 체크리스트를 통해 의사 결정권자는 조직적인 실행 업무를 주요 체크리스트 항목으로 점검함으로써 효율적으로 관리할 수 있습니다.

실행 과정에서 점검해야 할 체크리스트는 다음과 같은 사항들을 염두에 두고 작성해야 합니다.

첫째, 문제 해결에 중요한 핵심 과제를 중심으로 점검할 업무가 무엇이며 어떤 부분을 관리할 것인지 실행 관점에서 파악해야 합니다.
둘째, 점검 사항별로 목표를 명확하게 도출해야 합니다. 목표가 명확해야 실행 평가 및 피드백이 가능하기 때문입니다.
셋째, 실행 관점에서 누가 언제까지 추진할 것인지 추진 시기와 담당자를 정해야 합니다.
넷째, 기타 결과에 대해 어떻게 조치하고 처리할 것인지 등을 미리 정함으로써 피드백이 원활하게 이루어지도록 합니다.

다음은 실행 체크리스트 유형입니다.

구 분	점검 사항	추진 목표	추진 시기	담당자	비 고
체크리스트 1					
체크리스트 2					
체크리스트 3					
체크리스트 4					

■ 일정 관리 차트

일정 관리 차트Scheduling Chart란 시간의 흐름에 따라 업무 계획을 수립하고 관리하기 위해 간트 차트Gantt Chart나 퍼트 차트PERT Chart, 캘린더 차트Calendar Chart 등을 활용하는 기법을 말합니다. 이런 차트들을 통해 계획된 일정에 맞게 실무를 관리, 점검함으로써 문제를 효율적으로 해결할 수 있습니다.

일반적으로 간트 차트를 많이 사용하며, 프로젝트 관리 차원에서는 퍼트 차트를 활용하기도 합니다. 구체적인 차트 작성 기법은 추후 기획서 작성 실무에서 다룰 예정이며, 여기서는 간략하게 알아보도록 하겠습니다.

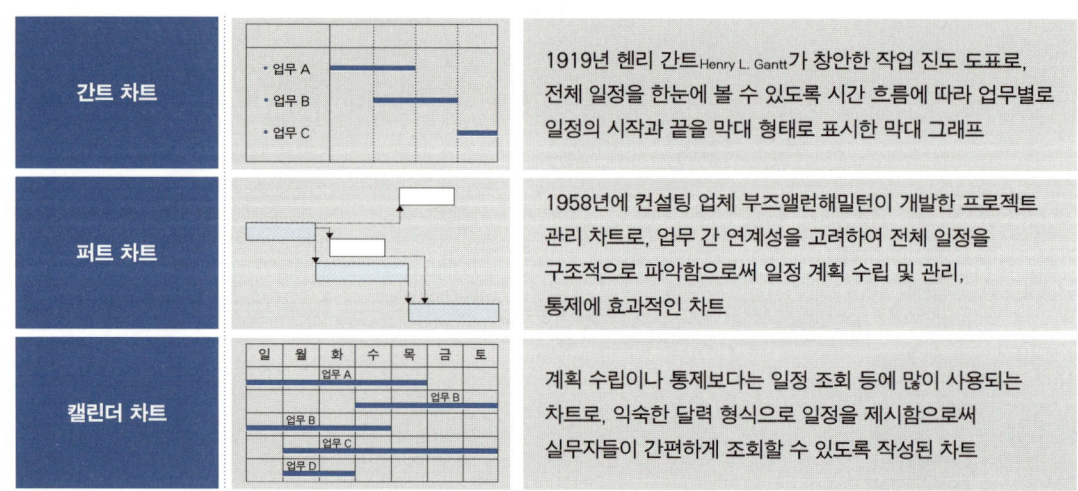

Case | 퍼트 차트

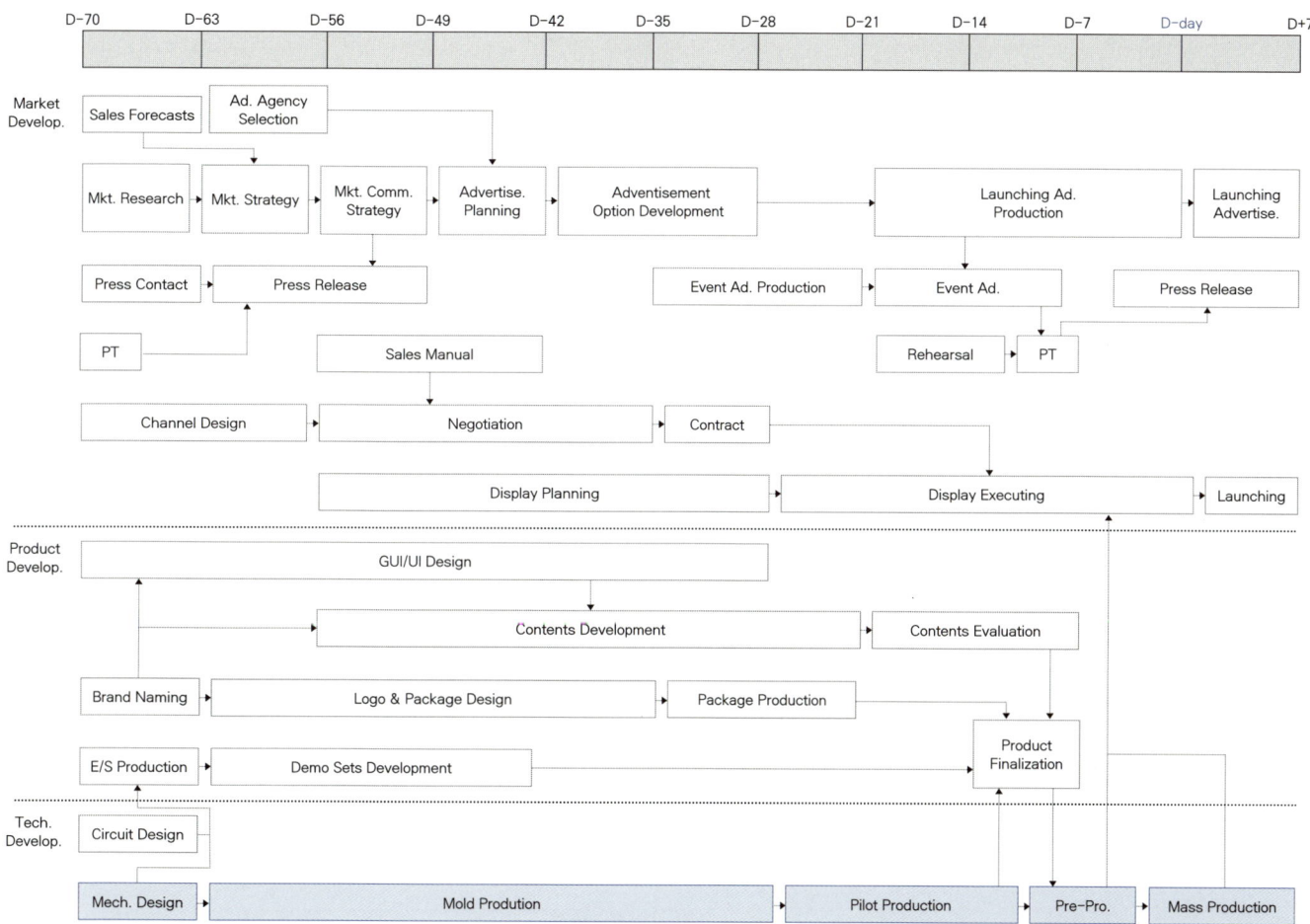

■ 비상 계획 수립

비상 계획Contingency Plan이란 일어날지도 모를 최악의 상황에 대비하기 위한 위기 관리용 경영 계획으로, 최적안을 실행하다 발생할 수 있는 최악의 상황을 가정하여 이를 대비하기 위해 수립한 계획을 말합니다.

문제 해결 방안 선정 시 여러 상황을 가정하기 마련입니다만, 실행 과정 중 예측이 빗나가거나 오히려 상황이 악화되기도 합니다. 이럴 때 필요한 것이 비상 계획입니다. 최적안을 추진하는 과정 중에 나타날지도 모르는 위기 상황에 대비하는 비상 계획을 미리 세워둠으로써 위기 발생 시 슬기롭게 대처하거나 극복하지 못하더라도 최악의 사태는 방지할 수 있습니다.

그러므로 비상 계획은 발생 확률이 낮지만 영향이 큰 위기 요인에 대비하여 수립합니다. 일반적으로 영향력이 크고 발생 확률이 높은 요인들은 기본 계획에 반영되기 때문입니다.

일반적으로 비상 계획 수립 프로세스는 다음과 같이 진행됩니다.

	영향력 低 ← → 高	
高	비상 계획 반영	기본 계획 반영
低	미반영	검토

발생 확률 低 → 高

잠재 위기 파악	위기 대응 방안 수립	비상 계획 수립
• 상황별 시나리오 수립 • 야기될 위기 상황 파악 • 주요 위기 도출	• 위기별 대응 방법 탐색 • 대안별 비교, 검토 • 위기별 최적 대응책 선정	• 위기 감지 시스템 구축 • 위기별 최적 대응책의 세부 실행 방안 수립

2. 주요 문제 해결 기법

지금까지 문제 인식, 해결 방안 탐색, 해결 방안 선정 및 실행의 3단계 문제 해결 프로세스에 대해 살펴보았습니다. 이제 이를 토대로 주요 문제 해결 기법들을 알아보도록 하겠습니다. 경영에 있어 문제 해결 기법의 중요성을 인식한 컨설팅 업체나 일류 기업, 전문가들은 자신만의 문제 해결 기법을 개발하여 실무에 활용하고 있습니다. 그 대표적인 예로 다음과 같이 맥킨지 기법, KT 기법, 트리즈, 토요타 웨이, 시나리오 플래닝, SK의 일처리 5단계 등을 들 수 있습니다. 그런 의미에서 컨설팅 업체나 일류 기업, 전문가들이 개발하여 실무에서 활용하고 있는 문제 해결 기법들을 소개하고자 합니다.

다음 페이지부터 소개될 주요 문제 해결 기법들을 간략히 살펴보면 다음과 같습니다.

맥킨지 기법	• 세계적인 경영 컨설팅 업체인 맥킨지의 문제 해결 기법 • 자원 낭비를 최소화하면서 효율적으로 문제를 해결하기 위해 가설 사고 방식으로 접근
KT 기법	• 찰스 케프너와 벤저민 트리고가 만든 문제 해결 기법 • 상황 분석$_{SA}$, 문제 분석$_{PA}$, 결정 분석$_{DA}$, 잠재 문제 분석$_{PPA}$으로 체계화
트리즈	• 트리즈$_{TRIZ}$란 러시아어로 '창의적인 문제 해결 이론'의 약자 • 주로 기술 분야에서 활용되다가 최근 들어 비즈니스 전반으로 확대, 적용되고 있음
토요타 웨이	• PDCA(Plan-Do-Check-Act)의 구체화 기법 • A3 용지 1장(A4 2장)에 계획과 실행 계획, 사후 점검 방향 및 조치 사항을 구조화
시나리오 플래닝	• 발생할 가능성이 있는 복수의 미래에 따라 전략을 선택하는 문제 해결 기법 • 불확실한 상황에 적절히 대응함으로써 지속적으로 성장하기 위한 적극적인 방식
SK의 일처리 5단계	• SK그룹의 경영 시스템인 SKMS의 대표적인 문제 해결 기법 • 입체적 로케이션 파악, KFS 추출, 목표 수준 설정, 장애 요인 도출 및 제거 방안 실행

■ 맥킨지 기법

맥킨지 기법McKinsey Way이란 맥킨지로 대표되는 컨설팅 업체들이 주로 사용하는 가설에 기초한 문제 해결 기법을 말합니다. 발생한 문제에 대해 모든 경우의 수를 조사하여 해결책을 찾는 것은 시간적으로나 현실적으로 불가능할 때가 많습니다. 그보다는 제한된 시간 내에 한정된 정보 속에서 문제에 대한 해결책을 가설로 제시한 후 이를 검증, 보완해 나감으로써 효율적으로 문제를 해결하는 것이 현실적입니다. 이런 접근 방식이 바로 '가설 사고 기법'입니다.

가설 사고에 기초한 맥킨지의 문제 해결 프로세스는 일반적으로 다음과 같이 진행됩니다.

첫째, 현재 문제를 분석하여 해결해야 할 핵심 과제를 설정합니다.
둘째, 초기 가설을 수립합니다. 즉, 한정된 정보 하에 실행할 수 있는 과제 해결책을 결론으로 제시합니다.
셋째, 초기 가설을 검증, 평가한 후 그 결과를 피드백하여 가설을 수정합니다.
넷째, 가설을 계속해서 검증, 평가, 피드백하며 정교화하여 최선의 해결책을 최종적으로 수립합니다.

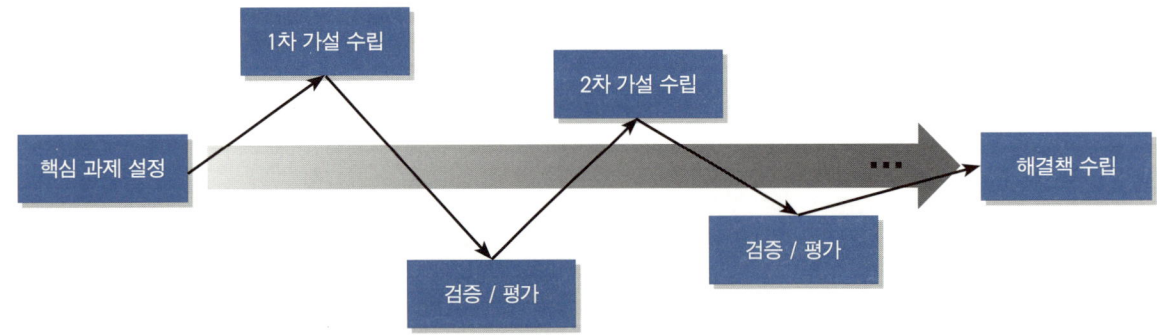

핵심 과제 설정

현 상태와 최선의 상태 사이의 차이를 규명함으로써 문제가 무엇인지 파악한 후, Why Tree와 What Tree 등의 이슈 트리나 피시본 다이어그램, 인과 고리 분석 등의 기법을 활용하여 핵심 과제를 설정합니다. 사실에 기반하여 최선의 상태와의 차이를 정량적으로 수치화함으로써 문제를 객관화시켜야 하며, 핵심 과제를 설정할 때는 인과 관계를 심층 분석함으로써 문제의 본질을 파악할 수 있어야 합니다.

가설 수립

핵심 과제에 대한 해결책으로서 가설을 수립합니다. 가설을 수립할 때는 단순히 '이러면 된다' 식의 원론적인 해결 방향이 아니라 실행할 수 있는 구체적인 해결책을 제시해야 합니다. 그러기 위해 이슈 트리 중 How Tree를 활용하되, 도출된 해결책들을 상호 조합하여 주요 과제에 대한 종합적인 해결책을 제시합니다.

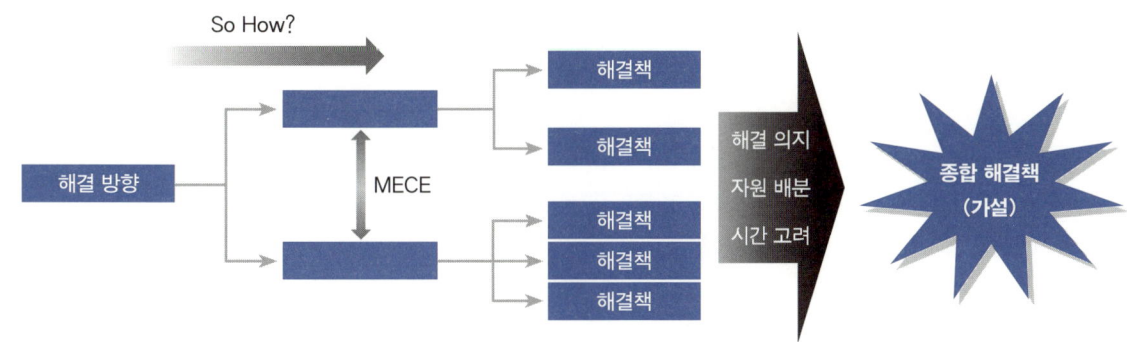

가설 검증 및 평가

가설 검증이란 가설로 제시한 해결책을 실행할 경우 문제가 해결되는지 검토하는 것을 말합니다. 앞서 문제가 정량적으로 제시되었으므로 가설 검증 역시 정량적으로 체크되어야 합니다. 문제 인식과 달리 실행 계획에 대한 검증이라 정확성이 다소 떨어질 수 있으나, 검증 목적이 정확한 분석이 아니라 실행 여부를 결정하는 것이므로 상황에 따라 판단해야 합니다. 이를 위해 시나리오 플래닝, 비용 편익 분석, 의사 결정 매트릭스 등 다양한 기법을 활용하여 검증, 평가합니다.

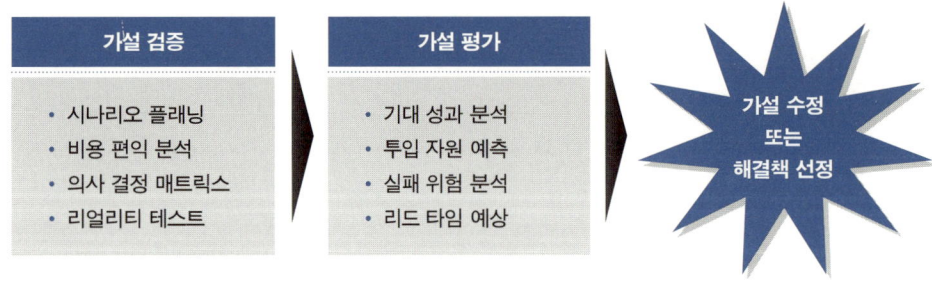

해결책 수립

최종적으로 검증된 가설을 해결책으로 제시합니다. 이 해결책은 실행이 목적이므로 구체적인 활동 업무 중심으로 제시해야 하며, 실제로 추진하고 관리할 수 있도록 간트 차트 등의 일정 관리 차트나 체크리스트 양식도 포함해야 합니다.

■ KT 기법

KT 기법Kepner-Tregoe Analysis이란 1958년에 찰스 케프너Charles H. Kepner와 벤저민 트리고Benjamin B. Tregoe가 개발한 문제 해결 기법입니다. 이 기법은 기본적인 문제 해결 프레임으로 활용할 수 있어서 AT&T, 듀폰Dupont, GM, IBM 등 미국의 대기업들뿐 아니라 소니, 리코Ricoh, 히타치Hitachi 등 일본 대기업들도 현장에 적용해 성과를 올린 바 있으며, 삼성그룹에서도 이 기법을 자사의 경영 상황에 맞게 수정한 EMTP 기법을 개발, 활용하고 있습니다.

KT 기법에 따른 문제 해결 프로세스는 다음과 같이 4단계로 진행됩니다.

상황 분석

KT 기법의 첫 단계로, 현재 무슨 일이 일어나고 있는지 현황을 분석하는 단계로, 현황을 파악한 후 무엇을 해결해야 할지 핵심 과제를 도출합니다. 일반적으로 상황 분석은 다음과 같은 프로세스로 진행됩니다.

테마 설정	현황 파악	관심사 열거	핵심 과제 도출
• 분석 이유 이해 • 분석 방향 선정 • 핵심 주제 도출	• 구체적 사실 중심의 현황 정보 수집 • 의견, 평가 등 배제	• 무엇이 미흡한가? • 무엇을 달성해야 하나? • 무엇이 걱정되는가?	• 우선순위 선정 • 주요 관심 사항 규명 • 핵심 과제 구체화

문제 분석

KT 기법의 두 번째 단계로, 핵심 과제의 근본 원인을 도출하는 단계입니다. 구체적으로 문제가 발생한 상황을 아래 도표와 같이 분석함으로써 문제 유발 원인을 도출합니다.

	IS	IS NOT
What	관련된 사실	관련되지 않은 사실
Where	발생한 장소	발생하지 않은 장소
When	발생 시기	발생하지 않은 시기
Who	문제 관련자	관련되지 않은 사람
Extent	발생 정도	발생하지 않은 정도

문제 원인 도출

결정 분석

KT 기법의 세 번째 단계로, 도출된 원인을 제거하기 위한 해결 방안을 수립하는 단계로, 실제 문제 해결을 위한 의사 결정을 하는 단계입니다. 결정 분석 단계는 일반적으로 다음과 같이 진행됩니다.

목표 설정	잠정 해결안 도출	마이너스 영향 예측	최종 해결안 선정
• 해결 방향 탐색 • 문제 해결 목표 열거 • 핵심 목표 설정	• 해결 방안 모색 • 대안 간 비교, 검토 • 잠정안 결정	• 해결안으로 야기될 마이너스 영향 파악 • 발생 확률 및 영향력 검토	• 목표를 충족시키며 마이너스 영향이 적은 최종안 결정

잠재 문제 분석

KT 기법의 마지막 단계는 실행 과정에서 발생할 수 있는 잠재 문제를 파악한 후 이에 대한 예방 또는 대응책을 수립하는 단계입니다. 이를 통해 실행상 발생할 수 있는 돌발 상황에 효과적으로 대처할 수 있어 문제 해결이라는 목표 달성을 확실하게 합니다.

실행 계획 수립	잠재 문제 도출	잠재 문제 분석	대응책 수립
• 실행 과제 도출 • 업무 분장 • 세부 일정 계획 수립	• 실행 과정에서 발생할 예상 잠재 문제 파악 • 발생 확률 및 영향력 검토	• 대처해야 할 핵심 잠재 문제 선정 • 발생 원인 분석	• 예방 대책 수립 • 발생 시 취할 긴급 처방 및 대응책 수립

■ 트리즈

트리즈TRIZ란 러시아어로 '창의적 문제 해결 이론'의 약자로, 러시아 특허국에 근무하던 겐리히 알츠슐러Genrich Altshuller 박사가 개발한 문제 해결 기법입니다. 알츠슐러 박사는 1946년부터 1963년까지 17년 동안 러시아의 특허 200만 건을 분석하다 이들 특허가 가진 공통적인 문제 해결 원리를 발견했는데, 이를 이론화한 것이 바로 트리즈입니다.

대개 사람들은 창의적 문제를 심리적 관성에 따라 선호하는 방식이나 수많은 시행착오 끝에 해결하려고 합니다. 하지만 트리즈에서는 창의적 문제 해결을 표준적인 절차에 따라 해결함으로써 좀 더 효과적으로 문제 해결에 이를 수 있다고 주장합니다.

트리즈의 핵심은 모순과 문제의 표준화입니다. '창의적 문제는 한 개 이상의 모순을 갖고 있다.'라고 정의하며, 기술적 모순이나 물리적 모순에 따라 문제를 표준화할 수 있다고 주장합니다. 이는 문제를 항상 새로운 것으로 인식하는 다른 창의적 문제 해결 기법에서는 볼 수 없는 방식입니다. 즉, 트리즈는 주어진 문제에 대해 가장 이상적인 결과를 목표화하고 이를 달성하는 데 관건이 되는 모순을 극복할 최적의 해결안을 얻는 표준 방법에 대한 이론으로, 40가지의 발명 원리와 76가지의 표준 해결책, 창의적 문제 해결 알고리즘인 아리즈ARIZ로 이루어져 있습니다.

트리즈에서는 다음과 같이 문제를 모순에 따라 표준화함으로써 패턴별로 표준화된 문제 해결책에 따라 해결할 수 있다고 주장합니다.

문제의 표준화에 따른 해결

알츠슐러 박사가 개발한 전통적인 트리즈는 주로 제품 개발이나 엔지니어링 등의 기술 분야에 활용되었는데, 최근에 동일한 원리를 적용한 비즈니스 트리즈Business TRIZ 기법이 경영 전반으로 확대되고 있습니다. 비즈니스 트리즈에 대해 알아보면 다음과 같습니다.

먼저 문제를 분석하여 개선하고자 하는 변수인 '핵심 문제'와 그 변수가 개선됨으로써 감소하거나 나빠지는 모순 요소인 '핵심 원인'을 찾아 두 변수를 모순 파라미터Parameter로 전환합니다. 그리고 비즈니스 트리즈 매트릭스를 통해 두 변수가 만나는 지점에서 해결 원리를 파악하여 이에 따라 상세한 해결책을 도출합니다. 마지막으로 실행 방안들을 실행 용이성과 효과를 중심으로 검증한 후 최종적으로 최적안을 선정하고 구체적인 실행 계획을 수립, 실행합니다.

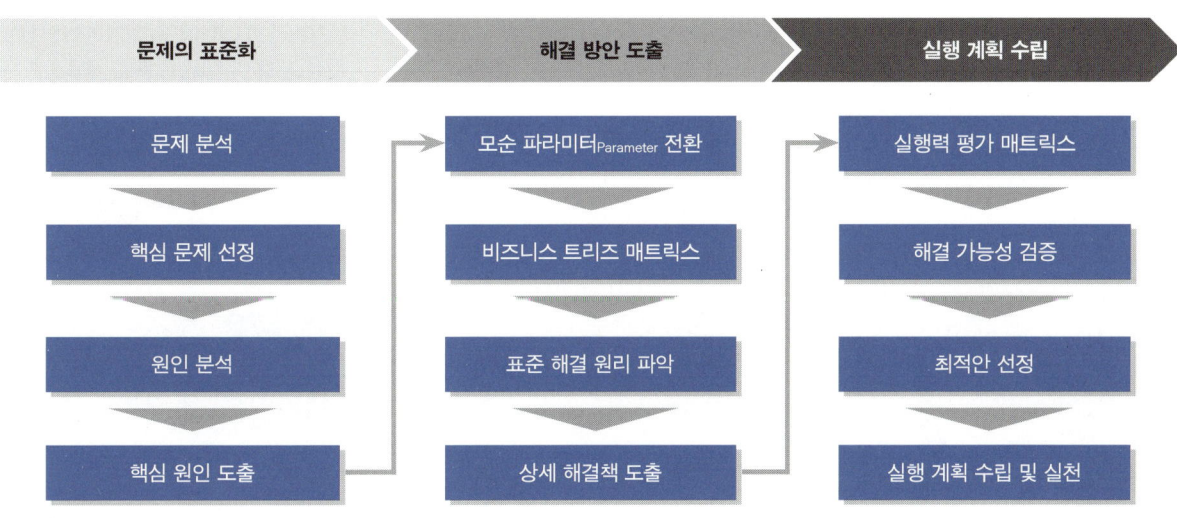

한국트리즈협회가 쓴 《비즈니스 트리즈》는 비즈니스 측면에서 트리즈의 적용에 대해 효과적으로 설명하고 있습니다. 이를 토대로 비즈니스 트리즈를 좀 더 상세하게 살펴보면 다음과 같습니다.

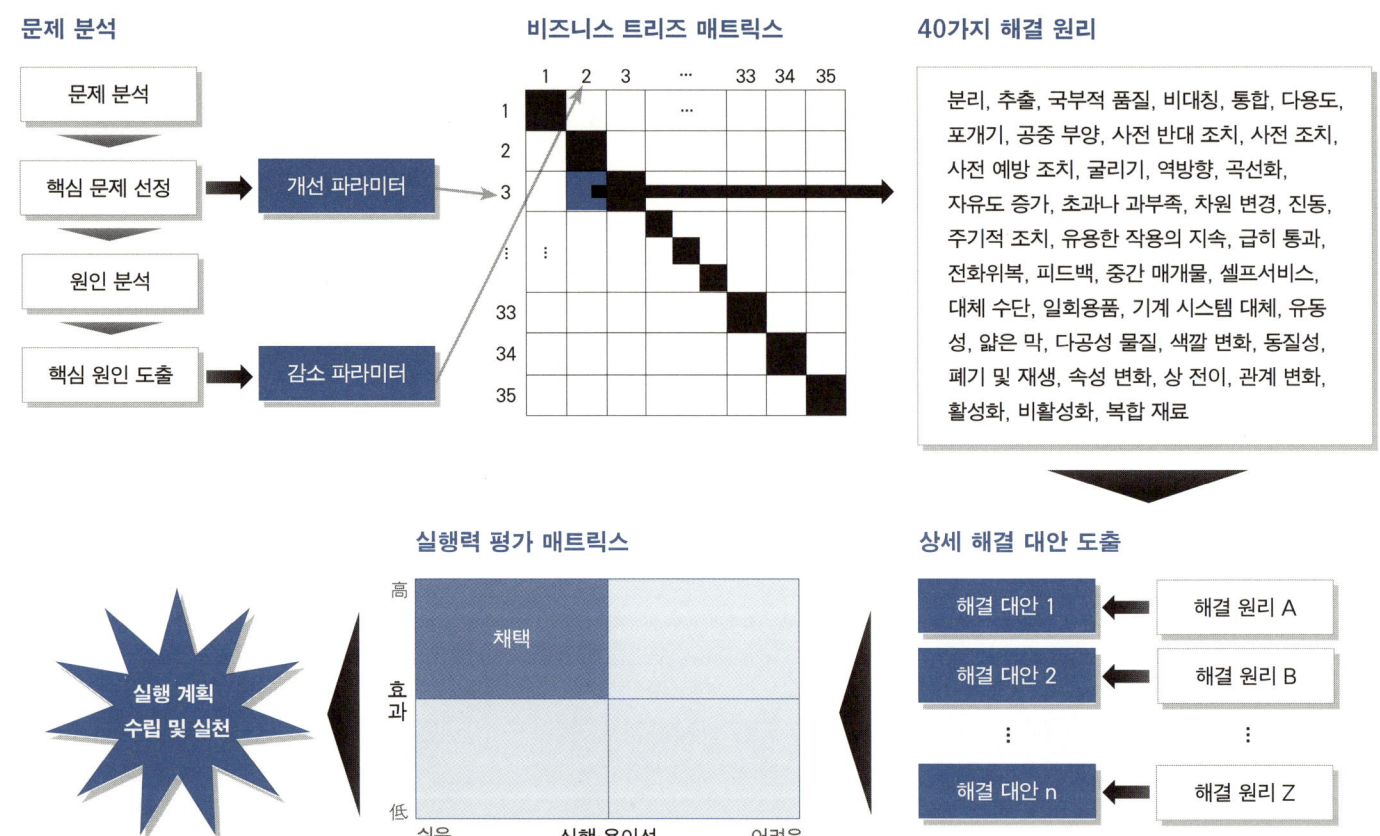

■ 토요타 웨이

초일류 기업 중 하나인 토요타Toyota는 JIT, 린 생산Lean Production 등 품질 관리에 기반한 토요타 생산 시스템TPS으로 유명합니다. 이 토요타 시스템은 문제나 기회를 발견했을 때 효과적으로 문제를 해결하는 방식에서 기원했는데, 이 방식이 바로 토요타 웨이Toyota Way로 통칭되는 문제 해결 기법입니다. 이 기법은 에드워드 데밍W. Edward Deming의 PDCA 사이클에 기초하여 지속적인 개선을 구체화한 것으로, 일명 토요타의 카이젠Kaizen, 改善의 일본식 표현으로도 불립니다. 데밍 사이클Deming's Cycle로도 불리는 PDCA 사이클의 프로세스는 다음과 같습니다.

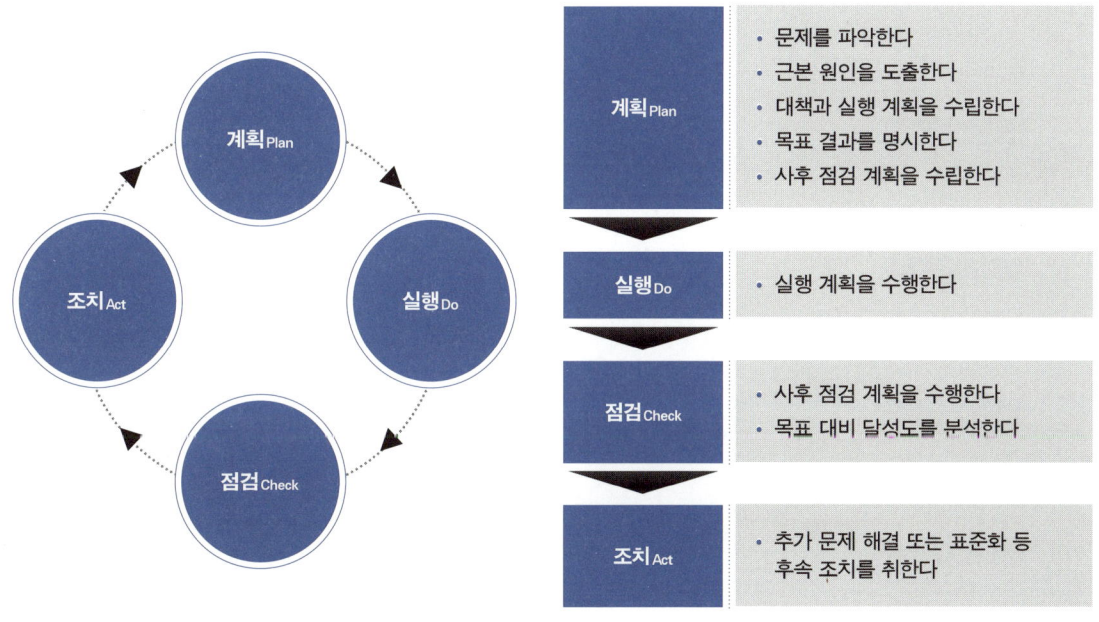

PDCA 사이클에 따라 계획을 수립할 때 그 결과물이 바로 A3 리포트입니다. A3 리포트란 A3 용지 한 면으로 보고하는 것으로, A4 용지로는 2장에 해당되는 간결한 문제 해결용 기획 보고서입니다. 그런 측면에서 드워드 소벡Durward Sobek과 아츠 스몰리Art Smalley가 쓴 《A3 씽킹Understanding A3 Thinking》에 소개된 A3 리포트 작성 기법을 간략하게 소개하고자 합니다. 일반적인 A3 리포트의 스토리라인은 다음과 같습니다.

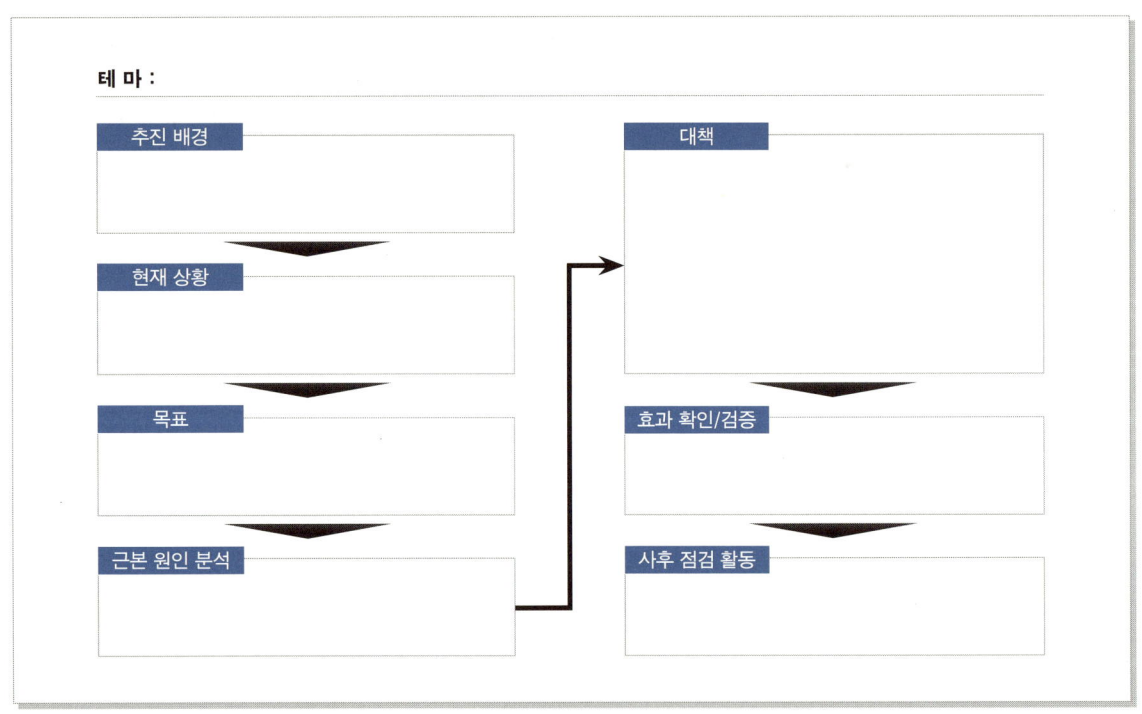

출처 | 드워드 소벡, 아츠 스몰리, 《A3 씽킹》, KMAC, 2008

A3 리포트의 전체 구조를 살펴보면 왼쪽은 PDCA의 계획을, 오른쪽은 실행, 점검, 조치를 나타냅니다. 세션별로 내용을 살펴보면 다음과 같습니다.

구분	내용
추진 배경	• 보는 사람 입장에서 원하는 정보가 무엇인지 인식한 후 '왜 하는지' 배경 설명 • 회사 목표 등 상위 목표와 부합해야 함
현재 상황	• 현 상황을 차트 등을 활용, 간략하게 구조화하여 설명 • 현 상태와 문제점을 정량적인 수치로 표현
목표	• 완료 후 성공 여부를 객관적으로 판단, 평가할 수 있도록 목표 설정 • 명확한 기준에 따른 측정 지표로 목표치를 제시
근본 원인 분석	• 문제 원인의 구조화 : 피시본 다이어그램 • 근본 원인 도출 : 5 Why 기법
대책	• 근본 원인을 해결할 대책을 육하원칙에 맞게 구체적으로 수립 • 대책별로 구현 과정과 예상되는 미래상을 명백히 함
효과 확인/검증	• 목표에서 설정한 측정 지표로 대책 효과를 확인, 검증 • 실행 대책별로 결과에 대해 효과 확인 및 인과 관계 분석으로 검증
사후 점검 활동	• 사후 문제 재발 또는 개선 지속 여부에 대해 주기적으로 점검 • 개선 활동 관련 정보를 공개함으로써 사내 유사 활동에 활용되도록 함

서구에서도 품질 관리에 PDCA 사이클을 많이 활용하고 있습니다만, 토요타 방식이 주목받는 이유는 지엽적인 문제의 해결보다는 장기간에 걸친 시스템의 성과 개선에 목표를 두고 해결 결과보다는 해결 과정을 중시하기 때문입니다.

다음의 사례는 이런 토요타 방식을 잘 설명해 주고 있습니다.

> 정밀 연마기의 품질 문제를 해결하라는 지시를 받았다. 처음에 그는 여러 가지 인자를 한 번에 모두 변화시켜 문제를 해결하는 방법을 제안했다. 그러나 감독자는 그에게 기계를 자세히 스케치하고 기계에서 발생한 모든 종류의 결함을 파레토 차트로 만들게 했다. 이런 작업을 통해 한 가지 특이 유형의 결함을 여러 가지 우려 사항 중 주요 원인으로 파악하여 분리해 냈다. 그 후 관리자는 그에게 피시본 다이어그램을 이용하여 그런 결함을 일으킬 수 있는 모든 잠재적인 원인을 하나씩 열거하도록 했다.
>
> 명확한 인과 관계는 단지 추측만으로는 성립될 수 없다. 그래서 그에게 각 문제의 잠재적 원인을 찾기 위해 조치를 취할 만한 수정 항목을 목록으로 만들도록 했다. 그리고 하나씩 테스트를 수행했다. 마침내 며칠 후 연마 시 부품을 윤활하는 역할을 하는 냉각제를 분석하던 중에 해결책을 찾았고, 이를 적용했다. 박테리아가 냉각제를 오염시켰던 것이다. 냉각제를 교체한 후 결함 발생률은 2.3%에서 0.2%로 낮아졌다.
>
> 그는 자랑스럽게 관리자에게 그 결과를 보고했다. 칭찬을 기대했으나, 오히려 다음과 같은 본질적인 질문이 돌아왔다.
> "당신의 노고에 감사합니다. 그런데 냉각제가 어떻게 관리되었기에 이처럼 오염되었는지 생각해 보았나요? 누가 냉각제 점검 과정을 담당하나요? 어떻게 해야 냉각제의 오염을 방지할 수 있습니까?"
>
> 하나의 기계가 갖고 있는 문제에 대한 해결책으로는 훌륭하다. 하지만 이것은 국부적이다. 진정으로 중요한 것은 그가 문제를 해결하고 더 큰 이슈들을 보도록 능력을 개발하는 것이었다. 게다가 진짜 인과 관계를 밝혀내고, 진정한 대응책이 문제의 재발을 막을 수 있을 때만 해결책은 진정으로 갈채를 받을 가치가 있다.

출처 | 드워드 소백, 아츠 스몰리, 《A3 씽킹》, KMAC, 2008

■ 시나리오 플래닝

시나리오Scenario란 발생할 가능성이 있는 복수의 미래를 말하며, 시나리오 플래닝Scenario Planning이란 여러 시나리오에 따라 전략을 수립하는 기법을 말합니다. 현 시점에서 미래에 일어날 수 있는 모든 가능성을 검토하여 각 상황에 따라 어떤 전략을 취할지 미리 수립해 둠으로써 좀 더 현명하게 대응하려는 방식입니다.

즉, 불황이나 위기가 닥쳐올 때 이에 대비할 수동적인 기획으로서의 위기 관리 프로그램과 달리, 미래가 어떻게 될지 불확실한 상황에서 어떤 미래가 펼쳐지든 즉각 대응할 수 있도록 대비함으로써 경쟁자보다 더 빨리 성장하려는 적극적인 기법입니다.

	상 황	의 미	목 표
위기 관리 프로그램	위기 상황	위기 발생 시 손실을 최소화하려는 방안	생존
시나리오 플래닝	불확실한 상황	어떤 상황이라도 적절히 대응하려는 방안	성장

Case | 로열 더치 셸

시나리오 플래닝을 처음 도입한 회사는 네덜란드와 영국의 합작 정유 업체인 '로열 더치 셸Royal Dutch-Shell'이다. 셸은 유가가 안정되어 있던 시기인 1968년, 미국의 비축량이 바닥을 보이고 산유국들이 서방 세계의 이스라엘 지원에 대한 반발로 정치적 결속을 할 수도 있으리라고 생각했다. 그리하여 '석유 공급에는 문제가 없다'는 업계의 상식에 반하여 석유 위기를 포함한 6개 시나리오를 가정하고 전략을 수립해 두었다.

그러던 중 1973년 제4차 중동 전쟁으로 석유 위기 시나리오가 현실화되자, 다른 회사들이 기존의 전략을 답습하며 우왕좌왕할 때 셸은 시나리오 플래닝에 따른 대응 전략으로 발 빠르게 전환, 업계 2위로 발돋움할 수 있었다.

시나리오 방향 설정	• 핵심 이슈 파악 : 중장기적으로 해결해야 할 과제를 명확하게 정의 • 시나리오 틀 설정 : 시간 범위, 지리 범위, 사업 범위
의사 결정 요소 도출	• 핵심 이슈에 대해 답하기 위해 알아야 하는 핵심 의사 결정 요소 파악 • 통제 불가능한 외부 환경 요소를 중심으로 도출
변화 동인 규명	• 의사 결정 요소에 영향을 미치는 변화 동인을 규명 영향력과 불확실성이 높은 변수를 핵심 변수 Key Variables로 선정
시나리오별 전략 선정	• 두 가지 핵심 변수에 따라 시나리오를 작성한 후 대안을 수립, 평가하여 시나리오별 전략 선정
최종 대응 전략 선정	• 선정 시 고려 사항 : 발생 가능성, 위험 감수 정도, 시나리오별 평가 결과 • 최적의 대응 전략 선정 후 지속적으로 모니터링

■ SK 일처리 5단계

SK그룹은 경영 기법으로 SKMS(SK Management System)를 정립, 실천하고 있습니다. SKMS에서 제시하는 문제 해결 기법이 바로 'SK의 일처리 5단계'입니다. 리더나 구성원들이 무슨 일을 하든 공통적으로 적용할 수 있는 일 처리 방법을 SK 나름대로 정리한 것으로, 일을 빈틈없이 야무지게 처리하기 위해 거쳐야 할 다음의 5단계를 말합니다.

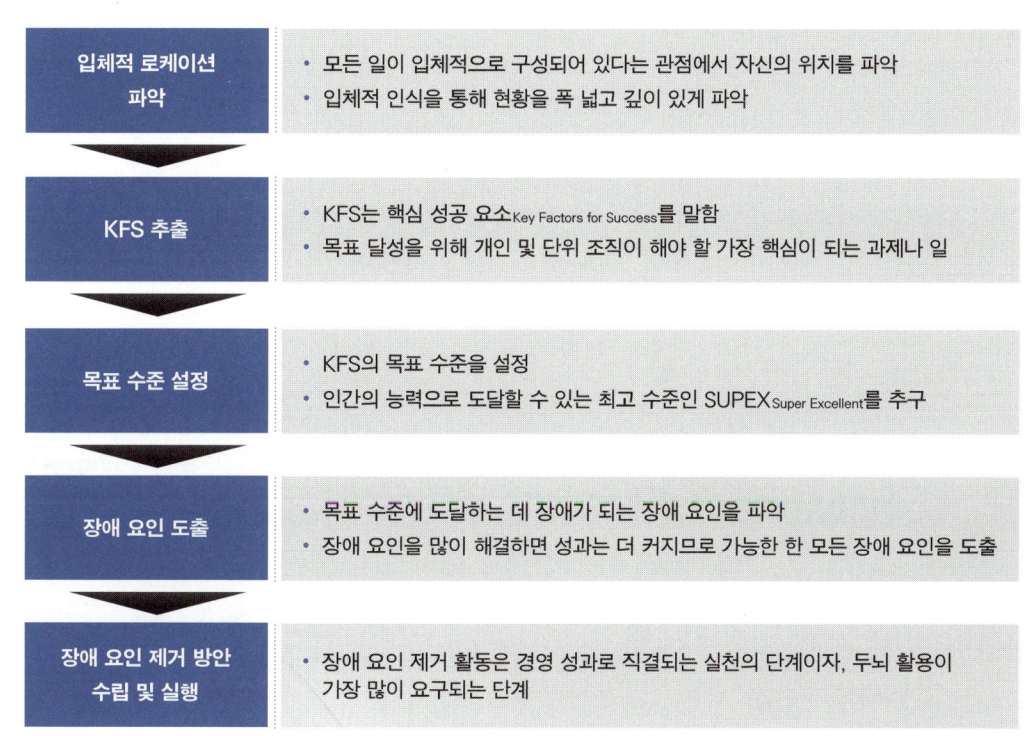

3 ■ 실무 관점에서 본 문제 해결

실무적으로 문제 해결은 시간, 비용, 인력 등의 현실적 제약 속에 무조건 성과를 창출해야 하는 압박이자 스트레스입니다. 문제는 대개 떠오르는 현안으로, 갑자기 일어난 경제 환경 변화, 경쟁자의 이벤트, 내부에서 발생한 사건 등 상사가 지시하는 사안들이 낭상 해결해야 할 과제로 부각되기 때문입니다.

그렇다 보니 눈에 보이는 단기적인 해결책 마련에만 집중하기 쉬워 근본적으로 중요한 문제는 해결되지 못한 채 지나쳐버릴 수 있습니다. 그렇다고 원인 파악에만 몰두하다 보면 문제로 인한 피해가 생기거나 더 큰 문제가 발생할 수 있겠죠.

그러므로 담당자라면 실무적으로 발생한 문제에 대한 단기적인 대응책을 수립, 실행함과 동시에 왜 그런 문제가 생겼는지 근본 원인을 파악하여 진정한 문제 해결을 추구하는 것이 바람직한 자세입니다.

이와 함께 실무 관점에서 고민해야 할 또 다른 사항은 '해결책을 어떻게 실행할 것인가'에 초점을 맞추는 일입니다. 문제 해결책은 담당자가 수립하더라도 실행은 조직적으로 추진되므로, 현실적으로 실행 가능한 대책을 세우고 추진 과정을 점검하며 사후 관리할 수 있어야 합니다.

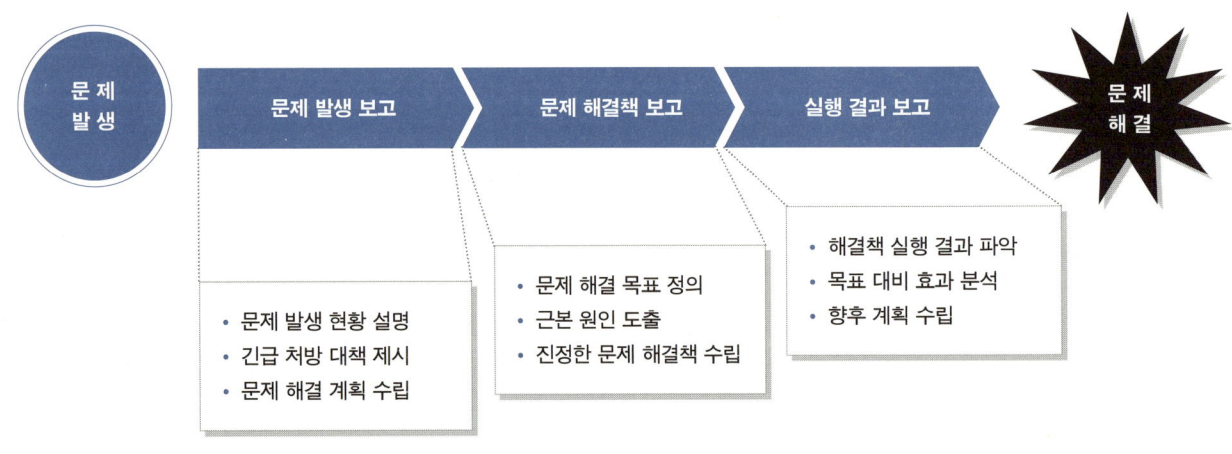

■ 문제 해결에 임하는 실무자가 가져야 할 자세

1. 상사의 입장에서 고민해야 합니다.

문제가 발생하면 당황하여 스스로 모든 것을 처리하려고 합니다만, 그러다 보면 더 큰 문제가 발생할 수 있습니다. 문제가 발생하면 가능한 한 빨리 보고해야 조직적인 차원에서 문제 해결에 집중할 수 있습니다. 첫 번째 보고에서는 우선 문제 현황과 긴급 처방 대책을 다뤄야 합니다. 상사의 입장에서는 피해를 최소화할 수 있도록 긴급 처방한 뒤, 심층적으로 원인을 분석하며 근본적인 해결책을 마련해야 하니까요.

2. 감정적이거나 주관적인 대응을 자제해야 합니다.

원인 도출이나 해결책 수립 과정에서 사실 등 관련 정보를 자신의 해결책에 맞추려 하지 말아야 합니다. 매몰 비용 때문에 잘못된 의사 결정을 하거나 자기 합리화를 함으로써 문제 해결과 멀어지는 실수도 주의해야 합니다.

3. 피상적으로 원인을 판단하지 말아야 합니다.

원인이라고 생각한 것이 원인이 아닌 경우가 많습니다. '자금이 부족해서 사업 추진이 어렵다', '유통망이 정비되지 않아 시장 점유율이 낮다', '매장 위치가 안 좋다' 등 피상적으로 떠오르는 원인을 근본 원인으로 생각하면 문제 해결은 요원할 수밖에 없습니다.

4. 분석만 하는 실수를 범하지 말아야 합니다.

문제 해결에 집중한다고 분석에만 치우쳐서는 안 되며, 거시적으로 바라볼 줄 알아야 합니다. 또한 한계 수화 체감 법칙이 적용됨을 인지하고, 정보 수집에만 집중하지 말고 어느 정도 분석이 완료되면 실천 가능한 해결 방안을 제시하는 데 집중해야 합니다.

5. 책임 의식을 갖고 압박감을 즐겨야 합니다.

스트레스 없는 문제 해결은 없습니다. 스트레스를 어떻게 관리하느냐가 문제 해결의 성공 조건임을 명심하고, 압박감을 즐길 줄 아는 자세가 필요합니다.

즉흥적으로 행동하지 마라

1989년 2월, 미국에서 고급 생수라는 이미지로 시장 리더 지위에 있던 페리에Perrier는 자사 생수에서 벤젠이 발견되었다는 소식을 접했습니다. 그러자 페리에는 신속히 미국 전 지역에서 생수를 리콜하는 조치를 취했으며, 모든 문제가 해결될 때까지 시장에서 철수하겠다고 발표했죠. 철저한 조사 후 예방 조치를 취한 페리에는 시장에서 철수한 지 5개월이 지난 후 판매를 재개했습니다. 물론 1982년 존슨앤존슨의 타이레놀 독극물 투여 사건을 떠올리며 이전의 지위를 곧 회복하리라 기대하면서 말입니다.

1982년 존슨앤존슨의 타이레놀 독극물 투여 사건은 위기 관리의 전형적인 성공 모델로 알려져 있습니다. 당시 한 정신병자가 시판 중인 타이레놀 캡슐에 청산가리를 집어넣어 여덟 명이 사망하는 사건이 발생했습니다. 이에 존슨앤존슨은 신속하게 유통 중인 타이레놀을 리콜하고 철저한 조사와 조치를 취해나갔다고 하죠. 그 결과 1년여가 지난 후에야 판매를 재개했음에도 불구하고 1년 전보다 더 확고하게 시장 리더 지위를 구축했습니다. 전화위복이 된 셈입니다.

하지만 페리에의 앞에는 그들의 바람과는 정반대의 결과가 기다리고 있었습니다. 1990년대 말까지도 예전의 영광을 회복할 수 없었다고 하죠. 왜 타이레놀과 다른 결과가 나타났을까요?

결론적으로 말하면, 페리에는 원인을 확실하게 규명하기도 전에 서둘러 생산상의 실수로 발표하고 시장에서 철수하는 실수를 저질렀습니다. 사실 고관여 제품인 두통약과 습관 형성 제품인 생수는 사업 전략이 다릅니다. 특히 시장 철수 등으로 오랫동안 시장을 비우면 고객들은 새로운 브랜드를 찾을 것이고, 고객이 새로운 브랜드에 익숙해지면 일반 고객뿐 아니라 딜러들조차도 제자리로 돌아오기가 거의 불가능함을 인지했어야 합니다. 생수처럼 일상적이고 습관적으로 마시는 음료의 경우, 아무리 페리에의 충성 고객이었던 사람이라도 다시 돌아오기 어렵습니다. 더구나 페리에는 시장 철수 후 판매 재개에 이르는 동안 체계적으로 관리하지 못했죠. 적극적으로 고객과 커뮤니케이션하는 노력을 들이지 않았고, 판매 재개 시 가격 인하 등을 추진함으로써 스스로 가치를 저하시키는 실수를 저질렀습니다.

그러므로 전략적 리더라면 문제가 발생했다고 당황해서 즉흥적으로 결정하지 말아야 합니다. 페리에처럼 순간적인 결정의 유혹에 빠지지 말고 체계적으로 단계별 계획을 수립, 실천해야 합니다. 즉흥적으로 문제 해결에 나서다가는 한순간에 나락으로 떨어질 수 있기 때문입니다.

PART 2

반드시 알아야 할 사업 전략 기획

Chapter 5 : 외부 환경 분석

Chapter 6 : 내부 환경 분석

Chapter 7 : 사업 전략 수립

Chapter 8 : 스노우볼 마켓 전략

Chapter 5

외부 환경 분석

경영 기획의 기본은 사업 전략 기획이며, 사업 전략 수립은 외부 환경과 내부 환경의 분석에서 시작됩니다. 자신의 환경을 모르고서는 어떤 전략도 강구할 수 없기 때문입니다. 그러므로 외부 환경 분석은 전략 실무자뿐만 아니라 전략적 리더도 반드시 알아야 할 기법입니다. 그런 측면에서 외부 환경 분석이란 무엇인지, 외부 환경 분석 기법으로 어떤 것들이 있는지 알아보겠습니다. 즉, 거시 환경 분석에서부터 산업 분석, 시장 분석, 경쟁자 분석, 고객 분석, 기술 환경 분석까지 다양한 분석 기법을 사례와 함께 살펴보고자 합니다. 그리고 마지막으로 외부 환경 분석을 통해 무엇을 알고자 하는지 전략적 시사점을 찾아보도록 하겠습니다.

1 · 외부 환경 분석이란?

2 · 주요 외부 환경 분석 기법

3 · 핵심 성공 요소 도출

1 ■ 외부 환경 분석이란?

외부 환경이란 기업이 사업을 추진할 때 직·간접적으로 영향을 미치는 모든 외부 요소로, 거시 환경이나 산업 환경, 시장 환경, 고객과 경쟁자 및 기술 환경 등을 말합니다.

전략을 수립하기 위해서는 먼저 외부 환경을 분석해야 합니다. 일반적으로 외부 환경 분석은 거시 환경에서 시작하여 산업, 시장 순으로 심층적으로 파고듭니다. 외부 환경을 분석하지 않고 사업을 추진한다는 것은 눈을 감고 외나무 다리를 건너는 것과 같습니다. 바다를 항해하여 목적지인 섬에 무사히 도착하려면 떠나기 전에 물길의 형세나 물살, 날씨 등 바다의 상황을 알아야 최선의 방법을 강구할 수 있듯이, 외부 환경을 체계적으로 분석함으로써 사업 매력도와 사업에 끼치는 기회와 위협을 파악하여 어떻게 사업을 성공적으로 운영해 나갈지 전략적 시사점을 도출할 수 있습니다.

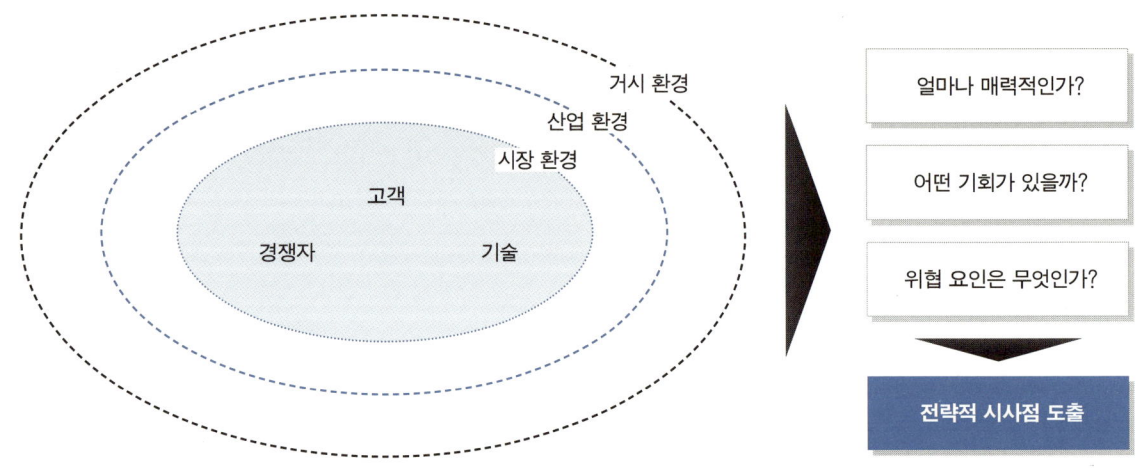

그럼, 외부 환경 분석을 통해 궁극적으로 무엇을 알아야 할까요?

흔히 시장 상황이나 경쟁 환경을 분석하여 외부 환경이 얼마나 매력적인지 판단하기 위해서라고 알고 있습니다만, 그렇지 않습니다. 외부 환경 분석의 최종 목표는 경쟁 우위에 설 수 있는 사업 전략을 수립하는 것입니다. 단순히 사업 환경이 좋다는 식으로 외부 환경의 매력도만을 안다면 그 사업을 할지 말지 판단할 수는 있어도 경쟁 전략을 수립할 수는 없습니다.

그러므로 외부 환경을 분석할 때는 단순히 사업의 매력도나 기회, 위협 요인만 분석하는 데 그치지 말고 궁극적으로 향후 사업 목표인 경쟁 우위를 달성하기 위해서 반드시 확보해야 하는 성공 요소 Success Factor가 무엇인지 알아야 합니다. 그래야 경쟁력 있는 사업 전략을 수립할 수 있으니까요.

2. 주요 외부 환경 분석 기법

외부 환경별 주요 분석 기법은 다음과 같습니다.

2-1 ■ 거시 환경 분석

거시 환경이란 기업이 속한 산업을 넘어 기업 경영에 영향을 주는 정치, 경제, 사회 문화, 기술 등 거시적인 외부 환경을 말합니다. 거시 환경을 분석함으로써 산업이나 시장 등에만 국한해 바라보는 근시안적인 사고에서 벗어나 좀 더 광범위하게 외부 환경 영향을 파악할 수 있습니다.

거시 환경 분석 기법으로는 정치적Political, 경제적Economic, 사회문화적Socio-cultural, 기술적Technological 환경 요인을 분석하는 PEST 분석을 많이 활용합니다.

세계화 이후 전 지구적으로 개발이 가속화되다 보니 최근 지구의 지속 가능 성장Sustainable Development 측면에서 환경 문제가 글로벌 이슈로 대두되고 있습니다. 생명공학 기술 발달에 따른 유전자 변형 농산물GMO, Genetically Modified Organism 개발이나 일본 원전 사고로 인한 방사능 오염 등은 환경 문제를 한층 더 복잡하게 만들고 있습니다.

그 결과 기후변화협약과 교토의정서 발효에 따른 온실가스 감축이 본격화되고 있으며, RoHS, REACH 등 안전성 제고를 위한 유해 물질 규제 및 GMO 규제가 강화되는 등 환경 규제 정책은 더욱 활발하게 추진되고 있습니다. 더구나 세계 각국은 자국 산업 보호 조치로 전통적인 관세 장벽보다 환경 규제 같은 비관세 장벽을 활용하기도 합니다.

하지만 때로는 환경 이슈가 규제가 아닌 사업 기회 창출로 이어질 수도 있습니다. 배출권 거래제ET, Emission Trading와 청정 개발 체제CDM, Clean Development Mechanism를 통해 시장 논리를 적용함으로써 규제가 아닌 사업 관점에서 온실가스 감축을 다루거나 태양광 산업 등 그린 비즈니스가 부상하는 것이 바로 그런 사례입니다.

그런 측면에서 앞서 언급한 PEST 분석에 생태적 환경 요인을 추가하여 STEEP 분석을 통해 거시 환경을 분석하기도 합니다.

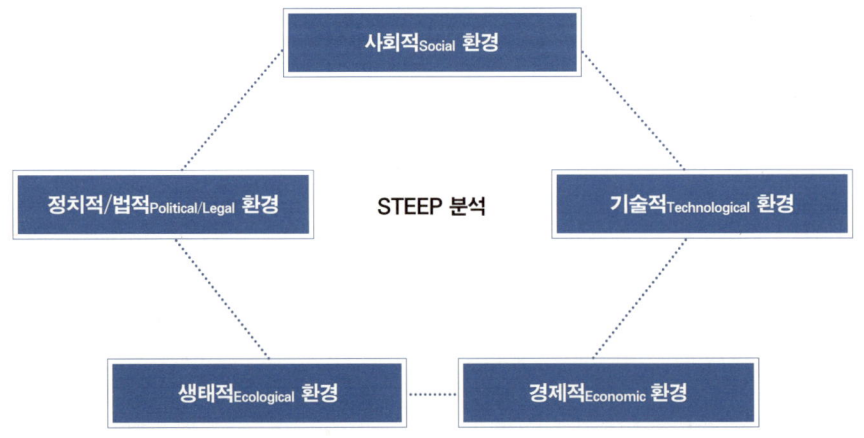

■ 실무 관점에서 본 거시 환경 분석

지금은 역사상 가장 빠른 기술 진보 속도, 세계화로 인한 글로벌 경제의 유동성 확대, 금융 위기에 따른 장기 저성장 시대의 도래 등 불확실성이 그 어느 때보다 높은 시기입니다. 그래서 거시 환경 분석의 중요성이 더욱 강조되고 있습니다. 특히 새롭게 해외에 진출할 경우 진출 지역에 대한 거시 환경 분석은 반드시 필요하겠죠. 하지만 거시적인 환경에 대한 중장기적인 예측과 자신에게 미치는 영향 분석 등이 어렵기에 누구나 알고 있는 일반적인 수준에 그쳐 의미 있는 분석으로 이어지지 않을 수 있습니다. 그러므로 단기적인 전략 수립에 있어서는 거시 환경 변화가 미미할 때가 많아 거시 환경 분석을 생략하기도 합니다.

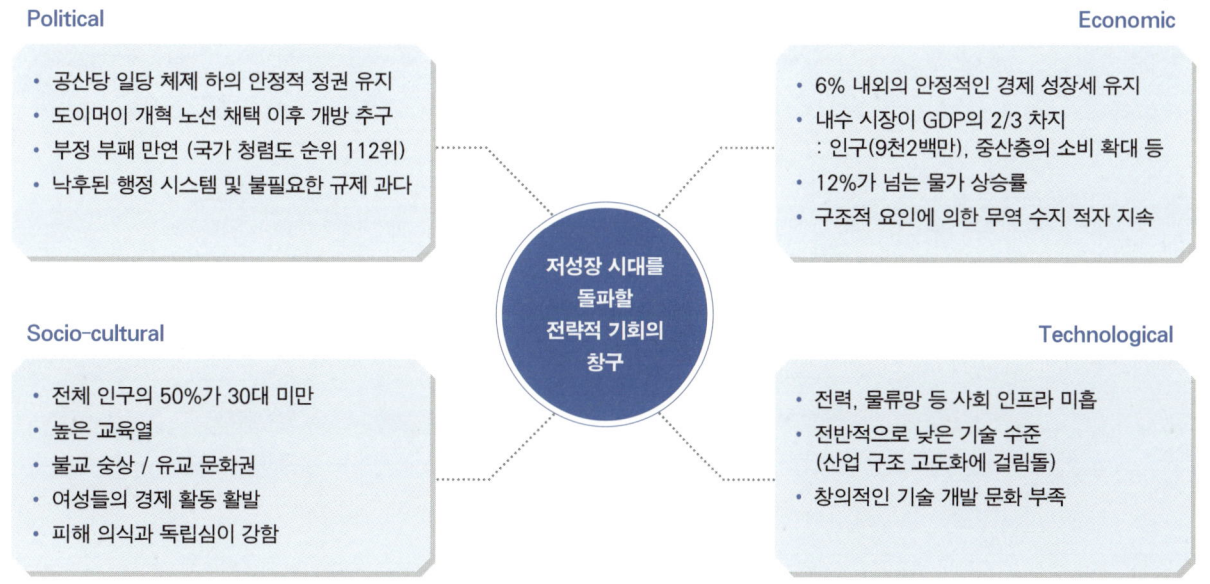

2-2 ■ 산업 분석

산업 분석Industry Analysis이란 개별 산업 또는 관련 산업에 영향을 미치는 요인들을 분석함으로써 산업의 특성과 전망을 연구하는 것을 말합니다. 즉, 현재의 산업 여건과 미래의 변화 추이를 분석함으로써 기업에 미치는 영향을 파악하여 전략적으로 유용한 시사점을 도출하기 위한 분석 기법입니다.

이를 위해 먼저 자신이 속한 산업을 정의하고 전·후방 산업과 연계하여 현재 위치를 가치 사슬과 이익풀 중심으로 알아본 후, 산업 현황을 구체적으로 분석합니다.

산업 분석 절차에 따른 주요 기법들은 다음과 같습니다.

산업 분석 절차와 주요 기법

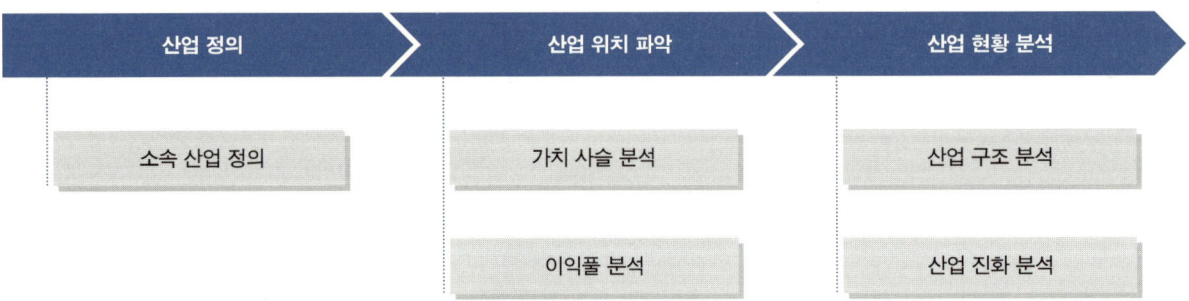

■ 당신이 속한 산업은 무엇인가?

자신의 산업을 정의하라고 하면 자신의 상품 관점에서 직접 경쟁하는 기업들의 집합으로만 보기 쉽습니다. 이런 방식은 산업을 쉽게 정의할 수 있는 방법이긴 합니다. 그러나 그렇게 하다 보면 현재의 상황에만 매몰되어 미래를 협소하게 바라봄으로써 전략적 근시안에 빠질 우려가 높습니다.

전략적 근시안에서 벗어나기 위해서는 가능하면 자신의 입장이 아니라 고객의 입장에서 정의해야 합니다. 고객은 단순히 상품이 아니라 그 속에 담긴 효용 가치를 원합니다. 그러므로 자신의 산업을 상품 관점이 아니라 고객이 원하는 가치 중심으로 정의한다면 변화에 좀 더 유연하게 대응하며 미래를 개척해 나갈 수 있습니다.

Case | 암트랙

> 암트랙Amtrak은 19세기 중반에 생긴 미국의 철도 운송 회사로, 서부 개척 열풍과 함께 철도 운송에 대한 수요가 폭발적으로 증가하자 막대한 수익을 올리고 있었다. 그런데 1960년대 들어서 비행기라는 강력한 경쟁자가 나타났다. 2차 세계대전을 통해 발달한 비행 기술이 비행기 운송 시대를 열었던 것이다.
>
> 그러나 자신의 산업을 '철도 운송업'으로 규정하고 있던 암트랙은 비행기 운송 시대가 열렸어도 자신과 무관한 일로 보며 별다른 전략의 변화를 보이지 않았다. 그 결과, 미국의 지리적 특성을 감안할 때 철도보다는 비행기의 경쟁력이 뛰어났음에도 철도만을 고집한 암트랙은 결국 위기에 내몰리게 되었다.
>
> 암트랙의 전략적 실수는 자신의 산업을 협소하게 정의하며 고객의 관점에서 보지 않았다는 데 있다. 이들은 '편안하고 빠른 이동'이라는 고객의 니즈에 대한 고찰이 부족했다. 당시 암트랙이 '편안하고 빠른 이동'을 제공할 수 있도록 고객이 원하는 운송 수단 확장을 고려하여 발 빠르게 항공사를 인수하거나 제휴를 맺는 등 다각적으로 노력했다면 운송 분야의 리더십을 유지했을 가능성이 높다.

■ 산업 가치 사슬 분석

산업 가치 사슬Industry Value Chain 분석이란 자신이 속한 산업뿐만 아니라 고객 같은 전방 산업Downstream Industry이나 공급사 같은 후방 산업Upstream Industry 등 연계 산업에 걸쳐 가치 창출 과정을 분석하는 활동을 말합니다. 이를 통해 자신의 산업이 처한 위치를 전략적으로 파악하고 전·후방 수직 통합Vertical Integration 등의 신사업 기회 탐색에도 활용할 수 있습니다.

Case | 태양광 산업

Upstream → Downstream

	폴리 실리콘 (Poly Silicon)	잉고트 / 웨이퍼 (Ingot / Wafer)	태양 전지 (Solar Cell)	태양광 모듈 (Solar Module)	태양광 시스템 (Solar System)
사업 규모	규모의 경제 추구	수백억~수천억 원			수백억 원
수익성	50% 내외의 영업이익률	25~30% 내외의 영업이익률	20% 내외의 영업이익률	5% 내외의 영업이익률	N/A
경쟁	낮음	낮은 편	다소 낮은 편	높음	높음
전 세계	Hemrock, REC, Wacker 과점 체제 (약 80% 점유)	Q-Cell, Sharp, Suntech, Kyocera 등 6~7업체	Q-Cell, Sharp, Suntech. BP Solar 등 10여 개 업체	다수	다수
국내	OCI 등 1~2업체 진출 준비 중	LG실트론, 웅진에너지 외 1~2업체	KPE, 미리넷솔라, 현대중공업 외 3~4업체	S에너지, LS산전, 현대중공업 외 3~4업체	다수
진입 장벽	매우 높은 R&D 진입 장벽	높은 R&D 진입 장벽	높은 R&D 진입 장벽	다소 낮은 R&D 진입 장벽	낮은 R&D 진입 장벽
투자 규모	수조 원	수백억~수천억 원			수백억 원

← Hegemony

■ 이익풀 분석

이익풀Profit Pool이란 앞서 분석한 산업 가치 사슬의 모든 구성 요소로부터 발생하는 이익의 총집합을 말합니다. 이렇게 산업 가치 사슬 전반에 걸친 이익풀을 분석하다 보면 매출 비중과 달리 이익이 집중되는 부문을 발견할 수 있습니다. 이런 이익 집중도는 이미 진입 장벽이 형성된 경우나 경쟁자들이 소홀히 하는 사업 영역에서 발생할 때가 많습니다. 그러므로 이익풀 분석을 통해 이익을 많이 창출할 수 있는 매력적인 분야가 어디인지 파악하여 향후 전략 수립에 활용할 수 있습니다.

물론 이익풀은 신규 업체의 진입이나 기술 개발, 고객과 시장 변동 등에 따라 변화할 수밖에 없습니다. 그러므로 이익풀을 분석할 때는 현재뿐만 아니라 향후 변화 추세까지 파악할 수 있어야 합니다.

이익풀 분석

전통적인 산업화 시대에는 중간 단계인 제조 부문이 부가가치를 가장 많이 창출했습니다. 그러나 21세기 지식 기반 경제로 전환되면서 가치 사슬상 앞쪽의 R&D, 디자인, 핵심 부품 등의 부문과 뒤쪽의 마케팅, 서비스 부문의 부가가치 창출이 더 많은 U자형 곡선으로 바뀌고 있습니다. 이를 사람의 웃는 모습과 비슷하다고 해서 스마일 커브Smile Curve라 부릅니다.

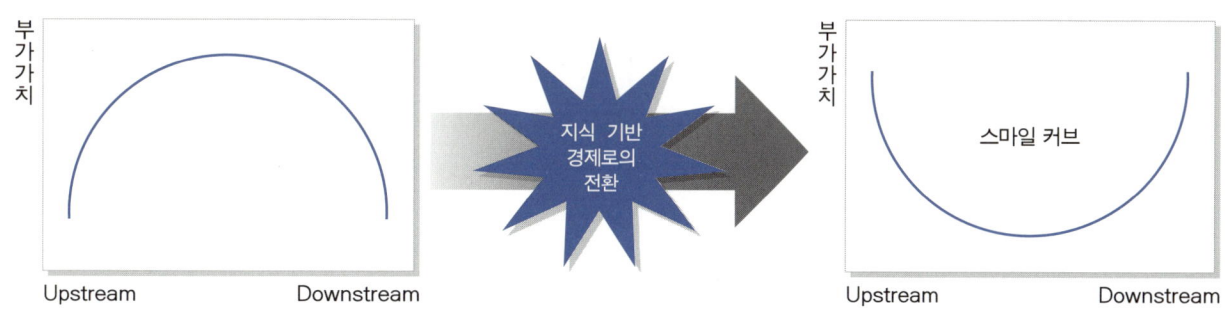

■ 산업 구조 분석

산업 구조 분석은 대개 마이클 포터의 분석 모델(5 Forces' Model)을 사용하는데, 이 모델은 산업의 이익 잠재력인 산업 매력도Industry Attractiveness에 영향을 미치는 다섯 가지 경쟁 유발 요인을 구조적으로 분석하는 방법입니다. 즉, 산업 내 경쟁 환경은 기존 기업 간의 경쟁뿐 아니라 구매자 및 공급자의 교섭력, 새로운 진입 기업의 위협, 대체재나 대체 서비스의 위협에 의해서 결정됩니다. 결국 다섯 가지 경쟁 유발 요인의 영향력이 클수록 산업 내 경쟁이 심화되어 산업 매력도는 떨어집니다.

산업 경쟁을 유발하는 5가지 요인

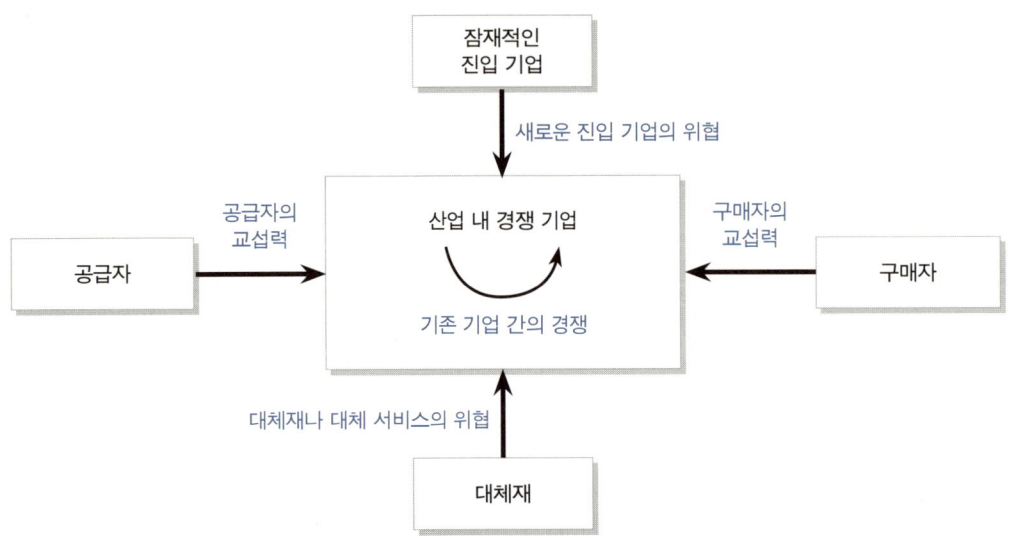

출처 | 마이클 포터, 《마이클 포터의 경쟁전략》, 21세기북스, 2008

마이클 포터의 5 Forces' Model에서 다섯 가지 경쟁 유발 요인의 영향력을 분석하기 위한 세부 요소들은 다음과 같습니다. 각각의 경쟁 유발 요인별로 체크리스트에 따라 현재뿐 아니라 미래 강도까지 평가하여 분석합니다.

Case | 출판 산업 구조 분석

새로운 진입 위협 : 강 ⇢ 강
- 소요 자본이 적음
- 유통 경로 접근이 쉬운 편
- 브랜드 로열티가 낮음
- 기존 업체의 원가 우위 낮음
- 법적 규제 등 없음

공급자 교섭력 : 강 ⇢ 강
- 베스트셀러 중심 시장이라 유명 저자에게 의존 심화
- 해외 베스트셀러 선점 경쟁 치열(선인세 ↑)
- 저자 직접 출판 동향 미미

기존 기업 간 경쟁 : 강 ⇢ 최강
- 출판 시장 성장률 정체
- 200여 개 업체 각축
- 업체 간 부익부 빈익빈 심화
- 전환 비용은 거의 없음
- 업체 간 차별화 미미

구매자 교섭력 : 강 ⇢ 최강
- 소수의 대형 서점(3) 및 인터넷 서점(3)이 시장 지배
- 전환 비용이 없음
- 교보 등 대형 서점들이 직접 출판 (영향은 미미)

대체재 위협 : 중 ⇢ 강
- eBook 시장 성장세 가시화
- 스마트폰, 태블릿 PC 등의 영향으로 디지털 콘텐츠 부상
- 도서 이용에 대한 선호로 전환 비용은 높은 편

■ 산업 진화 분석

앞서 살펴본 산업 가치 사슬 분석이나 산업 구조 분석의 경우 과거 및 현재 상황에만 국한하여 바라볼 가능성이 있으므로 주의해야 합니다. 사실, 전략적으로 유용한 시사점을 얻기 위해서는 현재뿐 아니라 미래 예측도 병행되어야 합니다.

그런 측면에서 미래 산업 변화를 예측해 보는 산업 진화 분석을 통해 보완할 필요가 있습니다. 산업 진화 분석으로는 상품 수명 주기 분석을 응용한 산업 수명 주기 모델Industry Life Cycle Model이 대표적입니다. 산업도 사람처럼 태동에서부터 쇠퇴에 이르기까지 일정한 패턴의 진화 과정을 거치는데, 이를 산업 수명 주기라 부릅니다. 이를 통해 현재 자신이 처한 위치가 어디인지를 판단해 봄으로써, 향후 시장 및 경쟁 상황 등 산업 변화를 미리 예측해 볼 수 있습니다.

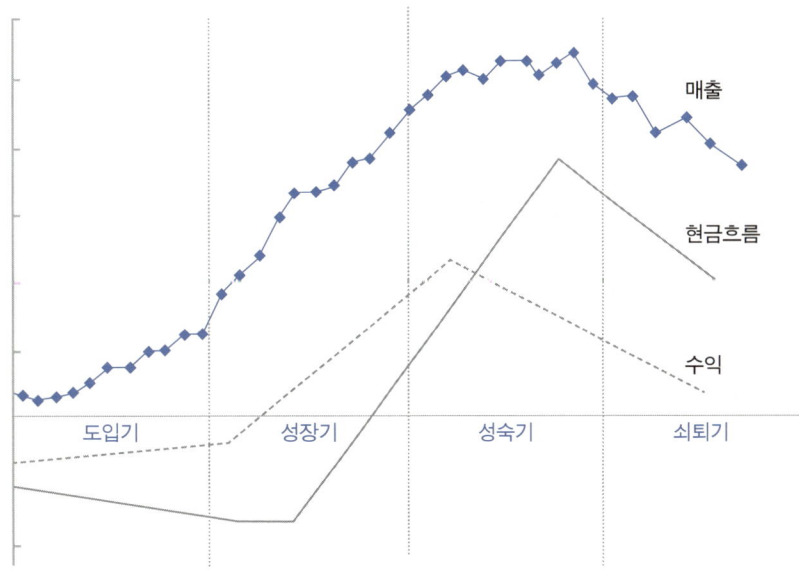

현재 성숙기 단계에 있는 기업에겐 과거 성장기 때의 전략이 더 이상 유효하지 않습니다. 산업 환경이 변화했기 때문입니다. 이렇듯 자신이 현재 산업 수명 주기상 어디에 있는지 파악하여 산업 환경을 예측할 필요가 있습니다. 모든 산업이 산업 수명 주기 이론대로 진화 과정을 겪는 것은 아닙니다만, 산업 수명 주기를 중심으로 진화 패턴과 변화 방향을 예측해 봄으로써 전략적 시사점을 도출할 수 있습니다. 참고로 산업 수명 주기의 단계별 특징은 다음과 같습니다.

산업 수명 주기 단계별 주요 특징

		도입기	성장기	성숙기	쇠퇴기
단계		시장 개척	시장 확대	성장 정체	시장 축소
성공 요소		기술/상품 개발력	시장 침투 역량	경쟁 우위 역량	생존 역량
경쟁 상황		경쟁자 진입	리더 지위 확보 경쟁	점유율 경쟁 치열	한계 기업 퇴출
상품 진화		비표준 (불확실)	표준화	차별화/가격 부각	철수 상품 등장
공급 능력		소규모 공급	공급 부족	공급 과잉	공급 과잉
구매	초기	혁신 수용자	조기 다수 수용자로 확대	지각 수용자로 확대	고객 이탈
	후기	초기 수용자로 확대	후기 다수 수용자로 확대		
수익성		투자로 인한 적자	수익성 증대	경쟁으로 수익 악화	수익성 저하
현금흐름		−	− / +	+	+ / −

■ 실무 관점에서 본 산업 분석

실무적으로 산업 분석에만 집중하다 보면 분석을 위한 분석에 그치는 실수를 범하기도 합니다. 일례로 산업 구조 분석을 통해 산업 매력도가 높거나 낮다는 결과로 마칠 경우를 들 수 있습니다. 산업 매력도가 높다면 사업하기에 유리하다는 의미이긴 하지만 이는 경쟁자에게도 똑같이 적용되는 외부 여건일 뿐입니다. 낮은 산업 매력도 역시 마찬가지입니다.

산업 분석을 하는 이유는 경쟁 강도에 영향을 미치는 산업 환경을 다각도로 직시함으로써 자신에게 유리한 최적의 대응 전략을 수립하기 위해서입니다. 그러므로 다음과 같은 전략적 시사점을 도출하는 데 집중할 필요가 있습니다.

첫째, 산업 진입 및 철수를 위한 의사 결정에 유용한 정보를 얻을 수 있습니다.
산업 구조 및 산업 진화 등을 분석, 산업 매력도를 파악함으로써 신규 사업으로서의 사업성을 검토하거나 기존 사업의 철수 여부를 판단하는 데 유용할 수 있습니다.

둘째, 전략적으로 산업 환경을 어떻게 활용해야 할지 방향을 제시할 수 있습니다.
산업 분석을 통해 산업 헤게모니Hegemony가 어디에 있는지를 파악함으로써 산업 환경 활용 방향을 제시할 수 있습니다. 즉, 헤게모니를 보유하고 있다면 헤게모니 유지 전략을, 보유하지 않았다면 헤게모니 소유자와의 관계 구축 전략을 중심으로 고민해야 합니다. 일례로 헤게모니를 보유한 독점 공급자가 있다면 독점 공급자와의 거래 관계 구축 전략이 사업의 성패를 좌우하는 요소가 될 수 있습니다.

셋째, 자신의 포지션을 어떻게 구축해야 할지 전략적 시사점을 얻을 수 있습니다.
미래 산업 진화에 미리 대응하거나 다섯 가지 경쟁 유발 요인에 대처하기 위한 자신만의 포지셔닝Positioning 전략을 수립하는 데 도움을 줄 수 있습니다.

앞서 말했듯이 산업 헤게모니를 보유하지 않았다면 헤게모니 소유자와의 관계를 경쟁자보다 더 원활하게 구축함으로써 경쟁 우위에 설 기반을 마련할 수 있습니다. 하지만 헤게모니 소유자와의 관계 구축 전략만이 유일한 해결책은 아닙니다. 오히려 자신만의 포지션을 강력하게 구축함으로써 헤게모니를 무력화시킬 수 있는 전략이 효과적일 때가 많습니다. AT&T의 헤게모니를 무력화시킨 아이폰iPhone의 애플처럼 말입니다.

Case | 아이폰의 애플

대개 산업 헤게모니는 구매자에게 있다. 강력한 구매자가 있다면 그럴 가능성이 더욱 높다. 그럼에도 구매자의 교섭력을 무력화시키며 공급자인 제조업체가 헤게모니를 확보한 사례가 있다. 바로 아이폰의 애플이다. 미국 이동 통신 산업에서 막강한 헤게모니를 지니고 있던 AT&T에 애플이 도전장을 내밀어 성공한 것이다.

일례로 미국 내 다른 통신 사업자들이 AT&T의 콘텐츠만을 활용할 수 있게 한 것과 달리, 아이폰은 애플만의 사이트를 통해 콘텐츠를 내려받을 수 있도록 했으며, 그 영업까지 애플이 담당하고 있다. 전문가들 역시 자체 소프트웨어와 플랫폼을 앞세운 아이폰의 인기로 미루어볼 때 이들이 이동 통신 산업의 헤게모니 변화를 가져올 것이라는 전망을 제기하고 있으며, 애플과 AT&T의 계약은 AT&T로서는 굴욕이라는 말이 나올 정도로 이동 통신 산업의 기존 관행을 깬 파격 행보로 평가받고 있다.

이렇듯 산업 헤게모니가 AT&T에게 있음에도 애플이 헤게모니를 확보할 수 있었던 것은 자신만의 포지셔닝 전략이 유용했던 덕이다. 최종 소비자에게 차별화 가치를 인식시킴으로써 강력한 구매자의 교섭력을 무력화시켰기 때문이다.

결국 산업 헤게모니의 힘은 최종 고객인 최종 소비자에게 달려 있음을 알 수 있다.

2-3 ■ 시장 분석

시장 분석Market Analysis이란 시장 규모와 성장률 등을 추정하고 현재 시장의 특징 및 향후 전망을 분석함으로써 전반적인 시장 환경을 연구하는 것을 말합니다. 정량 분석은 파악할 수 있는 수치 자료를 토대로 분석하는 것을, 정성 분석은 활동이나 동향, 추세 등 비수치적 자료를 토대로 분석하는 것을 의미합니다.

시장 분석 결과 도출한 추정 시장 규모는 시장 매력도 및 경제성 평가의 기초 자료로 활용할 수 있으며, 시장 동향 분석 자료는 시장 환경이 기업에 미치는 영향을 파악함으로써 전략적으로 유용한 시사점을 도출할 수 있습니다.

시장 분석 절차는 산업 내 전략 집단을 분석하고 목표 시장을 선정한 후 시장 규모 추정과 시장 동향 분석의 순으로 전개됩니다.

시장 분석 절차에 따른 주요 기법들은 다음과 같습니다.

시장 분석 절차와 주요 기법

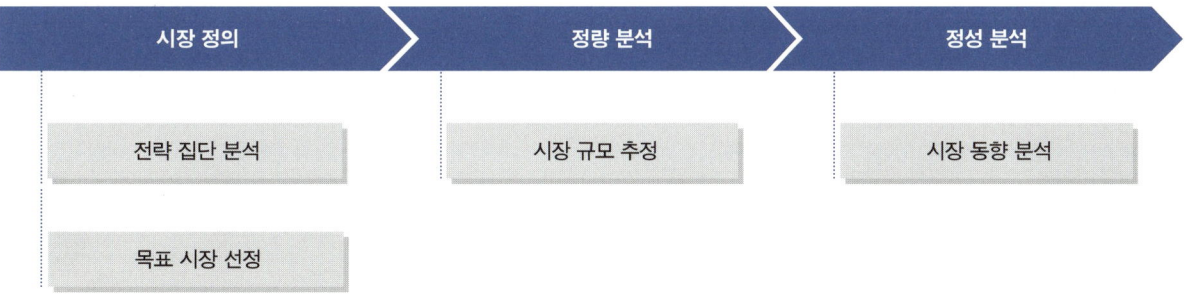

■ 전략 집단 분석

전략 집단Strategic Group이란 전략적 차원에서 동일하거나 유사한 전략을 추구함으로써 비슷한 기회와 위협에 직면하는 산업 내 경쟁 기업들의 집합을 말합니다. 즉, 한 산업 내에서 유사한 전략적 포지션을 갖는 기업군을 뜻합니다. 사실, 어떤 전략을 구사하느냐에 따라 다섯 가지 경쟁 유발 요인이 다르게 영향을 미칩니다. 그 결과 전략 집단에 따라 다른 전략 집단 기업의 진입을 막는 이동 장벽Mobility Barriers을 구축, 소수의 기업들만이 경쟁하며 구매자와 공급자의 교섭력을 약화시키거나 대체재의 위협을 감소시킴으로써 매력도를 증가시킬 수 있습니다.

그러므로 산업 내의 다양한 전략 집단을 분석함으로써 향후 전략 수립에 유용한 시사점을 얻을 수 있습니다.

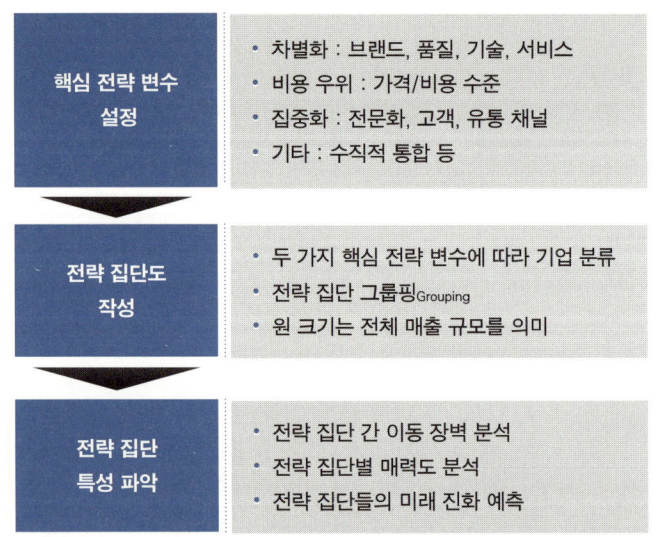

전략 집단 분석 절차

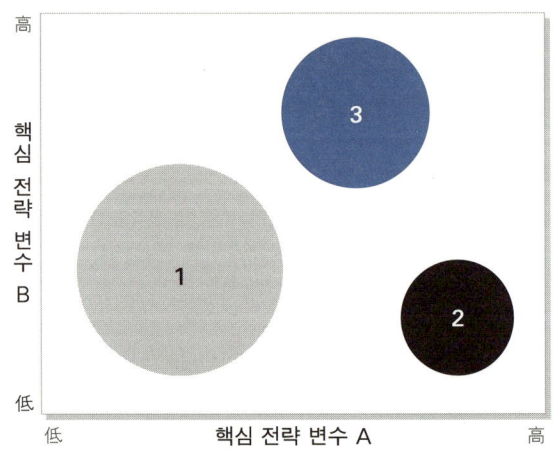

전략 집단도 Strategic Group Map

■ 당신의 목표 시장은 어디인가?

본격적으로 시장을 분석하기에 앞서서 어느 시장을 목표로 하는지 파악해야 합니다. 흔히 자신의 산업 전체를 시장으로 바라보거나 단편적으로 시장을 정의하는 경우가 있는데, 전략적으로 의미 있는 시사점을 도출하기 위해서는 앞서 분석한 전략 집단들을 중심으로 자신의 시장을 정의해야 합니다.

'시장은 이미 주어진 것'이라고 생각하기 쉽습니다만, 그렇지 않습니다. 능동적으로 시장을 선정할 수 있기 때문입니다. 자신의 현재 위치가 매력적이지 않다면 매력도가 높은 전략 집단으로 이동하거나 새로운 전략 집단을 구축하는 등 시장을 전략적으로 선택할 수 있습니다.

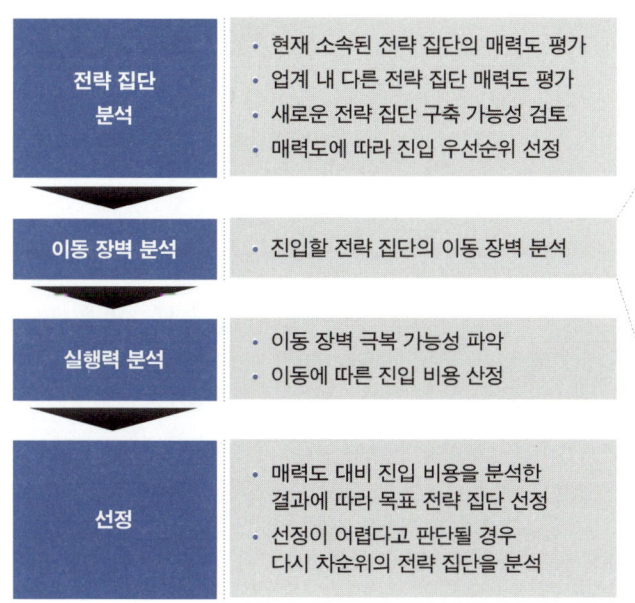

전략적 시장 선정 절차

■ 시장 규모 추정

잠재 시장 Potential Market 예측이나 현재의 시장 규모와 성장률로 산정되는 미래 시장 규모는 시장 매력도 Market Attractiveness 를 결정하는 핵심 요인으로서 향후 수립된 전략에 대한 경제성 평가의 기초 자료로 활용할 수 있습니다. 참고로 시장 매력도란 시장에 진입한 기업들이 잠재적으로 얻을 수 있는 이익 수준을 의미하며, 시장 매력도가 높을수록 진입 기업들이 더 높은 수익을 올릴 가능성이 높습니다. 시장 규모와 성장률 외에 시장 매력도에 영향을 미치는 요인으로는 거시 환경 요인, 다섯 가지 경쟁 유발 요인을 의미하는 산업 구조적 요인, 산업 수명 주기, 업계 평균 수익률 등이 있습니다.

미래를 예측하는 일만큼 어려운 것은 없습니다. 앞으로 얼마나 시장이 성장할 것인지 추정하는 것도 마찬가지입니다. 향후 시장 성장률은 거시 환경 요인에서부터 고객 니즈의 변화, 공급 조건의 변경, 신기술/신공정 개발, 유통 채널 다변화, 대체재의 등장, 상품 용도의 확장, 정부 정책의 변동, 신규 진입 기업의 등장, 진입 기업들의 전략 방향 등 다양한 요인들이 복합적으로 작용한 결과이기 때문입니다. 일반적으로 시장 규모 추정 Market Sizing 은 다음과 같이 진행합니다.

신규 시장을 창출할 경우	• 시장 조사 등을 통해 잠재 시장 규모를 예측 잠재 시장 규모 = 구매 가능 고객 × 구매 의사율 × 연간 구매량 × 구매 가격 • 고객 인지도, 마케팅 역량 등을 감안한 시장 침투율 Penetration Rate 산정 • 잠재 시장 규모에 시장 침투율을 곱하여 미래 시장 규모를 추정
기존 시장의 변화가 미미할 경우	• 지난 3~5년간 시장 성장률 데이터를 참고로 미래 성장률을 예측하되, 향후 거시 환경 지표, 특히 경제 지표를 반영하여 시장 규모를 추정 • 다양한 기관의 공개된 시장 규모 추정 자료도 활용
기존 시장의 변화가 심할 경우	• 업계 또는 기술, 시장 전문가 그룹의 예측 정보를 활용 • 변화 요인에 따라 시나리오 플래닝을 통해 추정 : 낙관적, 중립적, 비관적 • 필요할 경우 직접적인 시장 조사를 통해 미래의 시장 규모를 추정

■ 시장 동향 분석

시장 동향 분석Market Trends Analysis은 현재의 시장 현황 및 향후 추세를 분석함으로써 시장의 기회 요인과 위협 요인은 무엇이며 향후 어떻게 시장 변화에 대처해 나갈지 전략을 수립하는 데 유용한 시사점을 도출하기 위한 분석입니다.

일반적으로 경쟁자, 고객이나 소비자, 기술 동향을 포함하여 시장 동향을 분석하지만, 경쟁자, 고객, 기술 분석을 별도로 할 경우, 시장 세분화 수준, 시장에 내재되어 있는 비용 구조와 추이, 현재 및 미래의 유통 체계, 법적인 규제 등의 정부 정책 방향, 이해 관계자 그룹 동향 등을 중심으로 분석합니다.

Case | 시장 동향 – 유해 물질 규제 강화

어린이용 상품 유해 물질	• 현재 17개 어린이 용품에서 모든 상품으로 확대하여 유해 물질 사용 전면 제한 • 프탈레이트 가소제, 카드뮴, 납, 니켈 등 유해 물질 제한을 선진국 수준으로 강화 • 2011년 11월부터 전면 시행 (지경부 기술표준원)
가구류 유해 물질	• 옷장, 침대, 책상, 서가, 의자 등 가구류에서 방출되는 VOCs 규제 • 2010년 7월부터 시행 예정이었으나, 가구 업계의 준비 미비로 1년 유예 • 2011년 7월부터 시행 (지경부 기술표준원)
나노 물질	• 세계 나노 관련 시장은 미래 신성장동력으로 각광받고 있으나(2015년 약 3조 달러), 나노 물질에 대한 환경 유해성 및 안전성에 대한 우려가 세계적으로 증폭되고 있어 나노 안전성 평가 및 규제 강화 추세 • 국내 역시 지경부에서 나노 인증제를 도입하기 위해 준비 중
초미세 먼지	• 일반 먼지보다 인체에 더 해로운 초미세 먼지에 대한 관리 강화 • 국내에서는 2015년부터 초미세 먼지에 대한 법적 규제 조치 시행 예정 (환경부)

■ 실무 관점에서 본 시장 분석

시장 분석은 미래 예측이 수반되어야 하기에 정확도를 높이려고 할 경우 많은 시간과 비용이 소요될 가능성이 높습니다. 분석을 하는 이유는 전략을 수립하여 적절한 시점에 실행하기 위해서이므로, 분석을 위한 분석은 지양해야 합니다. 그러므로 실무적으로는 다소 정확성이 떨어지더라도 제3자(국가 기관, 시장 조사 업체, 전문 기관 등)의 공개 자료나 현장에서 수집한 내부 정보들을 활용해 분석하는 편이 현명할 수 있습니다.

Case | 시장 분석 사례 1. 임산부용 정보 기기 신규 시장 개척

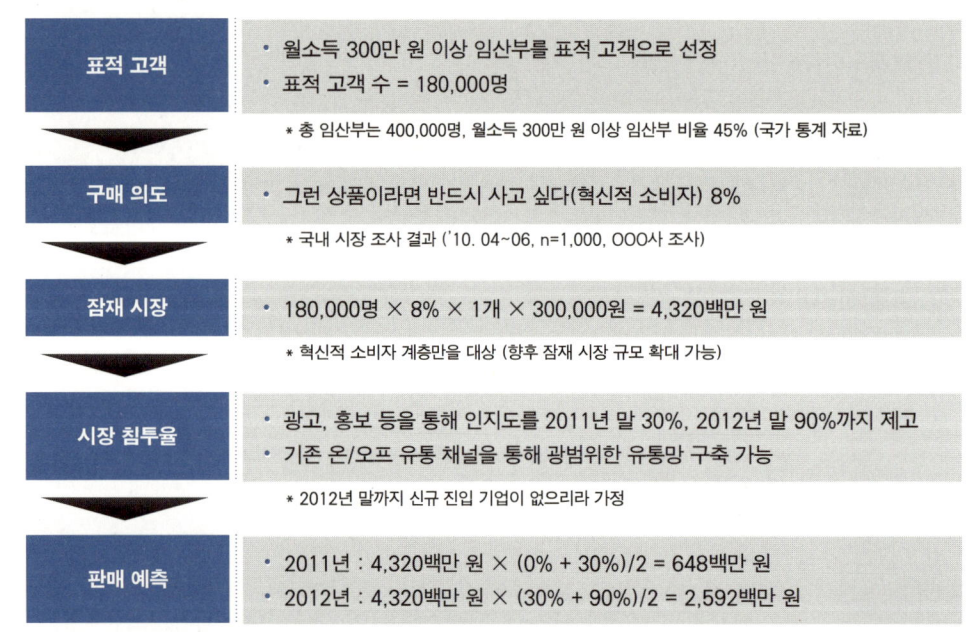

Case | 시장 분석 사례 2. 국내 다리미 시장

국내 다리미 시장 개요

- 2009년 현재 국내 다리미 시장 규모는 1,500억 원
- 미국발 불황으로 인해 2008년 대비 금액 기준 9.9%, 수량 기준 6.9% 마이너스 성장
- 2010년에는 다소 회복하여 1,600억 원 내외가 되며, 이후 매년 3% 정도 소폭 성장하리라 예상

구분	단위	2008	2009	2010	2011	2012
시장 규모	억원	1,660	1,500	1,600	1,650	1,700
성장률	%	-	Δ 9.9%	6.6%	3.1%	3.0%

출처 | GFK코리아, 〈한국가전IT시장 동향 및 전망〉, 2010

2010 시장 트렌드

- 다리미 시장은 혼수 용품 시장을 겨냥한 10만 원대 이상의 프리미엄 상품과 5~8만 원대 일반 보급형 상품 시장으로 세분화되어 있음
- 2008년 불황이 시작되며 평균 판매 단가가 연 3.3% 하락하고 상품당 수익성이 악화되고 있음
- 기술적으로는 건식 다리미와 스팀 다리미로 나누어지나 물뿌리개 없이도 열판에서 뜨거운 증기를 뿜을 수 있는 스팀 다리미가 대세임
  (2009년 판매 비중 : 건식 10.6%, 스팀 89.4%, 한국리서치)
- 최근, 세탁소 다리미처럼 별도 보일러 탱크인 제너레이터에서 강한 압력으로 스팀을 만들어 다림질 효과가 뛰어난 시스템 다리미나 스탠드형 다리미 등 고가의 프리미엄 상품들이 등장하고 있음
- 스팀 다리미의 경우, 코팅 처리, 안전 잠금 장치, 누수 방지, 물때 방지, 순간 스팀 기능 등도 상품 선택 요소로 작용함

2-4 ■ 경쟁자 분석

경쟁자 분석 Competitor Analysis 이란 전략적으로 선정한 경쟁자의 현황을 면밀히 분석하여 경쟁자의 강점과 약점, 전략, 미래 목표 등을 파악하는 것을 말합니다. 경쟁자 분석 절차는 먼저 핵심 경쟁자들을 선정하고, 다양한 정보원을 통해 경쟁자 정보를 수집한 후, 경쟁사 프로파일링과 이를 토대로 한 경쟁자 전략 분석의 순으로 전개됩니다.

일반적으로 경쟁자 분석은 자사와의 비교 분석을 병행할 수 있기에 내부 환경 분석 결과도 활용하며, 경쟁 포지셔닝 분석처럼 내부 환경 분석에서 다루기도 합니다.

경쟁자 분석 절차에 따른 주요 기법들은 다음과 같습니다.

경쟁자 분석 절차와 주요 기법

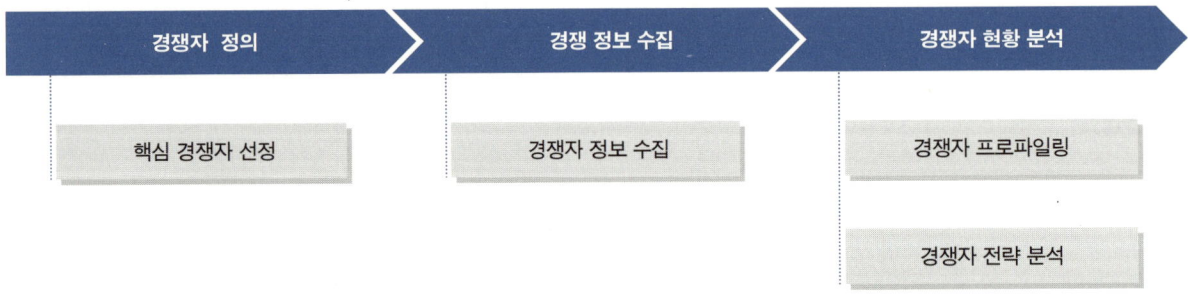

■ 당신의 경쟁자는 누구인가?

여러분의 경쟁자는 누구입니까? 흔히 업계 리더를 경쟁자로 두는 경우가 많은데, 같은 업종에 있다고 모두 경쟁자는 아닙니다. 사실, 목표로 하는 표적 시장에서 표적 고객을 놓고 치열하게 경쟁하는 자들을 진정한 경쟁자라고 할 수 있습니다. 그런 측면에서 나이키Nike가 닌텐도를 경쟁자라고 언급했듯이 다른 업종에서 경쟁자를 선정할 수도 있습니다.

일반적으로는 앞서 살펴본 전략 집단 및 시장 분석에서 확인한 경쟁자들 중 자신과 치열하게 경쟁하는 이들을 핵심 경쟁자로 선정하고 이들의 실적, 역량, 동향 등을 집중 분석합니다. 물론 현재 경쟁 관계는 아니더라도 미래에 위협이 될 강력한 잠재 경쟁자나 부상하고 있는 대체재 기업을 선정, 분석하기도 합니다.

Case | 나이키의 경쟁자가 닌텐도?

나이키Nike의 경쟁 상대는 누구일까? 1970년대 이후 글로벌 스포츠 용품 시장을 놓고 치열하게 경쟁하는 영원한 맞수 아디다스Adidas를 떠올리는 이들이 많겠지만, 나이키는 경쟁자로 닌텐도를 꼽았다. 물론 지금이라면 경쟁자를 닌텐도가 아닌 애플로 선정했겠지만 말이다. 아무튼 왜 나이키는 닌텐도를 경쟁 상대로 보았을까?

나이키는 1994년부터 1998년까지 고속 성장을 하다 1998년 이후 시장 점유율이 하락하지 않았음에도 성장률이 둔화되기 시작했다고 한다. 이에 고민을 거듭한 나이키는 이런 결과가 닌텐도 같은 게임 때문임을 알게 되었다. 즉, 주 고객인 청소년들이 운동을 하는 것보다 게임을 하는 시간이 길어지다 보니 나이키의 구매 수요가 줄어든 것이다. 실제로 부모로부터 용돈을 받으면 신발이나 스포츠 용품 구입에 그 돈의 60%를 썼던 청소년들이 이제는 30%밖에 쓰지 않는다는 조사 결과가 나왔다고 한다.

이에 나이키는 경쟁 상대를 닌텐도로 보는 발상의 전환을 했다. 시장 점유율Market Share 경쟁에서 고객의 시간 점유율Time Share 경쟁으로 바라보기 시작한 것이다. 나이키와 닌텐도는 주 고객인 청소년들의 시간을 더 차지하기 위해 치열하게 경쟁하고 있는 셈이다. 결국 나이키로서는 닌텐도보다 매력적인 고객 가치를 제안함으로써 고객의 시간을 차지할 수 있는 전략이 필요하게 되었다.

■ 경쟁자 정보 수집

효율적으로 정보를 수집하기 위해서는 다양한 정보원을 구비하고 목적에 맞게 유의미한 정보에 집중하며, 정보 수집 활동을 체계화할 줄 알아야 합니다. 특히 어느 정보원으로부터 수집할 것인지가 관건입니다. 경쟁자 정보의 특성상 정보원이 없거나 정보원이 부실해 잘못된 정보를 수집할 가능성이 높기 때문입니다. 그러므로 언제나 정보는 수단일 뿐이라는 점을 명심하며 혹시 오류가 없는지 비교 검토Cross Check해야 하며, 정량적인 데이터뿐만 아니라 정성적인 현장 정보도 중요하게 여길 줄 알아야 합니다. 상세한 정보 수집 기법은 'Part 5. 사례와 함께 알아보는 기획서 작성 스킬'에서 자세하게 다룰 것이니 참고하시기 바랍니다.

유용한 정보원

(단위 : %)	전체	산업재	소비재
영업 사원	27	35	18
간행물, DB	16	13	15
고객	14	13	11
마케팅 리서치	9	3	24
재무 보고서	5	7	3
유통업체	3	4	1
종업원(불특정)	2	2	6
상품 분석	2	1	3
기타	8	6	8
무응답	14	16	11

유용한 정보 콘텐츠

(단위 : %)	전체	산업재	소비재
가격 결정	23	26	20
전략	19	20	15
매출 데이터	13	11	18
신상품, 상품믹스	11	13	8
광고/마케팅	7	3	19
비용	6	8	3
주요 고객/시장	3	3	6
R&D	2	2	1
경영 스타일	2	1	3
기타 및 무응답	14	13	7

출처 | 크레이그 플레이셔, 바베트 벤소산, 《전략·경쟁 분석》, 3mecca.com, 2003

■ 경쟁자 프로파일링

경쟁자 프로파일링Competitor Profiling은 심층 분석에 앞서서 아래와 같이 회사 개황 및 경영 실적, 경영 역량, 최근 동향 등 경쟁자 현황을 개괄적으로 파악하기 위해 수행합니다. 이를 기반으로 뒤에 나올 경쟁자 전략 분석을 통해 경쟁자의 강·약점뿐 아니라 미래의 목표 및 전략을 예측해 봄으로써 전략적 시사점을 얻을 수 있습니다.

경쟁자 프로파일링 정보

회사 개황	1. 회사 개요 : 회사명, 대표자, 소재지, 설립일, 임직원 수, 소유 구조 등 2. 회사 연혁 : 설립에서 현재까지의 주요 경영 활동 3. 사업 분야 : 주요 제품/서비스, 향후 추구하는 신규 사업 분야 등 4. 조직 현황 : 조직 구조, 보고 체계 등
경영 실적	1. 시장 성과 : 시장 점유율 및 고객 만족도, 브랜드 인지도 등 2. 재무 지표 : 재무제표 및 주요 재무비율(성장성, 수익성, 안정성, 활동성) 등 3. 기업 가치 : 주가 동향, 시가 총액Market Cap, 기업 가치 평가액 등
경영 역량	1. 경 영 진 : 경영 스타일, 과거의 성공 및 실패 경험, 경영 능력, 열망 등 2. 인적 자원 : 직원 자질 및 스킬, 이직률, 훈련 수준 등 3. 기 술 력 : R&D 및 C&D 능력, 독점 기술 및 특허 보유, 공정 기술 등 4. 생산 능력 : 제조 시설, Capacity, 운영 방식, 생산 속도, 원가 구조 등 5. 마 케 팅 : 유통망, 광고/홍보 실적, 고객 서비스 등 6. 자본 조달 : 내부 보유 자금 규모, 증자 또는 차입을 통한 자본 조달 능력 등
경영 동향	1. 과거 활동 : 최근의 주요 경영 활동 내역 또는 주요 이슈 2. 기업 평판 : 최근 활동에 대한 이해 관계자들의 반응 3. 향후 방향 : 향후 경영 활동 방향 예측

참고로 경쟁자 동향 분석 사례를 살펴보면 다음과 같습니다.

Case | 경쟁자 동향 분석

핵심 이슈

M&A를 통한 성장	• 2009년 2개 회사(체코, 폴란드) 인수 • 글로벌 네트워크 구축과 서비스 믹스 확대, 전문가 확보 등을 위해 M&A 지속 추진
이머징 마켓에 집중	• BRICs 시장에서 적극적 마케팅 전개 • 산업 설비 및 석유/가스/화학 분야의 성장을 이끄는 주요 동인
성장하고 있는 소비자 용품 분야	• 안전도 및 환경 관련 규제 등으로 성장세 지속 • 이동 통신 등 전기 전자 분야와 식품 분야가 성장세를 견인
미래 성장 동력인 환경 분야	• 기후변화협약에 따른 온실가스 규제 및 탄소 배출권 거래 제도로 창출되고 있는 신시장 • M&A 등을 통해 유럽 시장 지배력 제고
신뢰할 수 있는 글로벌 네트워크	• CE, CCC 등 지역별 인증 규제 강화 추세 • 글로벌 네트워크와 신인도를 기반으로 글로벌 서비스 시스템 구축

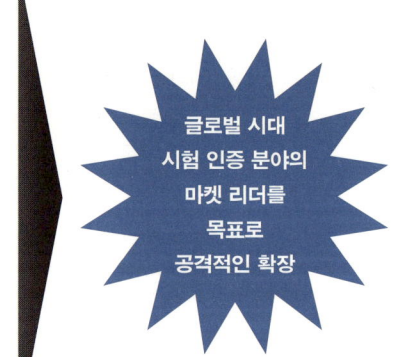

글로벌 시대 시험 인증 분야의 마켓 리더를 목표로 공격적인 확장

■ 경쟁자 전략 분석

경쟁자의 전략을 분석하는 이유는 앞서 분석한 경쟁자 프로파일링을 토대로 경쟁자의 전략을 예측함으로써 자사가 어떤 전략을 구사해야 경쟁 우위에 설 수 있는지 전략적 시사점을 도출하기 위해서입니다.

전략이란 자신의 역량을 기반으로 목표를 달성하기 위한 최적의 수단입니다. 그런 측면에서 경쟁자의 전략을 효과적으로 예측할 수 있도록 경쟁자 전략 분석 역시 경쟁자의 역량 분석을 토대로 강점과 약점을 파악하고, 현재 및 미래의 활동을 예측하며, 경쟁자의 미래 목표를 추정하는 순으로 진행합니다.

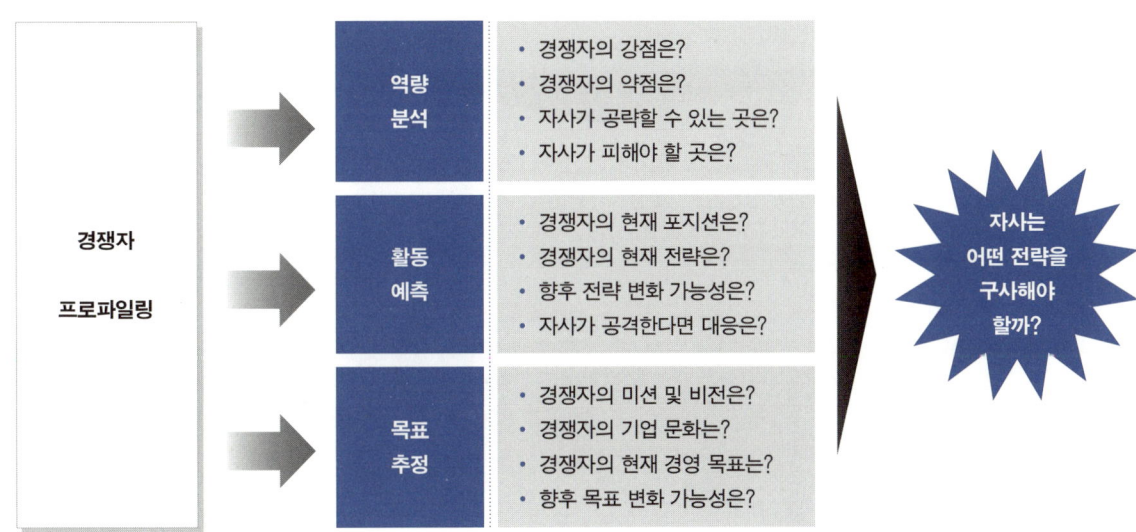

Case | 경쟁자 전략 분석

경쟁자 현황
- 2005년 7월 KOSDAQ에 등록
- 2006년 매출이 2005년의 353억 원에서 159억 원으로 급감하며 적자 전환
- 2007년 1월 최대 주주 변경 및 핵심 기술진의 퇴사 단행
- 2007년 상반기 62억 매출을 기록하며 하향세 지속
- 최근 들어 주요 고객사들로부터 좋지 않은 평판 표출
- LCD 검사 장비 외에 비철금속, 반도체 리드 프레임, IPTV 등 사업 다각화 추진
- 2007년 4월 사업 다각화의 일환으로 카메라 렌즈 모듈 개발 생산업체인 D사 경영권을 201억 원에 인수

역량 분석
- 강점 : 인지도, 자금력
- 약점 : 경영진 교체, 인재 유출, 신뢰도 저하

활동 예측
- 사업 다각화 전략 지속 추진
- 신규 사업으로의 역량 집중
- 기존 사업 확대 포기

목표 추정
- 신규 사업 추진을 통한 기업 가치 극대화
- 매수자들의 이익 실현

공격적인 마케팅으로 시장을 공략할 기회

■ 실무 관점에서 본 경쟁자 분석

이론적으로 경쟁자 분석은 내부 환경 분석에서 자사를 분석하듯이 하면 됩니다만, 문제는 경쟁자가 자사와는 다르다는 데 있습니다. 그렇다 보니 경쟁자 정보 수집의 어려움, 상이한 경영진 및 기업 문화 등으로 경쟁자 분석에는 한계가 있을 수밖에 없습니다. 따라서 경쟁자 정보 수집이야말로 경쟁자 분석의 성패를 좌우하는 핵심입니다. 'Garbage In, Garbage Out. 쓰레기를 넣으면 쓰레기가 나온다.'이라고 했듯이 전략적으로 유용한 정보가 없으면 아무리 좋은 분석 기법이 있어도 의미가 없기 때문입니다.

그러므로 실무적으로는 체계적인 내부 시스템을 구축하여 조직 역량화하는 게 필요합니다. 특히 앞서 '유용한 정보원'에서도 살펴보았듯이 영업 사원을 비롯한 내부 직원들의 현장 정보가 매우 중요합니다. 따라서 전 임직원이 정보 수집 창구로서 생생한 현장 정보를 정기적으로 보고할 수 있도록 체계화된 현장 정보 수집 시스템을 구비해야 합니다.

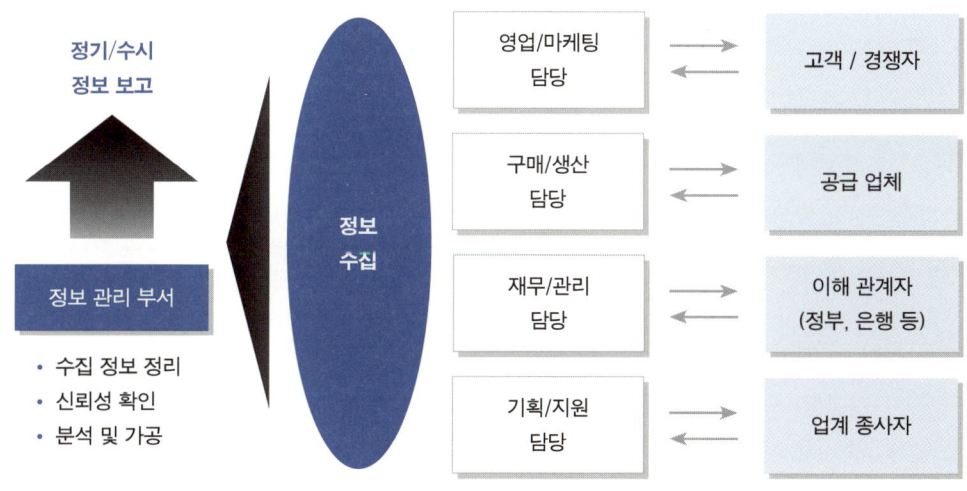

2-5 ■ 고객 분석

고객 분석Customer Analysis이란 목표로 하는 고객이 자사 상품을 구매하게 하려면 어떻게 해야 할지에 대한 전략적 시사점을 얻기 위해 고객을 분석하는 것을 말합니다.

고객 분석 절차는 먼저 고객이 누구인지 정의한 후, 고객이 무엇을 원하는지 고객 니즈를 파악하고, 고객에게 어떻게 제공해야 할지 고객 관리 수준을 분석하는 순서로 전개됩니다. 이를 통해 집중해야 할 고객군을 전략적으로 선별하고 이들을 어떻게 공략해야 성공할 수 있는지 파악함으로써 향후 전략 수립에 참고합니다.

고객 분석 절차에 따른 주요 기법들은 다음과 같습니다.

고객 분석 절차와 주요 기법

■ 당신의 고객은 누구인가?

사업의 목표는 고객입니다. 그러므로 자신의 고객이 누구인지 명확하게 파악하는 것이 성공의 길임은 당연합니다.

시장과 마찬가지로 고객 역시 고객 세분화를 통해 자신에게 가장 유리한 고객군을 표적 고객으로 선정할 수 있습니다. 고객 세분화란 고객을 상품에 대해 서로 다른 욕구, 특성, 행동을 보이는 구매자 집단들로 나누는 것을 말하며, 표적 고객이란 기업이 상품 판매 대상자로 정한 유사한 특성을 지닌 구매자 집단을 의미합니다.

구체적인 고객 세분화를 통한 표적화 전략은 'Part 3. 성패를 좌우하는 마케팅 전략'에서 자세히 다루도록 하겠습니다.

Case | 와코비아 은행

대다수 은행들은 최대한 많은 고객을 목표로 하며, 그중에서도 부유한 VIP 고객들을 좀 더 많이 끌어 모으려고 노력한다. 그런데 미국의 와코비아 Wachovia 은행은 VIP 고객군에게 더 많은 혜택을 주는 다른 은행들과 달리 자신들이 선정한 최적의 단골 고객에게 맞는 서비스에 집중함으로써 의외의 성공을 거두었다.

와코비아 은행은 대다수 은행들이 목표로 하는 매우 부유한 고객들을 대상으로 하지 않는다. 대신 250만 달러에서 1,500만 달러의 자산을 소유한 경영자와 전문 직업인들을 핵심 고객으로 선정했다. 이 표적 고객들은 풍부한 재산을 가지고 있지만 '최고의 부자들'은 아니며, 재산을 상속하거나 유지하는 것보다는 어떻게 부를 늘리며 관리할지에 관심을 갖고 있다는 점에서 VIP 고객들과는 다른 니즈를 갖고 있었다.

이에 와코비아 은행은 이 '준VIP' 고객군에만 집중하기로 결정하고 그들의 부를 늘리고 창조하는 것에서부터 그 부를 유지, 보관하는 다양한 서비스를 제공했다. 이 고객들 역시 VIP 고객들에게 밀리는 다른 은행들보다 자신을 최고의 VIP로 모시는 와코비아 은행에 끌리게 되었다.

■ 고객 ABC 분석

'고객은 왕이다.'라는 말이 있습니다. 하지만 요즘은 '왕으로 대접할 고객은 따로 있다'고 말합니다. 그런 측면에서 자사의 매출 또는 이익에 대한 기여도를 중심으로 고객을 분류하는 분석 기법이 고객 ABC 분석입니다.

사실, 구매하는 고객이라고 다 같은 고객은 아닙니다. 앞서 문제 해결 기법에서 상위 20%가 전체의 80%를 차지한다는 파레토 법칙을 언급한 적이 있는데, 구매 고객에게도 파레토 법칙은 적용됩니다. 상위 20%의 고객이 대략 전체 매출의 80%를 차지하기 때문입니다.

그러므로 구매 고객의 ABC 분석을 통해 상위 20% 고객이 누구인지 파악함으로써 집중해야 할 고객군을 선별, 향후 전략 수립에 참고할 수 있습니다.

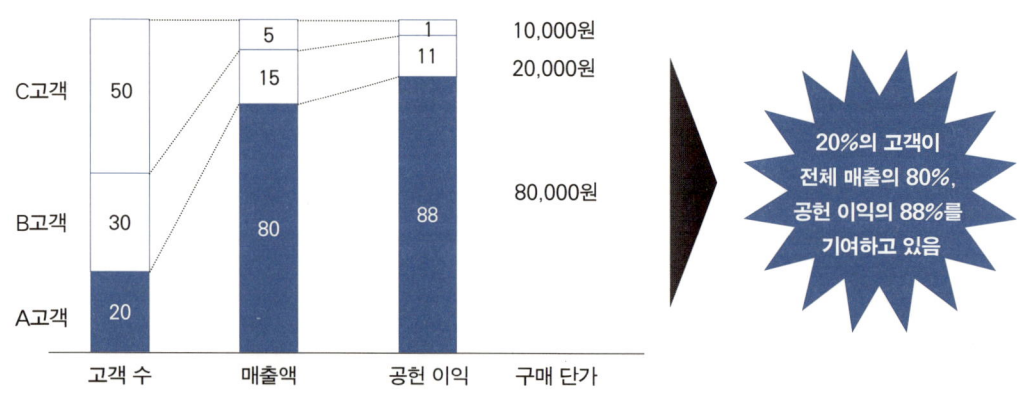

Case | 구매 고객 분석

■ 고객 충성도 분석

고객 충성도 분석Customer Loyalty Analysis이란 단순히 고객 관계뿐만 아니라 고객 수익성까지 고려하여 고객 충성도를 분석하는 것을 말합니다. 일반적으로 충성 고객은 기업 성공의 일등 공신이며, 수익의 원천이라고 여겨집니다. 하지만 충성 고객이라고 모두 좋은 고객은 아닙니다. 고객의 충성도가 높으면 당연히 수익이 높으리라는 명제는 옳지 않을 수 있습니다.

워너 레이너츠Werner Reinartz가 V. 쿠마V. Kumar와 함께 네 가지 산업 연구에서 고객 충성도를 분석한 결과, 전형적인 고객들 중 15~20%는 충성도는 높지만 수익성이 없거나 수익성은 높으나 충성도는 낮다는 사실을 밝혀냈습니다. 아래 그림에서처럼 고객의 수익성과 고객 관계를 중심으로 네 가지 유형으로 고객을 분석함으로써 향후 전략 수립에 유용한 시사점을 얻을 수 있습니다.

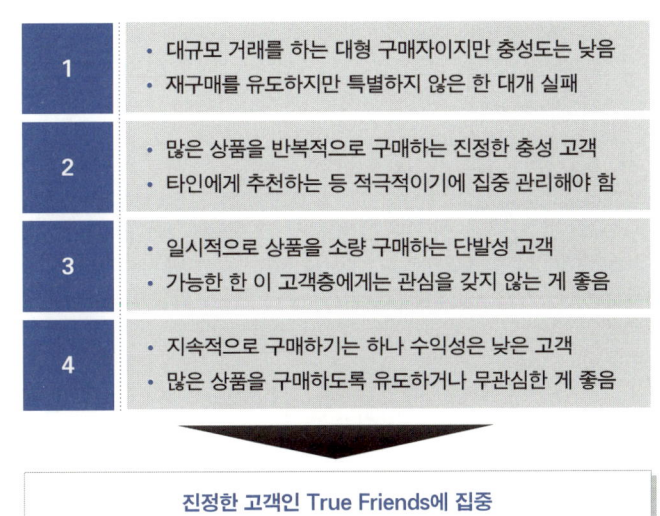

■ 구매 의사 결정 분석

구매 의사 결정 분석이란 자사 상품에 대한 구매 의사가 어떻게 결정되는지 파악하는 것을 말합니다. 일반적으로 직접 구매하는 구매자 Buyer와 사용자 User, 구매 의사를 결정하는 결정권자 Decision-Maker를 동일시하는데, 상품에 따라 다를 수 있습니다. 산업재의 경우 더욱 그러하죠. 이 외에도 구매 의사 결정에 직간접적으로 관여하는 영향력자 Influencer까지 있을 수 있습니다. 구매 의사 결정의 진정한 주체가 누구이며 구매가 어떻게 결정되는가 하는 의사 결정 과정을 심층 분석함으로써 향후 전략 수립에 참고합니다.

구매 의사 결정 참여자

구분	내역	소비재 사례	산업재 사례
구매자	직접 구매 업무를 담당	남편	구매 부서
사용자	실제 제품/서비스를 사용	부모	현장 부서
결정권자	상품의 구매를 결정	부인	최고 책임자
영향력자	구매 결정에 직·간접적으로 관여	자녀	기획 부서

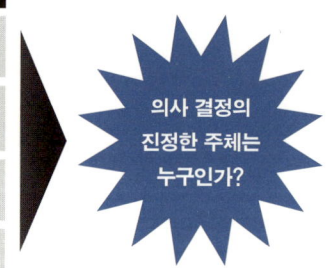

의사 결정의 진정한 주체는 누구인가?

> 여성복 매장에 가족이 쇼핑을 하러 왔다. 어머니가 여행갈 때 입을 옷을 구매하기 위해서였다. 패션 감각이 있는 큰딸이 어머니의 옷을 골라 추천했고, 어머니는 그 옷을 입어 보더니 마음에 들어 했다. 이에 아버지가 지갑에서 카드를 꺼내 대금을 지불했다. 분명 구매자는 아버지이지만, 구매 의사 결정권을 가진 진정한 주체는 누구일까?

■ **고객 니즈 분석**

사업의 성패는 경쟁 우위에 달려 있다고 말하지만 실은 얼마나 고객을 만족시키는지가 중요합니다. 그런 의미에서 고객 니즈 분석 Customer Needs Analysis은 고객 분석 중에서도 가장 중요한 분석이라 할 수 있습니다. 고객 니즈를 경쟁자보다 더 잘 만족시킬 수 있느냐 없느냐가 경쟁력을 좌우하기 때문입니다.

일반적으로 고객 니즈 분석은 시장 조사 등을 통해 파악할 수 있으며, 니즈 분석 기법에 대한 좀 더 자세한 내용은 'Part 3. 성패를 좌우하는 마케팅 전략'에서 다루도록 하겠습니다.

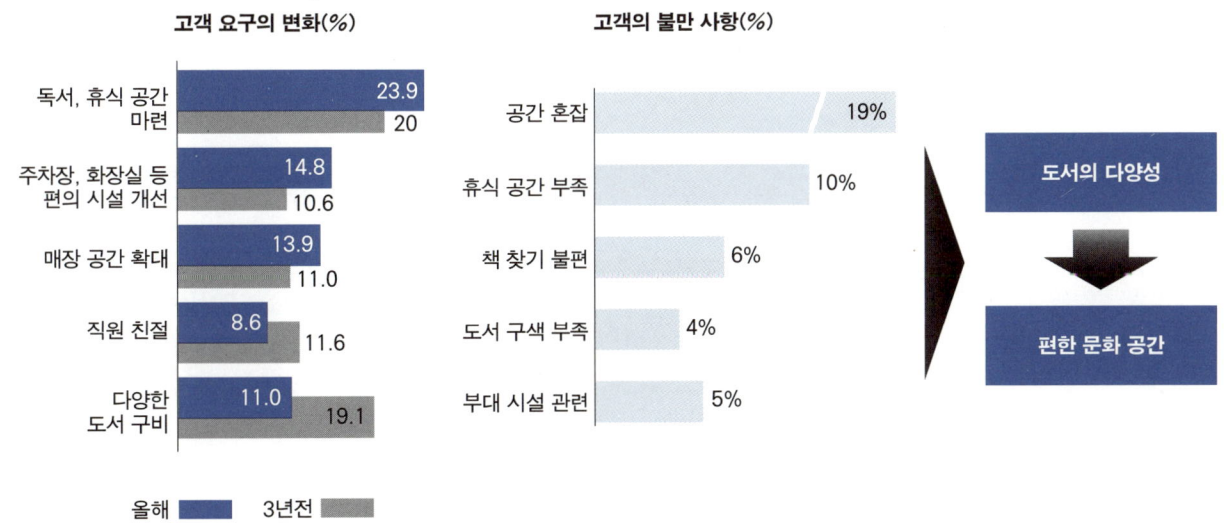

Case | 대형 서점 고객 니즈 분석

고객 니즈 분석 시 유의 사항 1. 평균 고객은 없다

사람들은 각각 자신만의 니즈를 지니고 있습니다. 그럼에도 고객의 니즈를 뭉뚱그려 평균적으로 파악한다면 잘못된 전략으로 귀결될 수 있습니다. 그러므로 표적 고객군이라 하더라도 고객 유형에 따라 니즈가 다를 수 있음을 명심하며 가급적 세분화된 고객 유형별로 니즈를 파악함으로써 유용한 전략적 시사점을 얻을 수 있습니다.

Case | 대형 서점의 고객 유형 및 니즈 분석

구분	고객 유형	고객 니즈	대응책
상품 구입	특정 도서에 대한 목적 구매자	빨리/편하게 구매하고 싶다	'안내'가 중요
상품 구입	특정 분야에 대한 비교 구매자	전문 도서들까지 찾고 싶다	'구색'이 중요
상품 구입	다양한 도서를 둘러보는 충동 구매자	다양한 도서들을 보고 싶다	'진열'이 중요
카페 이용	서점을 이용하지 않고 카페만 이용하는 고객	도서 구매 니즈가 없다	'정보 제공'이 중요
기타	주문한 도서를 찾으려는 고객	오래 기다리지 않고 편리하게 해결하고 싶다	별도 공간 재배치 One-stop Service
기타	환불 또는 교환하려는 고객	오래 기다리지 않고 편리하게 해결하고 싶다	별도 공간 재배치 One-stop Service

고객 니즈 분석 시 유의 사항 2. 고객의 진정한 속마음을 읽어야 한다

실무적으로는 다양한 방식의 마케팅 조사를 통해 고객 니즈를 파악하려고 합니다만, 정작 고객들이 무엇을 원하는지 모를 때가 많습니다. 고객은 자신의 속마음을 쉽게 드러내지 않기 때문입니다. 특히, 겉으로 보이고 싶어 하는 고객의 마음과는 다른 숨은 진짜 마음을 읽지 못하면 실패의 구렁텅이에 빠질지도 모르기에 주의해야 합니다.

Case | 월간지 〈마리안느〉

1989년에 창간된 여성 월간지 〈마리안느〉는 창간 전에 철저한 시장 조사를 실시했다. 조사에 따르면 주부들이 낯 뜨거운 섹스 이야기나 루머 일색의 기존 잡지들에 식상해 하는 것으로 파악되었다. 또한 유익한 정보만을 담은 잡지가 나올 경우 무려 응답자의 95% 이상이 구독하겠다는 의사를 밝혔다.

이에 고무된 〈마리안느〉는 고객의 니즈에 맞춰 3無(無섹스, 無루머, 無스캔들)를 표방한 명품 여성 월간지로 창간되었지만, 17호 발간을 끝으로 1991년 1월에 부도를 내고 말았다. 독자의 니즈에 부응해 만들어진 잡지가 독자의 외면으로 창간 2년도 안 돼 사라진 것이다.

〈마리안느〉의 실패의 원인은 결국 잘못된 정보에 있다. 마케팅 조사 당시 사람들은 유익한 정보만을 담은 잡지를 구독하겠다고 이성적으로 대답했지만 실상은 낯 뜨거운 섹스 이야기나 루머를 좋아했다. 즉, 마케팅 조사의 약점인 고객의 숨겨진 마음을 읽지 못했기 때문이라고 볼 수 있다.

과학적 조사를 토대로 한 객관적 조사와 분석이 항상 좋은 결과만을 낳는 것은 아니다. 오히려 경영자의 직관이나 경륜이 더 효과적인 경우도 있다. 정성적 조사 연구로 유명한 하버드대 경영대학원의 제럴드 잘트먼Gerald Zaltman 교수는 "말로 표현되는 니즈는 5%에 불과하다."라고 말한 바 있다. 말로 표현된 니즈만 고려하면 진정한 고객의 마음을 제대로 파악하지 못할 수 있다.

■ 고객 만족도 분석

고객이 불만이라고 말하는 사항은 무조건 개선해야 할까요? 당연히 그래야 한다고 여기기 쉽습니다. 이렇듯 모든 고객의 니즈에 대해 만족도를 최고로 유지해야 성공한다고 생각합니다만, 현실적으로 자원이 한정되어 있는 기업으로서는 고객 만족도 제고를 위해 고객이 원하는 걸 모두 제공하기 어렵습니다. 그러므로 고객이 관심을 갖는 중요도에 비례하여 고객 만족도를 높이려는 전략적 선택이 필요합니다. 이를 위해 분석하는 기법이 바로 고객 만족도 분석 Customer Satisfaction Analysis 입니다.

고객의 니즈 각각에 대해 얼마나 만족하는지, 얼마나 중요하게 여기는지를 조사하여 분석함으로써 다음과 같이 전략적 시사점을 얻을 수 있습니다. 참고로 고객 만족도 분석은 성격상 내부 환경 분석에서 다룰 수도 있습니다.

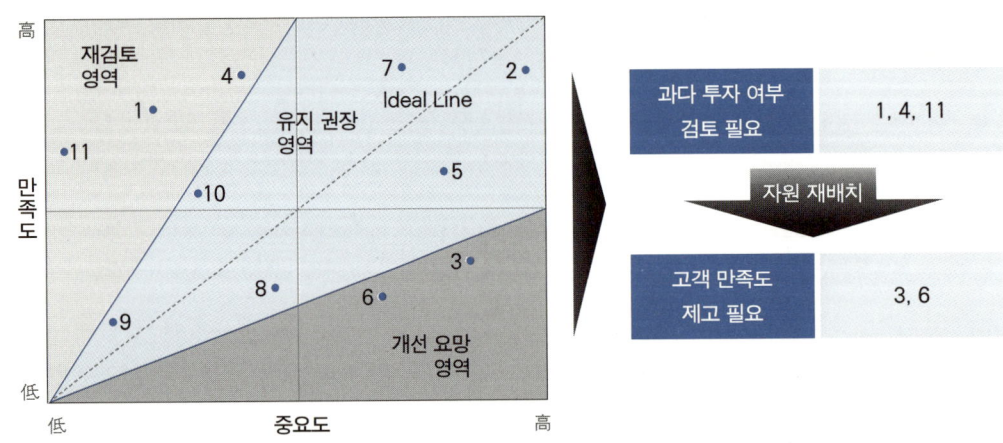

Case | 고객 만족도 조사

■ 실무 관점에서 본 고객 분석

사업의 목표가 고객이란 점에서 고객 분석이 무엇보다 중요하긴 하지만, 현재의 고객에만 집중하는 고객 분석은 다음과 같은 맹점을 갖고 있습니다.
첫째, 현재의 고객들도 자신이 원하는 걸 모르는 경우가 많습니다.
둘째, 현재의 고객에만 집중하다 보면 구매하지 않는 비고객Non-customer을 놓칠 수 있습니다.
셋째, 고객의 니즈와 고객 만족도만 바라보다 전략적 근시안에 빠져 새로운 가치 창출에 무관심할 수 있습니다.

사실, 혁신적인 신상품이나 신시장 창출은 고객 니즈와 무관합니다. 신상품이나 신시장은 이전까지는 없던 것이기에 이에 대한 고객의 니즈도 없을 가능성이 높기 때문입니다. 그러므로 현재의 고객 분석도 중요하지만 기존 고객을 넘어 새로운 가치 창출로 가는 혁신 전략에 대해서도 관심을 가져야 합니다.

고객의 니즈를 넘어 새로운 가치 개발로

> 20세기 초반 자동차 왕국을 이룬 헨리 포드는 '만약 내가 고객들에게 무엇을 원하는지 물었더라면 자동차가 아니라 더 빠른 말이 필요하다고 대답했을 것'이라고 말했다. 버진 그룹의 리처드 브랜슨이나 애플의 스티브 잡스 역시 고객의 니즈를 파악하려는 시장 조사를 하지 않는 걸로 유명하다. 스티브 잡스는 '그레이엄 벨이 전화를 발명할 때 시장 조사를 했겠느냐'며 시장 조사에 거부감을 나타낸 적이 있을 정도다. 에스티 로더 그룹 CEO 존 뎀시도 "나는 트렌드 보고서를 좋아한다. 그것을 보면 무엇을 하지 말아야 할지 알 수 있기 때문이다."라고 말하며, 새로운 가치를 개발할 수 있는 마케팅 통찰력의 중요성을 강조한 바 있다.
>
> 기존 고객들의 니즈에 집중하면 존속적 혁신에만 머무르기 쉽다. 그러므로 현재의 고객을 넘어 비고객으로 고객 범위를 확대하거나 새로운 비즈니스 모델을 제안하는 등 과감한 고객 가치 제안에 관심을 가질 필요가 있다. 어떻게 해야 이를 구현할 수 있을까? 그 해답을 사람들에게 물어볼 수도 없다. 스티브 잡스가 "사람들은 직접 보기 전까지는 자신이 무엇을 원하는지 모른다."라고 했듯이, 이용해 보지 않고서는 알 수 없기 때문이다. 결국 도전적인 기업가 정신으로 시행착오를 겪더라도 실행하며 나아갈 수밖에 없다.

2-6 ■ 기술 환경 분석

기술 환경 분석이란 기술의 현재 동향을 파악하고 미래 변화의 방향과 속도를 예측하는 등 사업에 영향을 미치는 전반적인 기술 환경을 연구하는 것으로, 기술 동향 Technology Trends 분석 등을 수행합니다. 이를 통해 기술 동향에 따른 기회와 위협 요인을 파악하고 어떤 기술을 어느 수준까지 개발해야 할지 검토함으로써 향후 전략 수립에 참고합니다.

최근 들어 IT 등 기술 요인들이 그 어느 때보다 크게 영향을 미치고 있고, 그 수명 주기 또한 대폭 단축되며 기술 진보 속도가 빨라져 기술 환경 분석이 그 어느 때보다 중요합니다.

기술 환경 분석은 크게는 거시적인 기술 조망에서부터 원천 기술, 제품 관련 핵심 기술, 공정 기술, 대체 기술 등에 이르기까지 광범위하게 수행합니다. 그 외에도 경쟁자들의 기술 개발 수준이나 공급자들의 기술 개발 동향 등도 파악합니다. 또한 현재의 기술 동향뿐만 아니라 미래의 기술 진보까지 예측해 봄으로써 전략적 시사점을 도출합니다.

현재 기술 동향	1. 관련 있는 다양한 기술에 대한 광범위한 조망 2. 논문 등 문헌이나 국내외 특허 분석 3. 경쟁자 등 업계 내 제품 및 공정 관련 기술 개발 동향 4. 대체 기술 또는 잠재적 대체 기술의 개발 동향 5. 사업에 영향을 미칠 수 있는 공급자들의 기술 개발 동향
미래 기술 예측	1. 외부 전문 기관의 기술 예측 정보 2. 기술 수명 주기에 따른 미래 기술 개발 방향 예측 3. 관련 전문가 의견을 취합하거나 델파이법에 의해 예측 4. 미래 기술 진보에 대한 시나리오 플래닝

일반적으로 기술 수명 주기 역시 산업 수명 주기처럼 S커브 형태로 성장, 쇠퇴합니다. 즉, 신기술이 개발되어 제품 혁신에 적용되기 시작하는 태동기, 기술 적용 성과가 급격히 상승하는 성장기, 기반 기술로 정착되며 성과 향상에 한계가 오는 성숙기, 새로운 기술의 등장으로 대체되는 쇠퇴기를 거칩니다. 그러므로 현 단계 및 향후 단계 수준을 파악함으로써 향후 기술 변화를 체계적으로 예측해 볼 수 있습니다.

기술 수명 주기 단계별 주요 특징

	태동기	성장기	성숙기	쇠퇴기
기술 성과의 불확실성	높음	중간	낮음	아주 낮음
기술의 활용 영역	잘 모름	증가	안정적	감소
기술 개발 투자 정도	중간	높음	낮음	아주 낮음
경쟁력에 미치는 영향	매우 낮음	중간	매우 높음	감소 시작
상업화에 필요한 기간	장기	중기	단기	단기
주요 기술	신흥 기술	선도 기술 핵심 기술	기반 기술	기술 대체
기술 전략	제품 혁신	제품 혁신 공정 혁신	공정 혁신	기술 대체
기업 전략	차별화	차별화 수직 통합	원가 우위	사업 축소

출처 | 정선양, 《전략적 기술 경영》 3판, 박영사, 2011

■ 실무 관점에서 본 기술 환경 분석

미래를 예측하는 일들이 다 그렇지만, 실무적으로 기술을 예측하는 일 역시 상당히 어렵습니다. 앞서 언급한 기술 수명 주기도 현실을 제대로 반영하지 못할 경우가 많습니다. 또한 파괴적 기술 혁신의 등장, 수요 창출로 이어지지 않는 캐즘$_{Chasm}$ 현상, 승패를 알 수 없는 표준 전쟁 등 불확실성을 증폭시키는 일들도 벌어지고 있습니다.

그런 측면에서 볼 때 실무적으로는 특정 기술 예측을 과도하게 신뢰하기보다는 다양한 시나리오를 두고 검토하는 게 현명합니다. 또한 기술 진보를 예측하는 데 집중하기보다는 외부 기술 변화를 조기에 감지하고 재빨리 대응해 나갈 수 있는 캐치업$_{Catch-up}$ 시스템을 갖추는 게 유용할 수 있습니다.

Case | 삼성전자

삼성전자의 성공 비결은 한마디로 '스피드 경영'이라 할 수 있다. 과거와 달리 21세기는 점점 빨라지는 디지털 기술의 발전 속도와 고객 니즈의 다양화로 인해 상품 수명이 짧아지고 있다. 더구나 기술 진보 방향 역시 어디로 갈지 종잡을 수 없을 정도로 불확실한 시대가 되어버렸다. 결국 이런 시대에는 변화를 예측하고 미리 준비하는 것도 필요하지만, 시장 변화에 재빨리 대응할 수 있는 시스템 역시 중요하다. 그런 점에서 시장 변화에 대응하여 재빨리 기술을 적용한 상품을 연이어 출시, 성공한 삼성전자야말로 대표적인 성공 사례다.

일례로 최근의 스마트폰 시장에서의 선전을 들 수 있다. 삼성전자는 초기에 스마트폰 시장의 폭발성을 간과하고 있다가 애플이 아이폰을 출시하자 뒤늦게 대응하기 시작했다. 2008년 야심작 옴니아$_{Omnia}$를 내놓았지만 사람들의 비난과 시장의 냉정한 반응만이 돌아왔다. 난관에 부딪친 삼성전자는 애플 아이폰 모델을 전격적으로 모방, 재빨리 캐치업하기 시작했다. 아이폰처럼 사용자 편의성을 갖춘 기기에다 구글 안드로이드 운영 체제를 채택, 애플리케이션 개발자의 참여를 끌어낸 것이다. 그 결과, 2011년에 마침내 애플을 제치고 스마트폰 시장 1위 자리에 오를 수 있었다.

3. 핵심 성공 요소 도출

지금까지 거시 환경 분석에서부터 산업, 시장, 경쟁자, 고객, 기술 환경 분석까지 외부 환경 분석에 대해 알아보았습니다. 이렇듯 다양한 기법을 통해 외부 환경을 분석함으로써 다음과 같은 전략적 시사점을 얻을 수 있습니다.

첫째, 자신이 속한 산업 및 시장의 매력도를 파악할 수 있습니다.
둘째, 외부 환경으로부터의 기회 및 위협 요인을 다각도로 분석할 수 있습니다.
셋째, 사업에서 성공하기 위해 어떤 요소가 필요한지 핵심 성공 요소Critical Success Factors를 도출할 수 있습니다.

위 세 가지 중에서도 가장 중요한 목표는 바로 핵심 성공 요소 도출이라 할 수 있습니다.
핵심 성공 요소란 사업에 성공하기 위해 기업이 꼭 보유해야 할 핵심 요소를 말합니다. 사실, 아무리 많은 역량을 보유했다 하더라도 성공 요소가 아니라면 별 도움이 되지 않을 수 있습니다. 그러므로 성공 요소를 중심으로 어떤 역량을 갖춰야 성공할 수 있는지 파악함으로써 사업의 성공 가능성을 판단하고 향후 전략 수립에 참고합니다.

Case | 잠재적 핵심 성공 요소 사례

항공 사업	좌석 이용률, 편리한 예약 시스템, 매력적인 노선과 라우팅Routing, 항공기 이착륙 시간 배정 등
양조 사업	설비 가동률, 강력한 도매 유통업체 네트워크, 매력적인 광고 등
생수 사업	광범위한 유통망에 대한 접근성, 이미지, 저비용 생산 설비, 매출 규모 등
경영대학원	활성화된 동문회, 매력적인 최첨단 프로그램, 효과적인 커리어 서비스, 인기 있는 교수진 등
비디오 게임/ 소프트웨어 사업	재능 있는 게임 개발자들의 유치/보유/동기 부여, 지속적인 히트 게임 개발 및 생산 능력, 플랫폼 간 구버전과 호환 가능한 게임 개발 역량, 전방 채널 파트너들과의 관계 등

출처 | 크레이그 플레이셔, 바베트 벤소산, 《비즈니스·경쟁 분석》, 3mecca.com, 2010

핵심 성공 요소야말로 경쟁 우위의 원천입니다. 자사가 경쟁자보다 우위에서 핵심 성공 요소를 확보하고 있느냐가 사업의 성패를 좌우하기 때문입니다. 또한 소수의 핵심 성공 요소를 도출함으로써 전략적으로 어디에 집중해야 할지 파악할 수 있습니다.

핵심 성공 요소는 산업이나 시장에 따라 다르기는 하지만 일반적으로 세 가지 내외로 도출합니다. 짐 콜린스 Jim Collins가 "중요한 일이 세 가지가 넘는다는 것은 하나도 중요하지 않다는 것이다."라고 말했듯이, 핵심 성공 요소 역시 너무 많으면 없는 것과 마찬가지이기 때문입니다.

참고로 성공 요소가 될 만한 요인들을 기능별로 살펴보면 다음과 같습니다.

기능별 주요 성공 요소

기능	주요 성공 요소
마케팅	강력한 브랜드 자산, 고객 충성도, 상품 포트폴리오, 상품 개발 역량, 고객 만족도, 차별적인 CRM, 광고 홍보나 판촉 등의 마케팅 실행 역량 등
영업	광범위한 유통망 또는 딜러 네트워크, 강력한 유통 채널 관계, 저비용 물류 시스템, 전자 상거래 역량, 입지 편의성, 적절한 기술적 지원 또는 판매 서비스 등
생산 및 운영	차별적인 공정 노하우 및 설계 능력, 혁신적 생산 프로세스, 저비용 생산 구조, 품질 관리 시스템, JIT 수준의 재고 관리, 높은 수준의 직원 생산성, 시스템의 유연성, 원자재 수급 능력, SCM 관리 능력, 공장 입지 등
R&D	특허 등 지적 재산권, 특정 R&D 프로세스, R&D 인력의 전문성, 기술 제휴/파트너십, 전문 기관과의 네트워크 등
재무	건전한 재무 구조, 경쟁 우위의 현금흐름, 자금 조달 능력, 재무 관리 역량 등
관리	기업 문화, 경영진의 리더십, 조직 구조 등의 경영 시스템, 전사 비용 구조 등

■ 실무 관점에서 본 핵심 성공 요소 도출

시간이 가며 외부 환경이 변하면 핵심 성공 요소 역시 변하기 마련입니다. 산업이 태동하는 도입기와 경쟁이 치열하게 벌어지는 성숙기의 성공 요소가 같을 수 없습니다. 또한 업계 경쟁자들 모두에게 똑같은 성공 요소가 적용되지도 않습니다. 목표 시장과 표적 고객이 다르면 성공 요소 역시 다르기 때문입니다.

그러므로 '기술 기반 기업이니까 우수한 기술만 있으면 사업의 성공은 보장된다'는 식으로 단편적으로 성공 요소를 판단하지 말고, 면밀히 외부 환경을 분석하여 심도 있게 성공 요소를 도출할 수 있어야 합니다. 아래 인터넷 서점의 사례에서 기술력을 중시하는 기업이 아니라 경쟁자보다 빨리 시장을 선점해야 하는 경쟁 우위 관점에서 저가격을 선호하는 고객을 사로잡은 업체만이 성공했듯이 말입니다.

Case | 인터넷 서점의 성공 요소

> 산업이 태동되는 도입기에는 기술력이 중요하지만 본격적인 성장기로 전환할 시점에는 시장 선점 역량이 성공 요소로 작용한다. 국내 인터넷 서점 시장도 마찬가지였다. 인터넷 서점의 특성상 기술력이 핵심 성공 요소일 거라 생각하기 쉽다. 그러나 90년대 말 창출된 국내 인터넷 서점 시장이 21세기 들어 본격적으로 성장하자 예스24 등 가격 경쟁력을 무기로 시장을 선점하려는 업체들이 주도하기 시작했다.
>
> 인터넷 서점 시장이 급성장하던 당시, 이들은 가격 경쟁력 중심의 시장 침투 역량을 무기로 시장을 선점하는 것만이 성공하는 길이라 믿었다. 그래서 노서 정가제 논쟁을 불러 일으키고 출혈 경쟁을 벌여서라도 매출 규모를 늘리려 했다. 그 결과 자본력 등 시장 선점 역량을 지닌 소수의 인터넷 서점들이 성공적으로 시장을 장악하게 되었다.
>
> 하지만 시장 구도가 자리잡고 성장세가 둔화되기 시작한 지금, 성공 요소는 다시금 변하고 있다. 무모한 가격 경쟁을 통한 시장 선점에서 당일 배송 등 고객 서비스 중심으로 변하고 있는 것이다.

불황의 의미

경기는 항상 순환하기 마련이죠. 호황인가 싶다가도 어느새 불황이 찾아옵니다. 불황이 오면 하루라도 빨리 경기가 좋아지길 바라는 마음이 간절하죠. 불황은 매출 악화와 이익 저하 등 기업에 부정적인 영향을 끼치기 때문입니다. 하지만 전략적인 관점에서 보면 불황이 반드시 나쁘기만 한 것은 아닙니다. 때로는 불황이 절호의 기회가 될 수도 있습니다. 그렇게 생각할 수 있는 이유는 과연 무엇일까요?

기업은 호황과 불황을 반복하는 경기 순환 속에서 경쟁하며 지속적으로 성장할 수 있어야 합니다. 그런 의미에서 기업의 생존을 위협하는 요소는 불황이 아니라 치열한 경쟁입니다. 사실, 불황은 모든 기업이 겪을 수밖에 없는 환경 요소일 뿐이죠. 불황이라고 불평하는 것은 어제는 맑고 화창했는데 오늘은 비가 온다고 불평하는 것과 같습니다. 살다 보면 맑은 날도 있고 비 오는 날도 있는 법입니다. 호황이든 불황이든, 경쟁자보다 얼마나 더 경쟁 우위에 있느냐가 생존을 좌우합니다.

그렇다면 자신의 경쟁력을 강화시킬 수 있는 환경이야말로 유리한 환경이라 할 수 있는데, 불황기가 바로 그런 때입니다. 대표적으로 메모리 반도체 시장에서의 삼성전자를 들 수 있습니다. 삼성전자에게 메모리 반도체 가격이 폭락하는 불황기는 한계 상황에 도달한 경쟁 기업들이 퇴출됨으로써 삼성의 시장 장악력을 더 강화시킬 좋은 기회로 작용합니다.

이렇듯 불황을 기회로 삼을 수 있는 요인은 무얼까요? 호황일 때는 상품 공급 자체가 부족하기 때문에 기업들 간의 경쟁력 차이가 두드러지지 않습니다. 하지만 불황일 때는 경쟁력 차이가 생존을 좌우하는 요소가 되어 원가 경쟁력 등의 경쟁 우위 역량이 경쟁 기업들과의 격차를 더욱 벌어지게 만들기 때문입니다.

삼성전자 같은 시장 리더만이 불황을 기회로 삼을 수 있는 건 아닙니다. 때로는 시장 지위가 낮은 기업이 변화의 시기를 기회로 활용하여 시장 지위를 격상시키기도 하죠. 1970년대에 '시나리오 플래닝'이라는 방식으로 위기에 빠르게 대응할 수 있는 전략을 보유하고 있던 로열더치셸이 1, 2차 석유 위기를 기회로 업계 6위에서 2위로 발돋움한 것 역시 그러한 예입니다.

불황을 기회로 삼을 수 있는 경쟁력을 갖추고 있는지 여부가 무엇보다 중요합니다. 기업 경영이 힘들어지는 것은 불황 때문이 아니라 경쟁력이 없기 때문입니다. 위기는 '위험'과 '기회'를 뜻하는 말이라고도 합니다. 경쟁력만 갖고 있다면 불황은 오히려 경쟁력을 더욱 강화시킬 수 있는 기회가 될 수 있습니다.

내부 환경 분석

사업의 성공은 외부 여건보다 내부 역량에 달려 있습니다. 아무리 사업 아이템이 좋아도 능력이 부족하면 그림의 떡일 수밖에 없기 때문입니다. 따라서 저 멀리 목표를 지향하되 시선은 항상 내부로 향해야 합니다. 그러므로 내부 환경 분석은 전략 실무자뿐만 아니라 전략적 리더도 반드시 알아두어야 합니다. 그런 측면에서 내부 환경 분석의 의미와 중요성을 알아본 후, 시장 성과 분석에서부터 재무 분석, 경영 시스템 분석, 장애 요인 분석까지 사례와 함께 구체적인 내부 환경 분석 기법을 살펴보겠습니다. 그리고 내부 환경 분석의 최종 목표라 할 수 있는 핵심역량에 대해 알아보겠습니다.

1 · 내부 환경 분석이란?

2 · 주요 내부 환경 분석 기법

3 · 핵심역량 선정

1. 내부 환경 분석이란?

내부 환경 분석은 기업의 경영 현황을 진단하고 사업을 추진하는 데 필요한 내부 역량을 분석하는 것을 말합니다. 일반적으로 내부 역량은 사업을 추진하는 기업의 능력으로서 경쟁력의 기반이 되는 조직의 역량을 말하며, 자산, 현금 동원 능력 등 '유형'의 자산에서부터 브랜드 자산, 경영 시스템, 조직 문화 등 '무형'의 자산까지 포함한 경쟁 역량을 뜻합니다. 특히 최근의 경영 환경은 유형자산보다 무형 자산의 가치가 더 중요해지고 있습니다.

내부 역량을 중심으로 내부 환경을 분석함으로써 현재 자신의 위치와 수준뿐 아니라 강점과 약점, 장애 요인까지 파악하여 향후 전략 수립에 유용한 전략적 시사점을 도출할 수 있습니다.

일반적으로 내부 역량은 내부 역량의 결과물인 시장 성과를 분석하고, 운영의 기반이 되는 자금 및 재무 역량을 알아보는 재무 분석, 그리고 전사 조직 역량을 판단하기 위한 경영 시스템 분석을 수행함으로써 체계적으로 분석할 수 있습니다.

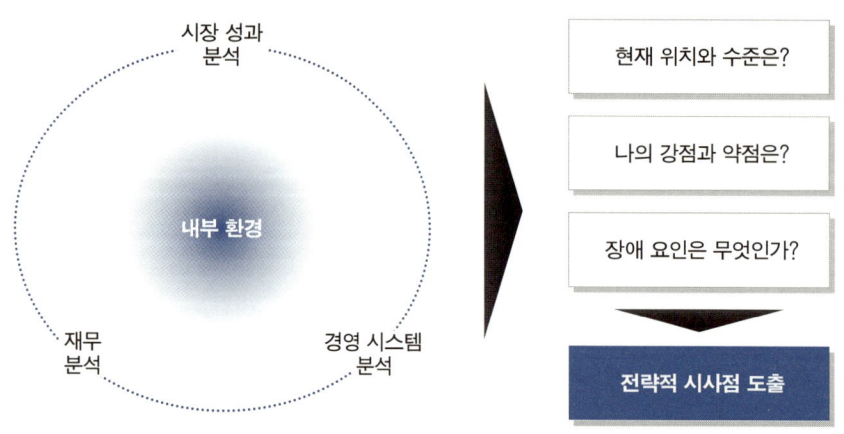

그럼 내부 환경 분석을 통해 궁극적으로 무엇을 알아야 할까요?

내부 환경을 분석한다고 실적이나 사업 결과만 나열하는 경우가 많습니다. 그러나 사업을 잘했거나 잘못했다는 결과를 알기 위해서 내부 환경을 분석하는 것은 아닙니다. 실적 등 현상만을 분석하면 향후 어떻게 전략을 수립해야 할지 방향을 제시하기 어렵습니다. 그러므로 겉으로 보이는 현상에 집중하지 말고 그 이면의 본질을 파고들어야 합니다.

내부 환경을 분석하는 이유는 성과를 확인하고 강점과 약점을 파악하며 제거해야 할 장애 요인을 도출하기 위해서이기도 하지만, 궁극적인 이유는 향후 경쟁에서 승리하기 위해서 어떤 역량을 중심으로 경쟁할 것인지 판단하기 위해서입니다. 즉, 내부 환경 분석을 통해 외부 환경 분석에서 도출한 핵심 성공 요소를 확보할 수 있는 자신의 핵심역량이 무엇인지 파악함으로써 이를 기반으로 내실 있는 사업 전략을 수립할 수 있습니다.

2 ■ 주요 내부 환경 분석 기법

내부 환경 분석에 쓰이는 주요 분석 기법은 다음과 같습니다.

2-1 ■ 시장 성과 분석

시장 성과 분석Market Performance Analysis이란 자사 상품이 얼마나 시장에서 성과를 내고 있는지 분석하는 것을 말합니다. 현재의 상품을 통해 시장에서 얼마나 실적을 올리고 있는지 현황과 추이를 파악하고, 경쟁자 대비 또는 고객 입장에서 시장 성과를 면밀히 분석함으로써 전략적으로 유용한 시사점을 도출할 수 있습니다.

시장 성과 분석은 먼저 현재의 실적 및 추이를 파악한 다음 전체 사업 성과 분석 및 세부 상품별 시장 성과 분석 순으로 수행합니다.

시장 성과 분석 절차에 따른 주요 기법들은 다음과 같습니다.

시장 성과 분석 절차와 주요 기법

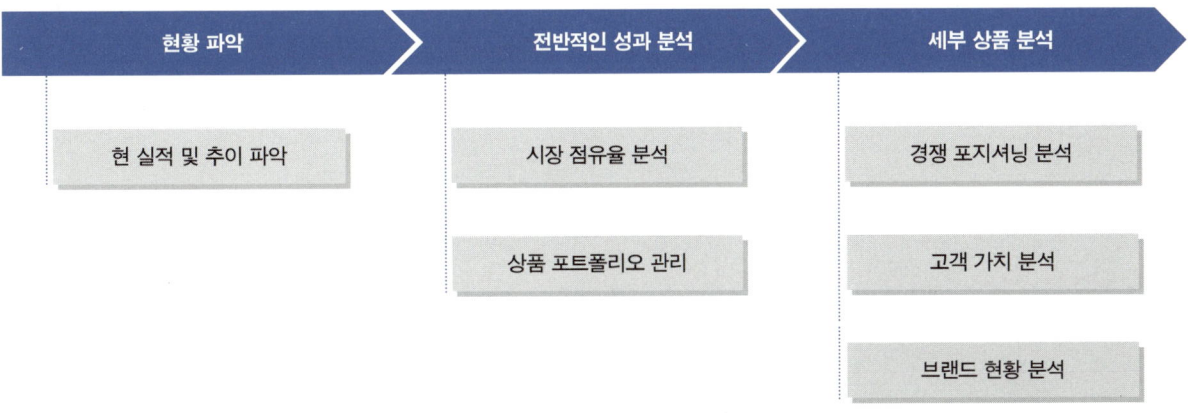

■ 현 실적 및 추이 파악

시장 성과 분석은 정확한 실적 파악에서부터 시작합니다. 내부 자료를 수집, 가공하여 자사 매출과 이익 등 현재 실적 및 3~5년간 추이를 파악합니다. 또한 상품별로 세부 분석을 수행하기 위해 상품별로도 매출과 이익을 파악합니다. 참고로 상품별 이익은 내부 기준에 따라 비용을 배분함으로써 산정합니다.

일반적으로 실무에서는 실적 보고도 병행하는 경우가 많으므로 목표 대비 달성률이나 전년도 대비 성장률도 함께 보고합니다. 또한 정성적인 목표 달성에 대해서도 추진 실적 및 달성률을 보고함으로써 전반적인 사업 실적을 파악합니다.

아래는 일례로 상품별 영업이익 공헌도를 보여주는 도표입니다.

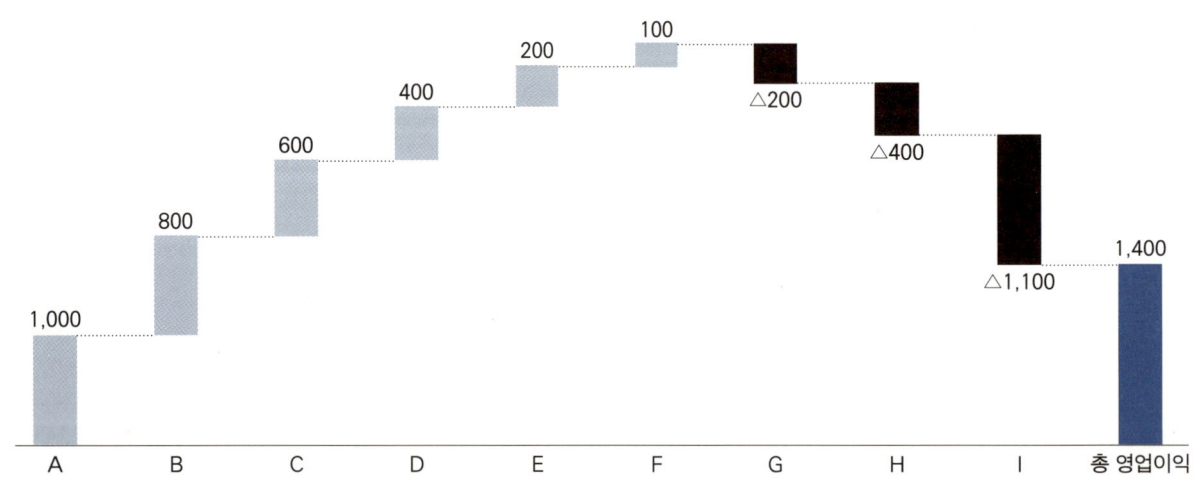

Case | 상품별 영업이익 공헌도

■ 시장 점유율 분석

시장 점유율 분석Market Share Analysis이란 표적 시장에서 경쟁자 대비 상대적인 매출 성과 현황 및 추이를 분석하는 것을 의미합니다. 일반적으로 내·외부 자료를 수집, 가공하거나 AC 닐슨 시장 자료 등 전문 자료를 활용하여 분석합니다.

자사 실적을 아래와 같이 매출과 이익의 규모 및 성장률로만 나타내는 경우가 많은데, 이런 식으로는 진정한 성과 분석을 할 수가 없습니다. 비즈니스는 상대방이 있는 게임입니다. 그러므로 자신의 성과 역시 경쟁자와 비교하여 분석할 필요가 있습니다. 일례로 매출과 이익이 100% 신장했다면 성과가 높다고 생각하기 쉽지만, 표적 시장 자체가 200% 신장하고 경쟁자들 모두 200% 이상 성장했다면 오히려 성과가 낮다고 판단할 수 있습니다.

그러므로 시장 성과 분석은 반드시 시장 점유율 분석을 통해 경쟁 상황을 고려하여 수행해야 합니다.

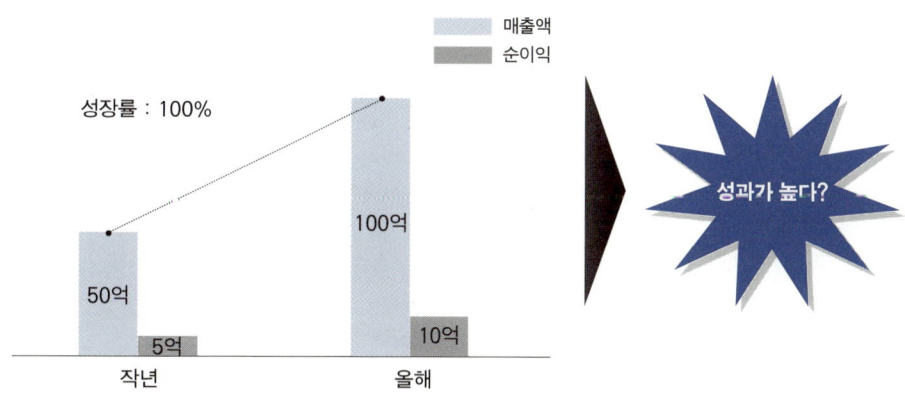

또한 자사의 시장 점유율을 상품 커버리지Product Coverage와 고객 커버리지Customer Coverage로 분석함으로써 어떤 요인에 의해 시장 누출Market Leakage이 발생하는지 파악하여 향후 전략 수립에 참고할 수 있습니다. 고객 커버리지란 전체 고객 중 얼마나 많은 고객에게 상품을 공급하고 있는지의 비율을, 상품 커버리지란 전체 상품군 중 얼마나 많은 상품을 시장에 공급하고 있는지의 비율을 나타내는 용어입니다.

일례로 시장 점유율이 20%에 불과하더라도 그 원인은 다음의 세 가지로 볼 수 있습니다.
첫째, 일부 고객에게 제공하지 못해 고객 커버리지가 낮아 시장 점유율이 낮은 경우.
둘째, 시장에 일부 상품을 공급하지 못해 상품 커버리지가 낮아 시장 점유율이 낮은 경우.
셋째, 고객 커버리지 및 상품 커버리지가 높음에도 경쟁자 대비 경쟁력이 낮아 경쟁에서 밀리는 경우.

Case | 시장 점유율 20%일 경우의 3가지 분석 가상 사례

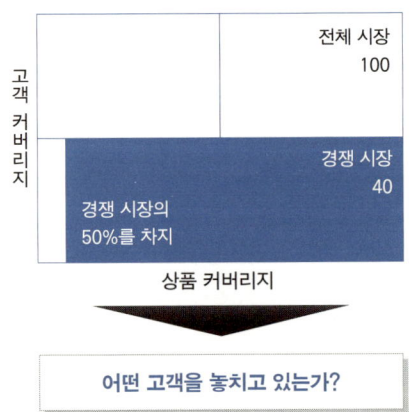
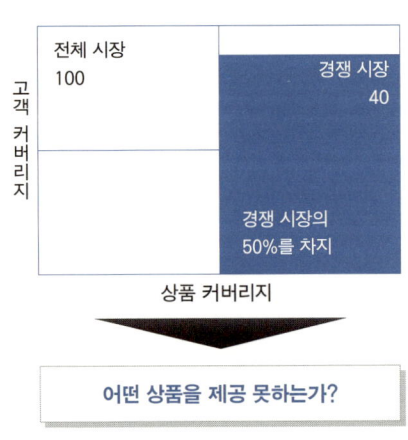
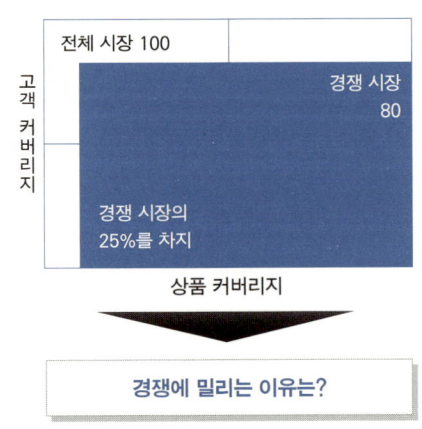

■ 상품 포트폴리오 관리 기법

일명 PPM이라 부르는 상품 포트폴리오 관리 기법Product Portfolio Management은 향후 상품별 전략 방향을 정하고 자원을 배분하기 위해 상대적 시장 점유율과 성장률 등의 내·외부 변수를 고려하여 자사 상품의 시장 지위를 분석하는 것을 말합니다. 이는 BCG에서 개발한 성장/점유율 포트폴리오 매트릭스Growth/Share Portfolio Matrix를 상품에 응용한 것으로, 자사의 상품 현황을 개괄적으로 파악하기에 매우 유용한 분석 기법입니다.

상품 포트폴리오 관리 기법에 따라 각각의 상품을 Star, Cash Cow, Problem Child, Dog의 네 영역으로 분류하여 향후 상품별 전략 수립에 참고합니다.

BCG 매트릭스로 본 상품 포트폴리오

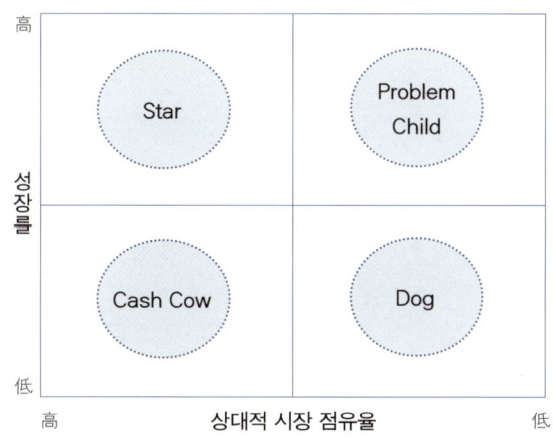
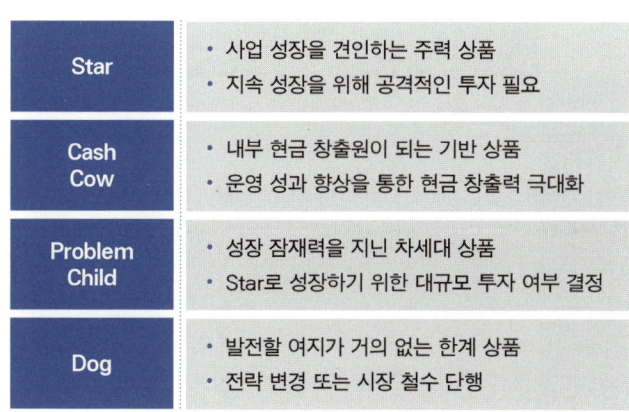

PPM의 세부적인 분석 기법은 다음과 같습니다.

먼저 수직축은 시장 성장률Growth Rate을 표시합니다. 기준선은 대개 전체 시장의 평균 성장률을 사용하거나 기업 목표치 등의 내부 기준에 따라 정합니다.

수평축은 상대적 시장 점유율Relative Market Share을 나타내는데, 경험 곡선Experience Curve 이론에 따라 상대적 시장 점유율을 로그 눈금Log Scale으로 표기합니다. 여기서 상대적 시장 점유율이란 가장 강력한 경쟁자 대비 자사 상품의 시장 점유율 비율을 의미하는데, 기준선은 일반적으로 1.0의 상대적 시장 점유율을 사용하며, 때로는 내부 기준에 따라 정하기도 합니다.

원Bubble의 크기는 해당 상품의 매출 규모로, 원의 크기에 따라 전체 매출 대비 해당 상품의 비중을 파악할 수 있습니다.

Case | 가상 사례로 만든 상품 포트폴리오 매트릭스

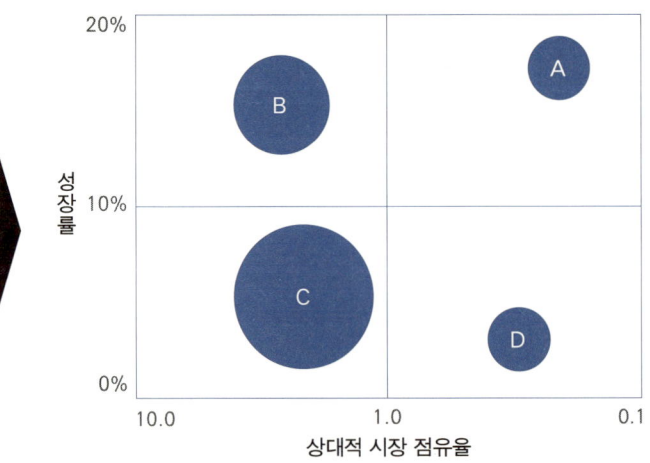

	A 상품	B 상품	C 상품	D 상품
매출액	1,000	3,000	5,000	1,000
성장률	17%	15%	6%	4%
M/S	10%	40%	35%	15%
경쟁자 M/S	40%	20%	25%	50%
상대적 M/S	0.25	2.0	1.4	0.3

참고로 상품의 전형적인 변천 단계와 지속 성장을 위해 구축해야 할 상품 포트폴리오에 대해 살펴보도록 하겠습니다.

상품의 전형적인 변천 단계는 오른쪽과 같이 두 가지로 분류할 수 있습니다. 먼저 Problem Child로 시작해 전략적인 투자가 성공하며 Star로 성장한 후 서서히 시장 성장의 둔화와 함께 Cash Cow로 마치는 ①의 경로와, Problem Child로 시작해 투자를 단행했으나 실패하며 지지부진한 모습을 보이다 시장 성장의 정체와 함께 Dog로 마치는 ②의 경로입니다.

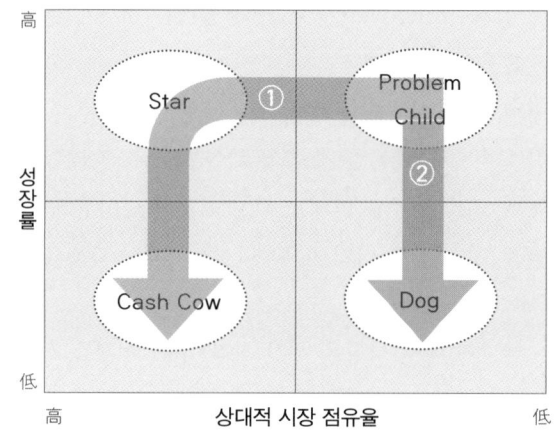

그러므로 사업 초기에는 상품 포트폴리오는 일반적으로 Problem Child 상품만으로 시작하지만, 시간이 경과하며 ①의 경로와 ②의 경로를 거쳐 Star와 Cash Cow, Dog 상품으로 확장하게 됩니다.

그렇다면, 지속적으로 성장을 유지하기 위해서는 상품 포트폴리오를 어떻게 구축해야 할까요? 물론 여러 상품을 개발, 출시하다 보면 네 영역의 상품을 모두 보유하게 되겠지만, 이론적으로는 다음과 같이 상품 포트폴리오를 구축해야 합니다.
첫째, 매출 성장을 견인할 Star 상품이 필요합니다.
둘째, 시장 지위 유지를 위한 공격적인 투자가 필요한 Star 상품이기에 Star 상품만으로는 내부 현금 창출이 어려울 수 있습니다. 그러므로, 내부 현금 창출원으로서의 Cash Cow 상품이 필요합니다.
셋째, Star 상품과 Cash Cow 상품이 있다면 현재 성장을 유지하는 데는 어려움이 없습니다. 하지만 향후 Star 상품이 서서히 Cash Cow화할 것을 감안하면 차세대 성장을 견인할 미래의 Star 상품이 필요합니다. 즉, 유망한 Problem Child 상품이 있어야 합니다.
결국 Star와 Cash Cow, Problem Child로 구성된 상품 포트폴리오를 구축해야 지속 성장을 유지할 수 있습니다.

일반적으로 BCG 매트릭스는 기업 전략 차원에서 전사적으로 운영 사업들을 분석, 평가할 때 쓰는 도구로, 사업 포트폴리오 분석 기법으로 널리 알려져 있습니다. 아울러 상품 포트폴리오 관리처럼 사업 내 상품들의 현황을 파악할 때도 유용하게 사용할 수 있습니다. 하지만 시장 점유율과 성장률만으로 평가하는 단순화로 인해 다음과 같은 결점을 지니고 있습니다.

첫째, 시장 점유율과 수익성은 반드시 비례하지 않습니다. 예를 들어 시장 점유율이 높아도 경쟁이 치열해 이익이 적거나, 시장 점유율이 낮아도 독특한 고객 가치 제안 덕에 높은 수익성을 유지하는 경우 등이 있기 때문입니다.
둘째, 시장 성장률 외에도 시장 기회가 다양하게 존재하므로 성장률만으로 단순히 평가하기는 어렵습니다.
셋째, 상품 간 시너지 효과나 다른 마케팅 목표를 지닌 상품 등을 평가할 수 없습니다.

그런 측면에서 성장률 대신 시장 규모, 성장률, 경쟁 강도 등을 종합적으로 평가하는 '시장 매력도'를, 상대적 시장 점유율 대신 시장 지위, 시장 점유율, 수익 구조, 핵심역량 등의 '경쟁력'을 평가 지표로 활용하는 방법도 고려해 볼 수 있습니다.

앞서 간략하게 말했듯이, BCG 매트릭스는 사업 포트폴리오 분석에도 유용하게 활용할 수 있습니다. 즉, Star와 Cash Cow, Problem Child, Dog의 네 가지 영역으로 사업을 분류함으로써 전사적인 관점에서 사업별 전략을 결정하고 자원을 사업별로 배분하는 데 유용한 기법입니다. 하지만 앞서 지적한 BCG 매트릭스의 단점은 사업 포트폴리오 분석에서도 여전히 유효합니다. 그런 점에서 BCG 매트릭스 대신 산업매력도와 자사의 비즈니스 강점을 중심으로 분석하는 GE/맥킨지 매트릭스나 산업 수명 주기와 경쟁 지위를 중심으로 분석하는 ADL 매트릭스를 활용하기도 합니다. 사업 포트폴리오 분석에 대해서는 'Part 4. 전략적 리더에게 필요한 전사 기업 전략'에서 상세하게 다루도록 하겠습니다.

■ 경쟁 포지셔닝 분석

경쟁 포지셔닝 분석Competitive Positioning Analysis은 향후 전략 수립에 참고하기 위해 표적 시장에서 경쟁자와 비교하여 자사의 포지션Position을 파악하는 것을 말합니다. 여기서 포지션이란 고객의 마음속에 자리 잡은 상품에 대한 인식, 즉 상품이 고객에게 지각되고 있는 모습을 의미합니다. 이를 통해 현재의 경쟁 우위를 강화해 나갈 것인지, 아니면 어떤 방향으로 개선할 것인지 등의 포지셔닝 전략을 검토할 수 있습니다.

경쟁 포지셔닝 분석 요소는 차별화 요소나 가격 경쟁력 등 시장 성과에 영향을 미치는 경쟁 요소들을 중심으로 선정하며, 고객 인식 수준 등을 파악하기 위해 필요할 경우 시장 조사를 실시하거나 기존의 조사 자료를 활용합니다. 포지셔닝 전략에 대한 좀 더 상세한 내용은 'Part 3. 성패를 좌우하는 마케팅 전략'에서 다루도록 하겠습니다.

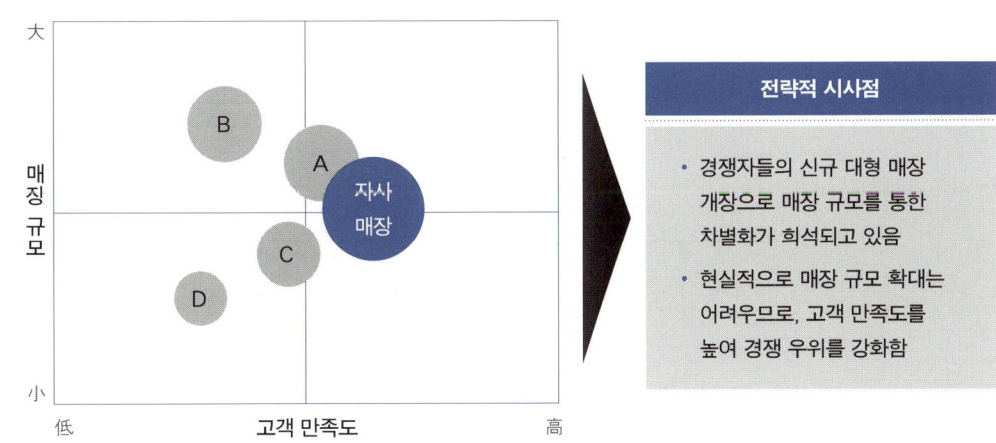

■ 고객 가치 분석

고객 가치 분석Customer Value Analysis은 경쟁 포지셔닝 분석 중의 하나로, 고객 가치를 중심으로 경쟁사와 자사의 포지션을 비교하는 것을 말합니다. 고객 가치란 상품에 대해 고객이 인식하는 가치Customer Perceived Value로, 고객이 인식한 편익에서 고객이 지불한 제반 비용의 차이로 정의합니다. 즉, 지불한 비용보다 지각된 편익이 높을수록 고객 가치가 높다고 볼 수 있습니다.

자사 및 경쟁자 상품에 대해 품질 등 인식된 총 편익 수준과 가격 등의 제반 비용 수준을 고객 조사 등을 통해 조사함으로써 고객 가치 지도를 작성합니다. 그 결과 고객 가치가 경쟁자 대비 열위 수준이라면 전략적으로 가격을 인하하거나 제공하는 편익을 증대시킴으로써 고객 가치를 높여야 합니다. 고객 가치 전략에 대한 좀 더 상세한 내용 역시 'Part 3. 성패를 좌우하는 마케팅 전략'에서 다루도록 하겠습니다.

고객 가치 지도 Customer Value Map

■ 브랜드 현황 분석

브랜드 현황 분석은 자사 브랜드에 대한 인지도와 충성도의 추이 변화 및 경쟁 브랜드와의 비교를 통해 자사 브랜드 자산의 현 수준을 파악하는 것을 말합니다. 브랜드 자산은 브랜드 인지도, 충성도, 지각된 품질, 연상 이미지의 4요소로 구성되며, 브랜드 자산의 평가는 상당한 전문성이 요구되는 작업입니다. 내부 환경 분석상에서의 브랜드 현황 분석은 전문적인 브랜드 자산 평가 방식이 아닌 브랜드 자산 구성의 핵심 요소인 브랜드 인지도와 브랜드 충성도를 분석하여 수행합니다. 참고로 한국능률협회컨설팅에서 평가하는 브랜드 파워 측정 지수는 브랜드 인지도 70%(최초 인지도 40%, 비보조 인지도 20%, 보조 인지도 10%)와 브랜드 충성도 30%의 가중치로 산출합니다.

브랜드 인지도

브랜드 인지도Brand Awareness란 고객이 특정 브랜드를 인식하거나 회상할 수 있는 능력으로, 브랜드에 대한 고객 태도의 강도를 의미합니다. 일반적으로 브랜드 인지도는 다음의 세 가지로 세분화할 수 있습니다.

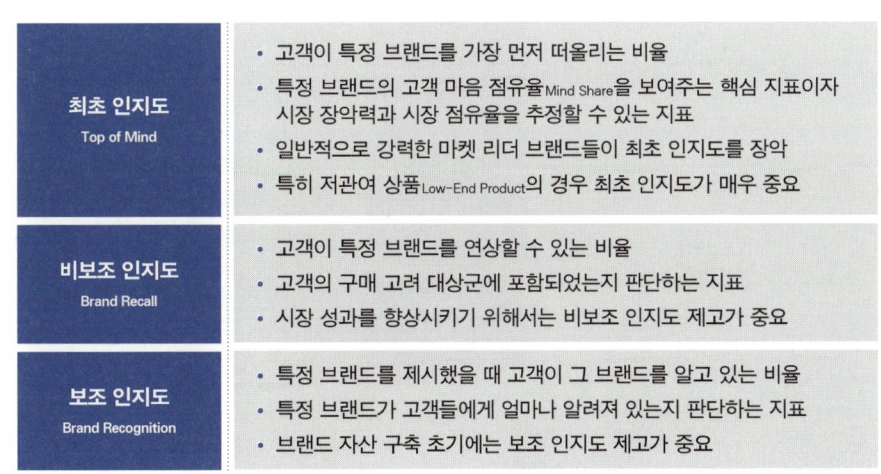

브랜드 충성도

브랜드 충성도Brand Loyalty란 고객이 특정 브랜드에 대해 지니는 호감이나 애착의 정도로, 브랜드에 대한 고객의 선호도를 의미합니다. 브랜드 충성도는 브랜드 사용 후 만족도가 높아 다시 그 브랜드를 선택하려는 행동을 의미합니다. 따라서 브랜드 관리의 최종 목표라 할 수 있으며 고객 점유율Customer Share로 연결되기에 지속 가능 성장의 기반이 됩니다.

브랜드 인지도가 충성도의 필요 조건이긴 하지만 인지도가 높다고 충성도도 높은 건 아닙니다. 긍정적인 브랜드 이미지와 지각된 품질의 차별화 등 브랜드 가치에 대해 고객들이 애착을 느끼고 반복적으로 구매할 때 브랜드 충성도가 형성되기 때문입니다. 그런 측면에서 브랜드 충성도는 브랜드에 대한 상대적인 애착과 반복 구매 정도에 따라 다음과 같이 네 유형으로 나눌 수 있습니다.

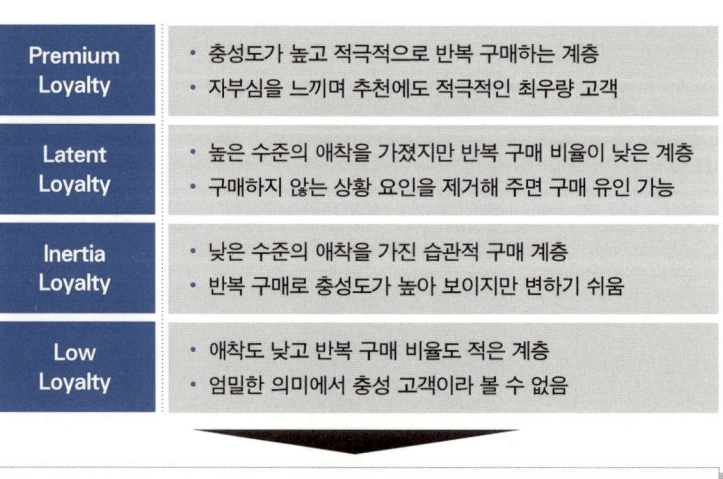

브랜드 인지도 및 충성도 분석

브랜드 인지도 분석은 고객 조사를 통해 최초 인지도와 비보조 인지도, 보조 인지도를 파악합니다. 그리고 브랜드 충성도 분석은 전문 기관에 의뢰하거나 재구매 비율을 조사함으로써 파악할 수 있습니다. 이렇게 얻은 결과를 중심으로 과거 대비 추이를 분석하거나 경쟁사 대비 자사 수준을 비교, 분석함으로써 유용한 전략적 시사점을 얻을 수 있습니다. 또한 각각의 결과를 연결하여 분석해 봄으로써 다른 시각에서 자사의 브랜드 현황을 살펴볼 수도 있습니다.

일례로 묘지 브랜드 Graveyard Brand 와 니치 브랜드 Niche Brand 를 들 수 있습니다. 일반적으로 브랜드는 보조 인지도와 비보조 인지도가 모두 낮은 단계에서 시작하여 마케팅 활동을 통해 고객들에게 서서히 알려지기 시작하며 보조 인지도가 먼저 상승하고 비보조 인지도가 뒤따라 서서히 상승하는 단계로 발전하다가 최종적으로 보조 인지도와 비보조 인지도가 모두 높은 단계에 도달합니다. 하지만 예외적으로 보조 인지도만 높거나 비보조 인지도만 높은 경우가 있는데, 이것이 바로 묘지 브랜드와 니치 브랜드입니다.

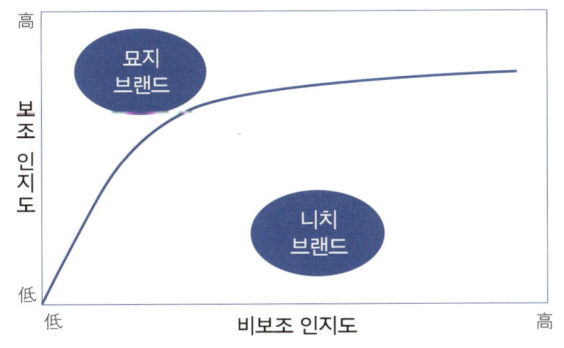

묘지 브랜드	• 보조 인지도는 높지만 비보조 인지도는 낮은 브랜드 • 많이 알려져 있으나 정작 구매로는 연결되지 못함 • 과거에 유명했던 브랜드나 서서히 사멸하는 브랜드 • 추가적인 마케팅 투자가 별 소용 없을 경우가 많음
니치 브랜드	• 보조 인지도는 낮지만 비보조 인지도는 높은 브랜드 • 소수 특정 계층에게 유명한 틈새 시장 브랜드 • 다수 고객에게 소구할 메시지 개발 필요 • 향후 전략에 따라 성과 향상 기대

■ 실무 관점에서 본 시장 성과 분석

시장 성과 분석은 지금까지 언급한 분석 기법 외에도 다양한 실적 자료를 자사 사업에 맞게 분석함으로써 행할 수 있습니다. 또한 AC 닐슨의 전문 자료나 마켓 리서치를 통한 시장 조사 자료, 광고 대행사를 통한 브랜드 조사 및 마케팅 효과 분석 자료, 직접 구매 고객들을 대상으로 설문 조사한 자료, 마케팅 또는 영업 현장에서 실무자들이 직접 수집한 자료 등 다양한 자료를 취합, 분석함으로써 효과적으로 시장 성과 분석을 수행할 수 있습니다.

시장 성과 분석 실무에서 유의해야 할 사항은 시장 성과 분석이 자칫 실무팀을 평가하는 방향으로 진행되지 않아야 한다는 점입니다. 성과 분석이 책임 떠넘기기의 장으로 전락하면 아무런 도움이 되지 않기 때문입니다. 그러므로 실적의 객관화와 근본 원인 도출에 집중함으로써 미래의 성과를 향상시킬 수 있는 전략적 방향을 제시하도록 노력해야 합니다.

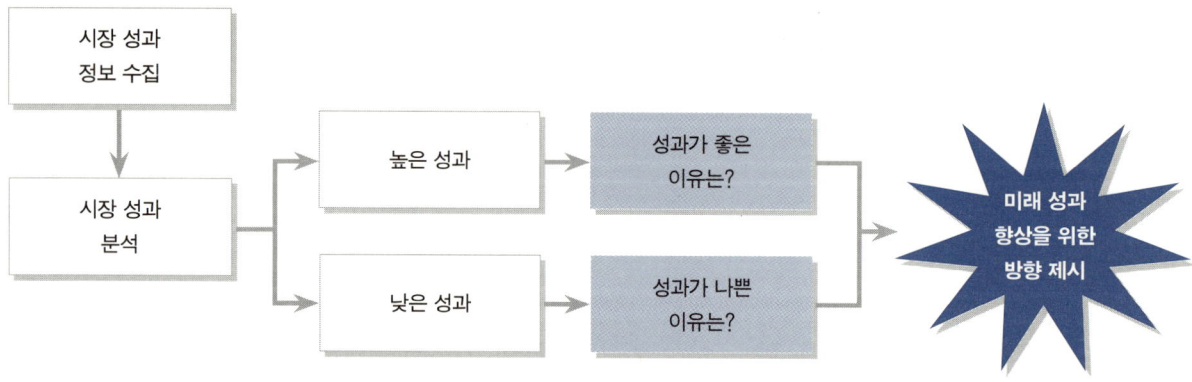

2-2 ■ 재무 분석

재무 분석Financial Analysis이란 재무제표Financial Statements상의 회계 자료를 기초로 기업의 재무 현황 및 경영 성과를 분석하는 것을 말합니다. 인체 내의 혈액 순환이 잘 이루어지지 않으면 여러 장애가 나타나다 결국에는 쓰러지듯이, 기업에서도 자금 흐름이 원활하지 않으면 결국 도산이라는 중병으로 사망하게 됩니다. 그러므로 경쟁력의 기초인 재무 상황을 진단하는 재무 분석은 사람이 정기적으로 건강 검진을 받듯이 정기적으로 해야 하는 기업의 자기 검진입니다.

재무 분석은 먼저 재무제표를 중심으로 현재의 실적 및 추이를 파악한 후 EVA 등의 수익 구조 분석과 재무 비율을 중심으로 한 재무 상태 분석 순으로 수행합니다.

재무 분석 절차에 따른 주요 기법들은 다음과 같습니다.

재무 분석 절차와 주요 기법

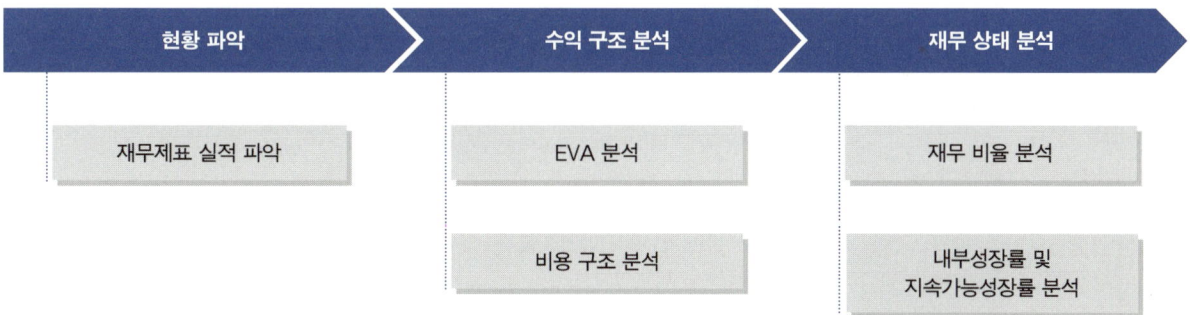

■ 재무제표 실적 파악

재무 분석은 재무제표상의 회계 실적 파악에서부터 시작합니다. 매출액과 매출원가, 순이익 등 손익계산서 항목뿐 아니라 자산, 부채, 자본의 재무상태표 항목과 현금 유입과 유출의 현금흐름표까지 현재의 실적 및 지난 3~5년간의 추이와 경쟁사와의 비교 등을 통해 분석 대상 사업의 재무 현황을 파악합니다. 여러 사업을 영위하는 기업이라면 사업별 구분 회계에 따라 실적을 파악해야 합니다.

재무 분석을 하기 위해서는 당연히 재무제표 정보의 개념과 의미를 이해하고 있어야 합니다. 재무제표란 특정 기간 동안의 경제적 사건과 그 기간 말의 경제적 상태를 나타내기 위한 일련의 회계 보고서로, 기업 회계 기준에 따라 작성됩니다. 주요 재무제표로는 아래와 같이 재무상태표(대차대조표)와 손익계산서, 현금흐름표가 있습니다. 재무 분석에 들어가기에 앞서서 각각의 재무제표에 대해 간략하게 알아보도록 하겠습니다.

주요 재무제표	내 역	시점	주요 항목
재무상태표 (대차대조표)	일정 시점의 기업 재정 상태를 일람할 수 있게 나타낸 회계 보고서	일정 시점 (결산기 말)	자산 부채 자본
손익계산서	일정 기간 동안 기업의 경영 성과를 계산 · 확정하는 회계 보고서	일정 기간 (결산 기간)	수익 비용 이익
현금흐름표	일정 기간 동안 기업의 현금 유 · 출입을 나타내는 회계 보고서	일정 기간 (결산 기간)	영업 활동 투자 활동 재무 활동

재무상태표 또는 대차대조표

재무상태표Statement of Financial Position 또는 대차대조표Balance Sheet는 기업의 자산, 부채, 자본이 어떻게 구성되어 있는지 재무 구조를 파악하는 재무제표로, 기업의 규모 및 신용을 평가하는 척도로도 사용됩니다. 여기서 자산은 부채와 자본의 합과 동일합니다. 자산은 조달된 자금을 어떤 용도로 사용했는지 자금의 운용 상태를 표시하는데, 부채는 타인의 자본으로 조달된 자금을, 자본은 자기자본으로 조달된 자금을 나타내기 때문입니다.

자산은 단기간, 즉 보통 1년 이내에 현금화가 가능한 유동자산과 설비 등 장기간에 걸쳐 사용되는 비유동자산으로 나눌 수 있으며, 부채 역시 단기간에 상환해야 하는 유동부채와 장기간 사용할 수 있는 비유동부채로 나눌 수 있고, 자본은 자본금, 자본잉여금, 이익잉여금 등으로 나눌 수 있습니다.

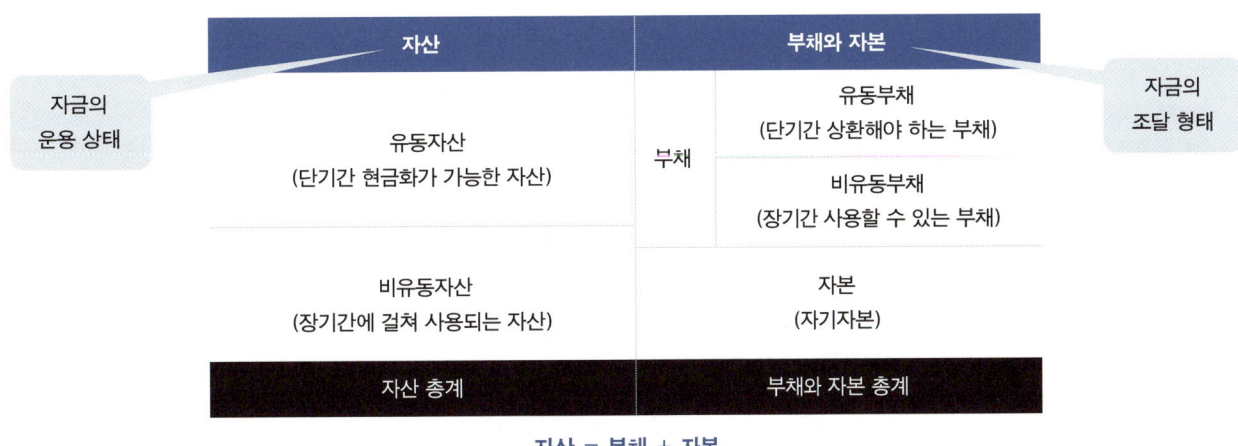

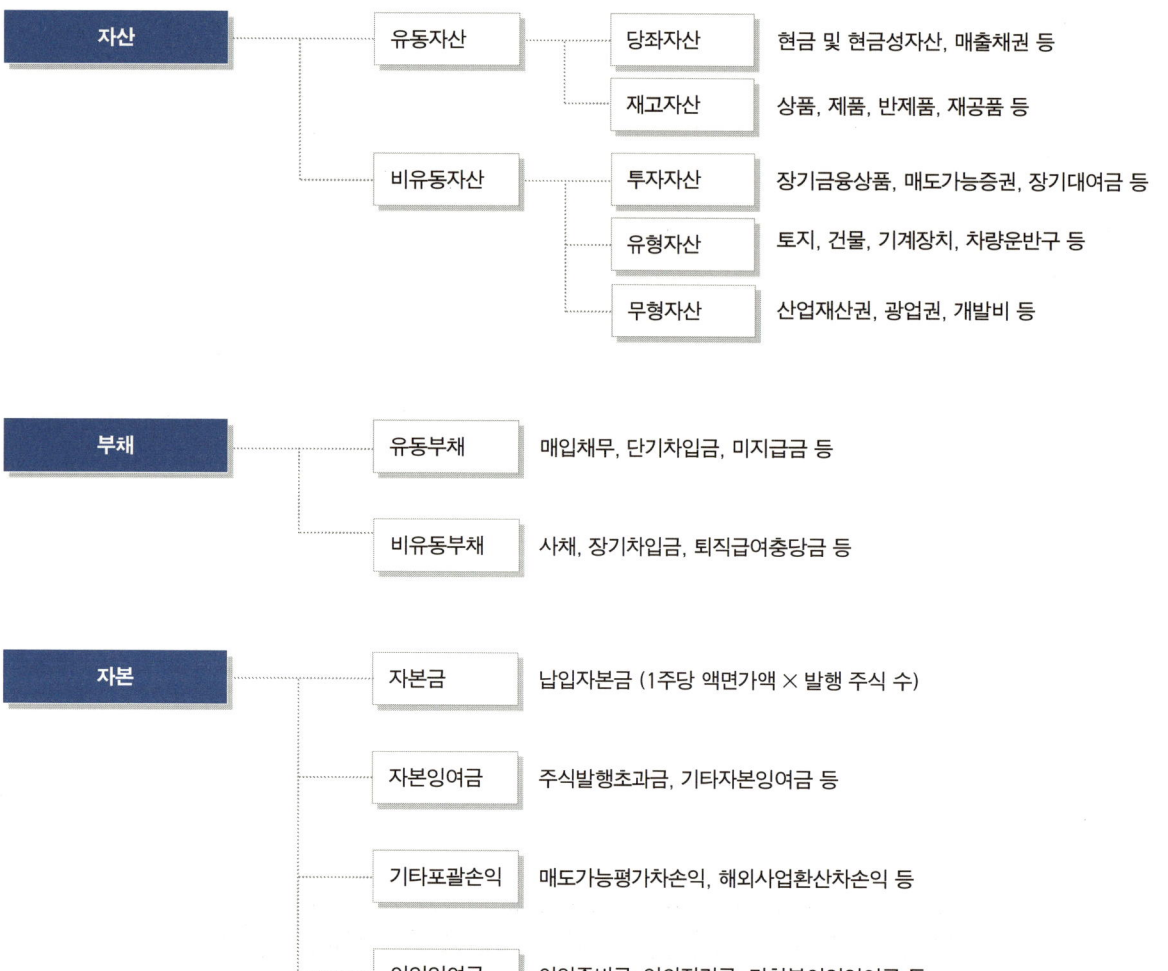

손익계산서

손익계산서Income(Profit & Loss) Statement는 일정 기간 동안 수익과 비용이 어떻게 구성되었는지 수익 구조를 파악하는 재무제표로, 사업이 제대로 운영되고 있는지 경영 활동을 평가하는 경영 성적표입니다.

손익계산서는 수익에서 비용을 차감한 이익을 표시합니다. 즉, 자사가 벌어들인 수입인 매출액과 영업외수익 등의 수익에서 매출원가와 판매비 및 일반관리비, 영업외비용, 법인세비용 등 수익을 얻기 위해 지출한 비용을 차감한 이익을 매출총이익, 영업이익, 세전순이익이라 불리는 법인세비용 차감전 순이익, 당기순이익으로 표시하고 있습니다.

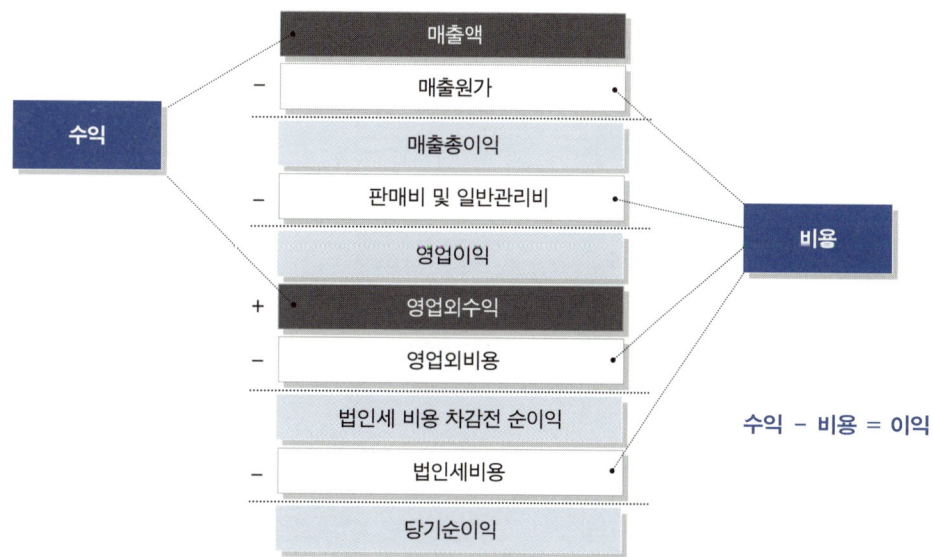

현금흐름표

현금흐름표Statement of Cash Flow는 일정 기간 동안의 영업 활동, 투자 활동, 재무 활동 등 기업 활동을 통해 나타나는 현금의 유입과 유출을 파악하는 재무제표입니다. 예전엔 재무상태표나 손익계산서 위주로 생각했지만 최근 들어 현금흐름표의 중요성이 커지고 있습니다. 단기적으로는 유동성을 확보하고 장기적으로는 기업 가치를 높이기 위해서는 무엇보다 '현금흐름 경영'이 중요하기 때문입니다.

영업 활동으로 인한 현금흐름
당기순이익
현금의 지출이 없는 비용 등의 가산
현금의 수입이 없는 수익 등의 차감
영업 활동으로 인한 자산, 부채의 변동
투자 활동으로 인한 현금흐름
투자 활동으로 인한 현금 유입액
투자 활동으로 인한 현금 유출액
재무 활동으로 인한 현금흐름
재무 활동으로 인한 현금 유입액
재무 활동으로 인한 현금 유출액
현금의 증가(감소)
기초의 현금
기말의 현금

- 손익계산서상의 당기순이익
- 손익계산서상 당기순이익을 산출할 때 현금의 지출이 없었는데도 비용으로 산정한 감가상각비 등을 가산함
- 손익계산서상 당기순이익을 산출할 때 현금의 수입이 없었는데도 수익으로 산정한 평가이익, 외화환산이익 등을 차감함
- 당기순이익과 상관 없는 재무상태표상의 요인으로 영업 활동으로 인해 매출채권, 재고자산 등 현금이 자산화되었거나 매입채무 등 부채를 통해 현금이 창출된 정도를 반영함

현금흐름표는 실질적인 경영 성과를 투명하게 보여주는 재무제표이기에 현금흐름 창출 능력을 기업 가치 평가의 지표로 삼기도 합니다. 일례로 기업 가치 평가 등에 활용되는 EBITDA는 Earning Before Interest, Taxes, Depreciation & Amortization의 약자로, 법인세, 이자, 감가상각비 차감전 이익을 의미합니다. 일반적으로 편의상 영업이익에 감가상각비(무형 감가상각비 포함)를 더하여 구한 것으로, 기업이 영업 활동으로 벌어들인 현금흐름을 간략하게 보여주는 지표입니다.

참고로 다음과 같이 현금흐름 패턴을 통해 경영 활동을 파악할 수 있습니다.

영업 현금흐름	투자 현금흐름	재무 현금흐름	경영 활동 평가
+	−	+/−	• 사업 호조로 영업 활동에서 현금을 벌어들이고 있음 • 미래를 위한 투자도 단행하고 있음 • 투자를 위해 증자, 차입금 조달 등을 추진할 수도 있음 • 건전한 기업의 정상적인 현금흐름 형태임
+	+	+/−	• 사업 호조로 영업 활동에서 현금을 벌어들이고 있음 • 유휴 자산 매각 등 구조 조정이 진행 중일 수 있음 • 현금화를 통해 부채를 상환할 수도 있음 • 현금화하는 동기에 따라 평가가 달라질 수 있음
−	−	+	• 일반적으로 초창기 사업이거나 급성장하고 있는 사업에서 나타나는 현금흐름 형태임 • 증자, 차입 등을 통해 유입된 현금으로 투자와 영업 활동상 현금 유출을 보전하고 있는 모습임
−	+	+	• 사업 부진으로 영업 활동에서 현금이 유출되고 있음 • 현금 유출을 만회하기 위해 자산 매각이나 차입금 조달 등을 추진하고 있음 • 기업의 지속 가능성에 의문이 드는 상황임

■ EVA 분석

재무 분석 중 가장 중요한 것은 당연히 수익 구조 분석입니다. 일반적으로 수익성을 판단할 때 매출액 대비 이익률을 보는 경향이 많습니다만, 이 방식은 투자한 자기자본의 기회비용을 고려하지 않는다는 단점이 있습니다. 그런 측면에서 투하자본비용까지 감안한 경제적 이익을 산정할 필요가 있는데, 이것이 바로 경제적 부가가치를 의미하는 EVA Economic Value Added 입니다.

EVA란 영업 활동으로 발생한 세후영업이익에서 자기자본 및 타인자본의 투하자본비용을 차감한 경제적 부가가치로, 자기자본의 기회비용과 타인자본의 이자비용을 충당하고도 이익이 남는지 판단하는 지표를 의미하며, 기업 가치와 상관관계가 가장 큰 재무 지표이기에 향후 전략 수립에 매우 유용합니다.

현재의 EVA 수치도 중요한 의미를 지니지만, 일정 기간 동안의 EVA 추이, 경쟁사 및 업계 평균 대비 비교 등을 통해서도 유용한 전략적 시사점을 얻을 수 있습니다.

EVA의 의의

- 차입비용뿐 아니라 자기자본에 대한 조달비용까지 차감한 진정한 경제적 이익을 산출할 수 있음
- EVA를 통해 단순한 이익 창출에서 부가가치 창출 개념으로 전환함으로써 주주 가치 향상을 도모할 수 있음
- 이익 극대화를 위해 전통적인 손익 관점뿐 아니라 자본의 효율적 활용도 감안함으로써 경영 효율성을 높일 수 있음
- 투자 효율성 제고, 비용 최소화, 기존 자산의 최적화 등 EVA를 높이기 위한 경영 혁신을 추진할 수 있음

효율성을 중시하는 가치 중심 경영

EVA 산출 방식은 다음과 같습니다.

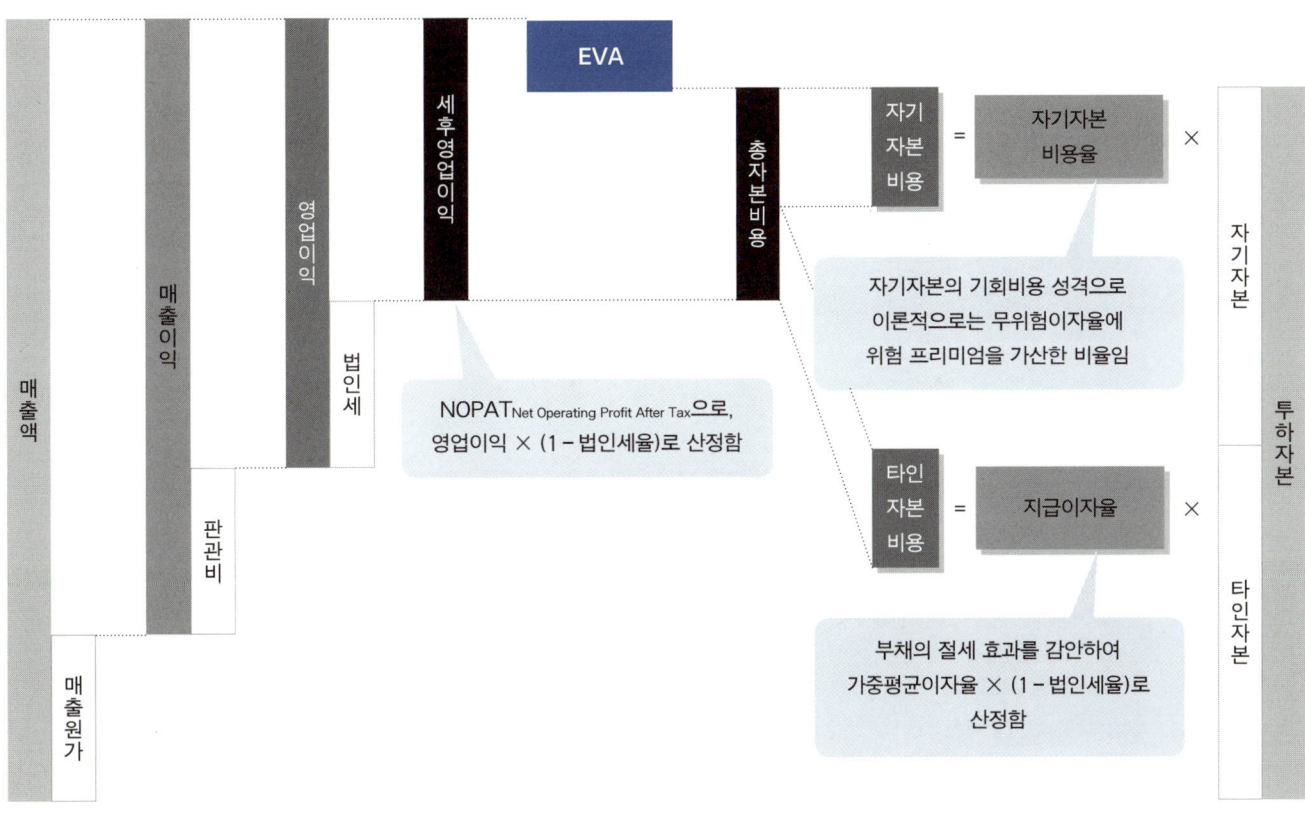

실무적으로 EVA는 다음과 같이 ROIC와 WACC를 활용하여 산출할 수 있습니다. 이에 따르면 투하자본이익률인 ROIC가 가중평균자본비용인 WACC보다 크면 EVA가 창출됨을 알 수 있습니다. 또한 ROIC가 크면 클수록, WACC가 작으면 작을수록 EVA는 더 커질 수 있어 경제적 부가가치 창출 능력이 높다고 판단할 수 있습니다.

EVA = IC X (ROIC - WACC)

IC (투하자본)	• Invested Capital의 약자. 영업 활동을 위해 투자한 자본으로, 설비, 연구개발비 등의 영업용 비유동자산과 순운전자본을 의미함 • 영업자산에서 영업부채(무이자부채)를 차감하여 구하는데, 이는 총자산에서 투자자산 등의 비영업자산을 차감한 뒤 매입채무 등의 무이자부채를 배제하는 방식임
ROIC (투하자본 이익률)	• Return on Invested Capital의 약자. 실제 영업 활동에 투자한 자본으로 얼마나 이익을 거뒀는지를 나타내는 지표임 • 세후영업이익을 투하자본으로 나누어 산출함 • ROIC는 매출액 세후영업이익률 × 투하자본회전율과 같은 개념임
WACC (가중평균 자본비용)	• Weighted Average Cost of Capital의 약자. 자본비용을 각각의 자본이 차지하는 자본 구성 비율로 가중 평균한 것으로, 총자본에 대한 평균 조달 비용을 의미함 • 다음과 같이 산출함 WACC = 자기자본비용 × 자기자본비율 + 세후타인자본비용 × 타인자본비율 = (무위험이자율 + 위험프리미엄) × 자기자본/총자본 + 가중평균이자율 × (1 - 법인세율) × 타인자본/총자본

■ 비용 구조 분석

비용 구조 분석Cost Structure Analysis이란 자사의 비용 지출 현황 등 비용 구조를 분석하고 경쟁자나 업계 평균 또는 특정 벤치마크Benchmark 자료와 비교해 봄으로써 향후 수익 구조를 개선하기 위한 것을 말합니다. 사실 비용 경쟁력이야말로 경쟁 우위의 기반이자 핵심 요인입니다. 아무리 훌륭한 전략과 사업 모델을 보유하고 있더라도 비용 구조에 문제가 있다면 경쟁 우위를 지속할 수 없기 때문입니다.

문제는 항목별 비용을 정확하게 산출하기가 어렵다는 점입니다. 비용을 정확하게 산출하지 않고서는 비용 구조를 제대로 분석할 수 없겠죠. 하지만 정확도만을 강조하다가는 분석 비용 및 기간 증가 등의 문제가 발생할 수 있습니다. 더구나 경쟁자의 비용 구조 등 외부 정보를 파악하기도 쉽지 않습니다. 그러므로 내부 환경 분석상에서는 수집 가능한 수준에서 가급적 정확하게 비용 현황을 파악한 후 전략적 시사점을 도출하는 방향으로 나아가는 게 바람직합니다.

Case | 과다 재고로 인한 물류비용

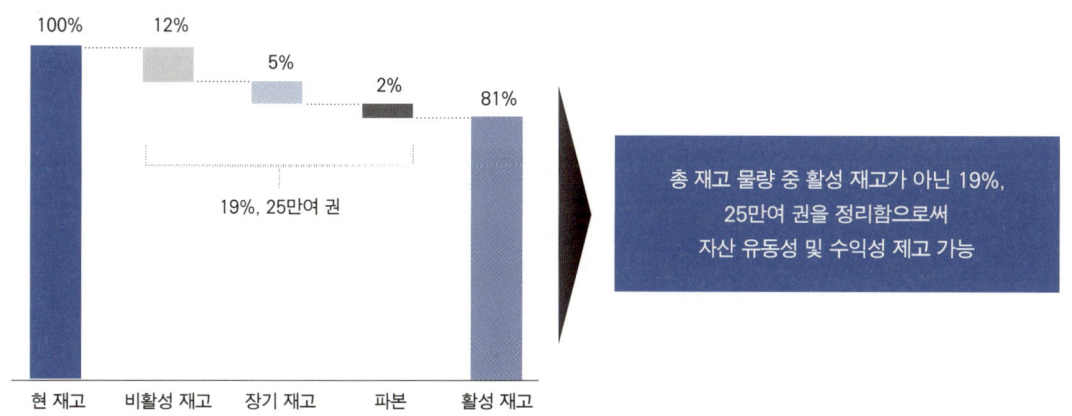

앞선 사례에서 보듯이 자신의 비용 구조 분석을 통해 개선점을 파악하기도 하지만, 아래와 같이 경쟁자와 자사의 비용 구조를 세부적으로 비교, 분석함으로써 전략적 시사점을 도출할 수 있습니다.

Case | 경쟁자와의 비용 구조 분석

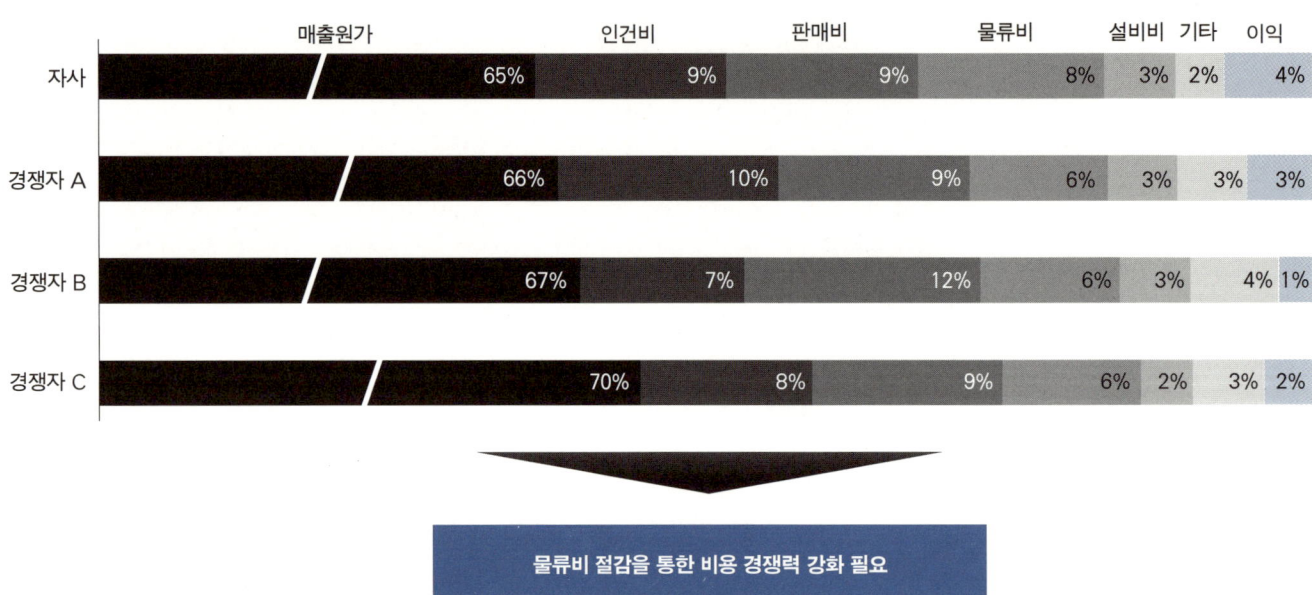

■ 재무 비율 분석

재무 비율 분석Financial Ratio Analysis이란 재무제표 각 항목들 간의 관계를 비교하여 산출한 비율을 분석함으로써 자사 재무 상태 및 성과를 진단하고 향후 전략 수립에 유용한 시사점을 얻기 위한 분석을 말합니다. 사실, 재무 비율 자체만으로는 큰 의미를 가질 수 없습니다. 하지만 재무 비율 자료를 과거 실적이나 경쟁자, 업계 평균 또는 특정 벤치마크와 비교해 봄으로써 전략적으로 의미 있는 정보를 창출할 수 있습니다.

재무 비율 분석은 공개된 재무제표를 활용하므로 일반적으로 분석이 용이한 편이지만, 사업 단위로 판단하려면 사업별 구분 회계가 되어 있어야 합니다. 일반적으로 재무 비율 분석은 다음과 같이 성장성, 수익성, 안정성, 활동성 측면에서 분석합니다.

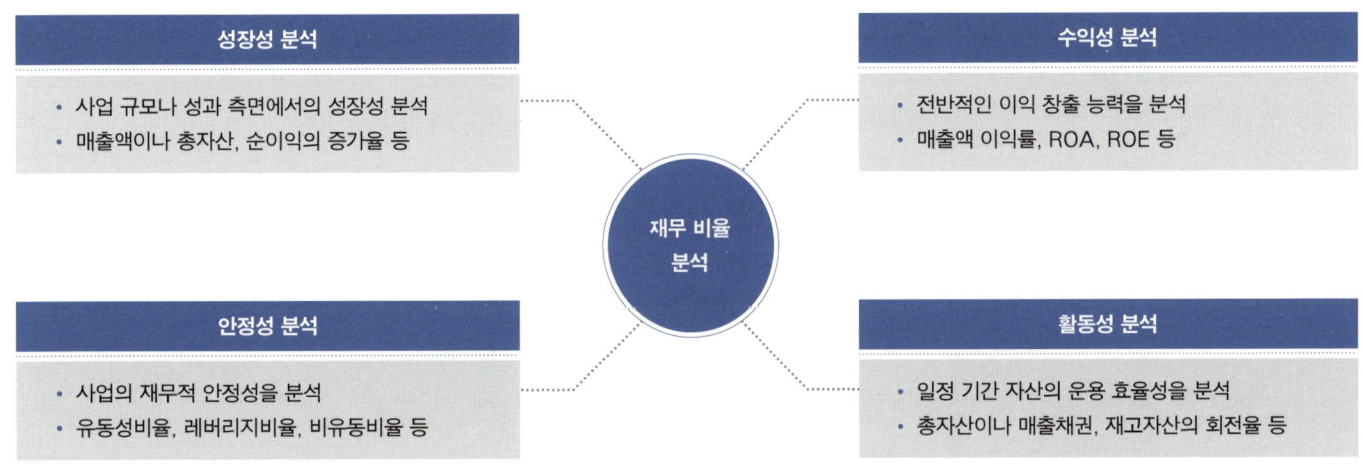

성장성 분석

성장성 분석은 회사의 규모나 경영 성과가 전년에 비해 어느 정도 증가했는가를 측정하는 것으로, 대표적인 재무 지표로는 매출액 증가율, 총자산 증가율, 유형자산 증가율, 순이익 증가율이 있습니다. 일반적으로 매출액 증가율을 성장성 지표로 많이 활용하지만, 진정한 의미에서 전체 성장 규모를 보여주는 총자산 증가율이나 성장 잠재력 지표인 유형자산 증가율, 실질적인 성장 지표인 순이익 증가율에도 관심을 가질 필요가 있습니다. 또한 매출액 증가율과 총자산 증가율, 유형자산 증가율, 순이익 증가율도 서로 비교해 봄으로써 유용한 전략적 시사점을 얻을 수 있습니다.

매출액 증가율	• 전년도 대비 매출액이 얼마나 증가했는지 측정 • 기업의 외형적 신장세를 보여주는 지표 • 매출액 증가율={(당기 매출액−전기 매출액)/전기 매출액}×100(%)
총자산 증가율	• 전년도 대비 총자산이 얼마나 증가했는지 측정 • 기업의 전체적인 성장 규모를 보여주는 지표 • 총자산 증가율={(당기 총자산−전기 총자산)/전기 총자산}×100(%)
유형자산 증가율	• 전년도 대비 유형자산이 얼마나 증가했는지 측정 • 기업의 투자 동향 및 향후 성장 잠재력을 보여주는 지표 • 유형자산 증가율={(당기 유형자산−전기 유형자산)/전기 유형자산}×100(%)
순이익 증가율	• 전년도 대비 순이익이 얼마나 증가했는지 측정 • 기업의 실질적인 성장을 보여주는 지표 • 순이익 증가율={(당기순이익−전기 순이익)/전기 순이익}×100(%)

수익성 분석

수익성 분석은 일정 기간 총괄적인 경영 성과를 나타내는 비율로, 자산 이용의 효율성과 이익 창출 능력을 평가할 수 있는 재무 지표입니다. 대표적인 지표로는 매출액 이익률과 총자산 순이익률을 의미하는 ROA(Return on Assets), 자기자본 순이익률을 의미하는 ROE(Return on Equity)가 있습니다. 매출액 이익률의 경우 순이익 외에 매출총이익이나 영업이익 등을 분석함으로써 유용한 정보를 얻을 수 있습니다. 일반적으로 매출액 이익률이 수익성 지표로 많이 언급되지만, 진정한 의미에서 전체 기업의 수익성을 보여주는 ROA나 자본 수익성을 나타내는 ROE 역시 중요한 지표입니다.

매출액 이익률	• 매출액 대비 이익이 얼마나 효율적으로 창출되었는지 측정 • 기업의 영업 활동 효율성을 보여주는 지표 • 매출액 순이익률 = (당기순이익/당기 매출액) × 100(%) • 매출 총이익률 = (당기 매출총이익/당기 매출액) × 100(%) • 매출액 영업이익률 = (당기 영업이익/당기 매출액) × 100(%)
ROA 총자산 순이익률	• 총자산 대비 순이익이 얼마나 효율적으로 창출되었는지 측정 • 사업에 투자된 총자본이 얼마나 효율적으로 운영되었는지를 보여주는 지표 • 기업 전체의 수익률 지표 또는 자산 효율 지표라고도 함 • 총자산 순이익률 = (당기순이익/총자산) × 100(%) • '매출액 순이익률 × 총자산 회전율'로도 구할 수 있음
ROE 자기자본 순이익률	• 자기자본 대비 순이익이 얼마나 효율적으로 창출되었는지 측정 • 주주 입장에서 본 수익률 지표로서, 주주 중시 경영에 중요한 지표 • 자기자본 순이익률 = (당기순이익/자기자본) × 100(%) • ROA × (총자산/자기자본)재무 레버리지를 의미로도 구할 수 있음

안정성 분석

안정성 분석은 기업이 직면하는 재무적 위험 정도를 진단함으로써 재무적 안정성을 측정하는 재무 지표입니다. 안정성 지표는 채권자에게 지불할 여력이 있는지의 재무 건전성을 의미하기에 기업의 지속 가능성을 평가하기에 유용합니다. 대표적인 지표로는 지불 능력의 안정성을 의미하는 단기적 채무의 상환 능력 지표인 유동성비율, 자본 구조의 안정성을 의미하는 자본 구성 지표인 레버리지(Leverage)비율, 투하자본의 배분 안정성을 의미하는 장기 투자의 자금 조달 지표인 비유동비율과 비유동장기적합률 등이 있습니다.

유동성비율	• 1년 이내 상환해야 하는 단기 채무에 대한 상환 능력을 나타내는 지표 • 유동비율 = (유동자산/유동부채) × 100(%) • 당좌비율 = (당좌자산/유동부채) × 100(%) • 유동비율은 은행에서 차입자의 단기 지급 능력을 판단할 때 이용되기에 '은행가비율'이라고도 함 • 일반적으로 유동비율은 200% 이상, 당좌비율은 100% 이상이 바람직
레버리지비율	• 자본 구조의 안정성과 타인자본에 대한 의존도를 나타내는 지표 • 자기자본비율 = (자기자본/총자산) × 100(%) • 부채비율 = (부채/자기자본) × 100(%) • 유동부채비율 = (유동부채/자기자본) × 100(%) • 차입금 의존도 = (차입금/총자산) × 100(%)
자본 배분의 안정성비율	• 장기 투자가 필요한 비유동자산을 확보하기 위한 자금 조달의 안정성을 측정 • 비유동비율 = (비유동자산/자기자본) × 100(%) • 비유동장기적합률 = {비유동자산/(자기자본+비유동부채)} × 100(%) • 일반적으로 비유동비율과 비유동장기적합률은 100% 이하가 바람직

활동성 분석

활동성 분석은 일정 기간 동안 보유 자산을 얼마나 효율적으로 운용했는지를 측정하는 재무 지표입니다. 매출을 달성하는 데 얼마나 자산을 능률적으로 사용했는지 경영 효율성을 측정할 수 있기에 효율성비율이라고도 합니다. 그런 측면에서 활동성 분석은 자사의 경영 능력을 평가하는 데 유용합니다. 대표적인 지표로는 총자산회전율과 운전자본 Working Capital 으로서 중요한 매출채권과 재고자산의 회전율 등이 있습니다.

총자산 회전율	· 영업 활동을 통해 총자산이 얼마나 효율적으로 활용되는지 나타내는 지표 · 경영 효율성이 높을수록 회전율이 높아짐 · 장치 산업일 경우 그 특성상 회전율은 낮아지는 경향을 보임 · 총자산회전율={매출액/(기초 총자산+기말 총자산)/2}×100(%)
매출채권 회전율	· 매출채권이 영업 활동을 통해 매출액으로 회전되는 속도를 나타내는 지표 · 운전자본인 매출채권의 현금화되는 속도를 보여줌 · 매출채권회전율={매출액/(기초 매출채권+기말 매출채권)/2}×100(%) · 때로는 회전율 대신 매출채권 회수기간으로도 표시함 　매출채권 회수기간=365일/매출채권회전율
재고자산 회전율	· 재고자산이 영업 활동을 통해 회전되는 속도를 나타내는 지표 · 운전자본인 재고자산의 현금화되는 속도를 보여줌 · 재고자산회전율={매출액/(기초 재고자산+기말 재고자산)/2}×100(%) · 매출액 대신 매출원가로 회전율을 계산할 수도 있음 · 때로는 회전율 대신 재고자산 회전일수로도 표시함 　재고자산 회전일수=365일/재고자산회전율

■ 내부성장률과 지속가능성장률 분석

매출이 큰 폭으로 성장하면 이익 규모도 커져 보유 자금이 늘어날 거라고 생각하기 쉽지만, 오히려 자금 부족 현상이 발생할 가능성이 높습니다. 매출이 늘어나기 위해서는 꼭 필요한 설비 등의 추가 투자가 필요할 수 있으며, 운전자본 역시 늘어나기 때문입니다. 특히 운전자본은 간과하기 쉬워서 성장세를 구가하면서도 자금 문제에 봉착하는 경우가 있으므로 주의가 필요합니다. 일례로 다음의 가상 사례처럼 추가 투자가 없는데도 매출채권과 재고자산의 증가로 오히려 자금 부족에 빠질 수 있습니다.

매출액	100억 원에서 200억 원으로 100% 성장
순이익	10억 원에서 20억 원으로 100% 성장
매출채권	50억 원에서 100억 원으로 50억 원 증가
재고자산	20억 원에서 40억 원으로 20억 원 증가
매입채무	30억 원에서 60억 원으로 30억 원 증가

기초 현금	10억 원
현금 유입	순이익 20억 원
현금 유출	운전자본 40억 원
기말 현금	△10억 원

결국 매출을 효율적으로 현금화하는 능력이야말로 지속적인 성장을 가능하게 하는 재무적 기반입니다. 그런 측면에서 성장하더라도 자금 부족 현상이 발생하지 않는 수준을 파악할 필요가 있는데, 이것이 바로 내부성장률Internal Growth Rate과 지속가능성장률Sustainable Growth Rate 분석입니다. 내부성장률이란 차입이나 증자 등 외부 자금을 조달하지 않고도 이익 등 내부 자금만으로 달성 가능한 성장률을, 지속가능성장률이란 이익 등 내부 자금에 자기자본비율을 유지하는 선에서의 부채 증가를 더한 자금으로 달성 가능한 성장률을 말합니다. 내부성장률과 지속가능성장률을 분석하여 성장을 지원할 수 있는 재무 역량을 객관적으로 평가해 봄으로써 향후 전략 수립에 참고할 수 있습니다. 또한 내부성장률이나 지속가능성장률이 낮다면 이를 높이기 위해 어떻게 해야 하는지 전략적 시사점도 얻을 수 있습니다.

내부성장률 분석

내부성장률은 내부 현금 유입인 순이익에서 배당 등을 제외한 유보이익과 현금 유출인 추가 투자 및 운전자본 증가분이 같아질 때의 성장률을 의미합니다. 내부성장률을 구하는 식은 복잡하지만 실무적으로는 다음과 같이 ROA와 유보율을 활용하여 구할 수 있습니다.

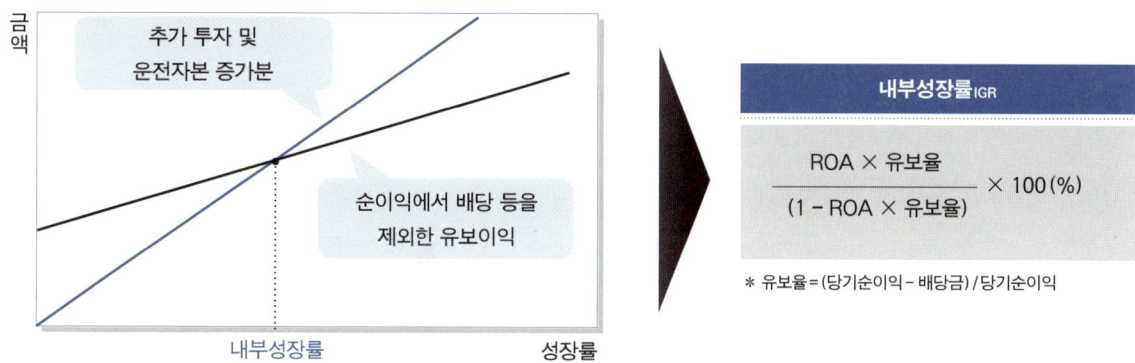

내부 성장률이 낮을 경우 다음과 같은 대책 수단을 살펴볼 필요가 있습니다.

현금 유입 관리	유보이익 증가	매출원가 및 판관비, 지급이자, 법인세 등의 비용 절감 방안 강구
		배당 정책의 변경을 통한 유보율 제고
현금 유출 관리	운전자본 축소	매출채권 회수기간 및 재고자산 회전일수 감축
		매입채무 지급기간 연장
	추가 투자 축소	지속 성장을 위한 추가 투자는 최소한도로 유지
		아웃소싱을 적극 활용하여 투자 규모를 축소

지속가능성장률 분석

지속가능성장률 역시 현금 유입인 순이익에서 배당 등을 제외한 유보이익과 자기자본비율에 맞는 신규 부채 증가분을 더한 금액과 현금 유출인 추가 투자 및 운전자본 증가분이 같아질 때의 성장률을 의미합니다. 내부성장률처럼 지속가능성장률을 구하는 식도 복잡합니다. 하지만 실무적으로는 다음과 같이 간편하게 ROE와 유보율을 활용하여 구합니다.

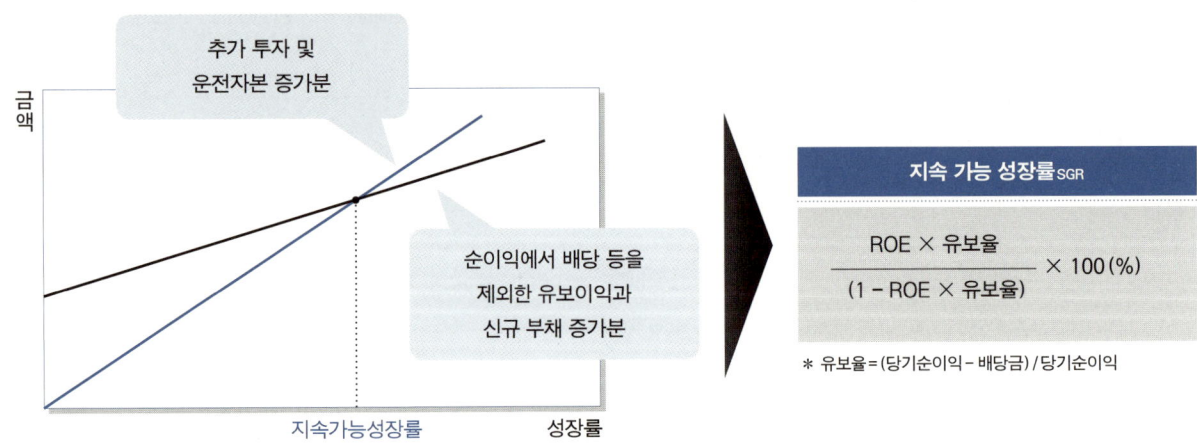

■ 실무 관점에서 본 재무 분석

재무 분석은 회계 자료를 기반으로 기업의 경영 성과를 분석함으로써 객관적인 평가를 통해 전략적 시사점을 도출할 수 있는 유용한 기법입니다. 실무적으로 재무 분석 시 유의해야 할 사항은 다음과 같습니다.

첫째, 수치 중심의 재무 분석에 익숙해져야 합니다.
기업을 경영하는 경영자 중에 숫자에 유독 약한 분들이 있습니다. 마케터나 기획자 중에도 더러 그런 분들이 있죠. 그렇다고 해서 직관을 앞세우고 감에만 의존하면 안 됩니다. 앞서 수치 중심의 분석적 사고가 중요하다고 말한 바 있듯이, 모든 경영 정보는 재무 수치로 표현된다고 해도 과언이 아닙니다. 그러므로 기획 실무자나 전략적 리더라면 당연히 회계나 재무 관련 지식을 습득하고 수치 분석을 능숙하게 다루며 분석 결과를 올바르게 평가할 줄 알아야 합니다. 재무 분석은 향후 기업 전략에서 다룰 재무 전략과도 연관되는 기법이기에 더욱 재무 분석에는 익숙해질 필요가 있습니다.

둘째, 분석에만 그치지 말고 의미 있는 정보를 도출할 수 있어야 합니다.
재무 수치가 중요하지만 그것만으로는 의미를 갖기 어렵습니다. 숫자는 숫자일 뿐이니까요. 그러므로 분석된 결과를 해석함으로써 의미 있는 시사점을 도출해 낼 줄 알아야 합니다. 그러기 위해서는 추이 분석이나 경쟁자 또는 벤치마크와의 비교, 타 재무 분석 수치들과의 비교 등 적절한 방법을 강구하여 전략적 의미를 찾아야 합니다.

셋째, 재무 분석에만 치우치지 말고 거시적인 관점에서 바라봐야 합니다.
재무 분석의 중요성도 인식해야 하지만, 재무 분석 결과에만 연연하다가는 오히려 실패를 부를 수 있음을 명심해야 합니다. 재무 분석은 무형자산 등 수치로 표현되지 못하는 부분을 반영하지 못하며, 기본적으로 과거 실적에 대한 분석이라는 단점을 지니고 있기 때문입니다. 재무 분석 결과만을 믿고 비용 절감과 경영의 효율성만을 추구하다가는 황금알을 낳는 거위의 배를 가르는 꼴이 될 수도 있습니다. 그러므로 재무 분석 결과도 중요하지만 시장 성과나 경영 시스템 등 다른 측면에서도 종합적으로 검토해 봄으로써 최선의 전략을 강구할 수 있어야 합니다.

2-3 ■ 경영 시스템 분석

경영 시스템 분석Management System Analysis이란 경영의 효율성을 극대화하기 위해 조직적인 경영 관리 체계 수준을 분석하는 것을 말합니다. 목표를 달성하기 위해 조직의 자원을 조직 활동에 효과적으로 투입, 통합할 수 있도록 전문성을 지닌 각 부문을 체계적으로 정렬시킬 수 있는 경영 시스템이야말로 지속적인 경쟁 우위의 원천이 될 수 있습니다. 그런 측면에서 자사의 전반적인 경영 시스템 수준을 파악하여 이를 경쟁자 또는 벤치마크와 대비해 봄으로써 자사의 강·약점과 향후 개선 방향을 도출하는 등 전략적으로 유용한 시사점을 얻을 수 있습니다.

경영 시스템 분석은 먼저 내부 조사를 통해 현황을 파악한 후 7S 모델 분석과 같은 전반적인 경영 시스템 분석을 수행하며, 필요할 경우 세부 시스템 분석을 추가합니다.

경영 시스템 분석 절차에 따른 주요 기법들은 다음과 같습니다.

경영 시스템 분석 절차와 주요 기법

■ 현황 파악을 위한 내부 조사

경영 시스템 분석 역시 정확한 현황 파악에서 시작합니다. 정확한 현황 파악을 위해서는 내·외부 자료의 수집뿐 아니라 현장 조사나 임직원 인터뷰 등을 통해 생생한 정보를 수집해야 합니다. 현장 조사나 인터뷰는 문서상의 정보와 다른 사항들을 발견하고 직접 사실을 확인할 수 있어서 활용도가 매우 높은 방법입니다.

현장 조사나 인터뷰가 성공적으로 실행되기 위해서는 무엇보다도 철저한 사전 준비가 필요합니다. 어떤 조사 방법을 사용하며 어떤 사항들을 조사할 것인지, 결과는 어떻게 분석할 것인지 등을 사전에 정리해 놓고 조사에 착수해야 합니다. 특히 현장 조사 체크리스트나 인터뷰 가이드 등은 반드시 철저하게 준비해 놓는 게 바람직합니다.

경영 시스템 분석에서 가장 유의해야 할 사항은 객관성을 최대한 유지하는 것입니다. 정성적인 분석이다 보니 분석자 개인의 직관적인 분석으로만 흐를 경우 오해의 소지가 발생할 수 있기 때문입니다. 그런 측면에서도 현장 조사나 인터뷰는 여러모로 유용한 조사 방식이 될 수 있습니다. 만일 내부 조사가 여의치 않다면 컨설턴트와 같은 제3자를 통해 현황 파악을 하는 것도 고려해 볼 수 있습니다.

참고로 컨설턴트 입장에서 쓴 내용이긴 하지만 인터뷰 시 유의해야 할 사항은 다음과 같습니다.

> 1. 상대방의 상사가 모임을 주선함으로써 인터뷰이Interviewee에게 인터뷰의 중요성을 부여한다.
> 2. 혼자서 인터뷰를 하면 진행 효율성이 떨어지므로 둘 이상의 인터뷰어Interviewer가 함께 한다.
> 3. 지도하려 하지 말고 경청하는 자세를 유지한다.
> 4. 경청한 뒤에는 상대방의 말을 반복해서 정확하게 이해했는지 확인한다.
> 5. 직선적이거나 공격적인 질문을 하는 대신 우회적으로 접근한다.
> 6. 너무 많은 것을 요구하지 말고 질문을 압축하여 간결하게 진행한다.
> 7. 마치고 난 뒤 긴장이 풀렸을 때 슬쩍 물어보는 '형사 콜롬보 전술'을 적절히 활용한다.

출처 | 에단 라지엘, 《맥킨지는 일하는 방식이 다르다》, 김영사, 1999

7S 모델 분석

7S 모델은 맥킨지 컨설턴트였던 톰 피터스 등이 개발한 것으로, 전사적으로 경영 시스템을 진단하고 대책을 수립하는 데 유용한 분석 기법입니다. 특히 7S모델은 까다로운 가치 사슬 분석과는 달리 비교적 쉽게 접근할 수 있으며, 조직 구조나 시스템 같은 Hard한 측면과 공유 가치나 문화 같은 Soft한 측면을 모두 고려함으로써 총체적으로 조직 역량을 진단할 수 있다는 강점을 지니고 있습니다.

그러므로 7S 모델을 통해 경영 시스템을 전반적으로 진단해 봄으로써 자사의 강·약점을 도출하고 향후 경영 방침의 개선이나 변화 관리 등에 활용할 수 있습니다.

7S 모델의 7가지 요소는 다음과 같습니다.

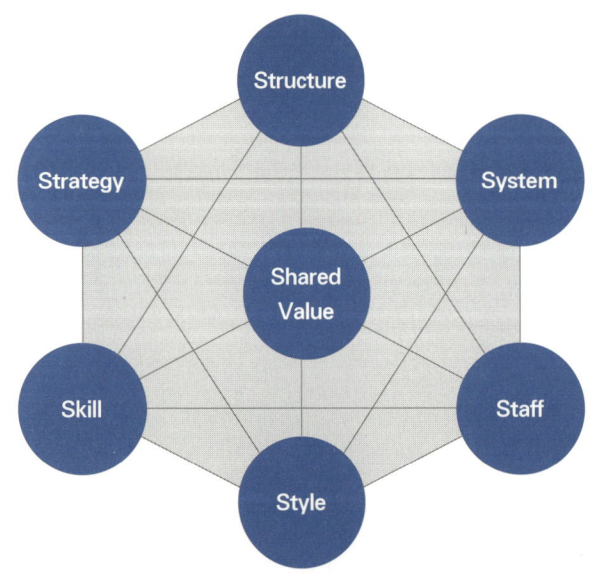

Shared Value 공유 가치	• 임직원들이 공유하는 공동의 가치(미션/비전) • 공유된 비전에 대한 경영진의 의지
Strategy 전략	• 향후 나아가야 할 전략적 방향 제시 • 효율적인 전략 수립 및 실행은 경쟁 우위의 원천
Skill 역량	• 조직으로서 자사가 보유한 차별적 경쟁 역량 • 전사적 지식/능력 수준
Structure 조직 구조	• 비전 달성 및 전략 실행에 적합한 조직 구조 • 조직도, 보고 체계, 조직 간 커뮤니케이션 수준 등
System 시스템	• 효율적인 업무/정보 프로세스 체계 • 업무 매뉴얼, 지원 시스템, 경영 관리 시스템 등
Staff 직원/인력	• 성과를 창출하는 유능한 인적 자원 • 동기 부여 정도, 인사 관리 수준, 관리자 리더십 등
Style 스타일/문화	• 비전 달성 및 전략 실행에 적합한 기업 문화 • 경영진의 경영 스타일, 변화 대응력, 참여도 등

7S 모델의 각 요소들에 대해 다음과 같이 생각해 볼 수 있습니다. 개인이든 조직이든 목표인 비전을 확고하게 정립한 후 목표까지 갈 역량을 갈고 닦으며 현실적으로 가능성 있는 추진 전략을 세워 실행에 옮긴다면 성공 가능성이 높을 것입니다. 7S 모델의 요소로 말한다면, Shared Value와 Skill, Strategy가 잘 정립되어 있다면 그 기업은 성공할 수 있습니다.

하지만 기업은 개인과 달리 다양한 개인들이 모인 조직체이기에 성공하기 위해서는 조직으로서의 역량이 뒷받침되어야 합니다. 즉, 목표도 분명하고 역량과 전략을 보유했다 해도 함께 일할 수 있는 여건이 충족되지 않아 불협화음을 만든다면 성공하기 어렵습니다. 그런 의미에서 조직 차원에서 함께 일할 수 있는 여건 역시 중요합니다. 즉, 임직원들이 함께 일하기 좋게 조직 구조가 설계되어 있으며 시스템이 정비되어 있는지, 구성원 각자에게 동기 부여가 되고 있는지, 비전 달성에 적합한 조직 문화인지가 조직의 성패를 좌우합니다. 이것이 바로 7S 모델의 Structure와 System, Staff, Style입니다.

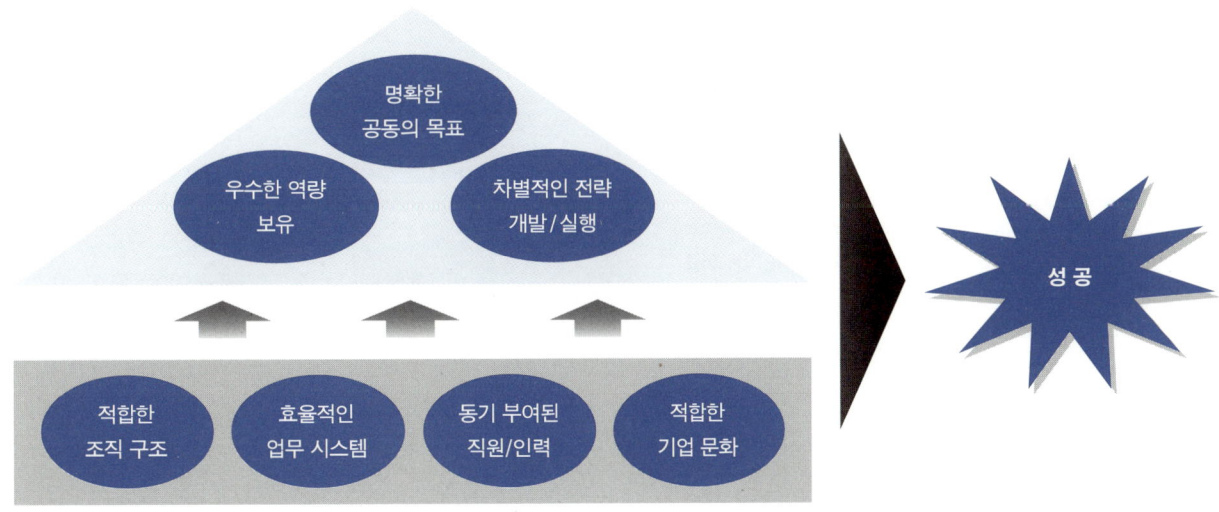

7S 모델은 분석이 복잡하거나 어렵지 않으면서도 경영 시스템을 일목요연하게 파악할 수 있다는 점에서 실무적으로 유용합니다. 참고로 소매 유통 업체의 7S 모델 분석 사례를 살펴보면 다음과 같습니다.

Case | 7S 모델 분석 사례

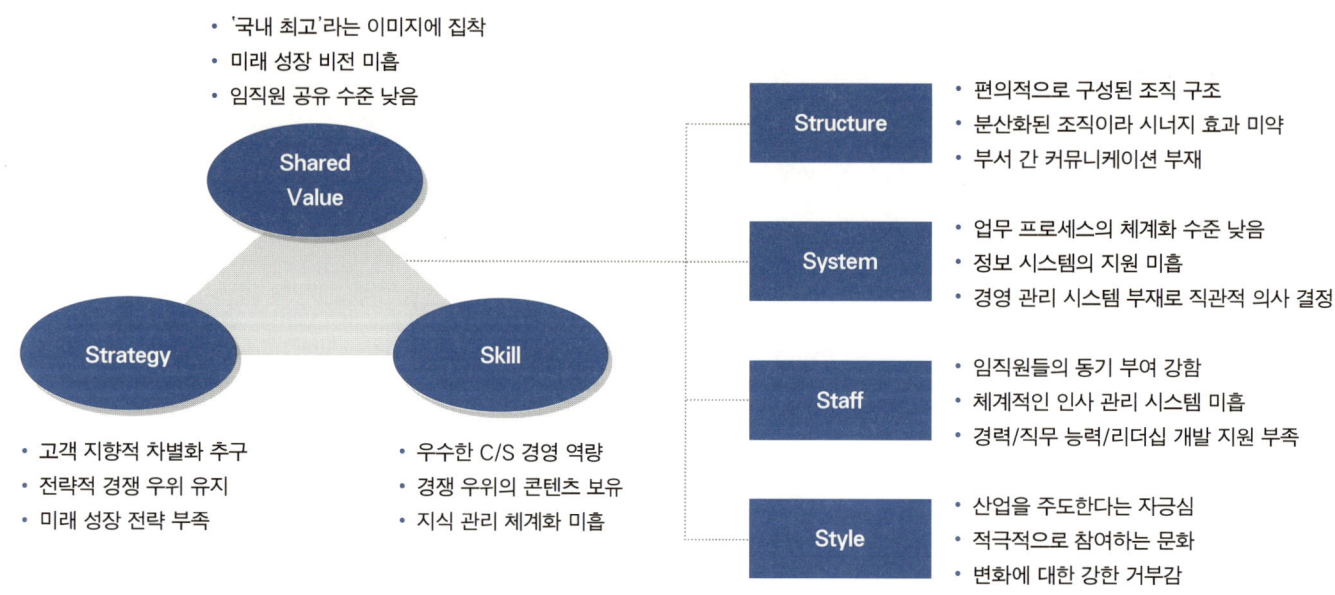

■ 가치 사슬 분석

가치 사슬 Value Chain이란 기업에서 부가가치 창출에 직접 또는 간접적으로 관련된 일련의 활동 프로세스로, 가치 사슬 분석을 통해 자사 가치 창출 활동의 강·약점과 경쟁자의 가치 창출 활동과의 차별성을 파악함으로써 유용한 전략적 시사점을 얻을 수 있습니다.

사실 기업은 차별화나 비용 우위 등 경쟁 우위 가치를 창출하는 활동을 통해 존재 가치를 인정받습니다. 그러므로 구체적으로 어떤 활동들이 가치 창출 과정에서 경쟁 우위의 원천으로 작용하며 어떤 활동들을 개선해야 하는지, 활동들 간의 연관 관계는 어떠한지 파악하는 게 중요합니다. 그래야 이를 토대로 향후 전략적 방향을 수립할 수 있기 때문입니다. 그런 측면에서 가치 사슬 분석은 상당히 유용한 기법입니다.

마이클 포터가 제시한 가치 사슬은 아래와 같이 크게 본원적 활동과 지원 활동으로 이루어져 있습니다. '본원적 활동'은 제품이나 서비스의 물리적 가치 창출과 관련된 활동으로서 직접적으로 고객들에게 전달되는 부가가치 창출에 기여하는 활동이며, '지원 활동'은 직접적으로 부가가치를 창출하지는 않지만 이를 창출할 수 있도록 지원하는 활동을 말합니다.

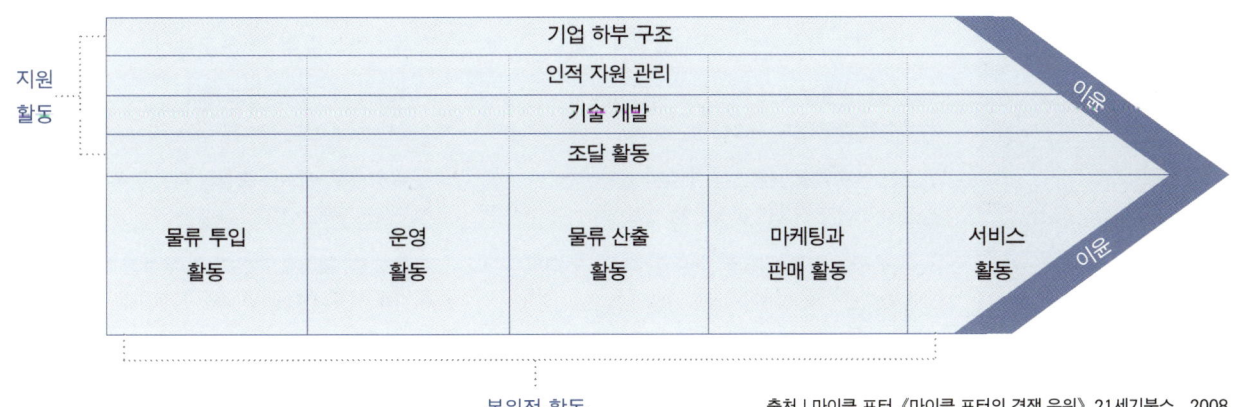

출처 | 마이클 포터, 《마이클 포터의 경쟁 우위》, 21세기북스, 2008

실무적으로 가치 사슬 분석은 프로세스 및 원가 분석 등이 필요하기에 상당히 어려운 작업입니다. 따라서 내부 환경 분석에서는 정밀 분석보다는 전략적으로 개념적인 접근이 유용할 경우가 많습니다. 참고로 가치 사슬 분석에서 다루는 사항들은 다음과 같습니다.

가치 사슬 분석 요소		차별화 가치 창출 요소	비용 우위 가치 창출 요소
본원적 활동	물류 투입 활동	• 원부자재 품질을 유지할 수 있는 물류 시스템 • 생산 공정과 연계된 적시 공급 체계	• 공급자 밀착형 SCM 시스템 • JIT 수준의 재고 관리
	운영 활동	• 고객 맞춤형 유연 생산 시스템 • 낮은 불량률, 짧은 생산 기간	• 비용 경쟁력을 보유한 대량 생산 시스템 • 입지, 우수한 저비용 생산 프로세스
	물류 산출 활동	• 고객 요구에 맞는 정확한 주문 처리 • 신속한 적시 배달 시스템	• 글로벌/전국 단위의 저비용 물류 시스템 • 낮은 수준의 재고 유지
	마케팅과 판매 활동	• 강력한 브랜드, 높은 회사 인지도, 우수한 광고 • 고객 친화적 CRM, 최적 유통망, 훌륭한 판촉	• 글로벌/전국 단위 규모의 경제 실현 • 마케팅 비용 최소화, 저비용 전자상거래
	서비스 활동	• 신속하고도 만족스러운 고객 서비스 • 기술 지원, 교육 훈련 등 폭넓은 고객 지원	• 선별적으로 집중화된 고객 서비스 • 셀프 서비스 등 최소화된 고객 서비스
지원 활동	기업 하부 구조	• 고객 만족을 최고로 지향하는 기업 문화 • 우수한 경영 정보 시스템	• 저비용을 추구하는 기업 문화 • 우수한 경영 정보 시스템
	인적 자원 관리	• 고급 인재 채용 프로그램, 우수한 교육 훈련 • 동기 부여가 가능한 공정한 평가/보상	• 높은 생산성, 성과급 중심의 저임금 체제 • 적극적인 아웃소싱 Outsourcing
	기술 개발	• 독점 기술, 독특한 제품 성능, 우수한 기술 자원 • 차별적인 기술 및 생산 공정 개발 시스템	• 독점 기술, 저비용 구조 제품, 우수한 기술 자원 • 저비용 제품화 기술 및 생산 공정 개발 시스템
	조달 활동	• 고품질의 원·부자재 구매 역량 • 짧은 구매 리드 타임, 최적의 발주 시스템	• 강력한 구매 교섭력 Bargaining Power • 저비용 원·부자재의 대량 구매

■ SCM 분석

SCM이란 Supply Chain Management의 약자로, 원료 공급에서 생산, 유통에 이르기까지 최종 소비자에게 상품을 공급하는 전체 프로세스에 걸쳐 다양한 참여 업체들 간의 협업을 통해 공급 네트워크를 최적화하는 경영 기법을 말합니다. 1990년대에 SCM이 처음 등장했을 때는 재고 감축 등 비용 절감 목적으로 추진되었으나, 최근 들어 협력 업체와의 생태계 구축을 통한 차별적 경쟁력 확보가 화두가 되며 전략적 가치가 부각되고 있습니다. 앞서 전략적 사고에서 언급한 바 있듯이, 21세기 들어 가치 조합의 중요성이 강조되고 있습니다. 애플 생태계를 통해 아이팟과 아이폰, 아이패드를 연이어 성공시킨 애플의 사례에서처럼 개별 기업 홀로 모든 가치를 창출하기는 불가능하며 부분적으로 최고의 가치들을 창출하는 기업들과의 협력을 통한 가치 조합이 성패를 좌우하는 시대가 되었습니다. 즉, 개별 기업 간의 경쟁이 아니라 비즈니스 생태계를 구축하는 SCM 간의 경쟁으로 진화한 셈입니다.

그런 측면에서 어떻게 SCM을 구축, 운영하느냐가 향후 사업의 성패를 좌우할 수 있다는 점에서 세부 경영 시스템 분석 중의 하나로 SCM 분석을 수행할 필요가 있습니다. 특히 경영 시스템 분석이 주로 자사 내부 현황 중심으로만 이루어지고 있기에 더욱 그러합니다.

SCM 분석은 전략적 제휴를 포함한 협력적 수요 관리, SCM 최적화를 고려한 통합적인 제품 설계, SCM 통합 정보 시스템 측면에서 바라보아야 합니다. 이에 따라 자사의 SCM 현황을 진단한 후 경쟁자 또는 벤치마크와 비교해 봄으로써 자사의 강·약점을 도출하고 향후 개선 방안을 수립하는 등 유용한 전략적 시사점을 얻을 수 있습니다.

무한 경쟁이 진전되면서 공급 사슬이 전 세계에 걸쳐 복잡해지고 있습니다. 이와 함께 고객중심주의로 인한 유연성 제고와 비용 절감 등의 과제도 부각되고 있어 SCM 분석의 중요성은 더해지고 있습니다. 하지만 공급 사슬 관련 데이터를 수집, 분석하는 일은 상당히 어려운 작업이기에 쉽게 접근하기 어렵습니다. 그런 측면에서 크레이그 플레이셔와 바베트 벤소산이 지은 《비즈니스·경쟁 분석 Business and Competitive Analysis》에서 소개한 10가지 SCM 핵심 규칙에 따라 자사 현황을 전략적으로 진단하는 것을 고려할 필요가 있습니다.

1	규모의 경제 이점 활용	• 개별 업체별 관리에 따른 채찍 효과 Bullwhip Effect 방지 • 이익을 나눌 수 있는 상생의 협력 관계 구축
2	세계 시장으로의 접근성	• 가격/혁신 측면에서 글로벌 시장에서의 경쟁력 제고 • 신흥 시장으로의 접근성 증대
3	고객의 필요와 요구 충족	• 공급 사슬을 기업이 아닌 고객으로부터 역설계 • 고객중심주의에 입각, 고객 경험을 최적화하기 위한 접근 필요
4	턴어라운드 Turnaround 타임 최소화	• 생산에 차질이 없도록 적정 재고 유지 • 예상치 못한 상황에도 대처할 수 있는 물류 시스템 구축
5	협력적 관계에 의한 민첩성 확보	• 공급과 수요 변동에 신속하게 대응할 수 있는 체계 구축 • 제품 차별화 지연 Delayed Product Differentiation 등을 활용하여 민첩성 확보
6	공급 사슬 내에서의 핵심 포지션 확보	• 공급 사슬 전반에 걸쳐 리더십 확보 • 참여 업체들 모두 성과를 인식할 수 있도록 SCM 개선 주도
7	기술 채택의 파편화 방지	• 운영 체계 전반에 걸친 검토 필요 • 관련 기술은 고객 가치 극대화 등의 목표에 부합되게 통합화
8	신속한 제품 출시 가능	• 참여 업체들 간의 실시간 정보 교환 필요 • 시간, 주기 등을 인센티브로 연결한 지표 활용
9	협력과 통합으로 무경계화	• 공급 업체에 대한 지속적인 모니터링, 정보 공유 등 실현
10	이해 관계자들의 압력 대처	• 이해 관계자들에게 SCM 가치를 성과 측면에서 부각

■ 실무 관점에서 본 경영 시스템 분석

경영 시스템 분석은 경영 관리 체계를 전반적으로 진단해 봄으로써 자사의 강·약점을 도출하고 향후 경영 효율성 제고 방안을 수립하는 데 유용한 기법입니다. 하지만 실무에서 경영 시스템 분석을 할 때는 다음과 같은 사항에 유의해야 합니다.

첫째, 건전한 평가가 아닌 비난/비판으로 흐르지 않도록 해야 합니다.
경영 시스템 분석은 그 특성상 직관적이고 정성적인 분석 중심으로 수행될 가능성이 높습니다. 그러다 보면 전략 수립을 위한 평가가 아닌 비난과 비판으로 이어지기 쉽습니다. 책임 소재 규명 등으로 이어질 경우 더욱 그러하죠. 그러면 경영 시스템을 발전적으로 개선할 건설적인 장으로 나아가지 못한 채 오히려 실패의 길로 갈 수밖에 없습니다. 그러므로 분석 결과에 집착하기보다는 향후 개선책에 집중하는 방향으로 진행되어야 합니다.

둘째, 자의적인 분석을 자제하고 최대한 객관성을 담보해야 합니다.
경영 시스템 분석에서의 또 다른 문제점은 자의적인 분석으로 흐를 경우 분석 결과를 수용하지 않을 수 있다는 점입니다. 기획자 개인의 판단으로 진행할 경우 더욱 그럴 가능성이 높습니다. 귀에 걸면 귀걸이, 코에 걸면 코걸이 식의 분석은 분란만 조장할 뿐이며, 특히 경영진의 귀책 사유로 여겨질 사항은 더욱 유의해야 합니다. 그러므로 조직 구성원들의 설문 조사나 제3자의 경영 시스템 평가 등을 활용하여 가능한 한 객관성을 지닐 수 있도록 노력해야 합니다.

셋째, 분석 비용 및 시간 등을 고려하여 적절한 분석 방법을 선택해야 합니다.
경영 시스템 분석은 그 성격상 분석에만 집중할 경우 많은 시간과 비용이 낭비될 수 있습니다. 물론 전반적인 경영 시스템 진단 및 개선을 위한 작업이라면 분석에 심혈을 기울여야 하지만, 향후 전략 수립을 위한 내부 환경 분석 수준이라면 가급적 기존 자료 등을 활용하거나 최소한의 조사를 통해 수행하는 게 바람직합니다.

2-4 ■ 장애 요인 분석

장애 요인이란 기업이 목표를 달성하는 데 장애가 되는 근본적인 원인으로서 내부 환경 분석을 통해 파악한 문제를 야기하는 근본 원인을 의미합니다. 사실, 문제에 대한 해결책이 바로 보인다 해도 진정한 해결 방안이 아닐 경우가 많습니다. 오히려 피상적으로 문제 해결에 접근함으로써 더 큰 문제를 야기할 가능성도 높습니다. 따라서 문제의 근본 원인을 밝혀 진정한 문제 해결에 다가설 수 있다는 점에서 장애 요인 분석의 의의를 찾을 수 있습니다.

장애 요인 도출 기법으로는 일명 3 Why 기법을 활용합니다. 3 Why 기법이란 '그건 이것 때문이야.'라고 성급히 판단하지 말고, 전략적 사고에서 소개한 로직 트리를 활용하여 문제의 원인을 최소 세 번 이상 묻는 식으로 심층적으로 파고들어 근본 원인을 밝히는 기법입니다. 참고로 토요타에서는 근본 원인을 밝히려 할 때 5 Why까지 사용한다고 합니다.

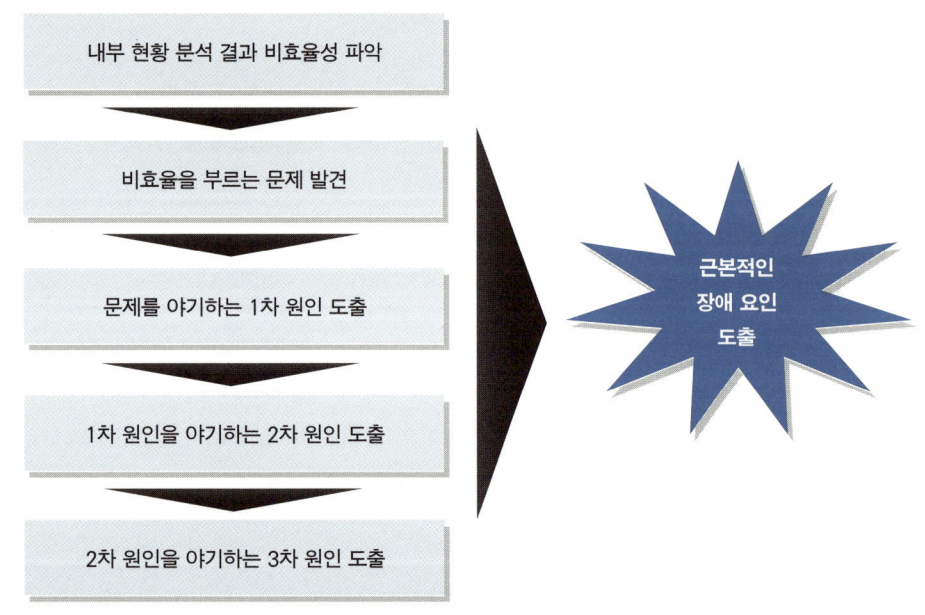

참고로 소매 유통 사업에서 장애 요인을 도출한 사례입니다.

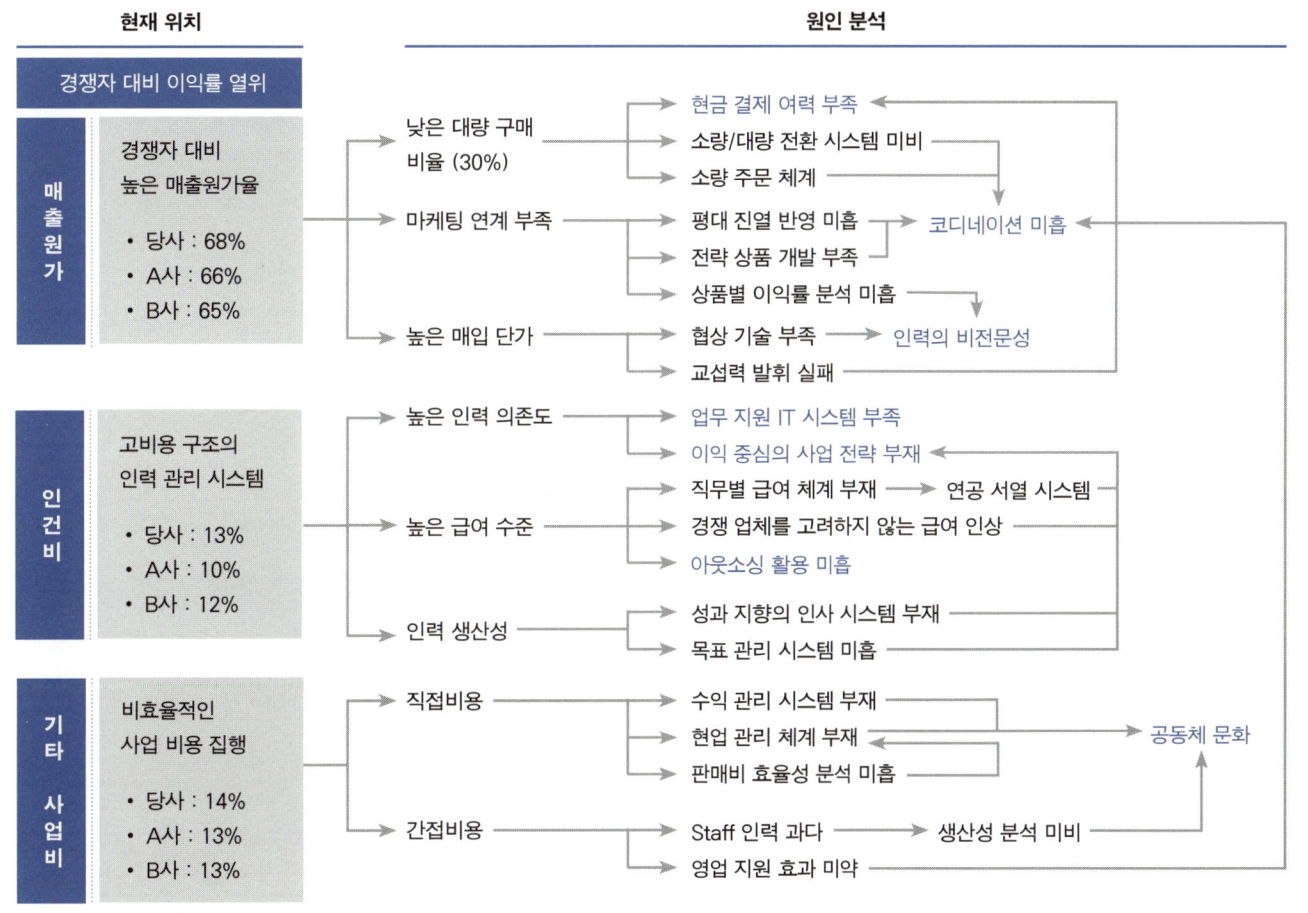

■ 실무 관점에서 본 장애 요인 분석

장애 요인 분석은 내부 환경 분석뿐 아니라 실무적 문제 해결에도 유용하게 활용할 수 있습니다. 일례로 다음과 같은 가상의 서점 마켓 리더를 생각해 보죠. 서점을 운영하고 있는 당사 매출원가율이 경쟁자보다 높다고 합니다. 도서 정가제로 인해 판매 가격은 같은 상황에서 마켓 리더인 당사가 구매 교섭력도 월등한데 왜 매출원가율이 높을까요?

제일 먼저 떠오르는 원인은 바로 구매 부서에서 비싸게 구매하는 것입니다. 그런데 그것을 원인으로 속단하고 무조건 싸게 사라고 지시한다고 문제가 해결되지 않을 수 있습니다. 진정으로 문제를 해결하려면 근본 원인을 찾아가는 작업이 선행되어야 합니다. 즉, 먼저 구매 부서에서 비싸게 살 수밖에 없는 이유가 무엇인지 확인해 보아야 합니다.

그 결과 구매 부서로부터 대량으로 구매하면 구매 가격을 인하할 수 있는데, 물류 부서에서 반대해서 대량 구매를 못하기 때문이라는 답변을 얻었습니다. 그럼 두 번째 단계로 물류 부서에서 대량 구매를 반대하는 이유를 파악해 봅니다.

그 결과 물류 부서로부터 악성 재고가 너무 많아 창고 공간이 부족해서 대량 구매를 반대한다는 답변을 들었습니다. 또한 악성 재고 처리를 위해 영업 부서에 정리를 요청했음에도 처리해 주지 않는다는 답변도 들었습니다. 그러면 영업 부서에서 왜 악성 재고를 처리하지 않는지 이유를 파악하는 세 번째 단계로 넘어갑니다.

그 결과 영업 부서로부터 악성 재고를 처리하려면 가격을 인하해서 판매해야 하는데, 최근 매출원가율이 높은 것이 핫 이슈로 대두되어 처리할 수 없다는 답변을 들었습니다. 드디어 근본 원인에 도달했습니다. 영업 부서의 실적에 반영되지 않는 선에서 장애 요인인 악성 재고를 처리하면 창고 공간이 넓어지고 대량 구매가 가능해져 매출원가율을 낮출 수 있습니다.

3. 핵심역량 선정

지금까지 시장 성과 분석에서부터 재무 분석, 경영 시스템 분석, 장애 요인 분석에 이르기까지 내부 환경 분석에 대해 알아보았습니다. 이렇듯 다양한 기법을 통해 내부 환경을 분석함으로써 다음과 같은 전략적 시사점을 얻을 수 있습니다.

첫째, 자신의 현재 위치 및 내부 역량을 객관적으로 파악할 수 있습니다.
둘째, 경쟁자 대비 자신의 강점과 약점을 다각도로 분석할 수 있습니다.
셋째, 장애 요인을 도출함으로써 향후 개선해 나갈 방향을 제시할 수 있습니다.
넷째, 지속적인 경쟁 우위의 원천이 되는 핵심역량 Core Competencies 을 선정할 수 있습니다.

이 네 가지 중에서도 내부 환경 분석의 가장 중요한 목표는 핵심역량 선정이라 할 수 있습니다. 핵심역량이란 타사가 모방할 수 없는 가치를 고객에게 제공할 수 있는 기업 내부의 독창적인 능력과 기술의 집합체로, 지속적인 경쟁 우위 창출을 가능하게 하는 차별화된 자신만의 역량입니다. 결국 경쟁자가 모방할 수 없는 자사의 핵심역량을 파악하여 전략적으로 핵심역량을 강화, 발전시켜 나감으로써 지속적인 경쟁 우위를 달성할 수 있습니다.

Case | 핵심역량 사례

소니	신속한 신제품 개발 사이클, 제품/부품의 소형화 기술
나이키	상품 디자인과 마케팅 역량, 공급자 관리 능력
월마트	통합 물류 시스템, 경쟁 우위의 SCM
혼다	고성능 엔진과 동력 전달 장치 Powertrain, 딜러 관리 능력
맥킨지	최고의 경영 컨설팅 역량, 인재 개발 시스템

출처 | 이승주, 《경영전략 실천 매뉴얼》, 시그마컨설팅그룹, 1999

■ 핵심역량 평가

앞서 장애 요인 분석에서처럼 핵심역량 역시 내부 환경 분석에서 파악한 강점의 근본 원인을 찾아가는 작업으로부터 시작합니다. 일반적으로 핵심역량은 사업을 성공으로 이끄는 핵심 상품이나 핵심 프로세스의 원천이므로 다음과 같이 역으로 이들의 강점을 이루는 공통 원인을 찾아감으로써 파악할 수 있습니다.

물론 강점이 반드시 핵심역량은 아닙니다. 상대적으로 보면 단지 강하다고 경쟁 우위에 서는 것이 아니기 때문이죠. 그렇다고 경쟁 우위 역량이 반드시 핵심역량이 되는 건 아닙니다. 기업의 지속 성장을 고려할 때 미래에 우위가 사라지거나 성장력에 한계를 보이면 의미가 없기 때문입니다. 결국 핵심역량은 미래에도 지속되는 경쟁 우위 역량이자 타사업으로도 확장 가능한 역량이어야 합니다.

이렇듯 중요한 핵심역량을 선정하는 데 활용할 수 있는 평가 지표로 먼저 게리 하멜의 핵심역량 선정 기준을 들 수 있습니다. 구체적으로 살펴보면 첫째, 자사의 핵심 상품을 차별화함으로써 고객이 원하는 가치를 제공할 수 있어야 하며, 둘째, 경쟁자 대비 차별적인 우위를 유지해야 하고, 셋째, 복합적인 스킬, 기술, 조직적인 요소들을 포괄함으로써 경쟁자의 모방이 불가능하거나 어려워야 하며, 넷째, 다양한 시장에 대한 접근성을 제공함으로써 새로운 영역으로의 확장이 가능해야 합니다.

또 다른 평가 지표로는 제이 바니(Jay B. Barney)의 VRIO 모델을 들 수 있습니다. VRIO 모델에 따르면 핵심역량은 첫째, Valuable, 고객 가치 창출에 기여할 수 있어야 하며, 둘째, Rare, 경쟁자가 갖지 못한 희소성이 있어야 하며, 셋째, Inimitable, 경쟁자가 쉽게 모방하기 어려워야 하고, 넷째, Organizational, 역량을 적극 활용할 경영 시스템을 갖추고 있어야 합니다.

이런 평가 지표들을 활용하여 내부 환경 분석 결과 파악된 핵심역량 후보들을 평가하는 기준은 다음과 같습니다.

핵심역량 평가 절차

1 고객 가치 창출 측면
- 핵심 상품을 차별화하는 데 도움을 줄 수 있습니까?
- 본 역량을 활용해 고객 가치 창출에 기여할 수 있습니까?

Yes

2 경쟁 우위 측면
- 현재 경쟁자 대비 차별적인 우위를 갖고 있습니까?
- 현재 경쟁자가 갖지 못한 희소성이 있습니까?

Yes

3 경쟁자의 모방 억제 측면
- 향후 지속적으로 본 역량을 강화시킬 수 있습니까?
- 미래에도 경쟁자가 쉽게 모방할 수 없는 역량입니까?

Yes

4 사업 확장 및 운영 측면
- 다양한 시장으로의 접근성을 갖고 있습니까?
- 본 역량을 적극적으로 활용할 수 있는 경영 시스템을 갖추고 있습니까?

Yes

핵심역량 선정

■ 핵심역량의 의의

1990년대에 C. K. 프라할라드와 게리 하멜의 핵심역량 이론이 나오기 전까지 전략 논의는 마이클 포터로 대표되는 산업구조학파의 이론에 따라 매력도와 다섯 가지 경쟁 요인 등의 외부 환경에만 초점을 맞추어 진행되었습니다. 즉, 산업의 매력도와 경쟁 요인을 면밀히 파악하여 이를 활용하는 최적의 포지션을 찾는 전략이 대세를 이루었습니다.

하지만 아무리 외부 환경 여건이 매력적이어도 자신의 경쟁 역량이 부족하면 성공 가능성이 낮을 수밖에 없습니다. 그런 측면에서 경쟁 우위의 원천을 외부 환경이 아니라 기업 내부에서 찾는 노력이 필요했는데, 이것이 바로 핵심역량 이론입니다. 경쟁 우위를 달성하기 위한 내부 역량의 중요성을 강조하는 핵심역량 이론은 전략적 시각의 중심을 외부에서 내부로 전환시켰다는 데에 의의가 있습니다. 참고로 핵심역량 이론은 기업의 내부 자원을 기반으로 전략을 수립하려는 자원 기반 관점Resource Base View, 즉 RBV 이론으로 진화해 가고 있습니다. 앞서 언급한 VRIO 모델 역시 RBV 이론 중의 하나입니다.

마이클 포터의 경쟁 전략 이론	게리 하멜의 핵심역량 이론
산업/시장 중심의 Outside-In 전략	내부 역량 중심의 Inside-Out 전략
자사에 적합한 경쟁 포지션을 찾는 능력	스스로 미래를 창조하려는 전략적 의도
현재의 경쟁 우위가 목표	미래의 경쟁 우위가 목표

핵심역량 이론에서는 공장 설비나 유통망, 자금력 등 유형자산보다는 브랜드, 기술, 특정 경영 시스템 등의 무형자산이 경쟁자가 쉽게 모방할 수 없는 역량이라는 점에서 무형자산의 중요성을 강조합니다. 하지만 최근 들어 동적 역량Dynamic Capability이 부각되며 핵심역량의 무용론을 말하기도 합니다. 변화가 극심한 불확실성 시대에는 유연하게 변화에 적응해야 함에도 핵심역량만 맹신하다 실패의 나락으로 빠질 수 있기 때문입니다. 하지만 이는 핵심역량을 브랜드나 기술 등의 특정 자원 중심으로만 생각해서 벌어진 오해입니다. 사실 신속하게 변화를 수용할 수 있는 동적 역량 역시 핵심역량화할 수 있다는 점에서 핵심역량 이론은 여전히 유효하다고 볼 수 있습니다.

■ 실무 관점에서 본 핵심역량 이론

핵심역량 이론은 전략적으로 유용해 보이지만 실제로 적용해 보면 소수의 승자들을 제외하면 핵심역량 평가에 적합한 역량을 갖추지 못한 경우가 많습니다. 승자라 해도 대개 초일류 기업들만이 다수의 핵심역량을 확보하고 있으며, 대부분은 극소수의 핵심역량만을 보유하고 있을 가능성이 높습니다. 그러므로 다수의 기업들, 특히 초창기 기업이거나 시장 지위가 낮은 기업이라면 잠재적인 핵심역량을 선별적으로 선정하여 핵심역량으로 집중 육성하는 '현명한 포기' 전략이 필요합니다.

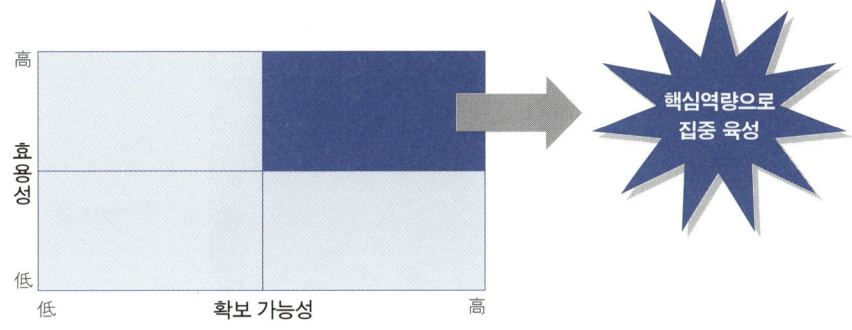

또한 내부 지향적이어야 한다며 내부 역량만 강조해서도 곤란합니다. 어느 방향으로 갈지 정하지도 않은 채 무조건 내부 역량만 뛰어나다고 성공하는 것은 아니기 때문입니다. 그런 측면에서 외부 환경과 내부 환경을 통합적으로 조망하면서 무엇이 핵심 성공 요소이며 이를 확보할 수 있는 핵심역량 또는 잠재적 핵심역량이 무엇인지 파악함으로써 전략 수립 방향을 모색하는 것이 바람직합니다.

핵심역량 평가 기준에 따른 선정 사례를 살펴보면 다음과 같습니다.

Case | 유기농 소매점의 핵심역량 선정

주요 성공 요소	내부 역량 수준	핵심역량
對 고객 신뢰도	• 고객 신뢰도 우위 • 시민 단체와 함께 하는 기업	
전국적 유통망	• 오프라인 매장 열위 • 온라인 쇼핑몰 열위	믿을 수 있는 유기농 상품을 고객에게 제공한다는 신뢰
머천다이징 역량	• 강력한 상품 조달 네트워크 보유 • 시민 단체를 이용한 상품 조달	
마케팅 기획 역량	• 체계적인 마케팅 시스템 부재 • 현재 마케팅 역량 강화 중	
자금 동원력	• 내부 자금 동원력 미미 • 외부 자금 동원 기반 구축 중	

핵심역량 평가	고객 신뢰도	머천다이징 역량
고객 가치 창출 측면	5	4
경쟁 우위 측면	4	4
경쟁자 모방 억제 측면	4	2
사업 확장 및 운영 측면	4	3
역량 평가 결과	4.25	3.25

강점에 집중하라!

모두가 성공을 꿈꾸며 살아갑니다. '어떻게 하면 성공할 수 있을까' 고민하며, 성공하는 사람들의 일곱 가지 습관을 익히거나 아침형 인간이 되리라 다짐합니다. 하지만 하루하루 힘겹게 살아다가 보면 성공은 나와 거리가 멀게만 느껴집니다. 도대체 어떻게 해야 성공할 수 있을까요?

좋은 대학을 가기 위해서는 모든 과목에서 좋은 점수를 받아야 하지만, 사회에서 성공하려면 모든 것을 두루 잘하기보다는 한 가지를 확실하게 잘해야 합니다. 자신의 약점을 찾아서 고치면 훌륭한 사람이 될 수 있다고 믿지만, 사실은 '약점을 고친 평범한 사람'이 될 뿐입니다. 성공하려면 남과 다른 나만의 가치가 있어야 합니다. 그러므로 약점을 고치는 것보다는 강점에 집중하는 것이 현명합니다. 성공은 힘을 집중하는 데서 나옵니다. 자신의 강점이 무엇인지 찾아내고 이를 지속적으로 강화시킴으로써 성공을 쟁취할 수 있죠. 기업도 마찬가지입니다. 내부 역량 중 강점을 핵심역량으로 만들고 이를 강화하는 전략을 펼쳐야 경쟁에서 승리하는 기업이 될 수 있습니다.

그렇다면 어떻게 자신의 강점을 찾아내어 집중해야 할까요? 강점에 집중하라는 얘기는 그럴듯하게 들리지만, 실제로는 어떻게 해야 할지 막막하게 느껴집니다. 사실 강점에 집중하기 위해서는 용기가 필요합니다. 다른 사람보다 뛰어나기 위해서는 남들이 선뜻 실행할 수 없는 길을 가야 할 때가 많습니다. 강점에 집중함으로써 약점으로 인한 위험 부담을 떠안아야 하기 때문입니다. 그래서 대개 사람들은 위험하지 않은 길을 가려고 이것저것 조금씩 조금씩 합니다. 그 방식으로는 성공의 가능성이 낮은데도 말입니다.

또한 이렇듯 위험을 안고 강점에 집중하려면 남다른 전략이 필요합니다. 오다 노부나가의 3단 사격진법이 대표적인 예입니다. 당시 일본에서는 조총이 화살이나 칼보다 강점을 가지고 있음에도 한 번 사격하고 난 후 다시 사격하는 데 시간이 오래 걸린다는 약점 때문에 조총을 쓰지 않았다고 합니다. 하지만 오다 노부나가는 조총의 강점에 집중하여 이를 적극 활용할 수 있는 전법을 개발했는데, 이것이 바로 3단 사격진법입니다. 조총 부대가 3열로 정렬하여 1열이 사격한 후 다시 사격 준비를 할 동안 2열과 3열이 차례로 사격했죠. 그동안 1열은 사격 준비가 끝나 3열의 사격 후 바로 다시 사격할 수 있었다고 합니다. 상대방의 입장에서 보면 오다 노부나가 군대는 계속 사격을 하는 공포의 군대였던 것이죠.

용기 있는 자만이 성공할 수 있습니다. 위험하더라도 나만의 전략으로 일관되게 강점에만 집중해야 합니다. 진정으로 성공하고 싶다면 말입니다.

Chapter 7

사업 전략 수립

글로벌 무한 경쟁의 시대에 막강한 경쟁자들을 상대해야 하는 비즈니스 세계에서 성공하려면 자신만의 경쟁 우위 전략이 필요합니다. 공들여 추진한 내·외부 환경 분석 역시 사업 전략 수립의 수단이기에 어떤 사업 전략을 수립하느냐가 기획의 성패를 좌우할 수밖에 없습니다. 그런 의미에서 현재 위치를 개괄적으로 파악한 후 마이클 포터의 본원적 전략에 따라 전략적 방향을 모색, 최종 전략을 수립하는 과정에 대해 구체적으로 알아보겠습니다. 특히 누구나 알고 있는 차별화와 비용 우위, 집중화 전략의 실질적인 의미와 구체적인 전략 선택 기법을 다양한 사례와 함께 살펴봄으로써 심층적으로 접근해 보고자 합니다.

1 · 사업 전략 수립 개요

2 · 현재 위치 파악

3 · 본원적 전략에 따른 전략적 방향 모색

4 · 전략 대안 도출 및 평가

5 · 실무 관점에서의 전략적 활용

1 ▪ 사업 전략 수립 개요

전략은 목표를 달성하기 위한 최적의 수단입니다. 따라서 사업 전략Business Strategy 역시 목표를 파악하는 것에서 시작합니다. 중장기 사업 전략의 경우, 때로는 전략 수립과 함께 목표를 선정하기도 합니다만, 일반적으로 사업 전략에서는 전사 비전 및 기업 전략에 따라 사업 목표가 정해져 있는 경우가 많습니다. 그러므로 먼저 사업에 대한 전사적인 요구 사항을 파악함으로써 목표에 부합하는 전략을 수립해야 합니다. 참고로 전략 수립과 목표 선정을 병행하는 경우는 대개 비전 수립 등 거시적 전략과 관련되어 있으며, 그 부분은 'Part 4. 전략적 리더에게 필요한 전사 기업 전략'에서 구체적으로 다루도록 하겠습니다.

전체 사업 전략 수립 과정은 다음과 같이 먼저 비전 및 전사 지침 등을 통해 사업 목표를 파악한 후 내·외부 환경 분석을 토대로 사업 전략 및 하위 기능별 전략을 수립하는 단계로 진행됩니다. 이 중 사업 전략 수립은 내·외부 환경 분석 결과를 종합하여 현재 위치를 파악한 후, 전략적 방향을 모색하고 그에 따라 대안들을 도출, 평가함으로써 최종 사업 전략을 선정하는 과정으로 전개됩니다.

여기서 유의해야 할 점이 있습니다. 전사적인 관점에서 사업 목표가 정해져 사업 방향이 설정되어 있긴 해도 구체적인 목표는 확정되지 않았기에 사업 전략 수립과 함께 세부 목표를 SMART 원칙에 맞게 설정해야 한다는 것입니다. 이렇게 설정된 세부 목표를 상위의 사업 목표 달성 척도로 활용하여 사업 전략 실행 실적을 목표 달성도에 따라 평가해 봄으로써 유용한 전략적 시사점을 얻을 수 있습니다.

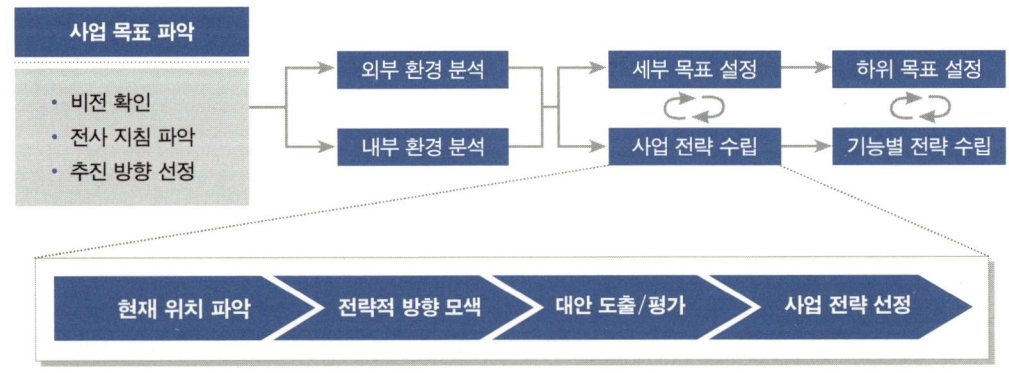

■ SMART 원칙에 따른 세부 목표 설정

SMART 원칙이란 목표를 설정할 때 구체적이고 Specific, 정량적으로 측정 가능하며 Measurable, 실천 지향적이고 Action-oriented, 현실적이면서 Realistic, 시간이 포함되어야 Timely 함을 의미합니다. 이 원칙에 따라 목표를 올바르게 선정함으로써 효율적인 목표 관리 및 수행된 전략에 대한 객관적 평가를 추진할 수 있습니다.

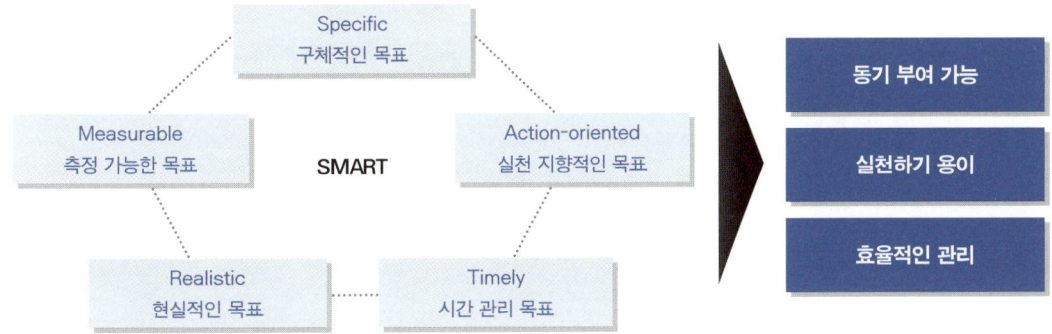

구체적으로 SMART 원칙에 따른 목표 선정 방법은 다음과 같습니다.

Specific 구체적인 목표	• 문제를 해결하기 위해서는 무엇보다 목표가 분명해야 함 • 그런 측면에서 두루뭉술한 목표가 아니라 구체적으로 제시된 목표여야 함
Measurable 측정 가능한 목표	• 측정할 수 있어야 목표를 관리하거나 성과를 개선시킬 수 있음 • 정량 수치로 측정, 관리함으로써 정확한 분석이 가능
Action-oriented 실천 지향적인 목표	• 실행 없는 목표는 쓸모 없는 말잔치에 불과함 • 누가 어떻게 실천할 것인지 구체적인 실무 계획이 수립될 수 있어야 함
Realistic 현실적인 목표	• 목표는 현실적으로 실현 가능성이 있어야 함 • 그래야 조직원들이 자발적으로 실천할 수 있도록 동기 부여가 가능
Timely 시간 관리 목표	• 언제까지 목표를 달성할지 구체적인 기간을 명시해야 함 • 시간 관리를 함으로써 적절한 타이밍 선정과 실행 관리가 가능

2. 현재 위치 파악

사업 전략 수립의 첫 단계는 사업의 현재 위치를 파악하는 것입니다. 사업의 현 위치는 다음과 같은 질문들에 대해 고민함으로써 입체적으로 파악할 수 있습니다. 특히 앞시 소개한 다양한 내·외부 환경 분석을 통해 파악한 핵심 이슈들을 정리하고 내·외부 환경 분석 결과를 종합하여 전략적 포지션 및 SWOT 분석을 수행함으로써 현재 위치를 체계적으로 파악합니다.

Why	• 사업을 하는 이유와 목적은 무엇인가? • 사업을 어느 방향으로 발전시킬 것인가?
What	• 자사는 어떤 사업을 벌이고 있는가? (소속 산업/시장과 표적 고객) • 현재 자사가 해결해야 할 핵심 이슈는 무엇인가?
Where	• 매력도와 경쟁력에 따른 자사의 전략적 포지션은 어디인가? • 내·외부 환경 분석을 종합한 SWOT 분석 결과는?

참고로 전략적 포지션 분석Strategic Position Analysis이란 외부 환경 분석 결과 도출된 산업/시장 매력도와 내부 환경 분석 결과 도출된 강·약점 및 핵심역량 등 자사의 경쟁력을 기준으로 사업의 전략적 위치를 파악하는 것을 말합니다. 이를 통해 향후 사업의 전략적 위치를 개선시키려면 어떤 노력이 필요한지 시사점을 얻을 수 있습니다.

일반적으로 전략적 포지션 분석은 BCG 매트릭스나 GE/맥킨지 비즈니스 스크린 매트릭스, ADL 매트릭스 등 전사 기업 전략에서 수행하는 사업 포트폴리오 분석과 동일한 기법이므로 기업 전략에서 상세하게 다루도록 하겠습니다.

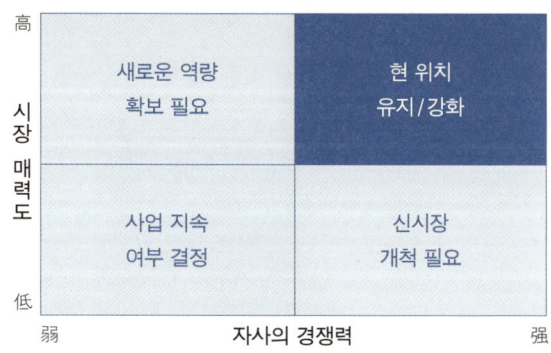

■ 핵심 이슈 파악

사업의 현재 위치 파악 기법으로 먼저 핵심 이슈 파악을 들 수 있습니다. 내·외부 환경 분석을 통해 파악한 당면 전략 과제들을 핵심 이슈Key Issues로 정리함으로써 사업의 현재 위치를 조망하고 향후 전략 수립에 활용할 수 있습니다. 핵심 이슈 파악은 개별 이슈들에 대한 영향력이나 중요도 평가 등을 통해 정량적으로 수행될 수도 있으나, 일반적으로는 환경 분석을 수행하며 얻은 통찰력을 기반으로 핵심 이슈들을 직관적으로 도출합니다.

Case | 소매 유통 사업에서의 핵심 이슈

고객 Customers	• 대형 복합 문화 공간에 대한 선호도 증가 • 전자 상거래 이용 증가로 사업 모델 변신 필요 • 소비자의 다변화에 따른 구매 욕구 변화
경쟁자 Competitors	• 경쟁자들의 공격적인 지점 확장 지속 • 수익 창출의 구조적 한계성 직면 • 온라인 업체들의 급성장으로 경쟁 구도 재편 • 글로벌 유통 업체들의 국내 진출 가시화
자사 Company	• 소극적인 지점 확대 및 온라인 유통 대처 전략으로 마켓 리더 지위 위협 • 고비용 구조로 경쟁자 대비 상대적으로 낮은 수익률 • 기존 사업 포트폴리오상 한계 사업 과다

Key Issues
- 전사적 위기 의식 공유
- 비전에 기반한 공격적인 성장 전략 수립
- 온라인 사업 적극 전개
- 경영 효율성 제고 방안 마련

■ SWOT 분석

사업의 현재 위치 파악 기법 중 두 번째는 SWOT 분석입니다. 스탠퍼드대의 앨버트 험프리Albert Humphrey 교수가 개발한 SWOT 분석은 오랫동안 사용되어온 분석 도구로, 단순해서 이해하기 쉬우면서도 내·외부 환경 분석 결과를 한눈에 조망할 수 있어 지금도 많이 사용되는 기법입니다. 여기서 SWOT이란 내부 환경 분석을 통해 도출한 강점Strength과 약점Weakness 요인, 외부 환경으로부터의 기회Opportunity와 위협Threat 요인을 나타내는 용어입니다.

SWOT 분석을 통해 강점과 약점, 기회와 위협 요인을 종합적으로 파악함으로써 전략적 방향 모색과 전략 대안 도출에 유용하게 활용할 수 있습니다. 즉, 강점을 활용하고 약점을 제거하며 기회는 활용하고 위협은 억제할 수 있는 방안을 고민함으로써 유용한 전략적 시사점을 얻을 수 있습니다.

Case | 유기농 사업의 SWOT 분석

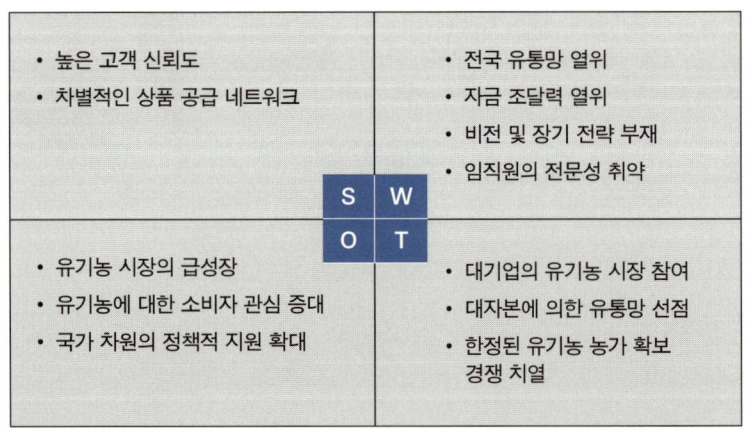

SWOT 분석을 한다며 대개 내부자라면 알고 있는 내용들을 정리하는 경우가 많습니다. 그럴 경우 SWOT 분석은 크게 전략적 의미를 갖기 어렵습니다. 그러므로 내·외부 환경 분석 결과 도출된 구체적인 요소들을 중심으로 좀 더 심층적인 SWOT 분석이 되도록 해야 합니다. 그런 의미에서 SWOT 분석 시 고려해야 할 요소들을 살펴보면 다음과 같습니다.

SWOT 분석 요소

잠재적인 내부 강점	잠재적인 내부 약점	잠재적인 외부로부터의 기회	잠재적인 외부로부터의 위협
• 주요 영역에서의 핵심역량 • 충분한 재무 자원 • 고객 인지도 • 잘 인지된 시장 지배적 지위 • 규모의 경제 • 시장 보호막 • 차별화된 기술 • 원가 우위 • 우월한 광고 캠페인 • 제품 혁신 스킬 • 검증된 경영진 • 경험 곡선 효과 • 제조 역량의 우월성 • 기술 역량의 우월성	• 불분명한 전략 방향 • 진부화된 설비 • 평균 이하의 수익성 구조 • 자질 있는 경영 자원의 부족 • 핵심역량의 부재 • 전략 실행 역량 부족 • 내부 운영 시스템의 문제 • R&D 역량 취약 • 제품 라인의 취약성 • 취약한 시장 이미지 • 취약한 유통망 • 취약한 마케팅 스킬 • 새로운 전략 수행을 위한 자금 조달력 • 높은 단위당 코스트	• 추가적인 소비자 집단이나 새로운(세분) 시장의 존재 • 다양한 고객 니즈 충족을 위한 제품 라인 확장 가능성 • 신제품/비즈니스로의 스킬이나 기술적 노하우 이전 가능성 • 수직적 통합의 가능성 • 주요 해외 시장에서의 낮아진 무역 장벽 • 시장 수요의 대폭 증대 • 신기술의 부상	• 저원가 기반의 해외 경쟁자 진입 • 대체재의 판매 증대 • 시장 성장률 저하 • 환율 및 주요국 무역 정책의 부정적인 방향으로의 변동 • 비용을 증가시키는 규제 강화 • 경기 침체 • 고객 및 공급 업체의 협상력 증대 • 고객 기호 및 취향 변화 • 인구 통계학적 지표의 악화

출처 | 코넬리스 클뤼버, 존 피어스 2세, 《전략이란 무엇인가?》, 3mecca.com, 2007

3. 본원적 전략에 따른 전략적 방향 모색

사업 전략 수립의 두 번째 단계는 세 가지 본원적 전략에 따라 전략적 방향을 모색하는 것입니다. 이 단계에서는 내부 환경 분석에서 파악한 핵심역량을 기반으로 외부 환경 분석에서 도출한 성공 요소를 확보할 수 있는 경쟁 포지션을 어느 방향으로 구축힐지 판딘합니다.

마이클 포터가 제시한 본원적 전략은 다섯 가지 산업 경쟁 요인으로부터 자사를 보호하며 경쟁 우위를 확보할 수 있는 전략의 세 가지 방향을 다음과 같이 설명하고 있습니다. 즉, 자신의 내·외부 경영 여건에 따라 고객 지향적인 차별화 가치나 비용 우위를 추구할 수 있으며, 때로는 경쟁을 회피하기 위해 세분 시장만을 공략할 수도 있습니다.

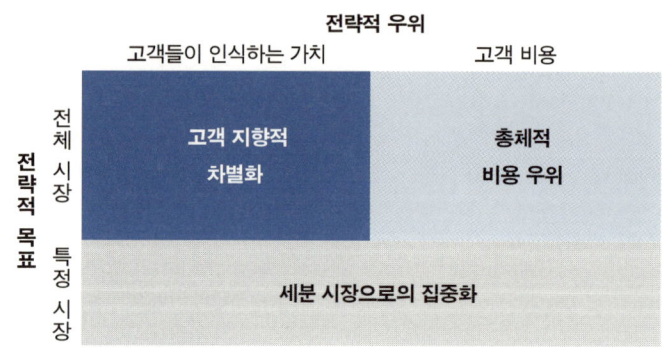

마이클 포터의 3가지 본원적 전략

차별화 우위 Differentiation Advantage	경쟁자와 가격으로 경쟁하지 않고 대신 경쟁자에게는 없는 차별화된 가치의 상품으로 경쟁하는 전략
비용 우위 Cost Advantage	저비용 구조를 기반으로 동일한 상품을 경쟁자보다 낮은 가격으로 경쟁하는 전략
시장 선점 우위 Niche Occupation Advantage	경쟁자가 관심을 보이지 않는 틈새시장 Niche Market에 집중, 특정 시장을 선점하는 전략

3-1 ■ 차별화 전략

차별화 전략Differentiation Strategy이란 상품이나 고객 서비스 등 자사가 제공하는 독특한 가치의 차별성을 무기로 지속적인 경쟁 우위를 확보하려는 경쟁 전략을 말합니다. 2011년에 하버드대 문영미 교수는 저서 《디퍼런트Different》에서 동일함이 지배하는 세상에서 넘버 원Number One을 넘어 온리 원Only One을 지향해야 한다고 주장하여 화제가 된 적이 있습니다. 이처럼 차별화에 대한 관심은 어느 때보다 높습니다. 그렇다 보니 어떻게 하면 혁신적인 차별화를 도모할 것인지 고민하면서 기발한 차별화를 추구하려고 합니다만, 실상 차별화 전략의 기본은 동일합니다. 차별화 전략은 언제나 '고객이 중요하게 여기지만 경쟁자에게는 없는 자사만의 독특한 가치를 어떻게 고객에게 지속적으로 인식시킬 것인가?'의 문제로 귀결되기 때문입니다.

흔히 차별화 전략을 한다며 기능이나 품질이 우수한 상품을 개발하거나 특별한 고객 서비스를 제공하는 데만 집중하는 실수를 저지릅니다. 이런 실수를 하는 이유는 고객은 상품을 사는 게 아니라 가치를 구매하기에 고객의 입장에서 그 가치를 인지하지 않으면 소용이 없음을 모르기 때문입니다. 그러므로 차별화 전략에서 가장 중요한 점은 고품질의 상품이나 서비스 제공이 아니라 고객 인식상에서의 차별화된 가치 제안Value Proposition 입니다.

Case | 펩시 챌린지

고객들은 품질이 아니라 자신이 인식하고 있는 상품의 가치 기준으로 구매한다. 따라서 누가 먼저 고객 인식을 장악하고 어떻게 고객들에게 경쟁자보다 가치 있는 상품으로 인식시키느냐가 성패를 좌우한다. 이렇듯 차별화 전략에서 고객 인식의 중요성을 인지하여 이를 마케팅에 활용한 대표적인 사례로 펩시 챌린지Pepsi Challenge를 들 수 있다.

1970년대에 펩시는 딜레마에 빠져 있었다. 콜라 블라인드 테스트 결과 6:4의 비율로 코카콜라보다 펩시콜라를 선택한 사람들이 많았던 것처럼 고객들이 선호하는 제품을 개발, 판매했지만, 판매 실적은 코카콜라에게 뒤지고 있었기 때문이다. 이는 실제로는 그렇지 않은데도 고객들이 코카콜라가 펩시콜라보다 맛있다고 생각하여 구매 시점에 코카콜라를 선택하는 데서 비롯되었다. 이에 펩시는 고객 인식을 대대적으로 공략하는 마케팅을 전개했는데, 이것이 바로 펩시 챌린지였다. 참가자 중 상당수가 펩시를 선택하는 콜라 블라인드 테스트를 TV 광고로 내보낸 것이다. 그 결과 펩시에 대한 선호도 증가 등 고객들의 인식이 긍정적으로 바뀌며 시장에서도 성공적인 결과로 이어졌다.

문제는 차별화 가치를 고객에게 인식시키는 게 말처럼 쉬운 일이 아니라는 데 있습니다. 차별화 전략이 유효하려면 고객이 중요하게 여기지만 아직 충족되지 않은 니즈를 공략함으로써 고객에게 경쟁자 대비 차별화 가치를 분명하게 인식시켜야 하며, 경쟁자의 모방을 억제하는 등 지속 가능성도 확보해야 합니다. 하지만 최근의 경영 환경은 이런 차별화 전략을 활용하기에 상당히 어려운 상황입니다.

첫째, 인류 역사상 가장 풍요로운 시대에 들어섰습니다.

풍요의 시대인 지금, 과잉 공급으로 인해 사람들은 초과 만족한 상황입니다. 그래서 아무리 차별화 가치를 주장해도 여간해서는 필요성을 인식하지 못합니다. 부족할 때는 작은 것 하나에도 소중함을 느끼지만 말입니다.

둘째, 승자 독식 시장으로 굳어져 기존 강자에게 유리한 게임이 진행되고 있습니다.

1등에 대한 호감, 다수를 따라 하려는 사회적 심리 등으로 인해 사람들은 대개 선두 기업에 호의적입니다. 사람들에게 최고로 인식되는 기업은 리더의 지위와 강력한 브랜드 파워 등을 활용하여 특별한 상황이 발생하지 않는 한 사람들의 인식을 선점할 가능성이 높습니다. 따라서 차별화를 통한 고객 인식 공략이 쉽지 않습니다.

셋째, 점점 심해지는 경쟁적 수렴 현상이 지속 가능성을 위협하고 있습니다.

요즘은 모방되지 않는 것이 없다 해도 과언이 아닐 정도로 경쟁적 수렴 현상이 심해지고 있습니다. 따라서 어렵사리 차별화 가치를 창출했다 해도 이내 경쟁자의 공共진화로 인해 차별화 가치가 퇴색하며 의미가 없어져버리기 쉽습니다.

그러므로 자사의 전략으로 차별화 전략을 선택하기 전에 다음의 네 가지 질문을 신중하게 검토해 보아야 합니다.

1	고객을 공략하기 위해 어떤 차별화 가치를 제안할 것인가?
2	어떻게 차별화 가치를 효과적으로 제공할 것인가?
3	어떻게 차별화 가치를 고객에게 인식시킬 것인가?
4	어떻게 경쟁자의 모방으로부터 자사를 보호할 것인가?

■ 고객을 공략하기 위해 어떤 차별화 가치를 제안할 것인가?

차별화 전략으로 성공하기 위해서는 무엇보다도 고객이 중시하는 가치와 경쟁자가 제공하는 가치, 자사의 경쟁 우위 요소 등을 종합적으로 파악하여 경쟁자보다 우월하게 제공할 수 있는 차별화 가치를 제안해야 합니다.

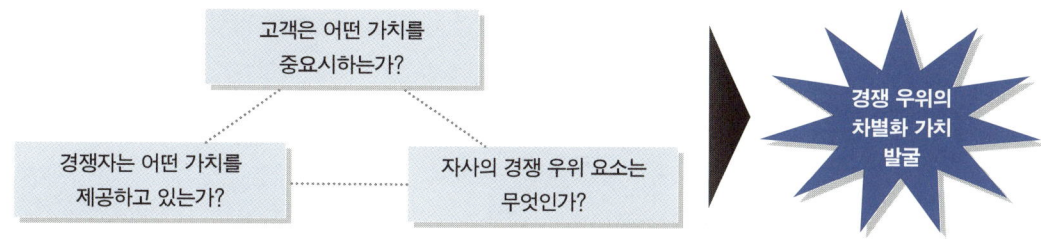

차별화 가치 요소

1	상품/서비스 속성 측면	• 경쟁자에게 없거나 우위에 있는 자사만의 상품 속성이나 독특한 서비스를 강점으로 활용 • 때로는 자사와 비교되는 경쟁자의 약점을 공략함으로써 차별화 가치를 집중 부각 • 아스피린의 부작용을 공략한 타이레놀, 박카스의 약점을 이용한 비타500 등이 대표적
2	고객 관계 측면	• 풍요의 시대에 사람들은 기왕이면 대접받으며 구매하길 원함 • 고객 관계를 경쟁자보다 더 친밀하게 유지함으로써 차별화 가치를 창출할 수 있음 • 고객 감동의 온라인 쇼핑몰 자포스, 고객 서비스의 대명사 노드스트롬 백화점 등이 대표적
3	자사 포지션 측면	• 경쟁자보다 우위에 있는 자사의 포지션을 차별화 가치로 활용 • 최초 시장 진입자 또는 마켓 리더 지위임을 강조함으로써 고객 선호를 유도 • 역으로 에이비스처럼 시장 지위가 2위임을 강조함으로써 차별화에 성공한 사례도 있음
4	무형자산 측면	• 자사의 강력한 브랜드 자산을 차별화 가치로 활용 • 신뢰할 수 있는 기업 이미지나 오래된 전통 또는 최첨단 기술 기업 등도 활용 • 브랜드 자산 1위의 코카콜라, 기술력의 소니, 명품 보드카 그레이구스 등

Case | 프레스티지 가치

고차원적 욕구를 충족시키는 차별화 가치로 명품을 지향하는 프레스티지Prestige 가치를 생각해 볼 수 있다. 프레스티지 가치는 일반적으로 다음과 같이 다섯 가지 가치에 기반을 두고 있으며, 어떤 가치를 소구하느냐에 따라 적합한 추진 전략을 선택, 실행해야 성공할 수 있다.

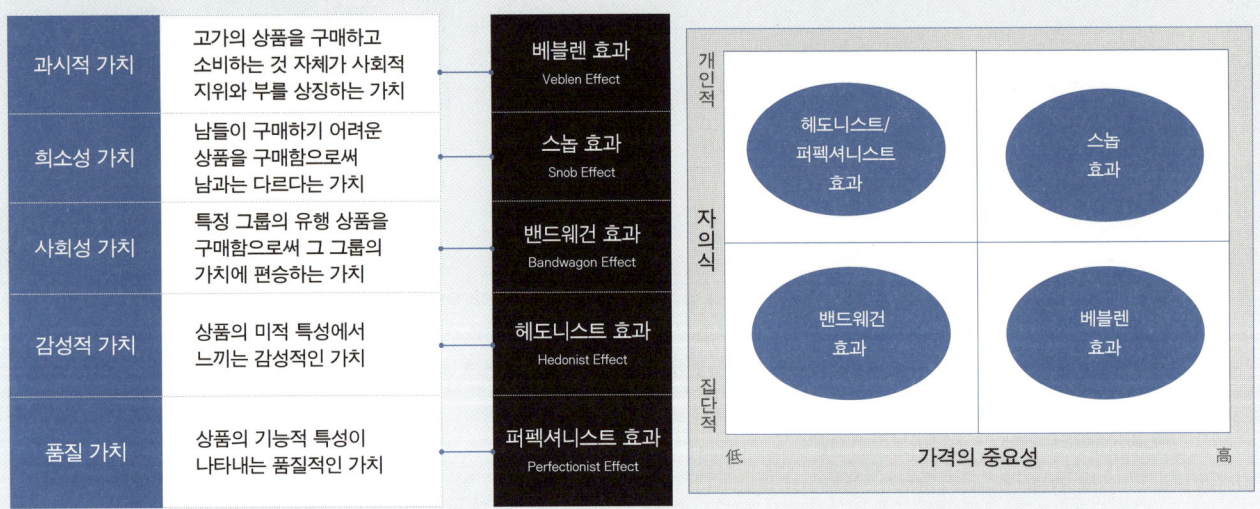

일례로 과시적 가치에 소구하여 명품 마케팅을 추진한다고 하자. 국내에는 잘 알려지지 않았지만 유럽에서 유명한 명품 상품을 수입한 후, 잠재 고객인 상위 1% 상류층만을 대상으로 하여 광고 등 마케팅을 실행한다면 어떻게 될까? 결과는 실패로 귀결될 가능성이 높다. 고객이 명품 브랜드를 사는 이유는 과시적 가치를 누리기 위해서인데, 이 경우처럼 상류층에만 알리는 마케팅을 하면 일반인들은 그 브랜드를 모르기에 일반인들 앞에서 과시할 수가 없다. 따라서 그 브랜드를 사야 할 이유가 없다. 최고급 명품 브랜드가 대부분이 명품을 구매하지 않을 일반 대중을 대상으로 TV 광고를 하는 이유도 여기에 있다.

■ 어떻게 차별화 가치를 효과적으로 제공할 것인가?

앞서 언급한 차별화 가치를 창출하기 위해서는 그에 적합한 상품/서비스에 기반한 고객 가치를 개발하여 제공해야 합니다. 그런데 경쟁자와 똑같은 방식으로는 그런 가치를 제공하기 어렵습니다. 그러므로 다음과 같이 차별화 가치를 창출할 수 있는 내부 역량을 중심으로 경쟁자에게 없는 자사만의 차별적인 역량을 구축하도록 노력해야 합니다.

Shared Value 공유 가치	• 차별적 가치 창출을 지향하는 고객중심주의
Strategy 전략	• 독특한 상품/서비스에 기반한 지속적인 차별화 전략 추구
Skill 역량	• 창의적이고 전문적인 고급 인재 • 강력한 브랜드 및 높은 회사 인지도, 차별적인 기술 등
Structure 조직 구조	• 복합적인 매트릭스 구조 또는 창의적인 TFT 장려 • 의사 결정 권한의 대폭 위임 등을 통한 재량권 부여
System 시스템	• 사소한 불편도 해결하려는 고객 지향적 업무 시스템 • R&D/상품 개발 및 마케팅 기능 강화
Staff 직원/인력	• 결과보다 과정 중심의 성과 측정 • 위험 감수에 대한 적극적인 보상 실시
Style 스타일/문화	• 실패를 용인, 장려하는 도전과 모험 정신 • 리더가 낮은 곳을 향하는 서번트 리더십

이 외에 아이튠스 및 앱스토어 플랫폼을 기반으로 상생 구도를 제안함으로써 음악 콘텐츠 업체나 소프트웨어 업체들의 협조를 이끌어 대성공을 거둔 애플 생태계에서 보듯이, 외부 업체들과의 협력을 통해 차별적 가치를 창출하는 방안도 모색할 필요가 있습니다.

그런 측면에서 혁신의 대명사 3M의 경영 시스템을 살펴보도록 하겠습니다.

Case | 3M의 이노베이션 시스템

1902년 창업 이후 스카치 테이프와 포스트잇 등 기발한 상품들을 히트시킨 3M은 100여 년이 지난 지금도 여전히 애플, 구글과 함께 혁신적인 기업의 대명사로 거론되고 있다. 이렇듯 3M이 독특한 상품들을 내놓으며 혁신을 지속할 수 있었던 것은 3M만의 이노베이션Innovation 경영 시스템이 기반이 되었다고 한다. 그럼 3M만의 독특한 경영 시스템은 어떤 특징을 갖고 있을까?

첫째, 3M은 성과가 떨어져도 실패를 오히려 칭찬하는 문화를 조성하여 도전을 두려워하지 않도록 했다.
실패를 조장해야 오히려 혁신적인 상품이 나올 수 있다는 맥나이트 원칙McKnight Principle은 지금의 3M을 만든 윌리엄 맥나이트 전 회장의 경영 원칙으로, 3M만의 독특한 기업 문화로 발전하여 창의적인 성공의 기반이 되고 있다.

둘째, 이노베이션을 지속적으로 추진할 수 있도록 다음과 같은 여러 제도적 장치들을 구축하여 실행에 옮겼다.
- 최근 1년 이내에 개발한 신상품 매출이 전체 매출의 10%를 넘어야 한다.
- 4년 이내에 개발한 신상품 매출이 전체 매출의 30%를 넘어야 한다.
- 15% 룰에 따라 전체 근무 시간 중 15%는 원하는 프로젝트를 추진할 수 있다.
- 부트레깅Bootlegging 정책에 따라 상사의 허가와 상관없이 비밀리에 신상품 개발 프로젝트를 추진할 수 있다.
- 골든 스텝상Golden Step, 혁신가상Innovation Award, 칼튼 소사이어티Carlton Society 회원 자격 등 다양한 보상을 실시한다.

셋째, 개인의 자발적인 참여뿐만 아니라 3M만의 전사적 지식 공유 시스템도 한몫했다.
CEO와 연구원들이 1년에 두 차례씩 한데 모여 새로운 기술 등에 대해 허심탄회하게 얘기를 나누는 테크 포럼Tech. Forum이 대표적이다.

요컨대, 3M은 가장 혁신적인 기업이 되겠다는 비전을 목표로 이노베이션만이 살길이라는 철학과 실패를 용인하는 문화를 형성했다. 그리고 그 속에서 전 조직원이 이노베이션에 참여하도록 동기를 부여했다. 그렇게 자신만의 이노베이션 경영 시스템을 정착시킴으로써 3M은 지금도 혁신적인 차별화 가치를 지속적으로 창출하고 있다.

■ 어떻게 차별화 가치를 고객에게 인식시킬 것인가?

차별화 전략을 추구하려면 차별화 가치의 개발도 중요하지만 이 가치를 고객에게 인식시키는 것이 더욱 중요합니다. 고객이 인식하지 못하면 고객 가치 개발도 무용지물이기 때문입니다. 차별화 전략의 성패는 여기서 결정된다 해도 과언이 아닙니다.

고객 인식을 선점하기 위한 전략으로는 알 리스와 잭 트라우트가 제시한 포지셔닝 전략이 유효합니다. 이에 따르면 자신만의 영역에서 최초가 되거나 최고가 되는 것이 소비자들의 기억 속으로 쉽게 들어가는 방법이라고 합니다. 이에 대한 구체적인 내용은 마케팅 전략에서 다루도록 하고, 여기서는 어떻게 해야 고객에게 효과적으로 차별화 가치를 인식시킬 수 있을지를 간략하게 알아보겠습니다.

고객들이 다양한 상품의 홍수 속에서 자사가 제공하는 차별화 가치를 인식하도록 하기 위해서는 경쟁자와 다른 실행 방식이 필요합니다. 즉, 일관되게 실행하거나 기발한 방식이나 과도한 실행을 통해 '이 회사는 정말 뭔가 다르구나.'라는 인식을 심어주어야만 차별화 전략이 성공할 수 있습니다.

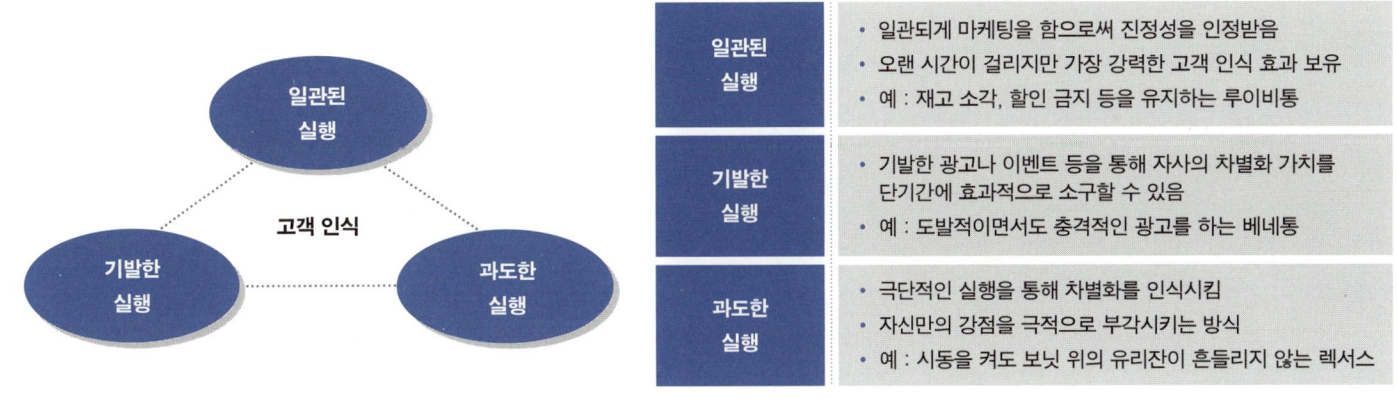

고객 서비스 하면 흔히 미국의 노드스트롬Nordstrom 백화점을 떠올립니다. 이렇듯 노드스트롬 백화점이 고객 서비스의 대명사가 될 수 있었던 데는 다음과 같이 상식을 뛰어넘는 과도한 실행이 주효했습니다.

Case | 고객 서비스의 대명사 노드스트롬 백화점

충분히 좋은 것으로는 충분하지 않다고 했다. 새로운 차별화 가치를 통해 고객의 인식을 사로잡기 위해서는 상품이나 서비스에 열광하게 만들 수 있는 과도한 실행Over-Performance이 필요하다. 그런 측면에서 고객제일주의를 표방하는 미국의 노드스트롬 백화점 사례를 살펴보자. 노드스트롬 백화점은 고객 서비스의 차별화로 치열한 경쟁 속에서도 지속적으로 성장하고 있다. 이런 성장의 배경에는 '어떤 상황에서도 고객에게 노No하지 않는다'는 노드스트롬만의 제1규칙이 있었다고 한다. 이 규칙은 직원들이 어떤 상황에서든 고객을 위해 최선의 판단을 내리고 실행할 수 있도록 권한을 대폭 위임하는 등 고객 지향적인 실행을 적극 권장하는 노드스트롬의 기업 문화와 맞물려 노드스트롬을 고객 서비스의 신화적인 존재로 만들었다. 몇 가지 사례를 들어보자.

한 고객이 노드스트롬에 비행기표를 두고 나왔다가 공항에 와서야 비행기표가 없는 걸 알았다. 그런데 그때 노드스트롬 직원이 당황한 고객에게 비행기표를 건넸다고 한다. 그 직원은 고객이 놓고 간 비행기표를 들고 부랴부랴 공항까지 달려온 것이었다.

할인 행사가 끝난 다음날, 한 부인이 할인 기간이 끝난 줄도 모르고 바지를 사러 왔다. 그런데 마침 그 매장에는 그녀에게 맞는 치수가 다 팔리고 없었다. 그러자 판매 사원은 고객이 원하는 바지를 길 건너에 위치한 경쟁 백화점에서 정가에 사 와서 그 부인에게 판매했다고 한다. 그것도 할인된 가격으로 말이다.

한 노인이 노드스트롬 매장에 타이어를 반품하러 왔다. 그런데 그 타이어는 노드스트롬에서 판매하지도 않는 상품이었다. 그럼에도 판매 직원은 두말하지 않고 반품을 받은 뒤에 환불해 주었다고 한다.

이렇듯 황당하기까지 한 일화들이 회자되자 사람들의 마음속에 '고객 서비스 하면 역시 노드스트롬'이라는 인식이 각인되기 시작했다. 상식을 뛰어넘는 이런 과도한 실행들을 통해 노드스트롬만의 차별화 가치를 부각시킬 수 있었던 것이다.

■ 어떻게 경쟁자의 모방으로부터 자사를 보호할 것인가?

차별화 가치를 창출했어도 경쟁 우위를 지속적으로 유지하려면 경쟁자의 모방으로부터 자사를 보호해야 합니다. 경쟁자가 자사의 차별화 가치를 모방한다면 차별화 전략으로서의 의미가 사라지기 때문입니다. 하지만 애플과 삼성전자 간의 특허 분쟁에서 보듯, 무한 경쟁의 시대에 모방을 원천적으로 막는 건 불가능합니다. 그러므로 경쟁자의 모방을 완벽하게 막으려 하기보다는 모방을 어렵게 만들거나 모방하더라도 자사만의 차별화 가치를 강화할 수 있는 방안을 통해 자사를 보호하는 편이 바람직합니다. 그렇다면, 경쟁자의 모방으로부터 어떻게 자사를 보호할 수 있을까요?

첫째, 상대적으로 모방하기 어려운 역량 중심으로 경쟁력을 구축함으로써 모방을 지연시킵니다.
상대적으로 모방하기 쉬운 상품의 기능이나 품질 등 하드웨어적인 측면보다는 다음과 같이 모방이 어려운 소프트웨어적인 측면에서 경쟁력을 구축하는 게 바람직합니다.

무형자산	강력한 브랜드 자산, 기업 이미지, 신뢰할 수 있는 전통, 특허 등
내부 시스템	경쟁력 있는 가치 사슬, 차별화에 적합한 경영 시스템 등
기타	구매자와의 관계, 차별적인 비즈니스 생태계 등

둘째, 모방 차단 장벽을 통해 모방에 따른 부담을 증가시켜 모방을 억제합니다.
규모의 경제를 실현하거나 다수의 충성 고객군을 확보함으로써 모방을 통한 경쟁이 쉽지 않음을 인식시켜 모방을 억제합니다. 특히 내부에 축적된 지식을 기반으로 비용을 절감하여 가격 인하를 단행함으로써 경쟁자의 모방을 더욱 어렵게 만들 수도 있습니다.

셋째, 스스로를 진부화시키는 전략으로 모방 경쟁자보다 한발 더 나아감으로써 지속적인 경쟁 우위를 유지합니다.
그럼에도 경쟁자의 모방을 막을 수 없다면 스스로 자사 상품을 퇴물로 만들어버리고 한발 앞서 나감으로써 모방의 위협으로부터 벗어날 수 있습니다.

치열한 글로벌 무한 경쟁 속에 경쟁적 수렴 현상은 전 산업에 걸쳐 나타나고 있습니다. 인텔 역시 예외는 아니었습니다. 차별적인 기술력을 통해 경쟁 우위를 유지할 수 있으리라는 믿음이 AMD 같은 모방 경쟁자의 출현으로 무너진 후, 인텔은 경쟁자의 모방으로부터 자신을 보호하기 위해 새로운 전략을 들고 나왔습니다. 그것이 바로 인텔 인사이드 프로그램입니다.

Case | 인텔 인사이드

사업 초기에 인텔은 다른 B2B 업체들과 마찬가지로 브랜드 마케팅에 관심을 갖지 않았다. 하지만 90년대 들어 모방 경쟁자의 출현으로 그동안 누려온 독점적 지위가 흔들릴 기미가 보이자, 모방이 어려운 역량으로 차별적인 브랜드 자산을 구축할 필요가 있음을 인지하기 시작했다. 즉, 인텔 브랜드를 통해 최종 소비자들에게 인텔 제품의 우수성을 확실히 각인시킴으로써 결과적으로 PC 제조업체들이 인텔로부터 이탈하지 못하게 하려 했다. 그것이 바로 인텔 인사이드Intel Inside 프로그램이었다. 컴퓨터 외형에 인텔 인사이드 마크를 붙이는 단순한 전략이었지만 사실 인텔에겐 큰 모험이었다. PC 제조업체들에게 인텔 인사이드 로고를 컴퓨터 광고에 써줄 경우 3%씩 할인해 주고, 컴퓨터 외부 포장이나 카탈로그 등에 쓰면 2%씩 추가 할인해 준다는 파격적인 조건을 내세웠기 때문이다. 또한 1,500여 개에 달하는 컴퓨터 제조업체들의 광고비 중 10%를 전담하겠다고까지 했다. 그 결과 초기 3년 동안 인텔이 이 프로그램 하나에 쏟아부은 금액만 2억 달러가 넘었다고 한다.

하지만 시행 초기에는 별 다른 효과를 보지 못했다. 그렇다 보니 "PC라는 완제품 속에 묻혀 보이지도 않을 작은 칩을 최종 소비자에게 각인시키기 위해 막대한 광고비를 투자한다는 것이 말이나 되는가?"라는 질책과 비난을 끊임없이 들었다. 그럼에도 지속적으로 프로그램을 추진한 결과, 컴퓨터 품질 보증 마크의 대명사로 인정받는 대성공을 거두었다. 인텔 인사이드 로고를 부착하는 것만으로 컴퓨터 판매가에서 10% 정도의 프리미엄을 창출했다고 하며, 최종 소비자들은 인텔 인사이드 로고가 붙어 있지 않은 컴퓨터는 왠지 수준 낮은 상품처럼 느끼게 되었다.

결국 인텔은 최종 소비자의 마음에 인텔 브랜드를 각인시킴으로써 PC 제조업체들이 인텔 칩을 구매할 수밖에 없게 만들어 모방 경쟁자보다 경쟁 우위에 설 수 있는 발판을 마련했다. CPU는 모방할 수 있어도 수십 년간 인텔이 쌓아온 실적의 결과물인 인텔 브랜드는 모방하기 쉽지 않기 때문이었다.

3-2 ▪ 비용 우위 전략

비용 우위 전략Cost Leadership Strategy이란 경쟁자보다 낮은 비용 구조를 무기로 가격 경쟁력을 통해 경쟁 우위를 확보하려는 전략입니다. 흔히 비용 우위 전략을 저가 전략이라고 말하기도 합니다만, 엄밀히 말하면 다른 전략입니다. 저가 전략은 수익 구조와 관계없이 마케팅 측면에서 낮은 가격으로 판매하는 경우도 포함하기 때문입니다. 비용 우위 전략을 추진한다며 저가 전략만을 생각하기 쉬운데, 경쟁자보다 낮은 비용 구조를 구축하지 않고서는 낮은 가격을 지속적으로 유지하기 어렵습니다. 그러므로 비용 우위 전략에서 가장 중요한 점은 저가 전략이 아니라 경쟁자가 모방할 수 없는 저비용 구조임을 명심해야 합니다.

결국 비용 우위 전략은 '어떻게 하면 경쟁자가 모방할 수 없는 저비용 구조를 구축하느냐'의 문제로 귀결됩니다.

Case | K마트를 이긴 월마트

대개 세계 최고의 소매 유통업체인 월마트가 할인점을 최초로 시작한 줄 알지만, 사실 월마트는 후발 주자였다. 1962년에 시골의 작은 할인점으로 시작한 월마트는 당시 할인점 시장의 강자로 자리잡고 있던 K마트에 비해 규모나 인지도 등 모든 면에서 경쟁 열세에 놓여 있었다. 비용 우위 전략의 특성상 규모에서 뒤지는 후발 주자가 경쟁 우위에 오르기는 어려울 수밖에 없음에도 월마트가 역전에 성공을 거둔 비결은 어디에 있었을까?

결론적으로 말하면, 월마트만의 전략으로 경쟁자가 모방할 수 없는 저비용 구조를 지속적으로 구축해 나갔기에 가능했다. 사업 초기에 월마트는 후발 주자인 점을 감안하여 아무도 진출하려 하지 않는 시골 소도시에만 점포를 대거 개설했다. 그래서 후발 주자라는 약점에도 불구하고 단기간에 규모의 경제 효과를 구축해 나갔다. 또한 대도시가 아닌 도시 외곽 지역을 활용함으로써 비용 절감 효과도 누렸다. 물론 이것만이 월마트의 승리를 이끈 것은 아니다. 지역 유통 센터를 중심으로 한 매장 네트워크 연결, 크로스 도킹 등 첨단 물류 시스템 구축, 공격적인 글로벌 머천다이징Merchandising 등도 한몫했다. 또한 소비자의 니즈에 대응하는 시간을 단축하기 위해 P&G 등 제조업체와 제휴를 맺고 생산과 판매를 통합하는 QRQuick Response 시스템을 도입하는 등 월마트만의 SCM을 구축함으로써 경쟁력을 강화시켜 나갔다.

시골 소도시라는 전략적 기회의 창구를 공략하는 전략과 지속적인 비용 절감 노력이 비용 우위로 이어져 월마트는 선발 주자인 K마트를 제치고 할인점 업계의 리더이자 세계 최고의 소매 유통업체로 발돋움할 수 있었다.

모두가 비용 절감을 외치는 시대에 비용 우위 전략을 추진하기 위해 자신만의 저비용 구조를 구축하는 것은 정말 어려운 일입니다. 모두가 실행하는 일반적인 방식으로는 비용 우위가 유지될 수 없기 때문입니다. 이 외에도 비용 우위 전략을 추진하는 데는 다음과 같은 장벽들이 가로막고 있습니다.

첫째, '싼 게 비지떡'이라고 했듯이 저가라고 무조건 성공하는 건 아닙니다.
단순히 '저렴한 가격이라면 당연히 성공할 것'이라는 믿음은 실패를 부를 수 있습니다. 다양한 상품들로 넘치는 풍요의 시대이기에 무조건 가격이 싸다고 구매에 나서지 않기 때문입니다. 그러므로 저렴한 가격이 '싸구려'가 아닌 좋은 품질의 '합리적인 가격'임을 사람들에게 인식시킬 수 있도록 품질은 유지하면서도 저비용 구조를 구축할 수 있는 나만의 비즈니스 모델이 필요합니다.

둘째, 사업 초기에는 경쟁자 대비 저비용 구조를 구축하기가 어렵습니다.
비용 우위 전략의 특성상 규모의 경제 효과나 학습 효과 등을 감안할 때 사업 초기에는 비용 우위 효과가 낮아 저비용 구조를 구축하기가 어렵고, 경쟁력 있는 협력 업체나 자금을 확보하기도 힘들어 경쟁 열위에 처할 가능성이 높습니다.

셋째, 저비용 구조를 구축하더라도 모방으로 인해 경쟁 우위가 희석될 수 있습니다.
차별화 전략과 마찬가지로 비용 우위 전략에서도 후발 주자들의 단순 모방이나 더욱 경쟁력 있는 저비용 구조를 구축하는 창조적 모방으로 인해 경쟁 우위가 희석될 수 있습니다.

그러므로 비용 우위 전략을 검토하기 위해서는 다음의 네 가지 질문을 고민해야 합니다.

1	고객에게 어떤 고객 가치를 제안할 것인가?
2	어떻게 저비용 구조를 효과적으로 구축할 것인가?
3	초기의 경쟁 열위를 어떻게 극복할 것인가?
4	어떻게 경쟁자의 모방으로부터 자사를 보호할 것인가?

■ 고객에게 어떤 고객 가치를 제안할 것인가?

고객은 저가의 싸구려 상품을 원하지 않습니다. 동일하거나 동등한 수준의 상품을 더 낮은 가격에 구입하기를 원합니다. 그러므로 고객에게 자사가 어떻게 경쟁자 대비 저비용 구조를 구축하여 동등한 상품을 더 낮은 가격에 제공할 수 있는지 합당한 이유를 설명할 수 있어야 합니다. 예컨대 월마트가 대형 할인점으로서 규모의 경제를 활용하여 저질 싸구려 상품이 아닌 좋은 상품을 저렴하게 판매한다고 주장하듯 말입니다.

상품의 품질 등 가치를 유지하면서 낮은 가격을 제안하기 위해서는 규모의 경제 효과나 학습 효과, 비용 경쟁력을 보유한 기술 및 생산 시스템, 운영상의 효율성, 저비용 물류 체계, 최소한의 마케팅, 집중화된 고객 서비스, 입지 등을 최대한 활용할 수 있어야 합니다.

Case | 타타 나노의 실패

'저렴한 가격 = 성공'이라는 일차원적 접근은 실패를 부를 수 있다. 그 대표적인 사례가 인도의 타타 그룹이 만든 자동차인 타타 나노Tata Nano다. 타타 나노는 2009년에 2천 달러 가격대로 출시되어 출시 초기에는 대기자만 10만 명에 이를 정도로 폭발적인 인기를 얻었다. 그러나 연 50만 대를 판매하겠다는 애초의 장담과 달리 2년간 총 판매 대수는 10만 대를 겨우 넘었다. 인도의 포드가 되길 원했던 타타 나노가 실패한 이유는 무엇일까?

20세기 초에 헨리 포드가 저렴한 가격으로 포드 자동차를 내놓았을 때는 가격이 자동차 구매의 핵심 장애물이었다. 그러므로 가격 인하 효과는 대중적인 가격 정책으로 여겨졌고, 다수의 사람들이 자동차를 구매하도록 유인하는 수요 창출 효과를 가져왔다. 하지만 타타 나노는 포드 자동차와는 전혀 다른 환경에서 출시되었다. 자동차가 생소했던 100여 년 전과 달리 지금은 자동차의 대중화 시대이자 자동차를 자신의 지위를 대변하는 상징물로 여기는 시대이기 때문이다. 또한 신기술 상품이 처음에는 고가이지만 연이은 기술 개발로 가격을 인하해 가듯, 포드 자동차도 포드만의 표준화와 대량 생산 체제 등 생산 기술력의 발달로 품질은 유지한 채 가격을 대폭 인하했다. 반면에 타타 나노는 자동차의 사양을 축소시켜 만든 '싸구려 차'로 여겨졌다. 더구나 주행 도중 화염에 휩싸이는 사고까지 일어나면서 '싼 게 비지떡'이라는 인식까지 확산되었다. 저렴한 가격으로 출시하면 당연히 많은 사람들이 구매할 것이라는 안이한 발상이 실패를 부른 것이었다.

좋은 상품을 낮은 가격으로 제안하기 위해 노 마케팅을 추진함으로써 성공한 사례로는 일본의 무인양품無印良品과 독일의 외팅어Oettinger를 들 수 있습니다.

Case | 노 마케팅의 승리, 무인양품과 외팅어

21세기 무한 경쟁의 시대에 마케팅은 기업의 성패를 좌우하는 핵심 요소로 일컬어진다. 그러므로 상식적으로는 마케팅 활동에 적극적으로 투자해야 성공할 것 같지만, 오히려 노 마케팅No Marketing으로, 즉 마케팅을 하지 않음으로써 성공한 회사들이 있다. 바로 일본의 생활용품 및 의류 업체인 무인양품과 독일의 맥주 양조업체인 외팅어다. 이들은 다른 회사들이 하듯 마케팅에 대규모 자본을 투자하지 않고 '좋은 품질의 상품을 저렴하게 공급한다'는 기본에만 충실함으로써 성공했다. 이는 고객들 사이에서 '마케팅에 투자하지 않으니 좋은 품질의 상품을 저렴하게 공급할 수 있겠구나'라는 공감대가 형성되었기에 가능했다. 물론 공감대가 형성되기까지 오랜 시간이 필요했지만 말이다.

1980년에 설립된 무인양품은 말 그대로 이름은 없지만 품질은 좋다는 노 브랜드 굿 퀄리티No Brand Good Quality 전략을 일관되게 실천하여 성공한 사례다. 브랜드의 홍수 속에서 오히려 자신의 브랜드를 드러내지 않는 역발상을 실천했다. 무인양품의 상품에는 로고나 라벨, 작은 탭조차 붙어 있지 않다. 엄밀히 말하면 무지MUJI, 무인양품의 일본어명의 줄임말라는 브랜드가 있긴 하지만, 브랜드를 알리기 위해 광고 등 마케팅에 투자하지 않고 본래의 기능에 충실한 상품을 저렴하게 제공하겠다는 전략으로 승부했다. 이러한 전략은 소비자 조사와 상품 기획, 디자인 등 고객의 니즈를 파악하고 해결하는 활동과 어우러져 히트 상품을 지속적으로 낼 수 있는 원동력이 되었다.

작은 맥주 공장에 지나지 않았던 외팅어 역시 노 마케팅으로 독일에서 네 번째로 큰 맥주 양조업체로 성장했다. 수백여 개의 맥주 업체들 간 마케팅 전쟁이 벌어지고 있는 독일 시장에서 외팅어는 TV 광고를 전혀 하지 않는 것으로 유명하다. 맥주병 디자인도 화려함과는 거리가 멀다. 화사한 레이블도 없고 병뚜껑에는 상표도 찍혀 있지 않다. 유통 역시 대형 할인 매장에만 직거래로 납품하며 더 이상 유통망을 확장하지 않는다. 그럼에도 승승장구하고 있는 이유는 무엇일까? 이는 창업 초기부터 오로지 '품질 좋은 맥주를 최대한 저렴한 가격에 공급한다'는 원칙을 지켰기 때문이다. 광고 등 마케팅에 투자하지 않는 것도 원칙을 지키기 위해서였다. 그 결과 시간이 지나면서 '싸면서 맛도 괜찮다'란 입소문이 돌면서 고객들이 찾기 시작했고, 2007년에는 독일인이 가장 선호하는 맥주 브랜드 1위에, 2008년에는 독일 내에서 가장 많이 소비된 맥주 1위에 오를 정도로 대성공을 거두었다.

■ 어떻게 저비용 구조를 효과적으로 구축할 것인가?

경쟁자 대비 비용 우위를 창출하려면 자사만의 저비용 구조를 구축해야 합니다. 그러기 위해서는 단순히 생산이나 운영 측면이 아닌 전사적인 관점에서 전 임직원이 비용 절감에 동참하며 지속적으로 저비용 구조를 추구해야 가능합니다. 앞서 언급한 차별화 전략과 비교해 보면, 차별화 전략은 대폭 권한을 위임하는 서번트 리더십 하에 고객중심주의를 지향하며 실패를 용인하는 관용의 기업 문화인 반면, 비용 우위 전략은 강력한 중앙 집권형 카리스마 리더십 하에 비용 우위를 기반으로 한 마켓 리더를 지향하며 철저한 비용 통제를 하는 등 비용 절감을 체질화한 기업 문화를 만들어야 합니다.

그런 측면에서 규모의 경제, 전략적 구매, 저비용 생산/운영 시스템, 비용 우위 기술의 R&D, 비용 절감 중심의 경영 관리 등 다양한 비용 우위의 원천을 지속적으로 유지, 강화해 나가는 작업이 필요합니다.

■ 초기의 경쟁 열위를 어떻게 극복할 것인가?

일반적으로 비용 우위 전략은 아래의 도표와 같이 비용 우위 모델에 따라 낮은 가격을 제안함으로써 고객의 구매를 유도, 규모가 확대되면 규모의 경제 효과로 인해 저비용 구조가 구축되고 축적된 이익을 다시 투자함으로써 비용 우위 모델을 강화하는 선순환 사이클로 실현됩니다. 이는 역으로 규모의 경제를 추구하는 비용 우위 전략의 특성상 일정 수준에 도달하기 전까지는 손실을 보거나 경쟁 열위에 처할 수 있음을 의미합니다. 이를 극복하기 위해 재빨리 규모의 경제를 확보해야 한다고 생각하며 무리하게 규모의 경제만을 추구하기도 합니다만, 그러면 오히려 자금 부족과 효율성 저하에 따른 비용 상승 등으로 이어져 더 큰 낭패를 볼 수 있습니다.

사업 초기의 경쟁 열위를 극복하기 위해서는 좀 더 전략적인 접근이 필요합니다. 사업 초기에 월마트가 K마트가 관심을 보이지 않는 시골 소도시에만 매장을 개설했듯이, 경쟁자가 관심을 보이지 않거나 경쟁자가 하기 어려운 전략적 기회의 창구를 발굴하여 집중 공략하는 것이 중요합니다. 전략적으로 비용 우위를 실현하기 용이한 지역을 집중 공략함으로써 자신의 비즈니스 모델을 성공적으로 구현한 후 규모를 확대해 나간다면 저비용 구조를 구축할 수 있기 때문입니다.

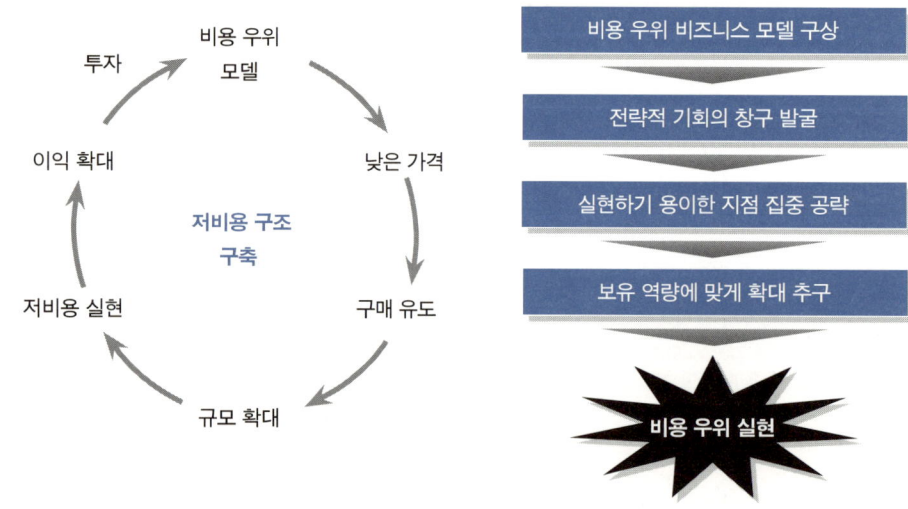

사실 비용 우위 전략은 본궤도에 오르기까지가 난관의 연속입니다. 그렇다 보니 초기의 어려움을 극복하고 역량을 구축할 수 있도록 나만의 교두보가 전략적으로 필요합니다. 그런 측면에서 자신의 역량에 맞게 차근차근 다이렉트 온라인 사업 모델을 구현한 델의 사례를 살펴보도록 하겠습니다.

Case | 컴퓨터 업계의 강자로 등극한 델

19세의 마이클 델은 PC 시장에서 비용 우위의 비즈니스 모델을 구상했다. 유통망 관리 및 재고 유지 비용 등으로 인해 고비용 구조를 야기하는 중간 유통 단계를 거치지 않고 온라인을 통해 원하는 사양의 PC를 주문받아 고객에게 저렴하게 판매하는 사업 모델이었다. 하지만 경쟁력 있는 비용 우위 사업 모델을 구상했다고 바로 성공하는 건 아니기에 일정 수준에 오르기까지 좀 더 전략적인 접근이 필요했다.

첫째, 경쟁자가 하기 어려운 전략적 기회의 창구를 십분 활용, 초기의 어려움을 극복했다.
당시 업계의 강자들은 강력한 유통망 중심의 사업 구조로 운영되었다. 그렇다 보니 델 모델이 유효하다 해도 기존 유통업체들의 반발 등으로 인해 단시일 내에 델 모델을 모방하기는 어려웠다. 만일 강력한 경쟁자들이 자신의 역량을 기반으로 공격했다면 델로서도 어쩔 수 없는 상황이었을 것이다. 결국 이런 경쟁자들의 전략적 결정이 사업 초기 경쟁 열위에 처할 수밖에 없는 델에게 정상 궤도에 진입하는 기회를 준 셈이다.

둘째, 자신이 보유한 역량에 맞게 비즈니스 모델을 구현해 나갔다.
마이글 델은 텍사스대 기숙사에서 단돈 1천 달러로 창업하여 처음에는 PC 업그레이드를 대행하는 일을 했다. PC 업그레이드 대행을 하며 온라인 PC 판매라는 다이렉트 모델의 성공 가능성을 파악한 델은 차근차근 이를 현실화시키기 시작했다. 이 모델은 유통망 관리 비용이나 재고 비용 등이 들지 않아 적은 자본으로도 가능했기에 실행에 옮길 수 있었다. 하지만 규모를 확대하는 데 있어서 결정적인 문제는 고객들이 신뢰하지 않는다는 데 있었다. 이에 모든 상품에 대해 30일 이내에 환불을 보증한다는 광고를 하고 그 약속을 지킴으로써 안정 궤도에 진입할 수 있었다고 한다.

그 결과 1984년 창업 후 2년 만인 1986년 말에 이르러 델의 매출은 6천만 달러에 달하게 되었고, 20세기 후반에는 컴팩 등 기존 강자들을 누르고 PC 업계의 리더로 발돋움하게 되었다.

■ 어떻게 경쟁자의 모방으로부터 자사를 보호할 것인가?

K마트의 실패가 후발 주자인 월마트의 모방을 막지 못해 벌어졌듯이, 비용 우위 전략에서도 차별화 전략에서와 마찬가지로 지속적인 경쟁 우위를 유지하려면 후발 주자의 모방으로부터 자사를 보호할 수 있어야 합니다. 일반적으로 비용 우위 전략은 규모의 경제를 추구하므로 일정 수준 이상이 되면 경쟁자가 쉽사리 모방하기 어려울 수 있습니다. 하지만 거대 자본을 보유한 경쟁자라면 단기간에 규모를 확대함으로써 모방할 가능성이 있습니다. 그런 측면에서 규모의 경제 외에도 다음과 같은 보호 조치들을 검토해 보아야 합니다.

첫째, 상대적으로 모방하기 어려운 역량을 강화함으로써 모방을 지연시킵니다.
대량 생산 체제 등과 같은 기술적 하드웨어는 상대적으로 모방하기가 쉽지만 기술적인 저비용 구현 노하우나 학습 효과 등 사내에 축적된 소프트웨어적인 측면은 모방하기 어려우므로 이를 중심으로 역량을 강화하는 것이 바람직합니다.

둘째, 모방에 따른 부담을 증가시켜 모방을 억제합니다.
전체 수요의 상당 부분을 공급하거나 대다수의 충성 고객군을 확보함으로써 쉽사리 모방 전략을 추진하지 못하도록 억제합니다. 대규모 공장 증설과 같이 미래 수요에 대한 과감한 선 투자 조치 등이 여기에 해당합니다. 또한 축적된 역량을 기반으로 상품의 품질도 향상시킴으로써 경쟁자의 모방을 더욱 어렵게 만들 수도 있습니다.

셋째, 경쟁 우위를 유지하기 위해서는 지속적인 저비용 구조 강화가 필요합니다.
그럼에도 경쟁자의 모방을 막을 수 없다면 저비용 제품이나 공정 개발, 운영 효율성 제고, 물류 시스템 개선, IT 시스템을 활용한 비용 절감 등 지속적으로 비용 절감을 추구함으로써 경쟁자보다 비용 우위에 서려는 노력을 해야만 경쟁자의 모방으로부터 자사를 보호할 수 있습니다.

3-3 ■ 집중화 전략

집중화 전략 Focus Strategy 이란 특정 고객이나 상품, 지역 등 세분 시장에 집중하여 자원을 투입, 공략하는 전략을 말합니다. 앞서 살펴본 차별화 전략과 비용 우위 전략이 전체 시장을 대상으로 하는 반면, 집중화 전략은 특정한 세분 시장만을 대상으로 한다는 점이 다릅니다. 하지만 집중화 전략 역시 틈새시장 Niche Market 을 선점한 후 차별화 또는 비용 우위를 통해 경쟁력을 강화시킴으로써 경쟁 우위를 추구하는 점은 동일하므로 앞서 설명한 차별화와 비용 우위 전략의 요소들을 활용하여 검토합니다.

일반적으로 집중화 전략은 경쟁자와의 전면적인 경쟁이 불리하거나 내부 역량이 부족한 기업에게 적합합니다. 사실, 시장 매력도 측면에서 보면 전체 시장을 대상으로 하는 편이 유리합니다만, 모든 기업에 해당되는 것은 아닙니다. 상대적으로 경쟁력이 취약한 중소기업이라면 집중화 전략으로 사업 방향을 모색할 필요가 있습니다. 세계 최고의 도어록 Door Lock 전문 기업인 스웨덴의 아싸 아블로이 Assa Abloy 나 등산화 전문 브랜드인 이탈리아의 라 스포르티바 La Sportiva 등처럼 한 우물 파기식의 집중화 전략이 유용할 수 있습니다.

문제는 경쟁자가 진출하지 않았거나 관심이 없는 분야라고 해서 무조건 성공하는 건 아니라는 사실입니다. 규모가 작거나 성장성이 낮아 수익을 내기 어려운 시장이라면 틈새시장으로서의 시장성이 떨어지기 때문입니다. 특히 내수 시장만을 고려할 경우 틈새시장 규모가 작아 경제성에서 문제가 될 때가 많습니다. 미국이나 일본과 달리 국내 출판 시장에서는 전문 서적을 출판하는 집중화 전략이 성공하기 어려운 것처럼 말입니다. 그러므로 집중화 전략에서 가장 중요한 점은 시장성을 보유한 틈새시장을 경쟁자보다 먼저 선점하는 것입니다. 차별화나 비용 우위 전략에서도 시장성이 전략 채택 여부를 판단하는 주요인이긴 하지만, 집중화 전략에서는 특히 중요합니다.

집중화 전략을 채택할 때 검토해야 할 기준은 다음과 같습니다.

1. 틈새시장 고객이 원하고 있는가?
2. 현재 및 미래의 시장 규모는 어느 정도인가?
3. 현재 및 미래의 수익성은 어떠한가?
4. 진입 타이밍은 적절한가?

→ 시장성을 보유한 틈새시장에 집중

■ 집중화 전략 수립 프로세스

일반적으로 상품의 특성이나 고객의 유형, 고객 니즈, 구매 행위 등 세분 기준에 따라 전체 시장을 세분화한 후, 매력도와 경쟁력을 비교하여 가장 유리한 세분 시장을 표적 시장으로 선정합니다. 이렇게 목표 시장을 정하고 난 뒤에 어떻게 공략할 것이며, 공략 후 진입 장벽을 어떻게 구축할 것인지 등 집중화 전략을 수립합니다. 시장 세분화를 통한 표적 시작 공략 전략은 마케팅에서도 다루는 주제이므로 'Part 3. 성패를 좌우하는 마케팅 전략'에서 좀 더 상세하게 다루도록 하겠습니다.

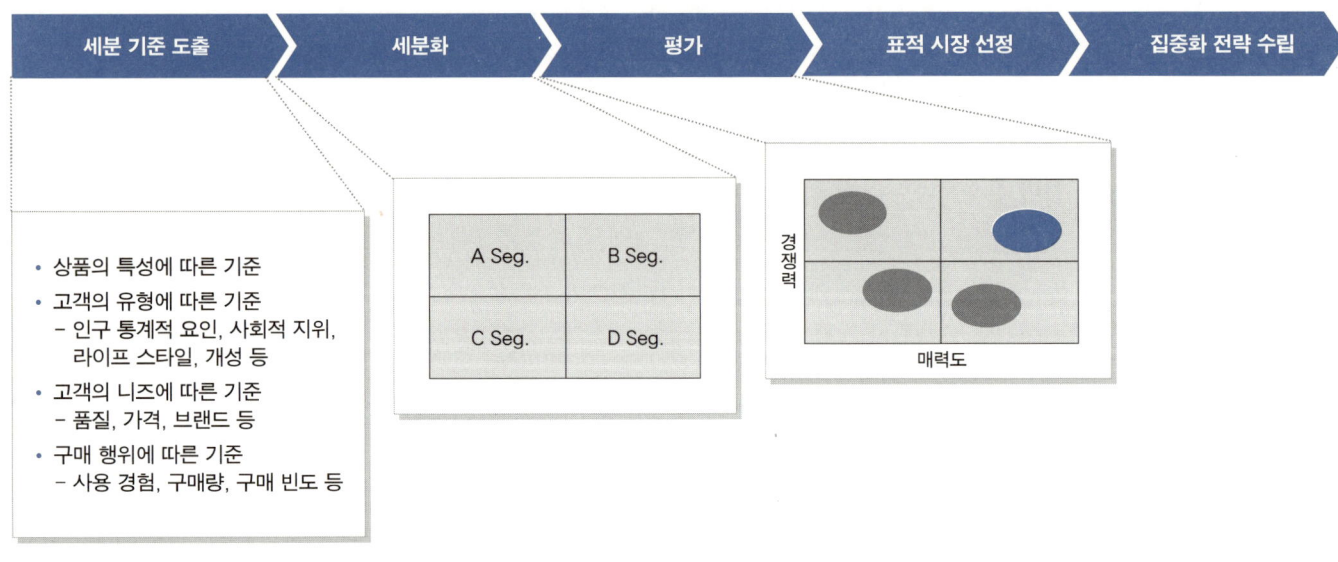

집중화 전략으로 지속 성장하기 위해서는 시장성 있는 틈새시장의 공략과 함께 사업 영역의 확대 역시 고민해야 합니다. 그런 측면에서 미국 내 프리미엄 초콜릿 시장을 개척함으로써 거대 틈새시장을 발굴한 샤펜버거Scharffen Berger와 컴퓨터 주변 기기를 중심으로 상품 포트폴리오를 지속적으로 확장함으로써 세계적인 기업이 된 로지텍Logitech을 살펴보도록 하겠습니다.

Case | 샤펜버거와 로지텍

흔히 시장은 매력적일수록 좋다고 생각하며 미래 전망이 괜찮은 상품이나 시장에만 집중하려고 한다. 하지만 이는 경쟁력이 취약한 약자에게는 어리석은 선택일 가능성이 높다. 그렇게 매력적인 시장이라면 자신보다 경쟁 우위에 있는 선두 기업이 굳건히 지키려고 하거나 진입하려는 시장일 것이기 때문이다. 약자로서는 강자가 관심을 갖지 않거나 싫어하는 분야를 선택함으로써 성공의 길을 갈 수 있다. 그 대표적인 사례로 미국 프리미엄 초콜릿 시장을 개척한 샤펜버거와 컴퓨터 주변 기기의 대명사 로지텍을 들 수 있다.

1997년, 허시, 마스, 네슬레가 삼분하고 있던 미국 초콜릿 시장에 50년 만에 처음으로 신생 초콜릿 업체인 샤펜버거가 등장했다. 샤펜버거는 기존 강자들과의 경쟁에 승산이 없다고 판단, 이들이 주목하지 않는 프리미엄 초콜릿 시장을 겨냥했다. 미국에는 유럽의 고디바와 같은 프리미엄 초콜릿 생산자가 없었다. 대량 생산 체제로 마케팅에 집중하는 기존 강자들과 달리, 샤펜버거는 커피 생산국에서 프리미엄 원두를 선택, 조달하여 유럽 초콜릿 장인들의 소량 생산 방식으로 가공함으로써 프리미엄 초콜릿 업체로서의 이미지를 굳혀나갔다. 그 결과 2005년에 허시가 샤펜버거를 인수하기 전까지 미국 초콜릿 시장은 4강 체제로 재편되었다.

컴퓨터 주변 기기 전문 업체인 로지텍 역시 기존 컴퓨터 업계의 강자들이 관심을 보이지 않던 마우스와 키보드 분야에서 전문화를 추구, 세계적인 기업으로 자리매김했다. 1981년에 다니엘 보렐Daniel Borel이 설립한 로지텍은 마우스 등 컴퓨터 주변 기기 시장의 중요성을 일찌감치 발견하고 시행 착오를 거쳐 시장을 선점했다. 사실 마우스와 키보드 등 컴퓨터 주변 기기는 기본적인 외장 부품이긴 하지만 가격대가 낮고 수익성도 크지 않아 그리 매력적인 시장이 아니었다. 그런 점이 로지텍에겐 기회로 작용했다. 그 결과 로지텍은 현재 세계 시장의 약 30%를 차지하며 마이크로소프트와 함께 양강 구도를 형성할 정도로 성공했다. 창업자 다니엘 보렐의 꿈인 '인텔 인사이드, 로지텍 아웃사이드Intel Inside, Logitech Outside'가 실현된 것이다.

4. 전략 대안 도출 및 평가

지금까지 전략적 방향 모색을 위해 본원적 경쟁 전략인 차별화 전략, 비용 우위 전략, 집중화 전략에 대해 살펴보았습니다. 이제, 선택한 전략적 방향에 따라 전략 대안을 도출, 평가한 후 최종적으로 사업 전략을 수립하는 과정에 대해 알아보도록 하겠습니다. 전략 대안은 내·외부 환경 분석 결과를 토대로 앞서 선정한 전략적 방향에 맞게 자사의 핵심역량을 기반으로 성공 요소를 확보할 수 있는 방법들을 중심으로 도출합니다. 대개 경영 여건 및 자사의 경쟁 역량에 따라 실행 가능한 전략 대안의 다양성이 결정되는데, 이를 전략적 자유도 Strategic Degree of Freedom 라고 합니다. 기업의 경쟁력이 강할수록 전략 대안도 많아져 전략적 자유도가 높은 경향이 있습니다.

	성공 요소 1	성공 요소 2	성공 요소 3
핵심역량 A			
핵심역량 B	자사의 핵심역량을 활용해 성공 요소를 확보할 수 있는 전략 대안 도출		
핵심역량 C			

이 밖에 전략적 포지션 분석이나 아래와 같은 SWOT 분석에 따른 전략 대안 도출 기법을 활용할 수도 있습니다. SWOT 분석에 따른 전략 대안은 이론적으로는 SO 전략과 WO 전략, ST 전략, WT 전략이 나올 수 있습니다. 하지만 현실적으로 유용한 경쟁 전략은 강점에 집중하여 시장의 기회를 잡는 SO 전략일 경우가 많습니다. 위협을 회피하거나 약점을 보완하는 것은 방어적인 차원에선 유용할지 몰라도 경쟁 우위에 서는 방법은 아닐 경우가 많으니까요.

	강점	약점
기회	**SO 전략** 시장의 기회를 활용하기 위해 강점을 활용하는 전략	**WO 전략** 약점을 극복함으로써 시장의 기회를 활용하는 전략
위협	**ST 전략** 시장의 위협을 회피하기 위해 강점을 활용하는 전략	**WT 전략** 시장의 위협을 회피하고 약점을 최소화하는 전략

■ 전략 대안의 평가

전략 대안의 평가는 최적의 전략 선정을 위해 목표 달성도와 경제성, 실현 용이성, 위험도 등을 다각도로 분석합니다.
일반적인 평가 기준과 평가 방법은 다음과 같으며, 자사의 사업 성격에 따라 평가 기준을 달리하거나 가중치를 변경할 수 있습니다.

구 분	가중치	대안 A	대안 B	대안 C
사업 목표에 부합				
전략 포지션 수준		5점/7점/10점 척도를 활용하여		
높은 재무 성과		각 평가 기준에 따라 평가한 후		
실현하기 용이		가중 평균한 점수로		
실패에 따른 위험		최종 전략을 선정함		
합 계	100%			

사업 전략의 특성상 전략 대안 평가에 있어서 추정 재무제표를 기반으로 한 경제성 평가가 중요합니다. 미래에 대한 추정이기에 정확할 수는 없지만 어느 정도 현실적이어야 합니다. 그러나 의외로 추정 재무제표를 너무 낙관적으로 작성하는 경우가 많습니다. 그러다 보면 올바른 전략 선택이 어려울 뿐 아니라 잘못된 전략으로 인해 기업에 위기를 초래하기도 합니다. 그러므로 전략 대안 평가를 할 때는 반드시 현실성 있고 신뢰할 수 있는 경제성 평가를 수행해야 합니다. 또한 성공할 경우와 실패할 경우처럼 몇 가지 시나리오를 두고 경제성 평가를 해보는 것도 필요합니다.

참고로 추정 재무제표 작성 및 경제성 평가에 대해서는 'Part 4. 전략적 리더에게 필요한 전사 기업 전략'과 'Part 5. 사례와 함께 알아보는 기획서 작성 스킬'에서 상세하게 다룰 예정입니다.

■ **최종 전략의 선정**

최종 전략은 앞서 평가한 결과에 따라 가장 점수가 높은 대안을 선정하면 됩니다만, 경영 환경과 자사의 의사 결정 기준에 따라 다소 달라질 수는 있습니다. 불확실성이 높을수록 최상에서 최악까지 미래에 발생할 수 있는 상황들을 검토해야 하며, 경영 방침의 적극성 여부에 따라 의사 결정 기준이 다르기 때문입니다. 참고로 의사 결정 기준은 앞서 의사 결정 모델에서 살펴보았듯 미래를 비관적으로 볼 경우엔 맥시민 기준을, 낙관적으로 볼 경우엔 맥시맥스 기준을 적용하며, 낙관적인 수준에 따라 가중 평균한 후르비츠 기준을 적용하기도 합니다. 또한 미래가 너무 불확실하다고 판단될 때는 손실을 최소화하는 미니맥스 후회 기준을 적용합니다. 그런데 실무적으로는 다음과 같이 Real Option 전략의 수준을 고민할 때가 많습니다.

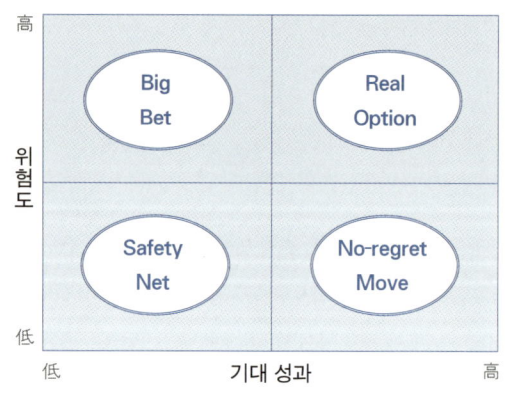 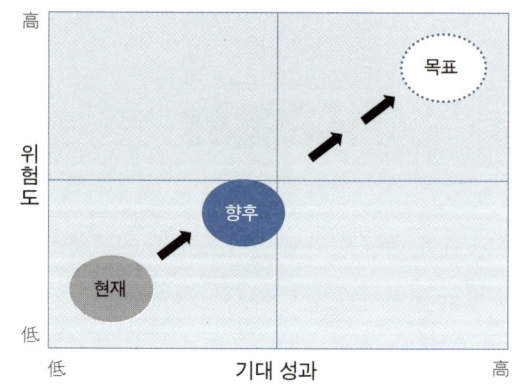

현재 Safety Net에 머무르고 있다고 볼 때, No-regret Move는 당연히 했어야 하는 전략이며 Big Bet은 당연히 하지 말아야 할 전략이므로 향후 전략은 Real Option Zone에서 선택하게 되죠. 그런데 High Risk High Return이라고 했듯이 기대 성과가 높은 대안은 위험도도 높은 편입니다. 결국 지금처럼 불확실한 저성장 시대에는 목표는 높게 두되 추진 전략은 다소 기대 성과가 낮더라도 위험도가 낮은 방안을 선택, 실행에 옮겨 성과를 파악한 후 차츰 목표 전략으로 진화해 나가는 게 현명합니다.

■ 선정 전략에 따른 세부 실행 과제 도출

최종 전략이 선정되면 전략 추진을 위한 세부 실행 과제를 선정한 후 실행 계획을 수립합니다. 일반적으로 세부 실행 과제 및 실행 계획 수립 절차는 다음과 같습니다.

첫째, 전략적으로 추진이 필요한 세부 실행 과제를 도출합니다. 그러기 위해 우선 최종 선정한 전략 추진에 미치는 전략적 영향력과 경쟁자 대비 경쟁력을 중심으로 개별 역량들을 분석합니다. 이를 통해 지속적으로 경쟁 우위를 유지하거나 경쟁자 대비 동등 수준의 경쟁력 확보가 필요한 역량을 파악함으로써 이를 중심으로 실행 과제를 선정합니다.

둘째, 세부 실행 과제에 따라 실행 계획을 수립합니다. 이렇게 선정된 실행 과제의 우선순위를 파악하기 위해 시간 관리 매트릭스에서 살펴보았듯이 과제가 지닌 '전략적 중요성'과 얼마나 빨리 실행해야 하는가 하는 '긴급성'을 중심으로 분석합니다. 이를 통해 중요하면서도 시급히 실행해야 할 과제를 파악함으로써 세부 실행 계획 수립 시 반영합니다.

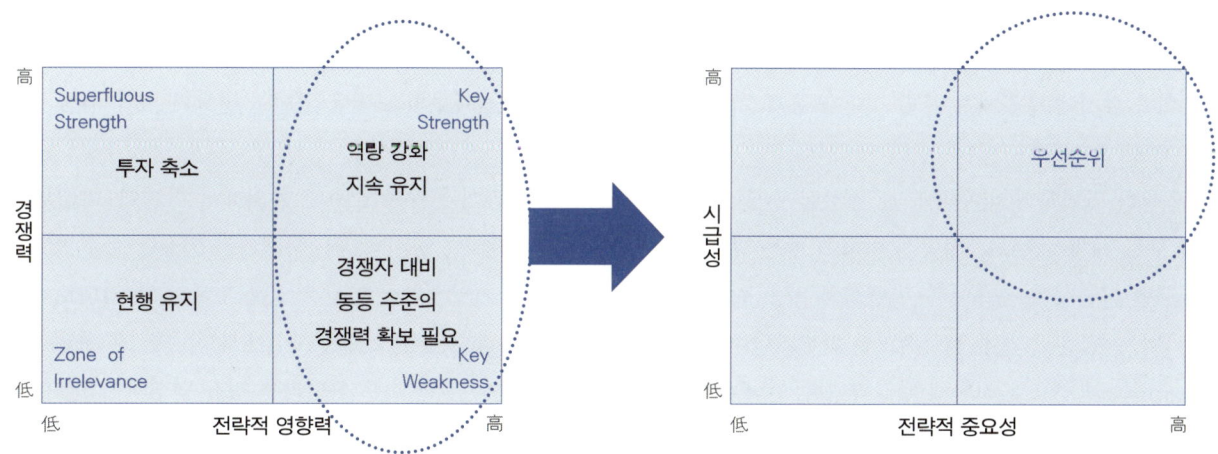

5. 실무 관점에서의 전략적 활용

지금까지 마이클 포터의 본원적 전략에 기초한 사업 전략 수립에 대해 알아보았습니다. 세 가지 본원적 전략은 다섯 가지 경쟁 유발 요인으로부터 자사를 보호하고 경쟁 우위를 강화시켜 준다는 점에서 의의를 찾을 수 있습니다. 그렇다고 차별화 전략과 비용 우위 전략을 동시에 추구하면 명확한 전략 없이 어중간한 상태 Stuck in the middle 에 빠져 실패할 수 있으므로 조심해야 합니다. 어중간한 수준으로 차별화도 추구하고 가격 경쟁력도 추구하려다 보면 이도 저도 아니게 되어 경쟁에서 도태될 가능성이 높습니다. 차별화 전략을 추구하는 경쟁자에게는 고객 가치에서 밀리고, 비용 우위 전략을 추구하는 경쟁자에게는 가격에서 밀리기 때문입니다. 사실, 차별화 전략과 비용 우위 전략은 앞서 살펴보았듯이 상당히 다른 역량과 경영 시스템, 기업 문화를 요구하기에 두 전략을 모두 추구하기는 어렵습니다. 전략은 목표를 달성하기 위한 최적의 수단을 선택하는 것이기에 다른 수단의 포기를 전제로 한다는 점에서도 그러합니다.

물론 현실적으로는 차별화와 비용 우위를 모두 추구하는 사례들도 있습니다. 차별화는 고객이나 시장 등 외부 지향적인 요소인 반면에 비용 우위는 내부 지향적인 요소이므로 상호 배타적인 것이 아니라 공존할 수도 있기 때문입니다. 즉, 차별화 전략이 성공하면 판매량 증가 및 시장 점유율 확대로 이어져 규모의 경제 및 학습 효과 등을 통해 비용을 줄일 수 있으며, 비용 우위 전략 역시 창출한 대규모 이익을 품질 및 서비스 개선 등에 투자함으로써 차별화 가치를 추구할 수 있습니다. 일례로 차별화를 추구한 애플이 저가형 아이팟 나노를 출시한 것이나, 비용 우위 전략의 대명사 월마트가 차별적인 고객 편의성을 제공하는 것처럼 말입니다.

지금처럼 경쟁이 극심한 환경에서는 단일 전략만을 추구해서는 지속적인 경쟁 우위를 창출하기 어려울 때가 많습니다. 그러므로 차별화와 비용 우위를 동시에 추구하는 복합 전략을 통해 고객 충성도를 높이고 경쟁자들의 모방을 차단할 필요가 있습니다.

그렇지만 처음부터 차별화와 비용 우위를 동시에 추구하는 전략은 현실성이 떨어질 수 있으므로 유의해야 합니다. 차별화 전략이나 비용 우위 전략 모두 개별적으로도 성공하기 쉽지 않은 전략입니다. 하물며 두 가지를 동시에 추구하겠다는 발상은 목표만 그럴듯하지 실상은 실패로 끝날 가능성이 높습니다. 차별화와 비용 우위를 동시에 추구하는 기업들의 공통된 특징은 모두 마켓 리더로 성공한 기업들이라는 점입니다. 이들은 초기에 전략적으로 차별화나 비용 우위 중 하나를 선택, 집중함으로써 시장에서 성공한 후 차별화와 비용 우위를 동시에 추구하는 방향으로 진화해 나갔습니다. 전략적으로 어중간한 입장을 견지한 것은 아니라는 점을 명심해야 합니다.

사업 전략 수립에 있어서 한 가지 더 명심해야 할 사항은 전략적 유연성을 가져야 한다는 점입니다.

아무리 유용한 전략을 수립했다 해도 미래에도 지속된다는 보장은 없습니다. 공들여 예측해도 미래 경영 환경은 어떻게 변할지 모르니까요. 그러므로 현명한 전략 수립도 중요하지만 미래에 발생할 수 있는 전략적 위험 요인을 미리 파악하고 이에 대처할 수 있는 전략적 유연성도 필요합니다.

전략적 위험 요인	차별화 전략	• 고객들이 더 이상 차별화 가치를 선호하지 않는다 • 모방 경쟁자들로 인해 차별화 요소가 없어진다 • 보다 차별화된 경쟁 상품이 출현한다 • 비용 우위 기업과의 비용 격차가 심해진다
	비용 우위 전략	• 기술, 공정 등의 변화로 비용 우위 요소가 사라진다 • 최신 설비 투자 등 비용 우위 유지 비용이 크다 • 더 적극적인 비용 우위 경쟁자가 출현한다 • 비용 삭감에만 주력하다 변화 요구에 부응하지 못한다
	집중화 전략	• 표적 고객의 니즈가 전체 고객의 니즈와 같아진다 • 비용 우위 전략 기업 대비 비용 격차가 심해진다 • 좀 더 효과적인 집중화 전략을 취하는 경쟁자가 출현한다 • 편협한 집중화로 성장 기회를 간과한다

성공은 실패의 어머니임을 명심하며 현재의 전략이 성공했다고 거기에 안주해서는 안 됩니다. 경영 환경의 변화를 재빨리 감지하여 전략을 수정, 보완해 나가겠다는 자세만이 지속적인 경쟁 우위를 확보할 수 있습니다. 언제든 만병통치약처럼 활용할 수 있는 전략은 없습니다. 벤치마킹을 통해 성공 전략을 그대로 모방한다고 해서 무조건 성공하는 것도 아닙니다. 처한 환경이나 기업의 특성에 따라 전략의 유용성도 다르기 때문입니다. 그런 측면에서 마켓 리더, 도전자, 추종자 등 시장 지위나 기업의 성장 단계에 따라서도 경영 전략은 달라질 수밖에 없습니다. 이에 대한 구체적인 내용은 는 'Part 3. 성패를 좌우하는 마케팅 전략'과 'Part 4. 전략적 리더에게 필요한 전사 기업 전략'에서 다루도록 하겠습니다.

나비 효과

불확실성을 설명하는 이론으로 나비 효과 Butterfly Effect가 있습니다.

나비 효과란 미국의 기상학자 에드워드 로렌츠가 생각해 낸 카오스 이론 Chaos Theory으로, 중국 북경에 있는 한 마리 나비의 날갯짓 때문에 미국 뉴욕에 허리케인이 일어날 수도 있다는 것으로, 작은 변화가 결과적으로 엄청난 변화를 초래할 수 있음을 뜻합니다.

예를 들어 설명하면, 중국 북경에 있는 한 마리 나비의 날갯짓에서 생기는 바람은 인간에게는 느껴지지도 않을 정도로 작은 것이지만 옆에 있는 딱정벌레에게는 큰 충격으로 다가갑니다. 그 결과 나뭇잎에 붙어 있던 딱정벌레는 밑에서 놀고 있는 다람쥐 위로 떨어지고, 놀란 다람쥐는 펄쩍 움직여 그 옆의 나뭇가지를 부러뜨립니다. 부러진 가지로 인해 물가에 뭉쳐 있던 썩은 나뭇가지들이 충격을 받아 무더기로 물속으로 떨어지는 바람에 물의 흐름이 막힙니다. 막힌 물은 흐르지 못하고 그 옆의 습지로 흘러 들어가 화산맥을 건드립니다. 그 결과 화산 폭발이 일어나고 엄청난 양의 화산재는 근처를 지나던 온난 전선과 한랭 전선의 충돌을 일으켜서 미국 뉴욕을 포함한 여러 지역에 폭풍과 폭우를 몰고 오게 된다는 것입니다.

황당한 이야기이긴 합니다만, 논리적으로는 작은 나비의 날갯짓이 증폭되어 미국 뉴욕을 강타하는 허리케인이라는 엄청난 결과로 연결됩니다. 사실 인생을 살아가면서 별로 중요하지 않아 보여 큰 고민 없이 선택한 것이 지나고 보면 인생 전체를 좌우하는 결과를 초래하기도 하죠. 그런 일들이 실제로 일어나면서 나비 효과가 현실적으로 가능함을 보여줍니다.

그런 의미에서 전략을 수립하고 실행할 때는 다음과 같이 나비 효과를 염두에 둘 필요가 있습니다.
첫째, 작게 보이는 변화일지라도 주의 깊게 관찰해야 합니다. 비록 지금은 별 영향 없는 신호로 보인다 해도 향후 절호의 기회가 되거나 자사의 사업을 휘청거리게 만들 수도 있으니까요.
둘째, 초기에 전략을 선정할 때는 특히 신중해야 합니다. 초기에 크게 고민하지 않고 정한 전략이 돌이킬 수 없는 결과로 이어질 수 있기 때문입니다.
셋째, 당장에 눈에 띄는 성과가 없어도 나비 효과를 기대할 수 있습니다. 모든 일이 S자로 이루어지듯이 초기에 별 효과가 없어 보이는 전략도 시간이 흐르며 강력한 힘을 발휘할 수 있기 때문입니다.

Chapter 8

스노우볼 마켓 전략

지금과 같이 수요의 포화로 인한 저성장 시대에 경쟁 우위만을 추구하는 기존의 경쟁 전략으로는 지속적인 성장을 담보할 수 없습니다. 결국 해법은 '새로운 수요 시장을 어떻게 창출하느냐'로 귀결됩니다. 하지만 새로운 수요 시장 창출은 난관의 연속입니다. 이미 만족한 사람들이나 구매할 수 없는 사람들은 새로운 가치를 제안해도 선뜻 구매하지 않기 때문입니다. 새로운 수요 시장을 창출하기 위해서는 거시적 관점에서 구매 장벽들을 제거하려는 전략적 접근이 필요합니다. 이에, 수요 시장 창출 과정을 스노우볼 만들기에 비유하여 다양한 사례와 함께 수요 창출 프로세스와 실행 전략을 제시한 스노우볼 마켓 전략을 소개합니다.

1 · 경쟁 패러다임의 종말

2 · 미래 성장의 길, 스노우볼 마켓

3 · 스노우볼 마켓 전략의 실행

4 · 사례 분석 : 베터플레이스

1 ■ 경쟁 패러다임의 종말

우리는 경쟁 우위에 서는 기업만이 성공한다고 믿으며 본원적 경쟁 전략에 따라 승자가 되기 위해 전력을 다합니다. 최근 들어서는 선진국들의 위기로 전 세계가 저성장 불황 국면으로 접어들면서 무한 경쟁이 한층 더 치열해지고 있습니다. 하지만 당연한 명제처럼 여겨지는 경쟁 패러다임이 여전히 유효할까요?

지금도 전 세계에서 피 말리는 경쟁이 벌어지고 있지만, '경쟁 우위 = 성공'이라는 명제는 조금씩 흔들리고 있습니다. 전 세계 PC 시장의 선두 자리를 놓고 치열하게 다투고 있는 델과 HP, 전 세계 게임기 시장을 놓고 경쟁하고 있는 닌텐도와 소니. 이들 중 누가 승자가 될 수 있을까요? 결론부터 말씀드리면 '둘 다 패자'입니다. 델과 HP, 닌텐도와 소니 모두 실적 부진에 시달리며 고전하고 있으니까 말입니다.

다른 사례로, 최근 애플과 삼성전자는 전 세계적으로 특허 소송전까지 벌이며 치열한 경쟁을 하고 있습니다. 2012년에 삼성전자가 앞서 나가던 애플을 역전하며 스마트폰 시장 1위에 올랐으나, 애플 역시 미국 특허 소송에서 승리하는 등 반격에 나서고 있어 누가 승자가 될지 예측하기 어렵습니다. 여러분 생각에는 누가 승자가 될 것 같습니까? 정답은 앞서의 예와 달리 '둘 다 승자'입니다. 승승장구하고 있는 양사의 실적이 이를 대변하고 있습니다. 그렇다면 승승장구하고 있는 애플과 삼성전자, 부진을 거듭하고 있는 델과 HP, 닌텐도와 소니, 이들의 차이점은 어디에서 연유한 것일까요?

결정적인 차이는 바로 경영 전략에 있었습니다. 델과 HP, 닌텐도와 소니는 경쟁 우위에 서려고 치열하게 노력한 것이 전략적 실수가 되었습니다. 성장이 정체되고 새로운 수요 창출 시장에 대체되는 기존 시장에서 경쟁 우위를 외쳐봐야 소용 없기 때문입니다. 반면 애플과 삼성전자는 재빠르게 스마트폰과 태블릿 PC 시장이라는 새로운 수요 창출 시장을 함께 키워갔기에 승자가 될 수 있었습니다. 즉, 경쟁 우위를 넘어 '수요 창출' 전략으로 전환한 게 주효했던 것입니다.

결국 한정된 기존 시장만을 두고 벌이는 과잉 점유율 경쟁은 극한 상황으로 치닫다가 새로운 시장의 등장과 함께 모두를 패자로 만들어 버립니다. 그러므로 지금처럼 수요의 포화로 인한 저성장 시대에는 경쟁 우위만을 추구하는 전략으로는 한계에 다다를 수밖에 없습니다. 경쟁 패러다임에서 벗어나 새로운 수요 창출을 통해 신시장을 개척하는 길만이 성장을 이끌 수 있는 시대가 온 것입니다.

■ 저성장 시대의 개막

2012년 들어 유로존 위기가 전 세계를 불황의 공포에 휩싸이게 했습니다. 이 위기가 단순히 유럽만의 문제가 아니라는 점이 더욱 심각합니다. 최근의 글로벌 위기는 이전과 달리 선진국들을 중심으로 발발하여 전 세계를 저성장의 늪에 빠지게 하고 있습니다.

21세기 들어 산업혁명 이후 300여 년간 세계를 제패해 왔던 미국과 유럽, 일본이 추락하고 있습니다. 이렇듯 약속이나 한 듯이 선진국들이 위기를 맞이하게 된 것은 수요의 포화로 인해 더 이상 성장할 여력이 남아 있지 않기 때문입니다. 인위적인 수요 확대 정책은 과도한 재정 적자와 가계 부채로 인해 더 이상 추진하기 어렵게 되었으며, 신자유주의로 인한 부의 집중과 고용 없는 성장은 내수를 위축시키고 있습니다. 더구나 풍요로움과 부익부 빈익빈의 고착화는 도전 정신을 잃게 만들고 있으며, 수십 년간 지속되어 온 저출산 고령화 역시 근본적인 수요 감소를 불러와 성장 잠재력을 훼손시켜 버렸죠. 결국 선진국의 위기는 글로벌 위기로 확산되며 수요 증가를 기대할 수 없는 저성장의 장기 불황 시대가 도래하고 있습니다.

Key Issues

날개 꺾인 선진국 경제	• 서서히 흔들리는 팍스 아메리카나 • 급격히 추락하는 EU와 일본 • 도전 정신의 결여로 성장 의욕 저하
인위적 수요 확대의 한계	• 글로벌 과잉 생산 체제의 해결사 부재 • 선진 시장의 수요 창출에 한계 노출 • 과도한 재정 적자 및 가계 부채 심각
글로벌 수요 성장의 둔화	• 저출산 고령화의 재앙 • 신자유주의와 지식 기반 경제로 인한 부의 집중과 고용 없는 성장

수요의 포화로 인한 저성장 시대

■ 성장할 길을 잃어버린 기업들

이렇듯 저성장 시대의 개막은 기업들이 성장할 길을 찾기 어렵게 만들고 있습니다만, 그것만이 기업의 성장을 가로막고 있는 것은 아닙니다. 수요의 포화와 함께 찾아온 '풍요로움' 역시 기업들에게는 저주로 다가오고 있습니다. 모든 게 풍요로워서 이미 만족한 사람들로 가득 찬 세상이 되자 사람들의 선택을 받기가 더욱 어려워졌기 때문입니다. 더구나 사회 구조가 부익부 빈익빈으로 고착화되며 이미 만족한 사람들과 구매할 수 없는 사람들밖에 없어 수요의 증가를 기대할 수 없게 되었습니다.

이와 함께 '승자 독식으로 굳어진 시장 구도' 역시 성장을 가로막고 있습니다. 더 이상 수요가 늘지 않는 기존 시장에서 성장하려면 점유율을 높이는 방법밖에 없는데, 승자 독식 구조로 인해 소수의 승자를 제외하면 대부분의 기업들은 성장하기 어렵기 때문입니다.

Key Issues

저성장 시대의 개막	• 날개 꺾인 선진국 경제 • 인위적 수요 확대의 한계 • 글로벌 수요 성장의 둔화
풍요의 저주	• 과잉 만족으로 구매 의욕 저하 • 과잉 공급에 따라 더 심해지는 경쟁적 수렴 • 이미 만족했거나 구매할 수 없는 사람들
승자 독식으로 굳어진 시장	• 고객 인식 관점에서의 선점 우위 • 규모의 경제 효과와 수확 체증의 법칙 • 주기적 불황이 승자 독식을 강화 • 상대적으로 용이한 방어

→ 막혀 버린 성장의 길

■ 경쟁 구도에 갇혀 추락하는 강자들

그렇다면 성장의 길은 과연 어디에서 찾을 수 있을까요? 이 물음에 대한 대답으로 가장 먼저 떠오르는 건 당연히 경쟁 전략입니다. 그렇다 보니 모두들 수단과 방법을 가리지 않고 경쟁 우위에 서야 한다고 믿고 있습니다. 하지만 수요의 포화와 풍요의 저주 속에서도 경쟁 전략을 구사하여 승자가 되기만 하면 성장의 과실을 챙기며 승승장구할 수 있을까요?

렌터카 업계	• 2009년 강자인 허츠와 에이비스 모두 구제 금융 신청 • 도심지로의 이동, 카셰어링의 등장 등이 복합적으로 작용
비디오 대여 업계	• 2010년 5월, 2위 업체 무비갤러리가 최종 청산됨 • 2010년 9월, 1위 업체 블록버스터 파산 보호 신청
서점 업계	• 2011년 초, 1위 업체 반스앤노블 맨해튼 지점 폐쇄 • 2011년 9월, 2위 업체 보더스 최종 폐업
항공 업계	• 2011년 11월, 빅3 중 하나인 아메리칸 항공 파산 보호 신청 • 빅3인 US 항공과 델타 항공 역시 이에 앞서 파산 보호 신청
백화점 업계	• 2011년 12월, 시어스 백화점 점포 120여 곳 폐쇄 발표 • 여타 백화점들도 대형 할인점의 성장으로 위기 봉착
휴대폰 업계	• 2011년 8월, 실적 악화로 모토로라 구글에 매각 • 2012년 초, 노키아의 신용 등급이 투자 부적격으로 강등
의류 업계	• 2011년, 아메리칸 어패럴 파산설 • 여타 미국 내 의류 업체들도 실적 악화로 매장 폐점 단행

위의 사례에서 보듯이, 앞서 언급한 델과 HP, 닌텐도와 소니 외에도 전 산업에 걸쳐 강자들이 추락하고 있습니다. 이들 역시 뛰어난 경쟁력과 전략이 추락과 실패의 진원지였습니다. 기존 시장에서 경쟁 우위만 추구하다 새로운 수요 창출 기회를 놓치는 전략적 실수를 저지른 것입니다. 수요의 포화와 저성장의 시대에 새로운 수요 시장이 창출되면 기존 시장은 정체되거나 축소될 수밖에 없습니다.

■ 한계에 다다른 경쟁 전략

경쟁 전략에 따르면 환경 분석 결과를 토대로 핵심역량에 기초하여 장기적으로 경쟁 우위에 설 수 있는 전략 지점을 미리 선점하는 기업이 성공한다고 합니다. 하지만 이런 전략은 경제 성장을 토대로 한 기업들 간 파이 나눠 먹기식 성장에 기반했기에, 수요의 포화로 저성장 시대에 접어든 지금은 의미를 잃어가고 있습니다. 좀 더 구체적으로 경쟁 전략의 한계를 살펴보면 다음과 같습니다.

첫째, 경쟁 우위만을 목표로 하고 있습니다.
'전략은 목표 달성을 위한 수단의 선택'이라는 관점에서 볼 때, 목표 선정이 무엇보다 중요합니다. 그런데 경쟁 전략은 기본적으로 성장이 아니라 산업 내 경쟁 유발 요인으로부터 자사를 보호하려는 의도로 기존 시장에서의 경쟁 우위만을 목표로 하고 있습니다.

둘째, '경쟁은 나쁘다'라는 생각에 사로잡혀 있습니다.
경쟁 전략에서 경쟁자는 '이겨야 하는 적'입니다. 이런 사고로는 신시장 창출에 한계를 보일 수밖에 없습니다. 마이클 해넌의 밀도 의존 이론으로 알 수 있듯이 시장 개척 초기에는 경쟁자가 진입하면 고객 인식 개선, 보완재 증가, 관련 인프라 구축 등을 통해 신시장을 함께 키워 갈 수 있습니다. 결국 경쟁자를 적이 아니라 성장을 위한 상생의 관계로 볼 필요가 있습니다.

셋째, 분석에 집중하는 오류를 범하고 있습니다.
내·외부 환경 분석을 토대로 경쟁 전략을 수립하려는 시도는 기존 시장의 성장세를 기반으로 미래를 예측할 수 있을 때 가능합니다. 그런데 분석에 집중하다 보면 자사의 전략적 포지션이나 핵심역량에만 집중하다가 새로운 수요 시장 창출 기회를 놓칠 수 있습니다.

다른 얘기입니다만 2000년대 초반에 관심을 끌었던 블루오션 전략 역시 기존 시장에서의 경쟁 우위에서 벗어나 신시장을 창출해야 한다는 목표는 올바르게 제시했지만, 무경쟁을 지향하는 등 '경쟁은 나쁘다'는 기존의 경쟁 패러다임을 답습했으며, 신시장을 창출하려는 개별 기업의 전략에만 초점을 맞추고 있어 수요의 포화 시대에 지속적인 성장을 견인하기에 부족합니다.

2 ■ 미래 성장의 길, 스노우볼 마켓

그렇다면 향후 성장의 길은 어디서 찾을 수 있을까요? 장기 저성장 시대에 성장할 길은 없는 것일까요? 하지만 이런 상황에서도 승승장구하며 성장하는 기업들이 있습니다. 그런데 이들의 성공은 단순히 기존 업계 강자들과의 경쟁에서 승리한 것이라고 설명할 수는 없습니다. 같은 시장에 참여한 경쟁자들 모두 승자가 되었다는 점에서 더욱 그러합니다. 그들은 어떻게 성장의 길을 갈 수 있었을까요?

수요의 포화 속에 성장하는 기업들

휴대폰 업계	• 기존 휴대폰 시장의 쇠퇴와 함께 스마트폰 시장 고속 성장 • 휴대폰 분야의 신생 업체 애플과 삼성전자가 대표 주자로 부각
게임 업계	• 휴대용 게임 시장의 쇠퇴와 함께 모바일 게임 시장 급부상 • 신생 업체들인 로비오, 징가, 우가 등이 불과 몇 년 사이에 강자로 등장
렌터카 업계	• 허츠나 에이비스와 달리 도심지를 공략한 엔터프라이즈 1위 등극 • 새로운 수요를 창출하고 있는 카셰어링을 내세운 집카, 카투고 고속 성장
비디오 대여 업계	• 우편/온라인 대여 서비스를 내세운 넷플리스 1위 등극 • 2008년 설립된 훌루 역시 스트리밍 서비스 시장을 키우며 고속 성장
가구 업계	• 기존 가구점들의 파산 속에 DIY 방식의 이케아 고속 성장 지속 • 영국의 BNQ, 홈디포 등도 이케아 모델을 활용, 성공 대열에 합류
항공 업계	• 빅3의 부진 속에 저가 항공사 사우스웨스트 항공 미국 국내선 1위 고수 • 제트블루, 버진아메리카 항공, 라이언 에어, 이지제트 등도 고속 성장
유통 업계	• 월마트, 까르푸, 코스트코 등 대형 할인점 성장세 지속 • 아마존, 이베이 등의 온라인 쇼핑몰 역시 강자로 등장 • 달러 제너럴 등의 달러스토어, 그루폰 등 소셜커머스도 고속 성장
의류 업계	• 아메리칸 어패럴 등의 추락 속에 SPA 브랜드 고속 성장 지속 • 자라, 유니클로, H&M 등이 대표적
언론 업계	• 인쇄 매체인 뉴욕타임스, 워싱턴 포스트 등의 부진 지속 • 이에 반해 온라인 매체인 허핑턴 포스트, 데일리 메일 등은 고속 성장

■ 추락과 성장의 갈림길

앞서 살펴본 바와 같이, 경쟁 구도에 갇혀 추락하는 기업이 될지, 수요의 포화 속에서도 성장하는 기업이 될지는 경쟁 우위 전략이 아니라 '자신이 어느 시장에 참여하고 있는가'에 달려 있습니다. 지금처럼 수요의 포화로 인한 저성장 시대에는 새로운 수요 창출 시장이 출현하면 기존 시장은 성장이 정체되거나 축소될 수밖에 없기에 새로운 수요 창출 시장을 개척하거나 참여하는 것만이 성장의 길임을 명심해야 합니다.

결국 최근의 경영 환경은 경쟁 측면에서 바라볼 때 경쟁 우위를 위한 기업 대 기업 간의 점유율 경쟁에서 수요 확보를 위한 시장 대 시장 간의 경쟁 구도로 변화하고 있습니다.

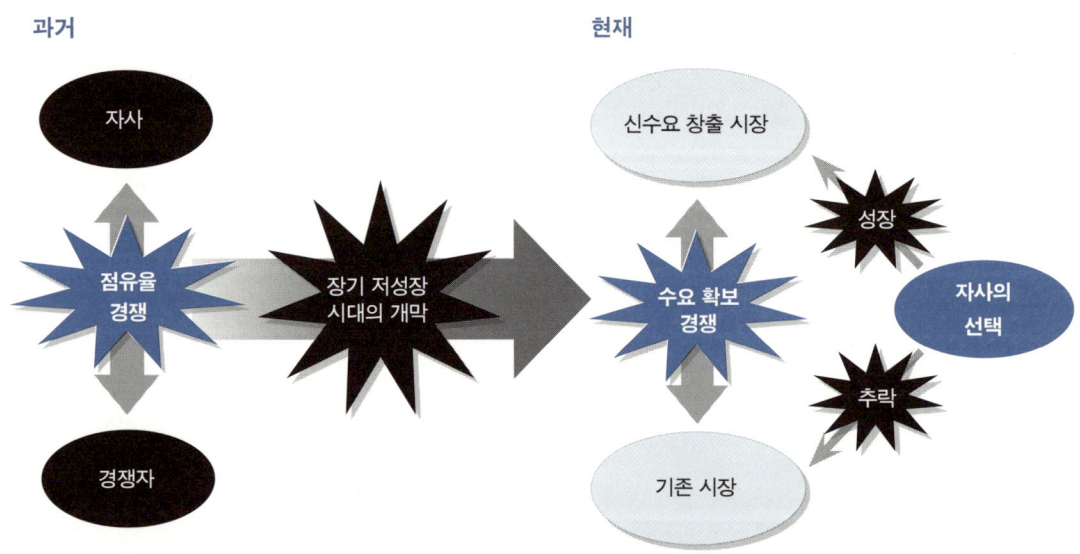

■ 어떻게 하면 새로운 수요 시장을 창출할 수 있을까?

그럼 어떻게 하면 새로운 수요 시장을 창출할 수 있을까요? 흔히 독창적인 신기술이나 독특한 가치의 상품이라면 당연히 사람들의 관심을 끌고 수요 창출에 성공할 거라고 믿기 쉽습니다. 하지만 수요는 그렇게 쉽게 만들어지지 않습니다. 지금 같은 풍요의 시대에는 공급 경쟁력만으로는 수요를 창출할 수 없습니다. 따라서 좀 더 전략적으로 접근하기 위해서는 수요 창출에 대한 오해들을 심층적으로 파악할 필요가 있습니다.

수요 창출에 대한 오해들

새로운 가치를 제공하면 수요가 창출된다?	• 가장 먼저 진입한 기업이 시장을 장악한다? 생존자 편향 오류 : 개척자들의 9%만이 시장 지배자 • 수요 창출에 실패하는 이유는 새로운 가치에 대한 고객 인식의 저항, 높은 가격, 이용 불편 등 복합적임 • 대표적인 실패 사례 : 세그웨이
저가라면 구매를 유도할 수 있다?	• 구매할 수 없었던 비고객을 낮은 가격으로 공략하면 수요 창출이 가능하다? • '싼 게 비지떡'이라는 인식이 구매를 꺼리게 만들기에 좋은 품질의 합리적인 가격임을 인식시켜야 함 • 대표적인 실패 사례 : 디디 니노
독자적으로 수요를 창출할 수 있다?	• 일개 기업의 힘만으로 수요 시장을 창출할 수 있다? • 비고객을 구매로 유도하기 위해서는 인식의 개선과 함께 보완재 완비, 관련 인프라 구축 등이 이루어져야 함 • 그러기 위해서는 고객과 경쟁자, 협력자, 사회적 지원까지 다수의 협력이 반드시 필요함 • 대표적인 실패 사례 : 전기 자동차

좀 더 전략적인 접근 필요

■ 스노우볼 마켓 창출 프로세스

이렇듯 공급 경쟁력에만 집중함으로써 새로운 가치를 제공하거나 저가로 유도하면 당연히 수요가 창출되리라는 생각을 버려야 합니다. 독자적으로 블루오션을 발견하기만 하면 새로운 시장을 창출할 수 있으리라는 기대 역시 접어야 합니다. 수요 창출의 기회를 발굴했다고 해서 시장 창출로 이어지는 게 아니며, 기업 혼자의 힘만으로는 거의 불가능하기 때문입니다. 결국 새로운 수요 시장을 창출하기 위해서는 공급 경쟁력에서 벗어나 수요 창출력 중심으로, 개별 기업 관점에서 시장 전체를 바라보는 관점으로 전환해야 합니다. 혼자 힘으로 수요를 창출하기엔 그 길이 너무 멀고 힘하죠. 물론 가치 있는 비즈니스 모델 없이는 수요를 창출하기 어려운 것 또한 사실입니다. 하지만 그것만으로는 충분하지 않음을 깨닫고, 고객과 경쟁자, 협력자, 사회적 지원까지 거시적으로 바라볼 수 있어야 합니다.

새로운 수요 시장을 만드는 과정은 눈 덮인 스노우필드Snowfields에서 스노우볼Snowball을 만드는 과정과 유사합니다. 새로운 수요 시장을 창출하기 위해서는 스노우볼을 만들듯이 초기 수요 창출 기회의 공간인 스노우필드에서 수요 창출력을 보유한 스노우볼 시즈Snowball Seeds를 구축한 후 스노우볼 효과Snowball Effect를 통해 매력적인 스노우볼 마켓Snowball Market으로 성장시켜야 하기 때문입니다. 이에 수요의 포화 시대에 새로운 수요 창출을 통해 개척되는 시장을 '스노우볼 마켓'이라고 명명했습니다. 참고로 스노우볼 마켓 창출 프로세스를 도식화하면 다음과 같습니다.

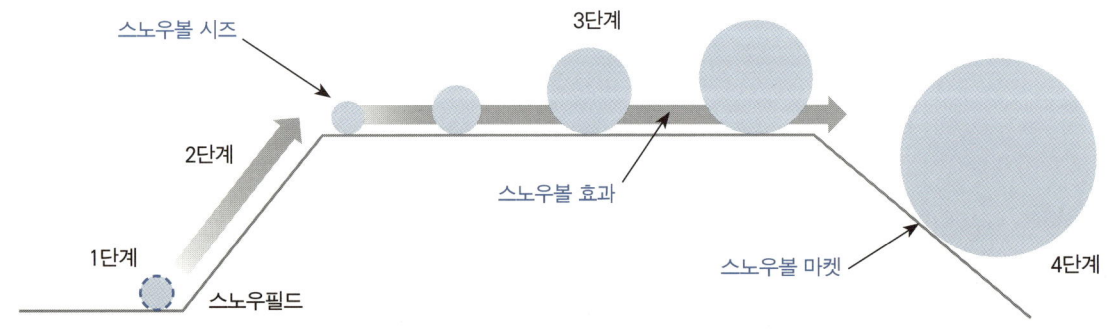

구체적으로 스노우볼 마켓 창출 프로세스를 단계별로 살펴보면 다음과 같습니다.

1단계 : 수요 창출 기회의 발굴
스노우볼을 만들기 위해 스노우필드를 찾듯이 수요 창출 기회를 발굴하는 단계입니다. 즉, 수요 창출 관점에서 전략적 기회의 창구를 찾는 단계로, 비고객이 누구이며 어떤 고객 가치를 제안해야 수요를 창출할 수 있을지, 수요 창출로 이끌려면 어떻게 공략해야 할지 탐색합니다.

2단계 : 스노우볼 시즈의 구축
스노우볼 시즈를 만드는 단계로, 스노우볼 효과를 통해 스노우볼 마켓으로 성장할 수 있도록 수요 창출력을 보유한 스노우볼 시즈를 구축합니다. 작은 눈덩이를 잘 만들지 않으면 굴려서 스노우볼을 만들 수 없듯이, 수요 창출의 기회를 현실적으로 구체화시킨 스노우볼 시즈가 없으면 스노우볼 마켓을 창출할 수 없습니다. 시장 개척 초기에 다수의 업체들이 각축을 벌이지만 대다수가 실패하는 것도 스노우볼 시즈를 구축하지 못한 데에 기인합니다. 앞의 그림에서처럼 오르막길을 오르며 만들어야 하듯 여러 실행의 장벽들이 도사리고 있기에 스노우볼 시즈는 쉽게 만들어지지 않습니다. 그러므로 수요 창출을 가로막는 장벽들을 넘어 스노우볼 마켓 비즈니스 모델을 구현한 스몰윈 Small Win, 즉 '작더라도 의미 있는 성공'을 우선 목표로 해야 합니다. 스몰윈이 바로 스노우볼 시즈인 셈입니다.

3단계 : 스노우볼 효과의 창출
스노우볼 시즈를 굴려가며 점점 더 확대시키는 단계로, 눈덩이를 키우듯이 시장 확대를 이끌 스노우볼 효과를 생성하는 단계입니다. 수요 창출력을 보유한 스노우볼 시즈를 구축했으므로 혼자 힘으로도 스노우볼 마켓을 창출할 수 있지만, 혼자 눈을 뭉치며 스노우볼을 키우는 것보다는 스노우필드에 굴려가며 키우는 게 효과적임은 당연합니다. 그러므로 혼자 힘으로만 하려 하지 말고 고객과의 공동 가치 창출이나 경쟁자 및 협력자의 참여, 사회적 지원 등을 최대한 이끌어낼 수 있어야 합니다. 특히 스노우볼 시즈를 구축했다 하더라도 자기 이익 추구에만 몰두하며 스노우볼 효과 창출을 외면하면 리더의 자리에서 밀려날 수 있습니다. 스노우볼 마켓에 참여한 경쟁자가 스노우볼 효과 창출을 주도함으로써 시장 주도권을 장악할 가능성이 있기 때문입니다.

4단계 : 스노우볼 마켓의 완성

스노우볼 마켓 창출 과정이 마무리되는 최종 단계로, 경사진 스노우필드를 굴러가듯이 자연적으로 시장 성장세로 이어지며 공동 시장 창출에서 개별 무한 경쟁으로 목표가 전환하는 단계입니다. 이 단계에 이르면 참여 업체들은 스노우볼 마켓 창출이라는 공동의 이익 추구에서 자신의 이익만을 추구하는 개별 무한 경쟁으로 돌입, 점차 레드오션으로 변해갑니다. 이에 스노우볼 마켓 전략에서 경쟁 전략 관점으로 돌아가 경쟁 우위 달성에 주력하면서 다른 한편으로 새로운 스노우볼 마켓을 찾아야 할 때가 된 것입니다.

스노우볼 마켓 창출 프로세스의 단계별 특성

구분	수요 창출 기회 발굴	스노우볼 시즈 구축	스노우볼 효과 창출	스노우볼 마켓 완성
핵심 이슈	전략적 창구 포착	비즈니스 모델 구현	스노우볼 마켓 확대	경쟁 우위
실행 목표	스노우볼 마켓을 창출할 수요 창출 기회 발굴	스노우볼 마켓 비즈니스 모델을 구현한 스몰윈 창출	스노우볼 효과 극대화	시장 점유율 확대
실행 이슈	• 비고객층 수요 파악 • 수요 창출 이슈 도출 • 사업 아이템 구상	• 비즈니스 모델 개발 • 전략 요충지 확보 • 과도한 실행	• 지속적인 고객 가치 창출 • 경쟁자와의 공진화 • 다양한 협력자의 참여 • 사회적 지원	• 기존 고객으로까지 확장 • 경쟁 전략으로의 전환
리더	-	스노우볼 시즈 구축자	스노우볼 효과 창출자	시장 점유율 1위
경쟁 현황	다수 업체 각축	스노우볼 시즈 구축자 외 초기 업체들의 몰락	모방 업체들 진입	치열한 경쟁으로 레드오션화
시장 수명 주기	도입기 초기~중기	도입기 후기	성장기 초기	성장기 중기

■ 스노우볼 마켓 전략과 기존 전략의 비교

스노우볼 마켓 전략은 기존의 경쟁 전략 및 블루오션 전략과는 다음과 같은 차이점을 지니고 있습니다.

첫째, 스노우볼 마켓 전략은 거시적인 관점에서 자사만의 성공이 아닌 새로운 수요 시장 창출을 목표로 합니다.
둘째, 스노우볼 마켓 전략은 공급 경쟁력 중심의 경쟁 전략과 달리 비고객을 대상으로 수요 창출력 확보를 추구합니다.
셋째, 스노우볼 마켓 전략은 기업 내부의 실행 방안에만 집중하는 기존 전략과 달리 고객과 경쟁자, 협력자, 사회 등 전체 시장 관점에서 바라보며 함께 시장을 창출해 나가는 방식을 추구합니다.
넷째, 스노우볼 마켓 전략은 경쟁자를 이기려는 경쟁 전략이나 경쟁자를 타파하려는 블루오션 전략처럼 경쟁자를 적으로 규정하지 않습니다. 오히려 함께 수요를 창출하고 스노우볼 마켓을 성장시켜 나가는 협력자로 봅니다.
다섯째, 스노우볼 마켓 전략은 분석과 계획 중심의 기존 전략과 달리 비고객층을 공략하기 위해 때로는 시행착오를 겪더라도 가치를 만들어가는 현실적인 실행 중심의 전략을 선호합니다.

	경쟁 우위 전략	블루오션 전략	스노우볼 마켓 전략
목표	기존 시장에서의 경쟁 우위 확보	경쟁자 없는 블루오션 창출	새로운 수요 시장 창출
방향	차별화 또는 비용 우위 추구	차별화와 비용 우위 동시 추구	수요 창출력 추구
관점	기업 내부 관점	기업 내부 관점	전체 시장 관점
방식	경쟁자를 이겨야 성공	경쟁자를 타파해야 성공	경쟁자와 상생함으로써 성공
실행 방안	핵심 성공 요소를 확보할 내부 핵심역량을 기반으로 포지션 선점 방식 선호	잠재 수요를 사로잡기 위해 전략 캔버스와 ERRC 분석을 토대로 새로운 가치 창출 방식 선호	비고객층을 공략하기 위해 수요 창출 가치를 함께 만들어가는 실행 중심의 가치 창출 선호

스노우볼 마켓 전략에서 추구하는 가치는 기본적으로 기존 시장 대비 차별화 또는 비용 우위로, 사실상 경쟁 전략과 동일합니다. 그렇다 보니 전략적인 면도 경쟁 전략과 동일하다고 느낄 수 있습니다만, 엄연히 다른 개념입니다. 경쟁 전략은 차별화 또는 비용 우위를 추구함으로써 자사가 속한 산업 또는 시장의 경쟁 유발 요인으로부터 자사를 보호하고 경쟁자 대비 경쟁 우위를 달성하려는 전략입니다. 반면에 스노우볼 마켓 전략은 기존 기업들과의 경쟁보다는 새로운 수요 시장을 창출한다는 관점에서 어떻게 하면 사람들로부터 구매를 유도할 수 있을까가 핵심 이슈입니다. 따라서 스노우볼 마켓 전략에서는 경쟁자 분석이나 경쟁 포지션은 의미가 없습니다. 애플이 아이폰을 출시한 이유가 노키아를 이기려고 한 것이 아니라 새로운 가치의 스마트폰 시장을 창출하기 위해서였으며, 사우스웨스트 항공이 저가 항공 사업을 시작한 것 역시 빅3를 이기기 위해서가 아니라 비행기를 이용하지 않는 비고객들에게 저렴한 비용으로 항공 서비스를 제공하기 위해서였던 것처럼 말입니다.

> 이러한 2010년대의 거대한 패러다임 변화에 직면하여 기존의 경영 전략 이론들은 패러다임 변화에 대응한 기업의 전략 방향을 제시하는 데 한계에 직면하고 있는 것이 현실이다. 마이클 포터의 본원적 경쟁 전략론 등 기존 경영 전략의 주요 이론들은 환경이 좀 더 안정적이고 예측 가능하던 시대에 개발되었고, 새로운 시장이나 산업을 어떻게 창출하느냐에 초점을 맞추기보다는 기업의 관점에서 이미 형성된 시장이나 산업에서 어떻게 하면 경쟁 우위를 확보하느냐에 초점을 맞추었기 때문이다. 몇 년 전 INSEAD의 김위찬 교수가 '블루오션 전략'을 제시하여 큰 호응을 이끌어낸 것도 패러다임 변화 시기에 기존 경영 전략 이론의 한계에 대해 많은 기업 임직원들이 공감했기 때문이다. 블루오션 전략이 기업 차원에서 고객의 니즈를 잘 분석하여 차별화와 저원가를 동시에 달성함으로써 경쟁자가 없는 블루오션을 창출할 수 있다는 점을 강조한 데 비해 이 책은 전체 시장이나 산업 생태계 관점에서 어떻게 하면 새로운 수요 시장을 창출할 수 있는지에 초점을 맞춤으로써 또 다른 시각에서 기존 경영 전략 이론의 한계점을 극복할 수 있는 방안을 제시했다는 점에서 큰 의미를 지닌다고 하겠다. 특히 앞에서도 적었듯이 기존 전략 이론에서는 미시적인 관점에서 기업의 경쟁 우위나 신사업 진출에 초점을 맞추다 보니 어떻게 하면 기업이 새로운 시장을 창출하고 키워나갈 수 있을지에 대한 좀 더 거시적인 시각이나 분석 기법, 실행 방안은 제대로 제시하지 못했다.
>
> — 서울대학교 경영대 송재용 교수의 '감수의 글' 중에서

출처 | 조철선, 《스노우볼 마켓 전략》, 전략시티, 2012

3 ■ 스노우볼 마켓 전략의 실행

지금까지 저성장 시대를 맞아 기존의 경쟁 전략으로는 성장을 담보할 수 없으므로 경쟁 패러다임을 버리고 수요 창출에 집중해야 한다는 점을 피력했습니다. 하지만 앞서도 말했듯이 문제는 수요 창출이 그리 쉽게 이루어지지 않는다는 데 있습니다. 새로운 기술을 도입하거나 고객의 불편을 해소하면, 또는 저렴한 가격으로 승부하면 금방 수요가 창출될 거라는 착각을 합니다. 하지만 현실에서 수요 창출을 가로막는 여러 장벽들에 부딪치며 좌절하다 보면, 이는 장밋빛 환상에 불과했음을 깨닫게 됩니다. 세그웨이나 타타 나노의 타타 그룹처럼 섣불리 뛰어들었다 실패한 기업들이 얼마나 많은지를 봐도 알 수 있습니다.

그러므로 효과적으로 수요 시장을 창출하기 위해서는 스노우볼 마켓 전략에 따라 경쟁자와의 공진화까지 포함한 거시적인 관점에서 수요 창출 기회의 발굴에서부터 스노우볼 시즈의 구축, 스노우볼 효과의 창출을 거쳐 스노우볼 마켓을 완성해 가야 합니다.

스노우볼 마켓 전략 실행의 네 단계를 구체적으로 살펴보기 전에 간략하게 정리해 보면 다음과 같습니다.

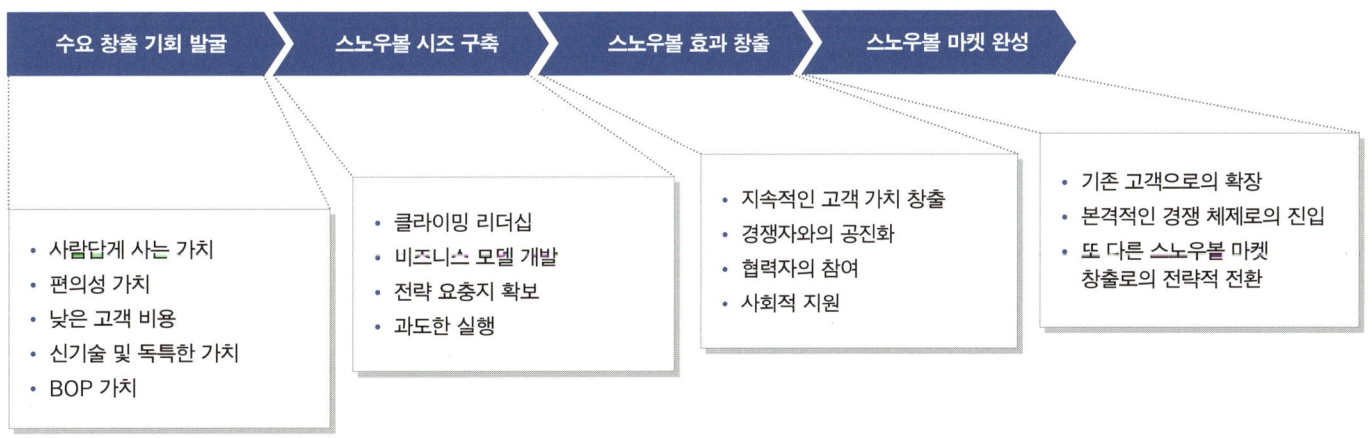

■ 1단계 : 수요 창출 기회의 발굴

이미 만족한 사람들이나 구매할 수 없는 사람들로만 가득 찬 풍요의 시대지만 이들 비고객들을 공략할 수 있는 가치를 제안한다면 수요 창출의 기회를 발굴할 수 있습니다. 물론 그러기 위해서는 비고객이 누구이며 왜 구매하지 않는지 원인부터 파악해야겠죠. 그런 의미에서 구매 니즈와 시장에 따라 비고객들을 분류해 보면 다음과 같습니다.

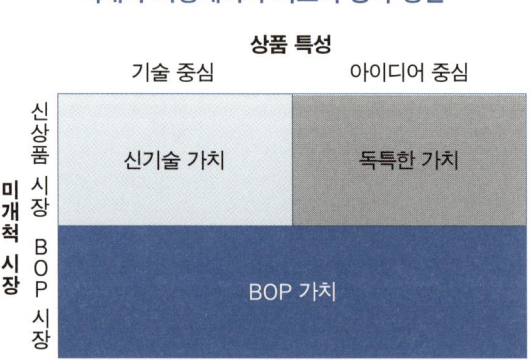

첫째, 이미 만족했기에 더 이상 구매할 니즈가 없는 사람들
둘째, 가격 부담이나 구매 및 이용의 불편함 때문에 구매를 포기한 사람들
셋째, 시장을 개척하려는 혁신 상품에 대한 잠재 고객들
넷째, 글로벌 최후의 수요 창출 기회 시장인 BOP 계층

이들에게 어떤 고객 가치를 제안해야 할까요? 더 좋은 상품이나 고객 비용을 제안하는 수준으로는 쉽게 구매에 응하지 않을 가능성이 높습니다. 따라서 정말 사고 싶은 마음이 들도록 그들이 진정으로 원하는 욕구를 충족시켜 줄 고객 가치에 집중해야 합니다. 그런 점에서 기존 시장 및 미개척 시장에서의 비고객 공략 방안은 다음과 같습니다.

첫째, 과잉 만족한 사람들에게는 사람답게 사는 가치를 제안함으로써 구매를 유도할 수 있습니다.
과잉 만족한 사람들에게는 더 좋은 상품, 더 나은 서비스는 큰 의미가 없습니다. 따라서 상품 가치만을 추구하는 관점에서 벗어나 진정 사람들이 원하는 욕구 중심으로 바라볼 필요가 있습니다. 그런 의미에서 고차원적 욕구인 사람답게 사는 가치를 지향할 필요가 있습니다. 먹고사는 문제에서 벗어난 풍요의 시대이기에 사람들은 사람답게 살고 싶어 하기 때문입니다. 즉, 과잉 만족한 사람들의 구매를 유도하기 위해서는 자아 실현 가치와 자아 존중 가치, 사회적 가치 등에 관심을 가져야 합니다.

둘째, 구매를 포기한 사람들에게는 구매 장애 요인인 불편함과 가격 부담을 제거함으로써 수요를 창출할 수 있습니다.
먼저 기존에 없던 고객 편의성 가치를 높이는 방법이 있습니다. 구매나 사용의 불편 때문에 비고객으로 남은 이들을 목표로 사소한 불편까지 세심하게 제거한다면 수요를 창출할 수 있습니다. 또한 구매를 막는 또 하나의 큰 장벽은 가격이므로, 좋은 상품을 낮은 고객 비용으로 공급하면 비고객을 구매로 유도할 수 있습니다. 특히 낮은 고객 비용은 비고객의 구매 유도뿐 아니라 이미 만족한 기존 고객을 공략하는 데도 효과를 발휘할 수 있습니다.

셋째, 새로운 가치를 창출하는 혁신 상품은 수요 창출의 원동력이 됩니다.
미개척 시장에서는 공급이 수요를 창출한다는 세이의 법칙(Say's law)이 유용합니다. 새로운 기술이나 아이디어로 개발된 혁신 상품이라면 새롭게 수요를 창출할 수 있으니까요. 물론 풍요의 시대이기에 조금 더 나은 품질이나 서비스가 아니라 다른 데서는 찾아볼 수 없는 가치를 제공할 수 있는 획기적인 상품이라야만 가능하겠지만 말입니다.

넷째, 최후의 글로벌 수요 창출 시장인 BOP 시장에도 관심을 가져야 합니다.
C. K. 프라할라드가 저소득층 시장을 공략하라고 주장했듯이, 수요의 포화 시대에는 빈곤한 BOP 시장이 오히려 기회의 땅이 될 수 있습니다. 하지만 BOP 시장의 구매력이 낮다고 선진 시장의 저가 상품을 그대로 가져가 판매하는 건 실패의 지름길입니다. BOP 시장의 고객인 저소득층 입장에서 '정말로 필요한 게 무엇인지' 파악함으로써 BOP 시장에 맞는 상품을 낮은 고객 비용으로 제공해야 합니다.

■ 2단계 : 스노우볼 시즈의 구축

문제는 타타 나노나 세그웨이의 실패처럼 수요 창출의 기회를 발굴했다고 무조건 수요가 창출되는 건 아니라는 점입니다. 그런 점에서 수요 창출 기회의 발굴보다는 스노우볼 시즈의 구축이 수요 창출의 핵심 과제라 할 수 있습니다.

제러드 J. 텔리스와 피터 N. 골더가 《마켓 리더의 조건Will and Vision》에서 '시장에 먼저 진입한 자가 시장을 지배하는 것이 아니며 오히려 대부분의 개척자들은 실패했음'을 밝혔듯이, 수요 창출의 기회를 보고 달려든다고 무조건 성공하는 건 아닙니다. 이렇듯 수요 창출의 기회가 스노우볼 마켓 시장으로 이어지지 않는 이유는 시장 구축을 가로막는 장벽들 때문입니다. 바로 자원의 장벽과 혁신의 장벽, 방해의 장벽, 인식의 장벽이 그것입니다. 불확실한 수요 창출이 무모해 보이기에 사업을 추진하기 위한 자원을 확보하기 어려운 '자원의 장벽', 아무도 가지 않은 길을 개척해 나가야 하는 '혁신의 장벽', 새로운 대체 시장 창출을 두려워하는 기존 시장 참여 업체들의 다양한 '방해의 장벽', 풍요의 시대에 새로운 가치 수용을 꺼리는 고객들의 '인식의 장벽'이 새로운 수요 시장 창출을 가로막고 있는 것이죠. 결국 공급 경쟁력에만 집중하다 수요 창출을 가로막는 장벽을 극복하지 못하면 스노우볼 시즈 구축에 실패할 수밖에 없습니다.

이런 네 가지 장벽을 넘어 스노우볼 마켓을 창출하려면 먼저 작더라도 스노우볼 마켓 비즈니스 모델을 구현하여 성공한 '스몰윈'을 만들어야 합니다. 그럼 어떻게 해야 스노우볼 시즈라 할 수 있는 스몰윈을 창출할 수 있을까요? 다음과 같이 클라이밍 리더십Climbing Leadership 하에 스노우볼 마켓 비즈니스 모델 개발, 전략 요충지 확보, 과도한 실행 등 세 가지 전략을 통해 가능합니다.

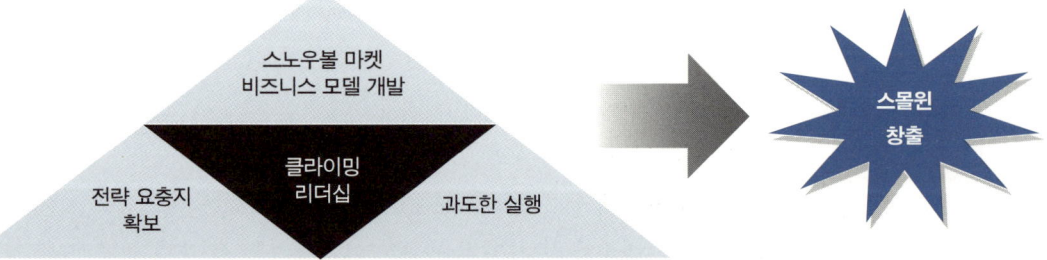

첫째, 최악에서 최고를 지향하는 클라이밍 리더십을 발휘해야 합니다.
스노우볼 시즈 구축에 나선 리더라면 냉혹한 현실을 인정하고 최악의 상황을 받아들이면서도 낙관적인 희망을 지닌 채 최고를 지향하는 클라이밍 리더십을 발휘해야 합니다. 더바디샵의 창업자 아니타 로딕처럼 반드시 이루고 말겠다는 집념 하에 현실적으로 달성 가능한 작고 소중한 꿈을 갖고 자신만의 길을 갈 수 있어야 합니다. 또한, 사우스웨스트 항공의 허브 켈러허나 애플의 스티브 잡스처럼 어떤 상황에서도 반드시 생존하겠다는 각오로 죽기 살기로 조직을 이끌 줄도 알아야 합니다.

둘째, 최적의 스노우볼 마켓 비즈니스 모델을 개발해야 합니다.
스노우볼 시즈 구축의 첫 번째 실행 단계는 바로 공급 경쟁력이 아닌 수요 창출력에 적합한 스노우볼 마켓 비즈니스 모델의 개발입니다. 그러기 위해서는 적합한 수요 창출 가치의 제안과 이를 뒷받침할 수 있는 혁신적인 운영 시스템의 개발, 수익보다 시장을 키우겠다는 자세로 장기적인 시각에서 수익 구조를 확충해야 합니다. 사실 이런 실행은 어느 누구도 알 수 없는 미지의 영역입니다. 따라서 처음부터 완벽하게 하려는 생각을 버리고 실패하더라도 계속 부딪치며 시행착오를 통해 개선해 나감으로써 구축할 수밖에 없습니다.

셋째, 스몰윈 창출에 적합한 전략적 요충지를 확보해야 합니다.
스노우볼 마켓 비즈니스 모델을 개발했다면 이제 이를 구현해야 합니다. 하지만 자원의 한계, 혁신의 장벽, 기존 업계의 방해, 고객 인식의 어려움 등으로 추진하기 여의치 않은 게 사실이죠. 그러므로 실행 가능한 전략적 요충지를 선택하여 집중함으로써 스몰윈 창출을 목표로 하는 게 현명합니다. 그러기 위해서는 가치 제안을 적극적으로 수용할 수 있는 소수 고객군에 집중하거나 차별적 가치를 창출할 고객 접점 지점을 찾아야 합니다. 또한 스몰윈 창출에 유리한 지역을 발굴하거나 기존 업계의 관심 밖 지역을 공략하는 방안도 모색해 봅니다.

넷째, 때로는 과도한 실행이 필요합니다.
새로운 가치 수용을 거부하는 비고객들을 사로잡으려면 때로는 상식을 뛰어넘는 '과도한 실행'이 필요합니다. 특히 자원의 한계에 봉착했다면 더욱 더 최소의 비용으로 최대의 효과를 얻는 '과도한 실행' 전략을 고민해 보아야 합니다.

■ 3단계 : 스노우볼 효과의 창출

가장 어려운 스노우볼 시즈를 구축했으니 이제 성장 가도를 달릴 일만 남았다며 지레 성공을 자축하다가는 큰코다칠 수 있습니다. 검색 엔진 시장에서 성공한 야후와 MP3 플레이어 시장을 창출한 리오의 다이아몬드 멀티미디어, 스마트폰 시장 창출에 성공한 블랙베리, SNS 시장의 마이스페이스 모두 스노우볼 시즈 구축에 성공하며 스노우볼 마켓 리더의 지위에 올랐습니다. 하지만 초기 성공에 안주하며 샴페인을 일찍 터뜨리는 바람에 스노우볼 효과 창출을 주도한 후발 주자에게 역전당하고 말았습니다.

야후가 광고 수익 등에 몰두하는 사이 한 차원 높은 검색 기능에 집중한 구글이 대표적입니다. 불법 음원 복제 문제와 고객들의 불편에 무관심했던 다이아몬드 멀티미디어나 업무용 스마트폰 시장에만 머물렀던 블랙베리와 달리 아이튠스 및 앱스토어를 기반으로 애플 생태계를 조성함으로써 고객 편의성을 높인 애플, 무리한 광고 집행으로 고객들의 불편을 초래한 마이스페이스를 대신해 오픈 플랫폼을 표방하며 고객과의 공동 가치 창출에 집중한 페이스북 등도 그런 예입니다.

결국 진정한 리더는 스노우볼 효과 창출에서 나옵니다. 그러므로 작은 성공에 안주하지 말고 스노우볼 마켓을 키우겠다는 목표를 갖고 스노우볼 효과 창출을 주도하는 데 전력을 다해야 합니다. 그러기 위해서는 다음의 도표에서 보듯 스노우볼 마켓 창출을 지향하는 비전을 제시하면서 지속적인 고객 가치 창출과 경쟁자와의 공共진화, 협력자의 참여, 사회적 지원 등을 실행해야 합니다.

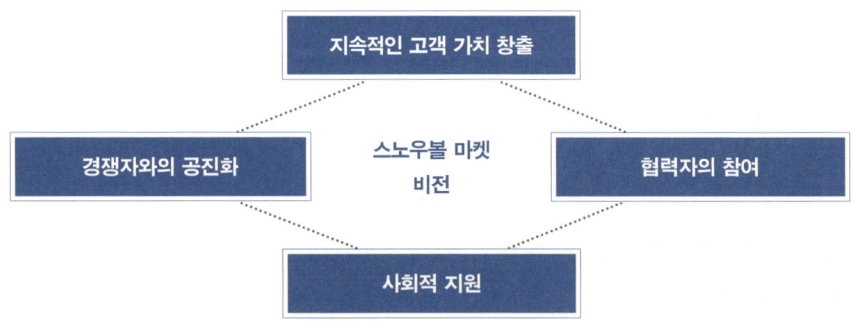

첫째, 지속적인 고객 가치 창출

풍요의 시대에 '이 정도면 괜찮다'라는 생각은 실패를 부르기 쉽습니다. 스노우볼 마켓을 확대하기 위해서는 고객 가치를 지속적으로 높여가야 합니다. 즉, 고객 접점을 계속 확대하거나 스스로를 진부화시키는 모험을 통해 고객 가치를 개선해 나가야 합니다. 또한 고객과의 공동 가치 창출에도 집중하여 가치를 제고시켜 나감으로써 스노우볼 효과를 창출하도록 노력해야 합니다.

둘째, 경쟁자와의 공진화

정체된 시장에서는 치열한 경쟁이 공멸로 가는 길이지만 새로운 수요를 창출하는 길은 모두를 승자로 만들 수 있습니다. 사실 스노우볼 마켓 창출 초기에는 경쟁자의 진입은 스노우볼 효과 창출로 이어져 시장 확대라는 긍정적인 역할을 합니다. 그러므로 자신의 이익보다는 거시적인 관점에서 경쟁자와의 공진화를 유도하고 경쟁자와의 협력도 서슴지 않는 등 스노우볼 효과 창출을 주도하며 앞장서 나가는 전략이 필요합니다. 이를 통해 스노우볼 효과 창출 주도권을 확보함으로써 스노우볼 마켓 리더의 지위를 확보할 수 있습니다.

셋째, 협력자의 참여

주유소가 없다면 휘발유 자동차가 소용 없듯이 협력자의 참여 없이는 스노우볼 마켓을 창출하기가 쉽지 않습니다. 어떻게 협력자의 참여를 유도하느냐에 따라 스노우볼 효과 창출이 좌우될 수 있음을 명심해야 합니다. 그러기 위해서는 스노우볼 마켓 비전의 공유와 함께 협력자 참여를 유도할 헌신적 명분을 제시할 수 있어야 합니다. 때로는 협력지외의 전략적 제휴를 통해 상생의 기치를 확고히 다질 필요도 있습니다.

넷째, 사회적 지원

진정한 자동차 시대의 도래가 미국 정부가 고속도로 건설에 엄청나게 투자하던 시대와 맞물린 것은 우연이 아닙니다. 스노우볼 마켓 확대를 위해 사회적 지원이 필요하다면 대의명분을 내세워 사회적 지원을 유도해야 합니다. 이 외에도 미래 신성장동력으로 육성한다는 대의명분을 내세워 집적 클러스터 구축이나 지원 등을 유도함으로써 스노우볼 효과 창출을 도모할 수도 있습니다.

■ 4단계 : 스노우볼 마켓의 완성

스노우볼 효과 창출이 성공적으로 이뤄지면 자연스럽게 스노우볼 마켓이 확대되며 스노우볼 마켓은 완성 단계에 이릅니다. 이 단계에 이르면 스노우볼 마켓은 인위적인 스노우볼 효과 창출 없이도 사람들의 적극적인 구매 속에 자연스럽게 성장하며 완연한 성장기에 접어들죠. 그 결과 비고객을 넘어 기존 고객으로까지 확장하며 기존 시장을 대체하는 주류 시장으로 부상하면서 본격적인 경쟁 체제로 전환하게 됩니다. 사우스웨스트 항공이 주도한 저가 항공 시장이 기존 항공 업계의 주류로 등장하며 저가 항공사들끼리 서로 다른 경쟁 포지션으로 치열한 경쟁을 벌이고 있듯이 말입니다. 그렇다면 이 단계에서는 어떻게 대처해야 할까요?

첫째, 자신에게 유리한 시장 구도를 정착시켜야 합니다.

본격적인 경쟁 체제로 재편되기에 앞서서 자신에게 유리한 시장 구도를 정착시키도록 노력해야 합니다. 일단 구도가 정착되면 승자 독식 현상으로 인해 이를 깨기가 힘들기 때문이죠. 애플과 삼성전자 간의 이전 투구나 구글플러스와의 향후 경쟁을 염두에 두고 자신에게 유리한 구도를 만들기 위해 경쟁자와의 제휴 등 생태계 확대에 집중하고 있는 페이스북의 움직임을 이런 맥락으로 볼 수 있습니다.

둘째, 스노우볼 마켓 전략에서 경쟁 전략으로 전환, 경쟁 우위에 집중해야 합니다.

이 단계에 이르면 스노우볼 마켓 전략에서 전통의 경쟁 전략으로 전환, 경쟁 우위 달성에 집중해야 합니다. 일례로 저가 항공 시장을 살펴보죠. 사우스웨스트 항공이 리더 지위를 굳건히 하는 가운데 제트블루는 프리미엄급 서비스를 제공함으로써 차별화 전략을 추구하고 있으며, 스피릿 항공은 '최고로 저렴한 항공사'를 내세우며 초저가를 실현, 비용 우위 전략을 추진하고 있습니다. 또한 아메리칸 이글 항공이나 그레이트 레이크스 항공 등 지역별, 노선별로 세분화된 시장에 집중하는 집중화 전략을 구사하는 항공사들도 등장하고 있습니다. 전형적인 차별화와 비용 우위, 집중화라는 경쟁 전략이 빛을 발하고 있는 것입니다.

셋째, 또 다른 스노우볼 마켓 창출에 관심을 가져야 합니다.

마지막으로, 지속적으로 성장하기 위해서는 현재의 스노우볼 마켓에서 경쟁 우위에 서는 것도 중요하지만 또 다른 스노우볼 마켓을 창출하는 일 또한 중요합니다. 지금의 스노우볼 마켓도 언젠가는 정체되거나 새롭게 떠오르는 다른 시장으로 대체될 것이기 때문입니다.

4 ■ 사례 분석 : 베터플레이스

지금까지 스노우볼 마켓 창출 과정에 대해 알아보았습니다. 스노우볼 마켓 창출 프로세스는 수요 창출 기회의 발굴, 스노우볼 시즈의 구축, 스노우볼 효과의 창출, 스노우볼 마켓 완성 등 4단계로 이루어져 있으며, 스노우볼 마켓을 창출하기 위해서는 자신뿐 아니라 고객, 경쟁자, 사회와 함께 시장을 만들어가려는 전략적 활동에 탁월해야 합니다. 그런 측면에서 전기 자동차 산업에서 스노우볼 마켓을 창출하려 했던 미국의 벤처 기업 베터플레이스Better Place의 사례를 살펴보도록 하죠. 베터플레이스는 안타깝게도 비즈니스 모델을 개발하고 이를 현실화시키는 여정을 시작한 지 6년여 만인 2013년 5월에 자금 경색으로 인한 경영난 끝에 파산하며 무너졌습니다. 그럼에도 베터플레이스를 스노우볼 마켓 전략을 설명하는 모델로 선택한 이유는 모두가 공급 경쟁력만을 고민할 때 수요 창출력 관점으로 전환하여 차별적인 비즈니스 모델을 개발했다는 점 때문입니다. 이는 베터플레이스가 무너진 지금 전기 자동차 업체인 테슬라Tesla 등이 발 빠르게 베터플레이스의 사업 모델을 적용하려 하는 데서도 알 수 있습니다. 또한 베터플레이스를 운영하는 입장에 서서 각 단계별로 스노우볼 마켓 전략을 검토해볼 수 있다는 점도 사례 선정에 작용했습니다. 그럼 베터플레이스 사례 속으로 들어가보도록 하겠습니다.

전기 자동차 시장 현황

19세기 말에 처음 등장했던 전기 자동차는 초기에 반짝 인기를 누렸지만 이내 편리하고 상대적으로 저렴한 휘발유 자동차에 밀려 대중화에 실패했다. 하지만 고유가 시대의 개막과 세계적인 온실 가스 규제 움직임, 배터리 등 전기 자동차 기술의 발달 등으로 최근 들어 휘발유 자동차를 대체할 차세대 자동차로 각광받기 시작했다.

그 결과 GM, 닛산Nissan, 르노Renault 등 메이저 자동차 제조업체들이 잇따라 전기 자동차를 출시하며 기대를 한껏 받기도 했다. 하지만 2012년 3월에 GM이 판매 부진을 이유로 전기 자동차인 볼트Volt의 생산을 일시 중단하겠다고 발표하는 등 새로운 시장 창출에 실패했다.

이는 신산업을 육성하려는 각국 정부의 대대적인 지원과 온실 가스 절감이라는 친환경 가치의 소구에도 불구하고 휘발유 자동차 대비 높은 가격대와 배터리 충전 문제, 충전소 인프라 미비 등으로 인해 소비자들이 외면한 결과였다.

이렇듯 전기 자동차 시장 창출이 어려운 상황에서 성공하려면 어떻게 해야 할까?

■ 1단계 : 수요 창출 기회의 발굴

현재 전기 자동차 업계의 전략은 원가 절감과 고성능 배터리 개발 등 기술 개발을 통한 공급 경쟁력의 강화로 요약할 수 있습니다. 친환경 가치를 내세운 전기 자동차라면 비싸고 다소 불편해도 성공할 거라는 안이한 생각으로 실패한 전적이 있음에도, 여전히 가격이 다소 인하되고 배터리 성능이 개선된다면 고객들이 구매할 거라고 생각합니다.

새로운 수요 시장을 창출하려면 구매하지 않는 사람들의 마음을 헤아려야 합니다. 아무리 친환경 가치를 생각해도 손해를 보거나 불편한 건 참지 못하는 게 인지상정이니까요. 사실, 전기 자동차는 높은 가격과 짧은 주행 거리, 오랜 충전 시간, 충전소 네트워크 미비 등 불편함이 한두 가지가 아닙니다. 이 모든 문제를 휘발유 자동차와 동등한 수준까지 해결하지 못하면 친환경 가치에 열광하는 소수만이 구매하는 틈새시장밖에 되지 못할 것입니다. 이런 불편함을 해결할 수 있는 사업 아이템이어야만 수요 창출의 기회를 잡을 수 있습니다.

그런 측면에서, 공급 경쟁력에만 매달리고 있는 전기 자동차 업계와 달리 베터플레이스는 수요 창출 관점에서 불편함 제거에 집중함으로써 스노우볼 마켓으로 가는 전략적 창구를 발굴했습니다. '배터리 교체 스테이션' 사업이 그것입니다. 전기 자동차의 수요 창출을 막는 핵심 장애물은 배터리입니다. 전기 자동차 원가의 50%가 넘는 가격 부담과 충전 및 교체, 짧은 주행 거리 등 이용상의 불편이 모두 배터리로 귀결되니까요. 그런데 베터플레이스는 자동차와 배터리를 분리하면 문제를 해결할 수 있음을 깨달았습니다. 전기 자동차와 배터리를 분리해서 판매하면 자동차의 가격을 대폭 인하할 수 있으며, 배터리 교체 스테이션에서 충전된 배터리로 교체함으로써 충전 및 교체 불편까지 해소할 수 있으니까요. 짧은 주행 거리 문제 역시 일반적인 전기 자동차는 배터리 수명 유지를 위해 최대 용량의 절반만을 활용하는 데 반해 전기 자동차와 배터리를 분리한다면 배터리를 최대한 활용, 주행 거리를 더 늘릴 수 있어 해결할 수 있습니다. 결국 전기 자동차 이용자들은 방전된 배터리를 배터리 교체 스테이션에서 충전된 배터리로 교체하기만 하면 되는 것이죠.

여기서 한 발 더 나아가 베터플레이스는 획기적으로 수요를 창출할 수 있도록 비즈니스 모델을 개선했습니다. '면도기-면도날 사업 모델'처럼 전기 자동차를 저렴한 가격이나 무상으로 소비자들에게 공급하는 대신 전기 공급 가격을 휘발유 가격에 고정, 이용료를 수익화한다는 발상을 내놓은 것이죠. 이용자들이 편리하게 선택할 수 있는 비즈니스 모델을 구축한 것입니다.

■ 2단계 : 스노우볼 시즈의 구축

하지만 아이디어만으로 수요 시장이 창출되지는 않죠. 베터플레이스의 비즈니스 모델이 아무리 좋더라도 이용자들이 편리하게 이용할 수 있을 정도로 배터리 교체 스테이션 네트워크를 광범위하게 구축하지 않으면 소용이 없습니다. 결국 베터플레이스에게 스노우볼 시즈는 고객 구매를 유도할 만한 배터리 교체 스테이션 네트워크 구축인 셈입니다. 이렇듯 고객 구매를 유도할 만한 네트워크가 되려면 고객들이 전기 자동차를 이용할 지역 내에 충분한 수의 배터리 교체 스테이션이 있어야 가능합니다. 미국에서 사업을 벌이려면 미국 전역에 네트워크를 구축해야 함을 의미합니다. 이는 첫 사업으로 추진하기엔 너무 벅찬 일일 수밖에 없습니다.

앞서 스노우볼 시즈 구축의 목표가 스노우볼 마켓 비즈니스 모델을 구현한 스몰윈이라고 했듯이, 베터플레이스 역시 이 비즈니스가 현실적으로 가능하다는 것을 입증하기 위해서는 작더라도 의미 있는 성공이 필요했습니다. 이에 베터플레이스는 이스라엘로 눈을 돌렸습니다. 이스라엘이야말로 스몰윈을 만들기에 최적의 장소로 보였기 때문입니다. 이스라엘은 현지 사정상 20마일이 넘는 거리를 주행하거나 자동차로 국경을 넘는 사람들이 거의 없기에 미국처럼 배터리 교체 스테이션 네트워크를 광범위하게 구축하지 않아도 되었습니다. 또한 석유 의존도를 줄이는 데 국가적으로 관심을 갖고 있어서 국가 차원의 지원도 기대할 수 있었습니다.

하지만 이런 구상을 현실화하기에는 여러 실행상의 장벽들이 도사리고 있었죠. 자금 부족에서부터 이스라엘 내 기존 석유 업체들의 방해, 전기 자동차 제조업체 등과의 제휴, 전력 회사와의 협력, 배터리 교체 스테이션 설립 허가, 자동차 수리 업체나 보험 업체 같은 협력자의 지원 등 쉽게 해결할 수 없는 과제들이었습니다. 베터플레이스는 이스라엘 정부의 적극적인 지원 아래 차근차근 해결해 나감으로써 이스라엘 전역에 걸쳐 배터리 교체 스테이션 네트워크를 구축하려 했습니다.

그러나 베터플레이스는 독자적으로 개발한 스노우볼 마켓 비즈니스 모델을 구현하기 위해 스몰윈을 창출하는 스노우볼 시즈 구축 과정 중에 자원의 장벽에 부딪쳐 멈춰서고 말았습니다. 물론 이를 넘어섰다 하더라도 넘어야 할 장벽들이 많이 남아 있었습니다. 그중 가장 큰 장벽은 인식의 장벽이 되었을 것입니다. 네트워크가 구축되고 난 뒤 빠른 시일 내에 가시적인 성과를 보여줌으로써 성공 모델이라는 인식을 사람들에게 심어주지 않는다면 스노우볼 시즈 구축은 어려울 테니까요.

■ 3단계 : 스노우볼 효과의 창출

이스라엘에서 스노우볼 시즈 구축에 성공했다면 이후에는 어떻게 스노우볼 효과를 창출하며 스노우볼 마켓을 키울 것인지가 이슈가 될 것입니다. 베터플레이스로서는 스노우볼 마켓을 주도적으로 키워나가고 리더로 우뚝 서기 위해서는 스스로 스노우볼 효과 창출에 적극적으로 나설 필요가 있죠. 그중에서도 인프라 구축 사업이라는 베터플레이스 모델 특성상 경쟁자 및 협력자 참여를 통한 스노우볼 효과 창출이 가장 중요합니다. 베터플레이스 모델을 채택하는 경쟁자나 협력자가 많아질수록 세계 표준으로 정착될 가능성이 높아지고, 동종의 배터리 교체 스테이션이 늘어나 편의성이 증대됨으로써 고객들 역시 선호하게 될 테니까요.

그러므로 이 단계에 들어서면 베터플레이스 모델을 채택하는 경쟁자나 협력자가 증가하도록 노력해야 합니다. 스노우볼 시즈를 구축했으므로 경쟁자와 협력자들이 베터플레이스 모델을 채택하도록 유도하기에 유리한 상황일 것입니다. 이를 십분 활용하여 수익이 줄어들더라도 경쟁자나 협력자와의 제휴에서부터 배터리 및 배터리 교체 시스템의 표준화 추진, 배터리 호환 등에 이르기까지 상생 협력을 적극 실천해야 합니다. 경쟁자들과 협력자들 역시 베터플레이스가 창출한 스노우볼 마켓에 참여, 스노우볼 효과를 통해 스노우볼 마켓을 확대해 가는 게 유리하므로 이 방안은 모두가 승자가 되는 길일 수 있습니다.

만일 이때 베터플레이스가 스노우볼 시즈 구축에 자만하여 경쟁 우위만을 외치며 독자 노선을 간다면 스노우볼 효과를 창출하지 못한 채 리더의 지위를 잃을 수 있습니다. 경쟁자들끼리 베터플레이스를 배제한 채 협력하여 좀 더 확장 가능한 표준화 모델을 추구함으로써 스노우볼 효과를 창출, 고객을 사로잡을 가능성이 있기 때문입니다. 그러므로 경쟁자 죽이기 등 경쟁 타파를 부르짖기보다는 스노우볼 마켓을 키워 더 큰 이익을 얻겠다는 자세로 경쟁자까지 포함한 베터플레이스 연합군을 최대한 늘리는 데 주력해야 합니다. 이 외에도 점진적 개선을 통해 이용 가치를 계속 높여감으로써 고객과 함께 공동 가치를 창출하려는 노력이나 전기 자동차 관련 업체들과 함께 휘발유 자동차 산업 규제를 강화하거나 전기 자동차 관련 산업 육성에 대한 국가적 정책을 유도하는 등 사회적 지원을 유도하는 것 역시 스노우볼 마켓을 키우는 데 필요합니다. 결국 베터플레이스 모델로의 경쟁자 및 협력자 참여 유도, 고객과의 공동 가치 창출 노력, 사회적 지원 유도 등 스노우볼 효과 창출에 집중한다면 스노우볼 마켓을 키우면서 리더의 지위도 공고히 할 수 있습니다.

■ 4단계 : 스노우볼 마켓의 완성

마지막 단계로 스노우볼 효과가 극대화되어 대규모 배터리 교체 스테이션 네트워크가 구축되고 나면, 휘발유 자동차 시대에서 전기 자동차 시대로 전환하며 스노우볼 마켓이 주류로 등장하게 됩니다. 이에 따라 스노우볼 마켓은 자연스럽게 성장하며 기업 간 개별 무한 경쟁의 레드오션으로 전환될 것입니다. 즉, 배터리 교체 스테이션 간의 무한 경쟁이 시작되면서 충전 요금 유연화를 통한 가격 전쟁이나 서비스 차별화 경쟁 등 경쟁 전략이 빛을 발할 것으로 전망됩니다.

지금까지 살펴본 베터플레이스의 사례를 정리해 보면 다음과 같습니다.

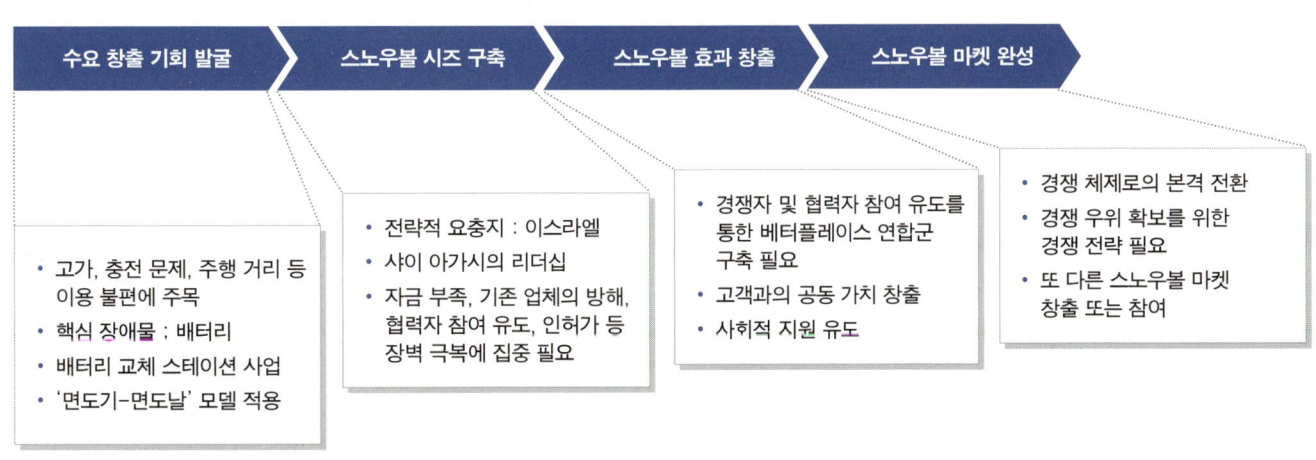

2020 경제대국 한국의 탄생

수요의 포화로 인한 장기 저성장 국면은 경제에도 근본적인 변혁을 불러일으키고 있습니다. 공급과 수요의 증가와 이의 선순환에 따른 경제 발전 이론은 자유방임주의를 주창한 경제학의 아버지 애덤 스미스에서부터 유효 수요 이론으로 거시 경제학의 지평을 연 존 메이너드 케인스, 창조적 파괴의 조지프 슘페터, 신자유주의 이론을 펼친 시카고 학파에 이르기까지 일관되게 적용되어 왔습니다. 그러나 21세기 들어 증가하는 수요를 기반으로 한 글로벌 경제 시스템이 무너지고 있습니다. 특히 선진국들을 중심으로 저출산과 고령화, 과도한 부의 집중, 재정 적자와 과잉 부채, 수준 높은 복지 정책 등으로 인해 수요가 포화 상태에 도달하자 경제 위기가 찾아오기 시작했습니다. 결국 정상적으로는 수요의 증가를 기대할 수 없게 된 것입니다.

그 결과 최근에는 각국 경제의 성공 요소가 공급 경쟁력에서 지속적인 수요 창출 능력으로 바뀌고 있습니다. 이는 지속적으로 성장하는 수요를 지닌 국가들이 강국으로 발돋움하는 것을 봐도 알 수 있죠. 20세기 말 신흥 강국으로 떠오르고 있는 BRICs는 거대 인구를 가진 수요처라는 공통점이 있습니다. 과거에는 질곡이었던 빈곤과 가난이 21세기 들어 수요 창출력으로 변모하며 새로운 성장의 기회이자 국가 경쟁력이 된 것입니다. 결국 향후 10년의 성패는 '지속적으로 성장할 수 있는 수요를 누가 창출하느냐'로 집약됩니다.

그런 측면에서 볼 때 향후 10년간 서구 선진국들과 일본은 서서히 기존 강자의 지위에서 내려올 것입니다. 하지만 이를 대체할 수 있을 강국들도 급부상하기는 어려울 것으로 전망됩니다. 중국 등 신흥 강국인 BRICs 모두 내수 수요 기반을 확충하며 글로벌 강자의 지위에 오르려 하겠지만, 기존의 경제 시스템을 선진화하는 데 있어 불가피한 성장통을 겪을 수밖에 없기 때문입니다.

이렇듯 기존 강자들의 경쟁력이 저하된다는 것은 상대적으로 우리에게는 역전할 수 있는 절호의 기회가 오고 있음을 의미합니다. 수요 창출이라는 측면에서 우리나라는 기존 강자들보다 유리한 위치에 서 있기 때문입니다. 과거 수출 주도의 대기업과 수도권 중심의 불균형 발전 전략으로 우리나라에는 아직 내수 중심의 수요 창출 기회가 남아 있습니다. 또한 선진국과 비교해 보았을 때 수요 성장 잠재력도 충분하며, 중국 등과 달리 20여 년 동안 성장통을 겪어왔기에 시스템을 재정비할 수 있는 역량도 갖추고 있죠. 무엇보다도 20세기 한민족의 발전을 저해했던 분단 문제 역시 역으로 통일 한국에겐 엄청난 수요 창출의 기회가 되어줄 것입니다. 사실 우리나라 정도 되는 경제 수준의 국가 중에서 북한과 같은 대규모 미개척 수요를 가진 곳은 전 세계 어디에도 없습니다.

결국 향후 10년간 우리의 선택이 21세기 한민족의 미래를 좌우할 가능성이 높습니다. 21세기 지구촌을 주도하는 경제 대국 한국의 탄생을 기원해 봅니다.

성패를 좌우하는 마케팅 전략

Chapter 9 : 마케팅이란?

Chapter 10 : STP 전략

Chapter 11 : 4C 전략

Chapter 12 : 기타 유용한 기능별 전략

Chapter 9

마케팅이란?

21세기에는 기업의 운명을 좌우하는 마케팅을 모르고는 경영을 논할 수 없습니다. 전략 실무자만이 아니라 경영자라면 전반적인 사업 전략뿐 아니라 마케팅 전략에 기반한 통찰력을 갖춰야 합니다. 그런 의미에서 이 장에서는 마케팅의 의미와 전략적 중요성을 살펴본 후, 21세기의 주요 마케팅 트렌드로 감성 마케팅, 게릴라 마케팅, 입소문 마케팅, CRM 마케팅, 캐릭터 마케팅의 의미와 추진 전략을 다양한 사례와 함께 알아보도록 하겠습니다. 그리고 최적의 마케팅 전략을 선택할 수 있는 통찰력을 키우기 위해 마케팅 인사이트 측면에서 고려해야 할 사항들을 살펴보겠습니다.

1 · 마케팅의 의미

2 · 21세기 주요 마케팅 트렌드

3 · 전략적 마케팅 인사이트

1 ■ 마케팅의 의미

한국마케팅학회에 따르면 마케팅Marketing이란 '조직이나 개인이 자신의 목적을 달성시키는 교환을 창출하고 유지할 수 있도록 시장을 정의하고 관리하는 과정'을 의미합니다. 즉, 재화나 서비스 상품을 소비자에게 유통시키는 데 관련된 모든 경영 활동을 가리킵니다. 흔히 마케팅을 영업Sales과 동일시하기도 합니다만, 마케팅과 영업은 다릅니다. 영업은 판매자인 기업 관점에서 어떻게 하면 판매량을 극대화할 것인지를 지향한다면, 마케팅은 시장 및 고객 지향적 관점에서 소비자들이 어떻게 해야 만족할 수 있을지에 주안점을 둡니다. 실무적으로는 광고 홍보 활동만을 마케팅으로 보는 경향도 있습니다만, 마케팅은 고객 지향적인 모든 경영 활동을 가리키므로 마케팅 수단 중의 하나인 광고 홍보보다 광의의 개념입니다. 그런 의미에서 모든 비즈니스는 마케팅 게임이라고 볼 수 있습니다.

코틀러Kotler의 마케팅

구분	시발점	초점	수단	목적
영업Sales	공장	제품	판매 / 판매 촉진	판매량 증가를 통한 기업 이익
마케팅Marketing	시장	소비자	통합적 마케팅	소비자 만족을 통한 기업 이익

스탠튼Stanton의 마케팅

구분	영업Sales	마케팅Marketing
주안점	상품 자체의 성능 및 품질	소비자의 욕구 만족
목표	판매량 극대화	이익 극대화
방식	기업은 먼저 상품을 만든 후 어떻게 이익을 올리며 판매하느냐에 대해 연구	기업은 먼저 소비자가 원하는 바를 확인하고, 이를 만족시키기 위해 어떤 상품을 생산, 유통할지 연구
문화	기업 지향적 (판매자 중심)	시장 지향적 (고객 중심)

20세기 후반 이후, 시간이 갈수록 마케팅의 중요성이 부각되고 있습니다. 이미 오래전부터 세계는 공급 부족 시대에서 공급 과잉의 시대로 들어섰습니다. 더구나 신자유주의와 세계화, 선진국 경제 위기 등이 맞물려 수요 성장의 정체 속에 경쟁은 더욱 심화되고 있습니다. 또한 풍요의 시대를 맞아 소비자들의 교육 및 생활 수준이 향상되면서 소비자들의 욕구는 다양화, 이질화되어 까다로운 소비자의 요구에 부응해야 하는 과제까지 안고 있습니다.

그 결과, 고객을 사로잡기 위한 시장 지향적 마케팅이 기업의 운명을 좌우하는 핵심 요소로 자리잡았습니다. 그렇다 보니 기업 내 모든 경영 활동이 마케팅 전략에 맞게 전개되지 않으면 경쟁자보다 뒤처질 수밖에 없게 되었습니다. 즉, 물류 투입에서 서비스에 이르는 본원적 활동에서부터 구매 조달 등 지원적 활동에 이르기까지 모든 경영 활동이 고객중심주의에 입각하여 고객 가치 창출을 목표로 토털 마케팅Total Marketing 관점으로 통합, 실행되어야 성공할 수 있는 시대가 된 것입니다.

토털 마케팅의 등장

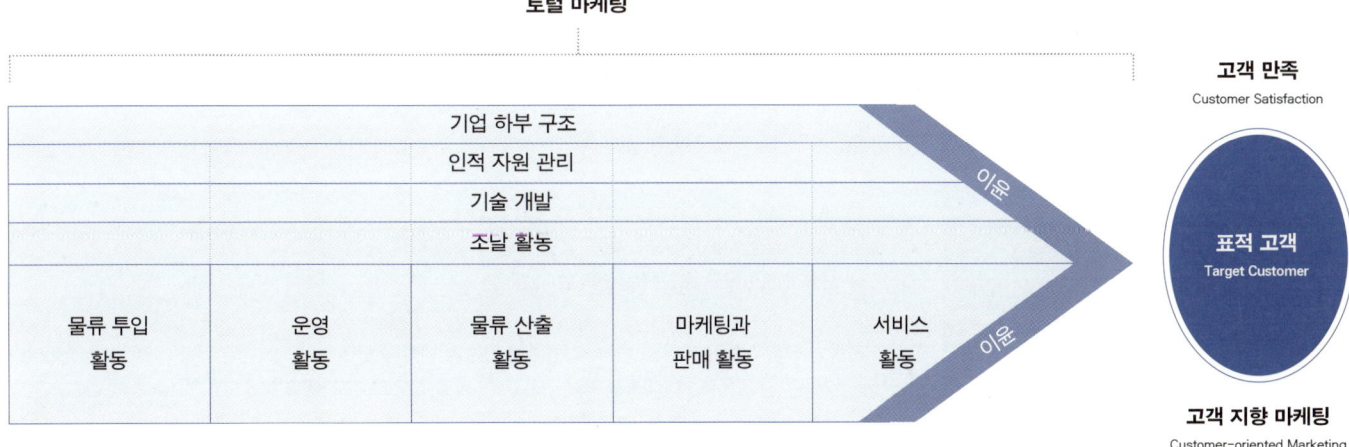

■ 마케팅 전략

마케팅 전략Marketing Strategy이란 마케팅 목표를 달성하기 위해 다양한 마케팅 활동을 통합하여 최적의 실행 방안을 수립하는 것을 말합니다. 일반적으로 내·외부 환경 분석을 토대로 차별화 등 경쟁 우위를 추구한다는 점에서 사업 전략과 비슷하지만, 마케팅 전략은 사업 전략의 하위 기능별 전략이라는 점에서 다를 수밖에 없습니다. 즉, 마케팅 전략은 사업 전략에 따라 정해진 마케팅 목표를 달성하기 위한 구체적 실행 전략입니다.

그런 측면에서 마케팅 전략이 사업 전략과 다른 점을 살펴보면 다음과 같습니다.

마케팅 전략은 사업 전략의 하위 전략이다	사업 전략이 전체 사업 차원에서의 전반적인 경영 전략 관점인 반면, 마케팅 전략은 사업 전략을 달성하기 위해 개별 상품별 시장에서의 세부 실행 전략 관점임
기업 관점이 아닌 고객 관점에서 출발한다	사업 전략은 기업 관점에서 경영 목표를 달성하기 위한 최적의 수단이라면, 마케팅 전략은 고객 관점에서 구매를 유도하기 위해 고객 마음속에 유리한 포지션을 차지하기 위한 전략임
공격이나 방어 등 전술적인 활동도 포함한다	사업 전략은 사업 전체를 조망하는 상위 레벨의 경영 전략인 반면, 마케팅 전략은 시장 지위, 자사의 역량, 경쟁자 동향 등에 따라 공격이나 방어 등 전술적인 활동도 포함하는 전략임
구체적인 실행 계획이 수반되어야 한다	사업 전략의 실행 전략은 마케팅 전략 같은 하위 기능별 전략인 반면, 마케팅 전략은 4P 또는 4C의 마케팅 믹스Marketing Mix를 중심으로 수요 예측 및 판매 계획, 유통망 구축 계획, 광고/홍보 계획, 판촉 계획, 예산 수립 등 구체적이고 현실적인 실행 계획이 수반되어야 함

■ 시장 지위에 따른 마케팅 전략

앞서 언급했듯이 시장 지위에 따라 시장에서의 마케팅 전략이 달라질 수 있습니다. 마케팅의 대가 필립 코틀러Philip Kotler는 시장 점유율에 따라 시장 지위를 네 가지 유형으로 분류했습니다. 시장을 선도하는 마켓 리더Market Leader, 리더의 자리를 노리는 마켓 챌린저Market Challenger, 상위 기업을 모방하는 마켓 팔로워Market Follower, 틈새시장을 공략하는 마켓 니처Market Nicher가 그것입니다.

네 가지 시장 지위 유형별로 마케팅 전략을 살펴보면 다음과 같습니다.

구분	전략
마켓 리더 Market Leader	마켓 리더는 방어 전략을 기본으로 다음과 같은 마케팅 전략을 수행 • 시장 규모 확대 전략 : 고객 확대, 새로운 용도 개발, 사용 회수 증대 등 • 시장 점유율 유지 전략 : 공격 억제, 기동 방어, 선제 방어, 대응 방어 등 • 진입 장벽 구축 전략 : 광범위한 상품 포트폴리오 구축, 유통망 선점, 특허 등
마켓 챌린저 Market Challenger	마켓 챌린저는 공격 전략을 기본으로 다음과 같은 마케팅 전략을 수행 • 차별화 전략 : 마켓 리더와는 다른 영역으로의 리포지셔닝 등 • 시장 점유율 확대 전략 : 전면 공격, 측면 공격, 우회 공격, 게릴라 공격 등 • 파괴적 혁신 전략 : 혁신 상품 출시, 서비스 혁신 등
마켓 팔로워 Market Follower	마켓 팔로워는 모방 전략을 기본으로 다음과 같은 마케팅 전략을 수행 • 안정화 전략 : 저가격 모방 상품 출시, 섣부른 공격 자제 등 • 생존 유지 전략 : 모방으로 투자 위험 최소화, 마케팅 비용 절감 등 • 경쟁력 강화 전략 : 창조적 모방으로의 진화 추구 등
마켓 니처 Market Nicher	마켓 니처는 집중화 전략을 기본으로 다음과 같은 마케팅 전략을 수행 • 시장 선점 전략 : 세분화를 통한 틈새시장 공략, 니치 브랜드 자산 구축 등 • 생존 유지 전략 : 집중화를 통한 투자 효율 극대화, 마케팅 비용 절감 등 • 시장 방어 전략 : 가격 인하와 같은 공격 유인 감소를 통한 경쟁 회피 등

■ 공격 전략의 유형

공격 전략은 일반적으로 마켓 리더의 자리를 노리는 도전자가 마켓 리더에게 행하는 마케팅 전략입니다. 공격자는 자신 및 방어자의 상황에 따라 최적의 공격 방식을 선택, 실행합니다. 공격 전략에서 명심해야 할 사항은 공격이 실패로 돌아갔을 경우 재빨리 후퇴를 단행함으로써 미래를 기약하는 유연성을 가져야 한다는 점입니다.

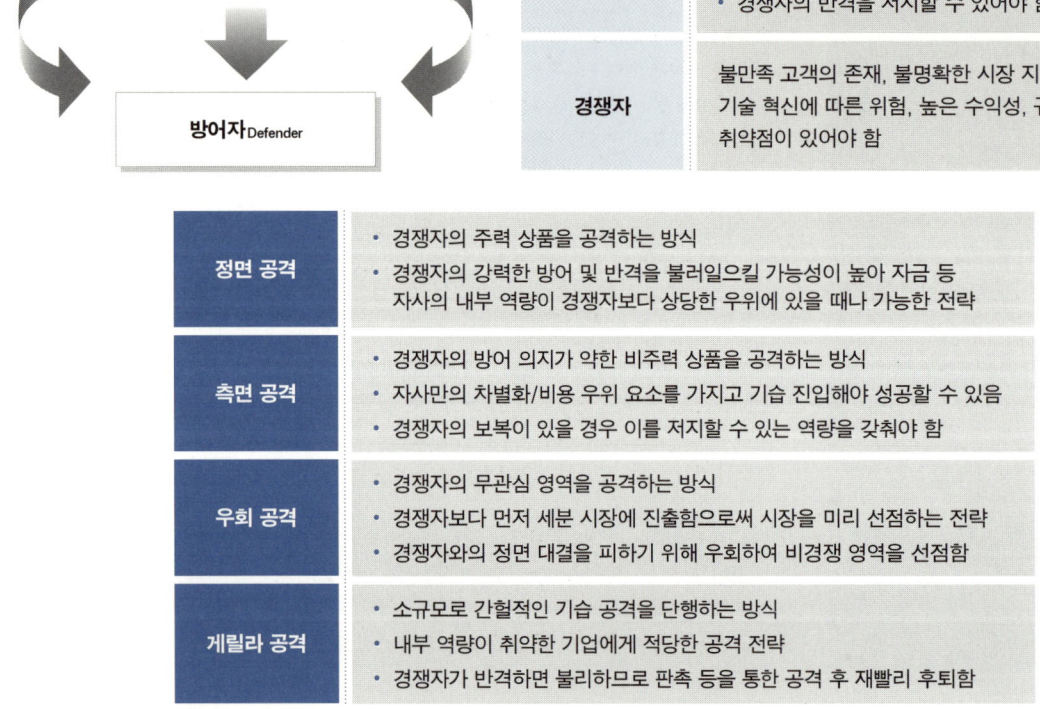

■ 방어 전략의 유형

방어 전략은 일반적으로 도전자 등의 공격으로부터 자신의 지위를 유지하기 위해 마켓 리더가 수행하는 마케팅 전략입니다. 방어 전략 역시 방어자 및 공격자의 상황에 따라 최적의 방어 방식을 선택, 실행합니다. 방어 전략에서도 때로는 방어를 포기하거나 철수를 단행함으로써 방어해야 할 주요 지점에 집중하는 유연성이 필요합니다.

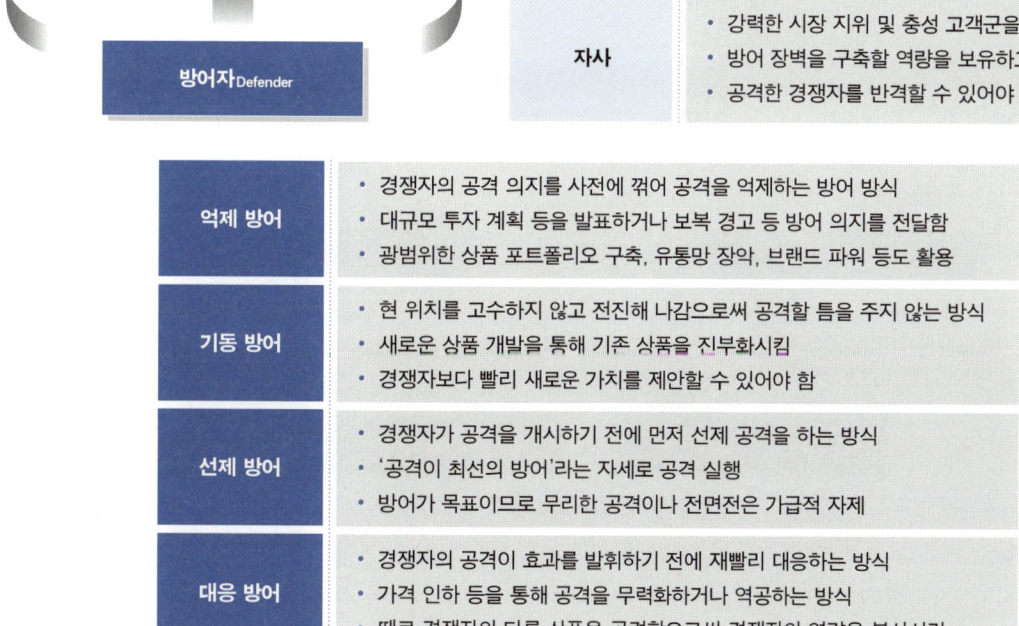

2 ▪ 21세기 주요 마케팅 트렌드

거시 환경 및 소비자 니즈의 변화, 기술의 발달, 기업들의 경영 활동 등에 따라 마케팅 트렌드도 변화하고 있습니다. 이런 트렌드 동향으로부터 고객과 시장의 변화를 알 수 있기에 항상 마케팅 트렌드에 주의를 기울여 세상의 흐름을 읽을 수 있어야 합니다. 마케팅 트렌드를 이해하고 앞서가려고 노력함으로써 보다 경쟁력 있는 마케팅 전략을 수립할 수 있는 통찰력을 얻을 수 있기 때문입니다. 사실 예전에는 트렌드를 쫓아가지 않으면 도태된다고 했지만, 지금은 쫓아가는 것을 넘어 트렌드 변화를 주도해야 성공할 수 있습니다.

21세기 들어 마케팅 트렌드는 시장 점유율 증대를 목표로 고객 획득을 위한 '매스 마케팅' 중심에서 고객 점유율 증대를 목표로 고객 유지를 위한 '맞춤형 마케팅'으로 전환되고 있습니다. 그렇다 보니 단순히 판매만을 위한 마케팅이 아니라 고객의 마음을 사로잡을 수 있는 마케팅이 부각되고 있습니다. 그런 측면에서 감성 마케팅이나 CRM 마케팅, 입소문 마케팅 등 21세기 들어 부상하고 있는 마케팅 트렌드를 살펴보고자 합니다.

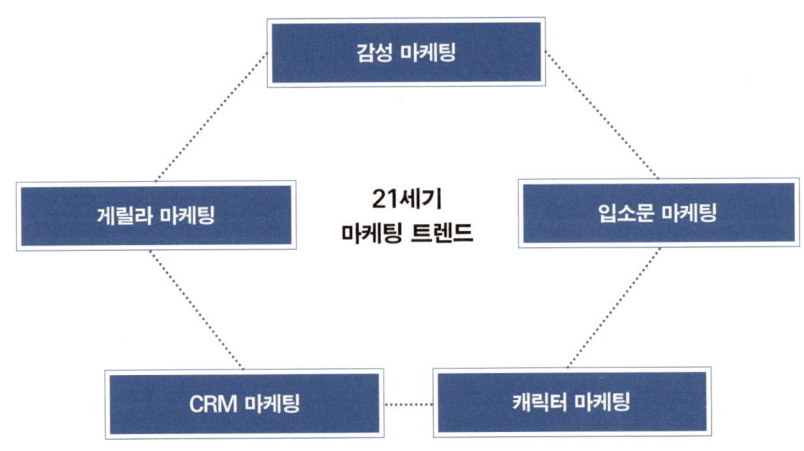

2-1 ■ 감성 마케팅

■ 감성 마케팅이란?

21세기는 감성의 시대라고 합니다. 이노디자인 김영세 사장이 "이제 기능에 따라 디자인이 결정되는 시대는 지나고, 디자인이 존재한 후 기능이 따라오는 시대가 됐습니다."라고 말했듯이, 업종에 상관 없이 고객의 감성을 누가 사로잡느냐에 따라 성패가 좌우되는 시대가 되었습니다.

감성 마케팅이란 고객의 감성에 어울리거나 고객의 감성이 좋아하는 자극이나 정보를 통해 상품에 대해 호의적 반응을 불러일으키고 고객 경험을 즐겁게 해줌으로써 고객 감동을 목표로 하는 마케팅을 말합니다. 즉, 물질적인 자극뿐 아니라 고객의 마음을 움직일 수 있도록 시각, 청각, 미각, 촉각, 후각의 다섯 가지 감각 정보를 통해 고객의 감성 욕구에 부응하려는 것으로, 고객의 오감을 자극하는 마케팅이라 볼 수 있습니다.

고객 감동을 지향하는 감성 마케팅과 고객 확보를 추구하는 전통 마케팅의 차이는 다음과 같습니다.

전통 마케팅		감성 마케팅
마케팅 관리 대상인 소비자	목표 고객	존중받고 가치 있는 사람
상품을 구매	구매 행동	경험과 느낌을 구매
차별화/비용 우위에 주목	가치 제안	남과 다른 감성 표출에 주목
상품의 품질이나 기능 차이	소구 포인트	상품 경험이나 느낌 차이
광고, 일방적 메시지 전달	커뮤니케이션	입소문, 쌍방향 대화
판매를 위한 서비스	서비스	지속적인 신뢰 관계 구축

고객 감동

■ 감성 마케팅의 종류

감성 마케팅은 감성을 자극하는 모든 마케팅 기법을 포함할 수 있습니다만, 일반적으로 오감에 따른 '감각 마케팅'과 고객 경험 중심의 '체험 마케팅', '문화 마케팅'으로 나눠볼 수 있습니다.

감각 마케팅	시각 마케팅	• 참신한 스타일과 감각적 디자인, 고객이 좋아하는 색깔 등 시각을 활용하여 구매를 자극 • 사례 : 아이팟과 아이폰, 아이맥의 5가지 컬러, 코카콜라 레드Red vs 펩시콜라 블루Blue
	청각 마케팅	• 고객의 기호나 이미지에 부합하는 소리나 음악을 활용, 구매 욕구를 자극하는 음향 마케팅 • 사례 : 스타벅스의 재즈 음악, 백화점 시간대별 정서에 맞는 음악, CM송
	미각 마케팅	• 혀끝에 닿는 느낌으로 상품을 상기시키는 마케팅으로, 많이 활용되지는 않음 • 사례 : 백화점 또는 대형 마트의 시식 코너
	촉각 마케팅	• 상품을 만져봄으로써 촉감을 통해 느낌을 전달하여 구매를 자극하는 마케팅 • 사례 : 생활용품이나 화장품의 샘플 제공 프로그램
	후각 마케팅	• 향기로 후각을 자극하여 구매를 유도하는 아로마 마케팅Aroma Marketing • 사례 : 의류 매장의 샤넬향, 여행사 사무실의 코코넛향, 은행의 커피향, 베이커리 전문점
체험 마케팅		• 고객 감성을 자극하는 체험을 통해 구매 욕구를 자극하고 지속적인 관계를 구축하려는 마케팅 • 구매 과정뿐만 아니라 구매 전후의 마케팅 과정에의 참여로 발생하는 고객 경험을 중시 • 감각적, 감성적, 인지적, 행동적, 관계적 측면을 모두 고려한 총체적 고객 경험 관리 • 사례 : 스타벅스, 할리 데이비슨
문화 마케팅		• 고객 감성에 호소하는 문화적 요소를 활용함으로써 구매를 자극하는 마케팅 • 커뮤니케이션 도구로서의 '문화 판촉'과 상품에 체화해 제공하는 '문화 연출'이 있음 • 사례 : 현대 갤러리카드, 에버랜드

■ 감성마케팅 사례 – 스타벅스

스타벅스Starbucks의 하워드 슐츠Howard Schultz 회장은 "우리는 단순히 커피라는 상품을 파는 것이 아니라 고객에게 진심으로 다가가는 것이다."라고 말했습니다. 전 세계 40여 국가에 매장을 가진 미국 커피 전문점 스타벅스는 성숙기 커피 전문점 시장에서 새로운 감성적 가치를 제안하며 성공한 대표적인 사례입니다.

스타벅스는 '제1의 공간인 집(가족 공간), 제2의 공간의 회사(일터) 외에 마음 편히 있을 수 있는 제3의 공간이 있으면 얼마나 좋을까?' 하는 고객 감성에 부응하여 단순한 커피숍이 아닌 고객을 위한 제3의 공간으로 포지셔닝, 세계적 기업으로 발돋움했습니다. 커피숍 하면 누군가와의 만남을 위해 질이 떨어지는 커피라도 마셔야 하는 장소로 생각하기 쉬운데, 이런 상식을 스타벅스가 깬 것입니다. 스타벅스는 종업원이 득달같이 달려와 주문을 재촉하지 않으며, 커피를 마시지 않고 앉아 있어도 나가라고 하지 않습니다. 누구를 만나지 않고 혼자 커피를 즐길 수도 있고 노트북을 꺼내 작업을 하며 시간을 보낼 수도 있죠. 고객들에겐 바로 나만을 위한 제3의 공간인 셈입니다.

고객을 위한 제3의 공간을 지향하는 스타벅스의 마케팅 전략을 간단하게 요약하면 다음과 같습니다.

지향점	고객을 위한 제3의 공간	
포지셔닝	고객을 위한 최상의 고급 커피 전문점	
대상 고객	가격보다 고품격 이미지를 지향하는 고급 소비자	
차별화	재화	고유의 배전 방식을 통한 고품질 원두 커피
	서비스	직접 커피를 만드는 '바리스타'를 통한 고객 서비스
매장 콘셉트	감성을 자극하는 스토어 디자인과 '제3의 공간' 분위기 창출	

커피를 파는 것

고객에게 진심으로 다가가는 것

■ 감성 마케팅 시 고려할 사항

효과적으로 고객 감성에 소구한다고 반드시 성공하는 것은 아닙니다. 아무리 감성에 소구해도 기본적인 상품 가치가 매력적이지 않다면 구매할 이유가 없기 때문입니다. 그러므로 감성 마케팅을 목표로 '무조건 고객 감성에 소구하겠다'는 식의 접근은 지양하고, 감성 마케팅을 효과적인 마케팅 수단의 하나로 바라보는 자세가 필요합니다.

플래닛 할리우드와 마하3의 푸른 면도날, 베네통의 사형수 광고 등 잘못된 접근으로 실패한 감성 마케팅을 통해 감성 마케팅에서 고려해야 할 사항을 살펴보면 다음과 같습니다.

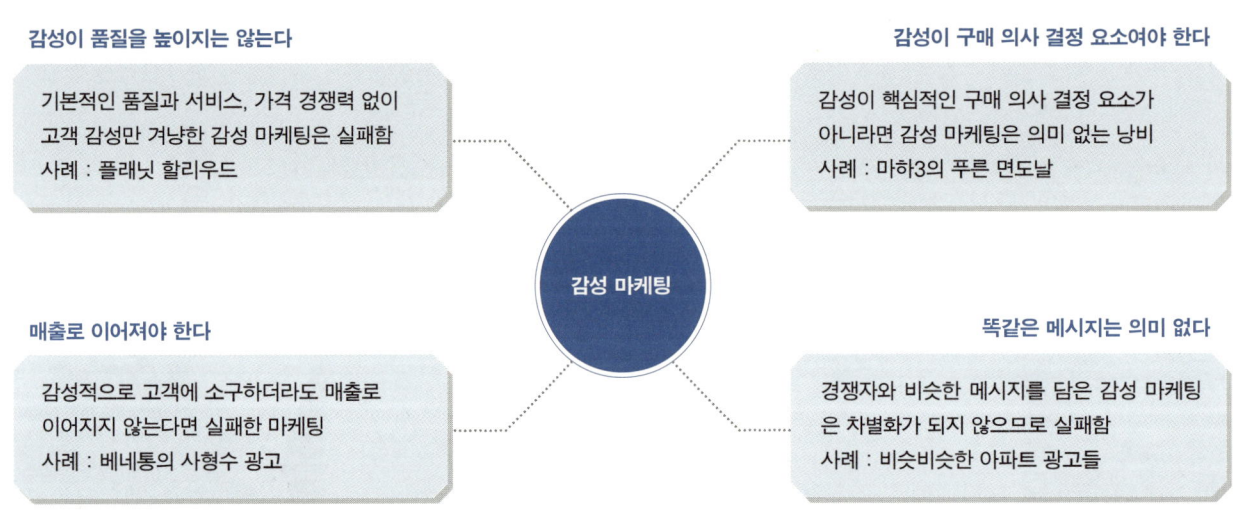

감성만을 지향하다 실패한 사례로 할리우드 스타들이 공동 출자해 만든 레스토랑 체인 플래닛 할리우드Planet Hollywood를 살펴보도록 하겠습니다.

Case | 플래닛 할리우드의 실패

1991년 야심 차게 출발했다가 8년 만에 파산 신청을 한 미국의 레스토랑 체인 플래닛 할리우드는 감성 마케팅만 강조하다 실패한 대표적 사례다. 플래닛 할리우드는 브루스 윌리스, 아놀드 슈왈제네거, 실베스터 스탤론, 데미 무어, 우피 골드버그 등 쟁쟁한 할리우드 스타들이 공동 출자해 창업한 테마 레스토랑으로, 1991년 개업 당시 대박을 터뜨릴 것으로 예상되었다. 유명 연예인들의 후광에다 영화에서 쓰인 소품과 의상 등으로 내부를 장식한 색다른 분위기로 소비자들의 감성을 자극했기 때문이다.

실제로 개업 후 초기 몇 년간은 대박의 조짐이 보였다. 하지만 나날이 성장할 것 같던 플래닛 할리우드는 창업한 지 8년 만인 1999년에 파산하고 말았다. 감성 마케팅을 내세운 참신한 아이디어에다 유명 연예인들의 후광에도 불구하고 플래닛 할리우드는 왜 실패했던 것일까?

첫 번째 이유는 플래닛 할리우드의 비즈니스 플랜이 '날림 공사'처럼 짜임새가 없었기 때문이다. 초창기에 유명 연예인들의 후광 덕에 사업이 크게 성장하는 것 같은 착시 현상을 일으켰고, 여기에 현혹돼 너무 빠른 속도로 체인을 확장하는 무리수를 두어 내실을 다지지 못하는 실수를 저질렀다.

두 번째 이유는 기본에 충실하지 못했기 때문이다. 플래닛 할리우드는 할리우드 스타와 영화 속 분위기를 표방한 레스토랑이었다. 하지만 아무리 영화 속 분위기를 즐긴다 해도 레스토랑인 이상 기본적으로 음식의 맛과 품질이 좋아야 고객들을 사로잡을 수 있는 건 당연하다. 그런데 플래닛 할리우드는 할리우드 분위기를 만끽하도록 인테리어를 꾸미는 데만 집중하고 음식의 맛과 품질에는 소홀했다. 이것이 플래닛 할리우드의 결정적인 패착이 되고 말았다.

결국 플래닛 할리우드는 호기심으로 한 번 찾은 고객들이 다시는 찾지 않는 레스토랑으로 전락하고 만 것이다.

2-2 ■ 게릴라 마케팅

■ 게릴라 마케팅이란?

게릴라 전술이란 전투에서 소규모 병력이 대규모 적군을 기습한 뒤 신속하게 빠져나와 반격을 피하는 유격 전법을 말합니다. 이 전술을 마케팅에 응용한 것이 게릴라 마케팅 Guerrilla Marketing으로, 자금 등 내부 역량이 열세인 기업이 기발한 마케팅 수단을 적극 활용하여 판매를 촉진하는 마케팅을 말합니다.

일반적으로 게릴라 마케팅은 대중 매체를 통한 광고나 홍보를 지양하고, 잠재 고객을 대상으로 창의적인 마케팅 기법을 동원하여 자연스럽게 구매 욕구를 자극하고 입소문을 기대함으로써 최소 비용으로 최대 효과를 얻으려는 고객 밀착형 마케팅입니다.

협의의 게릴라 마케팅	잠재 고객이 밀집된 장소에서 이벤트, 퍼포먼스 등의 방식으로 판촉하는 길거리 마케팅	
	스텔스 마케팅 Stealth Marketing	생활 속에 파고들어 사람들 모르게 상품을 몰래 홍보하는 마케팅
	래디컬 마케팅 Radical Marketing	소수 정예의 조직으로 현장에 나가 고객을 만나며 벌이는 마케팅
	앰부시 마케팅 Ambush Marketing	주요 행사의 공식 스폰서인 것처럼 위장하여 전개하는 마케팅
	미스치프 마케팅 Mischief Marketing	상상을 초월한 기발한 아이디어로 상품을 홍보하는 마케팅
광의의 게릴라 마케팅	최소 비용으로 최대 효과를 얻을 수 있도록 모든 창의적 수단을 동원하는 마케팅	
	미니 미디어 Mini Media	명함, 편지, 전단지, 브로슈어, 포스터, 안내 광고, 게시판 광고, 캔버싱 Canvassing 등
	맥시 미디어 Maxi Media	게릴라 광고, 라디오 스팟, 다이렉트 마케팅 등
	e-미디어 e-Media	SNS, 블로그, 팟캐스팅, 이메일, 인터넷 광고, 배너, 웹사이트/웹진 등
	기타 마케팅 수단	무료 세미나/컨설팅의 인포미디어, 휴먼 미디어, 마케팅 제휴 등

■ 게릴라 마케팅의 성공 비결

우리나라는 잠재 고객들이 밀집되어 있고 네트워킹이 발달되어 있어 게릴라 마케팅이 성공하기 쉬운 환경입니다. 그래서 게릴라 마케팅을 활용하는 회사들이 늘고 있습니다만, 깜짝 이벤트에 치우치거나 단발성 행사로 그쳐 고객 확보라는 마케팅 목표 달성에는 실패하는 경우가 많습니다.

실무적으로 유용해서 일독할 만한 제이 콘래드 레빈슨 Jay Conrad Levinson의 저서 《게릴라 마케팅 Guerrilla Marketing》에 따르면, 게릴라 마케팅이 성공하기 위해 지켜야 할 열여섯 가지 원칙이 있습니다.

> 1. 마케팅 프로그램에 헌신하라.
> 2. 그 프로그램을 투자라 생각하라.
> 3. 지속성을 유지하도록 유의하라.
> 4. 잠재 고객이 여러분의 회사에 신뢰를 갖도록 하라.
> 5. 헌신을 유지하기 위해서는 인내심을 가져라.
> 6. 마케팅은 다양한 무기들의 결합이라는 사실을 잊지 마라.
> 7. 이익은 판매의 결과로 생긴다는 것을 명심하라.
> 8. 고객의 편의에 맞춰 운영하라.
> 9. 마케팅에 감동의 요소를 집어넣어라.
> 10. 마케팅 무기의 효율성을 측정하라.
> 11. 정기적으로 후속 관리를 하면서 고객이나 잠재 고객에게 결속을 입증하라.
> 12. 여러분이 다른 기업에게 의존하고 다른 기업이 여러분에게 의존하게 만드는 법을 배워라.
> 13. 테크놀로지라는 게릴라 병기에 능통하라.
> 14. 잠재 고객의 동의를 이끌어내고 그 동의를 판매로 확장시켜라.
> 15. 제안의 스타일보다는 그 내용을 판매하라.
> 16. 마케팅 프로그램을 완성시킨 다음에는 거기에 만족하지 말고 공격적으로 확대하라.

출처 | 제이 콘래드 레빈슨, 《게릴라 마케팅》, 비즈니스북스, 2009

결론적으로 게릴라 마케팅의 성공 비결을 요약, 정리하면 다음과 같습니다.

게릴라 마케팅의 성공 비결

1	끈질긴 인내심	• 게릴라 마케팅이 성과를 거두려면 상당한 시간과 노력이 필요 • 잦은 변경과 중단은 고객에게 혼란과 불신을 초래
2	독창적인 슬로건	• 강력하고도 차별적인 슬로건 개발 여부가 게릴라 마케팅 성패를 좌우 • 경쟁자 대비 차별화 포인트에 집중하여 간결하게 작성
3	강력한 초점	• 목표 고객을 가능한 한 세분화하여 공략 • 포지셔닝 역시 강점에 집중함으로써 작더라도 강력한 초점 구축
4	단골 고객 지향	• 신규 고객 확보보다 소수라도 기존 고객에게 감동을 주는 마케팅 실행 • 기존 고객의 만족도 제고와 신뢰 형성을 통한 입소문 기대
5	다양한 마케팅 툴	• 기본 전략은 고수하되 전술적인 마케팅 툴은 끊임없이 개발, 실행 • 창의적이고 기발한 것보다 '마케팅 메시지가 정확하게 전파될 수 있느냐'가 더 중요
6	냉정한 성과 평가	• 주기적으로 마케팅 툴 성과 측정 및 평가 • 이를 통해 효과가 낮은 마케팅 툴 폐기 및 효과 높은 마케팅 툴로의 집중 가능
7	실행 중심 조직	• 장황한 마케팅 전략 및 계획 수립보다 실행에 집중 • 창의적이고 기발한 마케팅 툴의 개발, 실행 및 평가 과정을 반복
8	제휴/협력 활용	• 자금과 인력이 부족한 기업은 다른 기업과의 전략적 제휴나 협력 필요 • 직접적인 경쟁 관계가 아닌 기업들과의 마케팅 협력을 적극적으로 활용

■ 게릴라 마케팅 사례 - 국순당 백세주

최근 건강에 대한 관심과 웰빙 열풍으로 전통주에 대한 관심이 커지고 있습니다. 1990년대까지만 해도 전통주 시장은 청주류와 지방 민속주 정도에 불과했습니다만, 국순당의 백세주로 인해 전통주가 대중화되었다고 해도 과언이 아닙니다.

이렇듯 성공한 백세주도 마케팅 초기에는 실패를 거듭했습니다. '마시고 나면 머리 아픈 술'이라는 전통주에 대한 편견과 낮은 브랜드 인지도, 생소한 회사 이미지 등으로 업소는 물론 일반인들조차 거들떠보지 않았기 때문입니다.

이에 기존 마케팅과 차별화된 게릴라 마케팅을 다음과 같이 전개하여 성공을 거두었습니다.

Case | 국순당의 백세주 마케팅 전략

구분		내용
마케팅 콘셉트		몸에 좋은 건강 약주
목표 시장		경쟁자가 중점을 두는 서울 대신 수도권 외곽 지역을 공략
마케팅 방식		모든 임직원들이 음식점을 방문, 판촉 활동 전개
마케팅 도구	판촉물	차림표, 앞치마, 술잔, 포스터 등을 통해 백세주 홍보
	서비스	업소 청소, 주방 보조 등 업주의 환심 유도
공략 방안		업주에서 손님으로, 수도권 외곽에서 서울로 확대

게릴라식 시상 공략

게릴라 마케팅은 적은 돈으로 사람들의 이목을 주목시킬 수 있는 기발한 방안을 활용함으로써 오히려 거대 자본을 투자해야 하는 매스 마케팅보다 효과적일 때가 많습니다. 그렇다고 자신의 차별적인 강점을 부각시키는 것보다 기발함에만 몰두하다 보면 정작 사람들의 관심을 받는 데는 성공했지만 마케팅은 실패할 수 있습니다. 그러므로 반드시 자신만의 차별적인 강점을 중심에 두고 게릴라 마케팅을 고민해야 합니다. 3M의 안전유리Security Glass 광고물처럼 말입니다.

Case | 3M의 안전유리 광고물

게릴라 마케팅은 자신의 차별적인 강점을 얼마나 효과적으로 고객에게 알리느냐가 중요하다. 그런 점에서 3M의 안전유리 광고물을 살펴볼 필요가 있다.

캐나다의 한 버스 정류장에 희한한 스탠드 광고물이 들어섰다. 스탠드 유리 속에 상당한 현금이 들어 있는 것이 아닌가? 지나가는 사람들의 눈이 휘둥그래질 수밖에 없었다. 사람들의 관심을 사로잡은 이 스탠드는 사실 3M에서 안전유리를 광고하기 위해 만든 광고물이었다.

이 기발한 광고물은 누구든 현금을 가져가고 싶다면 유리를 깨고 가져가라는 도발이자, 아무리 노력해도 깨지지 않을 거라는 안전 메시지를 전달하고 있다. 얼마나 안전하면 길가에 버젓이 현금을 두었겠는가 말이다.

결국 이 광고물을 통해 3M은 안전유리의 안정성을 인식시키며 차별성을 효과적으로 부각시켰다. 비용을 얼마 들이지 않고 말이다.

Case | 기타 기발한 게릴라 광고물들

시푸드 레스토랑 광고

듀라셀 건전지 광고

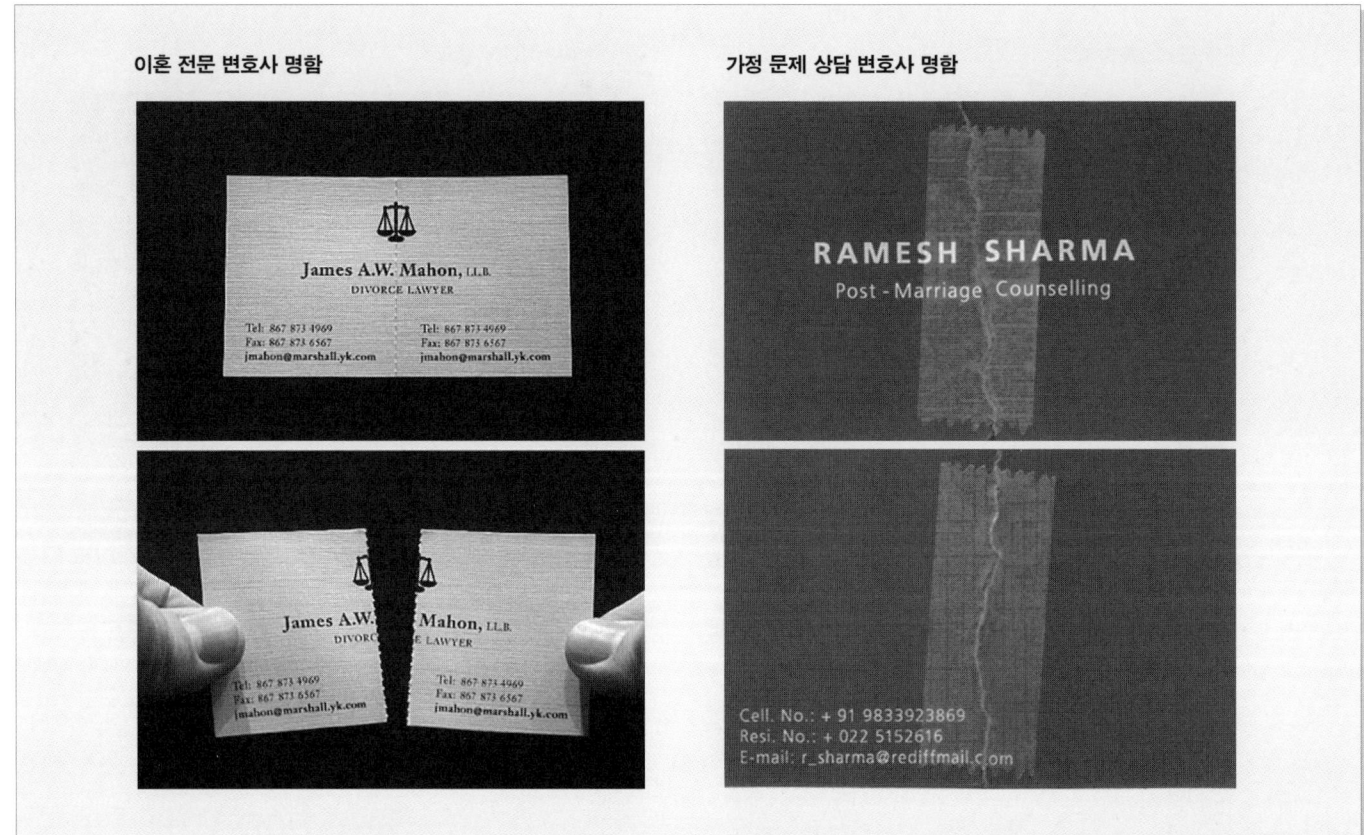

2-3 ■ 입소문 마케팅

■ 입소문 마케팅이란?

입소문 Word of Mouth 이란 일반적으로 기업과 관련 없는 사람들이 상품에 대해 주고받는 커뮤니케이션을 말합니다. 입소문은 사람들이 자연스럽게 브랜드 전도사가 될 때 발생합니다. 인터넷 시대인 지금, 사람들은 광고 등 상업적인 정보의 홍수 속에서 일방적으로 전달되는 기업 메시지에 식상해 하며 거부감을 느낍니다. 그렇다 보니 일방적인 기업 메시지가 아니라 신뢰할 수 있는 입소문에 관심을 갖게 됩니다. 특히 블로그와 각종 SNS의 등장으로 다른 네티즌들과 의견을 공유할 수 있게 되자 입소문의 영향력은 더욱 커지고 있습니다. 2012년에 싸이의 '강남스타일'이 대대적인 글로벌 마케팅을 벌이지 않고도 대성공을 거둔 것 역시 유튜브를 통한 입소문 덕분이었듯이 말입니다.

그 결과, 입소문을 통제할 수 없는 것으로 생각했던 과거와 달리 고객 입소문도 전략적으로 관리하려는 노력이 펼쳐지고 있습니다. 이렇듯 입소문을 적극적으로 관리, 활용하려는 마케팅이 바로 입소문 마케팅 WOM Marketing 입니다. 즉, 고객이 자발적으로 메시지를 전파할 수 있게 전략적으로 관리함으로써 상품에 대한 긍정적인 입소문을 만드는 마케팅입니다.

■ 입소문 마케팅의 성공 비결

입소문 마케팅이 성공하려면 사람들이 상품에 대해 긍정적인 메시지를 주고받을 수 있도록 콘텐츠를 제공하고 대화가 좀 더 쉽게 이루어질 수 있도록 유도해야 합니다. 그러기 위해서는 콘텐츠Contents와 시즈Seeds, 커뮤니케이션 채널Channels의 3요소가 맞아야 합니다.

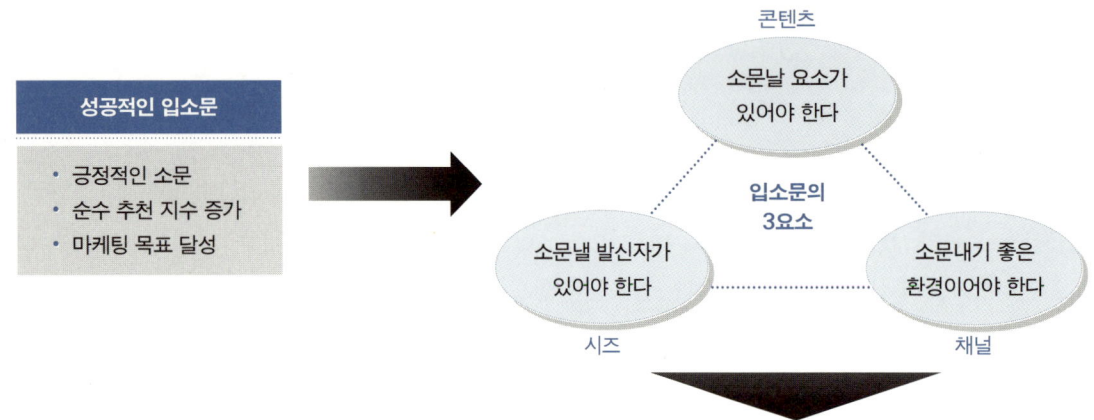

콘텐츠	상품	경쟁력 있고 신뢰할 수 있는 상품
	메시지	개연성, 화제성, 간결성, 복제성 있는 메시지
시즈	그룹	기업 모집 회원, 고객 커뮤니티, 오피니언 리더/전문가 그룹 등
	도구	무료 샘플, 체험 서비스, 팜플렛, 동영상, 음악 등
채널	오프라인	대중 매체, PR용 보도 자료, 이벤트, 커뮤니티, 직접 대면 등
	온라인	홈페이지, 블로그, 인터넷 카페, SNS, UCC, 이메일 등

■ 입소문 메시지의 조건

기업이 의도하는 메시지가 전파, 확산되려면 입소문이 날 만한 요건을 갖추고 있어야 합니다.《한국형 입소문 마케팅》을 쓴 마케팅 전문가 정재윤은 입소문이 날 만한 요건으로 여덟 가지 요인을 제시한 바 있습니다. 구체적으로 여덟 가지 입소문 요인을 살펴보면 다음과 같습니다.

1	무료 요인	• 무료, 무료 샘플 제공 등을 포함한 메시지 : '나도 공짜가 좋아!' • 품질과 신뢰가 밑거름이 되어야 무료가 의미가 있음
2	추천 요인	• 추천인에 대한 보상이 포함된 메시지 : '열심히 추천한 당신, 보상받아라!' • 보상 방식 : 추천인, 피추천인, 추천인과 피추천인 동시
3	한정 요인	• 한정 판매 메시지 : '빨리빨리 안 사면 손해 본다구요!' • 한정 조건 : 시간, 공간, 기회, 사람 등
4	차별 요인	• 차별화된 상품 USP 메시지 : '이거 확실히 다르네요!' • 차별화 포인트 : 기능/품질 등의 상품 콘셉트, 디자인, 가격, 인테리어 등
5	감각 요인	• 눈에 띄는 감각적 요인을 메시지화 : '생각하지 말고 직접 느껴라!' • 오감을 활용하여 상품을 체험하게 함으로써 감성을 자극
6	감동 요인	• 감동을 주는 메시지 : '넌넌 감동 받았어요!' • 고객 서비스를 통한 고객 감동을 추구함으로써 충성 고객의 입소문 전파 유도
7	재미 요인	• 재미있는 메시지 : '재미없다면 듣지도, 보지도, 말하지도 말라!' • 즐거움을 다른 사람에게 전파해 주고 싶은 욕구에 소구
8	상황 요인	• 놀랄 만한 상황이 담긴 메시지 : '날 깜짝 놀라게 해봐, 그럼 난 너를 얘기하게 될 거야.' • 게릴라 마케팅 등 세간의 화제가 될 만한 이벤트를 통해 이슈화

출처 | 정재윤,《한국형 입소문 마케팅 2》, 인디북, 2006

■ 입소문 마케팅 사례 - 딤채

김치냉장고라는 신시장을 개척한 딤채는 대표적인 입소문 마케팅 성공 사례입니다. 자동화 냉방 시스템 분야에서 기술력을 보유한 위니아만도는 이를 기반으로 냉장고 시장 진출을 도모했습니다. 하지만 냉장고 보급률이 100%에 육박하는 상황에서 기존 냉장고 시장에 뛰어들기는 어려웠습니다. 이에 새로운 시장인 김치냉장고 시장을 발굴하는 방향으로 선회하였습니다. 그 결과 1995년에 딤채를 개발했지만 산업재 중심의 회사라 소비자들에게 잘 알려져 있지 않았고, B2C 마케팅 역량 역시 부족하여 광고 등 대중 매체 활용에 익숙하지 않았습니다.

이에 다음과 같이 45세 전후의 중상류층을 목표 고객으로 선정하고 강남 지역 대형 아파트 단지 내 사람들과 오피니언 리더들을 중심으로 고객 체험단을 모집, 무료 사용 혜택을 부여함으로써 입소문이 나도록 유도한 결과 대성공을 거두었습니다.

Case | 위니아 만도의 딤채 마케팅 전략

콘텐츠	제품	김치 맛을 살리는 발효과학 딤채
	메시지	'강남 주부들에게 딤채가 유행한다'
시즈	그룹	강남 대형 아파트 단지 내 주부, 오피니언 리더 등 3,000명
	도구	6개월 무료 사용, 사용 후 구입 시 50% 할인 혜택
채널	오프라인	고객 체험단 시험 판매, 10+1 행사로 주부 계모임 공략
	기타	선별적 대중 매체 및 언론 홍보를 통한 입소문 확산 주력

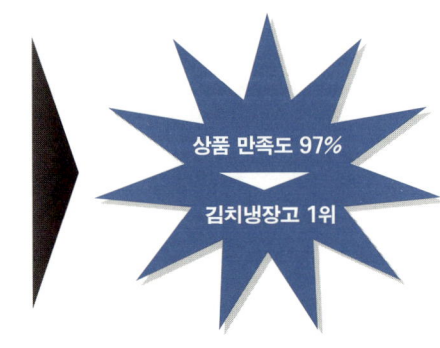

상품 만족도 97%

김치냉장고 1위

■ 입소문 마케팅 기법 1. 바이럴 마케팅

바이럴 마케팅Viral Marketing이란 네티즌들에게 이메일이나 기타 전파 가능한 온라인 매체를 통해 급속하게 퍼질 만한 마케팅 메시지를 전달함으로써 입소문을 창출하려는 마케팅을 말합니다. 그 대표적 사례가 무료 이메일 서비스인 핫메일Hotmail입니다. 사실 바이럴 마케팅은 핫메일의 성공에 힘입어 대대적으로 알려졌습니다. 핫메일은 정식 서비스 개시 후 1년 6개월 만에 850만 사용자를 확보할 정도로 급성장했는데, 당시 지출한 광고비는 대학 신문의 광고비 정도인 5만 달러에 불과했다고 합니다. 대규모 광고를 하지 않았음에도 성공했던 이유는 사용자가 핫메일을 통해 메일을 보낼 때 메일 아래쪽에 '핫메일로 무료 이메일을 보내세요.Get your free email at Hotmail.'란 문구가 떠서 핫메일을 사용하는 것 자체가 입소문 마케팅 역할을 했기 때문이지요. 전형적인 바이럴 마케팅이었습니다.

최근에는 스팸 메일의 홍수 속에 바이럴 마케팅 역시 잘못하다가는 화를 부를 수 있으므로 신중하게 접근해야 합니다. 그런 측면에서 바이럴 마케팅 시 유의해야 할 사항은 다음과 같습니다.

명확한 목표	• SMART 기법에 따라 구체적이고도 현실적인 목표를 설정해야 함 • 이를 통해 바이럴 마케팅의 성과 측정 및 개선이 가능
거시적 통합	• 바이럴 마케팅이 모든 문제를 해결해 줄 만병통치약은 아님 • 다른 마케팅 도구들과의 통합 및 연계를 통해 시너지 효과 창출
매력적인 콘텐츠	• 바이럴 마케팅에서 핵심은 콘텐츠가 매력적이어야 함 • 상품이나 서비스, 또는 메시지가 관심 유도 및 전파 욕구를 자극할 수 있어야 함
적절한 도구	• 바이럴 마케팅 메시지에 따라 적절한 마케팅 도구를 사용해야 함 • 이메일, 웹사이트, 메신저 서비스, 블로그, SNS 등을 활용
초기 유포자	• 초기 유포자들이 중요하므로 목표 고객에 따라 최대한 신중하게 선정 • 기존 단골 고객이나 친구, 가족, 지인 등 우호적인 사람들을 대상으로 함

■ 입소문 마케팅 기법 2. 버즈 마케팅

버즈 효과 Buzz effect 란 고객이 특정 상품에 열광하여 일종의 신드롬이 형성되는 것을 말합니다. 버즈 효과는 자연스럽게 만들어지기도 하지만, 의도적으로 버즈 효과를 유도하는 마케팅이 버즈 마케팅 Buzz Marketing 입니다. 즉, 대규모 매스 마케팅 기법을 이용하지 않고 각종 이벤트나 선전 활동을 통해 화젯거리를 만들어 사람들의 흥미를 유발하고 개인적인 인적 네트워크를 통해 다른 사람들에게 자연스럽게 메시지를 전달하게 하는 입소문 마케팅을 말합니다.

대표적인 사례로 포드사의 소형차 포커스 Focus 마케팅을 들 수 있습니다. 당시 소형차 시장은 혼다의 시빅 Civic 이 1위를 차지하고 있었습니다. 시빅과 다른 특별한 이미지를 창조해야 할 필요를 느낀 포드사는 버즈 마케팅을 활용했습니다. 라디오 DJ, 연예인 스타일리스트, 파티 기획자 등 120명의 여론 선도자들을 선정하여 약 6개월간 포커스를 타고 다니며 다양한 화제를 만들어 버즈 효과를 일으키도록 유도했습니다. 그 결과 포커스는 '쿨한' 차라는 이미지와 함께 소형차 부문 판매 1위라는 성과를 올리게 되었습니다.

이처럼 버즈 마케팅은 소비자들 사이에서의 화제 형성을 통해 마케팅 목표 달성을 추구합니다. 일반적으로 버즈 마케팅이 성공하려면 다음과 같은 요소를 갖춰야 합니다.

선도자 공략	오피니언 리더	여론 형성에 주도적인 오피니언 리더들을 적극 공략
	마니아층	상품이나 회사에 열정적인 마니아 또는 단골 고객층을 십분 활용
전파성이 강한 화제 개발	공급 제한	쉽게 가질 수 없는 것에 관심이 집중되고, 다른 사람에게 말하고 싶어짐
	아이콘 활용	유행하는 시대의 아이콘이나 관심 대상을 적극 활용
	순위 리스트	베스트셀러 순위, Top 100 등 순위 리스트에 등재
메시지 확산	커뮤니티 활용	소수 오피니언 리더에서 대중적인 커뮤니티로 확산 유도
	돌발 사태 대비	화젯거리에 집중하다 부정적인 뉴스로 전환될 때 즉각 대응

■ 입소문 마케팅 기법 3. 블로그와 블로그 마케팅

블로그Blog란 웹Web과 일지Log의 합성어로, 웹에 기록하는 일기나 일지를 말합니다. 블로그는 누구나 자신의 생각을 인터넷에 올리고 네티즌들과 공유할 수 있다는 점에서 인터넷 시대 커뮤니케이션의 주요 수단으로 주목받고 있습니다. 이제 블로그는 기업에게 피할 수 없는 마케팅 채널이 되어 어떻게 블로그를 활용하느냐가 마케팅 성과에도 영향을 끼치고 있습니다. 이에 블로그를 적극적으로 활용하여 긍정적인 입소문을 만들려는 마케팅이 부각되고 있는데, 이를 블로그 마케팅이라고 합니다.

마케팅 측면에서 블로그를 성공적으로 운영하기 위해 필요한 다섯 가지 요소는 다음과 같습니다.

목표 고객	세뇌의 대상이 아닌 판단의 주체
블로깅Blogging 목표	고객에게 정보를 제공함으로써 고객 가치를 제고시킴
콘텐츠	상품에 대한 객관적인 정보
	동종 상품군 내 비교 정보
	장점과 단점이 모두 공존
	리뷰보다 벤치마크 선호
	저자의 개인 가치 및 평가 반영
	다른 네티즌들의 의견 반영
방식	회사가 아닌 개인으로서 쌍방향 커뮤니케이션 실행

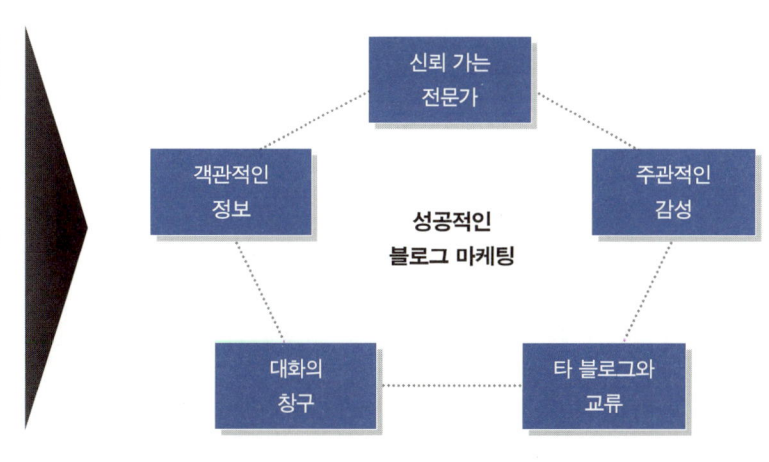

■ 입소문 마케팅 기법 4. 부정적인 뉴스 관리

언론사와의 돈독한 관계로 부정적인 뉴스를 관리하던 시대는 지나갔습니다. 지금 같은 인터넷 시대에는 소비자들이 직접 뉴스를 생산할 수 있어서 부정적인 뉴스를 기업이 일방적으로 관리할 수 없기 때문입니다. 좋은 입소문은 만들기 쉽지 않지만, 나쁜 입소문은 금세 퍼집니다. 좋은 서비스를 받은 고객은 평균 다섯 명에게 얘기하지만 나쁜 서비스를 받은 고객은 열 명에게 소문을 낸다고 합니다. 그렇다 보니 부정적인 뉴스를 어떻게 관리해 나갈 것인가가 입소문 마케팅의 핵심 이슈일 수밖에 없습니다. 이에 부정적인 뉴스 관리 분야의 대표적 전문가인 더랩에이치 대표 김호의 '쿨 커뮤니케이션'을 참고하여 부정적인 뉴스 관리 방법을 알아보면 다음과 같습니다.

1	올바른 대응	• 부정적인 뉴스를 억제하거나 삭제하려는 행위가 오히려 더 큰 화를 초래 • 부정적인 뉴스에 대한 올바른 대응과 이의 뉴스화가 바람직
2	과감한 공개	• 약점이나 잘못 등을 은폐하기보다는 과감히 공개하는 방향으로 선회 • 과거와 달리 지금은 '나쁜 뉴스는 언젠가는 드러날 수밖에 없는 시대'
3	직접적 사과	• 언론사를 통하기보다 기업 스스로 동영상, CEO와의 대화 등을 통해 적극적으로 사과 • 타이밍이 늦거나 간접적일 경우 문제를 악화시킬 수 있음
4	인간적 대화	• 소셜 미디어 네트워크의 시대에는 쌍방향 커뮤니케이션이 대세 • 솔직하고도 신뢰감 가는 인간적인 목소리로 쌍방향 대화를 하는 것이 바람직
5	오픈 관리	• 기업 관리 사이트나 블로그에서 부정적인 뉴스를 끌어들여 관리 • 외부 블로그나 사이트 내의 부정적인 뉴스를 관리할 수 없다면 내부 관리화가 바람직
6	해결의 자세	• 부정적인 뉴스에 대해 해명으로 일관하는 것은 변명으로 보임 • 고객이 원하는 해결 방향을 제시함으로써 부정적인 뉴스를 관리
7	쌍방향 대화	• 언론사나 제3의 매체를 통하지 않고 직접 대화할 수 있는 토대 마련 • 부정적인 뉴스에 대해서도 직접 대화하는 것이 바람직
8	실시간 반응	• 과거 미디어를 통한 뉴스의 경우와 달리 대응할 시간이 충분하지 않음 • 실시간으로 대응할 수 있도록 의사 결정 구조를 단순화하고 권한을 대폭 위임해야 함

2-4 ■ CRM 마케팅

■ CRM 마케팅이란?

CRM이란 고객 관계 관리Customer Relationship Management의 약자로, 고객으로부터 수익을 창출하고 지속적으로 구매를 유도하기 위해 고객과의 커뮤니케이션을 최적화하는 과정을 말합니다. 이를 위해 고객과 관련된 기업의 내·외부 자료를 수집, 분석, 통합하여 개별 고객의 특성에 적합한 마케팅 활동을 기획, 실행하는 것을 CRM 마케팅이라고 합니다.

결국 CRM 마케팅은 개별 고객의 특성에 따라 마케팅을 다르게 전개함으로써 개별 고객과의 관계를 획득, 유지, 강화하기 위한 고객 맞춤형 마케팅 전략으로 볼 수 있습니다. 일반적으로 CRM 마케팅은 데이터베이스 등의 IT 시스템이 기반이 되어야 한다고 생각하기 쉽지만, 반드시 그렇지는 않습니다. 개별 고객의 소비 성향 및 구입 패턴을 잘 알고 있으며 고객의 요구 및 구매·이용 반응에 따라 상품을 구입, 진열해 놓는 시골의 구멍가게야말로 CRM을 잘 실천한 매장이라고 볼 수 있으니 말입니다. 그러므로 CRM 마케팅에서 중요한 것은 IT 시스템이 아니라 맞춤형 고객 관리라는 점을 명심해야 합니다.

■ CRM 마케팅의 특징

매스 마케팅 Mass Marketing이 불특정 다수를 대상으로 한다면, CRM 마케팅은 개별 고객에게 맞춤화한 One-to-One 마케팅의 특성을 지니고 있습니다. CRM 마케팅을 성공적으로 실현한 대표적 사례로 아마존을 들 수 있습니다. 아마존의 CEO 제프 베조스 Jeff Bezos가 "만약 당신에게 450만 명의 고객이 있다면 상점도 450만 개 있어야 한다. 방문하는 한 사람 한 사람을 위한 상점이 필요하니까."라고 말했듯이 아마존은 개별 고객 맞춤형 쇼핑몰을 지향합니다. 즉, 아마존은 CRM을 활용해 개별 고객을 관찰, 분석한 데이터를 기반으로 개별 고객이 관심 있어 할 만한 맞춤형 상품을 소개합니다. 그래서 고객에게 특별한 대우를 받는다는 감동을 줌과 동시에 소개된 상품에 대한 구매를 유도하고 있습니다.

좀 더 구체적으로 CRM 마케팅과 매스 마케팅의 차이점을 살펴보면 다음과 같습니다.

매스 마케팅		CRM 마케팅
얼마나 많은 고객을 확보할까?	기본 관점	어떤 고객이 단골 고객이 될까?
신규 고객 확보에 주력	추진 방향	고객의 단골화에 주력
더 많은 고객에게 판매하기 위한 전략	마케팅 전략	고객 한 명에게 평생 판매하는 전략
경쟁 우위의 상품 가치	가치 제안	고객 한 명의 평생 가치
대중 매체를 통한 일방적 메시지	커뮤니케이션	개별 접근을 통한 대화형 메시지
수시로 발생하는 고객 불만이나 의견을 즉시 해결하는 데 집중	고객 관리	고객 불만, 의견을 고객 니즈로 판단, 미래 고객의 가치 제고에 활용

■ CRM 마케팅의 기대 효과

고객 관계 관리 강화를 통해 기존 고객의 단골화를 지속적으로 추진함으로써 우수 고객을 중심으로 한 기존 고객의 만족도를 제고할 수 있습니다. 이를 통해 단골 고객의 구매를 유도할 뿐만 아니라 구매 빈도 및 구매량도 증대시켜 비용 효율성을 제고시키는 이점이 있습니다. 그리고 기존 고객의 만족도가 높아짐으로써 대외적인 이미지도 향상되어 신규 고객이 유입되는 효과도 기대할 수 있습니다.

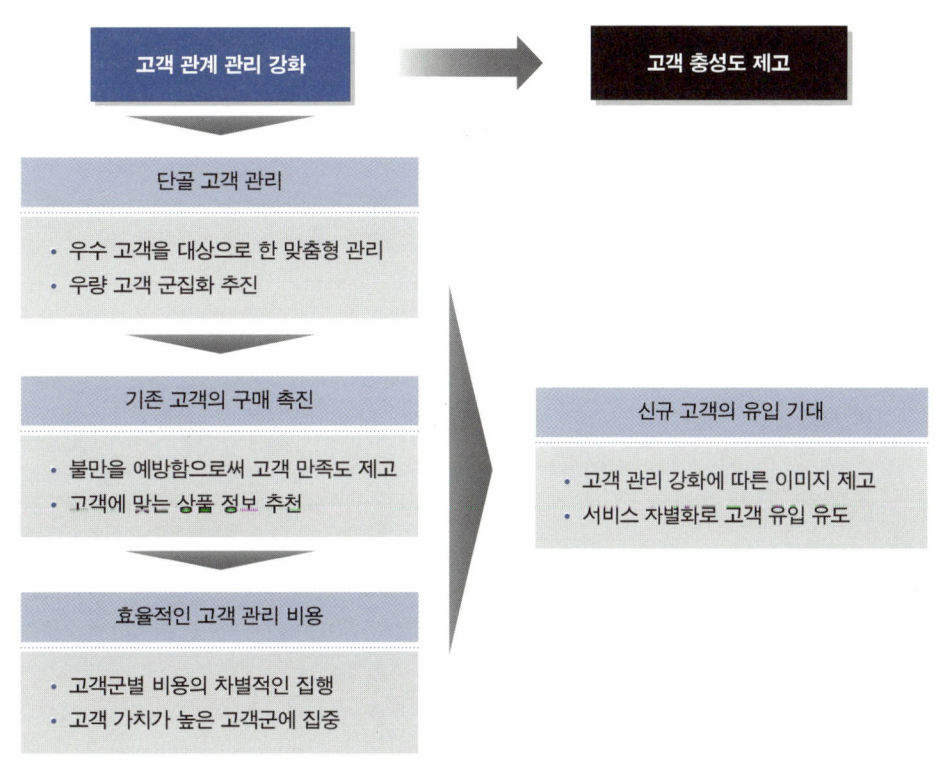

■ 고객 평생 가치

CRM 마케팅에서 중요한 고객 평생 가치 Customer Lifetime Value 란 고객이 자사에게 평생에 걸쳐 제공하는 이익을 현재 가치로 환산한 금액을 말합니다. 지금과 같은 무한 경쟁의 시대에는 새로운 고객을 찾아 사방을 헤매기보다는 고객의 평생 가치에 주목하고 기존의 고객을 잘 유지하고 관리하는 것이 더 효율적입니다.

장기 저성장 시대의 도래로 고객 만족과 고객 가치를 최우선으로 생각하는 마케팅만이 성공할 수 있는 시대가 된 것입니다.

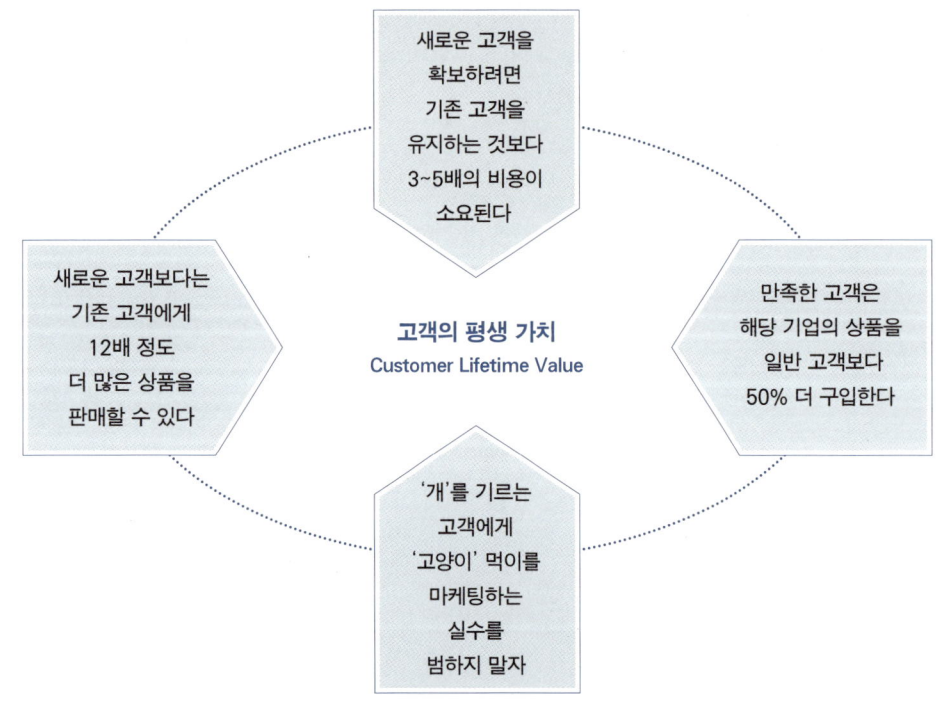

2-5 ■ 캐릭터 마케팅

■ 캐릭터 마케팅이란?

캐릭터 마케팅Character Marketing이란 직접 개발하거나 인수하여 확보한 캐릭터에 대한 고객 선호도를 기반으로 캐릭터 상품을 직접 개발, 판매하거나 캐릭터 사용권을 타인에게 허용하여 캐릭터 상품을 제작, 판매하도록 하는 마케팅을 말합니다. 캐릭터 사업은 애니메이션, 소설이나 만화 등의 출판, 게임이나 캐릭터 상품, 테마파크 등 다양한 소스에서 시작할 수 있습니다. 일반적으로 캐릭터 사업의 전개 유형은 다음과 같습니다.

애니메이션 선도형	출판 선도형	기타 선도형
TV/극장용 만화 영화 흥행 성공 후 캐릭터 상품, 테마파크 등으로 확대	소설이나 만화 출판 흥행 성공 후 TV 애니메이션, 극장용 영화, 캐릭터 상품 등으로 확대	게임, 캐릭터 상품, 테마파크 등 상품이 고객에게 인정받은 후, 다양한 비즈니스로 확대

추진 방식		원작 有	원작 無
점진적		원작의 콘텐츠를 활용하여 애니메이션을 제작, 흥행 성공 후 점진적으로 사업 확대	작품성이 높은 창작 애니메이션을 제작, 흥행 성공 후 점진적으로 사업 확대
		• 가장 투자 위험이 적은 유형 • 장기간 섬신석으로 수익이 승가 • 자금력이 취약한 업체에 적합	• 초기에 콘텐츠 소스 창작에 역량 집중 • 창작 애니메이션의 흥행이 무엇보다 중요 • 제작사를 중심으로 비즈니스가 전개됨
종합적		원작의 콘텐츠를 활용하여 애니메이션을 제작, 영화와 함께 적극적인 토털 마케팅 병렬 진행	작품성이 높은 창작 애니메이션을 제작, 영화와 함께 적극적인 토털 마케팅 병렬 진행
		• 이미 상품성이 검증된 콘텐츠를 활용 • 다각도로 진행할 수 있는 마케팅 역량이 핵심 • 경험이 풍부한 마케팅 기업에 적합	• 가장 모험적이지만 가장 수익성이 높은 유형 • 애니메이션 창작 단계에서부터 상품화 진행 • 자금력과 조직력 모두를 보유한 복합 기업에 적합

■ 캐릭터 마케팅의 특징 1. 캐릭터 비즈니스는 사업성 있는 '캐릭터'에서 시작된다

애니메이션이나 소설, 만화, 게임 등이 성공했다고 해서 그 이름만으로 캐릭터 비즈니스가 성공하는 건 아닙니다. 캐릭터 콘텐츠의 성공과는 별개로, 캐릭터 비즈니스를 하려면 다양한 상품에 적용할 수 있는 디자인 등이 선행되어야 하기 때문입니다. 그러므로 성공한 캐릭터를 기반으로 캐릭터 마케팅을 펼치기 위해서는 다음과 같은 점들을 고려하여 사업성 있는 캐릭터를 개발하는 게 중요합니다.

사업성 있는 '캐릭터'를 만들려면

캐릭터 콘셉트를 명확하게 정의해야 한다.
- 고객들이 기대하는 가치를 분명하게 표현
- 자신만의 캐릭터 가치가 일관되게 표현되어야 함

감성과 생명력이 담긴 디자인이어야 한다.
- 고객들과 감성적으로 교감할 수 있는 디자인
- 고객들이 원하는 대상으로의 의인화가 가능해야 함

다양한 상품에 적용하기 용이한 디자인이어야 한다.
- 단순한 컬러와 디자인이 기본
- 상품 또는 테마에 따라 다양한 형태로의 변형이 가능해야 함

기존 캐릭터와 차별되는 독창성이 있어야 한다.
- 캐릭터 비즈니스의 특성상 '제2의 OO'는 성공하기 어려움
- 기존과는 다른 캐릭터를 반복 활용함으로써 독창적인 이미지 구축

■ 캐릭터 마케팅의 특징 2. 고객이 선호하는 '캐릭터'를 기반으로 한다

캐릭터 마케팅을 펼치려면 고객들이 캐릭터를 좋아할 이유가 있어야 합니다. 그러기 위해서는 고객들의 캐릭터 선호도를 창출할 원천이 필요합니다. 미키 마우스나 건담, 뽀로로, 둘리처럼 상당수의 캐릭터 비즈니스가 극장용 만화 영화나 TV 애니메이션, 출판 만화 등으로 시작하고 있습니다만, 그 외에도 캐릭터를 개발할 원천은 다양합니다. 헬로키티가 완구에서 시작했듯이 말입니다. 어떻게 시작했든 캐릭터를 선호하는 충성 고객들이 있다면 이를 기반으로 캐릭터 비즈니스를 추진할 수 있기 때문입니다.

구 분	캐릭터 개발 원천
미키 마우스 (디즈니, 미)	극장용 애니메이션
건담 (반다이, 일)	TV 애니메이션
헬로키티 (산리오, 일)	완구
포켓몬스터 (닌텐도, 일)	게임 소프트
미피 (머시스, 네덜란드)	어린이 그림책
텔레토비 (BBC, 영)	TV 프로그램
마시마로 (CLKO, 한)	플래시 애니메이션
둘리 (둘리나라, 한)	잡지 만화
뽀로로 (아이코닉스, 한)	TV 애니메이션

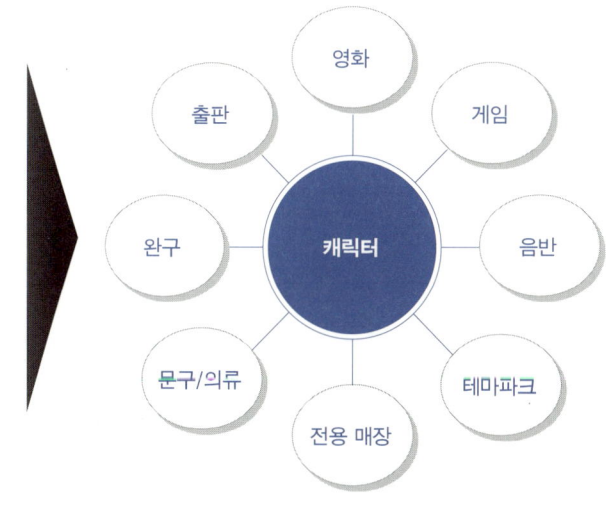

■ 캐릭터 마케팅의 특징 3. 캐릭터의 가치를 일관성 있게 표현해야 한다

캐릭터에 대한 선호도는 단순히 캐릭터 디자인이 예쁘거나 영화, 만화가 성공했다고 만들어지지는 않습니다. 캐릭터가 성공하면 보통 영화, 출판, 게임, 완구나 문구 같은 캐릭터 용품 등 다양한 캐릭터 비즈니스로 확장합니다. 그런데 이렇게 확장만을 추구하다 보면 고객이 기대하는 캐릭터 가치가 훼손되는 일들이 벌어지기 쉽습니다. 캐릭터 가치를 유지, 강화하기 위한 일관성 있는 마케팅 전략 없이 무분별하게 확장했기 때문입니다.

다양한 상품으로 제작되더라도 캐릭터의 가치를 일관성 있게 표현해야 합니다. 캐릭터만의 차별적 가치를 지속적으로 창출하겠다는 목표로 일관된 가치가 표현되도록 마케팅을 해야 캐릭터 선호도에 기반한 고객 충성도가 구축될 수 있습니다.

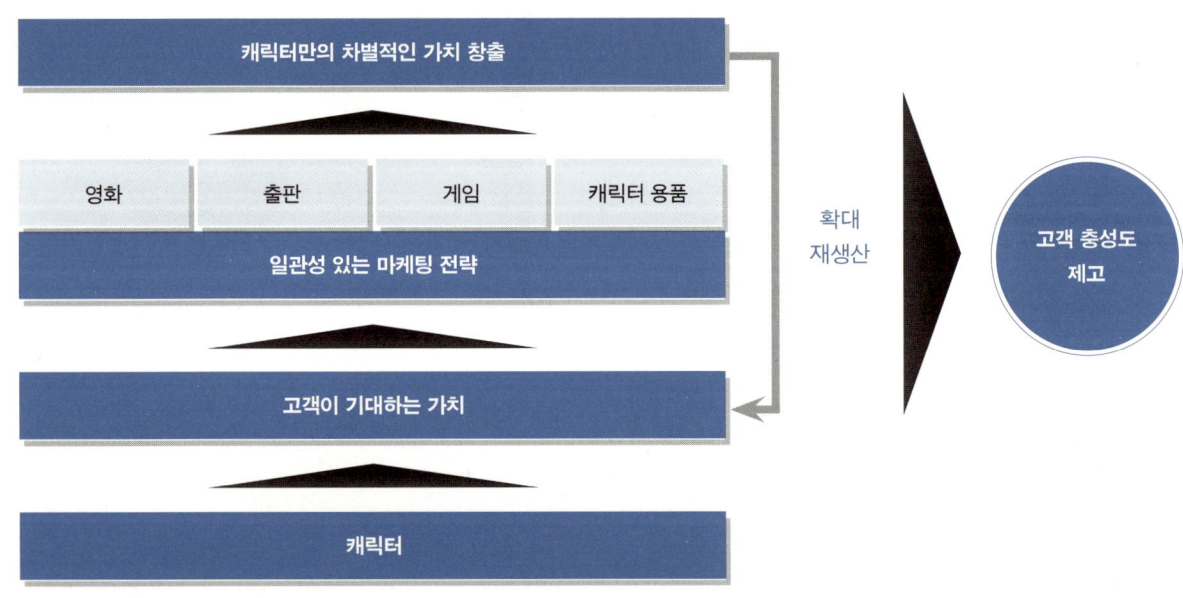

■ 캐릭터 마케팅의 특징 4. 캐릭터 비즈니스는 환상과 동경을 먹고 자란다

캐릭터 비즈니스는 환상과 동경을 먹고 자라납니다. 만화 영화나 책을 통해 흥미로운 이야기 속에 빠져들며 자신의 욕구를 해결하는 판타지Fantasy를 느끼는 이들은 캐릭터를 통해서도 판타지를 꿈꿉니다. 그러므로 캐릭터 비즈니스는 고객이 원하는 판타지를 현실 속에서 구현시켜 줄 수 있어야 합니다.

Case | 남자 아이들의 심리

구 분	상세 내역
파워	상대방을 제압할 수 있는 막강한 파워를 자랑한다.
선과 악의 대립	악의 무리에 맞서 선한 사람들을 지킨다.
용맹	장애물을 극복할 수 있는 용기를 발휘한다.
정복/성공	원하는 목표를 달성함으로써 승리감을 맛본다.
사랑	받아들일 수 있는 방식으로 사랑/보호 욕구를 충족한다.
장난기	유치하거나 천박하더라도 장난치는 것을 좋아한다.

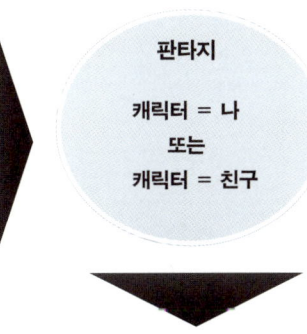

구현 방식

- 판타지를 강화할 수 있는 캐릭터만의 신념이 슬로건으로 표현되어야 한다.
- 애니메이션 영화, 출판, 게임 등 판타지를 확대, 재생산하는 시스템이 구축되어야 한다.
- 다수의 상품을 출시하기보다 캐릭터 가치를 담을 수 있는 차별화된 상품 위주로 해야 한다.
- 여러 캐릭터를 취급하는 매장보다 판타지를 유지할 수 있는 자기 캐릭터 전문 매장을 운영하는 게 낫다.

■ 캐릭터 마케팅의 특징 5. 캐릭터 비즈니스는 아이들만을 대상으로 한 사업이 아니다

흔히 캐릭터 비즈니스는 아이들을 대상으로 한다고 생각합니다. 그런데 최근 들어 저출산이 사회적 문제가 될 정도로 심각합니다. 따라서 캐릭터 비즈니스의 주 고객인 아이들의 수 역시 줄어들어 문제가 될 가능성이 높습니다. 그럼에도 캐릭터 비즈니스가 각광을 받는다고 합니다. 그 이유는 아이들뿐만 아니라 키덜트Kidults로 대표되는 어른들에게까지 소비층이 확대되고 있기 때문입니다. 그러므로 아이들뿐만 아니라 어른들을 대상으로도 마케팅을 전개할 수 있어야 합니다.

Case | 키덜트족

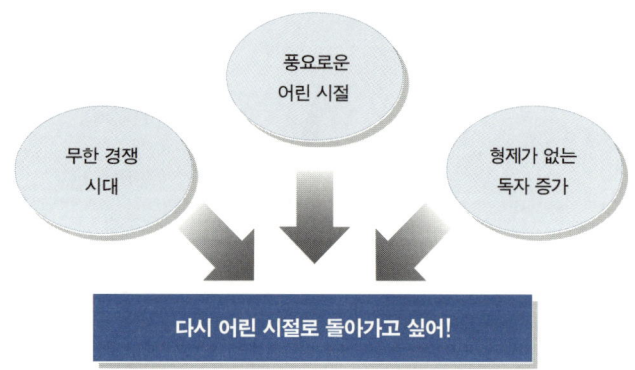

참고

키덜트Kidults는 키즈Kids와 달리 캐릭터에 대한 충성도가 강하고 구매력까지 보유하고 있어 핵심 고객층으로 급부상 중이다.

키덜트족의 등장으로 인한 성공 사례	• 전 세계적인 열풍을 불러일으킨 판타지 소설 《해리 포터》 • 20~30대 여성을 겨냥한 헬로키티가 히트하면서 재기에 성공한 산리오 • 건담 프라모델 등 키덜트를 겨냥한 상품의 대성공으로 회생한 반다이

■ 캐릭터 마케팅의 특징 6. 모방할 수 없는 브랜드 자산을 기반으로 한다

캐릭터 비즈니스는 고객이 열광하는 캐릭터 가치에 기반하여 성장합니다. 그러므로 독보적인 캐릭터 가치 창출을 통해 경쟁자가 모방할 수 없는 컬트 브랜드 자산을 구축하면 자신만의 블루오션을 개척할 수 있습니다.

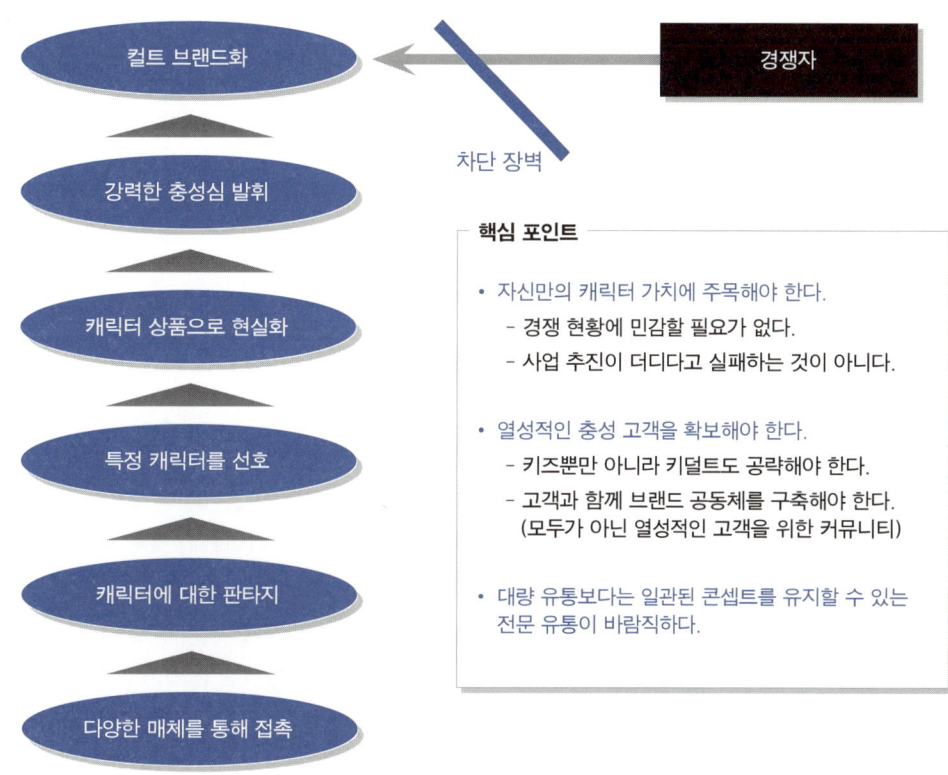

지금까지 캐릭터 마케팅의 특징을 개략적으로 살펴보았습니다. 캐릭터 마케팅에서 가장 중요한 점은 매력적인 캐릭터 가치를 지속적으로 유지하는 것입니다. 그런 측면에서 캐릭터 마케팅 사례로 21세기 초반에 선풍적인 인기를 끌었던 마시마로를 살펴보도록 하겠습니다.

Case | 마시마로

'마시마로'는 '엽기토끼'라는 이름으로도 알려진 캐릭터로, 플래시 애니메이션이라는 새로운 매체를 통해 스타덤에 오른 캐릭터다. 2000년 당시의 문화 코드인 '엽기'와 인터넷 시대에 부합하는 플래시 애니메이션이란 매체가 상승 작용을 일으켜 마시마로는 선풍적인 인기를 끌었다. 이렇듯 마시마로의 인기가 치솟자, 업체에서는 본격적인 캐릭터 비즈니스를 전개했다. 3년 남짓한 기간 동안 3,000종이 넘는 캐릭터 상품이 개발되었고, 대만, 일본, 중국 등 아시아 지역과 미국, 캐나다, 유럽 등 구미 시장에까지 진출했다. 하지만 언젠가부터 네티즌들이 기다리는 마시마로 플래시 애니메이션은 새로운 에피소드가 연재되지 않았고, 무분별한 캐릭터 상품의 개발로 마시마로라는 캐릭터의 가치가 떨어지게 되었다. 너무나 많은 마시마로, 어디서나 볼 수 있는 마시마로에 질리기 시작한 것이다.

마시마로의 사례를 타산지석으로 캐릭터 마케팅의 성공 비결을 살펴보면 다음과 같다.

첫째, 자신만의 캐릭터 콘셉트가 매력적으로 다가갈 수 있도록 지속적으로 강화시켜야 한다.
캐릭터로서의 가치를 유지하기 위해서는 다양한 매체를 통해 자신만의 콘셉트를 일관성 있게 강화시키는 작업이 필요하다. 마시마로는 새로운 에피소드 개발 같은 고객과의 커뮤니케이션에 소홀했으며, 플래시 애니메이션에만 집중함으로써 매력적인 스토리와 판타지를 만드는 게 부족했다.

둘째, 캐릭터 이미지가 소장할 만한 가치가 있어야 한다.
캐릭터 가치의 생명력은 캐릭터의 이미지에 달려 있다고 해도 과언이 아니다. 그런데 마시마로는 너무나 많은 상품을 무분별하게 출시함으로써 스스로 소장 가치를 떨어뜨렸으며, 전문 매장 등을 이용하지 않고 대량 유통을 추구함으로써 캐릭터 관리도 되지 않았다.

셋째, 10대만이 아닌 20~30대를 공략한 마케팅 전략이 있어야 한다.
이제 캐릭터 가치는 10대만이 아닌 20~30대에도 어필할 수 있어야 한다. 그런데 마시마로는 10대를 위한 중저가 상품 위주로만 사업을 전개함으로써 그 기회를 잡지 못했다.

3. 전략적 마케팅 인사이트

마케팅 인사이트Marketing Insight란 내·외부 경영 환경의 변화 속에서 자사가 취할 수 있는 최적의 마케팅 전략을 선택하는 통찰력을 말합니다. 모한 서니Mohan Sawhney 노스웨스턴대 켈로그스쿨 교수에 따르면, 마케팅 인사이트는 기업 내부와 소비자, 협력자 등의 다양한 원천으로부터 축적된 정보를 기초로 핵심 시사점을 파악해 가는 과정을 통해 도출될 수 있습니다.

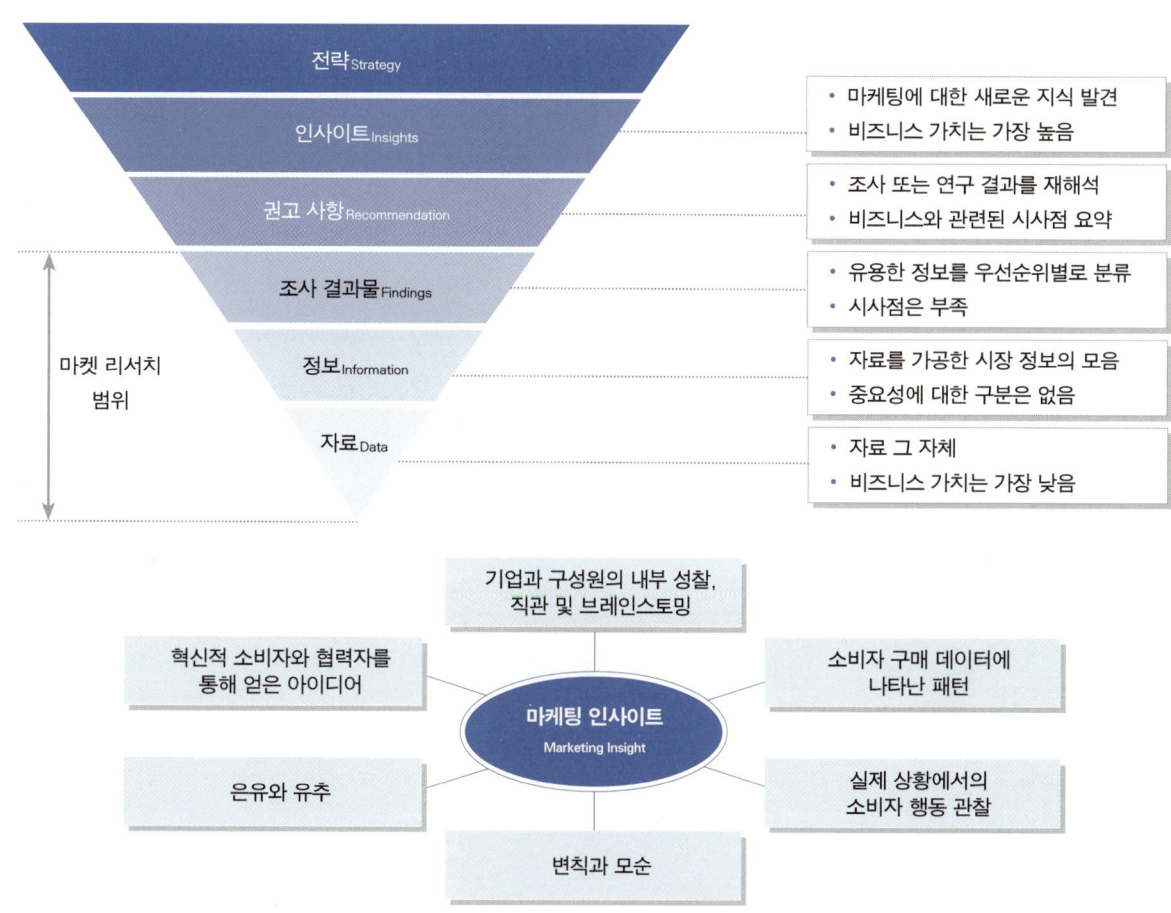

■ 고객의 진정한 마음을 읽어야 한다

마케팅 인사이트는 진정한 고객 니즈의 파악에서 시작됩니다. 흔히 시장 조사를 통해 고객 니즈를 파악하지만, 고객의 진정한 숨은 마음을 이해하지 못한 채 조사 결과만을 믿다가 실패하는 경우가 있습니다. 과학적 조사를 토대로 한 객관적 해석이 항상 좋은 결과만을 낳는 것은 아닙니다. 오히려 마케터의 직관이 더 효과적인 경우도 있습니다. 정성적 조사 연구로 유명한 하버드대 제럴드 잘트먼 교수가 "말로 표현되는 니즈는 5%에 불과하다."라고 지적한 바 있듯이, 말로 표현된 니즈만 고려하면 고객의 니즈를 제대로 파악하지 못할 수 있습니다. 그러므로 고객의 마음속에 숨은 '진짜 니즈'를 찾아내는 작업이 필요합니다. 그러기 위해서는 관찰 조사와 같이 소비자의 심리를 꿰뚫어볼 수 있는 접근 방법과 끈질기게 추적하고자 하는 마케터의 의지가 중요합니다.

Case | 유기농 매장의 실패

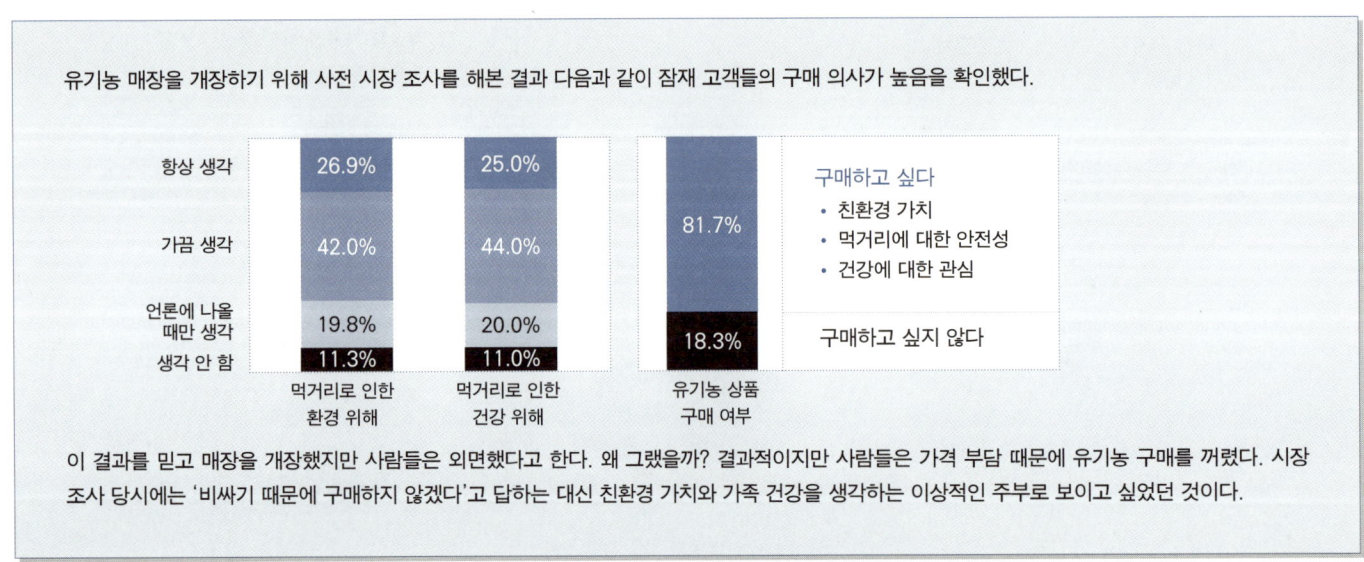

■ 마케팅은 인식의 문제다

고객의 진짜 니즈를 파악하여 시장의 기회를 포착하고 니즈에 맞는 상품을 제공하면 성공할 수 있다고 합니다. 하지만 정말 그럴까요? 유공(현 SK에너지)의 팡이제로와 CJ의 컨디션, 이 두 상품은 고객의 잠재된 니즈를 파악하여 이를 충족시켜 줄 상품을 출시함으로써 곰팡이 제거제와 숙취 해소 음료라는 새로운 시장을 창출하는 성공을 거두었습니다. 팡이제로는 유공의 기술력을 기반으로 FDA 승인 원료를 활용하여 개발한 곰팡이 제거제로, 장마철 습기로 인한 곰팡이 문제를 해결할 방법이 없었던 고객들에게 소구하여 성공했습니다. 컨디션 역시 CJ의 기술력을 기반으로 구루메라는 천연 엑기스를 주 성분으로 개발한 숙취 해소 음료로, 숙취로 고생하지만 해결 방법이 없었던 고객들의 환영을 받으며 성공을 거두었습니다.

팡이제로와 컨디션의 성공은 고객의 잠재된 니즈에 맞춘 상품을 출시하면 성공한다는 믿음을 더욱 강화시켜 줍니다. 하지만 유공과 CJ가 아닌 중소기업에서 이런 류의 상품을 출시했다면 어땠을까요? 유공과 CJ처럼 대대적인 광고나 유통망을 활용하지 못한 채 슈퍼 진열대 한구석에 놓인 상품을 고객들이 구매했을까요? 아마도 별 관심을 끌지 못한 채 실패했을 가능성이 높죠.

결국 상품 가치는 성능이나 품질이 아닌 고객의 인식에서 비롯됩니다. 물론 성능이나 품질도 고객의 인식에 영향을 미치지만, 그것만으로는 부족할 때가 많습니다. 그러므로 이런 시장의 기회를 포착하는 것도 중요하지만 고객의 인식에 영향을 끼칠 수 있는 내부 역량이 더욱 중요함을 명심해야 합니다.

■ 마케팅 불변의 법칙

포지셔닝으로 유명한 알 리스와 잭 트라우트가 쓴 《마케팅 불변의 법칙》은 마케팅의 의미를 통찰력 있게 제시하고 있어 전략적 리더나 마케터 모두에게 유용합니다. 그런 의미에서 그 책에서 그들이 제시한 마케팅 불변의 법칙 22가지를 간략하게 소개합니다.

마켓 리더의 마케팅 전략

선도자의 법칙
- 더 좋은 것보다 맨 처음이 낫다.
- 고객은 최초로 시장을 선점한 브랜드만을 기억한다.

영역의 법칙
- 최초로 뛰어들 수 있는 새로운 영역을 개척하라.
- 전체 시장을 공략하는 것보다 새로운 시장을 개척하는 편이 낫다.

기억의 법칙
- 시장 선점보다 기억 속에 맨 먼저 들어가는 게 중요하다.
- 마케팅은 시장이 아니라 고객을 선점하기 위한 전략이다.

인식의 법칙
- 마케팅은 상품이 아니라 인식의 싸움이다.
- 고객이 인식하는 가치 우위나 비용 우위가 있어야 성공한다.

집중의 법칙
- 잠재 고객의 기억 속에 단 하나의 키워드를 심어라.
- 효과를 극대화하기 위해서는 강렬한 하나의 키워드로 공략해야 한다.

독점의 법칙
- 두 회사가 같은 키워드를 고객의 기억 속에 심을 수 없다.
- 한 명의 고객에게 마인드 셰어Mind Share는 100% 아니면 0이다.

→ 저 브랜드가 최고야!

마켓 리더가 아닐 때의 마케팅 전략

사다리의 법칙
- 기억 사다리의 어느 가로대를 차지하느냐에 따라 전략이 달라진다.
- 다른 키워드를 차지함으로써 하위 브랜드도 성공할 수 있다.

이원성의 법칙
- 1위 또는 2위만이 살아남는다.
- 장기적으로는 시장에서 2위 안에 들어야 생존할 수 있다.

정반대의 법칙
- 2등의 전략은 선도자에 의해 결정된다.
- 2등은 1등 흉내 내기보다는 전혀 다른 전략이 효과적이다.

속성의 법칙
- 어떤 속성이든 반대되면서도 효과적인 속성이 있기 마련이다.
- 선도자 브랜드와 반대되는 속성을 무기로 공략할 수 있다.

분할의 법칙
- 시간이 지나면 하나의 영역은 분할되어 둘 이상의 영역이 된다.
- 후발 주자, 하위 브랜드라면 분할 영역을 적극 공략해야 한다.

단독의 법칙
- 단 한 차례의 대담한 공격만이 실질적인 성과를 가져올 수 있다.
- 강력한 리더라도 실수할 때가 있다. 그때를 적극 공략하라.

예측 불가의 법칙
- 경쟁자의 전략을 수립해 보지 않으면 미래를 예측할 수 없다.
- 선도자의 전략을 예측하고 이를 역이용하는 것도 유용하다.

> 지금은 1등이 아니지만 언젠가는 1등이 될 거야!

마케팅 실행 측면에서 명심해야 할 사항

조망의 법칙	• 마케팅 효과는 상당히 긴 시간에 걸쳐 나타난다.
확장의 법칙	• 브랜드를 여러 상품으로 확대하고 싶은 유혹이 존재한다.
희생의 법칙	• 선택하여 집중하기 위해서는 다른 것을 포기할 줄 알아야 한다.
정직의 법칙	• 부정적인 면을 솔직하게 드러낼 때 고객의 신뢰를 얻을 수 있다.
성공의 법칙	• 성공은 실패의 어머니다. 과거의 성공을 조심하라.
실패의 법칙	• 실패를 예상하고 받아들일 수 있어야 한다.
과장의 법칙	• 기업 상황이 언론에 발표된 것과는 정반대일 수 있다.
가속의 법칙	• 성공은 일시적인 유행이 아니라 장기적 추세를 바탕으로 이루어진다.
재원의 법칙	• 자금의 뒷받침이 없는 아이디어는 무용지물이다.

➤ 인내심을 갖고 지속적으로 실천하라

Strategic Tip

23전 23승의 이순신

한때 이순신 장군의 일대기를 다룬 책과 드라마, 영화가 큰 인기를 끌었던 적이 있습니다. 임진왜란과 정유재란의 7년 전쟁 속에서 23전 23승 백전무패의 전과를 거둔 영웅이었으니, 이 시대에도 영웅을 바라는 마음에서 이순신 장군을 찾고 있는지도 모릅니다. 그런데 기업 관점에서 보면 '이순신이라는 위대한 영웅이 존재했다는 것만으로 승전할 수 있었을까?' 하는 의문이 듭니다. 물론 뛰어난 CEO가 기업 성공을 위한 조건임에는 틀림없지만, 뛰어난 CEO가 무조건 성공을 보장하지는 않으니까요. 그런 점에서 피 말리는 마케팅 전쟁을 치르고 있는 기업들에게는 이순신 장군의 필승전략이 더욱 필요할지도 모릅니다. 그럼 23전 23승의 필승 전략은 어디에서 연유했을까요?

첫째, 차별적인 핵심역량에서 찾을 수 있습니다. 조선 수군의 주력 함대는 판옥선과 소수의 돌격용 거북선이었는데, 이는 왜군의 주력 함대인 안택선과 비교하여 크고 견고하여 무거운 함포들을 장착할 수 있었습니다. 그 결과 왜군은 중세의 해전 전법인 적선과의 충돌 후 적선에 뛰어올라 싸우는 육박전으로 임했으나, 조선 수군은 이미 근대식 해전 전법인 중·장거리 포함전을 할 수 있었죠. 함대 및 전투 역량에서 이미 조선 수군은 왜군을 앞서 있는 상태였습니다. 물론 이 역시 이순신과 같은 뛰어난 리더가 전쟁 전에 미리 준비한 결과임은 말할 필요가 없겠죠.

둘째, 자신의 강점을 적극 활용한 전략으로 대응했습니다. 이순신 장군은 조선 수군의 강점을 최대화할 수 있는 전법을 개발했습니다. 한산대첩이나 명량대첩 같은 대규모 전투를 살펴보면 왜군과 조선 수군의 전투 중 조선 수군이 일시 후퇴하면 왜군이 쫓아가는데, 이렇게 쫓기다가 육박전은 어렵지만 포함 사격은 유리한 지역으로 들어서면 조선 수군은 갑자기 뒤로 돌아 학의 날개 모양으로 포진한 뒤 왜군의 선두 함대를 둘러싸고 집중 함포 사격을 했습니다. 함포 사격의 낮은 명중률을 학익진으로 높였던 것입니다.

셋째, 최소한의 비용으로 최대한의 효과를 거두었습니다. 조선 수군도 피해를 볼 수 있는 대규모 전투보다는 장거리 함포 사격의 장점을 적극 활용한 기습 공격을 주로 했습니다. 또한 공격 시에도 약한 곳을 집중적으로 공격하여 신속하게 상대를 제압하는 전술을 사용했습니다.

넷째, 이길 수 있는 전투만 했습니다. 백의종군의 명분이 된 이순신 장군의 출정 거부는 결론적으론 옳은 판단이었습니다. 불리한 곳에서의 전투보다는 자신이 유리한 지역에서의 전투를 위해 기다리거나 유인하는 자세로 전투에 임했기에 백전무패가 가능했던 것입니다.

Chapter 10

STP 전략

일반적으로 마케팅 전략 수립 과정은 마케팅 목표를 설정한 후 STP 전략을 수립하고 이의 세부적인 활동 전략으로 마케팅 믹스를 설계하는 단계로 진행됩니다. 여기서 STP 전략이란 Segmentation 기법, Targeting 기법, Positioning 전략을 의미하는 용어로, 시장을 세분화하여 표적 시장을 선정한 후 포지셔닝 전략을 수립하는 것을 말합니다. 결국 STP 전략은 마케팅 전략의 방향점이자 마케팅 믹스의 지침이 되는 핵심 전략이라 할 수 있습니다. 그런 의미에서 구체적으로 Segmentation 기법과 Targeting 기법, Positioning 전략에 대해 다양한 사례와 함께 절차 및 구체적인 수립 방법을 알아보고자 합니다.

1 · 마케팅 전략 수립 프로세스

2 · Segmentation 기법

3 · Targeting 기법

4 · Positioning 전략

1 ■ 마케팅 전략 수립 프로세스

전략은 목표를 달성할 수 있는 최적의 수단을 의미합니다. 따라서 마케팅 전략 수립 역시 마케팅 목표의 설정에서 시작합니다. 마케팅 전략 수립 프로세스는 먼저 목표를 실정하고, STP 전략에 따라 시장을 세분화하여 표적 시장을 신정한 후, 표적 시장에서 어떤 포지션을 구축할 것인지 포지셔닝 전략을 수립합니다. 그리고 마지막으로 수립된 포지셔닝 전략에 따라 상품, 가격, 유통, 촉진 등 세부적인 마케팅 활동 전략인 마케팅 믹스를 수립하는 단계로 진행합니다.

마케팅 전략이란 마케팅 목표를 달성하기 위해 다양한 마케팅 활동을 통합하여 최적의 실행 방안을 수립하는 것입니다. 그러므로 다양한 마케팅 활동을 통합하여 최적의 실행 방안을 수립할 수 있도록 먼저 통합의 방향을 정하고, 정해진 방향에 맞게 마케팅 활동을 구성해야겠죠. 이렇듯 통합의 방향을 정하는 전략이 포지셔닝 전략이며, 이에 따라 마케팅 활동을 구성하는 것이 마케팅 믹스입니다.

마케팅 전략 수립 절차

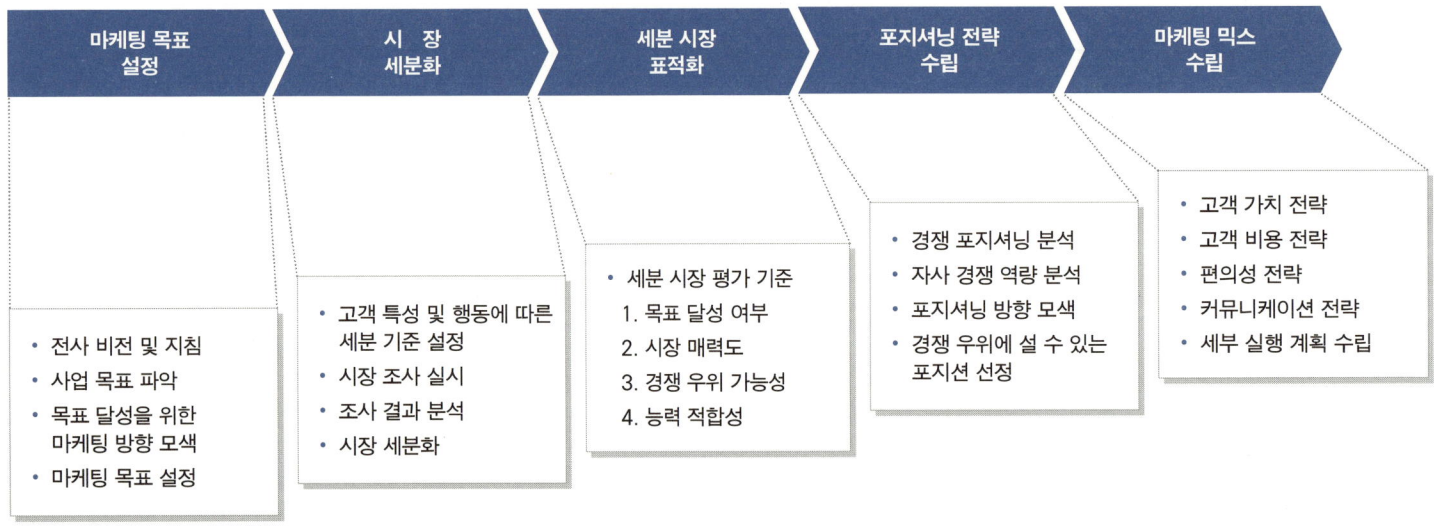

■ STP 전략이란?

STP는 각각 Segmentation, Targeting, Positioning을 의미하며, STP 전략이란 시장 세분화, 표적화, 위치화를 통해 효율적으로 표적 시장을 공략하기 위한 전략을 말합니다. 즉, 마구 쏘아대는 산탄총처럼 마케팅 활동을 전방위적으로 분산시키지 않고 자사 상품에 가장 관심이 높은 구매자에게 마케팅 노력을 집중하는 것을 말합니다.

결국 STP 전략은 세분화된 고객을 사로잡기 위해 마케팅 활동을 어디로 향할 것인지 선택하고 집중하는 전략이자 마케팅 믹스의 지침이 되는 핵심 전략입니다.

■ STP 전략의 의미

역사상 가장 풍요로운 시대를 맞아 생활 여건과 교육 수준이 향상되자 사람들은 점점 더 까다롭게 욕구를 충족하길 원합니다. 더구나 신자유주의와 세계화의 물결 속에 전 지구촌이 참여하는 글로벌 무한 경쟁과 과잉 공급 현상으로 인해 과거 대량 생산을 중심으로 했던 매스 마케팅으로는 생존조차 하기 어려운 상황에 이르렀습니다.

그러므로 점점 더 까다로워지는 고객들의 니즈를 모두 충족시킬 수 없음을 인정하고 자신에게 가장 적합한 특정 고객층만을 집중 공략할 필요가 있습니다. 이것이 바로 STP 전략입니다.

마케팅의 대가 필립 코틀러는 마케팅의 기본인 상품과 가격, 유통, 판촉의 마케팅 믹스를 생각하기에 앞서서 STP를 따져야 한다고 강조하며 마케팅 믹스가 전술이라면 STP는 전략이라고 했습니다. 결국 마케팅의 핵심은 선택과 집중의 STP 전략이라고 볼 수 있습니다.

핵심 이슈

무한 경쟁의 시대	• 신자유주의와 세계화의 물결 • 전 지구촌이 다투는 글로벌 무한 경쟁 • 시장 내 경쟁을 넘어 신수요 창출 경쟁 격화	
고객 다원화 시대	• 생활 여건 및 교육 수준 향상 • 이미 만족했기에 자신만의 욕구 충족 기대 • 풍요 속의 빈곤층도 존재	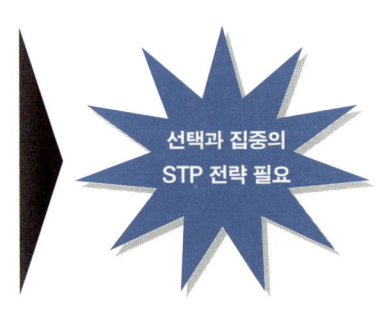 선택과 집중의 STP 전략 필요
공급 초과잉 시대	• 역사상 가장 풍요로운 시대 • 중국 등 저가의 글로벌 공급원 등장 • 수요의 포화로 인해 과잉 공급 더욱 부각	

2. Segmentation 기법

Segmentation세분화이란 구매자 집단의 서로 다른 욕구나 특성, 행동 등 세분화 기준에 따라 시장을 나누는 것을 말합니다. 세분화에 따른 마케팅으로 세분 시장 마케팅, 틈새시장 마케팅, 미시 마케팅 등을 들 수 있습니다.

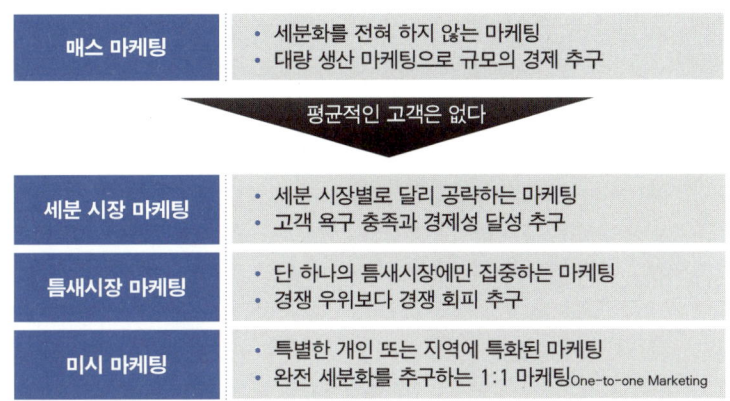

매스 마케팅	• 세분화를 전혀 하지 않는 마케팅 • 대량 생산 마케팅으로 규모의 경제 추구	

평균적인 고객은 없다

세분 시장 마케팅	• 세분 시장별로 달리 공략하는 마케팅 • 고객 욕구 충족과 경제성 달성 추구
틈새시장 마케팅	• 단 하나의 틈새시장에만 집중하는 마케팅 • 경쟁 우위보다 경쟁 회피 추구
미시 마케팅	• 특별한 개인 또는 지역에 특화된 마케팅 • 완전 세분화를 추구하는 1:1 마케팅One-to-one Marketing

이렇듯 세분화된 시장에 집중함으로써 한정된 마케팅 자원으로 고객 니즈에 효과적으로 대응하고 경쟁 우위에 설 수 있으며, 때로는 새로운 마케팅 기회를 발견할 수도 있습니다.

세분화 목적	현실성 있는 목표 설정	• 세분 시장별로 자사의 경쟁 우위 가능성 차이 존재 • 자신의 역량에 맞는 현실적 목표 설정 가능
	고객 니즈 명확화	• 고객에 따라 서로 다른 니즈를 갖고 있음 • 세분화를 통해 고객별 니즈를 좀 더 명확히 구분
	새로운 마케팅 기회 발견	• 아직 니즈가 미충족되고 있는 세분 시장 발견 • 이를 통해 먼저 세분 시장에 진출할 기회 제공
	불필요한 경쟁 방지	• 세분화를 통해 자사 브랜드 간 불필요한 경쟁 및 카니발리제이션Cannibalization 방지 가능
	마케팅 자원의 효과적인 배분	• 모든 시장을 대상으로 활동하기는 어려움 • 세분화를 통해 효과적인 마케팅 자원 배분 가능

■ Segmentation 기준

일반적으로 시장 세분화 기준으로 지리적 요인, 인구 통계 요인, 생활 양식 요인, 구매 행동 요인을 활용합니다만, 세분화에만 집착하다 보면 종종 세분화 목표와 동떨어질 때가 있습니다. 예를 들어 흔히 고객을 연령별로 나누는 경향이 있는데, 상품에 따라 연령별로 니즈 차이가 나지 않을 때가 있습니다. 그럼에도 연령별 세분화를 고집한다면 목표에서 벗어나는 실수를 저지를 수 있습니다. 그러므로 세분화는 앞서 설명한 기준에 따라 획일적으로 나누기보다는 고객 조사를 통해 고객별 니즈를 파악한 후 니즈별 차이를 분석, 니즈 차이에 따라 세분화해야 함을 명심해야 합니다.

이 외에도 사업성, 접근 가능성, 측정 가능성, 실행 가능성 등을 다각도로 검토하여 세분화를 추진해야 합니다.

구분	내용
지리적 요인	국가 또는 지역별 단위, 도시/농촌, 수도권/비수도권 등
인구 통계 요인	연령, 성별, 소득, 직업, 결혼, 교육 수준 등
생활 양식 요인	사회 계층, 라이프 스타일, 가치관, 개성 등
구매 행동 요인	구매 경향, 사용 경험, 사용량, 고객 충성도, 구매 동기 등

구분	내용
니즈 차별성	세분 시장 간 고객 니즈의 차이가 분명한가? 예 : 연령별 세분화 → 연령별 차이가 없다면?
사업성	세분 시장은 규모나 이익 측면에서 사업성이 있는가? 예 : 신장이 140cm 이하인 사람을 위한 자동차?
접근 가능성	세분 시장으로의 마케팅적인 접근이 가능한가? 예 : TV/신문을 전혀 보지 않거나 넓게 분산된 고객층?
측정 가능성	세분 시장 규모나 구매력을 측정하기 쉬운가? 예 : 장식용 도서 구매자 → 몇 명인지 모른다?
실행 가능성	자사 역량으로 세분 시장에서 활동할 수 있는가? 예 : 자사 자금 및 조직으로는 마케팅 활동이 어렵다?

■ Segmentation 절차

시장 세분화는 마케팅 목표에 따라 세분화 목적을 분명히 하는 것에서 시작합니다. 앞서 시장 세분화의 의미와 중요성을 말한 바 있으나, 시장 세분화가 반드시 필요한 것은 아닙니다. 고객의 니즈를 넘어 새로운 시장을 개척하는 혁신적인 상품의 경우 시장 세분화가 오히려 시장 개척을 방해하는 장애물이 될 수도 있습니다. 또한 경쟁 우위만을 강조하다 세분 시장 마케팅을 과도하게 펼치다 보면 수익성을 악화시킬 수도 있으며, 시장이 여러 세분 시장으로 분할되어 있는 경우 오히려 역세분화를 추진함으로써 차별화를 시도해 볼 수도 있습니다. 이렇듯 항상 자신의 내·외부 환경에 따라 유연하게 마케팅 전략을 펼칠 수 있어야 합니다.

시장 세분화 절차는 다음과 같이 세분화 목적을 정의한 후 세분화 기준에 따라 시장 조사를 하고 그 결과를 분석하여 세분 시장별로 특성을 파악하는 과정으로 진행됩니다.

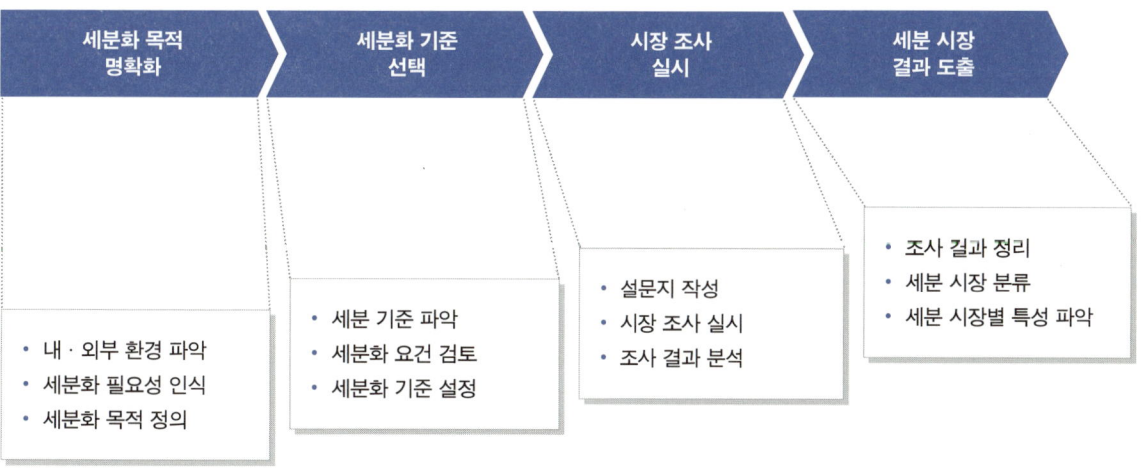

■ Segmentation을 위한 시장 조사

시장 조사Market Research란 마케팅 전략 수립이나 정책 방향 설정 등 마케팅 의사 결정을 위해 전반적인 시장 자료를 조직적으로 수집, 분석하는 것을 말합니다. 대개 조사 목적에 따라 전문 기관에 의뢰하여 상품 조사나 판매 조사, 소비자 조사, 광고 조사 등을 시행하는데, 세분화의 경우 아래와 같이 설문 면접 조사나 집단 심층 면접 조사FGI 등의 방식으로 소비자 조사를 통해 진행됩니다.

구분	내용
설문 면접 조사	• 대표적인 시장 조사 방법으로, 설문을 이용한 구조화된 면접 조사 방식 • 다수를 대상으로 조사할 수 있으며 결과를 정량화할 수 있어 유용함 • 개인 면접 방식과 집단 면접 방식이 있음 • 대개 객관식 폐쇄형 문항으로 되어 있으나 주관식 개방형 문항도 할 수 있음
심층 면접 조사	• 조사 주제에 맞게 자유롭게 질의, 응답하는 비구조화된 면접 조사 방식 • 정성적인 정보를 얻기 위한 탐색 조사나 심층 조사에 유용함 • 개인 심층 면접 방식과 흔히 FGI라 불리는 집단 심층 면접 방식이 있음
인터넷 조사	• 인터넷을 활용하여 적은 예산으로 신속하게 조사할 수 있는 방식 • 이메일 조사, 무작위/패널 웹사이트 조사, 인터넷 FGI, 상품 테스트 등이 있음 • 표본 편중이나 중복 응답, 응답의 지연, 자기 선택 편향 등의 문제가 있음
관찰 조사	• 조사자와 조사 대상자 간 의사 소통 없이 일방적인 관찰을 통해 조사하는 방식 • 고객의 숨은 니즈를 찾거나 실제 현상을 객관적으로 파악할 때 유용함 • 공개 여부와 조사자 참여 여부, 현장/실험실에 따라 분류할 수 있음
기타 조사	• 우편 조사, 전화 설문 조사, ARS 조사 등이 있음 • 우편 조사의 경우 10%를 넘지 못하는 낮은 반송률이 조사의 문제점으로 제기됨 • 전화 조사의 경우 간단한 조사만이 가능하다는 단점이 있음

■ 시장 조사 1 - 설문 면접 조사

설문 면접 조사는 대표적인 시장 조사 방식으로, 일반적으로 조사자가 조사 대상자를 직접 만나 준비한 설문 내용을 묻고 응답을 기록하는 개인 면접 방식을 말합니다. 집단에게 설문지를 배포하는 집단 면접 방식을 활용할 수도 있으나, 시간과 비용은 줄일 수 있지만 함께 모이게 하기 어려우며 왜곡된 응답이 나올 수 있다는 단점이 있습니다.

설문 면접 조사의 경우 설문지 작성이 중요합니다. 그런 측면에서 설문지 작성 시 유의 사항을 알아보면 다음과 같습니다.

설문지 작성 시 유의 사항

설문지 작성은 조사 목적 및 조사 방법에 적합한 질문 내용을 작성하고 질문 순서를 결정하여 설문지 초안을 작성한 후 사전 조사를 통해 문제점을 파악, 초안을 수정하여 본 조사에 쓸 최종 설문지를 확정하는 단계로 진행한다. 일반적으로 설문지는 조사 목적에 맞게 조사 대상자들이 질문 내용을 정확하게 파악하고 자신의 의견을 솔직히 답변할 수 있도록 해야 하며, 자료 수집 방법과 향후 분석 방법까지 염두에 두고 적합하게 작성되어야 한다. 참고로 설문지를 작성할 때 유의할 사항은 다음과 같다.

1. 가능한 한 쉽고 간단명료한 용어를 사용해야 한다.
2. 선택형 객관식 질문의 경우 가능한 모든 대안을 제시해야 한다.
3. 응답 항목들 간의 내용이 중복되어서는 안 된다.
4. 한 질문 항목에서 두 가지 내용을 질문해서는 안 된다.
5. 조사 대상자들마다 달리 해석하지 않도록 용어의 의미를 명확히 규정하여 질문해야 한다.
6. 조사자가 임의로 가정을 하거나 응답자들의 응답을 유도해서는 안 된다.
7. 응답자들이 기피하는 사항의 경우 직접적으로 물어보거나 지나치게 자세한 응답을 요구해서는 안 된다.
8. 설문 첫 문항으로는 재미있거나 흥미를 유발할 수 있는 문항을 배치한다.
9. 질문 순서는 쉬운 문항부터 먼저, 어려운 문항은 나중에, 중요한 문항은 중간에 배열한다.
10. 인사말, 조사 목적, 조사 기간, 실시 기관 소개, 비밀 유지 당부, 응답에 대한 감사 등을 포함해야 한다.

■ 시장 조사 2 - FGI

FGI는 Focus Group Interview의 약자로, 조사 대상자들이 조사 주제에 대해 자연스럽게 대화하게 하여 조사 목적과 관련한 유용한 정보를 얻거나 공식적인 설문 조사에서 기대하지 못한 결과를 도출하기 위한 소집단 면접 조사를 말합니다. FGI에서는 가설 추출이나 가설 검증 등 조사 목적에 따라 5~10명 내외의 소그룹을 구성합니다. 그리고 숙련된 사회자 Moderator의 유도 하에 조사 대상자들이 자연스러운 분위기에서 설문 없이 비구조화된 접근법에 따라 1~2시간 동안 대화한 후 개개인의 반응을 통합하여 정보를 얻습니다.

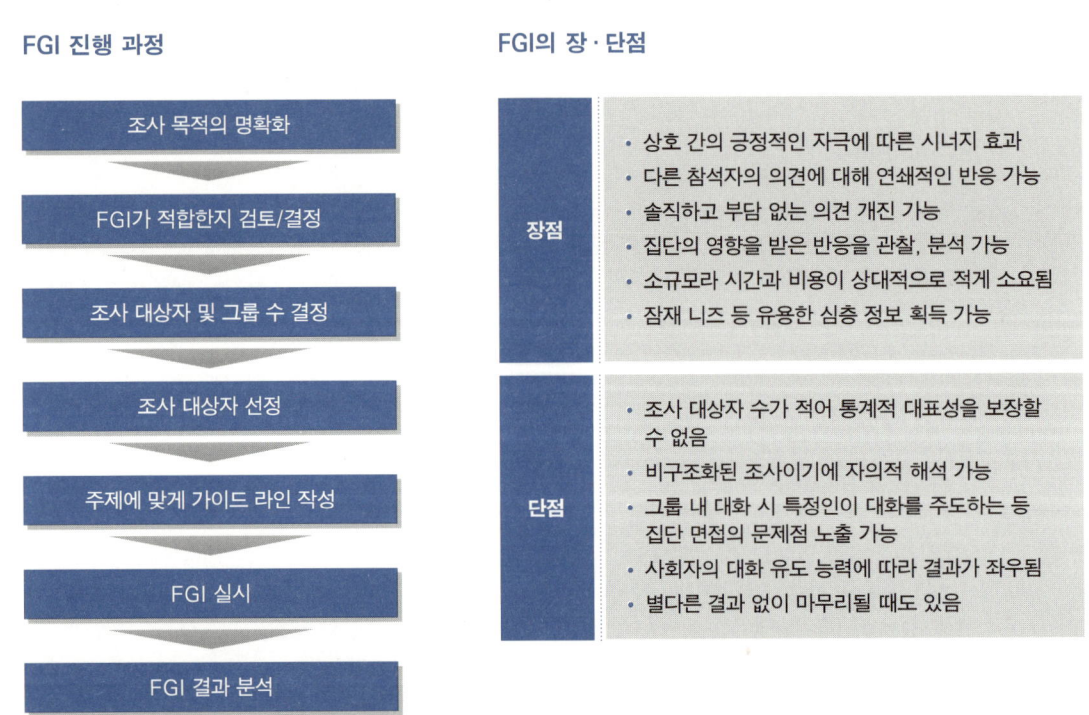

■ 시장 조사 3 - 인터넷 조사

최근에는 인터넷 기술 발달에 힘입어 인터넷 접속 고객을 대상으로 적은 비용에 신속하게 시장 조사를 할 수 있게 되었습니다. 또한 인터넷 조사는 쌍방향 커뮤니케이션이 가능하고 다양한 멀티미디어까지 활용할 수 있어 매우 유용한 최신 조사 방식입니다.

유용한 인터넷 조사로는 우편 대신 이메일을 활용하는 이메일 조사, 설문 면접 대신 웹사이트 방문 고객이나 전문 패널을 대상으로 웹사이트를 통해 설문 조사를 하는 웹사이트 조사, FGI 대신 인터넷 채팅방을 활용하는 인터넷 FGI 등이 있습니다.

이렇듯 인터넷 조사가 여러모로 유용하긴 하지만 다음과 같은 문제점들을 노출할 수 있기에 인터넷 조사만을 수행하기보다는 오프라인 조사와 병행하는 방식이 현명합니다.

인터넷 조사의 문제점

표본 편중	인터넷 사용자만이 가능하므로 일반 소비자를 대표하지 못할 수 있음
중복 응답	자기 의견을 과대 반영하거나 인센티브를 받기 위해 중복 응답할 가능성이 있음
응답 지연	응답을 바로 하지 않을 가능성이 있음
자기 선택 편향	조사 주제에 대해 관심 많은 사람들만이 응답하는 경향이 있음
부정직한 응답	응답자 본인 여부나 응답의 진실성 등을 확인할 수 없음
이메일 수령	이메일 주소의 불명확성, 스팸 메일화 등으로 수령이 제대로 되지 않을 수 있음

3 ■ Targeting 기법

Targeting표적화이란 세분 시장 중에서 자사에게 가장 유리한 시장을 선택하는 것을 말합니다. 이때 자사가 경쟁 우위에 설 수 있도록 가장 좋은 기회를 제공하는 세분 시장을 표적 시장target Market이리 합니다. 일반적으로 표적 시장은 세분 시장 중의 하나를 지칭하지만, 여러 개의 세분 시장을 표적화할 수도 있습니다. 그럴 경우 표준화된 상품으로 여러 세분 시장에 진입하는 비차별화 마케팅이나 각각 차별화된 상품으로 개별 세분 시장에 진입하는 차별화 마케팅을 통해 표적 시장을 공략할 수 있습니다. Targeting 시 고려해야 할 평가 기준은 다음과 같이 네 가지를 들 수 있습니다.

첫째, 마케팅 목표 달성 여부
Targeting의 목적은 마케팅 목표를 달성하기 위한 것이므로 당연히 마케팅 목표에 부합하는 세분 시장을 선택해야 합니다.

둘째, 세분 시장별 시장 매력도
시장 매력도란 시장에 진입한 기업들이 잠재적으로 얻을 수 있는 이익 수준으로, 시장 매력도가 높을수록 진입 기업들이 더 높은 수익을 올릴 가능성이 있습니다. 그러므로 표적 시장을 선택할 때는 시장 매력도가 높은 세분 시장을 선택하는 게 바람직합니다. 세분 시장의 시장 매력도에 영향을 미치는 요인으로는 시장 규모와 성장률, 수익성, 경쟁 강도 등을 들 수 있습니다.

셋째, 세분 시장에서의 경쟁 우위 가능성
아무리 시장 매력도가 높다 해도 강력한 경쟁자가 있어 경쟁 우위에 설 가능성이 낮다면 표적 시장으로 선정하기 어렵습니다. 또한 자사가 시장 진입 후 경쟁 우위를 확보하더라도 향후 지속적인 경쟁 우위를 유지할 가능성이 낮다면 이 역시 표적 시장으로 선정하기 어렵습니다.

넷째, 자사의 마케팅 역량을 평가해 보는 능력 적합성
시장 매력도와 경쟁 우위에 설 가능성이 높다 해도 현실적으로 자사가 마케팅을 펼칠 만한 역량이 없다면 무용지물입니다. 그러므로 현실적으로 자사 역량에 적합한 세분 시장인지 능력 적합성을 최종적으로 평가해 보아야 합니다.

일반적으로 Targeting은 Segmentation에 따라 경쟁력 있는 Positioning 전략을 수립하기 위한 수단의 성격이 강합니다만, 전략적으로 경쟁자가 관심을 두지 않는 기회의 창구를 Targeting함으로써 성공의 발판을 구축할 수 있습니다. 그 대표적인 사례로 지넨테크 Genentech를 들 수 있습니다.

Case | 지넨테크의 표적화

일반적으로 시장을 표적화할 때는 시장 매력도가 높은 세분 시장을 선정하는 게 당연하다고 생각할 수 있다. 하지만 시장 매력도가 아무리 높아도 자신의 역량이 부족하면 그림의 떡일 수밖에 없다. 그러므로 자신보다 경쟁력이 강한 대형 은행들이 집중하는 VIP 고객군을 포기하고 대신 준VIP 고객군을 표적화함으로써 성공한 와코비아 은행의 경우처럼 시장 매력도보다는 자신의 역량에 맞는 표적 시장을 선정하는 것이 더욱 중요하다.

미국 샌프란시스코에 기반을 둔 바이오 벤처 기업인 지넨테크 역시 강자들이 관심을 두지 않는 세분 시장을 표적화하여 성공했다. 90년대 당시 글로벌 제약 기업들은 적은 환자들만을 목표로 하는 '표적화된 치료약'에 관심을 두지 않았다. 환자 수가 적어 시장 매력도가 낮았기 때문이다. 이에 기존 제약 회사들보다 경쟁력이 취약했던 지넨테크는 자신의 강점인 생명 공학 기술을 십분 활용해 경쟁 우위를 확보할 수 있는 표적화된 치료약에 집중했다.

그 첫 번째 결과물이 1998년 출시한 허셉틴Herceptin이었다. 허셉틴은 암세포 표면에 발생하는 특정 단백질이 유전적인 변이 형태로 과잉 생산되는 20% 정도의 유방암 환자들에게만 약효가 있었다. 이렇듯 적은 수의 환자만을 목표로 했음에도 지넨테크는 생산에 전혀 주저하지 않았다. 어차피 벤처 기업이라 기존 강자들처럼 대대적으로 마케팅 비용을 지출하거나 글로벌 영업망을 구축할 수 없었기에 표적화된 고객들이 스스로 찾아오도록 할 수밖에 없었기 때문이다.

결과적으로 지넨테크의 표적화 전략이 유효했음이 현실로 증명되었다. 효과를 본 환자들이 앞다투어 허셉틴을 찾았던 것이다. 그 결과 10년이 지난 2008년에 43억 달러를 넘는 매출을 기록할 정도로 대성공을 거두었고, 지넨테크는 '제약 분야에서 차세대 메이저로 부상할 기업', '세계 제약 업계에서 M&A 없이 엄청난 기업 가치를 창출한 유일한 기업'으로 불리다 2009년 글로벌 제약회사인 로슈에 인수되었다.

4 ▪ Positioning 전략

Positioning 포지셔닝이란 고객의 마음속에서 자사 또는 자사 상품이 표적 시장 내에서 경쟁자 대비 가장 유리한 포지션에 놓이도록 하는 것을 말합니다. 여기서 포지션이란 자사 또는 자사 상품이 고객에게 지각되고 있는 모습을 의미합니다. 포지셔닝 전략은 자사가 원하는 방향으로 자사나 자사 상품을 고객들에게 인식시키려는 전략으로, 고객 인식 측면에서의 경쟁 우위 전략이라고 할 수 있습니다.

일반적으로 포지셔닝 전략은 다음과 같이 소비자가 원하는 니즈를 기준으로 자사의 포지션을 정하려는 소비자 포지셔닝 전략과 경쟁자와 비교하여 자사의 포지션을 정하는 경쟁적 포지셔닝 전략으로 구분할 수 있습니다.

1. 소비자 포지셔닝 전략

소비자가 원하는 니즈를 기준으로 상품 효익 중심의 포지션을 개발, 커뮤니케이션하는 활동
- 구체적 포지셔닝 : 소비자가 원하는 니즈 대비 구체적인 상품 효익을 근거로 제시
- 일반적 포지셔닝 : 애매하고 모호한 상품 효익을 근거로 제시
- 정　보 포지셔닝 : 구체적인 정보 제공을 통해 직접적으로 접근
- 심　상 포지셔닝 : 심상 Imagery이나 상징성 Symbolism을 통해 간접적으로 접근

2. 경쟁적 포지셔닝 전략

흔히 마켓 리더를 대상으로 직접적인 도전을 통해 자사 브랜드를 포지셔닝하려는 수단으로, 경쟁자와의 비교 광고 등을 통해 경쟁사의 포지션과 비교하여 자사 포지션을 개발하는 활동

> "포지셔닝의 출발점은 상품이다. 하나의 제품이나 하나의 서비스, 하나의 회사, 하나의 단체 또는 한 개인에서부터 시작되는 것이다. 어쩌면 여러분 자신에서부터 시작될 수도 있다. 그러나 포지셔닝은 상품에 대해 어떤 행동을 취하는 것이 아니라 잠재 고객의 마인드에 어떤 행동을 가하는 것이다. 즉, 잠재 고객의 마인드에 해당 상품의 위치를 잡아주는 것이다."

출처 | 잭 트라우트, 앨 리스, 《포지셔닝》, 을유문화사, 2006

■ 포지셔닝 사례

실무적으로 포지셔닝을 할 때는 반드시 자사가 아닌 고객의 눈높이에서 바라보아야 합니다. 고객의 입장에서 가치가 인식되지 않으면 아무리 좋은 상품으로 공략하더라도 의미가 없기 때문입니다. 고객 입장에서 포지셔닝하는 것이 얼마나 중요한지 확인할 수 있는 사례로 네슬레의 인스턴트 커피 마케팅을 들 수 있습니다.

Case | 네슬레의 인스턴트 커피 포지셔닝

포지셔닝에서 유의해야 할 점은 바로 기업이 아닌 고객의 입장에서 가치가 느껴져야 한다는 것이다. 기업 입장에서 아무리 좋은 상품이라고 설명해도 고객이 그렇게 느끼지 못한다면 아무 의미가 없기 때문이다. 뉴코크나 크리스털 펩시가 실패한 것 역시 고객의 입장에서 가치를 생각하지 못했기 때문이다. 고객은 그 상품들이 나빠서가 아니라 자신이 인식하는 코카콜라나 펩시의 이미지와 동떨어졌기에 외면했다. 그런 의미에서 한참 과거인 1950년대 사례이긴 하지만 네슬레Nestlé가 인스턴트 커피 브랜드 네스카페Nescafé를 출시하며 벌인 마케팅을 살펴보도록 하자.

네슬레는 인스턴트 커피인 네스카페로 미국 커피 시장에 진입할 때 기존의 원두 커피와 동일한 품질임에도 손쉽고 신속하게 만들 수 있다는 편리함을 주 콘셉트로 삼았다. 당연히 편리하게 타 먹을 수 있는 네스카페가 크게 히트할 거라 예상했지만 고객들의 반응은 냉담했다. 이에 고객 조사를 해보니 고객들은 인스턴트 커피 맛이 나쁘다고 불평했다. 네스카페 인스턴트 커피와 원두 커피에 대해 블라인드 테스트를 하면 맛과 향에서 차이를 못 느꼈는데도 말이다.

이에 실질적인 문제는 실제 품질이 아니라 고객 인식에 있다고 판단하고, 구매하지 않는 진정한 동기를 파악하기 위해 이미지 조사를 실시했다. 가정주부들을 대상으로 인스턴트 커피를 사는 주부와 원두 커피를 사는 주부의 이미지 차이를 알아본 것이다. 그 결과, 원두 커피를 사는 주부는 알뜰하고 부지런하며 남편과 자녀를 잘 돌보는 현명한 주부인 반면, 인스턴트 커피를 사는 주부는 게으르며 집안일을 등한시하는 문제 있는 주부라고 생각하는 것으로 밝혀졌다. 결국 네스카페를 구매하지 않는 진정한 동기는 맛이 없어서가 아니라 게으르고 문제 있는 주부로 보이고 싶지 않기 때문이었다. 인스턴트 커피의 편리함이 고객에겐 게으른 주부라는 이미지로 인식되어 고객 가치를 저하시킨 것이다. 이에 네슬레는 네스카페 인스턴트 커피를 사는 주부는 인스턴트 커피를 사용하여 시간을 절약함으로써 절약된 시간을 집안일에 할애하여 남편과 자녀를 더 잘 돌보는 현명한 주부라고 포지셔닝했다. 그 결과는 대성공이었다.

네스카페의 초기 포지셔닝 전략과 후기 재포지셔닝 전략을 요약해 보면 다음과 같습니다.

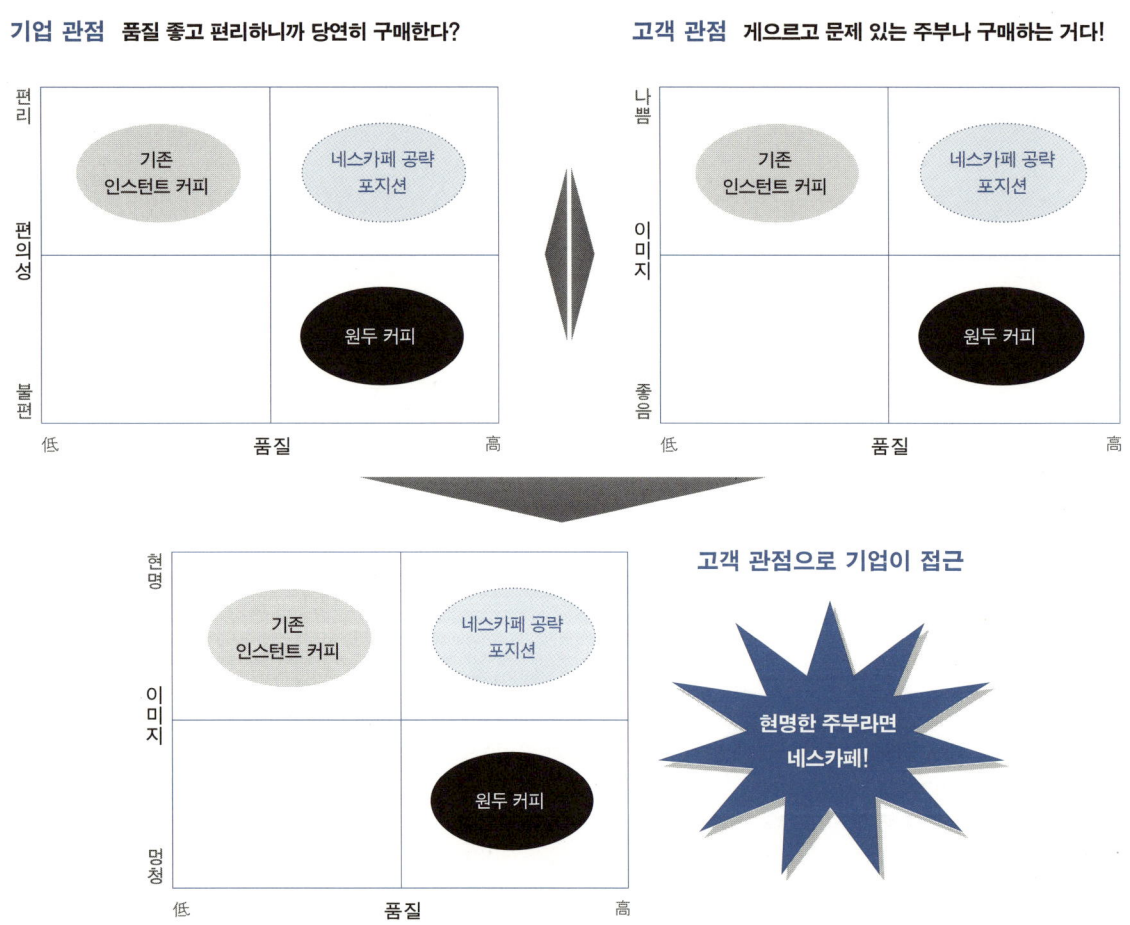

■ 포지셔닝 절차

포지셔닝 전략의 수립 및 실행 절차는 다음과 같이 먼저 경쟁 포지셔닝 분석을 토대로 전략적 기회의 창구를 발견한 후 자사의 경쟁 우위 역량을 기반으로 포지셔닝 방향을 설정하고 구체적인 마케팅 실행 계획을 수립, 실행하는 단계로 진행됩니다.

■ 포지셔닝 방향 설정

첫째, 자신만의 독특한 가치는 기본이다

경쟁력 있는 포지션의 구축은 결국 고객이 중요하게 여기는 자신만의 독특한 가치를 어떻게 인식시키느냐의 문제로 귀결됩니다. 그런데 이런 자신만의 독특한 가치는 다음과 같이 세 가지 요소를 충족시켜야만 제안할 수 있습니다.

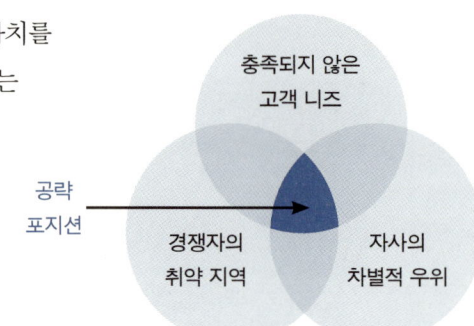

첫째, 충족되지 않는 고객의 니즈가 존재해야 합니다.
둘째, 경쟁자가 포지션을 공략하지 않은 취약 지역이어야 합니다.
셋째, 가치를 제안할 만한 차별적 우위 요소를 보유하고 있어야 합니다.

그런 측면에서 자신의 차별적 우위에 기반한 가치 제안Value Proposition 방식에 따라 포지셔닝 유형을 다음과 같이 분류할 수 있습니다.

구체적인 편익	• 경쟁자에게 없는 자사만의 차별적 강점을 집중 부각시킴 • 경쟁자 대비 뛰어난 성능이나 세련된 디자인, 부가 서비스 등 구체적 편익 소구
추상적인 편익	• 고객이 원하는 심리적인 편익을 제공하는 가치를 부각시킴 • 경쟁자 대비 더 높은 안정감이나 신뢰감, 자기 존중 등 추상적 편익 소구
특정 고객 지향	• 특정 고객들에게 적합함을 강조, 나만을 위한 독특한 가치로 인식시킴 • 특정 고객들에게 적합함을 설득할 수 있는 나만의 차별적 요소가 기본임
특정 상황 지향	• 특정 사용 상황에 적합함을 강조, 차별적인 가치를 인식시킴 • 특정 상황에 적합함을 설득할 수 있는 나만의 차별적 요소가 기본임

둘째, 고객은 첫 번째만 기억하므로 고객의 마음속에서 최초나 최고가 되어야 한다

세계에서 가장 높은 산은 에베레스트. 그렇다면 두 번째는? 달나라에 첫 발자국을 찍은 사람은 닐 암스트롱. 그렇다면 두 번째는? 사람들은 특정 분야나 카테고리에서 최초나 최고만을 인식하는 경향이 있습니다. 포지셔닝 역시 마찬가지입니다. 고객의 마음속에서 최초나 최고가 되는 것이 가장 중요합니다. 그렇다면, 어떻게 해야 고객의 마음속에서 첫 번째가 될 수 있을까요?

시장 진입 순서와 관계없이 고객의 마음을 먼저 사로잡아야 합니다.

사람들은 최초의 복사기는 제록스, 최초의 프린터는 HP, 최초의 인터넷 서점은 아마존이라고 생각합니다. 하지만 이는 사실과 다릅니다. 복사기를 제록스가 개발했다고 알고 있는 사람들이 많지만 실은 제록스는 30여 개가 넘는 복사기 제조업체들이 치열하게 경쟁하고 있는 가운데 뒤늦게 뛰어든 업체 중의 하나였습니다. 프린터 역시 마찬가지입니다. 프린터 하면 HP라고 알고 있지만, 실은 기술 개발은 제록스가, 상품화는 IBM이 가장 먼저 했죠. 그럼에도 이들을 최초라고 인식하는 이유는 기업 관점의 기술 경쟁력에만 매달린 선발 주자와 달리 고객 입장에서 수요 창출력을 높이는 대중화를 통해 관심을 유도함으로써 먼저 고객의 마음을 장악했기 때문입니다.

최초가 될 수 없다면 최고가 되어야 합니다.

사람들은 최초뿐만 아니라 최고도 인식하므로 자신의 위상을 마켓 리더의 시위에 포지션시킴으로써 고객의 마음을 사로잡아야 합니다. 마켓 리더라면 이를 강조하면 됩니다만, 마켓 리더가 아니라면 Big 3, Top 5 등의 방식으로 자사가 1위 그룹에 속해 있음을 강조함으로써 최고로 인식시키는 전략적인 커뮤니케이션 활동이 필요합니다.

더 좋은 것보다 처음이 되는 게 나으므로 다른 것이 되려고 노력해야 합니다.

이미 고객의 마음을 선점한 리더 브랜드보다 더 좋다고 설득해 봐야 소용 없을 가능성이 높습니다. 그러므로 고객의 마음을 돌릴 수 없다고 판단되면 기존과 다른 새로운 분야를 개척, 그 분야의 선두 주자가 되는 게 현명합니다.

셋째, 경쟁자를 리포지셔닝Repositioning시켜라

고객의 마음속에 자사의 차별적 우위를 확실하게 인식시키기 위해 경쟁자의 약점도 함께 부각시켜 자사뿐만 아니라 경쟁자까지 다시 포지션시키는 것도 유용한 전략입니다. 아스피린의 부작용을 부각시켜 역전에 성공한 타이레놀이나 박카스의 약점을 공략하기 위해 카페인과 비타민을 대비시켜 건강 이슈를 중심으로 리포지셔닝에 성공한 비타500 등이 대표적입니다.

그런데 이 방식은 사람들이 쉽게 마음을 바꾸지 않으려는 심리적 저항이 장벽으로 작용합니다. 그러므로 고객의 마음을 흔들어놓을 수 있도록 이슈화가 선행되어야 하며, 이를 설득할 수 있는 구체적인 마케팅 요소들도 뒷받침되어야 합니다. 즉, OB의 페놀 유출 사건을 적극 활용한 하이트처럼 이슈화하거나, 카페인 없는 비타민 성분의 상품을 박카스보다 높은 가격대로 웰빙을 강조하는 광고를 실행하며 판매한 비타500처럼 구체적인 마케팅 활동을 통해 설득력을 높일 수 있어야 합니다.

Case | 에이비스의 No. 2 마케팅

미국 렌터카 업계에서 리더 지위를 고수하고 있던 허츠에게 에이비스는 독특한 마케팅으로 도전장을 내밀었다. 포지셔닝의 대가인 잭 트라우트와 알 리스가 주장했듯이 '최초가 아니면 최고를 지향하는 포지셔닝만이 성공한다'는 게 일반적인 시각임에도 에이비스는 오히려 정반대로 접근했다. "에이비스는 2위에 불과합니다. Avis is only No. 2." 최고가 아니라 2등이라고 당당히 주장한 것이다. 물론 그 뒤에 다음과 같은 문구를 덧붙였다. "그래서 우리는 더 열심히 일합니다. We try harder."

고객 입장에서 볼 때 허츠보다 에이비스가 고객에게 더 잘해줄 것으로 생각되지 않겠는가? 또한 누구도 생각하지 못했던 2등 마케팅이었기에 이슈화에도 성공할 수 있었다. 결국 에이비스는 2등임을 강조함으로써 고객 서비스 측면에서 1등임을 부각시킨 역발상 포지셔닝 전략으로 대성공을 거두었고, 허츠에 필적하는 렌터카 업체로 성장했다.

넷째, 경쟁자가 모방할 수 없는 포지션으로 끊임없이 진화해 나가야 한다

고객 인식 면에서 설득력이 높다는 이유로 제품의 성능이나 서비스 등 구체적인 기능상의 편익을 강조하는 포지셔닝으로 시작하는 경우가 많습니다. 그런데 이 방식은 성공하고 나면 더 좋은 상품을 제공하는 경쟁자들이 쉽게 모방할 수 있다는 단점을 지니고 있습니다. 그러므로 제이테크JTECH의 사례처럼 초기 성공에 안주하지 말고 경쟁자가 모방할 수 없는 포지션으로 진화해 나감으로써 지속적인 경쟁 우위를 유지하려고 노력해야 합니다.

Case | 제이테크의 리포지셔닝

1980년대 후반, 데이브 밀러와 제프 그러햄은 식당에서 되돌아가는 손님 수를 줄여주고 서비스 효율을 높일 수 있는 호출 시스템이 매력적인 사업 아이템이 되리라 확신하고 제이테크를 창업했다. 창업하자마자 제이테크의 호출 시스템 사업은 이내 유명 레스토랑에서 채택되면서 거침없이 성장해 나갔다. 하지만 이렇게 잘 나가던 제이테크에게도 어려운 국면이 닥쳤다. 사업성이 괜찮다고 알려지면서 경쟁자들이 생겨났고, 결국 거대 기업인 모토로라마저 이 사업에 뛰어들었던 것이다. 어려운 상황에 놓인 제이테크는 지속적으로 경쟁 우위를 유지하려면 고객들에게 제이테크만의 차별적 가치를 알려야 함을 깨달았다. 기술력 있는 호출 시스템 업체라는 기존의 포지션에서 경쟁자가 모방할 수 없는 자신만의 포지션으로 진화할 필요성을 느낀 것이다.

결국 제이테크는 기술력이나 상품은 모방할 수 있지만 시장 지위는 모방하기 어렵다는 사실을 깨닫고 다음과 같이 마케팅하기 시작했다. '호출 시스템을 사용하는 상위 50대 레스토랑 체인은 모두 제이테크를 사용합니다.'

이렇듯 새롭게 포지셔닝하자 고객들은 제이테크가 최고임을 인식하게 되었고, 결국 제이테크를 계속 사용했다. 제이테크 사례에서 보듯 현재의 성공에만 만족하지 말고 경쟁 우위 요소를 끊임없이 발굴하며 경쟁자가 모방하기 어려운 포지션으로 진화해 나감으로써 지속적으로 성장할 수 있어야 한다.

백척간두진일보

불경에 '백척간두진일보百尺竿頭進一步'라는 말이 있습니다. 100척이나 되는 대나무 끝에 서서 앞으로 한 발을 내디뎌야 비로소 새로운 세계가 보인다는 말입니다. 생사가 걸려 있는 백척간두에서 한 발을 내딛는 심정이야 오죽하겠습니까. 이는 감히 중생들이 갈 수 없는 길을 갈 수 있어야만 깨달음을 얻을 수 있다는 역설적인 의미일 것입니다.

과장된 표현이긴 하지만 사업도 마찬가지입니다. 특히 경쟁이란 관점에서 바라보면 이 한 발이 무척 중요하죠. 아무리 좋은 아이템이나 사업 전략이라도 남들이 따라 한다면, 아니 남들이 더 잘할 수 있다면 그 사업은 일시적으로 성공하더라도 오래 못 가서 고난으로 점철되기 쉽습니다. 창업하는 사람들 중에는 '이렇게 하면 확실히 성공한다'며 사업을 쉽게 생각하고, 실패하는 이들을 이해할 수 없다는 듯 바라보는 사람들이 있습니다. 하지만 현실은 그리 녹록치 않습니다. 보편적으로 타당한 전략, 누구나 실행하기에 편한 전략은 좋은 전략이 아닙니다. 아니, 그건 전략이 아니라 파멸로 이끄는 함정일 때가 많습니다.

일례로 유기농 사업이 뜨고 있다는 소식에 기존의 유기농 매장보다 세련된 매장을 개장하면 성공할 거라 믿고 출범한 업체를 생각해 봅시다. 그 업체는 세련된 매장 덕분에 고객이 몰려 성공하는 듯 보였으나, 얼마 가지 않아 더욱 세련된 매장을 연 경쟁자들 때문에 고전하게 되었습니다. 더구나 자본력이 뒷받침되지 않아 더 투자할 수 없는 상황인 데다, 세련된 매장 외에는 경쟁 우위를 유지할 만한 요소를 갖고 있지 않았기에 어쩔 수 없이 매장을 철수할 수밖에 없었습니다. 이 사례처럼 현재 경쟁력 있는 차별성을 갖고 사업을 시작하면 이내 성공하리라 확신하지만, 경쟁자들이 곧 뒤따라와서 경쟁 우위 효과는 사라지게 됩니다. 아무리 좋은 전략이라도 경쟁자들이 곧 따라 할 수 있다면 아무런 의미가 없습니다.

그러므로 성공하고 싶다면 경쟁자들보다 언제나 한 발 앞서 있어야 합니다. 그러기 위해서는 현재 한 발 내딛는 것도 중요하지만 계속해서 경쟁자보다 한 발 더 빠르게 앞으로 나갈 수 있어야 합니다. 그래야 경쟁자들이 자신의 길을 따라온다 해도 언제나 한 발 더 전진해 있을 수 있기 때문입니다.

생사의 기로에서 한 발 앞으로 나가야 하는 '백척간두진일보'의 심정으로 항상 앞서 나간다면 언제나 경쟁 우위에 설 수 있지 않겠습니까! 그래야만 생존할 수 있다는 사실이 서글프기는 하지만 말입니다.

Chapter 11

4C 전략

STP 전략이 지향점이라면 마케팅 믹스로서의 4C 전략은 구체적인 실행 전략이라 할 수 있습니다. 일반적으로 마케팅 믹스라 하면 4P 전략을 떠올리는데, 마케팅이 고객 인식의 문제라는 점을 생각할 때 판매자인 기업 입장에서 바라본 4P 전략이 아니라 고객 지향적인 4C 전략에 관심을 가질 필요가 있습니다. 즉, 기업이 아닌 고객 입장에서 어떤 고객 가치를 얼마의 비용으로 어떤 방식을 통해 제공받기를 원하는지 파악함으로써 고객에게 마케팅적으로 접근할 효과적인 방법을 모색할 수 있습니다. 그런 측면에서 Customer Value 전략과 Customer Cost 전략, Convenience 전략, Communication 전략의 구체적 추진 방안을 다양한 사례와 함께 살펴보겠습니다.

1 · 마케팅 믹스

2 · Customer Value 전략

3 · Customer Cost 전략

4 · Convenience 전략

5 · Communication 전략

1 ■ 마케팅 믹스

마케팅 믹스Marketing Mix란 마케팅 목표의 효과적인 달성을 위해 다양한 마케팅 활동을 전체적으로 균형이 잡히도록 조정, 구성하는 것을 말합니다. 마케팅 믹스는 다음과 같은 특징을 들 수 있습니다.

첫째, 마케팅 목표가 포지셔닝 전략으로 구체화된다는 점에서 마케팅 믹스는 단순히 매출이나 수익의 극대화가 아니라 원하는 포지션을 확보하려는 포지셔닝 전략의 하위 실행 전략입니다.
둘째, 다양한 마케팅 활동들이 제각각 실행되다 보면 원하는 포지션을 확보하기 어려울 수 있습니다. 그러므로 상품과 가격, 유통, 촉진 등 기본 마케팅 요소가 잘 조화되어 시너지 효과를 낼 수 있도록 해야 하는데, 이것이 바로 마케팅 믹스입니다.

참고로 마케팅 믹스에 의해 마케팅 활동 간의 시너지 효과를 창출하기 위해서는 다음 두 가지 원칙이 지켜져야 합니다.
첫째, 모든 하위 실행 활동들 간에 일관성이 유지되어야 합니다. 그래야 고객에게 일관된 가치를 제공함으로써 자사의 포지셔닝 효과를 극대화할 수 있습니다.
둘째, 하나의 마케팅 활동으로 해결되지 않는 부분은 다른 활동에서 보완해 주어야 시너지 효과를 창출할 수 있습니다.

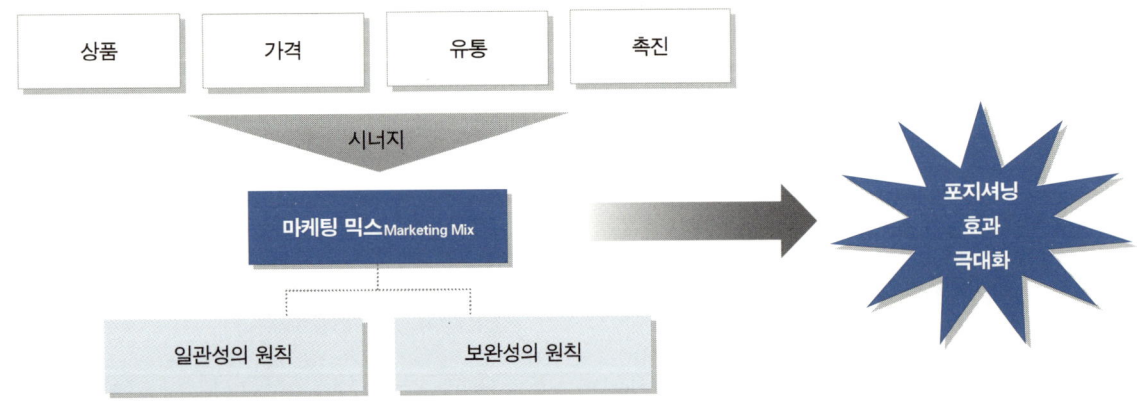

■ 4P 전략

마케팅 믹스로 대표적인 것이 4P 전략입니다. 4P 전략은 1960년대에 하버드대 교수 제롬 매카시 Jerome McCarthy가 창안한 마케팅 관리 방안입니다. 당시에는 총괄적인 마케팅 활동 관리 측면이 강했으나, 이후 마케팅의 대가 필립 코틀러가 4P 전략을 STP 전략의 하위 실행 전략으로 제시하며 전체 마케팅 전략 프레임에 포함하면서 주목을 받기 시작했습니다. 지금도 여전히 각광받고 있는 4P 전략을 간략하게 소개하면 다음과 같습니다.

Product 상품	개념	고객에게 차별적인 가치를 제공하는 구체적인 재화 및 서비스
	결정 요소	브랜드, 품질, 기능, 디자인, 서비스, 솔루션, 고객 지원, 보증 등
Price 가격	개념	상품을 제공한 대가로 고객으로부터 받는 수익의 원천
	결정 요소	표준 가격, 할인, 신용 판매, 지불 조건 등
Place 유통	개념	최종 소비자에게 적시, 적소에 적량의 상품을 제공하는 일련의 과정
	결정 요소	유통 경로, 유통 범위, 판매 채널, 채널 간 갈등 관리, 입지, 물류 등
Promotion 촉진	개념	고객에게 가치를 알리고 확신시키는 모든 커뮤니케이션 활동
	결정 요소	광고, PR, 이벤트 등의 판매 촉진, 인적 판매, 인터넷 판촉, 구전 등

> **고가의 명품 브랜드를 매출 극대화를 위해 할인 마트에서 1+1 행사로 판매하고 있다면?**
>
> 상품과 가격 전략은 브랜드 가치 극대화를, 유통과 촉진 전략은 매출 극대화를 추구하는 이원적인 마케팅 활동을 전개한다면 고객들은 그 브랜드를 명품 브랜드로 인식하지 않을 뿐더러 구매도 하지 않을 것입니다. 결국 브랜드 가치 극대화나 매출 극대화 모두 실패할 가능성이 높습니다. 가상의 사례이긴 하지만, 일관된 포지셔닝 전략에 따라 4P 전략의 방향을 일치시키는 마케팅 믹스가 얼마나 중요한지 알 수 있습니다.

■ 4C 전략

4P 전략은 지금도 유효하긴 하지만, 구매자인 고객 입장이 아닌 판매자인 기업 입장에서 접근한다는 비판을 받고 있습니다. 4P 전략이 마케팅 활동 관리 측면에서 개발되었기 때문이죠. 실제로 4P 방식으로는 기업 입장에서 일방적으로 '어떤 가치의 상품을 얼마의 가격으로 어떤 유통 채널을 통해 어떻게 효과적으로 인식시키며 판매할 수 있을까'를 고민하는 경우가 많습니다.

마케팅이 고객 지향적인 관점을 갖는다는 점에서 볼 때 4P 전략은 기업의 마케팅 활동 관리에는 유용하지만 고객 지향적인 접근에는 미흡할 수밖에 없습니다. 그런 관점에서 기업 입장에서 바라본 4P 대신 고객 지향적인 4C로 대체할 필요가 있습니다. 즉, 상품 대신 고객이 원하는 차별적인 가치를 의미하는 고객 가치 Customer Value로, 가격 대신 고객이 기꺼이 지불할 의사가 있는지를 판단하는 고객 비용 Customer Cost으로, 유통 대신 고객이 자신이 원하는 방식으로 편리하게 구매/이용할 수 있는지를 의미하는 편의성 Convenience으로, 촉진 대신 고객이 원하는 정보를 원활하게 제공받을 수 있는지를 판단하는 커뮤니케이션 Communication으로 전환해야 합니다.

그러므로 마케터는 4P 전략 중심으로 활동 계획을 수립하기 전에 전략적으로 고객 입장에서 '고객은 어떤 가치를, 얼마의 비용으로, 어떤 정보를 얻으며, 어떻게 구매하길 원하는지' 검토해야 합니다. 이렇게 고객의 시각으로 4C 전략을 정한 후 이에 적합한 활동 계획을 수립, 추진함으로써 좀 더 고객 지향적인 마케팅을 실천할 수 있습니다.

판매자인 기업 관점

상품 Product	어떤 가치를 지닌 상품을 제공할까?
가격 Price	얼마의 가격으로 시장에 내놓을까?
유통 Place	어느 유통 채널을 통해 공급할까?
촉진 Promotion	어떻게 표적 고객에게 효과적으로 알릴 수 있을까?

구매자인 고객 관점

고객 가치 Customer Value	고객은 어떤 가치를 제공받기를 원할까?
고객 비용 Customer Cost	고객은 얼마나 비용을 지불할 용의가 있을까?
편의성 Convenience	고객은 어떤 방식으로 구매/이용하기를 원할까?
커뮤니케이션 Communication	고객은 어떤 정보를 제공받기를 원할까?

그런 측면에서 다음의 가상 사례를 통해 4P 전략과 4C 전략의 차이를 알아보도록 하겠습니다.

정부의 지원 하에 중소기업 임직원들에게 무료로 경영 교육을 제공하는 사업을 생각해 보자. 정부 지원 자금을 활용하여 교육 사업을 벌이는 것이니 교육 수강생들로서는 공짜로 교육을 받을 수 있는 기회인 셈이다. 이 사업은 정부 지원만 받을 수 있다면 무조건 성공할 것처럼 보인다. 마케팅 믹스 역시 간단하다. 4P 전략에 따라 중소기업 임직원들에게 유용한 경영 교육(상품)을, 무료(가격)로, 자사가 보유하고 있는 강의장(유통)에서, 교육 시행을 고지(촉진)만 하면 되기 때문이다. 이렇듯 무료이므로 당연히 성공할 거라고 생각하기 쉽지만, 현실은 그렇지 않을 수 있다. 판매자인 기업 입장에서만 고려했기에 역으로 고객 입장에서 생각해 보면 다음과 같은 점에서 매력적이지 않을 수 있기 때문이다.

첫째, 수강생들은 당연히 자신에게 도움이 되는 경영 교육을 수강하려고 한다. 그런데 무료임이 강조되는 경영 교육이라면 듣고 싶은 마음이 생길까? 싼 게 비지떡이라고 했듯이 무료라고 하니 왠지 대충 하는 교육같이 느껴져서 상품 가치가 별로 없어 보일 가능성이 높다.
둘째, 그런데 수강생들 입장에서는 지불하는 비용이 무료가 아니다. 무료로 제공하는데 무슨 비용이냐고 반문할 수 있겠지만, 수강생들로서는 황금 같은 휴식 시간을 투자해야 하고 오고 가는 교통비까지 고려해야 하니까 말이다.
셋째, 설상가상으로 아침 일찍 교통이 불편한 강의장까지 찾아가려니 귀찮을 수밖에 없고, 강의에 대해 자세한 정보를 얻고 싶은데 그런 정보도 충분히 제공되지 않으니 외면할 가능성이 높다.

그러므로 마케터라면 반드시 4C 전략을 중심으로 고객 입장에서 마케팅 믹스를 고민해야 한다. 참고로 위 사례에 대해 수강생 입장에서 4C 전략을 수립해 보면 다음과 같다.

1. 고객 가치 – 유명 강사가 진행하는 검증된 양질의 교육 과정(기존 수강료는 고가)임을 부각시킨다.
2. 고객 비용 – 수강생들이 부담해야 할 고가의 수강료를 정부가 대신 지급한다는 점을 강조한다.
3. 편의성 – 가능한 한 수강생들이 원하는 최적의 장소와 최적의 시간에 교육장을 임대, 활용한다.
4. 커뮤니케이션 – 잠재 고객들이 알고 싶어 하는 본 교육 콘텐츠만의 차별성과 교육 효과, 수강 후기 등을 적극 알린다.

2 ■ Customer Value 전략

4C 전략에서 Customer Value_{고객 가치}란 상품을 통해 얻는 고객 가치로, 고객이 상품을 구매하고 사용하는 과정에서 지불한 비용 대비 얻는 편익_{Benefit}을 의미합니다. 고객 가치는 고객 입장에서 본 편익과 비용의 차이로, 고객이 얻는 편익이 높거나 지불하는 비용이 낮을수록 가치는 높아지며, 고객 가치가 높을수록 고객이 구매할 가능성이 높습니다.

기업이 아무리 좋은 상품을 개발했다 해도 고객이 얻는 편익이 적거나 지불하는 비용이 크다고 인식하면 실패할 수밖에 없습니다. 그러므로 고객 편익_{Customer Benefit}을 크게 하고 비용을 적게 하는 것이 관건입니다. 고객 가치를 높이는 전략이기에 편익과 비용을 모두 다뤄야 하지만, 비용 측면은 Customer Cost_{고객 가치} 전략에서 다루기로 하고, 여기서는 고객 편익 중심으로 살펴보도록 하겠습니다.

고객 편익이란 고객이 상품을 구매, 사용함으로써 얻는 이익으로, 차별적인 제품이나 서비스가 직접적으로 제공하는 기능적 편익, 구매하고 소비하는 과정에서의 경험을 통해 얻는 감성적 편익, 자아 실현 욕구를 충족시켜 주는 자아 표현적 편익 등을 말합니다. 그럼 고객 가치를 극대화하기 위해서는 어떻게 고객 편익을 높여야 할까요?

첫째, 품질 중심의 상품 개발에서 벗어나 철저히 고객 입장에서 가치를 발굴해야 합니다.

둘째, 상품 판매에만 머무르지 않고 고객의 불편함을 해소하는 솔루션_{Solution}을 제공하겠다는 자세로 접근할 필요가 있습니다.

셋째, 엄밀히 말하면 고객 가치는 고객 스스로 느끼는 편익과 비용의 차이이므로 인식 관점에서 고객의 지각된 가치_{Customer Perceived Value}를 의미합니다. 그러므로 고객이 상품의 가치를 인식할 수 있도록 차별적인 브랜드 자산을 구축해야 합니다.

넷째, 일방적인 가치 제공에만 그치지 말고 고객과 함께 가치를 창출해 나갈 수 있어야 합니다.

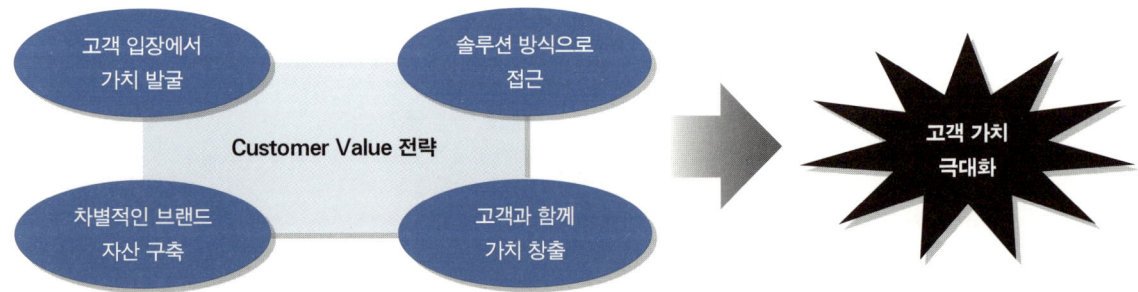

그러므로 Customer Value 전략에서는 고객 입장에서 진정으로 원하는 가치를 제공하려는 자세가 중요합니다.

고객은 무엇을 원할까?

"사람들은 드릴을 사기 위해서가 아니라 구멍을 뚫기 위해서 공구점에 간다."

마케팅의 구루로 알려진 시오도어 레빗Theodore Levitt이 말했듯, 사람들은 단순히 상품을 원하는 게 아니라 욕구를 충족하기 위해 상품 속에 담긴 가치를 원한다. 상품은 사람들이 원하는 진정한 가치를 구현하는 수단일 뿐이다. 그러므로 단순히 상품이 아니라 그 속에 담긴 고객 가치 중심으로 바라볼 줄 알아야 한다.

문제는 글로벌 과잉 공급 속에 풍요의 시대로 접어들어 좋은 상품으로 가득 찬 세상이 되자 자신의 상품만이 고객에게 유용한 가치를 제공한다고 설득하기가 어렵다는 점이다. 이미 만족한 사람들에게 더 좋은 품질과 서비스를 아무리 외쳐봐야 소용 없을 가능성이 높기 때문이다.

그러므로 기업 관점에서 더 좋은 품질과 서비스만을 추구하는 상품 전략에서 벗어나 진정 고객들이 원하는 욕구 중심으로 달리 바라볼 필요가 있다. 사실 사람의 욕구는 끝이 없다. 한 가지 욕구가 충족되면 또 다른 욕구가 생기기 마련이다. 에이브러햄 매슬로우Abraham Maslow가 주장한 '욕구 5단계 이론'에서 보듯이 일반적으로 인간의 욕구는 한 가지씩 충족될 때마다 좀 더 고차원적인 방향으로 진화한다. 그러므로 기본적인 욕구가 충족되는 풍요의 시대인 지금, 사람들의 마음을 공략하여 구매를 유도하기 위해서는 자아 존중이나 자아 실현, 사회적 가치 등 사람답게 사는 가치를 진지하게 고민할 필요가 있다.

대표적인 사례로 비즈니스계의 괴짜이자 히피 자본가로 불리는 리처드 브랜슨Richard Branson의 버진 그룹Virgin Group을 들 수 있다. 브랜드명 자체도 우리말로 '처녀'이니 황당하기도 한 이 그룹은 고달픈 인생을 사는 사람들에게 즐거움을 제공하겠다는 자아 존중 가치를 지향한다. 비행기를 타더라도 기왕이면 즐겁게 가고 싶은 게 인지상정이다. 사실, 즐겁게 지내는 걸 싫어하는 사람이 누가 있겠는가? 리처드 브랜슨은 이런 고객의 욕구를 공략했다. 일례로 버진 아틀란틱 항공Virgin Atlantic Airways은 장거리 비행 동안 기내에서 마술쇼를 하거나 콘서트를 여는 등 즐거움을 누릴 수 있도록 다양한 서비스를 제공한다.

다시 한 번 강조하지만, 고객이 진정으로 원하는 것은 상품이 아니라 그 속에 담긴 '가치'다.

■ 철저히 고객 입장에서 가치를 발굴하라

고객은 상품이 아니라 자신의 니즈를 충족시켜 줄 수 있는 가치, 자신에게 도움이 되는 가치, 자신만을 위한 가치를 원합니다. 그런 측면에서 다음과 같은 방안을 통해 고객 가치 발굴에 나서야 합니다.

1	고객 입장에 서서 고객의 니즈에 부합하는 상품을 개발, 제공해야 합니다.
2	고객의 지갑을 여는 데만 집중하기보다 진정으로 고객이 원하는 가치를 중시하는 자세를 가져야 합니다.
3	고객 스스로 가치를 인식할 수 있도록 고객 관여도를 높여야 합니다.

첫째, 고객 입장에 서서 고객 니즈에 부합하는 상품을 개발, 제공한다

고객 가치를 발굴하는 첫 번째 방법은 당연히 고객 니즈에 부합하는 상품을 개발, 제공하는 것입니다. 이는 4P 전략 중 상품 전략에서 다루는 핵심 주제로, 구체적인 상품 개발 프로세스 및 실행 방안에 대해서는 다음 Chapter에서 상세하게 다루도록 하겠습니다. 그런데 문제는 기업 입장에서 상품 개발에만 집중하면 고객 니즈 공략에 실패할 가능성이 높다는 점입니다.

그러므로 외부 환경 분석에서도 언급한 바 있듯이 기업이 아닌 고객 입장에서 고객의 진짜 속마음을 읽을 수 있어야 합니다. 예를 들어, 자동차를 구입하고자 하는 고객의 마음속으로 들어가보죠. 흔히 자동차를 구입하려는 이유로 '출퇴근할 때 필요해서', '차가 낡아서', '잔 고장이 많아서' 등을 이야기합니다. 그러나 고객의 마음속에 숨은 진짜 이유는 '승진을 해서', '지위에 맞는 고급 차를 타고 싶어서', '친구가 새 차를 사서' 등일 가능성이 높습니다. 여기서 알 수 있듯이 고객은 진짜 속마음을 쉽게 드러내지 않습니다.

더구나 진짜 속마음을 안다고 해도 원하는 니즈들이 복잡하게 얽혀 있는 경우가 많습니다. 자동차를 구매할 때도 구매를 유인하는 니즈 외에도 '가격 부담을 줄이고 싶다'거나 '주위의 시선이 거북하다' 등 구매를 꺼리게 만드는 니즈들도 함께 작용합니다. 그러므로 철저히 고객 입장에서 복합적인 니즈들을 분석, 가치를 제안해야 고객의 구매를 유인할 수 있습니다. 그런 측면에서 고객 입장에서 바라보지 못하고 상품을 개발하여 고객 공략에 실패한 사례를 살펴보도록 하겠습니다.

Case | 야채·과일 전용 세제

1999년 당시 주방 세제 시장의 마켓 리더였던 LG생활건강은 소비자 조사를 통해 무려 98%에 달하는 소비자들이 야채나 과일을 씻을 상품이 없어서 농약 성분이 걱정되지만 어쩔 수 없이 물로만 씻는다는 사실을 알아냈다. 또한 기존의 주방 세제는 거품도 많이 나고 인체에 해로울 것 같아 사용하지 않는다는 결과도 얻었다. 이에 다음과 같은 콘셉트로 야채·과일 전용 세제 개발에 착수했다.

첫째, 식품 첨가물인 식초와 소금 성분으로 만들어서 먹어도 해가 되지 않을 정도의 안전한 세제.
둘째, 거품이 나지 않아 물에 담그고 헹구기만 하면 되는 편리한 세제.
셋째, 물로는 제거되지 않는 농약 성분을 제거할 수 있는 야채와 과일 전용 세제.

이렇게 개발한 상품으로 소비자 대상 콘셉트 수용도 조사를 한 결과, 조사 대상자의 85%가 구매할 의사가 있다고 답변했다. 이에 고무된 LG생활건강은 야채·과일 전용 세제인 '야채랑 과일이랑'을 출시하고 TV 광고를 집행하는 등 대대적인 마케팅을 전개했다. 그러나 얼마 지나지 않아 상품을 철수해야 했다. 기대했던 만큼 구매가 일어나지 않았던 것이다. 콘셉트 수용도 조사와 달리 어째서 실제 구매가 일어나지 않았던 것일까?

결론적으로 말하자면 고객 입장이 아닌 기업 입장에서 상품 개발을 추진했기에 벌어진 실수였다. 농약 제거 등의 고객 니즈가 없는 것은 아니지만, 사실 사람들의 니즈는 그렇게 단순하지 않다. 주부 입장에서 보면 야채나 과일을 씻을 때 농약을 제거하고 싶은 니즈도 있지만 익숙한 습관을 유지하거나 편하게 살고 싶은 니즈도 있다. 이 전용 세제를 쓰면 물로만 씻던 기존의 습관을 버리고 굳이 세제를 써야 하는 불편함이 생길 수밖에 없다. 또한 세제는 기본적으로 몸에 나쁜 것이라는 인식 역시 구매를 꺼리게 만들었다. 결국, 고객 입장에서는 불편함과 세제라는 단점을 감수하고라도 이 세제를 사용해야 할 만큼 니즈가 절실하지 않았던 것이다.

둘째, 고객의 지갑을 여는 데만 집중하기보다 진정으로 고객이 원하는 가치를 중시하는 자세를 갖는다

까다로운 고객들을 설득하려면 단순히 더 좋은 상품이 아니라 그들이 진정으로 원하는 가치에 집중해야 합니다. 따라서 앞서 스노우볼 마켓 전략에서 언급한 바 있듯이 사람답게 사는 가치 등에 관심을 가질 필요가 있습니다.

1	자아 실현 가치	• 풍요의 시대에 사람들은 자신의 인생을 좀 더 가치 있게 만들려는 자아 실현 욕구가 강함 • 사람들이 해당 브랜드와 자아 정체성을 동일시하며 가치 창출에 적극 동참하도록 유도 • '남과 다르게 살 자유'를 외치는 할리 데이비슨이 대표적
2	자아 존중 가치	• 사람들은 사람답게 살기 위해 자아 존중 가치를 충족시키기를 원함 • '건강한 먹거리'를 추구하는 홀푸드마켓과 스토니필드 팜, 힐링 마케팅의 뉴발란스, 즐거움의 대명사 버진 그룹, '제3의 공간'을 지향하는 스타벅스 등이 대표적
3	사회적 가치	• 풍요의 시대에 세상에 기여하고 사회를 진보시키려는 사회적 가치에 대한 관심이 증대됨 • 마이클 포터의 CSV Creating Shared Value, 필립 코틀러의 마켓 3.0 모두 이 가치에 주목 • 친환경과 자연주의의 더바디샵, 원 포 원 One for One 기부의 탐스슈즈 등이 대표적

Case | 탐스슈즈

> 탐스슈즈 TOMS Shoes는 '내일을 위한 신발 Shoes for Tomorrow'을 슬로건으로 '오늘 고객이 신발을 한 켤레 구입하면 내일 제3세계 어린이에게 신발을 한 켤레 기부한다'는 사회적 가치를 지향하며 2006년 설립되었다. 그리고 아르헨티나의 전통 신발 '알파르가타'에서 아이디어를 얻은 가볍고 편한 신발을 제조, 판매했다. 200켤레라도 팔아 기부하는 걸 목표로 삼았을 정도로 소규모로 시작했지만, 사회적 가치에 공감한 사람들의 동참이 이어지며 탐스슈즈의 인기는 폭발적으로 증가했고, 2012년 현재 30여 개국에 지부를 둔 글로벌 브랜드로 자리잡았다. 탐스슈즈의 성공은 신발이라는 굴뚝 산업이자 성숙기 산업에서도 사회적 가치를 지향하며 사람답게 사는 가치를 제안함으로써 성공할 수 있음을 보여주었다. 상품을 구매하더라도 기왕이면 남을 도우려는 사회적 가치에 공감하는 사람들을 충성 고객으로 만들었던 것이다.

셋째, 고객 스스로 가치를 인식할 수 있도록 고객 관여도를 높인다

고객의 욕구를 공략하기 위해서는 상품 개발도 중요하지만 고객의 욕구를 해결해 줄 상품임을 인지시키는 것 역시 중요합니다. 고객이 인식하지 못한다면 고객 욕구 공략은 불가능하기 때문입니다. 그러므로 고객이 추구하는 가치나 관심사, 상황 등과 결부하여 저관여Low-Involvement 상품을 고관여High-Involvement 상품화함으로써 차별적인 고객 가치를 인식시켜야 합니다.

Case | 엔진오일 지크

고객 관여도를 높여 성공한 대표적인 사례로 지크ZIC를 들 수 있다. 자동차 엔진오일은 가격이 싼 편이 아님에도 저관여 제품으로 분류되어 왔다. 소비자들이 자동차 엔진오일에 대한 지식이 없는 경우가 대부분이며, 엔진오일의 특성상 중간재적 성격이 강하기 때문이다. 즉, 소비자들은 연 2~4회 정도 이뤄지는 엔진오일 교체를 자동차 정비를 위해 방문한 카센터에서 하는 경우가 대부분이며, 특정 브랜드를 요구하기보다 카센터 직원에게 맡기는 것이 상례였다. 이런 시장에서 SK는 지크라는 브랜드를 도입하고 대대적인 광고 마케팅을 진행했다. '좋은 자동차를 타면서 엔진오일은 아무거나 넣습니까?'라며 자동차를 애지중지하는 고객들이 엔진오일에도 관심을 갖게 하려 했다. 당시 엔진오일은 최종 고객을 대상으로 광고한 적이 없던 터라 업계에서도 효과를 의문시했지만, 지크 광고는 대성공을 거두었고, 고객들은 지크를 엔진오일의 대표 브랜드로 기억하게 되었다. 그 결과 시장 점유율은 출시 1년 만에 22%에서 30%로 상승하며 마켓 리더 지위를 구축했다.

■ 솔루션 방식으로 접근하라

고객은 단순히 상품이 아니라 자신의 니즈를 효과적으로 해결할 수 있는 솔루션Solution을 원합니다. 그런 측면에서 다음과 같이 상품이 아니라 솔루션 중심의 서비스에 집중함으로써 차별적인 고객 가치를 창출하는 방법을 생각해 볼 필요가 있습니다.

1	사소한 불편도 해결함으로써 편의성 가치를 높입니다.
2	까다로운 고객의 제반 문제들을 해결해 주는 해결사 역할을 자임합니다.
3	고가 상품 판매에서 질 좋은 서비스를 낮은 고객 비용으로 제공하는 모델로 전환합니다.

첫째, 사소한 불편도 해결함으로써 편의성 가치를 높인다

풍요의 시대에 접어들자 사람들은 아주 사소한 불편도 참지 못하게 되었습니다. 그러므로 사소하게 보일지라도 고객이 불편을 느끼는 부분을 해결하여 편의성 가치를 높임으로써 차별적인 고객 가치를 창출할 수 있습니다. 그럼 구체적으로 어떻게 해야 할까요?

첫째, 플랫폼 전략을 통해 편의성 가치를 제공합니다. 신뢰할 수 있는 플랫폼을 제공함으로써 고객들이 검색 및 거래 비용 감소, 정보 획득 용이 등 편의성 가치를 누릴 수 있게 합니다. 대표적인 사례로 온라인 경매 플랫폼을 구축한 이베이를 들 수 있습니다.
둘째, 접근의 불편함을 제거함으로써 편의성 가치를 높입니다. 우편/온라인 DVD 배송 서비스를 한 넷플릭스와 주거지를 공략한 엔터프라이즈 렌터카처럼 고객들이 느끼는 접근성의 불편을 해소함으로써 편의성 가치를 창출할 수 있습니다.
셋째, 사용을 꺼리게 만드는 기술 장벽을 제거함으로써 편의성 가치를 높일 수 있습니다. 기능을 줄이고 단순화시켜 남녀노소 모두 쉽게 즐길 수 있도록 기술 장벽을 낮춤으로써 성공한 닌텐도가 대표적입니다.

좀 더 구체적으로 고객의 불편함에 주목함으로써 성공 가도를 달리고 있는 사례들을 만나보도록 하겠습니다.

Case | 이베이, 엔터프라이즈 렌터카, 넷플릭스

1995년에 창업한 이베이ebay는 미국 자본주의 역사상 가장 빠른 속도로 성장하는 기업 중 하나로 우뚝 섰다. 이렇듯 이베이가 승승장구할 수 있었던 것은 플랫폼을 통해 거래 상대방을 찾고 가격을 흥정하고 신뢰성을 확인할 수 있게 함으로써 많은 시간과 노력을 들여야 했던 불편함을 해결해 주었기 때문이다. 특히 구매자들이 판매자의 신뢰도를 평가하는 자체 평판 시스템과 페어플레이 정책은 정보의 비대칭성으로 인해 저급한 재화만이 거래되는 레몬 시장Lemon Market이 되는 것을 막아 거래 당사자들 모두에게 편익을 제공할 수 있었다.

미국 렌터카 업계에서 공항 이용객을 대상으로 전국적인 공항 주변 렌터카 매장망을 구축함으로써 리더의 자리를 고수하고 있는 허츠와 2위 마케팅으로 경합을 벌이고 있는 에이비스를 밀어내고 마켓 리더의 지위에 오른 엔터프라이즈 렌터카Enterprise Rent-A-Car. 엔터프라이즈의 성공은 발상의 전환을 통해 편의성 가치를 제공했기에 가능했다. 미국의 특성상 렌터카 고객은 주로 공항 이용객이라는 고정 관념에서 벗어나 주택가나 사무실 주변에 매장을 개설하면서 일반 대중을 적극적으로 공략했다. 공항 이용객이 아닌 일반 대중 역시 자동차 수리 등으로 인해 렌터카 수요가 있으리라 본 것이다. 사실 주택이나 사무실 근처에서 자동차를 빌리고 싶은 사람들 입장에서는 허츠나 에이비스 등을 이용하려면 공항 근처로 가야 하기에 불편할 수밖에 없다. 이에 엔터프라이즈는 '언제 어디서든 편리하게 이용할 수 있다'는 편의성 가치를 부각시킴으로써 차별적인 고객 가치를 창출, 지난 10년간 연평균 10% 이상 고성장을 기록하며 렌터카 업계 1위에 올라섰다고 한다.

1997년에 창업한 넷플릭스Netflix 역시 고객들이 기존 오프라인 비디오 대여업체들을 이용하며 겪었던 불편함을 제거하는 데 집중했다. 블록버스터Blockbuster나 무비갤러리Movie Gallery 등 기존의 오프라인 비디오 대여업체들의 경우 보고 싶은 영화의 비디오가 없거나 직접 매장에 가서 빌려 오고 반납해야 하는 불편함 등으로 인해 구매 및 이용 접근성이 떨어지는 점에 착안하여 넷플릭스는 우편 DVD 발송 서비스를 사업화했다. 또한 2000년대 중반 이후 인터넷 통신 속도의 증가로 스트리밍 서비스 시장이 떠오르자 발 빠르게 참여, 스트리밍 서비스를 통한 편의성 가치 제고에도 주력했다. 그 결과 블록버스터와 무비갤러리의 추락 속에 자본력 한계와 낮은 인지도 등 신생 기업으로서의 약점에도 불구하고 편의성을 추구하는 새로운 대여 방식으로 DVD 대여 업계의 리더로 우뚝 섰다.

둘째, 까다로운 고객의 제반 문제들을 해결해 주는 해결사 역할을 자임한다

상품만으로 모든 게 해결되는 건 아닙니다. 상품을 구매하기 전에 검색하는 것에서부터 구매 및 이용상의 문제, 이용 후 처리 등 고객 입장에서는 골치 아픈 문제들이 산적해 있는 경우가 많습니다. 그러므로 이런 고객의 니즈를 공략하여 제반 문제를 해결해 주는 솔루션을 제공함으로써 차별적인 고객 가치를 창출할 수 있습니다. MP3 플레이어나 휴대폰 판매에만 그치지 않고 관련 콘텐츠까지 제공할 수 있도록 독자적인 생태계를 구축한 애플이나 페인트만을 판매하지 않고 페인트칠 방법과 유지 보수 기법까지 제공하는 듀폰 등이 대표적입니다.

Case | HP와 제록스의 변신

2002년에 컴팩Compaq과 합병하고 난 후 HP는 자신의 사업을 재정의할 필요를 느꼈다. 이에 고객이 구매하는 정보 시스템이 아니라 정보 시스템의 본질적인 기능에 주목하기 시작했다. 그 결과, 고객들은 자신의 독특한 문제들을 해결하기 위해 정보 시스템을 구매하고 있으며, 그런 문제들을 효율적으로 해결하는 데 도움이 되는 동반자를 원하고 있다는 사실을 알아냈다. 결국 HP는 'HP와 만나면 모든 것이 가능합니다+ hp = everything is possible'라는 슬로건을 내걸고 단순히 정보 시스템 판매를 넘어서서 고객의 정보 시스템 관련 문제를 함께 고민하고 해결해 주는 동반자를 지향하는 방향으로 사업을 성공적으로 전환시켰다.

제록스 역시 문서 관리에 어려움을 겪는 고객들을 위해 해결사 역할을 자임했다. 제록스는 90년대 들어 경쟁 업체들이 늘어나고 고객들이 인쇄 비용 절감을 대대적으로 추진하자 기존 사업 방식으로는 살아남기 어렵다고 판단했다. 이에 복사기, 프린터, 복합기 등 인쇄 기기 판매에 그치지 않고 본질적인 인쇄 기능을 효과적으로 제공하는 데 집중했다. 즉, 고객의 사무 기기 현황과 비용을 파악하여 적은 비용으로 효율적인 문서 작업이 진행되도록 컨설팅을 제공했으며, 고객이 원할 때는 문서 작업을 아웃소싱하는 대행 서비스까지 제공함으로써 문서에 관한 고객의 모든 고민을 풀어주려고 했다. 그 결과 제록스는 인쇄 기기 판매뿐만 아니라 문서 관리 컨설팅 시장까지 주도하게 되었다.

셋째, 고가 상품 판매에서 질 좋은 서비스를 낮은 고객 비용으로 제공하는 모델로 전환한다

고객이 상품을 구매하는 이유는 상품이 제공하는 기능적 가치 때문입니다. 그런 측면에서 상품을 판매하는 모델에서 본질적인 상품의 기능을 낮은 고객 비용으로 효율적으로 제공하는 서비스 모델로 전환한다면 차별화를 추구할 수 있습니다. 또한 가격 부담으로 구매를 꺼리던 비고객까지 공략할 수 있습니다. 고가의 전세 항공기 판매에서 공동 소유를 통한 전세기 이용 서비스 제공 모델로 전환, 대성공을 거둔 넷제츠Netjets처럼 말입니다.

Case | 렌트더런웨이와 에어비앤비

2009년에 하버드대 경영대학원 동창생 제니퍼 플레이스Jennifer Fleiss와 제니퍼 하이먼Jennifer Hyman이 설립한 렌트더런웨이RentTheRunway는 명품 드레스를 빌려주는 서비스 사업 모델을 현실화했다. 그들은 특별한 날 자신을 돋보이게 할 드레스를 입고 싶지만 가격 때문에 선뜻 구매하지 못했던 사람들에게서 수요 창출의 기회를 보았다. 일생에 몇 차례 없는 이벤트를 위해 고급 드레스를 구매할 수는 없어도 저렴하게 빌려 입으려는 수요는 충분히 있으리라고 본 것이다. 이에 렌트더런웨이는 온라인 사이트를 개설한 후 패션쇼에 소개되는 유명 디자이너들의 드레스를 상품가의 10% 정도만 내면 4~8일간 대여해 줌으로써 구매할 수 없는 사람들의 니즈를 충족시켜 주었다. 그 결과 2012년 현재 설립한 지 3년도 안 되었음에도 전 세계 150여 명의 유명 디자이너들의 드레스를 200만 명의 회원들에게 대여하고 있다고 한다.

2008년에 출범한 에어비앤비Airbnb는 개인 소유의 집을 일정 기간 대여하는 셰어링Sharing 서비스를 제공하고 있다. 에어비앤비는 간이 침대를 뜻하는 에어베드Air bed와 아침 식사를 제공하는 숙소를 뜻하는 비앤비Bed & Breakfast를 합성하여 만든 이름이라고 한다. 에어비앤비를 통해 이용객들은 호텔보다 훨씬 저렴한 가격으로 숙박을 해결할 수 있으며, 집을 소유하고 있는 사람들 역시 남는 방이나 당분간 비우는 집을 대여해 줌으로써 수입을 올릴 수 있다. '자신의 자동차를 빌려주는 것도 가능할까 싶은데, 자기 집까지 빌려줄 수 있을까?' 하는 의문이 들 법도 하지만, 2012년 8월 현재 192개국 2만 8천여 도시에서 60만 개 이상의 집이 매일 예약 가능한 곳으로 올라오고 있다고 한다.

■ 차별적인 브랜드 자산을 구축하라

고객 가치가 고객 인식의 문제임을 감안할 때, 고객의 마음을 사로잡는 차별적인 브랜드 자산이야말로 고객 가치 창출의 핵심이라 할 수 있습니다. 그래서 차별적인 브랜드 자산을 구축하기 위해 때로는 매출을 포기하는 디마케팅Demarketing을 전개하기도 합니다. 2보 전진을 위한 1보 후퇴인 셈이죠.

일반적으로 차별적인 브랜드 자산은 자신만의 독특한 브랜드 아이덴티티Brand Identity 수립과 브랜드 수명 주기에 따른 전략적 브랜드 관리, 차별적 가치 창출을 위한 일관된 실행을 통해 구축될 수 있습니다. 구체적인 브랜드 전략에 대해서는 다음 Chapter에서 상세하게 다루도록 하겠습니다.

Case | 슈퍼 프리미엄 보드카, 그레이 구스

차별적인 브랜드 자산 구축의 성패는 상품을 넘어서 인식 측면에서 고객을 어떻게 효과적으로 공략하느냐에 달려 있다. 대표적인 사례로 노아 케르너와 진 프레스먼이 쓴 《창조적 차별화 전략Chasing Cool》에 언급된 그레이 구스Grey Goose를 들 수 있다.

프랑스산 명품 보드카인 그레이 구스는 보드카 업계에서 슈퍼 프리미엄 브랜드이자 대중이 맹목적으로 추종하는 명품으로 통한다. 하지만 브랜드 명성에 걸맞게 품질 역시 뛰어난 것은 아니다. 일례로 〈뉴욕타임스〉가 개최한 보드카 시음회에서 21종의 보드카 중 1위로는 평범한 스미노프가 뽑힌 가운데 그레이 구스는 '균형감이 부족하고 단맛이 좀 더 추가되어야 한다'는 평가를 받았다고 한다.

그럼에도 그레이 구스가 최고급 보드카 브랜드의 위치에 오른 것은 프리미엄 이미지를 심어줄 수 있는 마케팅 덕분이었다. 불투명한 술병을 사용하고 와인처럼 나무 상자에 담아 고급스럽게 포장했으며, 전문가들 사이에서 최고의 보드카 생산지로 꼽힌다는 이유로 공장을 프랑스에 설립했다. 또한 출시 가격 역시 이전까지 최고급 보드카로 통했던 앱솔루트보다 두 배 이상 비싼 가격을 책정했다. 이런 모든 노력들이 최고급 보드카 브랜드 자산을 구축하는 데 힘을 보탬으로써 그레이 구스는 지금의 자리에 오를 수 있었다.

■ 고객과 함께 가치를 창출하라

C. K. 프라할라드가 《경쟁의 미래 The Future of Competition》에서 말했듯이, 21세기 들어 기업이 일방적으로 소비자에게 가치를 제공하는 단계를 넘어 소비자와 회사가 공동의 노력을 통해 소비자에게 고유한 맞춤식 경험을 제공함으로써 고객 가치를 공동으로 창출하는 방향으로 전환하고 있습니다. 그러므로 다음과 같이 고객과의 공동 가치 창출에 적극적으로 나섬으로써 고객 가치를 높이도록 노력해야 합니다.

첫째, 매력적인 고객 경험을 공유함으로써 고객 가치를 창출할 수 있습니다.
B. 조지프 파인 B. Joseph Pine 과 제임스 H. 길모어 James H. Gilmore 가 《고객 체험의 경제학 The Experience Economy》에서 주장했듯이 최근 들어 체험경제 Experience Economy 가 주목받고 있습니다. 그러므로 스타벅스에서 커피 한 잔을 하며 만끽하는 편안함이나 할리 데이비슨을 타며 즐기는 자유, 홀푸드마켓에서 건강한 먹거리를 사며 느끼는 안도감처럼 고객의 경험이 매력적으로 다가가게 함으로써 사람들이 이를 공유하며 자연스럽게 고객 가치 창출로 이어질 수 있도록 해야 합니다. 또한 노드스트롬 백화점이나 고객 감동의 온라인 쇼핑몰 자포스처럼 경쟁자 대비 차별적인 고객 서비스에 집중함으로써 매력적인 고객 경험을 제공할 수도 있습니다.

둘째, 개인별 맞춤화를 통해 고객 가치를 공동으로 창출할 수 있습니다.
자신만의 개성을 표현하거나 개인화된 경험을 만들기 위한 개인별 맞춤화 역시 고객 가치를 공동으로 창출하는 유용한 방법이 됩니다. 대표적인 사례로 다음 페이지에서 살펴볼 트레드리스와 마이팹을 들 수 있으며, 할리 데이비슨 역시 '이 세상에 똑같은 할리 데이비슨은 없다'고 할 정도로 고객들이 자기만의 오토바이로 개조할 수 있도록 회사 차원에서 지원을 아끼지 않는다고 합니다.

셋째, 고객과 함께함으로써 긴밀한 고객 연대감을 구축합니다.
고객 커뮤니티나 고객과 함께 하는 행사 등을 통해 고객 연대감을 구축하는 것 역시 차별적인 고객 가치 창출로 이어질 수 있습니다. 일례로 할리 데이비슨의 열성적인 고객들은 HOG Harley Owners Group 같은 자신들만의 커뮤니티를 구성하고 다양한 행사에 적극적으로 참여함으로써 가치 창출에 동참하고 있습니다.

풍요의 시대를 맞아 괜찮은 상품들이 쏟아져 나오고 있습니다. 그렇다 보니 사람들은 누구나 구매할 수 있는 상품에 식상해 하며 자신만의 독특한 상품을 찾고 있습니다. 그런데 문제는 이런 개별 고객 맞춤형 상품은 개발에서부터 판매에 이르기까지 경제성을 담보할 수 없다는 것입니다. 그런 측면에서 상품 개발 및 선정, 판매 등 마케팅 전 과정에 고객들을 직접 참여시킴으로써 경쟁력 있는 수익 모델을 개발, 성공 가도를 달리고 있는 트레드리스Threadless와 마이팹myfab을 주목할 필요가 있습니다.

Case | 트레드리스와 마이팹

최근 들어 소셜 네트워크 서비스의 발달에 힘입어 상품 기획에서부터 개발, 선정, 판매에 이르기까지 고객들의 직접 참여를 유도함으로써 고객과 공동으로 가치를 창출해 가는 모델들이 속속 등장하고 있다. 이렇듯 기존에 없던 비즈니스 모델을 구축하며 성공하고 있는 대표적인 사례로 트레드리스와 마이팹을 들 수 있다.

트레드리스는 2000년에 제이크 니켈Jake Nickell과 제이콥 데하트Jacob DeHart가 단돈 1천 달러로 설립한 티셔츠 회사로, 100% 고객이 디자인한 티셔츠를 제작, 판매하는 사업으로 유명하다. 고객이 직접 디자인한 티셔츠를 트레드리스 홈페이지에 게시하면 매주 고객들의 투표를 거쳐 인기 있는 디자인들을 제조, 판매한다. 이를 통해 고객들은 아이디어 및 상품 개발, 마케팅, 판매에 이르는 전 과정에 참여함으로써 자신이 디자인한 상품을 판매하거나 다른 곳에서는 찾아볼 수 없는 독특한 상품을 저렴하게 구매할 수 있다.

2008년에 직원 네 명으로 시작한 프랑스 가구 업체 마이팹도 트레드리스와 유사하다. 자체 디자이너들이 개발한 디자인 시안과 예상 가격을 매주 홈페이지에 게시하고, 고객들은 구입하고 싶은 가구 시안에 투표한다. 그러면 마이팹은 투표 결과에 따라 인기 있는 디자인의 가구들을 제작, 판매한다. 이를 통해 재고 비용이나 유통 비용 등을 절감함으로써 고객들은 나만의 가구를 저렴하게 구매할 수 있다.

3 ■ Customer Cost 전략

4C 전략에서 Customer Cost고객 비용란 고객이 상품을 통해 편익을 얻기 위해 지불하는 고객 비용을 의미합니다. 일반적으로 고객 비용이라면 상품 가격만을 생각합니다. 하지만 고객 입장에서는 금전적인 비용 외에도 편익을 얻기 위해 추가로 지불해야 할 부대 비용이나 자신의 시간을 투자하는 시간 비용, 구매하거나 사용하기 위해 취해야 하는 행동 비용, 상품 구매 여부를 판단해야 하는 심리 비용, 다른 상품을 구매할 기회를 놓치는 기회비용 등을 모두 고려합니다. 즉, 상품 가격이 낮아도 다른 비용이 너무 높다면 구매로 이어지지 않을 수 있습니다. 그러므로 고객 입장에서 총체적인 고객 비용을 낮출 수 있어야 합니다.

물론 고객 비용은 단순히 '낮은 게 좋다'고 비용 측면으로만 접근해야 할 요소는 아닙니다. 고객 비용은 고객 가치와 불가분의 관계이며 고객의 가치 인식에도 영향을 미치기 때문입니다. 사실, 고객들은 자신이 인식하는 고객 가치에 상응하여 고객 비용을 고려하는 경향이 있습니다. 명품 브랜드에서 보듯 높은 고객 비용이 고객 가치의 상승으로 이어지기도 하며, 낮은 고객 비용이 '싼 게 비지떡'이라는 이미지로 고객 가치를 저하시키기도 하죠. 그러므로 고객 비용 역시 앞서 살펴본 고객 편익 중심의 고객 가치와 함께 통합하여 바라볼 필요가 있습니다. 그런 측면에서 최적의 고객 비용을 제안하려면 어떻게 해야 할까요?

첫째, 기업이 아닌 고객 입장에서 비용 최적화를 구상하는 자세를 가져야 합니다.
둘째, 상품 원가에 기반하지 않고 고객 가치에 상응하여 가격을 책정할 수 있어야 합니다.
셋째, 다양하고 까다로운 고객의 니즈에 맞게 유연하게 가격을 제시할 수 있도록 스마트 프라이싱Smart Pricing 정책을 활용합니다.

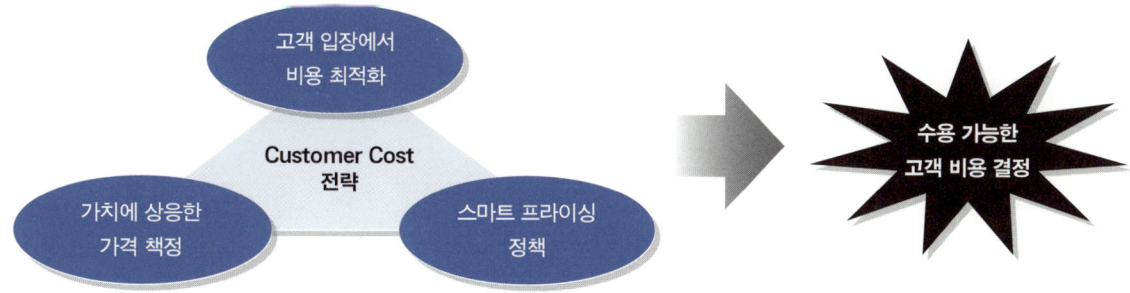

그러므로 Customer Cost 전략에서는 고객 비용 역시 인식의 문제임을 고려하여 책정해야 합니다. 그런 측면에서 다음과 같이 가상의 명품 브랜드 구매 사례를 살펴보도록 하겠습니다.

고객 비용 역시 인식의 문제다

'이 정도 가격이면 비싸다고 여길까, 아니면 싸다고 여길까?'
마케터라면 가격을 결정하기 전에 고민해 봤을 질문이다. 대개 금액이 높으면 비싸다고 여길 거라 생각하기 쉽다. 하지만 고객들은 객관적인 금액 기준이 아니라 자신이 인식하는 가치에 비례하여 그 수준을 결정한다. 즉, 가치가 높게 인식되면 상당한 고가의 가격 역시 저렴한 것으로 여긴다. 고객 비용 역시 인식의 문제로 귀결되는 것이다.

가상의 사례로, 주말에 볼 맞선을 위해 옷을 구입하려는 A씨를 생각해 보자. A씨는 가격은 비싸지만 명품 브랜드인 X상품과, 그보다 훨씬 저렴하면서 품질도 괜찮은 일반 브랜드인 Y상품을 비교하고 있다. 고민 끝에 A씨는 큰마음 먹고 명품인 X브랜드를 구입하기로 결정했다. 그런데 A씨는 X브랜드를 구매하기 위해 가격 비교 사이트를 통해 각 소매점마다 판매하는 가격을 비교하는가 하면, 소매점별 특별 행사 쿠폰과 신용카드사에서 제공하는 우수 고객 할인 혜택, 무이자 할부 행사 등 모든 수단을 동원하여 가장 저렴하게 X브랜드를 살 수 있는 소매점을 찾는 것이 아닌가? 단돈 1원도 비싸게 살 수는 없다고 생각하면서 말이다.

얼핏 보면 이해가 되지 않는 행동으로 보일 수 있다. 품질에 큰 차이가 없음에도 Y브랜드 대신 고가의 X브랜드를 선택해 놓고, 불필요한 지출을 막기 위해 소매점 간 가격을 비교하고 모든 할인 혜택을 찾는 A씨는 과연 합리적인 소비자일까? 일견 이해되지 않는 양면적인 사람이자 비합리적인 소비자로 보일지 모르지만, 이는 고객 비용이 고객이 인식하는 가치에 상응한다는 점을 간과했기에 생긴 오해다.

고객은 상품의 품질이 아니라 자신이 필요로 하는 가치 기준으로 비용을 판단한다. 특별한 상황에 놓여 있는 A씨 입장에서는 명품인 X브랜드가 Y브랜드보다 더 가치 있게 인식되었다. 그 결과 X브랜드를 선택한 A씨는 자신의 고객 가치를 극대화하기 위해 최대한 저렴하게 X브랜드를 구매하려 했던 것이다. A씨는 자신이 누리는 고객 가치를 극대화하겠다는 목표에 일관되게 행동한 셈이다. 결국 고객 비용 역시 고객 가치와 마찬가지로 인식의 문제임을 명심해야 한다.

■ 고객 입장에서 비용 최적화를 구상하라

가격은 기업이 결정하지만, 비용은 고객이 지불합니다. 그러므로 기업이 가격을 현명하게 책정했다고 생각해도 고객 입장에서 고객 가치에 맞게 비용이 최적화되지 않는다면 실패할 수밖에 없습니다. 따라서 다음과 같이 고객 입장에서 비용 최적화를 구상해야 합니다.

1	고객 가치 극대화를 목표로 고객 비용을 검토해야 합니다.
2	고객 비용을 합리적으로 인하할 수 있는 방안을 제안할 줄 알아야 합니다.
3	금전적인 비용뿐 아니라 비금전적인 고객 비용까지 고려해야 합니다.

첫째, 고객 가치 극대화를 목표로 고객 비용을 검토해야 한다

가격이 저렴하다면 당연히 그 상품이 성공할 거라 생각합니다만, 현실은 그렇지 않습니다. '싼 게 비지떡'이라고, 타타 나노의 실패에서 보듯 저가격은 싸구려로 여겨지기 때문입니다. 저렴한 가격으로 출시하면 당연히 사람들이 구매할 거라는 안이한 발상으로 낮은 고객 비용만을 추구하는 전략은 실패로 이어지기 십상입니다.

따라서 자사가 제안하는 고객 비용이 제공하는 고객 편익을 훼손시키지 않으면서도 '합리적인 고객 비용'임을 인식시키는 활동이 무엇보다 중요합니다. 그래야 낮은 고객 비용이 고객 가치 제고로 이어져 고객들의 구매를 유도할 수 있기 때문입니다. 사실 월마트나 사우스웨스트 항공, 자라, 델 등 저렴한 가격으로 승부하는 업체들이 단순히 '저가'로만 어필한 것은 아닙니다. 월마트에서 파는 상품들이 '싸구려'일까요? 기존의 대형 항공사들보다 훨씬 높은 고객 만족도를 기록하고 있는 사우스웨스트 항공이나, 신속하게 새로운 패션 컬렉션을 선보이며 고객들에게 선택의 폭을 넓혀주고 있는 자라 역시 '싸구려' 이미지와는 거리가 멉니다.

그러므로 고객 가치 극대화를 지향하며 고객에게 유리한 '합리적인 고객 비용'임을 인식시키는 전략적 노력이 필요합니다.

Case | 사우스웨스트 항공의 저가 정책

'싼 게 비지떡'이라는 말이 있듯이 일반적인 접근 방식으로는 낮은 고객 비용은 품질 저하 등 상품력의 저하로 이어져 고객 가치 제고에 도움이 되지 않는다. 이를 해결하기 위해서는 기존 업체들의 방식과는 전혀 다르게 비용 구조를 혁신함으로써 좋은 상품을 낮은 고객 비용으로 공급할 수 있어야 한다. 대표적인 사례가 저가 항공의 대명사 사우스웨스트 항공Southwest Airlines이다. 사우스웨스트의 파격적인 가격 정책은 사우스웨스트만의 독특한 비용 구조가 뒷받침되었기에 가능했다. 사우스웨스트는 허브 앤 스포크Hub and Spoke방식으로 장거리 국제선에 맞춰져 있는 기존 항공사들과 달리 포인트 투 포인트Point to Point 방식으로 단거리 국내선에만 집중하는 전략을 폈다. 이렇듯 단일 노선 전략을 추구했기에 보잉 737이라는 단일 항공기 운항 체제가 가능했고, 관리의 단순화를 통해 운영 효율성도 극대화되었다.

또한 가격 인하 효과를 극대화하기 위해 다양한 고객 서비스를 포기하고 최소한의 서비스만을 제공했다. 무조건 고객을 만족시키려는 시도는 비용 낭비로 이어질 가능성이 높기에 고객이 중요하게 여기는 항목들에 집중하는 편이 효율적이다. 사실 객관적으로 보면 사우스웨스트는 다른 대형 항공사들보다 고객 서비스가 부실하다. 식사와 다양한 기내 서비스, 사전 좌석 배정, 영화 상영, 마일리지 프로그램, 업그레이드 프로그램 등을 제공하지 않는다. 그럼에도 사우스웨스트는 다른 경쟁 항공사들보다 고객 만족도가 월등히 높다고 한다. 왜 그럴까?

이는 고객들이 기대하는 가치와 상관관계가 있다. 사우스웨스트는 거창한 서비스를 제공한다고 광고하지 않으며, 고객들 역시 저렴한 가격을 선택했기에 고객 서비스에 대해 큰 기대를 하지 않는다. 사실 비행기를 이용하는 고객들이 진정으로 원하는 건 낮은 항공료와 빈번한 운항 편수, 정시 서비스, 친절한 직원 정도다. 좌석 배정이나 식사 제공 등은 해주면 좋을 뿐이다. 사우스웨스트는 그런 고객 니즈의 중요도 차이를 감안하여 고객이 진정으로 원하는 서비스에만 집중했다. 경쟁자 대비 60~70%의 낮은 가격, 정시 출발률이 80% 초반인 경쟁자 대비 92%의 높은 정시 출발률, 승객 1천 명당 고객 불만 제기 건수가 1건 정도인 경쟁자보다 훨씬 낮은 0.2건밖에 안 되도록 만든 직원들의 즐겁고 예의 바른 서비스 등과 같이 기본에 충실했다. 이렇듯 기본을 확실하게 지키자 고객들은 상대적으로 만족감을 크게 느꼈다. 결국 사우스웨스트 항공은 좋은 서비스를 낮은 고객 비용으로 제공할 수 있는 비용 구조를 구축하여 효과적으로 집중함으로써 고객들을 사로잡은 동시에 비용도 절감하여 기존 대형 항공사들의 적자 행진 속에서도 지속적으로 성장하며 흑자를 기록할 수 있었다.

둘째, 고객 비용을 합리적으로 인하할 수 있는 방안을 제안한다

이렇듯 고객 입장에서 비용 최적화는 초기 비즈니스 모델 구축에서 그치지 말고 고객 중심의 기업 문화 속에서 지속적으로 추진되어야 합니다. 그러기 위해서는 단순히 자사의 비용 절감 측면에서 바라보지 않고 고객 비용을 절감하여 고객 가치를 극대화하겠다는 목표를 갖고 고객 비용을 합리적으로 인하할 수 있는 방안을 끈기 있게 고민해야 합니다. 그 결과 고객 비용을 인하할 수 있는 기술을 개발하거나 아이디어를 발굴, 제안한다면 페덱스FeDex의 IPD 서비스처럼 고객을 효과적으로 사로잡을 수 있습니다.

Case | 페덱스의 IPD 서비스

고객 편익을 제고시키면서도 고객 비용을 인하한 사례로 페덱스의 IPD 서비스를 들 수 있다. 물론 물류비 절감을 통해 수익성도 동시에 개선했다.

페덱스의 대표 특송 상품은 IP International Priority 서비스로, 일반 항공 화물보다 빠르고, 안전하고, 정확한 운송을 원하는 고객들을 위해 전 세계를 대상으로 사무실에서 사무실로 door-to-door 배달하고 있다. 그런데 IP 서비스는 전 세계를 하나의 지구촌으로 묶는 데 커다란 역할을 하고는 있으나 한 고객이 소량 화물을 여러 곳으로 동시에 보내는 경우에는 화물별 서류 작성이 불편하고 비용이 많이 드는 단점이 있었다. 페덱스 측에서도 개별 배송으로 인해 물류비가 상승하는 문제가 있었다. 이에 고객의 불편과 비용 상승 요인을 개선하고 물류비도 줄일 수 있는 서비스 상품을 개발했는데, 이것이 바로 IPD International Priority Direct Distribution 서비스다.

일례로, IP 서비스로 대한민국에서 미국으로 10kg짜리 소형 화물 두 개를 개별 발송하는 것보다 IPD 서비스로 하나의 운송장에 20kg을 발송하는 경우 운임이 30% 정도 저렴하다고 한다. 여러 화물을 단일 운송으로 취급하여 일괄적으로 통관 절차를 밟은 후 도착지 국가에서 개별적으로 운송해 주기 때문이다. 이를 통해 고객은 좀 더 편리한 서비스를 좀 더 저렴한 비용으로 이용할 수 있어 고객 가치 극대화를 기대할 수 있게 되었다.

셋째, 금전적인 비용뿐 아니라 비금전적인 고객 비용까지 고려한다

고객 입장에서는 상품을 구매할 때 금전적인 비용 외에도 부대 비용이나 시간 비용, 행동 비용, 심리 비용, 기회비용 등 비금전적인 비용도 고려합니다. 그러므로 상품 가격뿐만 아니라 비금전적인 고객 비용을 낮출 수 있도록 노력함으로써 고객 가치를 극대화시키고 고객 구매를 유도할 수 있어야 합니다.

일반적으로 비금전적 고객 비용을 인하하는 것은 앞서 고객 가치 전략에서 살펴보았던 편의성 가치를 높이는 것과 일맥 상통하는 내용입니다. 물론 고객의 불편을 해소하려는 고객 서비스와도 연결되죠. 그러므로 이는 고객 비용 전략이 아니라 고객 가치 전략에서 다루어도 되는 사항입니다. 참고로, 미국 식료품 마트 체인인 트레이더 조Trader Joe's를 통해 고객의 시간 비용을 절약한 사례를 알아보도록 하겠습니다.

Case | 고객의 시간 비용을 절약해 준 트레이더 조

> 장영재 한국과학기술원 교수가 쓴 《경영학 콘서트》에서 초동 대응 사례로 소개된 미국 식료품 마트 체인 트레이더 조의 계산대 대응 전략은 고객의 시간 비용을 절약해 주기 위한 신속한 대응이 얼마나 중요한지 보여준다. 대개 대형 매장에 가면 늘 계산대 앞에 길게 늘어서 있는 줄을 보게 되지만, 트레이더 조에서는 그런 풍경을 볼 수 없다고 한다. 이는 계산대 앞에 설치된 금색 종 덕분이다. 평상시에는 계산대 한두 대에만 직원이 대기하여 계산을 하는데, 고객들이 몰리기 시작하면 직원 중 누구든 금색 종을 울린다고 한다. 그러면 모든 직원이 신속하게 계산대로 출동하여 계산대 여섯 대를 풀가동함으로써 몰리는 고객들을 소화한다. 큐잉 이론Queueing Theory에 따르면, 고객들이 몰려서 일단 줄이 길게 늘어서고 나면 평균 대기 시간이 기하급수적으로 증가하여 직원을 아무리 많이 투입해도 한동안 대기 시간을 줄일 수가 없다고 한다. 그래서 신속하게 초동 대응에 나서는 것이다. 고객들로서는 '불편해지려고 하니까 바로 직원들이 대응해 주는구나.'라는 생각에 시간 비용이 저하되므로 고객 가치가 높아지고 만족도가 급상승할 수밖에 없다. 금색 종은 단순하지만 효과적인 방안이었던 것이다.

■ 고객 가치에 상응하여 가격을 책정하라

일반적으로 가격은 전략적 목표와 함께 자사 상품의 차별성을 기반으로 한 고객 인식 가치, 시장 내 경쟁 현황, 비용 구조, 필요한 유통 경로, 법적인 규제, 정부 지원 정책 등을 복합적으로 고려하여 책정합니다. 사실, 가격은 비용 성격의 다른 마케팅 항목과 달리 기업 수익의 원천이 되는 유일한 항목입니다. 그렇다 보니 가격 전략은 수익이나 매출 극대화를 추구하는 방향으로 책정되기 쉬운데, 이렇게 기업 입장에서 가격을 책정하다 보면 고객의 외면을 불러 성공할 기회를 놓칠 수 있습니다. 그러므로 반드시 내·외부 환경 여건을 고려하여 고객 입장에서 고객 가치에 상응한 가격을 책정하도록 노력해야 합니다.

그러기 위해서는 원가 중심에서 벗어나 고객 가치에 부합하는 가격 정책을 수립할 필요가 있습니다. 기업 수익 창출을 위해 원가를 중심으로 가격을 책정하지 않고 고객이 인식하는 가치에 걸맞게 책정해야만 장기적으로 포지셔닝 전략에 맞게 브랜드 이미지를 형성하고 고객 충성도를 구축할 수 있기 때문입니다. 일례로 흔히 가격을 인하하면 매출이 증대될 거라고 생각하는 경우가 많습니다만, 고객 입장에서 보면 그렇지 않을 수 있습니다. 물론 가격 부담으로 구매하지 않던 고객들의 구매를 유도할 수도 있겠지만, 거꾸로 가격 인하로 인해 이미지가 나빠져 고객 가치가 저하되어 구매하던 고객들이 외면할 수도 있기 때문입니다.

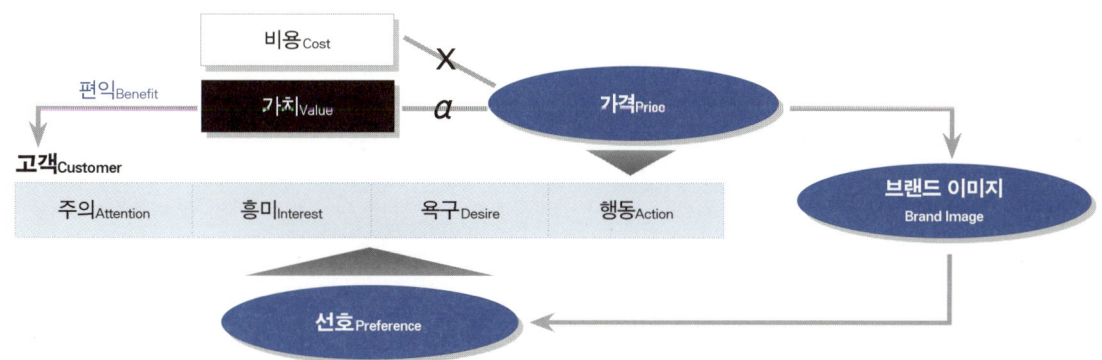

고객을 사로잡기 위해 사전 마케팅 측면에서 고객들에게 자신의 가치를 부풀려서 홍보하는 경향이 있습니다. 하지만 이는 오히려 가격 저항 등 고객의 불만을 초래할 수 있습니다. 사람들은 객관적인 상품 기능이나 품질이 아닌 자신이 인식한 주관적인 가치 기준으로 가격을 평가하기 때문입니다.

Case | 〈오픈 워터〉의 실패

2003년에 제작되어 국내에서는 2005년에 개봉한 〈오픈 워터Open Water〉라는 영화가 있다. 그런데 그 영화를 보던 우리나라의 관객 열다섯 명이 영화 상영 도중 밖으로 나와 환불을 요구하여 입장료를 돌려받은 사건이 있었다. 영화를 보던 중에 환불을 요구하는 일이 흔치 않거니와, 실제로 환불을 해준 것도 처음이었다. 어떻게 그런 일이 일어날 수 있었을까?

환불을 요구한 이들의 주장은 '상어와 사람 둘이 전부인 영화라 크게 실망했다'는 것이다. 〈오픈 워터〉는 스쿠버 다이빙을 떠났다가 실수로 망망대해에 단 둘이 남겨진 젊은 부부가 만 하루가 넘도록 구조를 기다렸으나 상어 떼의 공격으로 결국 목숨을 잃는다는 내용이다. 겨우 13만 달러의 제작비로 만든 저예산 영화지만, 미국에서는 흥행에 크게 성공했다.

결국 관객들의 환불 요구는 넓은 바다와 젊은 부부 두 명이 전부인 저예산 영화를 보기에는 7천 원이 아깝다는 소리로 귀결된다. 그러나 '관람료를 제작비 규모에 따라 차등적으로 내야 공정하다'는 주장은 설득력이 떨어진다. 재미가 없다고 환불하라는 요구도 그렇다. 영화에 대한 자신감의 표시로 '재미없으면 환불해 드립니다.'라고 홍보한 작품들이 있긴 했지만 실제 환불로 이어진 경우는 없었다. 재미있고 없고를 객관적으로 판단하기는 어렵고, 무엇보다 관객들의 개인적 취향과 관계된 문제이기 때문이다. 그럼에도 이들이 끝까지 환불을 강력하게 요구한 이유는 무엇이었을까?

결론적으로 말하면 바로 배신감 때문이었다. 객관적으로 〈오픈 워터〉는 그렇게 형편 없는 영화는 아니었다. 하지만 '올 여름을 삼켜버릴 무시무시한 놈들이 온다! 맥박 상승, 체온 수직 하강'이라는 영화의 카피에서 기대되는 스케일 큰 재난 영화는 아니었다. 관객 입장에서는 자신이 기대했던 고객 가치와는 너무도 달랐던 터라 몇 천 원도 아깝다고 느낄 정도로 배신감이 컸던 것이다.

이제 구체적으로 가격을 책정하는 방식에 대해 알아보도록 하겠습니다. 윤석철 서울대 명예교수가 기업의 생존 부등식이라 명명했듯, 원론적으로 가격은 단위당 총원가보다는 높고 고객이 느끼는 효용 가치보다는 낮아야 합니다. 그래야 고객 구매를 유도하고 수익을 창출할 수 있으니까요. 그런데 단위당 총원가와 고객 효용 가치 사이에서 가격을 책정하는 방식은 아래와 같이 시장이나 정부 등 외부에서 결정하는 방식과 기업이 결정하는 방식으로 분류해 볼 수 있습니다. 물론 4C 전략에서는 기업이 책정하는 방식을 중심으로 살펴보아야겠죠.

과거 공급자 우위 시대에는 일반적으로 원가에 기반하여 가격을 책정했습니다. 그러나 공급 과잉으로 인한 경쟁 격화와 소비자 주권 시대의 도래로 원가에 기반한 가격 책정 방식은 의미를 잃어가고 있습니다. 이에 원가에 기반하는 대신 경쟁자의 가격에 대비하여 자사 가격 수준을 정함으로써 시장 경쟁 상황에 적합하게 가격을 산출하는 방식이 부각되었습니다. 경쟁 기반 가격은 시장 지향적이며 경쟁 우위를 도모한다는 점에서 원가 기반 가격보다 낫긴 하지만, 이 역시 기업 입장에서 자신의 성공만을 추구함으로써 고객으로부터 외면당할 수 있다는 단점이 있습니다. 그러므로 고객이 인식하는 가치를 기준으로 가격을 정함으로써 가격에 대한 고객 수용도를 높이고 고객 가치를 극대화시키는 것이 바람직합니다.

소비자 가격 산정 방식

구분	장점	단점	적용
원가 기반 가격	• 가장 간단하면서도 쉬운 방식 • 적정 수익을 확보할 수 있음 • 사회적으로도 인정받기 용이함	• 고객으로부터 외면당할 수 있음 • 경쟁 우위를 확보하기 어려움 • 비용 절감의 필요성이 저하됨	상품 총원가에다 적정 이익과 유통 마진을 더해 산정
경쟁 기반 가격	• 경쟁 우위를 지향할 수 있음 • 판매 활동에 도움을 줄 수 있음 • 때로는 경쟁자와의 충돌을 피할 수 있음	• 가격 경쟁을 야기할 수 있음 • 고객에게 외면당할 수 있음 • 때로는 수익성을 확보할 수 없음	마케팅 목표에 맞게 경쟁자 대비 저가, 동등, 고가 중 선택
고객 기반 가격	• 가격에 대한 고객 수용도가 높음 • 고객 가치를 극대화시킬 수 있음 • 경쟁자와의 가격 경쟁을 지양함	• 고객 스스로도 모르거나 편차가 심할 경우 가격 책정이 어려움 • 때로는 수익성을 확보할 수 없음	고객 조사를 통해 수용 가격대를 파악, 전략적으로 결정

고객 기반 가격 산정 시에는 자사의 사업 및 상품 특성과 마케팅 전략에 따라 다음과 같이 두 가지 전략 중 하나를 선택할 수 있습니다. 고가로 시작하여 브랜드 가치를 창출한 후 서서히 가격을 인하하며 고객을 공략해 가는 '상층 흡수 가격 Skimming Price 전략'과 규모의 경제를 추구하며 저가격으로 신속하게 시장을 장악하는 '시장 침투 가격 Penetration Price 전략'이 그것입니다.

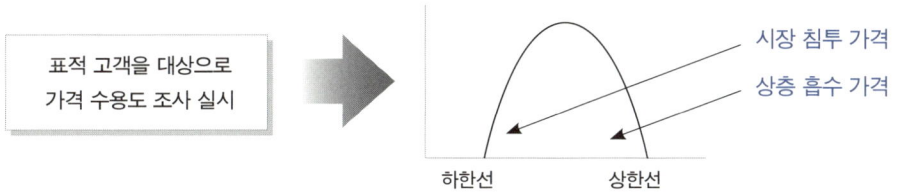

상층 흡수 가격		시장 침투 가격
고가격으로 고소득층을 공략한 후 점차 가격을 인하하면서 중·저소득층을 흡수해 나감	개념	저가격으로 신속하게 시장을 장악하여 점유율을 확보한 후 점차 고가격으로 전환
• 특허로 보호를 받을 경우 • 경쟁자가 곧 나올 가능성이 없을 경우 • 시장 선점 효과가 확실할 경우	적용 상황	• 진입 장벽이 낮을 경우 • 경쟁자가 나올 가능성이 높을 경우 • 선점 효과가 낮고, 유행을 탈 경우
• 브랜드 가치 창출 • 이익 창출 극대화	장점	• 경쟁자 진입 방어 • 시장 점유율 확대 용이
• 경쟁자 진입 유도 • 가격 인하로 이미지 손상 가능	단점	• 단위당 수익성이 낮음 • 가격 인상이 어려움
• 첨단 신기술 제품	사례	• 의류

참고로 산업재의 경우 고객과의 관계 및 가격 민감도를 중심으로 품질이나 기능성 등의 상품 가치와 경쟁자의 가격 전략 등을 종합적으로 검토하여 가격을 책정합니다. 산업재는 특정 고객을 대상으로 하므로 기본적으로 고객과의 관계가 가장 중요하기에 가격 정책 역시 고객과의 관계 틀 안에서 수립하는 것이 바람직하기 때문입니다. 물론 일률적으로 적용하기 어려운 산업재의 특성상 자신의 사업 여건과 마케팅 전략에 따라 달리 정할 수도 있으므로 상황에 맞게 판단해야겠지만 말입니다.

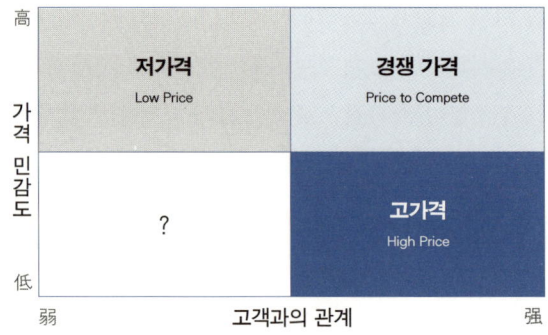

그런 측면에서 산업재의 가격 정책을 구체적으로 살펴보면 다음과 같습니다.

구분	고객 니즈	가격 정책
고객과의 관계가 강할 경우	가격에 민감하다	경쟁자 대비 동등한 수준 또는 약간 낮은 수준의 가격을 책정하여 거래처 유지에 중점을 둠
	가격보다는 품질이나 서비스를 우선시한다	경쟁 우위의 품질이나 서비스를 제시하며 동등하거나 높은 수준의 가격을 책정함
고객과의 관계가 약할 경우	가격에 민감하다	경쟁자 대비 상당히 낮은 수준의 가격을 책정, 가격 경쟁력을 기반으로 거래처를 개척함
	가격보다는 품질이나 서비스를 우선시한다	가격 전략보다는 자신만의 독특한 품질이나 서비스 등을 통해 경쟁 우위를 확보하는 게 우선

■ 스마트 프라이싱이 필요하다

가격 정책은 고객과의 전략적 약속입니다. 특히 고객은 가격에 민감하기에 가격을 변동시키는 행위는 신뢰도를 떨어뜨리거나 가격 저항을 불러일으켜 고객 가치 저하로 이어질 수 있으므로 조심해야 합니다. 하지만 다음과 같이 고객 가치를 높이면서 수익을 창출할 수 있는 현명하고도 유연한 가격 정책을 펼친다면 자사와 고객 모두 만족스러운 결과를 만들 수 있습니다.

1	상황에 따라 고객 가치에 맞게 가격을 유연하게 변동시킵니다.
2	고객이 상대적으로 비용이 저렴하다고 느끼도록 가격을 책정합니다.

첫째, 상황에 따라 유연하게 가격을 변동시킨다

사람들은 자신이 처한 상황에 따라 같은 상품이라도 고객 가치를 다르게 인식합니다. 그러므로 아래와 같이 각각의 고객이 인식하는 고객 가치에 맞게 가격을 다르게 책정하는 역동적인 가격 차등화 정책이야말로 이상적인 방식이라 할 수 있습니다.

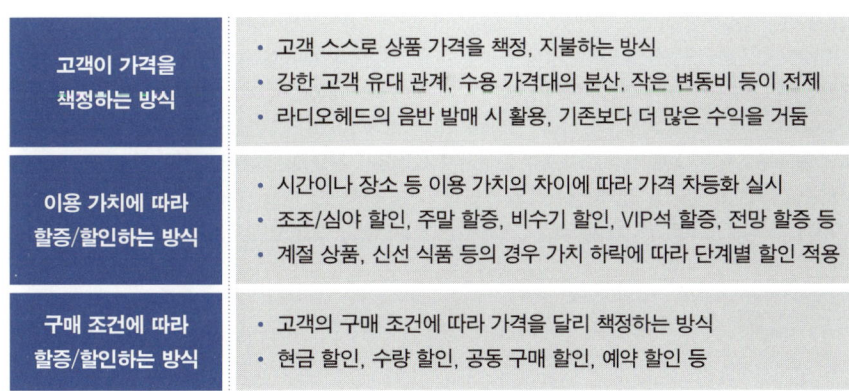

상품에 따라 다르긴 하지만 가격은 가급적 일관되게 유지하는 게 바람직합니다. 하지만 더 많은 고객을 끌어올 수 있도록 가격 차등화 정책을 활용할 수만 있다면 가장 좋겠죠. 그러기 위해서는 고객에게 가격 변동의 이유를 설득력 있게 설명할 수 있어야 합니다. 편의성 가치에 따라 가격을 차등화한 이지제트easyJet나 신선 식품의 가격 변동성을 최대한 활용한 안신야安信屋처럼 말입니다.

Case | 이지제트와 안신야

이름만으로도 편안하게 들리는 영국 이지그룹easyGroup의 대표 사업인 저가 항공 사업은 상황에 따른 유연한 가격 정책으로 성공을 거두었다. 스텔리오스 하지-이오아누Stelios Haji-Ioannou라는 28세의 영국인 청년은 1995년에 사우스웨스트 항공을 모방하여 '택시 요금 수준의 항공료'를 표방한 이지제트를 설립했다. 스텔리오스는 보잉737 단일 기종만을 운영하고 기내식을 제공하지 않는 등 초기에는 사우스웨스트 항공 모델을 모방했다. 하지만 그것으로 그쳤다면 지금의 이지제트를 만들 수 없었을 것이다. 이지제트는 사우스웨스트가 무대로 하는 미국과 다른 유럽의 특성상 단거리 국내선이 아닌 각 나라의 주요 공항을 목적지로 하는 국제선에 진출해야 했다. 이에 경쟁사보다 저렴한 가격을 유지하기 위해서는 이지제트만의 정책이 필요했다. 이것이 바로 지금 이지그룹 전체의 핵심 차별화 요인이 된 수요와 공급에 따른 탄력적 가격 책정 방식이다. 예를 들어, 일찍 예매하면 가격을 매우 저렴하게 하고, 인기 있는 비행일수록 가격을 올리는 방식으로 차등화했다. 이를 통해 수요가 낮을 때는 낮은 가격을, 수요가 높을 때는 높은 가격을 책정함으로써 저가격 전략을 유지하면서도 탑승률과 이익률 모두를 높일 수 있었다. 그 결과 2008년에 이르러 자산 평가액에서 영국 최대 항공사인 브리티시 항공British Airways을 앞섰다고 한다.

매장 규모가 30여 평밖에 되지 않는 도쿄의 작은 과일 채소 가게가 연간 50억 원의 매출을 올리고 있다고 한다. 그것도 일본 최대의 할인점 건너편에서 과일과 채소를 팔아서 말이다. 그 업체가 바로 안신야다. 안신야가 일본 최대 마트인 주스코Jusco를 이긴 원동력은 바로 유연한 가격 정책이었다. 평범한 채소 가게로 시작했던 안신야는 1980년에 주스코가 들어서자 생존하기 위해 혁신을 해야 했다. 이에 주스코를 집중 분석하여 주스코는 대형 마트라는 특성상 본사가 일괄적으로 가격을 결정함으로써 가격 조정이 유연하지 못하다는 사실을 발견했다. 따라서 상황에 따라 상품별로 원가 이하에서 40% 마진까지 다양한 가격을 시시각각 책정함으로써 전체 상품이 저렴하게 보이도록 만들어 고객의 구매를 유도했다. 결국 전체 상품 마진은 낮아졌지만 고객이 배 이상 증가하면서 성공할 수 있었다고 한다.

둘째, 상대적으로 비용이 저렴하게 인식되도록 한다

앞서 고객 비용도 인식의 문제라고 말한 바 있습니다. 그러므로 고객의 인식에 영향을 미치는 심리 효과를 활용하여 상대적으로 비용이 저렴하게 인식되게 함으로써 고객 가치 제고와 수익 창출을 동시에 꾀할 수 있습니다.

단수 가격 책정 Odd Pricing	• 10,000원이 아닌 9,900원처럼 가격에 단수를 사용함으로써 실제 가격보다 더 저렴하게 인식시키려는 가격 전략 • 자사의 이익을 유지하면서 인식되는 고객 비용을 인하시킬 수 있음
옵션 가격 책정 Option Pricing	• 옵션을 제외한 상품 가격을 제시함으로써 고객이 지불해야 하는 총 비용을 숨겨 저렴하게 인식되도록 유도 • 주력 상품 가격을 받아들인 후 추가로 옵션 가격을 제시받으면 이를 거부하기 힘들다는 '발 들여놓기 Foot in the Door' 협상 전략
골디락스 가격 책정 Goldilocks Pricing	• 일반적으로 가격을 인식할 때 준거 가격 Reference Price에 기준하여 상대 평가한다는 점을 이용 • 상대적으로 고가 상품과 저가 상품을 나란히 진열함으로써 **고객 가치 대비 합리적인 가격으로 인식되도록 유도**
할인 가격 책정 Discount Pricing	• 고객 인식 관점에서 이익은 크고 손실은 적게 느끼도록 가능한 한 이익은 나눠서, 손실은 합쳐서 제공하는 게 바람직함 • 40% 폭탄 세일보다는 30% 세일 + 10% 추가 할인이 더 효율적
무료 가격 책정 Free Pricing	• 상품 판매 시 고객에게 금전적인 비용을 요구하지 않음으로써 고객 비용이 무료라고 인식되도록 함 • 기업은 비금전적인 고객 비용이나 옵션 판매 등을 통해 수익 창출

Case | 홈쇼핑의 '일단 써보세요'

"일단 써보신 후 마음에 안 드시면 언제든지 반품하시면 됩니다. 어서 주문하세요!"

홈쇼핑에서는 다른 유통 업체와 달리 일정 기간을 두고 비교적 간단하고 쉽게 반품, 환불할 수 있음을 강조한다. 이러한 전략은 언뜻 '기업에게 손해가 되지 않을까' 하는 의구심을 갖게 한다. 실제로도 이를 악용하는 고객의 잦은 환불 사례가 매체를 통해 보고되기도 한다. 그럼에도 홈쇼핑 업체들이 이런 환불 전략을 고수하는 이유는 무엇일까? 여기에는 고객의 심리를 활용한 구매 유도 전략이 숨어 있다.

첫째, 고객 입장에서는 손쉽게 반품할 수 있기에 가격 저항감을 완화시킬 수 있다. 언제든 반품하면 되므로 상대적으로 고가라 느껴져도 구매할 가능성이 높다. 써보고 비용 대비 가치가 낮다고 판단되면 반품하면 되니까 말이다.

둘째, 가격 저항감을 완화시킨다 해도 고객들이 써본 후 마음에 들지 않는다고 반품한다면 홈쇼핑의 반품 정책은 손해만 될 것이다. 그런데 대다수 고객들은 사용한 후에는 반품하지 않을 가능성이 높다는 데에 반품 정책의 진정한 의미가 있다. 이는 고객의 인식 가치에 미치는 심리적인 영향을 활용했기에 가능했다. 바로 전망 이론 Prospect Theory을 활용한 자산 효과 때문이다. 전망 이론에 따르면 사람들은 가치를 얻음으로써 얻는 이득보다 가치를 잃음으로써 상실하는 손해를 더 크게 느낀다고 한다. 이를 홈쇼핑 반품 상황에 적용해 보자. 홈쇼핑에서 구입한 상품을 일단 사용하면 고객은 이내 익숙해져서 그 상품을 자신의 자산 일부로 느낀다. 그런데 좀 지나서 반품을 하려고 생각하면 전망 이론이 고개를 든다. 즉, 반품을 자신의 자산을 잃는 손실로 보고 환불 금액을 이득으로 보기에 반품으로 인한 손실을 환불을 통한 이득보다 더 크게 인식하는 것이다. 결국 대다수 고객들은 다소 불만이 있더라도 반품을 포기하게 된다.

이렇듯 홈쇼핑의 반품 정책은 소비자 자신이 보유한 것을 보유하지 않은 것에 비해 더 가치 있게 평가함으로써 손실 지각이 더욱 커지는 심리 효과를 활용, 일단 소비자들이 시험 삼아 쉽게 상품을 구입하여 사용하게 한 후 반품을 포기하게 만드는 교활한 전략이라 할 수 있다. 결국 사람들의 손실 회피 심리를 반품 정책에 활용한 것이다.

4 ■ Convenience 전략

4C 전략에서 Convenience_{편의성}란 최적의 유통 경로 구축 등을 통해 고객이 원하는 고객 가치를 얼마나 편리하게 구매할 수 있는지를 의미하는 구매 편의성을 뜻합니다. 그러므로 Convenience 전략은 고객 가치에 걸맞게 고객의 구매 편의성을 극대화시키기 위한 실행 방안이라 할 수 있습니다.

Convenience 전략은 유통 경로의 설계 및 구현 등과 같이 실행 측면에서 바라보면 4P의 유통 전략과 차이가 없어 보입니다만, 매출이나 수익 극대화에 초점을 맞춘 4P 유통 전략과 달리 고객 입장에서 고객 가치에 기반한 편의성을 추구한다는 점에서 크게 다릅니다. 일례로, 기업 입장에서 목표 달성에 유리한 유통망 구축을 지향하는 대신 역으로 고객이 원하는 유통 경로를 찾아 해결책을 마련하는 것이 바로 Convenience 전략입니다. 결국 Convenience 전략은 단순히 판매하기 위한 상품의 유통이 아니라 고객에게 매력적으로 다가갈 수 있는 '가치'의 유통을 지향한다고 볼 수 있습니다. 물론 그러기 위해서는 고객 지향적인 상품 유통망 구축뿐만 아니라 정보나 고객 서비스 등의 유통도 함께 포함되어야겠죠.

그럼 구체적으로 고객 편의성을 높이려면 어떻게 해야 할까요?
첫째, 기업이 아닌 고객 입장에서 구매 편의성을 추구하는 자세를 가져야 합니다.
둘째, 편의성을 극대화하기 위해 고객이 원하는 유통 경로를 효율적으로 설계할 수 있어야 합니다.
셋째, 설계한 유통 경로를 최대한 성공적으로 구현, 고객 편의성을 현실화해야 합니다.

■ 고객 입장에서 구매 편의성을 추구하라

일반적으로 기업은 자신이 보유했거나 보유 가능한 유통망을 중심으로 유통 경로를 구축하려고 합니다. 그러다 보면 고객이 원하거나 고객 가치를 극대화시킬 수 있는 유통 경로가 아닐 수 있습니다. 그러므로 유통 경로를 구축할 때는 다음과 같은 점에 유의하여 고객의 구매 편의성을 극대화하도록 노력해야 합니다.

1	고객은 상품이 아니라 고객 가치를 구매한다는 점을 명심해야 합니다.
2	상품의 유통이 아닌 고객 편의성을 추구하는 가치의 유통을 지향해야 합니다.
3	때로는 기존 유통 경로를 넘어서는 발상의 전환이 필요합니다.

첫째, 고객은 상품이 아니라 고객 가치를 구매한다

유통 경로는 고객 접근성을 높여 고객의 거래 비용을 절감시켜 줄 뿐만 아니라 시장 및 고객 정보를 수집하거나 고객 지향적인 판매 활동을 도와주는 등 자사의 마케팅 활동을 지원하는 역할을 합니다. 그러므로 구매 편의성을 높이고 자사의 마케팅 역량을 극대화하기 위해서는 가능한 한 유통 경로의 너비를 폭넓게 하는 게 바람직합니다. 하지만 상품 구매의 편의성을 추구한다고 최대한 많은 유통 채널을 통해 구매할 수 있도록 하는 방식은 실패를 부를 수 있습니다. 기업 입장에서는 이 방식이 매출 극대화에 유리하다고 판단할 수 있지만, 고객 입장에선 이런 유통 방식이 고객 가치 저하로 이어져 구매를 꺼리게 만들 수 있기 때문입니다.

고객이 구매하는 것은 단순히 상품이 아니라 자신이 기대하고 있는 고객 가치이기에, 편의성 제고 역시 고객 가치 측면에서 바라볼 필요가 있습니다. 오히려 구매하기 어렵게 유통 경로를 구축함으로써 고객 가치를 높일 수도 있기 때문입니다. 결국 편의성 역시 고객 가치의 일부분이라는 점을 명심하고, 고객 가치를 극대화할 수 있는 유통 경로에만 집중하여 편의성을 높여야 합니다.

그런 측면에서 싸구려 매장 이미지를 일신함으로써 성공 가도를 달리고 있는 달러 제너럴Dollar General 사례를 살펴보도록 하겠습니다.

Case | 달러 제너럴

우리의 천원샵에 해당하는 미국의 달러 제너럴은 월마트보다 7년이나 앞선 1955년에 설립됐지만, 유통 시장을 주도한 월마트와 달리 한동안 주류 시장에서 인정받지 못했다. 연소득 2만 달러 이하의 저소득층을 대상으로 주로 빈곤 지역에만 매장을 개설했고, 싸구려 상품들만이 모여 있는 허름한 분위기의 잡화상에 불과했기 때문이었다.

그러던 달러 제너럴이 21세기에 들어 승승장구하며 성장하고 있다. 특히 2008년 서브프라임 사태 이후 급성장하며 2011년에는 매출 148억 달러를 달성했다고 한다. 매장 수에 있어서도 2012년 4월에 1만 번째 매장을 개설하는 등 성장세를 지속하고 있다.

달러 제너럴이 뒤늦게 상승세를 탄 이유는 다름 아닌 유통 채널에서 비롯된 '싸구려' 이미지 때문이었다. 강렬한 고객 경험을 통해 고객 가치를 높일 수 있는 월마트 등의 대형 매장과 달리 소형 매장의 달러 제너럴은 사실 '싸구려' 이미지를 버리기가 쉽지 않았다. 이에 달러 제너럴은 쇼핑 시의 고객 경험을 향상시키는 데 주력했다. 할아버지와 아버지의 뒤를 이어 CEO 자리에 오른 칼 터너 주니어Cal Turner Jr.는 고객이 쇼핑을 편하게 할 수 있도록 매장을 표준화시켰다. 모든 매장을 190평 정도 규모에 통일된 레이아웃으로 단장했고, 눈높이에 맞게 상품을 진열하여 매장 전체를 한눈에 볼 수 있도록 함으로써 고객들이 원하는 물건을 쉽게 찾을 수 있게 했다. 이렇듯 표준화와 디스플레이 개선을 통해 고객들이 쇼핑하는 시간과 노력을 덜어줌으로써 고객 경험을 긍정적으로 전환시킬 수 있었다. 이와 함께 매장 청결이나 인테리어를 개선하고 빈민가가 아닌 도심 지역에도 매장을 개설하는 등 이미지 전환을 위해서도 노력했다.

이렇듯 유통 경로를 일신하며 재구축한 결과 달러 제너럴은 '싸구려' 이미지가 서서히 퇴화하며 성장하기 시작했고, 최근 들어 무서운 성장세를 보이며 유통 시장의 주류로 떠올랐다. 이에 달러 제너럴 같은 달러 스토어를 무시했던 월마트 등 대형 할인 매장들은 최근 그들의 성장세에 위협을 느껴 매장 내에 달러 섹션을 마련하거나 월마트 익스프레스Walmart Express 같은 소형 매장을 개설하는 등 뒤늦게 대책 마련에 나섰다고 한다.

둘째, 상품의 유통이 아닌 고객 편의성을 추구하는 가치의 유통을 지향한다

편의성을 높이기 위해서는 상품뿐만 아니라 정보 및 서비스 유통까지 포함한 고객 가치의 유통으로 바라볼 필요가 있습니다. 즉, '얼마나 많이 빠른 속도로 상품을 진열할까'에 그치지 말고 '어떻게 해야 고객이 편리하게 가치를 구매할 수 있을까'를 고민함으로써 시간 및 공간의 편이성뿐 아니라 정보 접근의 용이성, 유통 서비스 등까지 고려하여 고객이 원하는 유통 경로를 찾아 개척할 줄 알아야 합니다.

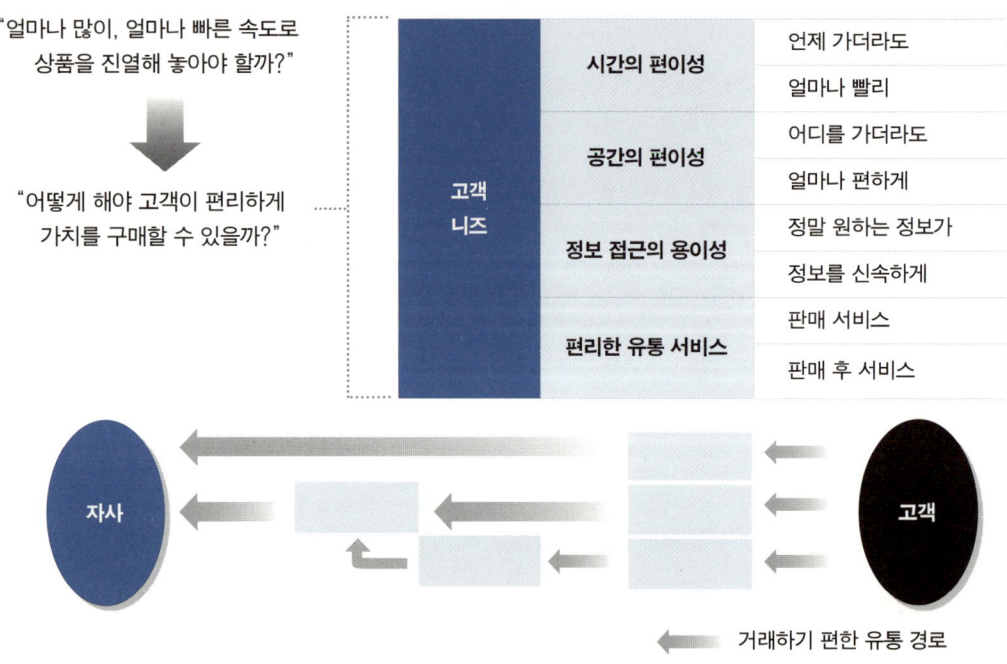

셋째, 때로는 기존 유통 경로를 넘어서는 발상의 전환이 필요하다

유통 경로란 상품이 생산된 후 최종 소비자에 의해 구매되고 사용되기까지 거치는 일련의 과정으로, 발상의 전환을 통해 유통 경로를 혁신함으로써 새로운 성장의 길을 창출할 수 있습니다. 기업 입장에만 집중하다 보면 기존 유통 경로의 경쟁력 강화만 추구하는 경향이 있습니다. 그러므로 고객 입장에서 바라봄으로써 기존 유통 경로의 문제점을 직시하고 고객 편의성을 제고하는 방향으로 유통 경로를 재구축하는 길을 모색할 수 있습니다.

Case | DHC for Men

세상의 50%는 남자임에도 불구하고 20세기 후반까지 국내 남성 화장품 시장은 미미했다. 하지만 그 시장이 21세기 들어 큰 폭의 성장세를 보이고 있다. 남성들도 자기 관리에 더 많은 관심을 갖고 투자하게 되면서 남성 화장품 시장도 커지고 있는 것이다. 이런 시장 기회를 조기에 파악하여 성공한 상품이 바로 DHC for Men이다.

일본 화장품 업체 DHC는 남성 화장품 라인인 DHC for Men을 한국에 출시하기로 결정하고 2002년 12월에 전격 진출했다. 그리고 남성 화장품이라는 약점으로 고전하리라는 예상을 뒤엎고 출시 1년 만에 300억 원이 넘는 매출을 올려 업계 10위권에 진입했다. 이렇듯 급성장하게 된 비결은 다름 아닌 유통 방식에 숨어 있었다. 일반적으로 화장품은 백화점이나 화장품 전문점, 방문 판매 등의 전통적인 유통 채널을 통해 판매하는 게 상식이었는데, 그런 상식을 깨버린 것이다.

사실, 남자들은 화장품을 직접 구매하기를 꺼린다. 화장품의 주된 유통 채널인 백화점과 화장품 전문점에 가기 싫다는 것이 주된 이유다. 이런 남성들의 심리에 기인하여 DHC는 인터넷 판매를 중심으로 유통 경로를 구축했다. 인터넷 판매 방식의 경우 고객 입장에서는 다른 사람의 눈치를 볼 필요가 없을 뿐더러 힘들게 백화점이나 화장품 전문점을 방문할 필요도 없는 장점이 있었던 것이다. 또한 최대한 시간을 아껴서 필요한 물건만 사고 싶은 남성의 니즈에도 부합했다. 결국 DHC for Men의 성공은 표적 고객의 심리를 잘 파악하여 고객 편의성을 높인 유통 경로를 구축함으로써 얻은 결과였다.

■ 유통 경로를 효율적으로 설계하라

유통 경로는 자사가 아닌 외부 업체들과의 관계를 통해 구축됩니다. 그렇다 보니 구축하는 데 시간이나 비용이 많이 소요되며, 한번 구축하고 나면 변경하기도 어렵습니다. 그 결과 경쟁력 있는 유통 경로야말로 핵심적인 전략적 자산이자 경쟁 우위의 원천이 되기도 합니다. 그러므로 다음과 같은 점들을 고려하여 장기적이면서도 전략적인 관점에서 유통 경로를 신중하게 설계해야 합니다.

1	고객 가치에 걸맞게 유통 경로의 설계 방향을 모색해야 합니다.
2	내·외부 여건을 고려하여 현실성 있는 최적의 유통 경로를 결정해야 합니다.

첫째, 고객 가치에 걸맞게 유통 경로의 설계 방향을 모색한다

고객은 상품이 아니라 가치를 구매한다고 했습니다. 따라서 유통 경로는 고객 입장에서 고객 가치를 일관성 있게 유지할 수 있는 유통 채널을 최대한 확보하려는 방향으로 구축되어야 합니다. 그런 측면에서 자사의 마케팅 전략과 포지셔닝 방향에 따라 아래의 세 가지 유통 경로 커버리지 정책 중 하나를 선택해야 합니다.

집약적 유통 Intensive Distribution	• 최대한 다수의 판매자에게 공급하는 개방적인 유통 정책 • 편의품 등 저관여 상품 유통에 적합 • 단기적 판매 성과 극대화에 유리하나 관리가 어렵다는 단점이 있음
선택적 유통 Selective Distribution	• 일정 기준 이상의 소수의 판매자에게만 공급하는 유통 정책 • 집약적 유통과 전속적 유통의 장점을 취용
전속적 유통 Exclusive Distribution	• 자사 상품만 취급하는 판매자에게만 공급하는 배타적인 유통 정책 • 전문품 등 고관여 상품 유통에 적합 • 장기적인 유통 경로 관리 및 브랜드 자산 구축에 유리

둘째, 내·외부 여건을 고려하여 현실성 있는 최적의 유통 경로를 결정한다

앞서도 말했듯이 유통 경로는 외부 업체와의 관계 속에 구축되는 것이기에 자사가 원한다고 구축되는 것은 아닙니다. 그러므로 최적의 유통 경로는 고객 가치 극대화와 마케팅 목표에 부합되는 방향으로 다음과 같은 요소들을 고려하여 결정해야 합니다.

구분	내용
고객의 특성	고객 수, 분포, 구입 빈도, 상품 탐색 방식, 요구 서비스 수준 등
상품의 특성	부피, 무게, 부패 및 변형 가능성, 위험도, 표준화 여부 등
채널의 특성	유통 채널의 전략적 방향, 현 포지션, 내부 역량 수준, 채널 간 갈등 등
자사 역량	가능한 유통 채널, 자금 동원력, 조직 구조, 채널 관리 역량 등
기타	대외 경제 여건, 시장 성장률, 경쟁자 유통 경로 등

일반적으로 B2C 상품은 고객 접점을 늘리기 위해 간접적 경로를, B2B 상품은 소수의 고객을 대상으로 맞춤 서비스를 제공하기 위해 직접적 경로를 채택하는 경향이 있습니다만, 유통 경로를 선택할 때는 다음과 같은 측면에서 종합적으로 고려할 필요가 있습니다.

구분	내용
목표 달성 측면	고객 가치 제고 등 마케팅 목표 달성에 얼마나 기여하는지 평가
효율성 측면	유통 경로 관리가 효율적이며 적절하게 통제할 수 있는지 평가
경제성 측면	매출 신장에 유리한지, 투자 및 소요 비용은 어느 정도인지 평가
유연성 측면	내·외부 환경 변화에 따라 신속하게 변경, 대처할 수 있는지 평가

■ 유통 경로를 성공적으로 구현하라

최적의 유통 경로를 설계했다 하더라도 실제 유통 채널들을 효과적으로 관리하지 않으면 그 의미가 퇴색될 수밖에 없습니다. 그러므로 다음과 같이 유통 경로 구성원들 간의 갈등을 제거하고 자사 상품을 적극적으로 마케팅할 수 있도록 유도해야 합니다.

1	유통 경로 갈등을 효율적으로 관리, 조정할 수 있어야 합니다.
2	유통 경로 구성원들의 적극적인 마케팅 활동을 유도할 수 있어야 합니다.

첫째, 유통 경로 갈등을 효율적으로 관리, 조정한다

유통 경로 구성원들 각자가 독자적인 조직으로 자신만의 목표와 전략에 따라 사업을 수행하다 보면 구성원 간 갈등이 발생할 수밖에 없습니다. 갈등이 격화되면 마케팅 효율성이 저하되고 일관된 실행이 불가능해져 손실이 막대할 수 있습니다. 그러므로 적절한 수준에서 갈등을 관리, 조정하는 역량이 유통 경로의 성공적인 구현에 매우 중요합니다. 일반적으로 유통 경로 갈등은 구성원 간 의존성이 높을수록, 목표나 참여 동기가 다를수록 발생 가능성이 높습니다. 좀 더 구체적으로 유통 경로 갈등이 일어나는 이유를 알아보면 다음과 같습니다.

유통 경로 갈등의 원인

목표 불일치	• 다른 구성원으로 인해 자신의 목표 성취가 방해받고 있다고 여길 때 발생 • 각자 자신의 목표만 추구, 가격 싸움을 비롯한 구성원 간의 치열한 경쟁 등
영역 불일치	• 경로 구성원이 수행해야 할 역할에 대한 견해 차이에서 발생 • 구성원들 각자가 자신의 영역을 최대한 확대, 유지하려고 함
인식 불일치	• 경로 구성원 간의 현실 인식 차이로 인해서도 갈등이 발생 • 마케팅 활동에 대한 견해 차이, 관리를 불필요한 간섭으로 인식하는 것 등

이렇듯 유통 경로 구성원들 간의 갈등은 필연적으로 발생할 수밖에 없습니다. 물론 그런 갈등은 경로 구성원들 간의 관계를 발전시키고 성과를 높이는 순기능 효과도 있습니다. 하지만 지나친 갈등은 전체 유통 시스템을 비효율적으로 만들 수 있으므로 적절한 수준에서 관리할 필요가 있습니다. 구체적으로 유통 경로 갈등 관리 방안을 알아보면 다음과 같습니다.

공동 목표 수립	• 경로 구성원 모두의 공동 목표를 제시, 갈등보다 협조를 유도 • 애플 생태계, 구글 생태계 등이 대표적
원활한 의사 소통	• 경로 구성원들 간의 회합을 통해 최대한 의사 소통을 원활하게 유지 • 가급적 갈등이 커지기 전에 구성원 간의 갈등 해결을 유도
효율적인 조정	• 경로 리더 Channel Captain 가 나서서 경로 구성원들 간의 갈등을 조정 • 경로 구성원 간 역할 분담 명확화 등 투명한 경로 관리가 필요

소매점의 성공 요인

소매점의 성공 요인으로 보통 세 가지를 꼽는다. 첫째는 입지, 둘째도 입지, 셋째도 입지라고 한다. 이처럼 입지가 핵심 성공 요인으로 부각되는 이유는 고객 접근성이 무엇보다 중요하기 때문일 것이다. 그렇다면 구체적으로 어떤 입지가 소매점을 성공으로 이끌 수 있을까?

첫째, 당연히 고객 접근성이 뛰어나야 한다. 교통이 좋아 고객의 이동 경로가 편리해야 하며 주차도 용이해야 한다. 또한 점포 내 고객 동선 역시 편리하게 디자인되어 있어야 한다.

둘째, 표적 고객층을 공략할 수 있도록 표적 고객층의 통행량이 많아야 한다. 사람들은 많이 오가지만 정작 표적 고객층이 아니라면 무용지물이기 때문이다. 현재의 표적 고객 수가 적다면 향후 성장 가능성이라도 있어야 한다.

셋째, 지나가는 사람들의 눈에 띌 정도로 가시성이 확보되어 사람들의 이목을 끌 수 있어야 한다.

넷째, 적정 수준의 경쟁이 오히려 입지에 도움이 될 수 있다. 피 말리는 과잉 경쟁은 모두를 파멸로 이끌 수 있지만, 적정한 수의 경쟁점과 함께 모여 있으면 오히려 고객 집객 효과가 높아져 상생할 수 있기 때문이다.

둘째, 유통 경로 구성원들의 적극적인 마케팅 활동을 유도한다

유통 경로 구성원은 독자적인 목표와 전략에 따라 활동하므로 자사 상품의 마케팅에 소극적일 수 있습니다. 그러므로 푸시Push 전략 같은 판매 촉진 정책을 통해 자사 상품의 취급률을 높이고 적극적으로 판매할 수 있도록 유도해야 합니다.

유통 채널의 영업 활성화 정책

물량 무상 제공	• 10박스 구매 시 1박스를 덤으로 제공 • 최종 소비자 판매 가격이 하락하지 않도록 관리해야 함
판촉 지원	• 판매원 또는 판촉 도구를 무상 지원 • 비용이 많이 들지만 효율적으로 유통 채널을 관리할 수 있음
판매 대가 지급	• 백 마진Back Margin이라 불리는 현금성 리베이트Rebate 지급 • 윤리적으로 문제될 소지가 높으므로 유의해야 함
골든 존Golden Zone 진열	• 입점비 또는 진열 매대 비용Slotting Allowance 지급 • 일방적으로 유통 채널에게 휘둘릴 가능성이 높으므로 신중해야 함

전속 대리점 관리 정책

상생 성장 공유	• 비정상적인 갑을 관계로 비난받은 남양유업 사태에서 보듯이 상생 성장을 지향하는 비전 공유가 무엇보다 중요
자생력 강화 지원	• 전속 거래만을 할 경우 판매량 감소로 어려움을 겪을 가능성이 높음 • 일정 수준에 도달할 때까지 안정적인 지원책 제시 필요
상벌 제도 강화	• 목표 달성 시 보너스나 판매 수량에 따른 장려금 등 지급 • 일정 수준 미달 시 영업 활성화를 유도할 수 있도록 벌칙 부여 고려

5 ▪ Communication 전략

4C 전략에서 Communication커뮤니케이션이란 고객이 고객 가치를 효과적으로 인식할 수 있도록 다양한 커뮤니케이션 수단을 통해 추진하는 고객과의 커뮤니케이션을 말합니다. 마케팅 하면 광고를 떠올리듯이 마케팅에 가장 가까운 개념이 커뮤니케이션 전략입니다. 효과적으로 고객에게 가치를 인식시켜 구매를 유도하려는 기업 중심의 전략인 Promotion 전략과 달리 Communication 전략은 고객과 상호 커뮤니케이션을 하며 함께 고객 가치를 창출해 나가는 고객 중심의 전략입니다. 그러므로 대중 매체 광고나 홍보 등 일방적인 미디어 활용에만 머무르지 말고 진정 고객을 위한 쌍방향 커뮤니케이션을 중점으로 보는 시각의 전환이 필요합니다.

일반적으로 기업 입장에서는 커뮤니케이션 활동으로 TV, 라디오, 신문, 잡지 등 4대 대중 매체를 통한 광고나 기사를 통한 홍보, 고객 접점에서의 판매 촉진, 인적 판매 활동 등을 고려합니다. 그러나 고객 입장에서는 이런 커뮤니케이션뿐만 아니라 매장이나 진열 공간, 옥외 광고물, 홈페이지, 블로그, SNS, 이벤트, 고객 커뮤니티, CEO 브랜딩, 후원이나 사회적 책임 활동 등 모든 기업 활동이 고객과의 커뮤니케이션으로 연결될 수 있습니다. 그러므로 매스 미디어Mass Media 중심에서 벗어나 고객 가치를 극대화할 수 있도록 전사 활동을 고객과의 커뮤니케이션 측면에서 통합 관리할 필요가 있습니다. 따라서 고객과의 커뮤니케이션을 원활히 하기 위해서는 다음과 같은 점을 명심해야 합니다.

첫째, 고객 지향적인 관점에서 통합 마케팅 커뮤니케이션, 즉 IMCIntegrated Marketing Communication를 추구해야 합니다.
둘째, 전통적인 커뮤니케이션 수단인 매스 미디어를 효율적으로 활용해야 합니다.
셋째, 최근 중요성이 부각되고 있는 NMMCNon Mass Media Communication 전략을 성공적으로 실현해야 합니다.

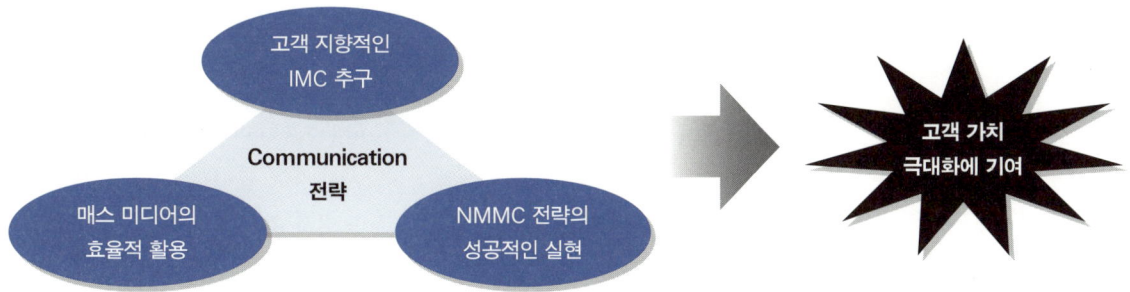

■ 고객 지향적인 IMC를 추구하라

커뮤니케이션 전략에서 가장 중요한 점은 고객 입장에서 바라보는 것입니다. 그러기 위해서는 다음과 같이 고객 지향적인 커뮤니케이션을 중시하는 기업 문화를 육성하고 고객 가치를 극대화하는 방향으로 마케팅 커뮤니케이션을 통합, 관리하도록 노력해야 합니다.

1	전사적으로 고객 지향적인 커뮤니케이션 자세를 유지해야 합니다.
2	고객 가치를 극대화할 수 있도록 마케팅 커뮤니케이션을 통합 관리해야 합니다.

첫째, 전사적으로 고객 지향적인 커뮤니케이션 자세를 유지한다

Communication 전략 수립이나 실행에 앞서서 근본적으로 고객 입장에서 고객과의 커뮤니케이션에 집중하려는 기업 문화가 형성되어야 합니다. 그러려면 무엇보다도 고객의 소리를 들으려는 자세를 가져야 합니다. 고객에게 효과적으로 인식시킬 방법만 고민하며 고객에게 말하는 데만 집중하다 보면 고객의 소리를 듣는 것이 더욱 중요함을 간과하기 쉽기 때문입니다. 운영 비용 등의 문제로 고객 서비스 센터를 아웃소싱하는 것이 대표적인 예입니다. 고객 지향적인 커뮤니케이션의 중요성을 인식한다면 고객과의 주요 접점인 고객 서비스 센터를 강화하는 게 당연한데도 말입니다. 또한 관리의 효율성을 높이기 위해 매뉴얼대로만 응대하려 하기보다는 고객 입장에서 신속하게 문제를 해결해 줄 수 있도록 고객 서비스 담당자에게 권한을 대폭 위임할 필요도 있죠.

고객 감동으로 성공한 온라인 쇼핑몰 자포스 Zappos의 고객 서비스 원칙 중 첫 번째가 'Make Customer Service a priority for the whole company. It's not just a department. 고객 서비스를 한 부서만이 아니라 회사 전체의 최우선 사항으로 하라.'라고 합니다. 고객 서비스 센터 역시 권한을 대폭 위임받은 정규 인력으로 운영하고 있으며, 고객에게 특별한 경험을 선사하기 위해 노력하고 있다고 합니다.

둘째, 마케팅 커뮤니케이션을 통합 관리한다

통합 마케팅 커뮤니케이션Integrated Marketing Communication을 의미하는 IMC는 세계적인 광고 대행사 오길비앤매더Ogilvy & Mathers에서 최초로 도입한 개념입니다. 매스 미디어 등 다양한 커뮤니케이션 수단들이 일관성 없이 분리된 채 활용되다 보니 고객과의 커뮤니케이션에 혼란이 생겨 효율적인 고객 가치 창출 및 브랜드 자산 구축이 어렵다는 반성에서 출발, 모든 커뮤니케이션 수단들을 통합적으로 활용함으로써 고객과의 일관성 있는 커뮤니케이션을 지속적으로 추진하려는 전략을 말합니다.

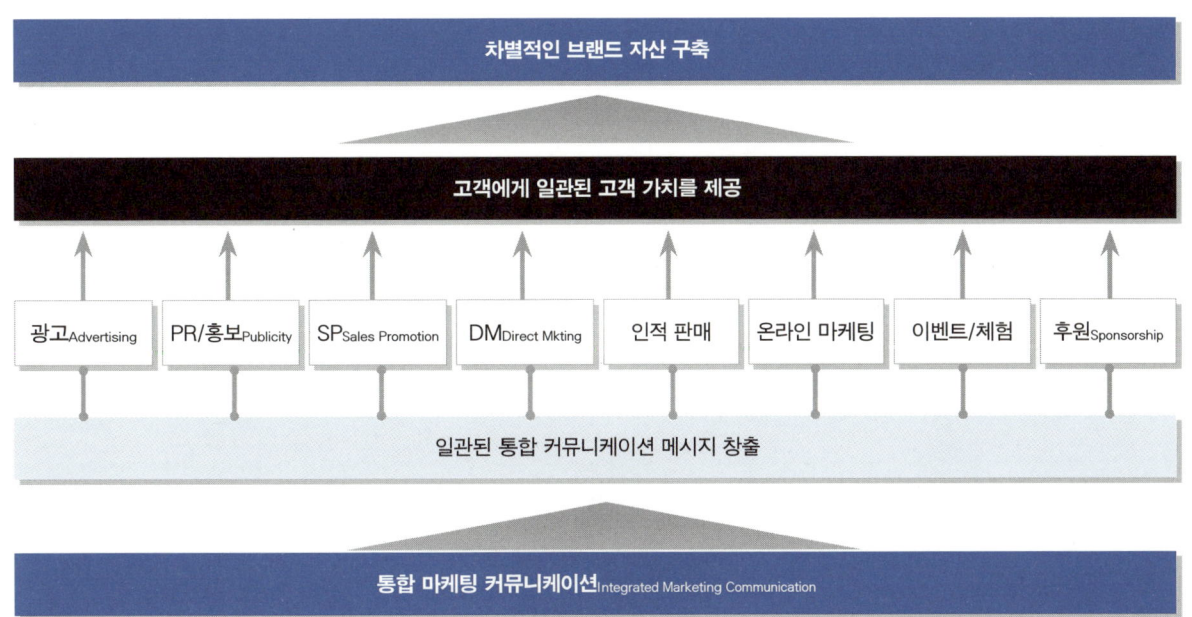

IMC를 통해 모든 커뮤니케이션 수단을 활용하여 고객의 구매 행동 전 과정에 걸쳐 일관된 메시지를 전달함으로써 인지도와 선호도를 높이고 감동적인 고객 체험을 선사하여 고객 충성도를 강화할 수 있습니다.

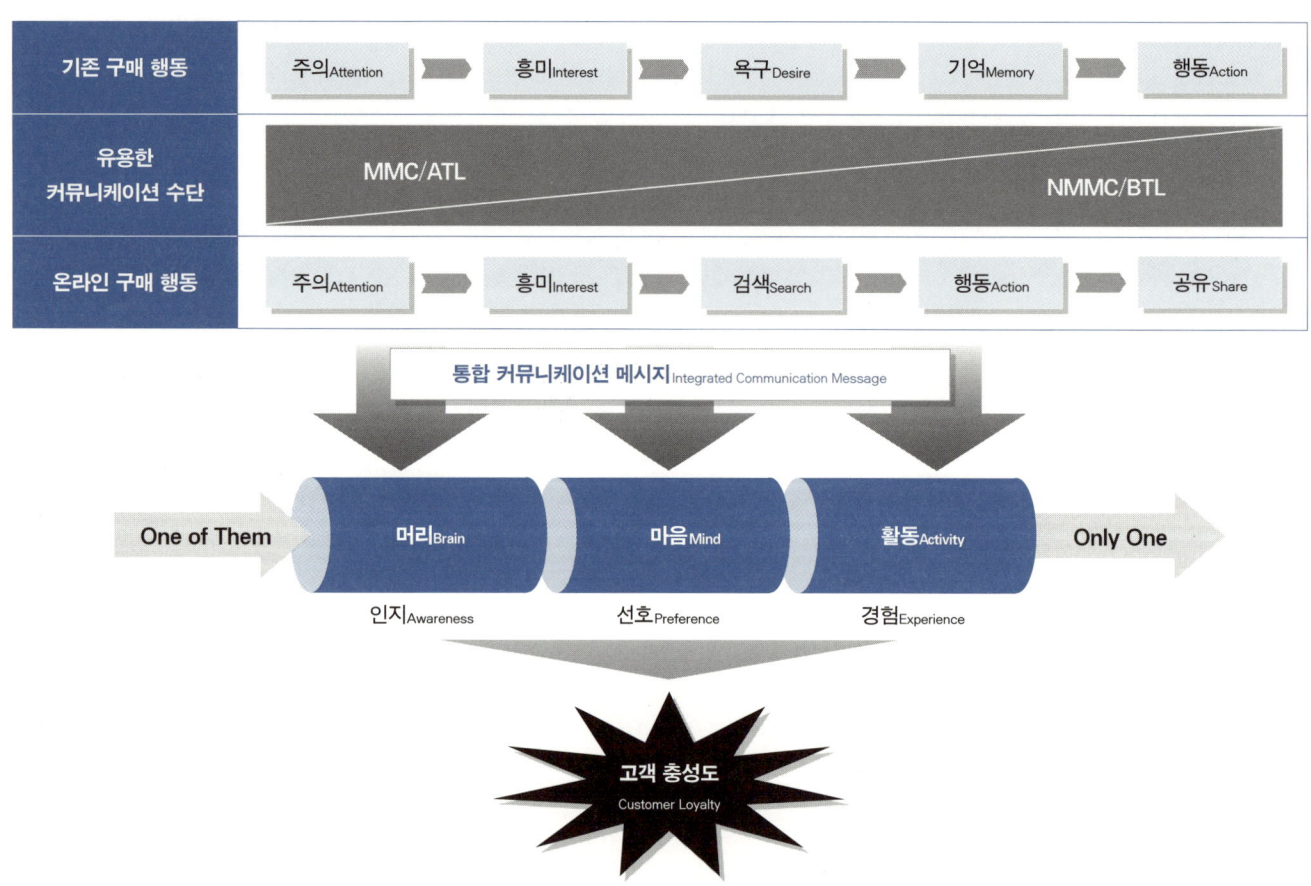

■ 매스 미디어를 효율적으로 활용하라

마케팅 하면 대개 광고Advertising와 홍보Publicity를 떠올립니다. 그만큼 광고와 홍보의 영향력이나 중요성이 크다는 것이겠죠. 최근 들어 광고와 홍보가 일방적인 커뮤니케이션이라는 점에서 영향력이 둔화되고 있다고는 하지만, 여전히 커뮤니케이션의 핵심 요소임은 부인할 수 없습니다. 이처럼 광고나 홍보 등 매스 미디어를 활용하여 다수의 사람들에게 메시지를 전달하려는 커뮤니케이션을 MMC, 즉 매스 미디어 커뮤니케이션Mass Media Communication이라 합니다. 광고 업계에서는 이를 ATLAbove The Line이라고 부르기도 합니다.

매스 미디어라 하면 크게 TV, 라디오, 신문, 잡지의 4대 매체를 가리키며, 매체별로 다음과 같은 장단점을 지니고 있습니다.

	TV	라디오	신문	잡지
장점	광범위, 시청각, 높은 주목도	표적화, 높은 빈도율, 저비용	광범위, 정보량, 높은 신뢰도	표적화, 정보량, 높은 회람율
단점	투자비, 정보 제한, 광고 홍수	청각에만 의존, 낮은 주목률	낮은 인쇄 품질, 낮은 회람율	낮은 도달률, 긴 리드 타임

일반적으로 매스 미디어를 통한 광고나 홍보는 다음과 같은 목적으로 추진됩니다.

첫째, 출시한 브랜드 및 상품 관련 정보를 알려줌으로써 브랜드 인지도를 높입니다.
둘째, 자사 브랜드의 차별성을 부각시킴으로써 경쟁력 있는 브랜드 이미지를 구축합니다.
셋째, 고객의 마음속에 자리잡은 자사 브랜드를 상기시켜 줌으로써 브랜드 자산을 강화합니다.
넷째, 개별 상품이나 브랜드가 아닌 기업에 대한 좋은 이미지를 창출하거나 유지합니다.

그런 측면에서 구체적으로 매스 미디어를 효율적으로 활용하는 방안을 살펴보면 다음과 같습니다.

1	내·외부 여건에 맞게 미디어 믹스Media Mix를 수립, 실행합니다.
2	브랜드 자산을 강화시켜 줄 수 있는 크리에이티브Creative 전략이 필요합니다.
3	광고보다 신뢰도가 높은 홍보를 적절히 활용합니다.

첫째, 내·외부 여건에 맞게 미디어 믹스를 수립, 실행한다

일반적으로 광고 전략은 '어떻게 전달할 것인지'의 미디어 믹스Media Mix와 '무엇을 전달할 것인지'의 크리에이티브Creative 전략을 말합니다. 미디어 믹스란 광고 효과를 극대화하기 위해 둘 이상의 미디어를 매체로 활용하는 것으로, TV, 라디오, 신문, 잡지 등 전통적인 4대 매체뿐 아니라 케이블 TV와 인터넷 등 뉴미디어를 포함하여 어떤 매체를 선택할 것이며 상대적인 비중은 어느 정도로 할 것인지를 결정합니다. 참고로 광고 매체 계획은 다음과 같이 수립됩니다.

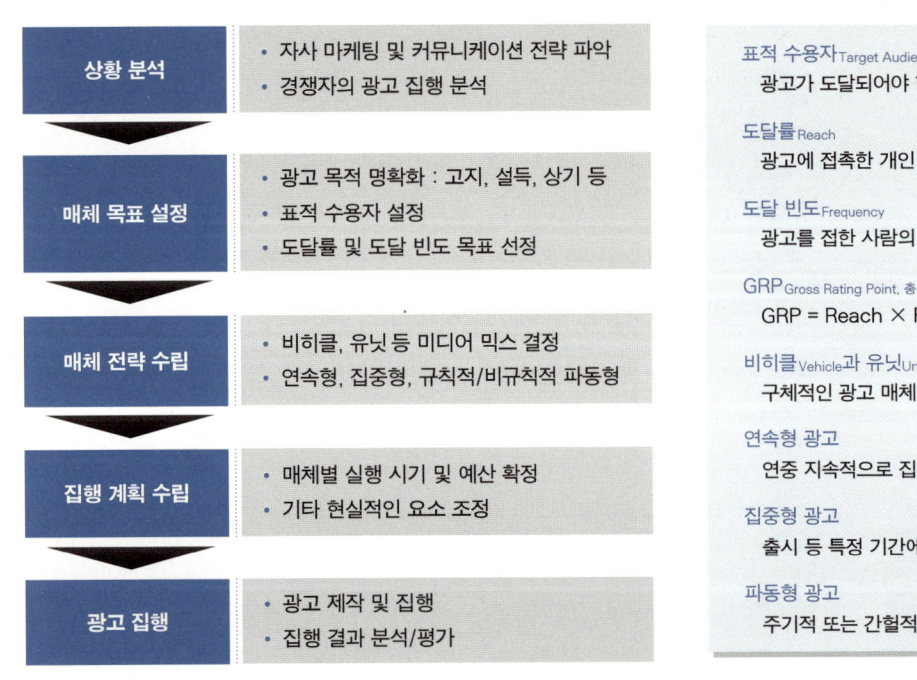
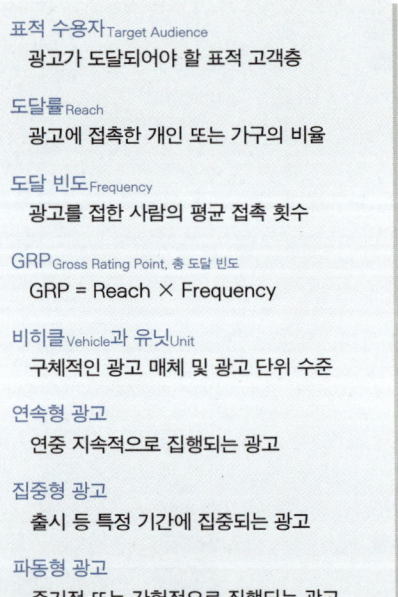

하나의 매체만으로는 광고 목표를 달성할 수 없는 경우가 대부분이기에 미디어 믹스는 목표 달성에 유효한 전략입니다. 그런 측면에서 미디어 믹스의 구체적인 기대 효과를 살펴보면 다음과 같습니다.

첫째, 서로 다른 매체를 활용함으로써 매체 습관이 다른 사람들에게도 폭넓게 접근할 수 있어서 목표 도달률을 효율적으로 확보할 수 있습니다.
둘째, 한 매체에만 집중할 경우 일부 표적 수용자에만 몰리는 것을 최소화함으로써 도달 빈도 분포의 균일성을 확보할 수 있습니다.
셋째, 다양한 매체를 사용함으로써 각각의 매체가 가진 고유한 특성들을 활용, 다양한 크리에이티브를 적용하거나 광고 시너지 효과를 극대화할 수 있습니다.

낙숫물이 바위를 뚫다

기억과 밀접한 관련이 있는 핵심 요인 중 하나가 바로 반복적인 노출이다. 광고에 대한 중복 노출은 정보화할 수 있는 기회를 증가시켜 소비자의 기억을 강화시키며, 브랜드 인지도를 더욱 높여줄 수 있다. 또한, 단기간의 집중적인 노출보다 시간적 간격을 두고 여러 번 노출시킴으로써 소비자의 머릿속에 장기 기억되게 함으로써 기억을 재강화하는 효과도 누릴 수 있다. 단적인 예가 바로 '빨간펜'이다.

빨간펜은 구체적인 상품 설명 없이 브랜드를 상기시키는 것으로 광고의 내용을 채웠다. 가령 북한에서 귀순한 김혜영 씨만 빨간펜이 좋은 걸 모른다는 식이다. 구체적인 상품 설명 없이 브랜드를 상기시키는 것만으로도 학습 효과에 높은 기대감을 갖게 할 수 있는 것은 3년 동안 일관된 메시지를 갖고 광고를 운영했기 때문이다.

실제로 소비자 조사에서도 빨간펜에 대한 인식 항목의 경우, '학교 공부'라는 범위 내의 응답이 많았다. 빨간펜은 소비자의 니즈를 직접 자극하는 '학교 공부를 잘하게 해주는 학습지'라는 콘셉트에 기초하여 매년 조금씩 표현 콘셉트를 바꿔나가면서 광고를 운영해 왔던 것이다. 결국 브랜드와 연관되는 콘셉트를 지속적으로 광고함으로써 브랜드와 콘셉트 간의 연결 고리가 굵어져 브랜드 파워를 키울 수 있었다. 낙숫물이 바위를 뚫은 셈이다.

둘째, 브랜드 자산을 강화시켜 줄 수 있는 크리에이티브 전략이 필요하다

사실, 광고에서 미디어 믹스보다 더 중요한 게 바로 크리에이티브 전략입니다. 일반적으로 크리에이티브Creative란 광고 기획 후 창작 과정을 의미하는 말로, 광고 기획 과정을 통해 나온 아이디어를 광고 콘텐츠로 구체화하는 작업을 말합니다. 고객에게 핵심 메시지를 효과적으로 소구하는 크리에이티브가 없다면 아무리 미디어 믹스를 효율적으로 설계, 실행했다 하더라도 광고는 실패할 가능성이 높을 수밖에 없습니다. 참고로 광고 콘셉트의 성공 요건은 다음과 같습니다.

광고 콘셉트	광고를 통해 표적 수용자들에게 전하려는 핵심 메시지를 결정하는 일

무엇을 말하려고 하는가?

성공 요건

한 가지에 집중한다	• 광고의 홍수 시대에 여러 메시지는 기억되지 못함 • 단 하나의 메시지에만 집중, 깊은 인상을 남기는 게 바람직함
단순 명료해야 한다	• 복잡하고 어려우면 거부하는 경향이 있음 • 이해하기 쉽고 직관적으로 다가갈 수 있도록 해야 함
이목을 끌어야 한다	• 사람들의 이목을 끌 만한 요소가 있어야 함 • 유명인, 3B(Beauty, Baby, Beast), 기발함, 의외성, 반전 등
적절한 소구 방식을 택한다	• 상품과 고객 특성에 맞게 소구 방식을 정해야 함 • 이성적 소구 : 비교, 증언, 직접적/암시적 표현 등 • 정서적 소구 : 온정, 유머, 공포, 엽기, 성적 소구 등
브랜드와 연결되어야 한다	• 때로 광고는 기억하는데 브랜드는 기억하지 못할 수 있음 • 반드시 광고를 통해 브랜드가 연상될 수 있도록 해야 함

FCB 그리드Grid 모델이란 미국계 광고대행사인 FCB에서 개발한 광고 전략 모델로, 관여도 정도와 정보 처리 방식에 따라 다음과 같이 광고 전략을 네 방향으로 분류하고 있습니다.

FCB 그리드 모델

	이성	감성
고관여	정보적 전략 (Learn ▶ Feel ▶ Do)	정서적 전략 (Feel ▶ Learn ▶ Do)
저관여	습관 형성 전략 (Do ▶ Learn ▶ Feel)	자기 만족 전략 (Do ▶ Feel ▶ Learn)

정보적 전략	• USP를 중심으로 구체적인 상품 정보를 제공 • 자동차, 가구, 보험 등
정서적 전략	• 강렬하고 독특한 이미지로 감성에 소구 • 보석, 화장품, 패션 등
습관 형성 전략	• 습관 형성을 유도하기 위해 지속적으로 상기 • 음식품, 일상적인 생활용품 등
자기 만족 전략	• 차별적인 사용 경험을 강조, 자기 만족을 유도 • 담배, 주류 등의 기호품

"손이 가요, 손이 가! 새우깡에 손이 가요~!"

반복을 통한 상기 광고는 저관여 상품의 인지도 제고뿐 아니라 친밀감을 강화하여 호감도까지 증가시킬 수 있다. 일례로 약 광고를 들 수 있다. 약 광고의 목적은 소비자가 약국에서 약을 구입할 때 광고에서 들은 대로 "OOO 주세요."라고 약 이름을 말할 수 있도록 하는 것이다. 그래서 광고 내내 약 이름을 반복한다. '맞다! 게보린', '이가 튼튼 이가탄' 등 단순 반복적인 약 광고들이 대표적이다.

이런 반복 광고에 대해 소비자들은 세뇌 광고라고 비난하기도 한다. 하지만 이런 논란에도 불구하고 반복 광고가 계속되는 이유는 그만큼 습관 형성 전략에 유용한 광고 방식이 없기 때문일 것이다.

구체적으로, 콜로라도대 광고학과 찰스 프레이저Charles Frazer 교수가 제시한 일곱 가지 크리에이티브 전략을 살펴보면 다음과 같습니다.

일반적 편익 소구 전략 Generic Strategy	• 상품의 일반적인 특성이나 편익을 전달하는 데 집중하는 전략 • 혁신적인 신시장을 창출하려는 개척자나 독점적인 마켓 리더에 적합 • 사례 : 숙취 해소에 컨디션, 물 먹는 하마 등
선점 전략 Pre-emptive Strategy	• 자사 상품의 배타적인 우수성을 포괄적으로 주장할 때 활용하는 전략 • 자사의 경쟁 우위를 경쟁자가 쉽게 모방할 수 없을 때 적합 • 사례 : 발효 과학 딤채, 아이폰/아이패드 등
특장점 소구 전략 USP Strategy	• 단 하나의 우수한 특장점인 USP Unique Selling Proposition를 집중 소구하는 전략 • 경쟁자 대비 차별적인 요소를 부각시키려 할 때 적합 • 사례 : 천연 암반수 하이트, 손잡이 탈/부착 테팔 프라이팬 등
브랜드 이미지 전략 Brand Image Strategy	• 브랜드 이미지를 친숙하게 각인시키거나 상기시키려는 전략 • 경쟁자 간의 차이가 크지 않고 이미지가 구입 여부를 결정할 때 적합 • 사례 : 코카콜라, 래미안, 마이클 조던의 나이키 등
포지셔닝 전략 Positioning Strategy	• 고객의 마음속에서 경쟁자 대비 유리한 고지를 점령하려는 광고 전략 • 시장 세분화를 통해 표적 시장을 장악하고자 할 때 적합 • 사례 : 대한민국 1% 렉스턴, 아인슈타인 우유 등
동조 전략 Resonance Strategy	• 과거에 축적된 긍정적인 경험에 대한 동조를 불러일으키는 전략 • 차별화가 거의 없거나 정보 제공이 필요치 않을 때 적합 • 사례 : OB 라거의 랄랄라 캠페인 등
정서적 전략 Affective Strategy	• 긍정적 이미지나 호의적인 요소를 전달하여 정서적으로 소구하는 전략 • 서로 비슷한 상품들이 많이 존재할 때 차별화 방법으로 적합 • 사례 : 오리온 초코파이 정, 고향의 맛 다시다, 경동보일러 효 등

참고로 최근 부상하고 있는 PPL Product Placemen 광고와 CSR Corporate Social Responsibility 광고 등 우회적으로 광고하는 전략을 살펴보도록 하겠습니다.

광고에도 우회 전략이 있다

직접적으로 브랜드를 고지하거나 설득, 상기시키는 광고만이 효과가 있는 건 아니다. 우회적으로 공략하는 광고가 때로는 더 큰 효과를 발휘하기도 한다. 그 대표적인 예로 PPL 광고를 들 수 있다. PPL이란 상품을 협찬하거나 협찬금을 제공하는 대신 자사 상품을 영화나 TV 프로그램 등의 소품으로 이용해 간접적으로 광고하는 방식을 말한다.

'상품이나 브랜드에 대한 정보 제공 없이 단순히 영화나 TV 프로그램 속에서 보이기만 하는데도 광고 효과를 기대할 수 있을까?'란 의문이 들 수도 있지만 현실은 그렇지 않았다. PPL이 본격적으로 사용되었던 영화 〈E. T.〉에 나왔던 허쉬 초콜릿이 영화 상영 1개월 만에 개봉 전 대비 65%의 매출 상승을 보였듯이 말이다. 이렇듯 할리우드를 중심으로 외국에서는 80년대부터 PPL의 중요성이 인식되고 널리 활용되어 왔지만, 우리나라의 경우 2009년도까지는 법적으로 금지되었다. 그러다가 2010년에 허가된 후 최근 들어 각광을 받고 있다. 특히 PPL 광고를 통해 영화나 TV 프로그램에 노출된 후 상품이나 브랜드 인지도뿐만 아니라 매출이 급상승하는 결과가 나오자 광고의 주요 수단 중 하나로까지 자리 잡게 되었다.

이렇듯 PPL의 광고 효과가 큰 이유는 무엇일까? 여러 이유를 들 수 있겠지만, 역설적이게도 광고답지 않은 광고라는 점을 그 이유로 꼽을 수 있다. 사실 요즘 사람들은 광고를 잘 신뢰하지 않으며, 수시로 지핑 재핑 Zipping & Zapping(TV 채널 이동)을 하며 광고를 보려고도 하지 않는다. 이런 광고에 비해 PPL은 브랜드나 상품을 직설적으로 광고하지 않기에 저항감을 완화시킬 수 있으며, 영화나 TV 프로그램을 시청하는 동안에는 볼 수밖에 없다는 장점이 있다. 또한 스토리상 긍정적인 감정이나 감동이 브랜드에 전이되는 효과도 기대할 수 있다. 물론 PPL인지도 모른 채 지나가거나 노골적인 PPL로 거부감을 들게 하는 등 부정적인 효과도 있을 수 있지만, 한동안 PPL의 인기는 지속될 가능성이 높아 보인다.

또 다른 성공적인 우회 전략으로는 기업 광고나 CSR 광고를 들 수 있다. 유한킴벌리의 '푸르게 푸르게' 광고처럼 직접적인 구매 설득 광고와 달리 기업의 비전이나 사회적인 책임을 강조함으로써 고객들의 광고 거부감을 완화시키고 고객의 마음속에 기업 이미지를 긍정적으로 전환시키는 등 더 큰 효과를 창출할 수도 있기 때문이다.

셋째, 광고보다 신뢰도가 높은 홍보를 적절히 활용한다

홍보 Publicity란 회사나 상품, 서비스 등에 대한 정보를 언론 기관에 소재로 제공하여 기사화하려는 활동을 말합니다. 이때 언론 기관에 제공되는 자료를 보도 자료 Press Release라고 합니다. 참고로 넓은 의미에서 홍보라고 말하는 PR은 Public Relations의 약자로, 언론사뿐만 아니라 주주, 임직원, 공급자, 구매자, 소비자, 채권자, 공공기관 등 이해 관계자 및 일반 대중과 상호 유익한 관계를 구축하기 위한 커뮤니케이션 활동을 의미합니다.

언론 홍보는 광고에 비해 신뢰도가 높고 상대적으로 비용이 적게 든다는 장점이 있는 반면, 기사화를 통제할 수 없고 때로는 부정적인 기사도 나올 수 있다는 단점을 지니고 있습니다. 하지만 고객 입장에서는 광고보다 홍보를 객관적으로 바라보고 있기에 잘 활용한다면 상당한 효과를 거둘 수 있습니다.

Case | 영화 〈쥬라기 공원〉

> 1993년 개봉되자마자 세계적으로 공룡 신드롬을 일으키며 대성공을 거둔 영화 〈쥬라기 공원Jurassic Park〉의 성공 요인 중 하나로 사전 홍보를 꼽는다. 사실 대작 영화는 대중의 관심이 집중될 수밖에 없기에 사전 홍보는 영화를 알리는 좋은 수단이 될 수 있다. 〈쥬라기 공원〉 역시 사전 홍보에 엄청난 공을 들였다고 한다. 영화가 상영되기 한 달 전부터 1천 건 이상의 보도 자료를 만들어 언론에 배포했으며, 영화에 출연한 유명 스타들이 TV 프로그램에 출연, 적극적으로 홍보를 펼쳤다. 또한 공룡들을 실제로 보는 듯이 재생한 그래픽 기술이나 공룡 복제 등도 적극적으로 이슈화시켰다. 일례로 바이오 관련 전문가들을 TV 프로그램에 출연시켜 영화에서처럼 공룡을 실제로 복제할 수 있는지 토론하게 함으로써 공룡 복제를 화제로 만들었다.
>
> 결국 끊임없이 뉴스화될 만한 소재를 발굴, 이슈화시킴으로써 상영되기도 전에 영화에 대한 관심을 불러일으켰고, 이는 대성공으로 이어졌다.

구체적으로 언론 홍보에 성공하기 위해 필요한 요건을 살펴보면 다음과 같습니다.

		보도 가치가 있는 소재를 제공하는 것은 기본	
1	소재의 차별성	공익성	대중의 실생활에 상당한 영향을 주는 사항
		신속성	최신의 뉴스 거리 (지나간 이야기는 보도되기 어렵다)
		저명성	유명인, 유명 기업의 활동은 뉴스 가치가 높음
		갈 등	대결, 적대감, 불균형 등 갈등 구조는 좋은 뉴스거리
		독특성	일상적인 것이 아닌 최초 또는 최고, 희소, 탁월 등
		근접성	미래 전망처럼 대중이 관심을 가질 만큼 자신과 관련된 사항
		유행성	때로는 현재 유행하는 시류적인 것도 뉴스 거리가 됨
		정 보	유용하게 활용할 수 있는 객관화된 정보
		뉴스 거리를 효과적으로 알릴 수 있는 보도 자료 작성 역시 중요	
2	보도 자료	콘텐츠	핵심만 간결하게 압축하여 정리해야 함
		제 목	주제를 한 줄로 표현하여 눈길을 사로잡을 수 있어야 함
		구 성	두괄식으로 정리 : 핵심 주제 - 주요 설명 - 부가 설명
		본 문	독자 입장에서 이해하기 쉽도록 작성되어야 하고, 그대로 기사로 활용될 수 있도록 완벽하게 작성해야 함
		기 타	사진이나 동영상 첨부, 작성자 소개
		언론 기관과의 호의적인 관계를 지속 유지하는 것도 필요	
3	관계 구축	담당자	언론 대응을 전문으로 하는 인력/조직으로 일원화
		업 무	보도 자료 배포 시간/방법 준수, 질의에 대한 신속한 응답 등

■ NMMC 전략을 성공적으로 실현하라

NMMC란 Non Mass Media Communication의 약자로, 매스 미디어 중심에서 벗어나 다양한 커뮤니케이션 수단을 통해 일관된 메시지를 전달하여 경쟁력 있는 브랜드 자산을 구축하려는 커뮤니케이션 활동을 말합니다. 광고 업계에선 이를 BTL Below The Line이라고 합니다.

강력한 브랜드 자산은 독특한 브랜드 개성과 차별적인 브랜드 이미지, 친밀한 고객 관계 등에 의해 구축됩니다. 그런데 MMC는 브랜드 제안에는 효과적이지만 고객과의 관계 구축은 힘든 게 사실입니다. 반면에 NMMC는 고객과의 호의적인 관계를 구축하고 개별적인 친밀감을 형성하는 데 효과적이기에, MMC를 보완하여 강력한 브랜드 자산을 구축하는 데 유용한 커뮤니케이션 수단입니다. 나이키나 아디다스, 하겐다즈 등 성공 브랜드들이 NMMC를 통해 강력한 브랜드 자산을 구축했듯이 말이죠.

구체적으로 NMMC 전략을 성공적으로 실현하기 위해서는 다음과 같은 점들에 유의해야 합니다.

1	브랜드 자산 구축을 목표로 일관되게 실행되도록 관리해야 합니다.
2	고객과 만나는 접점 관리가 무엇보다 중요합니다.
3	후원이나 CEO 브랜딩Branding 등 다양한 커뮤니케이션 수단을 최대한 개발해야 합니다.

첫째, 브랜드 자산 구축을 목표로 일관되게 실행되도록 관리한다

강력한 브랜드 자산을 구축하기 위해서는 데이비드 아커David A. Aaker가 말했듯이 먼저 자신의 브랜드 아이덴티티와 고객이 중요하게 여기는 스위트 스폿Sweet Spot으로부터 고객이 공감할 만한 주도적인 아이디어를 도출해야 합니다. 그 후 이를 중심으로 다양한 커뮤니케이션 수단을 활용한 체계적인 브랜드 구축 프로그램을 수립, 이를 일관되게 실천함으로써 친밀한 고객 관계를 형성해야 합니다.

고객 관계 형성 모델

브랜드	고객의 스위트 스폿	주도적인 아이디어
아디다스	팀 경기라는 주말 활동	아디다스 길거리 농구 대회
코카콜라	애국심과 축하의 즐거움	올림픽 성화 랠리
할리 데이비슨	자유롭고 남성적인 느낌	할리 오너스 그룹 (HOG)
스타벅스	일상적으로 즐기는 커피 시간이 주는 기능적이고 사회적인 즐거움	유럽식 커피 하우스 체험

출처 | 데이비드 아커, 에릭 요컴스탈러, 《브랜드 리더십》, 비즈니스북스, 2007

구체적으로 NMMC 성공 사례로 고급 아이스크림의 대명사인 하겐다즈Haagen-Dazs를 알아보도록 하겠습니다.

Case | 하겐다즈의 성공

NMMC를 통한 브랜드 구축 사례로 데이비드 아커의 《브랜드 리더십Brand Leadership》에 소개된 하겐다즈를 살펴보자. 1989년에 하겐다즈가 진입할 당시 유럽 아이스크림 시장은 이미 업체들 간의 경쟁이 몹시 치열한 상태였다. 더구나 하겐다즈는 경쟁자 대비 30~40%나 가격이 비쌌기에 여건이 더욱 어려웠다. 그럼에도 출시 후 승승장구하며 유럽 고급 아이스크림 시장의 3분의 1을 차지할 정도로 대성공을 거둔 데에는 하겐다즈만의 NMMC 전략이 큰 역할을 했다.

신상품이 출시되면 매스 미디어를 통해 광고하는 게 일반적이지만, 하겐다즈는 그 길을 택하지 않고 NMMC로 방향을 전환했다. 하겐다즈는 세련되고 부유한 소비자들을 표적 고객으로 삼고 북유럽 스타일로 네이밍한 브랜드와 기존의 아이스크림보다 맛이 진하고 값비싼 고급 아이스크림으로 포지셔닝 전략을 구축했다. 문제는 이를 어떻게 고객에게 인식시키느냐였다. 이에 하겐다즈는 '감각적이고 고급스러우며 계절을 가리지 않고 아이스크림을 즐길 수 있는 즐거움을 체험하는 것'을 주도적인 아이디어로 채택하고 이를 실행하기 위한 브랜드 구축 프로그램을 다음과 같이 추진했다.

첫째, 여타 아이스크림 가게들과 달리 고급스럽고 깔끔하며 카페 같은 매장을 통행량이 많고 유명한 장소에 개장함으로써 매장 자체가 사람들에게 긍정적이고 기억에 남는 경험을 제공하도록 했다. 이렇듯 브랜드 이미지를 극대화한 하겐다즈의 플래그십 스토어Flagship Store는 본 프로그램의 가장 강력한 주도자 역할을 지속적으로 수행했다.
둘째, '하겐다즈 – 즐거움을 위한, 예술을 위한'이라는 주제로 펼쳐치는 문화 이벤트를 후원함으로써 문화 이벤트로 연상되는 이미지가 주도적인 아이디어로 연결되며 브랜드 이미지를 강화하는 데 기여했다.
셋째, 고급 호텔과 음식점에 제품을 집중 공급함으로써 배타적이고 고급스러운 브랜드 이미지를 한층 강화시켰다.
넷째, 슈퍼마켓 등에 진입할 때는 하겐다즈 브랜드가 부착된 자체 냉동기를 공급, 진열해 놓음으로써 하나의 냉동기 속에 섞여 있는 경쟁 아이스크림과 달리 고급스러우면서도 차별화된 이미지를 부각시켰다.

이런 다양한 노력들이 하겐다즈만의 브랜드 가치를 고객에게 일관되게 인식시킴으로써 하겐다즈는 고급 아이스크림의 대명사로 자리 잡을 수 있었다.

둘째, 고객과 만나는 접점 관리가 무엇보다 중요하다

하겐다즈나 21세기 주요 마케팅 트렌드에서 소개한 헬로키티, 스타벅스의 사례에서 보듯이 매장이 NMMC의 주요 수단이 될 수밖에 없는 이유는 매장이 바로 고객과 만나는 접점이기 때문입니다. 고객과의 관계 구축을 지향하는 NMMC에서는 무엇보다도 고객 접점 관리가 중요합니다. 고객이 브랜드를 직접 경험하고 느낄 수 있도록 매장을 구현함으로써 매장 자체를 브랜드 구축의 핵심 커뮤니케이션 수단으로 만들 수 있기 때문입니다.

5층 건물 전체가 나이키 상품들과 직접 체험해 볼 수 있는 코너들로 가득 찬 나이키 타운Nike Town은 뉴욕의 관광 명소 중 하나로까지 자리잡았습니다. 아웃도어 전문 업체 REI의 시애틀 매장 역시 매장 내에 백 미터가 넘는 산악 자전거 도로와 실내 암벽 등반 시설, 캠프용 버너를 시험할 수 있는 벽난로, 방수 장비를 시험할 샤워실 등을 설치, 운영함으로써 단순히 상품을 판매하는 매장이 아니라 고객이 브랜드를 체험하고 공유하는 아웃도어 문화 공간으로 만들었습니다. 이렇듯 매장을 커뮤니케이션 수단으로 올바르게 활용하기 위해서는 다음과 같은 요소들을 갖추어야 합니다.

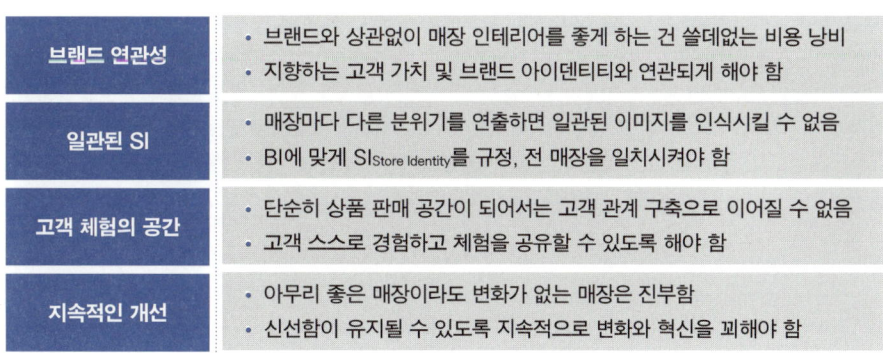

브랜드 연관성	• 브랜드와 상관없이 매장 인테리어를 좋게 하는 건 쓸데없는 비용 낭비 • 지향하는 고객 가치 및 브랜드 아이덴티티와 연관되게 해야 함
일관된 SI	• 매장마다 다른 분위기를 연출하면 일관된 이미지를 인식시킬 수 없음 • BI에 맞게 SI Store Identity를 규정, 전 매장을 일치시켜야 함
고객 체험의 공간	• 단순히 상품 판매 공간이 되어서는 고객 관계 구축으로 이어질 수 없음 • 고객 스스로 경험하고 체험을 공유할 수 있도록 해야 함
지속적인 개선	• 아무리 좋은 매장이라도 변화가 없는 매장은 진부함 • 신선함이 유지될 수 있도록 지속적으로 변화와 혁신을 꾀해야 함

매장을 방문하는 사람들이 구매하는 것은 단순한 상품만이 아니라 매장을 통해 창출되는 고객 가치입니다. 그러므로 고객 가치 인식에 영향을 미치는 매장 분위기 혁신에도 관심을 가질 필요가 있습니다. 매장 인테리어를 대대적으로 변모시킴으로써 재도약에 성공한 고디바Godiva처럼 말입니다.

Case | 고디바 초콜릿

유럽 명품 초콜릿의 대명사 고디바의 네이밍은 영국의 고디바 부인 전설에서 유래했다. 11세기 어느 지방 영주의 부인이었던 고디바 부인은 남편인 영주의 가혹한 세금 정책에 반대해 감세를 요청했다고 한다. 이에 영주는 화를 내며 부인이 알몸으로 말을 타고 마을을 한 바퀴 돈다면 감세해 주겠다고 했다. 남편은 부인이 당연히 그렇게 하지 않으리라 여겼지만, 고디바 부인은 남편의 제의를 수락했다. 이에 농민들은 고디바 부인의 정성에 감동하여 부인이 벌거벗고 마을을 도는 동안 아무도 그녀의 몸을 보지 않기로 다짐했다. 실제로 고디바 부인이 벌거벗은 채 말을 타고 마을을 도는 날 농민들은 모두 창문을 걸어 잠그고 집안에 틀어박혀 있었다. 그런데 호기심을 참을 수 없었던 한 남자가 창문 틈새로 몰래 훔쳐보았는데, 그는 그 후 장님이 되었다고 한다. 결국 고디바 초콜릿은 고디바 부인의 전설을 통해 진정으로 사람을 위하는 고귀함뿐만 아니라 참을 수 없는 유혹이라는 이미지를 가져온 것이다.

이렇듯 감성적인 브랜드 연관성을 지닌 채 순항하던 고디바 초콜릿은 1994년 불경기를 맞아 1파운드에 45달러 이상으로 판매되는 최고급 제품의 판매율이 떨어지는 악재를 만났다. 이에 고디바는 매장을 일신하여 고객에게 브랜드 이미지를 상기시킴으로써 불황을 돌파해 나가려 했다. 즉, 매장 인테리어를 통해 고디바 부인 전설을 상기시킴으로써 초콜릿을 먹는 경험을 관능적이고, 관대하며, 심지어는 죄스럽게 느끼도록 했다. 이를 위해 고디바는 수백만 달러를 들여 시범 매장을 하얀 목재의 마루와 유리로 장식해 우아한 중세풍 분위기를 창출했다. 하얀 중세풍의 매장에 진열된 검은 초콜릿을 연상해 보라. 고디바 부인과 동시대에 사는 듯한 착각 속에 참을 수 없는 유혹의 초콜릿을 맛보고 싶지 않겠는가? 이렇듯 브랜드를 체험하도록 만든 시험 매장이 대성공을 거두자 고디바는 모든 매장의 인테리어를 동일하게 바꾸는 조치를 단행했다.

결국 매장을 고객과의 커뮤니케이션 수단으로 적극 활용함으로써 고급스럽고 관대하면서도 관능적인 고디바의 브랜드 이미지를 고객의 마음속에 깊이 인식시킬 수 있었다.

고객 접점 관리로 고려되어야 할 또 하나의 커뮤니케이션 수단은 바로 판매 촉진, 즉 SP(Sales Promotion)입니다. 일반적으로 SP는 매출을 극대화하기 위한 수단이기에 영업의 영역에서 다룹니다. 하지만 SP 역시 고객과의 접점이란 점에서 커뮤니케이션 수단으로 관리되어야 일관된 커뮤니케이션을 유지할 수 있습니다. 매출 극대화만을 추구하다가는 고객과의 커뮤니케이션에 혼선을 일으켜 고객 가치 및 브랜드 가치의 저하를 불러올 수 있기 때문입니다. 구체적으로 SP 유형을 살펴보면 다음과 같습니다.

SP는 단기적으로 매출 증대를 꾀할 수 있으며 구매를 유도해 브랜드를 경험하게 할 수 있다는 장점이 있는 반면, 브랜드 가치 하락이나 가격 민감도가 증가하는 등 역효과를 불러일으킬 수 있으므로 다음과 같은 점들을 고려하여 신중하게 추진해야 합니다.

브랜드 연관성	장기적으로 브랜드 자산 가치의 하락을 최대한 억제해야 함
니즈 부합성	고객의 니즈에 부합하여 공감을 불러일으킬 수 있어야 함
편익의 유효성	브랜드를 전환할 수 있도록 유효한 편익을 제공해야 함
정책의 참신성	고객의 호기심을 유발하는 참신성이 필요함

셋째, 다양한 커뮤니케이션 수단을 최대한 개발한다

마지막으로, 모든 기업 활동은 궁극적으로 고객과의 커뮤니케이션이라 할 수 있으므로 NMMC 전략에 맞게 다양한 커뮤니케이션 수단을 최대한 개발하고 활용하려는 자세가 필요합니다. 특히 인터넷과 모바일 기술을 활용하여 불특정 다수가 아닌 표적 고객에게 맞춤형으로 커뮤니케이션할 수 있도록 '원투원 커뮤니케이션'으로 진화하는 방향을 고민해야 합니다. 이를 위해 입소문 마케팅이나 게릴라 마케팅, CRM 마케팅 등의 기법들도 활용할 필요가 있으며, 메시지가 사람들의 주목을 끌고 이해하기 쉽게 전달되도록 기발하거나 의외성 있는 방법도 강구해야 합니다. 그런 측면에서 최근 부각되고 있는 후원Sponsorship과 CEO 브랜딩Branding을 간략하게 살펴보고자 합니다.

후원 Sponsorship	정의	스포츠 이벤트나 예술, 문화적 기념물, 엔터테인먼트, 사회적 책임 활동 등 다양한 분야에서 재정적인 지원을 통해 브랜드 자산을 구축하는 마케팅 활동
	기대 효과	브랜드 이미지 제고뿐만 아니라 사회적 공헌 활동으로도 인식될 수 있으며, 고객이 중요시하는 행사를 지원함으로써 고객과의 관계를 강화하는 데 기여
	고려 요소	1. 후원과 브랜드를 연결하여 인지도 향상 및 이미지 제고에 기여해야 함 2. 고객에게 기억에 남는 경험이 되도록 고객을 후원 프로그램에 참여시킴 3. 후원 행사가 뉴스거리가 될 수 있도록 다양한 화제를 유도할 필요가 있음
CEO 브랜딩	정의	애플의 스티브 잡스나 버진 그룹의 리처드 브랜슨처럼 고객 가치 제고 및 브랜드 자산 구축에 기여할 수 있도록 CEO 브랜드를 구축하는 마케팅 활동
	기대 효과	쌍방향 커뮤니케이션의 증가로 CEO 이미지가 마케팅 요소로 부각되고 있어 강력한 CEO 브랜드는 경쟁자 대비 차별적인 요소이자 경쟁 우위 요소로 작용
	고려 요소	1. CEO PI가 기업 이미지 및 브랜드 자산 강화에 기여하도록 구축되어야 함 2. CEO의 리더십뿐만 아니라 대내외 커뮤니케이션 역량이 무엇보다 중요함 3. 사소한 실수가 위기를 부름을 명심하고 위기 관리에 유의해야 함

두 가지 아이스크림

가족들과 함께 아이스크림을 사 먹기 위해 근처 패스트푸드점에 들렀습니다. 그런데 메뉴를 보니 일반 아이스크림이 1,000원이고 딸기 시럽을 첨가한 아이스크림이 1,900원이라고 적혀 있었죠. 딸기 아이스크림을 먹고 싶은 아이와 저렴한 일반 아이스크림을 먹이려는 아내가 줄다리기를 했습니다. 몇 차례 줄다리기 끝에 결국 아이는 의기양양하게 한 손에 딸기 아이스크림을 들었고, 아내는 딸기 시럽밖에 첨가하지 않았는데 왜 900원이나 비싸냐고 투덜거렸습니다. 사실 딸기 시럽을 조금 추가했다고 900원이나 비쌀 이유가 없다고 생각하는 게 당연합니다. 하지만 마케팅 측면에서 볼 때는 충분히 그럴 수 있습니다. 그 이유는 무엇일까요?

첫째, 딸기 아이스크림 가격을 낮춘다고 해서 딸기 아이스크림 판매량이 늘지는 않습니다. 가격에 민감한 고객이라면 딸기 아이스크림을 1,300원에 판다 해도 1,000원짜리 일반 아이스크림을 살 것이며, 딸기 아이스크림을 먹고 싶은 고객이라면 1,900원이라도 딸기 아이스크림을 살 가능성이 높기 때문이죠.

둘째, 딸기 아이스크림 가격을 고가로 책정함으로써 일반 아이스크림의 판매량을 늘릴 수 있습니다. 사람들은 닻을 내린 곳에 배가 머물듯이 제시된 기준에 근거하여 판단을 내리는 앵커링Anchoring 효과에 영향을 받기 때문입니다. 원가 등을 따져보면 일반 아이스크림의 1,000원이라는 가격이 저렴하지 않을 수도 있지만, 1,900원짜리 딸기 아이스크림과 함께 팔면 일반 아이스크림이 상당히 저렴하게 느껴져서 가격에 민감한 고객들이 일반 아이스크림을 구매할 가능성이 높아질 수 있습니다.

셋째, 고가로 판매함으로써 수익성을 극대화할 수 있습니다. 꼭 딸기 아이스크림을 먹고 싶은 고객들을 대상으로 팔아야 한다면 가급적 고가로 파는 것이 수익성 제고에 도움이 되겠죠. 그렇다고 무작정 비싸게 팔려고만 하면 가격 저항에 부딪쳐 판매량이 떨어질 수 있으므로 고객들이 인정할 만한 가격 수준인 1,900원으로 책정함으로써 2,000원을 넘지 않았던 것입니다.

이렇듯 기업 입장에서는 추가 비용을 적게 들이고 고가의 딸기 아이스크림을 시판함으로써 수익 극대화를 도모할 수 있습니다. 하지만 고객 입장에서는 이런 마케팅이 어떻게 느껴질까요? '다시는 이 가게에 오지 않겠다'는 제 아내의 반응처럼, 은연중에 고객들의 마음속에 이미지가 나쁘게 각인되어 장기적으로는 손해 보는 장사가 되지 않을까요? 진정으로 고객 가치를 생각한다면 말입니다.

Chapter 12

기타 유용한 기능별 전략

이 장에서는 4C 전략 외에 유용한 실행 전략으로 마케팅과 연관된 기능별 전략들을 살펴보고자 합니다. 그중에서 가장 중요한 전략은 최근 마케팅 핵심 이슈로 떠오르고 있는 브랜드 전략입니다. 마케팅이 고객 인식의 문제임을 고려할 때 사람들이 수많은 상품 속에서 차별적인 가치를 브랜드로 인식한다는 점에서 브랜드 전략이야말로 마케터뿐만 아니라 전략적 리더에게도 핵심 과제라 할 수 있습니다. 그런 측면에서 브랜드 아이덴티티의 의미, 브랜드 수명 주기에 따른 브랜드 관리 방안, 매스 컬트 브랜드 등에 대해 살펴보고자 합니다. 그리고 실무적인 관점에서 상품 개발 전략과 영업 전략에 대해서도 알아보겠습니다.

1 · 브랜드 전략

2 · 상품 개발 전략

3 · 영업 전략

1 ■ 브랜드 전략

브랜드Brand란 앞서 언급한 바 있듯이 단순히 이름만을 뜻하는 게 아닙니다. 자신의 상품을 다른 경쟁자와 구별해서 표시하기 위해 사용하는 명칭, 용어, 상징, 디자인 및 그 결합체를 종칭하는 용어입니다. 최근 들어 브랜드는 그 중요성이 부각되며 엄청난 가치를 지닌 것으로 평가되고 있습니다.

일례로 글로벌 브랜드 컨설팅 그룹 인터브랜드Interbrand가 발표한 '2012년 세계 100대 브랜드'에 따르면, 코카콜라가 약 780억 달러의 브랜드 가치를 기록하며 13년 연속 1위를 차지했습니다. 그저 탄산음료일 뿐인데도 이처럼 브랜드 가치가 높은 이유는 코카콜라만의 가치로 전 세계 사람들의 마음을 사로잡고 구매하게 만드는 요인이 바로 브랜드에 있기 때문입니다.

20세기 후반 이후 글로벌 무한 경쟁 시대의 도래로 브랜드는 경쟁 우위의 핵심 수단으로 부상하고 있습니다. 이렇듯 브랜드의 중요성이 부각되는 이유는 사람들이 수많은 상품 속에서 차별적인 가치를 브랜드로 인식하기 때문입니다. 결국 마케팅이 고객 인식의 문제임을 고려할 때, 여러 마케팅 수단에 의해 브랜드를 널리 알림으로써 고객 인식 측면에서 경쟁자와 차별화하여 경쟁 우위를 구축하려는 브랜드 전략이야말로 마케팅의 핵심 이슈라 할 수 있습니다.

일반적으로 브랜드 전략은 차별적인 브랜드 아이덴티티의 수립과 브랜드 수명 주기에 따른 전략적 브랜드 관리, 일관된 실행 등을 통해 경쟁력 있는 브랜드 자산 구축을 목표로 합니다.

참고로 브랜드의 유형은 다음과 같이 나눌 수 있습니다.

구분	유형	설명
적용 범위	기업 브랜드 Corporate Brand	가장 광의의 브랜드로, 회사명 자체를 브랜드로 사용하는 형태
	패밀리 브랜드 Family Brand	특정 상품군을 대표하는 브랜드
	개별 브랜드 Individual Brand	개별 상품마다 별개의 브랜드를 사용하는 경우
중요도	주요 브랜드 Principal Brand	중심이 되는 브랜드로, 기본 브랜드라고도 함
	서브 브랜드 Sub Brand	속성이나 등급 등 부가적인 설명을 할 때 사용하는 브랜드
주도권	내셔널 브랜드 National Brand	일명 NB로, 전국 브랜드라는 뜻이지만 메이커 브랜드도 의미함
	프라이빗 브랜드 Private Brand	일명 PB로, 메이커 상품에 유통업자 브랜드를 사용하는 경우
판매 지역	국제 브랜드 Global Brand	전 세계를 대상으로 하는 브랜드
	전국 브랜드 National Brand	국내만을 대상으로 하는 브랜드
	지역 브랜드 Regional Brand	특정 지역에서만 판매하는 브랜드
업종별 유형	제조 브랜드 Manufacturer's Brand	제조업자들이 구축한 브랜드
	도매 브랜드 Wholesaler's Brand	도매업자들이 구축한 브랜드
	소매 브랜드 Retailer's Brand	소매업자들이 구축한 브랜드
가치 제안	기능 브랜드 Functional Brand	상품의 기능적인 편익을 강조하는 브랜드
	감성 브랜드 Emotional Brand	고객의 감성을 자극하여 구매를 유도하는 브랜드
	자아 표현 브랜드 Self-expressive Brand	고객에게 자아 표현적 편익을 제공하는 브랜드

■ 차별적인 브랜드 아이덴티티 수립

브랜드 아이덴티티Brand Identity, 즉 BI란 고객이 연상하는 브랜드 이미지가 아니라 고객에게 보여주고자 하는 브랜드 이미지로, 고객에게 브랜드를 궁극적으로 어떤 이미지로 각인시킬지를 결정하는 것을 말합니다. 결국 BI는 브랜드 이미지의 목표점으로, 고객 인식 측면에서의 포지셔닝 방향을 제시한다는 점에서 브랜드 전략의 핵심 요소라 할 수 있습니다. 브랜드 전략의 대가 데이비드 아커에 따르면, 브랜드 아이덴티티를 수립하기 위해서는 다음 네 가지 측면을 고려해야 합니다.

첫째, 상품 측면으로 상품의 범주와 속성, 품질 및 가치, 사용과 연관된 상황, 사용자, 원산지 등의 요소를 고려합니다.
둘째, 조직 측면으로 조직의 속성과 조직이 속한 지역적 요소를 고려합니다.
셋째, 개인 측면으로 브랜드가 가진 개성이나 고객과의 관계를 고려합니다.
넷째, 상징 측면으로 브랜드를 나타내는 시각적 이미지나 브랜드 전통을 고려합니다.

전략적 BI System

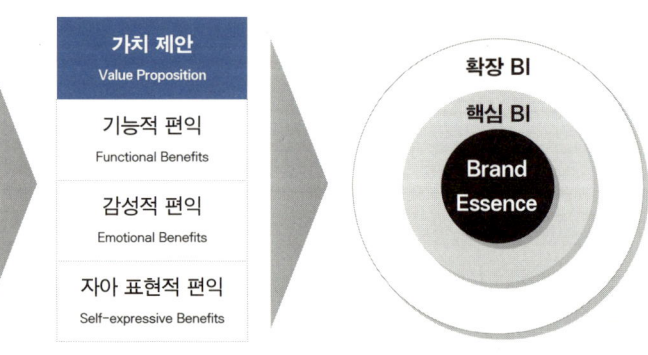

출처 | 데이비드 아커, 《데이비드 아커의 브랜드 경영》, 비즈니스북스, 2003

생활용품 분야와는 거리가 먼 정유 회사 유공(현 SK에너지)은 지난 1993년, 곰팡이 제거제 시장을 개척한 '팡이제로'라는 상품을 출시하여 대성공을 거둡니다. 20년이 지난 지금도 '곰팡이 청소'하면 팡이제로를 떠올릴 정도로 강력한 브랜드 자산을 구축했죠. 그런 측면에서 팡이제로의 BI 시스템을 살펴보면 다음과 같습니다.

상품 측면	범주	위생 용품
	속성	곰팡이 제거
	품질·가치	곰팡이 제거를 통한 청결 유지
	사용 상황	곰팡이가 핀 벽에 뿌린다
	사용자	가정 주부
	원산지	미국 FDA 승인 원료
조직 측면	속성	신뢰할 수 있는 대기업
	지역	국내
개인 측면	개성	전문적/기술적
	고객과의 관계	위생 도우미
상징 측면	시각적 이미지	청소하는 팡이 공룡
	브랜드 전통	새롭게 시작

가치 제안: 곰팡이균을 효과적으로 제거하는 기능적 편익 제안

위생 청결 / 유해균 제거 / 곰팡이 제거

브랜드 전략상 BI 시스템 구축 시 의도적으로 특정 요소를 배제할 수도 있습니다. 일례로 토요타에서 출시한 렉서스를 들 수 있습니다. 토요타는 미국에서 렉서스를 출시하며 의도적으로 조직 요소를 배제했습니다. 즉, 렉서스가 토요타의 상품임을 알리지 않은 것입니다. 이는 당시 토요타의 이미지가 고급 자동차에 맞지 않았기에 고급 자동차로서 렉서스의 브랜드 이미지를 구축하기 위해서는 어쩔 수 없는 선택이었습니다. 미국 내 유통 시 토요타의 유통망을 이용하지 않고 새로 구축하는 등 마케팅 활동도 일관되게 실행했습니다. 그 결과 렉서스는 고급 자동차의 대명사로 자리 잡으며 대성공을 거둘 수 있었습니다.

브랜드 네이밍

네이밍Naming이란 상품의 브랜드명을 고안하거나 회사의 명칭을 결정하는 것을 말합니다. 브랜드 전략이 성공하기 위해서는 적절한 네이밍이 필수임은 당연하겠죠. 그런 측면에서 네이밍 시 고려해야 할 요인을 살펴보면 다음과 같습니다.

첫째, 고객에게 효과적으로 인식되도록 작명해야 합니다.
좋은 브랜드명이라면 읽기 쉽고, 듣기 쉽고, 쓰기 쉽고, 말하기 쉬워야 합니다. 또한 들었을 때나 보았을 때 좋은 느낌이 들어야 하며 기억하기도 쉬워야 합니다. 그래야 고객들이 인식하기 쉽기 때문입니다.

둘째, 자신만의 가치를 효과적으로 표현할 수 있어야 합니다.
브랜드명을 보거나 들었을 때 브랜드가 제안하는 차별적인 가치가 간결하게 연상될 수 있어야 합니다.

셋째, 표적 고객의 니즈를 공략할 수 있어야 합니다.
표적 고객이 원하는 니즈에 맞게 브랜드명을 제시함으로써 표적 고객의 마음을 사로잡을 수 있어야 합니다.

넷째, 경쟁자와는 다른 독창성이 느껴져야 합니다.
다양한 상품의 홍수 속에서 고객의 마음에 다가가려면 브랜드명에서 자신만의 독특한 개성이 느껴져야 합니다.

다섯째, 의미가 정확하게 전달될 수 있어야 합니다.
브랜드명에 너무 많은 의미를 담거나 콘셉트가 분명하지 않을 경우 고객 인식에 혼선을 줄 수 있습니다. 또한 해당 국가의 언어나 사투리로 다른 의미로 느껴진다면 좋은 브랜드명이 아닙니다.

여섯째, 향후 상품의 확장성을 고려해야 합니다.
현재의 상품이 성공하고 난 후 다른 분야로 확장할 수 있도록 작명하는 게 바람직합니다. 앞서 소개한 팡이제로의 경우 브랜드명에 곰팡이가 들어감으로써 다른 세균이나 위생 청결 분야로의 확장이 어렵다는 점에서 확장성이 부족하다고 평가할 수 있습니다.

일곱째, 특허 및 지적 재산권 문제를 검토해야 합니다.
좋은 브랜드명을 작명했더라도 이미 상표 등록이 되어 있거나 특정 국가에서 사용할 수 없을 수 있으므로 반드시 확인 작업을 거쳐야 합니다.

좋은 슬로건은 어떻게 만들 수 있을까?

네이밍도 중요하지만 브랜드를 효과적으로 인식시키는 데 슬로건만큼 유용한 건 없습니다. '잘 만든 슬로건 하나가 사업을 성공으로 이끈다'고 하듯이 말이죠. 그렇다면 좋은 슬로건을 만들려면 어떤 요건들을 갖추어야 할까요?

첫째, 핵심을 간결하게 표현해야 합니다.
지금과 같은 정보의 홍수 시대에는 오히려 담겨 있는 정보의 양이 적을수록 고객의 마음에 각인되기 쉽습니다. 핵심에 집중한 간결한 메시지가 백 마디 말보다 더 효과적임은 두말할 필요가 없겠죠. 그러므로 'Everyday Low Price', 이 세 단어만으로 핵심을 표현한 월마트처럼 군더더기 정보는 과감하게 정리하고 핵심에만 집중하는 현명한 포기가 필요합니다.

둘째, 고객의 마음을 사로잡기 위해서는 남과 다른 참신함이 필요합니다.
고객 입장에서는 '고객 만족 극대화'와 같은 그렇고 그런 슬로건은 식상합니다. 어디서나 들을 수 있는 슬로건은 뇌리에 남지도 않죠. 그러므로 고객의 상식을 깨는 기발함이나 의외성 등 참신함이 필요합니다. 대표적인 사례로 에이비스의 'Avis is No.2.'를 들 수 있습니다. 모두 No. 1을 외치는 세상에서 당당히 No. 2를 주장한다? 고객으로서는 관심이 가지 않을 수 없습니다. 물론 그 슬로건이 성공한 요인으로 첫 번째 원칙대로 핵심을 간결하게 표현한 점도 들 수 있습니다. 그냥 No. 2라는 것만 강조했다면 고객의 관심을 끌 뿐이었겠지만, 'So We Try Harder.'를 부연 설명함으로써 2위니까 고객들에게 더 잘해줄 거라는 핵심 메시지를 심어줄 수 있었습니다. 즉, '고객에게 더 잘해주겠다'는 핵심 메시지를 'Avis is No. 2.'라는 의외의 표현을 통해 전달하여 고객의 마음을 사로잡은 것입니다.

셋째, 애매모호하고 추상적인 용어를 배제하고 구체적이고 선명한 용어를 활용해야 합니다.
구체적이고 선명한 메시지는 마음속에서 연상 효과를 일으켜서 좀 더 효과적으로 인식될 수 있습니다. 배스킨라빈스의 '골라 먹는 재미가 있다'라는 슬로건을 들으면 31가지 아이스크림 중 무얼 먹을까 고민하며 고르는 재미에 빠진 자신을 떠올리듯이 말입니다.

넷째, 고객들의 공감을 불러올 수 있도록 현실적으로 설득력이 있어야 합니다.
아무리 좋은 슬로건이라 해도 말잔치에 그친다면 설득력이 떨어질 수밖에 없습니다. 그 유명한 애플의 'Think Different!'의 성공은 애플이니까 남과 다르게 생각해서 혁신적인 상품을 만들 수 있을 거라는 공감대가 형성되었기에 가능했습니다.

■ 브랜드 수명 주기에 따른 전략적 브랜드 관리

브랜드도 산업이나 시장과 마찬가지로 태어나서 성장하고 쇠퇴하는 수명 주기를 갖고 있습니다. 산업 수명 주기에 따라 성공 요소가 다르듯이 브랜드 역시 단계별로 추구해야 할 전략적 방향이 다를 수밖에 없기에 브랜드 수명 주기Brand Life Cycle에 따라 전략적으로 브랜드를 관리해야 합니다.

일반적으로 브랜드는 다음과 같이 브랜드 자산 구축 여부를 결정짓는 도입기, 브랜드 자산 가치를 강화해 나가는 성장기, 브랜드 자산 가치를 유지하는 성숙기, 브랜드 전략의 방향 전환이 필요한 쇠퇴기의 네 단계를 거칩니다.

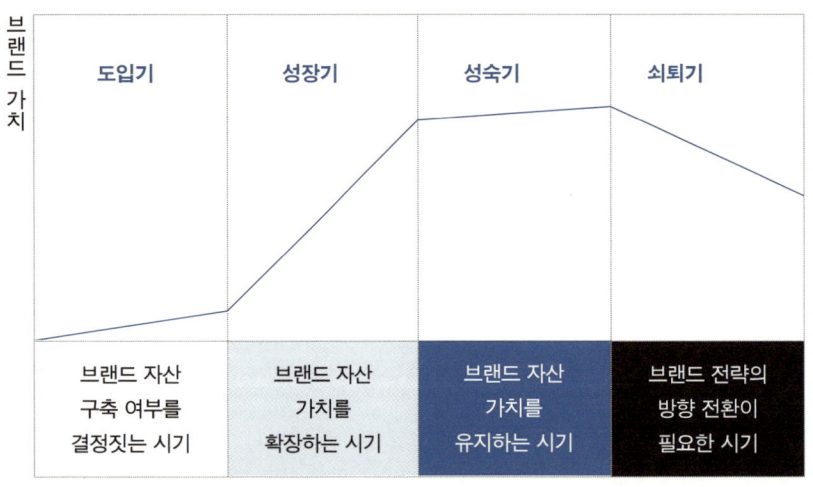

■ 1단계 : 도입기 – 브랜드 자산의 구축

첫 단계는 브랜드 자산을 구축하는 시기입니다. '시작이 반'이라는 말도 있듯이 도입기는 브랜드 자산 관리에 있어서 가장 중요한 시기입니다. 이 단계에서는 '어떻게 고객에게 자사 브랜드를 경쟁자보다 우월하게 각인시킬 것인가'라는 브랜드 전략의 방향성을 수립하고 강력하게 브랜드 알리기를 진행합니다.

구체적으로는 먼저 고객의 니즈와 경쟁자 브랜드, 자사의 역량을 분석하여 차별적 가치를 제안하는 BI 시스템을 수립합니다. 또한 차별적인 BI 시스템을 구축해도 브랜드가 알려지지 않으면 무용지물일 수밖에 없으므로 브랜드 이미지보다 브랜드 인지도 제고가 중요하다는 점을 명심하고 광고, 홍보, 게릴라 마케팅, 노이즈 마케팅 등 다양한 수단을 모두 활용해서 브랜드 알리기에 최선을 다해야 합니다.

■ 2단계 : 성장기 - 브랜드 자산의 강화

두 번째 단계는 브랜드 자산 가치를 강화하는 시기로, 도입기에 수립한 브랜드 전략을 유지하면서 자사 브랜드만의 차별적인 이미지를 구축해 나가는 성장기입니다. 이 단계에 들어서면 자사만의 강점을 기반으로 제공된 차별적 브랜드 이미지를 통해 고객이 상품을 구매하여 사용하고 난 후 상품의 가치를 인정하면 브랜드 선호도가 높아지고 재구매로 이어집니다. 이렇게 브랜드 선호도 제고와 재구매 과정이 반복되고 확산되면서 브랜드 자산 가치가 증대될 수 있습니다.

단, 유의해야 할 점이 있습니다. 브랜드 전략을 실행하다가 고객의 반응에 민감하게 대응하여 전략을 수정하는 경우가 있는데, 그렇게 일관되지 않은 마케팅 활동은 고객에게 혼란스러운 메시지를 전달하게 되어 브랜드 자산을 구축할 수 없으므로 지양해야 합니다.

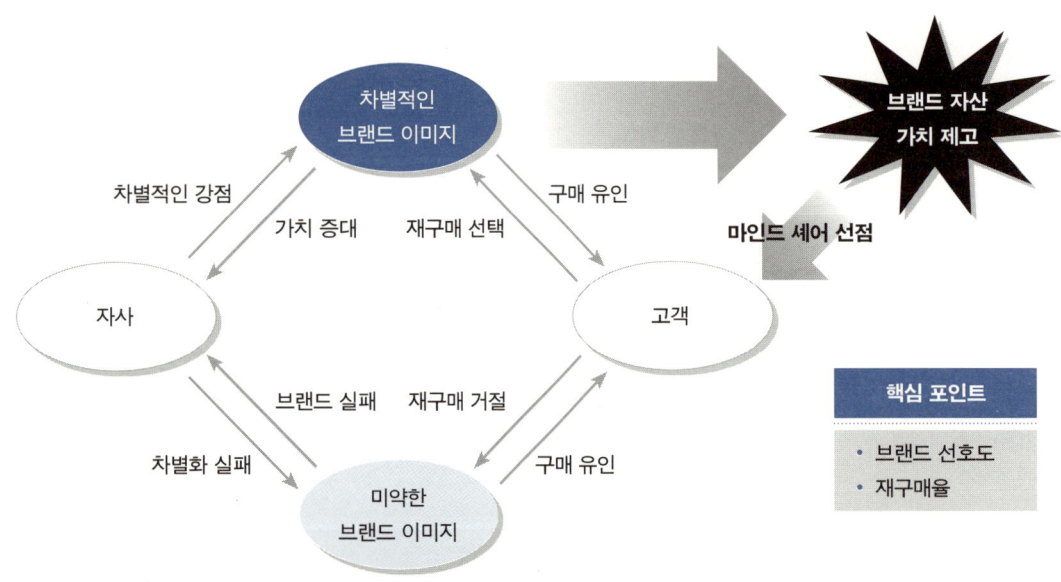

■ 3단계 : 성숙기 - 브랜드 자산의 유지

세 번째 단계는 성숙기로, 수요의 포화와 치열한 경쟁으로 인해 브랜드 자산 가치의 성장이 정체되며 관리하기 어려운 시기입니다. 성장이 정체되면 판매 촉진을 위해 브랜드 이미지와 다른 마케팅을 펼치거나 신상품으로의 브랜드 확장을 추구하는 경향이 있습니다. 하지만 이는 잘못하다가는 지금껏 구축한 브랜드 자산 가치의 하락으로 이어져 장기적으로 큰 손실을 불러일으킬 수 있으므로 철저하게 통제하고 관리해야 합니다.

성숙기에도 성장기와 마찬가지로 '일관성을 유지하는 길만이 장기적으로 이익'이라는 생각으로 브랜드 전략에 일관성을 유지하면서 최소한의 브랜드 확장만을 고려하는 게 바람직합니다. 구강 상품 분야의 세계적인 브랜드 콜게이트Colgate가 치약에서 성공을 거둔 후 첫솔, 마우스워시Mouthwash, 치실 등 구강 관련 상품군으로만 확장하여 성공했듯이 말입니다.

■ 4단계 : 쇠퇴기 – 브랜드 전략의 방향 전환

마지막 단계는 쇠퇴기로, 브랜드 전략의 방향 전환이 필요한 시기입니다. 이때는 브랜드 유지 전략, 포기 전략, 재활성화 전략의 갈림길에 서게 됩니다. 전략적 방향을 선택하기 위해 먼저 내·외부 정보를 수집하여 브랜드 쇠퇴 원인을 분석한 후 브랜드 전략을 재검토합니다. 그 결과 브랜드 가치를 유지시켜 나갈 수 있다고 판단되면 유지 전략을 채택하여 신선도 제고 등 브랜드 이미지를 강화할 수 있는 활동을 전개합니다. 하지만 브랜드 가치를 유지하기 어렵다고 판단되면 포기나 재활성화를 추진합니다. 즉, 브랜드를 포기하고 판매 이벤트 등을 단행하여 수익을 일시에 회수하는 포기 전략이나 브랜드를 리뉴얼Renewal 또는 리포지셔닝Repositioning 함으로써 새로운 브랜드처럼 활성화시키는 재활성화 전략 중 하나를 선택, 실행합니다.

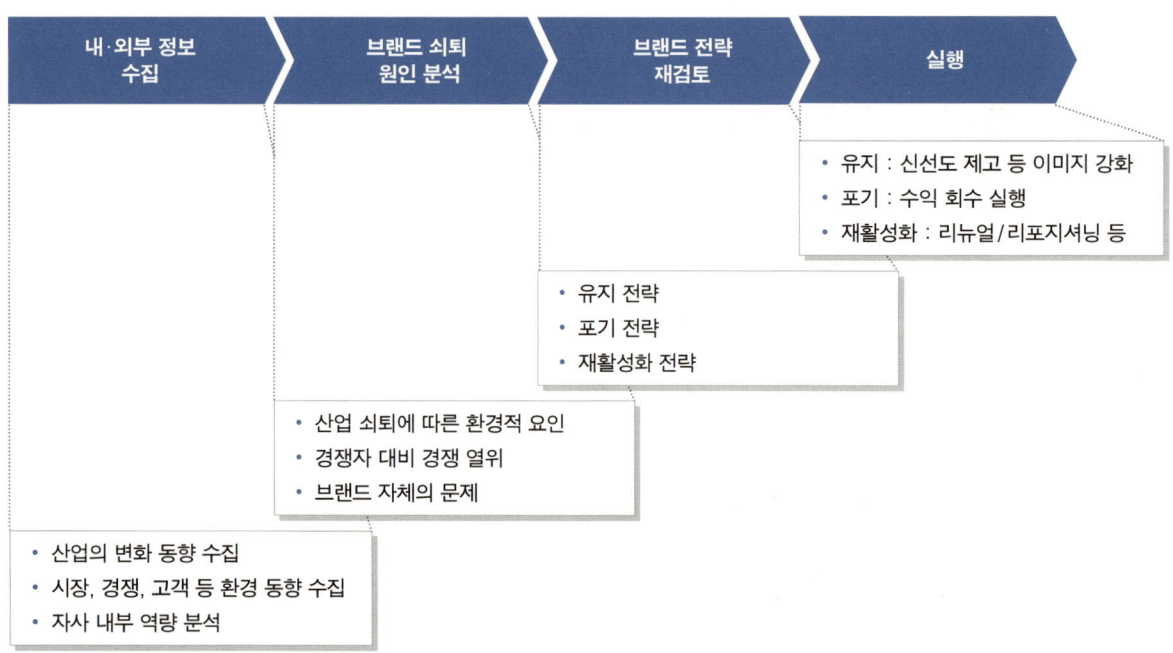

■ 차별적 가치 창출을 위한 일관된 실행

무형자산인 브랜드의 특성상 고객이 기대하는 가치를 일관되게 제공하는 것만이 차별적인 브랜드 가치를 창출하는 길입니다. 아무리 좋은 상품을 내놓더라도 고객 인식이나 시장 성과가 처음부터 갑자기 좋아지지는 않습니다. 그래도 실망하지 않고 꾸준히 노력하다 보면 차츰 고객의 인식이 변하고 시장 상황이 바뀌기 시작합니다. 그러다 어느 순간 고객들의 마음속에 브랜드 가치가 자리 잡게 됩니다. 복리의 마법처럼 말입니다.

복리의 마법

> 1626년에 맨해튼에 살던 아메리카 원주민들은 영국에서 온 이민자들에게 자신들이 소유하고 있던 맨해튼을 24달러 상당의 장신구 및 구슬과 바꿨다고 한다. 이 교환은 이후 300년 넘게 어리석은 거래의 전형으로 여겨졌다. 하지만 사실 이 거래는 복리를 감안하면 원주민들에게 매우 유리한 거래였다. 실제로 그 토지를 현금 24달러와 교환하고 그 돈을 연 8% 복리로 은행에 예치했다고 가정하면, 1989년 현재 30조 달러가 넘는 금액이 된다고 한다. 89년 당시 맨해튼의 토지 가격이 600억 달러가 되지 않았으니 원주민들이 500배 넘게 더 받은 셈이다. 이처럼 목표 달성을 위해 일관되게 노력하면 시간이 갈수록 성과가 복리 이자가 붙듯이 S자 곡선을 그리며 기하급수적으로 상승한다.

더바디샵The Body Shop의 창업주 아니타 로딕Anita Roddick은 1976년에 성장과 수익을 추구하는 기업 경영의 상식을 깨고 친환경 가치와 사회적 역할을 강조하며 영국 남부의 한 작은 마을에 화장품 매장을 개업했습니다. 환경 보호를 위해 천연 재료로 만든 화장품을 장식 없는 플라스틱 용기에 넣어 팔았죠. 또한 동물 실험 반대, 환경 보호, 여성 인권 등 사회적 이슈에 대해 적극적으로 입장을 표명하고 실천하는 사회 운동가적인 모습도 보였습니다. 이런 그녀의 일관된 행동이 고객의 마음을 움직였습니다. 그 결과 작은 화장품 가게에 불과했던 더바디샵은 30여 년이 지난 지금 친환경을 대표하는 이슈 브랜드이자 전 세계에 2,000여 개의 매장을 지닌 글로벌 리더로 우뚝섰습니다.

진정으로 고객 가치를 제공하려는 일관된 실행만이 브랜드 가치를 창출합니다.

일관된 실행의 대표 사례로 캐릭터 브랜드의 대명사 헬로키티를 살펴보도록 하겠습니다.

Case | 헬로키티

헬로키티로 유명한 산리오의 쓰지 신타로 회장은 헬로키티의 성공 비결을 묻는 질문에 다음 세 가지를 꼽았다. 첫째도 인내심, 둘째도 인내심, 셋째도 인내심이라고. 현재 60여 나라에서 5만 종의 상품이 판매되며 전 세계 캐릭터 중 당당히 1위 자리에 오른 헬로키티. 하지만 헬로키티는 일반적인 캐릭터 사업과는 전혀 다르게 성공했다. 일반적으로 캐릭터 사업은 아이들이나 키덜트를 상대로 환상과 동경을 제공하는 사업이다. 따라서 어떤 환상과 동경을 가진 캐릭터인지가 사업의 성패를 좌우하므로, 고객이 선호할 만한 캐릭터를 중심으로 사업을 시작한다. 만화 영화로 시작하여 디즈니랜드에서 만날 수 있게 된 미키마우스와 라이언 킹, TV 만화 영화로 성공한 건담과 뽀로로, 만화 잡지 〈보물섬〉에서 시작한 둘리, 인터넷 플래시 애니메이션으로 히트 친 마시마로 등 대부분의 캐릭터 산업은 사람들에게 널리 알려진 캐릭터를 기반으로 했다. 그런데 헬로키티는 달랐다. 처음부터 상품을 위한 창작 일러스트로 개발되었다. 따라서 환상과 동경을 불러일으킬 스토리나 개성, 세계관이 희박했다. 1974년에 개발된 헬로키티의 첫 번째 상품은 어린이들을 대상으로 한 작은 투명 비닐 동전 지갑이었다고 한다. 그때는 헬로키티라는 이름도 없었다. 어느 누가 그 지갑을 보고 환상과 동경을 느낄 수 있었을까?

이렇듯 미미하게 시작한 헬로키티의 성공 비결은 쓰지 신타로 회장의 말처럼 인내심이었다. 헬로키티만의 가치를 인식시키기 위해서 힘들더라도 꾸준히 일관된 콘셉트를 유지했다. 사업 초기에 판매가 되지 않더라도 '파는 곳이 곧 캐릭터 체험을 연출하는 무대'가 되도록 직영점 중심의 헬로키티 전문 매장을 통해 콘셉트를 관리해 나갔다. 또한 단기적으로 판매를 늘리고자 지나치게 매체에 노출시키면 생명력이 단축될 것을 우려하여 입소문을 통해 홍보하는 소박한 전략을 채택했다. 한마디로 매출을 희생하여 헬로키티만의 가치를 창출한 것이다.

문제는 헬로키티만의 가치는 쓰지 신타로 회장의 머릿속에만 있다는 것이었다. 고객들은 쉽사리 헬로키티에게 마음을 열지 않았다. 하지만 1년, 2년, 5년, 10년이 지나도 지속적으로 자신만의 가치를 말하는 헬로키티에게 고객들도 설득당하기 시작했다. 드디어 가치를 인정해 준 것이다. 기업 입장에서 성공하기 힘들다고 마케팅 활동을 수시로 바꾸면 차별적인 가치가 고객에게 인식되기 어렵다. 인내심을 갖고 일관성 있게 실천해야 비로소 고객은 신뢰를 보내고 가치를 인정해 줌을 헬로키티가 보여주고 있다.

헬로키티 브랜드의 성공 요인을 정리해 보면 다음과 같습니다.

고객 변화에 대응한 지속적인 디자인 개선

- 아무리 좋은 디자인이라도 싫증날 수 있기에 거의 매달 디자인을 변경함
  - 고유의 콘셉트는 유지하면서 늘 변화하는 디자인을 추구
- 선택의 폭을 넓혀주는 다양한 테마 개발
  - 간호사, 전통 의상, 별, 무궁화, 호피 무늬, 천사 등 다양한 테마의 '헬로키티'를 개발, 출시

일관된 캐릭터 콘셉트 유지

- 상품 개발에서 유통에 이르기까지 일관된 캐릭터 콘셉트를 유지
- 콘셉트 관리가 용이한 직영점을 통해 판매하는 유통 정책을 고집
- 일관된 콘셉트를 가진 다양한 캐릭터 상품을 개발하여 진열

캐릭터 비즈니스에는 인내가 필요

- 지나치게 매체에 노출되면 캐릭터의 생명력이 단축됨
- 헬로키티만의 일관된 콘셉트가 '입소문'을 통해 전해지는 소박한 홍보 전략을 채택
- 이것이 30년 넘게 장수하게 한 비결

판타지를 만들어나갈 수 있는 마케팅 정책

- 전용 매장만의 '헬로키티' 콘셉트
- 신규 개발 상품의 한정 판매
- 직영 매장을 통해 고객 동향이나 의견을 신속하게 상품 개발에 반영

■ 브랜드 사례 살펴보기

대표적인 브랜드 사례로 할리 데이비슨 Harley Davidson처럼 고객 충성도를 극대화시킨 컬트 브랜드 Cult Brand를 소개하고자 합니다. 컬트 브랜드란 고객이 집단적으로 헌신을 바치는 브랜드를 말합니다. 컬트 브랜드가 되면 고객은 해당 브랜드에 종교적인 수준의 가치를 부여, 공동체를 형성하며 자발적으로 브랜드를 옹호하는 열렬한 충성 고객이 됩니다.

그렇다 보니 컬트 브랜드는 소수 마니아층의 전유물일 가능성이 높습니다만, 때로 대중화에 성공하기도 합니다. 이렇듯 소수 집단의 컬트 브랜드로 시작하여 대중화에 성공한 브랜드를 매스 컬트 브랜드 Mass Cult Brand라고 하는데, 이는 컬트 브랜드의 이미지가 문화 코드나 시대의 흐름에 부합하여 대중화가 가능할 때 만들어질 수 있습니다.

참고로 컬트 브랜드를 구축하는 데 필요한 다섯 가지 요소는 다음과 같습니다.

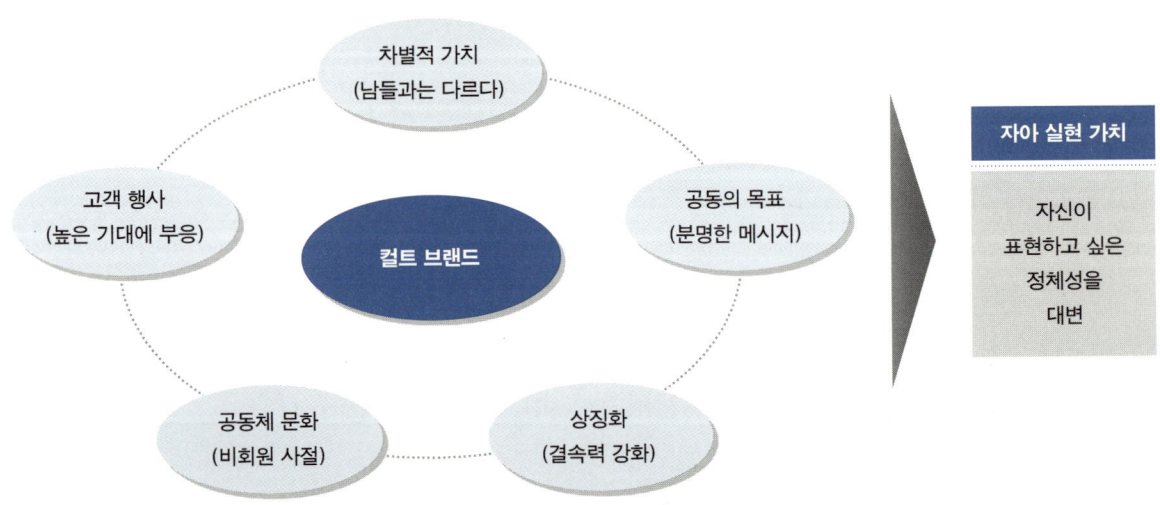

■ 사례 : 할리 데이비슨

할리 데이비슨 브랜드 지침 제1항 – '할리는 모두를 위한 브랜드가 아니다'

시장을 지배하고 있던 할리 데이비슨은 1980년대 초에 경량급 오토바이로 시장에 진입한 혼다의 공격에 무너지며 시장 점유율이 3%까지 추락했습니다. 이에 할리의 경영진은 대대적인 혁신에 돌입했습니다. 그런데 혁신 과정이 독특했습니다. 임원들이 직접 할리 오토바이를 타며 몸에 문신을 새기거나 가죽 점퍼를 걸친 채 랠리에 나섰고, 스스로 고객 커뮤니티인 HOG Harley Owners Group를 결성, 할리 데이비슨 연례 행사도 개최했습니다. 임원들의 이런 파격적인 행동은 세간의 관심을 끌었죠. 그들이 그런 행동을 한 이유는 무엇이었을까요?

그들은 기존 질서에 얽매어 매일 매일 지겹게 살기 싫다면, '남과 다르게 살 자유'를 느끼고 싶다면 할리를 타라고 온몸으로 말한 것이었습니다. 당시 '폭주족들이나 타고 다니는 할리'라는 인식이 사람들 사이에 널리 퍼져 있었지만, 성공한 대기업 임원들의 이런 행동들로 인해 자연스럽게 '자유로운 이들을 위한 할리'로 인식이 전환되었다고 합니다. 결국 할리 데이비슨의 시장 점유율은 수직 상승하여 1990년대에 다시 시장 리더의 위치에 오를 수 있었습니다. 지금도 브랜드 지침 제1항처럼 할리 데이비슨은 '악동이고 싶어 하는 사람들, 자유롭게 살고 싶은 사람들만을 위한 할리'를 지향한다고 합니다.

구 분	상 세 내 역
차별적 가치	거대하고 요란한 굉음의 할리 오토바이
공동의 목표	'자유롭게 살 자유를 위해 기존의 질서에 저항하자'
상징화	할리의 제복, 그들만의 은어
공동체 문화	동일 복장이 아니면 배척, HOG 결성
고객 행사	고객과 함께 하는 할리 데이비슨 연례 행사

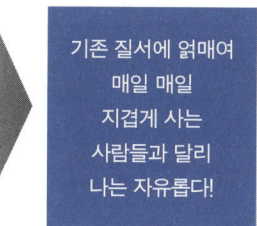

기존 질서에 얽매여 매일 매일 지겹게 사는 사람들과 달리 나는 자유롭다!

흔히 로고나 네이밍을 브랜드와 동일시하는 시각들이 있습니다. 사실 브랜드는 단순히 보이는 로고나 이름만이 아니라 그 속에 담긴 가치의 집합체인데도 말이죠. 그런 점에서 브랜드의 의미를 다시 한 번 되새겨보며 브랜드 전략을 마치도록 하겠습니다.

나이키 브랜드를 35달러에 만들었다?

1994년에 빌 게이츠는 헬로키티로 유명한 산리오로부터 '헬로키티' 브랜드의 디지털 권리를 무려 6천억 엔에 매입하려 했으나 실패했다. 헬로키티 브랜드 자체를 사는 것도 아니고 단지 디지털 권리를 사려는 것이었음에도 너무 가격이 낮다며 산리오 측에서 거절했기 때문이라고 한다.

이처럼 성공한 브랜드의 가치는 어마어마하다. 나이키 역시 성공한 브랜드 중 하나다. 나이키는 2007년에 세계적인 브랜드 컨설팅 업체인 인터브랜드로부터 약 120억 달러의 가치를 평가받았다고 한다. 그런데 승리의 여신 니케의 날개를 형상화한 나이키의 로고 '스우시Swoosh'는 놀랍게도 포틀랜드대 미대생이었던 캐럴라인 데이비슨이 단돈 35달러를 받고 만든 것이라고 한다. 35달러 대 120억 달러. 캐럴라인 데이비슨으로서는 남 좋은 일만 했다며 땅을 치고 후회할 일인지도 모른다.

하지만 그런 생각은 브랜드를 단순히 로고나 네이밍과 동일시하기에 생겨난 오해다. 그런 오해를 갖고 있으면 브랜드를 만드는 것은 단지 이름을 짓거나 로고를 디자인하는 것이라고 생각하기 쉽다. 어떻게 근사한 이름을 지을까, 예쁜 로고를 만들고 싶은데 어떻게 해야 할까를 고민할 뿐, 정작 브랜드를 어떻게 만들까는 생각하지 않는다.

그렇다면 브랜드는 어떻게 만들어야 할까? 사실 브랜드는 그에 담긴 가치가 중요하다. 고객이 중요하게 여기는 가치, 기업이 제공할 수 있는 가치, 일관되게 신뢰할 수 있는 가치를 담은 브랜드여야만 성공할 수 있다. 따라서 성공한 브랜드는 하루아침에 만들어지지 않는다. 사실 35달러를 주고 산 나이키 로고에 수십 년간 나이키만의 가치를 담았기에 120억 달러에 달하는 브랜드로 키울 수 있었던 것이다. 결국 글로벌 무한 경쟁의 시대에 경쟁 우위의 원천으로 브랜드를 활용하기 위해서는 35달러의 나이키 로고를 120억 달러의 나이키 브랜드로 만들었듯, 자신만의 가치를 일관되게 브랜드에 담는 노력이 중요하다.

2 ▪ 상품 개발 전략

신상품 개발은 당연한 과제라고 생각하기 쉽습니다. 하지만 실제로는 아래와 같이 재무적 요인이나 마케팅, R&D 등 다양한 이유에 의해서 상품 개발에 나섭니다. 이렇듯 여러 요인을 들 수 있지만, 가장 중요한 이유는 신상품을 개발하지 않고서는 기업의 생존과 성공을 유지할 수 없다는 점을 들 수 있습니다.

사실 지금과 같은 글로벌 무한 경쟁과 고객 니즈의 다원화 시대에는 새로운 상품을 개발하여 출시하는 것만이 성공을 담보하는 길이 되고 있습니다. 더구나 이미 만족해 버린 사람들로 가득 찬 수요의 포화 시대이기에, 출시한 상품이 성공했다 하더라도 지속적인 성장을 기대하기는 어렵습니다. 그렇다 보니 현재의 성공도 중요하지만 지속적으로 성장해 나가기 위해서는 새로운 상품의 개발이 반드시 필요할 수밖에 없습니다. 미국의 컨설팅 전문 업체 부즈앨런해밀턴 Booz Allen Hamilton Inc.이 700개 기업을 조사하여 분석한 결과 5년 동안 각 회사의 성장률 중 신상품이 차지하는 비율이 28%에 달하는 것으로 나타났듯이 말입니다.

결국 성공적인 신상품 개발이야말로 기업의 지속 성장을 견인하는 핵심 요소라 볼 수 있습니다.

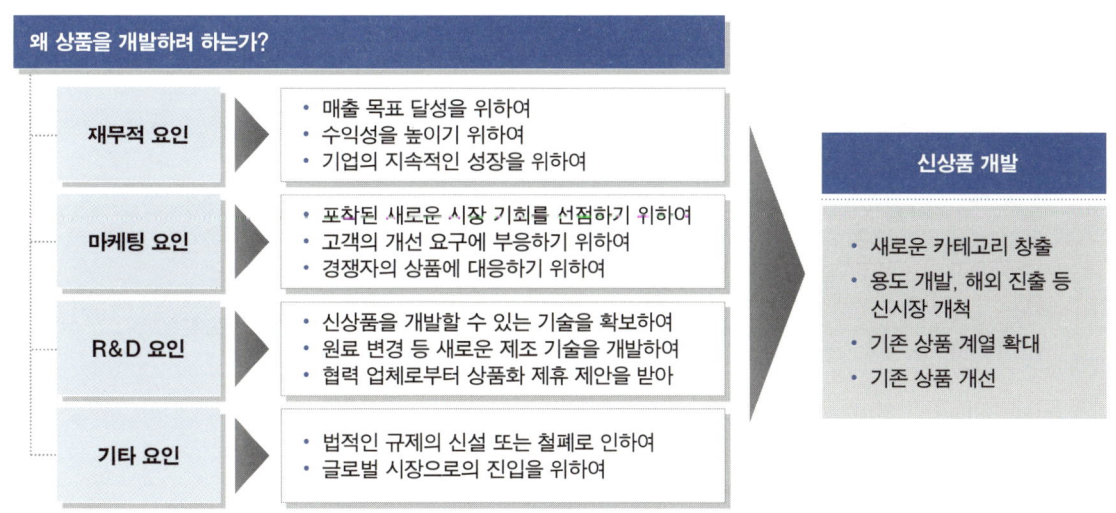

■ 시장 지위에 따른 상품 개발 전략

상품 개발 전략은 상품 개발의 목적과 방향, 자사의 시장 지위 등에 따라 다를 수 있습니다. 일반적으로 시장 지위에 따른 신상품 개발 전략은 다음과 같습니다.

마켓 디벨로퍼 Market Developer	• 기존에 없던 창의적인 신상품을 가장 먼저 출시 • 부가가치가 높은 블루오션 창출 가능 • 성공적인 시장 개척 후 마켓 리더로서의 지위 확보 노력 경주
마켓 리더 Market Leader	• 경쟁 우위 역량을 기반으로 시장 주도 상품을 출시, 시장을 장악 • 시장 지위 유지를 위해 차세대 상품을 지속적으로 출시 • 때로는 새로운 용도 등 시장 영역 확대를 위한 상품 개발
마켓 챌린저 Market Challenger	• 마켓 리더의 약점을 공격할 수 있는 차별적인 신상품 개발 • 마켓 리더가 간과하고 있는 영역으로의 진출 모색 • 차세대 상품을 마켓 리더보다 먼저 출시하려는 노력 경주
마켓 팔로워 Market Follower	• 마켓 리더와 유사한 모방 상품 Me-too Product 개발 • 경쟁력 있는 원가 구조와 마케팅 역량 필요 • 수익성 제고, 공격 차원, 방어 차원 등 다양한 목적으로 추진될 수 있음
마켓 니처 Market Nicher	• 작은 틈새시장에만 집중한 니치 Niche 상품 개발 • 경쟁사들보다 역량이 취약하여 경쟁을 회피할 경우에 활용 • 틈새시장에만 집중 투자함으로써 경쟁사들이 들어오지 못하도록 방어

■ 상품 개발 프로세스

일반적인 상품 개발NPD, New Product Development 프로세스는 다음과 같습니다.

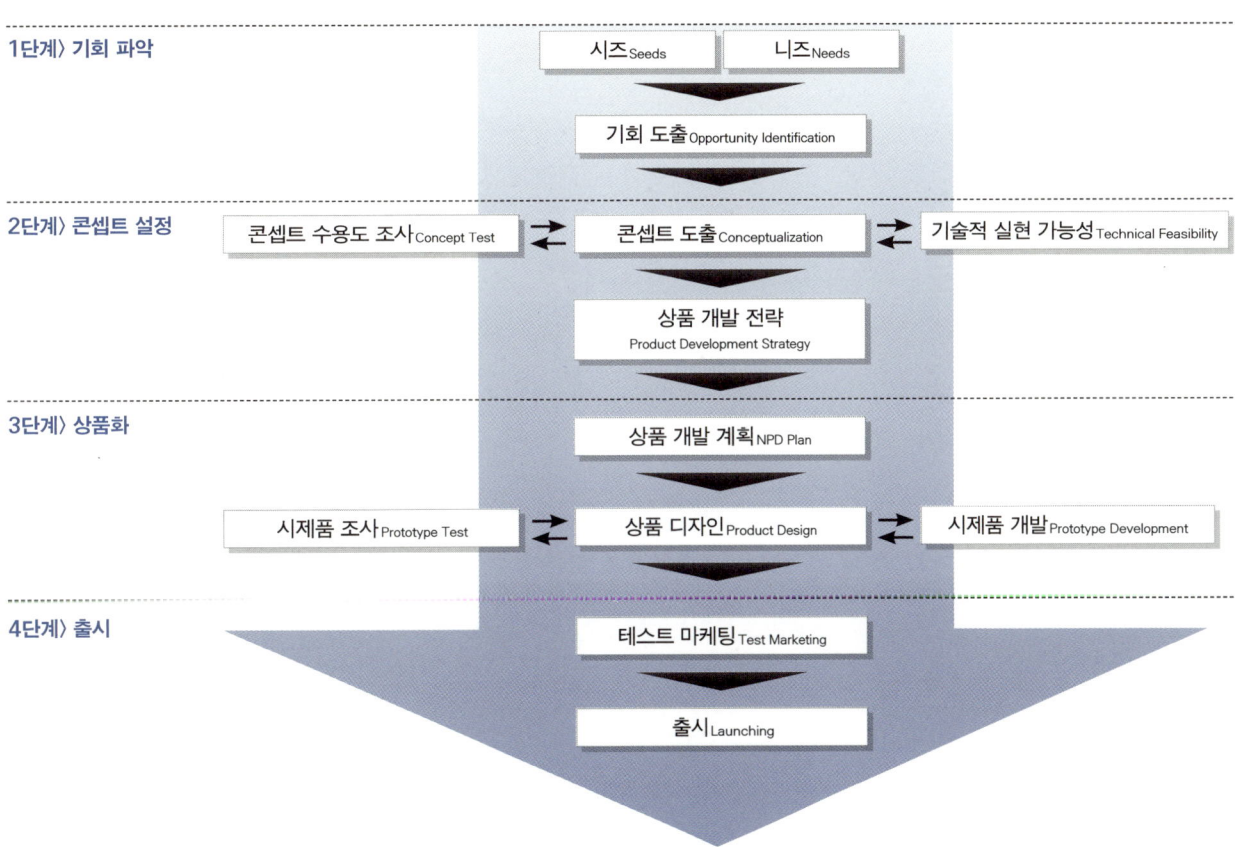

■ 1단계 : 상품 개발 기회의 파악

치열한 무한 경쟁의 시대이다 보니 경쟁자보다 먼저 상품 개발의 기회를 파악하기가 쉽지 않습니다. 그런 측면에서 볼 때 이 첫 번째 단계야말로 상품 개발에 있어서 가장 중요한 단계라 할 수 있습니다. 일반적으로 상품 개발의 기회를 찾기 위해서는 내·외부 환경에 대한 체계적인 정보 수집과 발상의 전환 등이 필요합니다.

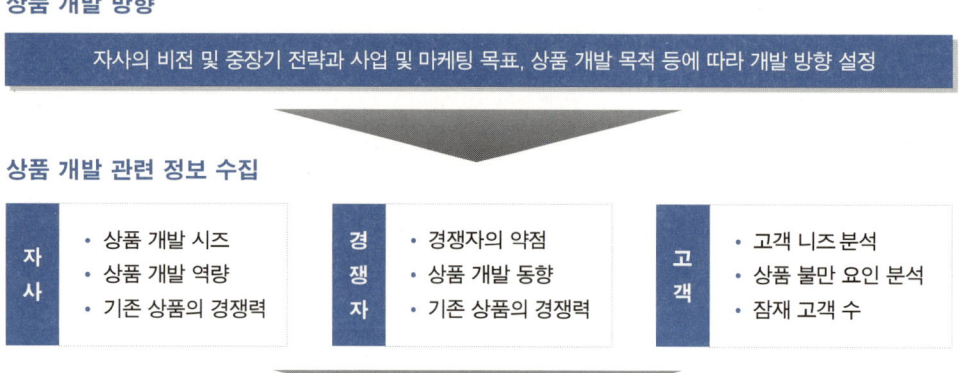

20세기 후반 들어 경쟁 과잉의 시대가 되자 고객 니즈를 공략하려는 마케팅이 기업 경영의 핵심 요소로 자리 잡았습니다. 그렇다 보니 고객 니즈에 부응하는 활동들이 경영 일선에서 최우선으로 다루어졌습니다. 그런데 21세기 들어 다시금 시즈가 부상하고 있습니다. 풍요의 시대를 넘어 수요의 포화 시대로 접어들자 새로운 수요를 창출하기 위해서는 나만의 차별적인 시즈가 필요하기 때문입니다.

시즈가 다시 부각되고 있다!

시즈Seeds란 R&D 연구 결과나 노하우, 독창적인 기술 등 상품 개발에 필요한 자사의 핵심 능력을 말한다. 이에 대비되는 용어로 고객들의 충족되지 않는 욕구를 의미하는 니즈Needs를 들 수 있다. 일반적으로 성공하려면 충족되지 않은 고객 니즈를 찾아 이를 충족시킬 시즈를 통해 상품을 개발해야 한다고 하지만, 이 역시 시대에 따라 변천하고 있다.

모든 것이 부족하던 시대에는 니즈가 큰 의미를 갖기는 어려웠다. 그래서 새로운 상품을 제공할 수 있는 시즈를 누가 보유했느냐가 성패를 좌우했다. 하지만 풍요의 시대로 접어들면서 시즈와 니즈의 위치가 역전되기 시작했다. 이미 만족한 니즈를 공략하기는 어렵기에 고객 중심의 마케팅이 부각되며 충족되지 않는 니즈를 찾아 공략하는 것이 성공의 열쇠가 된 것이다. 물론 글로벌 과잉 경쟁으로 나만의 시즈를 보유하기 어렵다는 점도 한몫했다. 그래서 지금도 니즈 발굴을 우선으로 생각하고 시즈라면 니즈를 충족시킬 능력 정도로 보는 경향이 있다.

하지만 21세기 들어 풍요로움을 넘어 수요의 포화 시대로 접어들자 다시금 시즈의 중요성이 부각되고 있다. 이미 만족한 사람들로 가득 찬 세상이 되어 충족되지 않는 니즈 발굴의 의미가 퇴색하고 있기 때문이다. 더 이상 수요 창출을 이끌 니즈가 사라지고 있는 것이다.

결국 다시금 차별적인 시즈를 통해 혁신적인 상품을 개발하여 고객의 니즈를 새롭게 창출해야만 지속적인 성장을 담보할 수 있는 세상이 도래했다. 대표적인 사례로는 창의적인 신상품을 통해 승승장구하고 있는 애플을 들 수 있다. 앞서 언급한 바 있듯이 애플의 스티브 잡스는 '그레이엄 벨이 전화를 발명할 때 시장 조사를 했겠느냐?'며 고객의 니즈를 파악하려는 시장 조사를 하지 않는 걸로 유명했다.

니즈의 시대가 가고 다시금 시즈가 부각되는 시대, 혁신만이 성장을 담보하는 시대가 된 것이다.

■ 2단계 : 상품 콘셉트의 설정

상품 콘셉트Concept의 설정 단계는 파악한 상품 개발의 기회를 구현하기 위해 상품 개발 방향을 정하는 단계입니다. 여기서 상품 콘셉트란 고객의 욕구를 충족시켜 주는 상품의 효용을 구체화한 것을 말합니다. 그런데 이 단계에서 흔히 참신한 아이디어와 독창적인 기술을 과신하여 실패하는 우를 범하기 쉽습니다. 그러므로 상품 콘셉트를 설정할 때는 자사가 아닌 고객의 입장에서 판단할 수 있도록 표적 고객을 대상으로 한 콘셉트 수용도 조사 등을 통해 객관적으로 검토할 필요가 있습니다.

또한 고객을 효과적으로 공략하기 위해서는 상품의 효용성을 간단 명료하게 인식시킬 수 있어야 합니다. 자사 상품의 효용을 강조하려다 보면 여러 효용성을 강조하기 쉽습니다만, 너무 많은 효용성은 없는 것이나 마찬가지입니다. 그러므로 상품 콘셉트는 표적 고객에 대한 차별적인 단 하나의 효용성을 중심으로 설정해야 함을 명심해야 합니다.

상품 콘셉트 후보 도출

표적 고객에게 새로운 가치를 제안하는 상품 콘셉트 후보안 도출

기술적 실현 가능성 Technical Feasibility
- 상품화 기술을 보유하고 있는가?
- 기술 경쟁력이 있는가?
- 비용 경쟁력이 있는가?
- 원자재 수급 등이 수월한가?
- 생산 역량을 보유하고 있는가?

콘셉트 수용도 조사 Concept Test
- 경쟁자 대비 차별적 가치를 느끼는가?
- 상품에 대한 구매 욕구가 있는가?
- 품질 및 성능에 대한 민감도는?
- 가격에 대한 민감도는?
- 콘셉트 수용 고객의 수 또는 비율은?

상품 콘셉트 확정

경쟁력 있는 최적의 상품 콘셉트 설정

■ 3단계 : 상품화

3단계는 설정된 상품 콘셉트에 맞게 상품을 개발, 제작하는 단계입니다. 이제부터는 실제 상품을 개발, 생산하는 단계이므로 구매 및 생산, 영업, 재무 등 타 부서와의 업무 협조가 필요합니다. 그러므로 상품 개발 계획은 경영층의 지원 하에 상품 개발팀만의 과제가 아닌 전사적인 과제로 추진해야 하며, 가급적 빠른 시일 내에 경쟁력 있는 상품을 개발하고 생산하는 데 집중해야 합니다.

설정된 상품 콘셉트에 따라 상품 개발 계획 NPD Plan을 수립한 후 상품 개발에 착수

시급성	경쟁력	수익성
• 상품 출시일 • 경쟁사의 개발 동향 • 고객의 니즈 변화 • 개발 비용 측면 • 기타 자사의 내부적 요인	• 기술/품질의 차별성 • 원자재/부품의 우위성 • 디자인 등 소프트 경쟁력 • 특허 등 독점적 권리 • 기타 자사 역량	• 원부자재 등 구매 경쟁력 • 비용 우위의 생산 공정 • 낮은 기술 개발 비용 • 낮은 상품 개발 비용 • 기타 비용 구조의 우위성

시제품 조사 Prototype Test

대량 생산을 시작하기에 앞서 시제품을 개발/제작하여 고객 평가를 실시, 상품화에 반영

■ 4단계 : 상품 출시

마지막 단계로 상품 개발이 완료되면 상품 출시에 들어갑니다. 이 단계부터는 본격적으로 마케팅 믹스 전략에 따라 브랜드 개발, 유통을 포함한 영업, 광고 및 홍보 활동을 통합적으로 추진합니다. 물론 상품 개발과 병행하여 추진할 수도 있습니다.

이 단계에서 중요한 과정 중의 하나가 바로 테스트 마케팅Test Marketing입니다. 테스트 마케팅이란 본격적으로 신상품을 출시하기 전에 제한된 시장이나 소수의 고객을 대상으로 시험적으로 판매한 후 상품에 대한 반응을 알아보는 것을 말합니다.

이를 통해 신상품 실패의 위험 부담을 줄일 수 있고, 좀 더 경쟁력 있는 상품으로 보완할 수 있으며, 브랜드나 가격 등 마케팅 전략 측면에서 보완책을 마련할 수 있다는 장점이 있습니다. 그러나 공개된 시장에서 추진하는 것이므로 경쟁자에게 신상품 정보가 노출되며, 상당한 비용이 들고, 출시 시기가 지연된다는 단점도 있습니다. 특히 환경 변화가 빠르고 수도권 중심으로 밀집된 우리나라의 경우 테스트 마케팅의 장점보다는 단점이 부각될 수 있기에 유의해야 합니다.

테스트 마케팅

구분	내용
대상 영역	• 전체 시장을 대표할 수 있는 지역이나 고객을 선정 • 표적 시장이나 상품의 특성, 경쟁 상품 동향, 마케팅 전략 등에 따라 선정
실시 기간	• 마케팅을 추진하고 고객들의 구매 후 반응을 알 수 있을 정도의 시간 • 상품에 따라 다르나 일반적으로 6개월 내외 소요
고객 조사	• 테스트 마케팅 기간에 걸쳐 주기적으로 고객 조사를 실시 • 마케팅 활동에 대한 반응, 신상품에 대한 만족도, 재구매 의향 등 조사

상품 개발 과정에서의 시장 조사

상품 개발은 고객의 니즈가 무엇이며 고객이 어떻게 생각하고 받아들이는지가 중요하므로 시장 조사의 연속이라 해도 과언이 아닐 정도로 전 단계에 걸쳐 다양한 시장 조사를 실시합니다. 구체적으로 상품 개발 과정에서 시행하는 시장 조사를 살펴보면 다음과 같습니다.

상품 개발 단계	시장 조사	내역
1단계 : 기회 파악	탐색 조사	• 전반적인 시장 현황과 경쟁 동향 등을 파악 • 고객 입장에서 니즈 및 불만 요인 집중 조사 • 새로운 가치를 제안할 상품 아이디어 도출
2단계 : 상품 콘셉트 설정	콘셉트 수용도 조사	• 신상품 콘셉트에 대한 고객 수용도 조사 • 기능/품질, 디자인, 가격 등 콘셉트에 대한 반응 • 설문 조사, FGI Focus Group Interview 등
3단계 : 상품화	시제품 조사	• 실물 시제품에 대한 고객의 반응 조사 • 사용 전/후 만족도 및 불만 요인 조사 • 목업 Mock-up 조사, HUT Home Usage Test 등
4단계 : 상품 출시	시험 시장 조사 마케팅 조사	• 시험 시장에서의 고객 반응 조사 • 구매 후 반응 집중 조사 : 만족도, 재구매 의향 등 • 기타 광고와 유통 등 마케팅 조사 병행

3. 영업 전략

구슬이 서 말이라도 꿰어야 보배라고 했듯이 마케팅 전략이 성과를 얻기 위해서는 영업이 뒷받침되어야 합니다. 마켓 리더들 모두가 영업력에서 경쟁 우위인 것도 우연은 아니죠. 영업 업무를 기획 업무보다 못한 걸로 무시하는 경향이 있습니다만, 기업에 있어서 가장 중요한 업무는 기획이 아니라 영업입니다. 영업을 회사의 꽃이라고 하듯 영업이야말로 생존을 좌우하는 핵심 요소니까요.

영업 실적에 따라 회사가 좌우되다 보니, 영업 전략은 가장 현실적이고 구체적일 수밖에 없습니다. 그래서 대개의 기업 전략은 미래를 보고 나아가야 할 방향을 제시하는 반면에 영업 전략은 현재 처한 상황에 대응한 단기 전술에 집중하는 경향이 있습니다.

일반적으로 영업 전략은 다음과 같이 마케팅 전략에 따른 영업 목표를 달성하기 위한 세 가지 요소로 구성되어 있습니다.

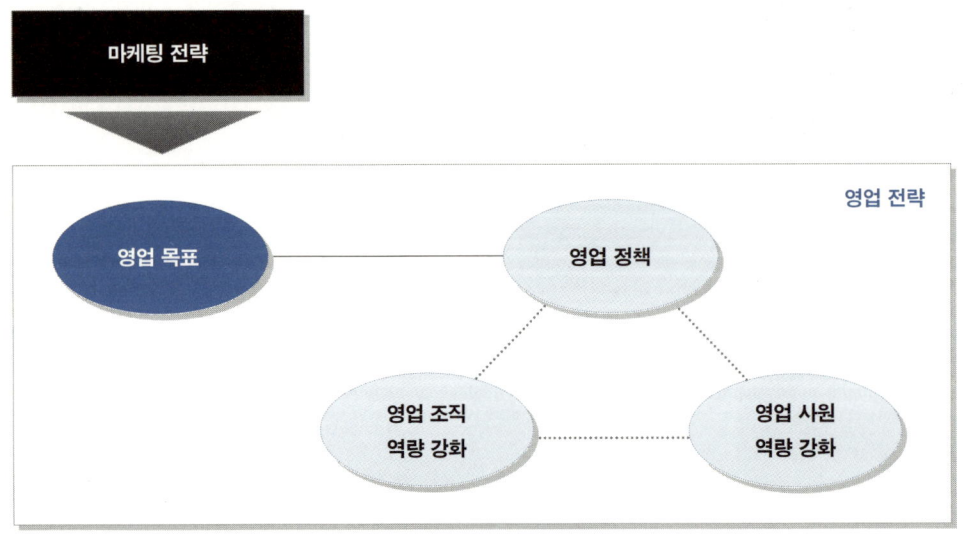

■ 영업 목표의 설정

영업 목표는 상위 목표인 마케팅 목표를 달성하기 위한 하위 과제로, 주로 매출액이나 수익과 같은 재무적 목표를 중심으로 객관적으로 측정 가능한 구체적인 성과로 설정됩니다. 최근에는 고객 가치를 중시하는 마케팅 기조에 따라 영업 목표 역시 재무적 목표뿐만 아니라 고객 만족도나 고객 유지율 등을 설정하기도 합니다.

이렇게 전사적 영업 목표가 설정되면 이에 따라 영업 부문, 영업 부서, 영업 사원에 이르기까지 일관성 있게 목표를 설정하여 실적 분석 및 평가의 지표로 삼아야 합니다. 즉, 올바르게 평가하고 관리할 수 있도록 누가 무엇을 얼마나 언제까지 어떻게 달성할지를 명확하게 설정해야 제대로 된 목표라 할 수 있습니다.

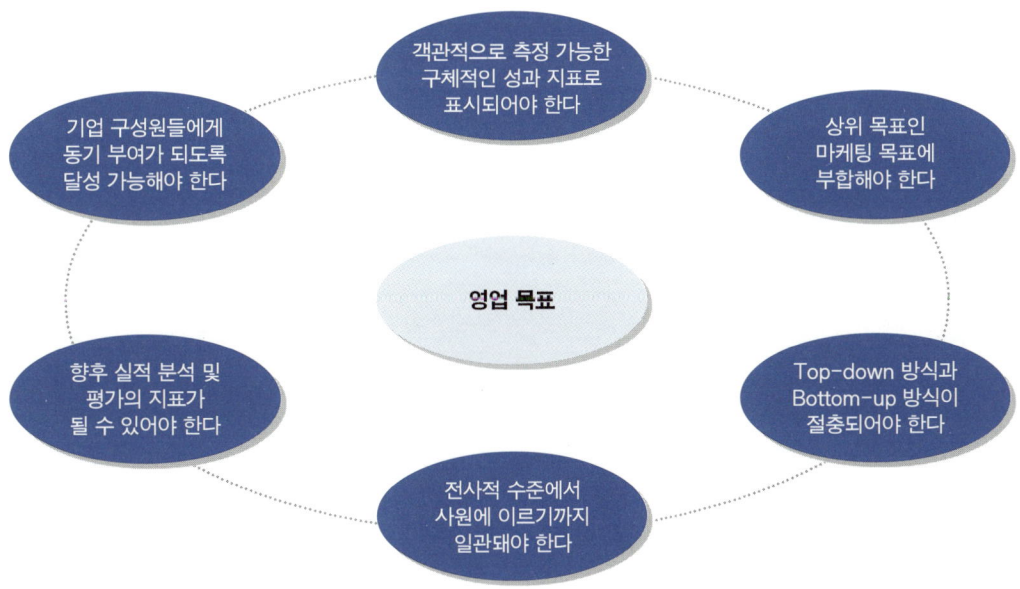

■ 영업 정책

영업 목표가 설정되면 다음 단계로 목표를 달성하기 위한 영업 정책을 수립합니다. 대개 영업은 매출 극대화 활동이므로 영업 정책 역시 많이 팔기만 하면 된다고 생각하기 쉽습니다만, 실상은 그렇지 않습니다. 마케팅 전략상 오히려 많이 판매하려는 영업 활동이 해가 될 수도 있기 때문입니다. 그러므로 상위 마케팅 전략에 부합한 영업 정책을 선택, 집중함으로써 전사적인 일관성을 확보하는 게 중요함을 명심해야 합니다.

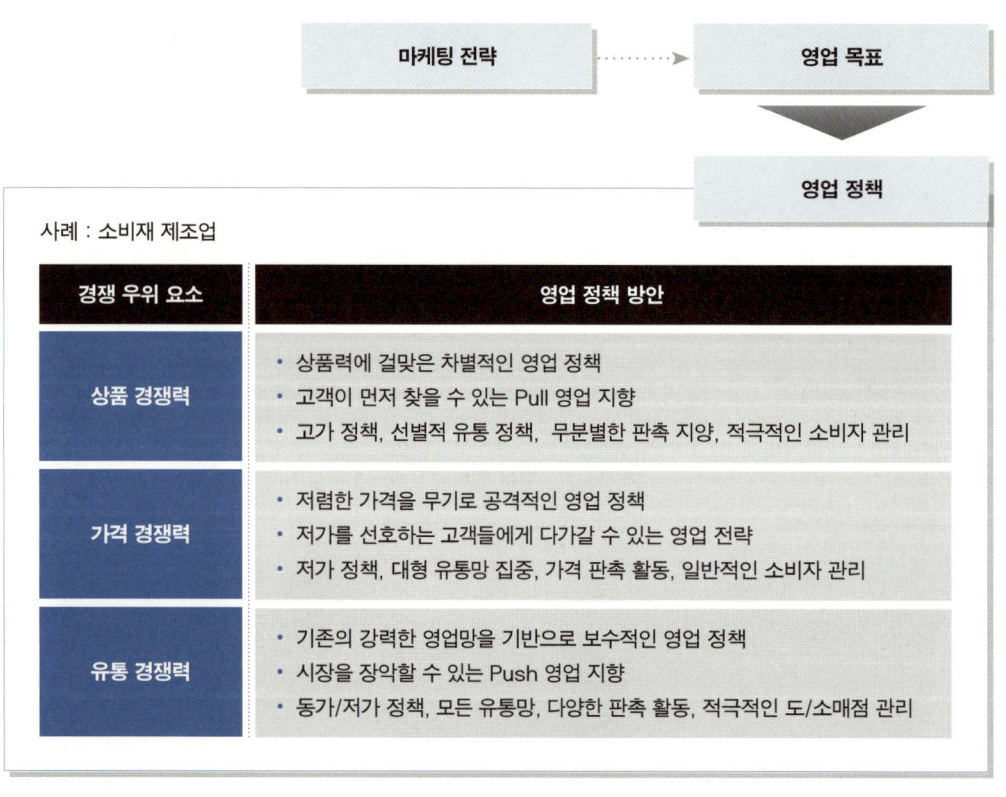

영업 정책은 영업 부서나 영업 사원이 실행에 옮길 수 있도록 구체화된 영업 계획으로 표현되어야 하며, 영업 활동에 대한 평가 역시 영업 정책에 따라 실행되어야 합니다. 그래야 영업 정책은 상품의 가치를 내세우면서 영업에서는 매출 극대화를 추구하는 등의 혼선이 벌어지지 않을 테니까요. 영업 부서별이나 영업 사원별로 거래선별, 상품별 구체적인 목표를 정하고 어떻게 영업을 추진할지 예산을 포함한 활동 계획을 수립하며, 영업 결과에 대한 정기적인 평가 및 피드백이 이루어져야 합니다.

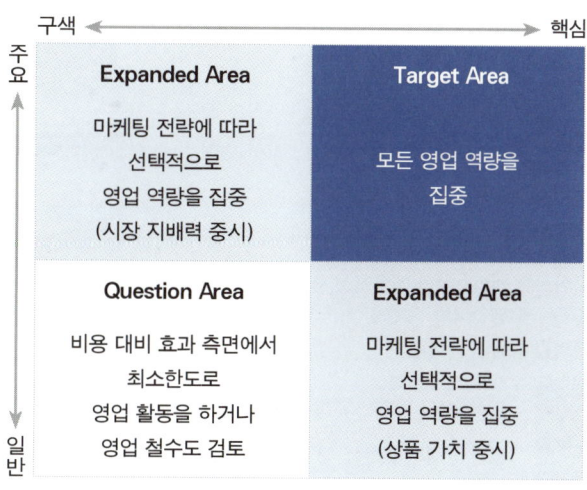

■ 영업 조직의 역량 강화

마케팅 전략과 영업 정책이 잘 수립되어 있고 우수한 영업 사원들을 모았다고 해서 반드시 영업을 잘할 수 있는 것은 아닙니다. 탁월한 영업 능력을 보유한 사람을 채용했는데도 별 소용이 없는 경우도 있죠. 이는 조직으로서의 영업 역량이 부실하기 때문입니다.

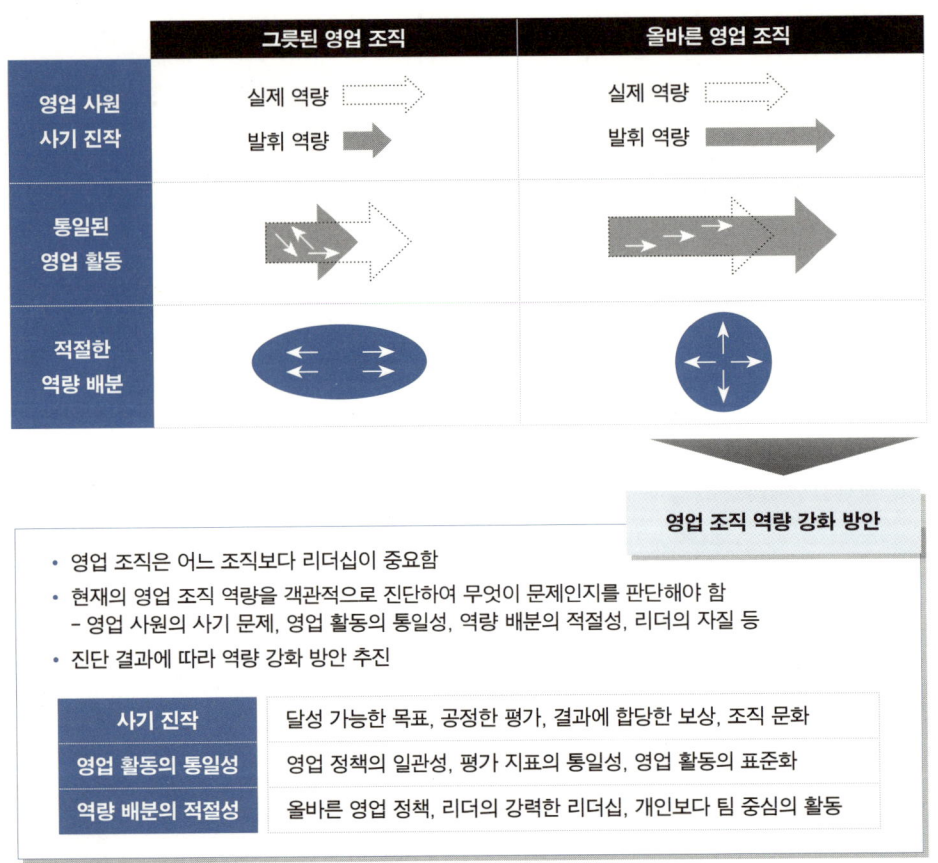

■ 영업 사원의 역량 강화

기업 영업 역량의 기본은 영업 사원입니다. 축구를 잘하려면 전술, 팀워크 등도 중요하지만 개개인의 개인기가 기본적으로 갖춰져야 하듯, 한 기업의 영업 역량 역시 각 영업 사원의 역량이 기본이 됨은 두말할 필요가 없습니다. 참고로 영업 사원의 역량 및 강화 방안을 살펴보면 다음과 같습니다.

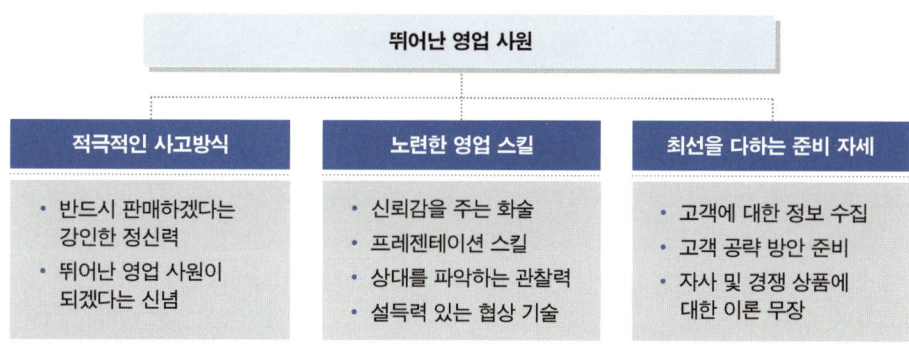

적극적인 사고방식	교육	신입사원 교육 과정 중 패기 훈련, 정기적인 극기 연수
	실행	적극적인 목표 설정, 영업 현장에서의 적극적인 자세 유도
	평가/보상	열정과 적극적인 자세에 대한 상사의 평가를 보상에 반영
노련한 영업 스킬	교육	화술, 프레젠테이션, 협상 기술 등 다양한 영업 스킬 교육 실시
	실행	영업 현장에서 상황에 맞는 영업 스킬 구사 지원
	평가/보상	교육 결과와 영업 현장에서의 스킬 구사력에 대한 평가 및 보상
최선을 다하는 준비 자세	교육	자사 및 경쟁사 상품에 대한 전문 교육 집중 실시
	실행	영업을 위한 준비 지원
	평가/보상	영업 현장에서의 준비 자세에 대한 평가 및 보상

고객 한 명에게 모든 것을 걸어라

한 세일즈맨이 강철왕 앤드류 카네기에게 한꺼번에 많은 고객을 상대할 수 있는 방법이 무엇인지 물었습니다. 그러자 카네기는 이렇게 답했다고 합니다. "한 사람의 신뢰도 받지 못하면서 어떻게 모든 사람의 요구를 충족시킬 수 있겠습니까?"

영업이라 하면 매출, 이익 등을 얘기합니다. 얼마나 많이 팔아야 할지, 어떻게 고수익을 올릴 수 있을지, 얼마나 많은 고객을 잡을 수 있을지를 궁금해하며, 뛰어난 세일즈맨에게는 특별한 노하우가 있을 거라 생각합니다. 그런데 정말로 특별한 노하우나 그들만이 가진 역량이 따로 있을까요? 아닙니다. 그들은 비법을 가진 것도, 특별한 역량을 가진 것도 아닙니다. 하지만 그들에겐 공통점이 하나 있습니다. 그것은 고객 한 명에게 모든 것을 걸 만큼 정성을 다한다는 점입니다. 누구나 '고객 만족'을 외치지만, 가장 중요한 고객 만족은 바로 세일즈맨에서 나옵니다.

고객에게 기울이는 정성이 얼마나 중요한지를 알려주는 세일즈맨의 사례가 있습니다. 한 세일즈맨이 어떤 회사의 임원을 만나 상담하려고 했습니다. 하지만 비서실에서는 명함만 받아놓고는 임원이 자리에 안 계시다며 만나지 못하게 했습니다. 그런데도 이 세일즈맨은 자신이 방문했음을 알리기 위해 명함을 비서실에 꼭 두고 나왔다고 합니다. 그 후 어느 날 비서실에서 명함을 정리하다가 깜짝 놀라고 말았습니다. 그 세일즈맨의 명함이 무려 200장이 넘게 있었던 것입니다. 문전박대를 당했음에도 200여 차례나 방문하며 꼬박꼬박 명함을 주고 갔던 것이죠. 비서는 이 사실을 임원에게 보고했고, 그 임원은 세일즈맨의 끈기에 감동하여 만났다고 합니다.

미국의 소매상 협회에서 연구한 자료에 따르면, 물건을 판매할 때 세일즈맨 중 48%는 한 번만 권유했다가 포기하고, 두 번 권유하는 사람이 25%, 세 번 권유하는 사람은 15%였다고 합니다. 세일즈맨 중 12%만이 네 번 이상 권유한다고 응답했는데, 놀랍게도 네 번 이상 권유하는 12%의 세일즈맨이 전체 판매량의 80% 이상을 차지하고 있었습니다.

누군가가 성공하면 그에게 특별한 영업 비법이 있을 거라 생각하기 쉽습니다만, 그렇지 않습니다. 바로 지금 앞에 있는 고객 한 사람이 전부라는 자세로 열정을 갖고 한 걸음 한 걸음 끈기 있게 추진한 결과일 뿐입니다. 이런 열정이 비단 세일즈맨에게만 필요한 것은 아닙니다. 누구든 그런 열정이 있다면 성공할 가능성이 한층 높아질 테니 말입니다. 여러분은 그런 열정을 갖고 있습니까?

PART 4

전략적 리더에게 필요한 전사 기업 전략

Chapter 13 : 비전 전략

Chapter 14 : 지속 성장 전략

Chapter 15 : 성과 극대화 전략

Chapter 16 : 재무 전략

Chapter 13

비전 전략

전략적 리더에게 필요한 역량 중 가장 중요한 것이 비전 제시 능력입니다. 목표가 분명하지 않으면 목표를 달성하기 위한 전략도 의미가 없습니다. 따라서 비전이 없는 기업에겐 미래가 없다 해도 과언이 아닙니다. 조직을 이끄는 리더라면 지속적인 성장을 이끌 비전을 제시할 수 있어야 합니다. 그런 측면에서 비전이란 무엇이며 어떤 역할을 하는지, 비전을 구현하기 위해 리더가 갖춰야 할 변혁적 리더십은 무엇인지 자세히 살펴보고자 합니다. 그리고 비전 선언문과 비전 하우스, 변화 관리 8단계에 따른 실행 프로그램 등 비전 수립 실무를 사례와 함께 알아본 후, 실무적으로 변화 관리를 추진할 때 유의해야 할 점들을 살펴보겠습니다.

1 · 비전의 의미

2 · 변혁적 리더십

3 · 비전 수립 실무

4 · 실무 관점에서 본 변화 관리

1 ▪ 비전의 의미

비전Vision이란 조직체인 기업이 추구하는 장기적 목표와 바람직한 미래상으로, 기업의 지속적인 성장과 발전을 위한 길잡이이자 등대의 역할을 합니다. 목표가 분명하지 않으면 목표를 달성하기 위한 일관된 전략 역시 의미가 없어 우왕좌왕할 가능성이 높습니다. 따라서 비전이 없는 기업에겐 미래가 없다 해도 과언이 아닙니다. 지속적인 기업의 성장과 미래를 담보할 비전을 제시하는 능력이야말로 조직을 이끌어나갈 전략적 리더에게 무엇보다 중요합니다.

기업은 자신뿐만 아니라 다양한 이해 관계자들의 요구를 반영하여 전략 방향을 설정하고, 이의 수립과 실천을 조직 전체의 틀 속에서 조정하고 통합해야 합니다. 그러기 위해서는 전 임직원과 이해 관계자들이 공감할 수 있는 명확한 비전을 제시하여 확고한 목표 의식과 가치를 공유하고 행동할 수 있게 해야 합니다. 그래야 조직 역량이 집결되고 성과가 높아질 수 있습니다.

개인적 차원에서도 비전은 구체적인 목표가 없는 막연한 꿈이나 책임이나 의무가 수반되지 않는 야망과 달리 구체적인 목표와 함께 달성 계획까지 마련함으로써 목표 지향적인 삶을 살게 한다는 점에서 큰 의미가 있습니다. 사실, 목표가 없으면 그때 그때 상황에만 대응하다가 시간만 낭비하는 경우가 많습니다. 성공하기 위해서는 한 방향으로 일관되게 꾸준히 실행하는 것이 중요합니다. 비전이 없다면 감당하기 어려운 일을 겪거나 난관을 만날 때 자신이 무엇을 위해 그러고 있는지 알 수 없어 포기할 가능성이 많죠. 그런 의미에서 개인적으로도 비전을 명확히 하는 것이 성공으로 가는 핵심입니다.

> 중국 당 태종 때의 일이다. 장안의 한 방앗간에 사이 좋은 말과 당나귀가 살고 있었다. 말은 밖에서 수레를 끌고 나귀는 안에서 곡식을 갈며 각자 맡은 일을 열심히 했다. 그러던 어느 날 삼장법사가 서역 인도로 불경을 얻으러 떠나면서 이 말을 타고 가게 되었다. 어느덧 17년이 흘러 삼장법사는 불경을 구해 돌아왔고, 말도 장안으로 돌아와 당나귀를 다시 만났다. 말은 자신이 여행하면서 보았던 여러 가지 풍경들을 자세히 들려주었고, 당나귀는 그 이야기를 듣고 감탄하며 말했다. "우와, 정말 대단해! 그렇게 긴 여행을 하다니, 나는 감히 상상조차 할 수 없는걸!" 그러자 말이 당나귀에게 다음과 같이 말했다. "너와 내가 걸은 거리는 비슷해. 단지 나는 삼장법사님과 시종일관 한 방향으로 나아갔고, 넌 맷돌을 끌며 뱅글뱅글 같은 자리를 맴돌기만 했다는 게 다를 뿐이야."

출처 | 천빙랑, 《나를 이끄는 목적의 힘》, 아인북스, 2009

이렇듯 중요한 비전을 단순히 기업의 장기 목표 설정 차원에서 바라보는 실수를 저지르기도 합니다. 10조 매출에 1조 수익 달성, 전 세계 1등 기업 등만을 부각시키며 비전 달성을 재촉합니다. 그렇다 보니 임직원들에게 비전은 자신과 상관없이 하달된 목표이자 성가신 것으로 여겨질 수밖에 없습니다. 사실 공유되지 않는 비전은 의미가 없습니다. 조직원들의 자발적인 참여를 이끌어내지 못하는 비전은 한순간의 성장은 담보할 수 있을지 모르지만 오히려 지속 가능성 Sustainability 을 해치는 요인이 될 수 있습니다. 더구나 주주 등 이해 관계자 및 사회의 시선 역시 나만 최고가 되면 그만이고 돈만 많으면 된다는 졸부 논리로는 지속 가능 성장 Sustainable Growth 을 유지하지 못하게 합니다.

일반적으로 비전은 현 사회의 가치관을 반영합니다. 최근의 비전 역시 과거 산업화 시대의 일방적인 기업 중심에서 주주 중심주의를 지나 사회적 가치를 지향하는 방향으로 진화하고 있습니다. 그러므로 수익 극대화로 대표되는 자신의 성공만을 지향하던 방식에서 벗어나 임직원뿐만 아니라 주주 등 이해 관계자, 사회와 함께 성장해 나가는 비전을 제시해야 합니다.

비전이란 말을 들으면 무엇이 떠오르는가? 일방적인 조직의 목표, 해야 할 일, 귀찮은 비전 선포식,….
일방적인 상명하달식 커뮤니케이션에 익숙한 우리로서는 '비전'이라 하면 대개 좋지 않은 이미지를 떠올리게 된다. 이는 비전을 이해하지 못하는 사람들의 문제라기보다는 비전을 일방적으로 정하고 대대적으로 선전하려고만 하는 작태 때문일 것이다. 그렇다고 비전이 없어도 괜찮을까? 사실 비전이 없으면 미래가 없는 것과 같다. 비전이라는 등대가 없다면 험한 바다에서 어디로 갈지 몰라 헤매다 사라지는 배와 같은 운명이 될 수 있기 때문이다. 그렇기에 비전은 기업에 있어서 가장 중요한 전략이라 할 수 있다. 이렇듯 중요한 비전이 효과를 발휘하려면 당연히 조직원 전체의 공감이 필요하다. 거창하게 비전을 선포하고도 실패로 끝나는 건 대개 조직원들의 공감을 얻지 못한 상층부만의 생각이었기 때문이다. 그러므로 전 직원의 공감을 얻을 수 있도록 직원 스스로 그 비전을 자신의 비전으로 여길 수 있게 해야 한다. 정말 그렇게 되고 싶다고 느껴야 조직의 비전을 성취하려고 노력하게 되고, 이런 노력이 자기 인생에도 긍정적인 역할을 하기 때문이다.

만일 자신이 몸 담고 있는 조직이 오직 돈만을 지향하며 기업의 성공을 위해 수단과 방법을 가리지 않는 곳이라면 그곳에서 모든 노력을 아낌없이 쏟아 붓고 싶을까? 지금은 어쩔 수 없이 머무르고 있지만, 기회만 된다면 이직하려 할 것이 자명하다. 그러므로 비전은 임직원들이 자부심을 느끼며 스스로 자신의 인생을 걸고 성취하고 싶게 만들도록 제시되어야 한다. 사람과 세상을 움직이는 것, 그것이야말로 진정한 비전이다.

기업 사례는 아니지만 조선시대에 300년간 부자 가문으로 이름을 떨쳤던 경주 최부자집의 성공 비결이야말로 세상과 사회와 함께 성장해 가겠다는 비전이 얼마나 효과적인지 보여주고 있습니다.

일반 부자와는 달랐던 경주 최부자집의 성공 비결

조선 시대 명문가 중에 경주 최부자집이 있다. '부자는 3대를 못 간다'는 세간의 말을 비웃듯 경주 최부자집은 숱한 사회적 변고에도 불구하고 300년 동안 12대에 걸쳐 부자 가문으로 칭송을 받았다. 이렇듯 최고 부자 명문가로 자리잡은 최부자집의 비결은 무엇일까? 부를 확보하거나 지키는 남다른 비법이 있지 않았을까? 뭔가 대단한 비법이 숨어 있을 것 같지만, 의외로 그 비결은 다른 데 있었다.

과거를 보되 진사 이상 벼슬을 하지 마라, 만석 이상 재산은 사회에 환원하라, 흉년기에는 땅을 늘리지 마라, 과객을 후하게 대접하라, 주변 백 리 안에 굶어 죽는 사람이 없게 하라, 시집 온 며느리들은 3년간 무명옷을 입어라.

바로 '육훈'으로 알려진 최부자집의 가훈이다. 돈을 벌거나 지키는 게 아니라 과욕을 부리지 않고 사회와 사람들과 함께 상생해 가는 가문을 만들었던 것이 12대에 걸쳐 부를 이어가며 사람들로부터 존경을 받을 수 있던 원동력이었다. 특히 민란 등 사회 혼란기에도 마을 사람들이 최부자집을 지켜줬던 것이 큰 힘이 되었다고 한다.

한순간 잘되어 부자가 된 졸부와 진정한 부자는 철학부터 다르다. 돈만 많으면 된다는 졸부 논리는 곧 부를 잃는 지름길이 된다. 비즈니스 역시 마찬가지다. 사회와 고객, 협력 업체 등의 이익을 빼앗아 자신의 이익만을 채우려는 기업은 리더의 지위에 오르더라도 계속 그 자리를 지킬 수 없다. 더구나 최근 들어 전 세계가 인터넷으로 하나가 되고 모든 사람들이 참여하는 오픈 소사이어티 Open Society 시대로 진보하면서 주주 자본주의를 넘어 고객 자본주의, 사회 자본주의의 시대가 도래하고 있기에 향후에는 더욱 그러할 가능성이 높다.

그렇다고 무조건 자신의 이익을 희생하며 공익적 가치만을 추구하라는 것은 아니다. 하지만 자신의 이익만을 노골적으로 추구하는 기업은 언젠가는 그 실체가 드러나 쫓겨날 수밖에 없다. 그러므로 자신의 발전을 추구하면서도 진정으로 고객들을 위하고 세상과 사회와 더불어 성장하려는 비전을 가진 기업만이 리더의 자리에 오를 수 있음을 명심해야 한다.

■ 비전의 역할

첫째, 지속 가능한 성장을 추구할 수 있게 한다

기업의 영원한 숙제인 지속 가능 성장Sustainable Growth은 강력한 비전이라는 기반 없이는 불가능하다 해도 과언이 아닙니다. 일례로 사람답게 사는 가치나 사회를 진보시키려는 사회적 가치 등 공감할 수 있는 상생의 비전을 수립하여 이를 실현시키려는 구체적인 노력을 추진함으로써, 고객, 주주, 협력 업체 등의 이해 관계자 및 사회 구성원들에게 기업의 존재 가치를 인정받고 이들의 동참이나 지지를 유도할 수 있습니다.

스웨덴의 발렌베리 그룹

> 에릭슨, 일렉트로룩스, ABB, 아스트라제네카, 사브 등 쟁쟁한 스웨덴 기업들을 거느린 거대 그룹으로, 스웨덴 GDP의 30%, 스웨덴 증권거래소 시가 총액의 40%를 차지하는 스웨덴의 발렌베리Wallenberg 그룹은 1856년 앙드레 오스카 발렌베리가 창업한 이래 150여 년간 5대에 걸쳐 발렌베리 가문이 경영하고 있다. 이렇듯 사회의 부를 상당 부분 독차지하고 있음에도 스웨덴 사람들은 발렌베리 가문과 그룹을 존경한다고 말한다. 사실 이런 존경의 힘이 발렌베리 그룹을 지속 가능하게 성장시키고 있다. 이렇듯 발렌베리 그룹이 존경을 받으며 지속적으로 성장할 수 있었던 것은 사회와 사람들과 함께 상생해 가는 비전과 이의 실천 덕분이라고 한다.
>
> 발렌베리 가문의 가훈 중에는 반드시 해군 장교로 복무해야 한다는 게 있다. 노블리스 오블리주가 생소한 우리에겐 특이한 조항이지 않은가? 나치로부터 유대인 수만 명을 구해 스웨덴의 쉰들러라 불리는 라울 발렌베리도 이 가문의 일원이다. 이런 가훈은 발렌베리 그룹 경영에도 유효했다. 발렌베리 가문 사람들이 과욕을 부리지 않도록 경영은 전문 경영인에게 일임하여 철저히 소유와 경영을 분리시킴으로써 투명 경영을 실천했다. 또한 사회와의 상생을 위해 기업들이 거둔 성과를 발렌베리 재단으로 집중시킨 후 이를 스웨덴의 과학 기술 발전이나 사회적 책임 활동에 사용했다. 특히 1938년 노사정 대타협인 살트셰바덴 협약 이후 이런 활동을 지속적으로 실천해 오고 있으니 스웨덴 국민들이 발렌베리 가문과 그룹을 자랑스러워할 만하다.

둘째, 조직원들에게 강력한 동기를 부여한다

조직원들에게 배를 한 척 만들게 하려면 어떻게 해야 할까요? 이에 대해 《어린 왕자》의 작가 생텍쥐페리는 다음과 같이 말했다고 합니다. "만일 배를 만들고 싶다면 일꾼들에게 일을 지시하고 일감을 배분하지 마십시오. 대신 그들에게 끝없이 바다에 대한 동경을 품게 하십시오." 비전의 역할도 마찬가지입니다. 진정한 비전은 바다에 대한 동경처럼 조직원들이 자발적으로 비전 달성을 위해 매진할 수 있도록 동기를 부여할 수 있어야 합니다.

포항종합제철의 제철보국製鐵保國

> 1960년대에 일관 제철소 건설은 우리나라의 국가적 소원이었다. 일관 제철소 건설은 거대한 자본과 기술, 경험이 없이는 성공하기 어려운 사업이지만, 공업화를 성공적으로 추진하기 위해서는 무엇보다 기초 소재인 철을 안정적으로 공급해야 했기 때문이다. 이에 당시 박태준 사장은 대일 청구권 자금을 전용해 1970년에 일관 제철소 건설을 시작했다. 하지만 기술이나 경험이 일천했기에 상황은 열악할 수밖에 없었다. '후진국인 한국에서 일관 제철소를 건설하는 건 미친 짓'이라는 비난과 조롱의 목소리도 높았다. 이를 극복하기 위해 내세운 것이 바로 '제철보국'과 '우향우' 정신이었다. 제철소를 짓는 일이야말로 나라를 보위하는 막중대사임을 명심하고, 만약 실패할 경우 모두가 '우향우'해 동해 바다에 투신하자는 의미였다.
>
> 이런 사명감과 책임감 덕분인지 1973년에 제철소는 역사적인 준공을 하게 되었다. 당시 포항제철에 근무하던 사람들은 '제철보국'이라는 이념에 공감하며 자신의 일에 무한한 자긍심을 느꼈다고 한다. 자신이 하는 일이 단순히 돈을 버는 것이 아니라 나라를 보위하는 일이라면 누구나 그렇게 느끼지 않겠는가? 그리고 가족이나 다른 사람들에게 자랑스럽게 얘기하며, 자식들에게도 입사를 권유하지 않겠는가?
>
> 결국 포항종합제철은 임직원 스스로 성취하고 싶도록 동기를 부여하는 비전을 제시함으로써 모두가 불가능하다고 여긴 사업을 성공으로 이끌 수 있었던 것이다.

셋째, 조직 구성원들을 한 방향으로 합심하게 만든다

기업에서 비전이 갖는 또 다른 역할은 조직 구성원들을 목표를 향해 한 방향으로 합심하게 만드는 것입니다. 비전이 없는 기업은 모래알 조직과 같기에 모든 구성원이 열심히 노력한다 해도 각기 다른 방향으로 나아가다 보면 전사적 차원에서는 노력한 만큼의 결실을 얻지 못할 수 있습니다. 그러므로 비전은 조직 구성원들이 한 방향을 바라보며 합심하게 만드는 구심점이 되어야 최상의 결과를 얻을 수 있습니다.

이렇듯 한 방향으로 합심하게 만들기 위해서는 실무적으로 개별 구성원들의 비전이 기업의 비전에 부합하는 방향으로 수립될 필요가 있습니다. 개인의 비전이 조직 비전의 실현을 통해 현실적으로 구현된다면 누구든 열심히 노력할 것이기 때문입니다. 그런 측면에서 조직 구성원의 개인적인 비전까지 아우를 수 있는 기업 비전을 제시할 필요가 있으며, 기업 비전을 공개적으로 천명함으로써 기업 비전에 공감하는 개인 비전을 지닌 인재들이 참여할 수 있도록 유도해야 합니다.

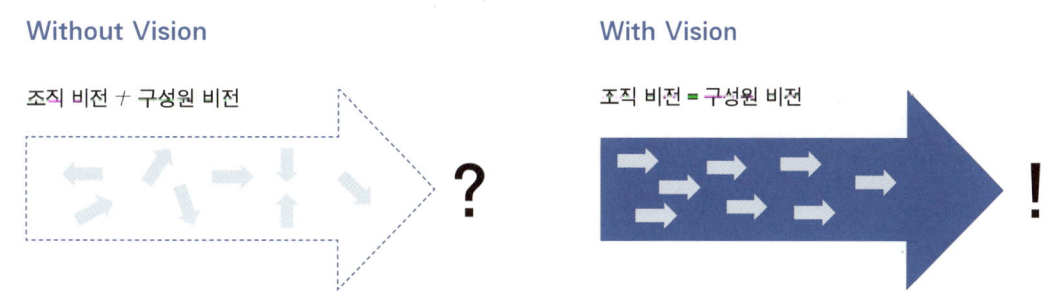

2. 변혁적 리더십

급변하는 경영 환경 속에서 지속적으로 성장하기 위해서는 단순히 비전을 제시하기만 하는 게 아니라 비전을 구현할 수 있어야 합니다. 그러기 위해서는 현 상태를 유지하거나 변화에 수동적으로 대응하는 수성의 리더십이 아니라 비전을 달성하기 위해 변화를 이끌고 주도할 수 있는 변혁적 리더십을 갖춰야 합니다.

변화를 주도하는 리더들은 수성에 능한 경영 관리자가 아니라 없는 길도 개척해 나가는 혁신적인 전략가입니다. 때로는 실패 위험이 높은 모험도 마다하지 않고 모두가 반대하는 길을 혼자서 가기도 합니다. 그러다 실패도 맛보고 어려움도 겪지만 전략적인 선택과 집중을 통해 끝내 성공합니다.

그럼 이제부터 구체적으로 변혁적 리더들이 가져야 할 자세를 알아보도록 하겠습니다.

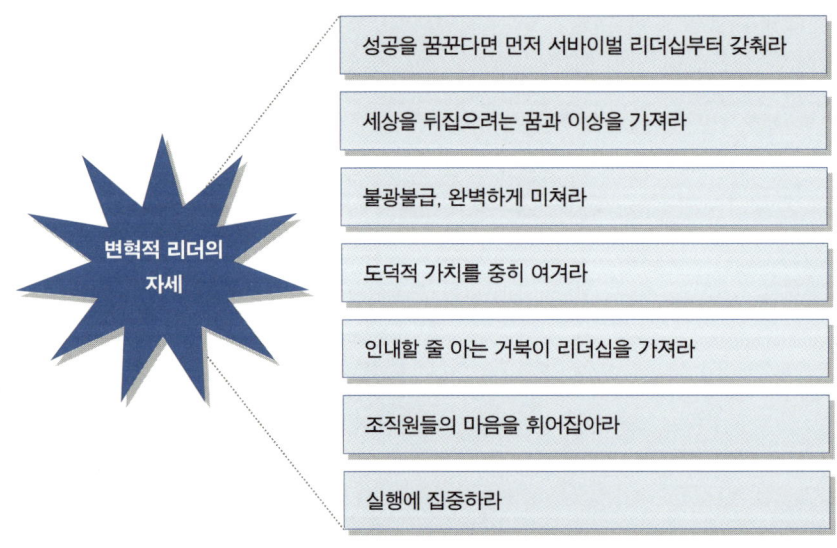

■ 성공을 꿈꾼다면 먼저 서바이벌 리더십부터 갖춰라

참혹한 현실에 대한 인정과 낙관적 희망이라는 이중적 태도를 '스톡데일 패러독스 Stockdale Paradox'라 합니다. 제임스 스톡데일 James Stockdale은 베트남전 중 8년간의 포로 생활 끝에 귀환한 미 해군 장군으로, 당시 포로들의 정신적 리더 역할을 했습니다. 스톡데일은 포로 생활에 대한 인터뷰 도중 힘든 상황을 이겨내지 못하고 죽어버린 사람들은 어떤 사람들이었느냐는 질문에 '불확실한 희망만을 간직한 낙관주의자들'이라고 답했다고 합니다. 곧 풀려날 거라는 근거 없는 낙관이 반복되는 상실감을 부르다 좌절을 안긴 것이죠. 이에 반해 참혹한 현실을 냉정하게 바라보는 현실주의자들은 언젠가는 풀려날 수 있을 거라는 일말의 희망을 간직한 채 묵묵히 8년의 세월을 참아냈다고 합니다. 이렇듯, 전략적 리더라면 비전은 크게 갖더라도 냉정하게 현실을 직시하고 서바이벌에 집중할 줄 알아야 합니다.

어니스트 섀클턴의 서바이벌 리더십

> 리더십 하면 떠오르는 인물 중 하나가 바로 '성공보다 더 위대한 실패'로 유명한 어니스트 섀클턴 Ernest Shackleton 경이다. 그는 1914년 8월, 27명의 대원을 이끌고 남극 대륙 횡단에 도전했다. 하지만 횡단은 실패했고, 설상가상으로 귀환 도중 배가 부서지고 말았다. 위기의 순간에 섀클턴은 무사 귀환을 목표로 참혹한 추위와 배고픔 속에서도 '살아도 같이 살고, 죽어도 같이 죽는다'며 대원들을 이끌고 계속 전진했다. 급박한 상황이었음에도 섀클턴은 힘들어하는 대원들을 다독이며 잘 이끌어나갔다. 정작 자신은 모두를 무사히 생환시켜야 한다는 리더로서의 중압감과 항상 자신감 있어 보여야 한다는 압박을 느끼고 있었지만 말이다. 그러던 중 섀클턴 일행은 500여 일 만에 무인도에 도착했다. 그러나 대원들의 인내력은 한계에 달한 상태였다. 결국 섀클턴은 다섯 명의 대원만을 이끌고 출발지였던 사우스 조지아 섬 기지로 구조를 요청하러 갔다. 그리고 길이 6m에 불과한 구명보트로 드레이크 해협을 통과하고 도끼 한 자루와 로프민으로 해발 3,000미터의 산을 넘어 도저히 갈 수 없을 것 같았던 기지에 도착했다. 마침내 조난당한 지 634일 되는 날 칠레 정부가 급파한 군함에 의해 무인도에 남아 있던 대원 모두를 구조하는 데 성공했다. 정말로 역사에 길이 남을 대단한 서바이벌 리더십이 아닌가?
>
> 리더는 조직을 이끌어나갈 권한과 책임을 진 사람이다. 그러므로 섀클턴처럼 자신보다 전체를 위하는 모습을 보여야 한다. 그래야 조직 구성원들이 때로는 리더의 의견에 동의하지 않더라도 신뢰하고 따를 수 있다. 그러지 못하는 리더라면 아무리 실무 능력이 뛰어나다 해도 조직을 이끌 리더로서의 자격이 없다.

■ 세상을 뒤집으려는 꿈과 이상을 가져라

변화를 꿈꾼다면 조직 구성원과 고객, 이해 관계자들에게 담대한 비전을 심어줄 필요가 있습니다. 물론 그러기 위해서는 '나는 온 세상을 뒤엎을 작정이다.'라고 공개적으로 천명한 무하마드 알리나 이 세상의 모든 가난을 없애겠다던 방글라데시 그라민 은행 전 총재 무하마드 유누스처럼 리더 자신이 세상을 뒤집으려는 꿈과 이상을 가져야 합니다.

"당신은 설탕물이나 팔면서 여생을 보내고 싶소, 아니면 세상을 바꾸고 싶소?"

> "당신은 설탕물이나 팔면서 여생을 보내고 싶소, 아니면 세상을 바꾸고 싶소?"
> 1983년 애플의 스티브 잡스가 당시 펩시 사장이었던 존 스컬리를 영입하기 위해 한 말이다. 당신이 존 스컬리라면 어떤 느낌이 들겠는가? 설탕물이나 팔면서 여생을 보내기보다는 모험을 하고 싶은 욕구가 생기지 않았을까? 여러분의 느낌처럼 존 스컬리 역시 세상을 바꾸는 일에 동참하기로 결정했다. 후에 스티브 잡스와 소원한 사이가 되긴 했지만 말이다.
>
> 변혁의 리더들은 남다르다. 학력이나 능력, 재력 등이 출중하다는 의미가 아니다. 가진 꿈과 이상이 보통 사람들과는 확실히 다르다는 의미다. 그들은 남들이 가지 않는 길을 개척하겠다는 꿈을 꾼다. 그들의 꿈은 헛된 몽상으로밖에 보이지 않을지도 모른다. 세상을 바꾸겠다는 스티브 잡스, 이 세상의 가난을 모두 없애고 말겠다는 무하마드 유누스, 전 세계 사람들에게 도서관을 제공하겠다는 제프 베조스, 지속 가능한 지구를 만들겠다는 아니타 로딕까지 모두 헛된 꿈을 꾸고 있다. 그런데 그런 몽상이 실제로 세상을 진보시키고 있다. 직원들이나 고객, 세상 모두에게도 처음엔 몽상으로 보이지만, 이를 적극적으로 공유하고 그 가치를 하나씩 실천해 나감으로써 몽상은 비전으로 바뀐다. 한 명 두 명 그 비전을 따르고 신뢰하는 이들이 많아질수록 헛된 꿈은 달성 가능한 목표로 탈바꿈한다.
>
> 이렇듯 비전은 성패를 좌우하는 핵심 모멘텀이다. 진정한 비전은 조직원들에게 기업의 존재 의미와 가치를 부여함으로써 마음을 움직여 무모하게 도전하도록 만든다. 불가능한 일이라 해도, 비록 실패에 그친다 해도 말이다. 그렇기에 담대한 비전을 제시하지 못하는 리더는 아무리 능력이 뛰어나고 출중하더라도 그저 그런 수준에 머물 수밖에 없다.

■ 불광불급不狂不及, 완벽하게 미쳐라

옛말에 '미치지(狂) 않으면 미치지(及) 못한다'고 했습니다. 어떤 일이든 몰입하지 않으면 원하는 목표를 이룰 수 없음을 강조한 말입니다. 변혁적 리더십도 마찬가지입니다. 변화를 성공시키기 위해서는 위험하고 실패할 가능성이 높다 해도 과감하게 도전할 필요가 있습니다. 그러므로 좀 더 나은 목표를 향해 변화를 꿈꾸는 리더라면 기발한 창조나 단절적인 혁신 등 무모하고도 극단적인 방법을 추진할 정도로 미쳐야 합니다.

변혁을 꿈꾸는 무한 도전의 정신

> 수성의 리더는 능력 있고 출중한 전략적인 인재인 반면, 변혁의 리더는 모범생과는 거리가 먼 경우가 많다. 버진 그룹의 리처드 브랜슨을 보라. 그는 난독증으로 학업을 따라가지 못해 고등학교를 중퇴했다. 얼마 전까지도 영업이익과 당기순이익의 차이를 모를 정도로 재무제표도 읽을 줄 몰랐다고 한다. 확실히 전인적인 리더상과는 거리가 멀다. 브랜슨의 괴짜 기질을 보여주는 사례가 하나 있다. 버진 레코드로 돈을 벌자 그 돈을 몽땅 투자하여 버진 아틀란틱이라는 사명으로 항공 사업을 시작했다. 그런데 시작할 당시 운항 비행기는 단 한 대였다. 누가 봐도 무모한 도전이자 무리한 도전이었다. 그러나 그는 그 도전에 당당히 성공하여 영국 내 2위 항공사로 발돋움했다. 대단하지 않은가? 브랜슨의 별명도 'Dr. Yes'라고 한다. 언제나 무한 도전을 열정적으로 즐기고 무모할 정도로 낙관적으로 나아가기에 붙은 별명일 것이다.
>
> 이렇듯 위험하더라도 변화를 추구하며 성장하기 위해서는 미쳐야 한다. 실패할 가능성이 높다고 해서 도전하지 않고 뒤로 물러선다면 서서히 침몰하는 선박 꼴이 되고 말기 때문이다. 변혁적 리더로 성공하기 위해서는 이런 브랜슨의 열정과 함께 실패를 감내할 수 있는 용기가 필요하다. 유니클로를 만든 야나이 다다시는 1승 9패를 주장하며 "실패하지 않으면 성공도 없다. 패배는 끝이 아니라 성공의 씨앗을 얻는 일이므로 아홉 번 실패해도 열 번째에 성공하면 된다."라고 했다. 사실, 실패하지 않으면 성공도 없다. 에디슨은 전구를 발명하기 위해 2천 번의 실패를 겪었다고 한다. 전구를 발명한 후 "2천 번이나 실패했는데 중간에 포기할 생각은 안 했느냐?"라는 기자의 질문에 에디슨은 "실패라니, 단지 2천 번의 과정을 거쳤을 뿐."이라고 답했다고 한다. 이렇듯 무한 도전은 필히 실패를 동반하므로 실패가 두렵다면 도전할 수가 없다. 그렇기에 무모하고도 무리한 도전 앞에서 두려움을 이길 수 있도록 완벽하게 미쳐야 한다.

■ 도덕적 가치를 중히 여겨라

21세기 들어 도덕적 가치를 중시하는 시대가 되었습니다. 그러므로 21세기에 변혁을 꿈꾼다면 리더 스스로 도덕적 가치를 중히 여기는 자세를 가질 필요가 있습니다. 특히, 세상을 주도하는 기업을 이끌려는 리더라면 더욱 도덕적 가치를 소중히 해야 합니다.

아시아 최고의 부자 리자청

과거에 기업가가 돈 버는 상인으로 치부되던 시절에는 법적 규제 같은 소극적인 잣대만을 들이댔다. 그러나 이제 기업가에게는 세상을 주도할 리더로서의 자격이 있는지에 엄격한 도덕적 잣대를 들이대고 있다. 리더라면 리더답게 사람과 사회를 책임지는 도덕적 리더십을 가지라는 것이다. 아시아 최고의 부자이자 중국인들이 가장 존경하는 기업인인 리자청리카싱, 李嘉誠 청콩그룹 회장. 중국인들은 그를 대군이나 초인으로 부르며 극도의 존경심을 표한다고 한다. 도대체 어떤 특별한 점이 있어서 그럴까?

중학교 1학년 때인 14세에 아버지를 여의고 가장으로서 돈을 벌어야 했던 리자청은 학교를 중퇴하고 찻집 종업원으로 일을 하기 시작했다. 이후 안 해본 일이 없을 정도로 갖은 어려움과 시련을 겪으며 밑바닥 인생을 살다가 마침내 세계적인 기업 군단의 총수로 성공했다. 이렇듯 어렵게 살아온 리자청이지만 도덕적 원칙은 철저히 지켰다고 한다. 아무리 이익이 되더라도 사회에 해가 되는 사업은 절대 하지 않았다. 일례로 카리브해 연안 국가에 SOC 건설 투자를 한 적이 있는데, 당시 그 나라 총리가 답례로 카지노 사업권을 주려 했다. 그러나 리자청은 엄청난 이권인 줄 알면서도 이를 거절했다고 한다.

또한 리자청은 자신이 번 돈을 사회에 환원하는 걸로도 유명하다. 1980년에 리자청 기금회를 설립하고 당시 우리 돈으로 1조 원을 기부했다. 이 기금회를 통해 산터우 대학 설립이나 소년소녀 가장 돕기, 재해민 돕기 등의 일을 하고 있다.

우리와 관련된 씁쓸한 일화도 하나 있다. 2004년 말 동남아시아가 쓰나미로 큰 피해를 입자 전 세계에서 지원의 손길이 답지할 때의 일이다. 당시 우리 정부도 지원을 하기로 했는데, 지원 금액이 문제였다. 당초 60만 달러로 책정했다가 너무 적은 것 같아 300만 달러로 올렸다. 그런데 리자청이 개인 자격으로 310만 달러를 선뜻 기부하자 우리 정부의 입장이 난처해져 급히 500만 달러로 수정했다고 한다.

■ 인내할 줄 아는 거북이 리더십을 가져라

변화를 주도하려는 리더들은 자신이 정한 길만이 최선이라고 생각하며 무리하게 조직을 이끌려다 낭패를 보는 경우가 많습니다. 사실, 미래는 어디로 갈지 모르기 때문에 리더 자신의 방식을 고집하기보다는 급변하는 변화의 조류 속에서 조직 구성원들 스스로 유연하게 대응하도록 동기를 부여하는 편이 현명합니다. 그러므로 자신에게는 결승선이 보이고 가야 할 길이 명확하다 하더라도 홀로 앞장서 뛰어가는 '토끼'가 되기보다는, 오래 걸리더라도 조직의 수준과 상황에 맞게 함께 갈 수 있는 '거북이' 리더십을 가질 필요가 있습니다.

거북이 리더십

리더들은 성공하려는 욕심과 성장에 대한 압박감 때문에 조급하게 행동하는 경우가 많다. 그러다 보면 무리하게 성장을 추구하다가 오히려 성장의 함정에 빠질 때가 있다. 급성장하면 기업으로서는 좋은 일이라고 생각하겠지만, 그렇지 않다. 성장을 추구하다 보면 사업 확장, 설비 증설, 기타 자산 취득 등으로 신규 투자가 늘어나고, 매출채권이나 재고자산 등 운전자본이 증가함으로써 현금흐름이 나빠지기 쉽다. 또한 내부 역량을 넘어선 성장에 욕심을 내다가 품질 및 고객 서비스 저하로 고객 불만이 높아져 고객 가치가 저하되거나, 경영진의 경영 관리 능력 부족으로 조직 내에 혼란이 발생할 가능성이 있다.

그러므로 조직을 이끄는 리더라면 거북이처럼 갈 줄 알아야 한다. 리더 입장에서는 토끼처럼 빨리 전진하고 싶겠지만 조직은 그렇게 움직이지 못하기 때문이다. 기업의 역량 역시 단시일 내에 커지지 않으며 변화에 대한 적응 역시 천천히 진행되기 마련이다. 결국 리더가 멀리 목표 지점을 바라보더라도 조직을 이끌 때는 조직원들과 함께 거북이처럼 한 걸음 한 걸음 나아가는 수밖에 없다.

헨리 민츠버그 캐나다 맥길대 경영대학원 교수는 '변화를 경영하는 최상의 방법은 변화가 발생할 수 있는 환경을 만드는 것'이라고 했다. 변화에 실패한 리더들을 보면 어떻게 변해야 하고 어디로 가야 할지 스스로 알고 있다고 생각하며, 변화 관리 프로그램에 따라 조직을 의도적으로 서둘러 변화시키려다 낭패를 보는 경우가 많다. 그러므로 전략적 리더라면 무리하게 이끌고 하기보다는 복잡한 변화의 조건 아래에서 조직 구성원들이 조직에 헌신할 수 있도록 동기를 부여하고 거북이처럼 함께 감으로써 긍정적인 변화를 유도할 수 있어야 한다.

■ 조직원들의 마음을 휘어잡아라

변혁을 바란다면 리더는 조직 구성원들의 마음을 휘어잡을 수 있어야 합니다. 장악 방식은 리더마다 다를 수 있겠지만, 스티브 잡스처럼 강렬한 카리스마를 활용하거나 사우스웨스트 항공의 허브 켈러허Herb Kelleher처럼 일관성 있게 낮은 자세로 섬김으로써 조직 구성원들의 신뢰를 얻어야 성공할 수 있기 때문입니다.

허브 켈러허의 서번트 리더십

알렉산더 대왕이 페르시아 원정 도중 사막을 지나다 며칠 동안 물을 마시지 못했다. 그러던 중 한 근위병이 투구에 물을 조금 받아 알렉산더 대왕에게 주었다. 그러나 알렉산더 대왕은 바로 그 물을 모래에 쏟아버렸다고 한다. 이처럼 자신의 목마름을 해결하기보다는 병사들과 어려움을 함께 겪음으로써 신뢰를 얻었기에 수적인 열세에도 불구하고 페르시아를 정복하고 대제국을 건설할 수 있지 않았을까?

이렇듯 낮은 곳을 지향하는 서번트 리더십Servant Leadership은 변혁의 리더들에게서 자주 볼 수 있다. 사우스웨스트 항공의 허브 켈러허를 보라. 그는 항상 '가장 중요한 고객은 바로 직원'이라고 말하며 인간 경영을 몸소 실천했다. 직원들이 즐겁게 일할 수 있도록 하기 위해 켈러허 스스로 토끼 분장을 하고 출근길에 직원을 놀래키기도 하고, 새벽에 불쑥 나타나 청소원들과 함께 비행기 청소를 하기도 했다. 반바지 차림으로 사내를 돌아다니며 직원들에게 장난을 걸기도 하고, 직원의 생일을 일일이 챙기는 등 가족처럼 지냈다고 한다.

허브 켈러허가 얼마나 직원들을 위하는지를 잘 보여주는 일화가 있다. 한 단골 고객이 사우스웨스트 항공에 불만 내용을 적은 편지를 보냈다고 한다. 이 고객과 고객 센터 담당자 간에 여러 번 편지가 오간 후 마침내 이 문제가 허브 켈러허에게까지 보고되었다. 켈러허는 이 고객의 편지를 다 읽고 나서 바로 다음과 같은 내용의 답장을 썼다고 한다. "친애하는 고객님! 이제 우리 항공사를 이용하지 않으셔도 됩니다. 그럼 안녕히. 허브 켈러허로부터." '고객은 왕'이라고 직원들을 교육시키려는 일반적인 리더와는 확실히 다르지 않은가? 켈러허처럼 하면 고객 만족도가 떨어질 것 같지만 그렇지 않았다. 직원들을 나무라기보다 신뢰함으로써 오히려 고객 만족도 1위 기업을 만들었다. 아이러니하지 않은가? 사우스웨스트 항공처럼 리더가 낮은 곳을 향하는 기업들이 고객 만족도가 높다는 사실이야말로 얼마나 서번트 리더십이 중요한지를 말해 준다.

■ 실행에 집중하라

실행력이 뒷받침되지 않는 전략은 무용지물에 불과합니다. 특히 변화의 시기에는 조직 구성원 누구도 위험 부담을 안으며 섣불리 실행에 옮기려고 하지 않을 가능성이 높습니다. 그러므로 변혁적 리더라면 앞장서서 솔선수범함으로써 조직의 실행력을 극대화할 수 있는 리더십을 갖춰야 합니다.

> "우물쭈물하다가 내 이럴 줄 알았다."

아일랜드 출신 극작가이자 소설가인 조지 버나드 쇼 George Bernard Shaw 의 묘비명엔 이런 글귀가 적혀 있다고 한다. "우물쭈물하다가 내 이럴 줄 알았다(I knew if I stayed around long enough, something like this would happen)."

한편으론 우습기도 하고 한편으론 마음에 와 닿는 말이 아닌가? 멋진 인생을 살아보겠다고 거창한 계획만 세우다가 허송세월했음을 한탄하는 소리가 들리는 듯하다. 사실, 아무리 비전과 전략이 좋더라도 실행되지 못하면 무용지물일 뿐이다. 실행으로 이어지지 않는 전략이 얼마나 많은가? 특히 리더가 거창한 말만 많이 하고 실행에 옮기지 않으면 조직원들은 우왕좌왕하다가 지쳐버리게 된다.

특히 변화의 시기가 오면 조직 구성원들은 성공할 수 있을지 어떨지 불확실한 상태에서 섣불리 행동에 옮기려고 하지 않는다. 그러므로 변혁을 꿈꾸는 리더라면 리더 스스로 현장에서 직접 부딪치며 솔선수범함으로써 실행을 독려해야 한다. 실행력이 뒷받침되지 않으면 변혁의 성공을 담보하기 어렵다. 그렇다고 실행력을 높이기 위해 반드시 조직 구성원의 자질이 높아야 하는 건 아니다. 캐타펄트 시스템 Catapult System 의 CEO 샘 구드너는 'B급 인재야말로 중요한 존재'라고 말했다. 비전과 전략을 수립하는 소수의 A급 인재보다 실행하고 결말 짓는 다수의 B급 인재들이야말로 기업의 성패를 좌우한다는 주장이다. 사실, 실행력 측면으로 보면 A급 인재보다 B급 인재가 더욱 중요하다. 일례로 사우스웨스트 항공을 들 수 있다. 사우스웨스트 항공은 남다른 전략으로 성공한 게 아니다. 사실 사우스웨스트는 저가 전략을 먼저 실행했던 피플 익스프레스 항공 People Express Airlines 의 모델을 모방했다. 그러나 피플 익스프레스는 1980년대 초반 잠시 반짝하더니 이내 파산하고 말았다. 그 이유는 실행력의 차이에서 찾을 수 있다. 피플 익스프레스는 고액 연봉의 명문대 출신 MBA들을 과감히 채용하고 성과주의에 따라 전략적으로 경영해 나갔다. 하지만 이런 피플의 시스템은 비용 상승과 저가 경영을 실천할 수 있는 실행력 부족을 불러와 결국 실패에 이르고 말았다. 이와 대조적으로 사우스웨스트 항공은 평범한 직원들이 적극적으로 실행할 수 있는 문화를 창출함으로써 대성공을 거두었다. 결국 조직 구성원의 자질보다는 솔선수범하며 자발적 실행을 유도하는 리더십이 무엇보다 중요하다.

3. 비전 수립 실무

비전 수립은 단순히 미래의 목표를 설정하는 것뿐만 아니라 장기적 안목에서 미래의 목표와 현실을 연결하는 전략을 구상하는 것을 의미합니다. 일반적으로 비전 수립 과정은 비전을 수립하는 이유와 목적을 분명히 한 후 내·외부 환경 분석과 전략적 방향 모색을 거쳐 비전 전략 및 실행 계획을 수립하는 단계로 진행됩니다. 비전 수립은 그 특성상 경영진의 의지에 따라 톱-다운 Top-down 방식으로 진행되는 게 일반적입니다. 그러나 비전이 전파되고 실행되기 위해서는 조직 구성원의 적극적인 동참이 필수적이기에 비전 수립 전반에 걸쳐 조직 구성원의 참여를 유도하는 보텀-업 Bottom-up 방식을 혼용해야 합니다.

구체적인 비전 수립 프로세스는 아래와 같습니다. 이어서 비전 선언문과 비전 체계를 일목요연하게 파악할 수 있는 비전 하우스, 실무적으로는 비전 전략 수립보다 더 중요한 변화 관리 실행 프로그램에 대해 좀 더 알아보도록 하겠습니다.

비전 수립 프로세스

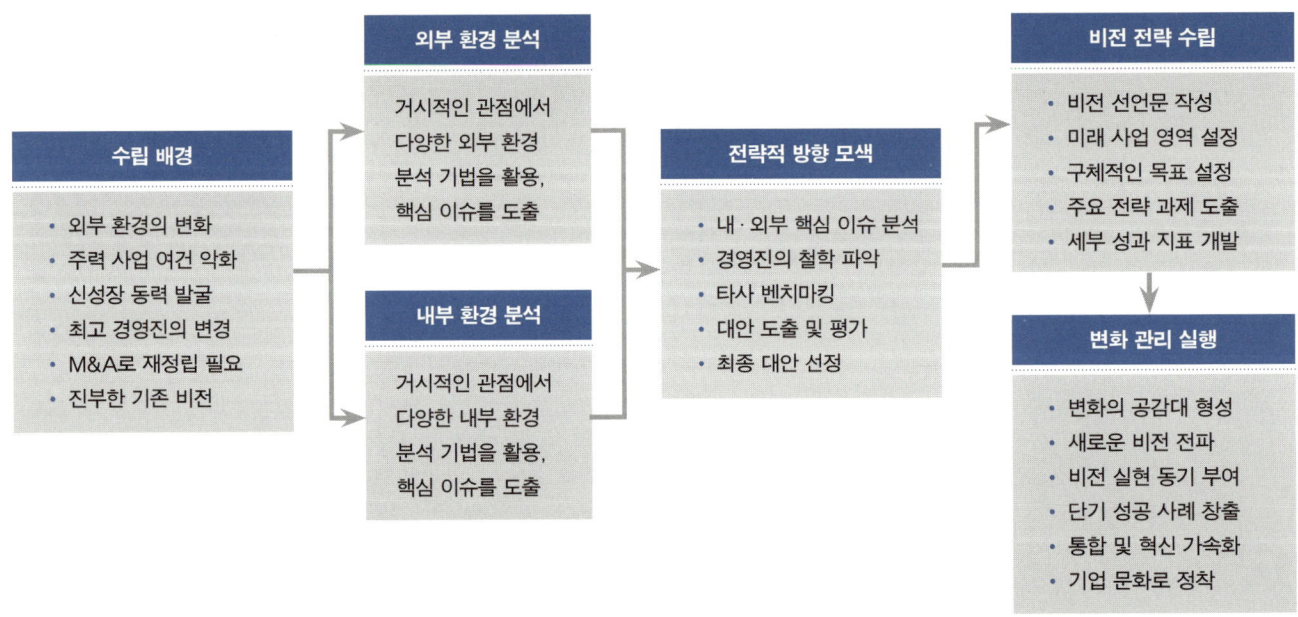

■ 비전 선언문

일반적으로 비전은 비전 선언문Vision Statement으로 표현됩니다. 비전 선언문이란 기업의 비전을 구체적으로 표현한 선언문으로, 다음과 같이 기업의 핵심 가치와 핵심 목적, '크고 어렵고 대담한 목표'를 뜻하는 BHAGBig Hairy Audacious Goal 및 구체적인 미래상이 포함되어야 합니다. 비전 선언문은 누구나 이해하기 쉽도록 명확하고 간결해야 하며, 강력한 동기 부여 효과를 창출할 수 있도록 현실적으로 달성 가능한 바람직한 미래상을 제시할 수 있어야 합니다.

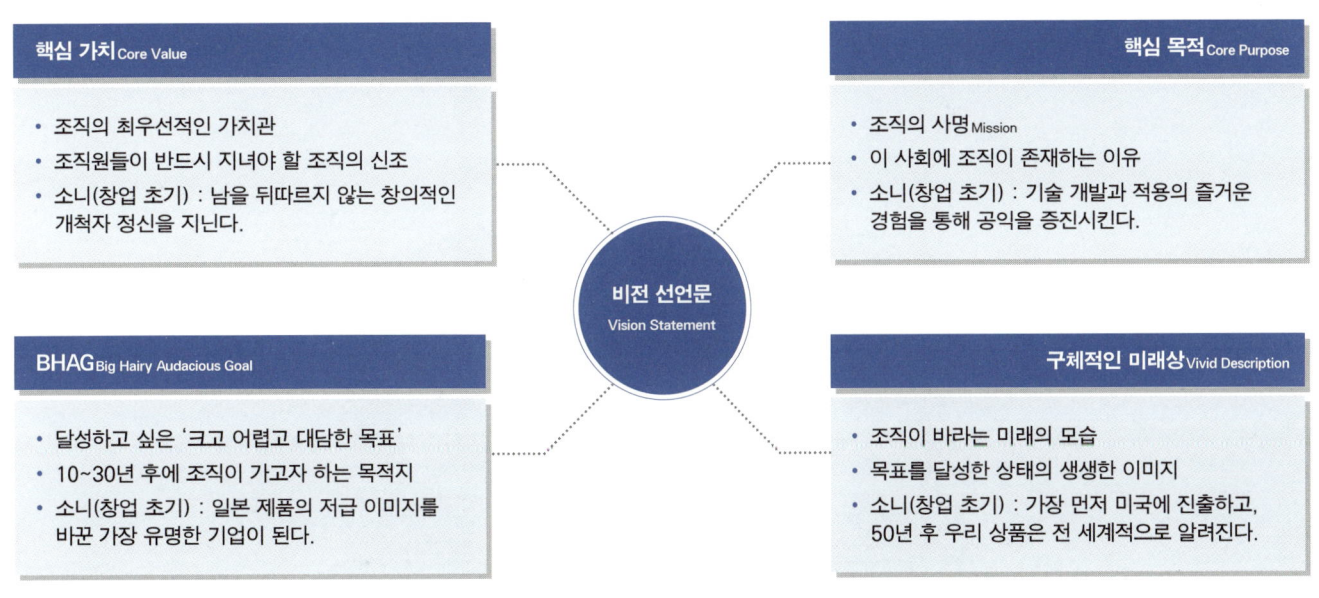

■ 비전 하우스

비전 선언문과 함께 비전을 달성하기 위한 실행 전략까지 압축적으로 보여주는 유용한 도표가 바로 비전 하우스Vision House입니다. 비전 하우스를 활용하면 자사의 비전이 무엇이며 비전을 달성하기 위해 어떤 전략적 활동들을 해야 하는지를 일목요연하게 파악할 수 있고, 전 구성원들과 비전 전략을 공유하기도 쉽습니다.

비전 하우스는 어떤 인프라 기반 하에 어떤 활동들을 펼쳐서 무엇을 달성하려고 하는지를 한눈에 알 수 있도록 그리스 신전 스타일로 그립니다. 즉, 지붕Roof에는 비전 선언문을, 기둥Column에는 비전 달성을 위해 추진해야 할 구체적인 사업 활동이나 전략 과제들을, 기초부Basement에는 비전 달성의 기반이 되는 인프라를 명기하는 식으로 작성합니다.

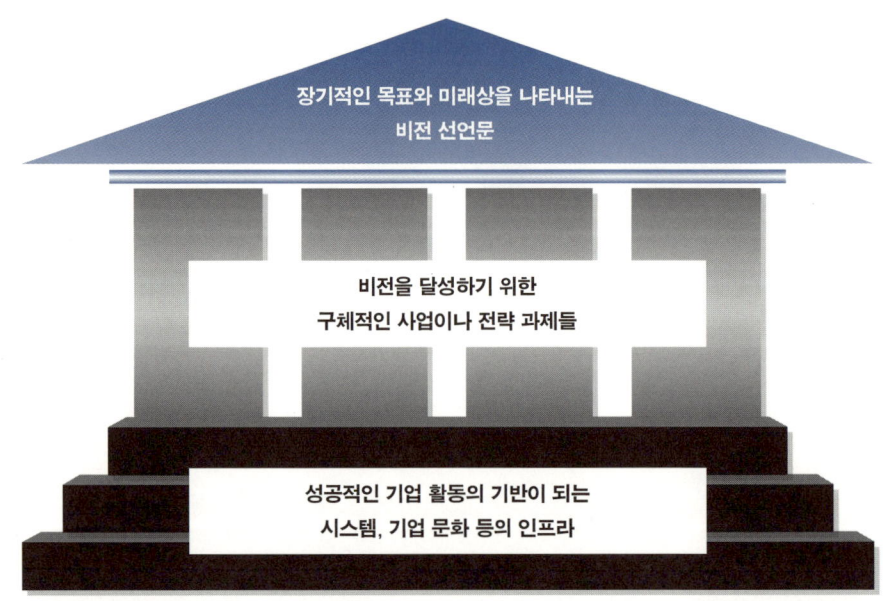

여러분 개인의 비전은 무엇입니까?

성공하기 위해서는 먼저 자신의 목표가 분명해야 합니다. 그런 의미에서 아래와 같이 개인적으로도 비전 하우스를 설계해 볼 필요가 있습니다. 10년 후 자신의 미래상을 구체적인 비전으로 설정해 놓고, 이를 달성하기 위해 무엇을 해야 하며 어떤 인프라를 구축해야 하는지를 그려놓고 실천한다면 지금보다 훨씬 더 나은 자신을 발견할 수 있을 것이기 때문입니다.

Case | 개인 비전

사람들이 필요로 하는 지혜를 제공함으로써
실질적인 도움이 되는 국내 최고의 경영전략전문가

| 전략 서적 저술 등 전략 지식 창출 활동 | 교육 강의, 컨설팅 등 전략 지식 제공 활동 | 지식 교류 등 전략 지식 네트워크 구축 활동 |

지속적인 전략 지식 습득 및 연구

전략 지식 사업을 수행하는 전략시티

사람들의 성공에 보탬이 되려는 익인이지益人以智의 자세

■ 변화 관리 실행 프로그램

비전 선언문과 비전 하우스를 작성하여 선포했다고 비전이 수립된 것은 아닙니다. 조직 구성원들의 자발적인 참여를 이끌어 실행에 옮기지 못한다면 허황된 구호에만 그치기 때문입니다. 그러므로 조직 구성원들이 비전을 공감하고 자발적으로 비전을 달성하도록 유도하기 위해 아래와 같이 일련의 변화 관리 실행 프로그램을 체계적으로 추진할 필요가 있습니다.

존 코터 John Kotter의 변화 관리 8단계

1	전사적인 위기감 조성	내·외부 경영 환경 분석을 통해 위기감을 조성함으로써 전사적으로 변화의 필요성에 대한 공감대 형성
2	강력한 변화 관리팀 구성	리더십, 전문성, 신뢰도, 파워, 혁신 의지 등을 기준으로 변화 관리 실무를 추진할 구심체를 구성
3	비전 및 전략 개발	모두가 공감할 수 있는 미래 비전을 개발하고 이를 현실적으로 구현하기 위한 구체적인 전략 수립
4	새로운 비전의 전파	모든 커뮤니케이션 수단을 총동원, 새로운 비전과 그 실행 전략을 전파함으로써 전 구성원들과의 비전 공유 실현
5	장벽 제거와 권한 부여	폭넓은 권한 이양을 통해 비전 실현의 장애물은 제거하고 새로운 비전에 맞는 아이디어 및 행동은 권장, 보상
6	단기간에 가시적 성과 창출	비관론자를 무력화시키고 변화 추진력을 제고시키기 위해 단기간 내에 성공 사례를 통해 가시적인 성과를 얻어야 함
7	변화 관리 추진 가속화	시스템, 조직 구조, 운영 지침 등의 개혁을 통해 지속적으로 분위기를 쇄신하며 기업 통합 및 혁신을 가속화함
8	새로운 기업 문화로 정착	새로운 비전에 따라 구축된 제도 및 규범들이 검증되며 서서히 새로운 기업 문화로 정착

출처 | 존 코터, 《기업이 원하는 변화의 리더》, 김영사, 1999

변화 관리 프로그램을 어떻게 적용해야 할지 알아보기 위해 2000년대 초반 교보문고의 변화 관리 사례를 살펴보도록 하겠습니다.

Case | 교보문고의 변화 관리

90년대 중반 이후 영풍문고의 공격적인 지점 확장으로 교보문고의 지위가 흔들릴 기미가 보였다. 또한 종로서적의 위기와 함께 예스24 등 인터넷 서점의 등장으로 서점 업계의 지각 변동도 일어나고 있었다. 이에 2001년, 교보문고는 외부에서 전문 경영인을 영입, 공격적 성장을 위한 변화를 시도했다. 당시 교보문고는 주로 교보생명의 이미지 메이커 역할을 담당하며 교보빌딩 지하에만 매장을 개설하고 있었다. 그렇다 보니 전국적으로 오프라인 지점을 낼 만한 곳은 많지 않았다. 반면에 영풍문고는 자체의 사업적 판단에 따라 지점을 계속 개설했다. 따라서 그대로 가다가는 어떤 미래가 펼쳐질지 충분히 예측할 수 있었다. 그럼에도 교보문고의 임직원들은 국내 최고의 서점이라 자부하며 변화할 필요를 느끼지 못했다.

이에 교보문고의 경영진은 우선 전 조직에 위기감을 불러일으켰다. 중장기 컨설팅 결과를 공개함으로써 전 임직원에게 현재 및 향후 상황을 적나라하게 보여준 것이다. 물론 내부에서 반발이 나올 만큼 충격은 컸다. 하지만 이를 통해 '변하지 않으면 안 된다'는 위기감을 전사적으로 공유할 수 있었다.

이렇게 위기감이 팽배해 있을 때 공격적인 성장 비전을 제시했다. 매년 지점을 오픈함으로써 공격적으로 성장해 나가며, 굳이 교보빌딩이 아니라도 사업적으로 매력적인 곳이라면 지점을 개설할 것임을 천명했다. 이런 공격적 성장 방향은 곧 임직원들 자신의 성장 기회이기도 하기에 그렇게 되고자 하는 열망이 전사적으로 형성되기 시작했다.

이런 열망이 실제 실행력으로 진전되려면 가급적 빠른 시일 내에 작더라도 의미 있는 성공 사례 Small Win가 필요했다. 이에 2001년 하반기에 신세계와 이마트 매장 내 지점 개설, 관심 지역 공동 진출 등을 포함한 전략적 제휴를 체결하고, 첫 번째로 2001년 12월 부천 이마트 내에 부천점을 개설했다. 변화 관리를 시작한 지 1년도 되지 않아 교보빌딩이 아닌 곳에 매장을 개설함으로써 '정말 변화가 성공할 수 있겠구나.'란 믿음을 전사적으로 심어주었다. 그 결과 2002년부터 공격적인 매장 확장이 이어져 지금에 이르게 되었다. 결국, 위기감 조성, 공감할 수 있는 비전 제시, 작더라도 의미 있는 성공 사례의 3박자가 어우러져 변화 관리에 성공할 수 있었다.

4 ■ 실무 관점에서 본 변화 관리

비전을 수립하면 전사적으로 새로운 목표에 맞게 기업을 변화시켜야 하기에 변화 관리를 수반할 수밖에 없습니다. 그러므로 실무적으로 어떻게 변화 관리를 추진하느냐가 비전 전략의 성패를 좌우합니다. 참고로 변화 Change와 변화 관리 Change Management의 의미를 살펴보면 다음과 같습니다.

변화 Change	새로운 경영 환경에서 생존과 지속적 발전을 추구하기 위해 과거의 낡은 습관과 문화를 개혁하고 명확한 비전을 가지고 전략과 시스템, 조직을 바꾸는 실천 과정
변화 관리 Change Management	일시적인 위기 대응이 아니라 변화가 성공적으로 진행되고 그 정신이 전 조직에게 체질화되어 환경에 적응할 수 있도록 계획, 실천, 평가하는 일련의 변화 과정 관리

지속적인 성장을 추구한 기업들의 공통점은 변화에 끌려가기보다는 변화를 주도한다는 점입니다. 즉, 과거의 성장에 만족하지 않고 미래의 성장을 위해 끊임없이 변화를 모색함으로써 언젠가 다가올 위기를 돌파하고 있습니다. 그런 측면에서 변화 관리 연구의 개척자인 쿠르트 레빈 Kurt Lewin이 제시한 해빙 Unfreezing, 변화 Changing, 재결빙 Refreezing의 3단계 모델을 음미해 볼 필요가 있습니다. 쿠르트 레빈은 정사면체 얼음을 정육면체 얼음으로 만들려면 먼저 정사면체 얼음을 녹인 뒤에 정육면체 틀에다 녹은 물을 붓고 다시 얼려야 하듯, 변화 관리 역시 먼저 변화의 필요성을 인식하여 기존의 틀을 깨버린 후 더 나은 질서를 새롭게 구축하는 변화를 시작하여 체계적인 제도로 정착되는 단계로 진행된다고 주장했습니다.

변화는 양면을 가진 경영 도구입니다. 성공적으로 추진되면 기업을 더욱 강하게 만들고 지속적인 성장을 담보하지만, 자칫 잘못될 경우 기업을 파멸로 이끌 수 있습니다. 그러므로 비전을 수립하여 변화를 추진하고자 할 때는 신중하게 전체 변화 과정을 체계적으로 관리해야 하며, 특히 다음과 같은 사항들에 유의해야 합니다.

첫째, 사람들은 변화를 싫어한다는 것을 당연하게 생각하고, 어떻게 하면 변화를 수용하게 할지 고민해야 합니다.
둘째, 비전 전략 및 변화 관리의 성공은 조직 구성원들과의 커뮤니케이션에 달려 있음을 명심해야 합니다.
셋째, 일시적으로 조직을 이끌 수 있는 비전이라 하더라도 지속 가능 성장을 담보하지 않으면 의미가 없습니다.

■ 사람들은 변화를 싫어한다

사람들은 변화를 싫어합니다. 그렇다 보니 변화 관리에는 조직 구성원들의 저항이 따르기 마련입니다. 그러므로 조직 구성원들이 변화 관리에 부정적이라고 비난하거나 좌절하지 말고 변화에 대한 저항을 극복할 수 있는 대응 전략을 수립, 실행할 수 있어야 합니다. 즉, 변화에 대한 저항을 줄이고 성공적으로 추진하기 위해서는 다음과 같은 네 가지 요소를 집중 관리해야 합니다.

1	공감대 형성	• 변화의 필요성에 대한 전사적 공유 필요 • 공감대가 형성되지 않으면 무기력하게 방관하는 경향을 보임
2	명확한 비전	• 어느 방향으로 갈지 명확한 비전을 제시해야 함 • 명확한 비전 없이 변화 관리를 추진하면 오히려 혼란만 가중됨
3	성공에 대한 확신	• 변화가 성공할 거라는 확신 및 신념이 있어야 함 • 성공에 대한 확신 없이 추진하면 비관적인 전망만 양산됨
4	체계적인 실천 계획	• 비전 달성을 위한 구체적인 실행 계획이 마련되어야 함 • 체계적인 실행 계획이 없으면 좌충우돌하다 이내 좌절함

또한 아래와 같이 변화를 거부하는 이유를 분석하여 이를 해소할 수 있는 방안을 실천하는 것도 고려해야 합니다.

1	동기 부재 해소 방안	• 비전에 대한 공감대 형성에 주력한다. • 비전에 따른 성과 관리를 체계화한다.
2	능력 부재 해소 방안	• 임원 및 부서장들의 변화 관리 리더십 개발을 지원한다. • 비전 달성을 위해 필요한 사원 및 팀의 능력 개발을 지원한다.
3	인식 부재 해소 방안	• 공식적/비공식적 수단을 총동원하여 커뮤니케이션을 활성화한다. • 워크숍, 토론회 개최 등 사원들의 참여 기회를 확대한다.

■ 조직 구성원들과의 커뮤니케이션이 무엇보다 중요하다

앞서도 말했듯이 비전 전략이 성공하기 위해서는 공감대를 형성하고 합심하여 전략을 실행할 수 있도록 조직 구성원들과의 커뮤니케이션이 무엇보다 중요합니다. 특히 위기감을 조성하고 비전 및 실행 전략에 대한 이해를 넓히기 위한 커뮤니케이션이 필요합니다. 그래서 변화 관리에 따른 성장 과정은 현실적으로는 다음과 같은 단계로 진행됩니다.

먼저 변화 추진 초기에 공감대를 형성하기 위해서는 위기감을 조성해야 합니다. 이렇게 기업의 위기감을 전 구성원과 공유하면 불안감이 확산되며 실적이 급격히 떨어지는 등 위기를 맞을 가능성이 높습니다. 이를 흔히 '통곡의 계곡'이라 부릅니다. 통곡의 계곡에 다다르면 변화의 필요성에 대한 공감대가 형성되며, 비전 및 실행 전략에 대한 이해와 공유 속에 비전을 실현하려는 노력들이 나타납니다. 이런 노력들이 성과를 거두면 변화 전보다 더 높은 성장을 이룰 수 있게 됩니다. 물론 통곡의 계곡에 다다라 비전 실현으로 가지 않고 위기감만 증폭된다면 더 빨리 공멸하는 쪽으로 가겠지만요.

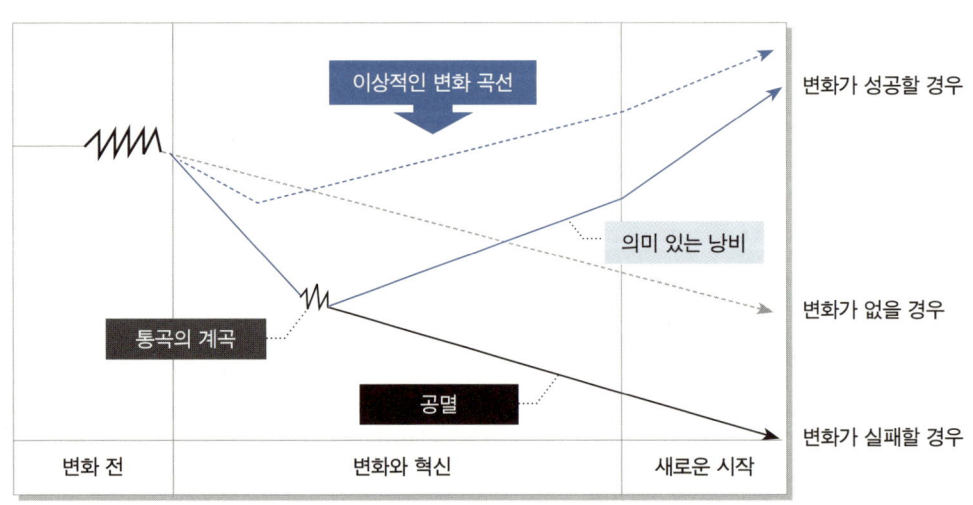

앞서 살펴보았던 교보문고 사례 역시 다음과 같이 적극적으로 커뮤니케이션에 나섬으로써 성공할 수 있었습니다.

제1단계

충격 > 변화의 필요성을 절감 (정보 공유가 핵심)

- 전 사원과 '이대로 있다가는 밀릴 수 있다'라는 위기 의식 공유
- 이를 위해 기업의 현재 및 미래 상황 등 가능한 한 많은 정보를 전 사원에게 제공

제2단계

방향 > 모두가 공감할 수 있는 방향 제시 (기업의 비전 = 나의 비전)

- 성과 향상을 기반으로 한 공격적인 성장 비전 제시
- 전 사원을 대상으로 기업의 성장 비전에 대한 공감대 형성 및 사원 자신의 비전으로의 내재화 유도

제3단계

추진 > 단기적으로 성공을 구현함으로써 성공에 대한 확신 확산

- 스몰윈Small Win, 즉 단기적인 성공 사례 필요
- 연내에 지점 하나를 성공적으로 오픈, 대형점 오픈 준비 추진
- 작더라도 의미 있는 성공이 모두의 마음을 움직일 수 있음

■ 지속 가능한 비전이어야 한다

지속 가능 성장을 담보하지 않으면 비전으로서의 의미가 없습니다. 임직원들에게 강력한 동기를 부여하기 위해 당근을 제시하는 비전은 일시적으로는 효과가 있겠지만 기업의 지속 가능성을 저해할 수도 있으므로 주의해야 합니다.

Case | 한 벤처 기업의 추락

1990년대 말 벤처 열풍이 불자 너도 나도 대박의 꿈을 안고 벤처 기업을 창업하거나 동참하기 시작했다. 당시 창업한 벤처 기업들은 대부분 코스닥 상장을 비전으로 제시했다. A사 역시 마찬가지였다. 경쟁력 있는 기술력을 무기로 창업한 A사는 코스닥 상장을 비전으로 내세우고 능력 있는 임직원들을 주식이나 스톡 옵션Stock Option을 주면서 채용했다. A사에 입사한 임직원들은 급여 등 고용 조건이 열악함에도 불구하고 상장하면 대박의 꿈을 이룰 수 있다는 생각에 열심히 일했다. 결국 코스닥 상장이라는 비전을 공유한 임직원들의 자발적인 노력에 힘입어 몇 년이 지난 후 A사는 코스닥에 상장했다. 드디어 성공한 것이다. 하지만 그렇게 성공한 A사는 상장 후 몇 년도 지나지 않아 상장 폐지 지경에 놓였다. 코스닥 상장에 이르기까지 승승장구하던 A사가 왜 그렇게 되었을까?

첫째, 조직 역량의 근간이 되는 능력 있는 임직원들의 이탈이 이어졌다.
코스닥에 상장할 때까지 헌신적으로 노력하던 임직원들은 A사가 상장하자 꿈을 이루었다. 그러자 더 이상 A사에 남아 있을 이유가 없었다. 빨리 퇴사하여 주식을 팔아 대박의 꿈을 이루기만 하면 되었기 때문이다. 그리고 벤처 기업을 직접 창업하거나 다른 벤처 기업에 동참하면서 또 다른 대박의 꿈을 만들어가려고 했다.

둘째, 더 높은 성장을 이끌 리더십이 없었다.
기술력만을 갖고 코스닥 상장을 목표로 돌진하던 A사의 CEO는 막상 코스닥 상장이 이루어지자 향후 어떻게 A사를 끌고 가야 할지 막막했다. 상장으로 막대한 자금을 보유했지만 어떻게 사업을 추진해야 할지 방향을 제시하지 못한 채 이런 저런 사업을 벌이며 손실을 보기만 했다.

결국 '창업 후 코스닥 상장'이라는 달콤한 비전을 내세운 것이 결과적으로는 A사의 지속 가능성을 막은 꼴이 되었다.

나에겐 꿈이 있습니다 I Have a Dream

"나에겐 꿈이 있습니다.
언젠가는 우리나라가 모든 인간은 평등하게 태어났다는 말의 참 뜻을 실행하게 될 날이 반드시 오리라는 꿈이 있습니다.
나에겐 꿈이 있습니다.
언젠가는 노예의 후손과 노예 주인의 후손들이 형제애로 충만한 식탁에서 함께 식사할 수 있게 되리라는 꿈이 있습니다.
나에겐 꿈이 있습니다.
언젠가는 나의 아이들이 피부색이 아니라 개성과 능력에 의해 판단되는 나라에서 살게 될 날이 있을 거라는 꿈이 있습니다.
오늘도 나에게는 꿈이 있습니다."

흑인 인권 운동가 마틴 루터 킹 목사 Martin Luther King Jr.의 유명한 연설문 중 일부입니다. 킹 목사가 흑인 운동의 지도자이자 20세기 위대한 인물의 반열에 오르게 된 것은 그의 철학과 비전 때문이었습니다. 단순히 흑인 인권 신장만을 부르짖지 않고 전 인류적인 보편 철학인 자유와 평등에 기초하여 비폭력주의를 표방했기에 흑인들은 물론 백인들까지도 지지할 정당성을 확보할 수 있었습니다.

세상을 움직이는 것은 미래를 만드는 꿈과 비전입니다. 그런 꿈과 비전은 도저히 이루어질 것 같지 않은 불가능을 실현하게 만듭니다. 1994년 남아프리카공화국 최초의 흑인 대통령이 된 넬슨 만델라 Nelson Mandela는 흑백 갈등을 치유하기 위해 1995년 럭비 월드컵을 남아공에서 개최했습니다. 흑백 통합을 이루는 하나의 남아공을 만들기 위해서는 남아공 모두가 공유할 수 있는 대의가 필요했기 때문이죠. 만델라는 럭비 월드컵 우승이라는 목표가 흑백을 하나로 만들어줄 거라 생각하고 남아공 럭비팀에게 우승이 대업을 맡겼습니다. 당시 최약체팀이라 평가받던 남아공 럭비팀은 하나 된 남아공을 만들기 위해 고군분투합니다. 그런 모습에, 처음에는 별 관심을 보이지 않던 흑인들도 응원을 하기 시작했고, 결국 흑백 모두가 하나가 되어 응원하는 가운데 우승 트로피를 들어올리는 기적을 만들었습니다. 만델라가 제시한 '이제 하나가 되자'는 비전이 불가능을 가능하게 만든 것입니다.

리더가 되고 싶다면 세상을 주도하여 미래를 만들어나갈 능력과 자격을 갖추어야 합니다. 그러기 위해서는 거시적인 관점에서 사람과 사회, 세상에 더 나은 가치를 창출하며 새로운 길을 개척해 나갈 줄 알아야 합니다. 단순히 자기만 잘되는 것이 아니라 세상과 함께 나아갈 비전을 제시하고 이를 책임지고 실천하는 자만이 진정한 리더로 인정받을 수 있습니다.

Chapter 14

지속 성장 전략

주력 사업이 아무리 승승장구한다 해도 언젠가는 한계에 다다르기 마련입니다. 그러므로 기업을 이끌어가는 리더로서는 전사적인 관점에서 지속 성장 전략을 고민할 수밖에 없습니다. 그런 측면에서 이 장에서는 창업 준비에서부터 기술 개발, 상품 개발, 양산 준비, 본격 성장, 사업 다각화까지 기업의 발전 단계에 따라 성장 전략을 개략적으로 살펴본 후, 지속 성장 전략의 핵심인 사업 다각화 전략에 대해 알아보도록 하겠습니다. 그리고 신규 사업 추진 관점에서 21세기 들어 각광을 받았던 블루오션 전략과 점점 더 중요성이 부각되고 있는 M&A 전략, 전략적 제휴 전략에 대해서도 살펴보겠습니다.

1 · 기업 발전 단계에 따른 성장 전략

2 · 사업 다각화 전략

3 · 신시장을 창출하는 블루오션 전략

4 · M&A와 전략적 제휴 전략

5 · 실무 관점에서 본 지속 가능 경영

1 ■ 기업 발전 단계에 따른 성장 전략

지속 성장 전략을 본격적으로 살펴보기 전에 먼저 기업 전략Corporate Strategy에 대해 간단하게 알아보도록 하겠습니다. 사업 전략이 개별 사업 단위로 사업 목표를 달성하기 위해 경쟁 우위에 설 수 있는 전략을 말한다면, 기업 전략은 기업 목표를 달성하기 위해 전사적 차원에서 복수의 사업을 효과적으로 운영하는 전략을 의미합니다. 결국 기업 전략은 지속 성장을 위해 사업 포트폴리오를 수립하고, 자원 배분, 핵심 활동 공유 등의 조정을 통해 기업 활동을 최적화함으로써 기업 가치를 극대화하려는 전략을 말합니다.

복수의 사업을 효과적으로 운영하기 위해서는 실무적으로는 사업 포트폴리오 분석에서부터 신규 사업 개척, 사업부 간 시너지 창출, 자원 배분 최적화 및 엄격한 재무 관리 등을 잘해야 한다고 합니다만, 기업 전략을 결정하는 전략적 리더에게 가장 중요한 것은 '현명한 포기'라 할 수 있습니다. 기업 전략은 궁극적으로 현명한 포기에 따른 선택과 집중의 문제이기에 '어느 사업에 집중할 것인가'로 귀결되기 때문입니다.

기업 전략은 선택과 집중의 문제

성공한 리더가 되려면 모험을 감수하고라도 적극적으로 사업을 확장하며 성장을 추진하는 능력이 필수적이라고 생각하기 쉽다. 그러나 실제로는 정반대에 가깝다. 사업을 '펼치는' 것보다 '하지 않는 것'에 더 능해야 하기 때문이다.

아이팟과 아이폰 등 신규 사업을 잇따라 성공시킨 스티브 잡스도 다음과 같이 말했다.
"집중한다는 것은 모든 것에 긍정적으로 반응해야 하는 거라고 오해하는 사람들이 많다. 하지만 집중은 오히려 탁월한 한 번의 선택을 위해 뭔가 부족한 100가지 다른 제안을 거절하는 것이다. 나는 우리가 진행했던 비즈니스들만큼이나 현명하게 거절한 비즈니스들에 대해서도 자부심을 갖고 있다."

사실 '무엇을 할까'를 정하는 것은 쉽다. 진정으로 어려운 것은 '하지 말아야 할 것'을 결정하는 일이다. 마이클 포터 역시 "전략의 핵심은 하지 말아야 할 것을 선택하는 데 있다."라고 말했다. 여러 분야로 분산시키는 행위는 결국 아무것도 하지 않는 것과 같기에 현명한 포기에 따른 선택과 집중이 필요하다는 의미일 것이다. 기업 전략 역시 마찬가지다. 지속 성장을 위해서는 성공할 수도 있는 주변 사업들을 포기하는 대신 육성하고 싶은 사업을 선택하여 집중하는 전략이 필요하다.

이 장에서는 전사 기업 전략의 핵심 실무로 앞서 수립한 비전을 목표로 지속적으로 성장하기 위해 사업을 어떻게 확장해 나갈까 결정하는 성장 전략에 대해 알아볼 것입니다. 일반적으로 지속 성장 전략이라 하면 주력 사업을 구축한 후 사업 다각화를 통해 계속해서 성장하기 위한 전략을 말합니다만, 엄밀히 말하면 창업 준비 단계부터 성장까지 전 과정의 전략을 의미한다고 볼 수 있습니다. 사실 전략이란 내외 여건에 따라 최적의 수단을 강구하는 것이므로 기업의 발전 단계에 따라 전략이 다를 수밖에 없습니다. 즉, 기업은 창업 후 안정적인 성장 궤도에 진입할 때까지 여러 발전 단계를 거치면서 성장하며, 단계에 따라 요구되는 성공 전략이 다릅니다. 그러므로 기업이 성장 단계 중 어디에 위치해 있는지를 파악한 후 그에 맞게 전략을 수립할 필요가 있습니다. 그런 측면에서 본격적으로 사업 다각화 중심의 지속 성장 전략을 다루기에 앞서서 기술 벤처 기업을 모델로 창업 준비에서 사업 다각화에 이르기까지 6단계에 걸친 기업 성장 과정을 간략히 살펴보도록 하겠습니다.

일반적인 기업의 발전 단계

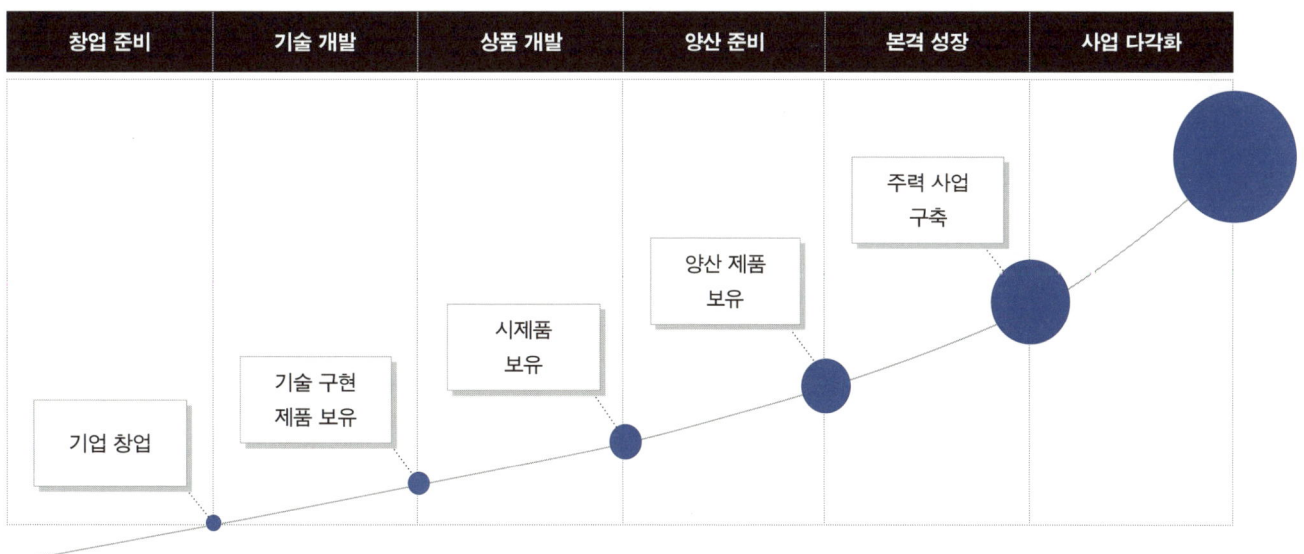

■ 창업 준비 단계

주로 기술 전문 인력이 창업 멤버로 참여하여 실제로 사무실을 꾸미는 등 법인 설립을 준비하는 단계입니다. 이 단계에서는 창업 아이템의 사업성 및 사업 추진 역량을 체계적으로 분석해 봄으로써 창업 아이템의 성공 가능성에 따라 창업 여부를 결정하고 경쟁력 있는 창업 전략을 수립합니다. 이때 사업성이나 자신의 기술 경쟁력만을 보고 판단하는 경우가 많은데, 그보다는 시장에 어떻게 진입할 것이며 진입 후에 강자들의 공격을 어떻게 방어할 것인지를 중점적으로 검토해야 합니다.

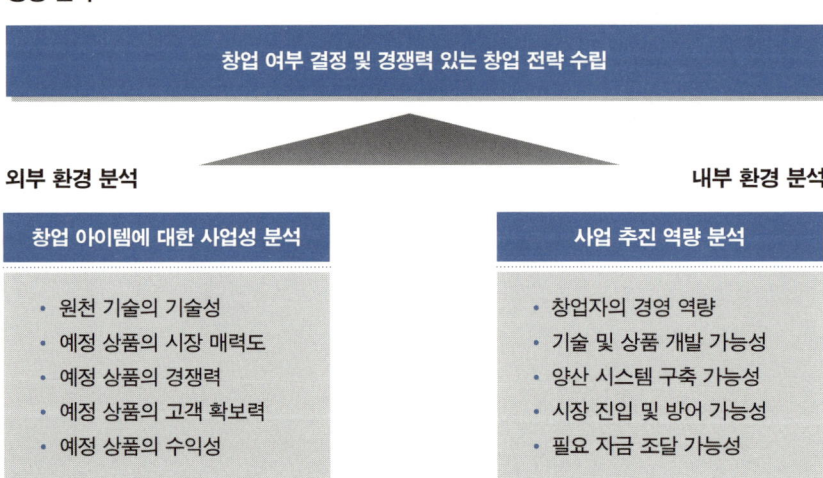

■ 기술 개발 단계

두 번째로 벤처 기업의 특성상 사업의 원천 경쟁력인 핵심 기술을 개발하는 단계입니다. 이 단계에서는 기술 구현 제품의 사업성 및 기술 개발 역량을 체계적으로 분석해 봄으로써 기술 구현 제품의 성공 가능성에 따라 기술 개발 여부를 결정하고 경쟁력 있는 기술 개발 전략을 수립합니다. 이때 주의해야 할 사항은 단순히 기술 개발에만 집중하지 말고 다음 단계인 상품 개발과 연계함으로써 목표를 기술 개발이 아닌 경쟁력 있는 상품 개발에 두어야 한다는 점입니다.

기업 현황
- 현 황 : 창업자를 중심으로 기술을 개발하는 단계
- 특 징 : 창업 멤버들의 기술 개발 노하우 및 역량이 중요
- 조 직 : 창업 당시의 기술 개발 전문 인력이 중심이 된 R&D팀 성격
- 기 간 : 창업 후 기술 구현 제품 개발을 완료할 때까지

경영 전략

기술 개발 여부 결정 및 경쟁력 있는 기술 개발 전략 수립

외부 환경 분석

기술 구현 제품의 사업성 분석
- 기술 구현 제품 개요
- 기술 구현 제품의 경쟁력
- 기술 구현 제품의 시장성
- 기술 구현 제품의 수익성
- 기술 개발 환경

내부 환경 분석

기술 개발 역량 분석
- 기술 개발 리더 역량
- 기반 기술 확보 가능성
- 기술 개발 시스템 구축 가능성
- 기술 개발팀 조직 역량
- 기술 개발 자금 조달 가능성

■ 상품 개발 단계

상품 개발 단계는 개발 완료한 기술을 기반으로 시장성이 높은 상품 콘셉트와 시제품을 개발하는 시기로, 향후 사업의 성공 가능성을 좌우하는 핵심 단계입니다. 이 단계에서는 상품 콘셉트의 사업성 및 상품 개발 역량을 체계적으로 분석해 봄으로써 향후 주력 상품의 성공 가능성에 따라 상품 개발 여부를 결정하고 경쟁력 있는 상품 개발 전략을 수립합니다. 이때 명심해야 할 사항은 상품 개발은 R&D가 아니라 마케팅임을 인식하고 기업의 입장이 아닌 고객과 시장 입장에서 상품을 개발해야 한다는 점입니다.

기업 현황
- 현 황 : 창업자를 중심으로 상품을 개발하는 단계
- 특 징 : 기술이 아닌 고객/시장 지향적인 상품 개발 역량이 중요
- 조 직 : 기존의 R&D 외에 상품 개발 부문 보강
- 기 간 : 기술 구현 제품 개발 후 판매 가능한 시제품 개발 완료 시까지

경영 전략

상품 개발 여부 결정 및 경쟁력 있는 상품 개발 전략 수립

외부 환경 분석 / **내부 환경 분석**

상품의 시장 개척 가능성 분석
- 상품 콘셉트 개요
- 시장 표적화
- 표적 시장의 매력도
- 경쟁자 대비 경쟁 우위 가능성
- 표적 고객의 콘셉트 수용도

상품 개발 역량 분석
- 상품 개발 리더 역량
- 상품 콘셉트 구현 가능성
- 상품 개발 시스템 구축 가능성
- 상품 개발팀 조직 역량
- 상품 개발 자금 조달 가능성

■ 양산 준비 단계

양산 준비 단계는 생산 공정 설계, 공장 설립 또는 임대, 생산 라인 구축, 시생산 등 주력 상품의 본격적인 생산을 위해 준비하는 단계로, 대규모 투자가 집행되며 기업 규모가 확장되는 시기입니다. 이 단계에는 효율적인 양산 시스템을 구축할 수 있도록 공장 부지 선정 등 생산 인프라 구축에서부터 본격 생산에 이르기까지 양산 전략을 수립합니다. 양산 준비에는 대개 대규모 자금이 필요하므로 양산 전략은 전사적으로 재무 전략과 연계하여 수립할 필요가 있습니다.

기업 현황	현 황 : 본격적인 성장을 위한 양산 투자 단계 특 징 : 양산 시스템 구축에 필요한 자금 확보 능력이 중요 조 직 : 생산 관련 인력 대거 보강에 따른 생산 부문 구축 기 간 : 양산 시스템 구축 시작 후 본격적으로 생산할 때까지

1단계

생산 인프라 구축 전략	• 생산을 위한 인프라를 구축하는 단계 • 임대/자가 결정, 공장 인허가, 공장 부지 선정, 공장 건물 준공 등

2단계

생산 시스템 구축 전략	• 생산 시스템을 설계, 구축하는 단계 • 양산 장비 확보, 라인 설계 및 구축, 전력/용수 시스템 구축 등

3단계

본격 생산 전략	• 실제 본격 생산을 위한 준비 단계 • 사전 준비(인력, 자원 확보) → 시생산 및 보완 → 본격 생산

■ 본격 성장 단계

본격 성장 단계는 주력 상품을 중심으로 사업을 본격적으로 운영하는 단계로, 적극적으로 마케팅을 펼치는 시기입니다. 이 단계에서는 주력 상품의 시장 진입에서부터 경쟁 우위 확보, 신규 시장 개척이나 신규 용도 개발, 신상품 개발 등을 통한 추가 성장에 이르기까지 주력 사업의 성장 전략을 수립합니다. 일반적으로 본격 성장 단계에서는 사업 전략 관점에서 어떻게 하면 경쟁 우위를 달성할 것인지에 초점을 맞추어 경쟁 전략을 검토합니다.

기업 현황
- 현 황 : 본격적인 주력 사업 활동 단계
- 특 징 : 본격적인 판매를 위한 마케팅 역량이 무엇보다 중요
- 조 직 : 마케팅, 영업 등을 보강하여 기능별 조직 구조 체계 완비
- 기 간 : 주력 상품 판매에서부터 주력 사업의 성장이 정체되기 전까지

1단계 시장 진입 전략
- 주력 상품의 시장 진입 단계
- 영업망 구축, 판매 시스템 정비 등 본격적인 마케팅 추진

2단계 경쟁 우위 전략
- 주력 상품의 시장 점유율을 확대하며 시장 지위를 강화하는 단계
- 성공 요소와 핵심역량에 기반하여 경쟁 우위 전략 수립

3단계 추가 성장 전략
- 추가 성장을 위해 주력 사업의 확장을 추진하는 단계
- 성장 방향 : 신규 용도 개발, 신규 시장 개척, 신상품 개발 등

■ **사업 다각화 단계**

마지막으로 사업 다각화 단계는 지속 성장을 위해 주력 사업의 성장이 정체되기 전에 사업 다각화를 통한 확장을 도모하는 단계로, 기업으로서의 지속 가능성을 가늠하는 시기이기도 합니다. 이 단계에서는 먼저 사업 다각화 방향을 모색하여 대안들을 도출한 후, 평가 기준에 따라 대안들에 대한 타당성을 분석하여 최종 사업 다각화 전략을 수립, 실행합니다. 이때 전사적 기업 전략 관점에서 내부 성장 외에도 M&A나 전략적 제휴 등 다양한 성장 방식을 검토할 필요가 있습니다.

기업 현황	현 황 : 주력 사업 외 신규 사업을 추진하는 사업 다각화 시기 특 징 : 사업 다각화 여부를 판단하는 전략적 의사 결정이 중요 조 직 : 기능별 조직에서 사업부 조직으로 전환 기 간 : 주력 사업 구축 후 추가 성장을 위해 사업 확장이 필요할 때

1단계

다각화 방향 설정	• 사업 포트폴리오 진단 등 내·외부 환경 분석을 통해 현황 파악 • 비전 및 전사 목표에 따른 다각화 방향 명확화

2단계

신규 사업 선정	• 신규 사업 후보 소싱Sourcing 및 다각화 방식 등 검토 • 체계적인 스크리닝 시스템Screening System에 따라 최적안 도출

3단계

신규 사업 추진 전략 수립	• 내·외부 여건에 맞게 신규 사업 진입 전략 및 세부 계획 수립 • 상황에 따른 유연한 대처를 위해 비상 계획Contingency Plan도 수립

래리 그레이너의 조직 성장 모델

1972년에 사우스캘리포니아대 조직학 교수 래리 그레이너Larry Greiner는 조직의 규모와 성숙도를 중심으로 기업 조직의 성장 단계를 다음과 같이 5단계로 제시하고, 다음 단계로 성장하려면 발전 단계에 맞게 전략과 구조, 시스템 등을 새롭게 구축해야 한다고 주장했다.

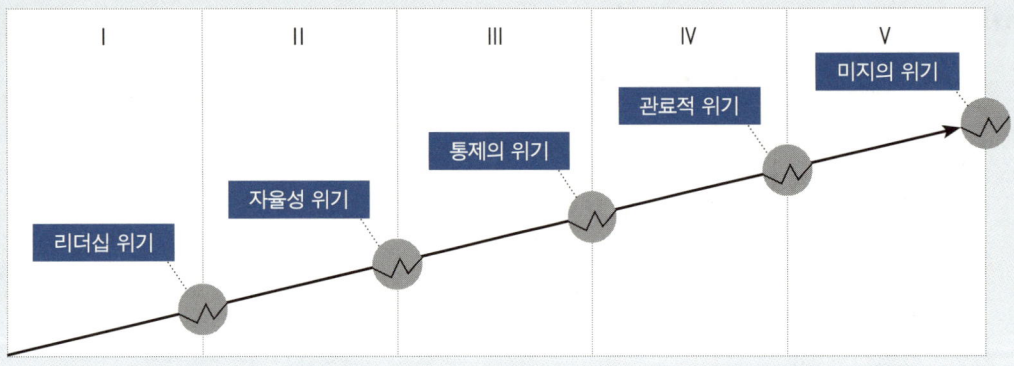

1단계는 창의성에 의한 성장 단계로, 기업가 정신이 충만한 창업자의 창의성에 기반하여 성장하다가 조직이 거대해지며 리더십 위기에 직면하게 된다.
2단계는 관리에 의한 성장 단계로, 관리 시스템을 재정비하고 비대한 조직을 강력하게 관리함으로써 리더십 위기를 극복하며 다시금 성장하는 단계다. 그러다 과도한 관리의 부작용으로 인해 자율성 위기를 맞게 된다.
3단계는 권한 이양에 의한 성장 단계로, 분산화된 구조와 실무자들의 권한 강화 등 대폭적인 권한 이양을 통해 조직 구성원들의 자발적 참여를 유도, 성장하는 단계다. 과도한 권한 이양에 따라 조직이 통제되지 않는 통제의 위기로 끝난다.
4단계는 조정에 의한 성장 단계로, 통제의 위기를 극복하기 위해 본사 차원에서 강력한 지휘부를 구축하고 각 부문 간 조정을 통해 성장하는 단계다. 이 역시 과도하게 진행되면 스태프에게 권한이 집중되며 관료적 위기를 부르게 된다.
5단계는 협력과 네트워킹에 의한 성장 단계로, 관료주의를 극복하기 위해 새로운 협업 방식을 통한 혁신을 추구하며 또 다른 위기에 봉착할 때까지 성장하는 단계다.

2 ■ 사업 다각화 전략

어떤 사업이든 성장하다 보면 정체에 이르게 됩니다. 더구나 21세기 들어서는 글로벌 무한 경쟁으로 인한 과잉 공급과 수요의 부족으로 인한 장기 저성장의 시대가 도래하여 성장의 돌파구를 마련하기 힘든 상황이 펼쳐지고 있습니다. 결국 기업으로서는 성장을 지속하려면 기존 사업의 성장이 한계에 다다르기 전에 사업을 확장해야 합니다. 이렇듯 기존 사업의 성장에 한계를 느낄 때 지속적인 성장을 추구하는 방안으로 선택하는 기업 전략이 바로 사업 다각화입니다. 하지만 IMF 직후 일부 재벌 그룹의 몰락에서 보듯, 맹목적인 성장지상주의에 입각한 문어발식 확장은 기업의 존망을 위협할 수 있으므로 사업 다각화는 질적인 성장을 추구하며 신중하게 추진해야 합니다.

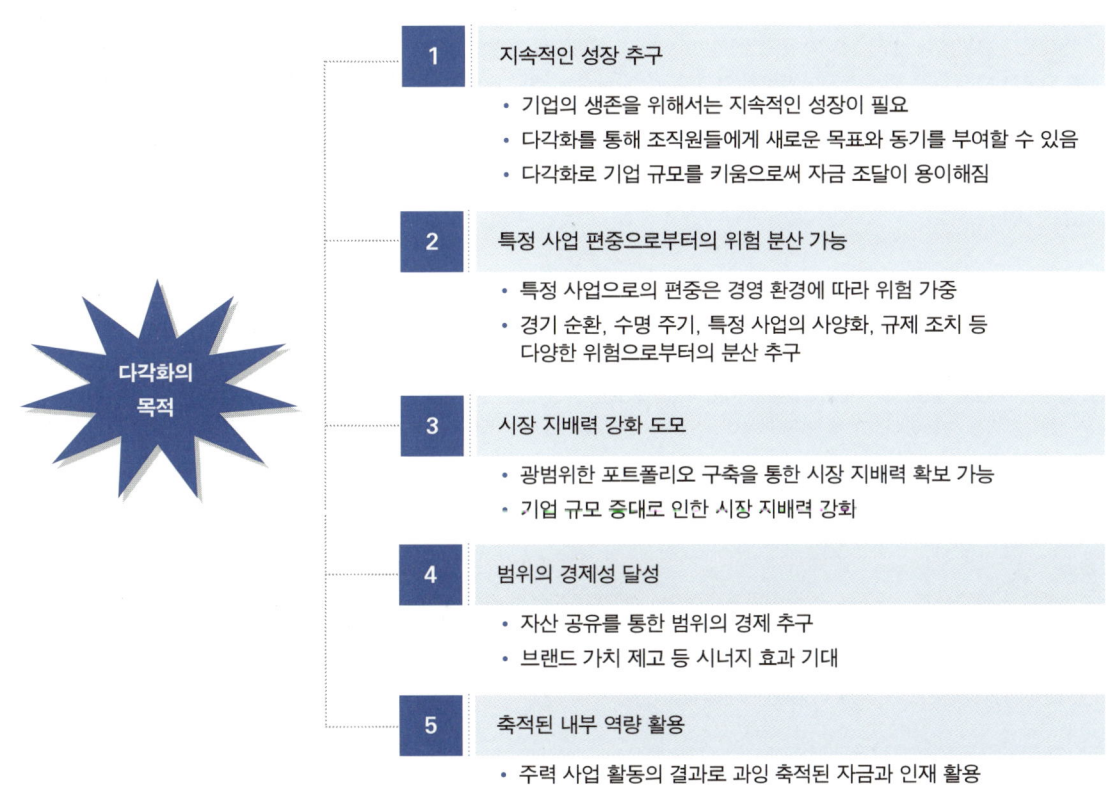

다각화의 목적

1 **지속적인 성장 추구**
- 기업의 생존을 위해서는 지속적인 성장이 필요
- 다각화를 통해 조직원들에게 새로운 목표와 동기를 부여할 수 있음
- 다각화로 기업 규모를 키움으로써 자금 조달이 용이해짐

2 **특정 사업 편중으로부터의 위험 분산 가능**
- 특정 사업으로의 편중은 경영 환경에 따라 위험 가중
- 경기 순환, 수명 주기, 특정 사업의 사양화, 규제 조치 등 다양한 위험으로부터의 분산 추구

3 **시장 지배력 강화 도모**
- 광범위한 포트폴리오 구축을 통한 시장 지배력 확보 가능
- 기업 규모 증대로 인한 시장 지배력 강화

4 **범위의 경제성 달성**
- 자산 공유를 통한 범위의 경제 추구
- 브랜드 가치 제고 등 시너지 효과 기대

5 **축적된 내부 역량 활용**
- 주력 사업 활동의 결과로 과잉 축적된 자금과 인재 활용

그런 측면에서 구체적인 사업 다각화 전략에 들어가기에 앞서 자신의 핵심역량에 기반하여 다각화에 성공한 애플의 사례를 살펴보도록 하겠습니다.

전문화로 성공한 애플?

1998년의 외환 위기 사태 이전에 국내 기업들은 무리하게 자금을 차입해서라도 내실보다는 외형 성장을 추구했다. 결국 이런 무리한 다각화 전략이 IMF를 초래한 원인으로 지목되었다. 한국 경제의 문제점이 바로 재벌의 문어발식 경영에 있다는 것이었다. 이런 문어발식 경영은 고도 성장기에는 효과적으로 성과를 창출할 수 있지만, 기업이 지닌 본래의 경쟁력을 왜곡시켜 위기에 대한 대처 능력을 떨어뜨림으로써 공멸의 결과를 초래했다.

그렇다 보니 사업 다각화에 대해 '문어발식 경영이야말로 기업의 본업까지 위태롭게 만드는 과유불급의 전략'이라고 부정적으로 보는 시각들이 많다. 삼성과 애플을 비교하며 문어발 경영과 전문화 경영의 차이라고 말하는 이들도 있다. 애플처럼 다각화보다는 전문화의 미학을 발휘하라는 말일 것이다. 그런데 과연 그럴까?

이는 최근 애플이 거둔 일련의 성공이 집중화보다는 다각화의 결과라는 사실을 무시한 말이다. 1997년에 애플에 복귀한 스티브 잡스는 방만했던 제품과 프로젝트를 과감히 정리하는 구조 조정을 단행했다. 이를 기반으로 1998년에 일반 고객층을 노린 저가형 매킨토시 모델 아이맥($iMac$)을 출시했고, 1년 만에 200만 대 판매라는 기록적인 매출을 올리며 1998년 하반기 미국에서 가장 많이 팔린 컴퓨터 기종이 되었다. 그 결과 애플은 적자에서 흑자로 전환하며 화려한 부활의 날갯짓을 하게 되었다. 하지만 PC만으로는 성장에 한계가 있을 수밖에 없었다. 이에 스티브 잡스는 사업 다각화 전략을 통해 새로운 성장 기회를 만들었다. 그 첫 번째 제품이 바로 아이팟이다. 물론 컴퓨터와 MP3 플레이어는 유사한 것처럼 보이지만 사업적으로는 전혀 다른 이종의 사업이다. 제조 기술의 차이도 있긴 하지만 이해 관계자 등의 비즈니스 네트워크나 연관 산업, 소비자에게 접근하는 방식 등이 매우 다르다. PC 산업에서 음악 산업으로 뛰어들었으니 애플 입장에서 보면 아이팟 사업은 다각화 전략의 결과라 할 수 있다. 아이폰 역시 마찬가지다. 전혀 다른 사업인 통신 산업에 진입한 것이니 말이다.

이를 단적으로 보여주는 사례가 바로 애플의 사명 변경이다. 2007년 애플컴퓨터에서 애플로 사명을 변경하여 PC 기업이라는 이미지를 버리기로 한 것이다. 그러고 보면 스티브 잡스를 칭하는 '혁신과 창조의 아이콘'은 다른 말로 '다각화의 귀재'라고 할 수 있을 것이다.

■ 사업 다각화의 성공 조건

일반적으로 기업의 성장 방식은 이고르 앤소프가 말했듯이 시장 점유율을 확대하는 '시장 침투'나 신규 용도 개발 및 신규 시장 개척을 통한 '시장 확장', 신상품 출시를 통한 기존 시장에서의 '상품 확장'과 같이 기존 사업에서 성장을 추구하는 방식과 새로운 사업을 발굴하는 '다각화 방식'으로 분류할 수 있습니다. 그런데 세계적인 전략 컨설팅 기업인 베인앤컴퍼니Bain & Company에서 성장 전략의 성공 가능성을 분석한 결과, 시장 침투 전략과 시장 확장 전략, 상품 확장 전략이 각각 50%, 25%, 17%인 데 반해 다각화 전략은 5%도 되지 않는다고 합니다. 결국 가능하다면 기존 사업에서의 성장을 추구하는 게 안전하다는 의미입니다.

그럼에도 사업 다각화를 추진하는 이유는 기존 사업만으로는 성장에 한계가 있기 때문입니다. 자칫 잘못하면 기업의 존망을 위협할 정도로 위험하고 비용도 많이 들어가지만, 지속 성장을 위해서는 꼭 필요하기 때문입니다. 사실, 다각화 전략을 수립하고 실행하는 것이야말로 전략적 리더가 해야 할 가장 중요한 의사 결정의 하나라 할 수 있습니다. 따라서 어떻게 하면 사업 다각화를 성공적으로 추진할 수 있는지 성공 조건을 신중하게 검토함으로써 성공 가능성을 높일 필요가 있습니다. 일반적으로 검토해야 할 사업 다각화의 성공 조건은 다음과 같습니다.

성공 요소 1. 전략적 철수 Strategic Exit

다각화는 버리는 것에서 시작합니다. 현상을 유지하려고 하면 다각화를 추진하는 당위성이나 위기 의식이 나오지 않기 때문입니다. 강하고 건강한 나무로 계속 성장시키기 위해서는 가지 치기가 필요하듯이 말입니다. 1997년에 애플에 복귀한 스티브 잡스 역시 당시 애플 제품의 70%를 없앨 정도로 수익성 없는 모든 사업에서 철수를 단행했습니다. 잔을 비워야 다시 채울 수 있듯이 스티브 잡스는 새로운 시작을 통해 밝은 미래를 펼치기 위해서는 더 이상 필요 없는 사업을 전략적으로 과감하게 버리는 작업이 필요함을 깨달았던 것입니다. 물론 이는 아이팟과 아이폰의 성공으로 이어졌습니다. 그러므로 새로운 시작을 위한 다각화에 나서려면 애플처럼 전략적으로 먼저 버릴 수 있어야 합니다. 다각화의 첫 번째 성공 조건은 바로 '전략적 철수를 통한 현명한 포기'입니다.

1. 다각화로의 동기 부여
- 기존 사업 철수로 위기 의식 고조
- 성장을 위한 다각화 추진 명분 축적

2. 자금, 인력 등 내부 역량 확보
- 매각 등을 통해 자금 확보 가능
- 구조 조정으로 인한 조직 재구축

3. 재무 구조 개선
- 적자 사업 철수를 통한 재무 구조 개선
- 이를 통해 외부 자금 확보 가능

더 큰 도약을 위한 전략적 철수

1. 준비된 철수에 대한 전사적 공유
실패해서 철수하는 게 아니라 재도약을 위한 선택임을 전사적으로 공유

2. 최고 경영진의 의지
강력한 의지를 표명함으로써 조직의 반발을 막고 신속한 철수를 추진할 수 있음

3. 체계적인 철수 전략
철수 전담팀을 구성한 후 철수 전략을 수립, 체계적으로 철수가 진행되도록 유도

성공 요소 2. 스크리닝 시스템 Screening System

맹목적으로 신규 사업을 벌이거나 상황에 쫓겨 급하게 추진하면 실패할 가능성이 높습니다. 그러므로 다음과 같이 신규 사업 발굴을 위한 체계적인 스크리닝 시스템을 갖추고 신중하게 검토해야 합니다.

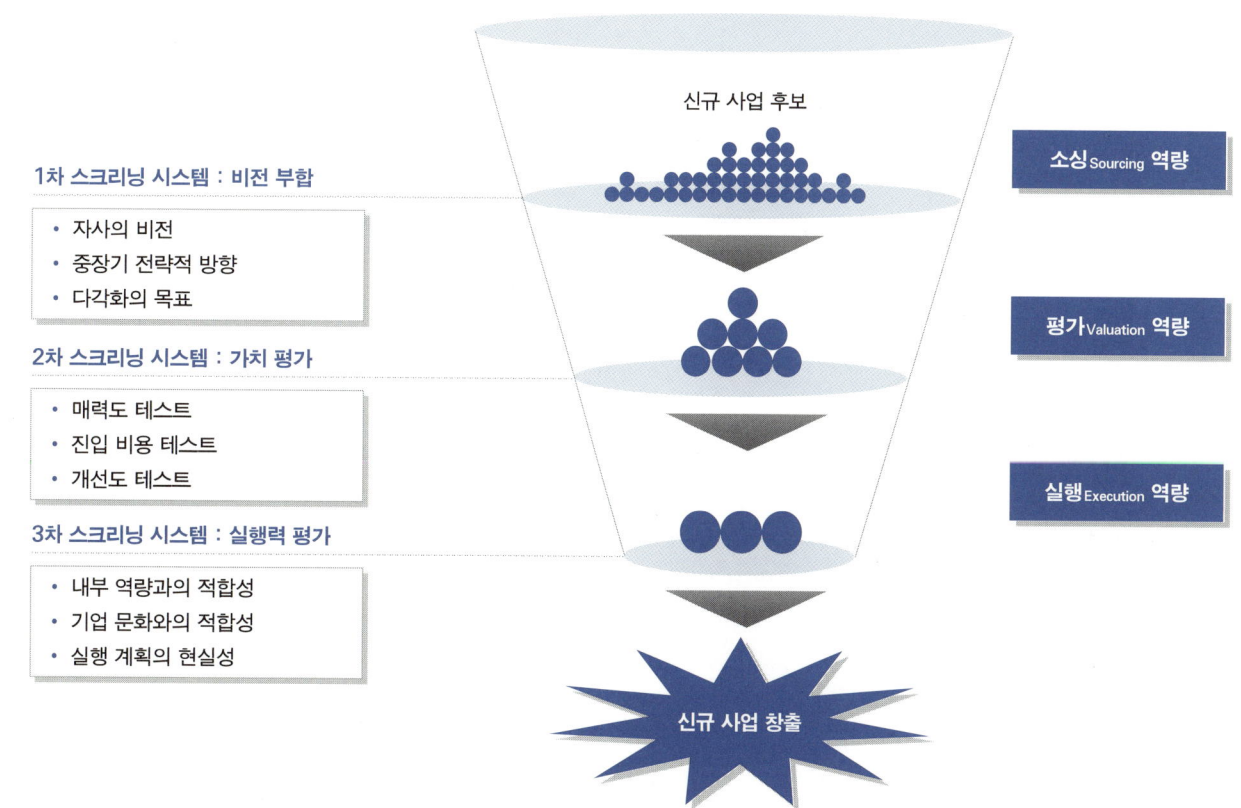

성공 요소 3. 핵심역량 기반 다각화 Core Competency-based Diversification

《핵심을 확장하라 Beyond the Core》의 저자인 베인앤컴퍼니 컨설턴트 크리스 주크 Chris Zook 는 일류 기업들을 분석한 결과 성공적인 확장 전략은 자신의 핵심 사업에서 인접한 사업 영역으로 확장하는 방식이라고 주장했습니다. 핵심 사업과 멀어질수록 성공 가능성이 낮아지는 이유는 확장의 성공 여부가 바로 핵심 사업을 성공시킨 자신만의 역량을 활용할 수 있는지 여부에 달려 있기 때문이라는 것입니다. 그러므로 사업 다각화를 성공적으로 추진하기 위해서는 현재의 주력 사업을 성공으로 이끈 자신의 핵심역량에 기반하여 확장 방향을 모색하는 게 바람직합니다. 일반적으로 핵심역량 기반의 사업 다각화 전략은 다음과 같이 진행됩니다.

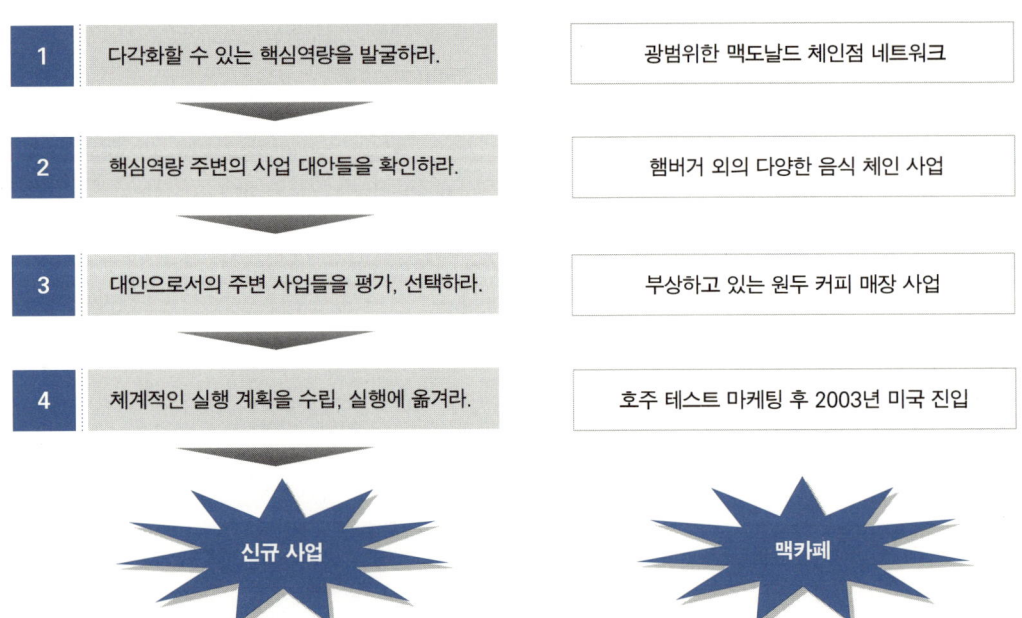

성공 요소 4. 현명한 실행 Smart Execution

아무리 좋은 전략이라도 실행되지 못하면 의미가 없습니다. 특히 새로운 사업으로의 진출은 쉽지 않은 일이기에 실행 과정에서 난관에 부딪칠 경우가 많습니다. 내부의 반발이나 역량의 한계, 기존 업체들의 강력한 방어 등 여러 장벽들도 도사리고 있죠. 그러므로 다음과 같이 최고 경영진의 강력한 추진 의지와 냉철한 현실 인식 속에 체계적인 실행 계획과 적절한 타이밍, 최적의 다각화 방식 선택, 전략적 위험 관리 등을 면밀히 검토하여 신중하게 추진해야 합니다.

구분	내용
강력한 추진 의지	• 신규 사업에 대한 최고 경영진의 강력한 의지 천명 • 기존 사업 조직의 반발 및 동요나 기업 문화와의 충돌 극복 필요
냉철한 현실 인식	• 내·외부 경영 여건에 대한 냉철하고도 객관적인 평가 선행 • 자신의 역량을 넘어 신규 사업을 추진하려는 과도한 욕심 자제
체계적인 실행 계획	• 스크리닝 시스템에서부터 실행에 이르기까지 프로세스 체계화 • 신사업 후보군을 지속적으로 관리, 추진함으로써 성공 가능성 제고
적절한 타이밍	• 전략적 기회의 창구가 열리는 시기에 맞춰 신규 사업 진출 • 신기술 개발, 수요 급성장, 경쟁자 동향, 규제/법규 완화 등
최적의 다각화 방식	• 내부 역량에만 의존하기보다는 외부 역량을 활용하는 것도 검토 • 아웃소싱, 오픈 네트워크, 전략적 제휴, M&A 등 다양한 방안 가능
전략적 위험 관리	• 신규 사업 진출 후 상황이 여의치 않을 경우를 대비한 위험 관리 필요 • 재빠른 철수까지 고려한 시나리오 플래닝 수립, 추진

사업 다각화를 실패하게 만드는 4가지 함정

사업 다각화는 기업의 지속적인 성장을 견인하는 매우 효과적인 수단이다. 하지만 다음과 같은 네 가지 함정으로 인해 소기의 목적을 달성하지 못하는 경우가 있으므로 함정에 빠지지 않도록 유의해야 한다.

1 경영진의 확증 편향
- 자기 경험과 신념에 부합하는 전략만 믿는 자기 중심적 독선
- 사례 : 삼성의 자동차 사업 진출 실패

2 내부 역량에 대한 과대 평가
- 내부 역량을 과대 평가함으로써 진출 후 경쟁력 미비로 실패
- 사례 : 한국석유화학의 중복 투자, 구찌GUCCI의 중산층 공략 실패

3 신성한 소에 대한 맹목적인 믿음
- 신성한 소 : 기업 경영에 있어 당연하다고 믿는 원리들
- 과잉 기술 제품에 대한 맹목적인 추구, 틈새시장의 과소 평가 등

4 불분명한 다각화 전략 목표
- 다각화 전략은 수익을 기반으로 한 지속 가능성이 핵심 목표
- 매출 증대 등만을 추구하는 비효율적인 다각화는 실패로 귀결됨

■ 전략적 철수를 위한 사업 포트폴리오 분석

사업 다각화의 첫 단계는 현재의 사업 포트폴리오Business Portfolio를 분석, 진단함으로써 유지, 강화해야 하는 사업과 철수해야 하는 사업을 구분하는 일입니다. 일반적으로 사업 포트폴리오 분석 기법으로는 앞서 상품 포트폴리오 분석에서 언급한 바 있듯이 상대적 시장 점유율과 성장률이라는 내·외부 변수를 고려하여 자사 사업들의 현황을 파악하는 BCG 매트릭스를 많이 활용합니다. 분석 기법은 앞서 살펴본 상품 포트폴리오 분석 시 활용한 기법과 대동소이합니다만, 상대적 시장 점유율과 성장률만으로 평가함으로써 발생할 수 있는 단순화를 극복하기 위해 시장 규모와 성장률, 수익률, 경쟁 강도 등의 '시장 매력도'와 시장 지위 및 시장 점유율, 수익 구조, 핵심역량 등의 '자사의 경쟁력'을 중심으로 평가할 수도 있습니다.

사업 포트폴리오 분석은 사업 간의 시너지 효과에 대한 고려가 없고 상호 협력 유도에 도움이 되지 않는다는 단점에도 불구하고 향후 사업별 전략을 결정하고 자원을 사업별로 배분하는 데 유용하게 활용할 수 있습니다. 상품 포트폴리오 분석과 마찬가지로 사업 포트폴리오 분석에서도 각각의 사업을 다음과 같이 Star, Cash Cow, Problem Child, Dog의 네 영역으로 분류합니다.

BCG 매트릭스로 본 사업 포트폴리오

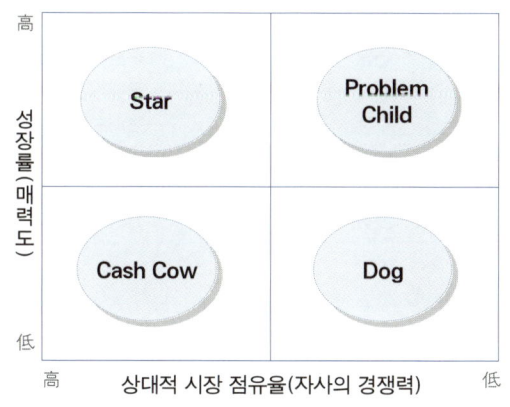
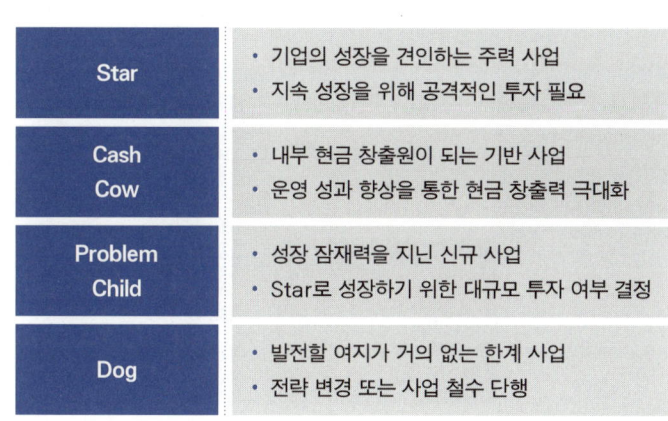

사업 포트폴리오 분석의 또 다른 기법으로 GE/맥킨지 비즈니스 스크린 매트릭스Business Screen Matrix가 있습니다. 상대적 시장 점유율과 성장률이라는 두 가지 변수로만 평가함으로써 단순화의 오류에 빠질 수 있는 BCG 매트릭스와 달리, GE/맥킨지 매트릭스는 다양한 변수를 활용하여 유연하게 적용함으로써 좀 더 정교하게 사업 포트폴리오를 분석할 수 있습니다. 이는 역으로 변수 채택 여부나 상대적 가중치 적용 등에 개입하는 작성자의 주관에 따라 결과가 바뀔 수 있다는 약점도 있습니다만, 전문가를 활용하거나 여러 사람의 동의를 얻는 등 변수 채택의 객관성을 높임으로써 극복할 수 있습니다. GE/맥킨지 매트릭스는 아래와 같이 각 사업에 대해 산업 매력도Industry Attractiveness 요소와 자사의 비즈니스 강점Business Strength 요소를 중심으로 평가, 진단함으로써 향후 전략 수립에 참고합니다.

GE/맥킨지 매트릭스로 본 사업 포트폴리오

자사의 비즈니스 강점

산업매력도 \ 비즈니스 강점	高	中	低
高	시장 지위 유지 및 성장을 위한 대규모 투자	강점 육성을 위해 선택된 부문에 집중 투자	강점 강화 기회를 모색하는 선별적 투자
中	성장을 위한 도전적인 선별 투자	독자적 수익 창출을 위한 선별적 투자	제한된 확장만을 도모하며 수확 기회 관망
低	현금 창출을 위한 사업 보호 (방어/재집중)	수익 창출 경영을 추구하며 수확 기회 관망	적절한 시점에 수확 또는 퇴출을 통해 철수 단행

평가 요소

산업 매력도 요소
- 현재 시장 규모
- 잠재 시장 규모
- 시장 성장률
- 업계 평균 수익률
- 산업 경쟁 구조
- 재무적 환경
- 경제적 환경
- 기술적 환경
- 사회적 환경
- 정치적 환경
- 생태학적 환경

비즈니스 강점 요소
- 단위 사업SBU 규모
- 시장 점유율
- 포지셔닝 수준
- 경쟁 우위 정도
- 브랜드 자산
- 인적 자원
- R&D 역량
- 생산 공정/시스템
- 품질, 서비스
- 마케팅 역량
- 유통망

마지막으로 산업 수명 주기에 기반하여 사업 포트폴리오를 분석하는 ADL 매트릭스를 살펴보도록 하겠습니다. ADL 매트릭스는 경영 컨설팅 기업인 아서디리틀Arthur D Little에서 개발한 사업 포트폴리오 분석 기법으로, 산업 수명 주기와 자사의 경쟁 지위를 평가 요소로 각 사업을 분석, 진단함으로써 향후 전략 수립에 활용하는 기법입니다. 구체적으로 ADL 매트릭스는 다음과 같습니다.

ADL 매트릭스로 본 사업 포트폴리오

		산업 수명 주기			
		도입기	성장기	성숙기	쇠퇴기
경쟁 지위	지배적	시장 지위 유지 및 시장 확대를 위한 공격적인 투자	시장 지위 유지 및 지속 성장을 위한 집중 투자	시장 지위 유지 및 업계 평균 성장을 위한 선별적 투자	시장 지위 유지를 위한 선별적 투자
	강함	시장 확대 및 강점 강화를 위한 집중 투자	시장 확대 및 시장 지위 개선을 위한 투자	시장 지위 유지 및 업계 평균 성장을 위한 선별적 투자	수익 극대화를 위한 비용 절감 및 투자 최소화
	유리함	시장 확대 및 강점 강화를 위한 선별적 투자	강점 강화를 통한 시장 지위 개선을 위한 선별석 투자	시장 지위 유지를 위한 최소한의 투자	수익 극대화를 위한 비용 절감 및 투자 회수 검토
	보통	선별 투자를 통한 시장 지위 개선 노력 실행	선별 투자를 통한 틈새시장으로의 방향 전환	투자 축소 및 틈새시장으로의 방향 전환	투자 회수 및 철수 단행
	약함	투자 가치가 있다면 유지하고, 아니면 포기	시장 지위 개선 노력 성과에 따라 포기 단행	투자 회수 및 철수 단행	투자 회수 및 철수 단행

■ 스크리닝 시스템으로서의 신규 사업 후보 평가 기법

경영 전략의 대가 마이클 포터는 다각화가 성공하기 위해서는 새롭게 추진하려는 사업이 매력도 테스트Attractiveness Test와 진입 비용 테스트Cost-of-Entry Test, 개선도 테스트Better-off Test를 통과해야 한다고 주장했습니다. 즉, 진입하고자 하는 시장이 충분히 매력적이어야 하며, 진입 비용이 자사가 감당할 만큼 적고, 자사의 역량으로 경쟁 우위에 설 가능성이 높은 사업을 추진해야 성공 가능성이 높다는 것입니다. 이를 통해 최적의 신규 사업을 잠정적으로 정한 다음, 실행 과정에서 문제가 발생할 수 있는지 실행 가능성을 따져본 후 최종적으로 선정하는 과정으로 진행합니다.

매력도 테스트 Attractiveness Test	• 진입 산업/시장이 현재 매력적이거나 향후 매력을 창출할 수 있어야 함 • 앞서 외부 환경 분석에서 다룬 기법들을 활용하여 전반적인 매력도를 분석함 • 매력적인 산업 구조, 시장 규모, 성장성, 수익성 등
진입 비용 테스트 Cost-of-Entry Test	• 매력적인 사업이더라도 진입 비용이 기대 수익보다 크면 추진하기 어려움 • 또한 자사가 감당하기 어려울 정도로 진입 비용이 너무 크지 않아야 함 • 투자 규모 및 회수기간, 기술/유통 장벽, 법적 규제, 경쟁자 보복 등의 위험
개선도 테스트 Better-off Test	• 신규 사업과 기존 사업의 시너지 효과를 통해 신규 사업 또는 기존 사업이 경쟁 우위를 확보하거나 좀 더 높은 성과를 창출할 수 있어야 함 • 핵심역량 등 경쟁 우위 역량을 구축 또는 활용하는 정도와 연관되어 있음
실행력 평가	• 추진 방식이 자사의 역량으로 실행하기에 적합한가? • 추진하려는 신규 사업은 현재의 기업 문화에 부합하는가? • 실행 계획이 현실적이며 예상되는 난관들을 극복할 수 있는가?

■ 현명한 실행을 위한 사업 다각화 방식 선정

사업 다각화는 자사의 비전, 다각화 목표, 자사 현황, 진입하려는 신규 산업 및 시장의 환경, 진입 타이밍, M&A 및 금융 시장 동향, 내부 역량 수준 등을 면밀히 고려하여 최적의 다각화 유형과 방식을 선정해야 합니다. 다각화 유형은 아래와 같이 수직적 다각화 Vertical Diversification와 수평적 다각화 Horizontal Diversification, 집중적 다각화 Concentric Diversification, 복합 기업 다각화 Conglomerate Diversification로 나눌 수 있으며, 일반적으로 구축, 구매, 결합 Build, Buy, or Bond 패러다임으로 표현되는 다각화 방식 역시 내부적인 신규 사업 창출을 통한 유기적 성장 Organic Growth과 M&A를 통한 성장, 전략적 제휴 Strategic Alliance를 통한 성장으로 구분할 수 있습니다.

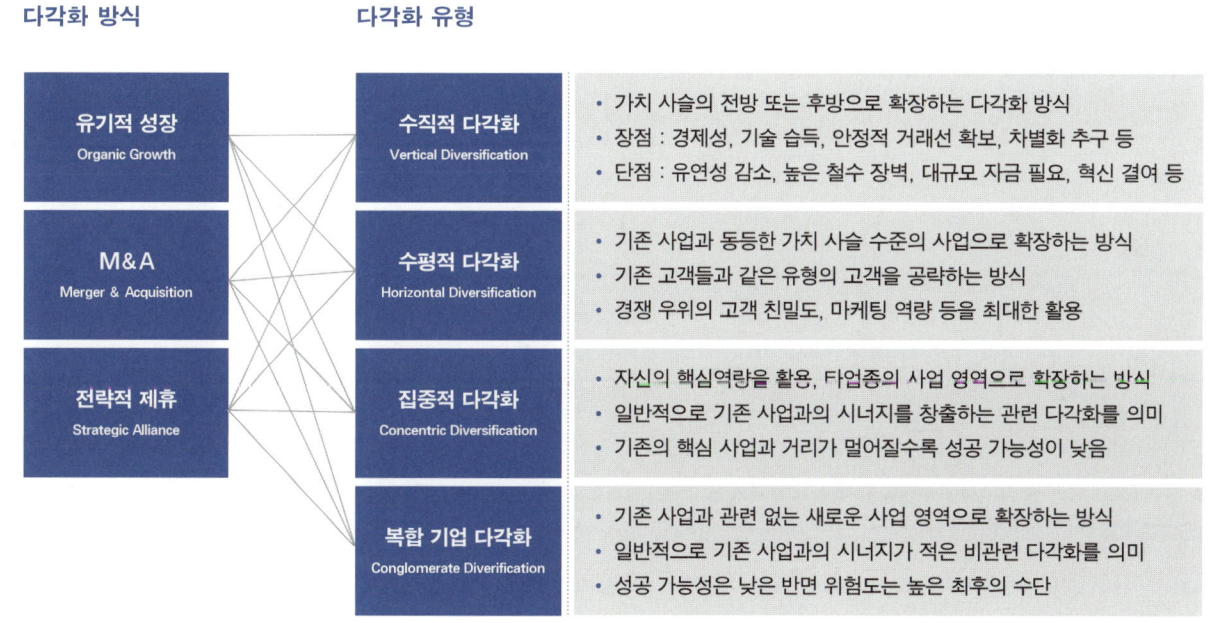

일반적으로 사업 다각화는 핵심 사업에서 멀어질수록 성공 가능성이 낮아집니다. 여기서 핵심 사업이란 자사의 주력 사업으로, 지속적인 경쟁 우위를 창출할 수 있는 핵심역량을 보유한 사업을 말합니다. 2003년에 베인 인터내셔널Bain International이 수행한 연구에 따르면, 다각화의 성공 확률은 지리적으로 확장하거나 기존 고객을 대상으로 새로운 상품/서비스를 출시하는 경우에 가장 높고, 그다음으로는 새로운 고객이나 유통 채널을 목표로 하는 것이 성공 확률이 높으며, 가치 사슬상에서의 전후방 통합과 완전히 새로운 사업으로의 진입은 위험이 매우 크다고 합니다. 결국 사업 다각화의 성공 가능성을 높이기 위해서는 핵심 사업 주변의 연관된 인접 사업이면서 핵심 사업의 차별적 역량을 활용함으로써 시너지 효과를 창출할 수 있어야 합니다.

이지그룹의 성공은 문어발식 확장의 결과?

> 이름은 편안하게 들리는 영국의 이지그룹은 항공사에서 시작하여 유람선, 극장, 호텔, 노선 버스, 직업 소개업, 배달 피자 사업, 시계 및 음악 판매 등 다양한 사업을 펼치고 있다. 이렇듯 서로 관련 없는 사업들을 펼치는 것을 보면 무계획적으로 문어발식 확장을 추진하는 것으로 보이지만, 실은 자신만의 핵심역량에 기반하여 집중적 다각화를 도모한 결과였다.
>
> 앞서도 말한 바 있듯이 이지그룹의 대표적인 회사인 이지제트는 수요와 공급에 따른 탄력적 가격 책정 방식을 활용하여 저가격을 내세우고 있다. 즉, 수요가 낮을 때는 낮은 가격을, 수요가 높을 때는 높은 가격을 책정함으로써 낮은 가격을 유지하면서도 수익률도 제고시킴으로써 경쟁력을 확보하고 있다. 이에 이지그룹은 이지제트를 성공으로 이끈 탄력적 가격 책정 방식을 다른 사업에도 적용시켜 나갔다. 그 결과 이지시네마easyCinema, 이지호텔easyHotel, 이지머니easyMoney 등이 탄생했다.
>
> 결국 이지그룹은 이런 유연한 가격 정책을 통해 저가 영역을 공략하는 자신만의 노하우를 핵심역량화한 후 이를 경쟁 우위 요소로 활용할 수 있는 다른 서비스 사업 영역으로 확장해 나감으로써 다각화를 성공적으로 추진한 것이었다.

3. 신시장을 창출하는 블루오션 전략

유기적 성장 전략의 하나로 21세기 초에 각광받았던 블루오션 전략을 살펴보기 전에 간략하게 내부적으로 신규 사업을 창출하는 전략 수립에 대해 알아보도록 하겠습니다.

내부적으로 신규 사업을 창출하는 경우에는 대개 독창적인 비즈니스 아이디어나 기술을 기반으로 시작합니다. 하지만 자신의 시즈$_{Seeds}$가 아무리 매력적이라 해도 시장성이 떨어지거나 사업을 추진할 능력이 부족하다면 무용지물이겠죠. 그런 측면에서 내부 역량을 기반으로 신규 사업 개척 전략을 수립할 때는 시즈의 차별성도 중요하지만 매력도로 판단하는 시장성과 보유 역량에 기반한 현실적인 추진 가능성도 함께 검토해야 합니다.

참고로 유기적 성장에 따른 신규 사업 개척 프로세스는 다음과 같습니다.

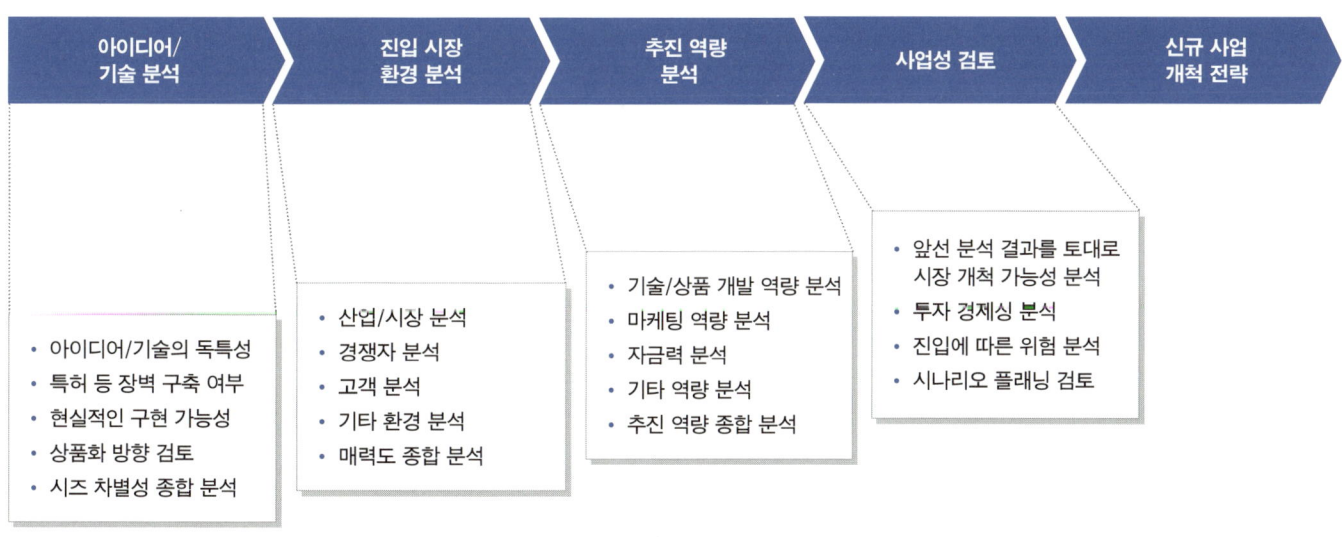

참고로 신규 사업을 개척할 때 유의해야 할 사항들은 다음과 같습니다.

신규 사업 개척 시 유의 사항

일반적으로 신규 사업의 사업성은 다음과 같이 시장성과 역량 적합성, 경제성의 세 가지 측면에서 분석한다.
첫째, 고객 및 시장 분석 등 외부 환경 분석을 중심으로 신규 사업의 시장 매력도를 파악함으로써 신규 사업 상품이 얼마나 판매될 수 있을지 시장성을 분석한다.
둘째, 신규 사업을 추진할 만한 경쟁 역량을 보유하고 있는가 하는 역량 적합성을 파악한다. 특히, 자사가 경쟁력 있는 상품 개발 기술을 보유하고 있는지, 실제 상품화할 수 있는지 등 기술성을 중심으로 평가한다.
셋째, 시장성과 역량 적합성 분석 결과를 토대로 종합적인 사업 타당성을 경제성 측면에서 객관적으로 검토한다. 사실 최종적으로 신규 사업의 추진 여부는 이 경제성 분석에 달려 있다. 아무리 시장성이 좋고 경쟁 역량을 갖추었다 해도 수익이 제대로 창출되지 못한다면 무용지물이기 때문이다.

이렇듯 철저하게 분석하여 신규 사업을 추진한다면 신규 사업의 성공률이 높을 거라 생각하기 쉽지만, 현실은 그렇지 못하다. 미국의 한 통계 자료에 의하면, 성장 정체 후 신규 사업을 추진한 기업들의 90% 이상은 실패한다고 한다. 또한 성공한 신규 사업도 평균 7년이 지나야 캐시 카우Cash Cow 역할을 할 수 있으며, 성공한 사례들 중 고성장을 기록한 기업은 3%에 불과하다고 한다. 이렇듯 다각도로 사업성을 분석하고 추진하는데도 실패하는 이유는 무엇일까?

그 이유로 다음과 같은 점들을 들 수 있다.
첫째, 자신의 역량을 과신하고 시장성에만 집착하여 매력적인 신규 사업을 추진하다 경쟁에 밀려 위기에 봉착할 수 있다.
둘째, 낙관적인 시각으로 경제성을 분석하고 과도하게 투자함으로써 재무적 위기를 초래할 수 있다.
셋째, 기존 사업 방식에 대한 아집으로 실패를 초래할 수 있다. 신규 사업의 특성상 기존 사업과는 다른 방식으로 경영해야 함에도 기존 방식만을 고수하다 보면 경쟁력 저하로 실패를 부를 수 있기 때문이다.

결국, 아무리 체계적으로 분석한다 해도 최후에는 사람의 문제로 귀결되므로, 리더라면 냉정하고 객관적인 시각에서 의사 결정을 하도록 노력해야 한다.

피 말리는 무한 경쟁의 시대에 '경쟁이 없는 신시장을 창출하라'는 블루오션 전략이 한때 폭발적인 관심을 끌었습니다. 유럽경영대학원 인시아드 교수인 김위찬과 르네 마보안이 지은 《블루오션 전략》이 베스트셀러가 되기도 했습니다. 사실, 치열한 경쟁 속에 지쳐 있던 기업들에게 '이미 성숙화된 레드오션Red Ocean에서의 경쟁 승리에만 집착하지 말고 광활한 블루오션Blue Ocean을 개척하라'는 명제야말로 매혹적일 수밖에 없습니다. 경쟁 없이 자사만이 누릴 수 있는 블루오션을 만들어낼 수 있다면 높은 성과와 지속적인 성장을 유지하는 최상의 방법이 될 테니까요. 그런 의미에서 《블루오션 전략》을 참조하여 김위찬과 르네 마보안이 제안한 블루오션 전략의 의미에 대해 알아보도록 하겠습니다.

김위찬과 르네 마보안은 지속적으로 성장하기 위해서는 눈앞의 경쟁에서 벗어나 시장 경계 밖에 있는 잠재 수요를 찾아 차별화와 비용 우위를 동시에 추구하는 혁신적인 가치를 제안함으로써 경쟁자가 없는 블루오션 시장을 창출해야 한다고 주장했습니다. 즉, 무한 경쟁으로 치닫는 레드오션에서 벗어나 잠재 수요층에게 새로운 가치 혁신을 제안함으로써 미지의 시장을 개척하며, 새롭게 창출된 블루오션 시장이 레드오션화되지 않도록 경쟁 자체를 무의미하게 만들어야 한다는 것입니다.

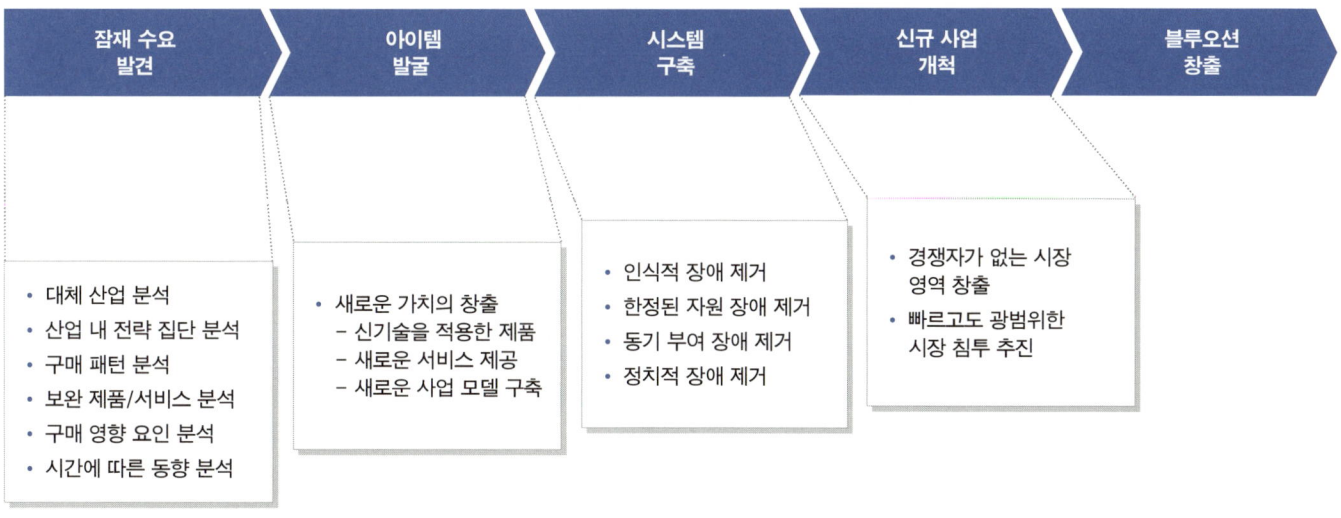

■ 블루오션 전략과 기존 전략의 차이점

그럼 구체적으로 블루오션 전략의 추진 과정을 살펴보기에 앞서서 기존 경쟁 전략과의 차이점을 간단하게 살펴보면 다음과 같습니다.

기존 경쟁 전략		블루오션 전략
기존 시장에서의 경쟁 우위 확보	목표	경쟁자 없는 블루오션 창출
차별화 또는 비용 우위 추구	방향	차별화와 비용 우위 동시 추구
기존 사업의 강화	관점	신규 사업의 창출
경쟁자를 이겨야 성공	방식	경쟁자를 타파해야 성공
체계적인 외부 환경 분석과 내부 핵심역량을 기반으로 한 포지션 선점 방식	실행 방안	잠재 수요를 사로잡기 위해 전략 캔버스와 ERRC 분석 중심의 새로운 가치 창출 방식

위의 도표에서 보듯 김위찬과 르네 마보안은 기존의 경쟁 전략은 차별화와 비용 우위 중 하나를 선택함으로써 경쟁자의 진입을 가능하게 하는 전략이라고 비판했습니다. 예를 들어, 자사가 고가격의 차별화 전략으로 시장을 장악했다면 잠재적 경쟁자는 저가격을 무기로 한 비용 우위 전략으로, 역으로 자사가 저가격의 비용 우위 전략으로 시장을 장악했다면 잠재적 경쟁자는 높은 가치의 차별화 전략으로 진입할 수 있다는 것입니다. 그러므로 잠재적 경쟁자가 진입하지 못하게 하려면 차별화와 비용 우위를 동시에 추구하는 새로운 가치를 제안하면 되는데, 그것이 바로 블루오션 전략이라는 것입니다.

결국, 기존 경쟁 전략이 경쟁자의 시장 진입을 가능하게 하는 전략이라면 블루오션 전략은 경쟁자가 진입할 여지를 없애는 경쟁 타파 전략인 셈입니다.

■ 블루오션 전략의 시작

블루오션 전략은 크게 세 단계로 나뉘는데, 그중 첫 번째가 바로 새로운 가치를 창출하는 시작 단계입니다. 앞서 언급했듯이 블루오션을 창출하기 위해서는 기존의 경쟁 우위 관점에서 벗어나 차별화와 비용 우위를 동시에 추구하는 새로운 가치 혁신이 필요합니다. 이를 위해 활용하는 기법이 바로 ERRC 분석입니다.

ERRC 분석이란 Eliminate, Reduce, Raise, Create의 약자로, 업계에서 당연하게 받아들이는 요소들 중 제거할 요소$_{Eliminate}$와 업계의 표준 이하로 내려야 할 요소$_{Reduce}$, 업계의 표준 이상으로 올려야 할 요소$_{Raise}$, 업계에 없었던 창조해야 할 요소$_{Create}$를 발굴함으로써 전략적으로 포커스가 분명하고 차별적이며 매력적인 슬로건으로 표현될 수 있는 새로운 가치를 창출하려는 기법입니다. 결국, 블루오션 전략은 창조$_{Create}$와 증가$_{Raise}$를 통해 차별화를, 제거$_{Eliminate}$와 감소$_{Reduce}$를 통해 비용 우위를 추구하는 방식이라고 볼 수 있습니다.

ERRC 분석

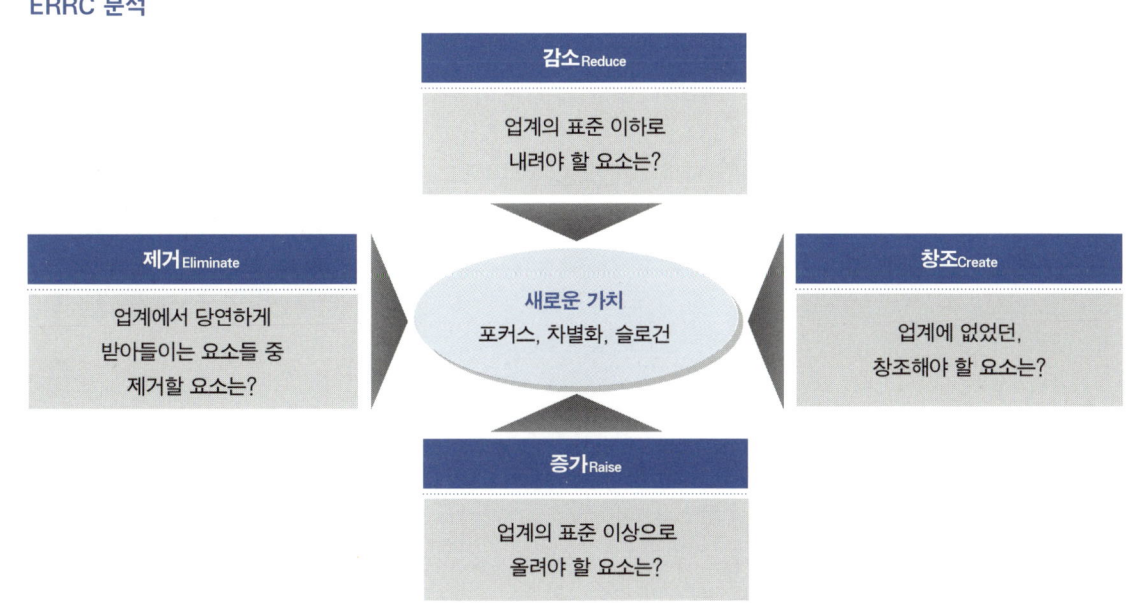

■ 블루오션 전략의 검토

두 번째 단계는 앞서 제안한 새로운 가치가 블루오션을 창출할 수 있는지 검토하는 단계입니다. 구체적으로는 전략 캔버스를 통해 경쟁자들의 가치와 자신이 제안한 새로운 가치를 비교해 본 후 구매자 효용성, 전략적 가격, 비용 수준, 도입 가능성 측면에서 검토합니다. 즉, 구매를 유도할 만큼 차별적인 가치를 제공할 수 있는지, 책정된 가격이 다수의 고객들이 쉽게 받아들일 만큼 매력적인지, 그런 가격 수준으로도 이익을 낼 수 있을 만큼 비용 수준을 유지할 수 있는지, 실행 과정에서 부딪치는 여러 장애들을 극복할 수 있는지 검토합니다.

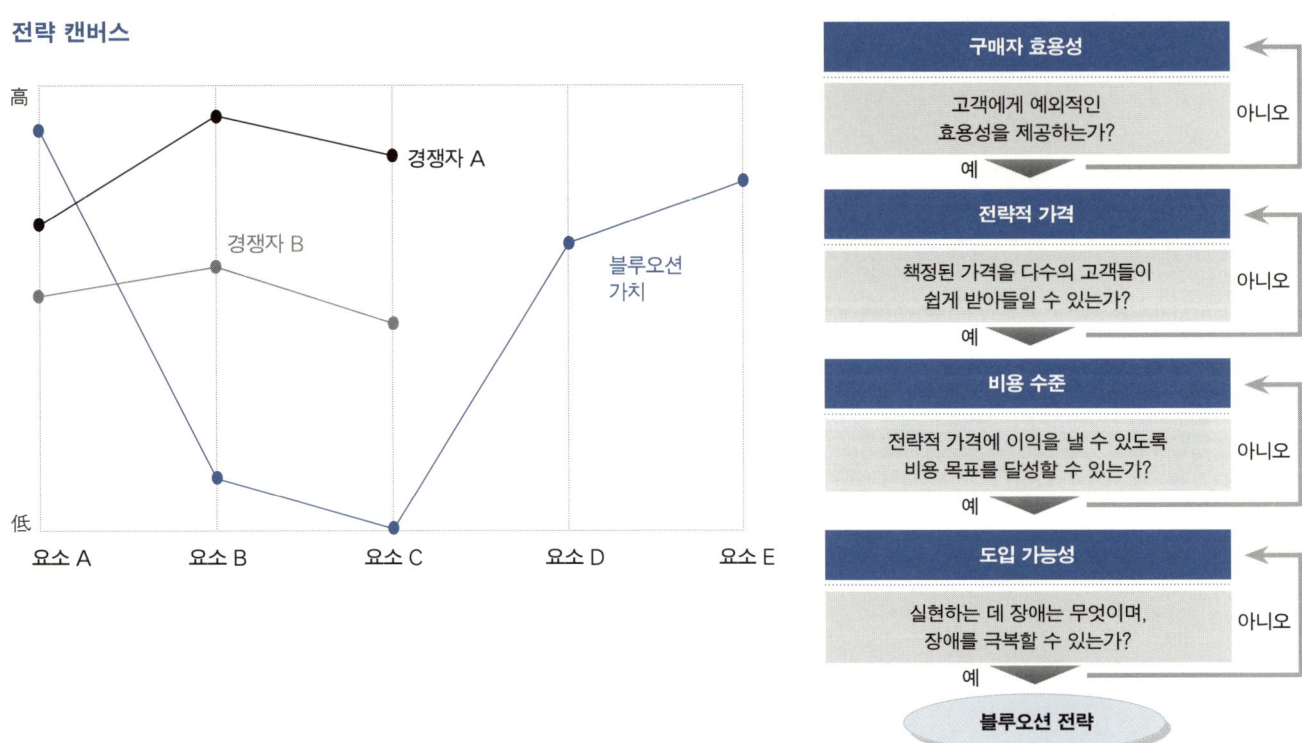

■ 블루오션의 유지

블루오션 전략의 마지막 단계는 블루오션을 유지할 수 있도록 모방 차단 장벽을 구축하는 단계입니다. 사실, 블루오션을 창출했더라도 경쟁자가 모방을 통해 진입한다면 블루오션으로서의 의미가 퇴색할 수 있습니다. 그러므로 블루오션을 창출하는 것도 중요하지만 경쟁자가 진입하지 못하도록 아래와 같이 모방 차단 장벽을 구축하는 게 더 중요하다고 볼 수 있습니다.

블루오션을 창출하려는 기업이라면 새로운 가치 창출에만 집중하지 말고 특허, 법률적 허가 등의 규제 장치나 규모 및 네트워크의 재빠른 확장, 고객 선점 마케팅 등 모방 차단 장벽 구축 전략도 고민해야 합니다. 20세기 초반에 제록스가 최고의 발명품 중 하나인 복사기를 상품화했지만 너무 높은 가격으로 시장에 내놓는 바람에 경쟁자들의 시장 진입 욕구를 자극함으로써 레드오션을 초래한 반면, 듀폰은 나일론을 상당히 저렴한 가격에 출시하여 시장을 재빠르게 장악함으로써 한동안 경쟁자들의 나일론 개발이나 시장 진입 의지를 꺾어 결과적으로 블루오션을 장기간 향유할 수 있었듯이 말입니다.

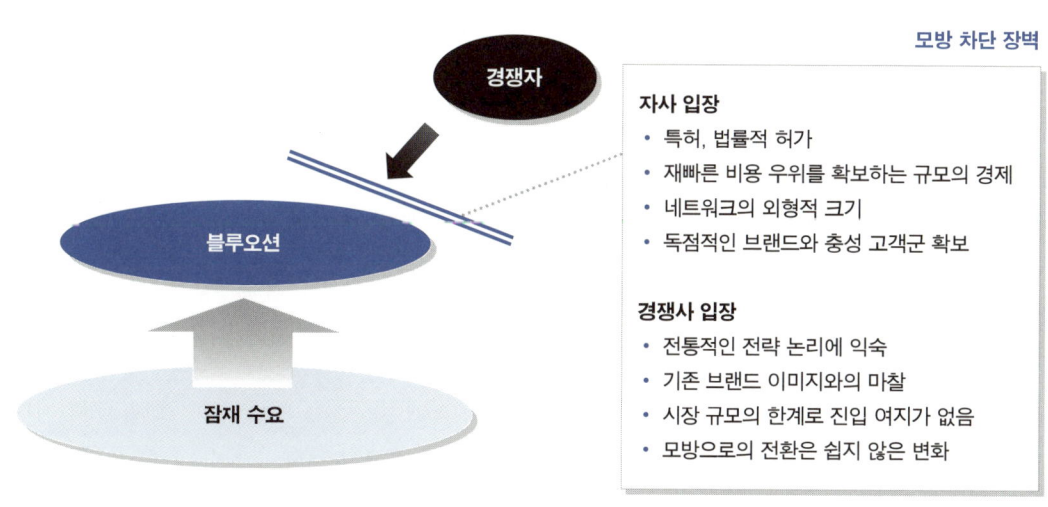

■ 블루오션 전략의 허와 실

'경쟁이 없는 나만의 유토피아를 개척하자'는 블루오션 전략은 매혹적일 수밖에 없지만, 실무적으로 다음과 같은 한계를 지니고 있습니다.

첫째, 차별화와 비용 우위를 동시에 추구하는 전략은 실행하기 어려운 과제입니다.
앞서 경쟁 전략에서 살펴보았듯이 차별화나 비용 우위 중 하나만을 선택해서 경쟁 우위에 서는 것도 무척 어려운 일입니다. 하물며 차별화와 비용 우위를 동시에 추구하라는 전략은 지나치게 이상적으로 보일 수밖에 없습니다.

둘째, 모방 차단 장벽 역시 이상향에 그칠 가능성이 높습니다.
사실, 블루오션 전략의 핵심은 신시장 창출보다 경쟁 타파에 있습니다. 일반적인 시장 개척 전략으로는 신시장을 창출했다 해도 곧 레드오션으로 변하기 때문입니다. 그런데 블루오션 전략이 차별화와 비용 우위를 동시에 추구함으로써 경쟁 타파가 가능하다고 해도, 모방 전략을 구사하거나 기존 모델을 약간 변형함으로써 얼마든지 블루오션에 진입할 수 있기 때문에 이 역시 한계가 있을 수밖에 없습니다. 결국, 경쟁이 없는 신시장 창출이야말로 현실과 동떨어진 이상에 가깝다고 할 수 있습니다.

셋째, 그럼에도 경쟁이 없는 신시장을 홀로 장악했다면 독점 규제를 받을 가능성이 높습니다.
경쟁이 없는 시장이란 다른 말로는 독점적인 시장을 의미하며, 이는 자유 경쟁을 기반으로 한 시장 경제 체제에 반하는 것이기에 규제를 받을 가능성이 높습니다. 20세기 미국의 대표적 기업인 스탠더드 오일과 AT&T 모두 경쟁할 기업이 없는 독점적인 지위를 누리며 블루오션을 향유한 결과 기업 분할을 당했던 것처럼 말입니다.

결국 영원한 블루오션은 없으며, 유토피아를 찾으려는 노력은 헛수고에 그칠 가능성이 많습니다. 하지만 블루오션 전략은 기존의 경쟁 전략과 달리 새로운 시장 창출을 위해 차별화와 비용 우위를 동시에 추구하는 가치 혁신을 제안했다는 점과 모방 차단 장벽을 통해 자신이 개척한 블루오션의 향유 기간을 최대화할 수 있다는 점에서 그 의의를 찾을 수 있습니다.

4 ■ M&A와 전략적 제휴 전략

무한 경쟁과 세계화 속에 이제 M&A는 더 이상 낯선 용어가 아니며, M&A를 모르고는 기업을 경영하기 어려운 시대가 되었습니다. 이렇듯 M&A가 각광을 받게 된 것은 단기간에 신성장 동력을 창출하거나 기업 가치를 높이는 데 상당히 효과적이기 때문입니다. 현실적으로도 유기적 성장만으로는 한계가 있기에 M&A를 통한 성장이 매력적으로 다가옵니다.

M&A란 합병Merger과 인수Acquisition의 약자로 기업의 지배 구조에 영향을 가져오는 일체의 행위를 의미하며, 기업의 인적/물적 분할뿐만 아니라 영업권 및 자산의 양수도, 합작 투자 등도 포함하는 경영 용어입니다. 결국 M&A는 기업 전체 또는 기업의 특정 자산에 대한 경영권을 확보하는 행위를 일컫는 말입니다. 참고로 M&A를 추진하는 동기와 M&A 유형은 다음과 같습니다.

M&A 추진 동기

구분	내용
전사적 측면	지속 가능 성장, 신성장 동력 창출, 글로벌화 등
마케팅 측면	시장 지배력 증대, 규모의 경제 기대, 신규 시장 진입 등
R&D 측면	첨단 기술 도입, 지적 재산권 확보, R&D 효용성 제고 등
재무적 측면	위험 분산 기대, 자금 조달 능력 확대, 조세 절감 등

M&A 유형

구분	내용
거래 목적물에 의한 분류	주식 양수도, 자산 양수도, 영업 양수도
거래 의사에 의한 분류	우호적 M&A, 적대적 M&A, 중립적 M&A
결합 형태에 의한 분류	수평적 M&A, 전/후방 수직적 M&A, 복합적 M&A
교섭 방법에 의한 분류	사적 거래 Private Deal, 공공 거래 Public Deal
결합 주체에 의한 분류	국내 M&A, 국외 M&A
결제 수단에 의한 분류	현금, 주식 교환, LBO, 복합 M&A

M&A 유형별 체계

■ M&A 추진 절차

여기서는 지속 성장 전략의 일환으로 M&A 전략을 살펴보고 있으므로 매수 입장에서 M&A 추진 절차를 알아보도록 하겠습니다. 일반적으로 M&A 매수는 다음과 같이 사전 M&A Pre-M&A와 M&A 거래 M&A Deal, 사후 M&A Post-M&A의 3단계로 진행됩니다.

매도 입장에서의 M&A 추진 절차

M&A 매각 절차 역시 앞서 살펴본 M&A 매수 절차와 유사하게 진행되지만 매도자 입장에서 바라본다는 점이 다르다. 즉, 매각 절차는 매도자 입장에서 매각 금액 최대화 등 최적의 매각 조건을 목표로 추진하며, 사후 M&A 단계가 필요하지 않아 간단하다는 특징을 지니고 있다.

M&A 매각은 먼저 매각하고자 하는 이유와 목표, 주주가 원하는 매각 조건, 매각 가능성 등을 검토하고 전반적인 M&A 시장 동향을 파악함으로써 매도자 입장에서 최적의 매각 전략을 수립한 후 세부적인 M&A 절차에 들어가야 한다. M&A 매각 거래에 따라 차이가 있지만 일반적인 매각 추진 절차는 아래와 같다.

1. 사전 M&A 단계 : M&A 시작에서부터 우선 협상자 선정에 이르기까지

매각 준비	매각 전략 수립	매수 후보자 모집	잠재 매수자 접촉	우선 협상자 선정
• 실무팀 구성 • 매각 목표 설정 • 주요 이슈 파악	• 매각 조건 검토 • 매각 방식 결정 • 추진 계획 수립	• 매수 후보군 선별 • Teaser 작성, 배포 • 인수 의사 타진	• 잠재 매수자 선별 • IM/DDR/CA 배포 • 사전 실사 대응	• 매각 조건 협의 • 우선 협상자 선정 • 합의서(MOU) 체결

2. M&A 거래 단계 : 우선 협상자와의 협상 및 계약 체결 후 거래가 완료될 때까지

거래 준비	접촉 및 교섭	M&A 계약 체결	대금 수령	사후 정리
• 실사 준비 • 거래 조건 검토 • 협상 전략 수립	• 정밀 실사 대응 • 가격 재협상 • 매각 조건 조정	• 정식 계약 체결 • 주요 회계/세무적, 법률적 사항 명기	• 합의 일정 기준 • 계약금과 중도금, 잔금 수령	• 잔금 수령과 함께 경영권 인도 • 필요시 PMI 자문

■ M&A의 성공 조건

이렇듯 효과적인 M&A지만 어설프게 추진하다가는 낭패를 보기 쉽습니다. 특히 괜찮은 매물이 나왔다고 욕심만 앞세워 내부 여건은 고려하지 않은 채 급하게 인수하려고 하다가는 승자의 저주에 빠질 수 있습니다. 일반적으로 전략의 성패는 달성 가능한 목표의 명확화에 달려 있듯이, M&A에서도 M&A의 목표를 분명히 하는 게 무엇보다 중요합니다. 그러므로 자사의 비전 및 목표, 내부 경영 여건, PMI 역량, M&A 시장 동향 등을 검토하여 M&A를 하고자 하는 이유와 목표를 명확히 설정해야 합니다. 그래야만 이를 달성할 수 있는 최적의 M&A 방안을 선택, 실행함으로써 성공 가능성을 높일 수 있기 때문입니다.

사실 M&A는 기업에게 양날의 칼과도 같습니다. 내부 성장만으로는 지속 성장을 담보할 수 없는 무한 경쟁과 저성장의 시대에는 외적 성장 전략 중 가장 효과적인 M&A를 활용하는 게 필요하긴 합니다만, 자칫 실패할 경우 기업의 생존을 뒤흔들 정도로 돌이킬 수 없는 악재로 작용하기 때문입니다. 그런 측면에서 어떻게 하면 M&A를 성공적으로 추진할 수 있는지 성공 조건을 신중하게 검토함으로써 성공 가능성을 높일 필요가 있습니다. 일반적으로 검토해야 할 M&A의 성공 조건으로는 다음과 같이 체계적인 M&A 전략 수립과 적합한 대상 기업의 선정, 실무팀의 추진 역량, 전략적인 PMI 역량을 들 수 있습니다.

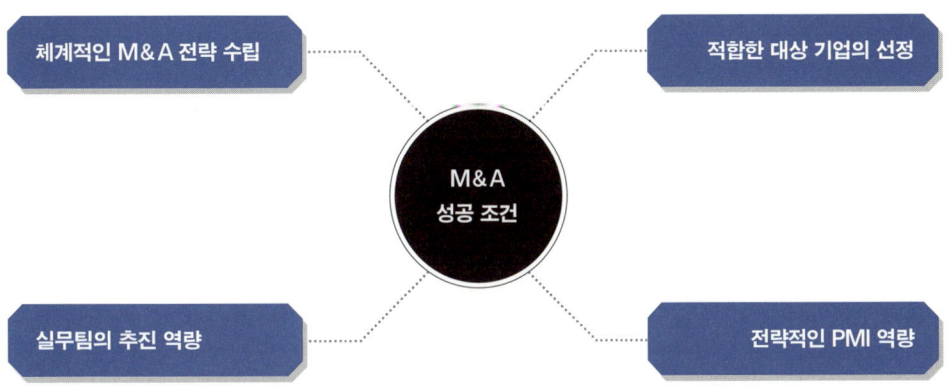

구체적으로 M&A 성공 조건들을 살펴보기 전에 '승자의 저주'에 대해 간략하게 알아보도록 하겠습니다.

승자의 저주

대우건설과 대한통운을 무리하게 인수했다가 그룹 전체가 워크아웃에 들어가야 했던 금호아시아나그룹, 극동건설과 새한, 서울저축은행까지 인수하며 몸집을 키우다 2012년에 추락하고 만 웅진그룹, 2001년 쌍용중공업을 기반으로 범양상선과 대동조선 등을 인수함으로써 조선 분야의 수직 계열화를 이루며 재계 서열 13위까지 올랐지만 2013년에 침몰하고 만 STX그룹. 이들의 공통점은 과도한 M&A로 승자의 저주Winner's Curse에 빠졌다는 데 있다. 경쟁에서는 이겼지만 승리를 위해 과도한 비용을 지불함으로써 오히려 위험에 빠지거나 후유증을 겪는 상황을 흔히 승자의 저주라고 한다. M&A에서도 승자의 저주는 유효하다. 성공의 기회를 단숨에 확보한다는 측면에서 M&A는 분명 매력적이지만, 다임러벤츠의 크라이슬러 인수처럼 무리한 시도는 실패를 부르는 승자의 저주가 될 수 있다. 그러므로 승자의 저주를 부를 수 있는 무리한 M&A는 지양하고 성공률을 높이려는 노력이 필요하다.

그런 측면에서 재미있는 자료를 베인앤컴퍼니에서 내놓았다. 1996년부터 2006년까지 10년간 2만 4천여 개의 글로벌 M&A를 분석한 결과, 불황기에 M&A를 추진한 기업들이 호황기에 한 기업들보다 무려 세 배 이상의 가치를 창출했다고 한다. 이러한 결과는 100억 달러에 이르는 메가 딜에서 소규모 딜에 이르기까지 대부분의 업종에 걸쳐 일관되게 나타났다고 한다. 대표적인 사례로 미국의 다나허Danaher Corporation를 들고 있다. 2000년대 초 미국을 덮친 불황기에 다나허는 무려 10건의 M&A를 성사시켜 환경 관련 서비스의 경쟁력을 강화했다. 그 결과 지난 수년간 다나허의 주가는 S&P 지수 대비 300%나 초과 상승했으며, 매출 성장률 역시 매년 평균 20%가 넘었다고 한다. 이렇듯 불황기에 M&A가 유리한 이유는 불황기에 적절한 가격에 인수한 후 호황기에 운영하는 것이 호황기에 높은 가격에 인수하여 불황을 맞는 것보다 낫기 때문이다. 그러므로 남들이 불황이라 꺼릴 때 적극적으로 M&A를 추진하는 발상의 전환도 고려해야 한다.

물론 승자의 저주를 피하기 위해서는 적절한 가격에 인수하는 것뿐만 아니라 PMI, 즉 인수 후 통합Post M&A Integration 과정 역시 중요하다. 이를 위해 경영진은 인수 후 이질적인 양사 문화를 통합하기 위해 최우선적으로 노력하며 핵심 인재들이 떠나지 않도록 체계적으로 관리해야 한다. 최근 글로벌 M&A가 갈수록 증가되고 있으나 성공 확률이 여전히 낮은 수준에 머무는 걸 보면 이 과정이 결코 쉽지 않음을 알 수 있다.

성공 요소 1. 체계적인 M&A 전략 수립

M&A를 추진할 때는 아래와 같이 자사의 비전 및 사명, 전사적 목표, 다각화 이유 등을 토대로 M&A 목표를 분명히 한 후, 일관된 M&A 원칙 하에 내·외부 환경을 냉철하게 분석하여 자사에 적합한 M&A 전략을 체계적으로 수립, 실행해야 합니다. 하지만 문제는 아무리 체계적인 분석을 통해 완성도 높은 M&A 전략을 수립했다 해도 현실에서는 여러 장벽에 부딪칠 가능성이 높습니다. 그러므로 실무적으로는 처음부터 완벽한 전략 수립에 집중하기보다는 위험 부담이 적은 소규모 M&A 경험을 통해 자사에 맞는 M&A 원칙 및 전략을 수립해 나가는 게 바람직합니다.

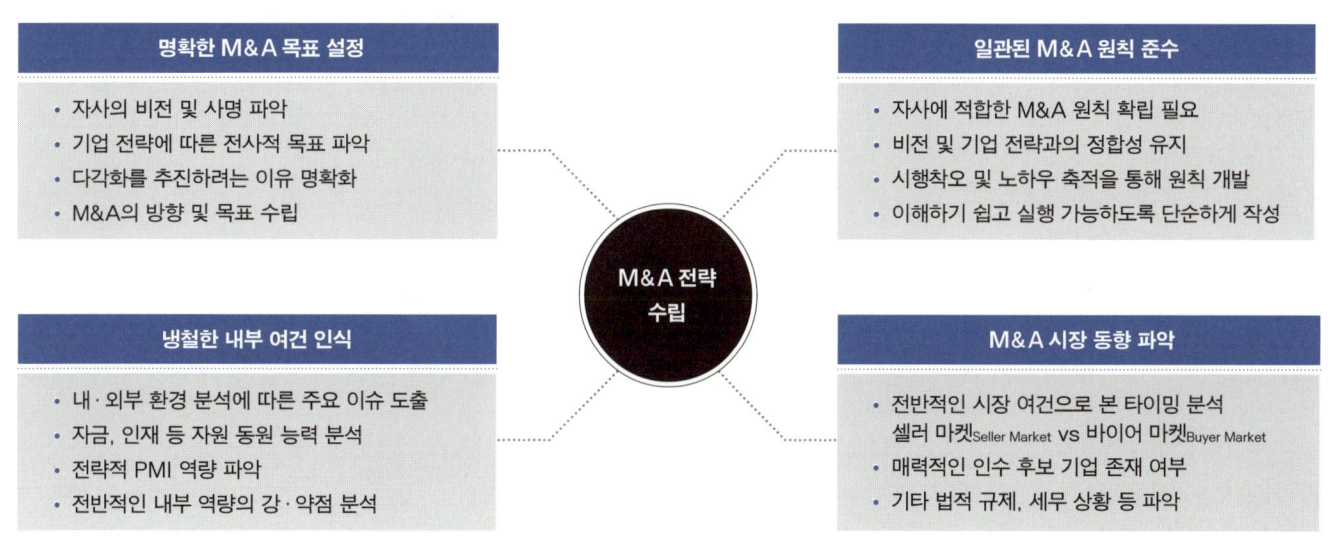

자신만의 M&A 원칙을 가져라!

베인앤컴퍼니 컨설턴트 데이비드 하딩과 샘 로빗은 저서 《M&A 마스터 Mastering the Merger》에서 성공적인 M&A의 4대 원칙으로 명확한 투자 논거 수립에 근거한 인수 대상 기업 선정, 엄정한 실사, 효율적인 인수 후 통합, 거래가 궤도에서 이탈할 경우에 대한 대처 방안 구축을 내세웠다. 이 책이 하버드대 경영대학원의 교재로 채택될 만큼 유용한 M&A 전략을 제시하고 있다는 점에서 4대 원칙은 더욱 설득력 있게 들린다. 그럼 이 4대 원칙만 준수하면 성공적인 M&A로 귀결될 수 있을까?

현실은 그리 간단하지 않다. 각자의 목표도 다르고 내·외부 여건 역시 다르기 때문이다. 그러므로 정형화된 M&A 원칙을 고집하기보다는 자신이 처한 상황에 맞게 최적의 M&A 원칙을 갖도록 노력해야 한다. 세계 최대의 네트워크 장비 업체 시스코 Cisco가 '대상 기업 직원이 75명 미만이면서 엔지니어 비율이 75% 이상일 때만 인수한다'는 단순한 M&A 원칙으로 성공하고 있듯이 말이다. 결국 자사의 비전 및 기업 전략과 정합성을 갖는 고유의 M&A 원칙을 세워 일관되게 준수함으로써 실패 확률을 최소화하고 M&A 추진에서 발생할 수 있는 혼란도 줄일 수 있다.

그런 측면에서 피트니보우스 Pitney Bowes의 M&A 원칙을 살펴보자. 연간 매출이 60억 달러가 넘는 문서 관리 IT 기업 피트니보우스는 70여 건이 넘는 M&A를 성공시킨 것으로 유명하다. 이렇듯 남다른 M&A 성공의 이면에는 아래와 같이 자신만의 고유한 M&A 원칙이 있었다고 한다. 자신의 경영 여건에 맞는 M&A 원칙을 실행하기 쉽도록 단순하고 명확하게 제시함으로써 성공 가능성을 높였던 것이다.

- 원칙 1. 기존 경영 노하우를 활용할 수 있는 인접 사업으로 확장한다.
- 원칙 2. 여러 건의 소규모 M&A로 위험 분산과 안정적 현금흐름을 유지한다.
- 원칙 3. 각 부서의 책임자나 임원이 참여, 계획 대비 성과를 평가에 반영한다.
- 원칙 4. 인수 직후 흑자, 3년 이내에 자본 수익률 10% 달성을 목표로 한다.
- 원칙 5. 부실한 사업을 보완하기 위한 M&A는 지양한다.

출처 | 이범일, 이용화, 《SERI 경영 노트 1》, 삼성경제연구소, 2009

성공 요소 2. 적합한 대상 기업의 선정

두 번째 성공 요소는 적합한 대상 기업의 선정입니다. 사실, 실질적인 M&A 성공 여부가 여기에 달려 있다 해도 과언이 아닙니다. 이를 위해 아래와 같이 자사 M&A의 전략적 방향에 따라 대상 기업을 면밀히 분석하여 선정합니다. 단, 대상 기업 선정 시 명심해야 할 사항이 있습니다. M&A는 매도, 매수 양측 모두에게 이익이 되는 방향으로 고려해야 성사가 된다는 점입니다. 매도자는 매도하는 객관적인 주식 가치에 프리미엄Premium을 요구합니다. 따라서 매수자는 인수 후 시너지 효과로 기업 가치를 더 높일 수 있는지 검토함으로써 지불하는 프리미엄보다 기대하는 시너지 효과가 더 큰 M&A를 추진해야 합니다.

M&A의 전략적 방향

구분	내용
지속 성장	• 사업 다각화의 일환 • 신규 사업을 통한 성장 추구 • 글로벌화 추구
경쟁력 강화	• 대형화/집중화로 지배력 확대 • 핵심 기술/공정, 유통망 확보 등 • 핵심 인재 확보 차원에서도 진행
효율성 극대화	• 규모/범위의 경제 추구 • 공동 투자, 비용 절감 등 시너지 • 시장 참여 시간의 단축
위험 분산	• 특정 사업으로의 집중 완화 • 타업종 인수로 수익 변동성 완화 • 구조 조정을 통한 부담 완화
재무 목적	• 재매각에 따른 자본 이득 추구 • 자금 조달 능력 제고 • 절세 효과 기대

대상 기업 분석

산업 구조	경쟁 세력 분석에 따른 산업 매력도 파악
시장성	시장 규모, 성장률, 수익성 등 시장 매력도 파악
경쟁 관계	핵심 경쟁자 등 현재 및 미래의 경쟁 관계 분석
매출처 유지	특정 매출처보다는 다양한 매출처 선호
보유 역량	브랜드 자산, 차별화된 기술/노하우 보유 등
재무 상황	현 재무 구조 및 향후 재무 개선 가능성
법적 규제	독과점 규제 여부, 인허가 등
기업 문화	화학적 결합에 대한 기업 문화 융합 여부
시너지 효과	경쟁력 강화, 비용 절감 등 기존 사업과의 시너지
인수 비용	'승자의 저주'를 피할 수 있는 수준 여부
하자 보유	비윤리적인 경영진, 심한 노사 분규, 환경 문제, 규제 업종, 소송 문제 등의 경우 M&A에서 제외

성공 요소 3. 실무팀의 추진 역량

M&A는 그 특성상 체계적인 전략에 따라 비밀리에 진행되는 경향이 있어 이를 담당할 M&A 실무팀의 역량이 어느 정도냐에 따라 M&A의 성공 여부가 결판날 수 있습니다. 일반적으로 M&A 실무팀은 다음과 같이 전반적인 M&A 실무를 담당합니다.

M&A 실무팀

개요	업무	M&A 전략 및 실행 계획 수립, 자료 수집, 대상 기업 탐색 및 선정, 기업 가치 평가, 협상 및 실사 추진 등 전반적인 M&A 실무 진행
	구성원	팀장 하에 전략 담당, 재무 담당, 회계/세무 전문가, 법률 전문가 등
역할	M&A 목적 명확화	전사 비전 및 중장기 목표에 따라 M&A 목적 및 방향을 명확히 설정
	M&A 전략 체계화	객관적인 내·외부 환경 분석에 따라 실현 가능한 M&A 전략 수립
	M&A 실무 원활화	대상 기업의 선정에서부터 협상, 실사, 계약 등 원활한 실무 진행
역량	전략적 방향 제시	일관된 M&A 원칙 수립, 목표 지향적 사고, 냉철한 내·외부 환경 분석 능력
	대상 기업 소싱 Sourcing	광범위한 M&A 정보 네트워크, 전문가와의 유대, 전문 대행사 아웃소싱 등
	선별 Screening 및 평가	검토 기준에 따른 체계적인 스크리닝 시스템, 가치 평가 및 실사의 전문성 등
	협상 스킬 Negotiation Skill	상생의 인수 구조 Deal Structure 제시, 매도자 의도/전략 파악, 합리적 가격 제안 등
	인수 자금 동원	다양한 자금 조달 경로 확보, FI Financial Investor 투자 유치, 유리한 조건 관철 등
	전략적 위험 관리	우발 채무 처리, 계약 의무 조항 검토, 계약 관련 법률 및 세무 사항 등
	상황별 유연한 대처	비상 계획을 포함한 시나리오 계획 수립, 재빠른 철수 전략 등

성공 요소 4. 전략적인 PMI 역량

인수자와 피인수자 간의 서로 다른 전략, 프로세스, 조직, 문화 등 경영 전반의 다양한 영역을 통합하는 활동을 PMI(Post Merger Integration)라고 합니다. 삼일회계법인의 조사에 따르면 M&A 실패의 64%가 PMI의 실패에 기인한다고 했듯이, M&A 후 통합 과정이 어떻게 추진되느냐가 M&A에서는 가장 중요합니다. 일반적으로 PMI 이슈로는 피인수 기업에서의 커뮤니케이션 전략 수립과 임직원 불안감 해소, 핵심 인재 유지 방안 마련, 양사 간 비즈니스 프로세스 통합 방안 실행, 핵심 고객 이탈 방지 등을 들 수 있습니다.

PMI 추진 단계

1	통합 추진위 구성	양측의 최고 경영진으로 구성된 통합 추진위 구성
2	향후 방향 설정	통합의 목표와 기대 사항 등을 명확히 함으로써 내부 불안감 해소
3	PMI 전략팀 구축	PMI를 추진할 실무 전략팀을 통합 추진위 하에 구축
4	통합 계획 수립	업무 프로세스, 인적 자원, 조직 구조 등 통합 관리 계획 마련
5	실질적인 통합 추진	통합 과정에 대한 KPI 설정 및 정기적인 성과 평가로 통합 가속화

Case | GE Capital

GE Capital은 다음과 같은 M&A 후 통합의 기본 원칙을 제시하고 있다.

1. PMI 과정은 일시적인 업무가 아니라 M&A의 실사 단계에서부터 시작하여 지속적으로 관리되어야 한다.
2. PMI 과정은 상설 업무로서 생산, 마케팅, 재무 등과 같이 하나의 중요 사업 기능으로 간주되어야 한다.
3. 조직 구조 개편, 인력 해고 등 인사와 관련된 의사 결정들은 합병 계약 체결 후 가능한 한 빠른 시일 내에 발표되고 시행될 필요가 있다.
4. 성공적인 통합은 기술적인 측면뿐만 아니라 상이한 조직 문화를 통합하는 것이다. 그러므로 빠른 시일 내에 양측이 합심하여 구체적인 문제 해결을 통해 경영 성과의 개선을 이룩하는 것이 중요하다.

출처 | 이승주, 《경영 전략 실천 매뉴얼》, Sigma Insight Group, 1999

LBO

적은 자본으로 기업을 인수할 수 있는 LBO Leveraged Buy-Out는 매력적인 M&A 기법으로 주목받고 있지만, 법률적으로 문제가 될 소지가 많아 면밀한 검토가 필요하다. 참고로 LBO의 의미와 절차를 간략하게 알아보면 다음과 같다.

의미	광의	인수 자금을 자기자본 외에 타인자본을 조달하여 인수하는 차입 인수를 의미, 이 경우 SI와 FI가 참여하는 대부분의 M&A는 LBO로 볼 수 있음
	협의	피인수 기업 자본을 담보로 자금을 차입해 회사를 인수하는 금융 기법으로서, 피인수 기업의 유형 및 무형자산, 미래 현금흐름까지 담보 제공 가능
법률 문제		LBO로 인해 피인수 기업에게 재산상의 손해가 발생하거나 발생할 위험성이 있다고 판단될 경우, 배임죄 적용 가능

합병형 LBO 절차

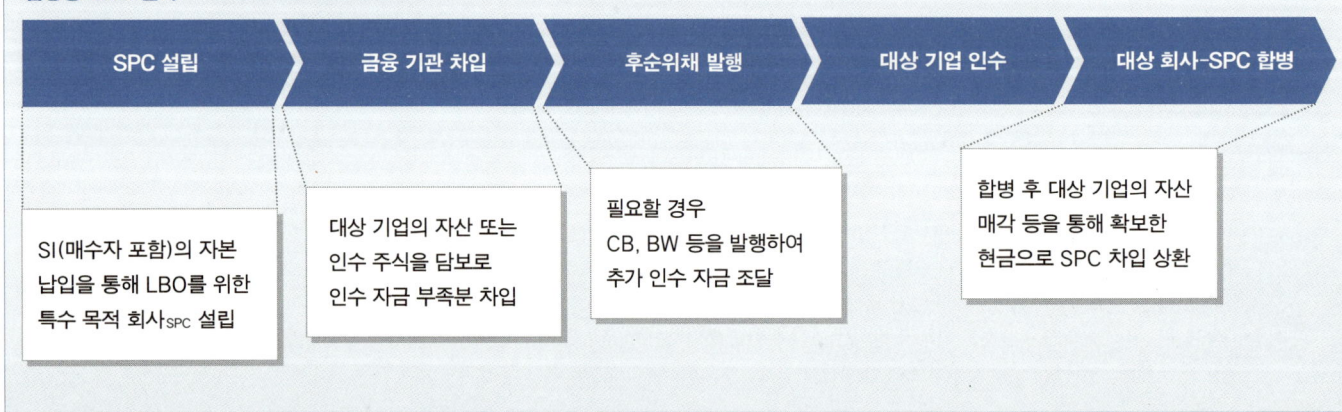

SPC 설립 → 금융 기관 차입 → 후순위채 발행 → 대상 기업 인수 → 대상 회사-SPC 합병

- SI(매수자 포함)의 자본 납입을 통해 LBO를 위한 특수 목적 회사SPC 설립
- 대상 기업의 자산 또는 인수 주식을 담보로 인수 자금 부족분 차입
- 필요할 경우 CB, BW 등을 발행하여 추가 인수 자금 조달
- 합병 후 대상 기업의 자산 매각 등을 통해 확보한 현금으로 SPC 차입 상환

■ 전략적 제휴 전략

전략적 제휴Strategic Alliance란 기업 간 연구 개발, 생산, 마케팅 등의 노하우와 자원을 상호 제공하는 협력 관계를 유지하여 다른 기업에 대해 경쟁 우위를 확보하려는 경영 전략입니다. 최근에는 무한 경쟁과 저성장 시대의 도래로 혼자 힘만으로는 지속 성장을 담보할 수 없는 것이 현실입니다. 그래서 도움이 된다면 삼성과 소니의 사례처럼 경쟁자들끼리도 전략적 제휴를 추진하는 추세입니다. 일반적으로 전략적 제휴는 위험 분산, 시장 및 기술 접근성 제고, 상품 확장, 시장 지배력 강화나 비용 절감 등의 경쟁력 강화, 산업 표준 확립, 경제성 제고, 자금 조달 한계 극복 등의 목적으로 추진됩니다.

외부 환경
- 과잉 생산의 무한 경쟁 시대
- 변화의 속도가 빠른 스피드 시대
- 전 세계가 무대인 글로벌 시대
- 수요의 포화로 인한 저성장 시대

내부 환경
- 경영 자원 및 역량의 한계
- 상품 수명이 짧아지고 있음
- 규모의 경제 욕구 증대
- 신규 시장으로의 진출 필요성

전략적 제휴

파트너 상호 간의 협력을 통해 제휴 전에 비해 높은 가치를 창출함으로써 상호 이익이 증대되는 상생Win-Win의 결과를 도모

제휴 기업	제휴 파트너
신규 시장으로의 신속한 진입	기존 시장에서의 상품 다각화
역량 A 필요, 역량 B 우위	역량 A 우위, 역량 B 필요
기술 및 자원 조달 아웃소싱	고정 판매처 확보
제휴를 통한 규모의 경제 달성	제휴를 통한 규모의 경제 달성
신기술 공동 개발	신기술 공동 개발

전략적 제휴는 상호 계약 관계에 기반하여 단순한 협력에서부터 합작 투자에 이르기까지 다양한 형태가 있습니다. 일반적으로 제휴 방식은 일방의 소수 지분 참여나 상호 주식 교환Swap, 합작 투자 등의 지분형 제휴Equity-based Alliance와 지분 투자 없이 계약으로만 이루어지는 계약형 제휴Contractual Alliance로 구분할 수 있습니다. 참고로 전략적 제휴 유형은 다음과 같습니다.

전략적 제휴 유형

대분류	소분류	설명
기술 제휴	라이센싱 Licensing	기술 보유 기업이 사업 역량을 보유한 기업에게 로열티를 받고 기술을 제공함으로써 사업의 성공 확률을 높이는 방식
	기술 공동 개발	양사가 보유하고 있는 기술을 공유하여, 경쟁력 있는 신기술을 개발함으로써 기술 경쟁력을 높이는 방식
마케팅 제휴	상품/서비스 제휴	상품/서비스 개발과 생산에 있어서 양사의 역량을 집중함으로써 경쟁력 있는 상품/서비스를 시장에 출시하는 방식
	가격 제휴	동일 고객을 대상으로 기업들 간에 상호 가격 할인 서비스를 제공함으로써 신규 고객 유입을 기대하는 방식
	유통 제휴	상호 유통망을 공유하거나 물류 시설을 공동 활용함으로써 유통 및 물류 효율성을 높이는 방식
	판매 촉진 제휴	고객 서비스 차원에서 다른 기업의 판촉 방안을 실행함으로써 상생의 마케팅 효과를 기대하는 방식
해외 시장 개척 제휴		진출하지 못한 해외 시장에서 현지 기업과의 제휴를 통해 해외 시장으로의 진입을 도모하는 방식
아웃소싱Outsourcing 제휴		자원 조달을 내부에서보다 외부의 다른 기업에 의존함으로써 자원 조달의 효율성을 높이는 방식
조인트 벤처Joint-Venture, JV		새로운 사업이나 신시장 개척을 위해 양사 모기업으로부터 독립된 신설 기업을 합작으로 설립하는 방식

전략적 제휴의 성패를 좌우하는 요소로 다음과 같이 세 가지 성공 조건이 있습니다. 그중에서 하나만을 든다면 제휴 파트너의 선정을 들 수 있습니다. 성공적인 전략적 제휴는 누구와 제휴를 맺느냐에 달려 있다 해도 과언이 아니기 때문입니다. 그러므로 제휴 파트너를 선정할 때는 자사뿐만 아니라 제휴 파트너의 입장에서도 제휴의 목적과 동기, 제휴의 전략적 중요도, 추진 전략, 핵심역량 등 내부 역량 수준, 기업 문화 등을 종합적으로 검토하여 제휴의 성공 가능성을 면밀히 분석할 필요가 있습니다. 그런 의미에서 전략적 제휴의 성공 조건을 살펴보면 다음과 같습니다.

1. 함께 성공의 길을 갈 수 있는 제휴 파트너 선정
전략적 제휴가 성공하기 위해서는 무엇보다 제휴 파트너를 잘 선정해야 합니다. 이를 위해 제휴 파트너의 전략적 목표와 자원 등의 내부 역량 수준, 기업 문화 등을 파악해야 하며, 다른 회사와의 제휴 실적 및 결과도 검토해 볼 필요가 있습니다.

2. 자사와 파트너 간의 권한과 책임 관계 명확화
동업 실패의 주된 이유는 불명확한 관계 규명에 있다고 합니다. 전략적 제휴 역시 마찬가지입니다. 귀찮고 노력이 많이 든다 해도 자사와 파트너 간 제휴 범위와 업무 분장, 지배 구조, 자원 투입 등 전반적인 제휴 업무에 대해 아주 세세한 사안까지도 각 사별 권한과 책임 관계를 구체적이고 명확하게 규정하는 게 바람직합니다.

3. 제휴를 유지하려는 양사의 지속적인 노력
제휴를 맺었다고 바로 효과를 얻을 수는 없습니다. 사실, 제휴는 양사 간의 신뢰 관계가 바탕이 되어야 하는데, 이는 양사 모두의 일관된 실천과 상호 학습을 통해 축적될 수밖에 없기 때문입니다. 그러므로 자사와 제휴 파트너 모두 제휴의 목적과 전략적 중요성을 인식하고 제휴를 유지하는 데 최선의 노력을 다해야 합니다. 물론 제휴를 유지해야 할 이유가 충족되도록 양사 간의 상호 보완 필요성을 강화해 나가는 것 역시 중요합니다.

5 ■ 실무 관점에서 본 지속 가능 경영

지금까지 기업 관점에서 지속 성장 전략으로 사업 다각화 전략과 블루오션 전략, M&A와 전략적 제휴 전략에 대해 알아보았습니다. 이제 마무리하는 차원에서 실무적인 관점에서 지속 성장 전략을 바라보도록 하겠습니다. 사실 거창하게 사업 다각화와 블루오션, M&A와 전략적 제휴를 논했지만, 기업에 따라 경영 여건이 다르기에 일률적으로 적용하기는 어렵습니다. 오히려 대부분의 중소기업들에게 지속 성장 전략이란 사업 확장의 의미보다는 생존으로 다가오는 게 보통이죠. 그런 측면에서 중소기업 입장에서 지속 성장에 대해 생각해 볼 필요가 있습니다.

'강한 자가 살아남는 것이 아니라 살아남는 자가 강한 것이다.'

이 문구처럼 중소기업의 지속 성장 전략을 압축적으로 표현한 말이 없을 겁니다. 중소기업의 리더라면 살아남기 위해 무엇이든 하겠다는 강한 생존 의지를 갖고 아래의 경우처럼 자신의 경쟁 역량이 다소 취약하다면 대기업과 다른 나만의 맞춤형 전략을 고민해야 합니다.

대 기 업		중소기업
• 시장 매력도가 높은 사업 • 고성장, 고수익이 기대되는 사업 • 향후 경쟁에서 이길 수 있는 사업	사업	• 시장 매력도가 낮은 사업 • 현금을 창출할 캐시카우 사업 • 향후에도 경쟁이 별로 없는 사업
• 강력한 공동체 기업 문화 • 비전을 목표로 성과 중심의 사고 • 기업 문화가 강력한 경쟁력	문화	• 사장 중심의 돌격대 문화 • 미래 비전보다 생존 중심의 사고 • 기업 문화가 유동적임
• 축적된 노하우에 기반한 경영 시스템 • 원활한 업무 프로세스 구축 • 사람보다 시스템에 따라 좌우	시스템	• 경영 시스템이 정착되지 못함 • 상황에 따라 업무 변동 • 시스템보다 사람에 따라 좌우
• 대기업 근무에 대한 자긍심 • 금전적/비금전적 보상 제공 등 다양한 동기 부여 가능	조직원	• '해보겠다'는 열정이 중요 • 금전적/비금전적 보상이 적어 동기 부여가 상대적으로 어려움

■ 지속 가능 경영의 진화

최근 일류 기업을 중심으로 사업의 확장뿐만 아니라 사회적 가치 지향이란 방향으로 지속 가능 경영Corporate Sustainability Management이 진화하고 있습니다. 그런 측면에서 마이클 포터가 주장하는 CSVCreating Shared Value, 즉 공유 가치 창출에 관심을 가질 필요가 있습니다.

마이클 포터의 CSV

> 하버드대 교수 마이클 샌델Michael Sandel이 쓴 《정의란 무엇인가Justice》가 베스트셀러가 된 적이 있다. 일확천금을 노리는 재테크 비법이나 개인의 성공에만 초점을 맞춘 자기계발 서적들이 득세하던 몇 년 전과 비교해 보면 놀랄 일이다. 하지만 이런 현상은 갑자기 일어난 것이기보다는 도덕적 가치를 점점 더 소중히 여기는 세상의 조류를 반영하는 것이다. 그렇다 보니 자신의 이익만을 추구하는 기업보다는 사회적 가치를 지향하는 기업에게 애정이 가는 게 당연한 세상이 되었다. 경쟁 전략의 대가인 마이클 포터가 전통적인 시장과 고객 니즈, 경쟁 우위만 생각하는 것에서 벗어나 빈곤이나 건강, 환경 등 사회적 문제 영역에서 사회적 가치 창출과 이윤 창출의 기회를 동시에 찾는 공유 가치 창출, 즉 CSV를 주장하고 있는 것 역시 여기에 기인하고 있다. CSV는 기업의 이익을 다양한 사회적 지원 형태로 제공하려는 CSRCorporate Social Responsibility과 달리 기업의 이윤 추구 활동 자체가 사회적 문제 해결 등 동반 성장을 지향함으로써 경쟁력 강화와 사회적 가치 창출을 동시에 추구하는 개념으로 볼 수 있다. 결국 착한 기업이 돈도 잘 버는 세상이 오고 있는 것이다.

그러므로 사회적 책임을 다한다는 자세로 윤리적인 이슈나 환경, 사회적 약자 배려, 상생 협력 등 사회적 가치 창출을 위한 전략 수립 및 실행에도 관심을 가실 필요가 있습니다.

그런 측면에서 사회와의 동반 성장을 추구하며 150년 넘게 장수하고 있는 인도 최대의 재벌 타타 그룹 Tata Group을 살펴보도록 하겠습니다.

인도 최대의 재벌 타타 그룹

요즘 같은 저성장 시대에 지속 가능 경영이야말로 모든 기업의 바람이다. 그렇다 보니 생존 경쟁에 지쳐 있는 기업들은 기업의 성공이 곧 나라의 성공임을 내세우며, 기업의 성공을 위해 임직원이나 협력 업체를 포함한 사회의 희생이 불가피하다고 주장한다. 그런데 정말 모든 이들의 희생이 발판이 되어야만 기업은 지속적으로 성장할 수 있는 것일까? 그런 측면에서 인도 최대의 재벌 타타 그룹을 살펴볼 필요가 있다.

타타 그룹은 1868년에 잠세트지 타타 Jamsetji Tata가 세운 섬유 무역 회사에서 시작해 현재 철강, 자동차, 통신, 차, 비료에 이르기까지 96개의 자회사와 30만 명의 직원을 고용하고 있는 인도 최대의 재벌 그룹이다. 그런데 타타 그룹은 다른 기업과 달리 '사회로부터 얻은 것은 사회로'를 강령으로 수익의 60%는 반드시 사회에 환원하는 것을 실천하고 있다. 타타 그룹의 지주 회사격인 타타선즈의 지분 3분의 2를 자선 단체들이 소유하고 있으며, 매년 그룹 수익 중 60%를 자선 기금으로 사용하고 있다. 또한 타타 그룹의 사원 복지는 명실상부 세계 최고 수준으로 알려져 있다. 1886년에 연금 기금을 설립했고 1895년부터 노동자 상해 보상금을 지급하기 시작했다. 1911년에 설립된 타타 철강은 1912년부터 8시간 근무제를 도입했으며, 1915년에 무상 의료 지원, 1917년에 직원 자녀를 위한 학교 설립, 1920년에 유급 휴가를 실시했다. 1928년에는 출산 수당 지급, 1934년에는 이익 분배 보너스제, 1937년에는 퇴직 위로금제를 실시했다. 당시 서구 선진국에서조차 실시하지 않았던 것을 후진국 인도의 회사가 실천한 것이다. 이런 사회 공헌 활동을 통해 타타 그룹은 잠세트지 타타가 창립한 이래 4대에 걸쳐 타타 가문이 경영에 참여하고 있으며, 전 인도인의 사랑을 받으며 그룹 확장에 박차를 가하고 있다.

사회적 책임 활동은 어느 정도 경제적 여유가 생기거나 성공하고 난 뒤에나 하는 것이라며 자기 합리화를 하거나 자기 이익만을 챙기다 어쩔 수 없이 하는 것만 봐온 우리로서는 충격적인 사실이 아닐 수 없다. 지금도 우리나라 대기업들은 경제 민주화 주장에 대해 경쟁력 약화 운운하며 총력 반대를 하고 있는 실정이다. 그런 주장대로라면 타타 그룹은 경쟁에서 밀려나 일찌감치 망했어야 하는데 어떻게 150년 넘게 장수하며 인도 최대의 재벌이 될 수 있었을까? 우리 자신을 돌아봐야 할 때다.

붕어빵 전략의 실패

패션에 유행이 있듯이 경영에도 유행이 있습니다. 1990년대 들어 성장만을 추구하던 시대에서 차별화 중심의 마케팅 시대로 넘어오면서 고객 만족 경영이 유행하자 너도 나도 고객 만족을 외쳤습니다. 그러다 IMF와 함께 기업 생존이 화두로 급부상하자 리엔지니어링Reengineering, 리스트럭처링Restructuring, 다운사이징Downsizing 등 경영 혁신 기법들이 화제가 되었습니다. 늘 그렇듯 기업들은 최신 경영 혁신 기법들을 적용하느라 야단법석을 떨었죠. 그리고 21세기 들어서는 블루오션 전략이 크게 유행했습니다.

이렇게 유행하는 경영 기법들에는 두 가지 공통점이 있습니다. 첫째, 이 기법들은 기업들에게 확실한 성공을 안겨준다고 말합니다. 둘째, 실제로 성공을 거둔 초일류 기업들이 있습니다. 그래서 무한 경쟁의 시대에 지푸라기라도 잡고 싶은 기업들에게 이런 경영 기법은 '만병통치약'처럼 다가옵니다. 선진 경영 기법을 빨리 받아들여 추진하면 초일류 기업들이 성공했듯이 자신들도 곧 초일류 기업으로 도약하리라 기대합니다. 하지만 이내 별 효과가 없음을 알게 되고, 조직 구성원들의 무지와 무능함을 탓하며 또 다른 '만병통치약'을 구하러 다닙니다.

이렇듯 한 가지 경영 기법이 유행하면 재벌부터 중소기업까지 모든 기업들이 그 기법을 경영에 활용하려 합니다. 물론 선진 경영 기법들이 경쟁력 강화에 도움이 되어 초일류 기업으로 거듭나는 계기가 될 수도 있습니다. 하지만 모든 기업들에게 다 도움이 되는 것은 아닙니다. 자칫하다가는 뱁새가 황새를 따라가다가 가랑이가 찢어지는 꼴이 되기도 합니다. 초일류 기업의 경영 기법을 모방하고 그 인력을 대거 스카우트한다고 해서 하루아침에 초일류 기업이 될 수 있을까요? 모든 일에는 순서가 있습니다. 차근차근 기반을 닦으며 올라가야 합니다. 현재 자신의 역량을 객관적으로 직시하고 이에 맞게 경영할 줄 알아야 합니다.

그런 측면에서 중소기업이라면 대기업의 전략을 붕어빵처럼 따라 하기보다는 자신의 역량에 맞게 실행할 수 있는 맞춤형 전략을 고민해야 합니다. 사실, 대기업은 회사의 신뢰도, 마케팅 파워, 고급 인재, 기타 사업 지원 면에서 중소기업과는 비교할 수 없는 위치에 올라가 있습니다. 이렇듯 너무나 다른 여건임에도 중소기업들은 대기업을 성공시킨 획기적인 선진 경영 기법만 적용하면 자신도 대기업처럼 성공할 거라는 환상을 가집니다. 그 결과 남는 건 빈 껍데기뿐인데도 말입니다. 결국 대기업의 전략을 그대로 모방하는 붕어빵 전략은 오히려 중소기업을 파멸로 이끌 수 있습니다.

그러므로 눈은 멀리 바라봐야겠지만, '천 리 길도 한 걸음부터'라는 심정으로 지금의 한 걸음에 집중할 필요가 있습니다. 특히 지금처럼 장기 저성장으로 불황의 위기가 닥쳐올 때는 초일류 기업으로의 성장 전략 같은 뜬구름 잡는 이야기보다는 어떻게 생존 기반을 구축할 것인가와 같이 당장 필요한 전략에 집중해야 합니다.

Chapter 15

성과 극대화 전략

아무리 좋은 전략이라도 실행되지 못하면 무의미합니다. 그러므로 전략이라면 계획 수립에만 집중하는 경향에서 벗어나 전략의 수립에서부터 실행, 평가에 이르기까지 일관되게 전략적으로 경영하는 전략경영에 관심을 가져야 합니다. 그런 측면에서 전략적 리더라면 당연히 알아야 할 전략경영에 대해 개략적으로 살펴본 후, 지속적으로 조직의 성과를 높여가기 위해 MBO와 BSC를 중심으로 전략적 성과 관리 시스템에 대해 자세히 살펴보도록 하겠습니다. 또한 성과 극대화의 한 축인 비용 절감 측면에서 ABC에 기반한 원가 관리 전략을, 또 다른 축인 수익 제고 측면에서 수익 모델의 진화를 알아보도록 하겠습니다.

1 · 전략경영에 대하여

2 · 전략적 성과 관리 시스템

3 · ABC에 기반한 원가 관리 전략

4 · 수익 모델의 진화

1. 전략경영에 대하여

전략경영Strategic Management이란 비전 및 전사적 목표를 달성하기 위해 효과적인 전략을 수립하고 이를 실행하는 일련의 의사 결정 및 활동의 동태적 과정으로, '어떻게 하면 경쟁력 있는 전략을 수립할 수 있을까'에만 집중하는 경향에서 벗어나 수립된 전략을 효과적으로 실행되도록 관리함으로써 원하는 목표를 달성하려는 경영을 말합니다.

1999년 미국 경제 전문지 〈포춘Fortune〉은 미국 기업들 중 자신이 수립한 전략을 제대로 실행하고 있는 곳은 10% 미만이며 리더의 실패 중 70%가 실행력 부재에서 비롯되었다는 충격적인 결과를 제시한 적이 있습니다. '정말 그 정도일까?' 하는 의구심은 차치하고라도, 10년이 넘게 지난 지금도 전략을 분석과 계획 수립 중심으로 보는 시각은 여전합니다. 그렇다 보니 연말이면 연례 행사 식으로 야단 법석을 떨다가도, 공들여 작성한 기획서를 책상 서랍에 처박는 경우가 허다합니다. 그 결과 전략적으로 선택과 집중을 통해 경쟁력을 강화할 필요가 절실함에도 백화점식 경영으로 스스로 경쟁력을 저하시키는 일들이 벌어지고 있습니다. 실제로 기업 간에 성패가 벌어지는 것은 비전이나 전략, 시스템의 문제보다는 성과를 창출하는 실행력의 차이에서 비롯된 경우가 많습니다.

이렇게 된 것은 〈포춘〉이 지적했듯 리더들의 실행력 부재가 주 원인으로 지적되고 있습니다. 실패하는 리더들을 보면, 자신은 완성도 높은 전략 수립에만 집중하고, 실행은 수립된 계획에 따라 부하 직원들이 하면 되는 거라고 생각합니다. 그리고 실패를 자신의 전략을 제대로 실행하지 못한 부하 직원들의 탓으로 돌립니다. 하지만 실행은 결코 전략 수립의 하위 단계가 아니며, 전략을 수립할 때부터 실행을 최우선순위로 두고 제대로 실행할 수 있도록 관리해야 합니다. 사실 전략의 실행은 잔잔한 바다에서 요트를 타는 즐거운 여행이 아니라 때로는 태풍도 몰아치는 등 수시로 변화하는 바다에서 갖은 고생을 하며 목적지에 도달하기 위해 노력하는 과정입니다. 그러므로 실행력이 뒷받침되지 않은 전략은 무용지물임을 명심하고, 리더 스스로 실행에 직접 참여하며 관리해야 합니다.

참고로 와튼Wharton-가트너Gartner 조사 결과 도출된 '전략 실행을 실패로 만드는 장애물'들을 살펴보면 다음과 같습니다.

와튼-가트너 조사

2003년에 미국의 경영대학원 와튼스쿨과 조사기관 가트너가 '전략 수립과 실행에 관한 조사'를 실시했다. 그 결과 다음과 같이 전략 실행 과정에서의 장애물 열두 가지가 도출되었다.

1. 효과적으로 변화를 관리하거나 변화에 대한 거부감을 극복하는 능력 부족
2. 기존 권력 구조와 대치되는 전략을 실행하기 위한 노력
3. 전략 실행 책임을 맡은 개인이나 사업 단위들 사이에서의 허술하거나 부정확한 정보 교환
4. 실행 결정이나 행동에 대한 책임감과 사명감의 불분명한 전달
5. 허술하거나 모호한 전략
6. 핵심 직원들 사이에 전략이나 실행 계획에 대한 '주인 의식' 부족
7. 전략 실행 노력을 지도할 지침이나 모델 결여
8. 실행 과정상 조직 구조와 설계 역할에 대한 이해 결핍
9. 중요한 실행 절차나 행동에 대한 '협력' 내지 합의 창출 능력 부족
10. 실행 목표 성취를 후원할 인센티브의 결핍 내지는 부적절함
11. 전략 실행에 필요한 재정 자원의 부족
12. 전략 실행에 대한 고위 경영진의 지원 부족

출처 | 로렌스 G. 히레비니액, 《전략실행 – CEO의 새로운 도전》, 럭스미디어, 2007

결국, 전략 실행을 실패로 만드는 주 요인으로 직원들이 전략 실행의 중요성을 이해하지 못한다는 점과 장애물을 극복할 수 있는 체계적인 시스템의 부재를 들 수 있다. 그러므로 리더는 임직원들이 전략 실행의 중요성을 인식할 수 있도록 강력한 의지를 천명하며 다양한 커뮤니케이션 활동에 집중하는 한편, 체계적으로 실행을 지원하고 관리할 수 있도록 시스템 개발 및 운영에 참여함으로써 실행 중심의 문화가 정착되도록 노력해야 한다.

'전략 따로 경영 따로' 해도 문제가 되지 않았던 과거와 달리 오늘날에는 선택한 전략을 일관성 있게 추진해야 지속적으로 성장할 수 있습니다. 그러므로 전략경영에 입각하여 전략의 수립에서부터 실행, 평가까지 선략적으로 경영해 나감으로써 자사를 SFO Strategy-focused Organization, 전략 집중형 조직로 만들어야 합니다. 즉, 원하는 목표를 달성하기에 적합한 전략을 수립하고, 효과적으로 실행한 후, 체계적인 평가를 통해 좀 더 경쟁력 있는 전략 재수립으로 피드백함으로써 지속적으로 성과를 창출하는 전략 집중형 조직으로 거듭나야 합니다.

이런 활동이 효과를 발휘하기 위해서는 전략의 수립과 실행, 평가가 일관성 있게 추진되어야 함은 물론, 모든 과정이 전 조직원에게 설득력 있게 공유되어야 합니다. 이를 통해 전사적으로 모든 활동을 전략적인 관점에서 정렬시킴으로써 개별 조직원이나 부서가 하나의 조직체로 움직일 수 있도록 통합하는 효과도 기대할 수 있습니다. 전략경영이 없다면 기업 내 임직원들이 저마다 열심히 활동한다 해도 그 활동들이 목표를 향해 통일된 형태로 집약되지 않고 분산되어 '배가 산으로 가는 일'이 벌어질 수 있기 때문입니다.

그럼, 구체적으로 사업 전략을 예로 들어 전략의 수립과 실행, 평가 과정에 대해 알아보도록 하겠습니다.

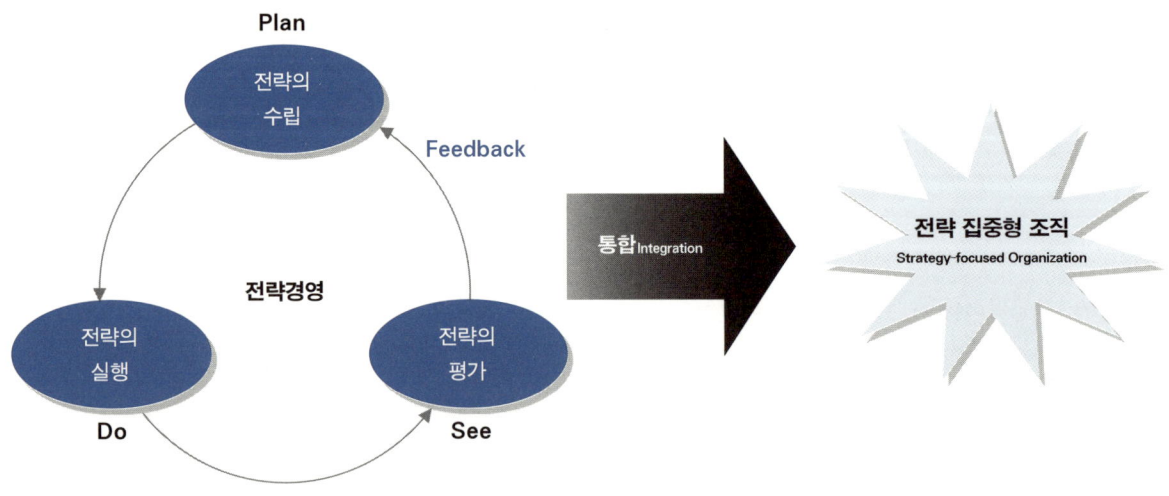

■ 전략의 수립

전략 수립 프로세스는 앞서 살펴본 내·외부 환경 분석과 전략 수립 기법을 활용하여 사업 전략을 선정하고, 이에 따른 세부 기능별 전략을 수립하는 과정으로 진행됩니다.

전략경영 관점에서 전략 수립 단계 시 명심해야 할 사항은 실행력을 극대화하기 위해서는 완성도 높은 전략도 중요하지만 전략의 전사적인 공유가 더욱 중요하다는 점입니다. 공유되지 않은 전략은 실행상의 혼란만 가중시켜 없는 것보다 나쁜 결과를 낳을 수 있기 때문입니다.

외부 환경 분석
거시 환경 및 산업, 시장, 경쟁자, 고객, 기술 환경 등을 분석하여 매력도를 파악하고 성공 요소를 도출

내부 환경 분석
시장 성과 및 재무, 경영 시스템, 장애 요인 등을 분석하여 강·약점을 파악하고 핵심역량을 선정

사업 전략 도출
- 내·외부 환경 분석을 토대로 현재 위치를 파악한 후 전략적 방향을 모색
- 차별화 전략, 비용 우위 전략, 집중화 전략 중 택일
- 전략적 방향에 따라 대안을 도출, 평가를 통해 최종 사업 전략 선정
- 현실적으로 한정된 자원 배분 문제 등 실행력을 염두에 두어야 함

세부 기능별 전략 수립
- 사업 전략에 따라 마케팅, 생산, R&D 등 세부 기능별 전략 수립
- 주요 전략 과제 도출 및 우선순위 선정 등도 수행

■ 전략의 실행

전략 실행 프로세스는 먼저 사업 목표 달성을 위한 전략 및 미션의 이해와 실행 역량 분석을 통해 현실적인 세부 실행 계획을 수립한 후, 이에 따라 실행하고 그 결과를 보고하고 공유하는 단계로 진행됩니다.

전략경영 관점에서 전략 실행 단계 시 염두에 두어야 할 사항은 각 조직원이 자발적으로 실행할 수 있도록 세부 실행 계획 수립 과정에 참여시켜야 한다는 점입니다. 즉, 사업 전략은 그 성격상 톱-다운Top-Down 방식으로 개발된다 하더라도 실행 계획만큼은 보텀-업Bottom-Up 또는 미들-업-다운Middle-Up-Down 방식으로 수립되어야 실행력을 극대화할 수 있기 때문입니다.

전략 및 미션 이해

사업 목표 달성을 위한 전략과 자기 조직/개인별로 부여된 미션을 명확하게 파악

실행 역량 분석

인력, 자금, 마케팅, 경영 시스템 등 사업을 추진할 조직의 실행 역량을 객관적으로 분석

현실적인 실행 계획 수립

- 각 조직/개인별로 자발적인 세부 실행 계획 초안 작성
- 사업 목표 달성을 위해 세부 실행 계획들을 조정 (사업 스태프 담당)
- 주요 활동 과제별로 활동 내역, 달성 목표, KPI, 담당, 일정, 예산 등 확정
- 전 조직원이 합의한 현실적인 세부 실행 계획 수립 완료

업무 실행 및 보고

- 실행 후 정기적으로 추진 실적 및 개선 방안 (필요 시) 보고
- 이를 통해 실행 책임 의식 강화, 장애물 제거 등 실행력 제고로 유도

■ 전략의 평가

전략 평가 프로세스는 사업 실적을 분석한 후 분석 결과에 따라 장애물을 제거하고 전략 및 실행 계획을 보완하는 과정으로 진행됩니다. 조직원들이 평가에 민감하다는 걸 감안하면 전략경영의 성패는 사실상 이 단계가 좌우한다고 볼 수 있습니다. 대표적인 전략 평가 기법으로는 BSC(Balanced Score Card)를 들 수 있는데, 뒤에 이어지는 전략적 성과 관리 시스템에서 자세하게 알아보도록 하겠습니다.

한 가지 명심해야 할 점은 전략을 평가할 때는 전략 평가가 결과 발표나 책임 떠넘기기의 장으로 변질되지 않도록 실적의 잘잘못을 가리기보다는 목표 달성을 위한 과정으로 근본 원인을 발견하여 개선책을 마련하는 데 주안점을 두어야 한다는 것입니다.

사업 실적 분석
- 월별/분기별/반기/연간 등 정기적으로 실적 분석의 장을 마련
- 시장 트렌드, 경쟁자 및 고객 동향, 기술 개발 동향 등 외부 환경 분석
- 시장 성과 등 전반적인 사업 실적 분석
- 추진 전략 및 활동 과제별로 목표 대비 달성도 등 객관적으로 정량 평가

▼

근본 원인 도출
- 실적 결과가 나온 원인 파악 : 외부 환경 요인/내부 역량 요인
- 내부 역량 요인일 경우 3~5 Why를 통해 근본적인 장애 요인 파악

▼

장애물 제거 방안 수립 및 피드백
- 핵심 장애 요인을 제거할 수 있는 방안 수립
- 필요 시 초기 수립한 전략 및 세부 실행 계획을 수정, 보완
- 이런 체계적인 평가 과정을 통해 실행 지향적인 기업 문화 정착 기대

2 ■ 전략적 성과 관리 시스템

흔히 성과 관리라고 하면 임직원에 대한 평가 및 통제를 목적으로 재무적인 단기 성과를 중심으로 시행되는 인사 관리를 떠올립니다. 하지만 전략적 성과 관리는 조직 및 조직원의 성과를 극대화하기 위한 일련의 조직화된 목표 관리 활동이라는 점에서 인사 관리 차원의 전통적인 성과 관리와는 근본적으로 차이가 있습니다. 즉, 보상하기 위해 성과를 평가했던 과거 인사 시스템과 달리, 전략적 목표를 달성하기 위해 조직 및 조직원의 성과를 체계적으로 관리함으로써 과거 성과의 평가에 그치지 않고 미래 성과를 극대화하기 위한 시스템이라 할 수 있습니다.

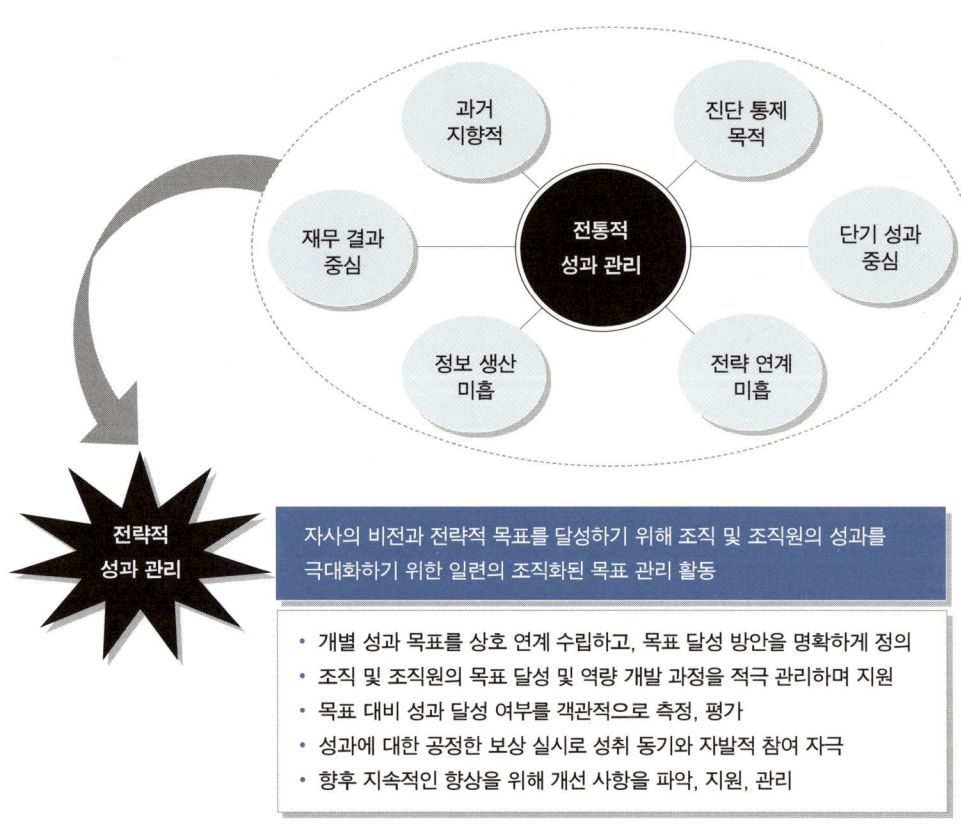

정보화 및 지식 사회 시대로 접어들자 창조적 지식 경영의 중요성이 부각되었습니다. 따라서 인력 관리 역시 직원을 소모 자원으로 파악했던 '인적 자원 관리'에서 벗어나 부가가치를 생성하는 자본이라는 '인적 자본 관리' 개념으로 전환해야 할 시기가 되었습니다. 그런 만큼 조직원의 역량 발휘를 최대한 이끌어 자사의 전략적 목표를 달성하려는 전략적 성과 관리가 더욱 중요해질 수밖에 없습니다.

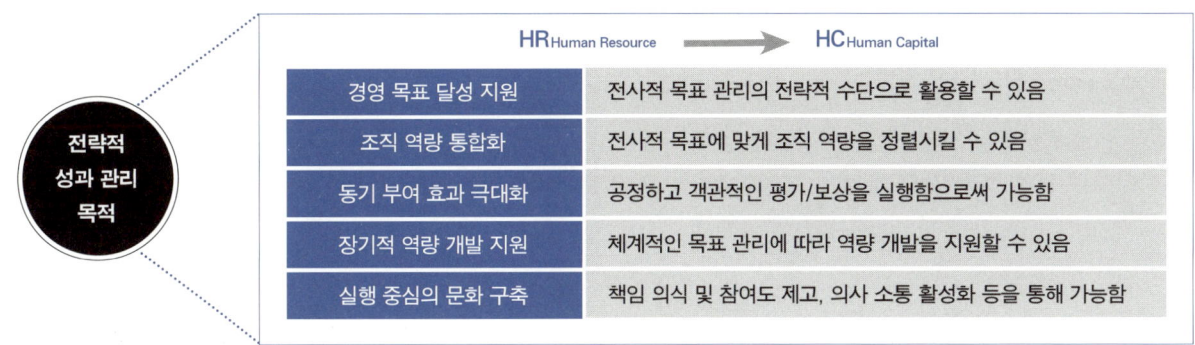

참고로 전략적 성과 관리와 전통적 성과 관리 시스템의 차이점은 다음과 같습니다.

전통적 성과 관리		전략적 성과 관리
보상을 위한 사정형 평가 관리	개 요	목표 달성 및 장기적 성장을 위한 관리
과거 지향적	방 향	미래 지향적
재무적 성과 결과를 중심으로 개별 독립된 목표 달성도	내 용	재무 성과 외 비재무 성과, 역량 등 전사 목표와 연계된 할당 목표 달성도
인사 부서	평가자	현업 관리자
평가자 중심의 일방적 평가	방 식	피평가자와의 의사 소통을 통한 평가
평가 결과 비공개	기 타	평가 결과 공개 원칙

주요 전략적 성과 관리 시스템으로 목표 관리 시스템인 MBO Management By Objectives와 균형 성과 평가 시스템인 BSC Balanced Score Card를 들 수 있습니다. MBO는 1954년에 피터 드러커가 《경영의 실제 The Practice of Management》에서 '목표에 의한 관리'의 중요성을 주장하면서 널리 보급된 관리 체계입니다. MBO는 목표에 의해 조직을 관리한다는 의미로, 계획된 성과 평가 Planned Performance Evaluation, 또는 결과에 의한 관리 Management by Result라고도 불립니다. BSC는 1992년에 미국 하버드대 경영대학원 로버트 캐플란 Robert Kaplan 교수와 컨설턴트인 데이비드 노튼 David Norton이 개발한 시스템으로, 처음에는 성과 평가 기법으로 이용되다가 최근 들어 전략경영의 핵심 관리 기법으로 각광받고 있는 성과 관리 시스템입니다.

기업마다 경영 여건이나 경영 스타일, 문화 등이 다르므로 전략적 성과 관리 시스템 역시 자신에게 맞는 방식으로 개발, 개선해 나가는 게 바람직합니다. MBO와 BSC의 차이점을 살펴보면 다음과 같습니다.

		MBO	BSC
목표 설정		평가자와 피평가자 간의 상호 합의에 의한 개별 목표 설정	비전 및 전사 전략과의 체계적 연계를 감안한 전략적 목표 설정
설정 방식		톱-다운 Top-down과 보텀-업 Bottom-up의 연계 방식	톱-다운 Top-down, 미들-업-다운 Middle-Up-Down 방식
추구 방향		단기적으로 구체적인 목표 달성 지향	장기 목표 달성 및 장단기 전략 지향
장단점	장점	BSC에 비해 단순 명료하여 개인별 평가 및 보상 적용 등이 쉬워 도입하기가 용이한 편임	비전 및 전사 전략과 연계하여 관리함으로써 지속적인 성과 극대화를 추구할 수 있음
	단점	단기 목표 지향으로 인한 성과 향상의 한계, 주관적인 목표 설정 및 평가의 객관성 결여 등	지속적으로 시스템 개선 및 학습이 필요해 체계 개발 및 실행이 어려운 편임
적용 조직		시스템보다 사람에 좌우되는 중소기업	내부 경영 시스템이 체계화된 대기업
유의 사항		목표 설정 등 운영상의 자의성 문제	획일적인 시스템화에 따른 업무 혼선

본격적으로 MBO와 BSC로 들어가기 전에 동기 부여 미흡, 관료주의, 불명확한 성과 측정 등 성과 관리에 있어 고려해야 할 문제점들을 살펴보도록 하겠습니다.

성과 관리에 있어 고려해야 할 문제점들

이론적으로 단순한 인사 평가가 아닌 목표 달성을 위한 전략적 성과 관리 시스템이라는 측면에서 효율적으로 보이지만, 현실적으로 다음과 같은 문제점들이 있을 수 있으므로 이에 대한 충분한 고려와 대응이 필요하다.

동기 부여 미흡	원인	• 충분한 의사 소통 없이 목표 하달 • 왜 해야 하는지 모르는 상태에서 당근과 채찍 병행
	결과	• 성과 관리에 대한 조직 구성원의 무관심 • 동기 부여 의욕을 꺾고 기존 관행을 따르고자 함
관료주의	원인	• 평가자의 능력 부족 또는 도덕적 해이로 인한 문제 • 대리인 이론에 따른 관료주의의 비효율성
	결과	• 너무 쉬운 목표 등 목표 선정의 타당성 결여 • 너무 어려운 목표 제시로 목표 달성에 대한 부담감 가중 • 능력 부족으로 전략적 목표 설정의 어려움
불명확한 성과 측정	원인	• 성과 지표에 대한 정량 측정이 상대적으로 어려운 경우 • 성과 측정 시 주관적 판단이 개입하는 경우
	결과	• 성과 평가에 대한 이해 및 동의를 구하기 어려움 • 개인별/조직별 성과 평가의 차이 발생

2-1 ■ 목표 관리 시스템, MBO

앞서 말했듯 MBO는 1954년에 피터 드러커가 목표의 중요성을 강조하며 '모든 경영 활동에서는 목표를 설정하고 이의 성취를 관리해야 한다'고 주장하며 주목받았습니다. 이후 1970년대 들어 세계적인 불황으로 경영 관리의 혁신이 필요해지자 MBO가 효율적인 경영 관리 기법으로 부각되며 널리 보급되어 현재에 이르렀습니다.

MBO가 관심을 모은 이유는 실행하기 그리 어렵지 않으면서도 전략적으로 목표를 향해 조직을 정렬시키고 조직 구성원들의 참여를 통해 관리 효과를 높이는 등 경영 성과를 극대화해 주기 때문입니다. MBO에서는 피평가자인 부하가 평가자인 상사와의 면담을 통해 자신의 도전 목표를 설정합니다. 이렇게 피평가자의 참여를 유도함으로써 추진 전략 및 자신의 업무 역할에 대한 이해도를 높이고 역량 개발 의욕을 북돋우거나 목표 달성 의지를 높여주는 등 동기 부여 효과를 극대화할 수 있습니다.

일반적으로 MBO는 다음과 같이 목표 설정, 역량 지원, 성과 평가, 보상 및 대우의 4단계로 진행됩니다. 즉, 상사가 일방적으로 목표를 부여하고 성과를 평가하던 방식에서 벗어나 조직 구성원 스스로 상사와 협의하여 목표를 결정하고, 이의 달성을 위해 상사의 지도 및 지원 하에 적극 노력한 후, 목표 대비 달성도 및 기여도에 의해 성과를 평가하여 정당한 보상을 받습니다.

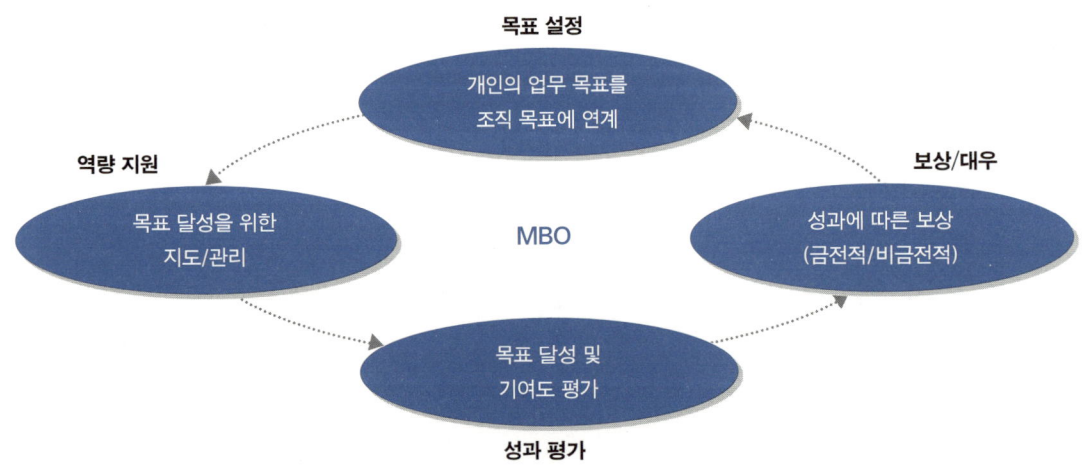

목표를 분명히 하고 이의 달성을 위해 체계적으로 관리해 나감으로써 성공을 부를 수 있습니다. 그런 측면에서 목표의 중요성을 보여주는 조사 결과를 살펴보도록 하겠습니다.

목표의 중요성

목표 관리는 조직 차원만이 아니라 개인적으로도 아주 중요하다. 목표를 분명히 하고 이의 달성을 위해 체계적으로 노력하는 것이 인생의 성공을 좌우하는 핵심 요소이니 말이다. 그런 측면에서 예일대와 하버드대 졸업생들을 대상으로 한 조사 결과를 살펴보자.

1953년에 예일대 졸업생들의 목표와 성취에 대해 조사를 하고, 20여 년이 지난 1975년에 그들의 삶을 추적 조사했다. 그 결과 별다른 목표가 없던 27%는 빈민층으로 전락한 반면, 간단한 목표를 갖고 있던 60%는 평범한 생활을 하고 있었다. 그에 반해 명확하고 구체적인 목표를 갖고 있던 10%는 전문직 등에 종사하며 상류층이 되어 있었고, 구체적인 목표를 글로 쓰고 세부 계획까지 세운 3%는 나머지 97%가 벌어들이는 수입보다 더 많은 수입을 거둔 사회 지도층이 되어 있었다고 한다.

1979년에 하버드대 MBA 졸업생들을 대상으로 목표에 대해 조사한 후 10년이 지나 그들의 수입을 추적 조사한 결과도 비슷했다. 구체적인 목표가 없었던 84%에 비해 목표를 갖고 있던 13%가 평균 2배의 수입을 거두고 있었고, 구체적인 목표와 단계별 계획까지 수립했던 3%는 나머지 97%보다 수입이 무려 10배나 많았다고 한다.

두 조사 모두 목표 의식을 갖고 지속적으로 목표 달성을 위해 일관되게 노력하는 것이 장기적으로 얼마나 큰 차이를 가져오는지를 보여준다. 복리의 마법처럼 말이다. 목표의 힘은 위대하다. 목표를 현실적으로 설정하면 그 목표를 달성하고 싶은 욕망이 동기 부여가 되어 힘들어도 계속해서 매진하게 만들기 때문이다. 그러기 위해서는 우선 목표를 달성한 자신의 모습을 구체적으로 상상해 보면서 이를 달성할 수 있는 구체적인 실천 방안을 현실적으로 수립, 실행해 나가야 한다. 세계적인 자기 계발 전문가들 역시 목표를 효과적으로 달성하려면 이를 기록하고 지속적으로 되새겨야 한다고 말하고 있지 않은가?

목표 없는 성공은 없다 해도 과언이 아니다. 성공하기 위해서는 확고하고도 분명한 목표를 갖고 일관성 있게 노력하고 있는지 자신을 돌아볼 필요가 있다.

■ 1단계 - 목표 설정

목표 설정 단계는 자사의 목표를 달성하기 위해 구성원 개인의 목표가 올바른 곳으로 향할 수 있도록 설정하는 단계로, 수행 과제 선정, 과제 및 역량별 목표 설정, 평가 기준의 확정 과정으로 진행됩니다. MBO에서는 상사가 목표를 일방적으로 부여하는 방식에서 벗어나 피평가자가 상사와의 면담을 통해 자신이 수행할 도전적인 목표를 설정함으로써 동기 부여 효과를 극대화합니다. 이때 상사는 피평가자가 스스로 목표를 설정할 때 조직의 목표와 연계될 수 있도록 이끌어주고 목표의 중요성도 인식시켜 줌으로써 피평가자가 자신이 하는 일이 회사에 어떻게 기여하는지 이해하고 목표 의식도 확고하게 가질 수 있도록 유도해야 합니다.

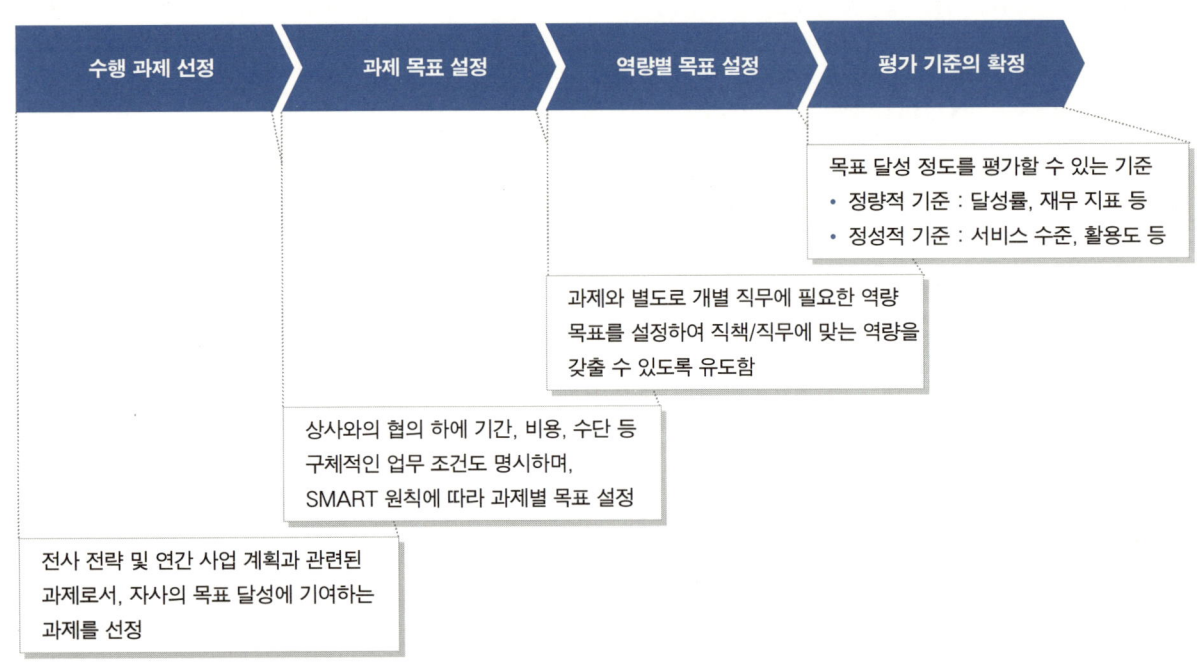

전략적 성과 관리 시스템에서 쓰이는 평가 기준으로는 대표적으로 KPI를 들 수 있습니다.

KPI에 대하여

KPI는 Key Performance Indicator의 약자로, 목표 달성 여부를 측정할 수 있는 '핵심 성과 지표'를 말한다. 피터 드러커가 '측정할 수 없으면 관리할 수 없다.'라고 했듯이, 목표 달성 수준 등의 성과를 객관적으로 측정하지 않고서는 성과를 높일 방안이나 개선책을 마련하는 것은 근본적으로 불가능하다. 따라서 측정 및 평가의 도구로서 KPI는 그 무엇보다 중요하다고 할 수 있다. 그렇다 보니 KPI는 전략적 성과 관리 시스템에서 활용하는 대표적인 평가 기준으로 MBO뿐만 아니라 BSC의 핵심 수단으로 활용되고 있다.

일반적으로 KPI는 재무 성과 등의 결과 지표(후행 지표)와 미래 성과를 높일 수 있는 원인 지표(선행 지표)로 나누거나, R&D의 신상품 개발 건수같이 개별 조직의 고유 업무와 연관된 전략 지표와 매출 목표같이 여러 조직에 공통으로 적용되는 공동 지표로 나누어볼 수 있다.

KPI를 설정할 때는 다음과 같은 점에 유의해야 한다.
첫째, 효율적인 목표 관리를 위해 비전 및 전사적 목표와 연계되어야 한다.
둘째, 가급적 소수의 KPI를 통해 목표 달성 정도를 효율적으로 확인할 수 있어야 한다.
셋째, 구체적인 활동 방향 등 목표 달성을 위해 무엇을 해야 하는지를 정확하게 제시할 수 있어야 한다.
넷째, 목표 달성 수준 및 성과를 정량적으로 측정 가능해야 한다. 이를 위해 정성적인 요소도 난이도, 완성도, 업무 처리 속도, 업무량, 타이밍, 경제성 등을 활용하여 가급적 정량적으로 측정할 수 있도록 해야 한다.
다섯째, 향후 개선 방향이 도출될 수 있도록 결과 지표 외에 원인 지표도 설정해야 한다.
여섯째, 단기 평가에 그치지 않고 지속적으로 성과 개선 여부를 확인할 수 있어야 한다.
일곱째, 이해하기 쉽고 단순하게 설정해야 한다.

KPI 체계는 한 번에 완벽하게 설정하기 어려운 게 사실이다. 그러므로 기존 KPI의 활용도를 분석하고 선진 일류 기업 및 경쟁자의 KPI를 수집, 분석하는 등 지속적으로 개선해 나감으로써 점진적으로 자사에 맞는 KPI 풀Pool을 구축하는 게 바람직하다.

■ 2단계 – 역량 지원

역량 지원 단계는 피평가자가 성과를 낼 수 있도록 지속적으로 목표 수행 활동을 점검하여 활동 개선 방안을 제시하는 등 필요한 지도와 지원을 제공하는 단계입니다. 시야가 넓고 다양한 경험을 지닌 상사의 애정 어린 지도 및 지원이야말로 피평가자가 자신의 능력을 최대한 발휘하여 목표를 달성할 수 있게 하는 강력한 방법입니다. 또한 역량 지원을 통해 장기적인 인재 육성 효과도 기대할 수 있습니다. 때로는 중간 점검 결과 외부 환경의 변화 등으로 인해 목표 수정이 불가피하다고 판단될 경우, 신속하게 변경함으로써 피평가자가 중도에 포기하지 않고 목표 달성 노력을 다하도록 지원할 필요가 있습니다.

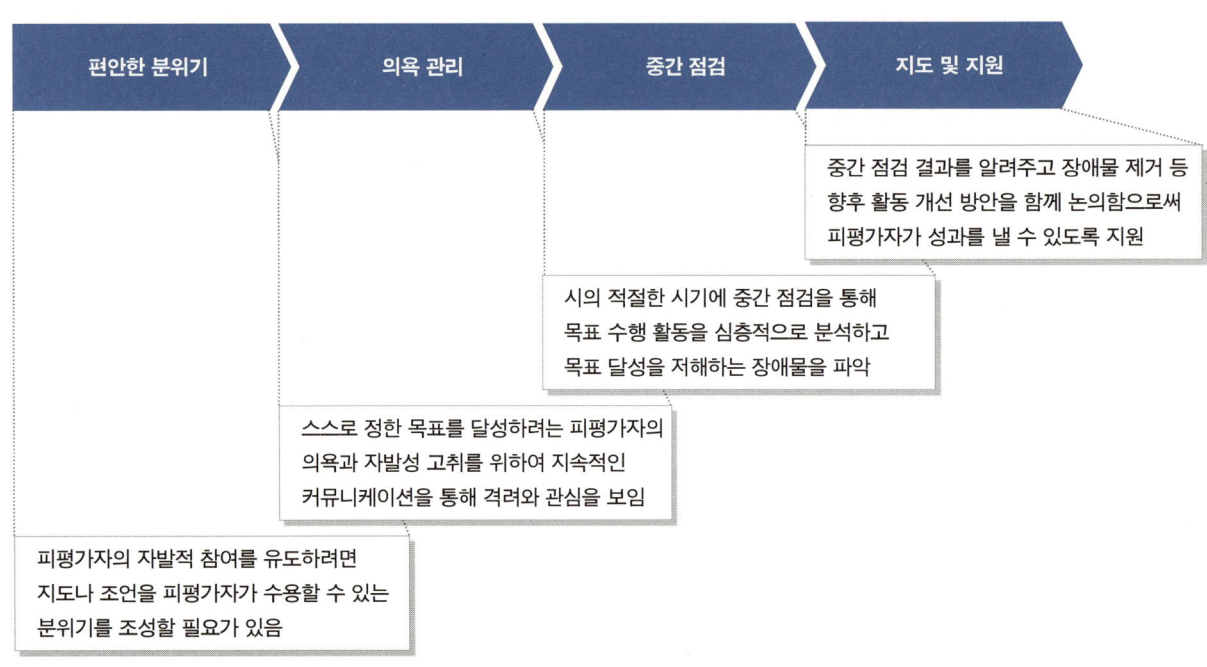

■ 3단계 - 성과 평가

성과 평가 단계는 피평가자의 목표 달성 수준을 객관적으로 평가하고 그렇게 된 원인을 분석해 보는 단계입니다. 전통적인 성과 관리와 달리 MBO에서는 향후 성과 개발 차원에서 평가 결과를 피평가자에게 피드백하는 것을 원칙으로 합니다. 즉, 피평가자가 동의할 수 있도록 공정하고도 객관적인 평가 기준을 통해 성과 평가를 한 후 평가 결과를 알려줌으로써 평가 결과를 인정하고 향후 성과 향상 방안을 준비하는 등 피평가자가 좀 더 높은 성과를 낼 수 있도록 유도합니다. 사실, 성과 관리의 특성상 평가가 잘되지 않으면 관리 자체가 무의미하기 때문에 MBO의 성패는 이 단계에 달려 있다고 할 수 있습니다.

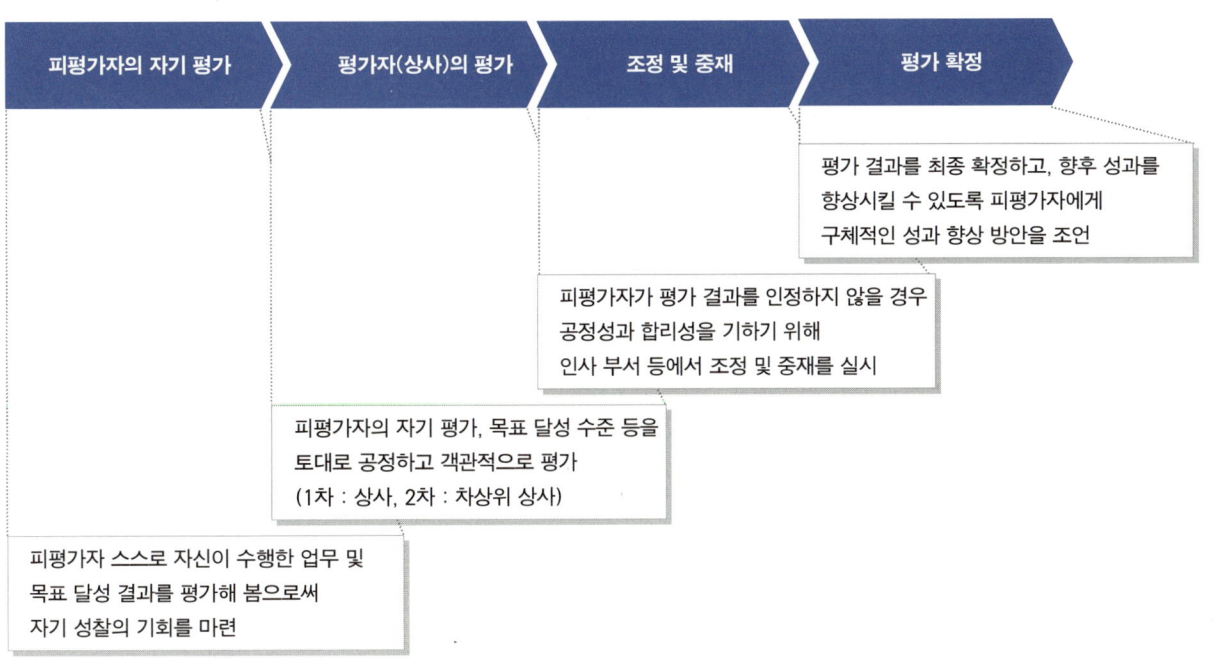

성과 평가 체계

MBO에서 조직 구성원의 성과 평가는 재무 실적 위주의 전통적 성과 관리와 달리 지속적인 성과 향상을 위해 크게 '실적'과 '역량'으로 나누어 평가한다. 현재의 실적뿐만 아니라 미래의 실적을 좌우하는 역량까지 관리함으로써 지속적인 성과 향상을 도모하기 위해서다. 그런 측면에서 일반적인 개인 성과 관리 체계를 살펴보면 다음과 같다.

개인 성과	개인 역량	역량 정의	지식, 기술, 태도 등 목표 달성을 위해 요구되는 개인 역량의 수준
		평가 기준	직급별/직책별/직능별로 요구되는 별도 정의된 역량별 행동 기준
		평가 방법	역량별 요구 수준 대비 달성도
	개인 실적 / 개별 실적	실적 정의	회사 목표 및 전략과 연계되어 설정된 과제 목표의 수행 결과
		평가 기준	KPI 등 목표 설정 시 합의한 평가 기준
		평가 방법	과제별 목표 달성도
	개인 실적 / 조직 실적	전사 단위	전사 목표 달성을 위한 KPI 체계를 개발, 이에 따라 목표 달성도 평가
		부문 단위	• 라인 부문 : 재무 실적 등 결과 지표를 중심으로 목표 달성도 평가 • 관리 부문 : 전략 과제를 중심으로 목표 달성도 평가
		팀 단위	전사 또는 부문 단위의 목표 및 전략과 연관된 과제를 중심으로 팀 목표를 설정하고 이의 달성도 평가

■ 4단계 - 보상 및 대우

보상 및 대우 단계는 앞서 평가한 결과에 따라 피평가자에게 합리적인 보상 및 대우를 제공하는 단계입니다. 성과에 대한 합당한 보상을 제공함으로써 조직 구성원의 만족도 및 성과 달성 의욕을 높이고 전사적으로도 조직 분위기를 활성화시키고 성과 지향 문화도 창출할 수 있습니다.

보상과 동기 부여

보상이라 하면 금전적인 보상을 떠올리기 쉽지만, 그것이 보상의 전부라고 생각해서는 안 된다. 금전적인 보상도 중요하지만 칭찬과 격려, 인정 같은 비금전적 보상이 자기 존중 및 자아 실현 욕구와 맞물려 더 큰 동기 부여 효과를 발휘할 수 있기 때문이다. 그럼, 동기 부여 효과를 극대화하고 조직을 성과 지향적으로 탈바꿈시키기 위해서는 어떻게 보상을 실시해야 할까?

첫째, 당연히 공정한 평가에 기반해야 한다.
공정한 평가야말로 보상의 기본이다. 기본적으로 공정하지 못한 평가는 우수 인재들의 불만 요인이자 동기 저하 및 퇴사의 원인이 된다. 더구나 성과주의가 심화되면 조직 구성원들은 더욱 더 평가에 집착하게 되는 경향이 있어 공정한 평가가 중요해진다. 그러므로 평가 관리 체계를 투명하게 관리하고 공정성을 높일 수 있도록 최대한 노력해야 한다.

둘째, 최소한의 금전적인 보상은 필요하다.
호손 효과Hawthorne Effect를 들먹이며 비금전적 보상만으로 충분하다는 발상 역시 위험하다. 누구나 적정 수준의 금전적 보상은 당연히 기대하기 때문이다. 물론 성과에 기반한 금전적 보상은 자사의 여건에 맞게 적절하게 제공하는 게 바람직하다.

셋째, 경영 여건이나 조직 구성원의 특성 및 니즈 등에 따라 맞춤형으로 비금전적 보상을 적극 활용한다.
칭찬이나 격려, 인정, 근무 시간 유연화, 자기 계발 지원, 사업화 기회 부여 등 조직 구성원별로 원하는 비금전적 보상을 맞춤형으로 제공함으로써 동기 부여 효과를 극대화한다. 참고로 3M은 골든 스텝상, 혁신가상, 칼튼 소사이어티 회원 자격 부여 등을 통해 성과가 높은 조직 구성원에게 최고의 명예를 부여하는 보상을 실시하고 있다고 한다.

2-2 ■ 균형 성과 평가 시스템, BSC

로버트 캐플란과 데이비드 노튼이 제안한 BSC는 재무 실적 중심으로 관리하던 전통적인 방식에서 벗어나 고객, 내부 프로세스, 학습과 성장 측면까지 살펴보려는 다차원적 개념으로, 기업의 내부와 외부, 단기와 장기, 결과와 과정, 재무와 비재무 등 다양한 관점의 '균형을 맞춘 Balanced' 지표들을 통해 기업 경영을 전략적으로 관리하려는 시스템입니다.

재무와 비재무 균형	단기 재무 성과만이 아니라 비재무적 요인까지 고려하여 장기적 미래 성장 동인 요인을 간과하는 오류를 피함
단기와 장기 균형	단기적 재무 실적뿐만 아니라 기업의 경쟁력 제고 같은 장기적 전략 의사 결정까지 지원할 수 있음
결과와 과정 균형	실적 등 결과를 측정하는 후행 지표와 원인이 되는 선행 지표의 배합을 통해 과정과 결과를 종합적으로 판단할 수 있음
내부와 외부 균형	내부 운영 실적 위주의 기존 성과 지표와 달리 고객 등 외부 이해 관계자의 관점까지 파악할 수 있음

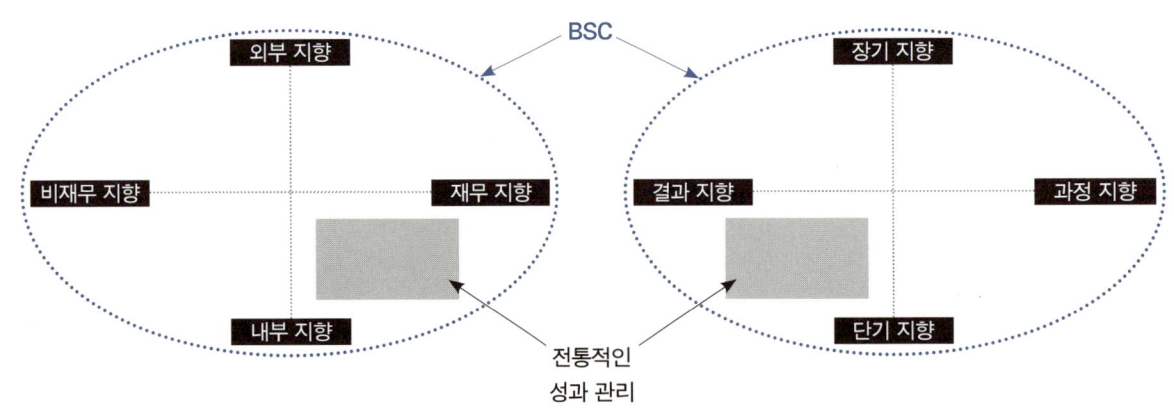

■ BSC의 4가지 관점

다른 성과 관리 시스템과 다른 BSC만의 장점은 전통적인 재무적 관점 외에 고객 관점과 내부 프로세스 관점, 학습과 성장 관점이라는 비재무적 관점까지 포함하여 다양한 관점으로 성과를 관리한다는 점입니다. 즉, 아래와 같이 네 가지 관점에서 바라본 평가 지표를 통해 입체적이고 균형된 시각에서 관리함으로써 실질적으로 전략경영을 추진할 수 있습니다.

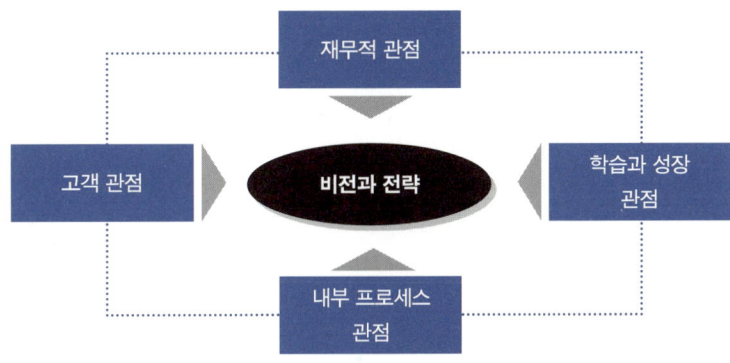

	의 미	주요 지표
재무적 관점	비전 달성 및 장기적인 기업 가치 극대화를 위해 어떤 재무적 성과를 창출해야 하는가?	EVA, ROE/ROA, ROIC, 성장률 등
고객 관점	비전 및 전사적 목표를 달성하기 위해 고객에게 어떻게 접근해야 하는가?	고객 만족도, 고객 유지율, 고객 증가율 등
내부 프로세스 관점	비전 달성 및 효과적인 전략 실행을 위해 어떤 비즈니스 프로세스에 탁월해야 하는가?	생산 수율, 납기 준수율, 신상품 개발 건수 등
학습과 성장 관점	지속 성장을 위해 변화와 개선 능력 등 요구되는 역량을 어떻게 육성해야 하는가?	인당 교육 시간, IT 활용도, 종업원 제안 건수 등

■ BSC의 체계

재무 성과 지표만으로는 비전 달성을 위한 전략 실행을 관리하기에 부족할 수밖에 없습니다. BSC는 균형 잡힌 다양한 평가 지표들을 토대로 성과 측정을 넘어 전 조직을 비전 및 전략 실행의 방향으로 정렬시킴으로써 조직의 역량을 전략 실행에 집중하여 전략경영을 강화할 수 있습니다. 즉, 다음과 같이 비전에서부터 전략, 관점, 전략적 목표, KPI, 목표치 및 세부 추진 과제에 이르기까지 인과 관계로 체계화시킴으로써 개별 활동들이 비전 및 전략 실행을 지향하도록 관리할 수 있습니다.

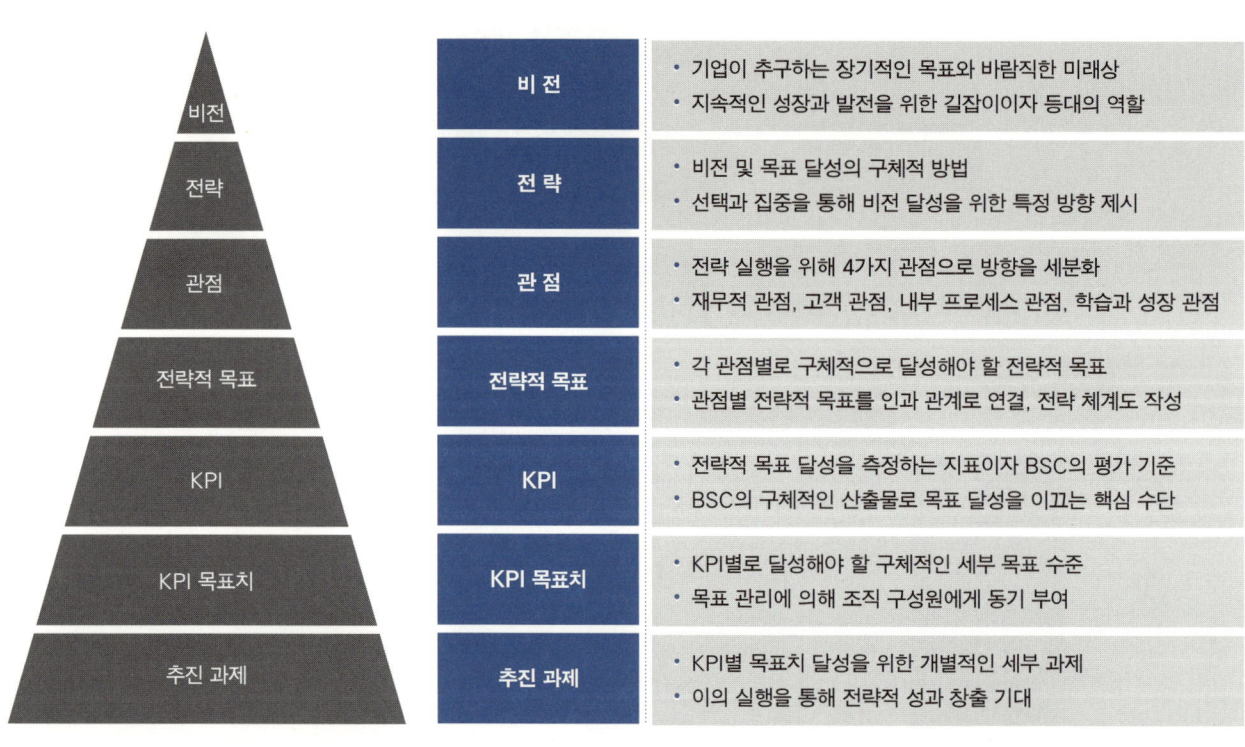

■ BSC 전략 체계도

BSC가 초기 성과 평가 기법에서 전략경영 기법으로 진화하자 전략 체계도 Strategy Map는 SFO를 만들기 위한 핵심 수단으로 부상했습니다. 전략 체계도란 BSC의 네 가지 관점상의 전략적 목표들을 인과 관계로 통합하여 보여주는 개념입니다. 즉, 최종 결과물인 재무적 관점의 전략적 목표를 달성하기 위해 고객 관점, 내부 프로세스 관점, 학습과 성장 관점의 전략적 목표들이 어떤 인과 관계로 연결되어 있는지 파악함으로써 추상적인 비전 달성을 위한 전략 실행의 실체를 구체화하여 쉽게 이해할 수 있게 하고 전략 실행의 효율성도 높일 수 있습니다. 로버트 캐플란이 주장한 일반적인 전략 체계도는 다음과 같습니다.

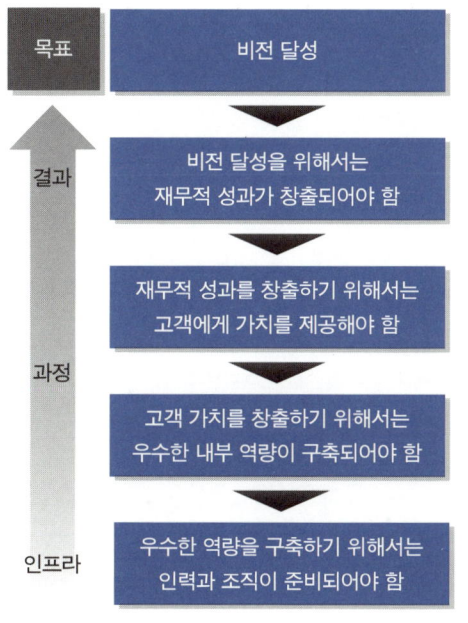
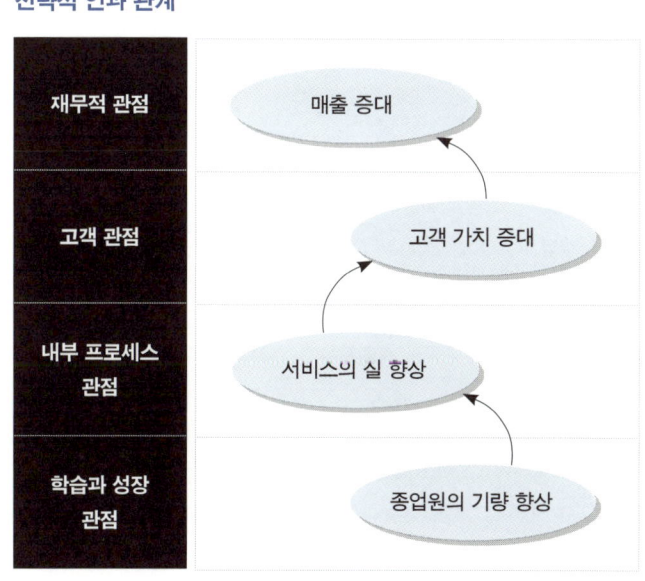

BSC 전략 체계도

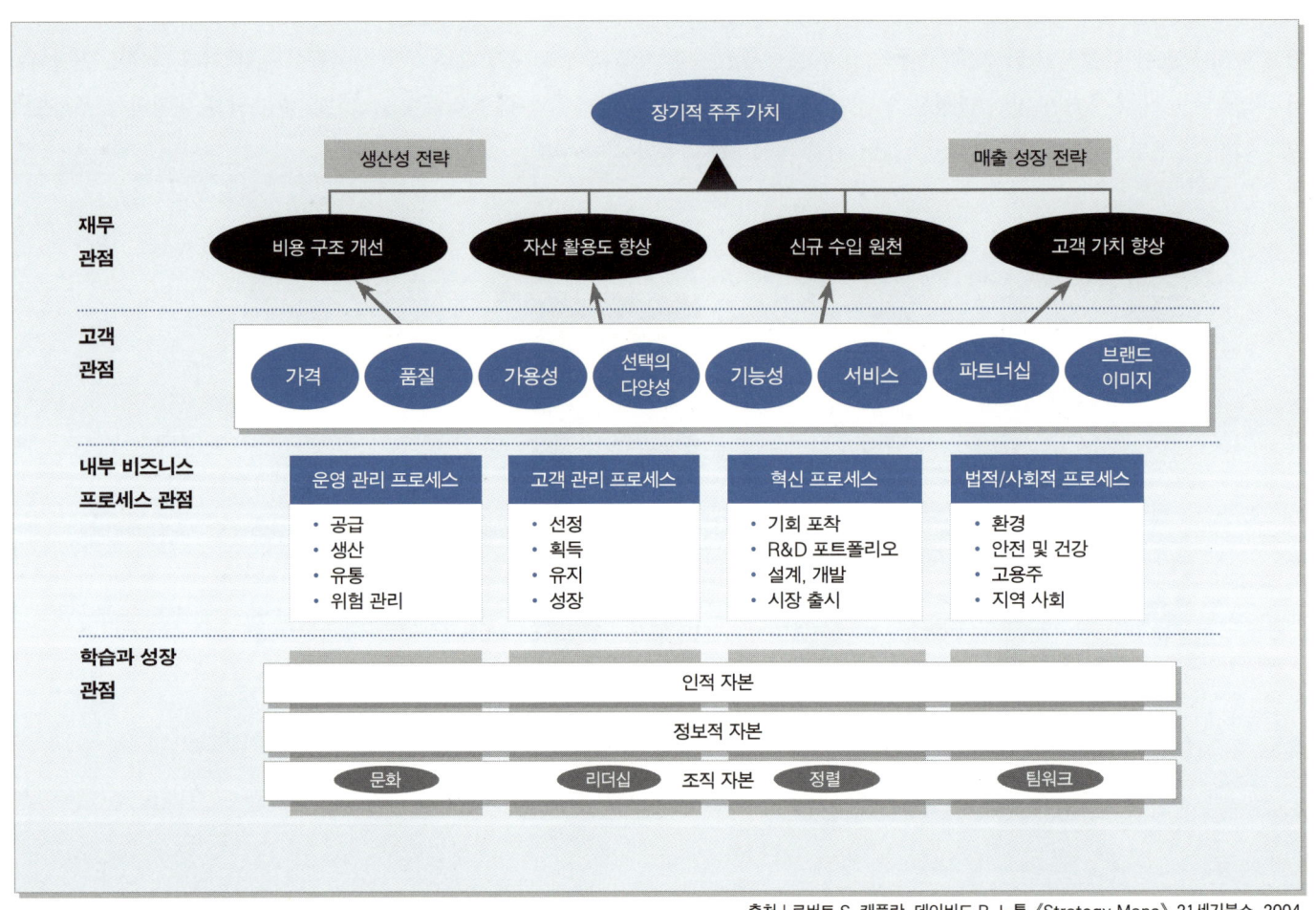

출처 | 로버트 S. 캐플란, 데이비드 P. 노튼, 《Strategy Maps》, 21세기북스, 2004

■ KPI의 도출

KPI는 전략적 목표의 달성도를 측정하기 위한 구체적인 지표로, BSC 및 전략경영의 성공을 좌우하는 핵심 요소입니다. 앞서 말했듯이 전략의 실행을 독려하기 위해서는 관리 가능한 수단인 KPI로 전환하는 게 반드시 필요하기 때문입니다. 즉, KPI를 도출하고 이를 집중 관리함으로써 모호한 개념에 명확성을 부여하고 목표 달성 여부를 정량적으로 측정, 평가할 수 있으며 조직 역량을 전략적으로 집약시킬 수 있습니다. KPI를 도출할 때 염두에 두어야 할 사항은 다음과 같습니다.

첫째, 성과 관리의 타당성을 높이고 KPI의 중요성을 인식시키기 위해서는 전략적 활동을 대표할 수 있는 핵심 요인 중심으로 성과 지표를 선정해야 합니다.
둘째, 구성원들에게 동기 부여 효과를 주고 책임 의식을 강화하기 위해서는 구성원들이 자신의 권한 범위 내에서 직접 통제할 수 있는 성과 지표여야 합니다. 자신이 통제하기 어려움에도 톱-다운 Top-down 방식으로 일방적으로 하달된 KPI라면 목표 달성 의욕이 저하될 수밖에 없기 때문입니다.
셋째, KPI로 활용하기 위해서는 당연히 객관적으로 측정이 가능해야 합니다.

논리 모형으로 바라본 KPI 유형

■ BSC의 목표, SFO

BSC를 통해 비전에서부터 전략, KPI, 추진 과제에 이르기까지 인과 관계로 정렬, 모든 구성원들의 일상 업무를 조직의 비전 및 전략과 연계시킴으로써 전략 실행 성과를 극대화하는 전략 집중형 조직을 구축할 수 있습니다. 이를 통해 모든 구성원들은 자사의 전략이 무엇이며 어떻게 활동해야 하는지 명확히 이해하고 실행에 집중할 수 있습니다. 결국 전략 집중형 조직, 즉 SFO Strategy-focused Organization 는 BSC의 최종 목표라 할 수 있습니다. 그런 의미에서 로버트 캐플란과 데이비드 노튼이《전사적 전략 경영(SEM)을 위한 SFO The Strategy -focused Organization》에서 지적한 SFO의 다섯 가지 원칙을 소개하면 다음과 같습니다.

SFO의 5가지 원칙

Translate	전략을 실천적 용어로 구체화하라.	전략 체계도와 KPI 등을 통해 전략을 구체적인 운영상의 용어로 전환함으로써 전략의 실행을 용이하게 한다.
Align	전략의 전사적 정렬을 통해 시너지를 창출하라.	캐스캐이딩 Cascading 방식으로 전사와 부서 단위 간의 전략적 목표 및 KPI를 정렬, 통합 관리함으로써 시너지를 창출한다.
Motivate	전략을 모든 사람들의 일상 업무로 만들라.	지속적인 커뮤니케이션 및 교육, 개인 목표 개발, 평가 보상 체계 등을 통해 자신의 업무와 전략이 연계되도록 한다.
Govern	전략을 지속적인 프로세스로 만들라.	전략 검토를 위한 정기적인 전략 회의 개최, BSC와 예산 및 정보 시스템과의 연계 등 전략 관리를 프로세스화한다.
Mobilize	최고 경영진의 리더십을 통해 변화를 이끌어내라.	최고 경영진은 단순한 성과 평가가 아닌 변화 관리임을 인식하고 적극적인 의지와 참여 속에서 변화를 주도한다.

마지막으로 BSC를 구축할 때 유의해야 할 사항들을 알아보면 다음과 같습니다.

BSC 구축 시 유의 사항

BSC는 전략적 성과 관리 수단이자 전략 집중형 조직 구현을 목적으로 도입이 확산되며 성공 사례들이 나오고 있다. 하지만 BSC에 대한 이해 부족과 단순 도입으로 인해 기대했던 결과를 얻지 못하는 경우도 많았다. 이에 BSC 구축 시 유의해야 할 점들을 살펴보면 다음과 같다.

첫째, 도입해야 할 이유를 분명히 한다.
도입의 필요성을 느낀 경영층에서 일방적으로 추진하면 인사 관리의 도구로 오인되어 조직 구성원들의 반발과 무관심을 불러올 수 있다. 그러므로 도입에 앞서서 전 임직원을 대상으로 BSC를 도입해야 하는 이유와 도입의 중요성, 기대 효과 등을 충분히 알릴 필요가 있다.

둘째, 조직 수준에 맞춰 단계적으로 적용한다.
선진 경영 기법을 그대로 도입, 적용한다고 무조건 성공하는 게 아니다. 조직마다 경영 여건 및 역량 수준이 다르기 때문이다. 특히 BSC는 체계의 복잡성으로 인해 도입이 쉬운 시스템이 아니기에 더욱 신중을 기해야 한다. 예를 들어 중소기업처럼 역량 수준이 낮을 경우 BSC를 성급히 도입하기보다는 MBO를 먼저 추진하여 경영 시스템을 선진화한 후 BSC를 단계적으로 도입하는 게 바람직하다.

셋째, 지속적으로 개선해 나가는 자세가 필요하다.
첫 술에 배부를 수는 없다. 초기 구축 시 설정한 KPI가 올바르지 않을 수 있으며, 전략적 정렬이 부정확할 수도 있다. 그러다 보면 BSC는 우리에게 맞지 않는 시스템이라고 지레 포기할 가능성이 높다. 그러므로 초기부터 BSC 시스템이 정착되고 효과가 나리라 기대하지 말고 장기적 관점에서 초기 구축 후 하나 하나 자신에 맞게 개선해 나가며 시스템화하겠다는 자세로 나가야 성공할 수 있다.

넷째, 무엇보다도 최고 경영진의 강력한 의지와 참여가 뒷받침되어야 한다.
위에 언급한 모든 사항들이 적절하게 수행되어 BSC가 효과를 발휘하기 위해서는 최고 경영진의 강력한 의지와 참여가 필수적이다. 당장의 효과를 기대하기보다는 정기적인 BSC 회의를 주재하는 등 BSC에 대한 지속적인 지지와 관심을 보이는 게 중요하다. 그래야만 이 모든 활동의 결과로 전략 집중형 조직 문화가 정착될 수 있기 때문이다.

3. ABC에 기반한 원가 관리 전략

저성장 시대의 개막과 글로벌 무한 경쟁의 가속화로 자사의 원가를 전략적으로 관리할 필요성이 그 어느 때보다 부각되고 있습니다. 그 결과 원가는 생산 부문에서 관리하는 거라는 생각에서 벗어나 기업 리더가 직접 전사적인 총원가를 관리하는 원가 관리 전략이 필요하게 되었습니다. 이에 원가의 의미와 원가 관리에 대해 개략적으로 살펴본 후, 최근 부상하고 있는 활동 기준 원가에 기반한 비용 관리 전략에 대해 알아보도록 하겠습니다.

원가와 원가 관리

원가 (Cost)	• 인적, 물적 자원을 모두 포함하여 특정 재화나 용역을 제공하기 위해 투입된 총 자원을 의미 • 원가를 파악하는 활동을 통해 기업의 모든 활동, 즉 최종 상품이나 서비스를 고객에게 제공하는 전 과정을 이해할 수 있음
원가 관리 (Cost Management)	• 원가를 근거로 경영 활동을 수립하고 원가 절감을 도모하는 경영 관리 • 과거엔 단순한 제조원가 관리(Cost Control) 차원으로 쓰였으나, 현재는 지속 성장을 위한 전사적 총원가 관리 전략 차원으로 발전 • 목표 원가 도출, 전략 및 계획 수립, 체계적인 실행 관리 등을 포함함

과거의 원가 관리		현재의 원가 관리
제조원가 : 재료비, 노무비, 경비	대상	제조원가 등 지급되는 모든 비용
제품 또는 용역 중심	방향	고객 또는 영업 채널 중심
제품의 원가 계산 및 재무 회계상의 매출원가 산정을 위한 근거 자료 작성	목표	재무 보고를 위한 근거 자료 및 경영 의사 결정을 위한 정보 제공
상대적 비중이 높은 노무비 절감	방침	원가 대상별 총원가 관리를 통한 절감

원가 중 가장 비중이 높은 제조원가는 원가 관리 측면에서도 중요할 수밖에 없습니다. 그런 의미에서 제조원가 계산 방식을 개략적으로 살펴보면 다음과 같습니다.

제조원가 계산 방식

제조원가는 원가의 3요소인 재료비, 노무비, 경비를 중심으로 소비된 비용을 집계하여 계산한다. 계산 방식으로는 재무 보고용 제조원가 산정을 목적으로 하는 전통적인 개별 원가 계산 방식과 종합 원가 계산 방식, 경영 의사 결정의 자료로 제공하기 위한 표준 원가 계산 방식을 들 수 있다. 각 제조원가 계산 방식을 개략적으로 살펴보면 다음과 같다.

1. 개별 원가 계산 방식
생산되는 제품마다 원가를 계산하는 작업별 원가 계산 방식으로, 이질적인 제품 생산이나 주문 생산, 단일 작업 단위에 적합하다. 일반적으로 원가를 계산할 제품을 선정한 후 직접 재료비, 직접 노무비, 직접 경비 같은 직접 원가를 파악하고, 생산량, 직원 수, 인건비, 작업 시간 등 적정한 배부 기준에 따라 배분된 간접 원가를 산정한 뒤 직접 원가와 간접 원가를 합하는 방식으로 계산한다.

2. 종합 원가 계산 방식
개별 원가 계산이 어렵고 생산 과정이 복잡할 경우 활용하는 방식으로, 계속 생산 과정일 경우 공정별로 원가를 계산하는 공정별 원가 계산 방식이다. 이 방식은 개별 공정별로 평균법이나 선입 선출First-In First-Out법, 후입 선출Last-In First-Out법에 따라 투입과 산출 흐름을 파악하여 일정 기간 제조 과정에 발생한 모든 비용을 당해 기간 생산한 생산량으로 나누어 단위당 원가를 산정하는 방식으로 계산한다.

3. 표준 원가 계산 방식
개별/종합 원가 계산 방식은 사후 원가 계산 방식이라 원가 정보를 결산 후에나 알 수 있다. 그렇다 보니 경영 의사 결정 시 사전 정보 제공이 어렵다는 단점이 있다. 그와 달리 표준 원가 계산 방식은 사전 원가 계산 방식이라 평가 및 원가 통제 등 경영 의사 결정에 유용한 방식이다. 즉, 과거의 실적이나 목표 원가를 기초로 원가 항목별로 표준을 설정하고, 이에 따라 표준 원가를 산정한 뒤 실제 원가와의 차이를 분석하는 방식이다. 참고로 원가 차이가 나는 이유로는 재료의 가격 및 수량 차이, 노무의 임률 및 능률 차이, 간접비의 능률 차이 및 소비 차이를 들 수 있다.

본격적으로 활동 기준 원가에 들어가기 전에 월마트 사례를 통해 원가 관리가 얼마나 중요하며 어떻게 추진해야 하는지 알아보도록 하겠습니다.

Case | 월마트로 알아본 원가 관리의 중요성

월마트는 비용 우위 전략의 특성상 원가 관리의 중요성을 일찍부터 자각하고 있었다. 이에 1980년부터 샘 월튼 회장이 직접 나서서 전사적인 ELCO(Everyday Low Cost Operation) 활동을 전개했다. 그 결과 1980년대 초에 매출액 대비 판매 관리비 비율이 소매업계 평균 23%에 비해 월마트는 20.2%로 업계 최저치를 기록했으며, 1989년에는 시어즈의 30%, K마트의 22.7%에 비해 15.6%로까지 낮아졌다. 이는 비싼 물건을 팔아 높은 이윤을 챙기기보다는 값싼 물건을 많이 파는 게 이익이라는 생각에 창업 이래 샘 월튼 회장이 추진해 온 비용 절감 경영이 결실을 본 결과라 할 수 있다. 그런 측면에서 월마트의 원가 관리를 구체적으로 살펴보면 다음과 같다.

첫째, 월마트는 주로 시골이나 도시 외곽에 출점했기 때문에 시내에 출점하는 것보다 지가 부담이 적었다.
둘째, 샘 월튼 회장이 앞장서서 '본부의 최소화' 실현과 '서비스 개선 및 비용 절감 운용'에 집중함으로써 전 임직원이 힘을 합쳐 비용을 절감하는 사풍을 확립했다.
셋째, 글로벌 소싱 등 공급 업체와의 협력을 강화함으로써 안정적인 상품 공급선 확보와 함께 최고의 가격 경쟁력을 갖춘 상품들을 머천다이징(Merchandising)할 수 있었다.
넷째, 1970년 말부터 매주 최고 경영자가 진두 지휘함으로써 '비인기 상품 제거'와 '인기 상품 품절 방지' 등의 상품 관리 활동을 전 매장에서 철저하게 시행했다.
다섯째, 배송 센터의 효율성 제고에 집중함으로써 적시에 적량을 착오 없이 납품하는 배송 시스템을 확립했으며, 반송 화물 확보 등을 통한 물류비 절감을 추진했다.
여섯째, 경쟁자 대비 광고 판촉비를 적게 집행했다. 예를 들면 K마트는 매주 2회 전단 배포 특매를 정기적으로 시행하고 있는 데 반해 월마트는 매월 1~2회 특매와 생활용품 중심의 계절 특매를 하며 전단도 상당히 간소하게 만들었다고 한다.

결국 월마트는 출점에서부터 상품 구매 및 물류 관리, 마케팅 등 모든 경영 활동에서 비용 절감을 강도 높게 추진함으로써 할인점 업계의 리더로 우뚝 설 수 있었다.

■ 활동 기준 원가의 중요성

활동 기준 원가Activity-based Cost란 목표를 달성하기 위해 행하는 여러 활동이 자원을 소비하여 원가를 발생한다는 점에 착안하여 원가 동인을 활동 중심으로 철저히 규명하여 제품이 거친 활동별로 파악된 비용에 의해 계산된 원가를 말합니다. 앞서도 말했듯이 최근의 경영 환경에서는 원가 관리의 중요성이 더욱 부각되고 있습니다. 그런데 기존의 원가 관리 시스템으로는 개별 원가를 정확하게 파악하기 어려워졌습니다. 연구 개발비, 공장 자동화 비용, 정보 시스템 관련 비용, 물류 비용, 기타 제조 지원 비용 등으로 인해 늘어나고 있는 간접비 비중, 다품종 소량 생산 체제로의 전환, 지원 활동의 증가 등 원가 요인이 복잡해졌기 때문입니다. 또한 기존의 전통 원가 계산 방식으로는 제조원가가 아닌 판매관리비 등을 포함한 총원가로 관리할 수 없습니다. 이에 기존의 전통 원가 대신 모든 관련 비용을 활동 기준으로 계산함으로써 원가를 정확히 파악할 수 있는 활동 기준 원가의 중요성이 부각되고 있습니다.

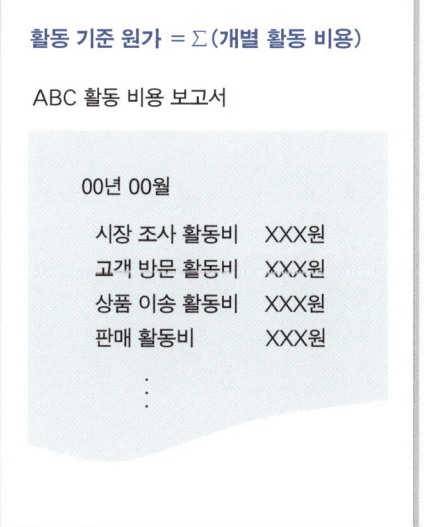

■ 활동 기준 원가 계산, ABC

ABC Activity-based Costing, 즉 활동 기준 원가 계산이란 원가 동인을 활동 중심으로 규명하여 원가를 계산하는 작업을 말합니다. 일반적으로 간접비 배분을 어떻게 할 것인지가 원가 계산의 주요 이슈인데, 전통적 원가 계산 방식은 주로 생산량이나 작업 시간을 기준으로 배분함으로써 생산량이 많은 제품일수록 제조 간접비가 늘어나고 소량 생산품일수록 제조원가가 낮게 계산되는 경우가 많습니다. 이에 반해 ABC 방식은 각 활동별로 원가 동인 Cost Driver에 적합하게 맞춤형 배부 기준을 수립, 배분함으로써 정확성을 높일 수 있어 유용합니다. 활동 기준 원가 방식으로 제조원가를 계산하는 절차는 다음과 같습니다.

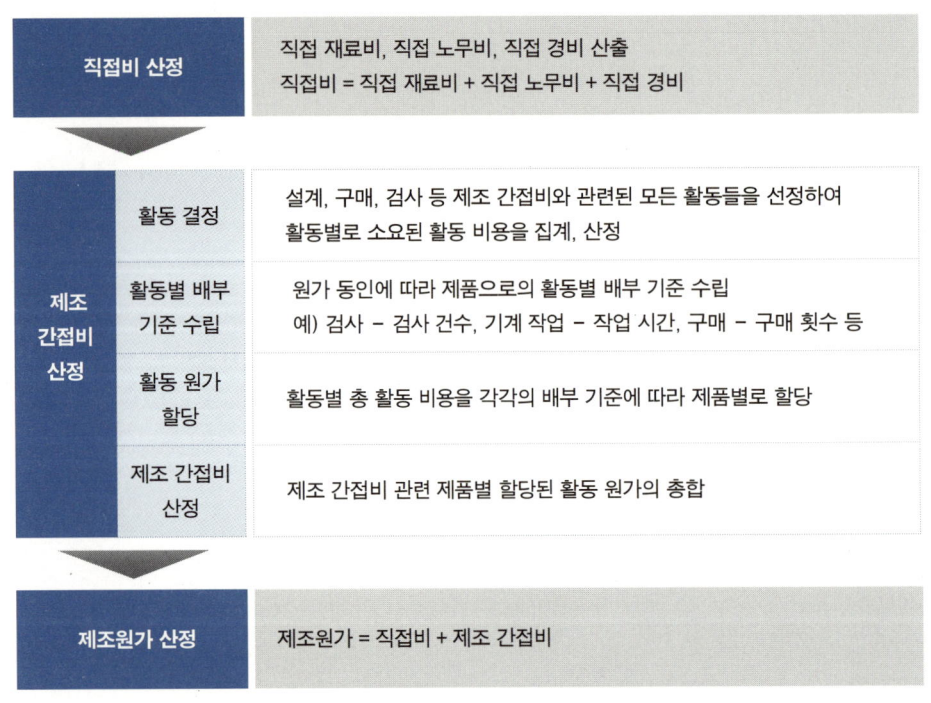

■ ABC 제도와 전통적 원가 계산 제도와의 차이점

제품별로 명확히 배부하기 어려운 간접비가 점점 늘어나다 보니 전통적 원가 계산 제도는 정확성이 떨어지고 있습니다. 그 결과 원가에 대한 신뢰도 저하와 함께 비효율적인 활동을 확인하기 힘들어 원가 절감을 위한 합리적인 방안 도출 역시 어려울 수밖에 없습니다. 이에 반해 ABC 제도는 활동을 원가 동인으로 보고 관리함으로써 원가를 정확하게 제품별로 산정할 수 있으며, 특히 ABC 제도의 특성상 제조 간접비뿐만 아니라 판관비까지 넓혀 제품별 원가를 관리할 수 있기에 전략적으로 아주 유용한 제도입니다.

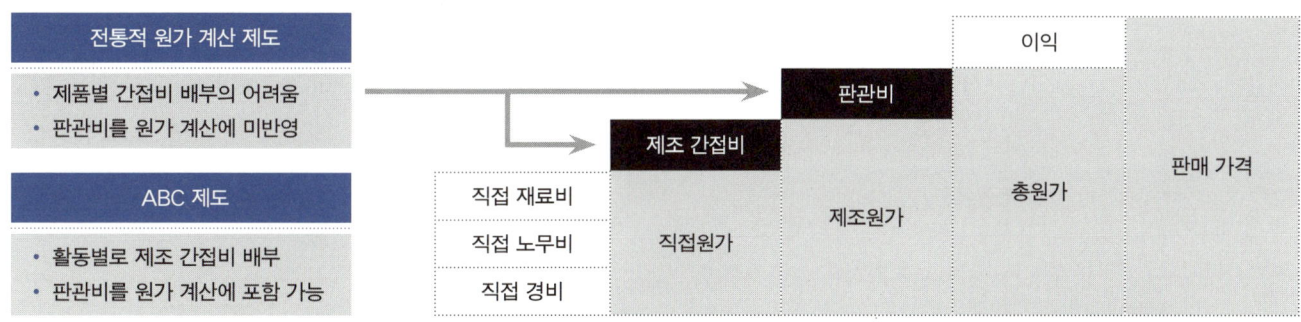

* 판관비도 직접비성 경비와 간접비성 경비로 나눌 수 있음

	전통적 원가 계산 제도	ABC 제도
기준	자원에 대한 지출을 측정	자원에 대한 소비 활동을 측정
활동	활동 자체에 대한 관리는 하지 않음	활동을 원가 동인으로 보고 개별 관리함
원가 집합	공장 전체 또는 각 부문에 대하여 하나 또는 소수의 간접 원가 집합이 존재함 예) 간접 노무비, 감가상각비, 관리비 등	활동 분야별로 계산하기 때문에 다양한 간접 원가 집합이 존재함 예) 기계 가공 활동, 재료 투입 활동 등
배부 기준	원가 집합의 배부 기준이 원가 요인일 수도 있고 아닐 수도 있음 예) 생산량, 작업 시간, 인원/인건비 등	활동별 관리이기에 원가 집합의 배부 기준이 해당 원가 요인일 가능성이 매우 높음 예) 검사 건수, 작업 시간, 부품 수, 구매 횟수 등

■ 활동 기준 경영 관리, ABM

ABM Activity-based Management, 즉 활동 기준 경영 관리란 활동 기준 원가 정보를 활용하여 전략적 의사 결정을 지원하는 경영 활동을 말합니다. 즉, 활동을 기준으로 활동 기준 원가를 산정, 이를 분석함으로써 불필요한 활동을 제거하거나 효율적인 활동 프로세스로의 전환 등을 통해 원가를 절감하는 경영 관리를 의미합니다. 아래와 같이 ABC가 활동에 의해 원가를 계산하는 원가 할당 관점에 집중한 것이라면, ABM은 활동 정보를 이용하여 경영 관리를 하기 위한 비즈니스 프로세스 관점에 집중한 것으로 볼 수 있습니다.

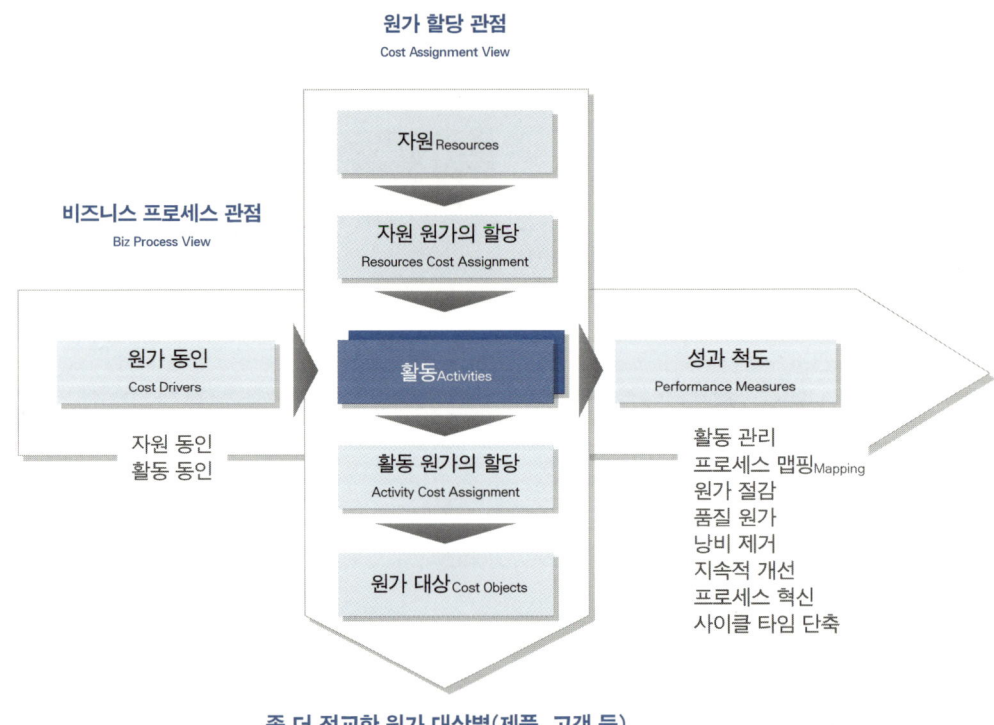

출처 | 나영, 정형철, 박인선, 《ABC/ABM의 이론과 활용》, 두남, 2002

ABM은 활동을 중심으로 원가를 관리함으로써 비용을 효율적으로 절감할 수 있는 경영 기법입니다. 하지만 도입한다고 무조건 성공하는 것은 아닙니다. 그런 측면에서 ABM 추진에 있어 유의해야 할 사항을 살펴보면 다음과 같습니다.

ABM을 추진할 때 유의할 사항

전통적 원가 관리 방식과 비교해 볼 때 ABM은 훨씬 효율적이다. ABM을 통해 활동 기준 원가에 기초한 수익성 분석 및 이에 따른 전략 수립, 프로세스 개선을 통한 원가 절감, 성과 측정 및 평가 등을 수행할 수 있으며, 제품별 원가 분석을 통해 수익을 창출하는 제품과 서비스, 고객, 유통 경로에 자원을 집중할 수도 있다. 즉, 원가 동인을 중심으로 모든 원가 활동을 파악, 분석하여 비효율적인 활동이나 중복 활동들을 배제하거나 축소, 통합, 재편, 아웃소싱함으로써 전략적으로 원가 절감을 도모할 수 있다. 그런 측면에서 ABM은 유용한 관리 방식이긴 하지만 무턱대고 도입하다가는 관리상의 문제가 생길 수 있으므로 신중할 필요가 있다. 참고로 활동 기준 경영 관리를 추진할 때 유의해야 할 사항은 다음과 같다.

첫째, 자사의 규모나 사업 특성, 경영 여건에 따라 적합한 관리 수준을 유지해야 한다.
정확하게 원가를 계산, 관리하기 위해 너무 많은 활동들을 정의하여 분석하다 보면 원가 계산 비용이 높아지고 복잡성이 증가하여 관리하기도 힘이 드는 등 비효율적인 제도가 될 수 있다. 그러므로 자사의 규모나 업종, 사업 특성 및 경영 여건 등을 감안하여 적절할 수준으로 제한할 필요가 있다.

둘째, ABM에서의 관리 요소를 명확하게 정의해야 한다.
원가 동인을 중심으로 활동별로 원가 정보를 산출, 궁극적으로 제품별 원가를 계산하여 분석하는 것을 목적으로 하기에 관리하고자 하는 제품 및 원가 동인을 정확하게 정의해야 활동 기준 원가를 산정할 수 있다.

셋째, 활동 기준 원가 제도의 한계점을 분명하게 인식해야 한다.
활동 기준 원가라 해도 원가 동인의 선정 문제, 특정 원가 동인을 이용한 배분 등으로 제품 원가가 왜곡될 가능성을 배제할 수 없다. 그러므로 본 제도만을 100% 신뢰하기보다 다른 원가 계산 방식들과 함께 사용하는 것이 바람직하다.

4 ▪ 수익 모델의 진화

수익 모델Profit Model이란 사업을 통해 어떻게 수익을 창출하며 지속 성장해 나갈 것인지 경쟁력 있는 수익 창출 방안을 구체적으로 구상하는 것을 말합니다. 사업이란 결국 수익으로 귀결된다는 섬에서 볼 때 수익 모델은 비즈니스 모델의 기본이 되는 핵심 요소입니다. 유사한 사업이라 해도 수익 모델을 어떻게 구축하느냐에 따라 단기적인 성과뿐 아니라 지속 성장성에도 영향을 미치기 때문입니다.

문제는 경쟁력 있는 수익 모델을 창출했다고 모든 게 해결되는 것은 아니라는 점입니다. 사실 수익 모델을 창출했다 해도 수익 모델을 모방한 경쟁자들의 출현과 과잉 경쟁으로 인해 장기적으로 지속하기 힘들게 되었습니다. 또한 경제 여건의 변화, 기술 개발 추이, 고객 니즈의 다변화 등도 수익 모델의 지속성을 위협하고 있습니다. 결국 이런 경영 환경의 변동으로 인해 수익 모델의 경쟁력 역시 변화할 수밖에 없습니다. 그러므로 전략적 리더라면 수익 모델을 창출하거나 유지하는 것에 그치지 말고 아래의 아마존 사례에서처럼 지속적으로 경쟁력 있는 수익 모델로의 진화를 추구해야 합니다.

Case | 끊임없는 아마존의 수익 모델 진화

도서 전자 상거래 모델을 제시하며 시작한 아마존은 닷컴 열풍과 함께 급속도로 사업을 확장해 나갔다. 하지만 이와 함께 전자 상거래를 통해 도서를 저가 판매하는 수익 모델이 성공할지에 대한 비관 여론도 함께 퍼져나갔다. 이런 의구심은 닷컴 버블이 꺼지자 '아마존의 위기'로까지 발전해 아마존의 주가가 상장 초기 100달러에서 6달러로 폭락하기도 했다.

사실 아마존의 수익 모델은 저가 경쟁력을 기반으로 규모의 경제를 통한 수익 창출을 지향했기에 시간이 필요할 수밖에 없었다. 결국 고객들이 서서히 증가하며 규모의 경제를 실현하자 아마존의 수익 모델은 현실로 구현되었다. 하지만 거기에 그쳤다면 아마존은 지금도 단순히 온라인 서점으로 남았을 것이다.

아마존은 성공에 안주하지 않고 끊임없이 수익 모델을 진화시켜 나갔다. 먼저 인터넷 서점에서 쇼핑몰로 변신하여 현재 판매 품목이 월마트의 15배 이상 될 정도로 품목의 다양성을 넓혀나갔다. 또한 '셀 온 아마존Sell on Amazon' 서비스를 통해 어떤 업체라도 일정 수수료만 내면 아마존의 결제, 배송 인프라 등을 이용해 자기 상품을 팔 수 있도록 플랫폼을 개방했다. 즉, 플랫폼 모델을 통해 수익 모델을 확장한 것이다. 아마존 킨들의 성공 역시 아마존의 핵심역량인 기존 고객층을 기반으로 비즈니스 모델을 다변화한 사례로 볼 수 있다. 그 결과 사업 초기 적자에 시달리며 생존 자체를 걱정하는 인터넷 서점에 불과했던 아마존은 2012년 현재 이베이와 함께 인터넷 종합유통업을 주도하는 리더로 우뚝 설 수 있었다.

최근의 경영 환경은 글로벌 무한 경쟁과 증대되는 고객 영향력, 차별적 우위 달성의 어려움 등으로 경쟁적 수렴 현상이 심해지며 점점 더 수익을 창출하기 어려워졌습니다. 더구나 글로벌 불황과 장기 저성장 역시 수익 창출의 어려움을 가중시키고 있습니다. 그렇다 보니 '지금은 수익이 나지 않지만 매출이 늘면, 시장 점유율을 높이면 수익은 자연히 뒤따라올 것'이라는 환상은 깨지고 있습니다. 그러므로 이제는 양적인 성장보다 질적인 변화를 추구해야 할 때입니다. 시장 점유율보다 수익을 창출할 수 있는 수익지대 Profit Zone에 집중한 사업 모델인지가 수익성을 좌우하기 때문입니다.

세계적인 경영 컨설턴트인 에이드리언 슬라이워츠키 Adrian J. Slywotzky가 지은 《수익 지대 The Profit Zone》는 수익 모델의 개발과 유지에 대한 통찰력 있는 전략 이론을 제시하고 있어, 전략적 리더나 실무자 모두에게 아주 유용하게 활용될 수 있습니다. 그런 측면에서 전략적 리더나 기획 실무자 모두 《수익 지대》를 일독하기를 권하며, 여기서는 에이드리언 슬라이워츠키가 주장하는 수익 모델 전략을 간략하게 소개하고자 합니다.

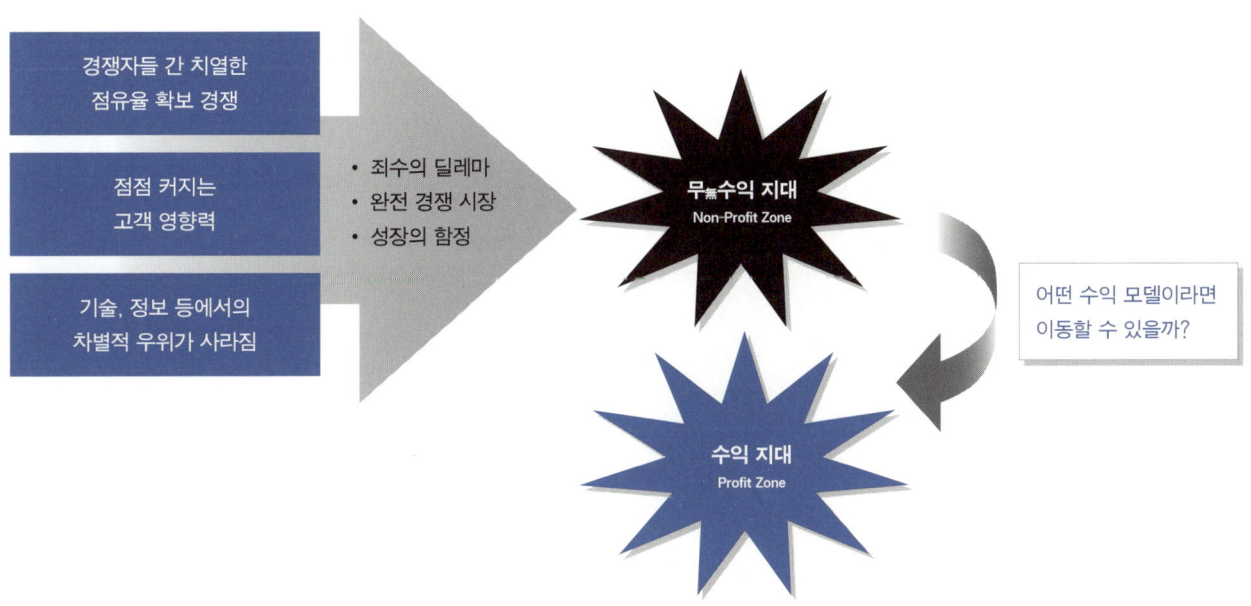

■ 수익 지대로의 이동

에이드리언 슬라이워츠키는 시장 점유율은 더 이상 수익성을 보장하지 않는다고 주장합니다. 그러므로 매출을 늘리면 수익을 창출할 수 있다는 막연한 믿음은 버리고 비즈니스 모델 안에 수익을 창출할 수 있는 전략을 포함시켜야 한다고 합니다.

따라서 경쟁력 있는 비즈니스 모델을 창출하기 위해서는 제품 중심 사고에서 고객 중심 사고로 전환하며, 매출과 시장 점유율 중심에서 수익 중심의 모델을 디자인할 수 있어야 합니다. 이와 더불어 수익 모델을 보호할 수 있는 전략적 통제 수준이 높아야 하며, 사업을 운영할 수 있는 시스템도 구축되어야 합니다.

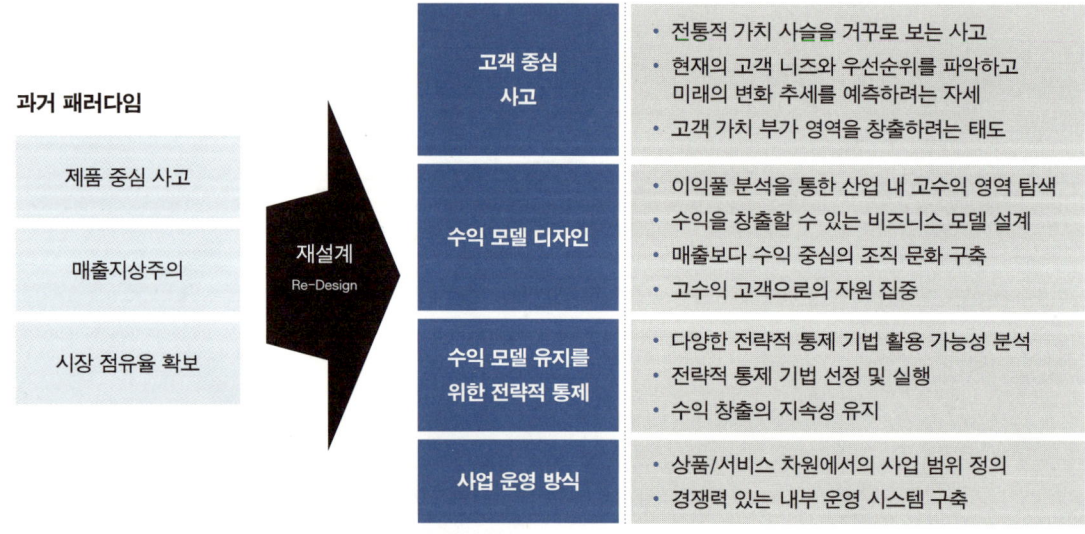

비즈니스 재설계 Business Re-design

■ 고객 중심 사고

사업은 고객을 목표로 하므로 당연히 고객과 고객 니즈, 고객의 우선순위가 현재 어떠하며 어떻게 변화하고 있는지 알아야 합니다. 그러기 위해서 에이드리언 슬라이워츠키는 고객 중심 사고에 기반하여 다음 과정을 통해 진정한 고객을 파악해야 고객 중심의 비즈니스 모델을 설계할 수 있다고 말합니다.

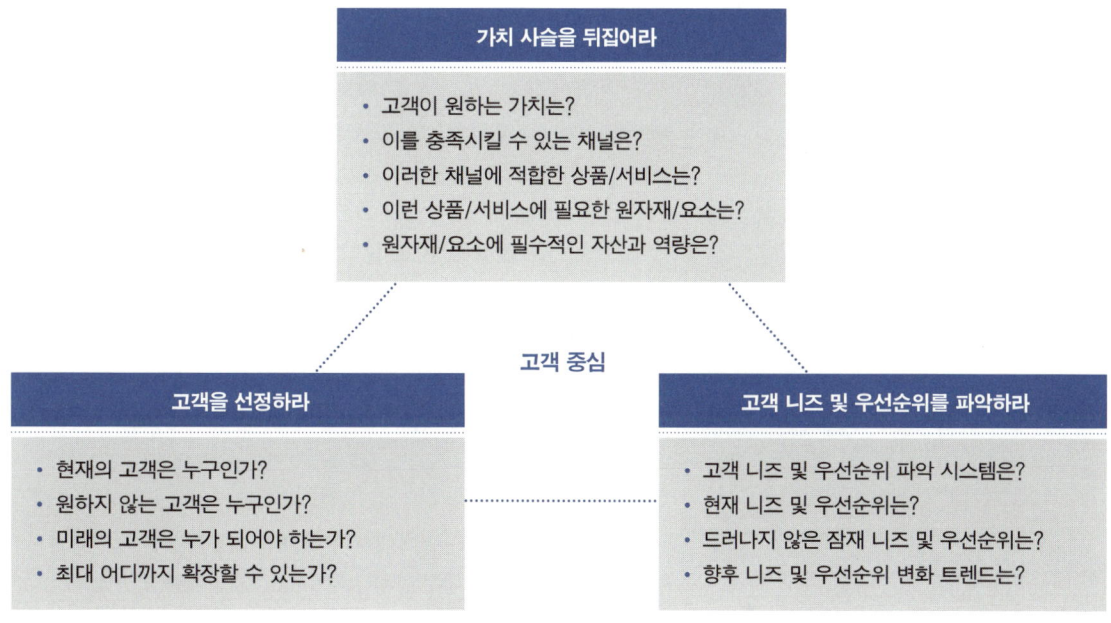

고객 중심의 비즈니스 설계 Business Design

■ 수익 모델

에이드리언 슬라이워츠키가 《수익 지대》에서 제안한 22가지 수익 모델은 다음과 같습니다.

1	고객 솔루션 수익 모델	고객이 원하는 솔루션을 개발, 제공함으로써 수익 창출
2	상품 피라미드 수익 모델	고객 니즈에 따른 다양한 상품 피라미드를 제공, 고급 상품을 통해 수익 창출
3	다중 구성 요소 시스템 수익 모델	기반이 되는 저수익 모델과 수익을 창출하는 고수익 모델의 결합
4	스위치보드 Switchboard 수익 모델	구매자와 공급자 모두의 비용을 줄여주는 중개 역할로 수익 창출
5	시간 중시 수익 모델	모방 기업들이 나오기 전에 초기 시장에 진입, 초과 수익 창출
6	블록버스터 Blockbuster 수익 모델	신상품 개발비는 높지만 한계 생산 비용이 낮을 경우 블록버스터에 집중
7	수익 증식 모델	원소스 멀티 유스 One Source Multi-use 형태로 동일 요소로부터 반복적 수익 창출
8	창업가 정신 수익 모델	불필요한 비용 증가를 억제하고 고효율성의 조직 구조로 수익 창출
9	전문화 수익 모델	경쟁 기업보다 높은 전문성을 통해 부가 수익 창출
10	기반 구축 수익 모델	초기 상품으로 기반 구축 후 소모품이나 후속 상품 판매를 통해 수익 창출
11	업계 표준 수익 모델	업계 표준을 장악함으로써 규모 또는 시장 점유율 증가를 통해 수익 창출
12	브랜드 수익 모델	강력한 브랜드를 통해 구축한 가격 프리미엄으로부터 수익 창출
13	전문 상품 수익 모델	특허권 등으로 인해 모방이 어려운 전문 상품을 통해 수익 창출
14	지역 리더십 수익 모델	특정 지역을 장악함으로써 매출 대비 비용 비율을 감소시켜 수익 창출
15	거래 규모 중시 수익 모델	거래 규모가 증가함에 따라 거래 비용 비율이 줄어들어 수익 창출
16	가치 사슬 포지션 수익 모델	수익이 나는 가치 사슬 Value Chain의 특정 부분에만 집중함으로써 수익 창출
17	생산 능력 활용 사이클 수익 모델	시장 사이클에 따라 생산 능력을 조절함으로써 수익 창출
18	판매 후 수익 모델	상품/서비스 판매가 아니라 판매 이후 서비스를 통해 수익 창출
19	신상품 수익 모델	수익성이 높은 신상품을 지속적으로 출시함으로써 수익 창출
20	상대적 시장 점유율 수익 모델	시장 점유율이 높을수록 규모의 경제를 실현, 수익 창출
21	경험 곡선 수익 모델	경험이 많아지면 거래당 비용이 떨어져 경험이 없는 기업보다 고수익 창출
22	저원가 비즈니스 디자인 수익 모델	독특한 저원가 비용 우위 사업을 창출함으로써 수익 창출

■ 전략적 통제

수익 모델을 만드는 것도 중요하지만 창출한 수익 모델을 지속적으로 유지, 보호할 수 있어야 합니다. 그러기 위해서는 다음과 같은 질문에 답할 수 있어야 합니다.

첫째, 표적 고객이 자사 상품을 구매하는 이유는 무엇일까?

둘째, 자사가 다른 경쟁자 대비 차별적 우위에 설 수 있는 이유는 무엇일까?

셋째, 고객을 사로잡거나 경쟁자를 누를 수 있는 전략적 통제 방식을 보유하고 있는가?

그런 측면에서 다음과 같은 전략적 통제 방법들을 최대한 활용함으로써 기업의 시장 가치를 극대화시켜야 합니다.

전략적 통제 지표

수익 보호력	지수	전략적 통제 방법
높음	10 9 8 7	표준 소유 가치 사슬 주도권 장악 탁월한 시장 지위 강력한 고객 관계 구축
보통	6 5	브랜드 / 지적 소유권 2년 앞선 상품 개발
낮음	4 3	1년 앞선 상품 개발 10~20% 비용 우위
없음	2 1	대등한 비용의 상품 비용 불리의 상품

매출액 대비 시장 가치 극대화
- 높은 매출액 성장률
- 높은 수익 성장률
- 낮은 매출액 대비 자산 비율
- 효과적인 전략적 통제 지표

■ 실무 관점에서 바라본 수익 모델의 진화

에이드리언 슬라이워츠키는 고객이 진정으로 원하는 니즈를 파악하여 비즈니스를 재설계함으로써 경쟁력 있는 수익 모델을 창출한 후 전략적 통제 활동을 통해 유지, 강화해야 한다고 주장합니다. 결국 고객 지향적인 수익 모델을 구현한다면 성과를 극대화시킬 수 있다는 얘기입니다만, 현실적으로 그리 쉬운 문제가 아닙니다. 그러므로 실무적으로는 다음과 같은 점에 유의해야 합니다.

첫째, 새로운 수익 모델의 성공 여부를 미리 속단하지 말아야 합니다.

새로운 수익 모델을 제시하는 일의 성패는 누구도 장담할 수 없습니다. 고객 입장에서 판단하라고 하지만 사실 고객도 자신이 원하는 바를 정확히 모르고 있을 가능성이 높습니다. 또한, 학습 효과의 파급력이나 원부자재 가격 추이, 경쟁자 동향, 신기술의 적용 등 수익 모델에 영향을 미치는 요소들의 변동을 정확히 파악할 수 없기에 미래를 예측하기도 어렵습니다. 그러므로 성공 여부를 속단하지 말고 작은 규모로라도 실행하며 시행착오를 통해 수익 모델의 성공 여부를 가늠하거나 성공 가능성을 높이는 편이 바람직합니다.

둘째, 새로운 수익 모델이 정착될 때까지 버틸 수 있어야 합니다.

혁신에는 시간이 필요한 법입니다. 새로운 수익 모델에 따라 고객에게 매력적인 제안을 했다 해도 고객이 이를 수용하는 데에는 오랜 시간이 걸릴 가능성이 높습니다. 그러므로 지속적으로 투자하면서도 생존을 유지할 수 있도록 내부 역량을 갖추고 있어야 합니다.

셋째, 수익 창출에만 집중하다 고객을 놓치는 실수를 범하지 말아야 합니다.

초기 포털 시장을 장악한 야후나 SNS를 주도한 마이스페이스가 광고 수수료 등 수익 창출에만 집중하다 구글과 페이스북에게 역전당했듯이 수익 모델에만 집중하다 고객을 놓치는 실수를 범하지 않아야 합니다.

넷째, 성공은 실패의 어머니임을 명심해야 합니다.

새로운 수익 모델이 정착되면 이를 유지, 강화하는 전략적 통제 활동도 중요하지만 지금과 같은 초경쟁 시대에는 성공에 안주하기보다는 새로운 수익 모델 발굴에 눈을 돌리는 것이 현명합니다. 끊임없는 혁신만이 살길입니다.

비즈니스 모델

비즈니스 모델Business Model이란 고객에게 어떤 차별적 가치를 제공하는 사업을 벌여 어떻게 수익을 창출할 것인가 하는 계획 또는 사업 아이디어를 의미한다. 간단히 말해 비즈니스 모델은 무한 경쟁의 시대에 돈을 벌 수 있는 사업임을 설명하는 것을 말한다. 일반적으로 비즈니스 모델 구성 요소로는 게리 하멜이 핵심 전략, 전략적 자원, 고객과의 접점, 가치 네트워크 등을, 혁신 전문가인 마크 존슨이 고객 가치 제안, 이윤 창출 방식, 핵심 자원, 핵심 프로세스 등을 제안했듯이 여러 전문가들이 다양한 의견을 제시하고 있지만, 결국 다음의 세 가지로 귀결된다.

첫째, 고객의 구매를 유도하기 위해 어떤 차별적인 고객 가치를 제공하려 하는가?
둘째, 차별적 가치를 제공하기 위해서는 어떤 역량을 구축해야 하는가?
셋째, 그 결과 지속적으로 수익성을 실현할 수 있는가?

그런 측면에서 위의 세 가지 요소를 구체적으로 파악, 분석할 수 있는 기법으로 《비즈니스 모델의 탄생》에 나온 비즈니스 모델 캔버스Business Model Canvas를 활용할 필요가 있다. 비즈니스 모델 캔버스는 다음 페이지에 설명되어 있는 아홉 가지 요소를 통해 비즈니스 모델을 분석하는 기법으로, 각각의 요소 모두 익히 잘 알고 있는 것이긴 하지만 간략하게 정리할 수 있다는 점에서 매력적이다. 결국 비즈니스 모델 캔버스는 비즈니스 모델 전략의 '한 장 기획서One Page Proposal'인 셈이다.

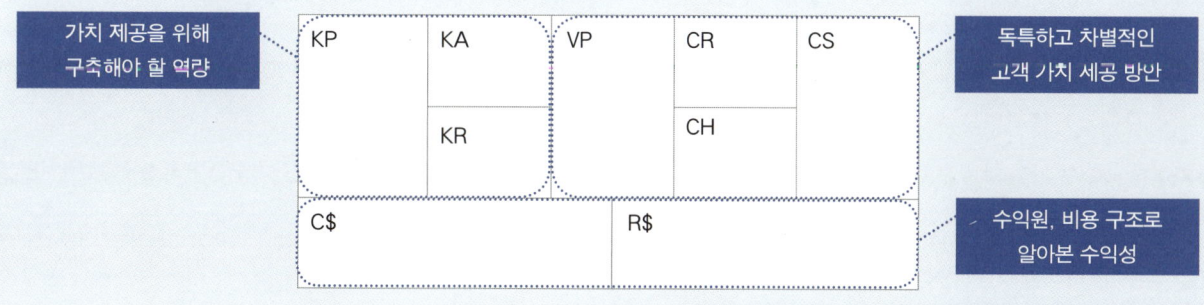

1. **CS : 고객 세그먼트** Customer Segments
누구를 위해 가치를 창조해야 하는가? / 누가 우리의 가장 중요한 고객인가?

2. **VP : 가치 제안** Value Propositions
고객에게 어떤 가치를 전달할 것인가? / 우리가 제공하는 가치가 고객이 처한 문제점을 해결해 주는가? / 고객의 니즈를 충족시켜 주는가? / 각기 다른 고객 세그먼트에게 어떤 상품이나 서비스를 제공하고 있는가? / 그 실체가 무엇인가?

3. **CH : 채널** Channels
각각의 고객 세그먼트는 어떤 채널을 통해서 자신에게 가치가 전달되기를 원하는가? / 우리는 그들에게 어떻게 다가가는가? / 채널은 어떤 기준으로 통합돼 있는가? / 어느 채널이 가장 효과적인가? / 어느 채널이 가장 비용 효율적인가? / 채널과 고객을 위한 업무는 제대로 통합되어 있는가?

4. **CR : 고객 관계** Customer Relationships
각각의 고객 세그먼트는 어떤 방식의 고객 관계가 만들어지고 유지되기를 원하는가? / 우리는 어떤 고객 관계를 확립했는가? / 비용은 얼마나 드는가? / 다른 비즈니스 모델상의 요소들과는 어떻게 통합되는가?

5. **R$: 수익원** Revenue Streams
고객들은 어떤 가치를 위해 기꺼이 돈을 지불하는가? / 현재 무엇을 위해 돈을 지불하고 있으며, 어떻게 지불하고 있는가? / 고객들은 어떻게 지불하고 싶어 하는가? / 각각의 수익원은 전체 수익에 얼마나 기여하는가?

6. **KR : 핵심 자원** Key Resources
우리의 가치 제안은 어떤 핵심 자원을 필요로 하는가? / 공급 채널을 위해서는 어떤 자원이 필요한가? / 고객 관계를 위해서는, 수익원을 위해서는 어떤 자원이 필요한가?

7. **KA : 핵심 활동** Key Activities
우리의 가치 제안은 어떤 핵심 활동을 필요로 하는가? / 공급 채널을 위해서는 어떤 활동이 필요한가? / 고객 관계를 위해서는, 수익원을 위해서는 어떤 활동이 필요한가?

8. **KP : 핵심 파트너십** Key Partnerships
누가 핵심 파트너인가? / 핵심 공급자는 누구인가? / 파트너로부터 어떤 핵심 자원을 획득할 수 있는가? / 파트너가 어떤 핵심 활동을 수행하는가?

9. **C$: 비용 구조** Cost Structure
우리의 비즈니스 모델이 안고 가야 하는 가장 중요한 비용은 무엇인가? / 어떤 핵심 자원을 확보하는 데 가장 많은 비용이 드는가? / 어떤 핵심 활동을 수행하는 데 가장 많은 비용이 드는가?

전략보다 실행이 우선이다

무한 경쟁의 시대에 버거운 상대들과 경쟁해야 하는 기업으로서는 차별화된 전략에 사활을 걸 수밖에 없습니다. 하지만 정말로 괜찮은 전략을 수립했다고 해서 성공을 보장할 수 있을까요? 한 연구 조사에 따르면 국내 매출 순위 100대 기업을 조사한 결과 80% 이상이 전략을 수립하고 있으나, 제대로 실천하여 성과를 내고 있다고 응답한 기업은 24%에 불과했다고 합니다. 심지어 수립한 전략을 실행하다 새로운 문제가 발생한 기업도 있었다고 합니다. 왜 이런 결과가 벌어지는 걸까요?

번뜩이는 아이디어가 담긴 전략이 성공을 부른다고 생각합니다. 그러다가 잘못되면 잘 만들어놓은 전략을 조직원들이 망쳐놓았다고 비난합니다. 하지만 성공하기 위해서는 전략 수립보다 실행에 집중해야 함은 당연하죠. 좋은 전략이라고 무조건 밀어붙인다고 해서 성공하는 건 아닙니다. 전략 실행이야말로 경영자가 관심을 가져야 할 일입니다. 그럼 어떻게 해야 성공적으로 전략을 실행할 수 있을까요?

첫째, 리더가 직접 나서서 변화를 주도할 수 있어야 합니다. 전략을 실행하려면 변화는 필연적이며, 이런 변화는 조직원들의 반발을 부르기 쉽습니다. 조직원들이 실행하려고 하지 않으면 아무리 좋은 전략도 실패할 수밖에 없죠. 그러므로 조직원들 스스로 하고자 하는 의지가 생기도록 유도할 수 있어야 합니다. 그러기 위해 먼저 왜 이 전략을 실행해야 하는지, 실행하지 않으면 어떻게 되는지 정보를 공유해야 합니다. 그런 연후에 실행을 통해 얻을 이익을 구체적으로 기대할 수 있도록 만들어주는 게 좋습니다. 그렇다고 뜬구름 잡는 이야기는 오히려 역효과가 나기 쉬우니, 작더라도 성공하는 모습을 빨리 보여줌으로써 눈에 보이는 성과로 말해야 합니다.

둘째, 성과를 체계적으로 관리할 수 있어야 합니다. 수립된 전략이 어떻게 실행되고 있는지 성과 지표를 통해 정기적으로 관리할 수 있는 시스템을 구축해야 합니다. 그래야 전 조직이 전략에 집중할 수 있으며, 어떻게 실행에 나가야 할지 관리할 수 있기 때문입니다. 이를 위해 BSC 등 성과 관리 시스템을 적절히 활용할 필요가 있습니다.

마지막으로, 유연하게 대처할 수 있어야 합니다. 아무리 좋은 전략이라도 상황이 바뀌면 무용지물이 될 수 있습니다. 상황이 변했는데도 결정된 전략이라고 무턱대고 밀어붙이다가는 위험을 자초할 수 있습니다. 항상 상황 변화에 유연하게 대처할 수 있도록 전략을 수정할 수 있는 시스템을 갖춰야 합니다. 일례로 정기적으로 전략 회의를 개최함으로써 성과 분석뿐만 아니라 현재의 전략도 재점검할 수 있어야 합니다.

Chapter 16

재무 전략

세상에 돈처럼 무서운 것은 없습니다. 기업에게도 마찬가지입니다. 자금 흐름이 원활하지 않으면 결국 도산에 이르기 때문입니다. 그러므로 리더라면 자금을 어떻게 조달하고 운용, 관리할 것인가 하는 재무 전략에 반드시 관심을 가져야 합니다. 그런 측면에서 이 장에서는 재무 관리와 외환 위기 사태 이후 부각되고 있는 현금흐름 경영에 대해 개략적으로 살펴보고자 합니다. 또한 구체적인 재무 전략 실무로 자본 구조의 의미와 투자 유치 전략, 타인자본 조달 등 자금 조달 전략에 대해 알아본 후, ROIC 분석과 회수기간 분석, NPV 분석, IRR 분석 등의 투자 경제성 평가와 다양한 기업 가치 평가 기법에 대해 살펴보도록 하겠습니다.

1 · 재무 관리 개요

2 · 현금흐름 경영

3 · 최적의 자금 조달 전략

4 · 투자 경제성 평가

5 · 기업 가치 평가

1. 재무 관리 개요

재무 관리Financial Management란 기업 가치를 극대화하기 위해 필요한 자금의 조달, 조달된 자금의 운용 등 재무 활동을 전략적으로 계획, 집행, 통제하는 일련의 과정을 말합니다. 과거엔 재무 관리라고 하면 필요한 자금을 조달하고 조달된 자금을 목적에 맞게 운용하는 기능 중심에 치우쳤다면, 1998년 외환 위기 사태 이후 글로벌 스탠더드의 도입과 함께 재무 관리 역시 기업 가치 극대화를 위해 최적의 재무 상태를 유지하기 위한 전략으로 격상되었습니다. 그러므로 자금의 조달 및 운용 등의 원활한 재무 활동뿐 아니라 최적의 자금 수준을 유지함으로써 유동성 확보 및 건전한 재무 구조 구축과 함께 적절한 투자를 통한 수익 창출까지 도모해야 합니다. 즉, 내부 유보 자금이 너무 적어도 문제지만 너무 많이 쌓아두는 것 역시 기업 가치 극대화 측면에서는 지양해야 합니다.

일반적으로 재무 관리는 자금의 조달 및 운용, 효율적 관리로 세분할 수 있으며, 이 가운데 주요 이슈인 현금흐름 경영과 최적의 자금 조달 전략, 투자 의사 결정을 위한 경제성 평가 및 기업 가치 평가에 대해서는 좀 더 구체적으로 알아보도록 하겠습니다.

■ 자금의 조달

자금 조달Financing은 지속 성장의 기반이자 재무 관리의 핵심 업무입니다. 즉, 유동성 및 안정성을 확보하고 지속 성장을 위한 투자를 추진할 수 있도록 자금 조달을 원활하게 수행함으로써 기업 가치 극대화에 기여할 수 있습니다. 일반적으로 자금 조달은 내부에 유보된 부가 자본을 이용하는 자기 금융, 증자 등을 통한 자기자본 조달, 차입 등에 의한 타인자본 조달 등 세 가지 방식으로 나눌 수 있습니다. 물론 가장 바람직한 자금 조달 방식은 내부 현금 창출을 통한 자기 금융이지만, 자기 금융 방식만으로는 필요한 자금을 조달하기 어려운 경우가 많아 적절한 방식을 통해 자기자본 및 타인자본을 조달할 필요가 있습니다. 참고로 자기자본 및 타인자본 조달 방식으로는 다음과 같은 방법들이 있습니다.

구분	내용
유상 증자 실시	• 신규 주식을 발행, 주식을 인수한 주주로부터의 주식 납입금 형태로 자금 조달 • 인수 주체에 따라 주주 우선 배정, 제3자 배정, 일반 공모 방식이 있음
주식 배당 실시	• 배당금 명목으로 신규 주식을 발행, 기존 주주들에게 무상으로 나누어주는 방식 • 현금 대신 주식으로 배당함으로써 자금 조달 효과 발생
CB 또는 BW 발행	• CB Convertible Bond : 일정한 조건에 따라 주식으로 전환할 수 있는 전환사채 • BW Bond with Warrant : 신주를 인수할 권리Warrant가 부여된 신주인수권부사채
일반 회사채Bond 발행	• 기업이 직접 발행한 채권으로 정해진 시점에 이자를 지급하고 만기에 원금을 상환 • 제3자가 보증하는 보증사채, 담보부사채, 무보증/무담보사채가 있음
기업 어음CP 발행	• 기업 어음CP, Commercial Paper이란 단기 자금 조달 목적으로 발행된 융통 어음 • 회사채 만기가 3년 이상인 반면, 기업 어음의 만기는 통상 6개월 이내임
자금 융자	• 은행 등 금융 기관으로부터 장·단기 자금을 합의한 조건에 따라 융자 차입 • 어음 할인, 운영 자금 대출, 시설 자금 대출, 리스, 무역 금융, 프로젝트 파이낸싱 등 • 금융 기관 외에도 정부/지자체로부터 정책 자금을 조달할 수도 있음

■ 자금의 운용

자금 운용 Application of Funds은 내부에서 창출하거나 외부로부터 조달한 자금을 투자하거나 사업 운전자본으로 활용함으로써 기업 가치를 극대화하려는 재무 활동입니다. 특히 기존 사업의 경쟁력 강화나 신규 사업 개척을 위한 R&D 투자나 설비 투자 등 자본 예산 Capital Budgeting과 같은 장기 투자 의사 결정이야말로 자금 운용의 핵심 업무라 할 수 있습니다. 장기 투자 의사 결정을 어떻게 하느냐에 따라 기업의 지속 가능 성장이 좌우되기 때문입니다.

일반적으로 자금 운용은 아래와 같이 장기 투자 의사 결정, 단기 자본 운용, 주주 이익 배당으로 구분할 수 있습니다.

1 장기 투자 의사 결정
- 투자 효과가 1년 이상에 걸쳐 나타나는 자본적 지출에 관한 계획으로서의 자본 예산 Capital Budgeting
- 투자로 인한 미래 현금흐름 추정 후 회수기간법, 순현재가치법, IRR법 등 투자 경제성 평가 수행
- 투자 시작 후 주기적으로 투자 집행 현황 및 성과 분석을 통해 전략적 방향 재검토

2 단기 자본 운용
- 운전자본 관리 : 경상적 지출 등 기존 사업을 운영하는 데 필요한 운전자본을 최적화하는 재무 활동
- 유동자산 관리 : 고수익 창출을 위한 잉여 자금 재테크, 선물, 옵션 등 위험 관리 차원의 파생금융상품 투자 등
- 단기 자본 운용은 원활한 사업 운영뿐만 아니라 유동성 확보 및 재무 리스크 최소화 등에 초점

3 주주 이익 배당
- 배당 정책은 기업 가치에 영향을 미치기에 투자자들이 납득할 수 있는 합리적인 배당 정책을 집행해야 함
- 배당 정책으로는 안정 배당 정책, 이익 비례 정책, 잔여 이익 배당 정책 등이 있음
- 배당 성향 : 미래 성장을 위한 재투자 차원에서 내부 유보 vs 투자 이익의 현실화 차원에서 고배당

■ 효율적 관리

재무 관리가 단순한 자금 조달 및 운용 측면을 넘어 기업 가치 극대화를 위한 전략이 되기 위해서는 거시적인 관점에서 현재의 재무 상태를 진단, 분석하고 체계적인 계획을 수립하여 기업 가치 극대화를 지향할 수 있어야 합니다. 즉, 내·외부 경영 여건과 자사의 전략적 방향에 따라 합리적으로 자본을 조달하고 운용하기 위해 아래와 같이 전략적 관리를 지속적으로 수행합니다. 이를 통해 채무 지급 능력 등 유동성 확보, 건전한 재무 구조 구축, 투명 경영에 따른 주주와 채권자 등 이해 관계자들과의 협력 강화, 지속 성장 동력 창출 지원 등을 지향함으로써 기업 가치 극대화에 기여할 수 있습니다.

1 재무 계획 수립
- 자사의 장·단기 경영 계획을 토대로 최대한 보수적인 관점에서 재무 관리 계획 수립
- FRICTO 원칙에 따라 최적의 자금 조달 방안 수립
- 경영 환경의 변화, 돌발 상황 발생 등 불확실한 환경에 대응한 시나리오 플래닝 필요

2 재무 진단 분석
- 재무제표 실적을 토대로 현 재무 상태를 파악함으로써 향후 재무 전략 수립에 참고
- EVA 및 비용 구조 분석 등의 수익 구조 분석, 성장성, 수익성, 안정성, 활동성, 생산성 등 재무 비율 분석, 내부성장률 및 지속가능성장률 분석 등 다양한 재무 진단 분석 수행

3 기업 가치 극대화
- 재무 전략의 목표는 기업 가치 극대화에 있음
- 정기적으로 기업 가치 평가를 통해 현 수준을 진단함으로써 기업 가치 제고 전략 수립에 참고
- 기업 가치 평가는 피인수 기업의 가치를 객관적으로 평가함으로써 M&A 의사 결정에도 유용함

재무 관리는 그 특성상 열 번 잘하다가도 한 번 실수하면 돌이킬 수 없는 결과로 이어질 가능성이 높습니다. 그러므로 어떤 상황에서도 실패하지 않으려는 보수적인 자세를 견지할 필요가 있습니다. 그런 측면에서 어떻게 하면 재무적으로 실패하는지 재무적 실패에 대하여 살펴보도록 하겠습니다.

재무적 실패에 대하여

R&D나 상품 개발 등은 실패하면 프로젝트의 실패로 끝난다. 하지만 재무 관리에 실패하면 일시적인 기회비용 손실에서부터 최악의 경우 보유 자산의 실질 가치가 부채보다 크지만 유동부채를 상환할 능력이 결여된 '기술적 도산'이나 보유 자산의 실질 가치가 부채보다도 적은 '재무적 파산'으로 이어져 기업 자체가 무너진다는 점에서 그 충격이 엄청나다. 물론 재무 관리를 잘한다고 사업이 성공하는 건 아니지만, 재무 관리를 어떻게 하느냐에 사업의 경쟁력 및 기업의 사활이 달려 있기에 그 중요성을 간과할 수 없다. 사업 자체의 문제가 아니라 부실한 재무 관리로 기업 도산과 같은 재무적 실패를 초래할 수 있기 때문이다. 그런 측면에서 할란 플라트Harlan D.Platt가 《기업이 실패하는 5가지 이유Why Companies Fail》에서 지적한 재무적 실패를 부르는 원인을 구체적으로 살펴보면 다음과 같다.

첫째, 사업이 계절성Seasonality을 띄는 등 수익과 비용의 현금흐름이 상이할 경우 과다 비용과 과소 수익이 발생하는 시점에 파산 가능성이 있다.
둘째, 유동자산 규모가 적정 수준 이하로 떨어질 경우 경영 환경 변화로 매출채권 및 재고자산의 회전율이 저하되면 채무 상환 능력 저하로 위험을 초래할 수 있다.
셋째, 부채 만기 조절에 실패, 유동부채 규모가 적정 수준 이상으로 높아질 경우 단기적으로 과도한 부채 상환 부담으로 인해 위험할 수 있다.
넷째, 영업 레버리지만을 고려, 너무 높게 비유동비율을 책정하다가는 비유동자산 구입에 따른 과도한 현금 유출이나 경영 환경 변화에 따른 적자폭 확대로 위험을 초래할 수 있다.
다섯째, 재무 레버리지만을 고려, 너무 높은 부채비율을 유지하다가는 재무 환경의 변화로 자금 조달이 어려워져 부채 상환 능력이 떨어질 경우 위험을 초래할 수 있다.

그러므로 재무 관리자는 최소의 재무 비용으로 필요한 자금을 원활하게 조달하여 적절한 투자 등을 통해 자본을 운용, 전략적으로 관리함으로써 기업 가치를 극대화하는 역할뿐 아니라 재무적 실패에 빠지지 않도록 관리하는 것 역시 중요한 역할임을 명심해야 한다. 재무 관리 특성상 백 가지 수익 창출보다 한 가지 위험 대비가 더 중요하니까 말이다.

2. 현금흐름 경영

현금흐름 경영Cash Flow Management이란 현금 창출 역량을 극대화함으로써 단기적으로는 유동성을 확보하고 장기적으로는 기업 가치를 높이며 지속적인 성장을 추구하는 경영 활동을 말합니다. 외환 위기 사태 이후 글로벌 스탠더드의 도입과 함께 국내에서도 현금흐름 경영의 중요성이 부각되어 왔고, 최근 들어 미국과 유럽 등 선진국의 금융 위기로 불어닥친 글로벌 불황과 저성장 기조의 장기화로 그 어느 때보다 관심이 집중되고 있습니다.

과거에도 현금흐름을 관리하는 활동을 하긴 했으나, 현금흐름을 재무 부문에서 유동성 확보 차원에서 사후에 관리하다 보니 실제 현금 유·출입이 일어나는 기업 내 각 부문의 활동을 적절하게 관리하지 못해 현금 창출 효과가 미약했습니다. 이에 경영진의 주도 하에 전사적인 차원에서 현금 확보 및 효율성 제고를 목표로 현금흐름을 통합 관리함으로써 현금 창출 역량을 극대화할 필요성이 부각되며, 기업 내 모든 부서가 현금흐름 경영에 적극적으로 참여하는 전사적 현금흐름 경영Total Cash Flow Management이 대두되었습니다.

전사적 현금흐름 경영

구분	내용
의미	경영진의 주도 하에 기업 내 모든 부서가 현금 창출 및 효율성 제고를 위해 현금흐름 경영에 적극적으로 참여하는 경영 활동
기대 효과	• 현금 보유량을 적정 수준 이상으로 유지, 단기적인 재무 충격으로 인한 위험 완화 • 영업 활동에서의 순현금흐름Net Cash Flow 극대화로 미래의 기업 가치 제고 • 이를 통해 투자자들의 신뢰를 얻어 현금 유입이 활성화되는 효과도 기대
경영 방식	단순한 양적 성장이 아닌 현금 창출 중심의 질적 성장으로 전환 필요

	기존의 경영 방식	현금흐름 경영 방식
기업 목표	기업 규모 극대화	기업 가치 극대화
기업 전략	공격적인 성장 전략	안정적인 성장 전략
추구 방향	매출 〉 수익 〉 현금	현금 〉 수익 〉 매출

"내가 5년만 빨리 현금흐름을 알았더라면 GE의 성장을 10년은 앞당길 수 있었을 것이다."라는 잭 웰치Jack Welch 전 GE 회장의 말처럼 미국에서는 현금흐름 경영이 기업의 성패를 좌우하는 핵심 이슈로 대두된 지 오래입니다. 특히 금융 위기로 인한 글로벌 불황 속에 생존하기 위해서는 무엇보다도 현금흐름이 중요할 수밖에 없는 환경이 되었습니다. 그렇다 보니 S&P 같은 기업 평가 기관에서는 기업을 평가할 때 '원금 상환 능력의 기초가 되는 현금흐름과 수익력'을 가장 중요하게 여기고 있으며, M&A나 투자 시에도 매출이나 손익보다 기업 실태를 좀 더 정확히 반영하는 현금흐름을 중요한 가치 평가 지표로 삼고 있습니다.

이런 현상은 비단 미국만의 일은 아닙니다. 일례로, 자신만의 독자적인 경영 방식을 추구하던 일본도 '잃어버린 20년'을 겪으며 현금흐름 경영의 중요성을 인식하여 글로벌 스탠더드에 부합하는 경영을 추진하고 있습니다. 그러므로 우리도 하루빨리 현금흐름 경영으로 전환하여 경영 효율성을 높여야 합니다.

전략적 의사 결정 도구로 활용	기업 전략 차원에서 전략적 의사 결정 시 미래의 현금흐름을 주요 도구로 활용 • GE는 현금흐름 기준으로 20%가 넘는 수익률의 사업에만 신규 진출 • 몬산토는 주력 사업인 화학 사업의 미래 현금흐름이 불투명하자 분사 Spin-off 단행
기업 가치 극대화 추구	현금 창출 역량 제고를 통한 기업 가치 극대화 추구 • IBM, 듀폰은 영업 현금흐름 극대화를 위해 설비 투자 삭감, 비효율 자산 매각 등 단행 • 후지쯔는 설비 투자 제한, 현금흐름이 높은 사업에만 투자 등을 통해 현금흐름 개선
전사적 통합 관리 실시	현금 유·출입에 대한 전사적 통합 관리를 통해 현금흐름의 효율성 제고 • 모토로라는 글로벌 현금 관리 시스템에 의한 통합 관리 실시 • 소니 역시 DCF Discount Cash Flow 지표에 따른 평가 및 글로벌 자금 통합 관리 실시
투명 경영 실천 도구로 활용	글로벌 스탠더드로서 현금흐름 경영을 채택, 투명성을 제고 • 오릭스는 현금흐름 경영 도입으로 투명 경영 체제와 불황에 강한 체질 구축, 이를 위해 부동산 등 장부상 이익보다 유동성을 높일 수 있는 수익성에 집중

■ 현금흐름 경영 활동의 원칙

현금흐름 경영을 통해 단기적으로는 현금 보유를 확대하는 등 현금흐름을 원활하게 하고 장기적으로는 현금 창출을 극대화하고 현금흐름을 최적화해야 합니다. 즉, 아래와 같이 장애 제거Clearing, 유연성 확보Adaptability, 고속 회전Speed, 균형 유지Harmony 의 네 가지 원칙에 따라 양적 측면에서는 현금 보유량 확대를, 질적 측면에서는 회전 속도 극대화를 통한 현금 효율성 제고를 추구해야 합니다.

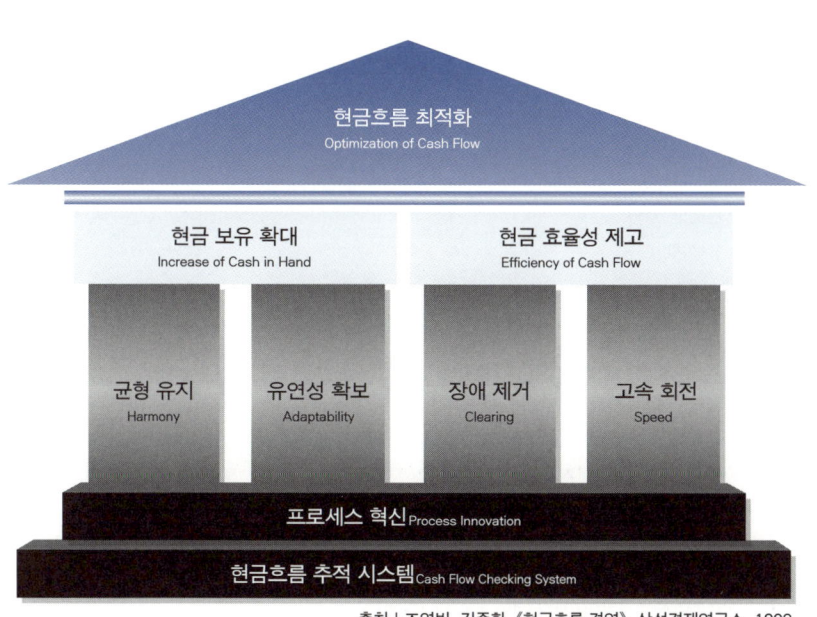

출처 | 조영빈, 김준환, 《현금흐름 경영》, 삼성경제연구소, 1998

현금흐름 경영의 4대 원칙 C. A. S. H.

장애 제거 Clearing
- 전사적으로 현금흐름을 방해하는 장애물을 제거하는 활동
- 현금흐름 경영 도입을 위한 기반 구축에 활용
- 불량 채권 및 악성 재고 제거, 고장률 최소화 등

유연성 확보 Adaptability
- 신규 유입 경로 추가, 유출 경로 폐쇄 등을 통한 조절
- 유연성 확보를 위해 복수 거래선 개척, 현금 조달의 다각화, 유연한 인력 관리 등 추진

고속 회전 Speed
- 현금 회선 속도를 높여 운선사몬을 최소화하는 활동
- 현금 보유에 의한 기회비용을 최소화시킬 수 있음
- 채권 및 재고 회전율 제고, 배송 시간 단축 등

균형 유지 Harmony
- 과부족이 없도록 현금 유출입 과정을 균형 있게 관리
- 유동성 확보 및 리스크 대응 수준의 현금 보유
- 과다 현금 보유 역시 기회의 상실이기에 문제

■ 실무 관점에서 본 현금흐름 경영

부문 1 | 영업 분야

영업 부문에서의 현금흐름 경영 활동에서 고려해야 할 요소들은 아래와 같습니다.

구분	내용
사고의 전환	매출지상주의에서 매출과 현금 모두를 중시하는 사고로 전환 필요 • 매출 성장에만 집착할 경우 밀어내기식 매출이 매출채권 및 재고자산의 증가로 이어져 과다한 운전자본에 의한 현금 부족이 발생할 수 있음 • 일선 영업 인력을 대상으로 현금흐름 중심의 영업 활동 교육 지속 실시
선택과 집중	수익성 높은 상품/서비스 및 고객에게 집중 • 수익성이 낮은 상품/서비스나 고객 관리는 과감하게 중단하거나 활동 최소화 • 신규 고객 발굴보다는 기존 고객에 집중 • 현금 투자를 최소화할 수 있도록 판매 제휴, 파트너십 등 적극 활용
성과 관리	현금흐름 기준으로 매출 목표를 수립, 평가함으로써 현금 창출력 제고 • 매출액이 아닌 현금흐름 매출액을 목표로 설정함으로써 현금 매출을 유도 현금흐름 매출 목표액 = 현금 매출액 + 매출채권 × (1 − 위험율$_{Risk\ Rate}$) • 거래처별로 현금 목표액이나 매출채권 비율, 매출채권 기일 등을 지속적으로 관리
매출채권 관리	매출채권 회전일수 단축 등 매출채권 회수 관리도 중요 • 인센티브 제공 등을 통한 매출채권 회수기간 단축 노력 추진 • 매출채권 중 받을 어음의 비중을 높이는 작업도 필요 • 한도 기일을 초과한 매출채권 회수는 전사적 차원에서 특별 관리 시행

부문 2 | 구매/생산 분야

다음으로 구매 및 생산 부문에서의 현금흐름 경영 활동에서 고려해야 할 요소들은 아래와 같습니다.

구매력 강화
강력한 구매 파워를 활용해 현금흐름 극대화에 기여
- 자사의 구매 파워를 강화할 수 있도록 통합 구매 시스템 구축 필요
- 통합 구매를 통해 구매 단가 인하 및 대금 지불 시기 조절 가능
- 가능하다면 타사와의 제휴를 통한 공동 구매 방식도 고려할 필요가 있음

매입채무 관리
현금흐름 관점에서 전략적인 매입채무 관리가 필요
- 매입채무 기일 연장, 현물 상환 가능성 타진, 거래처 다변화 등 현금 창출 노력 집중
- 이는 현금 매입을 통한 매입 단가 인하 방안과 상충되는 면이 있으므로 양면을 모두 고려하여 자사에 이익이 되는 수준에서 전략적으로 결정하는 게 바람직함

재고자산 관리
'재고는 바로 현금이다'라는 인식 하에 재고자산 보유 최소화에 집중
- JIT 같은 재고 관리 목표 수준을 정하고 정기적으로 평가, 관리
- 악성 재고 정리, 재고자산 회전율 제고, 재고자산 유지 비용 절감 등 추진
- 공급 업체와의 전략적 협력을 통해 재고 수준을 낮추는 노력도 필요

매출원가 관리
매출원가 절감은 수익성 제고뿐만 아니라 현금흐름 경영에도 중요
- 공격적인 목표 원가를 설정, 원가 절감을 전사적으로 추진
- 활용도가 떨어지는 생산 설비 등 리스 전환 또는 매각 후 아웃소싱 검토
- 물량 통합 생산, 설비 공동 이용, 설계 프로세스 개선 등 생산 설비 효율성 제고

부문 3 | 재무/관리 분야

마지막으로 재무 및 관리 부문에서의 현금흐름 경영 활동에서 고려해야 할 요소들은 아래와 같습니다.

전사 통합 관리	전사 차원에서 현금흐름을 계획, 분석, 통제할 수 있는 통합 관리 시스템 구축
	• 현금 유출 최소화를 위한 제로베이스Zerobase 예산 시스템 등 현금흐름 중심 계획 수립 • 정기적으로 현금 유·출입 실적 분석, 평가 후 효율적인 관리 방안 마련 • 신규 사업 진출, 설비 투자 등 자본 예산 결정 시 현금흐름 기준으로 평가
비용 절감 활동	지속적인 비용 절감 활동은 언제나 중요
	• 마케팅 비용 등 판매관리비 집행 성과에 대해 평가 후 재조정 • 매출 대비 고정비용 비율을 인하할 수 있도록 변동비화 추진 • '마른 수건 쥐어짜기'로 인식되지 않도록 조직 구성원 설득 병행 필요
자금 조달 관리	어떤 상황에서도 필요한 자금을 낮은 자금 비용으로 조달
	• 직접 금융 비중 확대, 자금 조달 경로의 다양화 등을 통해 재무적 유연성 확대 • 투명 경영, 복수 거래선 개척, 금융 기관과의 유대 강화 등을 통해 조달 비용 인하 추진 • 비상 상황에 대비해 자금 조달 핫라인을 확보하고 있어야 함
자금 운용 관리	현금흐름 극대화를 지향하는 자금 운용 기조 유지
	• 투자 평가 시 미래 현금흐름 관점에서 검토 후 투자 여부 결정 • 조직 슬림화, 한계 사업 정리 등 다운사이징Downsizing을 통해 소요 자금 최소화 • 잉여 자금 재테크, 배당 정책 등 자금 운용에서 보수적인 자세 견지

3 ■ 최적의 자금 조달 전략

기업 활동에서 자금 조달은 사람에서 혈액 순환과 같은 역할을 합니다. 인체에 혈액 순환이 잘되지 않으면 여러 장애 증상이 나타나다가 결국 쓰러지는 것처럼, 기업에서 자금 흐름이 원활하지 않으면 결국 도산이라는 중병으로 사망하기 때문입니다. 미국 서브프라임 사태와 유럽발 금융 위기 이후 세계적으로 저성장 불황이 지속되고 있는 요즘, 자금 조달이야말로 기업 생존에 가장 중요한 요소입니다.

문제는 자금 조달이 그리 쉬운 문제가 아니라는 점입니다. '맑은 날에는 우산을 빌려 가라며 떼를 쓰다가 정작 비가 오면 우산을 빼앗아 간다.'라는 말이 있습니다. 요즘에는 한 술 더 떠서 먹구름만 끼어도 우산을 빼앗아 간다고 하죠. 그러므로 지속 성장을 위해서는 어떤 상황에서도 자금이 원활하게 조달될 수 있도록 장기적이고 전략적인 관점에서 바라볼 필요가 있습니다. 갑자기 자금이 필요해 조달하려고 하면 늦기 때문입니다. 그런 측면에서 현재 위치와 목표, 기업 전략, 향후 필요한 자금 규모 및 용도, 자본비용 및 재무 리스크 감당 수준 등 자사의 경영 여건에 따라 최적의 자금 조달 전략을 수립, 실행해야 합니다. 앞서 소개한 자기 금융, 자기자본 및 타인자본 조달 등 세 가지 자금 조달 방안 역시 각각 장단점이 있으므로 자신에게 맞는 방안을 선택할 수 있어야 합니다. 자금 조달 전략을 수립할 때 고려해야 할 사항들을 살펴보면 다음과 같습니다.

첫째, 내부 자금을 활용하는 게 최우선입니다.
외부에서 자금을 조달하지 않고 내부 자금을 활용할 수만 있다면 최선입니다만, 자금 조달 역량이 부족한 게 문제입니다.
둘째, 최적의 자본 구조를 구축해야 합니다.
외부 자금을 조달할 때 합리적인 자기자본과 타인자본 비율을 고려함으로써 자본비용 최소화, 재무 안정성 확보, 주주 및 기업 가치 극대화를 추구하는 게 바람직합니다.
셋째, 기업 성장 단계에 따라 적절한 자금 조달 방안을 추진해야 합니다.
기업 성장 단계에 따라 자금 조달 방안이 한정된 경우가 있으니 자신의 여건에 비추어 자금 조달을 추진할 수 있어야 합니다.
넷째, 투자 유치는 전략적으로 준비해야 합니다.
투자자 입장에서 투자할 마음이 생기도록 꼼꼼하게 투자 유치 전략을 수립, 실행해야 합니다.
다섯째, 타인자본 조달은 어떤 상황에서도 조달할 수 있도록 다양화하는 게 좋습니다.
정책 자금에서부터 금융권, 회사채 및 기업 어음 발행, 해외 조달 경로 등 다양한 조달 방식을 활용할 필요가 있습니다.

■ 내부 현금 창출을 통한 자기 금융 Self Financing

자금 조달 여부도 중요하지만, 적절한 자금 조달 방식을 선택하는 것 역시 장기적인 지속 성장 측면에서 중요한 의사 결정입니다. '내부 자금, 부채, 주식의 순서로 자본을 조달한다.'라는 자본 조달 순위 이론 Pecking Order Theory 이 아니더라도, 가능하면 내부 현금 창출을 통한 자기 금융이 가장 먼저 고려해야 할 자금 조달 방식임은 분명합니다. 또한 내부적으로 현금을 원활하게 창출한다면 외부 이해 관계자들의 신뢰도 얻을 수 있어 외부 자금 조달을 용이하게 하는 효과도 기대할 수 있습니다. 내부 현금 창출은 앞서 살펴보았던 현금흐름 경영을 통해 극대화할 수 있습니다. 참고로 현금흐름 경영을 정리해 보면 아래와 같습니다.

전사적 현금흐름 경영으로의 전환

전 조직 구성원이 현금 창출 증대 및 효율성 제고를 위해 현금흐름 경영에 적극적으로 참여함으로써, 적정 수준 이상의 내부 현금 보유로 단기적인 재무 위험을 방지하고 기업 가치를 극대화하여 이해 관계자들의 신뢰를 제고

현금 창출량 증대
- 매출 증대/비용 절감을 통한 이익 제고
- 자산 매각 및 유동화를 통한 현금 창출
- 자금 조달 경로의 다변화
- 보수적인 배당 정책 실시

현금 창출 효율성 제고
- 매출채권/재고자산 회전율 제고
- 장기채권/악성재고 정리 및 최소화
- 다운사이징을 통한 효율성 제고
- 현금흐름 기준으로 투자 여부 결정

실행 방안

경영진의 주도 하에 전사적인 관점에서 현금흐름 극대화를 목표로 계획의 수립, 집행, 평가에 이르기까지 현금흐름 통합 관리를 지속적으로 시행

■ 자본 구조 정책

자금 조달 방식을 선정할 때 고려해야 할 요소 중의 하나가 바로 자본 구조 정책Capital Structure Policy입니다. 자본 구조 정책이란 자본과 부채의 최적 배합을 결정하는 정책으로, 최적의 자본 구조 구축을 통해 자본비용을 최소화함으로써 기업 가치를 극대화할 수 있도록 타인자본 비율을 최적화하는 것을 말합니다. 대개 자기자본 조달보다 차입에 의한 타인자본 조달이 절세 효과와 대리인 비용 문제, 주주 가치 극대화 측면에서 우선 고려하는 게 일반적입니다만, 부채비율이 높아질수록 재무 위험도 증가하며 자본비용이 상승하여 절세 효과를 상쇄시켜 자기자본보다 높은 비용으로 자금을 조달해야 합니다. 결국 가장 낮은 비용으로 자금을 조달할 수 있게 되는 적정 부채비율 수준을 유지하는 게 바람직한데, 이를 최적의 자본 구조라 합니다. 문제는 이 수준을 구하기가 쉽지 않다는 데 있습니다. 기업의 내·외부 여건이나 경영 전략, 자금 조달 환경 등에 따라 다르기 때문입니다. 그러므로 아래와 같이 FRICTO 원칙에 입각하여 적절한 자본 구조를 구축할 수 있도록 자금 조달 방식을 선택할 필요가 있습니다.

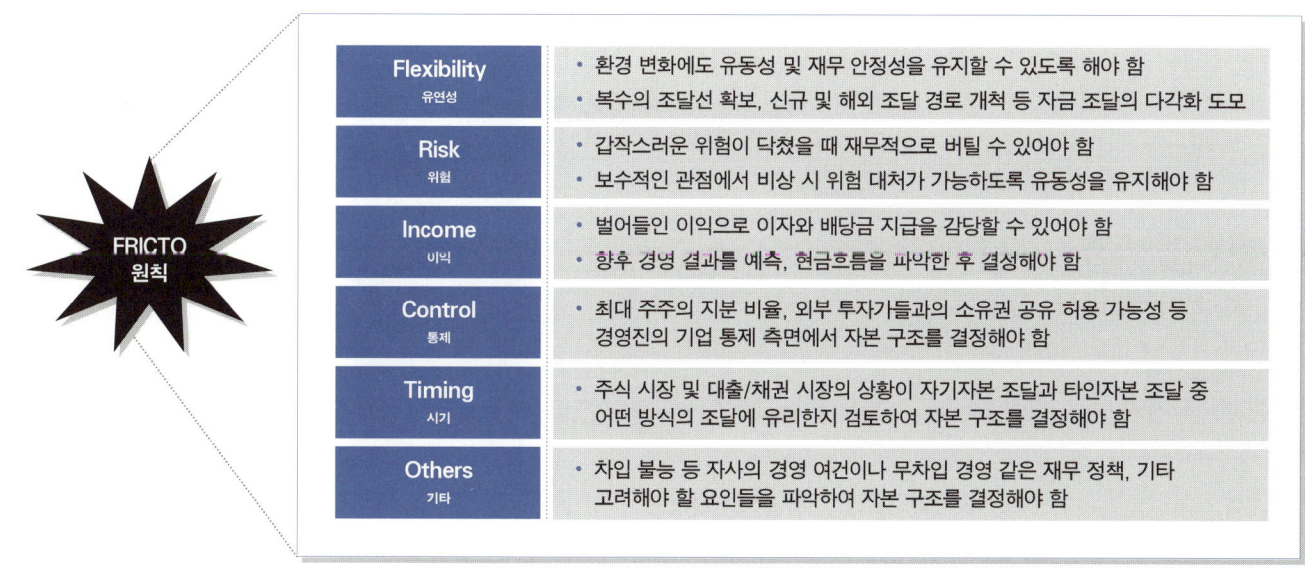

■ 기업 성장 단계에 따른 자금 조달

자금 조달 방식을 선정할 때, 기업의 성장 단계 역시 영향을 미치는 요소입니다. 기업의 성장 단계에 따라 자금 조달 방식에 한계가 있거나 유리한 방식이 다르기 때문입니다. 특히 초기에는 자금 조달이 여의치 못할 경우가 많습니다. 그러므로 성장 단계에 따른 자금 조달 방식을 숙지하여 자사의 여건에 맞게 적용할 필요가 있습니다.

일반적으로 창업에서부터 기술 및 상품 개발, 양산 준비, 본격 성장, IPO에 이르기까지 기업 성장 단계에 따른 자금 조달 방식은 다음과 같습니다.

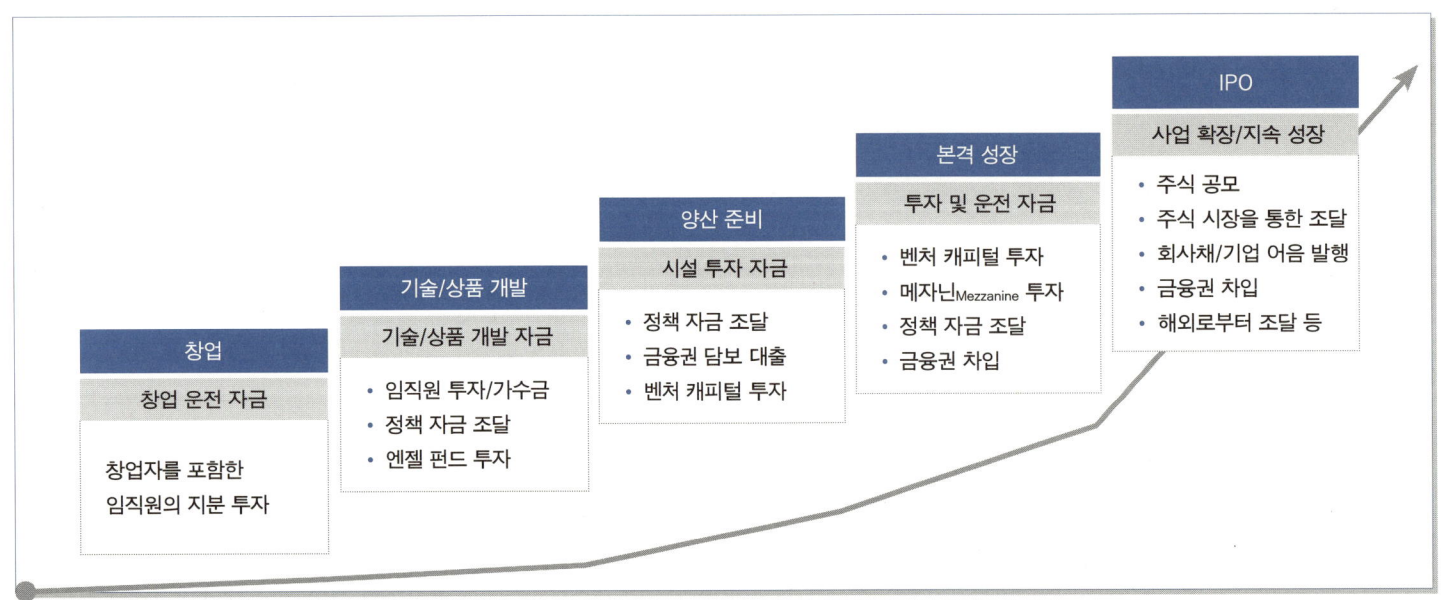

자금 조달 라이프 사이클

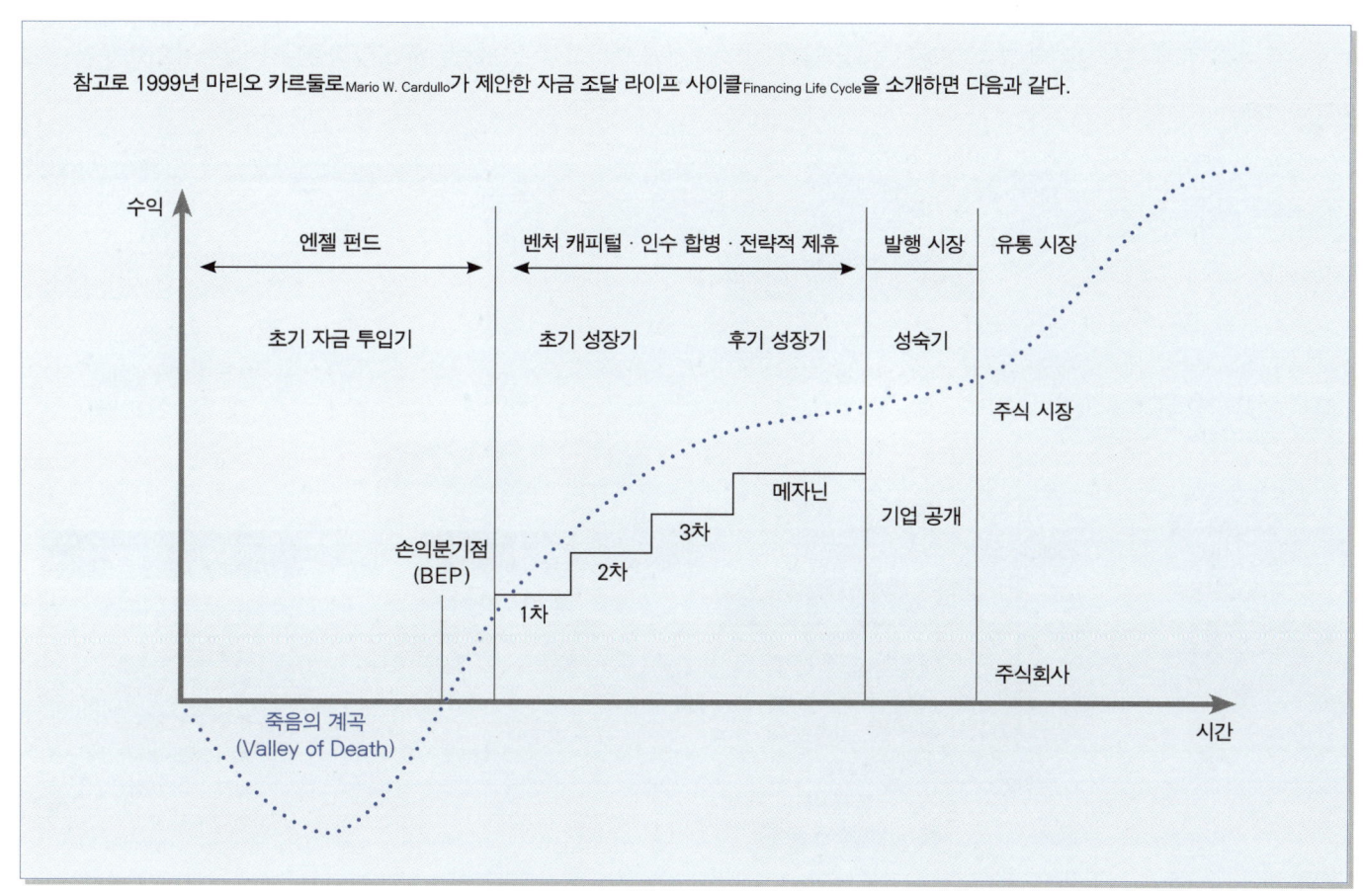

■ 투자 유치 전략

투자 유치를 통한 자금 조달 활동은 호의적인 투자 환경 속에, 투자를 유치할 만한 역량을 보유하고, 현실성 있는 사업 계획과 함께 합리적인 투자 유치 조건을 제시함으로써 투자자들을 설득할 수 있어야만 가능합니다. 그러므로 투자 유치는 투자 환경 및 자사의 역량 분석을 토대로 투자 유치 가능성을 종합 검토하는 등 전략적으로 신중하게 준비하여 추진하는 게 바람직합니다. 일반적으로 투자 유치 프로세스는 아래와 같습니다.

일반적인 투자 유치 프로세스

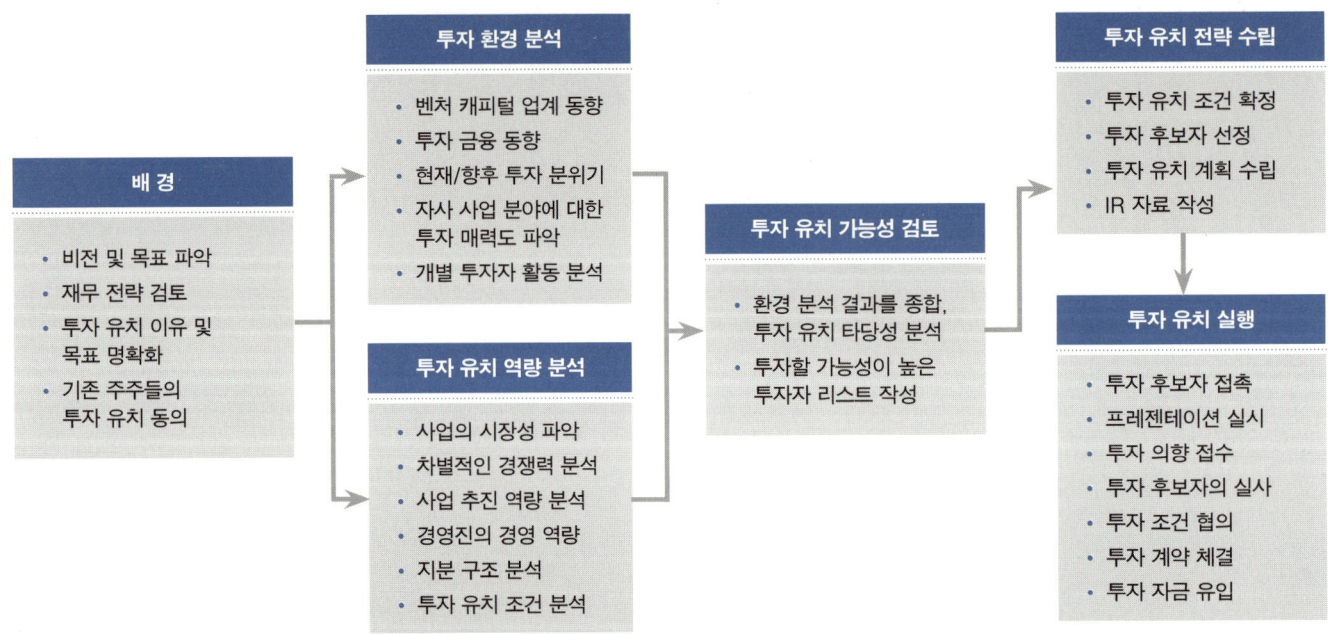

세부 검토 사항 1 | 벤처 캐피털 투자 방식에 대한 이해

벤처 캐피털Venture Capital이란 사업 경쟁력을 보유하고 있으나 자금이 부족한 벤처 기업에게 자본을 투자하여 기업을 육성함으로써 높은 자본 이득을 취하려는 기관 투자가를 말합니다. '지피지기면 백전불태'라고 했듯, 벤처 캐피털로부터 원활하게 투자를 유치하기 위해서는 그들의 입장을 이해하려는 노력이 선행되어야 합니다. 그런 의미에서 벤처 캐피털의 투자 방식을 알아보면 다음과 같습니다.

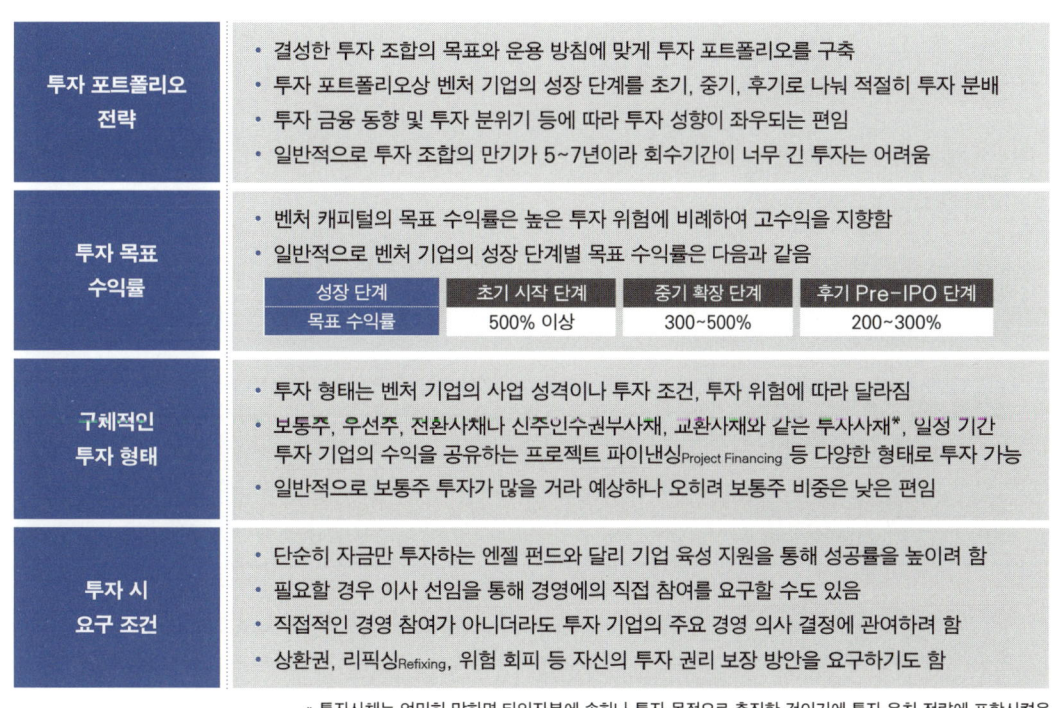

투자 포트폴리오 전략	• 결성한 투자 조합의 목표와 운용 방침에 맞게 투자 포트폴리오를 구축 • 투자 포트폴리오상 벤처 기업의 성장 단계를 초기, 중기, 후기로 나눠 적절히 투자 분배 • 투자 금융 동향 및 투자 분위기 등에 따라 투자 성향이 좌우되는 편임 • 일반적으로 투자 조합의 만기가 5~7년이라 회수기간이 너무 긴 투자는 어려움
투자 목표 수익률	• 벤처 캐피털의 목표 수익률은 높은 투자 위험에 비례하여 고수익을 지향함 • 일반적으로 벤처 기업의 성장 단계별 목표 수익률은 다음과 같음 | 성장 단계	초기 시작 단계	중기 확장 단계	후기 Pre-IPO 단계
---	---	---	---
목표 수익률	500% 이상	300~500%	200~300%	
구체적인 투자 형태	• 투자 형태는 벤처 기업의 사업 성격이나 투자 조건, 투자 위험에 따라 달라짐 • 보통주, 우선주, 전환사채나 신주인수권부사채, 교환사채와 같은 투사사채*, 일정 기간 투자 기업의 수익을 공유하는 프로젝트 파이낸싱Project Financing 등 다양한 형태로 투자 가능 • 일반적으로 보통주 투자가 많을 거라 예상하나 오히려 보통주 비중은 낮은 편임
투자 시 요구 조건	• 단순히 자금만 투자하는 엔젤 펀드와 달리 기업 육성 지원을 통해 성공률을 높이려 함 • 필요할 경우 이사 선임을 통해 경영에의 직접 참여를 요구할 수도 있음 • 직접적인 경영 참여가 아니더라도 투자 기업의 주요 경영 의사 결정에 관여하려 함 • 상환권, 리픽싱Refixing, 위험 회피 등 자신의 투자 권리 보장 방안을 요구하기도 함

* 투자사채는 엄밀히 말하면 타인자본에 속하나 투자 목적으로 추진한 것이기에 투자 유치 전략에 포함시켰음

벤처 캐피털의 내부 투자 결정 절차

세부 검토 사항 2 | 투자 유치 타당성 분석

투자 유치를 본격적으로 준비하기에 앞서서 자사의 투자 유치 가능성을 파악해 볼 필요가 있습니다. 즉, 투자 환경과 투자 유치 역량 등 투자 관련 내·외부 환경을 조사하여 다음과 같이 투자 유치 타당성을 분석해야 합니다.

투자 환경 분석	• 벤처 캐피털 업계 현황이나 금융/자금 시장 동향, 코스닥 등 주식 시장 동향, 정부 지원 정책, 법적 규제 동향, 현재 및 향후 투자 분위기 등이 투자 유치에 유리해야 함 • 현재 투자 트렌드에 비추어 자사 사업 분야에 대해 매력을 느껴야 함 • 현재 또는 가까운 장래에 자사 투자에 관심을 가질 만한 투자자들이 있어야 함
투자 유치 역량 분석	• 비전이 명확하고 기존 주주들의 동의 하에 투자 유치 목적 및 용도가 분명해야 함 • 시장 매력도, 수익성 등의 측면에서 사업의 시장성이 좋아야 함 • 특허와 같은 독자 기술 보유 등 자사만의 차별적인 경쟁력을 보유해야 함 • 투자 후 사업을 원활하게 추진할 수 있어야 하고, 특히 추가 자본 조달에 문제가 없어야 함 • CEO가 리더십과 열정, 전문성, 위기 극복 능력, 전략적 사고 등 우수한 경영 역량을 가져야 함 • 최대 주주 지분율, 참여 주주 명단 등 지분 구조에서 투자에 문제가 없어야 함 • 투자 단위, 투자 방식, 투자 배수, 회수 시점 등 투자 유치 조건이 매력적이어야 함

투자 유치 타당성 분석

A	투자 유치 실행	• 투자 유치 전략 수립 • 신속하게 투자 유치 실행
B	투자 유치 재검토	• 투자 유치 시점 조정 • 투자 조건 변경 등 검토
C	역량 제고 필요	• 투자 유치 잠정 보류 • 자사 역량 제고부터 선행
D	투자 유치 중단	• 투자 유치 중단 • 다른 자금 조달 방안 강구

세부 검토 사항 3 | 투자 유치 조건 선정

투자자들에게는 투자 대상 기업의 사업성보다 투자 유치 조건이 더 중요하다 해도 과언이 아닙니다. 또한 투자 유치 조건은 경영진의 경영권 유지나 재무 구조, 기존 주주들의 동의 여부 등에도 영향을 미치므로 신중하게 선정해야 합니다.

투자 단위	• 전체 투자 유치 규모와 개별 투자자들의 투자 단위를 선정
	• 투자 규모 및 단위 선정에 따라 투자 유치의 성공 여부에 영향을 미칠 수 있음
	  – 너무 큰 투자 단위는 개별 투자자에게 부담으로 작용하여 투자를 꺼리게 만들 수 있음
	    너무 큰 투자 규모 역시 참여 투자자들의 수가 많아야 하므로 성공 가능성이 저하될 수 있음
	• 투자 규모가 클 경우 선도적 투자 업체를 먼저 공략, 다른 업체들의 투자를 유도해야 함

투자 방식	• 자사의 여건에 따라 아래와 같은 유형 중에서 투자 방식을 선정 – 보통주, 우선주, 전환사채, 신주인수권부사채, 교환사채, 프로젝트 파이낸싱 등 • 일반적으로 투자 유치 기업은 보통주를, 벤처 캐피털은 CB나 BW 등을 선호함 • 투자 방식은 투자자와 협의 가능하도록 가급적 유연성을 가지는 게 바람직

투자 배수	• 투자 배수 계산 방식은 일반적으로 다음과 같음 (뒷장 사례 참조)
	  1. 투자 금액 결정 2. 미래 기업 가치 평가 3. 목표 투자 수익률 선정 4. 목표 지분율 계산
	  5. 투자 후 취득 주식 수 계산 6. 투자 배수 산정
	• 산정된 투자 배수에서 내외 여건에 따라 프리미엄 또는 할인 적용
	    외적 요인 : 경기 변동, 금융 시장 동향, 벤처 캐피털 업계 동향 및 투자 분위기 등
	    내적 요인 : 사업의 불확실성, 낙관적 또는 보수적 추정 등

회수 조건	• 투자자 입장에서는 언제 어떻게 투자 자금을 회수할 수 있는지도 중요함 • 구체적으로 회수 시기와 방법, 예상 금액 등 회수 방안을 제안해야 함 일례로 IPO의 경우 IPO 추진 계획, IPO 시점, 시점 판단 근거, 공모가 산정 금액 및 근거 등
기타 조건	• 이사 선임 등을 통한 경영 참여, 상환권이나 리픽싱Refixing 등 위험 회피 조건, 기타 투자 후 사후 관리 측면에서의 부대 조건을 요구할 경우 어떻게 대처할지 검토

일례로 2013년에 20억 원을 투자하여 3년 후 상장을 통해 회수한다고 가정할 경우 투자 배수 산정 방식은 다음과 같습니다.

Case | 벤처 캐피털의 투자 배수 산정 방식

구분	할인율 50%	할인율 60%	비고
VC벤처 캐피털 투자액	2,000,000,000원	2,000,000,000원	2013년 투자 규모
투자 전 주식 수	200,000주	200,000주	액면가 5,000원
3년 후 상장 시 기준 이익	9,105,000,000원	9,105,000,000원	2015년도 실적 기준
상장 시 예상 PER	10	10	주가 수익 비율 Price Earning Ratio
상장 시 예상 시가 총액	91,050,000,000원	91,050,000,000원	투자 대상 기업의 미래 가치
할인율	50%	60%	연평균 목표 투자 수익률
VC 투자액의 상장 시 미래 가치	10,125,000,000원	13,107,200,000원	(VC 투자액) × (1+할인율)^{연수}
상장 시 VC 지분율	11.1%	14.4%	
상장 시 발행 주식의 증가율	30%	30%	
벤처 투자 시 지분율	14.5%	18.7%	(VC 지분율) × (1+주식 증가율)
벤처 투자로 인한 취득 주식 수	33,918주	46,002주	(투자 전 주식 수 × 투자 시 지분율) / (1−투자 시 지분율)
주당 가격	58,966원	43,476원	(VC 투자액) / (취득 주식 수)
투자 후 기업 가치	13,793,208,788원	10,695,182,952원	주당 가격 × (투자 전 주식 수+취득 주식 수)

투자 유치에 성공하기 위한 일곱 가지 원칙

1. 신뢰가 최우선이다.
외부 투자가들로서는 정보의 비대칭성으로 인해 기업 내부 정보에 취약할 수밖에 없다. 그러므로 외부 투자가들이 안심하고 투자하도록 유도하려면 기업 정보를 투명하게 공개함으로써 신뢰감을 줄 수 있어야 한다. 지나치게 포장된 사업 계획서나 허황된 비전 등은 오히려 투자 유치에 역효과가 있음을 명심해야 한다.

2. CEO의 자세 및 능력이 투자 유치를 좌우한다.
신뢰 평가의 첫 번째 척도가 바로 CEO다. 솔직하고 능력 있는 CEO라면 투자 유치의 절반은 해결된 셈이나 다름 없다. 그런 점에서 CEO 자신도 자금을 투자해 리스크를 공유하는 자세를 보일 필요가 있다. 이에 반해 CEO가 투잡Two-Job을 하거나 공동 대표제로 운영되는 기업은 투자자들이 꺼릴 가능성이 높다.

3. 핵심 인력의 충성도도 중요하다.
핵심 인력들의 충성도 역시 기업의 지속 가능성에 중요한 요인이 되기에 투자 결정에 영향을 미친다. CEO를 포함해 핵심 인력들이 과거부터 의기 투합하거나 비전과 열정을 공유하며 여기까지 왔다면 신뢰도가 증가할 수밖에 없다. 단순히 돈만 바라고 합류한 것이 아니기에 장애물을 만나더라도 어떻게든 극복할 테니까 말이다.

4. 투자를 받을 만한 합당한 근거를 제시해야 한다.
단순히 '자기가 잘났다'는 식의 사업 계획이 아니라 기술성이나 상품성, 시장성을 객관적으로 증명할 수 있는 합당한 근거를 투자 조건과 함께 제시할 수 있어야 한다.

5. 단계적으로 투자 유치에 나서는 게 현명하다.
필요한 자금을 한꺼번에 조달하려는 시도는 현실적으로 어려울 뿐만 아니라 투자자 입장에서도 부담스러워 투자를 꺼리게 만든다. 그러므로 사업을 추진하며 점진적으로 신뢰도를 높여 단계적으로 투자를 유치하는 게 현명하다.

6. 투자 유치 시기를 시장 여건에 따라 신중하게 결정하는 게 좋다.
투자 여건도 수시로 변화한다. 가급적 시장 환경이 좋을 때 투자를 유치해야 성공 가능성도 높이고 투자 조건도 유리하게 가져갈 수 있다.

7. 투자자에도 좋은 투자자와 나쁜 투자자가 있다.
투자만 받으면 좋겠다는 생각은 더 큰 낭패를 부를 수 있기에 주의해야 한다. 사이비 업체 등의 블랙 엔젤Black Angel은 멀리하고 가급적 선도적 투자 업체를 공략하는 게 현명하다. 선도적 투자 업체로부터 투자를 유치하면 다른 투자 업체의 공략이나 향후 투자 유치가 쉬워지기 때문이다.

■ 자금 조달의 다각화

투자 유치 외에도 정책 자금이나 금융 기관으로부터의 차입 등 자금을 조달할 수 있는 방법은 다양합니다. 특히 앞서도 말했듯이 적정 수준 내에서 타인자본을 조달하는 것이 절세 효과나 주주 가치 극대화 측면에서 자기자본 조달보다 유리합니다. 다양한 자본 조달 방식을 활용함으로써 재무적 유연성을 높이고 비상 시 대처할 수 있다는 점에서 더욱 그러합니다. 그러므로 타인자본 조달 중심으로 다양한 자본 조달 방식에 긍정적으로 접근해 볼 필요가 있습니다.

타인자본 조달 프로세스

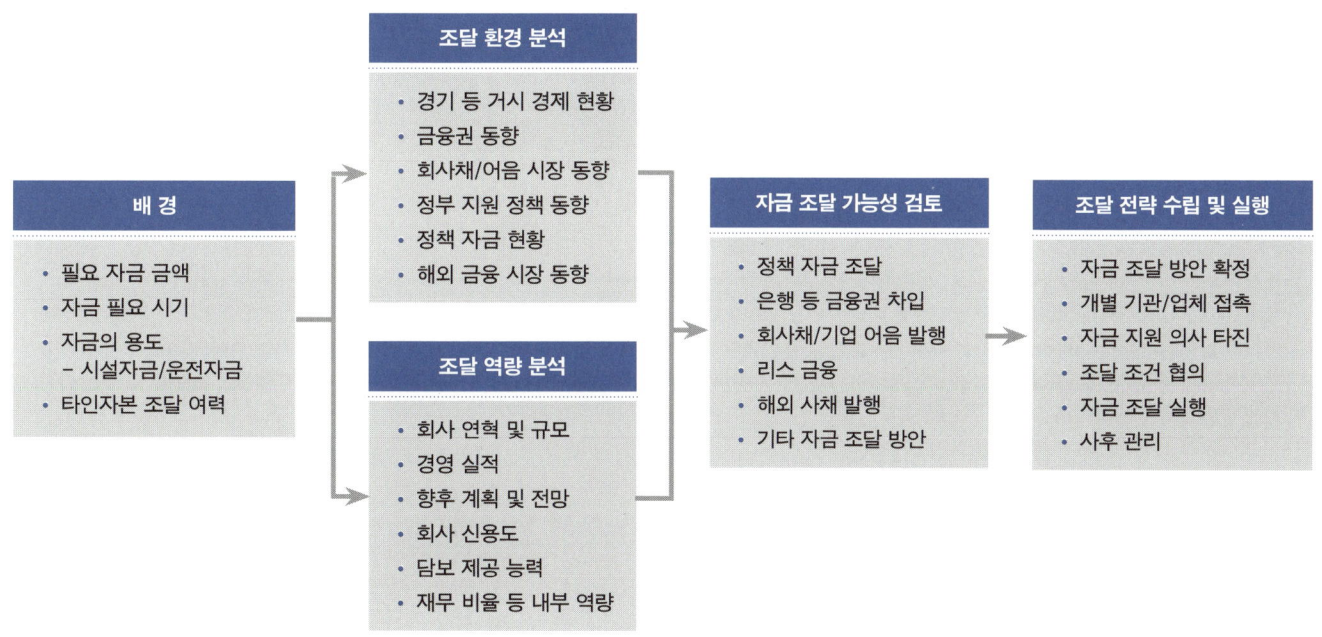

타인자본 조달 방안에 대하여

다양한 타인자본 조달 방안에 대해 간략하게 알아보면 다음과 같다.

1. 정책 자금 조달
정부/지자체에서 창업을 활성화하거나 벤처 기업 및 중소기업을 육성하기 위한 지원 자금인 정책 자금을 활용하는 방법이다. 대개 벤처 캐피털이나 금융권으로부터의 자본 조달이 어려운 사업 초기에 유용한 자금 조달 방식이다. 정책 자금으로는 중소기업진흥공단의 융자금이나 신용보증기금/기술보증기금의 보증을 활용한 정책 자금, 지방자치단체의 현지 기업 육성 자금, 각종 기술 개발 지원 출연금 등을 들 수 있다.

2. 금융권 융자
시설 자금이나 운전 자금 용도로 은행 등 금융 기관으로부터 장·단기 융자를 받아 자금을 조달하는 방식으로, 다른 자본 조달 방안보다 자본비용이 상대적으로 낮아 유리하긴 하지만 융자를 받기가 어렵다는 단점이 있다. 일반적으로 신용도에 따라 이자를 차등 부과하며, 담보 제공 여부에 따라 담보 대출과 신용 대출로 나눌 수 있다.

3. 회사채/기업 어음 발행
회사채나 기업 어음은 금융 기관의 도움 없이 채권자로부터 직접 자금을 조달하는 직접 금융 방식으로 채권자에게 지급하는 증권 형태의 차용 증서로 볼 수 있다. 회사채는 보증이나 담보 여부에 따라 보증사채와 담보부사채, 무보증/무담보사채로 나눌 수 있으며, 일반적으로 만기가 3년 이상이라 장기 차입 시 유용하다. 이에 반해 기업 어음은 보증이나 담보 없이 발행되는 게 일반적이며, 통상 6개월 이내의 단기 차입 형식으로 운전 자금 조달을 목적으로 발행하는 융통 어음이라 할 수 있다. 즉, 기업 어음 발행은 보증이나 담보 없이 진행되기에 신용도가 높은 기업만이 활용할 수 있는 단기 자금 조달 방식으로 보면 된다.

4. 기타 조달 방안
고가의 설비 구매 자금이 없을 경우 리스 형태로 설비를 이용함으로써 자본 조달 효과를 얻을 수도 있고, 무역 금융을 통한 자금 조달, 해외로부터의 자금 조달 등 자사 역량에 따라 가능한 다양한 방식들을 활용할 수 있다.

4. 투자 경제성 평가

자본의 조달과 함께 어떤 사업에 얼마나 투자하느냐 역시 리더에게 중요한 문제입니다. 사실 리더가 가져야 할 재무 역량 중 가장 중요한 것이 바로 투자 의사 결정 능력이라 해도 과언이 아닙니다. 투자를 하면 불확실한 상황에서 거액의 현금 유출이 이루어지므로 어떤 투자 결정을 내리느냐에 따라 기업의 운명이 좌우되기 때문입니다. 그러므로 리더는 과거의 경험이나 직관에 의존하기보다는 객관적으로 충분한 검토 과정을 거쳐 투자를 결정해야 합니다.

그런 의미에서 투자의 경제성 평가는 리더라면 반드시 알아두어야 할 기법입니다. 경제성 평가란 신규 사업 개척이나 기존 사업 확장, 신규 시설 구입 등 투자 의사 결정에 앞서서 투자로 소요되는 비용과 기대 수익을 추정하고 이에 따른 재무적 수익률을 계산함으로써 투자에 대한 경제적 타당성을 평가하는 것을 말합니다.

일반적으로 경제성 평가는 아래와 같이 투자안에 대한 미래 현금흐름을 추정한 후 평가 지표를 통해 분석하는 절차로 진행됩니다.

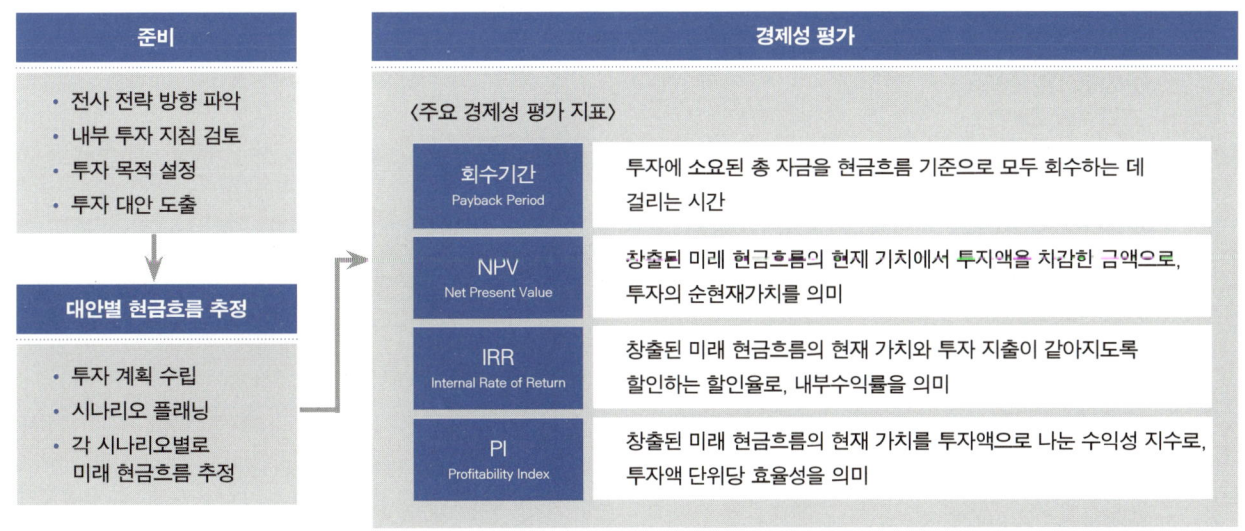

■ 미래 현금흐름 추정

경제성 평가의 첫 단계는 평가 기초 자료를 산출하기 위해 투자로 인한 미래 현금흐름을 추정하는 일입니다. 재무 활동을 수행하는 데 필요한 것은 현금이며 투자 역시 현금으로 지출되므로, 투자안에 대한 평가 역시 투자한 후 얼마나 현금을 창출하여 회수할 수 있는지가 중요하기 때문입니다. 일반적으로 미래 현금흐름 추정은 아래와 같이 진행합니다.

수익 추정
- 투자 개시 후 투자한 자산 정리 시까지 벌어들일 수익 추정
- 투자 효과가 영속적일 경우 3~5년 수익을 심도 있게 추정하고 이후는 보수적으로 가정
- 투자로 인해 전사 차원에서 다른 수익이 증가한다면 이 역시 수익으로 추정
- 미래에는 불확실성이 상존하므로 낙관적, 중립적, 보수적 등 시나리오별로 추정하는 게 바람직

▼

비용 추정
- 시나리오별 수익 추정에 대응하여 투자 후 운영하는 데 소요되는 비용 추정
- 경제성 평가가 목적이므로 비용은 가급적 보수적으로 추정하는 게 바람직
- 투자로 인해 다른 부분에서 발생한 비용이나 수익 감소 역시 비용으로 추정
- 단, 매몰 비용$_{Sunk\ Cost}$은 이미 지출한 비용이므로 투자 검토 시 배제하는 게 타당

▼

이익 추정
- 수익에서 비용을 차감하여 투자로 인한 영업이익을 산정
  영업이익$_{EBIT}$ = 수익 - 비용
- 영업이익 추정 시 산정하지 못한 법인세 비용을 추가로 차감하여 세후 영업이익을 추정
  세후 영업이익$_{NOPAT}$ = 영업이익 × (1 - 법인세율)

▼

현금흐름 추정
- 세후 영업이익에 현금흐름상 조정할 항목들을 가감하여 미래 현금흐름 추정
  - 감가상각비와 같은 현금 유출이 없는 비용 가산
  - 영업 활동으로 인한 순운전자본의 증가분 차감
- 투자 효과가 영속적일 경우 마지막 추정 연도 이후 잔존 가치를 보수적으로 산정
- 잔존 가치를 추정해야 한다면 그 영향력이 클 수밖에 없으므로 신중을 기해야 함

■ 회수기간법

회수기간Payback Period이란 현금흐름 관점에서 초기에 투자한 총 자금을 회수하는 데 소요되는 시간을 말하며, 회수기간법은 회수기간을 측정함으로써 투자의 경제성을 평가하는 기법입니다. 회수기간이 짧을수록 투자한 자본을 조기에 회수하는 것이기에 투자 가치가 높다고 판단하며, 내부적으로 정한 목표 회수기간 내에 회수됨을 원칙으로 합니다.

회수기간법의 분석 절차 및 장·단점 등 개략적인 개념은 다음과 같습니다.

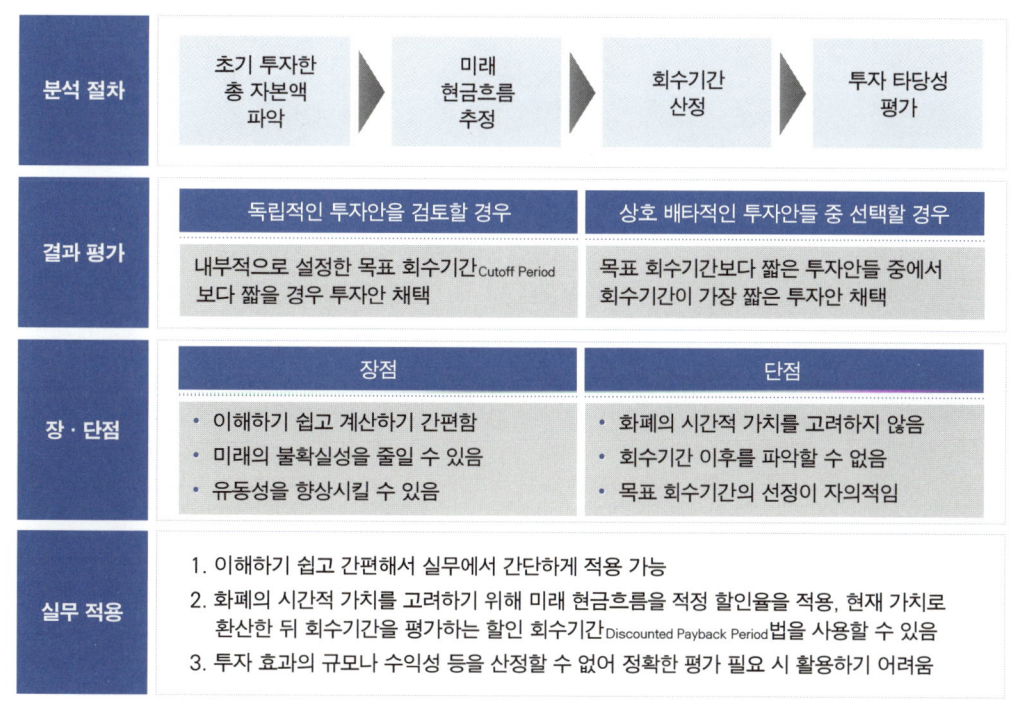

■ NPV법

NPV는 Net Present Value의 약자로, 투자로 얻을 수 있는 미래 현금흐름을 적정 할인율로 할인한 현재 가치에서 초기 투자액을 포함한 투자 자본의 현재 가치를 차감한 값이며, 투자로 창출된 순현금흐름 Net Cash Flow의 현재 가치를 의미합니다. 결국 NPV법이란 투자 효과의 순현재가치를 측정하여 경제성을 평가하는 기법으로, NPV가 클수록 투자의 경제적 가치는 크다고 할 수 있습니다.

NPV법의 분석 절차 및 장·단점 등 개략적인 개념은 다음과 같습니다.

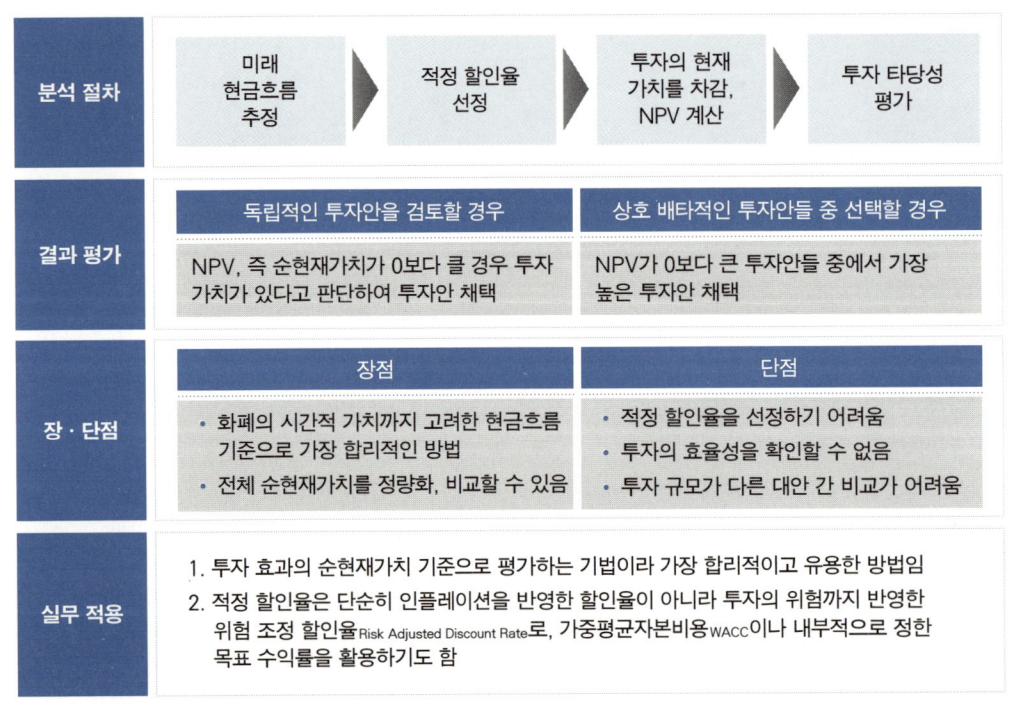

■ IRR법

IRR은 내부수익률이란 뜻의 Internal Rate of Return의 약자로, 투자로 얻을 수 있는 미래 현금흐름의 현재 가치와 초기 투자액을 포함한 총 투자 자본의 현재 가치를 같아지도록 할인하는 할인율로서, NPV= 0가 되도록 만드는 할인율을 말합니다. 결국 IRR은 현금흐름 기준으로 본 투자의 효율성을 의미하며, IRR이 클수록 투자의 경제적 가치는 크다고 할 수 있습니다.

IRR법의 분석 절차 및 장·단점 등 개략적인 개념은 다음과 같습니다.

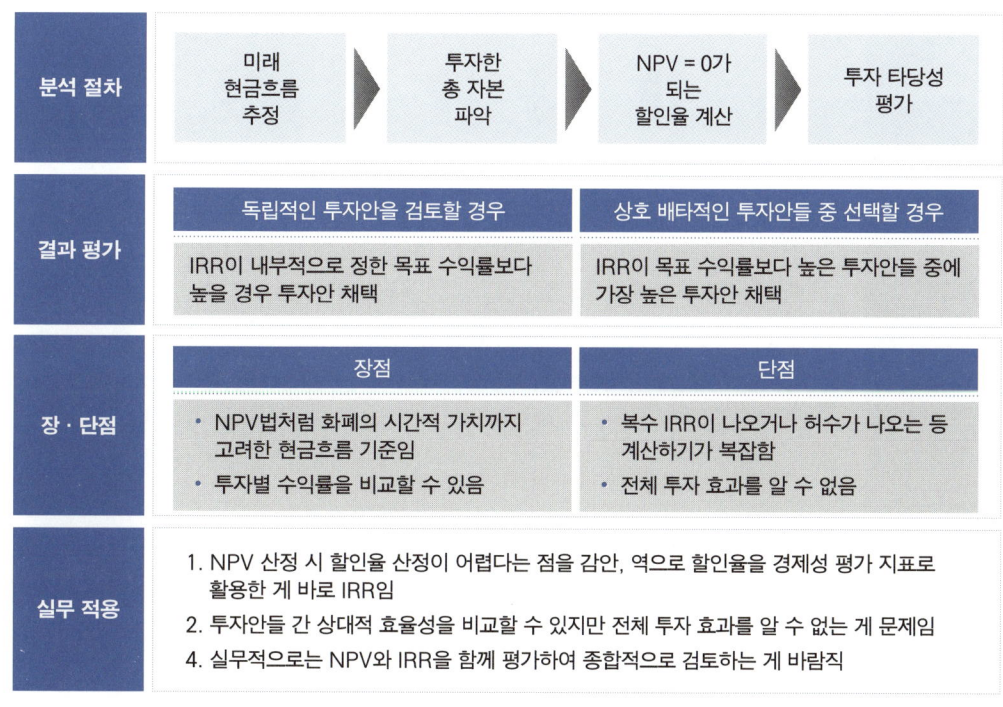

■ PI법

PI란 Profitability Index의 약자로, 투자로 얻을 수 있는 미래 현금흐름을 현재 가치로 환산하여 합한 값을 초기 투자액을 포함한 총 투자 자본의 현재 가치로 나눈 지표로서, 수익성 지수를 의미합니다. PI 역시 IRR과 마찬가지로 현금흐름 기준으로 본 투자의 효율성을 의미하며, PI가 클수록 경제적 가치는 크다고 할 수 있습니다.

PI법의 분석 절차 및 장·단점 등 개략적인 개념은 다음과 같습니다.

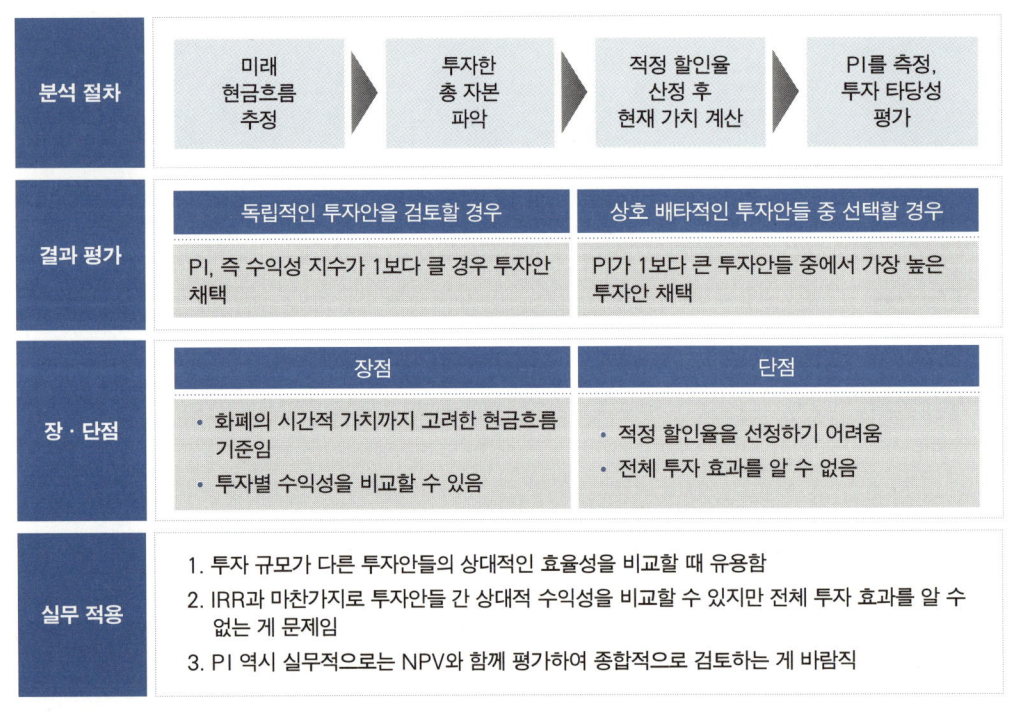

참고로 사업의 경제성 평가 시 활용할 수 있는 BEP 분석을 살펴보면 다음과 같습니다.

BEP 분석

일반적으로 사업의 경제성 평가는 내부 환경 분석에서 소개한 EVA 분석 등을 활용하는데, 이와 함께 활용 가능한 BEP 분석을 참고로 소개하고자 한다. BEP란 Break Even Point의 약자로 손익분기점, 즉 일정 기간의 매출액이 당해 기간의 총 비용과 일치하는 지점을 말한다. BEP 분석은 기업의 수익 구조를 파악하거나 신규 사업의 경제성을 평가할 때 사용할 수 있는 분석 기법으로, 목표 이익을 달성하기 위한 매출액 수준이나 매출액 변동에 따른 이익 변화 추이 등도 파악할 수 있다.

BEP 분석에서 비용은 아래와 같이 수량과 상관없는 고정비와 수량에 따라 증감하는 변동비의 합으로 표시된다. 물론 매출액은 수량에 비례하여 0에서부터 증가한다. 그래프에서처럼 판매 수량이 증가하기 시작하면 매출액이 늘다가 총비용과 같은 금액이 되는 지점을 통과하게 되는데, 그 지점이 바로 BEP다. BEP 분석을 통해 고정비와 변동비 중 고정비의 비중이 높아질수록 매출이 손익에 미치는 영향이 커지는 영업 레버리지 효과도 확인할 수 있다. 즉, 고정비가 높을 때 매출이 줄면 고정비가 낮을 때보다 이익이 더 크게 줄고, 반대로 매출이 늘면 고정비가 낮을 때보다 이익이 더 크게 늘어나는 효과를 파악할 수 있다.

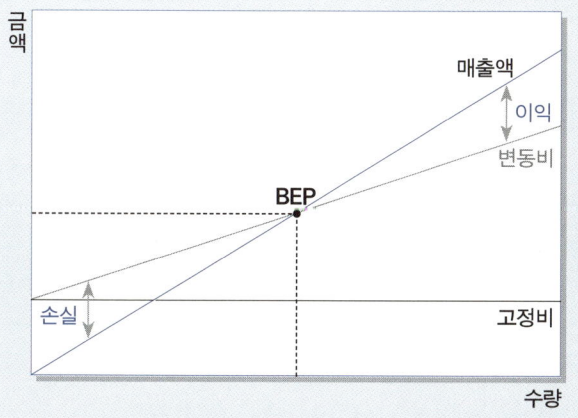 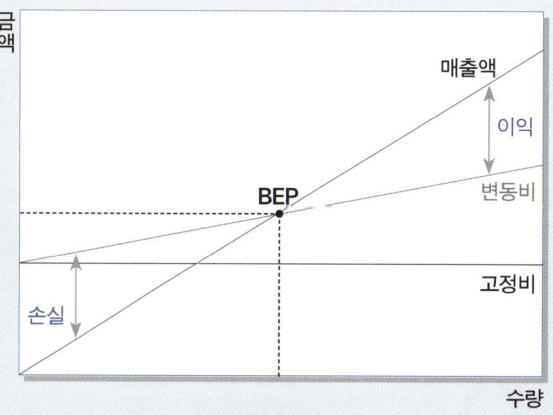

5 ■ 기업 가치 평가

기업 가치EV, Enterprise Value란 기업의 유형자산뿐 아니라 수익 창출에 공헌하는 무형자산에 이르기까지 기업이 보유한 자산의 총 가치를 말합니다. 기업의 모든 자산은 미래의 경제적 이익을 창출하는 데 기여하므로, 지속 가능한 기업의 가치는 기업이 창출할 미래의 경제적 이익을 현재 가치로 환산한 금액을 의미합니다. 예를 들어, 올해 10억 원의 현금을 창출하는 회사가 내년 이후에도 올해 수준으로 가치 대비 현금을 창출한다고 가정하면, 10% 금리의 경우 현금 100억 원과 같은 수익률이므로 기업 가치는 100억 원으로 볼 수 있듯이 말입니다. 일반적으로 기업 가치는 기업의 전체 총 자산 가치를 의미하며, 주주 가치 또는 자기자본 가치는 기업 가치에서 부채를 차감한 잔액으로, 주주 가치를 총 발행 주식 수로 나누면 주당 가치를 산정할 수 있습니다.

기업 가치 평가Valuation란 자사 또는 평가 대상 기업에 대하여 적절한 평가 방법에 따라 가치를 산출하는 행위 또는 과정을 말합니다. 사실, 기업 가치를 평가한다는 것은 경영 실적이나 재무 현황, 내부 역량 수준 등 기업 정보 분석뿐만 아니라 향후 사업 환경에 대해 불확실한 미래까지 예측해야 하기에 여간 어려운 일이 아닐 수 없습니다. 그렇다 보니 기업 가치 평가는 증권가나 재무 관련 종사자처럼 재무 전문가만이 수행하는 일이라 생각하며 관심을 두지 않는 경향이 있습니다. 그러나 기업 가치 제고 전략을 수립하고 실행해야 하는 전략 실무자나 리더라면 기업 가치 평가 방법을 알아야 함은 당연합니다. 기업 가치를 평가해 봄으로써 전반적인 기업 수준뿐 아니라 기업 가치 극대화를 위해 어떤 전략이 필요한지 알 수 있기 때문입니다.

참고로 기업 가치 평가에 대한 일반적인 오해는 다음과 같습니다.

오해	
객관성 측면	• 정형화된 기업 가치 평가 모형에 따라 평가되기에 객관성을 가지리라 오해 • 실무적으로는 주관적인 판단에 따라 변수를 설정하기에 영향을 받을 수밖에 없음
지속성 측면	• 한번 평가한 기업 가치 결과는 상당히 지속되리라 오해 • 기업 가치 역시 환경의 변화, 사업 실적 등에 영향을 받으므로 수시로 변화함
유용성 측면	• 기업 가치 결과를 산출하는 과정은 전문가들이 하는 일이라 오해 • 평가 과정을 파악함으로써 기업 가치를 높일 전략을 수립할 수 있음

1998년 외환 위기 사태 이후 글로벌 스탠더드의 도입과 함께 기업 가치 중심 경영이 자리잡으며 기업 가치 평가는 전략 실무자나 리더가 알아야 할 경영 관리 요소가 되었습니다. 특히 M&A가 주요 성장 전략으로 부상하면서, 제대로 된 기업 가치 평가 없이는 M&A의 성공이 있을 수 없다는 점에서 중요성이 더해지고 있습니다. 이렇듯 중요한 기업 가치를 어떻게 분석해야 할까요?

기업 가치를 평가하는 것은 미래에 대한 예측이므로 절대적인 기준이 있는 것은 아니며, 불확실한 미래를 감안해야 하기에 어려울 수밖에 없습니다. 그러므로 기업 가치를 평가하기 위해서는 미래에 대한 통찰력과 사업을 직시할 수 있는 전략적 사고력, 가치를 평가할 줄 아는 전문성을 두루 갖춰야 합니다.

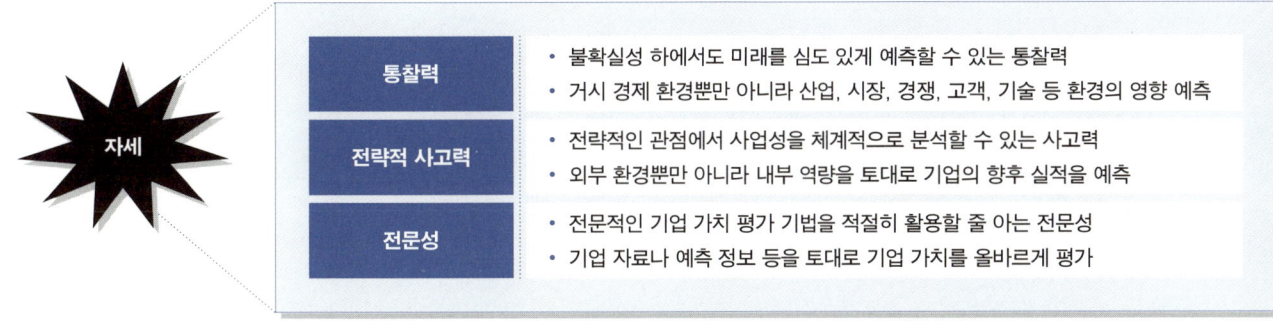

기업 가치 평가의 목적은 다음과 같이 자신의 위치에 따라 다양할 수 있습니다.

최고 경영자	기업 가치 극대화를 위한 경쟁력 분석 및 경영 전략을 수립하는 데 지침으로 활용
외부 투자자	기업 경쟁력, 투자 수익성 등을 예측하여 투자 여부를 결정하는 데 참고 자료로 활용
기업 인수자	M&A 시 피인수 기업의 가격을 산정하는 자료로 활용
구조 조정 전문가	구조 조정의 방향과 방법, 추진 정도 등 구조 조정 기획의 참고 자료로 활용

기업 가치 평가는 미래에 대한 예측이므로 절대적이고 객관적인 기준이 있는 것은 아닙니다. 기업 내부의 요인, 외부 환경, 평가 목적 등에 따라 다양한 평가 방법이 나올 수 있으며, 선택된 방법에 따라 기업 가치를 어떻게 해석해야 하는지도 다를 수 있으므로 다음과 같은 사항에 주의해야 합니다.

첫째, 기업 가치를 평가함에 있어 과거의 실적 자료로는 가치 평가에 한계가 있음을 분명히 인식해야 합니다.
과거는 과거일 뿐, 과거의 실적이 미래에 재현된다는 보장은 없습니다. 또한 다른 기업의 과거 실적을 근거로 자사의 미래 실적을 예측하는 것 역시 신중하게 접근해야 합니다.

둘째, 최대한 객관성을 유지하도록 노력해야 합니다.
미래에 대한 예측이 전제가 되다 보니 주관적인 판단이 개입될 수밖에 없습니다만, 가급적 납득할 수 있는 기준을 일관되게 적용함으로써 객관성을 유지해야 합니다. 특히 유/무형자산의 평가 시 객관적으로 신뢰할 수 있는 방법을 활용해야 합니다.

셋째, 다양한 평가 방법을 활용하여 종합적으로 평가하는 게 바람직합니다.
평가 방법별로 각각 장·단점이 있으며, 완벽하게 가치를 평가하는 유일한 방법은 없습니다. 그러므로 한 가지 평가 방법만을 고집하기 보다는 평가 목적에 따라 적절한 평가 방법들을 적용하며 상호 보완하는 게 바람직합니다.

구체적으로 기업 가치 평가 방법으로는 아래와 같은 방법들을 들 수 있습니다. 그런데 평가 방법을 적용할 때 평가 방법에 따라 기업 가치를 구하기도 하고 주주 가치를 구하기도 하므로 유의해야 합니다.

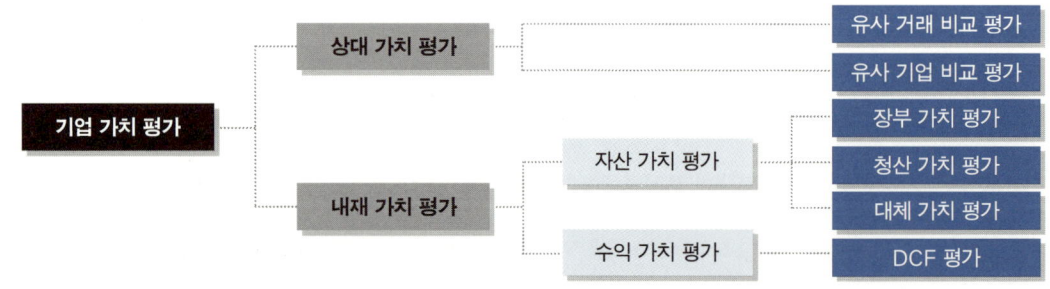

■ 자산 가치 평가법

자산 가치 평가법이란 총 자산 금액에서 총 부채 금액을 차감한 순자산의 가치를 평가하여 주주 가치를 산출하는 방법입니다.

주주 가치 = 순자산가액   1주당 가치 = 순자산가액 / 총 발행 주식 수

이 방법은 가장 쉽고 전통적인 평가 방법이지만, 산업화 시대에서 지식 경제 시대로 전환하며 산업 표준이나 특허 등의 기술이나 브랜드 자산, 영업권 등 중요성이 증대되고 있는 무형자산을 제대로 평가하지 못한다는 한계가 있습니다. 그러나 부동산 등 특정 유형자산이 중요한 기업의 경우에 의미가 있으며, DCF 평가 같은 수익 가치 중심의 평가 방법을 보완하는 데 활용할 수 있습니다.

자산 가치 평가법의 종류

장부 가치 평가법	• 기업 재무제표에 표시된 순자산 가치에 의해서 주주 가치를 평가하는 방법 　기업의 주주 가치 = 재무상태표상 자산 총계 − 재무상태표상 부채 총계 • 평가 대상 기업의 자산이 대부분 유동자산으로 구성되어 있을 경우에 적합 • 부동산 등 비유동자산의 비율이 높을 경우 시가를 반영하지 못해 부적절
청산 가치 평가법	• 개별 재산을 분리 처분함으로써 청산한다는 가정 하에 주주 가치를 산정하는 방법 　기업의 주주 가치 = 청산 후 잔존 가치 • 유형자산의 경매 가격, 매출채권 회수 여부, 재고자산 정리 여부, 우발 채무 등 검토 • 기업은 지속된다는 계속 기업의 가정에 위배되는 평가 방식 • 평가 대상 기업을 생명이 다한 기업이라고 보기에 기업 가치가 낮게 평가됨
대체 가치 평가법	• 기업을 새로 설립한다고 가정하여 자산의 현재 가치로 주주 가치를 산정하는 방법 　기업의 주주 가치 = 순자산의 현재 가치 • 재무상태표상의 자산과 부채를 현실적인 현재 가치로 재평가하여 조정 • 현재 가치를 반영한다는 점에서 장부 가치 평가나 청산 가치 평가보다는 좋으나, 이 역시 무형자산을 제대로 평가할 수 없다는 단점이 있음

■ 상대 가치 평가법

상대 가치 평가법은 평가 대상 기업을 유의미한 평가 지표를 통해 기업 가치를 알고 있는 유사한 기업과 비교해 봄으로써 가치를 평가하는 방법입니다.

기업 가치 = 평가 대상 기업의 실적(매출액, 영업이익, 순자산) × 평가 지표(매출액 지표, 영업이익 지표, 순자산 지표)

주주 가치 = 기업 가치 − 부채 총계   1주당 가치 = 주주 가치 / 총 발행 주식 수

이 방법은 기업 가치를 신속하고 비교적 정확하게 평가할 수 있어 활용도가 높으며, 비교할 수 있는 유사한 기업들이 많고 그 기업들의 가치를 정확하게 알 수 있는 경우에 더욱 유용합니다.

평가 방식			· 유사 거래 비교 평가법과 유사 기업 비교 평가법이 있음 · 상품 종류, 생산 능력, 성장 추세, 매출 규모, 총자산 규모, 영업이익 등을 고려하여 비교 가능한 유사 기업을 선정하는 것이 관건 · 매출액이나 영업이익, 순자산 등 기업 가치와 비례하는 평가 항목을 선정해야 함
평가 절차	1단계	평가 지표 결정	· 평가 지표 : 매출액 지표, 영업이익 지표, 순자산 지표 등 · 평가 지표 = $\dfrac{\text{유사 기업의 기업 가치}}{\text{유사 기업의 실적(매출액, 영업이익, 순자산)}}$
	2단계	평가 대상 기업 가치 추정	· 기업 가치 : 평가 대상 기업의 실적 × 평가 지표 · 평가 대상 기업에 적합한 평가 지표만을 활용하거나 다양한 평가 지표를 적용한 값들을 평균하여 구함
	3단계	평가 대상 기업 주주 가치 추정	· 주주 가치 = 기업 가치 − 부채 총계
	4단계	1주당 가치 산정	· 1주당 가치 = $\dfrac{\text{평가 대상 기업의 주주 가치}}{\text{총 발행 주식 수}}$

실무에서 활용하는 주식 가치 평가 지표

상대 가치 평가법에 따라 대상 회사의 주식 가격을 산정할 때 실무적으로 활용하는 평가 지표로 다음과 같이 PER과 EV/EBITDA, PSR, PBR 등을 들 수 있다.

첫째, PER
PER이란 Price Earning Ratio의 약자로 '주당 순이익 비율'을 의미하며, 주가를 주당 순이익(EPS, Earning Per Share)으로 나눈 값을 말한다. 그러므로 PER이 높으면 기업의 순이익 대비 주가가 상대적으로 높음을 뜻한다. 일반적으로 자료 수집과 계산이 용이하고 수익성을 중심으로 평가한다는 장점이 있는 반면, 업종 전체가 과대 또는 과소 평가되는 시장 오류가 가치 평가에 반영된다는 단점이 있다. PER을 통한 가치 평가는 비교 회사들의 평균 PER을 대상 회사의 주당 순이익에 적용하여 주식 가격을 산출하는 방식으로 진행한다.

둘째, EV / EBITDA
EBITDA는 Earnings Before Interest, Taxes, Depreciation and Amortization의 약자로 '법인세 이자 감가상각비 차감 전 영업이익'을 말한다. 단순한 영업이익이 아니라 감가상각비를 포함시켜 영업 활동에 의한 현금 창출 능력을 확인할 수 있어 PER보다 기업의 내재 가치를 좀 더 많이 반영하고 있는 것으로 평가되어 가장 선호되는 지표다. EV/EBITDA를 통한 가치 평가는 먼저 비교 회사들의 평균 EV/EBITDA 수치를 구한 뒤 이를 대상 회사의 EBITDA에 적용하여 기업 가치(EV)를 계산한 후 부채를 차감한 주주 가치를 계산, 이를 총 발행 주식 수로 나누어 주식 가격을 산출하는 방식으로 진행한다.

셋째, PSR
PSR은 Price Sales Ratio의 약자로 '주가 매출액 비율'을 의미하며, 주가를 주당 매출액(SPS, Sales Per Share)으로 나눈 값을 말한다. PSR은 미국 나스닥에서 벤처 기업의 성장성을 나타내는 지표로 활용할 정도로 유형자산이 적고 수익성은 낮지만 성장 잠재력은 높은 기술 집약적 벤처 기업 평가에 적합하다. 그러나 회사별로 매출액 대비 이익률이 크게 차이 날 경우 비교가 곤란하다는 단점이 있다. PSR 방식 역시 PER처럼 비교 회사들의 평균 PSR을 대상 회사의 주당 매출액에 적용하여 산출한다.

넷째, PBR
이 외에 재무 상태 측면에서 비교할 경우 '주가 순자산 비율'인 PBR(Price Book-value Ratio)을 활용하기도 한다.

■ DCF 평가법

DCF란 현금흐름 할인이란 의미의 Discount Cash Flow의 약자로, 기업이 창출할 미래 현금흐름을 적정 할인율로 할인하여 구한 현재 가치를 말합니다. DCF 평가법은 기업의 미래 현금 창출 능력에 따라 기업 가치를 평가하므로 가장 기업 가치에 맞는 합리적인 방법입니다. 특히 향후 일정 기간 동안의 영업 실적 및 비용 등을 구체적으로 산정하여 현금흐름을 비교적 정확히 추정할 수 있는 경우에 유용합니다. 하지만 미래 추정에 따른 객관성 결여와 잔존 가치의 비중이 너무 커 불확실성에 따른 예측 오류가 발생하기 쉽다는 단점도 있습니다. 실무적으로는 DCF 평가에 따른 기업 가치는 아래와 같이 미래 잉여 현금흐름$_{FCF}$을 가중평균자본비용$_{WACC}$으로 할인한 현재 가치의 합으로 구합니다.

평가 방식	<ul><li>예측 기간 동안 미래 잉여 현금흐름의 현재 가치와 예측 기간 이후 잔존 가치의 합 $$EV = \sum_{t=1}^{n} \frac{FCF_t}{(1+WACC)^t} + \frac{FCF_{n+1}}{(WACC-g)}$$</li><li>예측 기간(n)은 편의상 5~10년 설정</li><li>잔존 가치 추정을 위해 예측 마지막 기간의 FCF에서 일정 성장률(g)을 가정 g는 일반적으로 0%에서부터 예측 물가 상승률 이내에서 설정</li></ul>	
평가 절차	1단계 미래 재무 추정	예측 기간 동안의 매출 및 비용, 운전자본, 설비 투자 등을 합리적으로 추정
	2단계 잉여 현금흐름 추정	잉여 현금흐름$_{FCF}$은 세후 영업이익에 감가상각비를 더한 후, 운전자본의 증가분과 설비 투자 금액을 제하여 산정
	3단계 할인율 산정	미래 현금흐름을 현재 가치화하는 할인율로, WACC, 즉 가중평균자본비용을 산정
	4단계 기업 가치 평가	기업 가치 = FCF를 WACC로 할인한 현재 가치의 합 주주 가치 = 기업 가치 – 부채 총계

미래 현금흐름 계산을 위한 재무 추정

예측 기간 동안의 미래 현금흐름 계산을 위한 재무 추정은 다음과 같이 진행한다.

매출 추정	• 향후 매출액은 예상 매출 수량에 예상 판매 단가를 곱하여 추정 • 예상 매출 수량 = 예상 시장 규모 × 예상 시장 점유율 예상 시장 규모는 현재 시장 규모 및 성장 패턴, 거시 경제 전망, 업계 동향 및 수요 요인 분석, 시장 성장률 추이 등을 고려하여 예측하며, 예상 시장 점유율은 현 시장 점유율과 경쟁 상황, 해당 기업의 전략 등을 종합적으로 검토하여 추정 • 향후 판매 단가는 물가 상승, 수요 증가 등의 인상 요인과 기술 개발, 경쟁 과열, 공급 증가 등의 인하 요인을 종합적으로 검토하여 예측
설비 투자 추정	• 추정 매출 규모에 맞춘 생산 설비 확장 등 현상 유지에 필요한 투자 규모 및 시기 추정
인력 계획 수립	• 향후 사업 확장에 따라 인력 수급을 포함한 인력 관리 계획 수립
매출원가 추정	• 추정 매출에 대응하여 변동비와 고정비로 나누어 산정 • 현 매출원가 수준, 기술 개발, 학습 효과, 향후 원부자재 가격 동향, 인력 관리 계획에 따른 예상 노무비 및 기타 경비, 제조 감가상각비 등을 감안하여 산정
판관비 추정	• 현 판관비 수준을 기준으로 추정 매출 및 향후 인력 수급 계획에 따라 매출액이나 인원수, 물가 등 일관된 기준을 적용하여 추정 • 감가상각비는 현 감가상각비 예측치에 향후 설비 투자에 의한 감가상각비를 더하여 산정
운전자본 추정	매출채권과 매입채무, 재고자산은 재무상태 계정이므로 예측하기 위해서는 재무상태표의 추정이 필요하나, 편의상 앞서 추정한 매출 및 매출원가 금액에 회전율을 적용하여 예측

잉여 현금흐름

잉여 현금흐름FCF, Free Cash Flow이란 영업 활동으로 창출된 현금흐름으로, 기업이 영업 활동을 유지 또는 확대하면서도 자유롭게 사용이 가능한 현금을 의미한다. 이는 영업 활동에 의한 현금흐름에서 현상 유지에 필요한 설비 투자액 등을 제한 금액으로, 다음과 같이 산출할 수 있다.

간편법	FCF = 영업 활동에 의한 현금흐름 + 투자 활동에 의한 현금흐름
정공법	FCF = 영업 활동에서 창출된 현금 유입액 − 현상 유지에 필요한 현금 유출액 　　 = (세후 영업이익 + 감가상각비) − (순운전자본의 증감 + 자본적 지출) 　　 = [영업이익 × (1 − 법인세율) + 감가상각비] − [(당기 운전자본 − 전기 운전자본) + 설비 투자]

1. 세후 영업이익
NOPATNet Operating Profit After Tax이라고 부르는 세후 영업이익은 영업이익에서 법인세를 차감하여 산출하는데, 부채의 절세 효과를 감안하여 '영업이익 × (1 − 법인세율)'로 구한다.

2. 감가상각비
감가상각비Depreciation는 매출원가 및 판관비 계정의 감가상각비와 무형자산상각비를 합하여 산출한다.

3. 운전자본의 증감
운전자본Working Capital의 증감은 전기말과 당기말 사이에 발생한 운전자본의 증감을 의미하며, 이때 운전자본은 매출채권과 재고자산에서 매입채무를 차감하여 계산한다.

4. 자본적 지출
매출 성장에 따른 생산 설비 확장 등 사업을 계속 유지하기 위해 필요한 시설 투자 등을 말한다.

할인율

할인율Discount Rate이란 미래의 가치를 현재 가치로 환산하기 위해 사용되는 비율로, 위험을 고려하여 자금 공급자가 요구하는 자본비용Cost of Capital이자 요구 수익률Required Rate of Return을 의미한다. 일반적으로 기업에 있어 자금 공급은 투자 성격의 자기자본과 차입 성격의 타인자본으로 나눌 수 있으므로, 자본비용 역시 자기자본비용과 타인자본비용으로 나눌 수 있다. 그러므로 할인율은 투자로 기대하는 기회비용 성격의 자기자본비용과 타인자본을 제공함으로써 기대하는 이자 성격의 타인자본비용의 가중 평균으로 볼 수 있다. 즉, 할인율은 기업이 조달한 자본의 원천별 자본비용의 가중 평균인 가중평균자본비용, WACCWeighted Average Cost of Capital인 셈이다.

일반적으로 기업의 위험도가 높으면 높을수록 위험 프리미엄이나 지급이자율이 올라가므로 WACC 역시 상승하게 된다. 참고로 WACC를 산출하는 방식은 다음과 같다.

> WACC = 자기자본비용 × 자기자본 비율 + 타인자본비용 × 타인자본 비율
> = (무위험 이자율 + 위험 프리미엄) × 자기자본/총자본 + [가중 평균 지급이자율 × (1− 법인세율)] × 타인자본/총자본

1. 자기자본비용
일반적으로 자기자본비용은 자본 자산 가격 결정 모형인 CAPMCapital Asset Pricing Model에 따라 구한다.
 (1) 무위험 이자율은 무위험 자산 수익률로서 일반적으로 국채 수익률을 사용한다.
 (2) 위험 프리미엄은 아래와 같이 시장의 위험 프리미엄에 해당 기업 주식의 체계적 위험을 곱하여 구한다.
    (전체 시장의 기대 수익률 − 무위험 자산 수익률) × β

2. 타인자본비용
추정 기간 동안 예측되는 시장 금리를 통해 구한 가중 평균 지급이자율에 절세 효과를 감안하여 구한다.

■ 실무에서의 주식 가치 평가

본질 가치 평가

본질 가치란 기업이 보유하고 있는 내재 가치로, 자산 가치와 수익 가치로 구분하여 평가합니다. 본질 가치 평가법은 일반적으로 신규 상장 종목의 심사 시 공모가 기준이 되는 가치 평가법이라는 점에서 알아둘 필요가 있습니다. 자본 시장과 금융 투자업에 관한 법률에 따르면, 기업 가치 평가는 본질 가치와 상대 가치를 산술 평균하여 구하되 상대 가치 산출이 불가능한 경우 다음과 같이 자산 가치와 수익 가치를 가중 산술 평균한 본질 가치의 값으로 합니다.

보통주의 본질 가치 = 0.4 × 자산 가치 + 0.6 × 수익 가치

상대 가치는 앞서 소개한 PER이나 EV/EBITDA 등을 평가 지표로 활용하여 구하며, 본질 가치는 다음과 같이 평가합니다.

본질 가치 평가법

자산 가치 평가	• 직전 사업연도 말 재무상태표 기준 • 실질 가치가 없는 자산들을 차감한 순자산 가액 산정 실질 가치가 없는 무형자산, 회수 가능성 없는 채권, 시장성 없는 주식 가치 등 조정 • 자산 가치는 순자산 가액을 총 발행 주식 수로 나눈 주당 순자산가액임
수익 가치 평가	• 향후 2사업연도 추정 재무제표 기준 • 수익 가치는 향후 2년간의 평균 주당 추정 이익을 자본 환원율로 나누어 산정 • 주당 추정 이익은 추정 세전이익에 유상 증자 추정 이익이나 우선주 배당 조정액, 법인세 등을 가감하여 구한 추정 이익을 총 발행 주식 수로 나누어 구함 • 평균 주당 추정 이익은 1차 연도의 주당 추정 이익을 60%, 2차 연도의 주당 추정 이익을 40%로 가중 평균하여 구함 • 자본 환원율은 시중 은행의 1년 만기 정기예금 최저 이율 평균치의 1.5배를 적용

주식 가치의 결정

주식 가격은 산정된 주주 가치를 주식 수로 나누면 주당 가격이 결정됩니다만, 실무적으로는 기업의 내재 가치뿐만 아니라 거시 경제 환경이나 금융권 상황 등으로부터 영향을 받는 게 일반적입니다. 결국 주식 가치를 언제 평가하느냐도 주식 가치에 영향을 주므로 기업 가치를 평가할 때 고려할 필요가 있습니다. 이와 함께 경영권 지배 주식 여부나 상장 또는 유통 주식 여부에 따라서도 주식 가격이 다음과 같이 기업의 내재 가치 대비 할증 또는 할인될 수 있음에 유의해야 합니다.

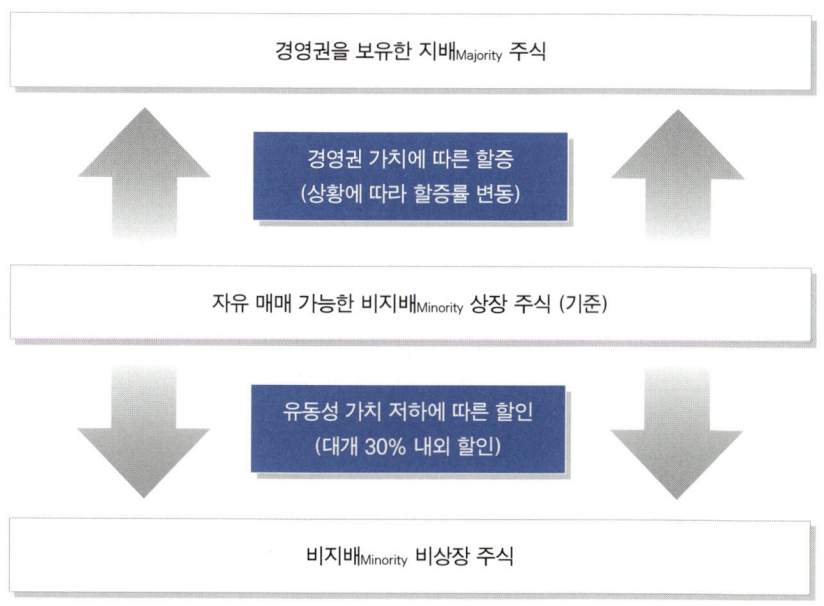

기획실의 역할

90년대 말 재벌들의 과도한 확장으로 외환 위기가 닥쳐오자 그룹 기획실은 '옥상옥', '관료주의의 전형', '문어발 경영의 산실' 등의 비난을 받으며 축소될 수밖에 없었습니다. 물론, 이후에 경제가 회복되자 기획실이 부활하기는 했습니다만, 기업 입장에서 기획실은 없어도 되는 조직일까요?

일단 그룹 차원은 차치하고 개별 기업 측면에서 바라본다면 기획실은 필요합니다. 특히 여러 사업으로 구성된 기업이라면 반드시 필요합니다. 전사적으로는 지속 성장을 위해 꼭 필요하지만 개별 사업부에서 추진하기 어려운 과제들을 수행하거나 사업부 간의 이해 관계가 대립할 때 조정하는 역할이 필요하기 때문입니다. 그러므로 기획실의 부재는 전사적인 관점에서의 컨트롤 타워 Control Tower 부재로 이어져 사업 간 시너지 효과 창출이 어려울 뿐만 아니라 지속 가능성도 저해받을 수 있습니다.

기획실은 경영진의 전사적 의사 결정을 지원함으로써 장기적으로 나아갈 방향을 제시하는 '등대' 역할과 전사 차원에서 사업 간의 조정을 담당하는 '컨트롤 타워' 역할을 수행한다고 볼 수 있습니다. 일반적인 기획실의 역할을 좀 더 구체적으로 살펴보면 다음과 같습니다.

첫째, 현재의 비전이 기업 문화로 정착되도록 관리하며, 필요할 경우 새로운 비전을 개발하고 변화 관리를 추진합니다.
둘째, 전사적인 발전 방향을 설정하고 그에 따라 장기적인 기업 전략을 수립합니다.
셋째, 지속 성장을 위해 내부 발굴이나 M&A, 전략적 제휴 등을 통해 미래 성장 동력으로서의 신규 사업 개척을 모색합니다.
넷째, 사업 포트폴리오 전략에 따라 자원 배분 등 사업부 간 이해 관계를 조정합니다.
다섯째, 전략적 성과 관리 시스템에 따라 각 사업에 대한 성과 관리를 계획 수립에서 평가에 이르기까지 관여합니다.
여섯째, 전사적으로 자금 조달 및 투자 등 재무 전략을 수립하고 이를 통해 전략적으로 통제합니다.
일곱째, 기타 최고 경영진의 의사 결정에 필요한 지원 활동을 수행합니다.

결국 기획실은 여러 사업을 운영하며 조직의 미래를 책임지고 있는 리더가 전사 차원의 의사 결정을 할 수 있도록 리더 입장에서 전략적 방향을 모색, 제안함으로써 기업의 지속 성장과 기업 가치 극대화를 도모한다고 볼 수 있습니다.

사례와 함께 알아보는
기획서 작성 스킬

Chapter 17 : 기획 실무 역량

Chapter 18 : 기획서 작성 실무

Chapter 19 : 실무에 유용한 자료

Chapter 17

기획 실무 역량

기획 실무자로서 가져야 할 역량으로 논리력과 정보 수집 능력, 차트 작성 기술 등이 있습니다. 그중 먼저 기획서에 유용한 논리의 기술과 민토 피라미드 원칙에 따른 실무 관점에서의 논리 전개 방식 등 논리의 기술에 대해 알아보고자 합니다. 그리고 정보 수집 프로세스와 수집 방법, 실무에 유용한 정보원 등 정보 수집 기법과 개념 구조화 차트, 그래프 차트, 일정 관리 차트 등 기획서 작성 시 유용한 차트 작성법을 사례와 함께 구체적으로 살펴보겠습니다. 마지막으로 기획서 작성에서부터 승인, 실행에 이르기까지 현업에서 기획하며 부딪치는 과정에서 실무자가 가져야 할 자세에 대해서도 알아보겠습니다.

1 · 알아두면 좋은 논리의 기술

2 · 정보 수집 기법

3 · 유용한 차트 작성법

4 · 기획 실무자의 자세

1 ▪ 알아두면 좋은 논리의 기술

일반적으로 보고서란 말이나 글을 통해 내가 보고 듣고 겪고 생각한 바를 해당 사안의 이해 관계자들에게 수동적 또는 자발적으로 전달하는 문서로, 정보 보고나 기획 보고, 경과 보고, 결과 보고 등의 내부용 자료나 제안서, IR 자료 등 외부용 자료까지 포함된 문서를 말합니다. 보고서에 치인다고 할 정도로 보고서 작성 업무가 과중할 때가 많은데, 이는 역으로 보고서의 중요성을 보여준다고 볼 수 있습니다.

기업은 여러 개인이 모인 조직체이기에 목표를 달성하기 위해서는 함께 협력해 나가야 합니다. 그러기 위해서 조직 구성원 간의 원활한 커뮤니케이션은 필수입니다. 단체 운동 경기에서 팀플레이가 중요한 것처럼, 아무리 개별 구성원의 역량이 뛰어나더라도 커뮤니케이션이 원활하지 않은 조직은 협력이 되지 않아 성과를 내기 어렵기 때문입니다. 특히 경영진 입장에서는 다양한 조직 구성원들로부터 올바른 정보나 의견을 신속하게 제공받아야 합리적인 의사 결정을 내릴 수 있기에 커뮤니케이션을 중시할 수밖에 없습니다. 기업 경쟁력을 유지하는 데 가장 중요한 요소로 커뮤니케이션 역량을 꼽는 것도 이유가 있습니다.

보고서의 중요성 역시 여기에 기인합니다. 보고서야말로 기업 내 커뮤니케이션의 핵심 수단이기 때문입니다. 따라서 개인적으로도 보고서를 작성하는 역량은 '보고서로 평가받는다'고 할 정도로 비즈니스맨으로서 성공 여부를 좌우하는 요소일 수밖에 없습니다. 그렇다면, 어떻게 해야 보고서를 잘 작성할 수 있을까요?

무엇보다도 보고서 작성을 단순히 문서 작업으로만 바라보지 말아야 합니다. 앞서도 말했듯이 보고서는 상대방과의 커뮤니케이션 수단이기 때문입니다. 보고서를 무작정 잘 만들려고 노력하기보다는 상대방의 입장에서 '어떻게 하면 보고받는 상대방에게 보고 내용을 효과적으로 전달할 수 있을까'에 집중해야 합니다.

기획서도 마찬가지입니다. 보고서 중에서도 기획서는 단순히 정보를 보고하는 수준을 넘어 의사 결정권자의 전략적 의사 결정을 지원한다는 점에서 더욱 중요합니다. 사실, 아무리 머릿속에서 기획을 잘했어도 기획서를 엉망으로 작성한다면 그 기획은 무용지물이 될 수밖에 없습니다. 그러므로 기획서를 작성할 때는 무엇보다도 '어떻게 의사 결정권자를 효과적으로 설득할 수 있느냐'에 집중해야 합니다. 그런 측면에서 일반적인 설득의 법칙과 기획서 작성에 유용한 논리의 기술에 대해 알아보도록 하겠습니다.

들어가기에 앞서서 참고로 커뮤니케이션 활성화 전략을 살펴보면 다음과 같습니다.

조직 역량 측면에서의 커뮤니케이션 활성화 전략

앞서도 말했듯이 조직 역량 측면에서 커뮤니케이션 활성화는 성과와 직결된 문제이기에 중요할 수밖에 없다. 기업이란 수평적, 수직적으로 연결된 조직 시스템이므로 조직 역량을 극대화하려면 상하, 좌우 커뮤니케이션이 원활하게 진행되어야 한다. 잭 웰치 전 GE 회장이 "열 번 말하기 전에는 한 번도 이야기한 것이 아니다."라며 신물이 날 정도로 커뮤니케이션을 강조한 것 역시 여기에 기인한다. 그런 측면에서 조직 내 커뮤니케이션을 활성화하기 위해서는 다음과 같이 현재의 커뮤니케이션 수준을 분석한 후 장애 요인을 도출하여 제거 전략을 수립해 볼 필요가 있다.

장애 요인		제거 전략
개인 역량	커뮤니케이션 스킬 미숙	• 기초적인 커뮤니케이션 스킬 교육 실시 • 다양한 커뮤니케이션 기회 제공
	커뮤니케이션 언어의 차이	• 사내 커뮤니케이션 언어의 통일화 • 경영 용어 정리 등을 통해 정확한 용어 사용 권장
	개인적인 수준 차이	• 직급/직무/직책별 전문 교육 실시 • 사내/사외 교육 훈련 기회 지원
조직 역량	권위주의적 기업 문화	• 참여적 기업 문화에 대한 경영진의 확고한 의지 • 갈등 발생 시, 지시자가 아닌 중재자로 상사 개입
	관료적인 조직 구조	• 조직 구조를 단순화시켜 커뮤니케이션 단계를 축소 • 공식적인 채널 외에 비공식적인 경로도 양성
	부서 간 코디네이션 미흡	• 토론과 협의를 통한 갈등 관리 지원 • 적당한 긴장 관계를 통한 다양성 추구
기타	커뮤니케이션 채널 부족	• 인쇄 매체, 영상 매체, 인터넷 등 다양한 매체 활용 • 사내 정보 시스템 적극 활용
	커뮤니케이션 과부하	• 임직원 수준에 따라 정보 공유 수준 통제 • 다양한 채널을 활용하여 단일 채널 과부하 방지
	공간적 제약	• 인터넷, 정보 시스템을 통한 공간적 제약 극복

■ 설득의 법칙

설득이란 사전적 의미로는 상대가 내 의견을 따르도록 여러 방법으로 깨우쳐 말하는 것을 말합니다. 《뱀의 뇌에게 말을 걸지 마라 Just Listen》라는 책에 따르면, 상대가 이성적인 행동을 멈추고 공포, 불안, 위협 등을 느끼는 파충류의 뇌 상태에 있을 때는 설득이 먹히지 않기 때문에 말을 걸지 말아야 한다고 합니다. 설득하려면 무엇보다도 먼저 상대의 마음을 얻어야 합니다. 그런 후 논리적으로 자신의 의견을 개진한다면 성공 가능성이 높겠죠.

기획서도 보고받는 상대방을 설득하여 기획안을 수용하게 해야 합니다. 따라서 상대방의 마음을 열고 설득력을 높일 수 있는 방법을 알아둘 필요가 있습니다. 그런 의미에서 로버트 치알디니 Robert Cialdini가 쓴 《설득의 심리학 Influence》은 실무자에게 유용하므로 일독을 권하며, 여기서는 《설득의 심리학》에 소개된 사람의 마음을 사로잡는 여섯 가지 설득의 법칙을 간략하게 살펴보도록 하겠습니다.

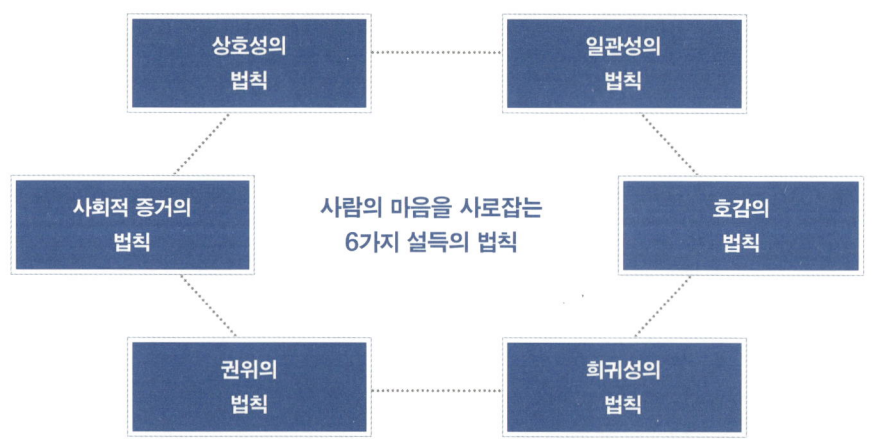

설득의 법칙 1 - 상호성의 법칙

상호성의 법칙이란 상대방으로부터 호의를 받으면 빚진 상태를 불유쾌하게 느끼는 심리 상태가 되거나 갚아야 마음이 편하다고 생각하게 되는 데 기초한 설득의 법칙입니다. 즉, 상대방이 양보하는 등의 호의를 베풀면 상호성의 법칙에 따라 불유쾌함을 없애기 위해 보답해야 한다는 심리적 부담을 느끼거나 자신도 호의를 베풀어야 하는 의무감을 느껴 설득당한다는 것입니다.

> 심리학자 리건은 조교와 피실험자 두 사람이 짝을 지어 다양한 그림을 감상하고 그것을 평가하는 심리학 실험을 진행했다. 그런데 실험 도중 휴식 시간마다 조교는 피실험자 중 절반에게는 콜라를 제공하고 나머지 절반에게는 아무런 호의도 베풀지 않았다. 그리고 그림에 대한 평가 작업이 모두 끝나기 직전에 조교는 피실험자에게 넌지시 자선 모금을 위해 1달러짜리 행운권을 사줄 수 없겠느냐고 요청했다. 그 결과 콜라를 얻어 먹었던 피실험자들이 아무런 호의를 받지 않은 피실험자들보다 두 배나 많이 행운권을 구입했다고 한다.

설득의 법칙 2 - 일관성의 법칙

일관성의 법칙이란 지금까지 생각하거나 행동해 온 것과 일관되게, 혹은 일관되게 보이도록 행동하려는 맹목적인 욕구에 기초한 설득의 법칙입니다. 즉, 어떤 선택을 하거나 입장을 취할 때 이전에 취한 선택이나 입장을 정당화하는 방향으로 행동하게 된다는 자기 합리화 이론입니다. 예를 들어, 경마장에서 특정 말에 돈을 건 후에는 돈을 걸기 전보다 그 말이 경마에서 우승할 확률이 더 높다고 생각한다는 것입니다. 사실 돈을 걸기 전이나 후나 특정 말의 우승 확률은 변함이 없는데도 말입니다.

> 연구자가 무작위로 선정한 피실험자가 있는 곳에서 1미터쯤 떨어져서 휴대용 라디오로 음악을 들으며 바다로 걸어가고 있었다. 그때 연구 조교가 연구자에게 도둑인 척 다가가서 휴대용 라디오를 훔쳐 달아나려 했다. 그러자 피실험자들은 도둑을 저지하는 데에 매우 망설이는 모습을 보였다. 20명 중 단 네 명만이 적극적으로 저지했다. 다음에는 상황을 약간 바꾸어 연구자가 피실험자에게 "제 라디오 좀 봐주십시오."라고 부탁한 후 바다로 들어갔다. 이번에도 조교가 도둑인 척 라디오를 가지고 달아나려 하자, 20명 중 무려 19명이 도둑을 쫓아가며 저지했다고 한다.

설득의 법칙 3 - 사회적 증거의 법칙

사회적 증거의 법칙이란 다수의 행동은 대체로 올바르다고 생각하며 상황이 불확실할 때는 다수의 행동을 그대로 따라 하려는 심리에 기초한 설득의 법칙입니다. 몇 명이 갑자기 멈춰 서서 하늘을 바라보면 다른 사람들도 따라서 하늘을 보듯이 말입니다. 다수의 행동을 따라 하면 실수할 확률이 줄어들기 때문에 위험을 최소화하려는 군중 심리에 따른 것입니다.

> 한 심리학자가 흥미로운 실험을 했다. 총 50명의 학생 중 40명의 학생들과 회색 판을 검정색 판이라고 말하기로 미리 약속한 후, 검정색 판과 회색 판을 들고 "어느 판이 검정색입니까?"라고 50명의 학생들에게 열 번에 걸쳐 질문하는 실험이었다. 그 결과, 첫 번째에는 미리 약속을 하지 않은 10명 모두 진짜 검정색 판을 가리켰지만, 반복될수록 숫자가 줄더니 마지막 열 번째에는 10명 중 9명이 모두 회색을 검정색이라고 가리켰다고 한다.

설득의 법칙 4 - 호감의 법칙

호감의 법칙이란 좋아하는 사람에게 부탁을 받으면 쉽게 거절하지 못하듯이 호감이 가는 사람에게는 쉽게 설득당한다는 이론입니다. 일반적으로 사람들은 신체적인 매력을 지닌 사람이나 자신과 닮은 점이 많은 사람, 자신을 칭찬해 주는 사람, 자주 접촉하여 익숙해진 사람에게 호감을 갖는다고 합니다. 결국 호감의 법칙은 긍정적인 특성 하나가 그 사람 전체를 평가하는 데 결정적인 영향을 미친다는 후광 효과에 따른 심리 반응이라 할 수 있습니다.

> 미국 펜실베이니아 주의 재판 결과를 연구한 자료에 따르면, 피의자의 외모가 판결에 영향을 미치는 것으로 나타났다. 74명의 남성 피의자를 대상으로 재판 초기에 측정한 신체적 매력을 재판 완료 후 재판 결과와 비교한 결과, 외모가 매력적인 피의자들이 그렇지 않은 피의자들보다 무죄 선고율이 두 배나 높았던 것이다. 신체적으로 매력적인 사람들은 그런 범죄를 일으키지 않으리라 생각하는 심리가 작용한 것이다.

설득의 법칙 5 – 권위의 법칙

권위의 법칙이란 합법적인 권위에 복종하려는 심리에 기초한 설득의 법칙입니다. 이는 권위자의 명령이 옳고 그른지 분석하기보다는 그 명령에 일단 복종하려는 심리로, 결국 권위에 의해 설득당하는 셈입니다. 이는 정당한 권위뿐만 아니라 고급차 등 외견상 보이는 단순한 권위에도 적용될 수 있습니다.

> 스탠리 밀그램은 예일대 학생들을 대상으로 충격적인 실험을 했다. 학생들에게는 학습과 공포에 대한 실험이라고 말했지만, 실제로는 권위에 대한 복종 실험을 한 것이다. 피실험자들이 선생 역할을 하면서 실험실에 있는 학생이 오답을 말할 때마다 전압을 올려 전기 충격을 가하게 했다. 전기 충격은 5볼트에서 목숨을 잃을 수도 있는 450볼트까지 가해졌고, 전압이 올라갈수록 오답을 말한 학생은 고통스러워했다. 물론 실제로 전기 충격을 가한 것은 아니었고 사전에 약속한 대로 연기를 한 것이었다. 어쨌든, 학생이 괴로워하는 모습을 보면서도 '계속 진행하라'는 교수의 권위에 따라 실험 참가자들 중 무려 65%가 450볼트의 최고 전압까지 올렸다고 한다.

설득의 법칙 6 – 희귀성의 법칙

희귀성의 법칙이란 '쉽게 획득할 수 없는 것이 상대적으로 가치가 더 높다'는 인식에 기초한 설득의 법칙입니다. 희귀해지면 선택할 자유가 사라진다는 두려움 때문에 이전보다 더 강렬하게 소유하려는 심리적 저항을 말합니다. 즉, 희귀성의 법칙을 적절히 활용, 가치를 높이 평가하게 함으로써 설득 효과를 강화시킬 수 있습니다.

> 고객이 A모델에 관심이 많은 걸 알고 판매원이 고객에게 이렇게 말했다. "이 모델에 관심이 많으신가 보죠? 그런데 죄송해서 어쩌죠? 20분 전에 마지막 남은 물건을 팔아 이제 재고가 없거든요." 이에 고객은 혹시 구할 수 없느냐고 물었고, 판매원은 다시 이렇게 대답했다. "글쎄요. 근처에 저희 매장이 하나 더 있는데, 거기에 한번 알아보겠습니다. 혹시 있다면 구입하시겠습니까?" 그러자 고객은 "물론이지요."라며 흔쾌히 기다렸다고 한다.

■ 기획서에 유용한 논리의 기술

탄탄한 논리로 상대방을 설득하는 기술은 기획자가 가져야 할 중요한 역량 중 하나입니다. 논리적으로 타당하게 전개된 기획서라면 보고받는 상대방도 쉽게 수긍할 수 있기 때문입니다. 물론 올바른 논리 전개는 기획서 작성뿐 아니라 협상이나 프레젠테이션 같은 비즈니스 커뮤니케이션에서도 필요합니다.

그런 의미에서 아래와 같은 논법들을 중심으로 논리 전개에 대해 알아보도록 하겠습니다. 일반적으로 많이 쓰이는 논법으로는 연역법과 귀납법이 있으며, 그 외에도 대증법 등 변형된 논법이나 산파술 등의 논법이 있습니다.

연역법	• 이미 증명된 하나 또는 둘 이상의 명제를 전제로 하여 새로운 명제를 결론으로 이끌어내는 논법 • 대표적으로 '대전제 – 소전제 – 결론' 방식의 삼단논법이 있음
대증법	• 삼단논법의 변형으로, 각 전제마다 증명하는 증거를 붙임으로써 설득력을 높이는 논법 • '대전제 – 대전제 증거 – 소전제 – 소전제 증거 – 결론' 순으로 전개
귀납법	• 개별적인 특수한 사실이나 원리로부터 좀 더 확장된 일반적 명제를 이끌어내는 논법 • 여러 현상들을 객관적으로 관찰한 후 이의 규칙성이나 패턴을 설명하는 방식
예증법	• 잘 알려지고 적절한 예를 근거로 자기주장의 타당성을 내세우는 논법 • 유사성을 지닌 잘 알려진 명제로부터 다른 명제로 진행하는 추론 방식
가추법	• 어떤 사물 또는 현상을 설명하기 위해 가설을 세워서 연역적으로 검증하는 논법 • 가설로부터 명제를 연역하여 참인지 가려내는 방법으로, 가설 추리법 또는 가설 연역법이라고도 함
산파술	• 자신을 다른 사람들이 지혜를 얻도록 도와주는 산파에 비유한 소크라테스의 대화법 • 상대방 논리의 오류를 지적함으로써 스스로 의문을 갖고 올바른 대답을 찾도록 유도하는 방법

연역법과 삼단논법

연역법 중 대표적인 삼단논법은 아리스토텔레스가 정리한 논법으로, 참이라고 알려진 대전제와 소전제로부터 결론을 이끌어내는 방법입니다. '인간은 모두 죽는다(대전제), 소크라테스는 인간이다(소전제), 그러므로 소크라테스는 죽는다(결론)'와 같은 논리 전개를 말합니다. 연역법이 올바르게 전개되려면 다음과 같은 사항에 유의해야 합니다.

첫째, 전제는 누구나 인정할 수 있도록 보편 타당성이 있어야 합니다.
둘째, 결론을 유추하는 과정이 논리적으로 설득력이 있어야 합니다.
셋째, 논리 전개 시 형식적 또는 비형식적 오류가 없어야 합니다.

형식적 오류란 아래와 같이 연역 추리가 타당성을 갖기 위해 지켜야 할 규칙을 지키지 않아서 빚어지는 오류를 말합니다.

순환 논증의 오류	주장하는 바를 전제로 제시함으로써 이미 자신의 주장을 진리로 규정하고 결론을 이끌어내는 오류 예) 철수는 성실해서 부자가 될 거야. 철수가 부자가 됐네. 역시 철수는 성실하구만.
자가 당착의 오류	얼핏 보면 맞는 말 같지만 전제가 모순을 내포하고 있어 논리적으로 옳지 않은 비정합성의 오류 예) 인간은 이성적이다. 주정꾼도 인간이다. 그러므로 주정꾼도 이성적이다.
전건 부정의 오류	전제들은 참이지만 전건을 부정하여 후건을 부정한 것을 결론으로 도출하는 데서 발생하는 오류 예) 사과는 과일이다. 배는 사과가 아니다. 그러므로 배는 과일이 아니다
후건 긍정의 오류	전제들은 참이지만 후건을 긍정하여 전건을 긍정한 것을 결론으로 도출하는 데서 발생하는 오류 예) 그 마을은 홍수가 나면 교통이 두절된다. 그 마을의 교통이 두절되었다. 그러므로 그 마을에 홍수가 났다.

피해야 할 비형식적 오류

참고로 언어나 자료를 잘못 사용하거나 심리적 요인에 의해 범하게 되는 비형식적 오류들을 살펴보면 다음과 같다.

언어적 오류	애매어의 오류	두 가지 이상의 의미로 사용될 수 있는 단어로 인한 오류
	강조의 오류	문장의 한 부분을 불필요하게 강조함으로써 발생하는 오류
	결합의 오류	결합된 전체도 부분의 속성을 지니고 있으리라 추론하는 오류
	분할의 오류	분할된 부분도 전체의 속성을 지니고 있으리라 추론하는 오류
자료적 오류	성급한 일반화의 오류	대표성이 결여된 제한된 정보를 근거로 성급하게 일반화하는 오류
	잘못된 유추의 오류	잘못된 자료 유추에 의해 잘못된 결론을 도출하는 오류
	무지에 호소하는 오류	아직 확인되지 않은 정보에 대해 결론을 도출하는 오류
	흑백 사고의 오류	중간 개념이 있음에도 두 대립 개념만을 생각하여 결론을 도출하는 오류
심리적 오류	경험의 오류	자신이 경험한 일이라고 해서 모두 참이라고 여기는 오류
	감정에 호소하는 오류	동정심, 공포, 친분 등 감정에 호소하며 자신의 의견을 주장하는 오류
	사람에 호소하는 오류	논지와 상관없이 상대방을 비난하며 자신을 합리화하는 오류
	권위에 호소하는 오류	논지와 관련 없는 권위자의 견해에 근거하여 자기 의견을 주장하는 오류
	대중에 호소하는 오류	타당한 근거 없이 대중 심리에 기대어 자신의 의견을 주장하는 오류
	원천 봉쇄의 오류	반론 가능성을 원천적으로 비난함으로써 반론 자체를 봉쇄하는 오류

대증법

대증법이란 아리스토텔레스가 정리한 삼단논법에 증명을 첨가한 것으로, 전제마다 그것을 증명하는 증거를 붙임으로써 설득력을 높이는 논법입니다. 대증법은 삼단논법의 틀을 갖추었기 때문에 형식적으로 타당할 뿐 아니라 각 전제가 참임을 증명하는 증거가 첨부되어 논리적으로 효과적인 논법입니다. 기본 구조는 '대전제 - 대전제 증거 - 소전제 - 소전제 증거 - 결론' 순으로, 로마 시대 변론가였던 키케로가 밀로를 대변했던 〈밀로를 대신하여 Pro Milone〉 변론 역시 아래와 같이 전형적인 대증법에 따라 전개되었다고 합니다.

1. 대전제 : 자신을 죽음의 함정에 빠뜨리는 자를 죽이는 것은 허용된다.
2. 증   명 : 자연법과 인간의 권리를 통한 증명
3. 소전제 : 클로디우스는 밀로를 죽음의 함정에 빠뜨렸다.
4. 증   명 : 증인들에 의한 사실 증명
5. 결   론 : 그러므로 밀로에게 클로디우스를 죽이는 것을 허용해야 한다.

Case | 대증법의 적용

> 중국 학생들이 모스크바에 있는 미국 대사관 앞에서 시위를 하다 소련 경찰에 체포되었다. 이에 항의하는 중국 정부에게 소련은 자신들의 입장을 다음과 같이 설명했다고 한다.
>
> 1. 대전제 : 모든 국가에는 존중되어야 할 외교 규범이 존재한다.
> 2. 증   명 : 그 예로 중국에도 이러한 규범이 있다.
> 3. 소전제 : 모스크바에 있는 중국 학생들이 이 외교 규범을 위반했다.
> 4. 증   명 : 불법 폭력 시위를 증명할 만한 여러 가지 사례들을 제시.
> 5. 결   론 : 그러므로 시위 학생 체포에 대한 중국 정부의 항의는 받아들일 수 없다.

귀납법

귀납법이란 전체를 관찰함으로써 알게 된 개별적인 특수한 사실이나 현상으로부터 좀 더 확장된 일반적인 법칙이나 원칙을 이끌어내는 추리 방법을 말합니다. 기획서를 쓸 때 데이터를 수집, 분석하여 유의미한 전략적 시사점을 도출해 내는 방식이 귀납법을 활용한 논리 접근법이라 할 수 있습니다.

귀납적 추리와 절차를 논리적으로 전개한 귀납법 역시 아리스토텔레스에게서 출발하지만, 귀납법이 연역법과 더불어 대표적인 논법으로 대두된 것은 17세기 경험론의 시조인 베이컨 Francis Bacon 에 이르러서입니다. 이후 허셜 Friedrich Herschel, 밀 John Stuart Mill 등에 의해 체계화되며 경험적 자연과학의 발달에 공헌하게 됩니다.

〈귀납법의 예〉

소크라테스는 죽었다. 공자도 죽었다. 석가도 죽었다. 이들은 모두 사람이다. 그러므로 사람은 모두 죽는다.

귀납법은 자연과학과 통계학의 발달 등 많은 성과를 가져왔지만, 개연성을 지닌 가설을 유도할 뿐 필연성을 가져다주지는 못한다는 약점이 있으므로 유의해야 합니다.

Case | 귀납법의 오류, 검은 백조

검은 백조 Black Swan 라 하면 실제로 일어날 수 없는 일을 의미하는 용어였다. 그러나 18세기에 유럽인들이 호주에 진출하여 검은 백조를 발견하면서부터는 '관찰과 경험에 의존한 일반화 이론을 벗어난 극단적 상황이 일어나는 일'을 뜻하는 용어로 변경되었다.
사실, 검은 백조는 관찰과 경험에 근거한 학습과 지식이 얼마나 제한적이며 허약한 것인지를 지적한다. 17세기까지는 확고했던 '백조는 하얗다'는 믿음이 검은 백조가 나타나는 순간 여지없이 무너져버렸기 때문이다.
결국 검은 백조는 과거의 경험에만 기초하여 미래에 대해 판단하면 잘못 판단할 수 있음을 보여주는 증거로, 예측 불가능성을 염두에 두고 신중하게 판단해야 함을 알려주고 있다.

예증법

예증법이란 '나쁜 음식은 몸을 병들게 한다. 마찬가지로 나쁜 생각은 정신 건강을 해친다.'와 같이 잘 알려진 예를 근거로 자신의 주장을 내세우는 논법입니다. 예증법이 올바르게 전개되려면 적절한 예를 다음의 기준에 의거하여 선정해야 합니다.
첫째, 타당하다고 인정되는 수용 가능한 예여야 합니다.
둘째, 예와 주장 사이에 면밀한 연관성이 있어야 합니다.
셋째, 예를 근거로 주장하는 의견에 대해 반론 가능성이 작아야 합니다.

예증법은 유용한 논법이긴 하지만 활용하기가 쉽지 않습니다. 우선 예를 들 만한 것들을 많이 알고 있어야 하며, 자신의 주장과 상당히 유사하여 상대방이 반론하기 어려운 예를 거론해야 하기 때문입니다.

Case | 복수불반분 覆水不返盆

> 강태공이 위수 강가에서 주나라 문왕을 만나기 전까지는 나이가 팔십이 될 때까지 끼니를 때우기 어려울 정도로 가난했다. 그런데도 살림은 돌보지 않고 책만 읽는 바람에 생활고를 견디다 못한 아내 마씨는 친정으로 도망가버렸다. 그러다 주나라 문왕에게 발탁된 강태공은 문왕과 무왕을 보좌하며 주나라 천하를 만드는 데 일등 공신이 되었다. 그 결과 강태공은 제나라 제후로 봉해졌다.
>
> 이 소식을 들은 아내 마씨는 강태공을 찾아와 다시 받아달라고 애원했다. 이에 강태공은 물을 떠다가 마당에 엎지른 뒤 다시 그릇에 담아보라고 했다. 마씨는 열심히 물을 담으려고 했지만 담을 수가 없었다. 그 모습을 보던 강태공이 다음과 같이 말했다고 한다.
> "엎질러진 물을 다시 담을 수 없듯이 한번 집을 나간 아내는 다시 돌아올 수 없는 것이오."
> 엎지른 물은 다시 담을 수 없음을 예로 들며 일단 저지른 일은 되돌릴 수 없음을 예증법으로 설명했던 것이다.

가추법

가추법이란 가설 추리법 또는 가설 연역법을 말하는 것으로, 어떤 사물 또는 현상을 설명하기 위해 가설을 세운 뒤, 가설로부터 명제를 연역하여 참인지 검증하는 논법을 말합니다. 즉, 전제로 삼은 가설에서 제시된 명제를 검증하여 모두 참이라고 검증되면 가설은 진리성을 가진 이론으로 인정하지만, 검증 결과가 불만족스러울 경우에는 처음 설정한 가설을 파기하거나 다시 수정하여 추리해 들어가는 방식입니다.

연역법은 필연적으로 일어날 사실을, 귀납법은 개연적으로 일어날 사실을 알려준다면, 가추법은 이미 일어났지만 아직 모르는 사실을 알려주는 데 유용합니다. 예를 들면, 사냥꾼이 사냥감을 추적할 때나 고고학자가 유물에서 역사를 밝혀낼 때, 의사가 병을 진단할 때, 경찰이 범인을 색출할 때 등에 유용하게 사용됩니다. 그러므로 가추법은 기업 내의 병을 진단하여 치료법을 제언해야 하는 컨설팅에도 유용하게 사용할 수 있는 논법입니다.

Case | 지구는 둥글다

> 지구는 둥글까? 지금은 우주에서 지구를 찍은 사진을 보면 금방 지구가 둥글다는 것을 알 수 있다. 하지만 지구가 평평한 네모라고 생각했던 과거에 그 질문은 매우 풀기 어려운 문제였다. 그렇다면 지구가 둥글다는 가설을 어떻게 증명해야 했을까?
> 이를 증명할 때 사례로 든 것이 바닷가의 배였다. 수평선 멀리서 항구로 들어오는 배는 처음에는 돛대 끝만 보이다가 항구로 들어올수록 점차 돛과 선체가 보인다. 거꾸로 수평선 멀리 나가는 배는 먼저 밑부분부터 시작하여 전체 배가 가라앉듯이 사라진다. 그렇게 보이는 것은 지구가 둥글기 때문이다. 지구가 평평한 네모라면 배는 똑바로 가다가 한 점으로 보이거나 떨어져 사라져야 하기 때문이다.
> 이렇듯 가추법을 통해 논리적으로 검증함으로써 설득력을 높일 수 있었다. 물론 지구 구형설을 확실하게 증명한 사람은 대서양을 과감하게 횡단한 콜럼버스였지만 말이다. 이렇듯, 아인슈타인의 일반 상대성이론과 같이 이론적인 논리로 시작한 가설은 이를 증명하는 실험들에 의해 정식 이론으로 성립된다.

산파술

산파술이란 '너 자신을 알라.'라는 말로 유명한 소크라테스의 대화법으로, 상대방 논리의 오류를 지적하는 질문을 끊임없이 함으로써 상대방 스스로 의문을 갖고 올바른 대답을 얻을 수 있도록 유도하는 부정의 논법입니다.

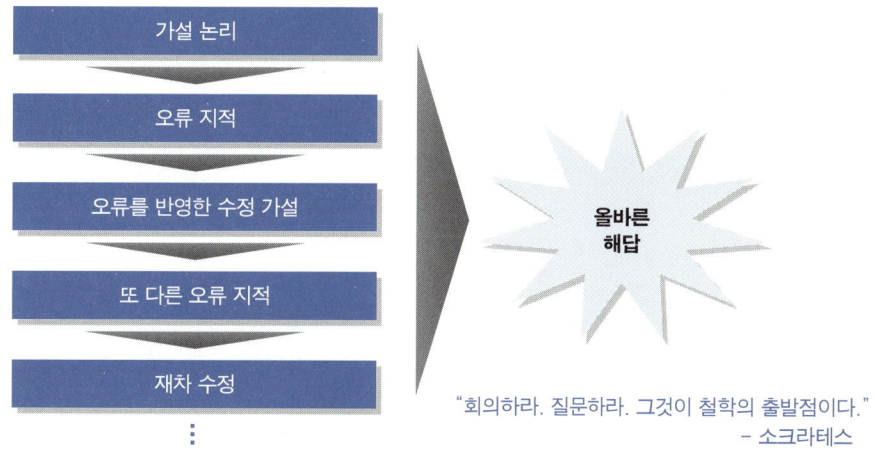

"회의하라. 질문하라. 그것이 철학의 출발점이다."
– 소크라테스

질문의 힘

올바른 의사 결정을 하기 위해서는 적절한 해답을 얻어야 하는데, 그러기 위해 가장 중요한 것이 바로 '어떻게 질문하는가'다. 질문이 잘못되면 답이 올바를 수 없기 때문이다. 그럼 어떻게 질문해야 할까?
1. '어떻게'보다 '왜'에 집중하라. 진정한 해답은 원인을 밝히면 나올 수 있으므로 근본 원인을 밝히는 데 질문을 집중해야 한다.
2. 논리적 오류를 지적하라. 자신 또는 상대방의 해답 전개 과정상 논리적 오류에 대해 질문하라.
3. 목표에 부합하게 질문하라. 목표와 상관없는 내용에 집중하다 보면 배가 산으로 갈 수 있다. 핵심 사항에 집중하여 질문하라.

■ 실무 관점에서의 논리 전개 방식

기획서 작성 시 활용할 수 있는 유용한 논리 전개 방식으로 민토 피라미드 원칙Minto Pyramid Principle이 있습니다. 이는 《논리의 기술 The Pyramid Principle》을 쓴 맥킨지 컨설턴트 출신의 바바라 민토Barbara Minto가 고안한 방법으로, 경영 컨설팅 분야에서 널리 인정되어 각종 실무에 사용되는 논리적인 기획서 작성 방법입니다. 이에, 실무자에게 유용한 논리 전개 방식을 습득할 수 있는 《논리의 기술》을 일독하기를 권하며, 여기서는 민토 피라미드 원칙에 대해 간략하게 소개하고자 합니다.

일반적으로 의사 결정권자는 특정 이슈에 대해 어떤 의사 결정을 내릴 것인가 하는 '결론'을 중요시하므로 서두에 결론을 제시하는 두괄식 보고서를 선호하는 경향이 있습니다. 이에 서두에 결론을 제시한 후 그런 결론을 도출하게 된 배경을 논리적으로 제시하다 보면 계층적으로 배열되어 수직적인 피라미드 구조를 이루게 되는데, 이를 민토 피라미드 원칙이라 합니다. 즉, 다음과 같이 이슈를 제기하는 도입부, 이에 대한 결론 성격의 답변, 결론이 나오게 된 배경을 연역적 또는 귀납적 추론을 통해 제시하는 그룹 주제들로 전개됩니다.

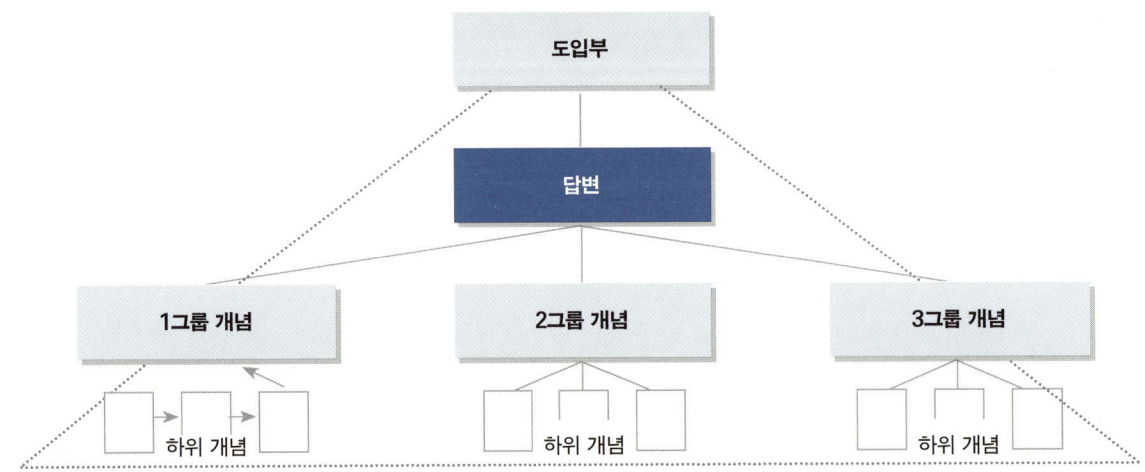

민토 피라미드 원칙에 따르면 기획서는 이슈를 제시하는 도입부와 결론으로서의 답변, 이에 대한 세부적인 설명의 세 부분으로 구성됩니다. 구체적으로 도입부와 답변, 세부 설명으로서의 개념 및 하위 개념들을 살펴보면 다음과 같습니다.

도입부	'상황 – 전개 – 질문' 순으로 전개 1. 상황 : 보는 이가 공감할 만한 상황을 문장으로 표현 2. 전개 : 상황과 연관되어 문제나 질문을 야기할 수 있는 관계 등을 구체적으로 진술 3. 질문 : 전개의 진술에서 기인된 문제 제기
답 변	결론으로 도입부에서 제기된 다음의 질문에 대한 답변 제시 1. 우리는 무엇을 해야 하는가? 2. 우리는 그것을 어떻게 해야 하는가? 3. 우리는 그것을 해야 하는가? 4. 그것이 왜 생겼는가?
개념 및 하위 개념	답변을 설명하기 위한 구체적이고도 논리적인 정보 제시 1. 구체적으로 어떻게 해야 할까? (조치) 2. 왜 그렇게 생각하는가? (이유) 3. 어떻게 아는가? (증거) * 개념 및 하위 개념 전개 방식 1. 각 단계의 개념은 하위 개념들을 요약한 것이어야 함 2. 한 그룹의 하위 개념들은 같은 속성을 지니고 있어야 함 3. 한 그룹의 하위 개념들은 논리적인 순서로 배열되어야 함 (연역적 추론 또는 귀납적 추론을 활용)

앞서 언급했듯이 개념들은 연역법이나 귀납법 등을 활용하여 논리적으로 설득력 있게 전개되어야 합니다. 그런 측면에서 수평적인 추론 방식으로 소개된 연역적 추론과 귀납적 추론 방식을 살펴보면 다음과 같습니다.

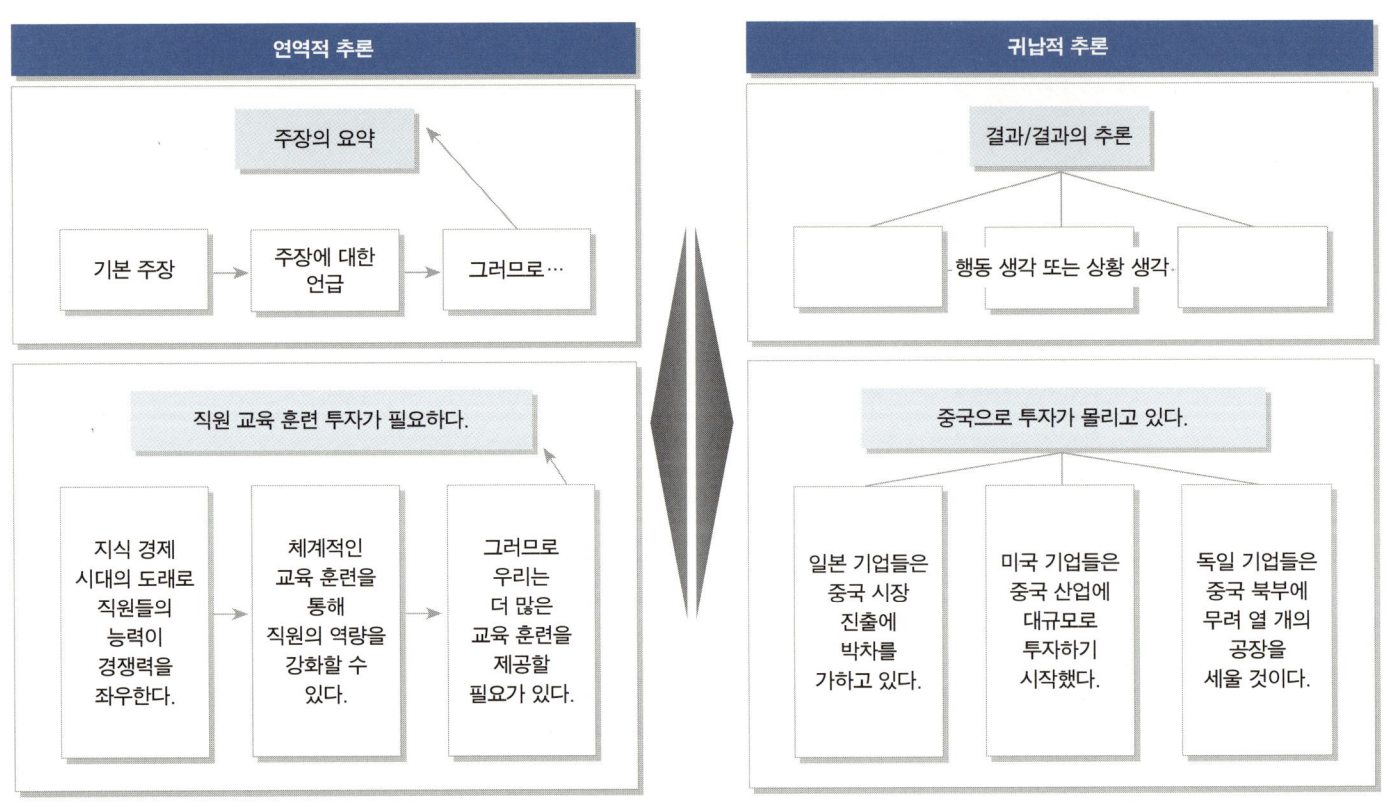

Part 2와 Part 3에서 살펴보았던 내·외부 환경 분석과 사업 전략 수립에 따른 기획서 작성 역시 민토 피라미드 원칙에 따라 다음과 같이 전개할 수 있습니다. 즉, 기획 배경과 목표를 밝힌 후 이에 대한 답변으로 사업 전략을 설명하고, 사업 전략이 나오게 된 근거로 외부 환경 분석 결과 도출된 성공 요소와 내부 환경 분석 결과 선정한 핵심역량을 제시하는 순으로 전개합니다.

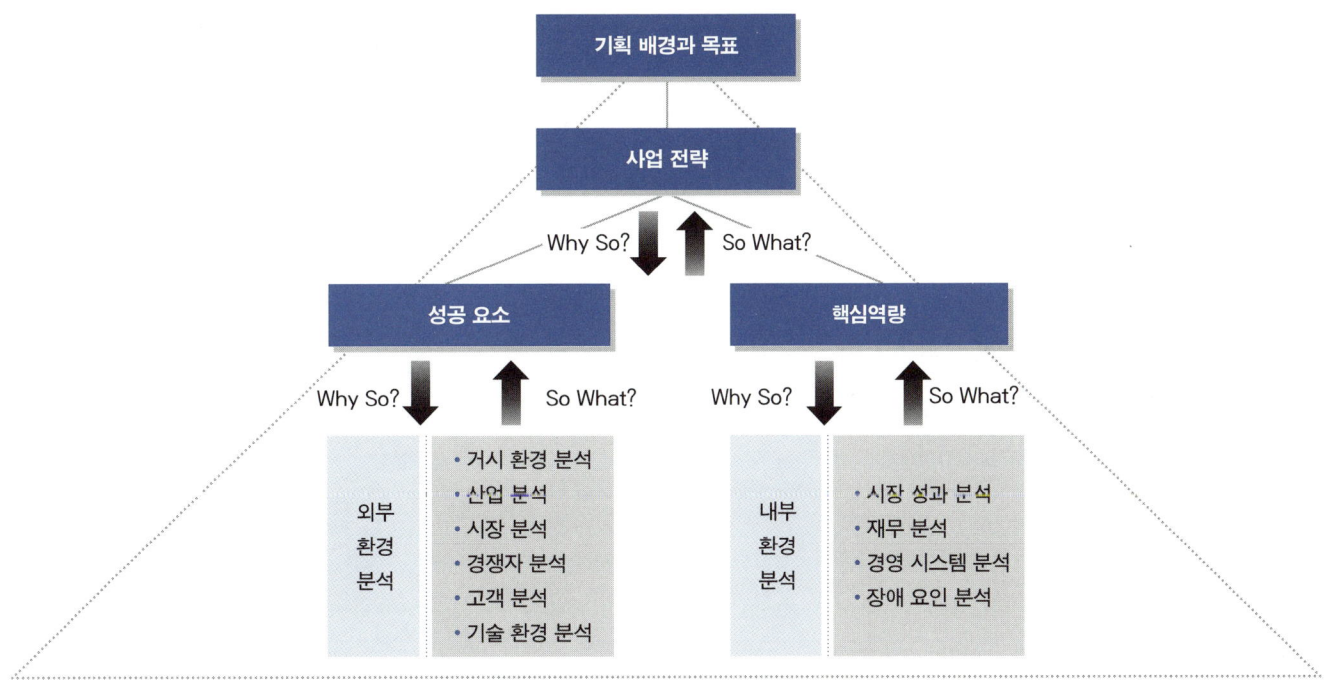

2 ■ 정보 수집 기법

현대 사회를 흔히 정보화 사회라고 합니다. 정보화 사회란 정보가 유력한 자원이 되고 정보의 가공과 처리에 의한 가치 생산을 중심으로 사회나 경제가 운영되고 발전되어 가는 사회를 의미합니다. 정보가 유력한 자원이자 가치 생산의 중심이 된 정보화 시대에 정보의 중요성은 시간이 갈수록 강조되고 있습니다. '지피지기면 백전불태'라고 했듯이, 유용한 정보를 얼마나 효과적으로 확보하느냐가 무한 경쟁 시대에 생존을 좌우하는 요소로 자리 잡았습니다. 특히, 미래의 전략을 제안해야 하는 기획서를 작성할 때 정보는 더욱 중요한 요소일 수밖에 없습니다.

그렇다고 무작정 정보를 많이 수집한다고 유용한 건 아닙니다. 사실, 정보 수집의 성패는 시선을 어디에 두느냐에 달려 있습니다. 전략적으로 원하는 목적에 맞게 정보를 모으고 이를 효율적으로 분석할 줄 알아야 정보 수집도 의미가 있습니다.

참고로 '정보 수집'이란 아래와 같이 먼저 자료를 모은 후 이의 신뢰성과 타당성을 검증하고 정리, 가공하여 유용한 정보로 만드는 전 과정을 통칭하는 용어입니다.

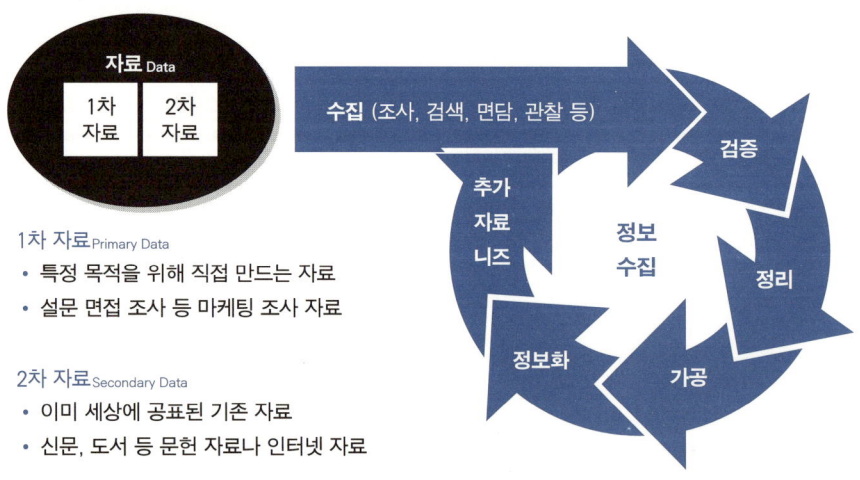

1차 자료 Primary Data
- 특정 목적을 위해 직접 만드는 자료
- 설문 면접 조사 등 마케팅 조사 자료

2차 자료 Secondary Data
- 이미 세상에 공표된 기존 자료
- 신문, 도서 등 문헌 자료나 인터넷 자료

■ 기획에 있어 정보의 의미

정보란 불특정한 자료와 달리 목표를 달성하는 데 도움이 되는 의미 있는 지식이 담긴 것을 말합니다. 기업 경영에 있어서는 기업 외부의 시장 환경, 특히 경쟁 환경과 내부 역량에 대한 정보가 중요합니다. 정보는 전략적 의사 결정에 활용할 수 있도록 가공되어야 하며, 가공 정도에 따라 수준 역시 달라집니다.

기획이란 목표를 달성하기 위한 효과적인 방안을 강구하는 것으로, 수집된 정보와 경험을 바탕으로 기획 과제에 대한 전략적인 해결 방안을 구체적으로 제시하는 것을 말합니다. 그러므로 기획을 잘하기 위해서는 현장 정보에 입각한 '현실성'과 설득력 있는 '논리성', 가장 효율적인 방안을 강구할 수 있는 '창의성'이 모두 필요하겠죠.

그런 측면에서 볼 때 정보 수집은 기획의 첫 단계이자 기획의 성패를 좌우하는 핵심 요소라 할 수 있습니다.

성공적인 기획의 조건

구분	내용
정보 수집	• 정보는 성공적인 기획의 필수 조건 • 체계적인 정보 수집 시스템 운영
현실 감각	• '문제 속에 답이 있다' • 현실을 직시할 수 있는 시각
논리력	• 객관적이고도 냉철한 논리 전개 • 분석 및 기획 기법에 능숙
창의력	• 목표 지향적인 비즈니스 창의력 • 창의적인 대안 제시 능력

정보의 효용성

구분	내용
과제 해결 도구	• 과제 해결은 정보에서 시작 • 유용한 정보로부터 해결 방안 도출
의사 결정 수단	• 수집된 정보 분석에 의해 의사 결정 • 정보를 바탕으로 합리적 선택 가능
경쟁력 강화 요인	• 현 경쟁력 수준을 파악하는 도구 • 미래 경쟁력 강화 방안 도출에 유용
지속 가능 요인	• 현재의 위협에 효과적으로 대처 • 미래 위협에 대비할 수 있도록 함

■ 정보 수집 프로세스

정보를 수집한다고 해서 무조건 많은 정보를 찾아나서는 것은 어리석은 행동입니다. 정보 수집이 잘못 수행되는 가장 큰 이유가 바로 어떤 정보를 수집해야 할지 모른다는 점입니다. 기획에 있어 어떤 정보가 유용하며 그 정보를 왜 수집해야 하는지 배경과 목표를 모른다면 정보의 수집뿐만 아니라 해석 및 가공에 이르기까지 문제가 생길 수 있습니다.

그러므로 기획 배경에 맞게 정보 수집 목표를 분명히 한 후 비용, 시간, 인력 등 현실적인 제약 조건 하에 전략적으로 정보를 수집할 줄 아는 자세를 가져야 합니다. 일반적인 정보 수집 프로세스는 다음과 같습니다.

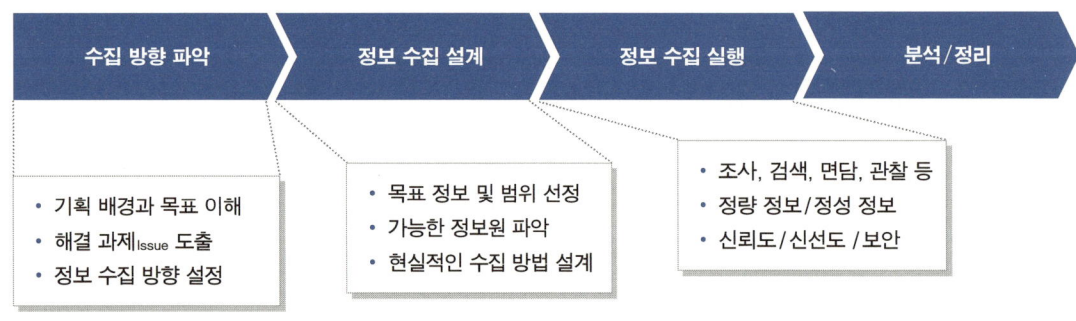

■ 정보 수집 방법

기획 배경과 목표, 원하는 정보 수준과 수집량, 비용, 시간, 인력 등의 현실적인 조건, 정보 수집의 난이도 등을 감안하여 효율적인 정보 수집 방법을 선정해야 합니다. 다다익선을 주장하며 무한정 정보만 수집하고 있을 수는 없기 때문입니다. 특히 불확실한 상황 속에서 기획서를 작성해야 하는 경우에는 정보 수집도 어려울 뿐더러 기획의 타이밍도 중요하기에 마냥 정보 수집에만 집중할 수는 없습니다. 그러므로 정보 수집이 효율적인지 판단하기 위해 정보 수집 중에라도 목적한 정보를 현실적인 여건에서 기한 내에 수집할 수 있는지를 항상 점검해야 합니다.

일반적으로 고려할 수 있는 정보 수집 방법은 다음과 같습니다.

자료 조사	일반 공개 매체	신문, 방송, 전문 잡지, 서적, 인터넷 등
	전문 매체	조사 보고서, 업계 전문지, 협회/기관 자료, 전시회, 세미나 등
	사내 자료	판매 데이터와 같은 정보 문서, 실적 보고서, 기획서 등 모든 사내 자료
마케팅 리서치	면접 설문 조사	가장 대표적인 시장 조사 방식인 개인 면접 설문 조사
	표적 집단 면접 조사 FGI	대표적 정성 조사 방식으로 대화 방식의 소집단 심층 면접 조사
	인터넷 조사	이메일 조사, 웹사이트 조사, 인터넷 FGI, 인터넷 제품 테스트 등
	전화 조사	전화 설문 조사와 ARS 조사 등 5문항 내외의 전화를 통한 조사
	관찰 조사	공개 또는 비공개적으로 현상을 관찰, 기록함으로써 조사
기타	인적 네트워크	업계 종사자, 이해 관계자 등과의 개별 만남을 통한 정보 수집
	사내 정보 네트워크	임직원들이 보고 들은 사내·외 현장 정보 수집

■ 실무에 유용한 정보원

실무적으로 정보원Information Source은 기획서 작성에서 부딪치는 현실적인 문제입니다. 사실, 정보의 홍수 속에서 전략적으로 성공하기 위해서는 노하우Know-how보다 원하는 정보를 어디에서 구할 수 있는지 알아내는 노웨어Know-where가 더 중요하다 할 수 있습니다. 그러므로 어디에서 정보를 얻을지 정보원을 지속적으로 발굴하고 관리할 수 있어야 합니다. 참고로 전략을 수립하는 데 있어서 유용한 정보를 얻을 수 있는 사이트들은 다음과 같습니다.

일반 정보

구 분	인터넷 주소	주요 내용
국가통계포털 KOSIS	http://www.kosis.kr	국가 승인 통계 통합 DB, 각종 국내외 통계 자료
한국은행 경제통계시스템 ECOS	http://ecos.bok.or.kr	각종 경제 지표 및 관련 통계, 기업 금융 지원 안내
한국물가정보	http://www.kpi.or.kr	물가 정보 및 통계, 품목별 가격 정보
중소기업 통계정보	http://stat.kfsb.or.kr	중소기업 관련 조사·통계 정보
중소기업 조사통계시스템	http://stat2.smba.go.kr	중소기업 통계 정보
삼성경제연구소 SERI	http://www.seri.org	국내외 주요 경제 지표 및 연구 자료
LG경제연구원 LGERI	http://www.lgeri.com	경제 및 환경 연구, 동향, 전망 지표
한국개발연구원 KDI	http://www.kdi.re.kr	경제 및 정책 정보, 세미나 관련 자료
현대경제연구원 HRI	http://www.hri.co.kr	경영 경제 연구 보고서, 통일 관련 자료
디지에코 DIGIECO	http://www.digieco.org	KT경제경영연구소의 지식 포털, 경제 경영 연구 자료
산은경제연구소 KDBRI	http://rd.kdb.co.kr	경제 및 금융 동향 분석, 관련 통계 자료
미래전략연구원 KIFS	http://www.kifs.org	민간 싱크탱크, 거시 정책 연구 자료
국가지식포털	http://www.knowledge.go.kr	공공기관별 국가 지식 자원 통합 포털
국가전자도서관	http://www.dlibrary.go.kr	국내 주요 도서관 통합 검색
디브러리 Dibrary	http://www.dibrary.net	국립중앙도서관의 디지털 도서관

산업 정보

구 분	인터넷 주소	주요 내용
산업연구원 KIET	http://www.kiet.re.kr	각종 산업별 통계 자료, 산업 정보 DB
산업통계 ISTANS	http://www.istans.or.kr	각종 산업별 통계 및 산업 분석 정보, 관련 보고서
부품소재종합정보망 MCT-net	http://www.mctnet.org	부품 소재 산업 종합 정보, 기술 및 업체 동향 자료
에프엔가이드 FnGuide	http://www.fnguide.com	사이버 금융 도서관, 금융 산업 관련 정보
유통정보DB	http://www.retaildb.or.kr	국내외 유통 산업 동향 및 관련 정보
전자정보센터 EIC	http://www.eic.re.kr	디지털 전자 산업 지식 창고
한국전자정보통신산업진흥회 KEA	http://www.gokea.org	전자 및 정보 통신 산업 관련 정보
게임산업종합정보시스템 GITISS	http://www.gitiss.org	게임 지식 포털, 게임 산업 지식 정보
녹색기술정보포탈 GT-NET	http://www.gtnet.go.kr	녹색 기술 포털, 그린 기술 및 산업, 시장, 정책 정보
켐로커스 ChemLOCUS	http://www.chemlocus.co.kr	화학 산업 및 시장, 기업 정보
씨스켐닷컴 Cischem	http://www.cischem.com	화학 산업 정보 및 관련 시장 보고서
대한출판문화협회	http://www.kpa21.or.kr	출판 산업 정보 및 정책, 통계 자료
한국패션센터	http://www.fck.or.kr	패션 종합 정보 시스템, 트렌드 및 마케팅 자료
대한화장품협회	http://www.kcia.or.kr	화장품 산업 통계 및 법률 정보, 기타 동향
한국제약협회	http://www.kpma.or.kr	제약 산업 정보 및 관련 법규, 시장 동향
아피스 Affis	http://www.affis.net	농업 종합 정보 포털, 관련 통계 및 시장 정보
한국건설산업연구원	http://www.cerik.re.kr	건설업 동향 및 연구 보고서, 관련 통계 자료
한국자동차산업연구소 KARI	http://kari.hmc.co.kr	자동차 산업 전망 및 산업 정책, 관련 통계 자료
바이오인 Bio In	http://www.bioin.or.kr	바이오텍 정보 포털, BT 산업 및 정책 동향, 관련 정보
Hotel Trends	http://www.htrends.com	글로벌 호텔 산업 정보 포털, 업계 뉴스 및 트렌드
Clarkson Research	http://www.clarkson.net	글로벌 해운 산업 정보, 시장 및 선박 관련 자료

기업 정보

구 분	인터넷 주소	주요 내용
금융감독원 전사공시시스템 DART	http://dart.fss.or.kr	상장 법인 등의 기업 개황 및 공시 정보
대한상공회의소 KORCHAM BIZ	http://www.korchambiz.net	기업 개요 및 재무 분석 정보, 상품 및 거래 정보
중소기업현황정보시스템 SMINFO	http://sminfo.smba.go.kr	중소기업 정보 및 제품 정보, 조사 통계
키스라인 KISLINE	http://www.kisline.com	기업, 산업, 금융, 부동산 정보
키스리포트 KIS report	http://www.kisreport.com	NICE 평가 정보, 국내·외 기업 신용 분석 정보
크레포트 CREPORT	http://www.creport.co.kr	기업 신용 정보, 거래처 신용 관리
크레탑 CRETOP	http://www.cretop.com	한국 기업 데이터, 기업 신용 정보 및 기업 분석 보고서
케이리포트 KREPORT	http://www.kreport.co.kr	한국 기업 데이터, 기업 분석 보고서 및 재무 정보
랭키닷컴 Ranke	http://www.rankey.com	웹사이트 분석 평가 자료, 트래픽 및 순위 정보

마케팅 정보

구 분	인터넷 주소	주요 내용
트렌드모니터 TrendMonitor	http://www.trendmonitor.co.kr	시장 및 소비자 트렌드, 시장 조사 자료
글로벌 인포메이션 Global Information	http://www.giikorea.co.kr	글로벌 마켓 리서치 및 기술 동향 자료
비즈파인더 BizFinder	http://www.bizfinder.go.kr	마케팅 및 중소기업 판로 개척 관련 정보
광고정보센터 adic	http://www.adic.co.kr	광고계 동향, 광고 소식 및 관련 자료
KRG Knowledge Research Group	http://www.krgweb.com	IT 전문 시장 분석 정보, 관련 통계 자료
대한무역투자진흥공사 KOTRA	http://www.kotra.or.kr	해외 시장 및 진출 정보, 각종 통상 자료
무역정보네트워크 KITA	http://www.kita.net	무역 통계 및 관련 정보
Korea PDS	http://www.koreapds.com	국제 원자재 시장 동향 및 관련 정보
원자재 정보시스템	http://www.wjj.go.kr	국내외 주요 원자재 관련 정보

경영 지식 정보

구 분	인터넷 주소	주요 내용
SERI CEO	http://www.sericeo.org	CEO를 위한 상상력 발전소, 경영 정보
유소사이어티 Usociety	http://www.usociety.co.kr	비즈니스 지식 포털, 경영 트렌드, 전략, 인사/조직 정보
동아비즈니스리뷰 DBR	http://www.dongabiz.com	경제 경영 전문 매거진, 경영 사례, 기업 보고서, 칼럼
세계경영연구원 IGM	http://www.igm.or.kr	CEO 리더십, 글로벌 스탠더드 리뷰, 경영 리포트
휴넷 HUNET	http://www.hunet.co.kr	경영 지식 및 교육 정보, CEO 포럼
크레듀 Credu	http://www.credu.co.kr	경영 교육 및 관련 지식 정보
이마스 EMARS	http://www.emars.co.kr	마케팅 사례 중심의 지식 정보
북코스모스 Bookcosmos	http://www.bookcosmos.com	경제, 경영 인문 등 도서 요약 서비스
McKinsey Quarterly	http://mckinseyquarterly.com	McKinsey 경영 사례 연구 및 관련 정보 제공
Strategy + Business	http://strategy-business.com	Booz & Company 경영 전문 정보 매거진
HBS Working Knowledge	http://hbswk.hbs.edu	Harvard Biz School 실무 경영 정보 사이트
Knowledge@Wharton	http://knowledge.wharton.upenn.edu	Wharton School 경영학 지식 사이트
Fast Company	http://www.fastcompany.com	Fastcompany 운영, 경제 경영 전문 지식 정보

창업, 특허 등 기타 정보

구 분	인터넷 주소	주요 내용
비즈플레이스 BIZPLACE	http://www.bizplace.co.kr	창업 관련 정보 포털
코리아 뉴스와이어 Newswire	http://www.newswire.co.kr	보도 자료 통신사, 기업, 정부, 기관 등의 보도 자료 정보
특허정보검색서비스 KIPRIS	http://www.kipris.or.kr	국내외 특허 정보 검색 정보, 특허 서비스 제공
비즈폼 Bizforms	http://www.bizforms.co.kr	경영 지식 거래 사이트
해피캠퍼스 Happy Campus	http://www.happycampus.com	경영 지식 거래 사이트

공공 지원 정보

구 분	인터넷 주소	주요 내용
한국테크노파크협의회	http://www.technopark.kr	한국테크노파크협의회 사이트, 전국 테크노파크 소개
기업마당	http://www.bizinfo.go.kr	중소기업청 운영, 중소기업 지원 종합 정보
창업넷	http://www.changupnet.go.kr	중소기업청 운영, 창업 관련 지식 및 지원 정보
창업보육센터 네트워크시스템 Bi-Net	http://www.bi.go.kr	창업진흥원 운영, 창업 보육 관련 정보
HIT500	http://www.hit500.or.kr	중소기업진흥공단 운영, 중소기업 경영 지식 제공
고비즈코리아 Gobiz	http://kr.gobizkorea.com	중소기업진흥공단 운영, 중소기업 무역 지원
파인드머신 Find Machine	http://www.findmachine.or.kr	중소기업진흥공단 운영, 유휴 설비 및 공장 거래 정보
소상공인지원센터	http://www.seda.or.kr	소상공인진흥원 운영, 소상공인 경영 지원
워크넷 Work Net	http://www.work.go.kr	노동부 운영, 고용 정보 시스템, 취업 지원
1인 창조기업 종합 지원	http://www.ibiz.go.kr	중소기업청 운영, 1인 창조기업, 기술 창업 지원
이노넷 Inno NET	http://www.innonet.net	한국과학기술정보연구원 운영, 종합 기업 서비스 정보망
국가기술사업화 종합정보망	http://www.ntb.kr	한국산업기술진흥원 운영, 국가 기술 사업화 지원
기술보증기금 KIBO	http://www.kibo.or.kr	기술보증기금 사이트, 기술 보증을 통한 자금 지원
신용보증기금 KODIT	http://www.kodit.co.kr	신용보증기금 사이트, 신용 보증을 통한 자금 지원
중소기업진흥공단 사이트	http://www.sbc.or.kr	중소기업 정책 자금 지원, 창업 지원, 경영 지도 등

3. 유용한 차트 작성법

기획서 작성 시 유용한 도구가 바로 차트Chart입니다. 차트란 메시지를 시각적으로 구조화하여 이해하기 쉽게 하기 위해 사용하는 그림을 말합니다. 구구절절 말을 많이 쓰는 것보다 간단하게 차트로 제시함으로써 설득력을 높일 수 있습니다. 그렇다고 너무 시각적인 효과에만 치중한 차트는 메시지에 집중하지 못하게 하는 결과를 낳을 수 있으니 적절히 활용해야 합니다.

일반적으로 기획서에서 차트는 아래와 같이 개념을 일목요연하게 구조화하거나 데이터를 시각적으로 그래프화할 때, 일정을 관리하고자 할 때 활용됩니다. 기획서 작성 시 많이 사용하는 차트 유형들을 다양한 가상 사례들과 함께 구체적으로 살펴보도록 하겠습니다.

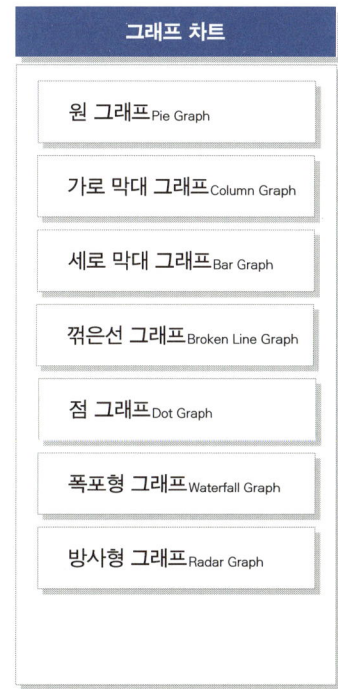
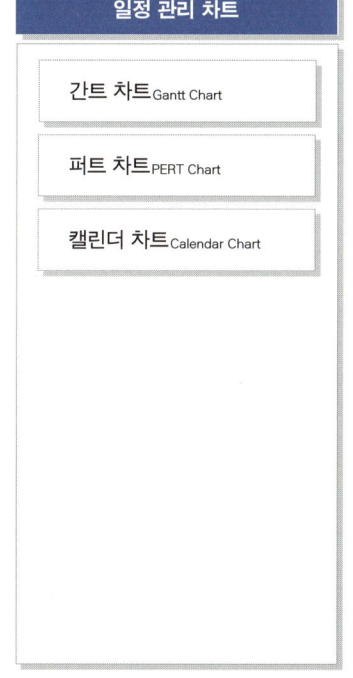

■ 카테고리 차트

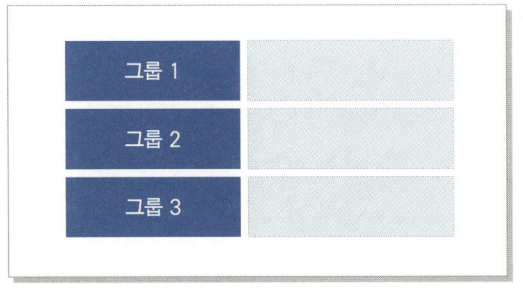

카테고리 차트Category Chart는 그룹화Grouping를 통해 구조화된 형태로 메시지를 전달할 수 있는 차트입니다. 대표적인 형태는 세로축에 각 카테고리의 타이틀이나 대표 개념을 기재한 뒤 그 내용을 나열하는 형식입니다.

이 차트를 작성할 때 유의할 사항은 그룹들이 논리적으로 MECE에 맞게 적절하게 분류되어야 한다는 점입니다.

카테고리 차트의 유형

카테고리 차트는 일반적인 유형 외에도 아래와 같이 논리적 전개 방식에 따른 세분화된 구조나 세로 형태로 전개한 칼럼 차트Column Chart 등 다양한 변형이 가능합니다.

사 례

다변화해가는 까다로운 고객들의 요구와 시장에서의 급변하는 경쟁 구도를 감안할 때 경영 효율성을 바탕으로 한 공격적인 성장 전략 도출이 급박한 상황입니다.

• 주요 이슈 •

고객	• 소비자 트렌드의 다변화 방향 고찰 필요 • 충족되지 않은 욕구 확인 필요 • 매장 확장에 대한 고객 반응 확인 필요 • 전반적인 온라인 구매 만족도 조사 필요
경쟁자	• 경쟁자들의 공격적 전략에 따른 위협 증가 • 전반적 수익 창출의 구조적 한계성 분석 • 신규 인터넷 업체들로 인한 시장 재편 분석 • 해외 업체들의 진출에 대한 방어 전략 필요
자사	• 국내 마켓 리더 지위 유지 가능성 분석 • 수익성 창출의 한계 분석 • 향후 진출 지역 축소에 따른 성장 정체 우려 • 공격적인 비전 및 기업 문화 취약

• 시사점 •

☐ 위기 의식 고조

☐ 경영 효율성 제고

☐ 비전 재수립 필요

☐ 공격적인 사업 확장 전략 모색

☐ 차별적인 온라인 모델 개발

■ 보트 차트

보트 차트Boat Chart는 작업 경과나 업무 계획 등 시계열적이나 연속적으로 이어진 보트 형태로 그룹화Grouping하고 전체를 구조화함으로써 일의 진행을 일목요연하게 보여줄 수 있는 차트로, 플로 차트Flow Chart라고도 합니다.

대표적인 형태가 가로축으로 시계열상 또는 연속적인 활동 측면에서 각 카테고리의 타이틀 또는 대표 개념을 기재하는 형식입니다.

보트 차트의 유형

보트 차트는 보트의 위에 일정을 기재하는 방식으로 전개할 수 있으며, 항목별로 세분화할 수도 있습니다. 대개 보트를 가로 방향으로 표시합니다만 때로는 세로 방향으로도 표시할 수 있습니다.

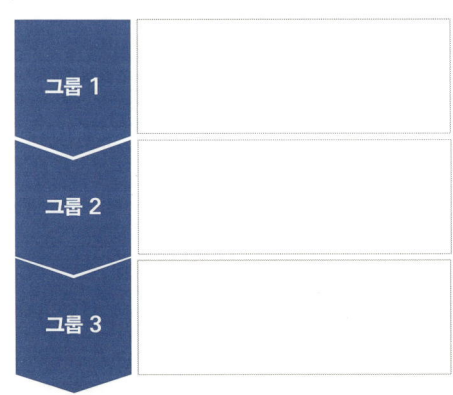

사 례

태양광 Ingot-Wafer 양산 시스템을 다음과 같은 일정으로 구축하고자 합니다.

■ 계단 차트

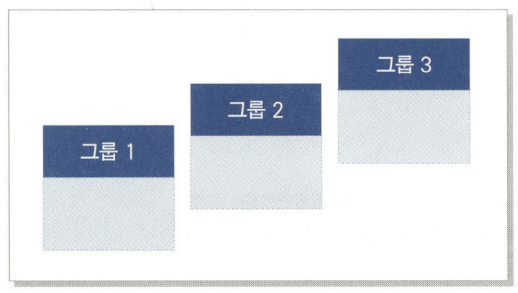

계단 차트 Stair Chart 는 단계적인 접근 방법으로 구조화함으로써 단계별 주요 이슈들을 보여주는 데 유용합니다. 즉, 시계열적으로 단순히 단계가 연속적으로 진행되는 데 그치지 않고 각 단계가 진행되면서 질적인 변화가 발생할 때 사용합니다.

계단 차트 작성의 경우 대개 단계별 특성의 대표 개념을 표현한 후 각 특성의 세부 내용을 기재하는 것이 주로 사용됩니다.

계단 차트의 유형

계단 차트는 앞서 설명한 보트 차트와 유사하나 불연속적인 단계별 차이를 중시하는 점이 다르며, 아래와 같이 다양하게 변형하여 활용할 수 있습니다.

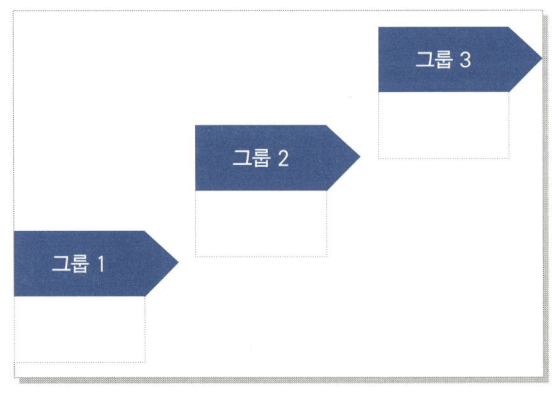
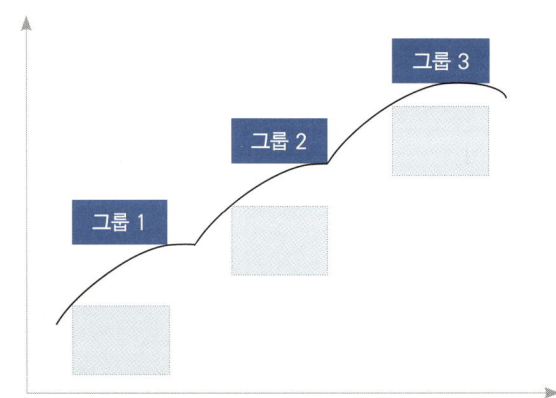

사 례

먼저 다양한 기업 지원 중심의 STP를 전략 산업 분야에만 집중함으로써 국내 특화 산업을 대표하는 STP로 자리매김한 후, 장기적으로 글로벌 STP로 성장시키고자 합니다.

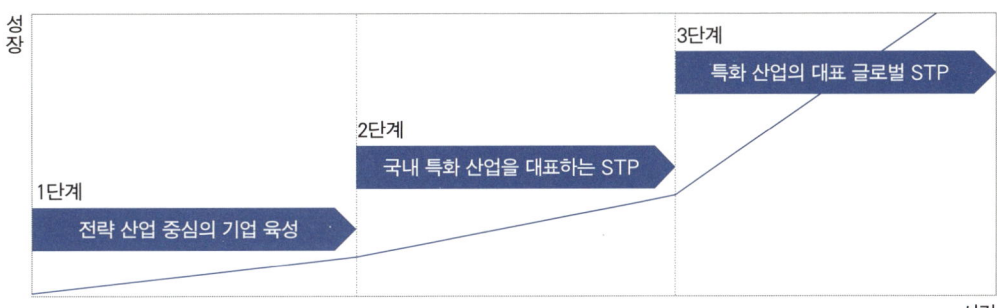

■ 원 차트

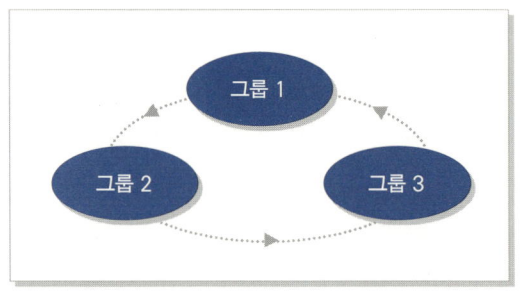

원 차트 Circle Chart 는 지속적으로 반복되는 프로세스의 표현에 사용됩니다. 즉, 앞서 설명한 보트 차트의 경우 일방적인 진행을 표시하는 반면, 원 차트는 연속적으로 순환하는 단계를 나타냅니다.

원 차트 역시 대표 개념을 도출하여 먼저 전체 흐름을 구조화한 후 세부 내용을 표현하는 방식을 이용합니다.

원 차트의 유형

원 차트는 개념을 순환 구조로 표시할 때 유용하며, 다음과 같이 원이 아닌 사각형 형태로 순환하거나 세부 내역을 추가하는 방식 등으로 변형하여 활용할 수 있습니다.

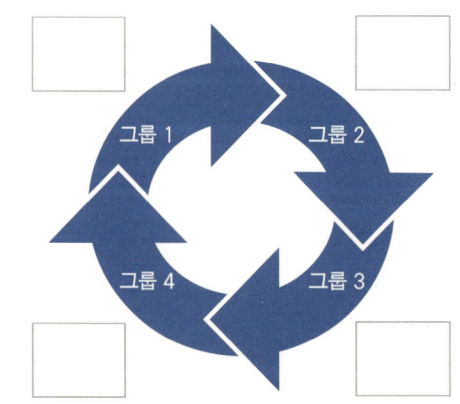

수익성 있는 핵심 사업 영역에 주력하고 재무 구조를 건전화시키기 위해서는 다음과 같이 성과 관리 시스템 정착을 통한 성과 지향 문화의 구축이 필요합니다.

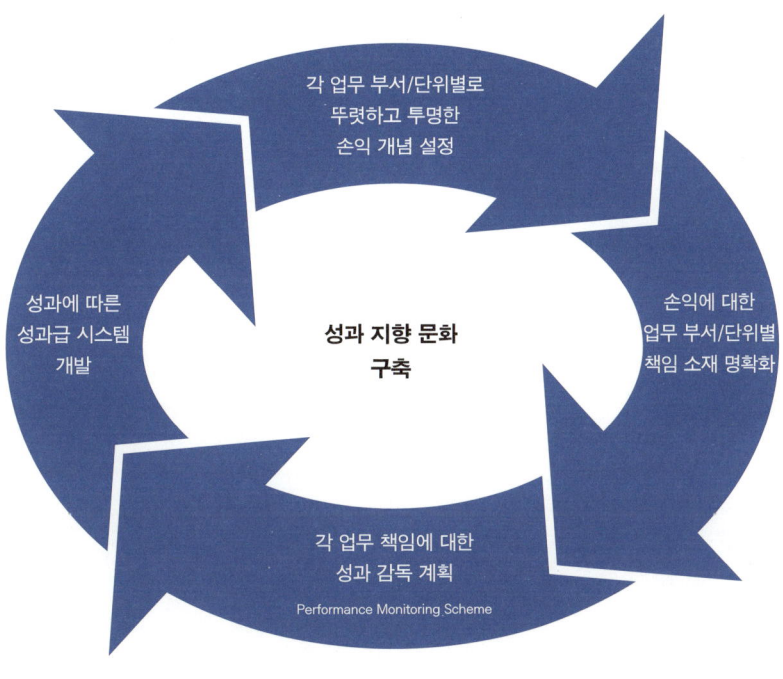

■ 피라미드 차트

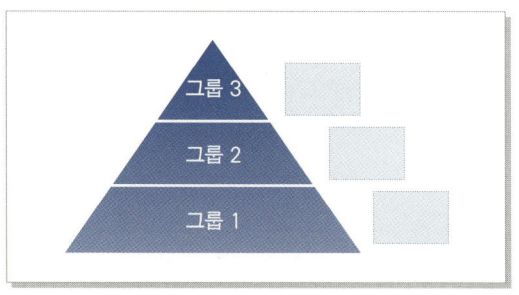

피라미드 차트 Pyramid Chart 는 상하 개념이나 순위를 구분하여 설명하는 계층형 구조를 나타낼 때 사용됩니다. 계급 구조가 아니라도 상위 개념이 하위 개념을 기반으로 할 때나 상위로 갈수록 중요함을 표현할 때도 사용할 수 있습니다.

피라미드 차트는 삼각형 구도라 안정감과 균형감이 있고, 개념을 전략적으로 구분할 수 있는 차트입니다.

피라미드 차트의 유형

피라미드 차트는 기본적인 피라미드 구조 외에도 세부 내용 표현이 용이한 아메리칸 피라미드 American Pyramid, 비전 하우스의 신전 스타일 등으로 다양하게 변형할 수 있습니다.

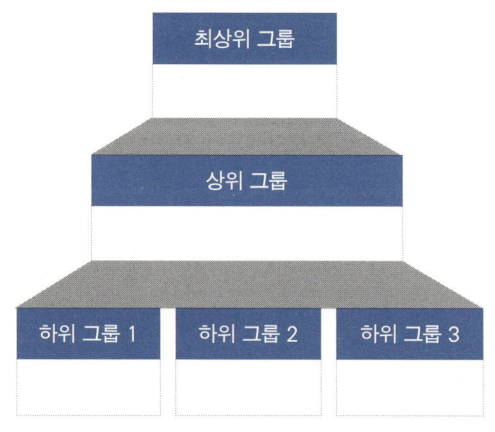
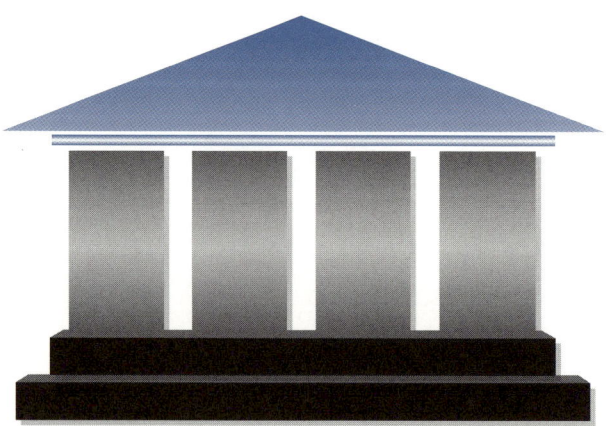

사 례

멀티미디어 디스플레이 전문 업체인 B사는 종합 미디어 그룹을 지향하는 A사에게 다음과 같이 전략적 제휴 방식에 의한 미디어 비즈니스 분야의 공동 사업 추진을 제안합니다.

멀티미디어 디스플레이 비즈니스 분야의 선두 주자

IT에 기반한 콘텐츠 디스플레이 시스템 개발 및 운영
- 1차 : 서울을 중심으로 수도권 지역의 주요 거점 500곳에 설치
- 2차 : 부산, 대구 등 주요 도시를 중심으로 전국적으로 확대

뉴 미디어 비즈니스 사업 창출을 위한 A사와 B사 간 전략적 제휴

- 제휴 방식 : A사의 B사 지분 투자(100억 원 투자 후 35.7% 지분 소유)
- 업무 분장 : A사 – 콘텐츠 공급 및 마케팅, B사 – 시스템 구축, 설치 및 운영

A사
- 뉴스, 시사 정보 등 다양한 콘텐츠 보유
- 신문, 잡지, 방송 등 다양한 미디어 확보
- 종합 미디어 그룹으로의 발전 추구
- 정보 통신 기술 발달로 야기되고 있는 차별화된 뉴 미디어 확보 필요성 대두

B사
- IT에 기반한 뉴 미디어 개발 능력 보유
  - 멀티미디어 시스템 개발 기술 보유
  - 경쟁력 있는 콘텐츠 제작 능력 보유
- 자금 동원력 미흡
- 독자적인 마케팅 능력 미흡

■ 트리 차트

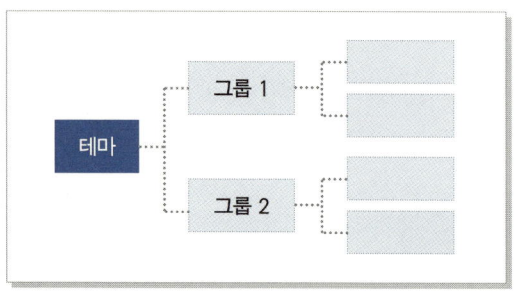

트리 차트Tree Chart는 논리적으로 하위 그룹으로 세분화하거나 인과 관계를 규명하는 등 심층 분석을 할 때 사용합니다. 트리 차트로는 로직 트리Logic Tree와 의사 결정 트리Decision Tree를 들 수 있습니다.

전략적으로 근본 원인을 도출하거나 세부 방안 또는 실행 계획 수립 등 개념적인 사항을 구체화할 때 매우 유용합니다.

트리 차트의 유형

문제 해결 기법이나 장애 요인 도출 등에 사용되는 로직 트리나 전략적 의사 결정을 위한 의사 결정 트리가 대표적인 트리 차트입니다.

로직 트리

의사 결정 트리

사 례

다음과 같이 성장성, 수익성, 안정성, 활동성 측면에서 다양한 재무 지표들을 기준으로 재무 분석을 수행함으로써 기업의 재무 현황을 종합적으로 판단해 볼 수 있습니다.

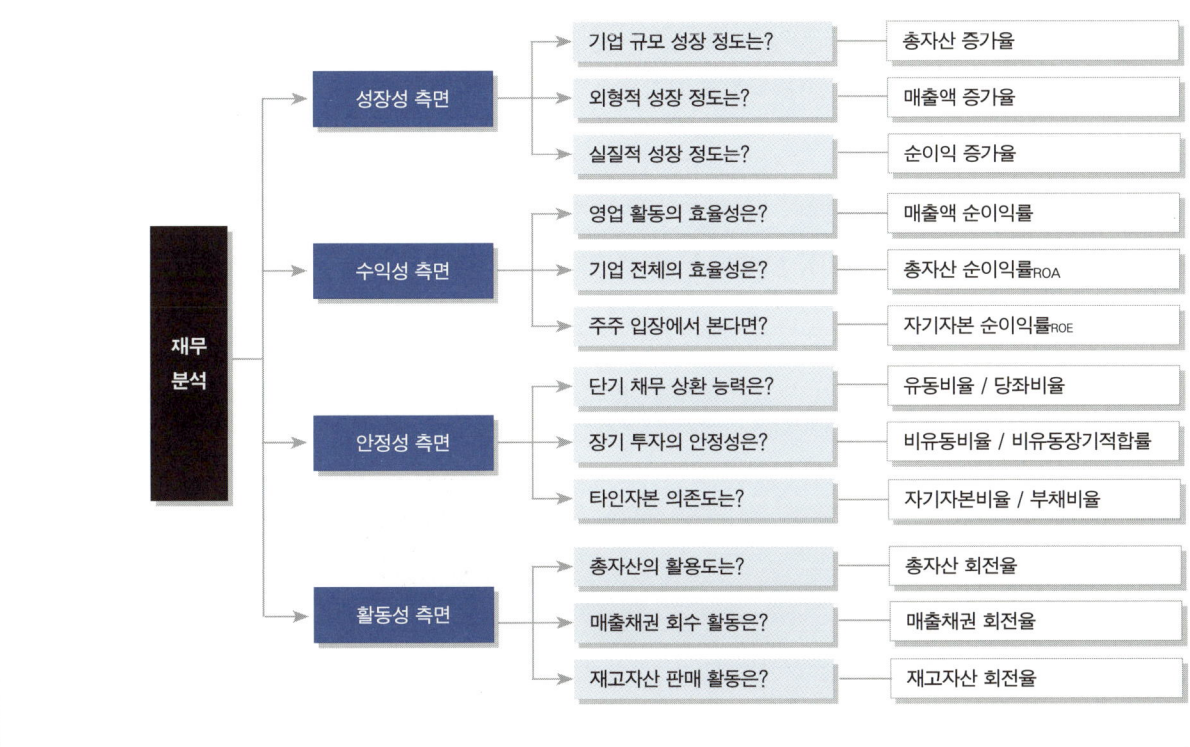

■ 포스 차트

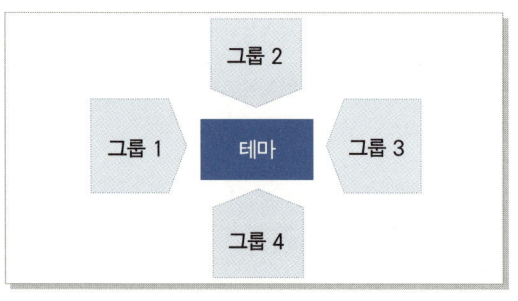

포스 차트 Forces Chart 는 특정 사안에 대해 다수의 요인으로 표현하거나 다수 요인이 영향을 미칠 때 사용됩니다. 그러므로 핵심 이슈를 주요 요인별로 심층 분석할 때 유용한 방식이라 할 수 있습니다.

포스 차트는 차트의 중심에 핵심 사항 또는 결과로서의 항목을 표시한 후 관련 요소를 주변에 배치하는 방식으로 작성합니다.

포스 차트의 유형

포스 차트는 요인 수에 따라 삼각형, 사각형, 오각형 등 다양한 스타일로 전개할 수 있습니다. 이때 테마에 영향을 미치는 주변 요인은 보통 MECE에 맞게 구조화되어야 합니다.

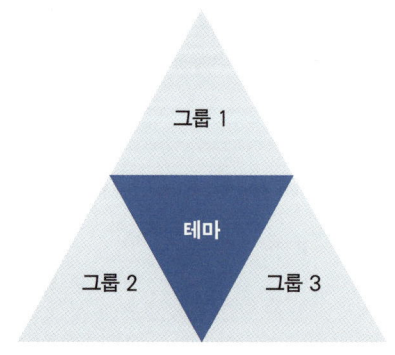 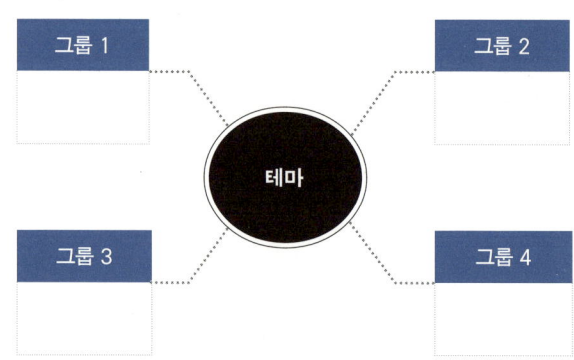

사 례

지역 경제의 성장 정체에 따라 기업 육성의 필요성이 대두되고 있지만, 수도권과 달리 지역 경제는 관련 산업 인프라가 미흡하고 지원 자원이 제한되어 현실적으로 어려운 상황에 놓여 있습니다. 따라서 기업 육성 효과를 극대화하기 위해 지역별로 자신의 역량에 맞게 목표 전략 산업을 선정, 이에 집중할 필요가 있습니다.

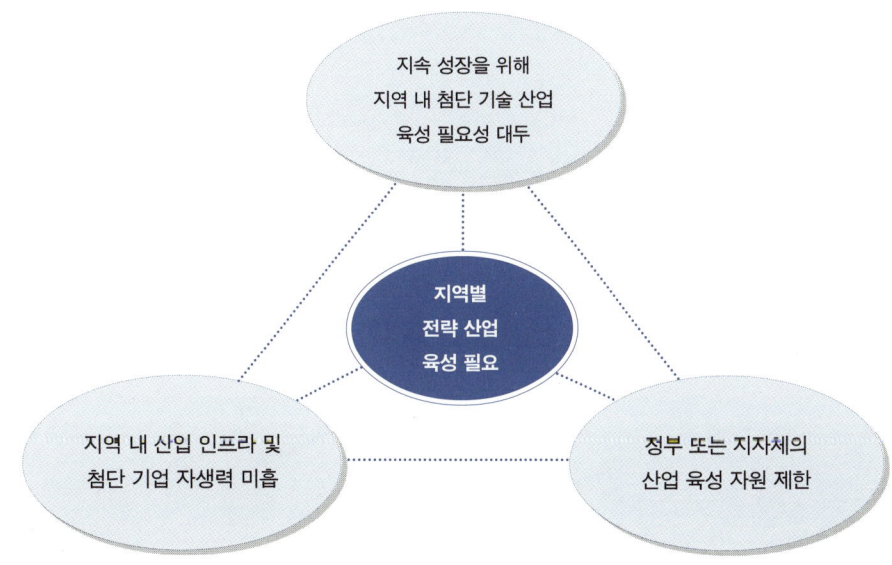

■ 블록 차트

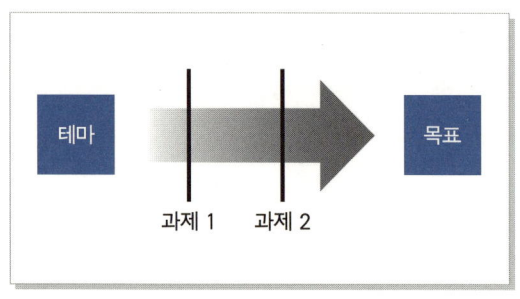

블록 차트Block Chart는 넘어야 할 과제나 제약 조건을 표현하는 데 사용됩니다. 즉, 장애 요소들을 단계적으로 보여주고 이의 제거 방안을 제시함으로써 목표를 달성하기 위한 단계별 실행 방안을 효과적으로 표현할 수 있습니다.

블록의 좌우에는 각각 블록을 넘기 전의 상황과 넘고 난 후의 상황을 기재하고, 블록에는 과제나 제약 조건의 내용을 기재합니다.

블록 차트의 유형

블록 차트는 과제나 제약 조건의 수가 많을 경우에는 아래와 같이 허들Huddle 형태로 변형할 수도 있습니다.

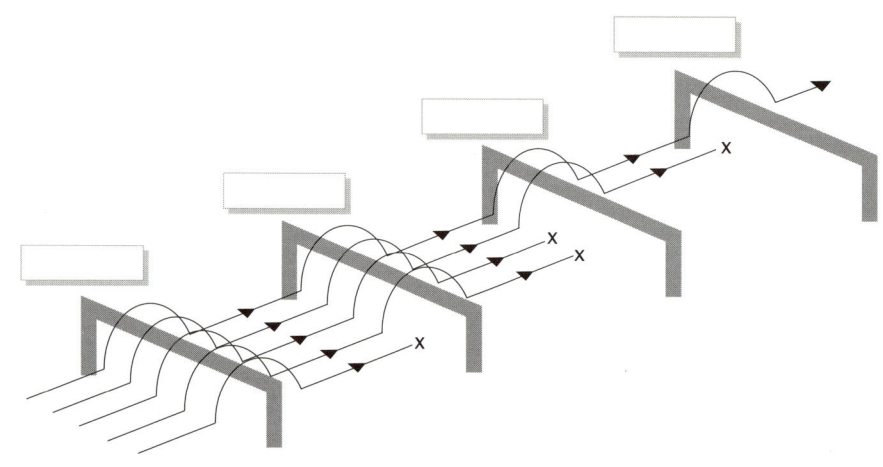

기획서에 차트를 그려 넣는다고 무조건 좋은 건 아닙니다. 어떻게 차트를 작성하느냐에 따라 설득 효과가 다르기 때문입니다. 그런 측면에서 올바른 차트 작성법을 알아보면 다음과 같습니다.

올바른 차트 작성법

기획서를 작성하다 보면 차트들을 많이 활용한다. 그런데 자료를 수집하고 분석한 결과를 차트로 보여주기만 하면 된다는 생각으로 접근해서는 안 된다. 올바르게 분석했어도 차트를 잘못 디자인하거나 구성을 잘못하면 오히려 혼동을 가져와 기획서에 담긴 참신한 기획안의 의미를 퇴색시킬 수 있다. 그러므로 차트를 작성하는 것도 중요하지만 이를 어떻게 구상하고 디자인하느냐도 중요하다는 점을 인식해야 한다. 그런 점에서 올바른 차트 작성법을 살펴보자.

1. 차트의 완성도를 높여라.
차트의 완성도는 기본이다. 차트를 만드는 데만 집중하다 보면 중요한 부분을 누락하는 경우가 있다. 이렇듯 세부 구성상 허점이 있다면 순식간에 신뢰도를 잃어버릴 수 있다. 그러므로 MECE에 맞게 짜임새 있게 구조화함으로써 차트에 대해서는 지적할 부분이 없도록 해야 한다.

2. 오로지 하나의 메시지에 집중하라.
차트 작성의 목적은 차트를 통해 메시지를 명확하게 보여주는 것이다. 그럼에도 차트 작성을 목표로 두다 보면 전하려는 메시지가 희석될 가능성이 있으므로 주의해야 한다. 메시지 부분만을 집중 부각시키는 방향으로 고민해야 한다. 또한 차트를 통해 여러 메시지를 전하려는 것은 오히려 혼란만 가중할 수 있으므로 하나의 메시지에만 집중해야 한다.

3. 단순한 게 효과적이다.
수집한 정보를 모두 담겠다고 차트를 복잡하게 작성하면 보는 사람 입장에서는 무슨 얘기를 하려는지 알 수가 없다. 그러므로 전하려는 메시지에 맞게 단순하게 작성하는 게 효과적이다. 가급적 한 페이지에는 하나의 차트만 넣으며, 화려한 색이나 다양한 도형, 많은 글 등은 자제하는 게 좋다.

4. 보기 좋은 떡이 먹기도 좋다.
한눈에 메시지가 보이도록 보기 좋게 작성하면 금상첨화다. 한 페이지에 차트를 두 개 이상 넣어야 한다면 두 차트의 크기를 동일하게 함으로써 균형감을 살려야 한다. 표 역시 같은 차원의 행과 열이라면 동일 크기로 하는 게 보기에 좋다.

5. 보는 사람 입장에서 생각하라.
마지막으로, 항상 보는 사람 입장에서 차트를 작성하는 자세를 가져야 한다. 서류로 제시되는 기획서와 프레젠테이션용 기획서는 가독성을 감안하여 차트 구성을 달리 해야 한다. 또한 굳이 차트가 필요 없다면 오히려 쓰지 않는 게 현명하다. 상대방을 효과적으로 설득하기 위해 어떻게 차트를 활용할까를 고민한다면 항상 올바르게 차트를 작성할 수 있다.

■ 원 그래프

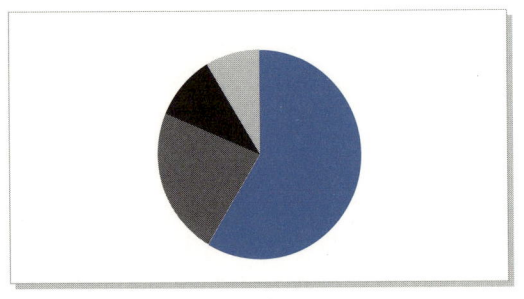

원 그래프 Pie Graph 는 단순하면서도 유용한 그래프로, 하나의 원은 전체라는 인상을 주기 때문에 전체 대비 구성 요소별 비율을 보여줄 때 사용됩니다. 원 그래프로는 항목 간 비교는 어려우므로 구성 요소별 전체의 백분율을 나타낼 때 이상적입니다.

일반적으로 여섯 개 이하의 구성 요소를 사용하며, 그 이상일 경우 나머지는 기타 범주로 묶어 정리하는 것이 좋습니다.

원 그래프의 유형

원 그래프는 다음과 같이 한 가지의 구성 요소에 관심을 집중시키거나 전체 중 일부 구성 요소를 다시 세분화하기 위해 세로 막대 그래프와 결합하는 등 다양하게 활용할 수 있습니다.

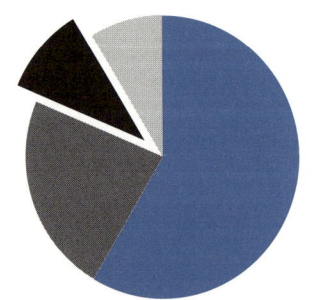
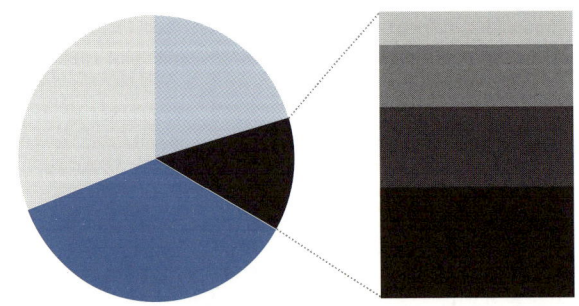

국내 시장의 경쟁 심화로 인해 이미 온라인에서는 선두 기업으로서의 위치를 내주었으며 오프라인에서도 Z사의 공격적 확장으로 2위와의 격차가 줄어들고 있는 실정입니다.

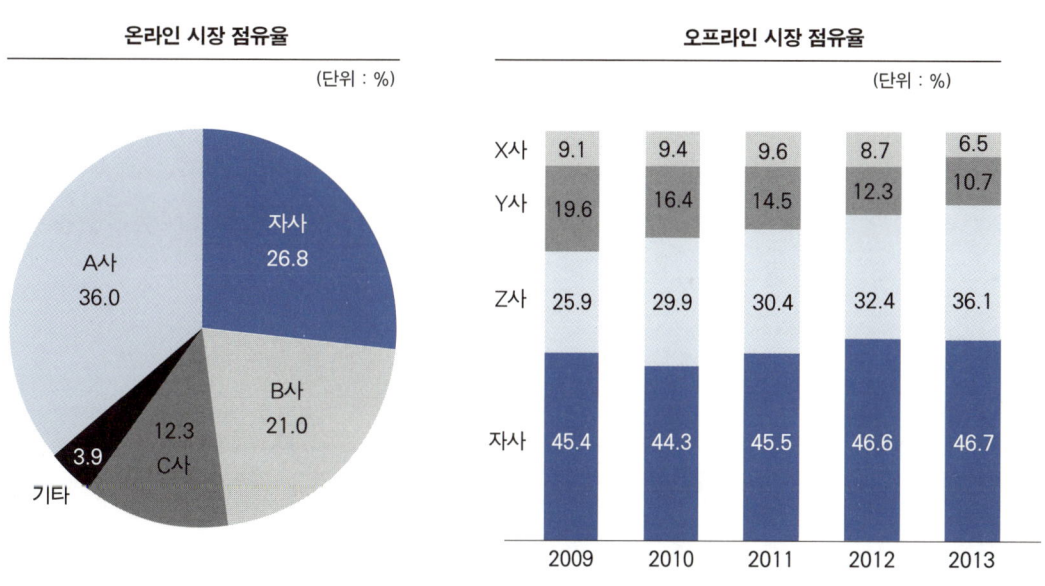

■ 가로 막대 그래프

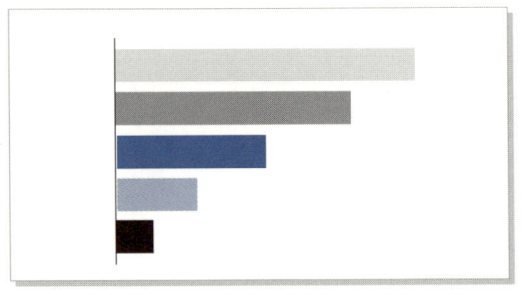

가로 막대 그래프 Bar Graph는 항목 간 비교나 상관 관계를 나타낼 때 유용한 그래프입니다. 세로 막대 그래프 역시 항목 간 비교에 활용할 수 있지만, 세로 막대 그래프는 시간적 추이 비교에 많이 활용되고 항목을 표기하기가 어렵다는 점에서 가로 막대 그래프가 더 효과적입니다.

대개 항목은 오름차순 또는 내림차순으로 정렬하거나 테마에 맞게 구조화합니다.

가로 막대 그래프의 유형

다른 가로 막대 그래프로는 편차 가로 막대 그래프나 전체 구성 요소별로도 함께 비교할 수 있는 세분 가로 막대 그래프, 두 항목 간 상관 관계를 볼 수 있는 쌍 가로 막대 그래프 등이 있습니다.

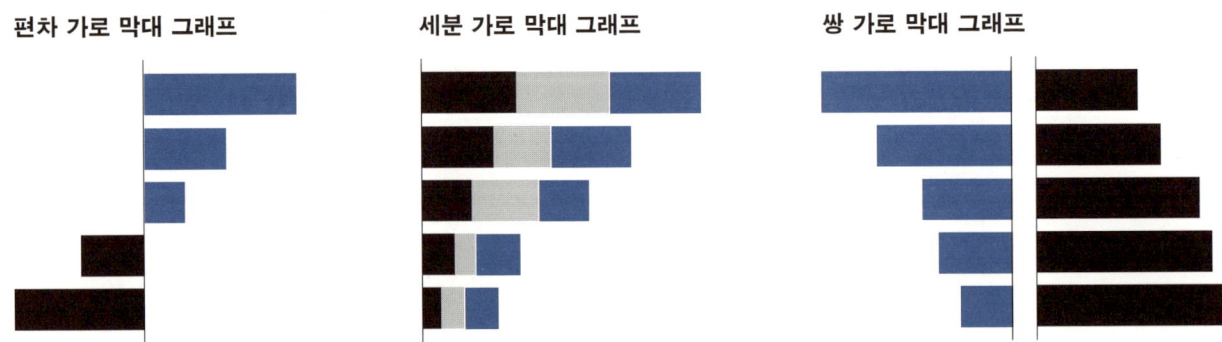

편차 가로 막대 그래프 　　세분 가로 막대 그래프 　　쌍 가로 막대 그래프

> 사 례

의료 소비자는 병·의원을 선택할 때 '의료진의 실력'을 1위로 선정했습니다. 하지만 좋은 의료 시설 등의 요인들보다 '의료진의 친절'을 2위로 선정한 것으로 볼 때, 의료 소비자는 소비자 중심의 서비스 문화를 기대하고 있음을 알 수 있습니다.

병·의원 선택 기준

- 70% 의료진의 실력 (전문성)
- 19% 의료진의 친절함 (친절한 진료 설명, 서비스)
- 7.7% 좋은 의료 시설
- 3.3% 기타 (집이나 직장에 가까운 위치, 주위의 권유 등)

의료 윤리 요구와 의료소비자주의 확산

◇ 건강 및 의료 정보의 확산으로 소비자의 권리 의식 고양
◇ 건강 정보를 제공하는 국내 인터넷 사이트는 852개에 달함
◇ 소비자 조사 결과, 의료 소비자의 55%가 진료나 비용 정보가 불충분하다고 응답

■ 세로 막대 그래프

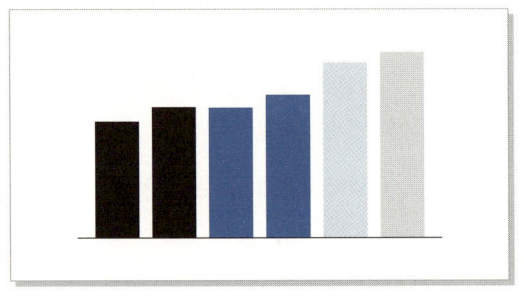

세로 막대 그래프 Column Graph 는 시간에 따라 항목 간 변화 추이를 비교할 때나 도수 분포를 나타낼 때 유용한 그래프입니다. 시간적 추이 비교 시 세로 막대 그래프 외에 꺾은선 그래프도 활용할 수 있습니다. 물론 항목 수가 비교적 적을 때는 세로 막대 그래프를 활용하는 게 좋습니다.

도수 분포를 표현할 때는 계단형 세로 막대 그래프를 활용할 수 있습니다.

세로 막대 그래프의 유형

다른 세로 막대 그래프로는 편차 세로 막대 그래프나 전체 구성 요소별로도 비교 가능한 세분 세로 막대 그래프, 도수 분포에 유용한 계단형 세로 막대 그래프 등이 있습니다.

편차 세로 막대 그래프

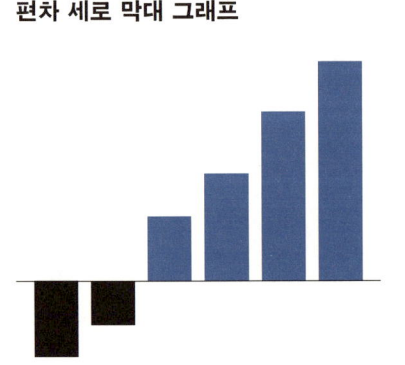

세분 세로 막대 그래프

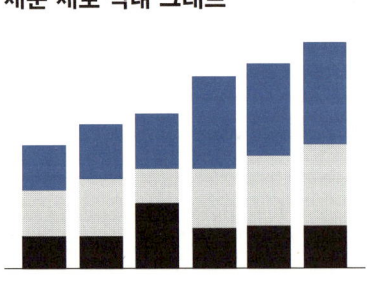

계단형 세로 막대 그래프

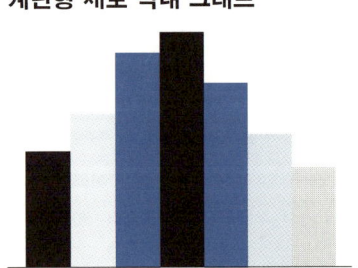

사 례

국내 의료 서비스 공급자는 크게 병원, 의원, 약국의 세 부문으로 구성되어 있으며, 대형 병원을 중심으로 병원 부문이 상대적으로 빠르게 성장하고 있습니다.

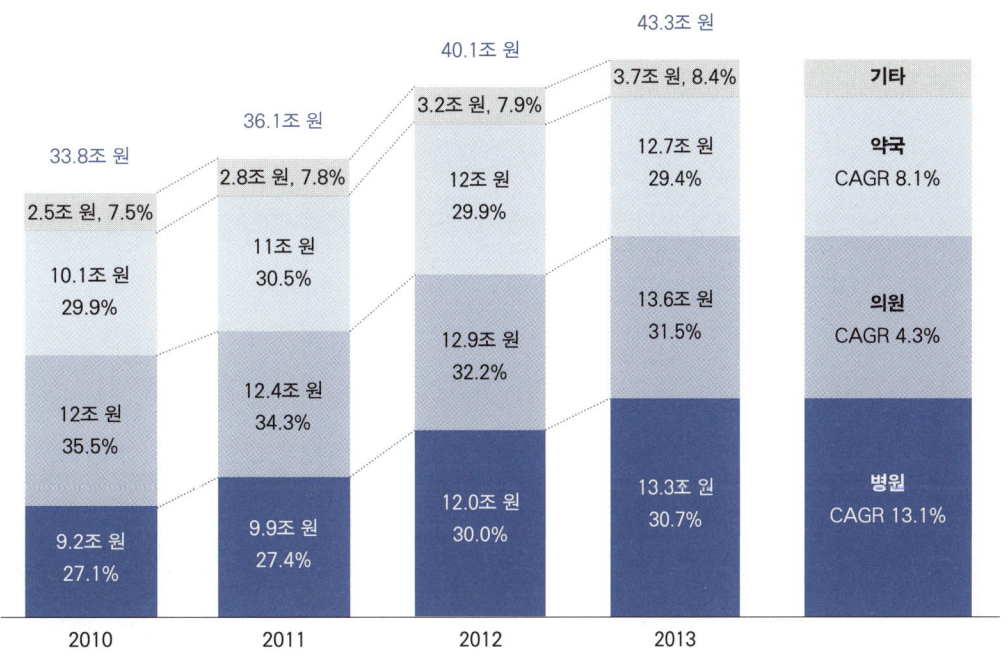

■ 꺾은선 그래프

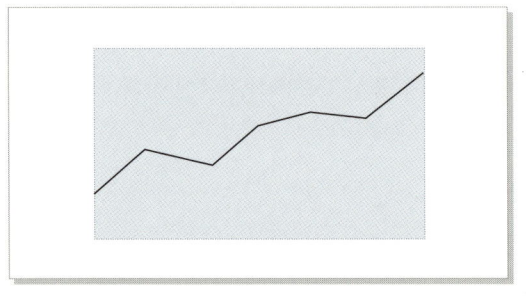

꺾은선 그래프 Broken Line Graph 는 세로 막대 그래프와 함께 시간의 흐름에 따른 변화 추이를 나타내거나 도수 분포를 표현할 때 사용됩니다. 특히 시간이 길거나 항목이 많을 경우 세로 막대 그래프보다 꺾은선 그래프가 유용합니다.

꺾은선 그래프는 단순하면서 사용하기 편리하여 많이 사용되고 있으며, 특정 항목이 아닌 전체적인 추이 변화를 파악할 때 효과적입니다.

꺾은선 그래프의 유형

꺾은선 그래프는 다음과 같이 여러 꺾은선이 함께 있는 복수 꺾은선 그래프나 세로 막대 그래프와의 복합 그래프, 선이 아닌 면으로 표현되는 면 그래프 등으로 다양하게 변형할 수 있습니다.

복수 꺾은선 그래프

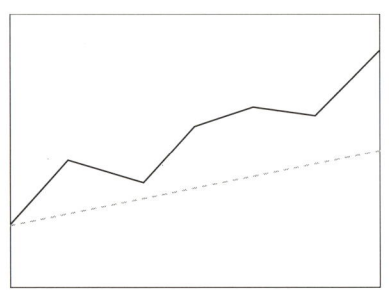

복합 그래프

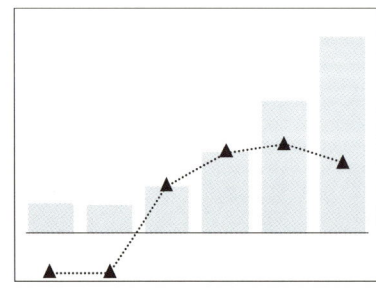

면 그래프

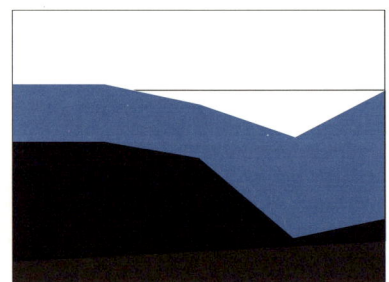

지난 5년간 신규 지점 개설 등 공격적인 확장의 결과 매출은 신장되었으나 영업이익은 제자리에 머물며 이익률이 크게 하락하고 있어 경영 효율성 제고가 시급합니다.

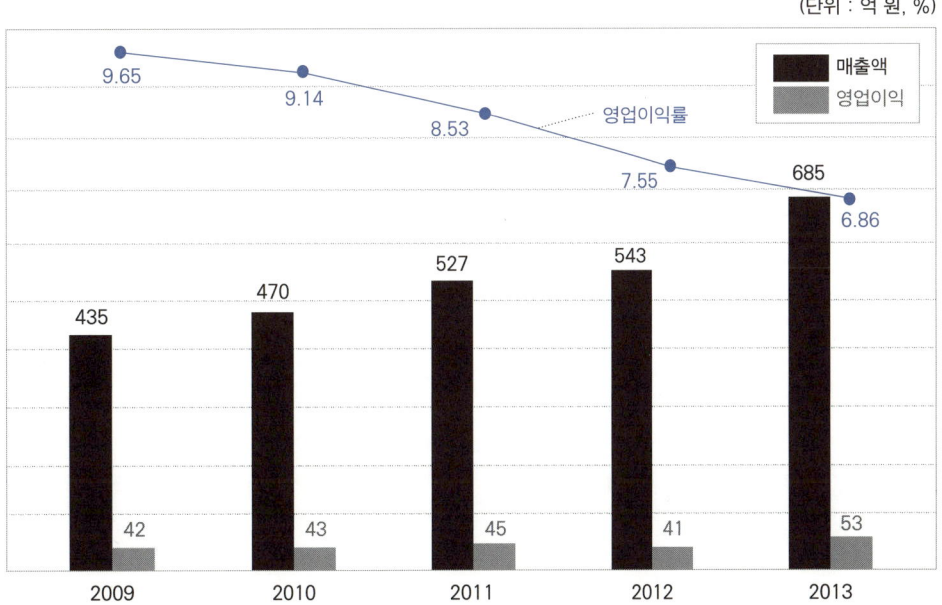

■ 점 그래프

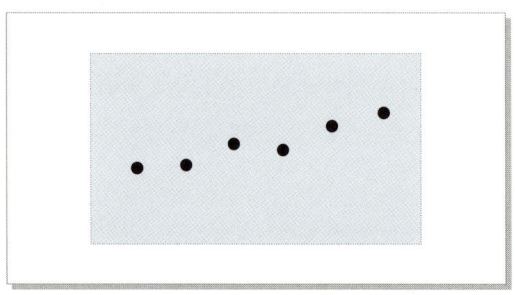

점 그래프Dot Graph는 변수들 사이의 관계가 기대 패턴을 따르는지 상관관계를 밝혀낼 때 유용한 그래프입니다. 쌍 가로 막대 그래프로도 상관관계를 표현할 수 있지만, 자료가 많을 경우에는 점 그래프가 더 효과적입니다.

흔히 물방울 차트라 부르는 버블 그래프Bubble Graph 역시 유용한 점 그래프 중의 하나입니다.

점 그래프의 유형

점 그래프는 기대 패턴을 함께 제시하는 것이 일반적이며, 물방울 차트는 x축과 y축의 변수 외에 사업 규모나 수익성 크기 등 제3의 요소를 물방울 크기로 나타내는 변형된 점 그래프입니다.

점 그래프

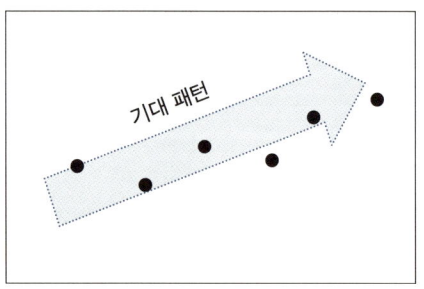

버블 그래프

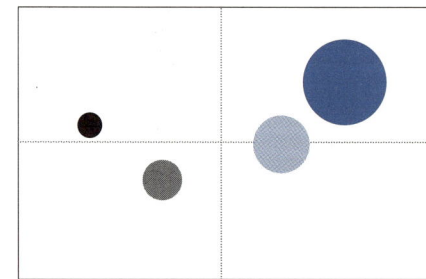

이익률 저조로 성과가 부진한 사업 부문에 대해서는 성장성 및 향후 성과 개선 가능성에 따라 사업 추진 여부를 포함한 전략적 재고가 필요합니다.

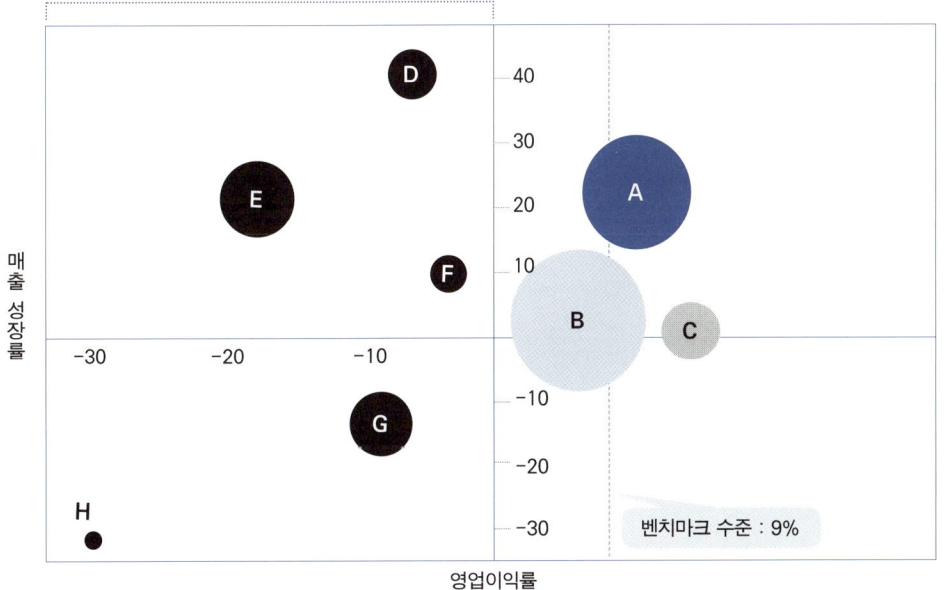

■ **폭포형 그래프**

폭포형 그래프 Waterfall Graph 는 누적 세로 막대 그래프의 변형으로, 워터폴 차트라고도 합니다. 맥킨지에서 처음 사용한 데이터 표현 방법으로, 차이 분석 결과나 목표 달성 방안 등을 구조적으로 보여주는 데 유용합니다.

폭포형 그래프는 항목별 증감이나 기여도와 같은 분석 결과를 단순하면서도 효과적으로 전달할 수 있어서 무척 유용합니다.

폭포형 그래프의 유형

폭포형 그래프는 데이터의 양적인 흐름을 분석한 결과에 따라 차이를 어떻게 효과적으로 나타내는가에 따라 다음과 같이 다양하게 변형함으로써 전달하려는 메시지를 효과적으로 부각시킬 수 있습니다.

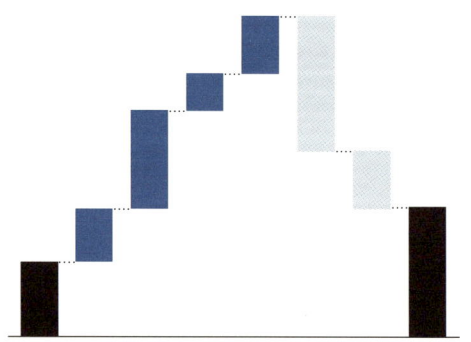
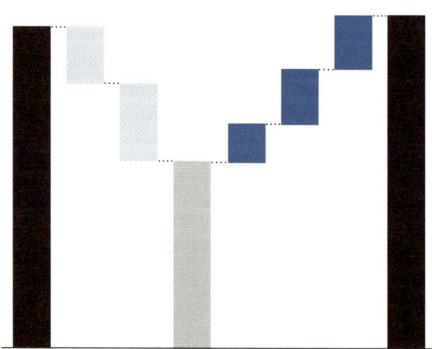

거래 전환, 현금 결제, 대량 구매 등을 통해 14억 원의 구매 비용을 절감함으로써 영업이익률을 현재의 2%에서 3.5%로 증대시킬 수 있습니다.

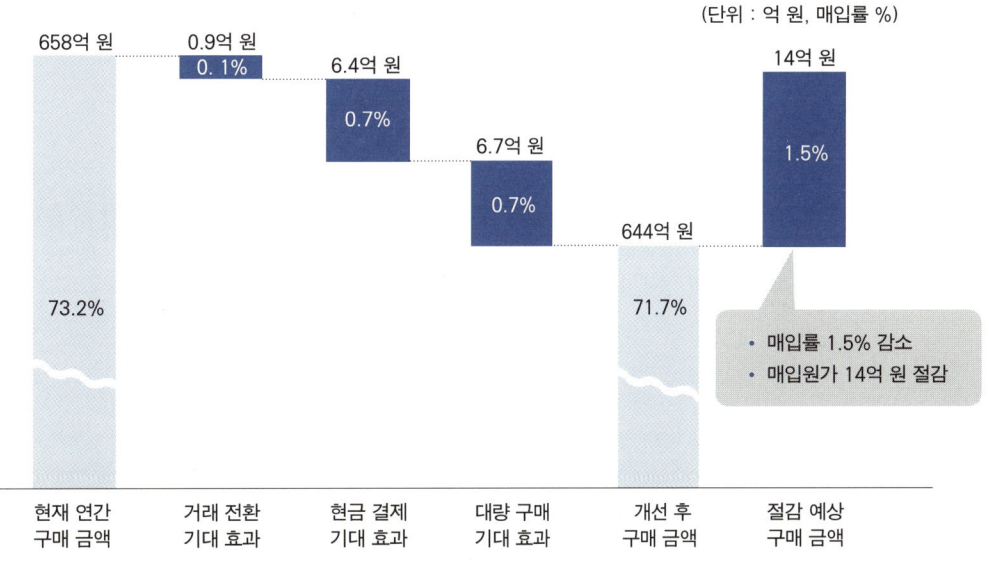

■ 방사형 그래프

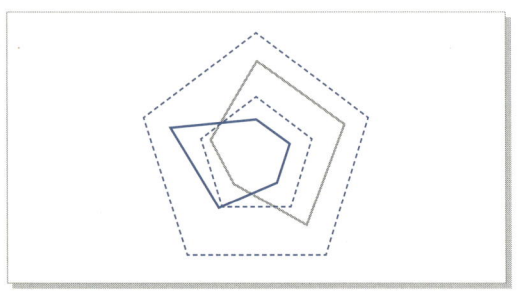

방사형 그래프Radar Graph는 레이더 차트Radar Chart라고도 불리며, 평가 항목 수에 따라 원을 같은 간격으로 나누고 중심으로부터 일정 간격으로 칸을 나눈 뒤 각 평가 항목의 정량화된 점수에 따라 점을 찍고 사이를 이어 선으로 만듭니다.

사업이나 제품 등 측정 대상의 장·단점과 균형을 거시적으로 파악할 수 있어 유용한 그래프입니다.

방사형 그래프의 유형

방사형 그래프는 평가 항목 수가 여러 개일 때 사용합니다만, 항목 수가 적을 때는 항목을 강조하기 위해 다음과 같이 다양한 형태의 게이지 차트를 사용할 수도 있습니다.

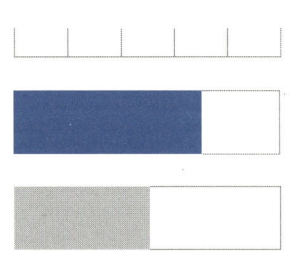

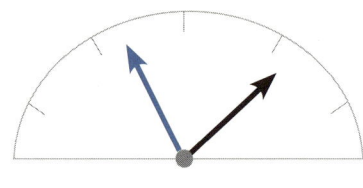

■ 간트 차트

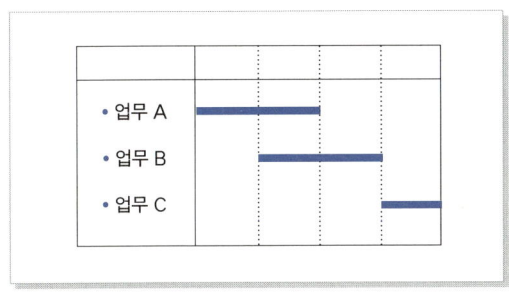

간트 차트 Gantt Chart 는 1919년에 헨리 간트 Henry L. Gantt 가 창안한 도표로, 전체 일정을 한눈에 볼 수 있도록 시간의 흐름에 따라 업무별로 일정의 시작과 끝을 막대 형태로 표시한 막대 그래프입니다. 막대 형태 외에도 화살표나 보트 형태 등 다양하게 변형할 수 있습니다.

계획과 성과를 같은 시간 축에 직선으로 나타내어 업무를 통제, 관리함으로써 일정 계획 수립뿐만 아니라 성과 관리에도 활용할 수 있습니다.

■ 캘린더 차트

캘린더 차트 Calendar Chart 는 계획 수립이나 통제보다는 일정 조회 등에 많이 사용되는 차트로, 익숙한 달력 형식으로 일정을 제시함으로써 실무자들이 간편하게 조회할 수 있도록 하는 차트입니다. 캘린더 차트는 간트 차트를 달력 형식으로 제시했다는 점에서 차이가 있을 뿐 간트 차트와 대동소이합니다.

실무적으로는 조회하기 편하다는 장점이 있지만, 일정에 집중하기 어렵고 여러 달 이어질 경우도 있어 기획서에서는 활용도가 낮은 편입니다.

해외 진출 컨설팅 교재 개발은 다음과 같이 개발 기획과 자료 수집, 전문가 회의, 집필, 편집 디자인, 번역, 감수 등의 활동으로 약 5개월간 진행될 계획입니다.

구분	항목	11월		12월				1월				2월				3월				4월	
		3주	4주	1주	2주	3주	4주	1주	2주	3주	4주	1주	2주	3주	4주	1주	2주	3주	4주	1주	2주
개발 기획	집필 기획	■	■	■	■	■	■	■	■												
	콘텐츠 기획			■	■	■	■	■	■	■											
	교재 기획 집필				■	■	■	■	■												
자료 수집	인터뷰 및 촬영			■	■	■	■														
	자료 수집	■	■	■	■	■	■														
전문가 회의	전문 위원 회의				■								■								
	자문 위원 회의				■										■						
집필	전문 위원 집필					■	■	■	■	■	■	■									
	내부 집필					■	■	■	■	■	■	■	■								
편집 디자인	편집 방향 설정				■	■	■	■													
	교재 편집								■	■	■	■	■	■			■	■	■		
	디자인			■	■	■	■	■	■					■	■	■					
번역	영문 번역											■	■	■	■	■	■				
감수	자문 위원 감수																	■	■		

■ 퍼트 차트

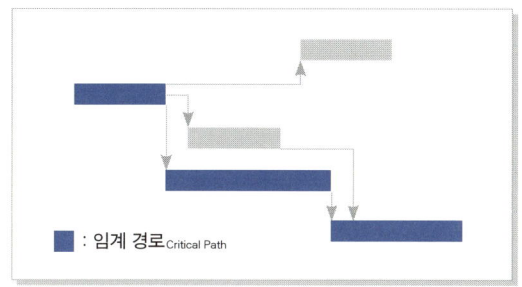

: 임계 경로 Critical Path

퍼트 차트 PERT Chart 는 1958년에 부즈앨런해밀턴이 개발한 프로젝트 관리 차트입니다. 퍼트 차트는 업무 간 연계성을 고려하여 전체 일정을 중요도에 따라 구조적으로 파악함으로써 일정 계획 수립 및 관리, 통제에 효과적인 차트입니다.

즉, 퍼트 차트는 전체 일정에 영향을 미치는 임계 경로 Critical Path 중심으로 관리함으로써 일정 관리의 효율성을 극대화한 프로젝트 관리 기법입니다.

퍼트 차트 작성 프로세스

퍼트 차트는 일반적으로 다음과 같은 순서로 작성됩니다.

1	일정 관리가 필요한 프로젝트의 주요 업무들을 파악합니다.
2	업무별로 업무 추진을 위해 선행 업무와 후행 업무를 정의합니다.
3	업무별로 소요 시간을 산정합니다.
4	업무별로 업무 특성에 따라 시작 시점과 완료 시점을 파악합니다.
5	막대 형태로 도표화하되, 업무 간 연계 상황을 화살표로 표시합니다.
6	전체 프로젝트 일정을 좌우하는 경로를 임계 경로로 정의하고 집중 관리합니다.

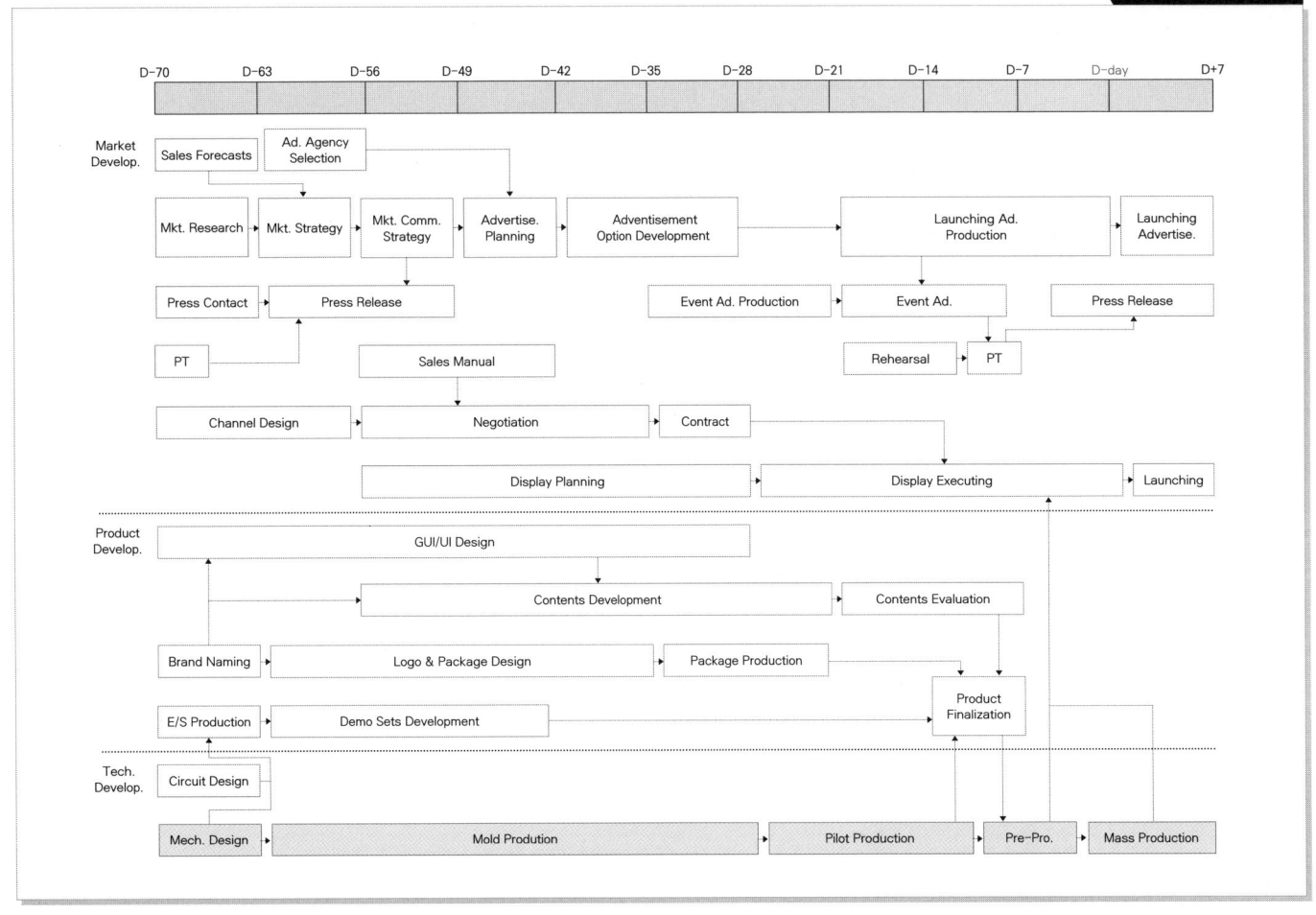

4 ■ 기획 실무자의 자세

기획서를 작성하는 일은 힘든 작업입니다. 그래서 오랫동안 고민하며 완성한 기획서를 보면 뿌듯함이 느껴지기도 하지요. 하지만 기획서 작성은 기획의 시작일 뿐입니다. 이해 관계가 얽힌 사내 정치 게임 속에서 의사 결정권자를 설득하여 승인을 받기도 어렵고, 승인된 기획안도 실행 과정에서 여러 장애에 부딪쳐 의도대로 되지 않을 경우가 많기 때문입니다. 그러므로 기획 실무자는 기획서 작성에만 그치지 말고 다음과 같이 의사 결정권자를 포함한 이해 관계자들을 설득하고 원활하게 실행될 수 있도록 유도해야 합니다.

기획서 제안 과정에서의 자세

'승장은 막사에서 이미 승리를 예상하고 패장은 전장에서 겨우 승리를 도모한다.'라고 했듯이, 기획 실무자 역시 기획안이 정식 제안되기에 앞서서 승인받을 가능성을 높이기 위해 다음과 같이 준비하는 게 바람직합니다.

첫째, 기획안이 추구하는 방향이 모두가 수긍할 수 있는 목표여야 합니다. 전사적인 관점에서 타당한 목표라면 당당하게 주장하며 실행을 독려하고 사내 저항 세력의 반발을 무마할 수 있기 때문입니다.

둘째, 타이밍을 알아보는 시야가 필요합니다. '때를 아는 자가 준걸'이라고 했듯이 기획 실무자라면 적절한 제안 타이밍을 포착할 수 있어야 합니다. 똑같은 기획안이라 해도 대내외 환경에 따라 승인 여부가 다를 수 있기 때문입니다.

셋째, 정치적 역학 관계를 파악하고 적절히 활용할 줄 알아야 합니다. 기획의 특성상 변화에 대한 저항이 있을 수 있습니다. 그럴 가능성이 있다고 판단되면 기획 실무자는 어떻게 저항을 돌파해 나갈지 판단한 후 때로는 정치적으로 저항을 무마하거나 누그러뜨릴 수 있는 방안을 모색하여 사전에 정지 작업을 벌이는 것도 고려해야 합니다.

넷째, 기획안에 대한 확신을 확고히 보여주어야 합니다. 기획 실무자가 제안한 기획안에 대해 자신을 걸 정도로 확신하지 않는다면 의사 결정권자의 마음을 움직이기 어려울 수밖에 없습니다. 그러므로 기획안이 성공할 수 있다는 확신을 갖고 제안 과정에서 겪는 어려움에 맞서며 당당하게 주장할 줄 알아야 합니다.

다섯째, 기획 실무자 개인의 신뢰도 역시 중요합니다. 기획자가 의사 결정권자를 포함한 조직 구성원들의 신뢰를 받지 못한다면 아무리 좋은 기획안을 제안했다 하더라도 승인받거나 실행에 옮기기 어려울 수 있기 때문입니다.

마지막으로, 당연한 얘기입니다만, 기획안이 제대로 작성되어 있어야 함은 기본입니다. 그러기 위해서는 체계적인 분석과 수준 높은 전략, 현실적인 실행 계획, 실행 과정에서의 돌발 상황에 대비한 대응 방안까지 준비하는 게 바람직합니다.

기획안 실행 과정에서의 자세

기획서가 승인되었다고 끝난 게 아닙니다. 사실 제안하는 것보다 실행 과정이 더 어렵다고 볼 수 있습니다. 그러므로 실행 과정에 있어서도 다음과 같은 자세로 성공적인 결과가 나올 수 있도록 해야 합니다.

첫째, 빠른 시일 내에 작더라도 의미 있는 성과를 창출해야 합니다. 그래야만 기획안이 성공할 수 있다는 자신감을 심어주고 의구심과 불만을 제거함으로써 적극적으로 실행에 옮길 수 있기 때문입니다. 이를 위해 포상이나 우대 정책 등을 추진할 필요도 있습니다.

둘째, 장애물을 과감하게 돌파하려는 적극적인 자세가 필요합니다. 현실에서는 예상치 못한 변수가 생기기 마련이므로, 일시적으로 어려움에 봉착했다고 물러선다면 아니함만 못한 꼴이 될 수 있기 때문입니다.

셋째, 때로는 상황에 따라 유연한 대응이 필요합니다. 일관되게 밀어붙인다고 해결될 일이 아니라고 판단된다면 상황에 맞게 계획을 수정하여 기획안이 추진될 수 있도록 유연하게 대처할 필요가 있습니다.

넷째, 실행 과정에서의 조정 업무에 능숙해야 합니다. 기획안에 따라 여러 실행 부서가 함께 관여하는 경우가 있는데, 의도한 목표가 달성될 수 있도록 여러 부서의 의견을 유연하게 조정해 나갈 줄 알아야 합니다.

다섯째, 철저한 실행 계획은 기본입니다. 실제 실행에 필요한 인력, 자본, 기술, 설비 등 자원을 어떻게 조달할 것이며, 어떤 방식으로 추진할 것인지 세심하게 계획하고 실행에 들어가야 합니다.

만약 실패한다면?

이렇듯 심혈을 기울인 기획안이 성공하길 바라는 건 모두 같은 마음일 것입니다. 하지만 세상사가 모두 뜻대로 이루어지는 건 아니지요. 따라서 실패할 때 어떻게 대처하느냐도 기획 실무자에게는 중요한 자세입니다. 실패하면 서로에게 책임을 전가하면서 문책을 받지 않으려는 분위기가 팽배해집니다. 그럴수록 기획 실무자는 책임 논쟁보다는 실패의 근본 원인을 도출하는 데 집중해야 합니다. 이를 통해 이번의 실패를 미래의 도약을 위한 기회로 만들어야 합니다. 물론 기획안이 실패할 경우 기획 실무자의 입지가 상당히 좁아질 수밖에 없는 건 사실입니다만, 일관되게 미래의 성공을 지향하는 자세를 견지한다면 실패를 성공의 어머니로 만들 수 있습니다.

협상의 10계명

협상의 기술이란 상대방이 생각을 바꾸어 내게 유리한 행동을 하도록 만드는 기술로, 협상력은 리더나 기획 실무자에게 꼭 필요한 역량입니다. 그런 의미에서 전성철 IGM 이사장과 최철규 IGM 부원장이 쓴 《협상의 10계명》을 일독하기를 권하며, 거기에 나오는 협상 원칙 열 가지를 살펴보면 다음과 같습니다.

제1계명. 요구 Position 에 얽매이지 말고 욕구 Interest 를 찾아라.
겉으로 드러나는 상대방의 요구보다는 마음속에 내재된 진정한 욕구에 초점을 맞춘다면 불가능한 협상도 성공할 수 있습니다.

제2계명. 양쪽 모두를 만족시키는 창조적 대안을 개발하라.
협상안이 난관에 봉착했다면 상대방의 욕구에 맞춰 양쪽 모두 만족할 만한 창조적 대안을 찾아 제시함으로써 극복해야 합니다.

제3계명. 상대방의 숨겨진 욕구를 자극하라.
상대방의 욕구를 충족시키기 어렵다면 미래의 잠재 이익 등 숨은 다른 욕구를 찾아 자극할 필요가 있습니다.

제4계명. 윈윈 협상을 만들도록 노력하라.
상대방을 쥐어짜는 협상은 결과적으로 손해가 될 수 있으므로 상대방의 주관적 만족도를 높여 윈윈 협상이 되도록 해야 합니다.

제5계명. 숫자를 논하기 전에 객관적인 기준부터 정하라.
숫자를 부르는 하이 로우 게임 High-Low Game 을 지양하고 객관적인 기준 Standard 에 의해 합리적으로 협상을 진행해야 합니다.

제6계명. 합리적 논거를 지렛대로 활용하라.
객관적인 데이터, 전문성, 권위, 관습이나 전통 등 합리적 논거를 제시함으로써 협상을 유리하게 이끌 수 있어야 합니다.

제7계명. 협상이 결렬되었을 때 대신 취할 수 있는 최상의 대안인 배트나 BATNA 를 최대한 개선하고 활용하라.
나의 배트나를 상대방에게 적절히 알려주고 상대방의 배트나에 보이는 허점을 지적함으로써 협상을 유리하게 전개시킬 수 있습니다.

제8계명. 좋은 인간 관계를 협상의 토대로 삼아라.
모든 일이 다 그렇지만 좋은 인간 관계를 형성하여 상대방이 호감을 갖게 함으로써 협상을 진전시켜 나가야 합니다.

제9계명. 질문하라, 질문하라, 질문하라.
자기 얘기만 하기보다는 긍정적인 질문을 통해 상대방을 이해하려고 노력하는 게 필요합니다.

제10계명. NPT를 활용해 준비하고 또 준비하라.
준비된 사람만이 성공할 수 있습니다. NPT Negotiation Preparation Table 등을 통해 협상을 미리 준비하고 또 준비해야 합니다.

Chapter 18

기획서 작성 실무

기획서는 기획의 결과물이자 실무자의 역량을 평가하는 도구입니다. 그러므로 실무자라면 기획서 작성에 심혈을 기울여야 합니다. 사실, 좋은 기획서를 작성하기 위해서는 다른 사람이 작성한 기획서들을 검토해 보는 게 도움이 됩니다. 잘못된 기획서 사례를 타산지석으로 삼을 필요도 있겠죠. 그런 의미에서 이 장에서는 잘못된 전략 기획서와 제안서 사례를 보고 무엇이 잘못되었는지 검토해 보고자 합니다. 그런 다음 기획 목표와 방향 설정에서부터 프레임워크 작성, 정보 수집, 전략적 분석, 초안 작성, 교정 후 완성에 이르기까지 기획서 작성 프로세스를 파악한 후, 실무 관점에서 기획서를 어떤 자세로 작성해야 하는지 알아보도록 하겠습니다.

1 · 잘못된 기획서 사례

2 · 올바른 기획서 작성 프로세스

3 · 실무 관점에서의 접근법

1 ▪ 잘못된 기획서 사례

■ 전략 기획서 사례 살펴보기

잘못된 사례를 타산지석으로 삼아 배우는 게 더 효과적일 때도 있습니다. 그런 의미에서, 본격적으로 기획서 작성 실무에 들어가기에 앞서서 잘못된 기획서 사례들을 살펴봄으로써 기획서 작성의 전략적 방향에 대해 고민해 보도록 하겠습니다.

그 첫 번째로 아래와 같이 소매 유통 사업을 영위하는 회사의 가상 전략 기획 사례를 살펴보겠습니다. 물론 실제 기획서는 소개된 사례보다 다양한 분석 기법에 따른 전문적인 콘텐츠를 좀 더 논리적인 구성으로 전개합니다. 여기서는 기획서 전개상의 잘못된 점을 지적하기 위해서 분석 결과 중심으로 내용을 간략하게 축약해서 정리해 보겠습니다.

김갑돌 기획팀장의 기획서 작성

> 오늘은 임원 회의 날이다. 회사 실적이 계속 제자리를 맴돌고 있어 걱정이다. 임원들도 근심 어린 모습이 역력하다.
>
> "경기가 불황이다 보니 상품들이 팔리지 않고 있습니다."
> "현 상황을 타개할 전략이 필요합니다."
>
> 결국 임원 회의에서도 뚜렷한 방향을 제시하지 못했고, 사장님은 내년도 사업 전략을 수립하여 보고하라고 지시하셨다.
>
> 현재 사업 여건이 점점 나빠지고 있는 것은 분명하다. 불황으로 인해 시장은 점점 줄어들고 있고, 아직까지는 시장 리더의 지위에 있지만 강력한 경쟁자들로 인해 그 지위를 위협받고 있는 실정이라 특단의 대책이 필요하다. 어떻게 해야 할까?
>
> 이런 생각을 하며 열심히 자료를 수집, 검토하며 기획서를 작성하여 보고했다. 그런데 사장님은 고생했다고 격려하기는커녕 이것도 전략 기획서냐고 화를 내신다. 아! 도대체 무엇이 잘못된 걸까?

전략 기획서 사례

2014년도 사업 추진 전략

I. 당사 현황
  1. 운영 현황
  2. 주요 추진 실적
  3. 결산 전망

II. 외부 환경 현황
  1. 시장 동향
  2. 경쟁사 현황

III. 사업 전략
  1. 현황 분석
  2. 추진 전략

2013년 11월

기획팀

1. 운영 현황

I. 당사 현황

국내 ○○용품 소매 분야의 리더인 당사의 조직 및 운영 인력은 다음과 같습니다.

고 객

오프라인 영업 (70%)
- A 영업점 (35%)
- B 영업점 (22%)
- C 영업점 (10%)
- D 영업점 (3%)

온라인 영업 (20%)
- 인터넷쇼핑몰 (20%)

B2B 영업 (10%)
- E 영업부 (7%)
- F 영업부 (2%)
- G 영업부 (1%)

지원 조직

기획 · 재무 · 전산 · 구매 · 물류 · C/S

구분	오프라인 영업	온라인 영업	특판 영업	관리 지원	계
인원수	500명	50명	60명	40명	650명

2. 주요 추진 실적

I. 당사 현황

2013년도 주요 추진 실적은 다음과 같습니다.

- ◆ **D영업점 개점**
  부산에 네 번째 오프라인 매장을 성공적으로 개점 (2013년 6월)

- ◆ **A영업점 영업 면적 증평**
  당사 주력 매장인 A영업점의 경쟁력 강화를 위해 영업 면적 30평 증평 완료 (20013년 9월)

- ◆ **인터넷 쇼핑몰 재단장**
  구매 및 검색 편의성 제고를 위해 온라인 쇼핑몰 재단장 완료 (2013년 2월)

- ◆ **B2B 영업 조직 재구축**
  B2B 영업 부문의 실적 제고를 위해 고객 지향적인 관점에서 3개 팀 조직으로 재편 (2013년 10월)

- ◆ **기존 물류 센터 내 보조 창고 확충**
  2015년 제2 물류 센터 준공까지 물류 과부하를 해소하기 위해 보조 창고 확충 (2013년 4월)

- ◆ **고객 만족도 제고를 위한 C/S 시스템 재구축 중**
  현재 C/S 시스템 재구축 진행 중 (2013년 12월 완료 예정)

3. 결산 전망

I. 당사 현황

2013년도 매출은 사업 여건이 악화되는 가운데에도 전년 대비 10% 증가했으나, 경쟁 격화에 따른 판관비 지출 증가로 세전순이익은 22억 원에 머물 것으로 전망됩니다.

(단위 : 백만 원)

구분	2012년	2013년	증가율	비고
매출액	50,000	55,000	10.0%	
매출이익	20,000	25,000	25.0%	
판관비	13,000	20,000	53.8%	광고비 50억 원 증가
영업이익	7,000	5,000	△28.6%	
영업외수익	1,000	1,200	20.0%	
영업외비용	2,000	2,000	0%	
세전순이익	6,000	4,200	△30.0%	

1. 시장 동향

II. 외부 환경 현황

글로벌 금융 위기와 저성장 기조로 인한 장기 불황으로 2010년도부터 성장이 정체되다가 2012년 이후 확연하게 시장 규모가 축소되고 있어, 시장 매력도가 저하되고 있는 실정입니다.

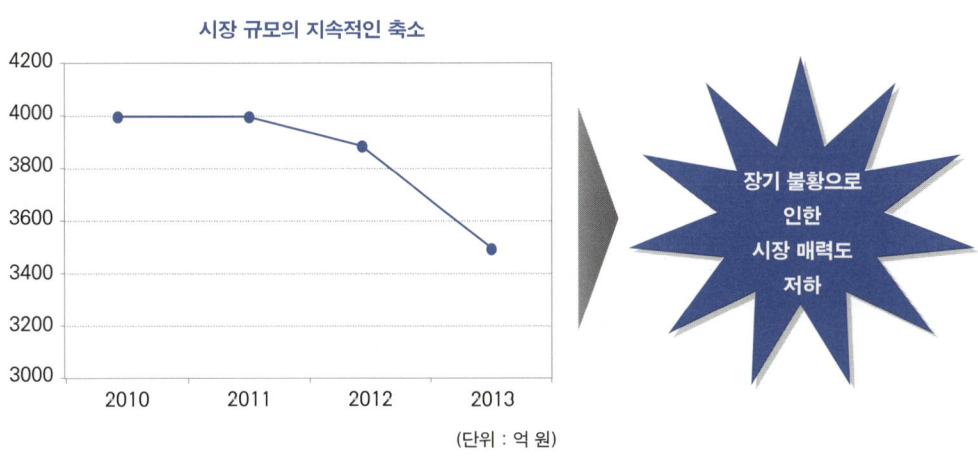

2. 경쟁사 현황

II. 외부 환경 현황

시장 규모 축소로 경쟁이 한층 격화되는 가운데 특히 X사는 2011년부터 매년 매장을 신규 개설하는 공격적인 확장 전략으로 당사의 마켓 리더 지위를 위협하는 수준에까지 도달했습니다.

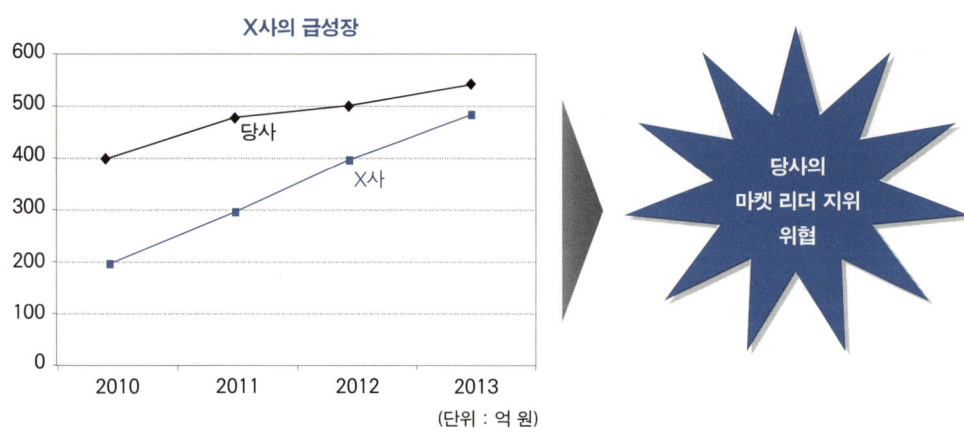

전략 기획서 사례

1. 현황 분석

III. 사업 전략

시장 규모 축소와 경쟁 격화로 시장 매력도는 저하되는 가운데 당사의 경쟁 역량마저 지체되고 있기에 새롭게 출발하기 위한 혁신적인 경영 전략이 필요한 시점입니다.

외부 환경 분석
- 시장 규모의 지속적인 축소
- 경쟁사의 지속적인 지점망 확대
- 온라인 시장 급성장 및 경쟁사의 약진
- 업체 간 경쟁 과열
  - 마켓 리더로서의 시장 지위 위협
  - 온라인 가격 경쟁 / 오프라인 매장 면적

내부 환경 분석
- 강력한 브랜드 파워 보유
- 국내 OO용품 소매 시장의 마켓 리더
- 성장을 위한 중장기 설계 미흡
- 경쟁 환경에 대응하는 마케팅 역량 부족
- 정체된 기업 문화
- 체계적인 인력 운영 및 시스템 미흡

↓ **시장 매력도 저하** ↓ **경쟁 역량 지체**

↓ **경영 환경 변화에 따른 혁신적인 경영 전략 필요**

2. 추진 전략

III. 사업 전략

단순히 OO용품을 판매하는 소매 매장이 아닌 감동적인 체험을 제공하는 복합 문화 공간으로 역할을 재정립한 후 공격적으로 확장을 추구함으로써 마켓 리더의 지위를 공고히 해야 합니다.

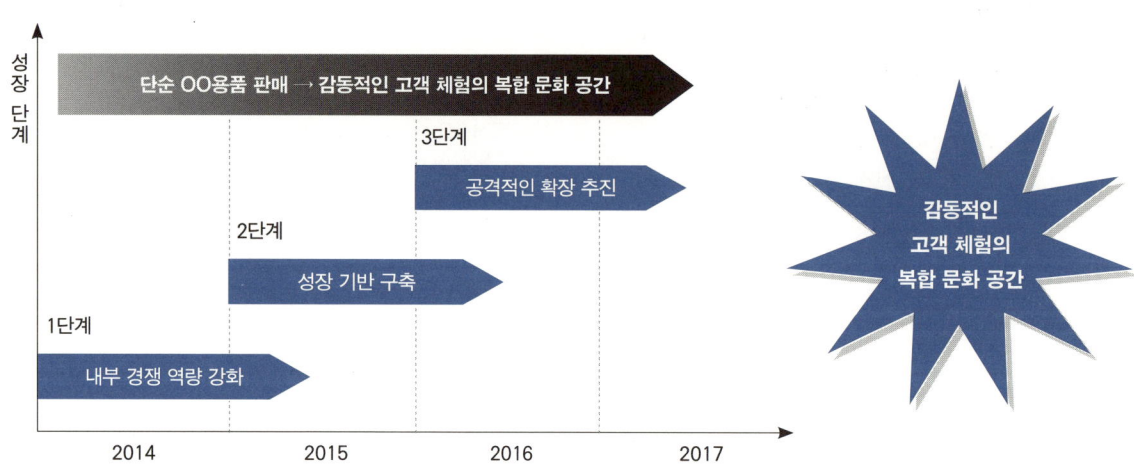

전략 기획서 사례

2. 추진 전략
III. 사업 전략

구체적으로는 다음과 같은 세부 경영 활동들을 추진하고자 합니다.

	1단계 (2014년)	2단계 (2015년)	3단계 (2016년)
	내부 역량 강화	**성장 기반 구축**	**사업 영역 확대**
전략 방향	운영 성과 향상	온/오프 연계된 매장 재구축	확고한 마켓 리더 지위 구축
목표 M/S	M/S 20%	M/S 23%	M/S 30%
목표 수익	영업이익률 10%	영업이익률 12%	영업이익률 15%

1단계 (2014년)
- 비전 재수립 및 그에 따른 중장기 성장 전략 수립
- 통합 물류 시스템 구축
- BSC에 기반한 전략적 성과 관리 시스템 구축

2단계 (2015년)
- 고객 체험 공간으로서의 오프라인 매장 재구축
- 감동 체험 제공을 위한 온라인과 오프라인 연계 강화
- 상품 포트폴리오 재구축

3단계 (2016년)
- 주요 도시 직매장 개설을 통해 전국적인 오프라인 매장 네트워크 구축
- 고객 체험 중심의 차별적인 가치를 지향함으로써 온라인 마켓 리더 지위 탈환

무엇이 잘못되었을까?

가상의 사례로 살펴본 전략 기획서는 얼핏 그럴듯하게 작성된 것처럼 보이지만 다음과 같은 점에서 허점 투성이의 기획서입니다.

본 기획서는 누구에게 무엇을 말하려고 하는가?	• 본 기획서는 CEO에게 보고하는 문서이므로 CEO의 입장에서 전개되어야 함 • 그런데 악화된 경영 여건 속에 내년도 경영 전략을 심각하게 고민하고 있는 CEO에게 첫 페이지부터 한가하게 조직 및 인력 운영 현황부터 소개하고 있음 • 전체적으로 악화된 사업 여건 속에 그나마 올해 선방한 실적을 올렸으며, 내년도에는 새롭게 시작해 보겠다는 식으로 보고자 입장에서 변명하는 수준으로 서술되고 있음
당사 현황을 통해 무엇을 말하려고 하는가?	• 당사 현황을 분석하는 이유는 내부 역량을 분석함으로써 자사의 강·약점을 도출하고 핵심역량과 장애 요인을 파악, 전략 수립에 참고하기 위함 • 그런데 단순히 올해 추진 업무와 결산 실적을 나열하는 수준에 그치고 있으며, 그 역시 목표 또는 경쟁자 대비 비교 분석을 해야 함에도 '그나마 선전했다'고 자평하고 있음 • 결국 실적 나열에만 그쳐 결과물인 전략 수립에 도움이 될 정보를 얻을 수 없음
외부 환경 현황을 통해 무엇을 말하려고 하는가?	• 외부 환경 현황을 분석하는 이유 역시 향후 어떻게 하면 성공할 수 있을지 성공 요소를 도출함으로써 전략 수립에 참고하기 위함 • 그런데 단순히 외부 여건이 악화되어 사업하기 힘들다는 하소연만 하고 있음 • 특히 시장과 경쟁만 분석하고 고객 분석을 누락하는 등 구조화에도 실패함 • 이렇듯 여건 악화만 주장하면 사업 전략은 철수로 귀결될 수밖에 없음
제안된 사업 전략은 논리적으로 타당해 보이는가?	• 최종 사업 전략은 내·외부 환경 분석 결과에 따라 논리적으로 설득력 있는 방안으로 제시되어야 함 • 그런데 '고객 체험의 복합 문화 공간'이란 전략을 뜬금없이 제안하여 설득력이 전혀 없음 이는 분석과 상관 없이 기획자가 기발한 아이디어를 전략 수준으로 제시했기 때문임 • 세부 경영 활동 역시 왜 필요한지 의미를 확인할 수 없어 타당성이 결여됨

■ 제안서 사례 살펴보기

외부용 기획서로는 대표적으로 투자 유치용 IR 자료와 제안서를 들 수 있습니다. 그런 점에서 이번에는 가상의 제안서 사례로 IT 업체에서 신문사에 '콘텐츠 디스플레이 사업' 제휴를 제안하는 제안서를 살펴보도록 하겠습니다. 이 역시 제안서 전개상의 잘못된 점을 알아보기 위해 실제 제안서보다 내용을 간략하게 축약했다는 점을 감안하며 보시기 바랍니다.

이갑순 기획팀장의 제안서 작성

우리는 차세대 멀티미디어 디스플레이 시스템을 개발하고 있는 IT 벤처 기업이다. 대기업에 있을 때 기술 개발을 진두 지휘했던 이사님이 창업한 회사로, 동고동락했던 동료들이 의기투합하여 참여했기에 사내에는 '열심히' 해보자는 분위기가 가득했다.

이렇듯 뛰어난 기술 인재들이 합심하여 뭉친 회사였기에 창업한 지 1년도 안 되어 경쟁력 있는 차세대 멀티미디어 디스플레이 시스템을 개발할 수 있었다. 이 정도 기술력의 멀티미디어 시스템이라면 충분히 성공할 수 있다고 자신하지만, 문제는 시스템 설비 자금과 마케팅이었다. 초기 자금은 기술 개발에 투자하느라 소진된 상황인 데다, 벤처 광풍이 지나간 후라 투자자를 찾기가 어려웠다. 더구나 기술 개발 중심으로 운영되다 보니 콘텐츠 확보나 광고 유치, 홍보 등 마케팅도 만만치 않은 상황이었다.

이때 B신문사가 신규 사업을 찾고 있다는 소식을 들은 사장님은 B사에 지분 투자 및 공동 사업 운영 방식의 전략적 제휴를 제안하기로 결정하고 나에게 제안서를 작성하라고 지시했다.

이에 며칠 밤을 지새우며 우리의 능력을 보여줄 제안서를 작성, 보고했다. 사장님도 흡족해하시고 B사에 제안 프레젠테이션을 했지만, 일언지하에 거절당하고 말았다. 후에 전해들은 이야기로는 제안서가 도통 마음에 들지 않았다고 한다. 도대체 무엇이 잘못되었던 걸까?

ABC 시스템 제휴 제안서

I. ABC 시스템 개요
  1. ABC 시스템이란?
  2. ABC 시스템의 특징

II. 당사 소개
  1. 당사 개요
  2. 당사의 기술력

III. 제휴 제안
  1. 전략적 제휴 개요
  2. 기대 효과
  3. 세부 추진 일정

A사

제안서 사례

1. ABC 시스템이란?

I. ABC 시스템 개요

ABC 시스템은 One Step Interactive Information System으로, 터치 버튼 인터페이스를 이용한 정보 수용자 중심의 합리적이면서도 직감적인 콘텐츠 디스플레이 시스템입니다.

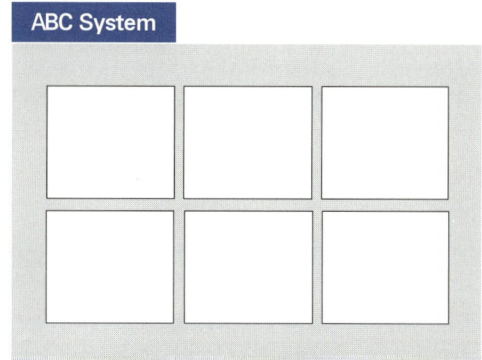

ABC 시스템의 특징

1. Online과 Offline의 장점을 모두 수용하고, Online과 Offline을 연계하는 Bridge 기능
2. Contents의 가공, 생산에 주력했던 기존 시스템과 달리 정보 Contents의 효율적인 표출, 전달에 주력
3. 정보 표출 방법에 있어 콘텐츠의 특성과 사용자, 장소, 표출 목적에 따른 자유롭고 효율적인 Customization
4. 정보 항목, 그룹별 Reorganization
5. 개별 분산된 정보 항목의 유기적인 Integration
6. 콘텐츠 항목의 Visualization
7. One Step Interactive Information System
8. User Friendly Interface
9. Visual Recognition

2. ABC 시스템의 특징

I. ABC 시스템 개요

ABC 시스템은 기존의 단순하고도 일방적인 멀티미디어 시스템들과 달리 사용자 중심의 콘텐츠 표출을 지향하는 차세대 멀티미디어 시스템입니다.

매체 종류	내 용	장 점	단 점
영상 광고 시스템	정보 및 광고 표출을 통한 광고 기대 수익 발생	• 단순한 시스템 • 단순한 콘텐츠 표출	• 비디오 영상의 홍수로 차별적 광고 효과 미흡 • 집중 효과 결여 • 일방적인 정보 표출 방식
KIOSK 시스템	터치스크린 인터페이스를 이용한 정보 안내 시스템	• 단순한 시스템 구성 • 다양한 콘텐츠 제공 가능	• 이용률 극히 저조 • 사용자 유인 효과 적음 • 복잡한 구조의 콘텐츠 • 실내에 한정
복합 시스템	일반 KIOSK에 대형 모니터를 부착, 영상 광고 사업을 병행	• 영상 광고 시스템과 정보 안내 시스템의 복합	• 두 방식의 결점 유지 • 형태적 위압감으로 사용 기피
ABC 시스템	콘텐츠의 병렬식 나열로 편의성을 제고시킨 사용자 중심의 콘텐츠 표출 시스템	• 콘텐츠/광고 상시 노출 • 친숙한 유저 인터페이스 • 실내/실외 모두 적용 가능 • 인터랙티브 정보 시스템	• 제작 및 설치 비용 증대

II. 당사 소개

1. 당사 개요

당사는 기술력으로 유명한 IT 회사인 C사에서 근무했던 디스플레이 기술 전문 인력들이 합심하여 창업한 벤처 기업으로, 구체적인 현황은 아래와 같습니다.

당사 프로필

회 사 명 : A사
대 표 이 사 : OOO
설 립 일 : 2012년 6월 1일
자 본 금 : 1억 원
총 자 산 : 3억 원
사 업 내 용 : 디스플레이 매체 개발
인   증 : 벤처 기업(기술 평가 기업)
소 재 지 : 서울 OO구 OO동 OOO-O 5층
거 래 은 행 : OO은행
임직원 수 : 12명
홈페이지 : www.OOO.com
연 락 처 : 02-0000-0000
　　　　　 02-0000-0000(F)

경영진 현황

대표 이사　OOO
　　　　　OO대 OOO과 졸업
　　　　　OO대 공학박사
　　　　　C사 기술개발이사

기술 이사　OOO
　　　　　OO대 OOO과 졸업
　　　　　OO대 공학박사
　　　　　C사 기술개발팀장

기획 이사　OOO
　　　　　OO대 OOO과 졸업
　　　　　C사 미디어 기획팀

2. 당사의 기술력

II. 당사 소개

당사는 아래와 같은 기술력을 바탕으로 정보 안내와 영상 광고 시스템의 장점만을 취합하여 경쟁력 있는 복합 시스템인 Touch Button Interface 시스템을 개발했습니다.

ABC 시스템 관련 기술

◇ PCB(H/W, S/W) 설계 및 구현 기술과 멀티미디어 콘텐츠 제작 기술

◇ 기존 터치 스크린 방식 정보 안내 시스템의 문제점을 해결한 새로운 형태의 디스플레이 기술
 직관적인 Index Button형 User Interface를 이용, 단말 정보까지 접근 단계를 1단계로 줄임

◇ 정보 시스템과 광고 시스템의 효율적인 통합화 기술

당사가 보유한 기술 특허

◇ 2012년 BIS System 및 VC KIOSK 관련 특허 출원 중

◇ 2013년 'Index Button형 User Interface를 이용한 멀티미디어 시스템' 특허 출원 중

제안서 사례

1. 전략적 제휴 개요

III. 제휴 제안

당사는 귀사에게 ABC 시스템 구축 및 운영 사업에 있어 아래와 같이 양사의 독점적인 지위를 인정하는 전략적 제휴 계약 체결을 제안합니다.

대 상	ABC 시스템 구축 및 운영 사업
제휴 방식	귀사에서 당사로 지분 투자 후 공동 사업 추진 50억 원 투자로 20% 지분을 가진 주요 주주 지위 확보
업무 분장	귀사 : 콘텐츠 공급 및 ABC 시스템 마케팅 지원 당사 : ABC 시스템 구축, 설치 및 이의 운영
수익 배분	양사 비용을 차감한 순수익을 50:50으로 배분
기 타 제휴 조건	제휴 기간 : 10년 또는 그 이상 제휴 지역 : 국내를 포함한 전 세계 사업 확장 : 기타 사업 확장 시 귀사의 우선 협상권 보장

2. 기대 효과

III. 제휴 제안

ABC 시스템은 대당 2천만 원의 광고 수익을 창출할 수 있으리라 보이며, 향후 3년간의 매출 수익은 다음과 같이 예상됩니다.

ABC 시스템당 예상 매출

구 분	수 량	단 가	매출액	비 고
동영상 광고	10개/시스템	1백만 원/월	10백만 원/월	옥외 광고 효과
광역 광고 버튼	50개/시스템	1십만 원/월	5백만 원/월	홍보 효과
지역 광고 버튼	100개/시스템	5만 원/월	5백만 원/월	홍보 효과
합 계	-	-	20백만 원/월	-

전체 사업 예상 매출

구 분	2014	2015	2016	비 고
시스템 수	200사이트	500사이트	1,000사이트	공격적 확장 추진
최대 예상 매출	40억 원/월	100억 원/월	200억 원/월	
광고 확보율	30%	50%	80%	보수적 관점
예상 매출액	12억 원/월	50억 원/월	160억 원/월	-

3. 세부 추진 일정

III. 제휴 제안

향후 업무 추진 일정을 아래와 같이 제안합니다.

구분	추진 일정	상세 업무
양사 의향 타진	~ 2013. 06. 10.	• 제휴 제안 (본 보고서) • 필요 시 귀사의 ABC 시스템 실사
제휴 조건 협상	~ 2013. 06. 20.	• 전략적 제휴 방식 합의 • 세부 조건 및 향후 추진 업무 협의
제휴 계약 체결	~ 2013. 06. 30.	• 전략적 제휴 계약 체결
시스템 구축/설치	~ 2013. 12. 31.	• 지분 투자 완료 (2013. 7월 중) • 1차 주요 거점별 설치 (거점 설치 허가 필요)
시스템 운영	2014. 01. 01 ~	• 시스템 운영 및 광고 모집 추진 • 전국 단위로의 시스템 확장 준비

무엇이 잘못되었을까?

가상의 사례로 살펴본 제안서 역시 그럴듯하게 작성된 것처럼 보이지만 다음과 같은 점에서 문제가 많은 제안서입니다.

본 제안서는 누구에게 무엇을 말하려고 하는가?	• 본 제안서는 B신문사에게 제안하는 것이므로 B사 입장에서 전개되어야 함 즉, B사의 니즈 분석에서 시작하여 왜 B사가 제안을 수락해야 하는지 설명할 수 있어야 함 • 그런데 본 제안서는 B사에 초점을 맞춘 맞춤형 제안이 아니라 불특정 상대인 귀사에 제안하는 제안서로 작성되었음 • B사 경영진으로서는 신문사인 B사가 왜 이 사업에 투자해야 하는지 알 수 없음
ABC 시스템 소개를 통해 무엇을 말하려고 하는가?	• 제안서가 ABC 시스템에 대한 기술 소개로 첫 페이지를 시작함 • 제안받는 B신문사는 IT 기술에 생소할 수밖에 없어 관심을 갖기 어려움 • 이는 제안자의 입장에서 일방적으로 전개하기 때문에 벌어지는 실수라 볼 수 있음 즉, IT 기업으로서는 기술이 제일 중요하므로 기술 중심으로 나열하고 있는 것임 • 결국, 별로 관심도 없는 신문사 경영진에게 기술만 강조하고 있는 셈임
당사 소개를 통해 무엇을 말하려고 하는가?	• 제안서는 제안받는 상대방의 니즈를 해결하는 데 주목적을 두고, 자신이 그 니즈 해결에 적합하다는 것을 설득력 있게 제시해야 함 • 그런데 단순히 자신의 기술력과 시스템 자랑으로 일관하고 있음 • 이는 '이렇게 뛰어나니까 제안을 수락하는 게 좋다'는 식으로밖에 생각되지 않음 • B사로서는 '그런데 왜 우리랑 제휴하려고 하는지' 알 수 없음
제안된 제휴 방안은 논리적으로 타당해 보이는가?	• 구체적인 제휴 제안 역시 논리적으로 타당하게 접근해야 상대를 설득할 수 있음 • 그런데 투자 조건 등의 제휴 방식이 어떤 근거로 나왔는지 제시하지 못하고 있음 • 특히 기대 효과 측면에서 매출 산정 역시 합리적인 근거가 없어 주먹구구식으로 보임 또한 기대 효과가 B사 입장에서가 아니라 제안자 입장에서 제시되고 있음 • 결국 제휴를 해야 하는 이유나 제휴 조건의 타당성을 찾을 수 없는 최악의 제안서임

2 ■ 올바른 기획서 작성 프로세스

앞서 잘못된 기획서 사례에서 보듯이 자신의 입장에서 기획서를 작성하는 데만 집중하다 보면, 정작 기획서를 보는 고객의 입장에서 중요하게 여기는 핵심에서 벗어날 수 있습니다. 그러므로 철저히 고객인 의사 결정권자의 입장에 서서 '왜 하려고 하며, 무엇을 어떻게 하려고 하는지'가 설득력 있게 제시될 수 있도록 기획서를 작성해야 합니다. 즉, 의사 결정권자가 중요하게 여기거나 궁금해할 내용, 결정하고 싶을 사항 등에 맞게 목표와 방향을 정한 후, 전략적으로 체계적이고도 합리적인 분석을 통해 기획안을 도출, 차트 등을 활용하여 논리 정연하게 제시해야 합니다.

그럼 이제부터 올바른 기획서 작성 프로세스를 구체적으로 살펴보도록 하겠습니다.

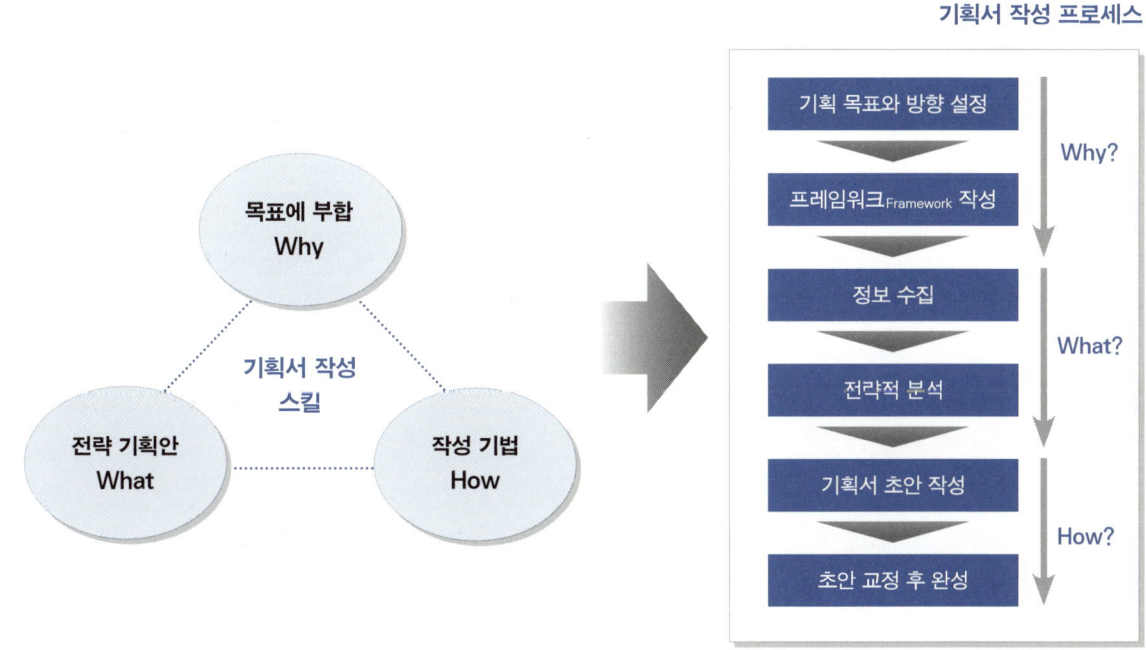

기획서 작성 프로세스

본격적으로 기획서 작성 프로세스 단계에 들어가기에 앞서 실무자 관점에서 바라본 기획서의 의미에 대해 살펴보면 다음과 같습니다.

기획서의 의미

기획이란 목표를 달성하기 위해 효과적인 방안을 강구하는 것이다. 따라서 기획서는 수집된 정보를 토대로 기획 과제에 대한 전략적인 해결 방안을 논리적으로 제시할 수 있어야 한다. 그런 의미에서 기획의 의미에 비추어 기획서 작성 시 염두에 두어야 할 사항들을 살펴보면 다음과 같다.

첫째, 기획서는 설득 자료다.
다른 보고서들도 마찬가지지만, 기획서도 보는 이를 설득하는 것이 주 목표다. 그러므로 기획서는 설득력을 높일 수 있도록 신뢰할 수 있는 정보들을 중심으로 논리적으로 전개해 나갈 필요가 있다.

둘째, 기획서는 현실을 바라보는 눈이다.
문제 속에 답이 있다고 했듯이, 명쾌한 기획안을 내놓으려면 먼저 현실을 올바르게 직시할 필요가 있다. 그러므로 기획서는 현실을 냉철하게 바라보는 눈으로 작성되어야 한다.

셋째, 기획서는 실행 방안이다.
실행 방안이 없는 기획서는 휴지 조각에 불과하다. 그러므로 기획서에는 추진 업무와 추진 일정, 담당자, 지원 사항 등 구체적이고도 현실적인 실행 방안이 제안 전략과 함께 제시되어야 한다.

넷째, 기획서는 노력의 산물이다.
기획서는 머리로만 작성하는 것이 아니다. 자신의 시간과 정성을 들여 다양한 정보원으로부터 정보들을 수집, 분석하고 끈기와 열정을 갖고 해결 방안을 찾으려고 노력해야만 좋은 기획안이 나올 수 있다.

마지막으로, 기획서는 표현되는 결과물이다.
야심 찬 기획안도 결국은 기획서로 표현된다. 그러므로 이왕이면 다홍치마라고 했듯 깔끔하고 보기 좋은 기획서를 작성하도록 노력해야 한다.

■ 기획 목표의 명확화

기획서 작성에서 가장 중요한 단계가 바로 첫 단계인 목표 설정입니다. 목표를 올바르게 정해놓지 않고 기획서 작성에만 집중하며 쓰다 보면 다음과 같이 목표에 맞지 않는 기획서가 나올 수 있기 때문입니다.

◇ 내·외부 환경 분석 결과만 장황하게 쓰여 있다. (도대체 무얼 하자는 거지?)
◇ 실적 저조 요인이 외부 환경에 있다는 변명만 늘어놓는다. (그럼 환경이 좋아지기만 기다려야 하나?)
◇ 경쟁 전략 기획서에 경쟁자의 실적만 나열하고 있다. (그럼 어떻게 해야 경쟁 우위에 설 수 있을까?)
◇ 투자 유치 제안서에 투자 조건 정보는 생략한 채 자사의 우수성만 강조한다. (당신이 투자자라면 좋아할까?)
◇ 제휴 제안서에 자사의 입장과 의견만 주장한다. (그건 당신 사정이지 우리하고는 상관없잖아?)

그러므로 처음부터 기획서를 쓰려고 노력하기보다는, 먼저 왜 쓰는지, 누구를 대상으로 무엇을 설득해야 하는지를 고민함으로써 목표를 분명히 하는 것이 좋은 기획서를 작성하는 핵심 포인트입니다.

왜 써야 하는가?	• 무엇을 알고 싶은지 이유를 분명히 하는 게 중요 • 단순히 기획서 작성을 목표로 하는 기획은 지양해야 함	
무엇을 쓰려고 하는가?	• 분석에 집중하지 말고 원하는 결론 중심으로 생각해야 함 • 중요하지 않은 가지만 많아 정작 쓸모 없는 나무가 되지 말아야 함	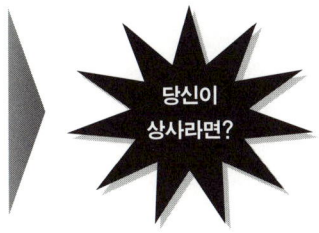 당신이 상사라면?
누구를 대상으로 하는가?	• 상사의 스타일이나 처한 상황, 요구하는 니즈 등 기획서를 보는 사람 입장에서 기획서가 서술되어야 함	

■ 기획 방향의 설정

목표를 정한 후 본격적인 기획서 작성에 들어가기 위해서는 목표에 맞게 기획서를 설계해야 합니다. 설계도를 작성하려면 먼저 보고받는 상사를 설득하기 위해 어떻게 전개하는 게 가장 바람직할지 방향을 설정해야겠죠. 그러므로 방향 설정 단계에서는 우선 상사의 입장에서 어떤 전개 방식을 원하는지 파악할 필요가 있습니다. 그래야 기획서의 성격에 따라 보고받는 상사에 맞게 전개 방식을 맞춤화할수 있기 때문입니다.

경영심리학 연구 컨설팅 회사인 페르소나에서 상사의 유형을 분석한 결과, 오른쪽과 같이 표출형, 주도형, 우호형, 분석형의 네 가지 유형으로 나눌 수 있었습니다.
유형별로 성향이나 업무 스타일이 확연히 다르다는 점을 감안하면, 유형에 따라 원하는 스타일의 기획서를 작성하는 게 바람직하겠죠.

그런 의미에서 유형별 특징과 기획서 전개 방향을 살펴보면 다음과 같습니다.

	외향적	
	표출형	주도형
	우호형	분석형
	내성적	
인간 지향적		업무 지향적

유형	특징	기획서 전개 방향
표출형	매사에 적극적이고 외향적이며 미래 지향적이지만, 너무 민감하게 반응하고 감정에 좌우되기 쉬움	• 단순 요약형으로 핵심만 간단하게 전개 • 단, 감정적으로 접근하지 않도록 주의함
우호형	성실하고 대인 관계가 좋아 친해지기 쉬운 반면, 결단이 느리고 남의 눈치를 보며 의사 전달이 미숙함	• 상황 전개형으로 나열 형태로 전개 • 변수에 따른 다양한 관점으로 접근함
주도형	능률적이며 결과를 중시하고 결정을 빨리 내리지만, 지나치게 자기중심적이라 냉정하고 배려가 부족함	• 결과 중시형으로 두괄식으로 전개 • 성과에 집중하여 결과 중심으로 보고함
분석형	논리적이며 체계적인 분석력이 뛰어난 반면, 유연성이 없고 결단력이 부족한 완벽주의자 스타일	• 분석 중시형으로 기승전결에 따른 전개 • 논리에 맞게 체계적으로 분석, 제시함

■ 프레임워크 구축

건물을 잘 지으려면 전체적으로 구조화가 잘된 설계도가 필요하듯이 기획서도 마찬가지입니다. 설계도처럼 전체 영역을 일관성 있게 체계화하여 구조화하는 작업을 프레임워크Framework 구축이라 합니다. 기획서를 작성하라고 하면 프레임워크 없이 일단 쓰기 시작하는 사람들이 있습니다. 그러다 보면 세부 사항에만 집착하다가 정작 중요한 부분을 누락시키거나 방향을 잃어버리는 실수를 저지르기 쉽습니다. 그러므로 프레임워크 구축을 통해 목표에 맞게 어떻게 전개할지 거시적인 관점에서 기획서 체계를 구축하는 게 바람직합니다.

실무적으로는 기획서를 보는 상사에 따라 프레임워크를 달리 구축해야 합니다만, 일반적으로 아래와 같이 구매 행동 모델을 활용하여 구축할 수 있습니다. 기획 활동 역시 작성한 기획서를 보는 상사가 구매하도록 만드는 구매 활동으로 볼 수 있기 때문입니다. 여기서 명심해야 할 점은 구매 활동과 마찬가지로 고객의 관심을 끄는 첫 페이지가 가장 중요하다는 것입니다.

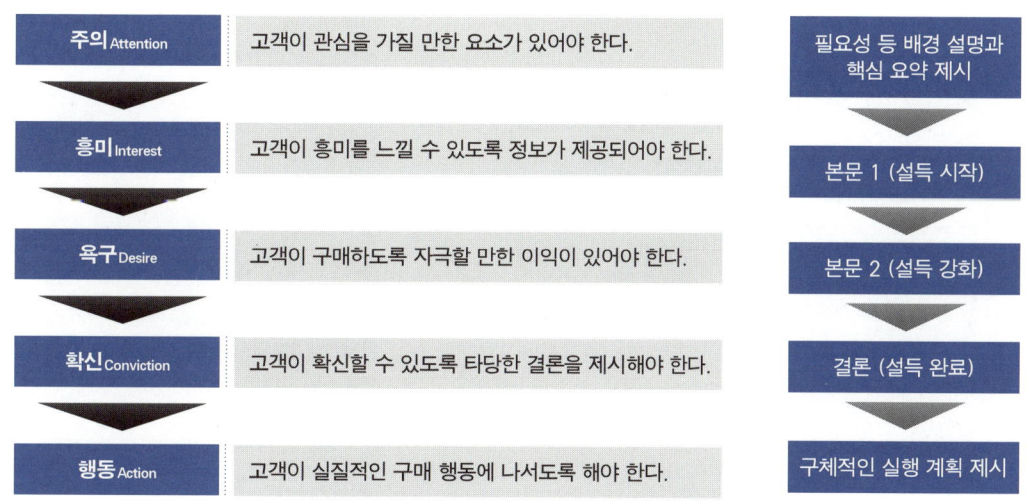

구매 행동 모델에 따른 기획서 전개

프레임워크 사례 1 | 사업 전략 기획서

사업 전략 기획서는 의사 결정권자에게 자신의 전략 기획안을 설득력 있게 제시할 수 있어야 합니다. 그러기 위해서는 아래와 같이 상사 마음의 움직임에 따라 기획서를 전개할 필요가 있습니다.

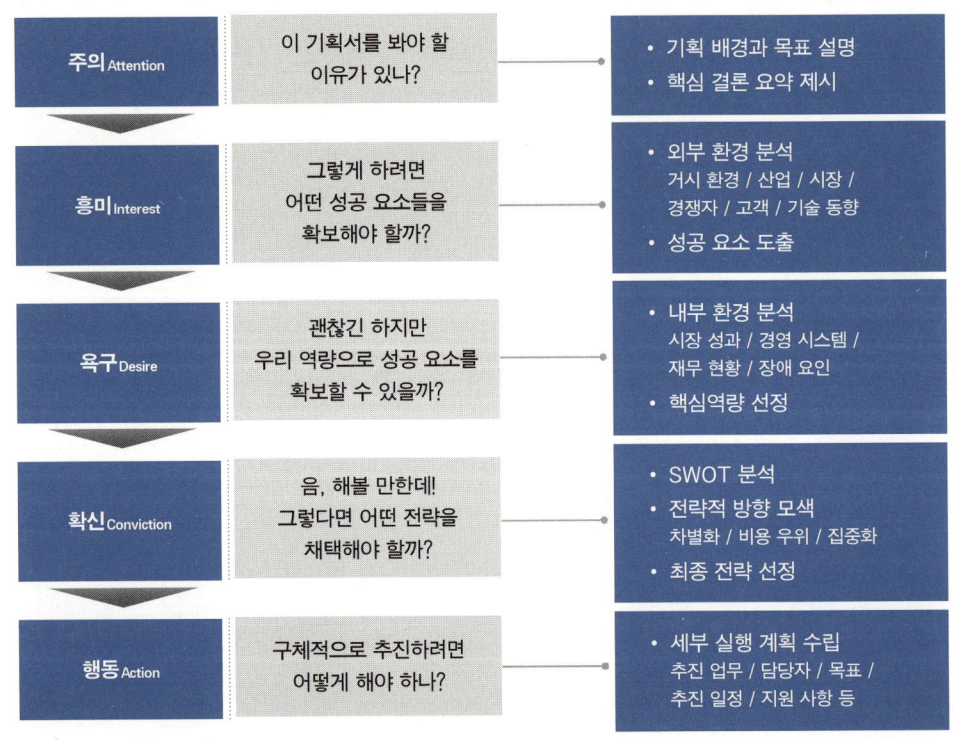

프레임워크 사례 2 | 제휴 제안서

제휴 제안서 역시 상대 기업의 입장에서 왜 제휴를 해야 하는지 설득할 수 있어야 합니다. 즉, 상대 기업은 제안자의 상황이나 제안 이유보다는 자신들이 얻을 수 있는 이득에 관심이 있기에 거기에 맞춰 전개해야 합니다.

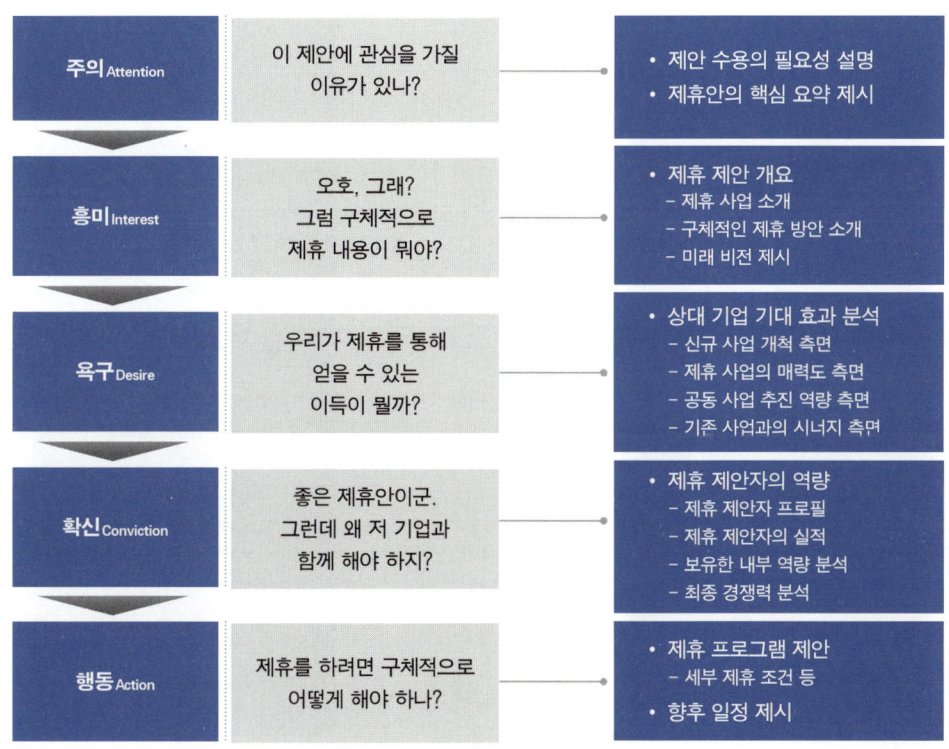

프레임워크 사례 3 | 투자 유치 제안서

투자 유치 제안서 역시 투자자의 입장에서 왜 투자를 해야 하는지 설득할 수 있어야 합니다. 사실 투자자는 투자 유치 기업의 상황이나 유치 이유보다는 자신의 투자 수익에 관심이 많을 수밖에 없습니다.

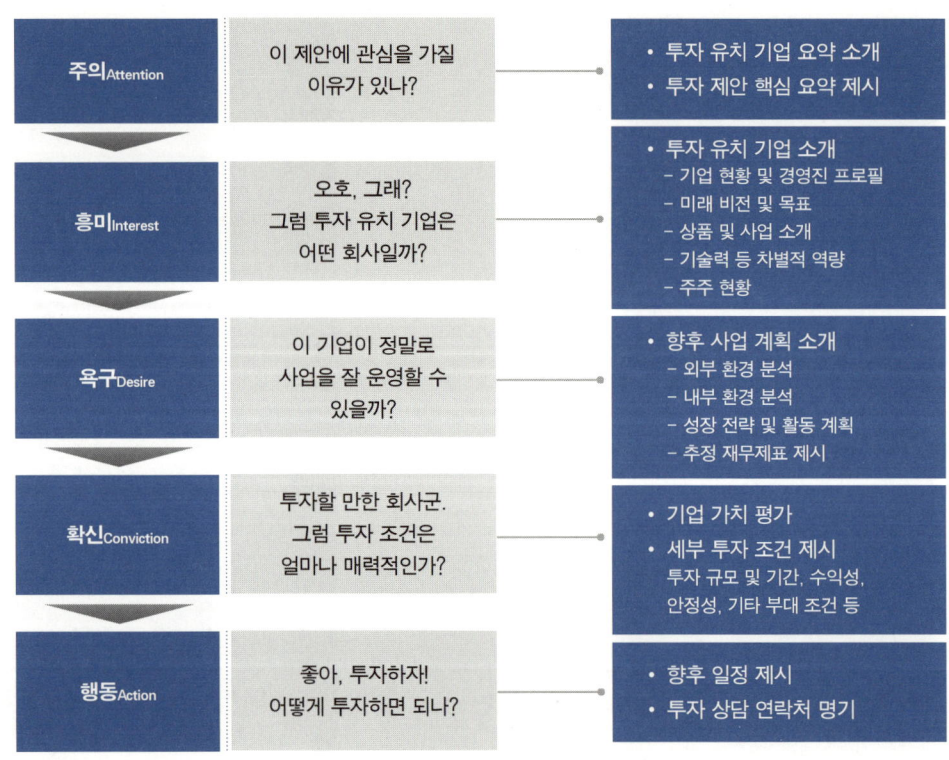

■ 정보 수집

'Chapter 17. 기획 실무 역량'에서 상세하게 살펴보았듯이, 정보 수집이야말로 실질적으로 기획서의 수준을 좌우하는 기반 요소입니다. 여기서는 기획서 작성 측면에서 정보 수집을 어떻게 해야 할지를 6하 원칙에 따라 간략하게 알아보도록 하겠습니다.

왜 정보를 수집하는가?	• 무조건 정보를 많이 수집한다고 좋은 게 아님 • 목적에 맞게 유의미한 정보에만 집중할 수 있는 통찰력이 필요함 • 정보 수집 방향을 정한 후, 기획 기법에 맞게 원하는 맞춤형 정보를 심층 조사
무슨 정보를 수집해야 할까?	• 최근의 현장 상황에 근거한 생생한 현장 정보 • 신뢰도를 높일 수 있도록 두루뭉술한 내용보다 객관적 수치 중심의 정보 • 자기주장을 뒷받침할 수 있는 전문가/전문 기관의 의견을 담은 정보
누가 정보를 수집해야 할까?	• 당연히 기획서를 작성하는 실무자가 정보 수집에 나서야 함 • 때로 동료 등 내부 임직원이나 외부 리서치 업체 등을 통해 수집할 수도 있음 • 팀으로 운영될 경우 팀원들이 정보 수집 분야를 나눠 수행할 수 있음
어디서 정보를 수집해야 할까?	• 앞서 소개한 바 있듯 다양한 정보원을 구비하는 게 바람직함 • 기획서 작성의 경우 외부 정보보다 내부 정보 수집이 어려울 때가 많음 • 사내 1차 자료 가공이나 임직원 인터뷰 등을 통해 내부 정보 수집에 집중
언제 정보를 수집해야 할까?	• 기획서 작성 마감 시간에 맞춰 정보 수집 기간을 역으로 산정해야 함 • 기본적으로는 24시간 수집한다는 자세로 항상 정보에 민감할 필요가 있음 • 그런 측면에서 언제 어디서나 메모하는 습관을 가져야 함
어떻게 정보를 수집해야 할까?	• 유용한 정보도 관심 없으면 쓸모 없으므로 정보에 민감해질 필요가 있음 • 1차 자료뿐만 아니라 1차 자료를 가공한 2차 자료도 중요함 • 기획은 머리가 아니라 손과 발로 하는 것임을 명심해야 함

메모의 기술

언제 어디서나 정보를 수집하려면 메모하는 습관이 있어야 한다. 모든 것을 기억하고 있을 수는 없기 때문이다. 사실 메모란 잊어버리지 않기 위해 하는 것이 아니라 기록한 후 잊기 위해 하는 것이다. 그러므로 기획 실무자라면 메모하는 습관을 갖는 게 좋다. 그런 측면에서 《메모의 기술》을 쓴 사카토 켄지가 제안하는 메모의 기술 일곱 가지를 살펴보자.

첫째, 언제 어디서든 메모하라.
언제 어디서 좋은 생각이 떠오르거나 정보를 만날지 모른다. 메모 수첩을 늘 지니고 다니거나 보이는 곳에 둠으로써 바로 메모할 수 있도록 한다.

둘째, 주위 사람들을 관찰하라.
일을 잘하는 사람을 관찰하고 따라 할 수 있도록 한다. 일 잘하는 사람과 자신을 비교할 수 있는 일람표를 만들어보는 것도 유용하다.

셋째, 기호와 암호를 활용하라.
글자 외에도 기호와 암호 등을 활용하여 일목요연하게 메모함으로써 메모 속도를 높일 수 있다.

넷째, 중요 사항은 눈에 띄게 하라.
추후 메모를 검토했을 때 중요한 부분이 부각되도록 밑줄을 긋거나 중요 사항만을 따로 정리해 두는 등 구분하여 표시해 둔다.

다섯째, 메모하는 시간을 따로 마련하라.
하루에 한 번이라도 수첩과 펜을 들어야 한다. 습관을 들이기 위해서라도 메모하는 시간을 갖는 게 좋다.

여섯째, 메모를 데이터베이스로 구축하라.
메모는 버리지 말고 남겨두되, 향후 찾아볼 수 있도록 주제별로 정리하여 데이터베이스화한다.

일곱째, 메모를 재활용하라.
예전에 썼던 메모를 다시 읽어보는 습관이 중요하다. 다시 읽다 보면 새로운 아이디어가 떠오를 수도 있다.

■ 전략적 분석

유용한 정보를 수집했다면 훌륭한 기획서를 만들기 위한 재료 준비는 끝났습니다. 이제 재료인 정보들을 전략적으로 분석함으로써 기획안을 제시할 일만 남았습니다. 이 단계에서는 열린 사고와 논리적 사고, 비판적 사고 등 전략적 사고가 중요하며, 일반적으로 분석 절차는 아래와 같이 진행됩니다.

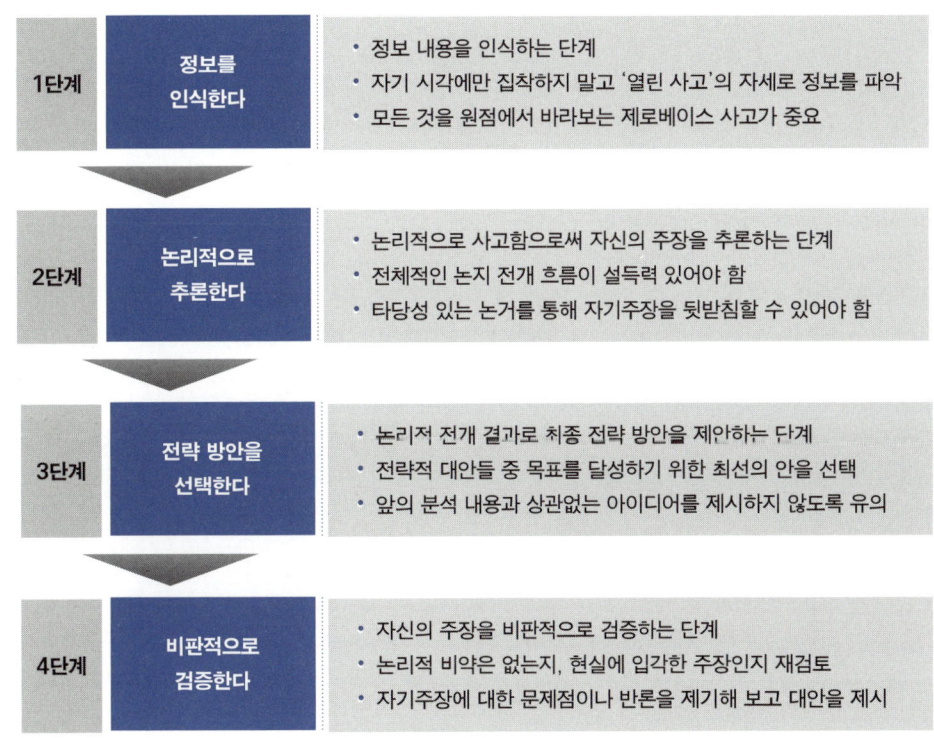

전략적 분석 절차

구양신공의 등장?

무림 명문 가문의 아들로 태어난 주인공. 행복한 나날을 보내던 어느 날 자신의 눈앞에서 가문이 몰락하는 걸 지켜보게 된다. 원수는 바로 마교의 교주이자 마교 사상 가장 막강한 고수인 천마였다. 주인공의 할아버지에게 패배한 후 갇혀 있다 탈출한 천마는 무림을 지배하기 위해 향후 자신의 앞길을 가로막을 수 있는 주인공 가문을 없애버린 것이다.

홀로 남은 주인공. 현재의 무공 실력으로는 천마의 부하들도 감당할 수 없기에, 무림 최대의 자객 집단에 입문, 최고의 자객이 되고자 한다. 십여 년이 흘러 주인공은 누구든 목표로 하면 죽일 수 있을 정도로 최고의 자객 반열에 오르고, 원수를 갚겠다는 일념 하에 천마를 공격한다. 하지만 이미 무공 수준이 절정에 달해 있던 무림 지배자 천마에게 처참하게 패배한 채 절벽 아래로 떨어지고 만다.

그런데, 전화위복이라 했던가! 절벽 아래로 떨어진 주인공은 1갑자에 달하는 내공과 천마 무공에 상극이 되는 무림 비기인 구양신공을 얻게 된다. 주인공이 구양신공을 습득하는 동안 무림은 천마의 횡포로 황폐해져 천마를 물리칠 수 있는 영웅을 갈망하고 있었다. 절벽 아래로 떨어지고 1년 후 초절정 고수가 되어 나타난 주인공은 다시 천마를 만난다. 구대문파의 성원 속에 주인공은 천마와 일전을 벌이고, 일주야에 걸친 처절한 결투 끝에 천마를 물리친다.

위 글은 흔히 볼 수 있는 무협 소설이나 영화의 스토리다. 위 글처럼 무협 소설이나 영화를 보면 주인공이 패배한 후 절벽으로 떨어지지만 전화위복으로 내공과 무림 비기를 얻게 된다는 경우가 많다. '소설이나 영화니까 그렇겠지.' 하고 넘어가지만, 사실 스토리 전개가 갑자기 비약된 부분이라 몰입도를 떨어뜨린다. 앞뒤 없이 구양신공만 있으면 모든 게 해결된다는 식이니까 말이다. 그런데 이렇게 기획서를 쓰는 사람들이 있다. 내·외부 환경 분석과 상관없이 갑자기 자신만의 구양신공을 전략으로 제시하고 이것만 있으면 문제를 해결할 수 있다고 큰소리 친다. 이런 기획서야말로 무협지가 아니고 무엇이겠는가?

■ 기획서 초안 작성

이제 본격적으로 기획서를 작성하는 단계입니다. 기획서는 전달하려는 메시지가 논리적으로 분명하게 제시되는 게 가장 중요합니다만, 이왕이면 다홍치마라고, 읽기 쉽고 보기도 좋으면 금상첨화임은 당연합니다. 그러므로 전체적으로 보기 좋게 구성하는 것에도 관심을 가질 필요가 있습니다.

그런 측면에서 기획서 초안을 작성할 때 유의해야 할 사항들을 살펴보면 다음과 같습니다. 이 가운데 페이지 구성 기법과 문장 서술 기법에 대해서는 좀 더 상세하게 살펴보도록 하겠습니다.

초안 작성 시 유의 사항

통일성 유지	• 전체 레이아웃을 통일감 있게 유지해야 보는 상사가 편안하게 느낌 • 글자 모양 및 크기, 행 간격, 문단 간격, 계층 구조 등 통일성 유지
체계적인 페이지 구성	• 전달하려는 메시지에 집중할 수 있도록 가독성을 높임 • 한 페이지에 하나의 메시지만을 담는 게 바람직함
다양한 차트 활용	• 메시지 전달력을 높일 수 있도록 다양한 차트를 적절히 활용 • 차트 작성에 너무 심혈을 기울여 메시지 전달이 방해되지 않게 주의
이해하기 쉬운 문장	• 현학적으로 쓰려 하지 말고 최대한 이해하기 쉽게 쓰는 게 최고 • 객관화, 구체화, 명료화 등에 유의하여 문장을 간결하게 서술
우수 기획서 벤치마킹	• 우수한 기획서의 프레임워크나 스타일, 기획 기법 등을 벤치마킹 • 다른 사람들의 기획서를 보는 것만으로도 도움 (타산지석)

페이지 구성 기법

기획서는 파워포인트로 작성하는 경우가 많습니다. 파워포인트로 페이지를 구성할 때 유의해야 할 점들을 살펴보면 다음과 같습니다.

첫째, 단순히 분석 도표만을 보여주는 게 아니라 전하고자 하는 메시지와 이를 뒷받침하는 분석 결과를 함께 구성하는 게 바람직합니다. 즉, 상단에 주제에 대한 분석 결과를 종합하고 전달하려는 메시지를 밝히고, 하단에 기획 기법에 따른 분석 결과를 도표나 그림으로 보여줍니다. 그래야 보는 사람 입장에서 이 장에서 무엇을 말하려고 하는지 한눈에 알 수 있기 때문입니다.

둘째, 한 페이지에는 하나의 메시지만을 전달해야 합니다. 분석 결과를 보여주는 도표나 그림 역시 메시지를 이해하기 쉽도록 간결하게 그려야 합니다. 참고로 도표나 그림은 차원이 동일한 행과 열은 동일한 간격으로 구성하는 등 균형미와 안정감을 살리는 게 좋습니다.

셋째, 첫 장에서부터 마지막 장까지 각 페이지 상단에 적은 핵심 메시지들을 모았을 때 논리적으로 일관성 있는 요약서가 될 수 있어야 합니다. 이를 통해 기획서 전체 구조의 완결성이나 논리적인 일관성 여부를 판단해 볼 수 있습니다.

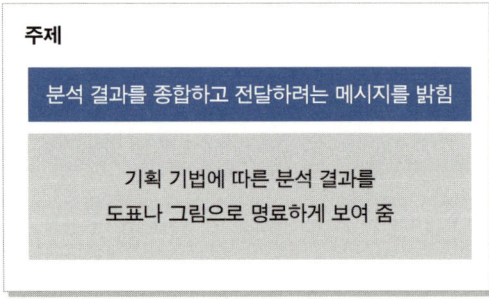
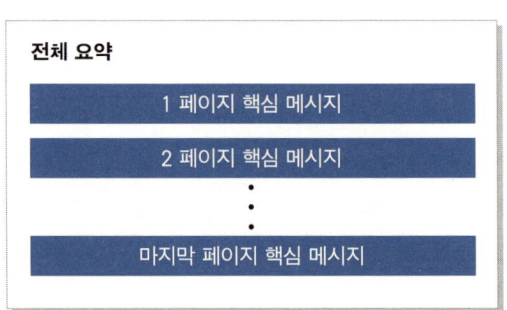

문장 서술 기법

문장을 서술할 때 가장 중요한 점은 이해하기 쉽도록 쓰는 것입니다. 복잡하게 써야 전략적으로 보일 거라 착각하기 쉽습니다만, 기획서 역시 커뮤니케이션 수단임을 감안하면 최대한 쉽고 간결하게 쓰는 것이 좋습니다. 문장 서술 시 유의해야 할 세부 사항들을 살펴보면 다음과 같습니다.

1. 무엇보다도 간결하게 쓰도록 노력해야 한다. 상세하게 써야 메시지 전달력이 뛰어날 거라고 생각하기 쉽지만, 그렇지 않다. 오히려 간결하게 압축함으로써 전하고자 하는 메시지의 힘을 강력하게 만들 수 있다.
2. 문장은 항상 중요한 메시지가 먼저 전달될 수 있도록 두괄식으로 구성한다. 그래야 기획서를 보는 상사를 메시지에 집중시킬 수 있다.
3. 문장은 가급적 수동태를 지양하고 능동태로 작성하는 것이 읽기 쉽고 이해하기도 쉽다.
4. 여러 문장을 연결해 놓은 문장은 읽기 어렵고 이해하기도 쉽지 않다. 가급적 문장을 끊어 짧게 구성하는 게 좋다.
5. 문장 내에 주어가 없는 등 주어와 술어가 모호하게 서술되어 있으면 완결성이 떨어지므로 항상 주어와 술어가 호응되는지 주의해야 한다.
6. 문장을 길게 늘여 쓰는 만연체 스타일은 이해하기 어렵다. 주어와 술어는 가까이 위치하도록 하고, 수식하는 형용사나 부사는 가급적 생략한다.
7. 자신이 아니라 기획서를 보는 고객의 입장에서 고객에게 익숙한 표현으로 용어를 선택, 구사해야 한다. 고객이 전문 용어나 약자를 모른다면 이를 풀어 설명할 수 있어야 한다.
8. 용어는 구체적인 사실 기준으로 작성되어야 하며, 정확하게 표현해야 한다. 가능한 한 정량적인 수치로 객관화하며, 명사는 통일하고 형용사나 동사는 상황에 맞게 정확하게 구사한다.
9. 밑줄 치기나 굵은 체, 화려한 색상은 혼란만 가중시킬 수 있으므로 가급적 자제한다.
10. 종결 어미는 하나로 통일한다. 일례로 종결 어미로 '~함'과 명사를 함께 쓰는 경우가 있는데, 둘 중 하나로 통일하는 게 좋다.

■ 초안 교정 후 완성

마감 시간에 쫓겨 초안을 작성하자마자 바로 보고하면 실수할 우려가 있습니다. 사실, 아무리 정성 들여 초안을 작성했다 해도 실수가 생기기 마련입니다. 또한 작성할 때는 논리적으로 맞게 보인 것들도 시간이 지나 다시 보면 이상한 점이 눈에 띄기도 하죠. 그러므로 초안을 바로 보고하지 말고 상사나 제3자의 입장에서 자신이 작성한 초안을 바라볼 필요가 있습니다. 이를 통해 전하려는 메시지가 설득력이 있는지, 논리적으로 전개되고 있는지, 문장이나 차트는 이해하기 쉽게 작성되었는지 등을 비판적으로 검토한 후 교정합니다. 그래야 좋은 기획서를 만들 수 있습니다.

구체적으로 기획서 교정 시 검토할 사항들을 살펴보면 아래와 같습니다.

기획서 교정 체크 리스트

구 분	세부 내용	배점
목표 지향성 (30)	• 목표에 맞게 기획서가 작성되었는가?	20
	• 보는 사람의 입장에서 전개되었는가?	10
구조화 (30)	• 전체 목차가 잘 짜여 있는가?	20
	• 단위 주제별로 내용이 구조적으로 전개되었는가?	10
기획력 (20)	• 메시지가 분명하고 설득력 있게 전개되었는가?	10
	• 주장에 대한 근거가 충분히 제시되었는가?	10
작성 기법 (20)	• 간결하고 명료하게 작성되었는가?	4
	• 도표나 그림 등을 적절히 활용하고 있는가?	4
	• 문장은 읽기 쉽고 이해하기 쉽게 작성되었는가?	4
	• 보기 쉽게 구성되어 있는가?	4
	• 문단/글꼴의 통일성, 맞춤법과 띄어쓰기, 오·탈자 등	4

■ 프레젠테이션

기획 업무의 특성상 기획서 작성을 마쳤어도 프레젠테이션을 할 경우가 많습니다. 그런 의미에서 프레젠테이션에 대해 간략하게 알아보도록 하겠습니다. 사실 사람은 '다른 사람 앞에서 말하는 것'을 죽음 다음으로 두려워한다고 합니다. 중요한 프레젠테이션일수록 더욱 부담스럽죠. 어떻게 해야 프레젠테이션을 잘할 수 있을까요?

남들 앞에서 당당하게 떨지 않고 프레젠테이션을 잘하려고 하다 보면 오히려 망치기 쉽습니다. 사실 프레젠테이션에서는 말을 잘하는 것보다 열정이 더 중요합니다. 그러므로 떨고 있음을 인정하고 잘못해도 괜찮다고 생각하며 기획안에 대한 자신의 열정과 진정성을 보여주려고 노력하는 게 현명합니다.

성공적인 프레젠테이션 기법

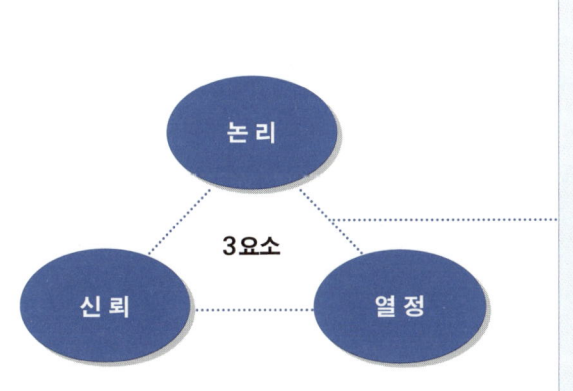

◇ 프레젠터 스스로 열정을 가져야 한다.
◇ 복잡한 것을 배제하고 단순화한다.
◇ 글보다는 그림 위주로 프레젠테이션을 전개한다.
◇ 전체 구도를 스토리텔링식으로 구조화한다.
◇ 프레젠테이션을 발표자 중심이 아니라 듣는 이 중심으로 배려한다.
  - 듣는 이에 맞는 메시지로 대화하듯 내용을 전개한다.
  - 생소한 것은 친절하게, 관심이 없으면 간단하게 설명한다.
  - 지루하지 않게 적절한 유머나 멀티미디어 등을 활용한다.
◇ 증거, 제3자의 칭찬, 실제 시연 등을 통해 신뢰도를 극대화시킨다.
◇ 가장 좋은 것을 마지막에 보여준다.
◇ 오프닝과 클로징을 짧고 자신 있게 함으로써 신뢰감을 심어준다.
◇ 리허설은 많이 하면 할수록 좋다.
◇ 침묵과 기다림이 필요하다. 항상 말을 해야 한다는 생각을 버려라.

3 ■ 실무 관점에서의 접근법

기획서를 작성하는 일은 실무적으로 힘든 작업입니다. 어려운 과제를 떠안고 끙끙거리기 쉽습니다. 하지만 역으로 생각하면 능력을 인정받았기에 그런 과제를 맡았다고 볼 수 있습니다. 그러므로 적극적으로 해결해 가려는 자세를 가져야 합니다.

또한 책상 앞에 앉아 자료들과 씨름하며 고민하는 것도 중요하지만 생생한 현장을 체험하며 느낄 필요도 있습니다. 자신이 직접 체험하지 못한 일을 기획하는 것만큼 위험한 일은 없습니다. 전략 실무자뿐만 아니라 전략적 리더 역시 마찬가지입니다. 현장에서 벗어날수록 성공의 길은 멀어지는 법입니다.

참고로 기획서 작성에 대한 오해들을 살펴보면 아래와 같습니다.

기획서에 대한 오해들

오해	실제
어렵고 복잡하게 써야 괜찮은 기획서다?	• 기획서는 목표가 아니라 커뮤니케이션의 수단일 뿐임 • 상사가 이해하기 쉽게 작성되어야 좋은 기획서임
간략하게 쓰면 능력 없어 보이니까 길게 써야 한다?	• 많은 보고서를 검토해야 하는 상사는 간결한 기획서를 원함 • 핵심만 정리해서 간결하게 쓰는 것이 훨씬 어려움
기획서는 분석이 중요하다? (예 : 20장 중 19장이 분석)	• 세부적인 분석들은 최종 전략을 수립하기 위한 수단임 • 기획의 목표인 구체적인 전략과 실행 계획 중심으로 써야 함
차트 중심으로 구성하면 좋은 기획서다?	• 도표와 그림만 나열된 기획서는 메시지를 확인하기 어려움 • 분석 결과들은 수단임을 명심하고 메시지 서술에 집중해야 함
좋은 기획서는 아이디어의 산물이다?	• 기발한 아이디어를 구상했다고 좋은 기획서인 것은 아님 • 좋은 기획서는 아이디어가 아니라 생생한 현장에서 나옴

■ 구두 보고의 기술

실무적으로는 기획서뿐만 아니라 구두 보고 역시 중요합니다. 구두 보고의 경우 기획서와 달리 많은 것을 전달하기 어려우므로 상사가 가장 중요하게 여기는 핵심만을 보고해야 합니다. 구두 보고 시 유의해야 할 사항을 살펴보면 다음과 같습니다.

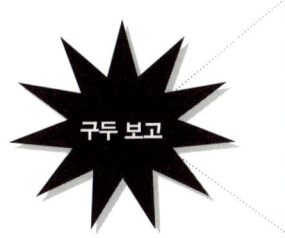

- 먼저, 상사의 관심을 끌기 위해 결론부터 말한다.
- 길게 얘기하지 말고 핵심만 정리하여 간결하게 말한다.
- 상사가 궁금해하거나 알고 싶어 하는 내용 중심으로 보고한다.
- 나쁜 사안일수록 먼저 보고함을 원칙으로 한다.
- 상사의 상황에 따라 적절한 타이밍에 보고한다.
- 항상 자신감 있고 정직하게 보고한다.

엘리베이터 테스트

맥킨지의 사원 훈련 프로그램 가운데 '30초 룰'이라고도 불리는 엘리베이터 테스트 Elevator Test라는 게 있다.

> 당신은 지금 고객 경영진에게 컨설팅 최종 결과를 보고하려 한다. 그때 CEO가 갑자기 일이 생겨 참석할 수 없다고 하며 당신에게 이렇게 요청한다.
> "나와 함께 엘리베이터를 타고 가면서 컨설팅 결과를 말해 줄 수 있겠소?"
> 엘리베이터를 타고 가는 시간은 고작 30초 정도에 불과하다. 어떻게 해야 할까?

30초 동안 최종 결과를 보고하려면 핵심만 간결하게 정리하여 말할 줄 알아야 한다. 사실, 아무리 중요한 보고라 해도 핵심은 간결할 수밖에 없다. 핵심을 모르니까 중언부언하게 된다. 내용을 완벽하게 이해하는 자만이 간결하고 쉽게 말할 수 있다. 이런 훈련은 전략적 리더가 되려는 후보 경영자에게도 유용하다. 핵심만 간략하게 정리할 줄 아는 자라면 의사 결정도 잘할 수 있을 테니 말이다.

지금까지 기획서 작성에 대해 알아보았습니다. 실무자들은 기획서 외에도 정보 보고서나 결과 보고서 등도 작성하는 경우가 많습니다. 그런 의미에서 일반 보고서의 구성 기법을 살펴보면 다음과 같습니다.

일반 보고서의 구성 기법

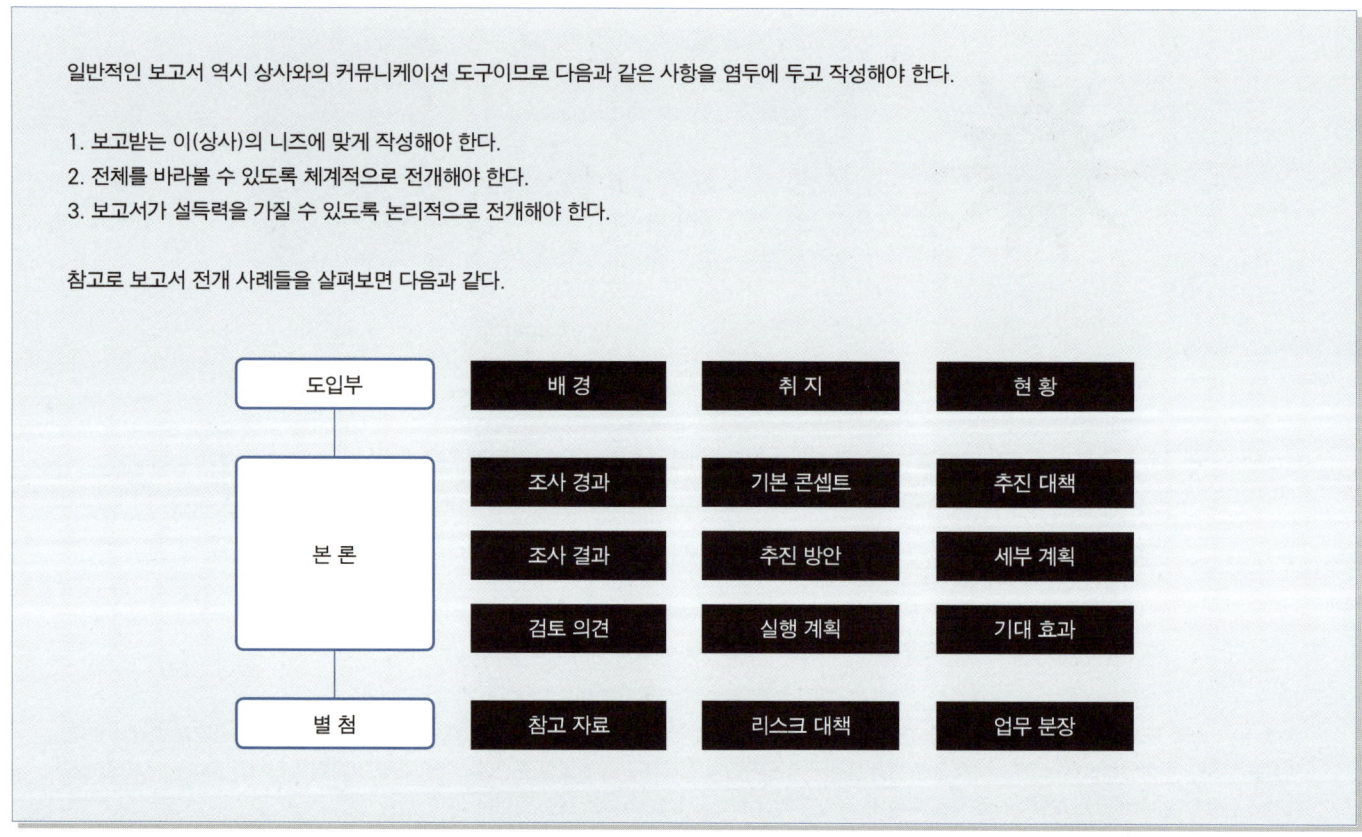

'어떻게'보다 '왜'를 고민하라!

갑자기 오늘 중으로 기획서를 제출하라는 지시가 내려왔습니다. '아니 오늘 중으로 어떻게 기획서를 써서 내? 난 못해!'라며 상사에게 대들고 싶은 마음이야 굴뚝같지만, 어쩌겠습니까? 어떻게 작성해야 할까 고민하며 관련 자료도 찾아보고 다른 기획서도 참조하면서 겨우 마감 전에 작성하여 제출했습니다. 상사의 칭찬을 기대하며 퇴근 준비를 하고 있는데 찬물을 끼얹는 상사의 한마디가 들려옵니다. "이게 뭐야? 이 따위로 쓰면 어떡해!"

열심히 했는데 돌아오는 건 상사의 질책뿐이라면 한숨만 나올지 모릅니다. 온종일 기획서를 작성하느라 고생했는데 그걸 몰라주는 상사가 너무하다는 생각이 들지 모릅니다. 고생한 부하에게 함부로 말하는 상사도 문제이긴 하지만, 정말 기획서를 잘못 썼다면 이는 당신의 문제입니다.

밤을 새며 수십 장이 넘게 쓴다고 좋은 기획서는 아닙니다. 아무리 열심히 썼어도 목적에 맞지 않으면 의미가 없기 때문입니다. '어떻게 써야 할까'를 고민하며 무조건 열심히 하기보다는 '왜 하는지'를 먼저 고민해야 좋은 기획서를 작성할 수 있습니다. 대개 잘 써야 한다는 생각에 '어떻게 쓸까'를 고민하며, 여기저기서 찾은 괜찮은 자료들과 자신의 아이디어를 보고서에 담습니다. 하지만 정작 상사가 요구하는 핵심 주제는 들어 있지 않을 때가 있습니다. 실적을 올릴 수 있는 방안을 보고하랬더니 실적이 저조한 이유만 잔뜩 늘어놓거나, 사업 전략을 수립하랬더니 시장과 경쟁자 등 환경 분석만 장황하게 나열하고 정작 중요한 전략은 갑자기 튀어나오는 식이죠.

'왜 할까'를 고민하다 보면 이 일의 필요성과 핵심 포인트를 생각하게 되고, 회사나 상사의 의중을 알게 됩니다. 그러고 난 후 일을 목적에 맞게 처리하면 회사나 상사가 요구하는 사항을 정확하게 실천한 것이니 어느 누가 싫어하겠습니까? 바둑 경기를 보다 보면 대마를 잡고도 결과적으로 지는 게임이 종종 있습니다. 대마 잡기에만 집중하다가 대마는 잡았는데 바둑은 지는 결과를 초래한 것입니다. 모든 일이 마찬가지입니다.

그러므로 '어떻게 할지'보다 '왜 할지'를 생각하고 거시적으로 바라볼 수 있어야 합니다. 그러다가 도저히 왜 해야 하는지를 모르겠다면 그 일을 지시한 상사에게 물어보기 바랍니다. 상사라면 그런 질문을 하는 부하를 '일을 어떻게 처리해야 할지 아는 유능한 인재'라고 생각할 것이기 때문이죠. 단, 그렇다고 일을 지시하자마자 '그 일을 왜 하는데요?'라고 바로 물어보지는 말기 바랍니다. 반항심으로 들릴 수 있으니까요.

Chapter 19

실무에 유용한 자료

지금까지 기획 실무자로서 갖춰야 할 역량과 기획서 작성 실무에 대해 알아보았습니다. 그런데 막상 기획서를 작성하려 하면 어떻게 해야 할지 감이 잡히지 않을 수 있습니다. 그래서 이 장에서는 실무에 활용할 수 있는 자료들을 소개하고자 합니다. 먼저 사업 전략 기획서를 작성하려는 분들을 위해 보충 설명이 달린 기획서 서식을 실었습니다. 앞서 소개한 기획 기법들을 통해 분석한 결과들을 기획서 서식에 채움으로써 전략적인 기획서를 작성할 수 있을 것입니다. 그리고 경제성 평가의 기초 자료로 필요한 추정 재무제표 작성에 어려움을 겪는 분들을 위해 손익계산서와 재무상태표, 현금흐름표 추정 기법을 구체적으로 살펴보겠습니다.

1 · 사업 전략 기획서 템플릿

2 · 추정 재무제표 작성법

1. 사업 전략 기획서 템플릿

사업 전략 기획서를 작성할 때 참고할 수 있도록 기획서 템플릿Template을 소개하고자 합니다. 일반적으로 사업 전략 기획서는 아래와 같이 전개됩니다.

1장		표지	제목과 하위 제목, 작성 날짜, 작성자 등 표기
2장		목차	머리말, 외부/내부 환경 분석, 전략/실행 계획, 손익 전망, 맺음말 순
3장	머리말	배경 및 목표	기획서를 작성하게 된 배경을 설명하고 추진 목표를 제시
4장		기획서 요약	전체 본문 내용을 간결하게 핵심만 정리하여 제시
5장	외부 환경 분석	거시 환경 분석	정치, 경제, 사회 문화, 기술적 거시 환경 요인 분석
6장		산업 분석	산업 구조 분석 (필요 시 가치 사슬 분석, 산업 진화 분석 병행)
7장		시장 분석	표적 시장 선정, 시장 규모 추정, 시장 동향 분석
8장		경쟁자 분석	핵심 경쟁자 선정, 경쟁자 프로파일링, 경쟁자 전략 분석
9장		고객 분석	표적 고객 선정, 고객 니즈 분석, 고객 만족도 분석 등
10장		기술 환경 분석	주요 기술 파악, 현재 기술 동향, 미래 기술 예측
11장		성공 요소 도출	외부 환경 분석의 핵심 결과물로 분석 결과로부터 성공 요소 도출
12장	내부 환경 분석	시장 성과 분석	현재 실적 및 추이, 시장 점유율 분석, 상품 포트폴리오 분석 등
13장		재무 분석	EVA 분석, 비용 구조 분석, 재무 비율 분석
14장		경영 시스템 분석	7S 모델 분석 (가치 사슬 분석으로 대체 가능)
15장		장애 요인 도출	약점으로부터 성과 향상을 위해 제거해야 할 장애 요인 도출
16장		핵심역량 선정	내부 환경 분석의 핵심 결과물로 강점으로부터 핵심역량 선정
17장	전략 및 계획	SWOT 분석	강점, 약점, 기회, 위협 요인 분석
18장		전략 대안 분석	가능한 전략 대안 도출 및 평가
19장		최종 전략 수립	평가 결과에 따라 최종 전략 수립, 기능별 전략 구체화
20장		세부 실행 계획	전략 실행을 위한 구체적인 세부 실행 계획 수립
21장		손익 전망	전략 실행 결과 예상되는 매출액, 영업이익 등 전망
22장		맺음말	기획서 요약, 실패 시 손실 규모와 상황별 대처 방안 등 제언

1장

제목

하위 제목

날짜
작성자

- 기획서를 대표할 수 있는 주제를 중심으로 제목 선정
- 보고받는 상사가 관심을 가질 만한 이슈나 궁금한 점을 중심으로 서술

2장

목 차

1. 머리말
2. 외부 환경 분석
3. 내부 환경 분석
4. 사업 전략 및 실행 계획
5. 손익 전망
6. 맺음말

- 보고받는 상사의 스타일에 따라 변경 가능

머리말에서 이 기획을 하는 이유와 목표를 서술하고 결론을 간략하게 제시한 후, 구체적으로 내·외부 환경 분석에 따른 전략 및 실행 계획을 제시하는 순으로 전개

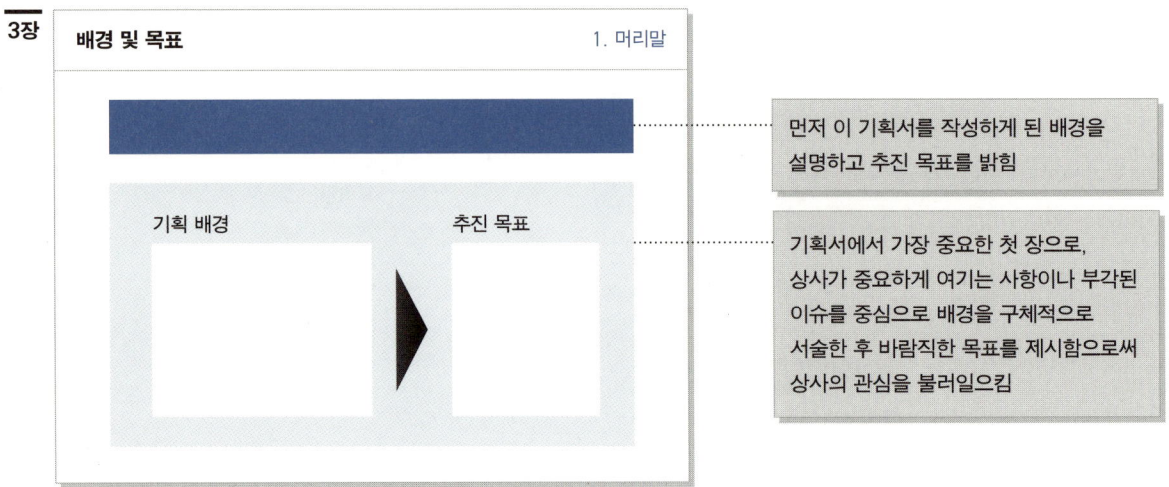

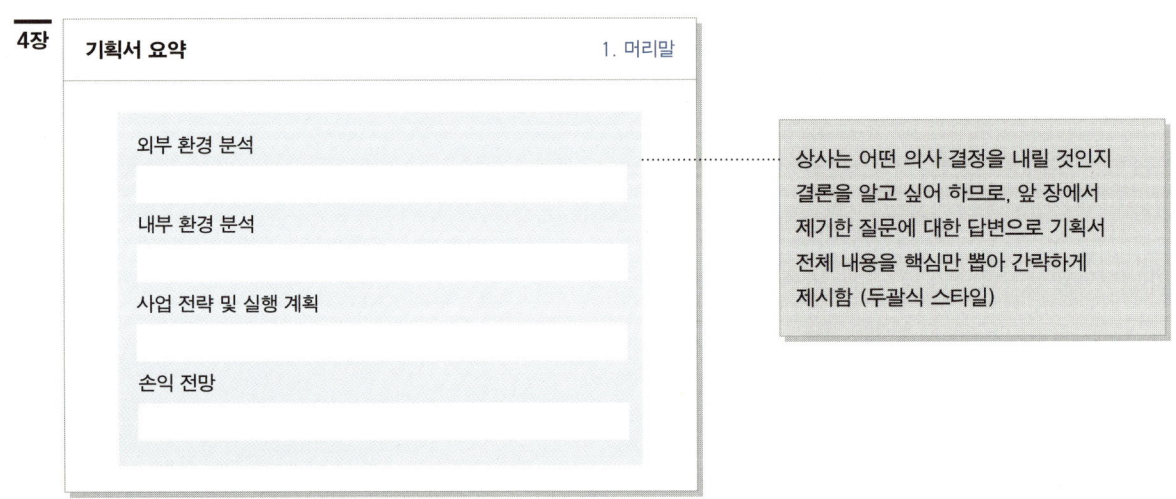

5장 거시 환경 분석 — 2. 외부 환경 분석

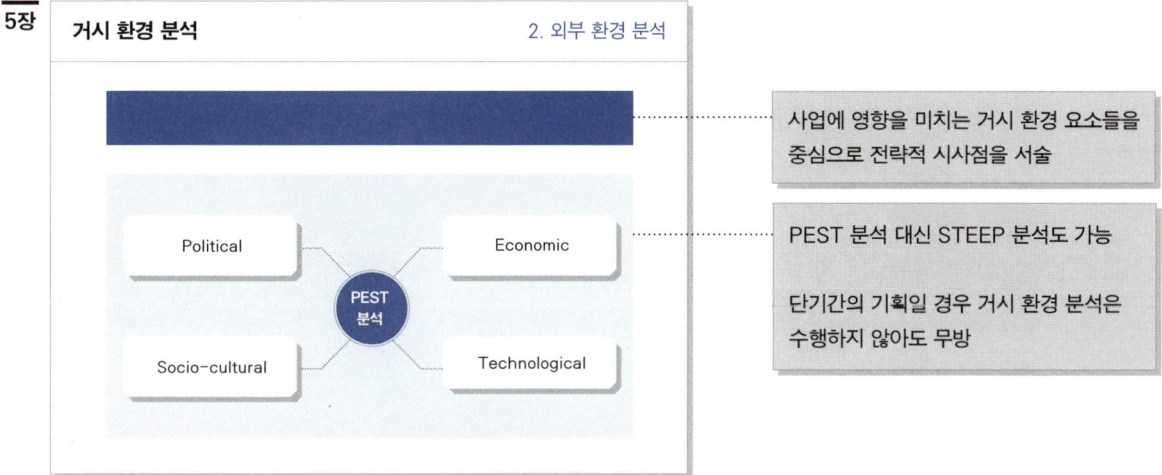

- 사업에 영향을 미치는 거시 환경 요소들을 중심으로 전략적 시사점을 서술
- PEST 분석 대신 STEEP 분석도 가능
- 단기간의 기획일 경우 거시 환경 분석은 수행하지 않아도 무방

6장 산업 분석 — 2. 외부 환경 분석

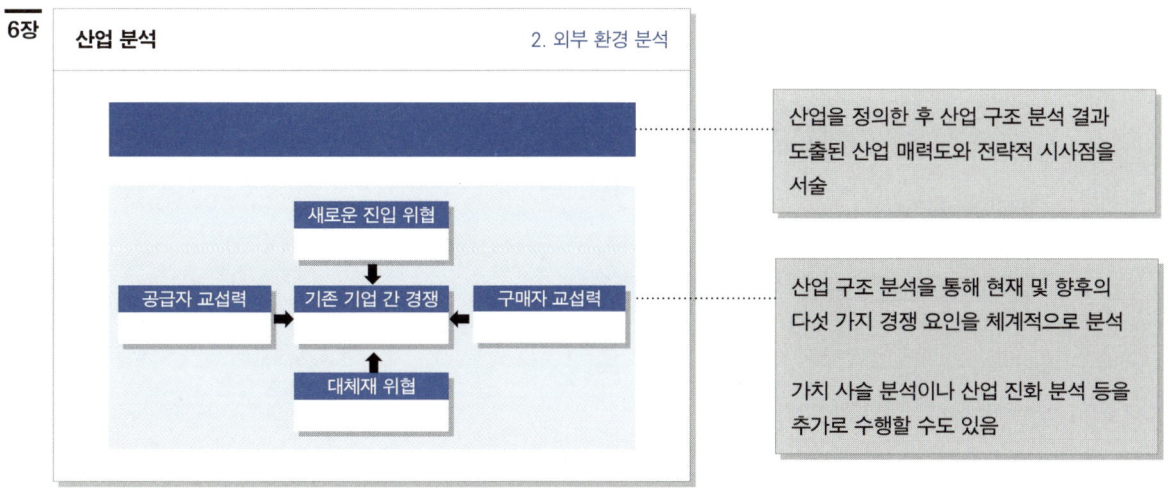

- 산업을 정의한 후 산업 구조 분석 결과 도출된 산업 매력도와 전략적 시사점을 서술
- 산업 구조 분석을 통해 현재 및 향후의 다섯 가지 경쟁 요인을 체계적으로 분석
- 가치 사슬 분석이나 산업 진화 분석 등을 추가로 수행할 수도 있음

7장 시장 분석
2. 외부 환경 분석

표적 시장				
시장 규모 추정	구분	2014	2015	2016
	시장 규모			
	성장률			
시장 동향 분석				

- 표적 시장을 선정하고 시장 규모와 시장 동향을 분석한 후 전략적 시사점을 서술
- 가장 매력적인 시장을 표적화하고 향후 3~5년간 표적 시장의 규모를 추정한 후, 전략적 시사점을 도출하기 위해 시장 기회와 위협 요인 등 시장 동향 분석

8장 경쟁자 분석
2. 외부 환경 분석

핵심 경쟁자

경쟁자 프로파일링
- 회사 개황
- 경영 실적
- 경영 역량
- 경쟁자 동향

경쟁자 전략 분석
- 역량 분석
- 활동 예측
- 목표 추정
→ 전략적 시사점

- 핵심 경쟁자에 대한 프로파일링과 전략 분석을 통해 얻은 전략적 시사점을 서술
- 핵심 경쟁자를 선정하고 회사 개황 및 경영 실적, 경영 역량, 최근 동향 등 경쟁자 현황을 파악한 후 이에 따라 경쟁자의 역량 분석, 활동 예측, 목표 추정 등 경쟁자 전략 분석을 통해 전략적 시사점을 도출

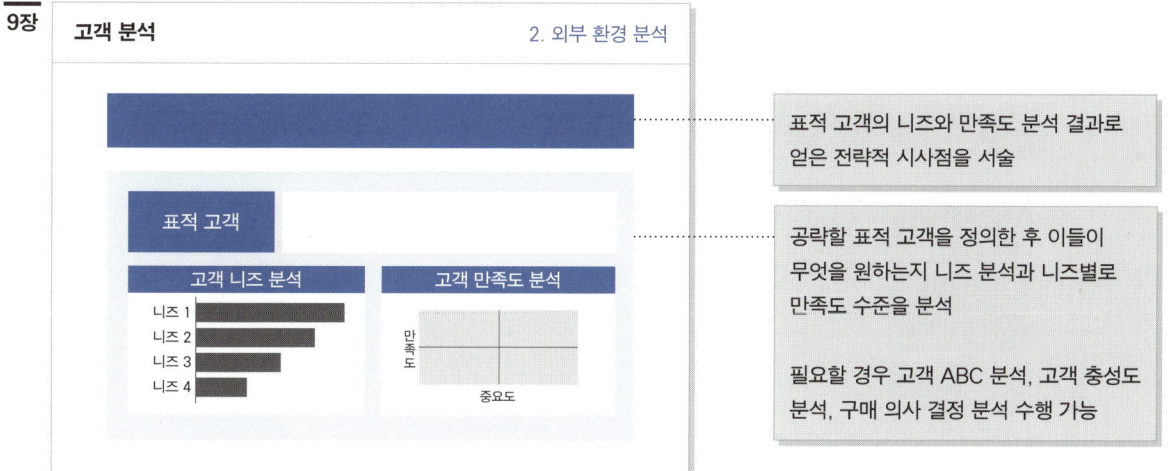

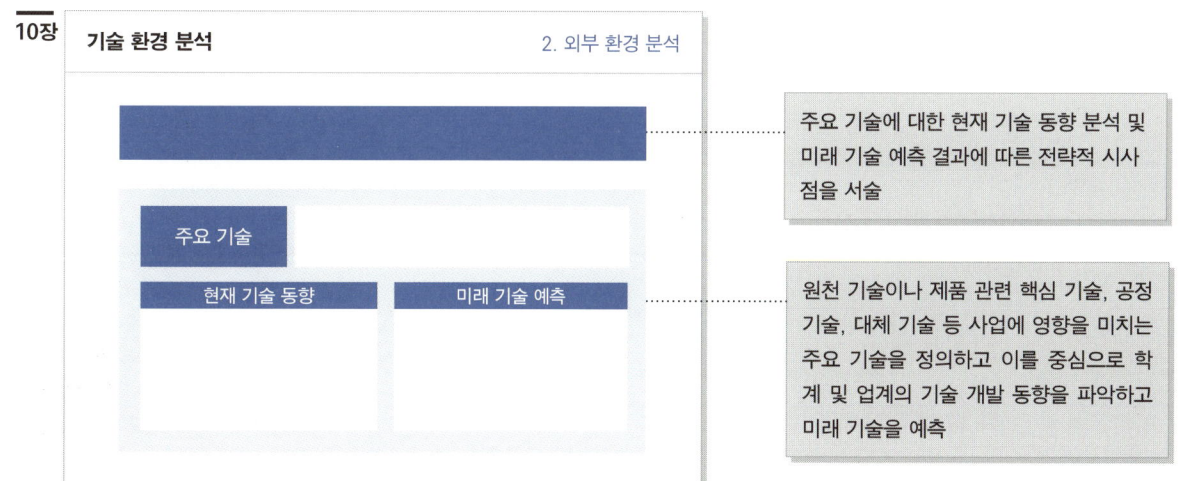

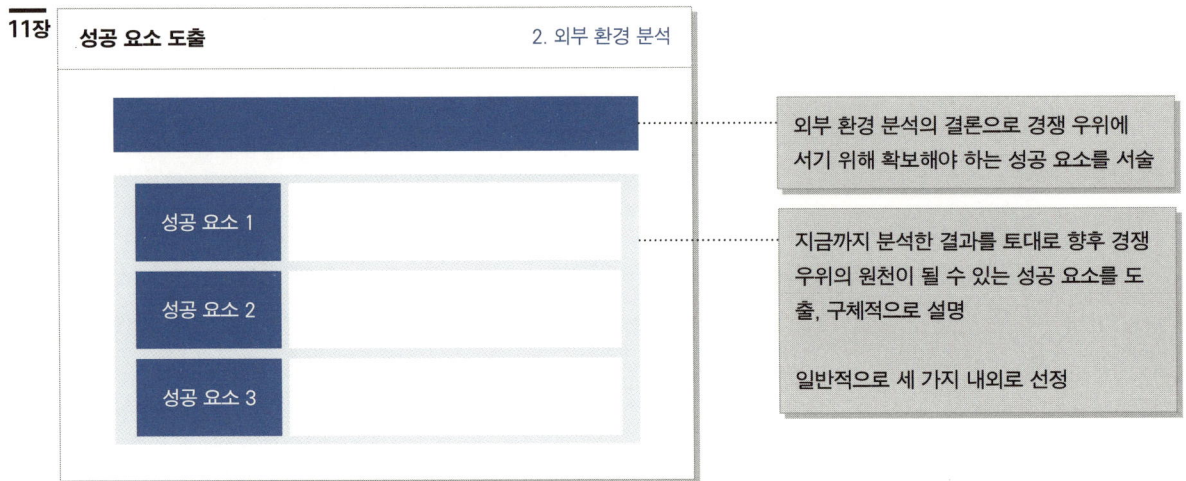

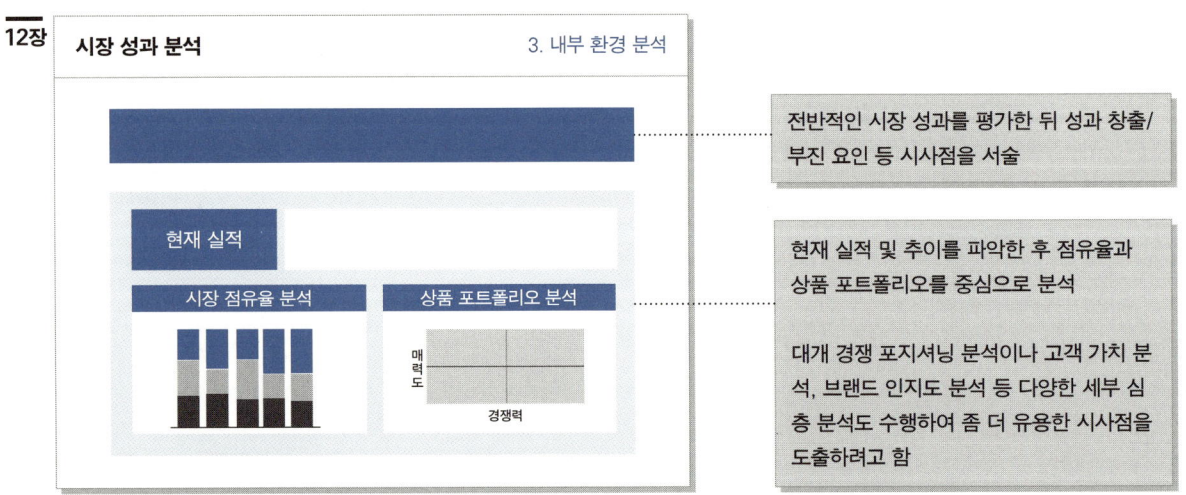

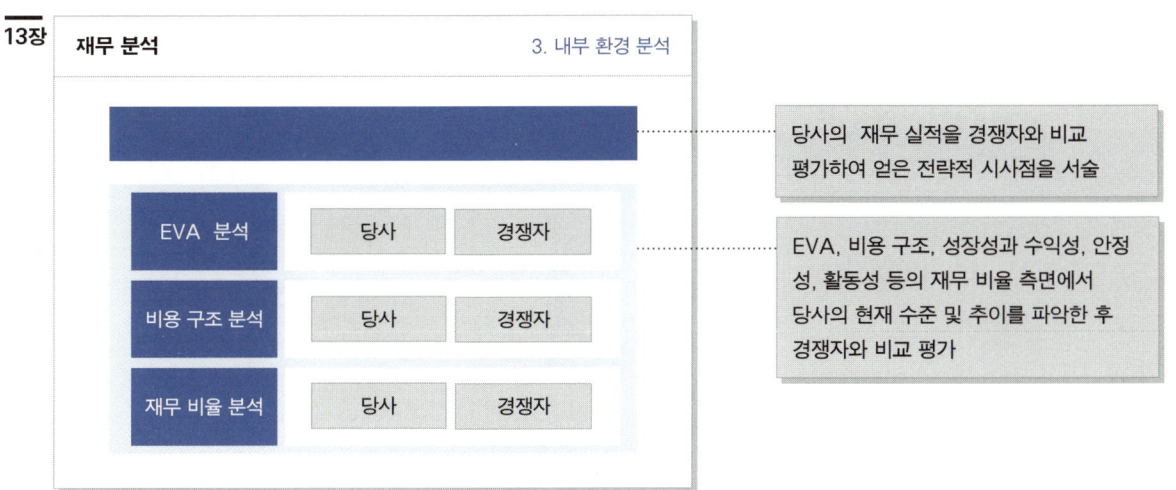

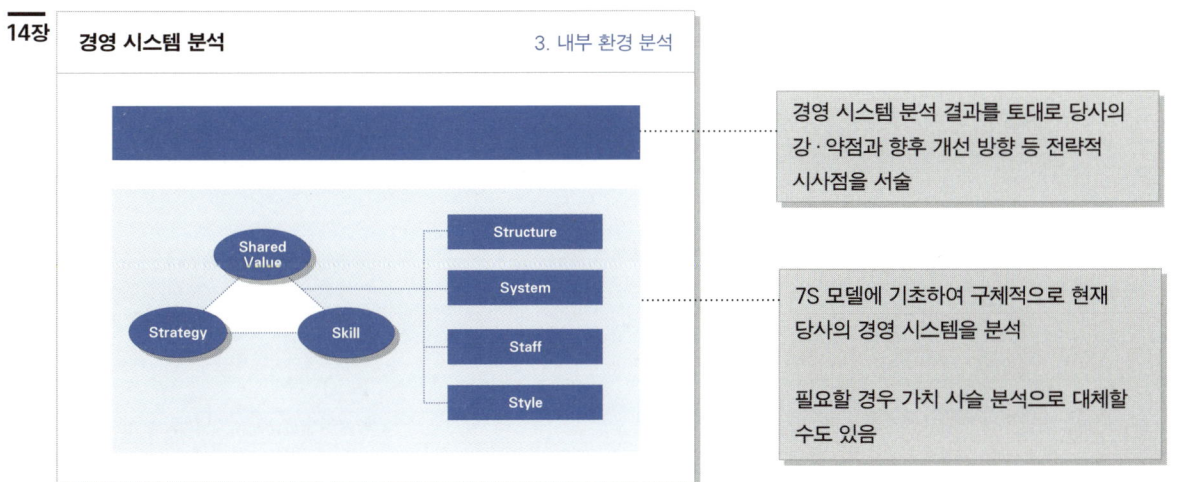

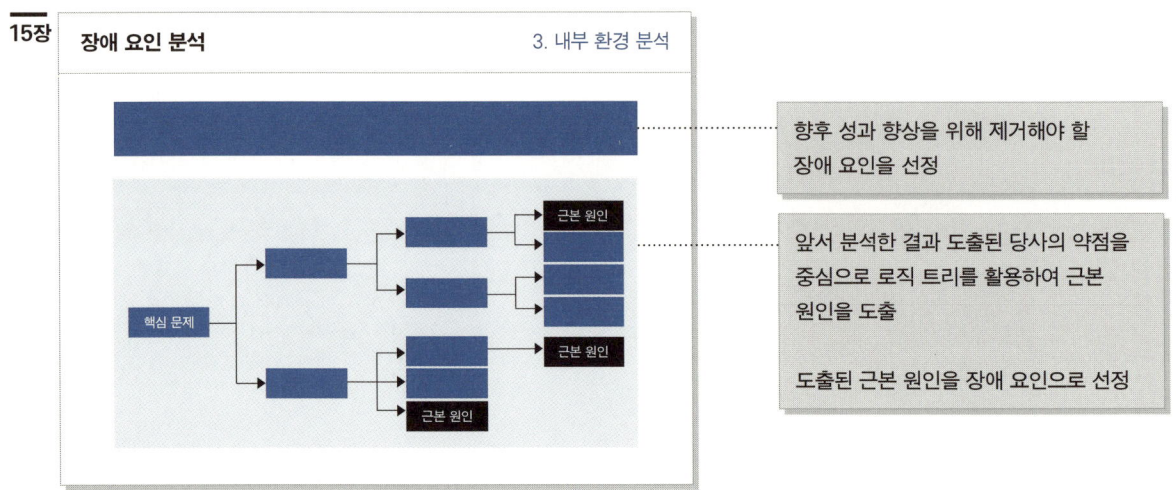

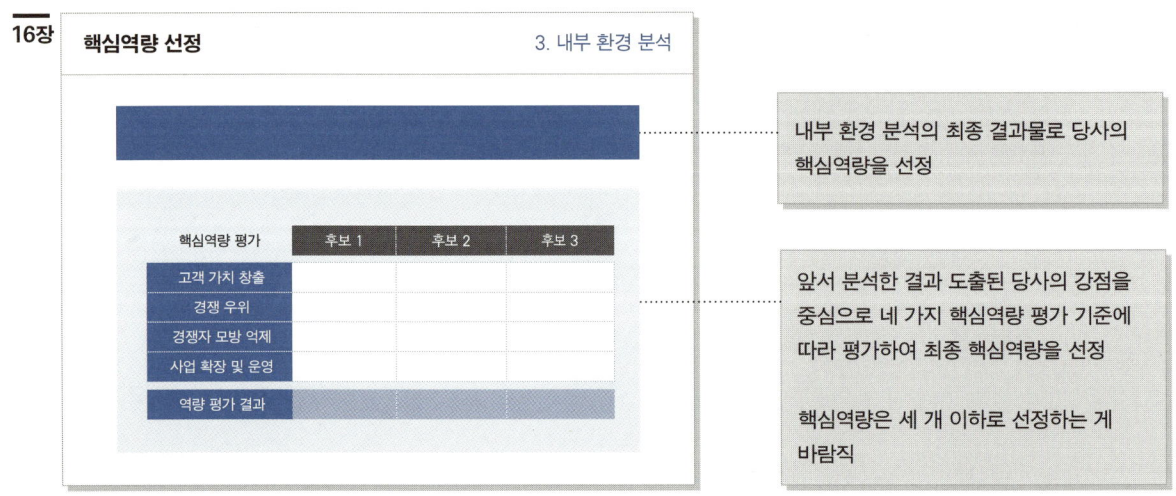

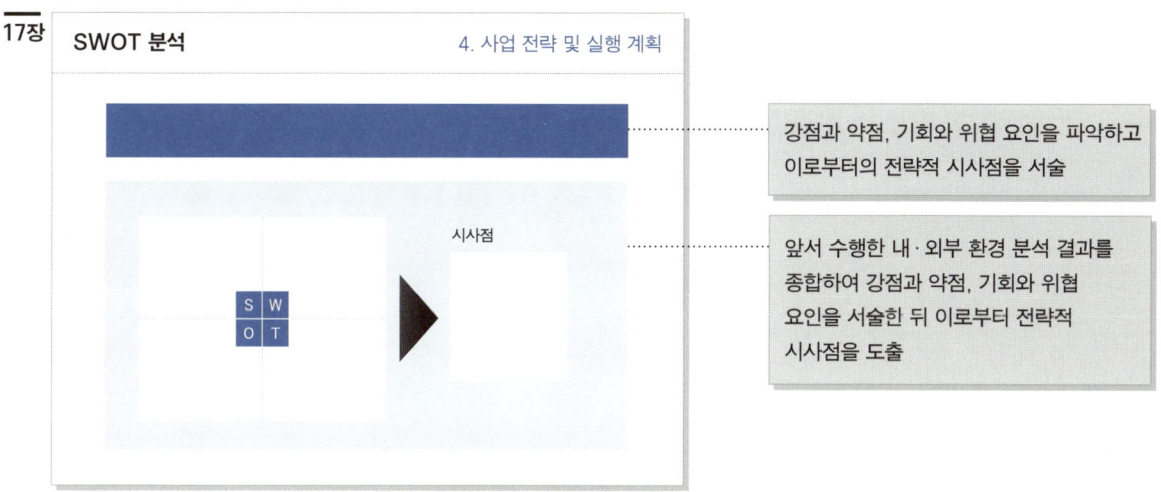

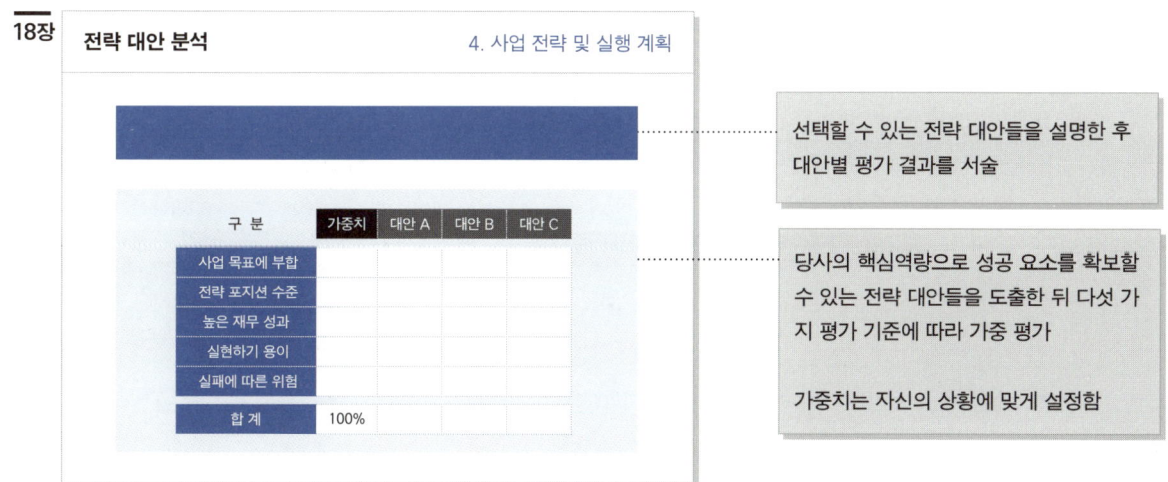

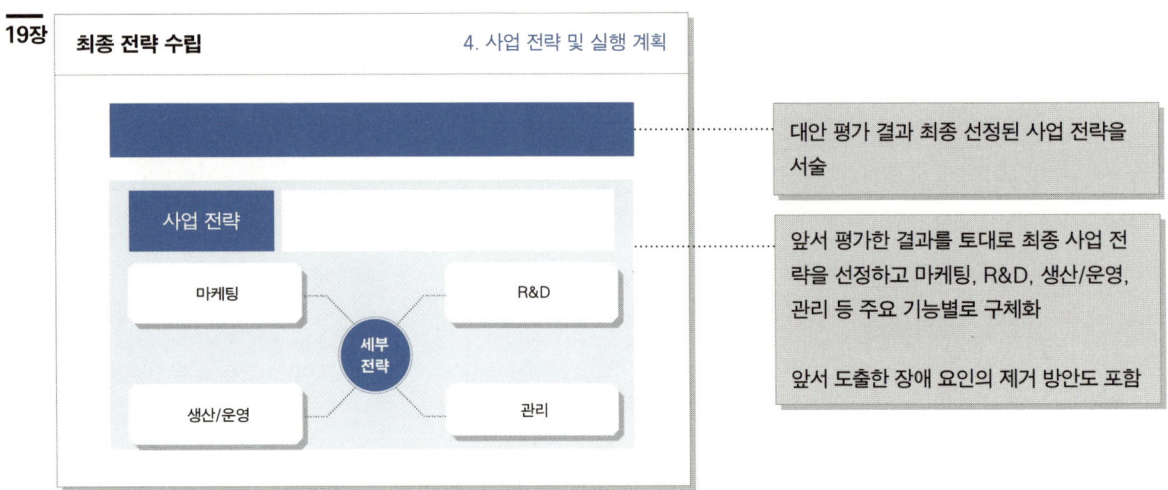

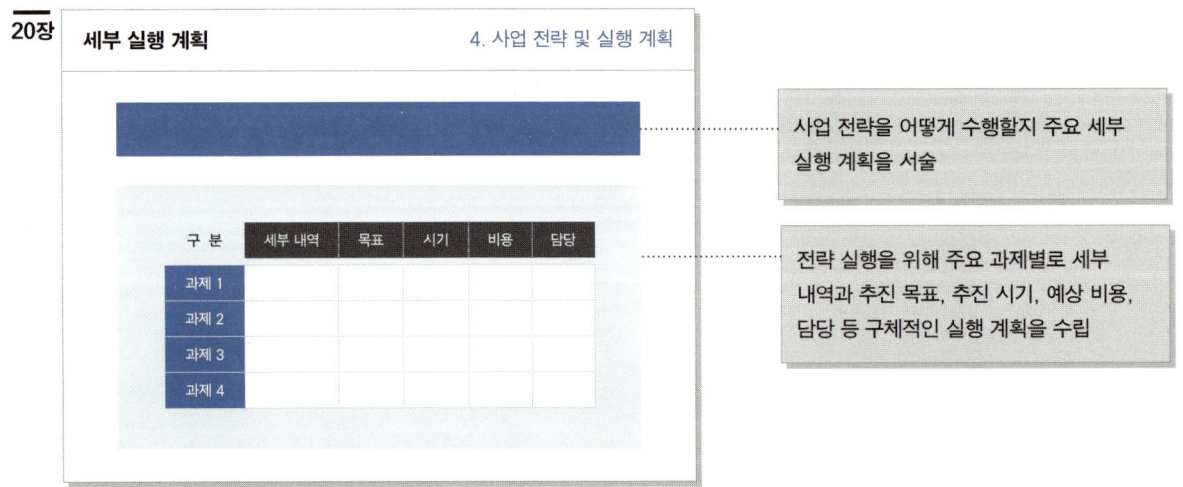

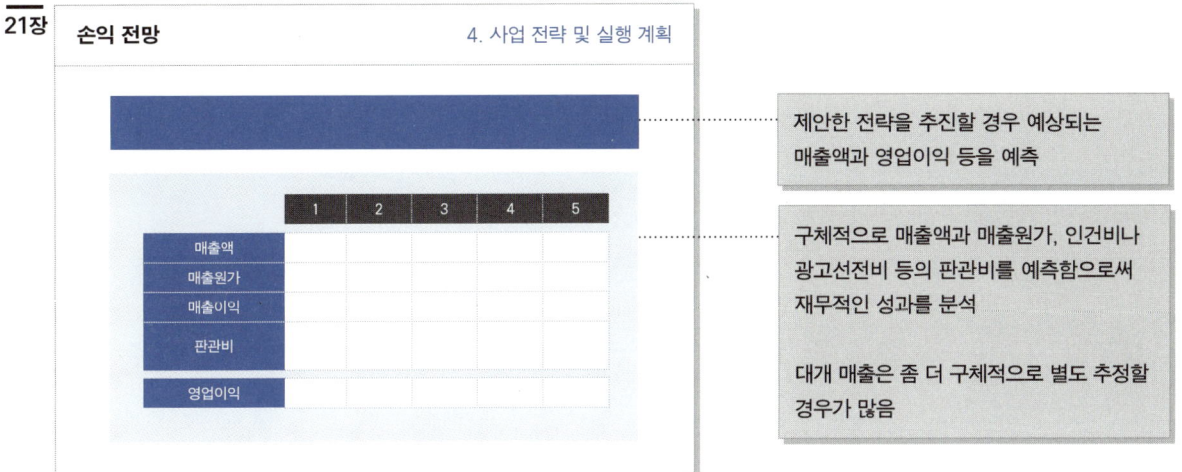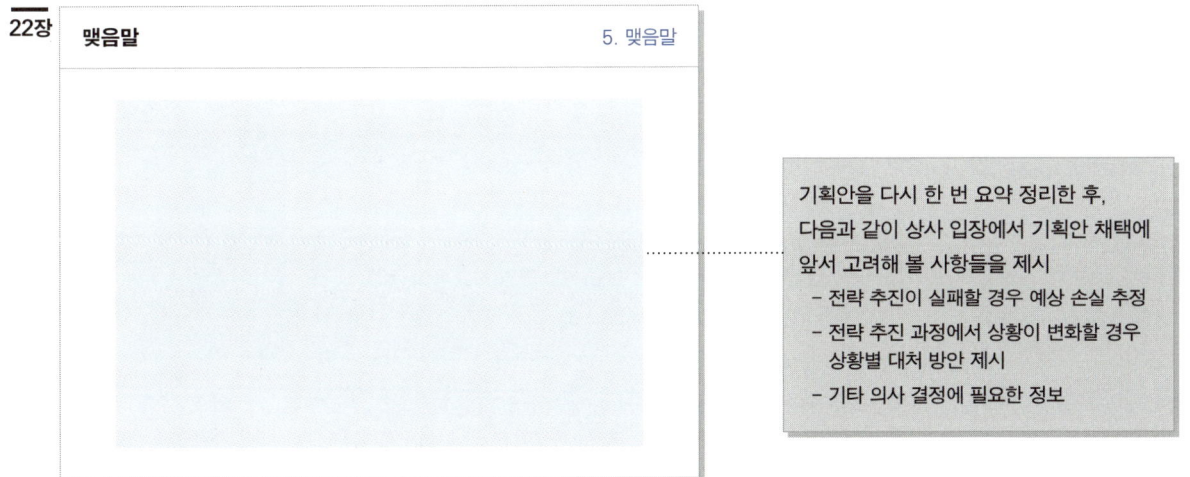

2. 추정 재무제표 작성법

사업 계획서 등 전략 기획서는 추정 재무제표에 따른 경제성 평가가 필요합니다. 이에, 전략적 의사 결정을 위해 필요한 추정 재무제표 작성법에 대해 알아보겠습니다. 여기 소개된 추성 재무제표 작성 절차는 전략 평가를 위한 것이기에 아래와 같이 간이적으로 수행합니다.

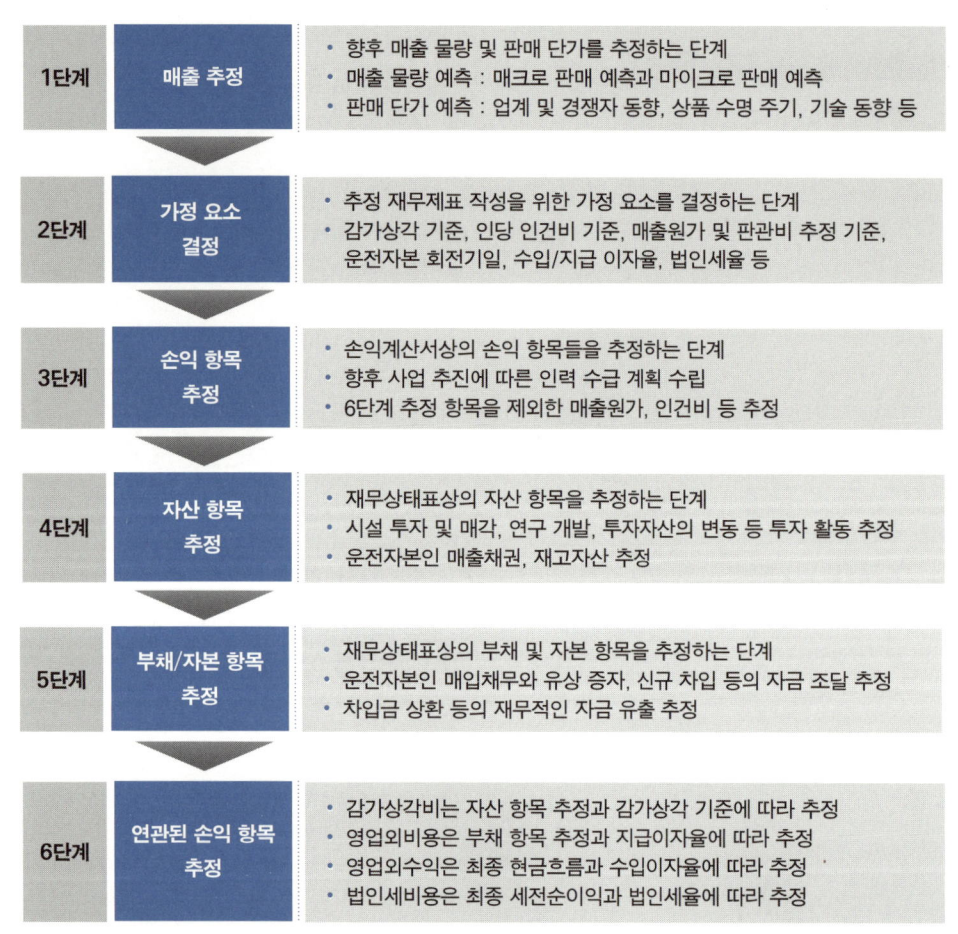

■ 1단계 : 매출 추정

미래의 일정 기간 동안 발생하는 매출 물량 및 판매 단가를 예측하는 판매 예측Sales Forecast을 통해 향후 수익의 원천이자 추정 재무제표에서 가장 중요한 항목인 매출을 추정합니다. 매출 추정 방식으로는 물가상승률, 환율, 유가 등 경영 여건과 시장 조사 결과 등을 토대로 통계적 분석을 통해 매출 물량 및 판매 단가를 예측하는 매크로 판매 예측 기법과 개별 고객별로 영업 활동 계획을 합산하여 예측하는 마이크로 판매 예측 기법을 들 수 있습니다. 구체적으로 매크로 판매 예측과 마이크로 판매 예측에 따른 매출 추정은 다음과 같이 진행됩니다.

매크로 판매 예측	매출 물량 예측	1. 시장 규모 예측	거시 경제 전망, 현재 시장 규모 및 성장 패턴, 업계 동향 및 수요 요인 분석, 시장 성장률 추이 등을 고려하여 예측
		2. 시장 점유율 추정	현 시장 점유율과 경쟁 상황, 경쟁자 전략 등을 종합 검토하여 자사 전략에 따른 목표 시장 침투율 Penetration Rate 산정
		3. 매출 물량 예측	향후 매출 물량 = 예상 시장 규모 × 예상 시장 점유율
	판매 단가 예측		기술 개발, 경쟁 과열, 공급 증가 등의 인하 요인과 물가 상승, 수요 증가 등의 인상 요인을 종합 검토하여 예측
	매출 추정		추정 매출액 = 향후 매출 물량 × 예상 판매 단가
마이크로 판매 예측	주요 고객 매출 추정		주요 고객별로 영업 활동에 따른 매출 물량 및 판매 단가 예측
	기타 고객 매출 추정		기타 고객군은 매출 비중 등 기존 실적에 근거하여 합산 예측
	매출 추정		추정 매출액 = 개별적으로 예측된 추정 매출액의 총합

■ 2단계 : 가정 요소 결정

추정 재무제표 작성의 두 번째 단계로, 추정 재무제표를 작성하기 위해 알아야 할 가정 요소들을 정합니다. 결정해야 할 가정 요소로는 감가상각 기준이나 인당 인건비 수준, 매출원가 추정 기준, 판관비 추정 기준, 운전자본 회전기일, 수입/지급 이자율, 법인세율 등이 있습니다. 일반적으로 가정 요소 결정 방식은 아래와 같습니다.

구분	내용
감가상각 기준	• 감가상각 방식 : 정액법과 정률법 중 선택, 상각 기간 파악 • 건물과 유형자산, 무형자산별로 감가상각 기준 파악 • 추정 기간 동안 변동 사항이 없다면 현행 기준 적용
인당 인건비 기준	• 추정 기간 동안의 직급/직무별 연봉을 평균하여 산정 • 현행 연봉 수준에다 향후 연봉 인상률을 적용하여 계산 • 연봉 인상률은 과거 인상률, 물가 상승률, 향후 경영 환경 등을 종합 고려
매출원가 추정 기준	• 재료비나 제조 경비와 같은 변동비 산정 시 필요한 변동 비율은 현재 수준, 향후 가격 동향, 구매 교섭력, 학습 효과, 기술 개발 등을 감안하여 산정 • 고정비 성격의 기타 경비는 인원수 또는 인건비 대비 일정 비율로 산정
판관비 추정 기준	• 광고선전비, 판매촉진비, 물류비 등의 판매비는 변동비 성격이 강하므로 매출액 또는 매출 물량 대비 일정 비율로 추정 • 고정비 성격의 일반관리비는 인원수 또는 인건비 대비 일정 비율로 추정
운전자본 회전기일	• 현재 매출채권과 재고자산, 매입채무의 회전기일 파악 • 전략적으로 추정 기간 동안의 목표 회전기일 결정 • 가급적 목표 회전기일은 보수적으로 접근하는 게 바람직
기타 가정 요소	• 수입이자율은 추정 기간 동안 예상되는 정기예금 평균 금리를 적용 • 지급이자율은 현재 차입금의 가중 평균 지급이자율을 적용 • 법인세율은 추정 기간 동안 예상되는 실질 법인세율을 적용

■ 3단계 : 손익 항목 추정

3단계는 1단계 매출 추정에 이어 2단계 가정 요소 결정을 토대로 추정 손익계산서 작성에 필요한 매출원가와 인건비를 포함한 판관비를 추정하는 단계입니다.

매출액 추정	• 1단계에서 추정한 매출
매출원가 추정	• 먼저 생산 계획에 입각하여 제조원가 명세서를 작성한 후 매출원가를 정확하게 추정하는 게 원칙이지만, 간이적으로 추정 매출에 대응하여 변동비와 고정비로 나누어 산정 • 재료비는 변동비 성격이기에 매출액 또는 매출 물량 대비 변동비율로 추정 • 노무비는 현재 인력과 인력 수급 계획에 따라 직급/직무별 인원수에 인당 인건비를 곱하여 산정 • 경비는 변동비 성격의 제조 경비는 매출액 또는 매출 물량 대비 변동비율로, 공장 관리 활동 등 고정비 성격의 기타 경비는 인원수 또는 인건비 대비 일정 비율로 산정 • 감가상각비는 6단계에서 추정
판관비성 인건비 추성	• 인건비란 임직원 개인에게 지급되는 임금, 수당, 상여, 퇴직금 등의 급여와 4대 보험의 기업부담액 및 복리후생비, 교육훈련비 등을 포함한 것을 말함 • 향후 사업 확장에 따른 인력 수급을 포함한 인력 관리 계획에 따라 추정 • 직책/직급별 인원수에 인당 인건비를 곱하여 산정
기타 판관비 추정 기준	• 판관비 추정 기준에 따라 추정 • 감가상각비는 6단계에서 추정
영업외손익/ 법인세 추정	• 영업외수익과 영업외비용, 법인세 비용은 6단계에서 추정

■ 4단계 : 자산 항목 추정

4단계는 1단계 매출 추정 규모에 비례하여 추정 기간 동안의 사업 활동을 위한 자산 매입이나 매각을 추정하는 단계입니다. 즉, 생산 규모 확대를 위한 설비 확장 등의 비유동자산 매입이나 연구 개발 투자, 운전자본 성격의 매출채권 및 재고자산 증가, 투자자산의 매입 등과 같은 자산 증가와 시설 매각, 투자자산 처분 등의 비유동자산 매각과 같은 자산 감소를 추정합니다.

시설 투자 및 매각 추정	• 추정 매출 규모에 비례하여 추정 기간 동안 양산 시설을 확충 • 부지 매입, 공장 건물 건설, 양산 시설 확충, 기타 생산 관련 시설 투자, 임대 보증금, 공장 매수 등 • 일반적으로 시설 투자 중심으로 추정하나, 상황에 따라 공장 매각, 설비 처분 등 시설 매각을 할 수도 있음 • 토지, 건물, 시설 및 장치, 기타 비유동자산으로 구분
연구 개발 투자 추정	• 추정 기간 동안 신기술 개발이나 상품 개발, 공정 개선, 원가 절감, 기타 연구 개발 활동 등에 투자되는 금액 • 무형자산으로 회계 처리 가능할 경우 자산 항목으로 추정 가능 그렇지 않다면 경상연구개발비로 비용 처리해야 함
매출채권 및 재고자산 추정	• 일반적으로 매출채권 및 재고자산은 매출 및 매출원가 금액에 회전기일을 적용하여 추정
기타 자산 추정	• 본사 건물, 임대 보증금, 사무용 IT 장비, 영업용 차량, 기타 영업 관련 투자와 같은 판관비성 비유동자산의 매입 또는 매각 추정 • 기타 수익을 목적으로 한 투자 자산의 매입 또는 매각 추정

■ 5단계 : 부채/자본 항목 추정

5단계는 추정 기간 동안의 사업 활동을 위한 자금 조달 등 자금 변동을 추정하는 단계입니다. 즉, 아래와 같이 운전자본 성격의 매입채무와 차입금, 유상 증자 등의 자금 변동, 기타 부채/자본 항목을 추정합니다.

구분	내용
매입채무 추정	• 일반적으로 매출원가 금액에 회전기일을 적용하여 추정
차입금 조달/상환 추정	• 재무 전략에 따른 차입금 조달 및 상환 추정
유상 증자 추정	• 재무 전략에 따른 유상 증자 추정 (납입자본금과 자본잉여금)
기타 추정	• 필요할 경우 가수금, 퇴직급여충당금, 대손충당금, 배당 등 반영

■ 6단계 : 연관된 손익 항목 추정

감가상각비와 같이 1~5단계 추정 결과에 따라 결정할 수 있는 손익 항목을 추정합니다.

구분	내용
감가상각비 추정	• 현 감가상각비에 신규 자산 매입에 따른 감가상각비를 더하여 산정 • 제조 감가상각비, 무형자산 감가상각비, 판관비성 감가상각비
영업외비용 추정	• 추정된 연평균 차입금에 추정 지급이자율을 곱하여 산정
영업외수익 추정	• 추정된 연평균 현금에 추정 수입이자율을 곱하여 산정
법인세비용 추정	• 최종 세전순이익에 추정 법인세율을 곱하여 산정

■ 추정 재무제표 작성

현재의 재무제표를 기준으로 앞서 추정한 자료들을 토대로 추정 손익계산서와 추정 재무상태표, 추정 현금흐름표를 간이 작성합니다. 참고로 간이 작성된 추정 재무제표 사례를 살펴보면 다음과 같습니다.

추정 손익계산서 사례

(단위 : 백만 원)

구 분			2014	2015	2016	2017	2018
매출액			3,600	4,624	7,169	11,600	18,000
매출원가	변동비	재료비 등	900	1,156	1,792	2,900	4,500
	고정비	노무비	624	653	970	1,105	1,375
		경비 등	499	522	776	884	1,100
		감가상각비	345	342	479	687	953
	소계		2,369	2,673	4,016	5,577	7,929
매출이익			1,232	1,951	3,153	6,023	10,071
판관비	인건비		684	701	770	912	977
	광고홍보 및 판매촉진비		36	40	200	500	1,000
	기타판관비		547	561	616	730	781
	감가상각비		85	159	309	518	775
	소계		1,352	1,460	1,896	2,659	3,533
영업이익			△ 121	490	1,257	3,364	6,538
영업외수익	수입이자		4	12	58	59	142
영업외비용	지급이자		47	50	43	33	8
법인세비용차감전순이익			△ 163	462	1,272	3,391	6,673
법인세			-	63	178	475	934
당기순이익			△ 163	389	1,094	2,916	5,739

추정 재무상태표 사례

(단위 : 백만 원)

구 분		2013 현재	2014	2015	2016	2017	2018
자산							
현금		214	83	237	1,154	1,178	2,843
매출채권		1,051	1,020	1,156	1,792	2,900	4,500
재고자산		388	395	446	669	929	1,321
유형자산	보증금	353	353	353	353	353	353
	토지 / 건물	–	–	–	–	–	–
	설비 및 장치	1,077	898	748	623	519	433
	판관비성 자산	179	424	795	1,546	2,588	3,874
무형자산	연구개발비	629	663	771	1,416	2,333	3,467
소계		3,891	3,836	4,505	7,554	10,801	16,790
부채							
매입채무		452	410	747	802	1,333	2,083
차입금		857	1,007	950	850	650	150
기타 부채		982	982	982	982	982	982
소계		2,291	2,399	2,679	2,634	2,965	3,215
자본							
자본금		1,310	1,310	1,310	1,810	1,810	1,810
자본잉여금		373	373	373	1,873	1,873	1,873
이익잉여금		△ 83	△ 246	143	1,237	4,153	9,892
소계		1,600	1,437	1,826	4,920	7,836	13,575

추정 현금흐름표 사례

(단위 : 백만 원)

구 분	2014	2015	2016	2017	2018
영업활동으로 인한 현금흐름	249	1,040	1,077	3,284	6,225
당기순이익	△ 163	389	1,094	2,916	5,739
현금의 유출이 없는 비용 가산					
감가상각비	430	501	788	1,205	1,728
운전자본의 변동					
매출채권의 증가	△ 31	136	636	1,108	1,600
재고자산의 증가	7	51	224	260	392
매입채무의 증가	△ 42	337	55	531	750
투자활동으로 인한 현금흐름	△ 530	△ 830	△ 2,060	△ 3,060	△ 4,060
투자활동으로 인한 현금 유입					
자산의 처분	-	-	-	-	-
투자활동으로 인한 현금 유출					
자산의 취득	530	830	2,060	3,060	4,060
재무활동으로 인한 현금흐름	150	△ 57	1,900	△ 200	△ 500
재무활동으로 인한 현금유입					
유상 증자	-	-	2,000	-	-
차입금의 증가 등	150	-	-	-	-
재무활동으로 인한 현금 유출					
차입금의 상환 등	-	57	100	200	500
현금의 증감	△ 131	153	917	24	1,665
기초 현금	214	83	237	1,154	1,178
기말 현금	83	237	1,154	1,178	2,843

■ 재무제표 간 추정 흐름도

언제나 성공하는 레인메이커 전략?

2차 세계대전 이후 글로벌 경제를 지배했던 서구 선진국의 위기와 함께 글로벌 저성장 시대가 다가오면서, 기존 강국들의 몰락과 신흥 강국들의 등장, 새로운 글로벌 경제 시스템의 구축 등 21세기에는 글로벌 경제의 뉴 패러다임이 등장하리라 전망되고 있습니다. 그렇다 보니 국가나 기업, 개개인 역시 요동치는 환경 속에서 어떻게 해야 성공으로 나아갈 수 있을지 전략적 고민이 깊어질 수밖에 없습니다. 그런 점에서 항상 성공했다고 알려진 레인메이커Rainmaker 전략을 살펴볼 필요가 있습니다.

레인메이커란 비를 만드는 사람을 의미하며, 가뭄이 들면 기우제를 지내 비를 내리게 하는 아메리카 원주민 주술사를 일컫는 용어입니다. 곡식이 자라는 데 필요한 비가 내리지 않으면 생존이 위협을 받으므로 과거 아메리카 원주민들은 레인메이커의 신적인 능력에 전적으로 의존할 수밖에 없었다고 합니다. 감히 신적인 능력이라 했던 이유는 레인메이커들의 기우제가 늘 성공했기 때문이었습니다. 아메리카 원주민들의 전설에는 레인메이커를 칭송하는 내용들이 있을 정도이니 말이죠. 어떻게 그럴 수 있었을까요? 사실 레인메이커의 전략은 단순했습니다. 비가 올 때까지 기우제를 지내는 것이었죠. 기다리다 보면 언젠가는 비가 올 테니까 말입니다.

성공을 쟁취하기 위해서는 레인메이커처럼 절대 포기하지 않고 끊임없는 노력과 헌신을 다해야 합니다. 그렇다고 무턱대고 노력만 해서는 오히려 실패를 부를 수 있습니다. 따라서 다음과 같은 세 가지 사항을 명심해야 합니다.

첫째, 한여름의 스노우메이커Snowmaker 전략만큼 어리석은 전략은 없습니다. 레인메이커 전략이 성공하는 이유는 비가 올 가능성이 있기 때문인데, 한여름에 눈을 내리게 하겠다는 스노우메이커 전략처럼 거의 불가능한 목표를 세워놓고 무작정 노력한다면 패가망신의 지름길이 될 수 있습니다. 그러므로 달성 가능한 목표인지를 냉철하게 판단한 후 레인메이커 전략에 들어가야 합니다.
둘째, 자신의 노력이 목표로 다가가는 발걸음이어야지 제자리걸음이어서는 안 됩니다. 레인메이커 전략의 성공은 시간이 가면 갈수록 비구름이 형성되어 비가 오는 방향으로 진행한다는 데 있습니다. 성공 역시 마찬가지입니다. 힘들더라도 자신의 노력이 목표 지점으로 한 발짝이라도 다가가는 시도여야지, 제자리걸음과 같은 소모성 노력이라면 헛된 수고일 가능성이 많기 때문입니다.
마지막으로, 비가 올 때까지 자신을 유지할 수 있어야 합니다. 레인메이커가 비가 오기도 전에 쓰러진다면 성공할 수 없겠죠. 목표를 달성할 때까지 어려움이 있더라도 노력을 계속하려면 기본적인 유지가 전제되어야 합니다. 모든 것을 걸고 도박하듯 노력하면 비가 오기도 전에 쓰러질 테니까 말입니다.

맺음말 |
참고문헌 |
색인 |

맺음말

지금까지 전략과 전략적 사고에서부터 사업 전략, 마케팅 전략, 전사적 기업 전략, 기획서 작성 실무에 이르기까지 경영 전략 전반에 대해 알아보았습니다. 방대한 분량이지만 차근차근 읽고 실무에 활용하다 보면 경영 전략의 전문가가 되실 수 있을 것입니다. 필요에 따라 원하는 부분만 찾아볼 수도 있으므로 기획 실무를 담당하거나 전략적 리더를 지향하는 모든 분들에게 도움이 될 거라 생각합니다.

기획 역량은 기획 실무자뿐만 아니라 의사 결정을 해야 하는 리더에게도 필요합니다. 조직을 성공적으로 이끌어가기 위해서는 리더의 전략적 선택이 중요하기 때문입니다. 하지만 전략적 리더가 되는 길은 쉽지 않습니다. 그런 측면에서 전략적 리더가 되기 위해 가져야 할 자세에 대해 살펴보기로 하겠습니다.

첫째, 기본적으로 주요 전략 기획에 대해 능통해져야 합니다.
흔히 사업은 운칠기삼運七技三이라고 합니다. 아니 요즘엔 운구기일運九技一이라고도 하죠. 자신의 능력도 중요하지만 운이 따라주지 않으면 무의미하다는 의미일 것입니다. 그렇다 보니 미래를 예측하여 전략을 수립하는 데 회의적인 분들도 적지 않습니다. 하지만 준비된 사람만이 기회를 잡는다고 했듯, 운도 전략적으로 준비하는 이에게만 기회로 작용하는 법입니다. 그러므로 전략적 리더라면 주요 전략 기획에 능통하여 보다 전략적으로 조직을 운영해 나가며 기회를 기다릴 줄 알아야 합니다.

둘째, 호시우보虎視牛步의 자세를 견지할 필요가 있습니다.
전략적 리더라면 호랑이처럼 저 멀리 앞을 거시적으로 바라보되 소처럼 한 걸음 한 걸음 우직하게 나아갈 줄 알아야 합니다. 대개 전략 도출에 집중하는 경향이 있어 '호시'에 방점이 찍히는 경우가 많습니다만, 전략적 리더는 '우보'에도 관심을 가져야 합니다. 모든 일은 S자로 이루어진다고 했듯이 초기에는 아무리 노력해도 성과가 보이지 않을 수 있습니다. 그러면 '호시'에만 집중한 리더는 이내 실망하거나 좌절하고 맙니다. 따라오지 못하는 조직을 비난하면서 말이죠. 이에 반해 '우보'에 집중한 전략적 리더는 전략이 성과로 이어질 때까지 우직하게 나아가는 자세를 견지해 나갈 줄 압니다. 너무 우직해서 전략적으로 보이지 않을 정도로 말이죠.

물론 전략적 리더는 무작정 걷기만 하는 것은 아닙니다. 우직하게 걷는 가운데 스몰윈을 창출하려고 노력합니다. 작심삼일이라는 말이 있죠. 거창하게 뜻을 세우지만 얼마 못 가 '도로아미타불'이 되어버리는 현실을 질타하는 말입니다. 기업에서도 작심삼일이 자주 일어납니다. 비전과 전략을 잘 수립해도 조직은 여간해서는 움직이지 않기에 결국 작심삼일이 되고 마는 거죠. 그래서 매년 전년도와 똑같이 거창한 전략을 수립하는 일만 되풀이하게 됩니다. 그러므로 전략적 리더라면 스몰윈을 통해 조직 구성원들의 자발적 참여를 유도할 수 있어야 합니다. 작지만 의미 있는 성공을 보여주어야 조직은 변화를 받아들이기 시작하기 때문입니다.

마지막으로, 한 순간의 성공이 아닌 지속적인 성장에 집중해야 합니다.
많은 이들이 '로또 당첨'을 꿈꿉니다. 사실 보통 사람이 한 번에 '인생 역전'할 수 있는 방법 중 하나가 복권에 당첨되는 것입니다. 그런데 복권에 당첨된다면 정말 행복한 인생을 살 수 있을까요? 미국에서 천만 달러 이상의 복권에 당첨된 사람들을 대상으로 10년 후의 삶을 조사한 결과, 무려 64%에 이르는 사람들이 이혼, 알코올 중독, 가산 탕진, 도산 등으로 전보다 불행해졌다고 답했다고 합니다. 소위 인생 역전에 성공한 이들이 파탄에 이르게 된 까닭은 한 순간의 성공이 지속적인 성장으로 이어지지 않았기 때문입니다. 기업도 마찬가지입니다. 총력을 기울인 사업이 성공하면 이대로 영원할 거라 생각하며 '고생 끝, 행복 시작'을 외치기 쉽습니다. 하지만 현실은 그렇지 않을 때가 많습니다. 영원할 것 같던 성공이 어느 순간 사그라지며 고생길로 접어드는 기업들도 많습니다. '창업하자마자 베스트셀러를 낸 업체는 이내 망한다'는 출판계 속설이 그냥 나온 게 아닙니다. 그러므로 단 한 번의 성공으로 모든 것을 이루겠다는 생각은 버리는 게 좋습니다. 전략적 리더라면 현재의 성공에만 도취하기보다는 지속적인 성장으로 눈을 돌릴 필요가 있습니다.

전 세계가 장기 저성장 시대로 접어든 지금, 전략 경영이 그 어느 때보다 중요해지고 있어서 전략적 리더의 존재감 역시 부각되고 있습니다. 이 책이 여러분 모두가 경영 전략의 전문가가 되어 조직을 전략적으로 이끌어가는 리더로 성장하는 데 보탬이 되기를 희망합니다.

참고문헌

C. K. 프라할라드, 《저소득층 시장을 공략하라》, 럭스미디어, 2006
C. K. 프라할라드, 벤카트 라마스와미, 《경쟁의 미래》, 세종서적, 2004
Craig S. Fleisher, Babette E. Bensoussan, 《전략·경쟁 분석》, 3mecca, 2003
Globis Corp., 《MBA 경영 전략 125가지》, YBM Sisa, 2001
Harlan D. Platt, 《기업이 실패하는 5가지 이유》, 시그마인사이트컴, 2001
HR Institute, 《전략 구상력 트레이닝》, 일빛, 2003
게리 하멜, C. K. 프라할라드, 《시대를 앞서는 미래 경쟁 전략》, 21세기북스, 2011
그로비스 매니지먼트 인스티튜트, 《게임 이론》, 21세기북스, 2005
김동철, 서영우, 《경영전략 수립 방법론》, 시그마인사이트컴, 2008
김성호, 《1승 9패 유니클로처럼》, 위즈덤하우스, 2010
김양수, 《브랜드 네이밍 전략 매뉴얼》, 나남, 1993
김영한, 《닌텐도 이야기》, 한국경제신문, 2009
김위찬, 르네 마보안, 《블루오션 전략》, 교보문고, 2005
나영, 정형철, 박인선, 《ABC/ABM의 이론과 활용》, 두남, 2002
노나카 이쿠지로, 가쓰미 아키라, 《씽크 이노베이션》, 북스넛, 2008
노르베르트 볼츠, 다비트 보스하르트, 《컬트 마케팅》, 예영커뮤니케이션, 2002
노아 케르너, 진 프레스먼, 《창조적 차별화 전략》, 밀리언하우스, 2010
니시무라 미치나리, 《시나리오 로드맵으로 미래를 설계한다》, 바다출판사, 2005
다카스기 히사타카, 《맥킨지 문제 해결의 이론》, 일빛, 2009
더글라스 애트킨, 《왜 그들은 할리와 애플에 열광하는가?》, 세종서적, 2005
데이비드 A. 바이스, 마크 맬시드, 《구글, 성공 신화의 비밀》, 황금부엉이, 2006
데이비드 도트리치, 피터 카이로, 《당신을 성공으로 이끄는 1% 리더십》, 아인북스, 2004

데이비드 아커, 《데이비드 아커의 브랜드 경영》, 비즈니스북스, 2003
데이비드 아커, 에릭 요컴스탈러, 《브랜드 리더십》, 비즈니스북스, 2007
데이비드 하딩, 샘 로빗, 《M&A 마스터》, 청림출판, 2008
드워드 소벡, 아츠 스몰리, 《A3 씽킹》, KMAC, 2008
라젠드라 시소디어 외 2인, 《위대한 기업을 넘어 사랑받는 기업으로》, 럭스미디어, 2008
랄프 쇼이스, 《세계 최고 이론가들의 220가지 생각 도구, 전략사전》, 옥당, 2010
래리 보시디, 램 차란, 《실행에 집중하라》, 21세기북스, 2004
로렌스 G. 히레비니액, 《전략실행 - CEO의 새로운 도전》, 럭스미디어, 2007
로버트 F. 하틀리, 《숨막히는 기업 경영 이야기》, 아인북스, 2004
로버트 F. 하틀리, 《피말리는 마케팅 전쟁 이야기》, 아인북스, 2004
로버트 S. 캐플란, 데이비드 P. 노튼, 《Strategy Maps》, 21세기북스, 2004
로버트 S. 캐플란, 데이비드 P. 노튼, 《가치 실현을 위한 통합 경영 지표 BSC》, 한언, 1998
로버트 S. 캐플란, 데이비드 P. 노튼, 《전략 실행 프리미엄》, 21세기북스, 2009
로버트 S. 캐플란, 데이비드 P. 노튼, 《전사적 전략 경영(SEM)을 위한 SFO》, 한언, 2001
로버트 치알디니, 《설득의 심리학》, 21세기북스, 2002
로버트 프랭크, 필립 쿡, 《승자 독식 사회》, 웅진지식하우스, 2008
뤼디거 융블루트, 《이케아》, 미래의 창, 2006
리더츠 브랜슨, 《리처드 브랜슨 비즈니스 발가벗기기》, 리더스북, 2010
리치 호워스, 《성공을 위한 날카로운 전략》, 동해출판사, 2011
마이클 델, 《다이렉트 경영》, 동방미디어, 2001
마이클 트레이시, 프레드 위어시마, 《마켓 리더의 전략》, 김앤김북스, 2004
마이클 포터, 《마이클 포터의 경쟁 우위》, 21세기북스, 2008
마이클 포터, 《마이클 포터의 경쟁 전략》, 21세기북스, 2008
마이클 풀란, 《체인지 리더십》, 아인북스, 2006
마크 W. 존슨, 《혁신은 왜 경계 밖에서 이루어지는가》, 토네이도, 2011

마크 고울스톤, 《뱀의 뇌에게 말을 걸지 마라》, 타임비즈, 2010
문영미, 《디피런드》, 실림비즈, 2011
미야시타 마코토, 《캐릭터 비즈니스, 감성 체험을 팔아라》, 넥서스Books, 2002
미야자키 데츠야, 《필립 코틀러의 마케팅》, 비즈니스맵, 2010
바바라 민토, 《논리의 기술》, 더난출판사, 2004
박기찬, 이윤철, 이동현, 《경영의 교양을 읽는다》, 더난출판, 2005
박소연, 《캐릭터 마케팅》, 소담출판사, 2003
벤자민 길라드, 《비즈니스 워 게임》, 살림비즈, 2009
복준영, 《마케팅 실무자가 꼭 알아야 할 101가지》, 원앤원북스, 2006
블레이크 마이코스키, 《탐스 스토리》, 세종서적, 2012
사카토 켄지, 《메모의 기술》, 해바라기, 2005
사토 료, 《원점에 서다》, 페이퍼로드, 2007
삼성경제연구소, 《나는 고집한다, 고로 존재한다》, 삼성경제연구소, 2011
세키 마사유키, 《실전에 강한 MBA 회계》, 원앤원북스, 2008
송재용, 《스마트 경영》, 21세기북스, 2011
스티븐 실비거, 《10일만에 배우는 MBA》, 새로운 사람들, 1995
아니타 로딕, 《영적인 비즈니스》, 김영사, 2001
알 리스, 《경영 불변의 법칙》, 비즈니스맵, 2008
알 리스, 로라 리스, 《경영자 vs 마케터》, 흐름출판, 2010
알 리스, 잭 트라우트, 《마케팅 불변의 법칙》, 비즈니스맵, 2008
알렉산더 오스터왈더, 예스 피그누어, 팀 클락, 《비즈니스 모델의 탄생》, 타임비즈, 2011
알렉스 로위, 필 후드, 《2X2 matrix, 핵심을 꿰뚫는 단순화의 힘》, 지식노마드, 2005
어니스트 건들링, 《나도 3M에서 일하고 싶다》, 세종서적㈜, 2001
에단 라지엘, 《맥킨지는 일하는 방식이 다르다》, 김영사, 1999
에이드리언 슬라이워츠키, 《디맨드》, 다산북스, 2012

에이드리언 슬라이워츠키 외 2인, 《수익 지대》, 세종연구원, 2005
엠마뉴엘 로젠, 《버즈, 입소문으로 팔아라》, 해냄, 2009
왕평, 《그는 어떻게 아시아 최고의 부자가 되었을까》, 아인북스, 2005
유기현, 《경영자를 위한 손자병법 불패의 법칙》, 21세기북스, 2004
이광종, 《삼성은 왜 노드스트롬을 벤치마킹하는가》, 예문, 2005
이동현, 《경영의 교양을 읽는다 현대편》, 더난출판, 2005
이동현, 《경쟁은 전략이다》, 21세기북스, 2012
이범일, 이용화, 《SERI 경영 노트 1》, 삼성경제연구소, 2009
이브 도즈, 미코 코소넨, 《신속 전략 게임》, 비즈니스맵, 2008
이승주, 《경영 전략 실천 매뉴얼》, 시그마컨설팅그룹, 1999
이원준, 《마케팅을 모르고 마케팅에 강해지는 책》, 커뮤니케이션북스, 2010
이지훈, 《혼창통》, 샘앤파커스, 2010
자그모한 라주, Z. 존장, 《스마트 프라이싱》, 럭스미디어, 2011
자일리 루리, 《시장 조사의 기술》, 리더스북, 2006
장세진, 《삼성과 소니》, 살림비즈, 2008
장영재, 《경영학 콘서트》, 비즈니스북스, 2010
잭 트라우트, 앨 리스, 《포지셔닝》, 을유문화사, 2006
전성철, 최철규, 《협상의 10 계명》, 웅진윙스, 2009
정선양, 《전략적 기술 경영》 3판, 박영사, 2011
정재윤, 《나이키의 상대는 닌텐도다》, 마젤란, 2006
정재윤, 《한국형 입소문 마케팅 2》, 인디북, 2006
제러드 J. 텔리스, 피터 N. 골더, 《마켓 리더의 조건》, 시아출판사, 2002
제이 바니, 윌리엄 헤스털리, 《전략 경영과 경쟁 우위》 3판, ㈜시그마프레스, 2010
제이 콘래드 래빈슨, 《게릴라 마케팅》, 비즈니스북스, 2009
제이니 스미스, 《이기는 기업에는 경쟁 우위가 있다》, 리더스북, 2007

조선일보 위클리비즈팀 3기, 《위클리비즈 인사이트, 미래의 목격자들》, 어크로스, 2011
조영빈, 김준환, 《현금흐름 경영》, 삼성경제연구소, 1998
조철선, 《2020 경제대국 한국의 탄생》, 한스미디어, 2011
조철선, 《게임의 룰을 깨는 역전의 법칙》, 한스미디어, 2010
조철선, 《스노우볼 마켓 전략》, 전략시티, 2012
존 코터, 《기업이 원하는 변화의 리더》, 김영사, 1999
진 젤라즈니, 《맥킨지, 차트의 기술》, 스마트비즈니스, 2006
짐 콜린스, 《좋은 기업을 넘어 위대한 기업으로》, 김영사, 2002
천빙랑, 《나를 이끄는 목적의 힘》, 아인북스, 2009
츠모리 싱야, 아베 마사키, 《재무 관리》, 새로운 제안, 2007
커티스 칼슨, 윌리엄 윌못, 《혁신이란 무엇인가》, 김영사, 2008
케빈 & 재키 프라이버그, 《Nuts! 사우스웨스트 효과를 기억하라》, 마이다스동아, 2003
켈로그 경영대학원 교수진, 《마케팅 바이블》, 세종연구원, 2002
코넬리스 클뤼버, 존 피어스 2세, 《전략이란 무엇인가》 2판, 3mecca, 2007
콘스탄티노스 마르키데스, 폴 게로스키, 《Fast Second 신시장을 지배하는 재빠른 2등 전략》, 리더스북, 2005
크레이그 플레이셔, 바베트 벤소산, 《비즈니스·경쟁 분석》, 3mecca, 2010
크리스 주크, 《핵심을 확장하라》, 청림출판, 2004
클라우스 슈메, 《1등 기업을 무너뜨린 마케팅 전략 33》, 21세기북스, 2005
클레이튼 크리스텐슨, 《성공 기업의 딜레마》, 모색, 1999
클레이튼 크리스텐슨, 마이클 레이너, 《성장과 혁신》, 세종서적, 2005
테루야 하나코, 오카다 케이코, 《로지컬 씽킹》, 일빛, 2002
토니 다빌라 외 2인, 《혁신의 유혹》, 럭스미디어, 2007
피터 심스, 《리틀 벳》, 에코의 서재, 2011
필립 코틀러, 《마켓 3.0》, 타임비즈, 2010
필립 코틀러, 케빈 레인 켈러, 《마케팅 관리론》 12판, 피어슨 에듀케이션 코리아, 2006

하워드 슐츠, 도리 존스 양, 《스타벅스 커피 한잔에 담긴 성공 신화》, 김영사, 1999

한국트리즈협회, 《비즈니스 트리즈》, 교보문고, 2009

한상설, 《마케팅 전략 실천 툴》, 한솜, 2001

함주한, 《마케팅 무작정 따라하기》, 길벗, 2012

헨리 체스브로, 《오픈 비즈니스 모델》, 플래닛, 2009

헨리 체스브로, 《오픈 이노베이션》, 은행나무, 2009

호르헤 A. 바스꼰체요, 《전략, 마케팅을 말하다》, 비즈니스맵, 2007

혼마 다츠야, 《관리 회계》, 새로운 제안, 2007

화인 경영회계법인, 법무법인 한결, 윤종훈, 《M&A를 알아야 경영할 수 있다》, 매일경제신문사, 2000

황민우, 《반드시 통과되는 마케팅 보고서》, 마젤란, 2007

히라노 겐, 《재무 분석》, 새로운 제안, 2007

히라노 아쓰시 칼, 안드레이 학주, 《플랫폼 전략》, 더숲, 2010

색인

ㄱ

가로 막대 그래프　732~733
가위바위보 게임　58
가중평균자본비용　240, 666, 676, 679
가추법　698
가치 사슬 분석　257~258
가치 조합　96~97, 259
간트 차트　136, 743
감성 마케팅　347~351
강태공　69, 697
개별 원가 계산　619
개선도 테스트　553, 560
거북이 리더십　523
거시 환경 분석　165~167, 799
검은 백조　696
게리 하멜　18, 22, 49, 103, 266, 268, 633
게릴라 마케팅　352~358
게임 이론　55~61
경영권 가치　681
경영 시스템 분석　252~261, 803
경쟁 기반 가격　435, 436
경쟁 포지셔닝 분석　223, 224, 403
경쟁자 분석　186~193, 800
경쟁자 전략 분석　191~192, 800

경쟁자 프로파일링　189~190, 800
경제성 평가　663~669
계단 차트　718~719
고객 분석　194~203, 801
고객 ABC 분석　196
고객 가치 분석　224
고객 기반 가격　435, 436, 437
고객 니즈 분석　199~201, 801
고객 만족도 분석　202, 801
고객 주도를 넘어서 매트릭스　49
고객 충성도 분석　197
고객 커버리지　218
고객 평생 가치　370
고디바　470
골드코프　98
골디락스 가격　441
공격 전략　343, 344
공유 가치 창출　587
과시적 가치　284
관여도　419, 461
교보문고　76, 79, 531, 535
구글　90, 100, 328
구두 보고　791
구매 의사 결정 분석　198
구매 행동 모델　456, 777

권위의 법칙   691
귀납법   696
그레이 구스   424
글로벌 상품 기획 매트릭스   50
기술 수명 주기   205
기술 환경 분석   204~206, 801
기업 가치 평가   670~681
기획서 작성 프로세스   773~789
기획실   682
김위찬   25, 565
깨진 유리창 이론   111
꺾은선 그래프   736~737

ㄴ

나비 효과   308
나이키   187, 469, 492
내부성장률 분석   248, 249
내부수익률   129, 663, 667
내시 전략   55, 57
네스카페   401~402
네이밍   480
넷플릭스   421
노 마케팅   294
노드스트롬 백화점   288
니치 브랜드   227
닌텐도   83, 187, 310

ㄷ

다이슨   81
단수 가격   441
달러 제너럴   445
당좌비율   246, 725
대중법   695
대차대조표   230, 231~232, 808, 815, 817
대체 가치 평가법   673
데이비드 아커   467, 478
델   77, 297, 310
델파이법   128
딤채   362

ㄹ

래리 그레이너   548
레버리지비율   246
레인메이커   818
렌트더런웨이   423
로버트 캐플란   600, 610, 613, 616
로열 더치 셸   153
로지텍   301
로직 트리   44, 262, 724
리더십의 함정   41
리얼리티 테스트   133
리자청   522

ㅁ

마리안느   201
마시마로   378
마이클 포터   18, 20, 172, 257, 268, 280, 560, 587
마이팹   426
마케팅 믹스   410~413
마케팅 불변의 법칙   382~384
마케팅 인사이트   379~381
마켓 니처   343, 494
마켓 디벨로퍼   494
마켓 리더   225, 343, 345, 382, 494
마켓 챌린저   343, 344, 383, 494
마켓 팔로워   343, 494
매력도 테스트   553, 560
매스 미디어 커뮤니케이션   457~465
매스 컬트 브랜드   490
매출액 이익률   245, 725
매출액 증가율   244, 725
매출채권 회수기간   247, 249, 646
매출채권 회전율   247, 725
맥시맥스 기준   132, 304
맥시민 기준   132, 304
맥킨지 기법   140~142
모방 차단 장벽   289, 569, 570

모한 서니   379
목표 시장   181
몬산토   67
묘지 브랜드   227
무료 가격   441
무인양품   294
물방울 차트   738~739
미니맥스 후회 기준   132, 304
미디어 믹스   458~459
미래 현금흐름   664, 677
미시 마케팅   391
민토 피라미드 원칙   700~703
밀도 의존 이론   314

ㅂ

바바라 민토   700
바이럴 마케팅   363
발 들여놓기 협상 전략   441
발렌베리   515
방사형 그래프   742
방어 전략   112~113, 343, 345
백세주   355
밴드웨건 효과   284
버블 그래프   738~739
버즈 마케팅   364
버진 그룹   415

리처드 브랜슨   415, 521

베블렌 효과   284
베터플레이스   331~335
벤처 캐피털   655~656, 659
벤치마킹   39
변화 관리   530~536
보도 자료   464, 465
보스턴비어   87
보조 인지도   225, 227
보트 차트   716~717
복리의 마법   487
복합 기업 다각화   561
본원적 전략   280
본질 가치   680
부부의 주도권 다툼   57
부정적인 뉴스 관리   366
부채비율   246, 725
불타는 갑판   85
브랜드 수명 주기   482~486
브랜드 아이덴티티   478~479, 483
브랜드 인지도   225, 227
브랜드 충성도   226, 227
브랜드 현황 분석   225 ~ 226
브레인스토밍   126
블로그 마케팅   365
블록 차트   728
블루나일   78
블루레이 디스크   96
블루오션 전략   25, 321, 565~570

비보조 인지도   225, 227
비상 계획   138
비용 구조 분석   241~242, 803
비용 우위 전략   291~298, 306~307
비용 편익 분석   129
비유동비율   246, 725
비유동장기적합률   246, 725
비전 선언문   527
비전 하우스   528~529, 722
비즈니스 모델   633~634
비즈니스 워 게임   133~134
비즈니스 창의성   45~46
비지오   97
비타500   88
빨간펜   459

ㅅ

사업 다각화   19, 547, 549~562
사업 포트폴리오 분석   557~559
사우스웨스트 항공   75, 322, 330, 430, 524, 525
사회성 가치   284
사회성 유형 매트릭스   53
사회적 증거의 법칙   690
산업 가치 사슬 분석   170
산업 구조 분석   20, 172~174, 799
산업 매력도   172, 177, 558

산업 분석　168~178, 799
산업 수명 주기　175~176, 559
산업 진화 분석　175~176
산파술　699
삼성전자　95, 106, 206, 210, 310
상대 가치 평가법　674~675
상생 협력 관계　93~95
상층 흡수 가격　437
상품 커버리지　218
상품 콘셉트　498, 501
상품 포트폴리오　219~222, 802
상호성의 법칙　689
샤펜버거　301
서바이벌 리더십　519
서번트 리더십　524
선택적 유통　448
설득의 법칙　688~691
설문 면접 조사　394, 395
성공 요소　163, 207~209, 802
성장성 분석　243, 244
세뇌 광고　461
세로 막대 그래프　734~735
세분화　389, 391~397
세후 영업이익　239, 664, 678
소매점 입지　451
손익계산서　230, 233~234, 808, 814, 817
손자병법　15~16
수익 모델　626~634

수익성 분석　243, 245
수익성 지수　663, 668
수직적 다각화　561
수평적 다각화　561
순이익 증가율　244, 725
순현재가치　129, 663, 666
숫자경영　47
스노우볼 마켓　316, 318~320, 330, 335
스노우볼 시즈　318, 319, 326~327, 333
스노우볼 효과　318, 319, 328~329, 334
스놉 효과　284
스마일 커브 이론　171
스마트 프라이싱　439~442
스크리닝 시스템　553, 560
스타벅스　349
스티브 잡스　85, 91, 203, 520, 540, 550, 552
스피드 경영　103, 105~109
쓰지 신타로　104
슬로건　481
승자의 저주　576
시간 관리 매트릭스　54
시나리오 플래닝　153~154
시오도어 레빗　415
시장 가격　435
시장 규모 추정　182, 800
시장 동향 분석　183, 800
시장 매력도　182, 398, 757
시장 분석　179~183, 800

시장 성과 분석　215~228, 802
시장 점유율 분석　217~218, 802
시장 조사　380, 394~397, 501, 707
시장 침투 가격　437
시제품 조사　499, 501
시즈　360, 362, 497
신속 전략　26
실행 체크리스트　135

ㅇ

아마존　368, 626
아이팟　91, 100, 550
아이폰　100, 178, 550
안신야　440
안전유리 광고물　356
안정성 분석　243, 246
안정성비율　246
알 리스　84, 86, 382, 400
암트랙　169
애플　85, 100, 178, 310, 550, 552
앤소프 매트릭스　19
앵커링 효과　473
야나이 다다시　80, 521
야채랑 과일이랑　417
어니스트 섀클턴　519
언론 홍보　464~465

에어버스　93
에어비앤비　423
에이비스　406, 481
엔터프라이즈 렌터카　421
엘리베이터 테스트　791
여명808　110
연역법　693~694
열린 사고　40~41
영업 레버리지　669
영업 목표　503
영업 정책　504~505
영향력-불확실성 매트릭스　51
예스24　79, 209
예증법　697
오마에 겐이치　18, 21, 65
오버슈팅의 함정　82~83
오픈 비즈니스 생태계　98~101
오픈 워터　434
오피스맥스　111
옵션 가격　441
와코비아 은행　195
외팅어　294
우월 전략　55, 56
운전자본　247, 248, 249, 250
워터폴 차트　740, 741
원 그래프　730, 731
원 차트　720, 721
원가 관리　618~620

원가 기반 가격   435, 436
원가 동인   622, 623, 624, 625
월마트   78, 291, 620
유기적 성장   561, 563
유니클로   80
유동부채비율   246
유동비율   246, 725
유동성 가치   681
유동성 비율   246
유로 디즈니   40
유보율   249, 250
유사 거래 비교 평가법   647
유사 기업 비교 평가법   647
유지 전략   486
유통 경로   448~452
유형자산 증가율   244
은행가비율   246
의사 결정 매트릭스   130
의사 결정 모델   132, 304
이고르 앤소프   18, 19, 551
이동 장벽   180, 181
이베이   421
이브 도즈   18, 26, 103
이슈 트리   121, 141
이시카와 가오루   122
이익풀 분석   171
이지그룹   440, 562
이케아   77

인과 고리 분석   123
인터넷 조사   394, 397, 707
인터뷰   119, 253
인텔 인사이드   290
일관성의 법칙   689
일정 관리 차트   136~137, 713
입소문 마케팅   359~366
잉여 현금흐름   676, 678

ㅈ

자금 조달 전략   639, 649~662
자기 금융   639, 650
자기자본 순이익률   245, 725
자기자본비용   239, 240, 679
자기자본비율   240, 679
자라   108
자본 구조 정책   651
자본 예산   640
자산 가치 평가법   673
자원 기반 관점   268
장부 가치 평가법   673
장애 요인   262~264, 687, 804
재고자산 회전일수   247, 249
재고자산 회전율   247, 725
재무 관리   638~642
재무 레버리지   245

재무 분석   229~251, 725, 803
재무 비율 분석   243~247, 803
재무상태표   230, 231~232, 808, 815, 817
재편 전략   91
재활성화 전략   486
잭 트라우트   36, 382, 400
전략경영   592~597
전략 대안   302~303, 805
전략 집단 분석   180, 181
전략 집단도   180
전략 집중형 조직   594, 616
전략 체계도   613~614
전략 캔버스   568
전략적 성과 관리   598~617
전략적 제휴   583~585
전략적 타이밍   68
전략적 포지션 분석   276
전망 이론   82, 442
전속적 유통   448
절세 효과   239, 579, 651, 661
점 그래프   738~739
정보 수집 시스템   193
정보원   188, 708~712
제로베이스 사고   38~39, 783
제록스   113, 422, 569
제이테크   407
조직 성장 모델   548
존스컨트롤스   95

존 스컬리   63, 520
존 코터   530
종합 원가   619
죄수의 딜레마   56
준거 가격   441
지넨테크   399
지속 가능 경영   586~588
지속가능성장률 분석   248, 250
지크   419
진입 비용 테스트   553, 560
진입 장벽   112, 173, 343
집약적 유통   448
집중적 다각화   561
집중화 전략   84, 299~301, 307

ㅊ

차별화 전략   281~290, 306~307
차이 분석   120, 740
차입금 의존도   246
청산 가치 평가법   673
청야 전술   114
총자산 순이익률   245, 725
총자산 증가율   244, 725
총자산 회전율   247, 725
최소극대화 전략   55
최초 인지도   225

추정 재무제표 808~817

ㅋ

카테고리 차트 714~715
캐릭터 마케팅 371~378
캘린더 차트 136, 743
커뮤니케이션 활성화 전략 687
컨디션 381
컬트 브랜드 377, 490
콘셉트 수용도 조사 498, 501
크리스 앤더슨 90
크리에이티브 전략 460~463
클레이튼 크리스텐슨 24, 80, 82
키덜트 376
킴벌리클라크 86

ㅌ

타이레놀 89, 158
타인자본비용 239, 240, 679
타인자본 조달 639, 661~662
타타 그룹 588
타타 나노 293
탐스슈즈 418
테스트 마케팅 500

토요타 웨이 149~152
토이서러스 86
토털 마케팅 341
통제 가격 435
통합 마케팅 커뮤니케이션 454~456
투자 유치 전략 654~660
투하자본 240
투하자본비용 238
투하자본 이익률 240
트레드리스 426
트레이더 조 432
트리 차트 724~725
트리즈 45, 146~148

ㅍ

파괴적 혁신 24, 80~83
파레토 124, 196
판매 촉진 452, 471
팡이제로 381, 479, 480
패러독스 경영 102
퍼트 차트 136, 137, 745, 746
퍼펙셔니스트 효과 284
페덱스 431
페리에 158
페이스북 101, 328
펩시 63, 109, 281

편익비용비　129
포기 전략　486
포스 차트　726~727
포항종합제철　516
폭포형 그래프　740~741
표적 고객　195, 801
표적화　389, 398~399
표준 원가　619
품질 가치　284
프레스티지 가치　284
프레임워크 구축　777~780
프레임워크 사고　42
프리코노믹스　90
플래닛 할리우드　351
플랫폼 전략　99, 420
플러스섬 게임　93
피라미드 차트　722~723
피시본 다이어그램　122
필립 코틀러　340, 343, 390, 411, 418

ㅎ

하겐다즈　468
할리 데이비슨　425, 491
할인 가격　441
할인율　666, 676, 679
핵심 사업　29, 554, 562

핵심역량　22, 213, 265~270, 554, 804
허브 켈러허　524
헤도니스트 효과　284
헨리 민츠버그　18, 23, 523
헨리 체스브로　98
헬로키티　488~489, 492
현금흐름 경영　643~648, 650
현금흐름표　230, 235~237, 808, 816, 817
현명한 포기　31, 32, 33, 85~86
현장 조사　119, 253
호감의 법칙　690
혼합 전략　55, 58
활동 기준 경영 관리　624~625
활동 기준 원가　621
활동 기준 원가 계산　622~623
활동성 분석　243, 247
회수기간법　129, 663, 665
후르비츠 기준　132, 304
후원　472
희귀성의 법칙　691
희소성 가치　284

1만 시간의 법칙　104
2X2 매트릭스　48~54
3 Why　262

3C 분석   21
3C 사고방식   40
3M   286, 356, 609
3인 동시 결투 게임   59
4C   412~413
4P   411
4가지 중요 인재 매트릭스   52
5 Forces' Model   172~174
5P   23
6가지 생각 모자   39
7S 모델   254~256, 803

A3 리포트   150~151
ABC   622~623
ABM   624~625
ADL 매트릭스   559
ATL   456, 457
BCG 매트릭스   219~222, 557
BEP 분석   669
BI 시스템   478~479, 483
BSC   600, 610~617
BTL   456, 466
C&D   97, 108
C. K. 프라할라드   22, 268, 325, 425
CAPM   679

Cash Cow   219, 221, 557
CEO 브랜딩   472
Communication 전략   453~472
Convenience 전략   443~452
Cost Leadership   295
CRM 마케팅   367~370
CSR 광고   463
CSV   587
Customer Cost 전략   427~442
Customer Value 전략   414~426
DCF 평가법   676~679
DHC for Men   447
Dog   219, 221, 557
EBITDA   237, 675
ERRC 분석   25, 567
EV/EBITDA   675
EVA 분석   238~240, 803
FCB 그리드 모델   461
FCF   676, 678
FGI   394, 396, 501, 707
FRICTO   651
GE/맥킨지 비즈니스 스크린 매트릭스   558
How Tree   44, 141
HP   310, 422
HSC   67
IBM   113
IMC   454~456
IRR   129, 663, 667

KPI   605, 612, 615

KT 기법   143~145

LBO   582

M&A   561, 571~582

MBO   600, 602~609

MECE   42

MMC   456, 457~465

NMMC   456, 466~472

NOPAT   239, 664, 678

NPV   129, 663, 666

PDCA 사이클   149

PBR   675

PER   675

PEST 분석   165, 167, 799

PI   663, 668

PMI   576, 581

Positioning 전략   400~407

PPL 광고   463

PPM   219~222

Problem Child   219, 221, 557

PSR   675

RBV 이론   268

Real Option 전략   304

ROA   245, 249, 725

ROE   245, 250, 725

ROIC   240

SCAMPER 기법   127

SCM 분석   259~260

Segmentation   389, 391~397

SFO   594, 613, 616

SK 일처리 5단계   155

SMART   125, 275

SO 전략   302

So What? / Why So?   43, 703

ST 전략   302

Star   219, 221, 557

STEEP 분석   166

SWOT 분석   278~279, 805

Targeting   389, 398~399

WACC   240, 666, 676, 679

What Tree   44, 121

Why Tree   44, 121

WO 전략   302

WT 전략   302